DA ESCRAVIDÃO AO TRABALHO LIVRE

LUIZ ARANHA CORRÊA DO LAGO

Da escravidão ao trabalho livre

Brasil, 1550-1900

COMPANHIA DAS LETRAS

Grafia atualizada segundo o Acordo Ortográfico da Língua Portuguesa de 1990, que entrou em vigor no Brasil em 2009.

Capa e caderno de fotos
Maria Lago

Foto de capa
Marc Ferrez. Coleção Ruy Souza e Silva

Foto da quarta capa
Guilherme Gaensly. Coleção Ruy Souza e Silva

Foto da p. 1 e da p. 784
Marc Ferrez. Coleção Gilberto Ferrez / Acervo Instituto Moreira Salles

Mapas
Sônia Vaz

Preparação
Osvaldo Tagliavini Filho

Índice remissivo
Luciano Marchiori

Revisão
Márcia Moura
Angela das Neves

Dados Internacionais de Catalogação na Publicação (CIP)
(Câmara Brasileira do Livro, SP, Brasil)

Corrêa do Lago, Luiz Aranha
Da escravidão ao trabalho livre : Brasil, 1550-1900 / Luiz Aranha Corrêa do Lago. — 1ª ed. — São Paulo : Companhia das Letras, 2014.

ISBN 978-85-359-2479-4

1. Agricultura — Brasil — História 2. Brasil — Período colonial — História 3. Cafeicultura — Brasil — História 4. Economia — História — Brasil 5. Escravidão — Brasil — História I. Título.

14-07512 CDD-331.117340981

Índice para catálogo sistemático:
1. Brasil : Escravidão : Trabalho livre : Economia : História 333.117340981

Diagramação
Spress

Impressão e acabamento
R. R. Donnelley

[2014]

EDITORA SCHWARCZ S.A.
Rua Bandeira Paulista, 702, cj. 32
04532-002 — São Paulo — SP
Telefone: (11) 3707-3500
Fax: (11) 3707-3501
www.companhiadasletras.com.br
www.blogdacompanhia.com.br

A meu pai, Antonio Corrêa do Lago

Sumário

Apresentação
Do escravo ao colono

Alberto da Costa e Silva

Quase todas as histórias longas se entretecem com muitos enredos, que podem ser polifônicos ou dissonantes. E algumas se assemelham àqueles contadores antigos, com uma ou duas dúzias de pequenas gavetas, iguais no tamanho e no desenho, mas que, ao serem abertas, mostram conteúdos que, mesmo quando semelhantes, são diferentes. Ao se dispor a narrar como a economia brasileira passou da escravidão ao trabalho assalariado, Luiz Aranha Corrêa do Lago deixou-se felizmente vencer pela tentação do coro a muitas vozes, para o qual nos convidam três séculos e meio de escravismo, assim como pelo fascínio de esvaziar as gavetas da metade do móvel para esmiuçar o que continham. E só da metade porque dedicou a sua análise às regiões Sudeste e Sul do Brasil.

Se a transição de um regime de trabalho para o outro, nessas partes do país, apresenta a mesma urdidura, são distintos, de província para província (e, posteriormente, de estado para estado), os fios da trama que por ela passam. Nem poderia ser de outro modo, quando se sabe terem sido variadas, no tempo e na geografia, as formas que assumiu a escravidão, embora jamais deixasse de ser o sistema mais eficiente, violento, impiedoso e desumanizador de recrutar, conservar e explorar trabalho.

Preocupado em estudar, em cada uma das diversas áreas do sudeste e do sul, como se reorganizaram, durante o declínio do sistema escravista e após a Abolição, as diferentes atividades produtivas, o autor concentra-se nos usos prioritários que dantes se davam aos escravos e que se procurou suprir com a importação de colonos europeus, ou seja, de trabalho livre, para atender à queixa dos proprietários rurais de que passara a faltar braços para a lavoura. Mas esses braços estavam aqui: eram os antigos escravos, os negros que sempre sustentaram a produção agrícola e que, livres do cativeiro, tinham, segundo a ótica caolha de seus ex-senhores, deixado de servir para as mesmas tarefas. É certo que muitos não desejavam trabalhar como assalariados na propriedade em que haviam sido maltratados e humilhados — suspeitosos de que um mau senhor não daria um bom patrão —, mas nada indica que não estivessem dispostos a se empregar em outras fazendas, próximas ou distantes. E é de crer-se que não foram menos numerosos os que saíram forçados e acabrunhados dos lugares onde tinham vivido tantos anos ou até mesmo nascido. Recorde-se um conto de Coelho Neto, "Banzo", que abre o livro do mesmo nome (publicado em 1912, mas escrito possivelmente uns poucos anos antes e com o gosto do testemunho), sobre um ex-escravo que, expulso da fazenda em que vivera, com isso não se conforma e não esconde o seu rancor dos colonos brancos que ocupavam as terras que ele e seus companheiros haviam desbravado, ainda que para os seus senhores, e pela primeira vez cultivado.

Foram também variadas as formas que tomou a imigração incentivada de europeus, e delas dá ampla notícia Luiz Aranha Corrêa do Lago, que não nos deixa esquecer que, apesar das exceções como as dos grupos da mesma origem que fundaram, sobretudo no sul do país, colônias agrícolas e manufatureiras, o que se almejava primordialmente era trazer pessoas para substituir o escravo no cabo da enxada, trocá-lo por alguém que ficasse o mais perto possível de um servo da gleba.

Não estava nos propósitos do nosso autor examinar a marginalização econômica do africano e de seu descendente, tanto no campo quanto nas cidades — onde, por exemplo, um marceneiro negro ou mulato que aprendera a fazer móveis no estilo colonial, ou seja, à portuguesa, perdeu os seus clientes de posse para o imigrante que fazia móveis copiados dos de Londres ou de Paris —, nem acompanhar os processos de aculturação ou, na maioria dos casos, de tropicalização, dos colonos europeus, a sua acomodação ou resistência ao que deles esperavam os proprietários rurais e que estava na contramão dos sonhos com que haviam atravessado o oceano. Apesar disso, Corrêa do Lago repetidamente traz para o centro de sua exposição as personagens que geraram ou sofreram o que nos mostram os números — e estes nos ensinam muito com disfarçada eloquência.

Quando se tem acesso às cartas que algumas famílias do norte da Itália guardaram de parentes que emigraram, na segunda metade do século XIX, para o Brasil, não causa surpresa a insistência com que se queixam do calor e dos mosquitos, nem a minúcia com que descrevem as pequenas mazelas que os atormentavam, como os bichos de pé, as infestações de piolhos e as picadas dos lacraus, mas sim, as repetidas referências a companheiros que, pouco tempo depois da chegada, eram atacados pela malária e por outras doenças que não conheciam — e morriam. Em boa parte dessa correspondência, registram-se as reclamações indignadas dos colonos pelo tratamento que recebiam e que não correspondia ao que lhes fora acenado, pois os senhores rurais mal dissimulavam que queriam usá-los como se fossem escravos.

As dificuldades nas relações de trabalho, assim como os prazos decorridos entre desembarque e morte, não encontraram descrição em números, mas somente em prosa, e em boa prosa, clara e precisa. Os números relatam, porém, no texto e nas tabelas deste livro, a evolução da economia brasileira no regime escravista e sua passagem para um novo sistema de recrutamento de mão de obra. Do exame desses algarismos e dos parágrafos que os explicam e justificam retiram autor e leitor novas conclusões e novas hipóteses, alteram-se outras e abrem-se diferentes caminhos para a investigação. Este é, portanto, um livro destinado a ser fecundo, ainda que tenha permanecido por muitos anos quieto na gaveta. Se tivesse sido publicado em 1978, quando Luiz Aranha Corrêa do Lago finalizou as pesquisas que lhe deram origem, figuraria seguramente, e com destaque, na bibliografia de quase todas as obras que sobre a economia brasileira e sobre a escravidão se imprimiram desde aquela data até 2013, e que são objeto do rico e estimulante ensaio bibliográfico que se acrescentou como posfácio a esta edição. São tão bem contados os vários enredos que polifonicamente compõem a trama deste livro, que, a partir de agora, *Da escravidão ao trabalho livre* se tornará leitura indispensável, se não obrigatória, aos estudiosos e amantes da história.

Agradecimentos

Passados muitos anos desde a defesa da minha tese de doutorado, gostaria de registrar o grande estímulo recebido de minha mulher, Maria Clara, de minha filha, Maria, de minha mãe, Dedei Aranha Corrêa do Lago, de meus irmãos, Antonio, Manoel, Pedro e André, e dos meus amigos e colegas do Departamento de Economia da PUC-Rio, Eduardo Marco Modiano, Gustavo Henrique de Barroso Franco, Marcelo de Paiva Abreu e Rogério Werneck, para que este trabalho fosse traduzido e publicado. Sou grato a meu pai, a quem dediquei a tese original e este livro e que sempre quis vê-lo publicado, que faleceu no ano 2000.

É difícil agradecer adequadamente a contribuição de Fernanda Rangel de Paiva Abreu pela sua tradução competente e meticulosa dos capítulos 3 a 11 do texto, do inglês para o português, bem como a dedicação de Liana Flosky Manno, colaboradora de mais de duas décadas e revisora de diversas versões do texto completo em português.

Reitero e reproduzo aqui os agradecimentos feitos por ocasião da apresentação do trabalho original em 1978:

> Tenho uma grande dívida para com meus pais e Alice Maria Garcia Villas-Boas, sem cujo apoio moral e material a realização do presente estudo teria talvez enfrentado obstáculos intransponíveis.

O professor Richard B. Freeman, presidente do Comitê de Tese, mostrou, desde o início, muito interesse nas questões centrais da tese e ajudou-me a definir, de forma mais específica, a abrangência e a estrutura do estudo. Fez também valiosas sugestões com relação à bibliografia, às partes teóricas da tese e a possíveis extensões de pontos específicos.

O professor Dwight H. Perkins também leu o manuscrito completo e fez comentários muito úteis que levaram à análise de diversas questões adicionais, notadamente com relação à agricultura.

Meus amigos e colegas de pós-graduação Paulo C. Milone e Joaquim P. de Andrade discutiram comigo diversas questões da tese e deram sugestões para diversos pontos. Estendo um particular agradecimento ao meu amigo André Lara Resende, que fez comentários muito importantes sobre todo o manuscrito e a quem devo significativos aprimoramentos deste estudo.

Finalmente, gostaria de agradecer a contribuição do professor Alexander Gerschenkron, que me deu conselhos sobre fontes no início da minha pesquisa e estimulou-me a levar adiante um trabalho "exaustivo".

Nos anos que se seguiram à defesa da tese, recebi comentários encorajadores de diversos amigos e colegas, mas gostaria de destacar o estímulo recebido dos professores Evsey D. Domar e Stanley L. Engerman para que eu apresentasse o meu trabalho em seminários e o publicasse em uma versão integral. Sou muito grato ao embaixador Alberto da Costa e Silva, que leu todo o manuscrito em português em 2011 e apresentou várias sugestões que muito contribuíram para melhorar a versão final do texto.

Agradeço também à professora Lilia Moritz Schwarcz o seu apoio para a publicação do livro, os numerosos comentários que levaram a importantes simplificações e aprimoramentos, assim como o estímulo para a elaboração de um posfácio, que foi também objeto de úteis sugestões de Otávio Marques da Costa.

Gostaria de registrar a competência e a dedicação da equipe da Companhia das Letras, assim como sua paciência, diante de um manuscrito nada simples.

Erros e omissões remanescentes são naturalmente de plena e exclusiva responsabilidade do autor.

Prefácio

O texto do presente livro corresponde a uma versão simplificada de uma tese de doutorado defendida na Universidade Harvard em 1978, que tinha como título original *A transição do trabalho escravo para o trabalho livre na agricultura nas regiões Sul e Cafeeira do Brasil: uma abordagem global e teórica e estudos de casos regionais* (LAGO, 1978), disponível na íntegra em inglês (LAGO, 1985).

É natural que se indague o que leva um autor a publicar um texto escrito há mais de trinta anos. Por um lado, as conclusões básicas da tese, que mereceu registro e menções favoráveis de diversas autoridades na literatura sobre escravidão (KLEIN, 1986; ELTIS, 1987; FOGEL, 1989; MATTOSO, 1994), continuam válidas. Não teriam que ser muito alteradas à luz de trabalhos publicados nas últimas décadas, ainda que certas ênfases em pontos específicos pudessem merecer reavaliação. Por outro lado, permanece a convicção de que muitos dos dados estatísticos compilados e retrabalhados na tese, bem como as interpretações que possibilitaram, não foram devidamente explorados em publicações posteriores, e podem ainda estimular ou servir de base para novos estudos mais detalhados sobre as questões suscitadas, ou não plenamente tratadas.

Para esta edição, porém, dadas as valiosas contribuições ao estudo da escravidão no Brasil publicadas ao longo dessas mais de três décadas, julgou-se necessária a elaboração de um posfácio comentando bibliografia específica, cobrindo assim o período transcorrido desde a defesa da tese até a atualidade. No entanto, não foram levados em consideração resultados de pesquisas posteriores do autor, notadamente sobre as estatísticas comerciais do Império (LAGO, 1982) e quanto a uma visão de longo prazo dos direitos de propriedade e de aspectos da economia brasileira nos períodos colonial e imperial — apresentada em trabalho publicado recentemente em coautoria (ABREU & LAGO, 2001) e em outro em vias de publicação (ABREU & LAGO, 2014).

Ao delinear a pesquisa da tese, tendo como pano de fundo e também como fio condutor teórico a chamada "hipótese de Domar", e após a apresentação inicial das condições do surgimento da escravidão no Brasil e o reexame da evolução da economia rural e urbana brasileira entre 1500 e 1850, a intenção do autor era estudar o processo de transição do trabalho escravo para o trabalho livre na agricultura no país como um todo, nos períodos colonial e imperial, combinando uma abordagem econômica e estatística abrangente com uma análise mais detalhada do século XIX no nível de províncias e de regiões, com base em dados mais desagregados. Para estudo específico no período que vai aproximadamente de 1780 a 1900, foram selecionadas duas regiões: a cafeeira, abarcando os atuais estados do Rio de Janeiro, São Paulo, Minas Gerais e Espírito Santo, e a Sul, incluindo Rio Grande do Sul, Santa Catarina e Paraná. De maneira mais ambiciosa, ficaria para estudo subsequente a avaliação da situação das demais províncias (ou estados) do Nordeste, Norte e Centro-Oeste, sobre as quais também foi feita pesquisa semelhante para embasar a análise mais global da parte inicial do livro.

As generalizações sobre cada região escolhida — a cafeeira e a Sul — permitiriam uma análise comparativa das experiências regionais, com seus contrastes e semelhanças, e possibilitariam destacar os principais fatores explicativos do fortalecimento da escravidão no período colonial e do seu declínio e desaparecimento ao longo do século XIX. Ademais, levariam a uma melhor compreensão da situação dos ex-escravos e dos imigrantes europeus e da evolução da economia brasileira na década que se seguiu à Abolição. Por outro lado, apesar das inevitáveis repetições de certos aspectos que a abordagem por província acarretaria, uma visão de cada província (ou estado) isoladamente também seria possível, permitindo uma leitura tópica. Estes continuam sendo os principais objetivos do presente livro.

De certa forma, a versão integral do estudo é um trabalho "de juventude" que, diante do temor de não haver outra oportunidade no futuro para pesquisa com a mesma profundidade, buscava ser particularmente abrangente, detalhado e documentado, respeitadas as limitações das fontes. Estas, felizmente, ou estavam em boa parte disponíveis nas próprias bibliotecas de Harvard ou em outras bibliotecas norte-americanas, notadamente na New York Public Library, que já contava, por exemplo, com microfilmes das tabulações do censo de 1890, por município. Naqueles tempos, a consulta a fontes importantes, como coleções completas de relatórios governamentais brasileiros e de cônsules estrangeiros (hoje em dia parcialmente disponíveis na internet), estava condicionada ao acesso a bibliotecas e arquivos especializados.

Entretanto, foram retirados da presente versão do texto os dois primeiros capítulos da tese, que são de cunho mais teórico. O primeiro capítulo, no qual se utilizava mais amplamente a "hipótese de Domar", relacionava as diferenças na natureza das relações de trabalho com a relativa disponibilidade de terras, e foi publicado em português por ocasião do centenário da abolição da escravidão (LAGO, 1988), sem grandes alterações de conteúdo além da inclusão de pequenos trechos de outros capítulos da tese e de algumas novas referências bibliográficas. O segundo capítulo apresentava, por meio de uma detalhada análise gráfica e com base em certos modelos de mercado de trabalho, um estudo mais formal de vários aspectos das relações trabalhistas e de contratos que prevaleceram antes e depois da Abolição, também abordados "verbalmente", não resultando de sua exclusão, perda de continuidade nem falta de compreensão do texto.

Da mesma forma, abandonando a prática usual da Universidade Harvard de mencionar na introdução das teses suas principais conclusões e contribuições, optou-se por deslocar a parte conclusiva da introdução original para um novo capítulo de conclusão. Finalmente, também para facilitar a leitura, um certo número de tabelas foi suprimido.

É claro que, mesmo buscando a maior abrangência possível, o trabalho original não "esgotou" as fontes já disponíveis na época. Mas a utilização exaustiva dos relatórios consulares britânicos e, com menor intensidade, dos relatórios italianos, certamente constituía uma "novidade" nos esforços de pesquisa na área, o que, em alguma medida, continua sendo verdade.

Todas as fontes citadas foram utilizadas para interpretações no texto. Assim, estão excluídos da bibliografia alguns clássicos, ou porque as questões por estes tratadas haviam sido objeto de abordagens mais atualizadas em trabalhos de síntese mais recentes, ou porque requereriam qualificações ou digressões que alongariam ainda mais as já extensas notas.

Foi incluída neste livro uma iconografia diretamente relacionada com o tema do trabalho no Brasil, mais especificamente com escravos e imigrantes, além de mapas que o formato original da tese não comportava. Há também uma nota sobre estatísticas e pesos e medidas que vigoraram no Brasil no período em exame. Ainda que das notas constem referências completas, acrescentou-se uma bibliografia geral das obras citadas. Por fim, encontra-se uma cronologia dos principais fatos político-econômicos ocorridos ao longo desses quatrocentos anos em questão (aproximadamente de *c.* 1500 a *c.* 1900), e que também não fazia parte da tese original.

REFERÊNCIAS BIBLIOGRÁFICAS

ABREU, Marcelo de Paiva; LAGO, Luiz Aranha Corrêa do. "Property rights and the fiscal and financial systems in Brazil: Colonial heritage and the imperial period". In: BORDO, M.D.; CORTÉS-CONDE, Roberto (Orgs.). *Transferring Wealth and Power from the Old to the New World*. Cambridge: Cambridge University Press, 2001.

______. *A economia brasileira no Império, 1822-1889*. Em Abreu, Marcelo de Paiva (org.). A ordem do progresso: Dois séculos de política econômica no Brasil. Rio de Janeiro: Elsevier, 2014.

ELTIS, David. *Economic Growth and the Ending of the Atlantic Slave Trade*. Oxford e Nova York: Oxford University Press, 1987.

FOGEL, Robert W. *Without Consent or Contract: The Rise and Fall of American Slavery*. Nova York: W.W. Norton, 1989.

KLEIN, Herbert S. *African slavery in Latin America and the Caribbean*. Oxford e Nova York: Oxford University Press, 1986.

LAGO, Luiz Aranha Corrêa do. *The Transition from Slave to Free Labor in Agriculture in the Southern and Coffee Regions of Brazil: A Global and Theoretical Approach and Regional Case Studies*. Cambridge, MA: Harvard University Press, 1978. Tese (Doutorado).

______. "Balança comercial, balanço de pagamentos e meio circulante no Brasil no Segundo Império: uma nota para uma revisão", *Revista Brasileira de Economia*, v. 36, n. 4, pp. 489-508, out./dez. 1982.

______. *The Transition from Slave to Free Labor in Agriculture in the Southern and Coffee Regions of Brazil: A Global and Theoretical Approach and Regional Case Studies*. Ann Arbor: University Microfilms International, 1985.

______. "O surgimento da escravidão e a transição para o trabalho livre no Brasil: um modelo teórico simples e uma visão de longo prazo", *Revista Brasileira de Economia*, v. 42, n. 4, pp. 317-69, out./dez. 1988.

MATTOSO, Kátia M. de Queirós. *Être esclave au Brésil, XVIe — XIXe siècles*. Paris: L'Harmattan, 1994.

Introdução

Durante os três primeiros séculos do Brasil colonial, as principais mercadorias exportadas pela colônia foram quase que exclusivamente produzidas por trabalho escravo. Na primeira metade do século XIX, apesar de o país ter alcançado sua independência política e a população livre ter aumentado de maneira substancial, a agricultura brasileira, principal setor de atividade econômica do país, continuou a depender significativamente da escravidão. Durante as quatro décadas subsequentes à supressão do tráfico de escravos africanos, no início dos anos 1850, a escravidão foi sendo abolida de forma gradual no Brasil.

Após um exame do surgimento e da consolidação da escravidão no Brasil e das linhas gerais da evolução da economia brasileira até o século XIX, o objetivo central deste estudo é analisar, de um ponto de vista econômico, o processo de transição do trabalho escravo para o trabalho livre e suas causas e consequências econômicas e sociais, com um foco particular na região Cafeeira e na região Sul do Brasil, dando-se especial ênfase ao setor agrícola. Mais especificamente, são abordadas questões essenciais ao tema, tais como se a abolição da escravidão levou a uma mudança na organização do trabalho na agricultura e se tal medida resultou na formação de um proletariado rural com amplo predomínio de trabalho livre assalariado ou em formas alternativas de relações de trabalho. Outros objetivos básicos deste estudo incluem, sempre que possível: uma análise teórica das condições que inicialmente favoreceram a escravidão e dos fatores econômicos e institucionais que levaram a seu desaparecimento; uma quantificação dos efeitos da supressão do tráfico de escravos africanos e da abolição definitiva da escravidão sobre certas variáveis econômicas, em particular sobre a oferta de trabalho e sobre a produção agrícola; uma tentativa de avaliação do destino dos ex-escravos no contexto de uma imigração europeia em massa; uma investigação da extensão e do papel econômico da imigração para as regiões Cafeeiras e Sul do Brasil e seus efeitos sobre o mercado de trabalho, antes e depois da Abolição.

A maior parte dos dados que serviram de base a formulações teóricas e tentativas de quantificação foi retirada de material histórico muitas vezes contemporâneo dos processos em estudo e adaptada aos objetivos do presente trabalho. Foi feito um esforço especial no sentido de apresentar dados coerentes sobre demografia e emprego, bem como para elaborar séries de produção e de exportação, visando esclarecer as tendências básicas de cada período. As fontes básicas incluem: a) documentos oficiais brasileiros da época, tais como relatórios ministeriais e provinciais; b) relatórios consulares, principalmente britânicos e italianos, os primeiros contendo dados abundantes sobre escravidão e evolução do comércio e os últimos fornecendo detalhadas informações sobre trabalho livre e imigrantes em diversas regiões; c) ensaios e relatos de viagem de autores brasileiros e estrangeiros; d) fontes secundárias recentes ou da época, de escopo variado, sobre as diversas regiões em estudo, que são examinadas criticamente nos capítulos respectivos. Os dados de várias dessas fontes não foram previamente utilizados com o propósito de interpretações econômicas do seu contexto histórico. Nesse sentido, e em vista de sua omissão parcial na literatura, parte dos dados apresentados representa informação "nova" sobre as variáveis econômicas selecionadas para análise.

Na medida do possível, tendo em mente os diferentes contextos históricos em estudo e em se tratando de um trabalho de história econômica, busca-se aplicar teorias e conceitos econômicos para explicar determinadas evoluções setoriais ou mais globais, ou o comportamento dos agentes econômicos. Em certos casos, os engenhos de açúcar e as fazendas de café podem ser vistos como empresas que visavam ao lucro e estavam sujeitas a determinadas restrições, tendo maior ou menor poder de mercado. Argumentação semelhante poderia ser desenvolvida quanto ao processo decisório dos pequenos produtores agrícolas do Sul do Brasil quando não dedicados apenas a atividades de subsistência, ou até mesmo quanto aos colonos estrangeiros envolvidos em contratos de parceria ou de empreitada com algum poder decisório sobre a alocação do seu tempo.

Com relação mais especificamente ao mercado de trabalho, porém, como será visto com alguma profundidade ao longo do estudo, as relações de trabalho que emergiram após a Abolição não foram o resultado da interação da oferta e da demanda em um mercado livre. Enquanto, por exemplo, Böhm-Bawerk alegava, no século XIX, que elementos de poder deveriam desaparecer diante de "relações de mercado puras", no Brasil os direitos de propriedade, a legislação e o Estado em um sentido mais amplo tiveram um profundo impacto no surgimento de relações de trabalho específicas, reforçando ou contrabalançando forças econômicas supostamente "puras" então presentes. Em alguns casos, portanto, a alocação de recursos e as opções dos agentes econômicos não podem ser explicadas apenas por fatores econômicos, e especial atenção também é concedida a aspectos não econômicos para explicar certas evoluções ou tendências. Destaca-se assim a relevância de certos aspectos institucionais que, tendo afetado a relação terra-trabalho, tiveram papel potencial no surgimento de determinadas relações de trabalho na agricultura e mais notadamente do trabalho escravo.

ESTRUTURA DO ESTUDO

O presente estudo consiste de três partes divididas em onze capítulos. A primeira parte, subdividida em dois capítulos cronológicos, é uma tentativa de explicar as condições do surgimento e do declínio da escravidão no Brasil, com especial ênfase nas relações terra-trabalho e nos direitos de propriedade, que são encarados como variáveis essenciais para uma compreensão do processo.

É com esse objetivo que são descritos os antecedentes históricos da transição do trabalho escravo para o trabalho livre no século XIX, ressaltando-se a grande importância da escravidão no período colonial, tanto no setor rural quanto no urbano. No capítulo 1, encontra-se um esboço bastante geral das tendências de longo prazo de algumas das principais variáveis econômicas durante o período colonial, desde o surgimento da chamada "grande lavoura" no setor açucareiro no século XVI, passando pelo interlúdio da mineração e chegando até a "recuperação" agrícola no final do século XVIII, dando também alguma atenção ao setor urbano. Parte da informação apresentada foi retirada de cronistas da época, e concede-se especial atenção à documentação dos padrões de relações trabalhistas que se desenvolveram desde a ocupação inicial do Brasil até o início do século XIX.

No capítulo 2, analisa-se inicialmente o desempenho da economia brasileira entre a chegada da Corte portuguesa em 1808 e a extinção do tráfico de escravos africanos por volta de 1850, no contexto da ascensão da cafeicultura, destacando-se a continuada importância da escravidão tanto no âmbito rural como no urbano. Em seguida são examinadas as consequências do fim do tráfico, da Lei do Ventre Livre e do início da imigração europeia em massa, contrastando-se as diferentes evoluções das atividades econômicas, da "questão de mão de obra" e da propriedade da terra nas principais regiões do país. Conclui-se esse capítulo com um breve esboço das relações de trabalho nas diversas regiões do Brasil na década que se seguiu à Abolição, abordando-se, inevitavelmente e de forma preliminar, certas questões que são tratadas com maior profundidade nos capítulos regionais.

A segunda parte refere-se especificamente às quatro províncias (depois estados) que formavam a região Cafeeira, tal como definida na sua introdução, que também contém um resumo dos problemas abordados em seguida. A evolução de cada província cafeeira é então objeto de um diferente capítulo (capítulos 3 a 6), e o desempenho global da região como um todo é analisado no capítulo 7.

O foco da terceira parte é a região Sul, que se caracterizou por um grande afluxo de imigrantes europeus no século XIX, que vieram a formar uma importante classe de pequenos produtores independentes, proprietários de terra. Mais uma vez, o desempenho de cada uma das províncias sulinas é analisado separadamente (capítulos 8 a 10) antes de uma avaliação comparativa apresentada no capítulo 11.

Na conclusão geral estão resumidas algumas das principais constatações e conclusões das diversas partes do estudo, e avaliam-se brevemente novas linhas de pesquisa possíveis a partir do presente trabalho.

No posfácio são discutidos sucintamente diversos trabalhos sobre a economia colonial e imperial, e também sobre vários aspectos da escravidão no Brasil, publicados desde 1978, ano da defesa da tese que deu origem a este livro. Segue-se uma cronologia de 1492 a aproximadamente 1902.

1. A ECONOMIA BRASILEIRA, *C.* 1550-1900: TENDÊNCIAS GERAIS E O SURGIMENTO E DECLÍNIO DA ESCRAVIDÃO

A economia do Brasil no século XVIII

1. Um esboço da primeira fase de desenvolvimento da economia brasileira, *c.* 1550-1808

O objetivo deste capítulo é analisar brevemente as principais características da evolução econômica do Brasil durante o período colonial até a chegada da Corte portuguesa em 1808, apresentando dados, ainda que muito aproximados, que permitem dar uma ideia de magnitudes comparativas. No entanto, não se pretende proceder a uma avaliação quantitativa completa das diversas atividades econômicas desenvolvidas na colônia durante o período.[1] Além de as informações serem insuficientes para os períodos mais recuados, também não se procurou fazer generalizações excessivamente amplas, reservando parte da discussão sobre o final do período colonial para os capítulos regionais. Os exemplos apresentados neste capítulo são meramente ilustrativos e muitas vezes dizem respeito a situações específicas de determinadas regiões do país, que só podem ser aplicados a outras regiões com muitas ressalvas. Além disso, esses exemplos com frequência se referem ao Nordeste, a mais importante área econômica brasileira até o início do século XVIII. Foram enfatizados os aspectos que, devido a seus efeitos duradouros sobre a organização do trabalho, contribuíram para originar o contexto em que, no século XIX, ocorreu a transição do trabalho escravo para o trabalho livre, buscando-se evitar repetições desnecessárias de fatos tratados em outros capítulos deste estudo.

I.I. UMA BREVE RECAPITULAÇÃO DA EVOLUÇÃO ECONÔMICA E DEMOGRÁFICA DO BRASIL, 1500-1808

Durante os três primeiros séculos do Brasil colonial, a economia caracterizou-se pela predominância de um ou de poucos produtos de exportação, e por uma aplicação estrita do monopólio português sobre o comércio da colônia, acompanhada de pesados impostos e proibições variadas que inibiram a diversificação da produção colonial. Ao contrário do que ocorreu em algumas colônias da América espanhola durante o século XVI, não foram descobertos metais preciosos em terras brasileiras logo após a chegada dos portugueses, de modo que a primeira atividade econômica importante que acarretou a ocupação do Brasil de forma permanente foi a produção de açúcar, que se desenvolveu rapidamente na segunda metade do século XVI. Na virada do século, o Brasil já era o maior produtor mundial de açúcar,[2] situação que não se modificou até a segunda metade do século XVII, quando a competição do açúcar produzido no Caribe por franceses, holandeses e ingleses diminuiu significativamente a participação brasileira no mercado internacional do produto.

No entanto, somente em meados do século XVI, quando as expectativas portuguesas de grandes lucros com base no comércio das Índias Orientais já tinham sido em parte frustradas, passou-se a considerar mais seriamente a exploração econômica do Brasil, o que iria requerer os três fatores de produção: terra, trabalho e capital. Naquela época, Portugal caracterizava-se por uma insuficiência de trabalho e de capital, apesar das significativas descobertas de novas terras por navegadores daquele país no século anterior. Enquanto o capital mercantil podia ser obtido através da cooperação com estrangeiros, e em particular dos flamengos e genoveses, para os quais as perspectivas de uma indústria açucareira bem desenvolvida pareciam promissoras (tendo em vista as experiências prévias nas Ilhas Atlânticas), subsistia o problema da oferta de mão de obra para um empreendimento dessa natureza. Parecia extremamente improvável que camponeses livres de Portugal pudessem ser persuadidos a mudar-se para uma nova terra, com clima tropical, para trabalhar nos campos de grandes plantações; além disso, a força de trabalho era tão escassa na metrópole que escravos vinham sendo usados havia séculos como mão de obra suplementar em certas áreas do país.[3] Recorrer a prisioneiros e degredados como potenciais colonizadores tinha sido um expediente utilizado no caso de colônias menores, mas não se podia esperar que esse sistema fornecesse um número suficiente de trabalhadores no caso do Brasil. Por outro lado, o "pacto" — ou exclusivismo — colonial excluía a possibilidade de se atrair colonizadores de outras nações europeias.[4]

A colônia continha vastas extensões de terras férteis, muito pouco povoadas, ao longo da costa. Foram oferecidas grandes facilidades aos colonizadores que chegaram com algum capital, inclusive a doação legal e gratuita de grandes áreas de terras, as sesmarias. Assim, desde cedo, havia grandes proprietários de terras no Brasil — com sua propriedade garantida por lei — que necessitavam de trabalhadores em número suficiente para cultivar seus extensos domínios, que apresentavam condições particularmente adequadas para a plantação da cana-de-açúcar.

Nesse contexto, em que se colocava uma séria "questão de mão de obra", cabe mencionar brevemente um estudo do início da década de 1970 que reviveu formulações teóricas de um "modelo" unificado para o estudo do surgimento e do declínio da escravidão e da servidão. Trata-se da chamada "hipótese de Domar", que, como o próprio autor reconhece, incorpora elementos já anteriormente expostos por alguns teóricos do século XIX, notadamente Edward G. Wakefield e Karl Marx.

A versão extrema dessa hipótese afirma que "dos três elementos de uma estrutura agrária em estudo — terra livre, camponeses livres e proprietários de terras inativos (ou seja, que não trabalham na terra diretamente) —, dois elementos, mas nunca os três, podem existir simultaneamente".[5] Na presença de trabalhadores livres e de terra livremente disponível, somente uma força extraeconômica poderia levar à existência de uma classe de proprietários de terras inativos, impedindo a formação de um grande número de pequenas propriedades familiares na agricultura, que seria o resultado normal da combinação daqueles dois elementos.

Assim, torna-se também importante enfatizar, de início, a distinção entre disponibilidade econômica (ou potencial) e disponibilidade legal (ou efetiva) de terras. Do ponto de vista da produção potencial de uma região, a disponibilidade "econômica" ou física é naturalmente o conceito relevante. Porém, na medida em que uma classe de proprietários possua terras com uma extensão muito superior àquela que possa ser efetivamente colocada sob cultivo (por exemplo, através da concessão de sesmarias), e que tal classe disponha de poder político ou de uso de força para proibir a utilização por terceiros de suas terras não cultivadas, a escassez no sentido "legal" torna-se, também, para a classe não possuidora de terras, uma escassez *de fato* com um sentido econômico. Esse seria o fator inibidor de uma imigração de trabalhadores livres sem posses, mesmo que tivesse existido em Portugal — o que não era o caso — uma oferta potencial e abundante de mão de obra.[6]

Portanto, para garantir uma oferta adequada de mão de obra, os primeiros esforços dos poucos colonizadores que se estabeleceram inicialmente no Brasil de forma permanente foram no sentido de escravizar os índios locais. Estes viviam, principalmente, de caça, pesca e coleta, muitas vezes de forma itinerante, ainda que ocasionalmente tivessem roças de mandioca. Apesar de algumas plantações de açúcar terem sido iniciadas exclusivamente com base em mão de obra indígena, por uma série de razões esta se revelava pouco apropriada para o trabalho no campo em turmas.[7] A solução mais definitiva adotada para garantir uma oferta regular de mão de obra baseou-se na experiência prévia dos portugueses na produção de açúcar com trabalho escravo africano nas ilhas atlânticas de Madeira e São Tomé, e foi em boa parte possível graças à existência de feitorias portuguesas na costa ocidental da África, onde era fácil o acesso a escravos. Com um volume suficiente de capital mercantil disponível, tornou-se praticável importar escravos africanos para o Brasil em quantidades significativas. Os negros demonstraram ser trabalhadores adequados na produção de açúcar, bem adaptados ao clima e mais resistentes e confiáveis do que os índios.[8]

Desde o início, a economia açucareira do Brasil esteve voltada especialmente para o mercado externo, e consequentemente, apesar de sua prosperidade, não ocorreu uma diversificação econômica significativa na colônia. Seu único derivado importante era a aguardente de cana (cachaça), que tinha um elevado consumo doméstico e eventualmente passaria a ser trocada por escravos no litoral africano. Implementos e ferramentas para a produção do açúcar, assim como diversos bens de consumo, incluindo alguns produtos alimentícios, eram também importados. No entanto, alguma produção de alimentos chegou a ser desenvolvida como atividade ancilar da fabricação de açúcar. Por outro lado, nas regiões mais pobres e isoladas, tais como os atuais estados de São Paulo, Pará e Maranhão, onde a produção açucareira não se enraizou de forma significativa, predominou a agricultura de subsistência ou a coleta de produtos florestais.

Outras atividades econômicas importantes na colônia durante o século XVII incluíam a produção de fumo e a criação de gado. O fumo era cultivado em menor escala do que a cana-de-açúcar. Seu consumo no Brasil parece ter sido considerável,[9] e a mercadoria se tornou um relevante produto de exportação, ao lado do pau-brasil,[10] à medida que o açúcar foi se tornando menos rentável na segunda metade do século XVII. A criação de gado foi inicialmente orientada para o fornecimento de carne e de animais de tiro para os engenhos de cana, e também para as pequenas cidades da região costeira. No interior, porém, onde o clima e o solo eram menos favoráveis ao cultivo da cana-de-açúcar, e à medida que os couros também iam se tornando um importante produto de exportação no decorrer do século XVII, a pecuária gradualmente foi se expandindo muito além daquelas necessidades.

Os dados estatísticos sobre o Brasil dos séculos XVI e XVII são limitados. As exportações e os preços do açúcar só são conhecidos para alguns anos, mas refletem o rápido aumento da produção (a maior parte exportada) entre o último quarto do século XVI e a década de 1650.[11] A tabela 1, baseada em um manuscrito provavelmente do início da década de 1630, reproduz o valor estimado e a composição das exportações das capitanias brasileiras à época da invasão holandesa no Brasil.

TABELA I — VALOR E COMPOSIÇÃO ESTIMADOS DAS EXPORTAÇÕES DAS CAPITANIAS BRASILEIRAS, *C.* 1630

CAPITANIAS	VALOR DAS EXPORTAÇÕES (EM 1.000 CRUZADOS)	PRINCIPAIS PRODUTOS DE EXPORTAÇÃO E OUTROS PRODUTOS
Pará Maranhão Ceará	40	Algodão, açúcar, fumo, madeira etc.
Rio Grande do Norte		(Comércio interno de gado, algodão, açúcar, âmbar)
Paraíba	650	Açúcar, fumo, pau-brasil, algodão
Itamaracá	300	Idem
Pernambuco	2.500	Idem
Sergipe[a]		Fumo, gado, algodão
Bahia	2.000	Açúcar, fumo, pau-brasil, algodão, jacarandá, âmbar, óleo de baleia

Ilhéus		(Comércio interno de farinha de mandioca, pau-brasil etc.)
Porto Seguro[a]		Algodão, fumo, pau-brasil
Espírito Santo	150	Açúcar, fumo, algodão, madeira
Rio de Janeiro	500	Açúcar, fumo, pau-brasil, farinha de mandioca, conservas de frutas
São Vicente	50	Açúcar, fumo, pau-brasil, algodão e tecidos de algodão, carne-seca
Total	6.190[b]	

FONTE: Pedro Cudena, "Discripcion de mil y treinta y ocho leguas de tierra del est[ad]o de Brasil", em Christian Leiste (Org.), *Beschreibung des Portugiesischen Amerika*. Braunschweig: In der Buchhandlung des Fürstl, Wansenhauses, 1780.

[a] Produtos provavelmente enviados para a Bahia.

[b] Esse total equivalia a 2.476.000.000 réis, quantia que, à taxa de câmbio de 1.038 réis por libra esterlina, representava 2.385.356 libras esterlinas. Admitiu-se que o autor que escreveu em espanhol utilizou nas suas contas a unidade cruzados portugueses e não reales espanhóis, que diminuiriam o equivalente em libras esterlinas, mas em qualquer caso destaca-se a importância relativa de Pernambuco e Bahia.

Estimativas da população também estão disponíveis para determinados anos; algumas estão listadas na tabela 2. Muitas vezes não passavam de "palpites bem informados" de cronistas da época, e não incluem os "indígenas selvagens" que viviam no interior da colônia. Cabe observar que os aumentos da "população" decorriam não apenas da imigração e do crescimento natural, mas eram também resultado da escravização dos indígenas e de sua incorporação às atividades econômicas da colônia.

Na última década do século XVII, a população total "civilizada" (isto é, excluindo os "indígenas selvagens") alcançava provavelmente cerca de 300 mil pessoas, dentre as quais, segundo uma fonte, talvez 200 mil fossem livres. Os brancos constituíam uma minoria se comparados aos outros grupos. A maioria dos negros se encontrava na Bahia e em Pernambuco, e em menor quantidade no entorno do Rio de Janeiro. A contribuição de elementos africanos para a população brasileira durante os dois primeiros séculos de domínio colonial foi sem dúvida muito significativa, embora não haja um consenso quanto ao número de escravos importados durante o período.

TABELA 2 — ESTIMATIVAS E DADOS CENSITÁRIOS DA POPULAÇÃO TOTAL E ESCRAVA DO BRASIL, 1550-1900 (EM MIL HABITANTES)

ANO	POPULAÇÃO TOTAL	"BRANCOS"	ESCRAVOS NEGROS OU MULATOS	OUTROS (EXCLUSIVE ÍNDIOS SELVAGENS)	% ESCRAVOS TOTAL
1550	15				
1570[a]	30	17			
1583[a]	57	25	14	18	24,6
1600[a]	100	30	20		
		40	30		
1650	170	70[a]	50		29,4
1700[a]	300		100		
	350				
1772-82	(1.555)[b]				
1776	(1.900)[b]				
Fins do século XVIII	2.500[a]				33
1798	3.250	1.010	1.582	658	48,7
1820[a]	(2.861)[b]		(881)		(30,8)
1830[a]	5.340				
1850[a]	7.000		2.000[a]		30[a]
1872	10.112	(3.853)	1.511		14,9
1873			1.546		15,3[a]
1886-7			723		
1890	14.334	6.302			
1900	17.319				

FONTES: Para 1550, 1570, 1583 e 1600: estimativas de várias fontes, entre outras, Gandavo, Cardim e Anchieta, citados por F. Contreira Rodrigues, *Traços da economia social e política do Brasil* (Rio de Janeiro: Ariel, 1935, pp. 31-2 e 36). E também utilizadas por Roberto C. Simonsen, *História econômica do Brasil* (São Paulo: CEN, 1937, v. 1, p. 55). A estimativa da população "branca" em 1600 é deste último autor (v. 1, p. 182). Furtado (op. cit., p. 46) aceita o número de 20 mil escravos negros em 1600, o que talvez seja uma subestimação diante de importações de 50 mil a 100 mil escravos africanos na segunda metade do século XVI (ver tabela 2). Mircea Buescu, em *História econômica do Brasil* (Rio de Janeiro: Apec, 1970, pp. 85-6 e 168) sugere 40 mil brancos e 30 mil escravos em 1600, e uma população total de 170 mil habitantes em 1650 e de 350 mil habitantes em 1700.

Para 1650: estimativa em J. P. Cooper (Org.), *The New Cambridge Modern History* (Cambridge: Cambridge

University Press, 1970, v. 4). A cifra de 50 mil escravos é atribuída a Gaspar Dias Ferreira citado por Simonsen (op. cit., v. 1, p. 202).

Para 1700: ver também Nelson Werneck Sodré, *Formação histórica do Brasil* (São Paulo: Brasiliense, 1971, p. 136).

Para 1772-82: Dauril Alden, "The population of Brazil in the late 18th century: a preliminary survey", em *Hispanic American Historical Review* (*HAHR*), maio de 1963, p. 191, refere-se à população com mais de sete anos.

Para 1776: estimativa do abade Correia da Serra, reproduzida na introdução do recenseamento de 1920 e no *Anuário estatístico do Brasil, ano V, 1939-40* (Rio de Janeiro: IBGE, 1940, apêndice, p. 1293).

Para fins do século XVIII: C. R. Boxer, *The portuguese seaborne empire* (Harmondsworth: Penguin, 1973, p. 202), sugere um total de cerca de 2,5 milhões, dos quais um terço era de escravos. Um total de 3.250.000 habitantes em 1798, dos quais 1.010.000 seriam brancos, 1.361.000 escravos negros e 221 mil escravos pardos, é citado por A. M. Perdigão Malheiro, em estudo de 1867. Ver *A escravidão no Brasil* (São Paulo: Edições Cultura, 1944, v. 2, p. 26).

Para *c.* 1820: dados originais, referentes a adultos, de "mapas de população" levantados, entre 1814 e 1819, nas várias capitanias (exceto Goiás e Ceará, cujos totais se referem, respectivamente, a 1808 e 1809), recuperados subtraindo-se os acréscimos arbitrários adicionados pelo conselheiro Antonio Rodrigues Velloso de Oliveira, em "A Igreja do Brasil", *Revista do Instituto Histórico e Geográfico do Brasil* (Rio de Janeiro: B. L. Garnier, 1866, t. 29, parte 1, mapas *hors-texte*). Velloso de Oliveira fala do "censo feito em 1797 e 1798" no qual "a nova povoação é calculada em 3 milhões à vista dos melhores subsídios e depois das mais bem refletidas ponderações", e sugere para a população em 1819 a cifra de 4.396.132 indivíduos, incluindo 800 mil índios "não domesticados" e acréscimos de um quarto sobre os dados originais para abarcar os menores de sete anos e as omissões.

Essas e outras estimativas até 1830 são muito precárias e são discutidas em maior detalhe no capítulo 2, com base em informações do estatístico italiano Adriano Balbi.

Para 1830: estimativa de Malte Brun (baseada em Balbi) reproduzida no *Anuário estatístico do Brasil, 1939-40* (op. cit., p. 1293), onde se reproduzem também os dados censitários referentes a 1872, 1890 e 1900. Os "brancos" em 1872 incluem uma inferência de sua participação em 178 mil habitantes, para os quais não foi levantada a variável "cor". Em 1900, a cor não foi levantada no censo. A estimativa para 1850 é de Furtado (op. cit., p. 118). Para a estatística da matrícula dos escravos em 1873 e 1886-7, ver Robert W. Slenes, *The demography and economics of Brazilian slavery: 1850-1888* (Stanford: Stanford University, 1976), tese de doutorado não publicada, apêndices B_3 e B_7. A matrícula especial dos escravos foi efetuada com base no regulamento n. 4.835, de 01/12/1871, decorrente da lei n. 2.040, de 28/09/1871, conhecida como Lei do Ventre Livre.

[a] Aproximadamente.

[b] População "adulta", ou seja, acima de sete anos.

No século XVI, de 50 mil a 100 mil escravos negros parecem ter entrado no Brasil, sendo o primeiro número mais provável, enquanto intervalos maiores são sugeridos por diferentes autores para o século XVII. No caso deste último, um total de 560 mil, conforme consta da tabela 3, parece admissível à luz da evidência disponível.[12] Onde existe consenso é quanto a uma taxa de reprodução negativa da população escrava ao longo de todo o período colonial.

As informações disponíveis sobre a extensão da urbanização são insatisfatórias. Na década de 1570, um cronista observou a existência de povoados nas diversas capitanias, e assinalou que a maioria dos 3.440 "vizinhos" (chefes de família) listados estava localizada nas capitanias de Pernambuco e Bahia, que somavam, respectivamente, mil e 1.100 vizinhos. Aparentemente, no entanto, a maioria dos habitantes ainda vivia na zona rural.[13] Em meados da década de 1580, outro observador mencionou cerca de oitocentos vizinhos na cidade de Salvador, e cerca de 2 mil outros em seus arredores, no Recôncavo Baiano. Esse mesmo observador atribuiu setecentos vizinhos à vila de Olinda.

As outras povoações da colônia eram muito menores, conforme transparece nos escritos de outro autor da época.[14] Embora a Bahia fosse a capital da colônia, Olinda também adquirira grande importância devido ao comércio de açúcar da capitania de Pernambuco. Em 1630, Olinda já contava aparentemente 2 mil habitantes livres, sem incluir os religiosos, os soldados e "um grande número de escravos".[15] Depois de sua destruição parcial no início da década de 1630, foi gradualmente suplantada pela vizinha Recife. Com efeito, Recife cresceu de forma considerável durante a ocupação holandesa,[16] tanto que, já na segunda metade do século XVII, a situação parece ter sido a seguinte: Salvador tinha 8 mil habitantes brancos e "uma grande quantidade de pessoas de cor", que possivelmente chegava quase ao mesmo número. O Rio de Janeiro e suas cercanias abrigavam quase a mesma população, enquanto Recife, no final da década de 1650, contava 1.600 fogos, somando cerca de 10 mil pessoas.[17] Na virada do século, Salvador tinha 4.296 fogos, com 21.601 "comungantes".[18] Em suma, durante seus primeiros dois séculos de existência, as poucas cidades relativamente importantes do Brasil eram, em sua maioria, portos de comércio de exportação, meros apêndices de uma economia predominantemente rural.

Na segunda metade do século XVII, a economia brasileira enfrentou um período de crise, resultante em parte da competição das plantações de cana-de-açúcar estabelecidas no Caribe por holandeses, franceses e ingleses. O preço do açúcar caiu consideravelmente em termos de ouro, levando a uma severa contração da receita real obtida com as exportações do produto. Os preços de outras exportações brasileiras também mostraram tendência de queda, ao mesmo

TABELA 3 — IMPORTAÇÕES ESTIMADAS DE ESCRAVOS AFRICANOS PARA O BRASIL, *C.* 1550-1852

PERÍODO	IMPORTAÇÃO TOTAL DE ESCRAVOS (EM MILHARES)		IMPORTAÇÃO PELA BAHIA (EM MILHARES)	% BAHIA / TOTAL	% RIO DE JANEIRO / TOTAL	% PERNAMBUCO / TOTAL	% MARANHÃO / TOTAL
1551-75	10	50	20	40			
1576-1600	40						
1601-25	100						
1626-50	100	560	205,2	36,6			
1651-75	185						
1676-1700	175						
1701-10	153,7						
1711-20	139						
1721-30	146,3						
1731-40	166,1						
1741-50	185,1	1.685,2	655	38,9			
1751-60	169,4						
1761-70	164,6						
1771-80	161,3						
1781-90	178,2						
1790-1800	221,6						
1801-10	206,2						
1811-20	266,8	798	186,9	23,4			
1821-30	325,0				58,2[a]	15,3[a]	4,1[a]
1831-40	212,0		36,7	17,3			
1841-50	338,3		61,4	18,2			
1851-2	3,3						
Total	3.646,8		1.145,2	31,4	—	—	—

FONTES: Importação total: estimativas de vários autores compiladas por Philip D. Curtin, *The Atlantic Slave Trade* (Madison: University of Wisconsin Press, 1969, pp. 114, 119, 207, 234 e 268). Sobre a Bahia, para os dados anteriores a 1830, ver Luiz Vianna Filho, *O negro na Bahia* (Rio de Janeiro: José Olympio, 1946, p. 99). Os dados sobre o período de 1831-9 foram obtidos por subtração da cifra de Vianna Filho para 1801-30 do total fornecido para 1801-39 por Maurício Goulart, *Escravidão africana no Brasil* (São Paulo: Martins, 1950, p. 272). Goulart é também a fonte básica utilizada por Curtin para os dados que apresenta sobre a proporção das importações segundo regiões entre 1801 e 1839, reproduzidas acima. A importação de escravos na Bahia em 1840 foi tomada como a média dos nove anos precedentes, e as importações entre 1841 e 1850 foram compiladas a partir de totais anuais apresentados por Edward Porter, ex-cônsul britânico na Bahia, em "Minutes of evidence taken before the Select Committee on Slave Trade Treaties", *Parliamentary Papers* (doravante *PP*), 1852-3, v. 39, p. 106. Para estimativas mais recentes sobre o tráfico africano, ver o posfácio e a cronologia deste livro.

[a] 1801-39.

tempo que os preços das principais mercadorias importadas pela colônia, em especial os escravos, tenderam a aumentar. Na década de 1680, essas dificuldades foram agravadas por uma série de más safras e por uma significativa fuga de moedas metálicas da colônia, o que contribuiu para a atrofia da economia monetária. Parte do setor de criação de gado tornou-se cada vez mais autossuficiente e isolada das regiões costeiras, tendendo a uma típica atividade de subsistência. A agricultura de alimentos também ganhou importância e incorporou parte da população livre cada vez mais numerosa que a economia açucareira era incapaz de absorver.[19]

Paralelamente, o território até então conhecido foi sendo expandido, sobretudo através das bandeiras paulistas, que rumaram para o oeste, até o Paraguai, em busca de escravos índios, ouro e pedras preciosas, e por meio também da ampliação da área de criação de gado para o interior do Nordeste. Portanto, no final do século XVII e começo do século XVIII, apesar de uma parte substancial das terras mais acessíveis e de boa qualidade da área costeira do Nordeste já ter sido apropriada, geralmente por grandes proprietários, restavam ainda muitas terras virgens para serem efetivamente ocupadas, e a relação terra-trabalho permanecia elevada.

Foi nesse contexto crítico que, na última década do século XVII, paulistas descobriram depósitos aluviais de ouro em Minas Gerais. Durante as três décadas seguintes, as atividades mineradoras espalharam-se por uma grande área que abrangia, grosso modo, os atuais estados de Minas Gerais, Goiás e Mato Grosso — região da colônia até então desocupada, portanto caracterizada por uma relação terra-trabalho elevada e terras públicas devolutas. Essa descoberta não poderia deixar de ter efeitos importantes sobre a evolução econômica de Portugal e sua colônia. De fato, o Brasil se tornou no século XVIII o maior produtor de ouro do mundo, com uma produção superior à do restante das Américas e também à da soma das produções dos outros continentes.[20]

A mineração do ouro gerou consideráveis consequências sociais e econômicas para a colônia. Em primeiro lugar, houve no Brasil um crescimento demográfico significativo, resultante da forte imigração oriunda de Portugal e de importações cada vez maiores de escravos africanos. Os negros viriam a constituir a maior parte da mão de obra na mineração de ouro e diamantes. Isso resultava não apenas da natureza técnica do trabalho, que podia ser muito penoso, mas também do fato de que o tráfico de escravos africanos era passível de intensificação em prazo relativamente breve, ao passo que havia restrições para transferências de pessoas livres de Portugal, inclusive obstáculos legais em determinados períodos.

Segundo as estimativas muito precárias disponíveis, a população aumentou de aproximadamente 300 mil no início do século XVIII para cerca de 3 milhões de pessoas na última década do mesmo século. O crescimento populacional foi acompanhado de uma intensificação da urbanização, sobretudo nas regiões de mineração. À medida que as cidades cresciam em número e tamanho, via-se o surgimento de um embrião de classe média urbana que incluía comerciantes, militares e classes profissionais, bem como diversos tipos de funcionários públicos que ocupavam cargos de todas as espécies no recém-criado aparato burocrático estabelecido pela Coroa portuguesa para controlar e taxar as atividades mineradoras. O aumento da população criou novos mercados para a pecuária e para a produção de gêneros alimentícios. Também contribuiu para a forte expansão da fronteira da colônia em direção ao oeste e, consequentemente, para uma integração territorial muito maior do Brasil. Esse processo foi resultado da criação de ligações terrestres entre partes até então isoladas da colônia e a região mineradora, para onde eram escoados os produtos daquelas.

Como efeito da crescente demanda das áreas mineradoras, os preços dos escravos e das mercadorias no entorno dessas regiões subiram significativamente. O cultivo de alimentos aumentou no Rio de Janeiro e em São Paulo e, à medida que a população das cidades costeiras mais importantes também crescia no decorrer do século XVIII, vários pequenos centros agrícolas surgiram ao longo da costa, do sul da Bahia até o Rio Grande do Sul, nos confins do território. Além de produzirem gêneros alimentícios para sua subsistência, esses pequenos centros forneciam produtos agrícolas à cidade do Rio, e também a Salvador e a Recife. Depois de se tornar a capital da colônia, em 1763, o Rio de Janeiro ganhou importância tanto como mercado quanto como centro comercial.

A atração das minas de ouro, porém, não teve apenas efeitos de demanda positivos sobre as outras atividades econômicas da colônia. Teve também consequências adversas, em especial sobre a economia açucareira do Nordeste. A demanda das áreas mineradoras levou a um aumento significativo do preço dos escravos — verdadeiro "choque de custos" —, agravando uma situação já precária devido à queda do preço do açúcar. Os traficantes de escravos preferiam desviar seus carregamentos para o Rio de Janeiro, onde os especuladores pagavam caro pelos negros para em seguida os reenviar às minas, e isso acabou levando a uma escassez temporariamente severa de mão de obra escrava nas áreas açucareiras.[21] Houve ainda uma migração interna considerável da população livre das cidades do Nordeste e de seus arredores, drenando "agricultores e técnicos de todos os tipos" para as minas. Os senhores de engenho e lavradores de cana-de-açúcar transferiam ou vendiam seus escravos para a zona de mineração. A corrida às minas também causou "uma escassez de lavradores de cana disponíveis" para arrendar e cultivar as terras dos senhores de engenho, o que, segundo uma fonte, provocou uma queda nas percentagens contratuais de açúcar a serem pagas pelos meeiros disponíveis aos proprietários de terras baianos.[22] Por fim, o afluxo de artesãos às minas levou supostamente a um "aumento do custo dos serviços essenciais no resto do Brasil".[23] (Infelizmente, não há registros que permitam efetuar uma avaliação numérica dessa migração interna.) Apesar de todas essas dificuldades, a produção de açúcar continuou sendo muito importante para a economia colonial.

Segundo um eclesiástico que viveu no Brasil no final do século XVII e início do século XVIII — e que publicou um livro em Lisboa sobre a colônia, que logo foi proibido pelas autoridades portuguesas —, Bahia, Pernambuco e Rio de Janeiro geralmente exportavam, na virada do século, cerca de 36.200 caixas de 35 arrobas de açúcar, ou 1.267.000 arrobas. Um autor já da primeira metade do século XX ampliou esse total para 1,6 milhão de arrobas, a fim de incluir naquele total as outras capitanias, mas, tendo em vista o número de engenhos de açúcar mencionado por aquele eclesiástico, parece bastante possível que o total apresentado por este último tenha se referido ao Brasil como um todo, sobretudo porque as frotas (mas não os navios isolados ocasionais) zarpavam apenas dos principais portos dessas três capitanias. É isso que transparece nas chegadas e em outras informações registradas no periódico *Gazeta de Lisboa*.

Outro autor da época, muito familiarizado com a produção açucareira, menciona que, no início da década de 1720, as exportações brasileiras de açúcar alcançavam, em média, 24 mil caixas de mais de trinta arrobas cada uma, 3 mil feixos de seis a oito arrobas e 2 mil caras de uma arroba. (Outras exportações do Brasil para Portugal incluíam 18 mil rolos de fumo, cada qual pesando em média de oito a dez arrobas.)

Segundo informações de cartas do Brasil reproduzidas na *Gazeta de Lisboa*, em 1716, cerca de 10 mil a 12 mil caixas esperavam para ser embarcadas em Pernambuco, e um número equivalente, além de 15 mil a 16 mil rolos de fumo, aguardava a frota na Bahia. Em 1718, as declarações dos carregamentos de 63 navios do Rio de Janeiro, Pernambuco e Bahia que haviam chegado a Lisboa ou Porto (e incluindo o carregamento de um navio que fora perdido) mostravam um total de 16.847 caixas e 2.540 feixos de açúcar. O carregamento de sete outros navios da frota é desconhecido, mas, mesmo admitindo-se uma elevada média de quatrocentas caixas por navio não registrado, as importações totais de açúcar brasileiro para Portugal naquele ano não ultrapassaram em muito as 20 mil caixas.

Em 1721, as frotas da Bahia e de Pernambuco, formadas por 59 navios, levaram a Lisboa, Porto e Viana 18.762 caixas e 2.296 feixos de açúcar. Tendo em vista que em 1718 a frota de treze navios do Rio de Janeiro (com exceção dos três que permaneceram no Porto) havia trazido 5.365 caixas e 649 feixos, os totais sugeridos acima por um autor da época para o início da década de 1720 parecem bastante plausíveis. Ainda segundo a *Gazeta de Lisboa*, em 1745, a frota da Bahia, formada por 33 navios mercantes (dos quais onze pertenciam ao Porto), levou do Brasil 13.441 caixas, 1.729 feixos e 1.088 caras de açúcar. Ainda de acordo com o mesmo periódico, em 1749 a frota do Rio de Janeiro, formada por 22 navios, carregou 3.057 caixas e alguns feixos e caras, enquanto a frota de Pernambuco, com 38 navios mercantes (dos quais dez pertencentes ao Porto), havia transportado 13.290 caixas, 1.221 feixos e 1.022 caras de açúcar. Caso esses totais reflitam a produção aproximada das três principais áreas açucareiras do Brasil no final da década de 1740, seria de se pensar que, àquela altura, as exportações brasileiras de açúcar ultrapassavam novamente 30 mil caixas, cujo peso médio, pelo menos na Bahia, tendia a aumentar. Por fim, os dados referentes a uma frota de 28 navios da Bahia atracada em 1753, a uma de treze navios do Rio de Janeiro e a uma de 44 navios de Pernambuco, ambas atracadas em 1754, quando somados, indicam um total de 25.598 caixas, 3.466 feixos e 2.422 caras do produto, total pouco superior ao do início da década de 1720.[24]

O declínio da mineração do ouro foi tão rápido quanto sua ascensão: o valor das exportações de ouro parece ter alcançado um máximo equivalente a cerca de 2,5 milhões de libras esterlinas por volta de 1760, caindo para menos de 1 milhão em 1780. Não se dispõe de dados completos sobre as exportações totais da colônia no século XVIII. Segundo os números reproduzidos em obra publicada entre 1819 e 1820, a frota que chegou do Brasil em dezembro de 1708, e que compreendia cerca de cem navios, trouxe ouro e mercadorias avaliados em 54 milhões de cruzados. Esse valor equivalia a 21.600 contos de réis, ou 6.076.000 libras esterlinas, ao câmbio de 3.555 réis para cada libra esterlina. Conforme a mesma fonte, a frota de setenta navios atracada em 1712 trouxe mercadorias e metais preciosos avaliados em 50 milhões de cruzados.[25]

Em obra de 1780, um autor francês muito bem informado registra que o valor das exportações anuais do Brasil para Portugal entre 1770 e 1775 alcançou uma média de 56.949.290 livres francesas, ou 22.780.000 cruzados. Estes, por sua vez, equivaliam a apenas cerca de 2.563.000 libras esterlinas, e o ouro respondia por cerca de 44% desse valor, e os diamantes por talvez 6%. Durante o mesmo período, as exportações anuais de açúcar teriam alcançado, em média, 1.770.000 arrobas (correspondendo a cerca de um terço do valor total das exportações); as de fumo, 234 mil arrobas; e as de pau-brasil, 20 mil quintais. O número médio de couros exportados teria totalizado 114.420. O autor não dispunha de informações estatísticas para períodos mais recentes, mas observou que um pouco de café e de índigo estava sendo recebido do Rio de Janeiro, e que as exportações de arroz e de algodão do Pará e Maranhão haviam aumentado. Referindo-se a uma fonte que qualificou de "o homem que mais havia estudado e que mais bem conhecia a colônia do Brasil", o mesmo autor também afirmava que a colônia encontrava-se endividada junto aos comerciantes da metrópole na soma de 15.165.980 livres, ou cerca de 6.066.000 cruzados. Por fim, mencionava que, em oito anos da década de 1770, as importações anuais da África para o Brasil haviam alcançado a média de 16.303 escravos, o que está bastante de acordo com os totais apresentados na tabela 3. No entanto, apesar do declínio contínuo da mineração de ouro, em comparação com a década de 1770, a recuperação econômica do Brasil na década de 1790 seria bastante notável. De fato, entre 1798 e 1800, o valor das exportações anuais brasileiras alcançaria a média de 29.941.000 de cruzados.[26]

Durante a fase de prosperidade da mineração, a renda das regiões mineradoras era aparentemente mais bem distribuída do que nas áreas de grandes plantações da colônia voltadas para a exportação, e quando se acentuou a decadência da mineração do ouro, não existia em Minas Gerais, de forma alguma, uma especialização exclusiva na atividade mineradora. Havia ocorrido nas cidades uma diversificação das atividades econômicas, com o predomínio do comércio e do artesanato, enquanto muitos grandes mineradores combinavam o empreendimento da mineração com agricultura, criação de gado e atividades comerciais. No último quarto do século XVIII, a mineração absorvia uma fração cada vez menor da população de Minas Gerais, que já ultrapassava 300 mil pessoas. Assim, uma parte significativa dessa população — na qual o número de pessoas livres excedia ligeiramente o de escravos — foi forçada a se dedicar à agricultura de alimentos e à criação de gado, ao passo que a atividade nas cidades também declinava. Enquanto isso, no Norte da colônia, em especial no Maranhão, iniciou-se uma fase de prosperidade baseada em novos produtos, principalmente o algodão, exportado após 1760, e, em menor escala, o arroz. A produção desses dois gêneros havia sido estimulada por uma companhia comercial privilegiada, a Companhia Geral do Grão-Pará e do Maranhão — criada durante o governo do primeiro-ministro progressista de Portugal Marquês de Pombal. A Companhia de Pernambuco, igualmente privilegiada, estimulou e concedeu crédito aos senhores de engenho na região de seu monopólio.[27] Durante os últimos quinze anos do século, as condições de mercado para o açúcar também melhoraram, sobretudo após o colapso da economia açucareira francesa no Haiti em 1791. Em consequência, as regiões de grandes plantações recuperaram parte de sua importância econômica anterior, e o Brasil adentrou o século XIX como exportador de produtos típicos do setor agropecuário: açúcar, algodão, fumo, couros e arroz.

Uma das mudanças mais consideráveis ocorridas no Brasil durante o século XVIII foi um grande aumento da população, resultado sobretudo de uma significativa imigração portuguesa e da imigração forçada de escravos africanos. A relevância da imigração europeia para a colônia foi objeto de alguns exageros no passado, quando foi estimada em mais de 500 mil pessoas; avaliações mais recentes apontam para um número menor. Segundo uma fonte, não mais do que 5 mil ou 6 mil portugueses emigraram para o Brasil em qualquer ano do século, enquanto provavelmente um intervalo de 3 mil a 5 mil estaria mais perto do número real nos anos de "maior afluxo".[28] Durante os primeiros sessenta anos do século XVIII, outro autor estima que "os portugueses que emigraram para o Brasil [...] não podem ter passado de 200 mil".[29] Aparentemente, portanto, a imigração europeia total durante o século da mineração pode não ter passado muito da casa dos 300 mil.[30] No que diz respeito ao destino dos imigrantes, está claro que nem todos foram para as minas. Muitos se estabeleceram nas regiões costeiras, contribuindo para o crescimento de cidades como Rio de Janeiro e Salvador, enquanto outros se dirigiram para novas áreas. Esse foi o caso, por exemplo, dos grupos de famílias camponesas dos Açores e da Ilha da Madeira que, em meados do século XVIII, foram enviados pela Coroa portuguesa para o sul da colônia, nas regiões de Santa Catarina e Rio Grande do Sul.

Diversas estimativas foram sugeridas para o total de escravos africanos importados para o Brasil no século XVIII, ou durante todo o período de existência do tráfico de escravos. Muitas vezes, números fantasiosos foram obtidos com base em importações anuais atípicas observadas em determinados anos.[31] Estudos mais recentes, baseados em fontes sobre partidas da África, bem como em chegadas ao Brasil, produzem totais significativamente mais baixos, que parecem mais plausíveis à luz das estimativas disponíveis sobre a população total e a capacidade de transporte marítimo durante o período. Números decenais sugeridos para o período de 1700 a 1810 alcançam um total de 1.890.000 escravos. Com base em médias um pouco inferiores, uma fonte mais antiga, mas frequentemente citada, apresenta o total mais conservador de cerca de 1,5 milhão para o mesmo período. Em todo caso, quase 1 milhão de escravos teriam entrado na colônia durante os primeiros sessenta anos do século XVIII, período de prosperidade do setor de mineração do ouro.[32]

Sem dúvida, o crescimento natural da população também influenciou a expansão demográfica do século XVIII, mas existem poucas estatísticas vitais para o período. Houve tentativas de utilizar registros paroquiais e outras fontes documentais, notadamente no caso de São Paulo,[33] mas ainda assim é difícil fazer inferências quantitativas em relação à colônia como um todo. Porém, ao que parece, enquanto a fertilidade entre os escravos negros era baixa e sua taxa de reprodução natural mostrava-se negativa, houve uma extensa miscigenação ao longo do século, resultado da forte proporção de homens no total de imigrantes brancos, o que gerou um crescimento natural marcadamente positivo da população livre.[34] A incorporação de indígenas capturados como escravos ou semiescravos também continuou, mas foi menos expressiva ao longo do século como um todo.

Ao final do século XVIII, a população brasileira provavelmente avizinhava os 3 milhões de pessoas, das quais talvez mais de um terço eram escravas, e cerca de 30% eram brancas.[35] A essa altura, a colônia tinha quase a mesma população total que a metrópole. Contudo, a distribuição espacial da população também se modificou de forma significativa ao longo do século, com a importância crescente das áreas do Centro e do Sul, ao mesmo tempo que ocorria um processo não negligenciável de urbanização refletido nos números disponíveis para o final do período. Diversas estimativas da população das várias regiões do Brasil, particulares e oficiais, foram feitas durante o último terço do século XVIII. Algumas delas, correspondentes ao período de 1772 a 1782, dão uma visão aproximada da distribuição regional da população na década de 1770, estimada em 1.555.000 habitantes. Esse total é provavelmente uma estimativa conservadora do número real. Segundo esses dados, reproduzidos em parte na tabela 2, cerca de 48% da população estavam agora concentrados ao sul da Bahia: 25% nas três capitanias mineradoras, cerca de 14% na capitania do Rio de Janeiro, 7,5% em São Paulo e somente 2% no Rio Grande do Sul e Santa Catarina. No Nordeste, as capitanias da Bahia e de Pernambuco ainda apresentavam as maiores concentrações, com respectivamente 18,5% e 15,4% da população total. A população do Maranhão representava apenas 3% do total.[36]

Ao final do século XVIII, Salvador e Rio de Janeiro eram as principais cidades da colônia, tendo esta última crescido consideravelmente após se tornar a capital brasileira, em 1763. A população da cidade do Rio de Janeiro passou de um total de 24.397 pessoas em 1749 (com mais de 5 anos) para 43.376 em 1799, e para 50.144 em 1808.[37] A população da cidade de Salvador foi estimada por um autor inglês no início da década de 1750 em torno de 36 mil pessoas, das quais talvez apenas 12 mil eram brancas. Em 1759, uma contagem indicou o número de 37.543 comungantes e 6.719 fogos em Salvador. Já em 1775, a cidade, incluindo os subúrbios, tinha 57 mil habitantes. A cidade de Salvador propriamente dita parece ter alcançado uma população de 40 mil pessoas em 1780, e 50 mil na virada do século. Talvez incluindo os subúrbios, sua população foi estimada em "não menos de 70 mil pessoas" ao final da primeira década do século XIX.[38] Havia outras cidades costeiras importantes ao norte de Salvador. Segundo diversas fontes, Recife tinha, entre 1808 e 1810, de 25 mil a 30 mil habitantes. Olinda tinha talvez um quinto desse total. Na segunda década do século XIX, São Luís alcançou cerca de 19 mil habitantes, enquanto Fortaleza tinha mais de 10 mil. A população de Belém em 1749 era de 6.579 pessoas, distribuídas em novecentos fogos. Em 1792, a cidade contava 8.573 habitantes, dos quais 4.423 (51,6%) eram brancos e 3.051 (35,6%) eram escravos, enquanto o restante se constituía de índios e mestiços. Em 1801, a cidade tinha cerca de 1.820 fogos e 11.500 habitantes.[39]

No início do século XIX, outros centros urbanos importantes localizados na região mineradora incluíam Vila Rica (atual Ouro Preto) e Mariana, que, no século XVIII, parecem ter alcançado respectivamente 20 mil e 7 mil habitantes, mas que, em 1813, tinham apenas 8.593 e 4.720. Em 1809, um autor propôs para São João del Rei pelo menos 5 mil habitantes, e também cerca de 5 mil para Vila do Príncipe (atual Serro) e 6 mil para Tijuco (atual Diamantina), embora esses números possam estar um pouco inflados considerando-se as estimativas já "ultrapassadas" que o mesmo autor apresenta para Vila Rica e Mariana. Ele também observou diversos outros núcleos com populações variando entre mil e 2 mil habitantes.[40]

Não havia muitas aglomerações urbanas importantes ao sul do Rio de Janeiro, e os números disponíveis geralmente incluem seu entorno agrícola imediato. São Paulo, que tinha algo em torno de 4.409 habitantes em 1777, alcançava de 15 mil a 20 mil por volta de 1807. No mesmo ano, Santos, o principal porto marítimo da capitania de São Paulo, tinha de 6 mil a 7 mil habitantes incluindo os seus arredores, enquanto Desterro, em Santa Catarina, tinha entre 5 mil e 6 mil. Por fim, Curitiba contava 4.125 habitantes em 1800, e a freguesia de Porto Alegre, 6.111 habitantes em 1814.[41]

1.2. ALGUMAS CARACTERÍSTICAS DA ORGANIZAÇÃO DO TRABALHO EM DIVERSOS SETORES ECONÔMICOS DURANTE O PERÍODO COLONIAL

Durante os primeiros três séculos da história brasileira, a organização do trabalho variava dependendo da região e da atividade econômica, e a escravidão estava presente na agricultura em todas as regiões, fosse como forma de trabalho predominante ou complementar. Nesta seção serão observadas em mais detalhes algumas das características da organização do trabalho e da produção nas diversas áreas, que serão agrupadas segundo suas principais atividades econômicas.

1.2.1. A agricultura no Nordeste: o setor açucareiro

A existência de alguns relatos da época permite reconstruir a organização da produção açucareira, primeira atividade agrícola de importância comercial para a colônia. A produção de açúcar envolvia uma fase agrícola — o plantio e o corte da cana — e uma fase industrial — o processamento da cana para transformá-la em açúcar, aguardente e melaço. Na medida em que se pudesse alcançar algum progresso técnico em qualquer das duas fases, aumentando a produtividade do trabalho, a expansão da produção tornar-se-ia menos dependente da oferta de mão de obra. Por outro lado, na ausência desse progresso, uma produtividade relativamente elevada ainda podia ser mantida através do deslocamento da plantação da cana para novas terras, abandonando-se por vários anos as partes da propriedade também plantadas anteriormente durante diversos anos consecutivos.

No Brasil colonial, aquelas duas operações eram realizadas com frequência no mesmo estabelecimento: o engenho. Tal empreendimento constituía-se de uma plantação de cana-de-açúcar que continha o engenho propriamente dito, um estabelecimento "industrial" com uma moenda e outras instalações, e em geral ocupava uma área importante. Segundo as descrições disponíveis (quase sempre relativas à Bahia ou a Pernambuco, mas provavelmente válidas para o restante do Nordeste e para os grandes engenhos de outras áreas costeiras), o trabalho no campo era geralmente realizado por turmas de escravos sob a supervisão de feitores. Já no século XVII, uma grande proporção dos escravos era africana, uma vez que a tentativa anterior de empregar indígenas escravizados na produção de açúcar, como já se mencionou, havia se mostrado insatisfatória. Alguns "especialistas" livres eram empregados no processamento do açúcar,[42] mas, com o tempo, algumas de suas tarefas passaram a ser desempenhadas por escravos qualificados. Todas as outras ocupações no engenho, assim como a preparação final do açúcar, eram igualmente exercidas por escravos. Desse modo, cerca de quarenta escravos eram necessários para operar um engenho 24 horas por dia, como era a praxe durante o período de safra. Nos meses restantes do ano, o açúcar absorvia relativamente menos trabalho escravo, que podia ser temporariamente realocado para outras atividades dentro da propriedade. Embora não se possa estabelecer uma média exata, os engenhos "normais" tinham em torno de oitenta a cem escravos. Em casos excepcionais, o número de escravos africanos ultrapassava quatrocentos, mas os grandes engenhos possuíam de 150 a duzentos escravos negros.[43] Quanto ao número de supervisores livres, fontes diferentes apresentam números diversos. Segundo um dos autores, era preciso mais de um feitor para cada dez escravos. Outro apresenta um número maior: vinte supervisores livres em engenhos de cerca de cem escravos, de oito a dez nos engenhos com cinquenta escravos, e de cinco a seis nos engenhos menores.[44] De toda forma, havia pelo menos dez supervisores livres e especialistas nos engenhos normais. Esses trabalhadores recebiam salários estipulados em dinheiro, e alguns ainda tinham direito a casa e comida.[45] De fato, apesar da escassez de moeda metálica e da ausência de cunhagem local em maior escala até a década de 1690, a economia era tipicamente monetizada, no sentido de que existia uma clara noção de preços nas transações comerciais e um sistema generalizado de crédito.[46]

Havia outros trabalhadores livres na esfera dos engenhos. Nos estágios iniciais da economia açucareira do Brasil, existia uma classe formada por "mecânicos", carpinteiros, pedreiros e outros artesãos que ajudavam a construir as instalações dos engenhos. Frequentemente eram trabalhadores itinerantes que viajavam de um engenho para outro e dominavam vários ofícios. Ao que parece, muitos deles acabaram se estabelecendo nas cidades ou voltando para Portugal, já que os escravos importados da África foram sendo gradualmente treinados para essas atividades e acabaram se mostrando muito competentes, além de custarem menos para o senhor de engenho.[47] A partir do final do século XVI, muitos engenhos haviam se tornado praticamente autossuficientes em termos de atividades artesanais: "Fosse como trabalhadores no campo ou nos engenhos de açúcar, ou como criados domésticos dentro de casa, ou ainda como [...] carpinteiros, sapateiros, pedreiros e outros 'mecânicos', os escravos negros haviam se tornado indispensáveis". Alguns engenhos tinham escravos que dominavam as técnicas metalúrgicas rudimentares utilizadas em seus países africanos de origem e eram capazes de forjar ferro, enquanto também se tornou comum para as mulheres escravas tecer tecidos de algodão, sobretudo nos meses em que o ritmo das atividades agrícolas diminuía.[48]

O emprego de mão de obra no cultivo da cana-de-açúcar não se limitava aos engenhos. Com efeito, a existência de lavradores especializados na plantação da cana-de-açúcar a ser processada nos engenhos parece ter sido fundamental para a rentabilidade da operação desses estabelecimentos no período de safra. Porém, a apropriação de grandes extensões de terra por um número relativamente pequeno de pessoas, resultante da concessão de sesmarias, havia levado à concentração da propriedade da terra nas mãos de poucos proprietários.[49]

Existiam dois grupos principais desses agricultores. Os chamados "lavradores" eram colonizadores que não possuíam recursos suficientes para construir um engenho de açúcar — ou simplesmente não o desejavam. Tinham, no entanto, o bastante para comprar alguns escravos e iniciar o cultivo de canaviais, fosse em suas próprias terras (lavradores livres) ou em terras arrendadas (lavradores obrigados), em geral na vizinhança dos engenhos. O serviço de processamento de sua cana-de-açúcar em um engenho próximo e os arrendamentos eram pagos com uma percentagem do açúcar obtido, e nesse sentido o lavrador pode ser considerado uma espécie de meeiro. No entanto, quando as terras cultivadas por seus escravos lhes pertenciam, como no caso dos lavradores livres, eles podiam escolher o engenho de sua preferência.[50] Por oposição a estes, os chamados "moradores de condição" eram muito mais dependentes dos proprietários dos engenhos. Eles formavam uma classe de agregados ou residentes tolerados pelo senhor da terra, praticando uma agricultura de subsistência ou plantando cana em áreas do engenho. Alguns desses moradores possuíam escravos, mas outros apenas trabalhavam a terra com suas próprias mãos. Alguns eram meeiros, enquanto outros não pagavam arrendamento nenhum ao senhor de engenho, formando uma clientela de agregados à disposição deste último, podendo ser mobilizada para trabalhos auxiliares e ocasionais.[51] Tendo em vista o caráter basicamente monocultural dos engenhos de açúcar e suas grandes necessidades próprias de alimentos, lenha, gado e também de matéria-prima (cana-de-açúcar) para operar a plena capacidade durante os nove meses de safra, aqueles ocupantes das terras dos grandes proprietários, moradores com ou sem escravos, podiam desempenhar algum papel útil — e, até certo ponto, "poupador de trabalho escravo" — no suprimento de necessidades do engenho, mesmo sem pagar qualquer arrendamento pelo uso da terra, podendo ser utilizados para trabalhos auxiliares ocasionais. Mas essa população livre permanecia avessa ao trabalho no campo em turmas, principalmente se fosse lado a lado com escravos.

Assim, à medida que a população cresceu, no século XVIII, supostamente ocorreu uma "modificação da estrutura social rural" da Bahia e de Pernambuco, com a emergência de uma "plebe" rural brasileira cada vez mais numerosa, que obtinha sua subsistência básica das atividades agrícolas, muitas vezes sem direitos legais em relação à terra que cultivava. As vicissitudes do setor açucareiro também causaram dificuldades para os lavradores de cana.[52] Na década de 1780, porém, apesar do crescimento absoluto da população livre, a Bahia, principal capitania produtora de açúcar, permanecia uma sociedade tipicamente escravocrata, com uma população total de aproximadamente 280 mil habitantes, dos quais cerca de metade era escrava.[53] O cultivo do fumo também havia se desenvolvido nessa capitania desde o século XVII, e se apoiava muitas vezes no trabalho escravo, mas era normalmente realizado em escala menor do que a produção de açúcar, de modo que seus fazendeiros demandavam comparativamente menos escravos.[54]

1.2.2. Pecuária, agricultura de alimentos e produtos extrativos

Ao contrário do que foi afirmado em alguns estudos sobre o tema, os escravos também eram, até certo ponto, empregados na criação de gado durante o período colonial em áreas específicas do Brasil. Era esse o caso, por exemplo, do Piauí, do Paraná e do Rio Grande do Sul. Contudo, à medida que a pecuária se desenvolveu no sertão nordestino como atividade ancilar da produção de açúcar, o setor também parece ter absorvido numerosos trabalhadores livres, incluindo até mesmo indígenas e seus descendentes, que se adaptavam bem ao trabalho com o gado. Ao que tudo indica, remunerar os vaqueiros com uma percentagem das crias das cabeças sob sua responsabilidade era uma prática comum. A "quartiagem", ou a percentagem de um quarto, parece ter sido frequente em se tratando da criação de gado, e perdurou até o século XIX, provendo, teoricamente, um "capital inicial" para os peões ou vaqueiros se tornarem criadores independentes. Tal sistema poderia ter levado à proliferação de pequenos criadores de gado no sertão, mas, como ocorrera no caso das terras costeiras adequadas para o cultivo da cana-de-açúcar, em consequência da concessão de extensas sesmarias, a propriedade da terra no interior também estava muitas vezes concentrada nas mãos de grandes fazendeiros, fato que impedia a materialização de tal tendência.[55] No final do século XVIII, no sul da colônia, onde ocorrera a imigração de "ilhéus livres" (ver capítulo 8) como resultado de política de imigração deliberada da Coroa portuguesa, empregavam-se tanto escravos quanto trabalhadores livres, e, em alguns casos, estes últimos eram remunerados em dinheiro, mas, de forma geral, as relações salariais no setor da pecuária permaneceram aparentemente limitadas na colônia como um todo.

Nas áreas mais pobres, onde o cultivo da cana-de-açúcar e a mineração não assumiram nenhuma importância significativa até meados do século XVIII, havia numerosos pequenos agricultores que cultivavam gêneros alimentícios (sobretudo mandioca, feijão e milho), muitas vezes produzindo apenas o necessário para sua subsistência. Durante o período inicial de instalação, esses povoadores com frequência utilizaram indígenas escravizados como mão de obra, pois que normalmente não dispunham de recursos para adquirir escravos africanos. Os paulistas, em especial, fizeram diversas expedições para o interior do continente no século XVII, durante as quais atacaram missões religiosas espanholas para capturar seus índios pacíficos a fim de escravizá-los. Uma parte desses indígenas era em seguida vendida para outras regiões. Essas incursões tinham seu equivalente nas expedições de "resgate" para capturar índios no vale do Amazonas. De modo geral, porém, à medida que a população crescia, a não ser nas áreas especializadas na produção de gêneros de exportação para os mercados estrangeiros, uma grande parte das famílias era aparentemente autônoma e trabalhava a terra sem escravos. Esse modelo estava presente não apenas nas regiões mais antigas de colonização, como em São Paulo ou no planalto de Curitiba, no Paraná, mas também na fase inicial de ocupação de Santa Catarina e do Rio Grande do Sul, que se efetuou em grande medida por meio da transferência de famílias camponesas das "superpovoadas" ilhas portuguesas do Atlântico para essas duas últimas áreas, que eram menos apropriadas ou até mesmo impróprias para a produção de açúcar em grande escala e tinham um clima mais semelhante ao europeu. As autoridades da colônia concederam a essas famílias de ilhéus transporte gratuito, lotes de terras, implementos agrícolas etc. — um mínimo de capital —, de modo que estas formaram inicialmente uma classe de pequenos produtores rurais trabalhando em estabelecimentos de tamanho familiar.

Os índios também eram reunidos por ordens religiosas em missões na região da Amazônia brasileira, onde eram empregados na coleta de produtos florestais (cravo, salsaparrilha, cacau). Uma vez "convertidos" ao cristianismo, os índios eram organizados em comunidades em grande medida autossuficientes, que se dedicavam à agricultura e ao artesanato rudimentar e também coletavam excedentes exportáveis de produtos florestais, e parte do lucro era revertida para as ordens religiosas. No entanto, esses estabelecimentos econômicos, nos quais não havia relações salariais, acabaram sendo desorganizados depois da secularização das aldeias, da abolição da escravidão indígena e da expulsão dos jesuítas no final da década de 1750. Com a nova administração civil dos índios, e apesar dos regulamentos criados para protegê-los (o chamado Diretório), estes últimos eram com frequência explorados pelos administradores civis, que arrendavam seus serviços para terceiros ou se apropriavam de parte dos produtos das aldeias. Todavia, a abolição da escravidão indígena criou um problema trabalhista em potencial para os fazendeiros do Pará, mais especificamente na área ao redor de Belém. Esse problema foi em parte resolvido por meio de um aumento das importações de escravos africanos, conforme o cultivo de novos produtos com base em trabalho escravo espalhava-se pela região, graças ao incentivo da Companhia Geral do Grão-Pará e do Maranhão. De fato, após 1760, o Pará e em especial o Maranhão ganharam uma importância comercial crescente, à medida que os cultivos do arroz e sobretudo do algodão se desenvolviam no Maranhão, ao passo que os plantios de cacau e também de arroz se estendiam no Pará. Tais desdobramentos foram acompanhados por uma intensificação da escravidão nessas regiões, embora no Pará os índios "livres" ainda fossem empregados na coleta de produtos florestais. A já mencionada recuperação agrícola do final do século XVIII levou também a uma intensificação da escravidão em São Paulo, com a expansão de seu setor açucareiro, assim como no Rio Grande do Sul, onde o número absoluto de escravos empregados no cultivo do trigo tendeu a aumentar. Na virada para o século XIX, portanto, na maioria das áreas da colônia, os escravos africanos eram empregados com maior ou menor intensidade, embora em muitos casos a escravidão estivesse "localizada" em setores específicos, enquanto os gêneros de subsistência eram geralmente produzidos por agricultores autônomos.[56]

1.2.3. Mineração

Analogamente ao que ocorrera com as primeiras sesmarias para a implantação dos engenhos no Nordeste, as *datas* — concessões de terras públicas para a mineração — foram concedidas sob a supervisão de autoridades coloniais, de acordo com a mão de obra escrava à disposição dos postulantes e, portanto, com as suas condições econômicas. Uma vez obtidas por grandes mineradores, essas datas eram trabalhadas exclusivamente por escravos, apenas com supervisão de trabalhadores livres. Por outro lado, nos leitos dos rios encontravam-se também ocasionalmente faiscadores livres.

Assim, a extração de ouro na região de mineração absorveu um grande número de escravos, mas havia tanto mineradores grandes quanto pequenos, já que variava o tamanho das terras de mineração (lavras ou catas), obtidas legalmente por intermédio das autoridades. Alguns mineradores tinham apenas poucos escravos, e a alguns escravos se permitia conservar uma percentagem de sua produção, que podiam usar para comprar a própria liberdade. O fato de, em 1786, os negros livres representarem mais de 20% do total de negros da capitania parece indicar que havia, efetivamente, alguma possibilidade de ascensão social para os escravos negros. A riqueza da região levou a uma diversificação das atividades econômicas como a agricultura, a criação de gado e os serviços urbanos, que também absorveram escravos com maior ou menor intensidade. Conforme observado em um trabalho sobre Minas Gerais de 1750 a 1808, no século XVIII — a principal capitania mineradora parece ter sido "essencialmente uma sociedade urbana", fato que afetava a estrutura da produção e da demanda, e que também tinha consequências sociais interessantes: "A sociedade mineira do século XVIII nunca foi composta apenas por senhores e escravos [...] no sentido das [...] regiões costeiras [...] e tampouco a sociedade era exclusivamente patriarcal".[57] Mesmo quando a mineração do ouro declinou, e um número cada vez maior de habitantes livres precisou passar a se dedicar à agricultura de alimentos ou à criação de gado, com ou sem escravos, restaram várias cidades com alguns milhares de habitantes. Ao final do século, apesar de sua rentabilidade em queda, a mineração ainda empregava tanto trabalhadores escravos em explorações auríferas permanentes quanto faiscadores livres itinerantes que, trabalhando individualmente ou em pequenos grupos, tiravam sua precária subsistência da lavagem do ouro nos agora empobrecidos rios da região. Assim, a mão de obra na mineração consistia em escravos e em garimpeiros autônomos, de modo que as relações salariais provavelmente se restringiam aos supervisores dos estabelecimentos de mineração de ouro e de diamantes de maior porte. Uma diferença significativa em comparação com as áreas açucareiras era uma maior possibilidade (já mencionada acima) de acesso à liberdade via manumissão — e, portanto, de ascensão social — por parte dos escravos na região das minas; por outro lado, a expectativa de vida dos escravos nos grandes estabelecimentos mineradores não era maior do que nos canaviais, pois eles também eram encarados como um capital do qual se deveria extrair o máximo possível de excedente ou rendimento. Assim, a taxa global de reprodução natural dos escravos nas áreas de mineração também era negativa.[58]

1.2.4. O trabalho no setor urbano, nos transportes, nos serviços e nas atividades industriais

As primeiras cidades do Brasil eram inicialmente centros administrativos e comerciais com uma diversificação limitada de atividades, mas, já no século XVIII, algumas haviam crescido consideravelmente, agrupando uma população não negligenciável, conforme foi visto. Essas cidades abrigavam habitantes livres de diversos tipos, desde agricultores que trabalhavam em suas cercanias até funcionários públicos, clérigos, artesãos, comerciantes e lojistas. Nas cidades costeiras encontrava-se todo tipo de pessoas ligadas à navegação, além de pescadores, que também podiam ser vistos nas pequenas comunidades espalhadas ao longo da costa.[59] Em alguns portos, como Salvador, Rio de Janeiro e Belém, estabeleceram-se estaleiros que produziam embarcações para o comércio de cabotagem, ou mesmo navios de grande porte para o comércio transatlântico e navios de guerra.[60] Contudo, em parte devido às restrições coloniais, as atividades "industriais" nos núcleos urbanos permaneciam em grande medida limitadas ao trabalho artesanal realizado em pequenas oficinas.

Dada a crescente autossuficiência dos engenhos onde os artesãos escravos substituíram progressivamente o trabalho livre, artesãos livres podiam ser encontrados principalmente nas cidades do litoral. No século XVII, os artesãos ainda não eram muito organizados, em parte porque o sistema de guildas não havia se desenvolvido por completo em Portugal durante a Idade Média. As confrarias ou irmandades formadas pelos artesãos no Brasil tinham um certo caráter religioso, e muitas vezes reuniam vários ofícios sob um único "estandarte" (de um santo). Alguns desses artesãos foram bastante bem-sucedidos, e os "ofícios mecânicos" às vezes tinham representação nos conselhos municipais,[61] mas, de modo geral, as pessoas que trabalhavam com as próprias mãos tendiam a ser desprezadas na colônia. Esse preconceito era reforçado pelo fato de que, ao final do século XVII, era possível encontrar na colônia escravos incumbidos de todo tipo de tarefa manual, tanto nas cidades quanto na agricultura. Existem numerosas referências que indicam que a "ideia da dignidade do trabalho [não] era [...] difundida na época nem muito tempo depois [...] [e que] desde os primeiros tempos da colonização do Brasil [...] todos, exceto os brancos mais pobres, dependiam do trabalho escravo".[62] Em tal contexto, mesmo nas cidades, a tendência era que o trabalho livre fosse substituído pelo trabalho escravo. Nos centros urbanos, os artesãos que conseguiam juntar algum dinheiro acabavam retornando para a metrópole ou eram levados a adquirir escravos que, após serem treinados, gradualmente os substituíam em muitas de suas atividades artesanais anteriores. Em Salvador em 1699, segundo uma testemunha ocular, "todos os artesãos [compravam] negros e [treinavam-nos] para que realizassem suas várias atividades".[63] Na segunda metade do século XVIII, todas as fontes da época parecem concordar que, em muitas regiões, em maior ou menor grau, todos os tipos de trabalhos manuais eram realizados por escravos, treinados nos diversos ofícios, embora também fosse possível encontrar "mecânicos" livres. Em 1756, um viajante sueco de passagem por Salvador observou que "os habitantes [livres] [...] passavam a maior parte do tempo bebendo e jogando, evitando qualquer tipo de trabalho, que era realizado por seus escravos negros trazidos da África".[64] Usavam-se poucos cavalos e mulas de carga na cidade, e as carretas e carruagens eram raras, de modo que os escravos eram utilizados tanto no transporte de mercadorias quanto no de pessoas em liteiras. Eles também eram empregados na construção, como mascates, e em todo tipo de atividade artesanal, além de tarefas domésticas. Alguns escravos tinham permissão para trabalhar de forma autônoma, como diaristas, contanto que pagassem ao seu dono uma percentagem de sua receita. Outros eram arrendados por um período específico. Isso se aplicava não apenas aos escravos qualificados, mas também às mulheres, que trabalhavam como "cozinheiras, costureiras e vendedoras ambulantes".[65] No início do século XIX, a cidade de Salvador era repleta de "artesãos, entre os quais se encontravam lapidários [...] [e] alguns bons alfaiates, sapateiros e curtidores. Estes últimos fabricam couro [...] em quantidade suficiente para exportar o produto para o litoral como um todo".[66] Embora em muitos ofícios os escravos e mulatos livres fossem numerosos, na construção, aparentemente, a maioria dos mestres era de origem portuguesa, e contava com o auxílio de mão de obra local não qualificada (e, muitas vezes, escrava). Para artesãos livres e escravos de qualificação similar, a remuneração diária parece ter sido igual.[67]

No Rio de Janeiro prevalecia a mesma situação, como indica a descrição a seguir, que data de algumas décadas depois: "Os negros são quase as únicas pessoas que trabalham na venda dos diferentes artigos no mercado, e dedicam seu tempo livre à fiação do algodão e à fabricação de chapéus de palha [...] em suma, todo tipo de trabalho manual é executado por eles".[68] Outra fonte declarou que "a maioria das funções subalternas é desempenhada por escravos".[69] As transações de arrendamento de escravos também parecem ter sido frequentes no Rio de Janeiro. Referindo-se ao ano de 1808, um observador da época afirmou que "todas as casas respeitáveis contavam com escravos que haviam aprendido alguma ou várias das artes comuns da vida, e não apenas trabalhavam em suas diversas especialidades para a família à qual pertenciam, mas eram arrendados por seus donos para pessoas não tão 'bem providas' quanto eles".[70]

Descrições de outras cidades da colônia também enfatizavam a importância do trabalho escravo no setor urbano. Em Vila Rica, em 1809,

> poucos dos habitantes [livres tinham] qualquer emprego, com exceção dos lojistas, que [eram] de fato uma classe numerosa. [...] Todos os ofícios [eram] exercidos quer por mulatos, quer por negros. [...] [Havia] muitos alfaiates, sapateiros, funileiros e alguns ferreiros, e um número não desprezível de seleiros. [...] Os negros [constituíam] o principal bem [dos habitantes] [...] mas os lucros obtidos com seu trabalho quase não chegavam a compensar os gastos com sua manutenção.

Tal descrição também se aplicava a várias outras pequenas cidades da capitania de Minas Gerais. Em Tijuco, por exemplo, o arrendamento de escravos para trabalhar nas minas de diamante era comum, e "várias pessoas [...] viv[iam] no ócio do salário [de seus escravos]".[71]

Por oposição a essa situação, em São Paulo, até o final do século XVIII, a maioria dos "mecânicos" era livre, e "a tendência a incorporar escravos negros não se aplicava às ocupações artesanais [...] em qualquer grau apreciável".[72] Na cidade de Desterro, em Santa Catarina, uma situação semelhante parece ter prevalecido, como sugere um relato de 1807.[73] Para a capitania do Rio Grande do Sul a evidência não é tão clara, já que artesãos tanto escravos quanto livres podiam ser encontrados em Rio Grande e em Porto Alegre, sendo a primeira categoria aparentemente mais numerosa na primeira cidade. Quanto ao norte do Brasil, já havia registros de transações de arrendamento de escravos em Belém em 1748, enquanto no Maranhão, na virada do século, os escravos representavam supostamente a maior parte dos trabalhadores na maioria das ocupações.[74]

Os escravos também podiam ser encontrados, em maior ou menor proporção, nas "indústrias" do século XVIII e início do século XIX, embora muitas vezes sob a supervisão de mestres livres. Na construção naval, por exemplo, os escravos parecem ter sido empregados nas atividades mais exigentes fisicamente, tais como o corte da madeira e o transporte de material. Era esse o caso de São Francisco, em Santa Catarina, antes de 1807.[75] Em 1749, 27 curtumes de Pernambuco empregavam 320 escravos.[76] As armações da Bahia, Rio de Janeiro e Santa Catarina, que fabricavam óleo e sabão a partir da gordura de baleia, eram muitas vezes grandes estabelecimentos que empregavam numerosos escravos. Assim, em meados do século XVIII, a armação da ilha de Itaparica, na Bahia, empregava 420 trabalhadores, incluindo vinte brancos, dois índios, 55 mulatos, 71 negros livres e 272 escravos.[77] Em 1801, cinco armações de Santa Catarina contavam com 525 escravos.[78] Um moinho de arroz próximo ao Rio de Janeiro, construído por volta de 1756, empregava aparentemente quase cem escravos na primeira década do século XIX.[79] Ao final do período colonial, a força de trabalho das charqueadas do Sul e das fábricas de carne-seca do nordeste da colônia era formada basicamente por escravos. Em Minas Gerais, os escravos eram empregados nas poucas ferrarias existentes, que produziam implementos de ferro, e alguns deles aplicavam a tecnologia rudimentar que se costumava utilizar na África.[80] Por fim, embora haja algumas poucas referências à produção de tecidos de algodão pelos escravos dos engenhos, pelo menos nas capitanias de São Paulo e de Santa Catarina, mulheres livres se dedicavam a essa atividade com propósitos comerciais. Não há informações seguras sobre o status dos trabalhadores nas oficinas têxteis do Rio de Janeiro e de Minas Gerais, que foram fechadas depois de 1785 em decorrência de um alvará da Coroa portuguesa proibindo a tecelagem na colônia. Em Minas Gerais, porém, pelo menos em algumas propriedades onde os teares ainda existiam na virada do século, o algodão era fiado e tecido por escravos.[81]

O transporte de produtos coloniais para o litoral empregava um grande número de trabalhadores. Estima-se que, em 1704, os engenhos, lavradores e cultivadores de fumo da Bahia precisavam de cerca de 6 mil carros de boi para transportar seus respectivos produtos, que exigiam, por sua vez, numerosos animais de tiro e carreteiros. Em algumas áreas das capitanias do Nordeste, onde as vias navegáveis eram abundantes, os engenhos usavam barqueiros escravos ou livres. Em 1775, segundo um documento da época, havia 2.101 embarcações de vários tipos registradas na Bahia, incluindo barcos de pesca, cujas tripulações incluíam pelo menos 673 libertos, 1.267 pescadores livres e 1.227 pescadores escravos.[82] O comércio das regiões mineradoras com o litoral, por sua vez, exigia milhares de mulas, que na época eram o único meio de transporte possível em muitas áreas do interior do Brasil. Tanto o comércio de gado bovino quanto o de mulas em direção às minas, bem como o transporte do e para o Rio de Janeiro, devem ter absorvido numerosos tropeiros de mulas, muitos dos quais eram provavelmente livres, caso os relatos do início do século XIX reflitam uma situação que já durava havia algum tempo.

Embora as atividades urbanas e de serviços fossem muitas vezes executadas por escravos, essa situação não excluía a existência de remunerações em moeda metálica corrente na colônia. Os pagamentos em dinheiro não se limitavam aos funcionários, soldados e religiosos que, no século XVIII, recebiam salários ou soldos da Coroa portuguesa, e nessa época as transações em numerário já não eram incomuns nas principais cidades. Os trabalhadores recebiam ou por tarefa, ou por unidade de produto, ou pelo tempo que durava seu trabalho — dia, mês ou ano. A disponibilidade de escravos com qualificações diversas que eram arrendados por seus donos ou autorizados a trabalhar como escravos de ganho afetava necessariamente o preço da mão de obra livre nas cidades. Assim, segundo um estudo sobre salários e preços no Rio de Janeiro entre 1760 e 1820, "a população escrava tinha tendência a pressionar para baixo os níveis de remuneração para trabalhos não qualificados e mecânicos". Além disso, "era difícil para o trabalhador livre obter salários muito superiores àqueles pagos" aos escravos contratados, que "de um valor padrão de 120 réis ao dia [durante a década de 1760] haviam subido cerca de 166% até 1820-1". A remuneração dos trabalhadores livres era "basicamente a mesma", e aumentou cerca de 150% durante o mesmo período.[83] Estas são apenas indicações de tendência, já que é impossível definir um nível de salário padrão, na medida em que a remuneração variava conforme o tipo de trabalho executado. Segundo outra fonte, os salários somente aumentaram de forma significativa no período posterior à chegada da Corte portuguesa em 1808. Nesse ano, um trabalhador que recebesse por dia meia pataca (isto é, 160 réis, que equivaliam a menos de um shilling) era considerado bem pago.[84]

Em Salvador, com exceção de certas categorias privilegiadas de trabalho, os salários parecem ter aumentado menos do que os preços entre 1750 e 1800, sobretudo devido a um forte aumento dos preços no período de 1782 a 1799. Os salários nominais do trabalho escravo não qualificado empregado na construção, tanto de homens quanto de mulheres, permaneceram bastante estáveis entre 1750 e a década de 1780, e só subiram de maneira significativa depois de 1790, quando houve um súbito avanço, provavelmente ligado ao aumento de preço dos escravos. Os salários de pedreiros e carpinteiros (que podiam ser artesãos escravos ou livres), bem como os de mestres pedreiros e os de mestres carpinteiros (em geral trabalhadores livres), flutuaram continuamente durante o período, possivelmente refletindo diversas condições de oferta e demanda local de suas qualificações específicas, em contraste com o trabalho não qualificado. Durante a primeira década do século XIX, os salários dos primeiros excediam seus níveis da década de 1750 apenas por um valor desprezível, enquanto seu poder de compra havia diminuído muito devido ao aumento dos preços.[85]

Por volta de 1800, em Fortaleza, no Ceará, um trabalhador diarista não qualificado (servente) ganhava aparentemente 160 réis. A remuneração dos artesãos era muito superior: um mestre carpinteiro recebia 640 réis por dia; um carpinteiro ou um mestre pedreiro, quatrocentos réis.[86] Em 1802-3, em Porto Alegre, no Rio Grande do Sul, um carpinteiro podia ganhar oitocentos réis por dia, e os escravos empregados na construção, 240 réis. Cerca de duas décadas antes, um "arquiteto" ganhava 320 réis de diária mais 480 réis por dia de trabalho efetivo, e um mestre construtor de moinhos recebia um salário anual de 288 mil-réis (o que também equivalia a cerca de oitocentos réis por dia).[87]

Com exceção das informações sobre a remuneração dos trabalhadores livres dos engenhos, os dados sobre os salários agrícolas durante o período colonial não são muito abundantes. Isso não significa que no setor agrícola não houvesse transações de arrendamento de escravos. Na verdade, já em 1751, a correspondência entre as câmaras administrativas de Santo Amaro e Salvador (Bahia) inclui um cálculo dos custos envolvidos no trabalho agrícola, na qual se afirma que os escravos empregados em desmatamento recebiam por dia "seis vinténs [120 réis], a remuneração diária que um escravo geralmente recebe no Brasil".[88] Em 1777, na capitania do Rio de Janeiro, a remuneração de um escravo negro contratado não qualificado podia não ultrapassar sessenta réis por dia. Para efeito de comparação, cerca de três anos mais tarde, no Rio Grande do Sul, um cavalariço livre que cuidava dos cavalos do Exército recebia 48 mil-réis por ano, e madeireiros ganhavam de 1,6 a 3 mil-réis por mês.[89] Já os numerosos trabalhadores empregados no transporte e na condução do gado, como os tropeiros de mulas e carreteiros, eram remunerados por viagem, como indicam as descrições do início do século XIX.

Em resumo, com relação às condições de trabalho nas cidades, à luz das insuficientes informações disponíveis, pode-se dizer que aquelas constituíam economias monetárias em que o trabalho era remunerado em espécie (embora pagamentos parciais sob a forma de alimentos provavelmente ocorressem em alguns casos). A ampla disponibilidade de escravos não qualificados, que podiam ser arrendados ou trabalhar como escravos de ganho, possivelmente deve ter estabelecido uma remuneração diária mais uniforme para trabalhadores desse tipo, enquanto a remuneração de artesãos (livres e escravos) provavelmente estava mais sujeita às condições locais de oferta e demanda das diversas qualificações. Em 1808, a população das vinte maiores cidades da colônia certamente não chegava a 300 mil pessoas. Excluindo-se as crianças, a população feminina livre, os escravos e os agregados urbanos, o número de pessoas livres no setor urbano que recebiam regularmente salários ou vencimentos ainda era comparativamente pequeno.

1.2.5. Resumo

Na primeira década do século XIX, quando a população do Brasil já passava de 3 milhões de habitantes, o trabalho escravo ainda era muito importante na maioria das regiões da colônia, e em especial na produção agrícola para exportação. Embora nas grandes propriedades houvesse supervisores e outros empregados livres que recebiam salários anuais, uma grande proporção da população empregada na agricultura não era assalariada. Os trabalhadores agrícolas livres ou eram autoempregados ou poderiam ser classificados, de forma genérica, de meeiros. Quer fossem eles posseiros ou agregados nas diversas regiões, moradores no Nordeste ou pequenos proprietários na região Sul da colônia, seu número não era de forma alguma desprezível.[90] Os trabalhadores livres também eram numerosos na criação de gado, mesmo que o setor absorvesse um certo número de escravos, mas a remuneração monetária nessa atividade era restrita. No entanto, embora as relações salariais no Brasil colonial permanecessem limitadas (sendo mais frequentes no setor urbano) e a escravidão predominasse em determinadas atividades, já nas primeiras décadas do século XIX o trabalho livre na agricultura estava longe de ser pouco importante, conforme ficará aparente nos capítulos seguintes.

Com relação à propriedade da terra na virada do século XVIII para o século XIX — período em que grandes extensões de terras públicas da colônia ainda continuavam sem ocupantes no Sul, bem como nas vastas áreas em volta das regiões mineradoras e no Norte —, pode-se dizer que a maioria das terras melhores e mais acessíveis da faixa costeira fértil do "antigo" Nordeste, própria para o cultivo da cana-de-açúcar, já tinha passado para as mãos de proprietários privados. O mesmo era verdade, em escala um pouco menor, para as áreas de criação de gado ao longo do rio São Francisco. De uma maneira geral, ainda que a relação terra-trabalho (segundo sua definição "econômica") permanecesse elevada no Nordeste, do ponto de vista da população livre e sem terras tal relação tinha sido reduzida apreciavelmente, já que para essa parte significativa da população o acesso à propriedade se encontrava bastante dificultado. O número dos habitantes livres que dependiam diretamente dos grandes plantadores e que viviam nas terras destes, incluindo agregados e moradores, tinha aumentado de forma considerável.

Ainda que possam existir exceções, parecem cabíveis algumas generalizações. Uma relação terra-trabalho elevada nas áreas em que extensas doações de terra foram feitas pelas autoridades coloniais a uma classe de proprietários inativos nas fases iniciais de ocupação do território foi acompanhada de uma ampla utilização de escravos no trabalho agrícola. Por outro lado, todas as áreas em que a apropriação de terras por uma classe de grandes proprietários foi menos pronunciada ou não ocorreu — notadamente nas áreas novas do sul da colônia —, realmente tendeu a prevalecer o padrão esperado na presença de uma relação terra-trabalho elevada, ou seja, propriedades familiares trabalhadas predominantemente por mão de obra livre. A experiência dos primeiros três séculos de domínio colonial do Brasil sugere a importância da influência de fatores institucionais e "tecnológicos" sobre as relações de trabalho, diante da existência de uma elevada relação terra-trabalho (conforme sugerido pela "hipótese de Domar").

A economia do Brasil no século XIX

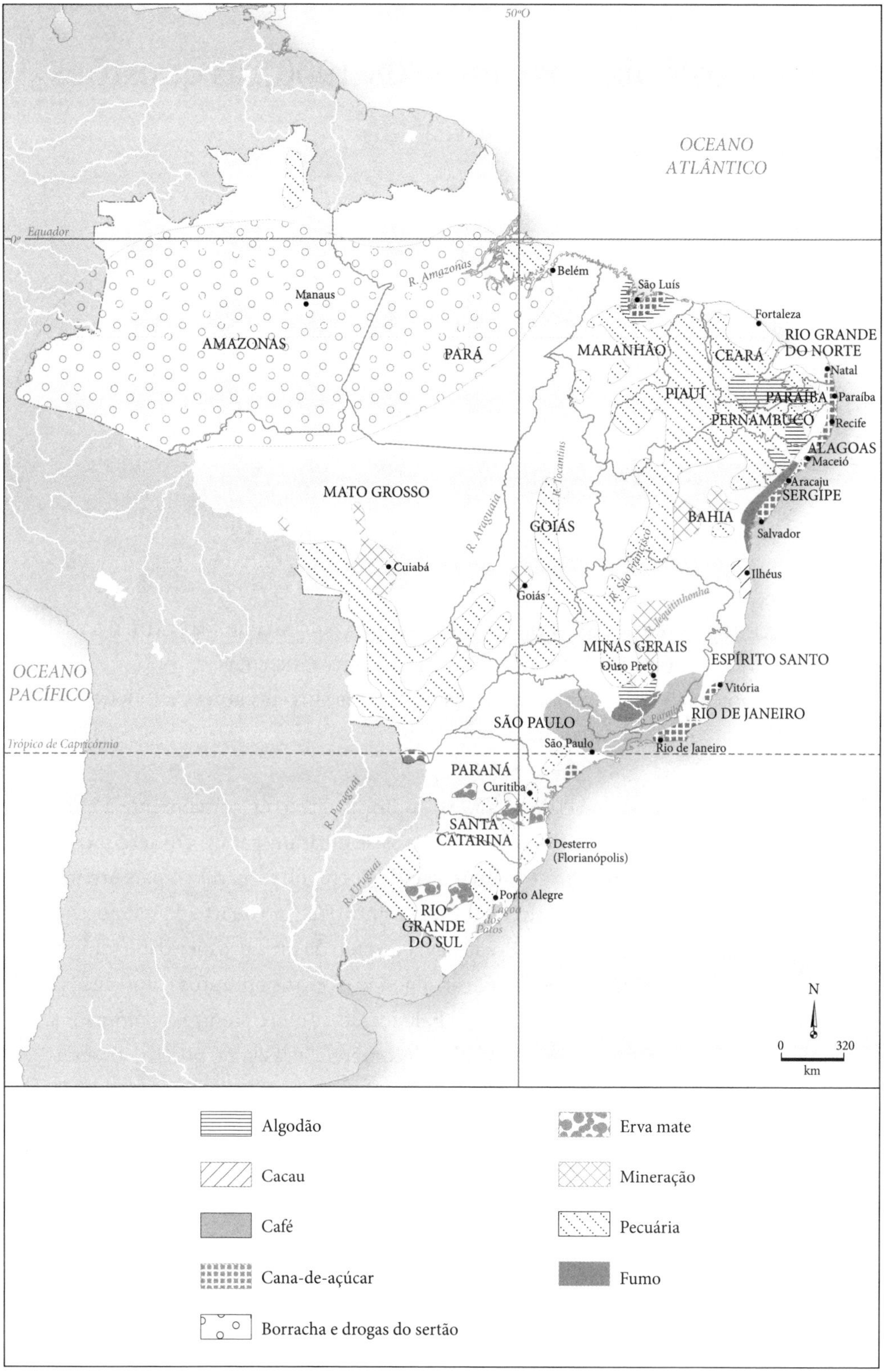

2. De colônia a nação (1808-1900): as questões da mão de obra e da terra

2.1. ALGUNS ASPECTOS DA ECONOMIA BRASILEIRA NA PRIMEIRA METADE DO SÉCULO XIX: O SURGIMENTO DA "GRANDE LAVOURA" CAFEEIRA E A PREPONDERÂNCIA DO TRABALHO ESCRAVO NOS SETORES RURAL E URBANO (1808-50)

Nas primeiras décadas do século XIX, o Brasil alcançou formalmente a independência econômica e política. Seus portos se abriram para o comércio com nações estrangeiras em 1808, e a separação de Portugal, tornando o país um império independente, efetivou-se em 1822. Durante o último quarto do século XVIII, e aproximadamente até 1807, o Brasil havia gozado de uma prosperidade temporária baseada nas exportações de açúcar, algodão e outros produtos coloniais. Na maioria dos anos entre 1796 e 1807, a balança do comércio entre a colônia e a metrópole foi favorável ao Brasil. A balança comercial brasileira, porém, foi seriamente afetada pela política liberal iniciada pelas autoridades portuguesas após 1808, embora nos anos seguintes continuasse favorável no caso do comércio com Portugal. Naquele ano, a Corte portuguesa, fugindo da invasão francesa, transferiu-se para o Brasil. A chegada do príncipe regente d. João VI causaria mudanças radicais na colônia, agora sede da monarquia portuguesa. Uma das primeiras medidas do príncipe foi a abertura dos portos brasileiros a "todas as nações amigas".

O decreto eliminou o chamado "pacto colonial", o rígido sistema de monopólio mercantil que havia regulado o comércio colonial nos três séculos anteriores, segundo o qual todas as mercadorias deviam ser enviadas para o Brasil ou exportadas da colônia via Portugal.[1] Outro decreto do mesmo ano revogou restrições anteriores às atividades industriais no Brasil, mas pouco incentivou a produção local, uma vez que foi contrabalançado pelo Tratado de Comércio e Navegação concluído com a Grã-Bretanha em 1810. De acordo com esse tratado, as mercadorias inglesas que entrassem no Brasil estariam sujeitas a uma tarifa de 15%; as portuguesas, quando disponíveis, a 16%; as de outros países, a 24%. Isso tornou o Brasil cada vez mais dependente da Grã-Bretanha, que logo passou a dominar uma parcela significativa de seu comércio de importação e exportação, enquanto Portugal perdia seu papel privilegiado de entreposto e seu comércio exclusivo com o Brasil.

Depois de aproximadamente treze anos de governo real e livre-comércio, a intermediação de Portugal parecia cada vez mais desnecessária. A oligarquia brasileira de grandes proprietários de terras logo se aliou ao filho do rei de Portugal, que governava o país desde 1821, e em 1822 o Brasil tornou-se um império independente sob seu governo — evolução apoiada pela Grã-Bretanha, que não estava disposta a perder o mercado brasileiro. De forma a ser reconhecida pela Grã-Bretanha, porém, a nova nação foi forçada a ratificar o tratado de 1810, confirmando os privilégios de que já gozavam as mercadorias e comerciantes britânicos. Somente em 1828 a tarifa de 15% foi estendida a outros países. A essa altura, o governo brasileiro já estava muito endividado junto a instituições financeiras britânicas, e nenhum outro país era capaz de competir seriamente com a Grã-Bretanha pelos mercados brasileiros, com exceção da França, no caso de alguns artigos de luxo, e de Portugal, com alguns produtos alimentícios.

Em 1831, após uma década de lutas internas para subordinar determinadas províncias ao governo central e depois da bem-sucedida secessão do Uruguai do Brasil, o primeiro imperador, d. Pedro I (1822-31), renunciou em favor de seu filho, d. Pedro II (1831-89), que, ainda menor de idade, só subiria ao trono em 1840. O período da Regência ao longo da década de 1830 foi caracterizado por rebeliões regionais intermitentes, em geral parcialmente motivadas por problemas econômicos, como a inflação e a deterioração do desempenho dos produtos locais de exportação nos mercados internacionais. O governo, por sua vez, padecia de uma escassez de recursos para enfrentar adequadamente os levantes regionais, já que sua principal fonte de receita era a taxação das importações, limitada pela predominância de baixas tarifas. A insuficiência crônica de receita, por outro lado, levou a emissões sucessivas de papel-moeda, o que contribuiu para agravar a inflação. As alíquotas de imposto de importação somente foram aumentadas a partir de 1844. A essa altura, o café já era o principal produto de exportação, e uma maior estabilidade política logo coincidiu com um período de melhora da situação econômica do país.

Em tal contexto, e quando se considera o desempenho econômico do país como um todo, o período que vai de 1808 a 1850 pode ser visto como uma era de estagnação, apesar de progressos específicos em determinadas regiões. Após 1808, os produtos manufaturados britânicos logo inundaram o mercado brasileiro, sendo vendidos até mesmo em áreas remotas. Os hábitos de consumo se modificaram aos poucos, à medida que a utilização de novos artigos importados se generalizou. No entanto, o aumento das importações não foi acompanhado por um crescimento equivalente da capacidade de importar, uma vez que os termos de troca (relação entre preços de exportação e de importação) passaram a ser desfavoráveis ao Brasil, e assim o país foi perdendo aos poucos sua posição relativamente favorável nos mercados internacionais de seus produtos de exportação tradicionais. O setor açucareiro passou a enfrentar a concorrência de Cuba e da produção europeia de açúcar de beterraba, e, embora o volume de exportações para o exterior tenha praticamente dobrado entre 1821 e 1850, já que a produção açucareira também se expandiu em novas áreas, como São Paulo, seu valor em libras esterlinas aumentou somente 24% durante o período. A produção e a exportação de algodão dos Estados Unidos aumentaram consideravelmente a partir da segunda década do século XIX e nas décadas seguintes, tendo como consequência uma queda de preços nos mercados internacionais: o setor algodoeiro do Brasil, mais atrasado, não se mostrou competitivo, e as exportações, entre 1821 e 1850, caíram tanto em termos de volume quanto de valor em libras esterlinas. Por fim, durante o mesmo período, apenas o preço do fumo se manteve razoavelmente estável, enquanto o dos couros caiu abruptamente, levando a uma queda do valor dos couros exportados, apesar de um grande aumento de sua quantidade.[2]

Enquanto a situação econômica do Norte e do Nordeste se deteriorava, a produção cafeeira após 1820 começou a aumentar em resposta à demanda crescente de países europeus e dos Estados Unidos. A cafeicultura se expandiu sobretudo na província do Rio de Janeiro, ao longo do Vale do Paraíba, mas também em São Paulo e em Minas Gerais, afetando fundamentalmente a evolução econômica do país. De uma média anual de 317.500 sacas entre 1821 e 1830, as exportações de café aumentaram para 974.400 sacas entre 1831 e 1840, e para 1.712.000 sacas entre 1841 e 1850, respondendo pela maior parte do crescimento da receita total das exportações brasileiras durante o período (ver tabela 3 adiante, p. 88). Esses desdobramentos, porém, só beneficiaram uma região específica do país e algumas cidades, como o Rio de Janeiro, não tendo sido aparentemente suficientes para levar a um aumento global da renda per capita nacional.[3] De fato, é provável que, durante a primeira metade do século XIX, a população brasileira tenha praticamente dobrado.

Existem várias estimativas independentes e semioficiais sobre a população brasileira durante a primeira metade do século XIX, mas estas, com frequência, são contraditórias, e diferem umas das outras nem tanto no que diz respeito à população total, mas sim em relação à distribuição regional e à proporção de escravos naquele total. A população do Brasil, que era de aproximadamente 3,3 milhões de pessoas na virada do século, provavelmente alcançou algo em torno de 4 milhões ao final da segunda década do século XIX, aumentando para cerca de 5,3 milhões em 1830, e para pouco mais de 7 milhões por volta de 1850.[4]

As importações de escravos aceleraram-se consideravelmente durante a primeira metade do século, sobretudo depois que a expansão da produção de café ganhou ritmo. Segundo um estudo muito citado, cerca de 1,1 milhão de escravos entrou no Brasil entre 1811 e 1850, e supõe-se que mais de 1,3 milhão tenha sido importado ao longo do século XIX.[5] À luz das estimativas disponíveis, também é razoável supor que a população escrava representasse pelo menos 30% da população total do país até aproximadamente 1850, quando o tráfico de escravos africanos foi extinto. Assim, o Brasil teria então provavelmente cerca de 2 milhões de escravos e pouco mais de 5 milhões de habitantes livres.[6]

Em comparação com a imigração africana forçada, a contribuição da imigração europeia para o crescimento da população brasileira até 1850 foi relativamente desprezível em termos quantitativos. Durante as duas primeiras décadas do século XIX, alguns milhares de portugueses possivelmente chegaram ao Brasil a cada ano, mas logo após a Independência, em 1822, não se seguiram entradas importantes no país. Algumas colônias oficiais foram fundadas com sucesso com europeus de outras nacionalidades, como Nova Friburgo, na província do Rio de Janeiro, e São Leopoldo, no Rio Grande do Sul, mas todas as colônias fundadas em 1819 e ao longo da década de 1820 provavelmente não contavam mais de 10 mil habitantes em 1830. Nesse ano, o apoio financeiro do governo central à imigração foi suspenso, e, à medida que os distúrbios políticos se tornaram mais intensos na década seguinte, a chegada de estrangeiros ao Brasil, que já era pequena, diminuiu significativamente. A imigração só se recuperou ligeiramente na década de 1840, quando foi fundada a cidade de Petrópolis, na província do Rio de Janeiro. Os números oficiais disponíveis sobre a imigração total são sem dúvida incompletos, e referem-se sobretudo a "colonos" instalados graças ao auxílio do governo. Tais números mostram um total de 9.105 imigrantes entre 1820 e 1829, 2.569 entre 1830 e 1839, e 4.992 entre 1840 e 1849. Sua distribuição geográfica será abordada nos capítulos regionais.[7]

À medida que a população aumentava durante a primeira metade do século XIX, a urbanização prosseguia em ritmo diferente nas diversas regiões do país, tendo sido particularmente rápida nas duas primeiras décadas. Depois disso, mesmo que o aumento de sua atividade comercial tenha levado a um crescimento significativo da aglomeração urbana do Rio de Janeiro, outras cidades tiveram um desenvolvimento menor. De modo geral, as informações regionais disponíveis mostram que a evolução da população das principais cidades brasileiras foi compatível com o desempenho da economia durante a primeira metade do século XIX, período em que o "centro econômico" do país deslocou-se definitivamente das regiões açucareiras e algodoeiras do Nordeste para as regiões do Centro-Sul, onde o café se expandia rapidamente. Muito embora o país tenha passado por uma mudança jurídica — de colônia para nação independente — e o cultivo de um novo produto — o café — tenha se tornado a principal atividade econômica do Império, quando o tráfico de escravos africanos foi realmente extinto no início da década de 1850, a estrutura agrária e consequentemente os padrões de demanda de mão de obra agrícola permaneciam bastante semelhantes aos do período colonial. Ocorrera um grande aumento absoluto do número de pessoas livres dedicadas à agricultura de alimentos e à pecuária. Além disso, era possível encontrar, em determinadas regiões, trabalhadores assalariados no cultivo da cana-de-açúcar ou na criação de gado. Porém, a demanda por mão de obra agrícola dos setores orientados para os mercados de exportação continuou a ser basicamente uma demanda por trabalho escravo.[8] A esta demanda correspondeu uma oferta mais ou menos elástica durante a primeira metade do século XIX, como resultado das maciças importações de escravos africanos. Na agricultura, portanto, as relações salariais permaneceram pouco relevantes no contexto da continuada predominância do trabalho escravo.

O emprego nas atividades urbanas e na indústria de transformação permaneceu limitado em comparação com a agricultura, já que essas atividades não tiveram um desenvolvimento suficiente para contrabalançar a evolução relativamente lenta do setor exportador. Os efeitos de arrasto da produção agrícola (*linkages*) não eram muito significativos, a não ser em relação ao transporte. A embalagem dos produtos de exportação era muitas vezes negligenciada, e as sacas eram com frequência produzidas com material importado. Somente na década de 1840 é que surgiram na Bahia fábricas produtoras de sacaria, favorecidas por um imposto local sobre sacas importadas.[9] Em relação à produção de máquinas, a tecnologia rudimentar usada na preparação da maioria dos produtos agrícolas não levou a uma demanda significativa por equipamentos, excetuando-se o caso dos engenhos de açúcar. Oficinas locais, sobretudo em Pernambuco e na Bahia, produziam algumas peças. No entanto, a maior parte dos estabelecimentos não conseguia enfrentar a competição dos equipamentos importados.[10] Quanto ao processamento do café, até o início da década de 1840 prevaleceu a prática intensiva no uso de trabalho de socar os grãos em pilões. O método melhorado de processamento dos grãos em moinhos era raramente adotado até então, pois exigia um grande investimento de capital.[11] Os moinhos para moer cereais eram geralmente movidos a água ou a tração animal, e sua construção era simples, embora, sobretudo após a década de 1820, motores a vapor fossem usados em alguns casos.[12] Na moagem da mandioca para fabricar farinha, amplamente consumida na maioria das regiões do país, eram utilizados tanto métodos manuais quanto moinhos, mas, enquanto a oferta de escravos permaneceu relativamente elástica, o emprego destes continuou sendo muito comum.[13] Por fim, a demanda por implementos agrícolas de ferro para o trabalho no campo consistia sobretudo em enxadas e foices, uma vez que arados de ferro ou de outros tipos não eram usados com frequência no Brasil. Geralmente, os produtos agrícolas não eram semeados, e sim plantados, e o uso do arado era difícil devido à técnica dominante de queimadas, visto que muitas raízes e tocos não queimados permaneciam nas áreas a serem cultivadas.

Quanto à composição da mão de obra nos centros urbanos do país, as descrições disponíveis indicam que, durante a primeira metade do século XIX, era possível encontrar escravos, em maior ou menor quantidade, na maioria dos tipos de ocupações "manuais". Enquanto no sul dos Estados Unidos, por exemplo, os escravos representavam em 1820 apenas 22% da população urbana, em algumas cidades brasileiras maiores, como São Luís, Belém e Rio de Janeiro, provavelmente predominava uma percentagem muito maior, que alcançava quase a metade da população no caso do Rio.[14] Nessa cidade, no final da década de 1840, um observador norte-americano notou ter "visto escravos trabalhando como carpinteiros, pedreiros, calceteiros, impressores, pintores de cartazes, fabricantes de carruagens e marceneiros, fabricantes de ornamentos militares, fabricantes de lamparinas, ferreiros, joalheiros e litógrafos". Os escravos também dividiam outros ofícios com os trabalhadores livres, tais como os de alfaiate, sapateiro etc., e eram também frequentemente empregados como mascates ou balconistas de lojas, embora predominassem nas ocupações mais exigentes do ponto de vista de esforço físico. Os escravos representavam uma proporção significativa dos marinheiros, eram os carregadores de todo tipo de fardo, bem como de seus senhores em liteiras, e, por fim, eram empregados em grande número no serviço doméstico. As escravas também trabalhavam como costureiras, mascates e lavadeiras.[15]

Tanto no Rio de Janeiro quanto em Salvador, numerosas famílias possuíam um ou dois escravos, com os quais aferiam rendimentos arrendando-os a terceiros ou deixando-os livres durante o dia para trabalharem como escravos de ganho.[16] Muitos mestres artesãos também continuavam a comprar escravos e a treiná-los, em vez de contratar apenas assistentes livres, para poderem arrendar os serviços desses escravos caso desejassem.[17] Mesmo na cidade de São Paulo, onde até o século XIX os ofícios eram exercidos principalmente por homens livres, ocorreu uma evolução rumo a uma situação semelhante durante as primeiras décadas do século, e cada vez mais o trabalho escravo passou a ser usado em tarefas ocasionais, em diversos ofícios urbanos e nos serviços domésticos: "Muitos donos de escravos viviam do arrendamento de seus escravos, que algumas vezes [eram até] balconistas de lojas".[18] Existem estatísticas oficiais sobre a distribuição da população por ocupações artesanais na província do Maranhão em 1820. Havia então 1.185 artesãos escravos — contra 964 artesãos livres —, aos quais se podiam acrescentar 1.800 escravos de qualificação não especificada (serventes) que auxiliavam os artesãos em seus diversos ofícios. Entre os carpinteiros, 326 de um total de 504 eram escravos, enquanto 608 dos 1.112 pedreiros e 96 dos 157 alfaiates eram também escravos. Por outro lado, oitenta dos 118 trabalhadores em pequenos estaleiros eram livres, e os homens livres também predominavam em outras ocupações qualificadas, incluindo as de ourives e gravadores.[19] Ao que tudo indica, carpinteiros e mestres pedreiros eram livres, e muitas vezes de origem portuguesa. A coexistência dos dois tipos de trabalho pode ser em parte explicada pelo fato de os ofícios não estarem rigidamente incorporados em guildas ou outras formas de associações profissionais, de modo que não existiam restrições para o desempenho de um trabalho, com exceção da própria qualificação para exercer o ofício em questão.[20]

Igualmente importante era o número de escravos empregados nas oficinas independentes e nos poucos estabelecimentos industriais existentes no país, algumas vezes de forma exclusiva, outras vezes junto com trabalhadores livres. Uma manufatura têxtil criada em 1812 no subúrbio do Rio de Janeiro empregava mestres livres e escravos arrendados, sendo estes últimos usados para a tecelagem e outras atividades. Uma fábrica de cordame, criada também em 1812 no Recife, empregava sessenta escravos dirigidos por "especialistas" livres. Em 1815, nas diversas oficinas do Arsenal do Rio, mestres portugueses e artesãos locais auxiliados por seus próprios escravos (cujos salários eles embolsavam) trabalhavam lado a lado com escravos pertencentes à Coroa e até mesmo com prisioneiros. Na produção de ferro em São Paulo, no início dos anos 1820, escravos trabalhavam sob a direção de um mestre estrangeiro que os havia treinado. O mesmo se aplicava a uma manufatura de armas na cidade de São Paulo antes de 1820. No estabelecimento público de lapidação de diamantes do Rio de Janeiro, em 1829, as rodas das quatorze prensas eram acionadas por escravos, enquanto trabalhadores livres lapidavam as pedras preciosas. Durante a década de 1840, também no Rio de Janeiro, um observador assinalou que, em um estabelecimento de litogravura, todos os trabalhadores que operavam as prensas eram escravos, ao passo que os impressores de litogravuras eram livres. Em um estabelecimento que trabalhava o cobre, o mesmo autor observou quinze escravos trabalhando, incluindo o supervisor, enquanto em uma oficina de produtos de latão viu vinte negros trabalhando, e os únicos brancos eram os funcionários de escritório. Como último exemplo, uma fábrica de velas fundada por um francês no Rio de Janeiro no final da década de 1840 empregou exclusivamente escravos até 1857.[21] Essas ilustrações do uso do trabalho escravo nos estabelecimentos urbanos poderiam ser completadas por outras sobre as atividades realizadas no campo.

As informações apresentadas nos poucos parágrafos precedentes fornecem apenas alguns exemplos que sugerem que o uso da mão de obra escrava nas cidades ainda era muito comum durante a primeira metade do século XIX. A ausência de mecanização em algumas atividades devia-se algumas vezes à resistência dos donos de escravos, que tinham interesses adquiridos no uso intensivo do trabalho escravo. No Rio de Janeiro, por exemplo,

> foram feitas várias tentativas [...] de introduzir máquinas para reduzir o trabalho manual, particularmente na alfândega; porém, como isso permitiria [...] dispensar a contratação de escravos arrendados por seus donos para o mesmo objetivo, [o uso de máquinas encontrou] resistência e foi criticado por todos os proprietários de escravos até 1849, quando os escravos na sua totalidade foram substituídos por trabalhadores livres.[22]

O transporte urbano de pessoas e de todo tipo de carga pouco se modificou durante a primeira metade do século, e continuou, em grande parte, a ser realizado por escravos. Em alguns casos, contudo, a prevalência do trabalho escravo devia-se à falta de conhecimentos técnicos suficientes em relação a fatores complementares, que permitiriam um maior uso de equipamentos. Nesse sentido, cabe citar apenas um exemplo. Não havendo água perto da manufatura de armas de São Paulo, não foi instalado nenhum equipamento utilizando força hidráulica para poupar mão de obra, de modo que era preciso empregar a força física para perfurar os canos das espingardas.[23] Na verdade, a adoção limitada de inovações que poupassem mão de obra era compreensível, em virtude da disponibilidade de uma força de trabalho barata para realizar tarefas não qualificadas — ou parafraseando a observação de uma fonte da época: como o preço da mão de obra era muito baixo, havia pouco incentivo para fazê-la custar menos (pelo menos até a década de 1840).[24] Foi somente depois do fim do tráfico de escravos africanos que diminuiu a utilização de mão de obra escrava em determinadas atividades urbanas, devido ao seu preço mais elevado e à demanda em ocupações alternativas, levando ao uso crescente de trabalho livre e, posteriormente, de mais equipamentos.

Em determinadas atividades, porém, não havia disponibilidade de trabalho qualificado localmente. Desse modo, muitas vezes foi preciso recorrer a trabalhadores estrangeiros nos estabelecimentos onde novos métodos de produção eram introduzidos. A fundição real de armas de São Paulo foi fundada sob a direção de armeiros alemães, e entre os empregados incluíam-se artesãos alemães e escravos. A fábrica de cordame mencionada anteriormente exigia "especialistas de Lisboa". A fundição de ferro de Ipanema, primeira no Brasil a fabricar ferro-gusa em quantidades significativas em um alto-forno, era operada por mestres suecos e, mais tarde, alemães. O mesmo se aplicava a uma fundição de ferro menor localizada em Minas Gerais.[25] Uma companhia britânica mineradora de ouro, que havia introduzido novos métodos de trabalho, contratou trabalhadores alemães do Hartz. Outra empregava cerca de 180 ingleses. As primeiras fábricas têxteis a partir de "1840 [...] usavam mão de obra estrangeira contratada por um número fixo de anos para influenciar e melhorar a massa de mão de obra brasileira não qualificada". Por fim, um moinho de arroz trabalhando com um motor a vapor de dezesseis cavalos de força e estabelecido perto de Belém com equipamentos norte-americanos era operado por vários mecânicos norte-americanos.[26] O papel da mão de obra estrangeira, portanto, parece ter se tornado significativo nessas atividades "mais avançadas", cuja importância para a economia do país, no entanto, permanecia limitada.

Resta examinar, portanto, em que tipos de atividades estava ocupada a população urbana livre. Em primeiro lugar, como já foi dito, havia os artesãos. Os estabelecimentos industriais também devem ter absorvido alguma mão de obra livre local, mas o desenvolvimento da indústria de transformação ainda era muito limitado. Os agregados continuavam a existir nas residências mais abastadas e permaneciam sem ocupação específica, vivendo na dependência de seus protetores. No entanto, não foram encontradas informações numéricas para a década de 1840 em relação a essa categoria social nas principais cidades, e é provável que sua importância relativa tenha diminuído em comparação com o início do século, embora aparentemente não tenha desaparecido no caso de Salvador. Com efeito, uma preocupação constante das autoridades brasileiras durante o século era com os "desocupados" das cidades, os não adaptados à "estrutura socioeconômica vigente",[27] e que possivelmente incluíam pessoas sem qualquer ocupação. Os brasileiros brancos em geral trabalhavam nas funções públicas, nas profissões liberais, no Exército e na Igreja, ou dividiam as ocupações comerciais com os estrangeiros.

Os baixos salários da função pública eram um reflexo da grande oferta de candidatos, e a superlotação das repartições parece ter sido a regra. Em 1833, existiam cerca de 8 mil funcionários públicos, sem contar os 3.100 aposentados que recebiam pensões.[28] (Devido aos baixos salários, a corrupção também era frequente, e de certa forma até tolerada.) Segundo uma fonte, durante a década de 1840, centenas de membros da "nobreza tonsurada" no país foram obrigados a buscar sustento, e alguns tiveram sorte suficiente para conseguir comprar um ou dois escravos e viver de sua remuneração. As profissões liberais, por outro lado, só conseguiam absorver uma fração muito pequena da população urbana livre. O país só ganhou sua primeira escola de engenharia na segunda metade do século XIX, e o ensino superior limitava-se ao direito e à medicina.[29] Restava o comércio, que absorvia uma grande quantidade de pessoas — algumas das quais, na atualidade, seriam enquadradas na categoria do "desemprego disfarçado". Em 1847, por exemplo, de acordo com outra fonte, havia em Recife 6 mil lojas de varejo, incluindo pequenos estabelecimentos de preparação de alimentos como padarias, aos quais se atribuía não somente um número equivalente de proprietários, mas também cerca de 12 mil empregados, em uma cidade que, na época, tinha aproximadamente 60 mil habitantes.[30] Por fim, as pessoas que viviam na periferia dos centros urbanos menores provavelmente se dedicavam a alguma atividade agrícola. Na ausência de estatísticas ocupacionais para as principais cidades, pode-se observar que, na década de 1840, a população das vinte maiores cidades possivelmente não ultrapassava 600 mil pessoas, e embora quase metade da população do Rio de Janeiro ainda consistisse em escravos, em outras cidades essa proporção estava certamente em declínio e, dependendo da região, oscilava abaixo de 30%.[31]

O setor rural continuava absorvendo a maior parte da população brasileira, e com a expansão do cultivo do café, que logo superou o açúcar e o algodão, respondendo por 40% ou mais do valor de exportação, voltavam a colocar-se as questões do acesso à terra e da oferta de mão de obra. A cafeicultura espalhou-se basicamente por áreas virgens, ou em certos casos ocupadas apenas esparsamente por pequenos posseiros dedicados à agricultura de subsistência. Esse processo de ocupação de terras apresentou semelhanças com a anterior evolução do setor açucareiro no Nordeste ou da mineração em Minas Gerais. Em poucas décadas, os fazendeiros de café haviam recebido, sob a forma de sesmarias, ou se apropriado de fato de uma grande parte do vasto Vale do Paraíba e das áreas vizinhas, nas províncias do Rio de Janeiro, São Paulo e Minas Gerais, em que se observavam condições favoráveis ao cultivo do café. A propriedade efetiva dessas áreas foi garantida pela Lei de Terras de 1850, que permitia legitimar as posses de grandes extensões de terras sem muitas formalidades prévias.[32]

Mais uma vez, uma elevada relação terra-trabalho caracterizava as novas áreas cafeeiras, cuja exploração se baseou quase exclusivamente no trabalho escravo. A oferta de mão de obra para o setor resultou essencialmente de uma intensificação das importações de escravos para o Rio de Janeiro e São Paulo, em detrimento das áreas açucareiras mais antigas, de uma transferência parcial de escravos do cultivo da cana-de-açúcar para o do café dentro dessas duas províncias e de uma realocação parcial de escravos para a nova atividade dentro da província de Minas Gerais. A importação de escravos para a região Cafeeira representou talvez mais de dois terços das importações totais de escravos no Brasil na primeira metade do século XIX, que, como já se mencionou, teria alcançado um total de aproximadamente 1,3 milhão de pessoas (ver tabela 3 do capítulo 1).

Durante esse mesmo período, as diferenças entre o Sul e a região Cafeeira, por um lado, e entre a região Cafeeira e o Nordeste, por outro, tornaram-se cada vez mais acentuadas. Enquanto no Nordeste havia uma clara tendência para a redução significativa da participação dos escravos na população total, na região Cafeeira não houve qualquer tendência mais acentuada nesse sentido. No entanto, no final da década de 1840, os trabalhadores escravos ainda constituíam a maior parte da mão de obra nas plantações de algodão e de cana-de-açúcar do Nordeste e do Norte, apesar de já se fazerem notar em certas áreas algumas tentativas iniciais de emprego de homens livres no trabalho rural.[33]

A tradicional desutilidade do trabalho, associada, pela população livre local, com o trabalho ao lado dos escravos, estava sendo crescentemente contrabalançada pela cada vez menor disponibilidade de terras para exploração por pequenos posseiros ou pela subdivisão de propriedades menores via herança, restando poucas alternativas além do trabalho assalariado para a população adulta livre.[34] Um dos sintomas da abundância relativa de trabalho livre para certas atividades era a condição miserável dos pequenos lavradores, que, no final da segunda década do século XIX na Bahia, eram comparados com os servos da Polônia e da Rússia, em virtude de sua extrema dependência dos senhores de engenho.[35]

Enquanto a Revolução Industrial na Europa teria por reflexo um uso crescente de motores a vapor nos engenhos, e o uso do bagaço como combustível permitiu aos senhores de engenho economizar alguma mão de obra e parte das despesas com lenha, não houve progresso técnico no trabalho no campo propriamente dito. Turmas de trabalhadores com enxadas permaneceram como regra na lavoura no Nordeste, e as necessidades de mão de obra das grandes plantações, portanto, não se alteraram significativamente durante a primeira metade do século XIX.

Da mesma forma, a força de trabalho na região Cafeeira — não apenas nas fazendas de café, mas também nas plantações de cana-de-açúcar localizadas em áreas não apropriadas para aquele produto — constituía-se basicamente de escravos.[36] Assim, a perspectiva de uma eliminação efetiva do tráfico de escravos africanos levou a importações maciças de escravos que temporariamente inundaram o mercado do Rio de Janeiro no final da década de 1840, resultando em contingentes até excessivos em muitas fazendas. De fato, o cultivo do café compartilhava com a produção açucareira a característica de ser muito intensivo no uso do fator trabalho e de permitir pouca economia de mão de obra através da introdução de máquinas nos estabelecimentos rurais.

No sul do país, em contraste, os escravos pareciam cada vez menos importantes para as atividades agropecuárias, em que o trabalho livre claramente tendia a predominar, e era comum a produção em estabelecimentos familiares, cujo número passou a aumentar substancialmente à medida que esforços governamentais de promoção da colonização alemã começaram a mostrar algum sucesso.

Quanto às áreas restantes do Brasil, no final da primeira metade do século XIX, a região amazônica destacou-se por algum progresso na produção de borracha, que, por razões técnicas e práticas (afastamento das árvores, trabalho isolado na floresta etc.), baseou-se, desde o início, no trabalho livre. O mesmo era verdade com relação à coleta de outros produtos florestais. Mas enquanto na área do atual estado do Amazonas a escravidão era insignificante, no Pará, desde o período colonial, esta mantinha certa importância em plantações de arroz e de cacau para exportação, bem como nas fazendas de gado e engenhos de açúcar.[37] No Mato Grosso e em Goiás, onde a mineração do ouro havia sido próspera no século anterior, a população dedicava-se principalmente à criação de gado e ao cultivo de gêneros alimentícios, atividades em que se encontravam tanto trabalhadores livres quanto escravos, com predominância dos primeiros.[38]

2.2. AS CONSEQUÊNCIAS DA EXTINÇÃO DO TRÁFICO DE ESCRAVOS AFRICANOS (1850-71)

Após décadas de adiamentos por parte do governo brasileiro e apesar da pressão britânica no sentido da abolição do tráfico de escravos entre a África e o Brasil, este cessou efetivamente no início dos anos 1850. Tal medida afetou de forma considerável o mecanismo de oferta de trabalho para as áreas de grandes plantações. Ao contrário do caso dos Estados Unidos, onde, na época, segundo alguns autores, a "criação" de escravos alcançara um desenvolvimento significativo, resultando em uma taxa de reprodução natural claramente positiva, não houvera no Brasil uma tentativa consistente por parte da maioria dos senhores no sentido de promover o crescimento natural do contingente de escravos no país. Assim, uma taxa de reprodução natural globalmente negativa tinha sido até então compensada apenas por uma importação maciça de escravos africanos.[39] Um dos objetivos principais do presente estudo é analisar em certo detalhe os efeitos da supressão do tráfico de escravos africanos sobre o "mercado de trabalho" na região Cafeeira e na região Sul do Brasil. Tenta-se, portanto, a seguir apresentar apenas um esboço das consequências daquela medida, notadamente sobre a evolução das províncias que não são objeto de capítulos específicos.

O fim do tráfico teve duas consequências básicas no Nordeste brasileiro: levou a um crescente emprego de mão de obra livre na produção de açúcar e de algodão e a significativas exportações interprovinciais de escravos, principalmente para a região Cafeeira. De fato, a forte demanda por escravos nessa região logo contribuiu para um rápido aumento do preço dos escravos em todo o país.

Apesar da tendência favorável dos preços dos principais produtos do Nordeste na década de 1850, muitos proprietários de escravos da região, especialmente "os proprietários menores e mais necessitados", foram atraídos pelos preços elevados oferecidos pelos seus escravos por agentes envolvidos no tráfico interprovincial e os venderam para as áreas cafeeiras.[40] Essa saída prosseguiu, apesar dos impostos de exportação que foram estabelecidos por vários governos provinciais.

A tabela 1 apresenta uma listagem parcial das exportações de escravos do Nordeste sobre as quais se cobraram impostos, e inclui também algumas estimativas de escravos exportados por terra ou embarcados ilegalmente para escapar da taxação. Mesmo admitindo-se sérias omissões, fica claro que o tráfico interprovincial não podia compensar plenamente as importações de escravos africanos, sobretudo para as áreas cafeeiras. Assim, estima-se que cerca de 36 mil escravos foram importados de províncias situadas ao norte da capital pelo porto do Rio de Janeiro, entre 1850 e 1861. Esse total corresponde aproximadamente ao dos escravos trazidos da África para a mesma área em um só ano da segunda metade da década de 1840.[41]

TABELA I — EXPORTAÇÕES INTERPROVINCIAIS DE ESCRAVOS DE PROVÍNCIAS SELECIONADAS DO NORDESTE (1850-81)

PERÍODO	MARANHÃO	BAHIA[a]	PERNAMBUCO[b]	ALAGOAS[c]	CEARÁ[d]
1850-8	6.000				
1852-62				2.254	
1853-61		12.370			
1854-66					4.000[d]
1856-65			4.697		
1860-75	5.357				
1862-70		4.121			
1872-5		5.319			
1872-81					11.000[d]
1877-80			6.489		

FONTES: Sobre o Maranhão entre 1850 (?) e maio de 1858, ver "Acting Consul Wilson to Christie, Maranhão, Jan. 16, 1860", *PP 1861*, v. 64, Correspondence Class B, p. 50. Para 1860-75, ver Jerônimo de Viveiros, *História do comércio do Maranhão, 1612-1895* (São Luís, Associação Comercial do Maranhão, 1954, p. 458). Sobre a Bahia, ver "Report of Consul Morgan on the trade and commerce of Bahia for the year 1876", *PP 1876*, v. 83, parte 5, Commercial Report 24, p. 1185. Sobre Pernambuco, ver Peter L. Eisenberg, "Abolishing slavery: the process in Pernambuco's sugar plantations", *HAHR*, v. 52, n. 4, pp. 583-4 e 595, nov. 1972. Para dados anuais do período 1877-80, ver "Report by Consul Bonham on the trade [...] of Pernambuco for the year 1880", *PP 1881*, v. 91, parte 8, p. 1412. Tais dados diferem um pouco daqueles apresentados por Eisenberg para 1877-9. Sobre Alagoas, ver Manuel Diegues Jr., *O banguê nas Alagoas* (Rio de Janeiro: IAA, 1949, p. 96). Sobre o Ceará entre 1854 e 1866, ver Augustin Couchin, "L'Abolition de l'esclavage au Brésil", *Revue des Deux Mondes*, dez. 1871. Esse autor cita um relatório oficial da província. Para as exportações entre 1872 e 1881, ver "Report by Vice-Consul Studart on the trade of Ceará for the year 1883", *PP 1884-5*, v. 73, parte 8, Commercial Report 21, p. 1298. O autor cita dados obtidos do Departamento de Polícia de Fortaleza, segundo o qual 11.176 escravos foram exportados no período, enquanto 1.370 foram importados. Os exportados não incluíam "2 mil exportados por outras partes da província". Entre 1877 e 1880, as exportações líquidas teriam alcançado 6.736 escravos.

[a] Dados oficiais não disponíveis para 1871 e para o período após 1875, quando as exportações parecem ter se acelerado.

[b] As estimativas de exportação total entre 1850 e 1880 variam de 23 mil a 38 mil.

[c] As exportações aumentaram após 1862.

[d] Números aproximados.

Para o Nordeste, no entanto, onde a taxa de crescimento natural era insuficiente para a reposição da população escrava,[42] aquelas exportações representaram uma significativa sangria de mão de obra, que foi agravada, em meados da década de 1850, por uma séria epidemia de cólera que atingiu os escravos de forma particularmente intensa.[43]

Nesse contexto, no início da década de 1860, apesar da sobrevivência de certos bastiões de resistência compostos de plantações quase que exclusivamente trabalhadas por escravos, como o Recôncavo Baiano e o setor açucareiro do Maranhão então recentemente implantado, muitos grandes plantadores do Nordeste estavam empregando trabalhadores livres assalariados no campo, como fica bem documentado por testemunhos da época. Essa tendência foi acentuada pelo boom do algodão na década de 1860, ocasionado pela Guerra Civil nos Estados Unidos, que resultou em um forte aumento do preço internacional do produto — estimulando a plantação de algodão até mesmo em pequenos estabelecimentos rurais antes dedicados ao cultivo de gêneros alimentícios — e tornando viável a comercialização do algodão plantado no interior.[44]

Por volta de 1870, o trabalho livre se tornara avassaladoramente predominante na criação de gado no interior do Nordeste. Subsistiam bolsões de escravidão, como as fazendas do Piauí trabalhadas por escravos, mas nesses estabelecimentos a escravidão tinha características muito diferentes das observadas no trabalho de turmas nos campos das grandes plantações, já que os escravos gozavam de condições de vida menos duras e tinham maior mobilidade. Progressos semelhantes do trabalho livre se faziam notar nas províncias de Mato Grosso e Goiás, que continuavam a se concentrar basicamente na criação de gado e no cultivo de alimentos para consumo local.

A situação da região Cafeeira, no entanto, era consideravelmente diferente da que se observava no Nordeste. Não faltaram tentativas no sentido de resolver os problemas potenciais de oferta de mão de obra na região do café. Inicialmente, os fazendeiros procuraram importar trabalhadores europeus à sua custa, com a esperança de que estes trabalhassem parte de suas plantações de café com base em contratos de parceria, suplementando o trabalho dos escravos, que continuariam a atuar em turmas em outras áreas separadas das fazendas. Mas o insucesso das colônias de parceria (examinado no capítulo 3) reforçou o apego daquela classe à escravidão, especialmente na província do Rio de Janeiro.[45]

Como foi visto anteriormente, uma segunda alternativa para a região Cafeeira era a importação de escravos de outras províncias, que recebeu novo estímulo com o insucesso das colônias de parceria. Por fim, os escravos podiam ser realocados de outras atividades para trabalhar diretamente no cultivo do café. Esse processo de realocação sem dúvida ocorreu, e o surgimento e a expansão das estradas de ferro permitiram uma realocação dos escravos dentro das próprias fazendas, de atividades ligadas a transporte para o trabalho direto no campo. Gradualmente, adotaram-se também melhorias no equipamento para o processamento do café, mas o efeito poupador de mão de obra dessas inovações foi limitado, e a atividade no campo permaneceu muito intensiva no uso do fator trabalho — isto é, do trabalho escravo.

Na região Sul, porém, observaram-se tendências muito distintas. Como já se viu, em 1850, a Câmara Imperial aprovara a Lei de Terras que confirmava a propriedade das terras públicas até então ocupadas em todo o país — desde que fossem devidamente registradas de acordo com os termos da lei — e proibia novas transferências gratuitas através de sesmarias ou outras modalidades. Essa medida, apoiada pelos grandes plantadores, visava consolidar seu monopólio sobre as áreas de melhor qualidade e dificultar o acesso à propriedade de terras por parte de imigrantes eventuais, forçando-os a tornarem-se trabalhadores assalariados.

Entretanto, na região Sul não havia uma numerosa classe de grandes proprietários demandando trabalhadores em grande número, de forma que os governos provinciais e o governo imperial puderam implementar uma política de colonização baseada na criação de estabelecimentos rurais de tamanho familiar. Também se concederam estímulos pecuniários e outras vantagens aos particulares dispostos a fundar colônias nas mesmas linhas das que foram criadas pelo governo. Por volta de 1870, existiam milhares de famílias europeias, principalmente alemãs, estabelecidas em pequenas propriedades em diversas colônias públicas e privadas, produzindo excedentes apreciáveis de gêneros alimentícios a serem vendidos para outras províncias.

Na ausência de um mercado de capitais organizado e de estabelecimentos de crédito rural, o governo e os fundadores de colônias privadas atuaram como instituições de crédito, vendendo para os colonos terras a prazo e em condições de pagamento relativamente favoráveis. Essa iniciativa compensou parcialmente a ausência de medidas semelhantes ao Homestead Act dos Estados Unidos, que previa concessões gratuitas de terras, que não teriam sido viáveis, no Brasil, dada a distribuição de forças políticas no Império.

Cabe notar que esse tipo de colonização também foi tentado em escala limitada na zona central, até então praticamente desocupada, da província do Espírito Santo. Essa província fazia parte da região Cafeeira do país e embora sua produção total de café ainda permanecesse relativamente pouco importante, o cultivo desse produto em pequena escala por famílias europeias já alcançava algum desenvolvimento no início dos anos 1870 (ver capítulo 6).

Tanto no Espírito Santo quanto na região Sul, essa política de colonização foi factível em virtude da ausência de uma classe de grandes proprietários ávidos por "braços" e ativamente engajados em impedir a criação de uma classe de competidores potenciais em pequenas propriedades, e também em razão da disponibilidade de grandes extensões de terras públicas não previamente adquiridas através de "posse" ou de doações anteriores.

Embora os excedentes produzidos pelos colonos do Sul fossem destinados a outras províncias, cada família não podia aumentar a produção muito além da capacidade produtiva dos seus membros. De fato, poucos imigrantes estariam dispostos a trabalhar por um salário para outros colonos, quando poderiam conseguir um estabelecimento familiar próprio, em condições relativamente favoráveis e a crédito.[46]

Finalmente, na região amazônica, no início da década de 1870, a produção de borracha já predominava sobre as outras atividades e continuava a se expandir aceleradamente, levando a rápidos ganhos do trabalho livre em relação ao escravo. Já era evidente, para os observadores da época, que a Abolição não teria efeitos negativos substanciais sobre a economia da região, e a preocupação no Pará e no Amazonas era obter, de outras regiões, trabalhadores livres em número suficiente para explorar novas áreas de florestas.

2.3. DA LEI DO VENTRE LIVRE À ABOLIÇÃO DEFINITIVA DA ESCRAVIDÃO

Quaisquer esperanças de uma eventual implementação bem-sucedida da "criação" de escravos — ou seja, de criar condições para uma taxa de reprodução natural positiva da população escrava para atender à demanda desse tipo de mão de obra no Brasil — foram eliminadas pela chamada Lei do Ventre Livre (lei n. 2.040 de 28 de setembro de 1871), que declarava livres todos os filhos de escravas nascidos após essa data e determinava a matrícula dos escravos. A tabela 2 mostra a distribuição da população escrava no Império, de acordo com o recenseamento nacional de 1872, e a distribuição estimada dos escravos por volta de 1820 (com base em dados muito menos confiáveis e que muitas vezes só incluíam adultos). A concentração dos escravos nas áreas cafeeiras já era bem evidente em 1872, e tenderia a se acentuar durante a década de 1870.

De fato, para o Nordeste, a década de 1870 foi, de uma maneira geral, extremamente desfavorável. O fim do boom do algodão e as dificuldades enfrentadas pelo setor açucareiro resultaram em uma série de crises regionais que culminaram com a violenta seca de 1877-9, que provocou, direta e indiretamente, a morte de centenas de milhares de pessoas na região. Dadas essas condições, a venda de escravos para a região Cafeeira, que em certas províncias diminuíra no final da década de 1860 em virtude de melhores condições econômicas, alcançou níveis sem precedentes em muitas províncias nordestinas. Essa exportação interprovincial foi acompanhada, nos casos do Ceará e do Rio Grande do Norte, pela emigração, em decorrência da seca, de dezenas de milhares de habitantes livres para a região amazônica, "expulsos" pela seca, onde foram instalados em pequenos lotes de colônias agrícolas ou dirigidos para as áreas de exploração da borracha.

Quando os governos das províncias de São Paulo, Minas Gerais e Rio de Janeiro, sentindo o perigo político da concentração de escravos na região Cafeeira, aprovaram leis estabelecendo um imposto proibitivo sobre a importação interprovincial de escravos, um dos últimos fatores que favoreciam a subsistência da escravidão no Nordeste paradoxalmente deixou de existir: a impossibilidade de exportar os escravos e a demanda limitada por esse tipo de mão de obra em nível local levou a uma rápida queda do seu preço, e esse foi um fator importante para explicar a libertação espontânea de todos os escravos do Ceará em 1884. Como era de esperar — tendo em vista que a substituição de trabalho escravo por trabalho livre na maioria das atividades econômicas já vinha se processando gradualmente desde a década de 1860 —, essa medida não teve impacto significativo sobre a evolução da economia cearense durante a década de 1880, ainda que tenha afetado — via um "efeito-riqueza" negativo — alguns senhores que tinham continuado a depender do trabalho de seus escravos até a sua libertação.

Efeitos semelhantes se observaram nas outras províncias do Nordeste quando a abolição definitiva da escravidão foi decretada pela Lei Áurea de 13 de maio de 1888. As dificuldades econômicas enfrentadas pela região nas décadas seguintes não foram resultado de problemas de oferta de trabalho, pois diversos depoi-

TABELA 2 — POPULAÇÃO ESCRAVA TOTAL DO BRASIL E SUA DISTRIBUIÇÃO GEOGRÁFICA, SEGUNDO O CENSO DE 1872, E DISTRIBUIÇÃO GEOGRÁFICA ESTIMADA DA POPULAÇÃO ESCRAVA EM *C.* 1820

Regiões e províncias	Total de escravos no país (*c.* 1820) (em %)	População escrava em 1872	Total de escravos no país em 1872 (em %)
Região amazônica	**2,9**	**28.437**	**1,9**
Amazonas	0,8	979	0,1
Pará	2,8	27.458	1,8
Nordeste	**42,1**	**480.409**	**31,8**
Maranhão	8,1	74.939	5,0
Piauí	1,2	23.795	1,6
Ceará	2,4	31.913	2,1
Rio Grande do Norte	0,8	13.020	0,8
Paraíba	1,5	21.526	1,4
Pernambuco	9,0	89.028	5,9
Alagoas	2,8	35.741	2,4
Sergipe	2,4	22.623	1,5
Bahia	13,9	167.824	11,1
Região Cafeeira	**41,3**	**842.367**	**55,8**
Espírito Santo	1,4	22.659	1,5
Rio de Janeiro	13,7	292.637	19,4
Minas Gerais	20,9	370.459	24,5
São Paulo	5,3	156.612	10,4
Corte[a]	**6,4**	**48.939**	**3,2**
Região Sul	**3,8**	**93.335**	**6,2**
Paraná	0,6	10.560	0,7
Santa Catarina	0,8	14.984	1,0
Rio Grande do Sul	2,4	67.791	4,5
"Províncias interiores" (Oeste)	**3,7**	**17.319**	**1,1**
Mato Grosso	1,3	6.667	0,4
Goiás	2,4	10.652	0,7
Brasil	**100**	**1.510.806**	**100**

FONTES: Todos os dados referentes a 1872 são do recenseamento nacional daquele ano (os dados de algumas províncias só foram levantados em data posterior, mas foram consolidados como referentes ao ano do censo).

Os dados para a região Cafeeira e para o Oeste na segunda década (ou início da terceira década) do século XIX se baseiam nas seguintes fontes:

Rio de Janeiro e Corte: "Mapa da população da Corte e da província do Rio de Janeiro em 1821", *Revista do Instituto Histórico e Geográfico do Brasil* (Rio de Janeiro: Garnier, t. 33, parte 1, pp. 137-42, jan. 1870);

São Paulo: Dados de 1815, por municípios e comarcas, reproduzidos por J. B. von Spix e C. F. P. von Martius, *Travels in Brazil (In the Years 1817-1820)* (Londres: Longman, Hurst, Rees, Orme, Brown & Green, 1824, v. II, pp. 32-3); o total não inclui o Paraná, computado separadamente, com base na mesma fonte;

Minas Gerais: Dados de 1821 em W. L. von Eschwege, "Notícias e reflexões estatísticas da província de Minas Gerais", *Revista do Arquivo Público Mineiro*, 1899, ano 4, p. 744;

Espírito Santo: Francisco Alberto Rubim, "Memória estatística da província do Espírito Santo no ano de 1817", *Revista do Instituto Histórico e Geográfico do Brasil*, t. 19, p. 183, 2º trimestre de 1856; Arthur Cezar Ferreira Reis, "O Espírito Santo", em *História geral da civilização brasileira* (São Paulo: Difusão Europeia do Livro, 1964, t. 2, v. 2, pp. 354, 357-60).

Os dados sobre o Rio Grande do Sul e Santa Catarina constam respectivamente das seguintes fontes: "Mappa da população da capitania de S. Pedro", em José Feliciano Fernandes Pinheiro, *Annaes da capitania de São Pedro* (Lisboa: Imprensa Nacional, 1822); Paulo José Miguel de Brito, *Memória política sobre a capitania de Santa Catarina escrita no Rio de Janeiro no ano de 1816* (Lisboa: Typ. da Real Academia de Sciencias, 1829, p. 50).

A maioria dos dados sobre o Nordeste na década de 1810 é original, obtida a partir dos "dados corrigidos" apresentados pelo conselheiro Antonio Rodrigues Velloso de Oliveira em "A Igreja do Brasil", *Revista do Instituto Histórico e Geográfico do Brasil*, 1866, t. 29, parte 1, pp. 159-95, e oito quadros não numerados.

Sobre o Maranhão, ver A. Balbi, *Essai statistique sur le Royaume de Portugal et d'Algarve* (Paris: Rey & Garnier, 1822, t. 2, p. 266, nota 1).

Para os dados sobre Rio Negro (Amazonas) e dados adicionais sobre certas províncias do Nordeste, ver J. B. von Spix e C. F. P. von Martius, *Viagem pelo Brasil* (Rio de Janeiro: Imprensa Nacional, 1938, v. 2 e 3). Dados detalhados sobre Rio Negro constam do v. 3, pp. 38-9. Os dados sobre o Pará foram interpolados a partir das listagens de população de 1792 e 1832, reproduzidas respectivamente em Manuel de Mello Cardoso Barata, "Apontamentos para as ephemerides paraenses", *Revista do Instituto Histórico e Geográfico do Brasil*, 1921, t. 9, v. 144, p. 111; Alexandre José de Mello Moraes, *Ensaio corográfico do Império do Brasil* (Rio de Janeiro: Emp. Typ. Dous de Dezembro, 1854, p. 31).

Sobre o Mato Grosso, ver José Antonio Teixeira Cabral, "Mapa da população da capitania do Mato Grosso — 1815 e outras listagens da população", *Revista do Instituto Histórico e Geográfico do Brasil* (Rio de Janeiro: Laemmert, 1857, t. 20, parte 3, pp. 281-93). Quanto a Goiás, ver Velloso de Oliveira (op. cit.).

[a] Distrito da cidade do Rio de Janeiro, capital do Império, área predominantemente urbana.

mentos da época atestam a abundância relativa de mão de obra barata na maioria dos estados nordestinos a partir da Abolição. Na época dessa medida legal, a faixa costeira do Nordeste, onde se localizava a maioria das plantações de cana-de-açúcar, já se encontrava bastante densamente povoada, se comparada às demais regiões do Brasil. Na medida em que grandes proprietários controlavam a maior parte da terra da região, o acesso à propriedade por parte da população livre (incluindo agora os libertos)[47] continuava difícil. Houve, porém, uma redistribuição de terras entre a classe de grandes proprietários, em função de mudanças técnicas na produção de açúcar.

De fato (como explicado no capítulo 3 com relação à importante área produtora de açúcar de Campos, no Rio de Janeiro), o surgimento das usinas — fábricas modernas para a moagem da cana e a produção de açúcar — requeria uma oferta garantida de matéria-prima, e acabou levando à consolidação de numerosas plantações de cana em estabelecimentos de maior porte. Por outro lado, vários senhores de engenho do nordeste tornaram-se meros fornecedores, plantadores de cana a ser entregue às usinas para o processamento do açúcar.

Essa transformação foi particularmente notável em Pernambuco, Alagoas e Sergipe na década de 1890. Esses estados vendiam uma parte substancial de sua produção de açúcar no mercado interno brasileiro. O algodão era produzido em menor escala, mas sua produção também se orientou de forma crescente, a partir da década de 1890, para suprir as necessidades de diversas regiões do país nas quais a indústria têxtil estava se desenvolvendo rapidamente. Em vista desses fatos, torna-se extremamente enganoso aferir os efeitos da Abolição no Nordeste e o desempenho da região na segunda metade do século XIX com base em estatísticas de exportação de açúcar e de algodão para o exterior, sem levar em conta as exportações desses produtos para outras províncias (e depois estados).[48]

O Maranhão e o Recôncavo Baiano aparecem como exceções no Nordeste. No Maranhão, a produção açucareira começou em maior escala nas décadas de 1840 e de 1850, com a realocação de capital e escravos de outras atividades para os engenhos que, apesar de adotarem maquinaria bastante moderna para a fase de processamento, permaneceram fortemente dependentes do trabalho escravo nos canaviais até a Abolição. Quando o fim da escravidão foi decretado, os ex-escravos abandonaram as grandes plantações de cana-de-açúcar e de algodão. Diante da possibilidade de se instalarem por conta própria como posseiros em áreas em boa parte desocupadas do novo estado ou de se empregarem em outras atividades, os libertos (e mais notadamente as ex-escravas) não retornaram ao trabalho no campo nas grandes plantações. Assim, parte apreciável da classe de grandes lavradores e de senhores de engenho ficou arruinada, tendo sido inicialmente privada do "capital" investido em seus escravos (sem qualquer indenização) e depois seriamente afetada pela drástica queda do valor de suas terras, que acabaram sendo abandonadas também por diversos fazendeiros. Muitos daqueles grandes e antigos proprietários rurais aplicaram os recursos de que ainda dispunham na indústria têxtil de algodão que surgiu no estado do Maranhão na década de 1890. Essa situação peculiar resultou no aparecimento de uma classe de pequenos produtores, com ou sem direito legal à terra que trabalhavam, cultivando principalmente gêneros alimentícios em áreas de antigas plantações e, por um tempo, em uma das distribuições de terra menos concentradas do Brasil.

Os efeitos da Abolição no Recôncavo Baiano foram menos dramáticos, e a transição para as usinas salvou parte da classe de grandes proprietários. No entanto, a supremacia da classe patriarcal dos senhores de engenho desapareceu parcialmente diante da penetração do capitalismo industrial no setor açucareiro. Os efeitos da Abolição sobre a produção de açúcar da Bahia e sobre o emprego nesse setor são de difícil aferição, visto que uma fração substancial da produção de açúcar era consumida no próprio estado e se dispõe apenas de estatísticas de exportação. A questão requer, portanto, estudos quantitativos adicionais. Porém, muitos engenhos faliram ou se tornaram de "fogo morto", ou seja, simples fornecedores de cana-de-açúcar às usinas, enquanto diversos libertos encontraram oportunidades alternativas de emprego, notadamente no cultivo de cacau, em áreas mais para o sul da Bahia.

Ocorreu, assim, uma clara mudança na estrutura agrária e nas relações de trabalho no Nordeste pós-Abolição. As usinas, verdadeiras empresas capitalistas, davam preferência ao trabalho assalariado. Porém, os engenhos e as plantações de algodão também recorreram à parceria ou a formas de "arrendamento" que não implicavam necessariamente pagamentos em dinheiro, mas que podiam envolver a obrigação, por parte do "morador de condição", de trabalhar um certo número de dias por ano para o dono da terra. De fato, logo após a Abolição, muitos proprietários de terras no Nordeste dispunham de limitadas quantias em dinheiro, ao passo que seus escravos, que tinham representado uma importante garantia para empréstimos em décadas anteriores, haviam "desaparecido". Assim, parecia natural para muitos proprietários condicionar a ocupação de parte de suas terras por moradores, agregados ou libertos, à prestação de serviços, bem como ser menos tolerantes com posseiros do que nos tempos da escravidão.[49] Os serviços prestados pelos moradores, mesmo quando compulsórios, eram em muitos casos remunerados, e trabalhadores envolvidos em contratos de parceria, à qual se parece ter recorrido com frequência, também podiam ser ocasionalmente acionados como mão de obra auxiliar. Note-se que tanto moradores quanto parceiros dispunham normalmente de pequenos lotes para plantar alimentos para as suas próprias famílias, o que significava um tipo adicional de remuneração. Na criação de gado no interior do Nordeste (e também em Goiás e no Mato Grosso) observavam-se duas formas principais de remuneração do trabalho: enquanto alguns vaqueiros ganhavam salários em dinheiro, outros eram pagos com uma fração das crias dos rebanhos.

As soluções específicas implementadas nas plantações nordestinas não separaram inteiramente o trabalhador dos meios de produção e da terra. Como já foi mencionado, com exceção das usinas, na maioria dos casos os trabalhadores tinham acesso a um lote de terra que eles cultivavam sem direitos de propriedade mas em seu próprio benefício.[50] Esse fato, por outro lado, permitia potencialmente aos proprietários de terra pagar salários monetários mais baixos, de forma que a questão sobre quem gozava de uma "melhor situação" — os moradores ou os assalariados "puros" — permanece aberta e sujeita a verificação empírica, ainda que os primeiros tivessem, tecnicamente, maior estabilidade.

Um último ponto deve ser levantado com relação aos libertos do Nordeste. Na zona rural, as oportunidades de emprego disponíveis para essa nova categoria social não parecem ter sido muito diferentes daquelas com que se defrontava a população livre local logo após a Abolição. No Nordeste, a cor não identificava um indivíduo como ex-escravo, dada a existência de um longo processo de miscigenação bem anterior a 1888. Assim, seria de esperar um preconceito menos generalizado do que em uma sociedade predominantemente branca. Por outro lado, não houve na região, na década de 1890, uma imigração estrangeira significativa que pudesse ter competido com os libertos e a população local por oportunidades de emprego, como ocorreu em alguns estados da região Cafeeira e da região Sul do Brasil.

No Pará e no Amazonas — a "região da borracha" —, as décadas de 1870 e 1880 marcaram a transição do seringueiro livre e independente, que geralmente era um pequeno produtor nascido na região e que também cultivava alimentos e/ou trabalhava na coleta de produtos florestais (e que, na maioria dos casos, vivia com a família), para o seringueiro dependente, especializado na coleta de borracha e estabelecido nos latifúndios florestais de grandes proprietários. O aparecimento destes últimos, após a Lei de Terras de 1850, tornou-se possível pela passagem de legislação específica para a região amazônica que permitia a apropriação legal de vastas extensões de terras cobertas de florestas. O latifúndio para a exploração da borracha, por sua vez, se justificava em decorrência de uma característica de ordem "técnica": a dispersão das seringueiras na floresta.

O novo seringueiro, frequentemente nordestino, chegava às áreas dos seringais já endividado com seu empregador (o seringalista), devendo-lhe uma quantia equivalente à passagem da viagem e a produtos de consumo e material, sendo forçado a trabalhar para o seringalista até ter reembolsado sua dívida. Um exame detalhado das relações de trabalho no setor da borracha também escapa naturalmente dos objetivos do presente estudo.[51] Parece suficiente mencionar que o "novo" seringueiro se empregava exclusivamente na coleta e no tratamento inicial da borracha, recebendo um certo "preço", por unidade de produto, do seringalista, que também lhe fornecia alimentos adquiridos nos principais centros comerciais da região. Como a contabilidade dessas operações estava nas mãos do seringalista, os trabalhadores, que eram em muitos casos analfabetos, tinham pouca proteção contra eventuais abusos. Com frequência, os preços cobrados pelos mantimentos e pelo material eram bastante inflados — e isso quando os seringueiros não eram abertamente enganados quanto ao produto efetivamente coletado, como também ocorria. Em consequência, não era incomum que se passassem anos antes de o seringueiro poder pagar suas dívidas, criando-se uma barreira "institucional" à mobilidade de trabalhadores legalmente livres.

Alguns desses seringueiros, no entanto, conseguiram poupar e, em certos casos raros, até se tornaram seringalistas, encarregando-se de recrutar novos trabalhadores das suas províncias de origem. Assim, a despeito daqueles frequentes abusos, e dadas as miseráveis condições de vida em certas áreas do Nordeste, a expectativa de uma vida melhor resultou em uma contínua migração de nordestinos para as zonas de exploração de borracha do Pará e do Amazonas no último quarto do século XIX e início do século XX, movimento este que se intensificava em épocas de seca.

Com relação aos efeitos da Abolição na região amazônica, vale notar que a escravidão nunca foi importante no Amazonas ao longo do século XIX, período em que os escravos não excederam 6% do total de sua população "civilizada", de forma que, nessa província, a abolição da escravidão acabou precedendo a Lei Áurea de 1888. No Pará, em contraste, a escravidão tivera certa importância antes do surgimento da produção da borracha, respondendo por uma fração não negligenciável da força de trabalho em grandes propriedades agrícolas e de criação de gado. No entanto, após 1850, ainda que alguns desses estabelecimentos tivessem continuado a empregar escravos até 1888, estes se tornaram cada vez menos relevantes para a economia da província, na medida em que a produção da borracha, que se baseava no trabalho livre, passava a ter predominância crescente sobre as demais atividades, evolução que na década de 1890 tornaria a borracha o segundo produto de exportação do Brasil (ver tabela 3). Assim, também no Pará, a Abolição afetou principalmente a fortuna pessoal de alguns grandes proprietários de escravos. De fato, havia muito que a agricultura paraense se tornara insuficiente para suprir as necessidades de consumo da província, tendo pequena contribuição em termos de exportação (excetuando-se apenas as plantações de cacau, que, no entanto, vinham sendo também trabalhadas, décadas antes, por empregados livres ou até por pequenos proprietários independentes). Portanto, da libertação definitiva dos escravos não resultou qualquer desorganização significativa da produção nessa região.

Os desdobramentos das décadas de 1870 e 1880 e as consequências da Abolição na região Cafeeira e na região Sul do Brasil são objeto de análise detalhada nas partes II e III do presente estudo. Para evitar repetições, e apenas como introdução a certas questões, pode-se enfatizar neste capítulo os seguintes pontos: entre 1871 e 1880, segundo dados oficiais já citados, teriam entrado no Brasil 219.128 imigrantes, total praticamente equivalente ao da soma das duas décadas anteriores, mas ainda modesto diante do número de escravos remanescentes e pouco superior ao dos escravos envolvidos no tráfico interprovincial entre 1851 e 1881.

Nas décadas de 1870 e 1880, a imigração estrangeira para a região Sul não apenas continuou, como se intensificou consideravelmente, resultando na formação de uma numerosa classe de pequenos produtores rurais, com título legal de propriedade sobre as suas terras e geralmente prósperos, produzindo alimentos para consumo próprio e também para a venda a outras províncias, e sempre contando com o trabalho de suas famílias. Esses estabelecimentos coexistiam com atividades econômicas mais antigas, nas quais o trabalho escravo fora empregado

TABELA 3 — ÍNDICES DE QUANTIDADES EXPORTADAS POR DECÊNIOS E PARTICIPAÇÃO NO VALOR DAS EXPORTAÇÕES PARA PORTOS ESTRANGEIROS DOS PRINCIPAIS PRODUTOS DE EXPORTAÇÃO DO BRASIL, 1821-1900 (MÉDIA DE 1891-1900 = 100)

	CAFÉ		AÇÚCAR		ALGODÃO		COUROS		BORRACHA	
Período	Índice de quantidade	% do valor total	Índice de quantidade	% do valor total	Índice de quantidade	% do valor total	Índice de quantidade	% do valor total	Índice de quantidade	% do valor total
1821-30	4	18,4	36	30,1	77	20,6	31	13,6	0	0,1
1831-40	13	43,8	53	24,0	72	10,8	37	7,9	1	0,3
1841-50	23	41,4	75	26,7	70	7,5	65	8,5	2	0,4
1851-60	35	48,8	91	21,2	89	6,2	67	7,2	9	2,3
1861-70	39	45,5	83	12,3	182	18,3	86	6,0	17	3,1
1871-80	49	56,6	126	11,8	241	9,5	90	5,6	28	5,5
1881-90	72	61,5	151	9,9	143	4,2	73	3,2	51	8,0
1891-1900	100	64,5	100	6,0	100	2,7	100	2,4	100	15,0

FONTES: Os índices foram computados com base nos dados decenais de exportação física para portos estrangeiros publicados no *Anuário estatístico do Brasil, ano V, 1939-40* (Rio de Janeiro: IBGE, 1940, apêndice, p. 1380). A participação de cada produto no valor da exportação total para o estrangeiro consta do mesmo apêndice. Esse valor, no entanto, está superestimado na maioria dos anos do século, por incluir as exportações de moedas metálicas como exportação de mercadorias, quando, na realidade, representa fluxos de capital. Portanto, a participação individual e conjunta dos principais produtos listados acima, no valor total da exportação *de mercadorias*, era ainda maior do que transparece na tabela. Sobre o problema da superestimação do valor da exportação, ver L. A. Corrêa do Lago, "Balança comercial, balanço de pagamentos e meio circulante no Brasil no Segundo Império: uma nota para uma revisão", *Revista Brasileira de Economia*, v. 36, n. 4, pp. 489-508, out.-dez. 1982.
Observação: de 1821 a 1860, o fumo era o quinto produto de exportação, respondendo nas quatro décadas por respectivamente 2,5%, 1,9%, 1,8% e 2,6% do total das exportações para o estrangeiro. Os valores das exportações de cacau e de mate excederam o da exportação de borracha entre 1821 e 1850.

com maior ou menor intensidade (produção de farinha de mandioca em Santa Catarina, engenhos de mate no Paraná e gado ocasionalmente e charqueadas no Rio Grande do Sul), mas que sobreviveram à Abolição sem maior desorganização do trabalho, empregando trabalhadores nascidos localmente.

Muito esquematicamente, portanto, o trabalho assalariado prevaleceu na criação de gado, no setor urbano e em certas áreas agrícolas mais antigas da região Sul, enquanto a maioria dos trabalhadores nas áreas "coloniais" era de pequenos proprietários rurais e seus familiares. Deve-se notar, mais uma vez, que tal evolução nas áreas de colônias foi possível graças à política específica (e bem-sucedida) dos governos provinciais (e depois estaduais) de fortalecimento da "colonização". Esta, por sua vez, beneficiou-se da existência de terras públicas abundantes, das facilidades de pagamento oferecidas pelos governos locais, juntamente com adiantamentos ou transporte para as áreas coloniais, bem como, já nos anos 1890, das passagens gratuitas oferecidas pelo governo federal.

Em contraste com as províncias do Sul, a política governamental na região Cafeeira teve objetivos bastante diversos a partir de 1870. Nessa região (com a exceção parcial do Espírito Santo, já mencionada acima), existia uma classe de grandes proprietários numerosa e politicamente influente, que monopolizava uma fração substancial das terras disponíveis, em particular as mais apropriadas para o cultivo do café, e que clamava por braços, ou seja, trabalhadores para as suas lavouras. Portanto, uma colonização com características semelhantes às observadas no Sul se tornava impossível na região Cafeeira — pelo menos em grande escala (se não de todo) —, e os governos locais se concentraram em fornecer trabalhadores para as fazendas, seja antes da Abolição (como no caso de São Paulo), seja após o advento do trabalho livre (principalmente no caso de Minas Gerais). Sua política consistiria em pagar as passagens de imigrantes europeus até seus respectivos estados, uma despesa em que parte dos fazendeiros se recusava a incorrer antes da Abolição. Em parte como resultado dessa política, enquanto no período de 1881 a 1885 haviam entrado oficialmente 133.450 imigrantes, o número desses estrangeiros saltou para 252.167 no triênio de 1887 a 1889, total que correspondia a 41,7% das entradas oficiais entre 1851 e 1886 e a 29,4% das registradas entre 1851 e 1889.

A Abolição foi acompanhada por uma mudança fundamental na escala do trabalho no campo na cafeicultura, passando-se do trabalho em turmas para a parceria, e especialmente para a *empreitada* ou *contrato de colono*, com remunerações específicas para o trato e a colheita do café. O resultado global desses novos tipos de contrato de trabalho (objeto de exame mais detalhado no capítulo 4) foi a substituição virtual do trabalho em turmas, em que a "unidade" de trabalho básica era o escravo, por novos arranjos em que a "unidade" fundamental de trabalho passava a ser a família de colonos europeus. Assim, de uma condição de trabalhadores "preferidos" até 1888 (sob a instituição da escravidão e no sistema de trabalho em turmas), paradoxalmente os ex-escravos se tornaram, como indivíduos, os trabalhadores menos desejáveis após a Abolição, notadamente em São Paulo. Na prática, apesar de a fazenda de café não ter sido subdividida do ponto de vista da propriedade da terra, em muitos casos passou, em certo sentido, a funcionar como uma soma de pequenas unidades de produção independentes, no que diz respeito ao trabalho nos cafezais, pelo menos ao longo do período até a colheita, quando trabalhadores adicionais eram às vezes contratados para complementar o trabalho dos colonos residentes.

A política de imigração e a reorganização do trabalho no campo foram bem-sucedidas nas novas áreas cafeeiras de São Paulo e de Minas Gerais após a Abolição, mas não puderam salvar as áreas mais antigas, onde o solo já se encontrava esgotado e os cafezais estavam muito velhos, não atraindo assim os imigrantes. Nessas áreas, a escravidão predominou até a abolição definitiva, e o "efeito-riqueza" dessa medida sobre os fazendeiros agravou aqueles problemas de ordem técnica, levando gradualmente, já a partir da década de 1890, a uma reconversão parcial das antigas áreas cafeeiras para outras atividades, notadamente a criação de gado (ver capítulo 3).

Após a Abolição, o governo paulista não estabeleceu um preço proibitivamente elevado para as terras públicas (como defendido por Wakefield), mas uma fração substancial das terras mais acessíveis já tinha sido apropriada (legalmente) até os anos 1880. Nessa década, havia um imposto elevado sobre a transferência de terras na província. Por outro lado, depois da Abolição, os proprietários de terras estavam raramente dispostos a se desfazer de pequenas frações de suas propriedades, o que poderia resultar na criação de "competidores", e os preços das terras nos municípios cafeeiros mais acessíveis de São Paulo permaneceram muito elevados na década de 1890 e na primeira década do século XX. Efetivamente, por volta de 1893, o próprio ministro da Agricultura reconhecia que era muito difícil um trabalhador estrangeiro tornar-se proprietário de terras em São Paulo, a não ser depois de muitos anos de poupança.[52]

Assim, o obstáculo que a escravidão representava para a mobilidade do trabalho na sociedade brasileira foi substituído por outras barreiras institucionais impostas aos trabalhadores, sobretudo em relação ao acesso à terra. Essas dificuldades foram ainda complementadas, na década de 1890, pela entrada de centenas de milhares de imigrantes europeus subsidiados no mercado de trabalho do estado, permitindo aos grandes proprietários das principais zonas cafeeiras manter suas propriedades intactas após a Abolição, ainda que estas tenham passado a ser operadas com base em uma nova forma de organização do trabalho.[53]

Finalmente, no que diz respeito ao destino dos libertos na região Cafeeira como um todo, pode-se afirmar que, de uma maneira geral, os ex-escravos gozaram de uma melhor situação em termos de posição social e de oportunidades de emprego nas áreas que receberam pouca ou nenhuma imigração estrangeira e nas quais eles se identificavam mais claramente, de um ponto de vista étnico, com a população local existente.

2.4. RESUMO E CONCLUSÕES

Desde o período colonial, a existência de "terras livres" funcionou como um poderoso incentivo para a adoção do trabalho escravo no Brasil, mas essa não era uma condição suficiente para a instituição da escravidão. De fato, nas regiões em que o governo não alienou a maior parte das terras disponíveis para grandes proprietários privados — e, consequentemente, onde não chegou a haver uma classe poderosa de proprietários "inativos" —, pôde emergir o padrão de pequenos estabelecimentos trabalhados por famílias livres, notadamente na região Sul.

A apropriação das melhores terras por uma classe de grandes proprietários, que mantinha sob cultivo apenas uma fração dos seus domínios — caso típico do Nordeste —, criava uma situação em que a relação terra-trabalho potencial era elevada, mas a relação *efetiva* (levando em conta a disponibilidade real de terras para o resto da população e que foi anteriormente definida como relação terra-trabalho *legal*) era comparativamente baixa ou declinante.[54] A partir de uma definição legal da relação terra-trabalho, "não se verifica mais a existência de terras livres" em diversas áreas do Brasil em que subsistia a escravidão no século XIX, de forma que, partindo desse ponto de vista, uma relação terra-trabalho elevada não aparecia como uma condição necessária para a manutenção da escravidão (ou da servidão, como observado por Domar).[55]

A análise anterior também mostrou que era mais provável que a escravidão se desenvolvesse plenamente nas atividades econômicas orientadas para a exportação. Tal fato estava associado à necessidade de geração de recursos suficientes para um reinvestimento periódico em escravos, dada uma taxa de reprodução natural claramente negativa durante o período colonial. Esta última variável também parece fundamental para uma compreensão adequada de diversas tendências observadas no século XIX, especialmente após a supressão do tráfico de escravos africanos, quando surgiu uma competição regional pelos trabalhadores escravos remanescentes e o seu preço sofreu forte aumento.

Se a taxa de reprodução dos escravos tivesse sido significativamente positiva no século XIX na maioria das regiões do Brasil e compatível com o crescimento da população livre, pareceria possível que a escravidão não tivesse enfrentado obstáculos durante um período bem mais longo do que o que se observou efetivamente. De fato, como forma predominante ou suplementar de trabalho, a escravidão estava presente na maioria das regiões do país na primeira metade do século XIX, em contraste com os Estados Unidos, onde ela tendia a se concentrar nas áreas do Sul. Portanto, é pelo menos plausível que, como no caso norte-americano — para o qual não se tem qualquer evidência de que a escravidão estava desabando sob seu próprio peso na década de 1850, antes da Guerra de Secessão (1861-5) —, a escravidão no Brasil pudesse ter continuado por mais tempo, sem ocasionar problemas de oferta de trabalho. Porém, diante do que se observou efetivamente — ou seja, uma população escrava com taxa de crescimento natural negativo —, o aumento absoluto e relativo da população livre ao longo do século XIX foi, por si só, um poderoso agente para o desaparecimento da escravidão, uma vez suspenso o tráfico de escravos africanos.[56]

Não é nada evidente que a superioridade "inerente" do trabalho livre, enfatizada por tantos autores no passado, tivesse que levar necessariamente à abolição da escravidão nas economias escravistas. Como se notou, por exemplo, em estudo recente nos Estados Unidos, uma produtividade mais baixa do escravo por hora podia ser compensada por uma intensificação da taxa de exploração, resultando em um maior número de horas diárias de trabalho para o escravo do que para o trabalhador livre, e também em uma maior produção diária ou anual do escravo.[57] No caso do Brasil, os dados disponíveis sobre trabalhadores livres no cultivo do café por empreitada, em contraposição aos resultados do trabalho de turmas de escravos (dados que requerem diversas qualificações), sugerem uma maior produtividade por hora, e uma produção anual por trabalhador livre pelo menos equivalente à dos escravos, sendo mais baixo o custo dos trabalhadores livres.[58]

Nesse contexto, e dado que alguns fazendeiros de café paulistas já alardeavam as vantagens do emprego de trabalhadores estrangeiros livres na década de

1870, pode-se indagar por que os fazendeiros do centro-oeste de São Paulo (uma área de elevada produtividade da terra) não se voltaram para o trabalho livre naquela década. Na verdade, no caso de São Paulo, os fazendeiros não consideravam os trabalhadores livres nascidos localmente como empregados confiáveis e como uma alternativa viável para o trabalho escravo. Por outro lado, os brasileiros livres também hesitavam em se oferecer como trabalhadores nas fazendas, por acreditar que, dada a forma existente de organização do trabalho, teriam que trabalhar em turmas juntamente com os escravos.[59] Assim, os trabalhadores livres considerados como alternativa para os escravos pelos fazendeiros de café paulistas eram trabalhadores imigrantes. Todavia, esses imigrantes tinham que ser transferidos para o Brasil às custas dos fazendeiros, despesas em que alguns destes aceitaram incorrer já na década de 1860, mas para as quais se sentiram desencorajados por causa do insucesso das colônias de parceria.

Uma vez que o governo de São Paulo, em meados da década de 1880, se prontificou a pagar as passagens dos imigrantes estrangeiros e assinou importantes contratos para trazer milhares de europeus para a província (o que favorecia uma abundância "artificial" de trabalhadores), foram eliminados os obstáculos básicos para o emprego de imigrantes, com uma nova organização do trabalho no campo, pelos cafeicultores do centro-oeste paulista, que logo aderiram em bloco ao projeto abolicionista.

No que diz respeito aos efeitos da abolição da escravidão sobre o produto físico da agricultura brasileira como um todo, no curto e no médio prazos, também se podem fazer algumas aproximações, com base nos dados disponíveis sobre exportação total (inter-regional e para o exterior). Com as necessárias qualificações, esses dados variados mostram diferenças regionais marcantes. De uma maneira geral, logo após a Abolição, a reorganização do trabalho parece ter ocorrido em um ritmo suficientemente rápido para impedir uma redução significativa da produção dos principais gêneros do país. A queda do volume de açúcar e de algodão exportado para portos estrangeiros refletiu em parte um aumento do consumo doméstico (ver tabela 3). Houve áreas em que surgiram problemas de oferta de mão de obra, causando quedas de produção duradouras (por exemplo, no Maranhão). Mas em muitas regiões, como as áreas cafeeiras mais antigas do Rio de Janeiro, São Paulo e Minas Gerais, o declínio de caráter mais permanente da produção física deveu-se ainda a outros fatores econômicos, notadamente a idade avançada dos cafezais e o esgotamento do solo. No entanto, essas quedas foram, na maioria dos casos, compensadas por aumentos de produção em outras áreas, acompanhadas também pela reconversão para atividades econômicas alternativas, como a criação de gado. Emergiram produtos com crescente importância em nível nacional, como a borracha na região amazônica, e ocorreram mudanças em nível regional, como o boom do cacau na Bahia, em detrimento de produtos mais "antigos". Assim, uma vez que a substituição do trabalho escravo pelo trabalho livre já se encontrava bastante avançada em várias regiões do país na década de 1880, a Abolição acabou tendo principalmente um "efeito-riqueza" sobre a classe de proprietários de escravos, que não recebeu qualquer indenização.

Por outro lado, esse "efeito-riqueza" da abolição da escravidão não foi suficiente para provocar a subdivisão legal das grandes propriedades no país como um todo, não alterando significativamente, portanto, a concentração da propriedade da terra no Brasil, ainda que localmente tenha havido redistribuição de terras entre proprietários (como no caso da absorção de grandes extensões de terras pelas usinas) e que tenham ocorrido mudanças cruciais na organização do trabalho, sobretudo na cafeicultura. A grande maioria dos trabalhadores rurais continuou sem ter possibilidades de acesso à propriedade legal de terras, notadamente no Nordeste e na região Cafeeira, em contraste com a região Sul, onde tinham existido numerosos pequenos estabelecimentos explorados pelos seus proprietários com suas famílias por várias décadas.

Em suma, excetuando-se os casos das áreas específicas examinadas anteriormente, pode-se concluir que a abolição definitiva da escravidão no Brasil em 1888 não provocou nem uma desorganização duradoura da produção agrícola nem uma mudança significativa na estrutura fundiária do país, enquanto nada também foi feito politicamente no sentido de facilitar uma inserção adequada dos libertos no mercado de trabalho.

II. A "REGIÃO CAFEEIRA": SEMELHANÇAS E DIFERENÇAS NO PROCESSO DE TRANSIÇÃO DO TRABALHO ESCRAVO PARA O TRABALHO LIVRE NO RIO DE JANEIRO, SÃO PAULO, MINAS GERAIS E ESPÍRITO SANTO

Introdução

Esta parte do livro tem como foco a região Cafeeira do Brasil, que inclui, para fins do presente estudo, os atuais estados do Rio de Janeiro, São Paulo, Minas Gerais e Espírito Santo. Seu principal objetivo é analisar o processo de transição do trabalho escravo para o trabalho livre no setor agrícola da região durante o século XIX e examinar algumas das principais características do mercado de trabalho rural na década que se seguiu à Abolição definitiva da escravidão em 1888. Devido à grande abrangência do tema estudado, decidiu-se abordar sobretudo os aspectos que pareciam se prestar melhor a um tratamento econômico e quantitativo, levando em conta as informações estatísticas disponíveis. Assim, foram considerados alguns objetivos fundamentais para a questão. Em primeiro lugar, recapitular quantitativamente a ascensão da cafeicultura na região, procurando determinar quando o cultivo do café se tornou predominante nas diversas províncias, ao mesmo tempo que se delineiam as características da escravidão durante a primeira metade do século XIX. Em seguida, procura-se avaliar os efeitos econômicos do fim do tráfico de escravos africanos, no início da década de 1850, investigando as adaptações do setor agrícola da região às novas condições de oferta de trabalho, incluindo as primeiras tentativas de se empregar a mão de obra de imigrantes europeus e a intensificação do tráfico interprovincial de escravos. Discutem-se então algumas das causas econômicas para uma dicotomia crescente entre áreas de cafeicultura "antigas" e "novas", que parecem essenciais para a compreensão de sua diferente evolução no período que sucedeu à abolição definitiva da escravidão. Feitas essas considerações, a análise é estendida a uma avaliação quantitativa dos efeitos da Abolição e da imigração estrangeira sobre o emprego e a produção agrícola. Para tanto, avaliam-se detalhadamente a extensão e a importância econômica da imigração europeia — em particular a italiana — na segunda metade do século XIX. Em seguida, analisam-se as novas formas de organização do trabalho no campo e as relações contratuais que se consolidaram na década de 1890 na região, sugerindo-se explicações econômicas para a predominância de tipos distintos de relações de trabalho nas diversas áreas. As diferenças na intensidade da política de subsídios à imigração por parte dos governos central e estadual, bem como seus diferentes graus de "sucesso" no sentido de corresponder às aspirações da classe dos fazendeiros em relação a uma oferta abundante de trabalhadores, são apresentadas como elementos importantes na reorganização do mercado de trabalho rural na década de 1890. Por fim, busca-se determinar também o destino dos ex-escravos nas "antigas" e "novas" áreas cafeeiras, em comparação com a nova categoria de trabalhadores constituída por imigrantes europeus.

Os atuais estados do Rio de Janeiro, São Paulo, Minas Gerais e Espírito Santo formam uma região geográfica contínua — situada em latitudes tropicais, mas contendo também extensos planaltos — que, para os fins deste estudo, será classificada como região Cafeeira. (A cidade do Rio de Janeiro propriamente dita e seus arredores — a Corte —, administrados separadamente como capital do país durante o período estudado, e que, apesar de sua grande população, não tinha importância do ponto de vista agrícola, foram excluídos da maior parte da discussão.) Esses estados — então províncias — compartilham a característica comum de que o café representava de dois terços a nove décimos do total de suas exportações durante a segunda metade do século XIX. Por outro lado, embora o café também fosse produzido em outras áreas do país — notadamente Bahia e Ceará, e até mesmo Mato Grosso —, aqueles quatro estados respondiam por cerca de quatro quintos da produção total de café do país durante o mesmo período. No entanto, também apresentaram com frequência diferenças notáveis na primeira fase de sua evolução e em seu subsequente desenvolvimento, que deram origem a problemas específicos em cada área. Assim, a evolução própria de cada um dos quatro estados e de suas diferentes estruturas econômicas será analisada em capítulos separados, permitindo ainda uma avaliação crítica da literatura sobre o tema. Como o Rio de Janeiro foi a principal área produtora de café durante grande parte do século XIX (e de modo também a evitar repetições), dá-se especial ênfase à discussão das características do cultivo do café por escravos nessa província, embora condições semelhantes prevalecessem nas regiões Cafeeiras de São Paulo, Minas Gerais e no sul do Espírito Santo. Da mesma forma, São Paulo é tratado como exemplo das "novas" regiões cafeeiras, onde os trabalhadores europeus eram maioria após a Abolição. De maneira geral, porém, cada capítulo pretende enfatizar as condições específicas de cada estado, em confronto com as de seus vizinhos. Alguns dos dados quantitativos e qualitativos de cada área são então reunidos em um capítulo de conclusão, para uma avaliação geral da evolução da região Cafeeira como um todo.

Antes de passar ao estudo de áreas específicas, pode-se indicar brevemente alguns dos problemas e questões que serão abordados nos capítulos seguintes, e a característica geral das fontes utilizadas. Primeiramente, no que diz respeito ao fim do período colonial e à primeira metade do século XIX, procurou-se reunir informações sobre a estrutura econômica e os níveis de produção (muitas vezes aproximados a partir das exportações) que, aliados aos dados demográficos disponíveis, fornecem algumas indicações quanto à composição e evolução do emprego em cada área. Os dados demográficos apresentados nos capítulos a seguir estão também muitas vezes baseados em levantamentos detalhados da época sobre a população e, embora nem sempre de todo confiáveis, indicam que o emprego da mão de obra escrava era bastante disseminado e geograficamente difundido por volta de 1820, e que continuou a crescer em termos absolutos ao longo das décadas seguintes, sobretudo nas áreas de grandes plantações voltadas para a exportação. Os dados sobre as importações de escravos africanos segundo seus destinos finais são incompletos, mas os números disponíveis, especialmente aqueles relativos às importações através do porto do Rio de Janeiro, mostram que entradas consideráveis continuaram a ocorrer até 1850. Por outro lado, as informações parecem confirmar que, conforme a área, a reprodução natural dos escravos continuou desprezível ou negativa, o que é coerente com os números disponíveis sobre a quantidade de escravos em determinados anos e com as cifras de importações.

A imigração estrangeira destinada ao setor rural da região Cafeeira permaneceu muito limitada durante a primeira metade do século XIX. Apresentam-se nesta parte da pesquisa as informações disponíveis sobre as tentativas oficiais do governo central de estabelecer núcleos "coloniais" de pequenos proprietários europeus, ilustrando seu fracasso em São Paulo (Santo Amaro), sua rápida transformação em comunidades principalmente urbanas no Rio de Janeiro (Nova Friburgo e Petrópolis), e seu sucesso incipiente no Espírito Santo (Santa Isabel). No todo, porém, as entradas de imigrantes estrangeiros espontâneos e seus destinos não podem ser avaliados a partir dos dados oficiais, claramente incompletos, embora testemunhos da época sugiram que estes muitas vezes se instalaram em centros urbanos como artesãos ou comerciantes.

Os relatos de época disponíveis e os dados demográficos também apontam para a existência de um grande número de habitantes rurais livres. Procura-se mostrar as ocupações nas quais estes eram empregados e sua atitude em relação ao trabalho permanente diante dos preconceitos dos fazendeiros, nos casos em que não eram posseiros nem pequenos proprietários que praticavam uma agricultura de produção de alimentos, com ou sem alguns escravos. Números sobre salários e atividades não agrícolas, tais como a mineração do ouro, a produção "industrial" etc., também são apresentados ocasionalmente para complementar os dados demográficos no sentido de dar uma ideia aproximada do mercado de trabalho e da distribuição do emprego nas regiões em questão. Por fim, a aversão dos trabalhadores livres pelo trabalho em turmas junto aos escravos está amplamente documentada.

Os números sobre o comércio de cada província, organizados em tabelas, mostram em que momento a produção de café se tornou a principal atividade da região como um todo e o mais importante setor empregador de escravos, em grande parte em detrimento do cultivo da cana-de-açúcar. (Como ilustração, ressalta dos dados coletados sobre o total de exportações físicas de São Paulo, baseados em vários relatórios provinciais da época, que, ao contrário do que afirmam algumas autoridades, o café já era o principal produto de exportação da província por volta de 1840.) Sempre que possível, quando os números relativos às exportações se mostraram incoerentes ou isolados, tentou-se estabelecer séries coerentes, ou pelo menos considerar estimativas comparáveis. Dados sobre a produtividade dos escravos e sobre rendimentos e técnicas agrícolas, bem como algumas referências às formas de arrendamento e posse da terra e à concentração da propriedade da terra, também foram incorporados aos vários capítulos, que se baseiam em levantamentos governamentais parciais e em relatos de viajantes e outros estudos da época. Aqui também, embora ocasionalmente incoerentes, os dados disponíveis fornecem uma ideia das ordens de grandeza envolvidas, do comparativo atraso das técnicas agrícolas e da predominância generalizada do trabalho escravo em turmas nas atividades rurais voltadas para a exportação. (Uma discussão mais detalhada da qualidade dos dados foi em geral relegada às notas de fim do livro.) Esses dados também parecem confirmar o gradual processo de apropriação das terras melhores e mais acessíveis por uma classe de grandes fazendeiros, cujos direitos legais de propriedade sobre vastas extensões de terra foram obtidos por meio de sesmarias, ou em virtude dos artigos da Lei de Terras de 1850.

Após 1850, as informações sobre as diversas províncias tornam-se mais abundantes. As estatísticas imperiais oficiais podem ser confrontadas com dados de relatórios provinciais e complementadas por observações de estudos da época, seja de autores brasileiros, seja de estrangeiros. Os relatórios consulares britânicos aparecem como fontes particularmente importantes de dados oficiais e não oficiais, muitas vezes não encontrados em outras fontes. Esses relatórios contêm diversas referências à "questão do trabalho", números sobre população, dados relativos a propriedades rurais específicas contendo o rendimento ou produtividade de vários produtos agrícolas e excelentes estatísticas comerciais. Todas essas fontes permitiram a construção de séries coerentes de diversas variáveis econômicas importantes, particularmente das exportações de açúcar e café. Essas séries, por sua vez, possibilitam inferências sobre o nível aproximado ou a evolução do emprego em atividades econômicas específicas antes da Abolição, que são comparadas com dados parciais sobre emprego e produtividade disponíveis a partir de pesquisas efetivamente realizadas na época em determinadas áreas.

Os efeitos imediatos da supressão do tráfico de escravos sobre a exportação, bem como os preços dos escravos e a intensificação do tráfico interprovincial, podem ser satisfatoriamente inferidos do mesmo tipo de fonte. O mesmo se aplica às primeiras e malsucedidas tentativas dos fazendeiros de substituir os escravos por trabalhadores estrangeiros no cultivo do café. Por exemplo, foi possível conceder especial atenção à quantificação do número de pessoas envolvidas nas colônias de parceria em São Paulo (e, em menor grau, a experimentos semelhantes no Rio de Janeiro) e também a algumas das causas de seu fracasso conforme relatado por observadores diretos da sua situação. Informações da época permitem ainda documentar as mudanças nos contratos de trabalho com colonos estrangeiros nas décadas de 1860 e 1870 (conforme já foi rapidamente esboçado no capítulo 2), bem como os argumentos de alguns fazendeiros, que experimentavam o emprego de trabalhadores europeus por volta de 1870, sobre suas vantagens em relação ao trabalho escravo.

Os dados demográficos sobre as diferentes províncias da região Cafeeira no terceiro quarto do século XIX nem sempre são satisfatórios ou completos. No entanto, são apresentados dados no nível do município para cada área que, complementados por informações do censo de 1872 e da matrícula especial dos escravos de 1872-3 (decorrente da lei n. 2.040 de 28/09/1871, regulamentada pelo decreto n. 4.835, de 01/12/1871, e pelo decreto n. 5.135, de 13/11/1872), sugerem fortemente a crescente concentração de escravos nos municípios produtores de café dentro de cada província. Por outro lado, os números incompletos apresentados sobre o tráfico interprovincial de escravos confirmam a tendência à concentração de escravos na região Cafeeira, por oposição às outras partes do país. Embora sejam caracterizados por um determinado número de problemas de classificação e definição, bem como por algumas deficiências, sobretudo no caso de Minas Gerais, os dados do censo e da matrícula dos escravos revelam fatos interessantes sobre a situação do emprego nos diferentes setores econômicos da região Cafeeira no final do terceiro quarto do século XIX. Esses dados mostram que a escravidão era mais importante na agricultura, e mais especificamente nos estabelecimentos rurais com orientação comercial. Além disso, indicam que ainda restavam muitos escravos domésticos, mas que, na maioria das outras ocupações, a substituição dos escravos por trabalhadores livres parecia bem avançada.

Apesar da predominância do trabalho escravo em turmas nas plantações de café e de cana-de-açúcar, conforme descrita por viajantes e relatórios oficiais da época, as diversas fontes também incluem informações que apontam para a extensão das relações salariais a numerosas atividades rurais, particularmente durante o boom do algodão em São Paulo na década de 1860. Assim, parte do capítulo sobre São Paulo é dedicada às categorias de trabalhadores livres existentes nessa província por volta de 1870, algumas das quais também podiam ser encontradas nas outras províncias cafeeiras. As fontes deixam cada vez mais claro que os brasileiros livres não hesitavam em oferecer seus serviços para as mais variadas tarefas (como a construção de ferrovias, por exemplo), mas que também continuavam a demonstrar grande relutância em relação ao trabalho no campo em turmas lado a lado com escravos. Quanto à mão de obra estrangeira, são apresentadas informações sobre a imigração contínua para os centros urbanos e sua particular importância para as atividades comerciais. Documenta-se também o episódio da imigração norte-americana para algumas áreas da região Cafeeira após a Guerra Civil nos Estados Unidos, que teve graus de sucesso variados. Por fim, usam-se dados oficiais da época para quantificar o crescimento demográfico das colônias de pequenos proprietários no Espírito Santo, criadas com auxílio governamental, bem como o aumento de suas produções, que incluíam o café produzido em pequena escala com trabalho livre. Esses dados podem ser contrastados com os outros apresentados sobre a extensão limitada dos esquemas particulares de colonização europeia em Minas Gerais, ou ainda com os resultados pouco significativos no Rio de Janeiro e em São Paulo, onde, na década de 1870, a ênfase dos fazendeiros estava na necessidade de braços para a lavoura.

A Lei do Ventre Livre (1871) criou novas restrições à manutenção de uma oferta contínua de mão de obra escrava para o cultivo do café, visto que levaria a um inevitável declínio do total de escravos no país. Contudo, as transferências de escravos entre províncias e também no interior de cada província ainda eram possíveis. Os números disponíveis sobre a população escrava das décadas de 1870 e 1880 sugerem que o processo de concentração dos escravos nas áreas cafeeiras de fato continuou. Por volta de 1883-4, o bem documentado estudo da região Cafeeira do Brasil por um holandês especialista no tema confirmou essa tendência e forneceu informações detalhadas sobre fazendas específicas que permitem comparações interessantes com períodos anteriores, bem como inferências sobre o emprego de escravos no cultivo do café nas diversas províncias no início da década de 1880. Apesar de algumas pequenas incoerências entre fontes, os dados estatísticos disponíveis sobre as exportações físicas de café sugerem uma tendência à estagnação das áreas mais antigas, mas também mostram que a produção continuou a crescer rapidamente nas áreas novas. Esses dados indicam que, nas regiões Cafeeiras mais antigas, a produção atingiu um máximo no início da década de 1880 (antes da Abolição, portanto), de modo que seu acentuado e subsequente declínio não pode ser atribuído exclusivamente a problemas de mão de obra. Efetivamente, os números relativos à produtividade da terra compilados no presente estudo para esse período refletem o envelhecimento dos pés de café e o esgotamento do solo das áreas mais antigas, cujo rendimento algumas vezes correspondia a apenas um terço ou metade das médias observadas no oeste de São Paulo. Embora trabalhadores livres tenham sido cada vez mais utilizados nas atividades auxiliares do setor (até mesmo nas áreas cafeeiras mais antigas), as tentativas de empregá-los no cultivo do café foram bastante limitadas. Muitos observadores da época constataram a existência de uma população brasileira livre que talvez pudesse ser atraída para o trabalho nas fazendas, contanto que a sua organização fosse diferente, mas a maioria dos fazendeiros permanecia arraigada em seus costumes e rotinas, insistindo na utilização do trabalho escravo em turmas, muitas vezes ao preço de dívidas crescentes e, de modo geral, subestimando a contribuição potencial dos trabalhadores locais livres, ainda considerados indolentes e pouco dignos de confiança.

Os relatórios dos agentes consulares italianos fornecem informações particularmente úteis sobre a progressiva intensificação da imigração europeia na década que antecedeu a Abolição e sobre o destino dos imigrantes no interior da região Cafeeira. No caso do Espírito Santo, por exemplo, registram a população crescente dos núcleos coloniais de pequenos proprietários e sua contribuição cada vez mais importante para a produção total de café nessa província. Por outro lado, combinados a outros dados oficiais, aqueles relatórios permitem confirmar que, com a exceção dos colonos do Espírito Santo, os europeus que trabalhavam no cultivo do café no início dos anos 1880 ainda consistiam apenas em alguns milhares de famílias, a maioria das quais localizada no centro-oeste de São Paulo. De fato, entre outros cálculos, esses dados permitiram uma estimativa geral do número de imigrantes estrangeiros em São Paulo em 1880 que contradiz algumas "suposições bem informadas" amplamente aceitas na literatura. As estimativas obtidas reforçam a ideia de que até mesmo os fazendeiros de café do centro-oeste de São Paulo somente aderiram incondicionalmente à Abolição por volta da época da Lei dos Sexagenários, que em 1885 libertou todos os escravos de sessenta anos de idade ou mais. No entanto, testemunhos da época, igualmente reproduzidos neste estudo, mostram que, no início da década de 1880, o tipo de contrato de trabalho que se tornaria predominante nas áreas cafeeiras mais produtivas depois da Abolição — a empreitada ou contrato de colono (discutido no capítulo 4) — já havia tomado forma e estava sendo progressivamente testado nas fazendas do centro-oeste de São Paulo. Essa tendência, aliás, foi favorecida por uma legislação provincial de incentivo à imigração europeia (também documentada nesta pesquisa), que culminou com a concessão de passagens gratuitas para imigrantes estrangeiros. Em contraste, informações sobre o norte de São Paulo, Minas Gerais e Rio de Janeiro confirmam que, nessas áreas, o trabalho escravo em turmas ainda parecia ser a única forma de organização da mão de obra aceita pelos fazendeiros de café, e alguns destes ainda compravam escravos em meados da década. Para esses fazendeiros, bem como para a maioria dos plantadores de cana-de-açúcar do Rio de Janeiro e do Espírito Santo, a indenização era uma condição sine qua non para a aceitação da abolição definitiva da escravidão, que, segundo esperavam, seria acompanhada por uma lei contra a vadiagem. Os vários capítulos sobre a região Cafeeira mostram que o abandono das fazendas pelos escravos em determinadas áreas levou a uma onda de alforrias, contribuindo para precipitar a abolição legal da escravidão — que, no entanto, acabou sendo decretada incondicionalmente.

A fim de avaliar as consequências econômicas da Abolição sobre a produção de café da região, foram compilados os dados disponíveis sobre a evolução das exportações físicas dos quatro estados na década de 1890. Esses dados parecem confirmar a desorganização inicial do trabalho no setor cafeeiro, sobretudo nas áreas mais antigas, onde a produção não teve uma recuperação significativa apesar dos preços favoráveis no início da década de 1890. Por outro lado, os dados mostram a rápida evolução da produção nas áreas novas, levando a um aumento significativo da produção da região Cafeeira como um todo ao longo da década. Em grande parte, esse aumento foi obtido graças ao emprego de centenas de milhares de trabalhadores europeus. Assim, são apresentados numerosos dados sobre imigração estrangeira para ajudar a explicar as condições da oferta de mão de obra no setor agrícola da região Cafeeira após a Abolição. Os relatórios consulares italianos surgem novamente como fontes importantes sobre essa questão, contendo muitas vezes dados detalhados sobre áreas de destino, ocupações e outras características dos imigrantes. Os números desagregados sobre imigração estrangeira para cada uma das áreas em estudo que foram compilados sugerem que os dados censitários sobre o "total" de estrangeiros em cada estado em 1890 e 1900 são enganosos, devido à chamada "Grande Naturalização",[1] embora forneçam indicações sobre a entrada líquida de imigrantes durante a última década do século XIX.

Informações de várias fontes da época, incluindo publicações oficiais, revelam a esmagadora predominância dos europeus (e particularmente dos italianos) entre os trabalhadores rurais no cultivo do café em São Paulo, assim como sua grande relevância nas novas áreas cafeeiras de Minas Gerais e seu predomínio tanto como pequenos proprietários quanto como meeiros no Espírito Santo. Essas evidências também confirmam o papel muito importante dos governos central e estaduais na oferta de trabalho para o setor cafeeiro no período que sucedeu à Abolição, por meio de subsídios para o pagamento integral das passagens dos imigrantes e de outras medidas complementares, que são tratadas com algum detalhe. A diferente intensidade da política imigratória em cada estado é abordada nos capítulos específicos. Embora as informações disponíveis mostrem que os contratos de empreitada com colonos estrangeiros predominavam nas novas áreas cafeeiras na década de 1890, aquelas também indicam que os fazendeiros das áreas mais antigas precisaram recorrer à parceria ou ao trabalho assalariado em turmas, empregando principalmente ex-escravos e brasileiros nascidos livres. A natureza e as diferenças entre os diversos tipos de organização do trabalho no campo, bem como as causas que explicam sua adoção nas diversas áreas, são documentadas para cada estado em seu respectivo capítulo. Da mesma forma, dados sobre salários, condições de vida e tratamento dos trabalhadores, cláusulas contratuais e também o acesso limitado dos imigrantes estrangeiros à propriedade da terra são discutidos no contexto de cada estado. Tendo em vista que as atividades urbanas de uma forma geral (e em particular a indústria de transformação) adquiriram uma importância cada vez maior na década de 1890, absorvendo também uma fração considerável dos imigrantes europeus, estas também se tornam objeto de alguma atenção (com setores específicos abordados nas notas de fim do livro), embora não sejam uma preocupação principal desta pesquisa. Nesse contexto, a situação dos ex-escravos é comparada à dos imigrantes, e elaboram-se hipóteses quanto ao seu destino na década que sucedeu à Abolição para cada um dos estados cafeeiros, que mostram algumas diferenças notáveis. Testemunhos de época (de observadores brasileiros e estrangeiros) sobre a preferência aparentemente marcada dos libertos pelo lazer, sobre os preconceitos dos fazendeiros contra os ex-escravos e sobre sua preferência por trabalhadores estrangeiros — que acabava às vezes levando ao "deslocamento" dos primeiros pelos últimos em determinadas áreas — também são reproduzidos a seguir. Por fim, no capítulo 7, recapitula-se parte dos dados apresentados sobre os quatro estados, de forma a traçar diversas comparações entre estes e trazer uma breve avaliação do desempenho geral da região Cafeeira.

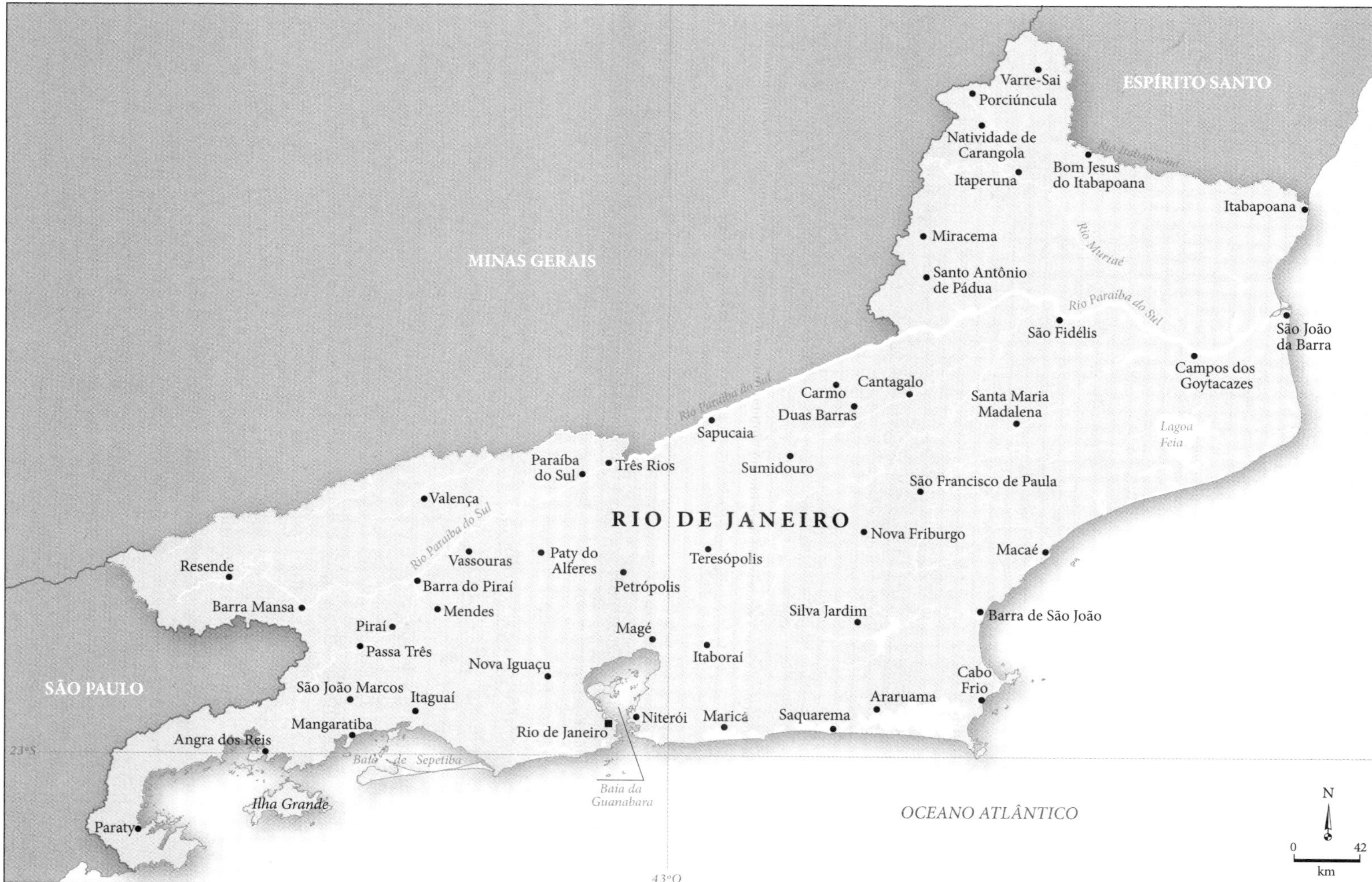
ESPÍRITO SANTO
MINAS GERAIS
SÃO PAULO
RIO DE JANEIRO
OCEANO ATLÂNTICO
Varre-Sai
Porciúncula
Natividade de Carangola
Bom Jesus do Itabapoana
Rio Itabapoana
Itaperuna
Itabapoana
Miracema
Rio Muriaé
Santo Antônio de Pádua
Rio Paraíba do Sul
São Fidélis
São João da Barra
Campos dos Goytacazes
Cantagalo
Carmo
Duas Barras
Santa Maria Madalena
Lagoa Feia
Sapucaia
Sumidouro
Paraíba do Sul
Três Rios
São Francisco de Paula
Valença
Nova Friburgo
Macaé
Vassouras
Paty do Alferes
Teresópolis
Resende
Barra do Piraí
Petrópolis
Barra Mansa
Mendes
Silva Jardim
Barra de São João
Piraí
Magé
Passa Três
Itaboraí
Nova Iguaçu
Cabo Frio
São João Marcos
Araruama
Itaguaí
Niterói
Maricá
Saquarema
Mangaratiba
Rio de Janeiro
Angra dos Reis
23°S
Baía de Sepetiba
Baía da Guanabara
Ilha Grande
Paraty
43°O
N
0
42
km

3. Rio de Janeiro

3.1. A ECONOMIA DA CAPITANIA E DEPOIS PROVÍNCIA DO RIO DE JANEIRO DO FINAL DO SÉCULO XVIII ATÉ A SUPRESSÃO DO TRÁFICO DE ESCRAVOS AFRICANOS

A descoberta de ouro e diamantes em Minas Gerais, Mato Grosso e Goiás teve efeitos muito positivos sobre o desenvolvimento da cidade do Rio de Janeiro e suas cercanias durante o século XVIII. A cidade concentrava a maior parte do comércio de exportação e importação da região mineradora, e após 1763, quando se tornou a capital da colônia, também passou a abrigar uma parcela significativa da burocracia colonial. A região que no século seguinte iria se transformar na província do Rio de Janeiro ainda era esparsamente ocupada, e a maioria de seus habitantes estava instalada nas áreas da Baixada ao longo da costa, no entorno da capital e na região de Campos. Sua população se dedicava à criação de gado, à produção de gêneros alimentícios — cujo excedente era vendido para a cidade do Rio de Janeiro ou para as regiões de mineração — e particularmente à produção de açúcar e aguardente, que se desenvolveu de forma significativa no último quarto do século XVIII devido a condições favoráveis nos mercados internacionais. Esses desdobramentos levaram a uma importação crescente de escravos, que, em muitas localidades, tornaram-se mais numerosos do que os habitantes livres. O desenvolvimento do cultivo da cana-de-açúcar foi particularmente rápido na região de Campos. Em 1769, esta contava 69 engenhos; em 1785 já continha 236 engenhos, nove "engenhocas" e 218 "currais", e sua população escrava alcançava 12.085 pessoas. Em 1799, de acordo com outro documento, havia 378 engenhos na região, para uma população total de 33.315 habitantes, dos quais 19.058 (ou 57,2%) eram escravos e 10.106 eram brancos livres.[1] No que diz respeito à capitania como um todo, um relato do final da década de 1790 sobre a cidade, muitas vezes citado como o *Almanaque do Rio de 1799*, listava 616 engenhos de açúcar e 253 engenhocas para a produção de aguardente de cana. Enquanto Paraty e Ilha Grande, no sul da capitania, se especializavam na produção de aguardente, o distrito de Campos e a região em torno da baía de Guanabara concentravam uma quantidade considerável de engenhos de açúcar.[2] Outro documento relativo ao período 1779-89 apresentava informações demográficas sobre a capitania. Números detalhados exibiam um total de 168.709 habitantes, incluindo a cidade do Rio de Janeiro, entre os quais 82.448 eram escravos.[3] A população escrava continuava a aumentar graças às importações, que no ano de 1798 alcançaram 7.431 escravos.[4]

No último quarto do século XVIII, embora o açúcar fosse o mais importante produto de exportação da capitania, criava-se gado e cultivavam-se gêneros alimentícios ao redor da maioria dos núcleos de povoamento. De fato, nem mesmo nas ricas áreas açucareiras de Campos observava-se exclusivamente a monocultura da cana-de-açúcar, uma vez que a região também abrigava rebanhos de gado bovino e cavalos, e produzia quantidades significativas de farinha de mandioca, feijão e milho.[5] A serra Fluminense — a região mais montanhosa da capitania — ainda apresentava uma população esparsa, e a maioria de seus habitantes estava instalada perto ou ao longo das estradas que conduziam a São Paulo ou a Minas Gerais. Muitos dos pequenos núcleos existentes haviam sido formados por imigrantes de São Paulo e de Minas Gerais, ou ainda do litoral, que sobreviviam principalmente da atividade comercial gerada pela passagem de tropas de mulas, às quais vendiam o excedente de sua produção agrícola realizada em pequena escala. Em Resende e São João Marcos, o cultivo do café havia aparentemente sido introduzido em meados da década de 1790. Números relativos à produção de São João Marcos mostram que, em 1797, esse futuro município já produzia uma quantidade significativa de milho, farinha de mandioca, arroz e feijão, além de 5.540 alqueires de café. A exportação total de café pelo porto do Rio de Janeiro ainda não era importante na última década do século, embora houvesse aumentado de 57 arrobas em 1779 para 8.302 arrobas em 1797.

Grande parte da produção resultava de plantações em pequena escala em sítios, como era também o caso de Minas Gerais na mesma época. Porém, tanto em Resende como em São João Marcos, o cultivo do café em maior escala começou na primeira década do século XIX e logo se expandiu para as outras áreas de maior altitude, em particular para o Vale do Paraíba.[6]

Com efeito, a ocupação da serra, onde o cultivo do café alcançaria seu desenvolvimento pleno, foi favorecida não apenas pelo avanço contínuo de grupos da área litorânea, mas também por novos afluxos de paulistas e de mineiros das regiões mineradoras decadentes, que traziam numerosos escravos para as sesmarias que foram recebendo.[7] A demanda crescente por mão de obra para trabalhar nas recém-criadas plantações de café também foi atendida por um número cada vez maior de escravos africanos importados, fato que se reflete nas estatísticas populacionais disponíveis. Em 1821, a cidade e a província do Rio de Janeiro continham um total de 333.056 habitantes, dos quais 173.775 eram escravos. Embora nas freguesias urbanas e suburbanas da cidade do Rio de Janeiro o número de habitantes livres excedesse o de escravos (que representavam 48,9% do total), na região que iria se tornar a província separada do Rio de Janeiro, durante a década de 1830, os escravos eram maioria, uma vez que alcançavam o número de 118.685, por oposição a 101.676 habitantes livres.[8] A partir de então, o número absoluto de escravos na província aumentou rapidamente, apesar do desequilíbrio de sexos e da alta mortalidade da população escrava, que era compensada pelas importações de escravos (ver tabela 1).

Em contraste com o século XVIII, quando os produtos brasileiros eram exportados para a Europa e para a África, a expansão do cultivo do café foi acompanhada por um comércio cada vez mais importante entre o Brasil e os países americanos, particularmente os Estados Unidos.

> Em 1822, o café brasileiro não era cotado em Nova York devido às pequenas quantidades disponíveis e à sua qualidade, considerada inferior à do café de Santo Domingo, Cuba e outras áreas. Em 1833, um terço do café importado pelo principal mercado norte-americano de produtos agrícolas era de origem brasileira (produzido principalmente na província do Rio de Janeiro), apesar do fato de impostos de importação terem sido criados justamente nesse ano.[9]

TABELA I — POPULAÇÃO DA PROVÍNCIA E DO ESTADO DO RIO DE JANEIRO, 1821-1900

ANO	POPULAÇÃO TOTAL	POPULAÇÃO LIVRE	POPULAÇÃO ESCRAVA	% DE ESCRAVOS NO TOTAL
1821	220.361	101.676	118.685	53,9
1840	407.212	183.200	224.012	55,0
1850	556.080	262.526	293.554	52,8
1872[a]	819.604			
1872[b]	782.724	490.087	292.637	37,4
1890	876.884			
1900	926.035			

FONTES: Para 1821, 1840 e 1850, ver respectivamente as notas 8, 18 e 19; os dados para 1872, 1890 e 1900 provêm dos censos nacionais.

[a] População total listada pelo censo de 1872.
[b] População dividida por status, segundo o censo de 1872.

A partir de então, as importações brasileiras nos Estados Unidos aumentaram rapidamente, "de uma média anual de 14,8 milhões de libras em 1825-34 para 111,1 milhões de libras em 1845-54", ou seja, de 6.700 toneladas para 50.328 toneladas.

Em 1828, em relação ao valor total das exportações pelo porto do Rio de Janeiro, o café já era claramente o mais importante produto de exportação, seguido pelo açúcar e pelos couros, sem contar os produtos da mineração trazidos de Minas Gerais.[10] É difícil determinar com exatidão a evolução das exportações físicas da província do Rio de Janeiro propriamente dita nos anos subsequentes, porque os dados sobre as exportações do porto da capital incluíam também o café produzido em Minas Gerais e em São Paulo, e que nem sempre está separado segundo as áreas de origem. Os dados baseados nas declarações de impostos provinciais são muitas vezes conflitantes, mas indicam a tendência geral da produção. Com base em um relatório do início da década de 1840, a "produção" de café da província do Rio de Janeiro teria dobrado de 1836-8 a 1841-3. Uma série mais completa, que apresenta as "safras" (exportações) da província, mostra que as exportações triplicaram entre 1836-8 e 1850-2. Em contraste, as exportações de açúcar a partir do porto do Rio de Janeiro mostraram uma tendência claramente decrescente entre as décadas de 1820 e 1840.[11]

Esse aumento da produção de café resultou em parte de generosas concessões prévias de sesmarias na província, e também da crescente introdução de escravos nos novos municípios cafeeiros. Os moradores isolados instalados anteriormente nessas áreas, com frequência sem respaldo legal e na condição de posseiros, foram muitas vezes deslocados pelos fazendeiros de café proprietários de escravos. Alguns se mudaram para outras áreas e passaram a se dedicar à agricultura de alimentos, produzindo feijão, milho e mandioca, e essa seria a principal ocupação de um grande número dos habitantes livres da zona rural da província durante o resto do século. Outros foram incorporados como agregados. Dados relativos a 176 fazendas de café em São João Marcos, Piraí e Barra Mansa mostram um total de 6.309 escravos em 1827, ou uma média de 36 escravos por fazenda. Excluindo-se dois grandes proprietários de escravos, que possuíam respectivamente 540 e quatrocentos escravos, e quatro outros que em conjunto tinham mais 790, as plantações com mais de trinta escravos não parecem ter sido a regra nesses municípios.[12] Após a década de 1830, o café continuou a ser plantado em escala limitada nas áreas elevadas da Baixada, juntamente com gêneros alimentícios e açúcar. Em contraste, na serra, sobretudo ao longo do vale do rio Paraíba, houve uma tendência crescente à formação de latifúndios de café, enquanto posseiros e pequenos proprietários se dedicavam ao cultivo de gêneros alimentícios. Em meados da década de 1830, há indicações de que existiam fazendas em Valença e Vassouras com uma quantidade que variava entre 500 mil e 800 mil pés de café, enquanto cada um desses municípios exportava cerca de 300 mil arrobas de café.[13]

Um viajante estrangeiro deixou descrições interessantes das fazendas de café do Rio de Janeiro em 1842. Aparentemente, os escravos trabalhavam de treze a quatorze horas por dia, e o número médio de pés de café por escravo variava de mil a 1.500. Em Aldeia, por exemplo, o observador encontrou "170 escravos, além das crianças, que cuidavam de 250 mil pés". Essa fazenda, comprada cerca de cinco anos antes com 130 escravos pela soma de 110 contos de réis, "já havia quase se pagado", afirmação que indica a rentabilidade da produção de café na época.[14]

Não apenas escravos eram usados nas diversas atividades ligadas ao setor cafeeiro. Enquanto o plantio, a colheita e a preparação dos grãos eram realizados principalmente por escravos, algumas tarefas de caráter menos permanente, como a derrubada de árvores e o desmatamento, eram também confiadas a trabalhadores livres contratados para tarefas específicas (ou seja, por empreitada) ou como diaristas. Fazendas maiores empregavam alguns feitores e artesãos livres de forma permanente. Em algumas propriedades menores, escravos eram possivelmente arrendados de terceiros para o período de pico da colheita, e em alguns casos aparentemente usavam-se trabalhadores livres. É provável que os agregados também desempenhassem tarefas ocasionais. No entanto, como no caso do cultivo da cana-de-açúcar, esses exemplos não alteram o fato de que, ao final da década de 1840, o trabalho básico nas fazendas de café ainda era predominantemente realizado por escravos.[15]

As tentativas oficiais de introduzir trabalho livre na província por meio da imigração estrangeira foram muito limitadas durante a primeira metade do século XIX. Dois núcleos de colonos foram fundados com sucesso em Nova Friburgo e Petrópolis, contendo mais de 1.600 suíços no primeiro caso e cerca de 2 mil alemães no segundo. Muitos dos imigrantes dedicavam-se a atividades artesanais ou de serviços, e, à medida que os núcleos foram se transformando em centros urbanos, outros passaram a se dedicar ao cultivo de legumes, frutas e flores em seu entorno. Muitos desses colonos logo deram início a uma agricultura orientada para o comércio, mudando-se para outros distritos como Cantagalo e fundando fazendas de café onde não foi incomum o emprego de numerosos escravos. A propriedade de escravos também não era rara nos núcleos originais. Em 1851, segundo um recenseamento realizado pelo juiz de Nova Friburgo, os 857 suíços e 639 alemães da área possuíam 404 escravos.[16] Em um processo semelhante ao ocorrido anteriormente na colônia de Leopoldina, na Bahia, mas também por motivos ligados às características das regiões em que se estabeleceram, muitos dos colonos estrangeiros não conseguiram "servir de exemplo" para a população local, uma vez que não se tornaram pequenos agricultores, conforme esperavam os funcionários do governo. Ao mesmo tempo, havia também um afluxo espontâneo de imigrantes estrangeiros para algumas das cidades da província, onde eles se dedicavam ao comércio ou tornavam-se artesãos estabelecidos ou itinerantes. Em Vassouras, por exemplo, em 1842, havia pelo menos 150 estrangeiros, em sua maioria portugueses, franceses e alemães.[17]

Enquanto isso, as importações de escravos haviam aumentado consideravelmente. Uma estatística citada em um relatório oficial indicava que em 1840 havia 224.012 escravos em uma população total de 407.212 habitantes na província. De modo geral, as importações se aceleraram ao longo da década de 1840, sobretudo depois da Lei Aberdeen de 1845 (que autorizava os navios de guerra britânicos a interceptar qualquer embarcação suspeita de tráfico de escravos), e durante essa década provavelmente entraram no porto do Rio de Janeiro e áreas vizinhas mais de 200 mil escravos, cujo destino era a própria capital ou as províncias do Rio de Janeiro, São Paulo e Minas Gerais.[18] Em 1850-1, segundo números oficiais reportados pelo Secretário da Legação Britânica, a província do Rio de Janeiro contava 556.080 habitantes, dos quais 293.554 eram listados como escravos. Esses números podem estar um pouco exagerados, mas indicam um aumento notável do número absoluto da população escrava da província desde a Independência, confirmado por dados de 1856.[19]

3.2. AS CONSEQUÊNCIAS ECONÔMICAS DA EXTINÇÃO DO TRÁFICO DE ESCRAVOS AFRICANOS: A CONTINUADA DEPENDÊNCIA DA ESCRAVIDÃO, O INSUCESSO DA PARCERIA NA CAFEICULTURA E O POTENCIAL PROBLEMA DE MÃO DE OBRA DO SETOR CAFEEIRO FLUMINENSE

A supressão do tráfico de escravos africanos ocorreu em uma época de rápida expansão do setor cafeeiro, e, apesar de consideráveis importações de escravos no final da década de 1840, um de seus primeiros efeitos foi o aumento do preço dos escravos, que, após 1854, em termos nominais, chegou a 2,5 vezes seu nível de 1850.[20] Conforme se observou em trabalho clássico sobre Vassouras, "para aqueles cujas propriedades eram pequenas e mal providas de escravos, o rápido aumento do preço dos escravos [...] revelou-se calamitoso". Para os grandes proprietários de escravos, porém, o aumento do preço dos africanos significava um aumento de sua riqueza. Assim como em outras regiões do país, os escravos representavam uma garantia importante para operações de crédito, de modo que esse aumento possibilitou um maior acesso dos fazendeiros a empréstimos para a expansão de suas atividades. Além disso, os escravos passaram a representar uma fração cada vez mais importante do valor total das propriedades, cujas terras sem mão de obra tinham pouco valor.[21]

Por outro lado, dada a taxa negativa de reprodução natural da população escrava, a interrupção do tráfico africano criou o problema potencial de uma insuficiência de braços escravos para uma expansão ainda maior do cultivo do café e para a manutenção das plantações existentes. Movidos por tais considerações, e depois do exemplo inicial do senador Vergueiro em São Paulo, alguns fazendeiros da província do Rio de Janeiro começaram a introduzir trabalhadores europeus em suas propriedades no final da década de 1840 e início da década de 1850, mais frequentemente como meeiros nos chamados contratos de parceria e, em alguns casos, como diaristas assalariados. No entanto, os imigrantes trazidos dessa maneira já começavam a trabalhar muito endividados nas fazendas. Suas dívidas incluíam não apenas o preço das passagens, pagas inicialmente pelo fazendeiro, mas também adiantamentos dados pelo proprietário para os colonos antes mesmo que estes pudessem receber os frutos da primeira colheita. De início, o sistema pareceu funcionar bem, pelo menos para os fazendeiros. De fato, respondendo às perguntas da Comissão Especial sobre Tratados Relativos ao Tráfico de Escravos, do Parlamento britânico, em 1853, um diplomata brasileiro apresentou dados muito interessantes sobre as taxas comparativas de retorno de investimentos em propriedades trabalhadas por colonos livres e naquelas em que trabalhavam somente escravos — em "circunstâncias em tudo mais idênticas" — na província do Rio de Janeiro. Uma vez descontados os gastos com a introdução e o estabelecimento dos colonos — "todo o necessário para a fundação de uma colônia" —, "o proprietário podia contar com um lucro de 14% [...], [enquanto] nas fazendas cultivadas inteiramente por escravos ele nunca conseguia poupar uma média de mais de 8% ao ano". Isso era citado como apenas um exemplo, já que "cerca de uma dúzia dos principais proprietários de terras no Rio [tinham] [...] colônias [de parceria] em suas fazendas".[22]

Em 1857, algumas dessas colônias sobreviviam, ao passo que outras novas haviam sido criadas. Uma listagem incompleta relativa a esse ano mostra pelo menos dezessete colônias estabelecidas nas propriedades de grandes fazendeiros, nas quais mais de 2.500 colonos, em sua maioria portugueses e alemães, haviam sido introduzidos desde 1847. Com exceção de uma colônia localizada no município de São Fidélis, onde os colonos arrendavam a terra que cultivavam, em todas as outras, a maioria das quais dedicadas ao cultivo do café, prevaleciam os arranjos de parceria ou trabalho com salário diário, e essas colônias eram descritas como "[marchando] otimamente".[23]

Porém, a maioria das colônias ditas de parceria (meação) fracassou em poucos anos, já que uma série de abusos por parte dos fazendeiros levou um grande número de colonos a uma situação quase permanente de endividamento (questão que será abordada com mais detalhes em relação à província de São Paulo, onde o sistema de parceria foi mais desenvolvido). Depois das reclamações e até mesmo revoltas por parte dos colonos de parceria da província vizinha de São Paulo, a maioria dos fazendeiros de café do Rio de Janeiro se tornou cada vez mais cética em relação às vantagens de financiar a introdução de colonos estrangeiros em suas propriedades. Assim, o fracasso da parceria levou a uma intensificação do comprometimento com a escravidão na província do Rio de Janeiro.[24] Na verdade, havia uma espécie de interesse estabelecido na manutenção do sistema da escravidão, com seus corolários sociais e culturais, incluindo a atitude patriarcal e autoritária do fazendeiro de café em relação a seus trabalhadores, fossem livres ou escravos. Dessa forma, ao final da década de 1850, um grande fazendeiro foi levado a afirmar que era "preferível comprar escravos a três contos de réis ou deixar de ser fazendeiro a se sujeitar ao serviço de colonos". O mesmo fazendeiro argumentava ainda que existia um grande número de escravos dos centros urbanos que podia ser transferido para o setor agrícola, que, por sua vez, poderia assim dispensar os serviços dos imigrantes estrangeiros.[25]

As respostas fornecidas a um questionário que o presidente da província fez circular por volta de 1856 indicam os salários diários auferidos por trabalhadores diaristas "que trabalhavam com enxada" em diversos municípios. Assim, em Paraíba do Sul, eles recebiam 540 réis e "sustento", enquanto em Resende e Valença ganhavam oitocentos réis. As informações relativas a Vassouras referiam-se apenas aos valores anuais de 200 mil-réis, mais "sustento".[26] Alguns dos dados também cobriam outros municípios que não os de cultivo do café, mas, embora esses valores de salários revelem a existência de trabalhadores diaristas nas fazendas de café e plantações de cana-de-açúcar, a maior parte da força de trabalho permanente para o trabalho no campo no cultivo do café ainda era formada por escravos que trabalhavam em turmas. Na medida em que o setor ganhou maior importância, tal fato teria inevitavelmente sérias consequências para o futuro econômico da província, uma vez que tornou sua principal atividade econômica cada vez mais dependente da escravidão.

Considerando-se os preços mais favoráveis do café no final da década de 1850 e início da década de 1860, e dadas as possibilidades limitadas de se aumentar rapidamente o número de escravos da província por outros métodos que não sua importação de outras províncias, houve um deslocamento da mão de obra escrava para o cultivo do café, tanto de outros setores quanto no interior das próprias fazendas. O número de pequenos fazendeiros proprietários de escravos que cultivavam gêneros alimentícios declinou, enquanto muitos fazendeiros de café deixaram de produzir alimentos em suas propriedades, concentrando seus escravos nas tarefas de cultivo e processamento do café. (Nesse sentido, houve uma tendência à redução do número de escravos domésticos, numerosos nas décadas anteriores.) A província, portanto, foi obrigada a comprar uma quantidade cada vez maior de alimentos, à medida que a produção local de arroz, milho, feijão e farinha de mandioca foi se tornando cada vez mais insuficiente. Quanto à produtividade dessas culturas na própria província, as informações disponíveis sobre os rendimentos agrícolas da província são muito deficientes, mas, excluindo-se os números extremos, as seguintes médias puderam ser computadas com base em dados municipais referentes a cerca de 1856: 17,7 alqueires por hectare para o feijão, trinta para o arroz, 24,4 para o milho e 122,2 para a farinha de mandioca.[27]

O efeito dessas mudanças foi um rápido aumento do custo dos gêneros alimentícios, que afetaria não apenas a renda real da população trabalhadora das cidades, mas também o custo de manutenção dos escravos nas fazendas de café. Assim, por volta de 1860, um observador estrangeiro escreveu que "anteriormente [...] calculava-se que a quantidade diária de comida de um escravo no Rio de Janeiro custasse de oitenta a 120 réis [...] Hoje em dia, é impossível gastar menos de trezentos a quatrocentos réis".[28] Nessas condições, segundo o presidente da província, "somente [o café] suporta e vence mesmo o preço elevado dos escravos e dos jornais [taxas de arrendamento diárias]", e a expansão do cultivo do café estava assim gerando as causas de suas futuras dificuldades.[29]

Diante da ascensão do café, a produção de açúcar perdeu importância relativa, embora tenha sobrevivido na Baixada e particularmente na região de Campos, que era inadequada para o cultivo do café mas cuja produção de açúcar supria as necessidades da cidade do Rio de Janeiro. Além das mudanças do preço relativo dos dois produtos, que favoreciam o café, a exigência relativamente maior de capital e trabalho na produção açucareira representava um obstáculo suplementar ao prosseguimento de sua expansão. A cana-de-açúcar tinha a vantagem de sempre dar algum rendimento, a não ser nos anos de inundações ou secas extremas, enquanto o café era mais afetado pelas flutuações climáticas e mais exigente em termos de solo e temperatura. Nessas condições, em muitos municípios da província, os dois produtos não competiam pelas mesmas terras. No entanto, competiam por capital e sobretudo por força de trabalho, e essa competição era acompanhada por melhorias técnicas no setor açucareiro. Em Itaguaí, por exemplo, dois empresários estrangeiros fundaram engenhos a vapor para o processamento do açúcar e da aguardente, ao mesmo tempo que tentaram poupar mão de obra usando arados no cultivo de suas plantações.[30] Entretanto, o uso de equipamentos melhorados ainda era comparativamente limitado na província como um todo. O município de Campos surgia como região de ponta: em 1852 tinha aparentemente 56 engenhos a vapor em um total de 363 engenhos de cana.[31] Quanto à natureza do trabalho agrícola nas plantações de cana-de-açúcar, é possível afirmar que não havia sofrido nenhuma mudança significativa em relação às décadas anteriores. Um autor francês deixou a seguinte descrição do trabalho em turmas em uma plantação de cana-de-açúcar no início dos anos 1860: "[...] Cerca de cem negros trabalhavam no corte da cana e carregavam-na em feixes até as carroças que as levariam até o engenho [...]. Usavam foices pregadas em longos cabos, e cortavam a cana com movimentos automáticos, cuja motivação residia visivelmente no eixo do chicote do feitor [...]". Durante o ano inteiro, "quando [os escravos] não estavam colhendo, estavam plantando, e, uma vez isso feito, passavam à capina, tarefa que os mantinha ocupados até a safra seguinte".[32]

Além da realocação dos escravos dentro do setor agrícola da província (e supondo que, como era universalmente aceito pelos contemporâneos, pouco se podia esperar da reprodução natural dos escravos, pelo menos no curto prazo), o setor cafeeiro do Rio de Janeiro podia obter escravos adicionais nas áreas urbanas, ou por meio de importações de outras províncias. Efetivamente, milhares de escravos foram enviados para o porto do Rio de Janeiro durante a década de 1850, vindos tanto das províncias do norte quanto das do sul. As estatísticas citadas em um discurso no Senado em maio de 1861, e supostamente coletadas "por dia, por mês, por ano", indicavam que 36 mil escravos haviam sido importados de outras províncias para o Rio de Janeiro por via marítima desde 1850.[33] Esse número não incluía as entradas de escravos por via terrestre na província do Rio de Janeiro, mas incluía escravos que permaneceram na cidade. Durante o mesmo período, uma quantidade significativa de imigrantes, em sua maioria portugueses, entrou na capital, onde passou a se dedicar a diversas ocupações antes exercidas por escravos. Em contraste, um número comparativamente pequeno desses imigrantes (incluindo colonos de parceria) dirigiu-se para a zona rural da província do Rio de Janeiro, onde a demanda por mão de obra crescia constantemente devido à expansão do cultivo do café. Assim, conforme aconteceu nos Estados Unidos, a demanda por escravos no campo parece ter sido mais inelástica do que na capital.[34] A substituição progressiva dos escravos por trabalhadores livres em determinadas ocupações urbanas, bem como a transferência de escravos das áreas urbanas para as áreas rurais, foi observada nos relatos da época.[35] Por outro lado, os movimentos ascendentes dos preços dos gêneros alimentícios sugerem de fato uma concentração cada vez maior de escravos no cultivo do café. A autora de um trabalho clássico sobre o tema reproduz dados demográficos para mostrar um aumento notável do número de escravos em quatro importantes municípios cafeeiros da província entre 1850 e 1856.[36] No entanto, a tabela 2 (adiante) parece mostrar que as aparentes imperfeições de uma ou das duas "contagens" da população não permitem que se tire uma conclusão clara quanto à verdadeira extensão do aumento da população escrava (e livre) de municípios cafeeiros específicos. Assim (conforme discutido aqui em uma nota no fim do livro), não parece que a concentração de escravos nos municípios produtores de café, que se esperava resultar das transferências entre províncias e no interior da própria província, possa ser deduzida com exatidão dos dados demográficos imperfeitos de que dispomos.[37]

Existem numerosas descrições do setor cafeeiro durante o terceiro quarto do século XIX. As observações de um conhecido cientista e diplomata suíço sobre a região de Cantagalo são particularmente interessantes. A partir de uma grande quantidade de dados que coletou, ele observou que a produtividade média de um pé de café adulto com seis a dez anos de idade era de aproximadamente duas libras, ou cerca de novecentos gramas, o que coincidia com as observações da época em Santo Domingo, no Suriname e na Jamaica. Dados sobre uma propriedade entre 1847 e 1860, porém, indicavam um declínio de 939 gramas para 724 gramas nesse último ano. Nessa fazenda, o milho para as mulas e o feijão para a alimentação dos trabalhadores eram comprados pelo fazendeiro, de modo que os escravos se dedicavam exclusivamente às plantações de café. Em tais condições, o número de pés de café por escravo era de 3.811, e a produção anual por escravo de campo era de 137 arrobas de café. Contudo, nas fazendas onde se empregavam escravos na produção de alimentos, um escravo não conseguia cuidar de mais de 3 mil pés.[38]

A qualidade do café brasileiro não era considerada muito boa, sobretudo quando produzido por pequenos fazendeiros que usavam métodos primitivos de processamento, mas a maioria dos fazendeiros pareceu apoiar a introdução de inovações para substituir o "trabalho manual caro e difícil de obter" por equipamentos de processamento melhores. No campo, porém, o trabalho em turmas sob a supervisão de feitores e o uso ocasional do açoite continuaram a prevalecer, assim como o uso quase exclusivo da enxada. A adubagem só havia sido praticada raramente no passado, e foi somente depois da metade do século que os fazendeiros começaram a espalhar a "palha" (casca) do café sobre o solo como fertilizante.[39]

No que diz respeito à duração da jornada de trabalho no cultivo do café, não parece que a supressão do tráfico de escravos africanos tenha trazido mudanças consideráveis. O dia de trabalho dos escravos continuou a durar de quatorze a dezoito horas.[40] Por outro lado, em muitos casos, os escravos tinham a possibilidade de não trabalhar no domingo ou em outro dia designado da semana. Nesse dia, o escravo podia fazer o que quisesse, e muitas vezes cultivava seu "próprio" lote de terra, que lhe havia sido alocado pelo fazendeiro e onde podia plantar feijão, milho ou mandioca.[41] Assim, até a década de 1880, os fazendeiros de café da província se deparavam com uma situação paradoxal: o alto preço de seus escravos indicava que estes deveriam ser "poupados" como um capital valioso, mas a crescente necessidade de mão de obra não permitia qualquer redução significativa da intensidade do trabalho desses mesmos escravos.

Com relação à oferta total de escravos para os fazendeiros de café, incluindo aqueles que podiam ser temporariamente desviados e contratados de outras atividades, as melhorias do transporte durante as décadas de 1850 e 1860 permitiram uma realocação dos escravos antes dedicados a essa atividade. De fato, antes da construção da estrada União e Indústria e da estrada de ferro Dom Pedro II, a maior parte da produção de café da serra era levada até o litoral em tropas de mulas, e a um elevado custo por saca. Grandes números de trabalhadores, tanto escravos quanto livres, eram necessários para o transporte, e as estradas existentes eram tão ruins que precisavam ser consertadas constantemente. Isso em geral era feito pelo governo da província ou pelas autoridades municipais, que contratavam escravos de proprietários particulares para executarem a tarefa. Antes de 1866, quando o governo imperial decidiu não mais empregar escravos em qualquer estabelecimento ou obra pública, estimou-se, possivelmente com algum exagero, que cerca de 20 mil escravos vinham sendo empregados em diferentes obras públicas.[42] Antes disso, por outro lado, a alocação de "africanos livres" para trabalhar para diversos governos de província em obras públicas era comum.[43] Como muitas vezes não era possível encontrar trabalhadores livres em número suficiente, escravos de lojistas e outros habitantes urbanos, ou até mesmo de fazendeiros, eram ocasionalmente contratados, que poderiam ser alternativamente empregados no pico da demanda nas plantações de café durante a colheita. À medida que a necessidade de muitos daqueles trabalhadores diminuiu com o advento da ferrovia, a prática de arrendar escravos externos durante períodos específicos para trabalhar nas plantações continuou até o início dos anos 1880, enquanto dentro das fazendas também houve uma realocação dos escravos antes empregados principalmente em atividades de transporte.[44]

Outro problema sério que o setor cafeeiro teve de enfrentar por volta de 1860 foi uma praga do café, que foi um dos fatores que impediu um aumento da produção por cerca de uma década, apesar da expansão constante do cultivo para novas áreas. Em meados da década de 1850, o total das exportações de café da província havia alcançado um máximo de 137.600 toneladas. Depois disso, a média permaneceu em torno de 120 mil toneladas até o início dos anos 1860, quando declinou para pouco menos de 80 mil toneladas entre 1862 e 1865. A partir de então, as exportações se recuperaram lentamente (ver tabela 2). Outras causas dessa estagnação foram o esgotamento do solo e o envelhecimento dos pés de café nas áreas cafeeiras mais antigas, onde a produtividade por pé estava declinando rapidamente, mais do que as exigências de mão de obra. Nessas condições, e devido à chamada questão da mão de obra e ao crescente endividamento de diversos fazendeiros, que haviam hipotecado suas propriedades e seus escravos, não existiam perspectivas reais de aumentos significativos na produção de café da província do Rio de Janeiro.

Em comparação com as províncias do Nordeste, o Rio de Janeiro tinha uma população livre relativamente muito menor, mas que na década de 1860 já excedia o número de escravos. Mesmo levando em conta a ocupação de milhares de homens livres no setor de serviços, e como artesãos e lojistas nas principais cidades, a maioria dos habitantes estava concentrada na zona rural, em propriedades isoladas ou pequenas povoações. Havia, portanto, pelo menos potencialmente, uma oferta de mão de obra livre que poderia ser disponibilizada para trabalhar no setor cafeeiro, quer como meeiros, quer como produtores independentes. No entanto, embora os brasileiros livres aceitassem tarefas especializadas como o desmatamento ou o trabalho como tropeiros, a organização do trabalho nas fazendas de café e nas plantações de cana-de-açúcar fazia com que eles relutassem em trabalhar no campo ao lado dos escravos, pelo menos em números significativos. Quanto aos libertos, "a noção de liberdade de um ex-escravo [era] o privilégio

TABELA 2 — EXPORTAÇÕES DE CAFÉ DA PROVÍNCIA E DO ESTADO DO RIO DE JANEIRO, 1850-1900 (EM TONELADAS)

ANO	EXPORTAÇÕES	ANO	EXPORTAÇÕES	ANO	EXPORTAÇÕES
1850	117.967	1867	136.735	1884	130.429
1851	115.107	1868	113.925	1885	110.214
1852	110.693	1869	131.029	1886	122.569
1853	95.994	1870	109.968	1887	61.937
1854	117.345	1871	113.437	1888	109.478
1855	137.623	1872	102.586	1889	80.090
1856	126.365	1873	92.584	1890	78.643
1857	118.950	1874	105.175	1891	90.114
1858	111.537	1875	119.269	1892	78.528
1859	118.731	1876	111.562	1893	61.560
1860	128.476	1877	107.252	1894	95.130
1861	110.971	1878	109.608	1895	119.784
1862	75.452	1879	120.419	1896	71.514
1863	71.524	1880	133.765	1897	103.650
1864	80.488	1881	148.008	1898	83.070
1865	92.316	1882	156.124	1899	79.872
1866	103.895	1883	113.085	1900	56.399

FONTES: Ver nota 51.

da total abstenção de qualquer coisa que se assemelhasse ao trabalho sistemático [...] particularmente uma vez que o país era tão favorável às operações limitadas de posseiros semibárbaros".[45] No que diz respeito aos imigrantes europeus, a apropriação anterior da maior parte das terras mais acessíveis pelos fazendeiros de café e a rígida legislação sobre contratos de trabalho com estrangeiros desencorajavam sua entrada na província, onde seriam forçados a trabalhar como empregados, em vez de se transformarem em pequenos proprietários, como no caso do Sul do Brasil. Assim, os estrangeiros que chegavam à província do Rio de Janeiro continuavam a se dirigir sobretudo às cidades, onde se tornavam artesãos ou comerciantes.[46]

3.3. O APOGEU E O INCIPIENTE DECLÍNIO DA "GRANDE LAVOURA" CAFEEIRA DO RIO DE JANEIRO: DA LEI DO VENTRE LIVRE À ABOLIÇÃO DEFINITIVA DA ESCRAVIDÃO, 1871-88

No início da década de 1870, a província do Rio de Janeiro, cuja economia dependia basicamente do café, continuava seriamente comprometida com a escravidão. O censo de 1872 e a matrícula especial dos escravos de 1872-3 davam conta de cerca de 300 mil escravos na província, em uma população total de 819.604 habitantes segundo o censo. Os escravos ainda se encontravam espalhados por toda a província. O município açucareiro de Campos era o que mais continha escravos, com 35.668 registrados, seguido pelos municípios cafeeiros mais importantes: Valença, Cantagalo, São Fidélis (também produtor de açúcar), Vassouras e Paraíba do Sul, que, em conjunto, reuniam 100.248 escravos matriculados. Diversos municípios litorâneos que não se concentravam na produção de café também tinham numerosos escravos, como era o caso de Maricá, São João da Barra, Araruama, Macaé, Saquarema, Cabo Frio e Itaguaí, todos com mais de 5 mil escravos. O município da capital da província, Niterói, ainda contava 10.743 escravos, incluindo muitos dedicados a atividades urbanas, e os municípios do entorno da baía de Guanabara, como Magé e Estrela, totalizavam mais de 10 mil escravos. Somente esses últimos dez municípios continham mais de 66 mil escravos, o que indica que não era apenas no grande município de Campos que o cultivo da cana-de-açúcar e de outros gêneros alimentícios concentrava um número considerável de escravos.

A classificação dos escravos segundo as ocupações, adotada para o censo de 1872, difere da utilizada na matrícula de 1872-3. Segundo o censo, o número de escravos "artistas" (artesãos) e trabalhadores qualificados com ocupações específicas chegava a apenas 781, o que poderia sugerir uma substituição quase completa dos escravos por trabalhadores livres nessas atividades. Os dados não incluem, porém, escravos artesãos nas fazendas e escravos qualificados arrendados como diaristas. Assim, a matrícula de 1873 ainda indicava que havia 28.312 "artistas" escravos na província. O critério abrangente do censo para definir "trabalhadores têxteis", e especialmente costureiras, incluía mulheres que não se dedicavam integralmente a essa atividade, mas que tinham outras ocupações, sobretudo como domésticas. O restante dos escravos incluía, ainda segundo o censo, 212 marinheiros e pescadores, 141.575 trabalhadores rurais, 52.806 criados, diaristas e domésticos, bem como 90.242 escravos listados como "sem profissão", em um total de 292.637 escravos. Em contraste, a matrícula de 1873 mostrava apenas 49.853 escravos "sem profissão" (incluindo provavelmente a maioria das crianças menores de sete anos, cujo número alcançava 44.101), 204.009 lavradores, 19.100 domésticos e 3.470 com profissão indefinida em um total de 304.744 escravos, enquanto o saldo correspondia aos já mencionados "artistas". Sem dúvida, os critérios de classificação das duas contagens de escravos são diferentes, mas a lista ligeiramente incompleta de apenas 12.828 escravos registrados como habitantes de centros urbanos, por oposição a mais de 290.403 na zona rural, sugere que a grande maioria dos escravos da província trabalhava na agricultura, ao menos em tempo parcial.[47]

No que diz respeito ao emprego específico dos escravos no cultivo do café, somente é possível fazer aproximações. Uma alternativa é supor um limite inferior e outro superior para a produção por escravo de fazenda, conforme computada dez anos depois a partir de dados reais sobre propriedades do Rio de Janeiro e São Paulo. Considerando esses limites — 17,8 sacas e 26,5 sacas, respectivamente —, bem como a média de exportações da província entre 1868 e 1872, obtém-se um limite superior para o número de escravos empregados no setor cafeeiro da província de aproximadamente 104 mil, e um limite inferior de 70 mil. Como a produtividade da província estava entre os dois extremos usados, o verdadeiro número de escravos empregados no setor provavelmente também se localizava no intervalo entre 70 mil e 104 mil.[48] Outra aproximação pode ser feita levando em conta a população dos principais municípios cafeeiros, e supondo, como faziam os observadores da época, que de dois terços a três quartos dos escravos desses municípios estavam ocupados na produção do café ou localizados nas fazendas de café. De acordo com a matrícula de 1872-3, a população total dos onze maiores municípios cafeeiros chegava a 148.795 escravos, o que, segundo as suposições mencionadas acima, indicaria um total de escravos empregados no café entre 98 mil e 112 mil.[49]

Os dados apresentados acima sugerem que os escravos ainda eram muito numerosos, tanto na produção do café quanto em outras atividades, de modo que, ao menos potencialmente, as transferências dentro da província para os municípios cafeeiros ainda eram possíveis. De fato, por volta de 1872, uma fonte da época observou que "o antigo nível de produção agrícola [havia] até então sido mantido graças à atração de escravos das cidades para a produção [de café], e à diminuição do número de escravos domésticos para empregá-los em atividades agrícolas".[50] Em contraste, os fazendeiros não podiam contar, no longo prazo, com a reprodução natural de seus escravos. A Lei do Ventre Livre, de 28 de setembro de 1871, determinou que eram livres todos os filhos de escravas nascidos após essa data, de forma que, embora restasse ao fazendeiro a alternativa de dispor da força de trabalho daqueles "ingênuos" (como eram chamados) até sua maioridade, o número total de escravos do país estava fadado ao declínio. Uma vez que a realocação da mão de obra dentro das fazendas e no interior dos municípios tinha limites, outras alternativas no curto prazo para o "problema da mão de obra" incluíam a importação constante de escravos de outras províncias, ou o emprego cada vez mais intenso do trabalho livre. A questão da oferta de mão de obra mostrou-se particularmente problemática durante a década de 1870, devido ao já mencionado declínio da produção por trabalhador decorrente do esgotamento do solo e do envelhecimento dos pés de café. Isso podia ser sentido de Resende a Paraíba do Sul, onde a persistência do declínio da produtividade mal foi compensada pelas novas plantações na região leste do Vale do Paraíba, como mostram os números relativos às exportações da província durante os anos 1870 reproduzidos na tabela 2 acima.[51]

Os Anais do Congresso Agrícola de 1878 evidenciam que muitos fazendeiros estavam conscientes do problema que enfrentavam, mas mostram também uma relutância em mudar a rotina de seus métodos de produção, sobretudo em relação à organização do trabalho.[52] Embora muitos se mostrassem abertos à ideia de adotar máquinas mais eficientes para poupar mão de obra na fase de processamento e, assim, concentrar a maior quantidade possível da mão de obra escrava disponível no trabalho no campo, havia uma posição quase generalizada contra o trabalho livre local. Em uma citação reproduzida com frequência, argumentava-se que os assalariados trabalhavam o mínimo possível e pouco se preocupavam com o prejuízo de seus patrões. "Nesse sentido [um assalariado] produz menos do que o escravo, o qual, igualmente desinteressado nos lucros de seu senhor, é entretanto impelido ao trabalho por esses meios violentos que estão em uso, e que marcam de tão negro estigma nossa moralidade."[53] Tal afirmação, no entanto, não foi acompanhada por números que mostrassem a falta de lucratividade do emprego da mão de obra livre, uma vez que esse tipo de prática ainda não havia sido tentado separadamente. Em 1880, a Assembleia Legislativa da província, refletindo os interesses de classe dos fazendeiros do Rio de Janeiro, enviou um memorial à Assembleia Legislativa do Império reclamando dos habitantes livres das zonas rurais que, "sem direção, sem assistência, sem hábitos de trabalho, sem exemplo, não participam da comunhão social, não produzem nem consomem; só tiram seu sustento do solo quando não conseguem obtê-lo pela caça e pela pesca nas terras dos fazendeiros". O memorial citava ainda a preocupação dos fazendeiros de que essa situação se agravasse caso os escravos fossem libertados.[54] Muitos propunham a adoção de uma lei para obrigar os desocupados rurais a trabalharem, chamando a atenção para sua indolência.

Havia uma contradição inerente nessas afirmações dos fazendeiros e de seus representantes. Por um lado, eles reclamavam que os trabalhadores livres trabalhavam mal; por outro, sentiam que esses trabalhadores livres poderiam tornar-se necessários e, portanto, queriam que estivessem disponíveis. Esses dois aspectos contraditórios teriam como ser resolvidos caso os trabalhadores livres pudessem ser submetidos ao trabalho em turmas sob uma supervisão rígida e a longas jornadas de trabalho, sistema ao qual os fazendeiros estavam acostumados. (Esses atributos "desejáveis" dos trabalhadores "livres" estiveram na origem da especulação sobre a possibilidade de empregar *coolies* chineses no setor cafeeiro, o que no entanto não se concretizou.) É nesse contexto que a suposta "indolência" dos brasileiros livres aparece como falaciosa. Essa caracterização não levava em conta a necessidade de uma reforma social exigida pela estrutura fundiária então existente, e tampouco a exploração dos escravos, que chegavam a trabalhar mais de quatorze horas por dia, situação que um homem livre que tinha a alternativa de se tornar posseiro muito pouco provavelmente aceitaria. Um autor brasileiro conhecido observou que "a verdadeira interpretação da frase oficial — carência de braços — [era] que o Império [necessitava] de reformas sociais, econômicas e financeiras" que lhe permitissem oferecer oportunidades úteis de emprego para milhares de brasileiros que vegetavam no interior, e que atrairiam uma imigração europeia espontânea.[55] A inadequação da estrutura fundiária também foi identificada por um observador estrangeiro em meados da década de 1870. Ao comentar a suposta "carência de mão de obra", ele se perguntava "se não [haveria] inúmeras pessoas desempregadas [...] que poderiam se tornar prósperos e industriosos trabalhadores e cultivadores da terra" se (entre outras coisas) os obstáculos relacionados à propriedade e à posse da terra fossem removidos graças à aprovação de medidas legislativas adequadas.[56] Os fazendeiros, porém, não cogitavam a adoção generalizada da parceria ou o parcelamento de suas propriedades. Com efeito, medidas como a adoção de um imposto fundiário, que obrigaria os proprietários a cultivarem as próprias terras ou entregá-las a quem quisesse fazê-lo, não podiam ser transformadas em lei, uma vez que as câmaras legislativas do Império eram inteiramente controladas ou compostas por grandes latifundiários.

Em resumo, a ausência da utilização em larga escala de trabalhadores livres na lavoura do café encontrava explicações tanto do lado da oferta quanto do lado da demanda. Os fazendeiros desejavam empregados disciplinados que trabalhassem sob o mesmo sistema que os escravos, e por salários baixos. Em contraste, os brasileiros livres podiam, de uma forma ou de outra, tirar sua subsistência como roceiros ou posseiros ou de trabalhos ocasionais, evitando assim, na maioria dos casos, trabalhar junto aos escravos. Em virtude da predominância do trabalho em turmas no campo, de salários comparativamente baixos e da existência de oportunidades para atividades de subsistência, bem como da forte desutilidade do trabalho junto aos escravos, talvez tenha sido uma atitude bastante racional, e não a indolência, que levou os trabalhadores livres a não se oferecerem para trabalhar de forma permanente em turmas no cultivo do café. (No caso dos libertos, isso pode ter refletido uma forte preferência pelo lazer.) Finalmente, por volta de 1880, os fazendeiros não contemplavam a alternativa de, uma vez libertados os seus escravos, empregar apenas trabalhadores livres,[57] ideia à qual resistiam devido à grande proporção de sua riqueza representada pelos escravos. Ademais, caso o fizessem, isso poderia implicar mudanças na organização tradicional do trabalho nas fazendas.

Nesse contexto, embora em São Paulo alguns grandes cafeicultores estivessem começando a se convencer das vantagens da mão de obra livre e de uma organização diferente do trabalho, os fazendeiros do Rio de Janeiro continuaram com seus escravos cada vez mais velhos, com seus cafezais decadentes e com seu solo cada vez mais esgotado, enquanto a imigração estrangeira para o setor agrícola da província permanecia insignificante. O envelhecimento dos escravos era um problema particularmente grave, uma vez que reduzia a força de trabalho real da fazenda mesmo antes da morte do escravo. Em Vassouras, por exemplo, enquanto entre 1850 e 1859 os escravos de quinze a quarenta anos representavam 51% do total, no período de 1870 a 1879 a mesma faixa etária representava apenas 36%.[58] Nessas condições negativas, a compra de novos escravos e de máquinas — sobretudo nas áreas mais antigas, onde a produtividade declinava rapidamente — muitas vezes precisava ser feita por meio de hipotecas ou empréstimos, que tendiam a agravar o grau de endividamento dos fazendeiros.

As compras de escravos de outras províncias continuaram durante a década de 1870, chegando até a crescer em relação à década de 1860, provavelmente em reação a preços mais elevados do café. Como resultado das dificuldades econômicas de muitas províncias açucareiras do Nordeste, só no ano de 1874, segundo números oficiais, 7.015 escravos vindos da região entraram no porto do Rio de Janeiro para serem vendidos, enquanto 629 escravos foram enviados das províncias do Sul.[59] As elevadas importações de escravos por parte da província do Rio de Janeiro continuaram nos anos subsequentes, quando uma crise na Bahia levou a exportações cada vez maiores de escravos, além da grande seca do Nordeste entre 1877 e 1879, que causou novas levas maciças de escravos para o Rio de Janeiro e São Paulo, provenientes sobretudo do Ceará.[60] No entanto, devido à Lei do Ventre Livre (que impedia a reprodução natural da população escrava), as importações interprovinciais de escravos não bastavam para contrabalançar o declínio da população escrava da província do Rio de Janeiro, e foram definitivamente interrompidas após a adoção, em dezembro de 1880, de um imposto de 1.500 mil-réis sobre cada escravo importado para a província. A Assembleia Legislativa do Rio de Janeiro propôs essa restrição não devido a uma súbita conversão à causa da mão de obra livre, mas porque temia que a concentração excessiva de escravos nas províncias cafeeiras — portanto, em detrimento do Nordeste — pudesse levar a iniciativas legislativas contra a escravidão no Senado e na Câmara movidas por representantes nordestinos.[61]

Segundo as atualizações periódicas da matrícula dos escravos de 1872-3, teria havido durante a década de 1870 uma concentração progressiva de escravos nos principais municípios cafeeiros, particularmente nas novas áreas do leste do Vale do Paraíba, ao mesmo tempo que se observou um acentuado declínio do número de escravos nos outros municípios. Isso permitiu um aumento das exportações de café da província ao final da década, que alcançaram seu ponto máximo no biênio 1881-2 (ver tabela anterior). No entanto, as mudanças na distribuição espacial da população escrava que as atualizações sucessivas da matrícula sugerem estão longe de ser inteiramente confiáveis. Esses números não incluem os ingênuos, filhos "livres" de escravos que, depois dos sete ou oito anos de idade, podiam ser usados em determinadas tarefas nas fazendas. Dados relativos a impostos que incidiam sobre as transferências de escravos indicam que, durante o período, houve numerosas transações de escravos, mesmo nos municípios cafeeiros. Algumas dessas transações podem ter sido transferências de escravos para São Paulo, enquanto outras eram certamente para o leste do Vale do Paraíba.[62]

Em 1882, os dados "atualizados" da matrícula dos escravos mostravam que 74,1% dos 268.831 escravos que supostamente permaneciam na província estavam ocupados na agricultura, ao passo que apenas 9,1% encontravam-se no serviço doméstico nas cidades e outros 16,2% eram considerados "sem ocupação definida". As mulheres representavam 46% do número total de escravos. Elas respondiam por 43,8% dos escravos ocupados na agricultura, 57% dos empregados domésticos e 47,5% dos que não tinham ocupação definida. Campos ainda era o município da província com o maior número de escravos — mais de 29 mil —, enquanto Macaé ainda continha 7.374 escravos. Em ambos os municípios, a produção de açúcar continuava muito importante. A lei de 1875, que, visando atrair capital estrangeiro, concedia garantia de juros ao capital investido nos engenhos centrais de açúcar a serem estabelecidos no Império, havia sido seguida por empreendimentos com ou sem essa garantia, de modo que a produção de açúcar mostrara algum crescimento. Efetivamente, ocorreu uma tendência à modernização do setor açucareiro da província, que, em meados dos anos 1880, contava sete engenhos centrais de açúcar sem garantia de juros, cada um capaz de moer de 150 a trezentas toneladas de cana por dia. Por outro lado, a partir da metade da década de 1870, alguns dos grandes engenhos de açúcar perto de Campos haviam adotado máquinas com melhor desempenho para o cozimento do caldo da cana em tachos a vácuo. Por volta de 1885, esse método era usado em dezoito propriedades, cada uma com capacidade de moer e cozer de sessenta a oitenta toneladas de cana por dia. A transição para a era das usinas, ou das fábricas de açúcar modernas, em detrimento dos engenhos de açúcar obsoletos, já havia, portanto, começado na região de Campos antes da Abolição, e envolvia o uso crescente de trabalho assalariado. Restavam, porém, cerca de quinhentos engenhos menores em Macaé, Campos e São João da Barra, cuja produção era orientada principalmente para o consumo da província e da cidade do Rio de Janeiro. A maioria desses estabelecimentos, sobretudo na área de Campos, permanecia muito dependente da mão de obra escrava.[63]

O trabalho livre também continuava a ser uma exceção no cultivo do café.[64] Isso é confirmado por um trabalho clássico sobre o setor cafeeiro no Brasil por volta de 1883, de autoria de um especialista holandês, que contém informações abundantes sobre a situação da lavoura cafeeira na província do Rio de Janeiro. Com relação à organização do trabalho no campo, não tinham ocorrido mudanças notáveis em comparação com a década de 1860. O trabalho em turmas continuava predominante, e a enxada era a principal ferramenta utilizada. A "capina", ou retirada das ervas daninhas dos campos, era "realizada com um facão ou 'foice', presa a um cabo de cerca de um metro e meio de comprimento, ou com uma lâmina curva conhecida como 'ceifador'". No entanto, e aparentemente como resultado da maior escassez de escravos, o autor observou que a "derrubada" — o corte das árvores e o desmatamento para abertura de novas áreas — nunca era realizada por escravos, o que contrasta com a descrição de um autor francês segundo o qual essa tarefa um tanto perigosa ainda era, pelo menos ocasionalmente, executada por escravos em meados da década de 1860. Trabalhadores livres, remunerados por tarefa, eram contratados para essas atividades específicas, enquanto os escravos eram concentrados no trabalho no campo e na fase do processamento do café. No que diz respeito a essa etapa da cadeia produtiva, inovações técnicas consideráveis haviam ocorrido desde os anos 1860, e máquinas cada vez mais sofisticadas tornaram-se disponíveis para os fazendeiros. Essas máquinas eram geralmente de origem norte-americana, embora algumas invenções também devessem ser creditadas a brasileiros. Sua adoção, porém, conduzia muitas vezes ao endividamento dos fazendeiros. Por fim, quanto aos métodos agrícolas, "o adubo artificial nunca [era] utilizado, e o esterco muito raramente". Dando prosseguimento a uma prática iniciada em algum momento após a metade do século, "tudo que [era] empregado como adubo era o resíduo do descascamento do café [...] sua casca vermelha e dura [...] cuidadosamente recolhida".[65]

Mudanças mais pronunciadas podiam ser observadas com relação à produtividade do solo e dos pés de café. Ao longo das duas décadas anteriores, ao que tudo indica, o número de pés de café por escravo havia aumentado, mas cada pé produzia cada vez menos café. Observações do início da década de 1860 — de médias de novecentos gramas por pé, que também prevaleciam no início da década de 1880 em algumas fazendas de São Paulo — contrastavam com os resultados obtidos em 21 grandes fazendas da província do Rio de Janeiro (com uma média de 195 escravos por fazenda), que em 1882-3 apresentavam a pouco elevada média de apenas 343,5 gramas por pé! E isso se verificava para uma amostra na qual a área de Cantagalo tinha uma representatividade maior do que as regiões Cafeeiras mais antigas. Por outro lado, o número de pés de café por escravo daquelas fazendas foi avaliado em 3.407, enquanto a produtividade por escravo era de 17,79 sacas por ano. Cada hectare produzia em média apenas 6,66 sacas, ou cerca de quatrocentos quilos de café.[66] Em comparação, os dados reproduzidos no relatório provincial de 1856 relativos a Vassouras e a Valença indicavam uma média de 911 a 969 quilos por hectare.[67] Dados relativos a uma amostra maior de propriedades hipotecadas junto ao Banco do Brasil também estavam disponíveis. Estes mostravam uma média muito menor de 56 escravos por fazenda, em um total de 191 fazendas localizadas em treze municípios, e uma média de 3.488,5 pés de café por escravo. O valor médio de um escravo nesses municípios ainda era estimado em cerca de 1.170 mil-réis (por oposição aos 400 mil-réis pagos por um escravo recém-importado no início de 1850). A participação do valor dos escravos ainda alcançava cerca de 47% do total dos ativos das fazendas.[68]

Dados sobre nove fazendas no município de Cantagalo, administradas em conjunto, mostravam um total de 1.627 escravos, 57 pessoas livres empregadas na "administração" e 23 trabalhadores livres entre carpinteiros, ferreiros, pedreiros, maquinistas e "condutores" ferroviários. Esses dados fornecem a média aproximada de um trabalhador livre permanente para cada vinte escravos, e de apenas uma pessoa empregada na administração para cada 28 ou 29 escravos. No entanto, a administração unificada e a existência de uma ferrovia particular nessas propriedades podem ter levado a economias de escala do número de empregados livres em comparação com fazendas mais típicas. Por outro lado, já que muitas tarefas complementares eram contratadas de forma avulsa, essas informações obviamente subestimam o total de empregados livres envolvidos no trabalho das fazendas de café a cada ano. Revelam, porém, que as necessidades de trabalhadores livres permanentes nas fazendas de café que utilizavam mão de obra escrava eram relativamente pequenas na província do Rio de Janeiro, e talvez não passasse de 8 mil a 10 mil pessoas.[69]

Um aspecto notável dos dados (já mencionados) sobre as 21 grandes fazendas da província é a participação relativamente baixa dos trabalhadores agrícolas no número total de escravos dessas propriedades. A média de 56,4% não se modifica muito nas diferentes regiões, uma vez que as fazendas de Valença e Paraíba do Sul tinham em média 58% de seus escravos trabalhando no campo, contra 57% nas nove fazendas de Cantagalo. Isso pode indicar não apenas que a fase de processamento e as ocupações domésticas ainda exigiam um número relativamente elevado de "braços" (apesar da adoção de máquinas que permitiam poupar mão de obra), mas também que o envelhecimento impedia que fossem usados no trabalho agrícola determinados escravos que ainda podiam ser utilizados em outras ocupações, como na cata (triagem) dos grãos de café etc. Assim, o seu envelhecimento poderia contribuir para limitar a possibilidade de transferir escravos para o trabalho no campo dentro da fazenda. Trata-se apenas de uma suposição que precisa ser qualificada à luz do fato de que, em pelo menos nove fazendas de Cantagalo, dois terços dos escravos tinham entre doze e quarenta anos de idade, e que o trabalho dos ingênuos aparentemente nunca estava incluído nos cálculos.[70]

Em relação ao número total de escravos empregados nas fazendas de café no início da década de 1880, um exercício semelhante àquele feito para o início dos anos 1870 pode ser repetido, usando uma produtividade de 17,8 sacas por escravo e a média de exportações de café da província de 1879-80 a 1882-3. O cálculo resulta em um total de 129 mil escravos, que não é incompatível com os dados sobre as populações escravas dos principais municípios cafeeiros.[71]

Informações adicionais sobre o trabalho nas fazendas no início da década de 1880 mostram que um determinado número de escravos ainda era arrendado de terceiros pelos fazendeiros. Em uma propriedade de Valença, de um total de 240 escravos em atividade, setenta deles eram contratados de fora por 20 mil-réis ao mês. No mesmo município, outra fazenda era operada por 390 escravos, dos quais quarenta também haviam sido contratados nas mesmas condições (além da manutenção do escravo, incluindo gastos com roupas e comida, que eram responsabilidade do empregador). Segundo a contabilidade de uma fazenda, a despesa anual costumeira em vestuário para cada escravo do sexo masculino era de cerca de doze a 12,5 mil-réis em comparação com o intervalo maior de dezesseis a 22 mil-réis observado por um autor estrangeiro no início da década de 1860. Alimentar um escravo custava aproximadamente seiscentos réis por dia no início da década de 1880. Esse dado sugere, portanto, que os custos com alimentação, em termos monetários, tinham aumentado de forma significativa a partir do início da década de 1860, quando eram avaliados em trezentos a quatrocentos réis por dia. Como no início da década de 1880 o preço médio de exportação do café, em termos monetários, havia baixado para um valor próximo daquele praticado por volta de 1860, e considerando-se a queda da produtividade por pé de café e por escravo, aqueles números sugerem, caso estejam corretos, que o custo da mão de obra escrava estava se tornando cada vez mais elevado para o fazendeiro. Os feitores livres, por sua vez, recebiam no início da década de 1880 um salário anual de 500 a 600 mil-réis, além de moradia e comida, soma que podia ocasionalmente chegar a um conto de réis (mil mil-réis). Os escravos recebiam também pelo trabalho extra aos domingos. Essa remuneração diária chegava a 1.200 réis em uma fazenda de Valença, e em 1882, em nove fazendas de Cantagalo, esses pagamentos equivaliam a cerca de 19% dos custos de administração e pagamentos feitos a trabalhadores livres.[72]

No início dos anos 1880, a atitude dos fazendeiros da província manifestada no Congresso Agrícola de 1878 não havia se modificado. A maioria deles permanecia cética em relação às possibilidades oferecidas pela imigração europeia — que estava sendo tentada em São Paulo em certo grau — e à alternativa de contratar trabalhadores livres locais em grandes números. Conforme assinalado por um observador francês, esse pessimismo às vezes resultava na relutância dos fazendeiros em experimentar novas formas de organização do trabalho, mas em muitos casos isso se devia à falta de dinheiro vivo, que os impedia até mesmo de comprar os escravos à venda disponíveis.[73] Efetivamente, em 1883, segundo uma fonte, cerca de 50% dos fazendeiros de café do Rio de Janeiro que se encontravam endividados estavam em uma situação da qual não conseguiam se recuperar, e estes eram em sua maioria fazendeiros das áreas cafeeiras mais antigas do Vale do Paraíba. Nos anos subsequentes, à medida que foi crescendo a pressão abolicionista, os escravos se tornaram uma garantia financeira cada vez menos atraente, de modo que muitos fazendeiros tenderam a se tornar insolventes.[74]

A permanência de preços baixos do café até 1885 e 1886 contribuiu para agravar as dificuldades de muitos fazendeiros. Nas áreas mais novas do leste do Vale do Paraíba, depois de ter aumentado cerca de 38% entre 1873 e 1881, o número de escravos somente cairia de forma significativa em 1885. Nesse ano, surgiu uma nova ameaça de extinção completa da instituição da escravidão: a chamada Lei dos Sexagenários "libertava" os escravos de sessenta anos ou mais, embora desse a seus senhores o direito a três anos suplementares de seu trabalho. Também de acordo com essa lei, todos os escravos transferidos de uma província para outra seriam considerados livres. Na verdade, havia uma brecha na regulamentação da lei. Segundo o apelidado "Regulamento dos Negros", quanto à transferência de escravos, o "Município Neutro" — o município da cidade do Rio de Janeiro, capital do Império — era considerado parte da província do Rio de Janeiro. "Assim, quase 30 mil escravos no Município Neutro tornaram-se potencialmente disponíveis para transferência através de uma fronteira provincial para uma região onde a demanda por escravos persistia." Os dados sobre o número de escravos no Município Neutro mostram um declínio de 74,9% entre 1885 e 1887. Portanto, pode ter havido uma intensificação do tráfico de escravos entre a cidade e a província do Rio de Janeiro, que pode ter sido favorecida pela adoção anterior na cidade de um imposto sobre os escravos arrendados e sobre as casas de consignação de escravos. No entanto, grande parte desse declínio também pode ser atribuída às alforrias, que aumentavam progressivamente. Porém, quaisquer transferências que tenham ocorrido indicam que, cerca de dois ou três anos antes da Abolição de 1888, os fazendeiros de café da província do Rio de Janeiro ainda estavam tão ligados a essa instituição que eram levados a comprar mais escravos, muito embora existisse uma alta probabilidade de se instituir oficialmente a abolição da escravidão em um futuro próximo.[75]

Depois de 1885, o governo central tomou uma série de medidas legislativas para incentivar a imigração. O governo da província de São Paulo começou a gastar somas cada vez maiores para subsidiar o transporte de imigrantes europeus que viessem trabalhar em suas fazendas de café, enquanto o número de "colonos" estrangeiros livres que trabalhavam na lavoura cafeeira aumentava progressivamente. Em contraste, os fazendeiros de café do Rio de Janeiro entrincheiraram-se cada vez mais na posição de que a abolição só era aceitável mediante uma indenização aos proprietários de escravos. Isso também era em grande parte verdadeiro em relação aos grandes plantadores de cana-de-açúcar, que ainda possuíam milhares de escravos. As tentativas de atrair imigrantes estrangeiros para a província permaneceram muito limitadas, ao passo que, segundo a matrícula dos escravos de março de 1886, ainda restavam 162.421 escravos na província. Em 1887, uns poucos milhares de trabalhadores rurais italianos chegaram à província do Rio de Janeiro, mas poucos fazendeiros haviam se deixado converter à ideia de mudar a organização de suas fazendas para receber "colonos" estrangeiros. Quanto à utilização da mão de obra livre local e de libertos, um ano antes a Assembleia Legislativa da província ainda se referia a ambas as categorias como "uma classe da população que vive em completa ociosidade [...] podendo se tornar um elemento perturbador quando seus meios de subsistência [se tornassem] mais escassos".[76] Foi somente em dezembro de 1887 que os grandes proprietários organizaram uma ampla reunião em Niterói e decidiram, como grupo, tomar medidas para estimular a imigração europeia, ou a imigração de brasileiros livres de outras regiões. Àquela altura, conforme assinalado por um observador estrangeiro, o governo central já estava pagando "todas as passagens dos imigrantes uma vez estes estabelecidos no país", de modo que a resolução provincial adotada "era apenas uma decisão de adiantar o dinheiro da passagem, para que as pessoas que os [trouxessem] não fossem privadas de seu dinheiro durante alguns meses". Isso foi visto como uma medida ocasionada por motivos políticos, diante de reclamações de que a província pouco fazia para se preparar para a abolição sem indenização. Felizmente para os cafeicultores da província, as fugas em massa de escravos das fazendas de café que estavam ocorrendo em São Paulo ainda não aconteciam no Rio de Janeiro, já que, em um contexto semelhante, a desorganização da produção nessa província teria sido muito mais grave.[77] Nas áreas de produção de açúcar ao redor de Campos, porém, ao final de 1887, "a violência causada pelas greves de escravos e a fuga de escravos para [a cidade de] Campos, onde supostamente encontravam abrigo aos milhares", foram relatadas na imprensa.[78]

Diante desses acontecimentos, nos primeiros meses de 1888, alguns fazendeiros de café do Rio de Janeiro começaram a libertar seus escravos na esperança de que estes continuassem a trabalhar em suas fazendas. Ao final de março, cerca de 6 mil escravos do município de Campos foram libertados. Segundo outra fonte, em março e abril, cerca de 25 mil escravos — valendo teoricamente o equivalente a 1,5 milhão de libras esterlinas — foram libertados na província, incluindo 1.900 escravos libertados pelos proprietários das nove fazendas de café de Cantagalo (já analisadas mais detalhadamente neste mesmo capítulo 3). Os libertos que permaneciam nas fazendas passavam a receber moradia, comida, roupas, auxílio médico e cerca de quinhentos réis por dia em dinheiro (ou o equivalente a um shilling), ao mesmo tempo que muitos casamentos eram acertados e pagos pelos ex-senhores. Embora a abolição da escravidão parecesse muito provável no futuro imediato, os fazendeiros esperavam que esta fosse acompanhada por uma lei proibindo a vadiagem, "para que os trabalhadores possam ser impedidos de deixar seus lares".[79]

3.4. CONSEQUÊNCIAS ECONÔMICAS DA ABOLIÇÃO E MUDANÇAS NA ORGANIZAÇÃO DO TRABALHO NO SETOR AGRÍCOLA DO RIO DE JANEIRO

As esperanças dos fazendeiros não se concretizaram. A Abolição foi decretada no dia 13 de maio de 1888, sem qualquer indenização ou restrição à movimentação dos ex-escravos. A lei, que enfrentou a oposição dos deputados e senadores da província do Rio de Janeiro, estabelecia simplesmente: "Art. 1º — É declarada extinta a escravidão no Brasil; Art. 2º — Revogam-se as disposições em contrário".[80] Nos meses seguintes, porém, o governo acabou disponibilizando recursos significativos para empréstimos aos grandes fazendeiros.

A primeira reação de muitos libertos foi aparentemente abandonar as plantações, convergindo para as cidades da província e para o Rio de Janeiro. Embora um autor, na década de 1920, tenha feito referência aos "desregramentos" dos libertos, testemunhas da época atestaram seu bom comportamento. Observava-se, porém, que "do ponto de vista do trabalho regular, sua conduta havia sido menos satisfatória". Em novembro de 1888, referindo-se à província do Rio de Janeiro, o ministro da Fazenda afirmou que "as mulheres [libertas] haviam deixado de trabalhar por completo, e metade dos homens havia desaparecido". Claramente houve, por parte dos ex-escravos, uma relutância inicial em aceitar empregos fixos, mesmo sob novas condições de trabalho, e ainda que todos os libertos do sexo masculino tenham acabado por aceitá-los, muitas ex-escravas que anteriormente trabalhavam no campo precisavam agora ser substituídas. Com relação à imigração de trabalhadores rurais estrangeiros, enquanto São Paulo acolheu várias dezenas de milhares de italianos no ano da Abolição, apenas uns poucos milhares de italianos se dirigiram para a província do Rio de Janeiro. Mesmo assim, a produção de 1888 não foi perdida, embora parte da safra aparentemente não tenha sido colhida. A safra de café foi muito abundante e alcançou preços elevados que, somados aos empréstimos adiantados pelo governo, permitiram a muitos fazendeiros enfrentar uma nova situação na qual se fazia necessário mais dinheiro vivo para pagar salários.[81]

A tabela 2 mostra a evolução das exportações de café da província (e, após 1889, do recém-criado estado) do Rio de Janeiro. A média de exportações físicas do produto caiu drasticamente após a Abolição, se comparada a médias anteriores mais elevadas. De fato, as exportações de 1889 a 1892 alcançaram a média de 81.461 toneladas, o que representava aproximadamente 81% da média anual das exportações de 1885 a 1888, e apenas 59% da média entre 1881 e 1884. Durante a década de 1890, as exportações mostraram aumentos em alguns anos, mas os níveis mais elevados observados antes da Abolição não voltaram a ser alcançados.

No recém-criado estado do Rio de Janeiro, os efeitos da Abolição sobre as atividades econômicas variaram de região para região. Por outro lado, considerando-se os elevados preços do café no começo da década de 1890, a decadência definitiva do café não foi percebida claramente de início. Assim, em 1892, um observador estrangeiro afirmou que muitos "fazendeiros não apenas não estavam mais endividados, e sim em boa situação financeira". Embora os fazendeiros de café não tenham recebido compensações diretas, argumentou-se que era possível afirmar que eles haviam recebido o equivalente a uma certa indenização sob a forma de auxílio governamental à imigração em larga escala, além de empréstimos para auxiliar a lavoura. Ainda que essa segunda forma de auxílio tivesse sido importante para muitos fazendeiros poderem continuar suas atividades, o estado do Rio de Janeiro só havia se beneficiado marginalmente com a primeira, pois (como será visto adiante) a imigração estrangeira dirigida ao setor rural desse estado permaneceu limitada. Assim, "a perda causada pela escassez de mão de obra para colher o café [no estado] [...] era estimada em não menos de 300 mil sacas em 1892", ou aproximadamente 23% das exportações efetivas do estado naquele ano.[82] À medida que o boom do café do início dos anos 1890 se transformou em superprodução, e que os preços começaram a ceder, a situação dos fazendeiros tornou a piorar. Em 1898, observou-se que a plantação de café havia sido feita em escala reduzida nos últimos dois ou três anos devido à "superprodução [...] de modo que um número considerável de fazendas não estava dando lucro [...] e estas estavam sendo abandonadas como produtoras de café".[83] Em 1901, notou-se que o café ainda era o "esteio econômico" do estado, "mas muitas fazendas agora [estavam] dando prejuízo em vez de lucro". A valorização da moeda brasileira havia agravado os preços mais baixos recebidos pelos fazendeiros de café, cuja receita teve uma queda de 50% em moeda local: de 30 de agosto de 1900 à mesma data do ano seguinte, os preços do café haviam caído de 8.100 réis por dez quilos para 4.800 réis, caracterizando a chamada crise do café.[84]

De fato, após meados da década de 1890, a economia do estado do Rio de Janeiro tornou-se mais diversificada à medida que a criação de gado e o plantio de gêneros alimentícios ganharam importância, incentivados por auxílios governamentais ao setor pecuário e melhores condições de crédito rural. Conforme o café declinava em algumas regiões, plantações com solo esgotado foram substituídas por pastagens. A economia de uma parte do estado tornou-se cada vez mais orientada para mercados domésticos, particularmente para o fornecimento de produtos alimentícios (laticínios, carne etc.) para o mercado em expansão representado pela cidade do Rio de Janeiro.[85] Favorecido inicialmente pela depreciação da taxa de câmbio e pelas altas tarifas de importação, o incipiente setor industrial do estado também cresceu durante a década de 1890, tornando-se mais diversificado.

Da mesma forma, para a produção de açúcar do estado, também crescentemente orientada para os mercados domésticos, a Abolição representou um forte golpe. Se o virtual abandono do cultivo da cana foi apenas temporário em algumas áreas, em outras foi permanente. Assim, em 1893, a decadência da agricultura em municípios como Iguaçu, Itaboraí, Itaguaí e Magé, que ainda somavam 17.600 escravos em 1882, foi atribuída à "falta de braços" na região. Iguaçu, por exemplo, tivera em determinado momento trinta engenhos, alguns dos quais movidos a vapor, mas com a Abolição o cultivo da cana declinou abruptamente no município.[86] Esse declínio pode ter parcialmente resultado da proximidade entre esses municípios e as cidades do Rio de Janeiro e Niterói. Contudo, os municípios açucareiros mais distantes e mais importantes do estado também foram muito afetados. Entre 1894 e 1895, em São João da Barra e outras cidades próximas a Campos, um observador constatou que diversas grandes propriedades haviam sido inteiramente abandonadas, ou ocupavam um número muito limitado de trabalhadores. No caso específico de Campos, a desorganização da produção fora particularmente pronunciada, e a decadência não parecia ainda ter alcançado seu ponto extremo. Muitas plantações de cana-de-açúcar também haviam sido abandonadas, e poucas ainda permaneciam prósperas. A produção de açúcar da área, que chegou a ultrapassar 300 mil sacas por ano entre 1885 e 1888, mal havia recuperado o nível de 120 mil sacas por ano em meados da década de 1890.[87] Em 1897, os embarques de açúcar de Campos alcançaram apenas 177.250 sacas.[88]

Referindo-se à Baixada Fluminense, um autor brasileiro afirmou, com uma ênfase um tanto excessiva, que com a Abolição "todo o mecanismo agrícola se imobiliza". Esse mesmo autor confirmou que, com o êxodo dos escravos, os engenhos suspenderam suas operações, e as plantações foram muitas vezes abandonadas.[89] Sem dúvida, isso foi verdadeiro em determinadas áreas, como em São Fidélis, onde, como consequência desse processo, logo surgiram centenas de pequenos estabelecimentos rurais.[90] Em outras áreas, o que ocorreu foi que a produção açucareira assumiu uma nova fisionomia. Os numerosos engenhos do setor foram substituídos por um número comparativamente menor de fábricas de açúcar modernas — as usinas — que extraíam da cana um rendimento de açúcar muito maior. Em meados da década de 1890, era possível encontrar essas usinas em Angra, Mangaratiba, Araruama etc., mas sobretudo entre Macaé e Campos,

São João da Barra e São Fidélis. As mudanças na fase de processamento do açúcar foram acompanhadas por transformações na organização do trabalho e no status dos antigos senhores de engenho e de escravos. Muitos desses senhores foram reduzidos a meros plantadores de cana (como no caso do Nordeste), e seu papel passou a se limitar ao fornecimento de cana-de-açúcar para as usinas. Isso quando suas propriedades não foram simplesmente compradas. Houve, portanto, um movimento em direção à concentração industrial na produção de açúcar do estado do Rio de Janeiro.[91]

Nas regiões produtoras de açúcar, os ex-escravos que não se mudaram e que não conseguiram um pequeno lote de terra para trabalhar como posseiros acabaram sendo forçados a buscar emprego nas grandes plantações. Nas propriedades controladas pelas usinas, eles certamente se tornaram assalariados com baixa remuneração, mas agora trabalhando menos — provavelmente cerca de dez horas por dia. A natureza do trabalho no campo não sofreu mudanças apreciáveis. Nos engenhos que sobreviveram, os proprietários podem ter recorrido tanto ao trabalho assalariado quanto à troca do uso de um pedaço de terra pelo trabalhador por trabalho durante alguns períodos do ano, o que também aconteceu aparentemente em algumas regiões do Nordeste. Em outras ocasiões, adotou-se a parceria, sobretudo nos casos menos frequentes que envolviam trabalhadores estrangeiros. Mas a tendência geral do setor, conforme este se modernizava, foi em direção ao trabalho assalariado.

As consequências da Abolição também foram variadas nos diferentes municípios cafeeiros. As áreas mais antigas foram as mais gravemente afetadas, já que, além da perda sem indenização de uma parte importante de sua riqueza, representada por seus escravos, os fazendeiros precisaram enfrentar a desvalorização de suas terras cada vez mais esgotadas e a baixa produtividade de seus velhos cafezais. Um exemplo extremo de ruína decorrente da Abolição é o caso do chamado "rei do café", que chegou a possuir de 4 mil a 6 mil escravos segundo fontes variadas, reunidos em cerca de vinte fazendas na antiga zona cafeeira de São João Marcos, Resende e Piraí. Suas fazendas, que ainda produziam 250 mil arrobas de café em 1887, tiveram uma safra de apenas 30 mil arrobas em 1889.[92]

A Abolição foi acompanhada por diferentes arranjos de trabalho no cultivo do café (que são recapitulados rapidamente). Como a renda dos trabalhadores envolvidos em contratos de parceria ou empreitada dependia muito da produtividade do solo e dos pés de café, os imigrantes estrangeiros e os trabalhadores locais eram atraídos pelas novas áreas cafeeiras de São Paulo e pelas áreas do leste (e mais tarde do norte) do estado do Rio de Janeiro. Em consequência, alguns importantes antigos municípios cafeeiros chegaram a sofrer um declínio absoluto de população. Foi o caso do município de Piraí, que, de um total de 18.146 habitantes em 1872, tinha apenas 17.893 habitantes em 1890, e menos ainda em 1920. Apesar do desenvolvimento da pecuária no município, a cidade de Piraí, que em 1872 se destacava como um dos maiores centros urbanos da província devido às fazendas de café no seu entorno, sofreu um declínio ainda mais pronunciado.[93] Em contraste, no longo prazo, os municípios de Paraíba do Sul e Valença sofreram menos com a Abolição e com a decadência do café. A pecuária se desenvolveu progressivamente nesses municípios, de modo que, em 1920, estes tinham os maiores rebanhos de gado da Serra.[94]

O antigo município cafeeiro de Resende, do qual Barra Mansa foi posteriormente desmembrado para formar outro município cafeeiro importante, havia sido um dos maiores municípios cafeeiros da primeira metade do século. Em 1891, sua produção de café havia declinado significativamente, uma vez que seus solos já estavam esgotados e a maioria de seus pés de café era velha demais. Nesse ano, um relato da época descreveu os efeitos da Abolição sobre a oferta de trabalho no município. Alguns milhares de libertos haviam migrado para outros municípios, onde esperavam obter salários mais elevados. Devido ao grande número de uniões de fato ou de direito que haviam se seguido à Abolição, levaram consigo um número quase igual de ex-escravas. Parte dessa migração foi apenas temporária, conforme observado pelo autor, e coincidiu com a safra do café no oeste do estado vizinho de São Paulo.[95] Essa situação foi provavelmente típica da maioria dos municípios do entorno, cuja produção também declinou nos anos subsequentes.

Outro aspecto que pode ser generalizado no que diz respeito às áreas de café mais antigas, e que também afetou consideravelmente a riqueza dos fazendeiros locais, foi a perda de valor da terra e dos pés de café, sobretudo nas fazendas onde os solos estavam mais esgotados e que não tinham mais matas virgens. Essa desvalorização deveria ser atribuída à baixa produtividade das propriedades, mas também ao fato de que o elevado valor anterior das fazendas estava ligado a uma oferta regular de mão de obra (escrava) que não podia mais ser garantida, dadas as novas condições de trabalho no setor. A desvalorização das propriedades foi especialmente sentida em Vassouras, onde tanto a propriedade rural quanto a urbana perderam muito valor. Segundo uma fonte, houve casos de propriedades vendidas por três ou quatro contos de réis — propriedades estas que, um ano antes da Abolição, poderiam ter sido vendidas por cem contos.[96] Mesmo deixando margem para alguns exageros, o valor reduzido das fazendas parece ter permitido a divisão de algumas delas ao longo da década seguinte, bem como o surgimento de pequenos ou médios estabelecimentos dedicados ao cultivo de alimentos. A existência de alguns pequenos proprietários italianos em Resende e Vassouras na virada do século e as mudanças na estrutura da produção desses municípios sugerem que aquela tendência pode ter, em alguma medida, se concretizado.

Um estudo clássico sobre Vassouras descreve o destino dos ex-escravos e as relações de trabalho que se desenvolveram nesse importante município cafeeiro. "Libertos sem vínculos foram atraídos para regiões de São Paulo e do leste do Rio de Janeiro, onde os fazendeiros podiam pagar salários maiores do que aqueles oferecidos pelos proprietários de terras locais", fenômeno semelhante ao descrito anteriormente com relação a Resende. Nos meses que sucederam à Abolição, "a maioria dos escravos de Vassouras, com suas companheiras, [...] voltou lentamente para as fazendas, onde chegou a acordos com fazendeiros ansiosos para salvar sua safra de café". Os arranjos iniciais para a safra de 1888 incluíram a continuação do trabalho em turmas em troca de uma remuneração diária, além de alimentação e do uso das antigas senzalas e de uma pequena área da fazenda para praticar a plantação de culturas de subsistência.[97]

Nos anos seguintes, outros tipos de arranjos para o trabalho na lavoura cafeeira foram adotados no estado, sem que se visse emergir um padrão predominante, e os diferentes tipos eram frequentemente encontrados em combinação. A parceria (meação) no cultivo do café, com o direito concomitante de plantação de gêneros alimentícios, parece ter sido adotada em larga escala. Na virada do século, em áreas menos produtivas, a participação dos trabalhadores chegava a representar dois terços da colheita. Esses arranjos envolviam sobretudo libertos, mas também a população local livre e até mesmo alguns colonos estrangeiros. Assim, na virada do século, havia cerca de 4 mil italianos no município de Cantagalo, muitos dos quais eram parceiros no cultivo do café.

> O sistema da parceria aparentemente satisfazia o desejo dos libertos de evitar a supervisão constante e de gozar de um simulacro de pequena propriedade. [Para o fazendeiro] O novo sistema limitava as transações em dinheiro vivo a um nível mínimo [...] [e] ajudava a manter os homens fixos em um mesmo lugar [...] Enquanto os

> pés de café menos rentáveis podiam ser explorados por parceiros, os pés mais jovens remanescentes podiam absorver [os colonos de empreitada ou] os diaristas.[98]

De fato, no início do século XX, uma autoridade afirmou que o cultivo direto das fazendas por turmas de assalariados era geralmente considerado mais vantajoso para o fazendeiro, uma vez que permitia uma supervisão mais rígida do trabalho. Ocasionalmente, ao que parece, os fazendeiros recorriam aos serviços de um contratador que dispunha de uma turma de trabalhadores a seu serviço, mas essa alternativa só era adotada caso o fazendeiro não conseguisse contratar trabalhadores individualmente. Do ponto de vista do trabalhador, ambos os tipos de trabalho em turmas eram de natureza equivalente e envolviam pagamentos em dinheiro, mas o primeiro podia incluir o direito de cultivar gêneros alimentícios em um pequeno lote de terra. O terceiro sistema, adotado com menos frequência no Rio de Janeiro e mais predominante em São Paulo, consistia em contratos anuais de empreitada. Estes contratos incluíam um pagamento fixo à família dos trabalhadores em troca da manutenção de um determinado número de pés de café e uma soma fixa por unidade de capacidade de café colhida. Nesse tipo de contrato, em contraste com a parceria, a receita do trabalhador não era afetada pelas flutuações do preço do café durante o período de sua vigência. Esses contratos eram mais vantajosos para os fazendeiros em áreas mais produtivas, e configuravam também o tipo aceito por alguns dos imigrantes estrangeiros que chegavam ao estado do Rio de Janeiro. (Essa modalidade de contrato é analisada com mais detalhes no próximo capítulo deste livro, que trata especificamente de São Paulo.)

Pode-se notar que, em todos os sistemas descritos acima, os fazendeiros que conseguiram continuar operando após a Abolição evitaram, em um primeiro momento, a divisão de suas propriedades, e mantiveram o controle sobre o processamento e a venda do café. Nas áreas mais antigas, porém, a maioria das fazendas foi incapaz de resistir ao declínio de preços do final da década de 1890 e início dos anos 1900. Em Vassouras, Piraí, Valença, Paraíba do Sul, Resende etc., os cafezais foram progressivamente substituídos por fazendas de gado. Essas fazendas continuavam grandes, mas o exemplo de Vassouras indica que passaram a ser administradas por novos proprietários, muitas vezes originários de Minas Gerais, enquanto as famílias dos fazendeiros de café se mudaram para outras áreas. Como a criação de gado demandava comparativamente muito menos mão de obra do que o cultivo do café, e como as fazendas de café decadentes concentraram sua força de trabalho nos poucos pés ainda rentáveis, um determinado número de trabalhadores acabou sendo dispensado e liberado para se mudar para a cidade do Rio de Janeiro, para as áreas do leste do estado, ou até mesmo para São Paulo.[99] A migração para fora do estado explicaria a taxa muito baixa de crescimento demográfico do Rio de Janeiro durante a década de 1890. Segundo os números dos censos nacionais, a população do estado era de 926.035 habitantes em 1900, mostrando um aumento de apenas 5,6% em relação ao total apurado em 1890.[100]

Já foi visto que as exportações de café do estado do Rio de Janeiro declinaram progressivamente durante a década de 1890. No entanto, o cultivo do café não foi abandonado em todo o estado, e novas áreas de café surgiram nas décadas que se seguiram à Abolição, compensando em parte o declínio definitivo das áreas mais antigas. De fato, embora a cafeicultura tenha tendido a desaparecer nos municípios do oeste do Vale do Paraíba, a atividade prosseguiu no leste da região do rio Paraíba e expandiu-se para o chamado "norte" do estado, em direção a Itaperuna. Em algumas áreas que haviam sido abertas à cafeicultura durante as últimas décadas do Império, à medida que o café se expandiu a partir de Cantagalo, a produção ainda era importante na virada do século. Mas seria nos municípios recém-criados no norte do Rio de Janeiro — como Itaperuna, Bom Jesus de Itabapoana etc. — que a produção de café iria se desenvolver com sucesso durante as primeiras décadas da República, absorvendo um número crescente de "braços" para a atividade. Sua originalidade em relação a São Paulo era que os novos habitantes que permitiram seu desenvolvimento parecem ter sido, em sua maioria, brasileiros. Com efeito, no início dos anos 1900, o município de Itaperuna, cuja população total ultrapassava 38 mil habitantes, continha apenas 1.500 italianos (a maioria dos quais ocupada na cafeicultura).[101]

Um aspecto notável do período que sucedeu à Abolição no estado do Rio de Janeiro foi que a imigração europeia para seu setor agrícola continuou limitada. A maior parte dos italianos — que constituíram a maioria dos imigrantes ingressados no Brasil durante a década de 1890 — dirigiu-se para São Paulo e Minas Gerais, ou permaneceu na cidade do Rio de Janeiro. Isso se explica em parte pela produtividade mais baixa de muitas das áreas de cafeicultura do Rio de Janeiro e pela competição dos estados vizinhos, que financiavam a passagem dos colonos. Quando o estado do Rio de Janeiro decidiu oferecer subsídios, um fluxo "tradicional" para São Paulo já havia sido criado, de modo que a imigração para o estado do Rio de Janeiro se limitou a poucos milhares de estrangeiros por ano.[102] Segundo fontes italianas, a colônia italiana do estado alcançou um máximo por volta de 1897, quando chegou a cerca de 30 mil pessoas, mas depois disso declinou para cerca de 27 mil no início dos anos 1900. Não se dispõe de séries completas sobre as entradas anuais de imigrantes no Rio de Janeiro, mas há indicações de que aproximadamente 4 mil italianos chegaram ao estado em 1891, e a imigração total alcançou 10.163 pessoas em 1892.[103] Nesse ano, de acordo com um censo estadual — que aparentemente ignorou a "Grande Naturalização" (ver o capítulo 4 sobre São Paulo) —, havia 54.418 estrangeiros no estado do Rio de Janeiro, o que representava cerca de 5% da população total. Desses, 28.353 eram listados como portugueses, 11.884 como italianos, 3.834 como espanhóis e 3.549 como alemães.[104] Muitos estrangeiros estavam concentrados em centros urbanos, sobretudo Campos, Niterói, Petrópolis e Nova Friburgo, onde trabalhavam como operários de fábricas, artesãos ou comerciantes.[105] As informações disponíveis sobre italianos mostram que, em 1892, havia apenas cerca de 2.846 imigrantes dessa nacionalidade nos seis municípios cafeeiros do oeste do Vale do Paraíba, e um número ainda menor no início da década de 1900. Nessa época, os municípios de Cantagalo, Santo Antônio de Pádua, São Fidélis, Bom Jardim e Santa Maria Madalena reuniam, em conjunto, cerca de 8.500 italianos. Muitos deles eram trabalhadores rurais envolvidos em contratos de empreitada ou parceria, ou mesmo diaristas, mas alguns também eram mascates, donos de loja ou artesãos.[106] As informações disponíveis indicam que, sobretudo em comparação com São Paulo (e com a população de ex-escravos do Rio de Janeiro), a contribuição da imigração estrangeira para a força de trabalho agrícola do estado foi relativamente pouco importante (ver tabela 3).[107] Portanto, a competição por empregos na zona rural do Rio de Janeiro se dava principalmente entre a população local, incluindo libertos e brasileiros nascidos livres.

Pode-se agora tentar resumir brevemente algumas das características do período que sucedeu à Abolição no estado do Rio de Janeiro. Um primeiro aspecto notável foi o declínio absoluto da produção de café (por oposição aos outros estados cafeeiros, onde esta continuou a aumentar na década de 1890). Tal declínio se deveu em grande medida ao esgotamento do solo e ao envelhecimento dos pés de café, mais do que a uma oferta de mão de obra insuficiente, embora esta também tenha agravado o processo, enquanto a Abolição certamente teve um sério "efeito-riqueza" negativo sobre os bens dos fazendeiros. Caso aqueles dois fatores fundamentais não tivessem se deteriorado, uma escassez temporária de mão de obra poderia ter sido compensada por uma imigração mais intensa e pela absorção de libertos e trabalhadores de outras atividades. O progresso das novas regiões Cafeeiras no norte do estado sugere que a cafeicultura em condições apropriadas ainda era uma atividade viável no estado do Rio de Janeiro.

A Abolição também foi acompanhada por um aumento notável das relações salariais no setor agrícola, uma vez que os trabalhadores empregados nas fazendas de café e plantações de cana, onde o trabalho em turmas continuou a prevalecer, assim como aqueles que acabavam se dedicando a atividades novas como a criação de gado, eram em sua maioria assalariados. Em contraste, os arranjos de parceria, adotados extensivamente na cafeicultura, não envolviam pagamentos em dinheiro por um trabalho específico; tampouco "separavam o trabalhador dos meios de produção" inteiramente, embora ele não fosse o proprietário da terra que cultivava.

No que diz respeito ao destino dos ex-escravos, estes aparentemente enfrentaram condições diferentes conforme se dirigiram para os centros urbanos ou permaneceram em atividades rurais. Com exceção dos ex-escravos com qualificações específicas — como os artesãos, cozinheiros etc., assim como as empregadas domésticas —, em princípio os libertos estavam em desvantagem para competir por ocupações urbanas, já que nas cidades eles precisavam enfrentar a concorrência de estrangeiros, e muitas vezes não preenchiam as condições para serem aceitos em atividades que exigiam pessoas alfabetizadas. Por outro lado, como agricultores — "profissão" da maioria dos escravos libertados no final da década de 1880 —, os libertos não enfrentavam uma situação muito diferente daquela da população rural nascida livre. Ambas as categorias devem ter sofrido com a escassez de oportunidades de emprego à medida que a cafeicultura declinava e que a criação de gado invadia algumas áreas do estado, tendo ocorrido também uma redução comparativa das possibilidades desses ex-escravos e homens livres pobres se tornarem posseiros. Quanto ao possível preconceito de cor em relação à obtenção de um emprego nas áreas rurais, cabe observar que, em 1890, menos de 43% da população do estado do Rio de Janeiro era branca. A ausência de um afluxo importante de imigrantes estrangeiros para o estado pode ter levado a uma diferenciação menor dos libertos em relação a uma grande parcela da população, por oposição a São Paulo e aos estados do Sul, onde a posição social inferior dos negros tornou-se mais patente.

TABELA 3 — POPULAÇÃO ESCRAVA DA PROVÍNCIA (1882) E POPULAÇÃO ITALIANA EM MUNICÍPIOS SELECIONADOS DO ESTADO DO RIO DE JANEIRO (1892 E *C.* 1905)

MUNICÍPIOS EM 1882	MUNICÍPIOS EM 1905	POPULAÇÃO ESCRAVA 1882	POPULAÇÃO ITALIANA 1892	POPULAÇÃO ITALIANA *C.* 1905	PRINCIPAIS OCUPAÇÕES DOS ITALIANOS NO INÍCIO DA DÉCADA DE 1900
Principais municípios cafeeiros do oeste do Vale do Paraíba		89.919	2.846	3.200 (?)[b]	
Resende		8.240	632	1.300	(1.100 agricultores em Porto Real)
Barra Mansa		11.246	163	*c.* 100	Sobretudo artesãos e comerciantes
Piraí		11.360	317	100	Idem
Valença		25.344	123	*c.* 600	Sobretudo na cafeicultura
Vassouras		18.630	1.009	*c.* 500	Sobretudo agricultores
Paraíba do Sul		15.369	602	600 (?)[b]	Sobretudo empregados em fazendas de café
Principais municípios cafeeiros do leste do Vale do Paraíba		65.820	1.062 (?)[b]	11.600	
	Carmo	21.621	37	200	Sobretudo parceiros na cafeicultura
Cantagalo	Cantagalo		90	4.000	Número em declínio
	Bom Jardim			*c.* 1.000	Sobretudo agricultores produzindo milho, feijão e principalmente café; também comerciantes
	Sumidouro			*c.* 400	Sobretudo agricultores
Sapucaia	Sapucaia	7.377	283	*c.* 500	
	Duas Barras			*c.* 200	
Nova Friburgo		4.937	600	*c.* 600	Sobretudo comerciantes e artesãos
Santa Maria Madalena		12.891	52	1.000	Sobretudo empregados em fazendas de café

MUNICÍPIOS EM 1882	MUNICÍPIOS EM 1905	POPULAÇÃO ESCRAVA 1882	POPULAÇÃO ITALIANA 1892	POPULAÇÃO ITALIANA *C.* 1905	PRINCIPAIS OCUPAÇÕES DOS ITALIANOS NO INÍCIO DA DÉCADA DE 1900
	São Francisco de Paula	—		500	Idem
	São Sebastião do Alto	—		*c.* 400	Idem (número em declínio)
São Fidélis	São Fidélis	18.994		*c.* 1.500	Sobretudo cafeicultores
	Santo Antônio de Pádua			*c.* 1.000	Sobretudo agricultores no distrito de Miracema
	Camburi			200	"Na terra"
	Itacoara	—		100	
Município cafeeiro do norte					
Itaperuna		—		1.500	Sobretudo na cafeicultura
Outros municípios não cafeeiros importantes		46.450	6.452	11.450	
Petrópolis		626	1.481	+[c] 5.000	Na cidade, 1.500; 3.500 no distrito de Caxatinha; muitos comerciantes, trabalhadores da indústria e artesãos
Campos		29.387	3.650	*c.* 3.700	Comerciantes, artesãos e industriais na cidade; agricultores
Macaé		7.374	205	*c.* 1.000	Comerciantes, diaristas, artesãos e agricultores
Niterói		9.063	1.116	1.500	Sobretudo comerciantes, trabalhadores da indústria e artesãos
Outros municípios		66.642	*c.* 1.489	-[d] 1.000	
Total no estado		268.831	11.849	*c.* 27.000[a]	

FONTES: Para 1882, Van Delden Laerne, op. cit., pp. 120-1; para 1892 e 1905, Mazzini, op. cit. Ver também nota 107, adiante.

[a] Ajustado para superestimativas devidas a arredondamentos.
[b] (?) números aproximados
[c] + superior a
[d] – inferior a

MATO GROSSO DO SUL
MINAS GERAIS
RIO DE JANEIRO
PARANÁ
OCEANO ATLÂNTICO
SÃO PAULO
Rio Grande
Rio Tietê
Rio Paraná
Rio Paranapanema
Rio Itararé
Rio da Ribeira
Rio Paraíba
21°S
49°O
Trópico de Capricórnio
Igarapava
Franca
Patrocínio
Barretos
São José do Rio Preto
Bebedouro
Batatais
Catanduva
Jaboticabal
Ribeirão Preto
Urupês
São Simão
São José do Rio Pardo
Santa Rita do Passa Quatro
Araraquara
Descalvado
Casa Branca
São Carlos (do Pinhal)
Pirassununga
Jaú
Brotas
Bauru
Araras
Mogi Guaçu
Rio Claro
Mogi Mirim
Itapira
Limeira
Americana
Piracicaba
Amparo
São Manuel
Santa Bárbara
Campinas
Botucatu
Bragança
Capivari
Itatiba
Chavantes
Tietê
Jundiaí
Avaré (Rio Novo)
Porto Feliz
Itu
Cabreúva
Atibaia
Santana de Parnaíba
São Paulo
Tatuí
Sorocaba
São Roque
Itapetininga
Itapecerica da Serra
Itapeva
Apiaí
Iguape
Cananeia
Itanhaém
Santos
São Vicente
Mogi das Cruzes
Jacareí
Paraibuna
São José dos Campos
Caçapava
Taubaté
São Luís do Paraitinga
Cunha
Pindamonhangaba
Guaratinguetá
Lorena
Areias
Queluz
S. J. do Barreiro
Bananal
S. Bento do Sapucaí
Ubatuba
Ilhabela
São Sebastião
N
0
45
km

4. São Paulo

4.1. O CRESCIMENTO E O DECLÍNIO DO CULTIVO DA CANA-DE-AÇÚCAR E A ASCENSÃO DA LAVOURA CAFEEIRA EM SÃO PAULO, *C.* 1800-50

Embora São Paulo tenha sido a primeira região brasileira a ser ocupada de forma permanente no século XVI, a produção em larga escala de gêneros coloniais de exportação não se desenvolveu na capitania. Em meados do século XVIII, sua economia era caracterizada basicamente pela criação de gado e pela produção de alimentos para o consumo doméstico ou para o comércio com as capitanias vizinhas. A capitania de São Paulo era em grande parte autossuficiente em produtos agrícolas, e seus habitantes eram geralmente pequenos produtores rurais autônomos. Escravos eram usados em atividades no campo e como domésticos, mas o trabalho livre predominava na maioria das ocupações, incluindo as artesanais.

Condições favoráveis nos mercados internacionais no último quarto do século XVIII e no início do século XIX levaram ao crescimento na capitania de um setor açucareiro orientado para a exportação. O aumento do número de plantações de cana-de-açúcar foi acompanhado por um crescimento do número absoluto de escravos na região. Em 1815, a futura província de São Paulo (excluindo Lages e partes da comarca de Curitiba) continha algo em torno de 187.314 habitantes, dos quais mais de 45 mil (ou 24%) eram escravos.[1] O número de proprietários com mais de quarenta escravos (considerando a capitania como um todo) aumentou de 47 em 1798 para 81 em 1808 e 101 em 1818. Contudo, o surgimento de um setor de grandes plantações baseado no trabalho escravo e orientado para os mercados externos contrastava com a prevalência de atividades de subsistência em toda a capitania, uma vez que a grande maioria dos habitantes livres continuava "a trabalhar com as próprias mãos".[2]

Ao final da segunda década do século XIX, a produção de açúcar havia adquirido uma importância especial na região — que um estudo bem documentado definiu como o "quadrilátero do açúcar" —, particularmente em Campinas e Itu. Mas também se produzia açúcar nas áreas litorâneas do norte, e de fato, em maior ou menor escala, era possível encontrar plantações de cana-de-açúcar na maioria dos futuros municípios de São Paulo.[3] Uma fonte da época afirma que, em 1817, havia em São Paulo 458 engenhos produzindo açúcar e aguardente. Esse número elevado provavelmente se explica pela existência de muitos engenhos de pequeno porte.[4]

Já nessa época, a produção cafeeira começava a ganhar importância. O café vinha sendo cultivado desde o final do século XVIII no litoral, e em 1797 já era possível encontrar café até mesmo nos arredores de Santos. Mas foi no chamado norte paulista, e em especial no vale do rio Paraíba, que as plantações iriam se desenvolver em maior escala. A área também produzia "muito" milho, açúcar, fumo e algodão, mas, ao longo das décadas seguintes, tornou-se cada vez mais especializada no cultivo do café, que era transportado por terra para o Rio de Janeiro. Os habitantes das terras mais altas ao sul da capitania dedicavam-se principalmente à criação de gado e à produção de alimentos. Em volta de Itapetininga e Sorocaba cultivava-se algodão, parte do qual era transformada em tecido grosseiro no local para ser vendida. Situação semelhante prevalecia na região de Franca, que comercializava gado em pé e panos de algodão e de lã confeccionados manualmente. A célebre feira de muares de Sorocaba redistribuía para Minas Gerais, Rio de Janeiro e outras localidades as mulas trazidas das capitanias do Sul. As áreas costeiras do sul de São Paulo exportavam arroz e madeira, e há indicações de que em 1817 já havia em Iguape 36 engenhos de arroz, muitos dos quais movidos à água. A área costeira do norte produzia algum fumo, arroz, mandioca e café.[5]

A organização do trabalho não era a mesma nas diferentes atividades econômicas, embora fosse possível encontrar escravos, em maior ou menor grau, em todas as áreas da capitania. Nas fazendas de café e na lavoura de cana-de-açúcar prevalecia o trabalho escravo em turmas. Na segunda década do século XIX, poucos eram os estabelecimentos com mais de cinquenta escravos (tanto no cultivo da cana quanto no do café),[6] mas as principais áreas açucareiras, assim como as cidades de Santos e São Paulo, tendiam a concentrar um grande número de escravos em termos absolutos.[7] Em contraste, os gêneros alimentícios — sobretudo milho, feijão, mandioca e arroz — eram produzidos tanto por mão de obra livre quanto escrava e muitas vezes em escala bem pequena.[8] Também havia muitos trabalhadores livres na criação de gado e sobretudo no transporte — atividade que, dado o uso limitado de carros de boi, baseava-se principalmente em tropas de mulas.[9] Assim, era somente nas plantações orientadas para a exportação que havia uma clara predominância de escravos entre os trabalhadores permanentes. Diaristas eram ocasionalmente contratados pelas fazendas para tarefas específicas, mas em geral esses chamados "camaradas" recusavam trabalhar lado a lado com os escravos nas atividades no campo.[10] Os agregados, por sua vez, não parecem ter sido frequentes a não ser nas plantações de açúcar de maior porte, e muitos proprietários evitavam contratar feitores, assumindo eles próprios (às vezes com a ajuda de parentes) o papel de supervisionar seus escravos.[11] Na época, portanto, a maioria dos trabalhadores livres do setor rural dedicava-se à agricultura de subsistência, seja como pequenos proprietários, posseiros ou até mesmo agregados, vendendo seus eventuais excedentes nos diversos e pequenos centros urbanos.

O cultivo da cana-de-açúcar continuou a se expandir durante a terceira década do século XIX, absorvendo um número crescente de escravos. Em 1825, segundo dados da época — que devem ser considerados com alguma reserva —, a província continha 570 engenhos de açúcar que empregavam 12.017 escravos.[12] As estatísticas comerciais disponíveis indicam que, nesse mesmo ano, o açúcar representou 48,7% do valor total das exportações; o café, 19,5%; o toucinho e a banha, 8,6%; e o arroz, 6,2%.[13] Na época, as produções de açúcar e de café estavam se expandindo, mas a importância relativa do café aumentava. Esses desdobramentos foram acompanhados por importações de escravos cada vez mais importantes. Em 1825, pelo menos 2.491 "escravos novos" foram importados para a província, a um valor médio de 167 mil-réis cada um, e representaram a mais importante "mercadoria" de importação, enquanto apenas seis escravos foram oficialmente exportados. Outras fontes indicam importações suplementares de 1.413 escravos em 1828 e 4.302 em 1829, refletindo a intensificação das importações diante da possibilidade da extinção do tráfico de escravos africanos em 1831. Em 1828, já havia na província de São Paulo 223 grandes senhores de escravos que possuíam quarenta cativos ou mais.[14]

Ao final da década de 1820, o presidente da província chamou a atenção para a concentração excessiva de terras nas mãos de proprietários incapazes de cultivá-las. Ele assinalou a ausência de uma legislação que pudesse estabelecer condições e meios para a concessão de terras não cultivadas a novos agricultores. Dada a situação em vigor, estes últimos eram obrigados a se estabelecer em locais remotos, onde "se limitavam a trabalhar apenas para o necessário sustento" em razão das dificuldades de transporte de produtos do interior.[15] De fato, devido às melhoras limitadas das estradas provinciais, a rentabilidade de vários produtos continuava a depender do local de produção. Nas décadas anteriores, em um sistema que iria prevalecer até meados do século, muitas das boas terras mais acessíveis haviam sido progressivamente apropriadas por um número limitado de indivíduos abastados, que mais tarde, a partir da Lei de Terras de 1850, seriam capazes de pagar suas taxas de registro comparativamente altas. Em alguns casos, esses grandes proprietários não tomavam posse de "sua" terra, de modo que pequenos agricultores podiam continuar a ocupá-la como posseiros, sem título legal. Muitas vezes, porém, os proprietários de terras que haviam recebido sesmarias desalojavam os posseiros, processo de "expropriação" que ocorria até mesmo na fronteira, conforme mostra um estudo sobre o município de Rio Claro.[16] No entanto, essa apropriação da terra por grandes proprietários, ocasionalmente feita à força, não eliminou por completo os pequenos produtores rurais. Alguns posseiros conseguiam legalizar sua situação, enquanto outros eram tolerados como arrendatários (pagando arrendamentos em produtos) ou como agregados. Muitos eram levados a ocupar territórios mais distantes que, com o tempo, seriam "legalmente" apropriados por outros beneficiários de sesmarias (quando estas haviam sido concedidas).

Nessas condições, e dada a importância crescente da escravidão na província, era fraco o incentivo à imigração de agricultores europeus para São Paulo. Com efeito, antes da Independência em 1822, houve por volta de 1814 uma tentativa de assentar cerca de vinte casais das ilhas atlânticas portuguesas em Casa Branca. Devido à localização distante e às dificuldades enfrentadas por esses imigrantes, muitos logo se dispersaram.[17] Novas tentativas oficiais foram feitas no final da década de 1820 envolvendo cerca de 926 colonos alemães. Alguns foram assentados como pequenos produtores rurais em torno de Santo Amaro e outros em Rio Negro (no atual estado do Paraná), mas, também nesse caso, muitos partiram e passaram a se dedicar a outras ocupações na província, tais como ofícios artesanais e comércio.[18] Essa tentativa malsucedida não foi seguida, já que, em 1830, o governo central suspendeu a alocação de recursos para a "colonização". Assim, a província de São Paulo permaneceu em grande parte ocupada por brasileiros, enquanto se verificava uma distinção cada vez maior entre o número crescente de grandes plantadores que possuíam escravos e os numerosos pequenos agricultores que cultivavam alimentos em pequena escala para subsistência ou vendas limitadas de excedentes, auxiliados pela mão de obra familiar.[19]

Um interessante levantamento econômico sobre a província de São Paulo foi realizado em 1836.[20] Excluindo-se os municípios que posteriormente iriam formar a província do Paraná, a província de São Paulo abrigava algo como 283.750 habitantes, dos quais 78.858 (ou 27,8%) eram escravos. A população escrava havia aumentado cerca de 74% desde 1815, enquanto a população total mostrava um incremento de 51% (ver tabela 1). Seria equivocado atribuir a maior parte do aumento da população escrava à expansão do cultivo da cana-de-açúcar. É bem verdade que os municípios de Campinas, Piracicaba, Itu e Porto Feliz contavam mais de 3 mil escravos cada um, e Jundiaí mais de 2 mil. Contudo, também se encontravam escravos em grande quantidade nos municípios "cafeeiros" do norte da província. Lorena e Taubaté reuniam mais de 3 mil escravos; Jacareí possuía mais de 2 mil; Bananal, Areias e Pindamonhangaba — supostamente os maiores municípios cafeeiros — tinham em conjunto quase 4.600 escravos. Embora alguns desses escravos também se dedicassem a outras atividades, a maioria provavelmente trabalhava nas fazendas de café.[21] De fato, o levantamento mostra que onze municípios da região do Vale do Paraíba continham 782 fazendas de café, por oposição a 28 engenhos de açúcar, 156 destilarias de aguardente e 28 fazendas de gado.[22] Segundo os dados sobre produção reproduzidos no levantamento, os doze municípios do norte (incluindo Mogi das Cruzes) produziam cerca de 72% do total de café da província, contra 14,4% representados pela produção da região litorânea. Em contraste, a importância do cultivo do café permanecia aparentemente pequena no centro e no oeste de São Paulo, onde sete municípios concentravam 446 engenhos que produziam cerca de 543.647 arrobas de açúcar. A produção de café de Campinas, maior município produtor de açúcar, não ultrapassava 10 mil arrobas.[23]

As discrepâncias entre os números apresentados no levantamento em rela-

TABELA I — EVOLUÇÃO DA POPULAÇÃO DE SÃO PAULO (1815-1900) E PARTICIPAÇÃO DA POPULAÇÃO ESTRANGEIRA (1886-1900)

ANOS	POPULAÇÃO TOTAL[a]	NÚMERO TOTAL DE ESCRAVOS	% DE ESCRAVOS / TOTAL	% DE BRANCOS / TOTAL	% DE ESTRANGEIROS / TOTAL
1815	187.314	45.812	24	53	—
1836[b]	283.750	78.858	28	53	—
1854[b]	418.531	116.985	28	—	—
1874	837.354	156.612	19	52	3,5
1886	1.221.394	107.329	9	68[c]	4,8
1890	1.384.753	—	—	63	5,4
1900	2.282.279	—	—	—	23,2

FONTES: Censos de 1872 (1874), 1886, 1890, 1900. Samuel Harman Lowrie, "O elemento negro na população de São Paulo", *Revista do Arquivo Municipal de São Paulo*, 1938, v. XLVIII, pp. 12-3. Os totais de 1815 foram computados a partir de dados de municípios e comarcas reproduzidos em J. B. von Spix e C. F. P. von Martius, *Travels in Brazil (In the Years 1817-1820)* (Londres, Longman, Hurst, Rees, Orme, Brown & Green, 1824, v. II, pp. 32-3).

[a] Inclui brancos, negros, mulatos e caboclos livres, e mulatos e negros escravos.
[b] Totais ligeiramente diferentes aparecem em várias publicações oficiais.
[c] Percentagem calculada a partir de amostras incompletas.

ção à produção e às exportações não permitem tirar conclusões claras sobre a importância relativa do café e do açúcar no comércio da província (incluindo o Paraná). Excetuando-se os carregamentos de café encaminhados por via terrestre para o Rio de Janeiro, o açúcar representava aproximadamente 43% do valor total de exportações, contra 35% do café; o fumo e o arroz representavam cerca de 4% cada um, enquanto o mate exportado de Paranaguá (no Paraná) respondia por cerca de 6%.[24] Duas autoridades mencionam que, em 1836, o valor da produção e das exportações de açúcar e aguardente representava mais do dobro do valor da produção e das exportações de café.[25] Outro autor, na introdução de um trabalho sobre a lavoura cafeeira, afirma que "foi somente em 1850-1 que, pela primeira vez, o café ultrapassou o açúcar como principal produto de exportação em São Paulo".[26] Ao que tudo indica, ambos os trabalhos só levaram em conta as exportações que passavam por Santos, mas estas são muito enganosas.

Uma das hipóteses levantadas no presente capítulo é a de que o café e o açúcar já tinham importância comparável no final da década de 1830 e que, no início da década de 1840, as exportações de café de São Paulo já excediam claramente as de açúcar tanto em termos de volume quanto de valor. Isso fica claro a partir de uma comparação de dados oficiais das províncias de São Paulo e do Rio de Janeiro. As exportações de açúcar de São Paulo (excluindo o Paraná) podem ser deduzidas aproximadamente das exportações por via marítima, e estas, por sua vez, dos dados sobre a Barreira de Cubatão. Em 1838-9, 490.019 arrobas de açúcar e 113.965 arrobas de café passaram pela Barreira de Cubatão, enquanto as exportações registradas em Santos incluíram 478.942 arrobas de açúcar e 134.538 arrobas de café. Esses números, embora abranjam a maior parte das principais exportações da província de São Paulo propriamente dita, subestimam muito as exportações paulistas de café. Com efeito, no mesmo ano, a Mesa do Consulado do Rio de Janeiro registrou a chegada de 115.971 arrobas de café de Santos, 139.743 de Ubatuba e 73.774 de São Sebastião, às quais é preciso acrescentar o café enviado por terra para o Rio de Janeiro.[27] Para os anos subsequentes, estão disponíveis dados oficiais sobre os envios totais de café de São Paulo para o Rio de Janeiro. A tabela 2 apresenta uma comparação das quantidades de café "paulista" que entraram no Rio de Janeiro entre 1839 e 1851 para serem reexportadas e as exportações de açúcar e café via Santos, quantidades aproximadas a partir das exportações através da Barreira de Cubatão.[28] Mesmo considerando que estas últimas estejam um pouco superestimadas, e levando-se em conta as pequenas exportações de açúcar de outros portos paulistas menores, parece claro que a supremacia do café, tanto em volume quanto em valor, já teria precedido os efeitos negativos da geada de 1841.[29] O que um trabalho assinala corretamente é que foi somente a partir de meados da década de 1840 que a substituição do açúcar pelo café no centro-oeste de São Paulo se acelerou. Depois de alcançarem um pico por volta de 1846-7, as exportações de açúcar oriundas daquela área da província acabaram sendo ultrapassadas pelas exportações de café por volta de 1850.[30]

Apesar das incoerências em algumas das informações "macroeconômicas" do já citado levantamento de 1836, alguns de seus dados mais desagregados se prestam bem à comparação com dados esparsos de outras fontes. A produção de café beneficiado era estimada em cerca de 688 a 918 gramas por pé de café, de modo que a produção por mil pés variava entre 48 e 62,5 arrobas. Um hectare

TABELA 2 — EXPORTAÇÕES DE CAFÉ E AÇÚCAR DE SÃO PAULO, 1839-51 (EM ARROBAS)[a]

ANO FISCAL	EXPORTAÇÕES DE CAFÉ DE SÃO PAULO VIA RIO DE JANEIRO[b] (ARROBAS)	EXPORTAÇÕES DE CAFÉ VIA SANTOS[c] (ARROBAS)	EXPORTAÇÕES DE AÇÚCAR VIA SANTOS[d] (ARROBAS)
1839-40	842.917	136.524	570.779
1840-1	806.542	184.976	533.142
1841-2	699.962	102.105	444.138
1842-3	764.418	51.663	194.509
1843-4	965.527	112.128	222.306
1844-5	947.751	190.840	495.305
1845-6	949.533	207.730	548.742
1846-7	1.091.094	236.737	597.551
1847-8	1.196.180	246.893	414.230
1848-9	1.107.033	223.588	278.823
1849-50	1.286.089	130.681	269.389
1850-1	1.355.643	470.054	344.904

FONTES: Alfredo d'Escragnolle Taunay, *História do café no Brasil* (Rio de Janeiro: DNC, 1939, v. 3, t. 1, pp. 30-1); Maria Thereza Schorer Petrone, *A lavoura canavieira em São Paulo* (São Paulo: Difusão Europeia do Livro, 1968, pp. 158-62).

[a] Uma arroba = 14,689 kg.

[b] Inclui reexportações de café vindo de Santos por via marítima.

[c] As exportações via Santos representam grosso modo as exportações de café do centro-oeste da província. Em contraste, as exportações de café paulista através do Rio de Janeiro incluíam parte da produção dos municípios do norte, a produção dos municípios da área costeira da província e apenas parte da produção do centro e do oeste.

[d] As exportações de açúcar por via terrestre ou por outros portos que não o de Santos parecem ter sido relativamente pouco importantes.

plantado com cana-de-açúcar supostamente produzia de 132 a 165 arrobas de açúcar, ou 165 alqueires de farinha de mandioca, se plantado com mandioca. O rendimento do milho e do arroz por unidade plantada era estimado, respectivamente, em um para cem e um para cinquenta. Quanto às técnicas agrícolas, notava-se pouca diferença com relação a descrições de algumas décadas antes. A derrubada e a queimada eram a regra para a preparação da terra, e os instrumentos básicos utilizados eram a enxada, a foice e o machado. Tinha havido tentativas de introduzir o arado na lavoura da cana-de-açúcar, sobretudo na região de Itu e Campinas, mas seu uso continuava raro.[31] Por fim, no que diz respeito à produtividade dos escravos no cultivo da cana, um escravo era capaz de cultivar algo em torno de um quarto (0,6 hectare) de cana, que produzia anualmente de oitenta a cem arrobas de açúcar.[32]

Ao final da década de 1840, à medida que aumentava a importância das atividades econômicas orientadas para a exportação, e em especial o cultivo do café, tanto em termos relativos quanto absolutos, as grandes plantações continuavam apresentando uma predominância do trabalho em turmas, prática que era coerente com a atitude patriarcal e autoritária dos grandes proprietários em relação a seus trabalhadores. Em 1848, a relativa decadência do açúcar foi observada pelo vice-cônsul britânico, que forneceu detalhes interessantes sobre sua produção. Segundo ele, "nenhum açúcar [era] produzido por mão de obra livre, e tampouco nenhum trabalho [era] executado por tarefa, mas sim sob o controle de um feitor ou supervisor negro".[33] Concomitantemente, o crescimento da população e as sucessões por herança levavam a uma subdivisão das pequenas propriedades nas áreas de ocupação mais antiga. Mesmo em uma região de ocupação relativamente recente, como o município de Rio Claro, já era possível observar na metade do século uma tendência para a multiplicação dos minifúndios, de modo que "muitos pequenos proprietários estavam sendo marginalizados da condição de fornecedores de mercadorias para a de fornecedores de mão de obra em tempo parcial". Contudo, apesar de tal tendência, ainda havia espaço para a atividade de posseiro em diversas áreas da província, e muitos pequenos estabelecimentos sobreviveram. Assim, boa parte da população rural livre continuou a trabalhar de forma autônoma na agricultura de subsistência, mesmo que isso implicasse, em alguns casos, uma perda relativa de independência, como no caso dos agregados ou dos moradores tolerados nas terras dos grandes proprietários.[34] Apesar de ainda existirem camaradas que trabalhavam como diaristas em determinadas tarefas, a maioria dos trabalhadores livres não aceitava emprego permanente no campo (nas grandes plantações) sob o sistema de trabalho em turmas existente. Essa situação era acompanhada por um antigo e arraigado preconceito, generalizado entre os fazendeiros, segundo o qual os brasileiros pobres eram preguiçosos e pouco dignos de confiança. Diante da supressão iminente do tráfico de escravos da África, os fazendeiros enfrentavam um potencial "problema de mão de obra", que envolvia tanto aspectos de oferta quanto de demanda de trabalho.

4.2. A SUPRESSÃO DO TRÁFICO DE ESCRAVOS AFRICANOS, O FRACASSO DAS COLÔNIAS DE PARCERIA E A PROSPERIDADE TEMPORÁRIA DO CULTIVO DO ALGODÃO

Foi nesse contexto que, no início da década de 1850, extinguiu-se de forma oficial e definitiva o tráfico de escravos africanos, o que levou a um aumento acentuado do preço dos escravos no espaço de poucos anos.[35] Consequentemente, os grandes proprietários de São Paulo começaram a cogitar a possibilidade de recorrer a fontes alternativas de mão de obra, que incluíam a importação de escravos de outras províncias, a realocação de escravos no interior da própria província ou a atração de trabalhadores agrícolas estrangeiros. A opção de contratar um número maior de brasileiros livres com arranjos alternativos de trabalho só foi contemplada por poucos observadores da época, e foi ignorada pela classe de fazendeiros como um todo. Parece ter havido uma noção clara de que não era de seu interesse criar competidores diretos sob a forma de outros pequenos proprietários.[36] Nesse sentido, a Lei de Terras de 1850, que proibia doações livres de terras, impôs um obstáculo para a criação, pelo governo imperial, de uma classe de pequenos agricultores estrangeiros por meio da doação gratuita de terras cultiváveis, conforme defendiam alguns contemporâneos. No que dizia respeito ao trabalho livre, a necessidade básica dos grandes fazendeiros era conseguir "braços suplementares" comprometidos com o trabalho nas plantações, pelo menos durante alguns anos, e que servissem, quando não de substitutos, pelo menos de fonte confiável de trabalho complementar ao de seus escravos.

Uma forma alternativa para tentar alcançar esse objetivo, portanto, teria sido a adoção de um sistema claro de servidão temporária (*indentured labor*), como aquele a que tinham recorrido certas regiões dos Estados Unidos durante seu período colonial. Pelo menos em algumas propriedades do litoral de São Paulo, e também em alguns estabelecimentos comerciais e industriais do Rio de Janeiro, um sistema semelhante foi aparentemente adotado, em pequena escala, por volta da metade do século.[37] Tratava-se, porém, de contratos individuais, geralmente com portugueses, e que, caso fossem adotados como sistema geral de imigração, poderiam ter enfrentado a oposição dos governos europeus.

Na década de 1840, a bem-sucedida experiência de um fazendeiro paulista com "colonos" europeus abriu caminho para um sistema um pouco diferente chamado de "parceria", que conservava características da servidão temporária, mas também se assemelhava, em certa medida, com o sistema de *métayage* (meação) existente na Europa. Basicamente, os grandes fazendeiros pagavam a passagem de famílias contratadas na Europa, bem como suas despesas iniciais para chegar e estabelecer-se nas fazendas de café. Ali, cada uma das famílias de colonos recebia uma moradia, um lote de terra para cultivar gêneros alimentícios e alguma terra para pasto, pelos quais o fazendeiro geralmente cobrava uma soma anual. Cada uma das famílias também recebia alguns milhares de pés de café — a quantidade variava de acordo com o tamanho da família —, e era responsabilidade dos colonos o seu trato durante o ano e a colheita do café que produzissem. Por contrato, cada família obrigava-se *solidariamente* a reembolsar as despesas do fazendeiro com sua viagem da Europa, bem como os juros das somas adiantadas. Por sua vez, o fazendeiro creditava na conta dos colonos metade do valor líquido da venda do café colhido dos pés sob sua responsabilidade, depois de deduzidas as despesas com processamento e transporte. Os colonos também tinham direito a metade dos lucros da venda de eventuais excedentes das colheitas de gêneros alimentícios que houvessem cultivado. Desse modo, esperava-se dos colonos que trabalhassem na fazenda até terem recursos suficientes para pagar a dívida de toda a família, e estes estavam sujeitos às estritas cláusulas da lei de 1837 relativa à locação de serviços de trabalhadores estrangeiros. Esse sistema envolvia, portanto, uma grande dose de confiança dos colonos para com o fazendeiro, que mantinha sua contabilidade. Embora a lei de 1837 favorecesse em grande medida os fazendeiros, prevendo inclusive a prisão dos colonos estrangeiros em determinados casos de quebra de contrato, havia casos em que a legislação existente era ambígua — e, de fato, a ordenação "L. 4º tít. 45", que regulava os contratos de parceria em si, não oferecia garantias a nenhuma das duas partes.[38] Assim, o fazendeiro também corria um certo risco de não ser reembolsado, como em caso de morte, quebra de contrato ou de famílias "ineficientes" que só faziam aumentar suas dívidas.

Conforme observado por um diplomata estrangeiro,

> os males do sistema começaram a aparecer gradualmente. Reclamações surgiram de todos os lados por parte dos colonos em relação aos abusos dos grandes proprietários, bem como à injustiça quanto ao cumprimento da estipulação dos contratos por parte destes. Por outro lado, muitos dos colonos, após vários anos de serviços, só haviam conseguido acumular dívidas ainda maiores e, por não conseguirem ver

> uma saída, tinham-se tornado negligentes e ociosos, gerando assim poucas vantagens quer para si mesmos, quer para os fazendeiros. Esses males eram agravados pelos procedimentos dos agentes de recrutamento [...], e contratos nos quais o local e nome do proprietário eram deixados em branco foram, em determinado momento, oferecidos para venda nos jornais públicos do Rio de Janeiro.[39]

Dois enviados suíços incumbidos de analisar a situação dos colonos de parceria declararam o sistema um fracasso completo, atribuindo a culpa tanto aos proprietários quanto aos colonos. Com efeito, alguns desses colonos, contratados como agricultores, eram na verdade trabalhadores urbanos, ou até mesmo pobres desocupados, de quem os cantões suíços ficavam contentes em se ver livres e que haviam sido impostos aos contratadores. Embora as reclamações fossem quase generalizadas, um determinado número de colonos conseguiu se livrar das dívidas em alguns anos. Isso deu origem a alegações quanto à existência de colonos "bons" e "maus". O fato, porém, é que muitos fazendeiros ou seus administradores não queriam deixar os colonos partir, tentando mantê-los endividados pelo tempo mais longo possível, e muitos abusos foram cometidos. Na média, os colonos não devem ter sido de "qualidade inferior" — na verdade, muitos eram alfabetizados, ao contrário de vários de seus empregadores —, mas enfrentavam condições bem diferentes das que esperavam depois de assinar contratos ambíguos na Europa, e muitas vezes tinham pouco acesso à justiça local para remediar as injustiças dos fazendeiros.[40]

Uma primeira "rebelião" de colonos suíços em uma fazenda do município litorâneo de Ubatuba foi "solucionada" pelo governo imperial transferindo os colonos em questão para a província do Espírito Santo e pagando uma indenização a seus credores. Uma revolta potencialmente muito mais perigosa foi articulada no final de 1856 na grande fazenda de Ibicaba, pioneira do sistema de parceria e que, na época, tinha mais de oitocentos colonos. O resultado efetivo da revolta — na realidade, um simples tumulto — foi a suspensão das atividades de "importação" da companhia Vergueiro, proprietária da fazenda Ibicaba, que havia importado, mediante um contrato com o governo provincial de São Paulo, a maioria dos colonos destinados a outras fazendas. A Suíça e a Prússia adotaram rígidas medidas restritivas em relação à emigração para o Brasil, culminando com o decreto prussiano Von der Hydt, em 1859, que proibiu a partida de novos emigrantes para São Paulo.

As consequências do sistema de parceria foram variadas. Em relação ao número de colonos envolvidos, um funcionário do governo computou uma tabela mostrando que pelo menos 41 colônias de parceria — que, em épocas diferentes, incluíram 4.400 famílias, em sua maioria alemãs e suíças — foram fundadas por 35 fazendeiros entre 1847 e 1857. Esses números não incluem uma quantidade limitada de pequenas colônias, com poucas famílias cada uma, estabelecidas em propriedades menores de outros fazendeiros, mas incluem 89 famílias brasileiras que aceitaram trabalhar nas mesmas condições que as europeias. Esses mesmos dados mostram que a maioria das colônias estava localizada no centro e no oeste da província, uma vez que a ideia não havia sido implementada nas áreas do norte, mais antigas e tradicionais e fortemente comprometidas com o trabalho escravo. Poderiam também ter evidenciado que os brasileiros estavam, sim, dispostos a trabalhar no cultivo do café sob determinadas condições. No entanto, uma vez que as disputas trabalhistas começaram a surgir, o declínio do sistema original de parceria foi rápido, à medida que os fazendeiros perdiam a esperança de garantir uma mão de obra disciplinada, dependente e dócil. Devido a esses problemas trabalhistas, poucos entravam em maiores considerações quanto à rentabilidade do sistema para as partes envolvidas. Em 1858, uma fonte oficial estimou o número de colonos em esquemas de parceria em mais de 4 mil, mas, em 1862, restavam apenas 2.356 em cerca de vinte colônias. Diversos colonos, depois de reembolsarem suas dívidas ou de estas terem sido perdoadas, haviam se dirigido para os centros urbanos ou adquirido pequenas propriedades em regiões abandonadas pela agricultura de exportação, onde passaram a cultivar principalmente gêneros alimentícios e produzir laticínios para vender nas cidades. A maioria dos que permaneceram nas fazendas de café passou a trabalhar sob arranjos contratuais diferentes, que aliviavam suas obrigações e ainda não atraíam a maior parte dos fazendeiros.[41]

O fracasso do sistema de parceria levou a um retrocesso na atitude dos fazendeiros em relação à mão de obra livre. A maioria dos fazendeiros estava convicta de que "o trabalhador livre nacional [era] pouco produtivo e arredio ao trabalho" regular.[42] No entanto, o recurso a trabalhadores estrangeiros também não havia sido bem-sucedido em fornecer às fazendas de café uma fonte de mão de obra permanente e disciplinada, e esses imigrantes, portanto, também foram descartados como alternativa. Essas eram opiniões muito generalizadas, e a sugestão do presidente da província em seu relatório de 1860 defendendo "a colonização nacional" e seu argumento de que "clamamos por falta de braços, e entretanto não nos utilizamos daqueles que possuímos", foram em grande parte ignorados.[43] De fato, embora uns poucos fazendeiros pioneiros tenham continuado a importar colonos europeus durante a década de 1860 para trabalhar sob um sistema de pagamentos ou "salários" fixos por unidade de capacidade de café colhido e entregue — ou seja, remunerando os colonos segundo sua produção bruta —, a importância do trabalho livre em relação ao trabalho escravo no cultivo do café tendeu a um declínio relativo. Já em 1851, registraram-se casos de fazendeiros que mandaram trazer das províncias do Norte dúzias de escravos por via marítima. Nos anos subsequentes, as importações por terra da província vizinha de Minas Gerais e da Bahia também foram aparentemente comuns. Essas importações interprovinciais perdurariam ao longo da década de 1860, e até mesmo o proprietário de Ibicaba, desgostoso com suas tentativas de "colonização", realizou uma grande compra de escravos, enquanto a imigração estrangeira para as fazendas de café permaneceu insignificante durante a década.[44]

Os dados disponíveis sobre a população de São Paulo em 1854 mostram que o número de escravos havia aumentado para cerca de 117 mil, e sua participação na população total permanecia em torno de 28%.[45] Apesar da interrupção do tráfico de escravos africanos alguns anos antes, a população escrava tinha crescido tão rapidamente quanto a população total. Continuou a aumentar em termos absolutos durante os anos seguintes, ao mesmo tempo que a cafeicultura se expandia para novas áreas. A década de 1860 foi caracterizada não apenas por uma recrudescência da escravidão no setor cafeeiro, mas também por um declínio das atividades econômicas tradicionais que, no passado, haviam competido em importância com o café.[46]

A Guerra Civil nos Estados Unidos, porém, teve efeitos temporários importantes sobre a economia de São Paulo e, com efeito, retardou a ascensão do café à posição de produto de exportação quase exclusivo da província. O conflito norte-americano levou ao surgimento de um setor algodoeiro em São Paulo e favoreceu indiretamente a adoção de avanços tecnológicos na agricultura ao provocar a migração de alguns milhares de norte-americanos para o Brasil. Conforme se pode ver na tabela 3, embora as exportações de café tenham aumentado pouco entre 1861 e 1867, em parte devido a uma praga do café que afetou partes da província e ao esgotamento crescente dos solos das regiões cafeeiras do Norte, a produção de algodão (do qual a maior parte era exportada) cresceu rapidamente durante o mesmo período. Na verdade, a introdução — via Grã-Bretanha — de sementes de variedades norte-americanas de algodão herbáceo de cultivo anual logo conduziu a uma "febre" ou boom algodoeiro na província que durou até a década de 1870, declinando marcadamente, em seguida, como resultado da queda dos preços mundiais.

O algodão raramente disputava terras com o café, uma vez que tinha tendência a ocupar áreas não adequadas para a cafeicultura, ou a substituir ou acompanhar o cultivo de gêneros alimentícios para consumo local. Assim, já que o algodão podia ser plantado em associação com produtos alimentícios, suas exigências de mão de obra foram atendidas por muitas famílias com meios limitados que se voltaram para o seu cultivo, acrescentando a produtos que muitas vezes mal bastavam para a subsistência uma colheita passível de ser vendida e que gerava uma receita monetária não negligenciável. Embora as plantações de algodão fossem geralmente pequenas, a necessidade de mão de obra adicional levou muitos pequenos produtores a contratarem camaradas, contribuindo para a expansão das relações de trabalho assalariado na província, que se intensificaria ainda mais pela construção de ferrovias nos anos seguintes. Alguns cafeicultores também plantaram algodão como produto complementar, mas a opinião da época era unânime ao afirmar que a maior parte do aumento da produção de algodão devia ser atribuída ao trabalho livre, autônomo ou assalariado.[47]

Os norte-americanos, que começaram a se estabelecer em São Paulo no final da década de 1860, introduziram arados e diversos implementos agrícolas até então desconhecidos em muitas regiões da província. Seu cultivo bem-sucedido e eficiente do solo já conduzia à imitação de suas técnicas no início da década de 1870, e, seja como importadores, seja como fabricantes de implementos agrícolas, os norte-americanos de São Paulo deram uma contribuição qualitativa muito superior a seus resultados quantitativos em termos de produção. Com o declínio da cultura do algodão na década de 1870, alguns norte-americanos voltaram para os Estados Unidos, mas muitos permaneceram em São Paulo e passaram a se dedicar a outras atividades, incluindo o cultivo da cana-de-açúcar com arados, principalmente na região de Campinas e Santa Bárbara. Diversos autores também lhes creditavam a introdução das carroças com rodas com raio, os chamados "troles" para transporte de passageiros e o plantio dos primeiros vinhedos e melancias. Com efeito, os norte-americanos parecem ter contribuído para a difusão dessas novidades, mas, na maioria dos casos, deve-se creditar a introdução original a imigrantes mais antigos.[48]

TABELA 3 — EXPORTAÇÕES DE CAFÉ (EM MILHARES DE ARROBAS) E DE ALGODÃO (EM ARROBAS) DE SÃO PAULO, 1851-80

Ano fiscal	Exportações pelo porto do Rio de Janeiro de café produzido em São Paulo (milhares de arrobas)	Exportações de café por Santos (milhares de arrobas)	Exportações totais de café de São Paulo[c] (milhares de arrobas)	Exportações totais de algodão por Santos[a] (arrobas)
1851-2	1.247,9	—	—	—
1853	1.030,6	—	—	—
1854	1.249,3	—	—	—
1855	1.562,5	846,2	2.408,7	—
1856	1.300,9	796,4	2.097,3	—
1857	1.356,2	746,7	2.102,9	—
1858	924,8	778,5	1.703,3	—
1859	1.232,5	922,3	2.154,8	—
1860	1.015,8	1.481,7	2.497,5	—
1861	1.344,1	1.288,6	2.632,7	—
1862	1.150,7	1.371,7	2.522,4	—
1863	793,5	1.390,8	2.184,3	87
1864	721,2	1.062,7	1.783,9	886
1865	1.202,3	1.672,5	2.874,8	7.107
1866	1.054,6	1.253,8	2.308,4	197.334
1867	1.120,2	1.167,0	2.287,2	227.714
1868	1.113,9	1.912,0[a]	3.025,9	557.286
1869	1.387,2	2.365,1[a]	3.752,3	488.546
1870	1.251,3	2.233,5[a]	3.616,4	418.152
		Exportações totais[b] de café via Santos[a]		
1870-1	1.303,8	2.234,4		372.774
1872	889,5	2.066,0		694.711

1873	1.201,5	2.266,2	632.190
1874	1.240,5	2.724,5	631.987
1875	1.200,6	2.967,5	417.127
1876	1.183,3	3.084,2	277.416
1877	1.165,4	2.569,0	147.998
1878	1.635,1	4.080,7	43.779
1879	1.468,4	4.943,5	77.612
1880	1.484,6	4.257,1	38.764

FONTES: Taunay, *História do café no Brasil*, op. cit., v. 3, t. 1, pp. 63 e 206. *Relatórios do Ministério da Fazenda*: 1866, mapa 88; 1869, mapa 54; 1873, mapa 53. Exportações de algodão entre 1866 e 1878: A. P. Canabrava, *O desenvolvimento da cultura do algodão em São Paulo, 1861-75* (São Paulo: Ind. Graf. Siqueira, 1951, anexo 2, p. 301); de 1879 a 1880: E. Perrod, *La provincia di San Paulo* (Roma: Tip. del Ministero degli Affari Esteri, 1888, p. 115). Exportações de café via Santos entre 1870 e 1880: Paulo Rangel Pestana, *O café em São Paulo* (São Paulo: Typ. Levi, [1927?], p. 21). Exportações de café paulista via Rio de Janeiro, 1872-80: ver *Relatório* [...] *apresentado ao vice-presidente do estado* [...] *pelo secretário de Finanças* [...] *em 31 de julho de 1893* [...] *Rio de Janeiro*, mapa 11, citado na nota 64.

[a] Convertido de quilos em arrobas de 14,69 kg.
[b] Inclui exportações para portos estrangeiros e carregamentos para outros portos brasileiros.
[c] Não inclui exportações por cabotagem não dirigidas ao Rio de Janeiro.

4.3. DA LEI DO VENTRE LIVRE À ABOLIÇÃO DEFINITIVA DA ESCRAVIDÃO: A PREDOMINÂNCIA DO SETOR CAFEEIRO E AS CRESCENTES "EXPERIÊNCIAS" COM "COLONOS" EUROPEUS

Em 1870, apesar do progresso do trabalho assalariado em outras atividades, os escravos continuavam a constituir a força de trabalho predominante na cafeicultura. Um relatório detalhado de um funcionário público permite traçar um quadro das categorias de mão de obra livre contratada em São Paulo no setor agrícola. Além de agregados empregados ocasionalmente, essas categorias incluíam camaradas, jornaleiros, colonos e empreiteiros. Os camaradas eram em geral brasileiros solteiros, contratados por um salário mensal durante períodos de tempo indefinidos. Eles executavam diversas tarefas, mas não era comum trabalharem diretamente no campo ao lado dos escravos. Só em casos muito excepcionais eram empregados nos canaviais, e raramente participavam das operações de processamento do café. Os camaradas mudavam de empregador com frequência, mas muitos fazendeiros reconheciam que entre eles podiam ser encontrados alguns dos "melhores trabalhadores da província". Em algumas regiões onde era impossível contratar escravos suplementares para a safra, usavam-se camaradas para colher o café. Os diaristas (ou "jornaleiros") incluíam diversas categorias de trabalhadores qualificados e também não qualificados para atividades extraordinárias, porém simples, como cavar valas, construir cercas e outras tarefas. Entre os trabalhadores qualificados, normalmente incluíam-se carpinteiros, pedreiros, ferreiros etc., por cujos serviços existia apenas uma demanda ocasional. Alguns desses trabalhadores qualificados eram pagos por tarefa, mas muitos recebiam uma remuneração diária por cerca de dez horas de trabalho, remuneração que aumentava caso a alimentação não fosse fornecida pelo empregador. Na época da colheita do algodão ou do café, trabalhadores livres também podiam ser contratados por tempo determinado, mas nesse caso eles eram pagos, respectivamente, por arroba ou por alqueire colhido e, na maioria das vezes, não recebiam refeição. Os empreiteiros eram contratados para tarefas específicas, como preparar o terreno e plantar café em determinada área, trabalhando junto com suas famílias ou com alguns poucos escravos que porventura possuíssem. A alocação de escravos para a manutenção de pés de café adultos vinha se tornando cada vez mais comum na cafeicultura, enquanto o trato dos pés de até quatro anos podia ser confiado a empreiteiros com ou sem escravos. Em geral os contratos envolviam alguns milhares de pés de café que o empreiteiro recebia já plantados para cuidar (e, eventualmente, replantar) durante os quatro anos seguintes. Esse contrato de formação permitia aos empreiteiros plantar gêneros alimentícios entre as fileiras de pés de café, e ao final do período os empreiteiros recebiam uma taxa fixa por pé de quatro anos de idade, enquanto os restantes eram pagos proporcionalmente a seu tamanho. Esse arranjo, que também podia incluir o plantio dos pés, permitia a expansão das plantações sem o uso da mão de obra escrava da fazenda, mas o problema de criar fontes adicionais de mão de obra para o trato contínuo dos pés maduros perdurava.[49]

A contratação de colonos, embora ainda bastante limitada, poderia ser uma resposta a essas necessidades. Esses colonos consistiam basicamente em imigrantes estrangeiros introduzidos sob o sistema de parceria, ou, após seu fracasso, por meio de contratos com "salário" fixo, e em algumas famílias brasileiras. Cerca de

3 mil colonos estavam assim distribuídos em aproximadamente 25 fazendas, com contratos que, grosso modo, podiam ser divididos em três categorias: 1) aqueles que conservavam o arranjo de parceria no caso do café, mas tinham cláusulas diferentes em relação à moradia e às terras disponibilizadas para os colonos cultivarem gêneros alimentícios e criarem gado, bem como à divisão da receita da venda das colheitas de alimentos, que agora era revertida exclusivamente para os colonos; 2) aqueles que haviam substituído o princípio da parceria por um "salário" ou pagamento único e fixo por alqueire de café colhido (medida usual de capacidade), e que também incluíam, em geral, moradia gratuita e alguma terra para o cultivo de alimentos; 3) aqueles que adotaram um sistema de "salários" fixos, mas incluíam pagamentos separados pela manutenção dos pés de café e pela colheita, prevendo uma quantia fixa pelo trato de cada mil pés e uma soma fixa por alqueire de café em cereja colhido. Estes últimos também incluíam moradia gratuita e terra para pasto e cultivo de alimentos.[50]

O último tipo de arranjo, embora ainda raro e "experimental", já continha os elementos básicos dos contratos de empreitada que iriam predominar com o advento pleno do trabalho livre. Mesmo que uma solução estivesse aparentemente disponível, a contratação de colonos permanecia limitada a um número de fazendas muito restrito, já que, lembrando-se das disputas trabalhistas da década de 1850, a maioria dos fazendeiros hesitava em pagar o custo total da passagem dos imigrantes estrangeiros que iriam se instalar em suas propriedades. As estatísticas disponíveis sobre a ocupação dos escravos e dos trabalhadores livres corroboram todos os depoimentos da época, segundo os quais a mão de obra permanente das grandes plantações ainda consistia predominantemente em escravos.

Embora a matrícula especial dos escravos de 1873 e o censo de "1872" (realizado apenas em janeiro de 1874) tenham alguns defeitos, esses levantamentos são normalmente considerados bastante completos e razoavelmente confiáveis. Ambos indicam que a mão de obra escrava estava em grande parte concentrada na agricultura e no "serviço doméstico" (este último incluindo, muitas vezes, diversas ocupações nas fazendas). A matrícula dos escravos, que indicava um total de 169.964 escravos em São Paulo, lista apenas 16.650 escravos urbanos, enquanto 127.805 são listados como "agricultores".[51] É possível que esse número tenha se referido ao local de residência, mais do que à ocupação, e provavelmente incluiu trabalhadores agrícolas em tempo parcial e algumas crianças escravas. Embora mencione um total menor de 156.612 escravos, o censo fornece informações muito mais detalhadas sobre ocupações. As categorias dos lavradores, dos "criados e jornaleiros" (que incluíam os escravos arrendados às fazendas) e dos empregados domésticos (que, nas fazendas, também podiam ser alocados a tarefas agrícolas em tempo parcial) concentravam a grande maioria dos escravos. O número de "operários" e de artesãos era muito menos importante, sobretudo se comparado aos trabalhadores livres dedicados às mesmas ocupações, já que nas profissões manuais e mecânicas havia 13.822 pessoas livres contra 3.248 escravos.

Os dados censitários sobre os principais municípios cafeeiros da província indicam que mais da metade da população escrava estava localizada em 21 municípios produtores de café, e que de metade a dois terços dessa população certamente estava localizada em fazendas de café.[52] Ao que parece, portanto, ainda havia espaço para transferências de escravos de outras atividades para o cultivo do café. Por outro lado, desde que a Lei do Ventre Livre de 28 de setembro de 1871 havia declarado livres os escravos nascidos após aquela data, o número total de escravos da província somente poderia ser aumentado por transferências interprovinciais.

No que diz respeito ao trabalho livre, os dados relativos aos estrangeiros são especialmente interessantes, sendo 16.567 trabalhadores estrangeiros livres listados como residentes na província. Esse número incluía tanto imigrantes espontâneos quanto colonos que haviam entrado em São Paulo durante as décadas anteriores, e confirma que as estatísticas de imigração eram incompletas. No entanto, dados sobre "lavradores" estrangeiros mostram que sua participação nessa atividade era mais baixa do que sua participação na população total, que alcançava apenas 1,98%. Tendo em vista que a categoria incluía ex-colonos de parceria estabelecidos em pequenas propriedades, bem como imigrantes espontâneos que haviam adquirido terras com seus próprios recursos — como os norte-americanos —, os dados do censo confirmam que o número de colonos ainda era comparativamente pequeno em meados da década de 1870. Em contraste, os estrangeiros formavam um grupo importante em determinadas profissões: constituíam 20,9% dos comerciantes e lojistas e 16,1% dos "manufatureiros e fabricantes". Em determinados ofícios, sua participação se aproximava ou até excedia a dos escravos, muito embora estes últimos representassem cerca de 18,7% da população total de São Paulo. A participação dos estrangeiros nas profissões liberais era discreta, mas eles representavam cerca de 13% dos "capitalistas e proprietários". O número de estrangeiros listados como dedicados ao "serviço doméstico" era pouco relevante em comparação com os brasileiros e escravos nessa ocupação, mas representava 7,3% do total de estrangeiros, percentagem aparentemente superestimada devido à inclusão das donas de casa. Os estrangeiros constituíam também 5,2% do número total de criadores de gado, o que tenderia a confirmar relatos da época segundo os quais parte dos ex-colonos de parceria se dedicava ao fornecimento de laticínios aos centros urbanos. Por fim, 4,48% dos "criados e jornaleiros" eram listados como estrangeiros, e um grande número destes era de portugueses, deixando 2.160 estrangeiros "sem profissão" (incluindo 989 solteiros ou viúvos), o que tenderia a sugerir que as famílias estrangeiras utilizavam a força de trabalho de seus filhos, pelo menos em tempo parcial.

Quanto aos brasileiros livres, é possível obter um quadro mais exato concentrando-se nas atividades dos homens, uma vez que a classificação ocupacional excessiva das mulheres, que atribui profissões às donas de casa, tende a superestimar sua participação na força de trabalho.[53] Os "lavradores" e "criadores" constituíam de longe o grupo mais numeroso, reunindo 169.999 indivíduos. Essas categorias englobavam a maioria dos produtores autônomos independentes, fossem eles posseiros ou pequenos proprietários, e possivelmente também incluíam os agregados. Os trabalhadores temporários estavam mais provavelmente incluídos como "criados e jornaleiros", que somavam 15.962 trabalhadores. Estes eram qualificados com diversos ofícios, incluindo 564 "operários em tecidos", somavam 12.506. Excluindo-se esse último grupo,[54] os brasileiros livres representavam 70,6% dos trabalhadores dessas categorias, contra 19,2% de escravos e 10,2% de estrangeiros. Nos ofícios artesanais, portanto, o trabalho livre era claramente predominante. Porém, a predominância dos trabalhadores nacionais iria se tornar cada vez menos marcada com a aceleração da imigração europeia nas décadas seguintes. Os brasileiros também predominavam nas profissões liberais e no comércio, mas muitos dos imigrantes espontâneos e dos ex-colonos tendiam a se dedicar às atividades comerciais, de modo que a posição relativa no comércio da população nascida localmente também seria cada vez mais ameaçada com o passar dos anos.

Em suma, embora em termos relativos a população escrava de São Paulo tivesse comparativamente pouca importância (menos de um quinto da população total), aquela permanecia essencial para a economia da província devido à sua concentração na agricultura de exportação, com exceção da cultura do algodão. Ainda que novas formas de contrato com trabalhadores livres estivessem sendo experimentadas no cultivo do café, a maioria dos fazendeiros ainda se mostrava relutante em incorrer nas despesas de transporte dos colonos até suas fazendas e em fazer-lhes "concessões". Por outro lado, no que diz respeito à imigração espontânea, a existência da escravidão e da rígida lei de 1837 relativa à locação de serviços de estrangeiros funcionavam como obstáculos para a entrada de quantidades significativas de agricultores estrangeiros. Em contraste, no setor urbano, a substituição da mão de obra escrava pela livre estava bem adiantada, e tendeu a aumentar com a entrada de artesãos e comerciantes estrangeiros espontâneos.[55] Todos esses fatores, bem como o tradicionalismo e o patriarcalismo dos fazendeiros, aumentaram o apego dos grandes proprietários à sua mão de obra escrava, bem como sua disposição de continuar pagando preços elevados por novos escravos, enquanto a demanda de mão de obra do setor urbano podia ser atendida por várias categorias distintas de trabalhadores.

Durante a década de 1870, a organização do trabalho na cafeicultura em São Paulo não sofreu nenhuma alteração significativa. Apesar da Lei do Ventre Livre e de uma legislação aprovada em 1871 pela Assembleia Legislativa da província para promover a imigração — que também previa uma sociedade promotora da imigração (somente criada em 1886) —, a entrada de imigrantes estrangeiros destinados ao setor agrícola permaneceu pouco expressiva até a metade da década. Depois da terrível geada de 1870-1, as exportações de café através do porto de Santos dobraram no período entre aquele exercício e o de 1879-80. Em contraste, as exportações de café paulista através do Rio de Janeiro — em sua maioria proveniente do norte de São Paulo — aumentaram apenas 35% entre 1870-3 e 1877-80.[56] Esse resultado se deveu principalmente à incorporação de um número crescente de escravos no cultivo do café e, em menor grau, a melhorias no equipamento de processamento, mais do que a um emprego significativamente maior de mão de obra livre. Embora esta última fosse utilizada em alguns municípios na formação de novas plantações, o trabalho nos cafezais mais maduros e no processamento continuava a ser feito predominantemente por turmas de escravos. Escravos adicionais podiam ser obtidos nas províncias vizinhas do Rio de Janeiro e Minas Gerais, mas, especialmente após 1874, o tráfico costeiro de escravos foi muito intensificado pela crise econômica do Nordeste e pela grande seca de 1877-9. Os escravos também chegavam das províncias do Sul, onde muitos pequenos produtores rurais europeus estavam se instalando. Em 1880, um diplomata britânico observou que "a imigração [estrangeira] era fraca demais para atender à demanda por mão de obra", de modo que, "durante os últimos anos, o mercado de trabalho [havia] sido abastecido pela introdução de escravos vindos das províncias do Norte [...] que [era] a razão pela qual o desenvolvimento agrícola de São Paulo [havia] recebido tamanho impulso". Ele acrescentava ainda que essa fonte de mão de obra não era inesgotável, e que provavelmente não estaria disponível por muito tempo.[57]

Na verdade, também tinha ocorrido transferência intraprovincial de escravos nas décadas anteriores. Os dados apresentados na tabela 4 mostram o declínio da importância relativa da população escrava nas áreas do litoral, a comparativa estagnação da participação do norte da província entre 1854 e 1883 e, ainda, o grande movimento em direção ao oeste (tanto em termos absolutos quanto em termos relativos). Muito embora a população escrava na região norte de São Paulo (incluindo o Vale do Paraíba) tivesse aumentado 47,6% entre 1854 e 1883, no oeste o aumento no mesmo período fora de 196%. Na região central, que incluía os maiores centros urbanos da província e uma grande parte das plantações de cana-de-açúcar decadentes, o aumento absoluto foi muito menor, da ordem de 22%. (Enquanto o total de escravos nos principais municípios que produziam café, que fora de cerca de 58 mil em 1854, teria oscilado entre 81 mil e 84 mil entre 1874 e 1883, a população escrava dos principais municípios cafeeiros da região central teria permanecido quase constante em torno de 26 mil, ao passo que os municípios do Vale do Paraíba, ao norte, teriam perdido 4.250 escravos, e os do oeste teriam recebido cerca de 6.600 escravos.) Esses dados são coerentes com o declínio cada vez mais acentuado do cultivo da cana-de-açúcar, especialmente na região central, que forçava a província a importar quantidades cada vez maiores de açúcar do Nordeste, e também com as transferências de escravos das áreas urbanas para o setor agrícola, processo que já havia sido observado na década de 1860 e defendido por muitos fazendeiros.[58]

No que diz respeito ao algodão, diante dos baixos preços internacionais, a maior parte da produção da província passou a não poder ser exportada de forma lucrativa, de modo que a produção foi se orientando cada vez mais para o abastecimento das fábricas de fios e tecidos de algodão que surgiam no interior de São Paulo.[59] Como a mão de obra empregada no setor havia sido sobretudo livre, é improvável que sua decadência tenha levado a qualquer liberação significativa de braços escravos para a cafeicultura, enquanto um certo número de ex-plantadores de algodão voltou a cultivar gêneros alimentícios. A ascensão dos engenhos cen-

TABELA 4 — DISTRIBUIÇÃO REGIONAL DA POPULAÇÃO ESCRAVA (1836-86) E DA POPULAÇÃO NEGRA EM SÃO PAULO (1890)

Regiões Ano	Norte	Litoral	Central	Oeste (Mogiana e Paulista)	Total
A) NÚMEROS ABSOLUTOS					
1815	12.669	9.174	22.168	1.801	45.812
1836	24.460	12.317	38.497	3.584	78.858
1854	33.823	15.445	47.574	20.143	116.985
1883	49.923	6.812	58.028	59.623	174.486[a]
1886[b]	43.361	4.148	53.545	67.036	168.090
(1890)	(42.002)	(9.483)	(57.726)	(64.236)	(173.447)[d]
B) DISTRIBUIÇÃO REGIONAL DA POPULAÇÃO ESCRAVA (OU NEGRA) EM PERCENTAGEM					
1815	27,7	20,0	48,4	3,9	100
1836	31,0	15,6	48,8	4,5	100[c]
1854	28,9	13,2	40,7	17,2	100
1883	28,6	3,9	33,3	34,2	100
1886	25,8	2,5	31,9	39,9	100[c]
(1890)	(24,2)	(5,5)	(33,3)	(37,0)	(100)
C) POPULAÇÃO ESCRAVA (OU NEGRA) EM PERCENTAGEM DA POPULAÇÃO REGIONAL TOTAL					
1815	23	35	24	16	
1836	27	35	29	16	
1854	31	30	26	26	
1886	14	5	13	18	
(1890)	(14)	(11)	(12)	(13)	

FONTES: Para 1836, 1854 e 1886: Samuel Harman Lowrie, "O elemento negro na população de São Paulo", *RAM de SP*, XLVIII, 1938, p. 14. Para 1883: números computados a partir de dados municipais sobre os escravos registrados no ano, reproduzidos em C. F. van Delden Laerne, *Brazil and Java*, Londres, W. H. Allen, 1885, pp. 115-6. Para 1890: números computados a partir de dados primários sobre a população negra por município proveniente das listas do censo de 1890. Os dados para 1815 foram computados a partir de J. B. von Spix e C. F. P. von Martius, *Travels in Brazil*, op. cit., pp. 32-3.

[a] O número total de escravos em 1883 era 174.622.

[b] Os números incluem os ingênuos que viviam com suas mães. Número total de escravos: 107.329.

[c] Devido aos arredondamentos, os números parciais não totalizam 100%.

[d] Amostra de 96,6% da população negra total, que alcançava 179.526.

trais de açúcar no final da década de 1870, a começar pelo de Porto Feliz, introduziu um elemento verdadeiramente capitalista na produção açucareira, e não levou a uma nova utilização de escravos no setor, uma vez que a força de trabalho dos engenhos centrais era basicamente formada por trabalhadores assalariados.[60] Por outro lado, a concentração das atividades de processamento em unidades industriais de grande porte, que obtinham um maior rendimento de açúcar a partir da cana, tornou cada vez menos rentável a operação de processamento nos engenhos, na sua maioria obsoletos, e acabaria transformando seus proprietários em meros fornecedores de cana, reduzindo suas necessidades de mão de obra nas instalações do engenho.

Ainda que a mão de obra escrava ainda representasse a maior parte da força de trabalho do setor cafeeiro, alguns grandes fazendeiros do centro e do oeste de São Paulo que haviam começado a contratar colonos estrangeiros, insistiam em empregá-los em suas terras e até aumentavam seu número, em parte financiados por subsídios do governo, embora (um tanto paradoxalmente) os mesmos fazendeiros continuassem também a utilizar escravos em partes de suas grandes propriedades.[61] No entanto, um relatório do presidente da província, datado de 1878, mencionava apenas oito grandes fazendeiros de São Paulo que tinham "colônias" importantes, e todos se declaravam satisfeitos com o trabalho livre.[62] Embora a produtividade de algumas famílias de colonos já estivesse sendo enaltecida por seus empregadores, que enfatizavam o custo muito menor de suas passagens em comparação com os preços dos escravos e também a maior produtividade dos pés de café tratados por aquelas famílias, um observador da época afirmou que a maioria dos fazendeiros ainda não estava convencida das vantagens da imigração.[63]

Esse parece ter sido o caso, especialmente, do norte da província. Com efeito, embora o pagamento de "salários" fixos sob o novo sistema descrito anteriormente fosse praticável para os fazendeiros das novas e férteis áreas de fronteira do oeste — as áreas que o avanço das ferrovias permitia progressivamente utilizar para a cafeicultura —, essa não parecia uma alternativa viável para os fazendeiros dos antigos municípios cafeeiros do Vale do Paraíba. Nessa região, os cafezais tinham com frequência mais de trinta anos de idade, e os solos erodidos das encostas dos morros levavam a uma produtividade por pé de café muito mais baixa do que no oeste — metade, ou até mesmo um terço, segundo cálculos do início da década de 1880. Essa situação desfavorável, embora geralmente não permitisse novas aquisições significativas de escravos, tornava os fazendeiros mais apegados aos escravos que já possuíam, permitindo que as fazendas continuassem a operar apesar dos rendimentos decrescentes de suas terras e de seus cafezais envelhecidos. Por outro lado, os escravos representavam a garantia preferida pelas instituições de crédito e pelos capitalistas locais, tendo, portanto, uma importância adicional para a manutenção das operações das fazendas das áreas mais antigas. As exportações do norte paulista já haviam dado sinais de estagnação durante a década de 1860, como acontecia com os municípios vizinhos da província do Rio de Janeiro, como Resende e São João Marcos. Aumentaram durante os anos 1870 e alcançaram um pico no período 1880-3, mas a capacidade de expansão da região tinha seus limites. O declínio das exportações precedeu em vários anos a Abolição, e em 1886 estas representavam apenas cerca de dois terços de seu nível máximo anual anterior, por volta de 1880-1.[64] A melhoria nos equipamentos de processamento, ao custo de dívidas cada vez maiores contraídas junto aos bancos, podia poupar alguma mão de obra nessa fase da produção, mas não podia compensar a produtividade mais baixa por pé de café. Por outro lado, aumentos no número médio de pés de café por escravo tendiam a gerar potenciais danos nos pés e, no longo prazo, a diminuir ainda mais a produtividade. Assim, uma vez que a produtividade por pé era muito superior no oeste e os pagamentos totais aos colonos dependiam muito da produção por pé, a situação do norte não era de natureza a atrair os imigrantes europeus que chegavam, com exceção de alguns comerciantes e artesãos em número pouco significativo. Do ponto de vista de políticas trabalhistas, portanto, essas duas regiões de São Paulo — norte e centro-oeste — estavam fadadas a apresentar diferenças em sua abordagem da questão da abolição da escravidão, já que a indenização era um assunto de suma importância para os fazendeiros do norte.

Nesse contexto, no final da década de 1870, era para o centro e para o centro-oeste da província que o influxo ainda limitado de imigrantes se dirigia. Um número maior de italianos começou a chegar a São Paulo, e centenas de retirantes fugidos da terrível seca que assolou o Ceará também se instalaram na província. Segundo estatísticas de imigração possivelmente incompletas, 11.068 imigrantes entraram em São Paulo de 1875 a 1880, dos quais pelo menos 3.503 eram italianos e pelo menos quatrocentos eram brasileiros.[65] Embora alguns autores tenham estimado em 50 mil ou mais o número de imigrantes europeus estabelecidos em São Paulo em 1880, o número correto provavelmente girava em torno de 35 mil.[66] Muitos desses estrangeiros haviam se dirigido para as cidades ou passado a executar atividades comerciais e artesanais na zona rural. Outros tinham rumado para os núcleos coloniais oficiais formados pelo governo central em terras um tanto esgotadas nas cercanias da capital.[67]

Em janeiro de 1881, a Assembleia Legislativa da província de São Paulo aprovou uma lei estabelecendo um forte imposto sobre a importação interprovincial de escravos, soma que equivalia aproximadamente ao preço de um escravo em plena capacidade produtiva. As razões dessa medida foram em grande parte políticas, e não é preciso abordá-las aqui.[68] A Lei do Ventre Livre de 1871, embora houvesse declarado livres os filhos de escravas nascidos a partir de sua promulgação, na verdade havia causado um retrocesso temporário na campanha abolicionista, deixando os proprietários de escravos em uma situação em que a renovação de sua força de trabalho escrava ainda era possível por meio de aquisições de escravos das áreas em declínio. Por outro lado, o Fundo de Emancipação, criado pela mesma lei, libertou apenas uma fração muito pequena dos escravos da província.[69] A criação de um imposto proibitivo sobre as importações de escravos, no entanto, parece ter posto fim, de forma efetiva, ao tráfico interprovincial de escravos, com exceção talvez de poucos carregamentos terrestres clandestinos vindos de Minas Gerais e do Rio de Janeiro. Assim — e embora seja fácil superestimar os efeitos imediatos do imposto de importação —, houve uma mudança notável nas condições de oferta de mão de obra na província, já que não havia como manter o mesmo número total de escravos, e as únicas alternativas que restavam eram as transferências dentro da própria província e as transações de arrendamento. Foi somente nesse contexto que um número crescente de fazendeiros se converteu lentamente à ideia de utilizar mão de obra livre. Desde meados da década de 1870, existiam exemplos de fazendas que já operavam exclusivamente com trabalho livre de colonos estrangeiros ou de camaradas, mas mesmo em 1880 esses casos sem dúvida ainda constituíam uma exceção, enquanto um número cada vez maior de fazendeiros usava tanto escravos quanto colonos em áreas separadas de suas propriedades, prática permitida por uma imigração em relativo crescimento. Entre 1881 e 1883, pelo menos 10.360 imigrantes, sendo mais da metade italianos, parecem ter entrado na província de São Paulo.[70] No entanto, segundo um estudo sobre o destino dos italianos que chegaram em 1882-3, apenas um terço do total se dirigiu para as fazendas de café para trabalhar como colonos. Muitos continuavam a se estabelecer na capital ou em grandes centros urbanos como comerciantes, artesãos etc. Outros se tornavam mascates no interior, ou dirigiam-se para as colônias agrícolas oficiais ao redor da capital. A mesma fonte da época estimou que não seria um erro muito grande aceitar a mesma proporção de colonos para toda a imigração italiana entre 1875 e 1883.[71] Em resumo, até por volta de 1884, somente metade dos imigrantes italianos destinavam-se ao trabalho na agricultura como colonos nas fazendas de café, como pequenos proprietários nas colônias oficiais ou como *braccianti* (diaristas) em ocupações variadas na zona rural.

Um estudo realizado por um especialista holandês que visitou a província de São Paulo em 1883-4 fornece informações interessantes sobre a organização do trabalho no setor cafeeiro. Apesar de observar progressos do trabalho livre em tarefas específicas, o autor continuava a afirmar que a maior parte do café do Rio de Janeiro e de São Paulo ainda era produzida por mão de obra escrava. Isso era provavelmente menos verdadeiro no caso de São Paulo, mas suas observações são coerentes com a adesão tardia da maioria dos fazendeiros paulistas à causa da abolição incondicional da escravidão.

Com base em cálculos detalhados da produtividade em algumas fazendas, nas estatísticas de médias de exportações e em números imputados sobre o consumo, o mesmo autor estimou em aproximadamente 51 mil o número de escravos empregados nas áreas cafeeiras tributárias do porto de Santos — basicamente o centro e o oeste da província. Considerando os números mais baixos da produtividade do norte e dados similares sobre produção, a mão de obra empregada na cafeicultura nessa região devia alcançar talvez 23 mil escravos.[72]

Dados relativos a algumas fazendas hipotecadas a bancos na época indicam que o número médio de escravos por fazenda era aproximadamente o mesmo no norte e no centro-oeste da província — 37,4 e 36, respectivamente —, mas no norte o número de pés de café por escravo era de 3.964, enquanto no centro-oeste era de apenas 2.450. O maior número de pés de café por escravo no norte provavelmente deve ter significado um trato mais negligente dos cafezais, já prejudicados pela idade avançada e pelo esgotamento do solo. Segundo o observador holandês já citado, o preço cada vez mais elevado dos escravos levara a um aumento da jornada de trabalho, devido ao declínio do número de escravos. Apesar da aquisição de máquinas que permitiam poupar mão de obra na fase de processamento do produto, os escravos trabalhavam das 5h30 ou seis horas da manhã até pelo menos as sete horas da noite, e na época da safra eles continuavam a trabalhar durante horas suplementares com luz artificial. Isso representava uma jornada consideravelmente mais longa do que as dez horas geralmente exigidas dos trabalhadores livres brasileiros.[73] Estes últimos continuavam a se recusar a aceitar emprego permanente sob as ordens dos fazendeiros.[74] Portanto, como no caso da província do Rio de Janeiro, mesmo que sob uma perspectiva de longo prazo pudesse parecer irracional exaurir os próprios escravos — que haviam se tornado mais valiosos e insubstituíveis — a ponto de prejudicar sua saúde, os endividados fazendeiros das regiões mais antigas podem não ter tido muita escolha para poder cumprir suas obrigações no curto prazo. Em contraste, no centro e no oeste de São Paulo, a disponibilidade cada vez maior de famílias estrangeiras, a quem se podia confiar o trato de parte dos pés de café da fazenda, pode ter permitido dispensar um melhor tratamento aos cafezais.

O emprego crescente de colonos estrangeiros nem sempre satisfazia totalmente ambas as partes. Por exemplo, alguns fazendeiros que estavam substituindo as senzalas por pequenas casas para os colonos, em geral construídas de forma adequada faziam-nas perto da sede da fazenda, de onde supostamente poderiam vigiar os trabalhadores. Outros tinham tendência a tratar os colonos como se estes lhes fossem inferiores, e até, algumas vezes, a intervir em seus assuntos domésticos, tentando manter o comportamento paternalista ao qual estavam acostumados no regime de trabalho escravo. Houve exemplos de fazendeiros que reduziram "salários" unilateralmente, apesar de acordos anteriores, comportamento ao qual alguns colonos reagiram mudando de empregador.[75] No que diz respeito à atitude da população brasileira em geral, fontes italianas indicam que as famílias camponesas do norte da Itália que se mudavam para o Brasil com a intenção de se instalar na terra recebiam, na maioria dos casos, um tratamento mais cordial do que os solteiros que vinham como trabalhadores temporários com a intenção de se repatriar com o dinheiro que tivessem conseguido poupar.[76] Também havia reclamações dos fazendeiros em relação aos colonos. Eles argumentavam que as famílias frequentemente assumiam um número menor de pés de café do que eram de fato capazes de tratar, de modo a poderem dedicar mais atenção a suas pequenas plantações de gêneros alimentícios, a seu gado, a seus vinhedos etc., localizados na terra cedida pelo fazendeiro para esse fim. Parece claro que, se o trato do café lhes houvesse permitido obter uma receita mais elevada com o mesmo nível de risco, as famílias de colonos teriam se dedicado mais a essa atividade. Caso os fazendeiros tivessem proporcionado pagamentos mais altos por alqueire colhido, os colonos poderiam ter assumido a manutenção de um número maior de pés de café. Nas condições oferecidas, porém, as famílias de colonos

TABELA 5 — MOVIMENTO GERAL DO CAFÉ EM SANTOS, 1880-1900

ANOS FISCAIS	ENTRADAS EM SANTOS (SACAS)[a]	EXPORTAÇÕES VIA SANTOS (SACAS)[a]	VALOR DAS EXPORTAÇÕES (EM CONTOS DE RÉIS)
1880-1	1.125.915	1.204.328	29.915,5
1881-2	1.723.332	1.524.486	31.831,3
1882-3	1.967.881	1.887.846	39.644,8
1883-4	1.871.516	1.929.029	48.611,5
1884-5	2.094.721	2.165.116	50.014,2
1885-6	1.668.980	1.687.176	35.835,6
1886-7	2.583.458	2.478.498	91.828,4
1887-8	1.120.145	1.309.804	49.156,9
1888-9	2.634.996	2.541.706	72.514,9
1889-90	1.870.202	2.041.503	75.270,2
1890-1	2.952.322	3.050.125	151.621,7
1891-2	3.686.084	3.615.917	210.446,4
1892-3	3.255.930	3.412.882	235.488,9
1893-4	1.686.389	1.772.679	154.223,1
1894-5	4.007.380	3.904.080	344.339,9
1895-6	3.093.528	3.135.196	252.069,8
1896-7	5.104.486	4.963.062	333.517,8
1897-8	6.152.594	6.053.521	315.993,8
1898-9	5.569.650	5.535.361	252.412,5
1899-1900	5.711.732	5.742.362	268.742,5

FONTE: Paulo Rangel Pestana, *O café em São Paulo*, p. 23.

[a] Sacas de 60 quilos.

preferiam se dedicar, pelo menos em tempo parcial, a uma atividade cuja renda revertia integralmente em seu benefício, visando diminuir riscos.

Apesar dos atritos entre colonos e fazendeiros e dos baixos preços do café no início da década de 1880, no final de 1884 já existiam condições muito mais favoráveis ao aumento da utilização da mão de obra dos colonos estrangeiros. Embora os lucros tivessem diminuído substancialmente durante os anos anteriores, a produção de café havia continuado a crescer, de modo que o valor total das exportações e a receita do governo da província não caíram. A demanda por mão de obra permaneceu firme, uma vez que os pés de café plantados no final da década de 1870 estavam alcançando a maturidade nessa época. As propostas de importar *coolies* chineses para substituir os escravos — embora consideradas por alguns, durante certo tempo, como uma possível solução para a "questão da mão de obra" — não estavam mais sendo seriamente cogitadas.[77] A província havia construído uma hospedaria para os imigrantes, onde estes podiam permanecer durante oito dias sem pagar nada, enquanto procuravam uma oferta de trabalho. A hospedaria tendia a se transformar em um "mercado" onde os fazendeiros iam buscar trabalhadores e onde os colonos trocavam informações sobre as condições de trabalho na cafeicultura.[78] Nesse contexto, o problema básico que restava era o do custo da passagem dos imigrantes, já que a lei de 1879 sobre a locação de serviços de estrangeiros ainda estava vigente.[79]

Ao aprovar um subsídio do valor integral da passagem nos primeiros meses de 1884, a Assembleia Legislativa de São Paulo abriu caminho para a imigração em massa, embora de fato só tenha firmado contratos importantes três anos mais tarde.[80] Ao assumir o custo financeiro das passagens, o governo da província eliminou um risco para os fazendeiros e a principal causa de possíveis conflitos — o endividamento inicial dos colonos —, enquanto os fazendeiros "economizavam" uma despesa inicial que, embora em princípio acabasse sendo reembolsada pelos trabalhadores, em muitos casos não estavam dispostos a aceitar. Completavam-se assim as condições para a transição do contrato de parceria simples, para o contrato de empreitada com pagamentos fixos pré-acordados, retratada no quadro 1.

No que diz respeito à imigração espontânea, a legislação aprovada durante o mesmo ano permitiu que se criassem cinco outros núcleos oficiais em fazendas compradas pelo governo, divididas em lotes. No entanto, ao disponibilizar algumas centenas de pequenas propriedades para imigrantes potenciais, esse núcleos só aumentavam de forma marginal o acesso à terra destes últimos. Com efeito, conforme notou um observador britânico, as terras melhores e mais acessíveis da província continuavam nas mãos de um número comparativamente pequeno de proprietários, que relutavam em vendê-las a possíveis competidores (muito embora grandes extensões não fossem cultivadas), ao mesmo tempo que a existência de um imposto elevado sobre a transferência de propriedades fundiárias desencorajava ainda mais as transações.[81] Uma solução para criar maior liquidez

QUADRO I — EVOLUÇÃO DA PARCERIA PARA A EMPREITADA: MUDANÇAS NAS CLÁUSULAS DOS CONTRATOS COM COLONOS EUROPEUS NA LAVOURA CAFEEIRA EM SÃO PAULO, *C.* 1850-85

	FORMAS DE PAGAMENTO AOS COLONOS EUROPEUS					OUTROS ASPECTOS DOS CONTRATOS	
Décadas	Fração do café produzido	Fração dos alimentos produzidos	Salários para cada carpa	Salário pelo trato anual de certo número[a] de pés de café	Salário por alqueire[b] de café colhido	Passagem da Europa para o Brasil	Habitação
1850	½	½	-	-	-	Paga pelo fazendeiro[c]	Alugada ao colono
1860	½	100% para o colono	-	-	-	Paga pelo fazendeiro[c]	Alugada ao colono ou gratuita
1860	-	100% para o colono	-	-	X	Paga pelo fazendeiro[c]	Alugada ao colono ou gratuita
1870	-	100% para o colono	-	X	X	Paga pelo fazendeiro[c]	Geralmente gratuita
1870	-	100% para o colono	X	-	X	Paga pelo fazendeiro[c]	Geralmente gratuita
Após 1884	-	100% para o colono	X e/ou	X	X	Paga pelo governo[d]	Gratuita

FONTE: Capítulo 4.

[a] Normalmente múltiplo de mil pés.
[b] Medida de capacidade eventualmente fixada em cinquenta litros.
[c] A ser devolvida pelo colono ao fazendeiro.
[d] Gratuita, sem ressarcimento ao governo.

no mercado de terras teria sido a criação de um imposto sobre a terra, conforme defendido por alguns observadores daquela época, mas, como no caso da província do Rio de Janeiro, essa medida seria tão contrária aos interesses da classe dos fazendeiros que não teria nenhuma chance de ser aprovada na Assembleia Legislativa de São Paulo. Pelo contrário, a legislação da província durante a década de 1880 estava mais orientada para o fornecimento de "braços" aos fazendeiros.

Não havia unanimidade em relação à adequação da política de aumento dos subsídios à imigração, já que os colonos se dirigiam principalmente para o centro e para o oeste de São Paulo, enquanto os municípios do norte estavam sujeitos aos mesmos impostos que as duas outras regiões. Os representantes do norte na Assembleia Legislativa da província, portanto, iriam se opor às medidas de colonização, uma vez que, caso houvesse uma súbita abolição da escravidão e os libertos se recusassem a trabalhar, aquela região poderia ver-se inteiramente desprovida de mão de obra para dar continuidade ao cultivo do café. A existência de tal oposição política regional levou muitos autores a sugerir que, em meados da década de 1880, o trabalho livre já predominava entre os fazendeiros do oeste, e que estes, consequentemente, já defendiam a Abolição. Trata-se de uma ideia errônea que não é sustentada pelos dados disponíveis sobre a distribuição da população escrava em 1886 e sobre os colonos estrangeiros (ver tabela 6).

Em 1884, conforme estimativas dos principais fazendeiros da província, já havia aproximadamente 5 mil famílias de imigrantes estabelecidas em cafezais paulistas. Estatísticas oficiais sobre imigração indicam 4.912 entradas para 1883 e 4.879 para 1884. Segundo um relatório provincial, dos 2.032 imigrantes aportados entre abril e junho de 1884, 380 (ou 18,7%) permaneceram na capital, enquanto o resto foi para o interior.[82] Está claro que nem todos eram colonos que vinham se instalar nas fazendas de café. No entanto, mesmo supondo-se incorretamente que 80% dos imigrantes ingressados naquele ano tenham ido para as fazendas de café, o incremento no ano teria sido de, no máximo, e com algum exagero, 1.300 famílias. Em 1885, as entradas chegaram a 6.500 pessoas. No mesmo ano, o autor do catálogo da exposição de Campinas afirmou que quase todas as fazendas do município — que continha então o maior total municipal de escravos da província — ainda eram operadas com trabalho escravo. No início de 1886, porém, embora uma fonte afirmasse já haver 1.800 colonos e agricultores italianos adultos no município, também restavam ainda cerca de 10 mil escravos, sem contar os ingênuos. O mesmo valia, por exemplo, para Amparo, que tinha trezentos colonos italianos adultos e cerca de 3.500 escravos maiores de quinze anos. Um levantamento do vice-cônsul da Itália sobre a situação dos imigrantes italianos mostra os municípios onde havia mais de quinhentos colonos e agricultores italianos adultos no início de 1886. Efetivamente, estes municípios estavam todos localizados no centro e no oeste de São Paulo, mas eram municípios nos quais ainda havia numerosos escravos até 1886.[83] Mesmo levando-se em consideração colonos de outras nacionalidades, em nenhum dos principais municípios cafeeiros do centro e do oeste da província os colonos estrangeiros parecem ter sido a mão de obra predominante no início de 1886. De fato, cabe notar que, até a abolição definitiva da escravidão, aparentemente não havia grandes fazendas operando exclusivamente com trabalhadores livres no município de Rio Claro, embora em municípios na

TABELA 6 — POPULAÇÃO ESCRAVA E COLONOS ITALIANOS NOS PRINCIPAIS MUNICÍPIOS CAFEEIROS DE SÃO PAULO EM 1886 E POPULAÇÃO NEGRA NOS MESMOS MUNICÍPIOS EM 1890

MUNICÍPIOS	POPULAÇÃO ESCRAVA EM 1886	COLONOS ITALIANOS ADULTOS[a] EM 1886	POPULAÇÃO NEGRA EM 1890
Vale do Paraíba (norte)	**20.432**	**desprezível**	**21.905**
Bananal	4.182	não disponível	5.578
Guaratinguetá	3.165	desprezível	4.580
Jacareí	1.124	desprezível	1.175
Lorena	3.089	desprezível	1.988
Mogi das Cruzes	539	não disponível	933
Pindamonhangaba	2.914	desprezível	3.621
São José dos Campos	976	desprezível	1.757
Taubaté	4.443	desprezível	2.273
Centro	**19.357**	**3.840**	**13.547**
Campinas	9.986	1.800	7.060
Capivari	2.003	40	3.443
Jundiaí	3.548	1.600	1.505
Piracicaba	3.820	400	4.982
Oeste (regiões de Mogiana e Paulista)	**23.118**	**5.135**	**23.890**
Amparo	3.524	300	3.819
Mogi Mirim	2.300	175	2.420
Mogi Guaçu	559	desprezível	654
Casa Branca	3.004	600	2.701
São Simão	1.140	10	523
Rio Claro	3.304	650	5.709
Belém do Descalvado	3.931	1.000	2.470
Limeira	2.374	1.600	3.607
São Carlos do Pinhal	2.982	800	1.987
Total	62.907	8.975	59.342

FONTES: Para os escravos em 1886, ver Carvalho de Mello (op. cit). Para os colonos italianos, ver E. Perrod, *La provincia di San Paolo*, pp. 73-80. Os números de 1890 são dados censitários tirados de *Sexo, raça, estado civil, nacionalidade, filiação, culto e analfabetismo da população recenseada em 31/XII/1890* (Rio de Janeiro: Ministério da Indústria, Viação e Obras Públicas, Diretoria Geral de Estatística, Oficina da Estatística, 1898, pp. 126-37).

[a] Os números se referem a "agricultores" em geral. Os colonos propriamente ditos representavam aproximadamente 77% do total.

fronteira agrícola, como Ribeirão Preto, a produção de café estivesse aumentando de maneira rápida, e cafezais estivessem sendo formados exclusivamente com trabalho livre.[84]

Assim, conforme observado em uma bem documentada tese de doutorado, os fazendeiros do oeste paulista, apesar de sua suposta modernidade, não eram tão "capitalistas" em relação à mão de obra quanto foi algumas vezes sugerido, visto que se verificou precisamente nessa região que a população escrava aumentou mais rapidamente (tanto em termos relativos quanto em termos absolutos até 1883) e onde o declínio foi mais lento nos anos seguintes. Os dados apresentados neste estudo também sustentam uma interpretação política da abolição da escravidão em São Paulo realizada por um pesquisador norte-americano, segundo a qual os fazendeiros paulistas como classe, incluindo a maioria dos fazendeiros do oeste, só se tornaram realmente abolicionistas depois da Lei dos Sexagenários, que libertou todos os escravos com sessenta anos de idade ou mais em 1885.[85] Por fim, os dados também confirmam que, apesar da persistente importância da escravidão no centro e no oeste de São Paulo, era nessas áreas que a introdução dos colonos estrangeiros progredia com mais rapidez, ao passo que permanecia desprezível no Vale do Paraíba.

Em 1884, a agitação abolicionista já estava levando a um número crescente de fugas de escravos na capital. No interior da província já havia notícias sobre a formação de quilombos, grupos de escravos foragidos que provavelmente estimulavam o abandono das fazendas. Em 1886 e no início de 1887, em especial após a extinção do uso do açoite e a revogação de uma lei que permitia às autoridades provinciais manter os escravos foragidos na cadeia, escravos começaram a abandonar as plantações em massa, e muitas vezes dirigiram-se para o porto de Santos.[86] Enquanto, até 1886, a imigração havia sido insuficiente para suprir a necessidade total de mão de obra do setor cafeeiro (naquele ano houve 9.536 entradas), o que parece ter acelerado a imigração — por meio de contratos governamentais assinados entre 18 de setembro de 1886 e 3 de março de 1888[87] — foi a ameaça crescente de uma desorganização completa do trabalho devido à insubordinação dos escravos, mais do que a ideia comumente aceita de que o aumento da imigração conduziu à Abolição.

O fato de a província de São Paulo estar mais bem preparada para a subsequente abolição da escravidão não escapou à observação de diplomatas britânicos. Enquanto a região norte de São Paulo — que, junto com a província do Rio de Janeiro, fazia parte do "antigo território do café" — pouco estava fazendo para se preparar para a abolição antecipada da escravidão sem compensação aos proprietários, insistindo na indenização como uma condição prévia, e ainda estava sendo comparativamente pouco afetada pelas fugas de escravos, os fazendeiros do centro e do oeste adotaram uma atitude diferente diante da ameaça de um êxodo maciço de escravos das fazendas de café. Uma primeira reação foi oferecer liberdade condicional aos escravos, em troca de serviços gratuitos durante um determinado período. Uma reunião dos principais fazendeiros de São Paulo no final de dezembro de 1887, à qual compareceram mais de trezentos fazendeiros que, juntos, possuíam 7 mil escravos, pareceu indicar que a abolição incondicional estaria completada na maioria das regiões da província em 1890. No início de 1888, em um esforço para manter os escravos trabalhando pelo menos até a safra do ano, muitos fazendeiros estavam concedendo a liberdade condicional. Embora nem todas as emancipações do período tenham sido registradas, aparentemente, ao final de março de 1888 ainda havia cerca de 66 mil escravos matriculados, contra cerca de 107 mil na contagem anterior.[88] Muitos dos escravos foragidos e dos libertos estavam sendo empregados temporariamente em outras fazendas que não a de seus senhores, mediante uma remuneração diária, ainda sob o sistema do trabalho em turmas.[89]

4.4. DO TRABALHO ESCRAVO EM TURMAS AO EMPREGO DOS COLONOS ITALIANOS: SUBSÍDIOS GOVERNAMENTAIS À IMIGRAÇÃO EUROPEIA, MUDANÇAS NA ORGANIZAÇÃO DO TRABALHO E CRESCIMENTO DO SETOR CAFEEIRO

Quando a abolição definitiva da escravidão (sem indenização) foi decretada em 13 de maio de 1888, muitos dos escravos remanescentes deixaram as fazendas. Enquanto isso, milhares de imigrantes europeus, em sua maioria italianos das províncias do norte da Itália, estavam chegando a São Paulo. Em 1887, o total alcançou 32.112, e em 1888, 92.086 imigrantes. A maioria era rapidamente dirigida para a capital e para os municípios cafeeiros do centro-oeste da província. Nesse contexto, a desordem causada pela desorganização do trabalho durante os primeiros meses depois da Abolição foi comparativamente limitada na província como um todo. Com efeito, após um declínio em 1887-8, a safra de café de 1888-9 foi a maior até então, a tal ponto que, embora apenas três quartos do total tenham sido efetivamente colhidos, resultou em um volume inédito de exportações do produto.[90]

Em contraste, a abolição da escravidão sem indenização para os proprietários de escravos teve efeitos mais graves na economia cafeeira dos municípios do norte de São Paulo, onde prevalecia uma situação semelhante à da província do Rio de Janeiro. Muitos dos ex-escravos pararam de trabalhar durante alguns meses, convergindo para as principais cidades dos diferentes municípios. No Vale do Paraíba, em especial, houve uma escassez temporária de mão de obra que prejudicou mais seriamente os fazendeiros que tinham dívidas importantes. No entanto, paulatinamente e de maneira ordenada, os ex-escravos começaram a se voltar para formas de garantir seu sustento. Em 1888, houve numerosos casamentos e uniões consensuais. Em um fenômeno sociológico curioso, a maioria dos libertos que haviam trabalhado na agricultura durante a maior parte da vida, e que por isso talvez não demonstravam nenhuma aptidão específica para as ocupações urbanas, começou a depender dos rendimentos de suas companheiras. Nas fazendas, muitas dessas mulheres haviam desempenhado com frequência tarefas como as de lavadeira, costureira, cozinheira e empregada doméstica, para as quais existia uma demanda nos centros urbanos em expansão. Pelo menos na capital paulista, segundo dois renomados sociólogos, essa "exploração" da ex-escrava pelo companheiro tendeu a se tornar uma prática comum.[91] Entretanto, embora fatos semelhantes possam também ter ocorrido em outras cidades de São Paulo, essa tendência não pode ser generalizada para os ex-escravos da província como um todo que logo se tornou estado.

Muito já se discutiu sobre o destino dos ex-escravos, tanto do ponto de vista "geográfico" quanto em termos de ocupação. Diversos autores já afirmaram que muitos deles foram para os centros urbanos, ou então tentaram se converter em posseiros nas terras de fronteira. Embora houvesse também escravos mulatos, tentou-se identificar de forma quantitativa (ainda que muito aproximativamente) o destino dos ex-escravos e ingênuos por meio dos dados censitários sobre a população negra por municípios em 1890. As tabulações elaboradas para o presente trabalho fazem surgir semelhanças interessantes com a distribuição da população escrava em datas anteriores. Dado o número de escravos e ingênuos matriculados em 1886, não parece ter havido nenhum movimento considerável de ex-escravos entre as quatro grandes regiões da província (depois estado) até 31 de dezembro de 1890 (ver tabela 4).[92] Esses dados agregados, no entanto, não permitem quantificar movimentos no interior dessas regiões. No que diz respeito à concentração de ex-escravos na fronteira — caso se considerem os municípios mais distantes alcançados pela cafeicultura no final da década de 1880, no oeste, ou aqueles ainda mais afastados —, o número de negros por município é, em média, menor do que a média por município no oeste em 1890, e, em alguns municípios que se tornariam os mais importantes produtores de café do novo estado, esse número era muito menor do que o de escravos em 1883. Por outro lado, em nove dos mais importantes municípios produtores de café do oeste não se tinha observado, de modo geral, nenhum grande declínio.[93] Quanto à concentração de ex-escravos nas áreas urbanas, a população negra da capital e de Santos representava menos de 7,5% da população total dessas localidades, enquanto a participação dos negros na população total do estado de São Paulo em 1890 era de 13%. Nos municípios de Campinas e Piracicaba, a média ultrapassava 17,9%, mas, quando se começa a considerar os municípios rurais, os dados se tornam de interpretação mais difícil.[94] Com efeito, os dados do censo não permitem verificar se dentro de cada município os ex-escravos instalaram-se de fato nos centros urbanos. Seria preciso, para confirmar tal movimento, dispor de dados muito mais detalhados sobre a composição da população das cidades. Contudo, existem escritos da época que indicam que os ex-escravos continuaram a ser empregados no campo em diversas ocupações. Antes de abordar essa questão, parece necessário examinar as estatísticas disponíveis sobre a população "estrangeira" de São Paulo.

Segundo o censo referente ao dia 31 de dezembro de 1890, havia em São Paulo 75.030 estrangeiros. Na realidade, a população de São Paulo nascida no exterior ultrapassava provavelmente 200 mil indivíduos. Essa discrepância se deve à chamada "Grande Naturalização" (decretada em dezembro de 1889 e confirmada pela Constituição de 1891), segundo a qual todos os cidadãos estrangeiros que estivessem no Brasil no dia 15 de novembro de 1889, e que posteriormente não declarassem sua intenção de conservar suas nacionalidades anteriores, tornar-se-iam brasileiros. Assim, o total de 351.312 estrangeiros residentes no Brasil, segundo o censo de 1890, também está muito subestimado. Supondo, no entanto, com base em escritos da época, que no final da década de 1880 a maioria dos colonos se dirigiu basicamente para as mesmas áreas, os dados censitários ilustram como esses colonos eram mais numerosos nos municípios cafeeiros do centro e do oeste do que nos do norte de São Paulo.[95] Essa concentração é confirmada por indicações subsequentes quanto ao destino dos colonos italianos,[96] e levaria ao surgimento de diferentes tipos de relações de trabalho nas duas áreas distintas de produção cafeeira do estado, até a produção de café do norte se tornar cada vez menos importante a partir do início dos anos 1900.

De fato, no Vale do Paraíba, a ausência de colonos europeus e a produtividade em declínio dos antigos pés de café em seu solo esgotado forçaram os fazendeiros a buscar soluções para seu "problema de mão de obra". As novas formas de organização do trabalho adotadas incluíam o trabalho assalariado em turmas e diversos tipos de arranjos de parceria ou meação, já discutidos com relação ao Rio de Janeiro. Somente em casos raros os estrangeiros eram atraídos para a região para trabalhar segundo os mesmos arranjos ou por salários fixos, já que, na maioria das fazendas, a produtividade dos pés de café não permitia um pagamento satisfatório por alqueire de café colhido. O que surgiu, portanto, foi um sistema em que os parceiros muitas vezes davam mais atenção ao cultivo de seus próprios gêneros alimentícios do que aos pés de café, situação que muitos fazendeiros tinham de aceitar para não correr o risco de perder seus "trabalhadores". À medida que o café declinou no norte de São Paulo, novas atividades econômicas surgiram, como aconteceu nos municípios do oeste do Vale do Paraíba, no estado do Rio de Janeiro.[97]

A atitude dos ex-escravos em relação às ideias de liberdade e trabalho após a Abolição, conforme analisada por um conhecido sociólogo brasileiro, parece ter sido a de se opor ao trabalho regular, que lhes recordava a época da escravidão, de modo que a maioria deles preferia um trabalho intermitente que bastasse para prover-lhes meios de subsistência. (Em termos econômicos, eles demonstravam uma forte "preferência pelo lazer".) Essa atitude também foi confirmada por um observador estrangeiro, pelo menos no que diz respeito aos ex-escravos estabelecidos nas proximidades de Santos, e parece ter conduzido, ao menos em parte, à marginalização do ex-escravo em relação a oportunidades de desenvolvimento pessoal na década de 1890.[98] É verdade que os abolicionistas haviam conseguido a liberdade incondicional para os escravos, mas o Estado não tomou nenhuma medida complementar, como oferecer-lhes educação ou facilidades de acesso à terra. Inteiramente despreparados para o novo sistema de trabalho assalariado e para as relações de trabalho sob o modo de produção capitalista recém-adotado, muitos dos ex-escravos de São Paulo viram-se em uma situação na qual foram relegados às ocupações mais desqualificadas e mais inseguras.

A Abolição também parece ter afetado negativamente os brasileiros negros e mulatos que nunca haviam sido escravos, mas que, aos olhos dos empregadores, estavam associados aos ex-escravos. A velha ideia enraizada entre os fazendeiros segundo a qual o ex-escravo não queria trabalhar (que era falsa), ou que não queria trabalhar de forma regular (que continha elementos de verdade), conduzia com frequência a um preconceito de sua parte e a uma marcada preferência pela contratação de estrangeiros. No entanto, existe também uma explicação econômica possível para tal "preferência".

Uma das ideias básicas defendidas no presente trabalho é que a Abolição provocou uma mudança fundamental na organização do trabalho no setor cafeeiro de São Paulo (com a já mencionada exceção do norte). De uma "função de produção da fazenda" na qual os dois elementos ou insumos básicos eram a área total de terra cultivada com café e a turma de escravos chefiada por um administrador e por feitores, e na qual o escravo representava a "unidade" de trabalho, ocorreu uma passagem para uma soma de várias "funções de produção" em escala muito menor, nas quais o insumo *terra* era o número total de pés de café sob os cuidados da família de colonos, e a família era a nova unidade do insumo *trabalho*. Sob o novo sistema de cultivo do café com contratos "de colono" ou de empreitada, o fazendeiro conservava a propriedade da terra de sua fazenda e de seus pés de café, mas estes eram divididos em subconjuntos confiados aos cuidados de cada família que, na prática, trabalhava como se fosse um pequeno produtor, sem supervisão contínua. Por outro lado, cada família de colono era remunerada "coletivamente" pelo trato dos pés de café e pela colheita, conforme o número de pés de café sob seus cuidados.

É nesse contexto que se deve analisar a substituição do elemento nacional — e em especial o ex-escravo — pelo colono estrangeiro. Na verdade, o que havia sido observado no passado era uma relutância dos ex-escravos e dos caboclos brasileiros livres em aceitar trabalho permanente em turmas junto aos escravos nas fazendas. Nas poucas ocorrências em que tinham sido contratados como "colonos", tal como se deu no caso das famílias cearenses fugidas da seca, eles haviam se mostrado bastante competentes no trabalho nos cafezais que lhes tinham sido confiados. Um legado importante da escravidão pode explicar por que, após a Abolição, os ex-escravos não se tornaram "colonos": a saber, o fato de muitos deles não terem formado famílias, e de os fazendeiros darem às famílias uma marcada prioridade sob o novo sistema de trabalho. Os dados da última matrícula dos escravos indicam que, em São Paulo, apenas 22,4% dos escravos eram casados, em uma população total de 107.329 escravos de quinze anos ou mais. Por outro lado, os homens representavam 58,4% daquela população total.[99] Apesar de um aumento no número de casamentos e de uniões consensuais, o número de "famílias" de ex-escravos permanecia comparativamente limitado, enquanto nos contratos de empreitada com colonos europeus o trabalho das mulheres e das crianças acima de oito anos tinha grande importância. Essa também pode ter sido uma razão pela qual muitas famílias de caboclos não aceitaram esses contratos: observações da década de 1880 indicam que as mulheres caboclas em geral não trabalhavam regularmente no campo, característica que não era encontrada nas mulheres italianas e seus filhos que entravam no país.[100]

Assim, o fato de ex-escravos e brasileiros livres não terem tido na maior parte das vezes a oportunidade de demonstrar sua disposição para trabalhar na cafeicultura sob o novo sistema não teria se devido exclusivamente a preconceitos arraigados, embora estes, sem dúvida, perdurassem. O resultado efetivo da imigração em massa, no entanto, parece ter sido a concentração de ex-escravos e outros habitantes locais em ocupações geralmente mais inseguras e menos bem remuneradas no setor agrícola. Os brasileiros livres podiam ser encontrados trabalhando na formação dos cafezais, mas todos os relatos da época confirmam a grande predominância — pelo menos até as vésperas da Primeira Guerra Mundial — dos colonos estrangeiros no cultivo do café, representando a maior parte da mão de obra do setor. Em geral, o que restava aos locais eram tarefas que já haviam sido confiadas a camaradas ainda sob o regime da escravidão, atividades auxiliares muitas vezes sazonais e associadas à safra, como colher café, transporte em carroças etc. Eles também continuavam sendo usados no desmatamento de áreas virgens para novas fazendas, e havia tanto caboclos quanto negros empregados como lenhadores. Algumas vezes, esses locais ainda desempenhavam tarefas "especializadas", como a poda dos pés de café, que normalmente não era feita pelos colonos. De modo geral, portanto, no centro-oeste de São Paulo, a maioria das mulheres ex-escravas abandonou em definitivo o trabalho regular no campo, enquanto os ex-escravos frequentemente levaram uma vida nômade em busca de trabalhos ocasionais.[101]

Cabe observar que o deslocamento de brasileiros por estrangeiros também ocorreu nas ocupações urbanas, embora estas não sejam uma preocupação fundamental do presente estudo. Um levantamento realizado na capital paulista em 1893 mostrou que, embora os brasileiros ainda fossem predominantes na maioria das profissões liberais, os estrangeiros eram muito mais numerosos no serviço doméstico, na indústria de transformação, no artesanato, no comércio e nos transportes, representando 73% de um total de 47.893 pessoas empregadas nesses setores.[102] Essa situação, em forte contraste com dados comparáveis relativos a 1872, levanta a questão do "nível de qualificação" dos imigrantes por oposição à população local. Embora se reconheça que essa possa ser uma forma vaga e pouco satisfatória de mensurar a qualificação, foram computados níveis de alfabetização a partir dos dados do censo de 1890. Os números globais para São Paulo mostram que apenas 14,1% da população total sabiam ler e escrever. No entanto, considerando apenas os "estrangeiros", essa proporção alcançava 41,7%, por oposição a apenas 12,6% para a população brasileira como um todo.[103] Essa diferença, por sua vez, leva a questionar a origem dos imigrantes, em sua maioria italianos. Do contingente que chegou ao Brasil, alguns autores já afirmaram uma preponderância de italianos ora do sul, ora do norte, alcançando diferentes conclusões quanto à sua qualificação. Estatísticas italianas da época confirmam a predominância do norte da Itália, em especial das províncias do Vêneto e da Lombardia, até o final da década de 1890 — portanto, o período anterior à crise do café de 1900. Embora os dados italianos não tenham sido detalhados para determinados anos, parecem estabelecer de forma definitiva o predomínio da imigração proveniente do norte da Itália, mais alfabetizado, durante o período aqui estudado.[104]

O deslocamento da população brasileira (em especial dos ex-escravos) de determinadas ocupações, tal como sugerido acima, não poderia ter ocorrido com tamanha intensidade sem a imigração em massa para São Paulo. Outra premissa deste capítulo é que a regulação da oferta de trabalho pelo governo, por meio do subsídio à imigração em massa, permitiu suprir o setor cafeeiro, durante a maior parte dos anos 1890, com um excesso de trabalhadores em relação às suas necessidades diretas efetivas. Como consequência, durante a maior parte da década, os custos diretos de mão de obra para o fazendeiro de café em relação ao preço de seu produto não mostraram aumentos significativos, chegando até a declinar em determinados anos. (Tal situação, por sua vez, pode ter originado um excesso de novas plantações, levando a uma superprodução de café.) Antes de passar-se à discussão dessa questão, parece necessário recapitular as condições de trabalho na cafeicultura no centro e no oeste de São Paulo, onde predominava o trabalho dos colonos.

As condições contratuais dos colonos na década de 1890 eram muito semelhantes às dos contratos de remuneração fixa desenvolvidos a partir dos contratos originais de parceria nas décadas de 1860 e 1870, com algumas adaptações (ver figura 1). Essas condições incluíam moradia gratuita, uma área para plantar gêneros alimentícios (principalmente milho e feijão) — ou o direito de plantá-los entre as fileiras de pés de café sob os cuidados da família de colonos —, algum pasto para uma ou duas cabeças de gado e, em certos casos, o direito de arrendar lotes adicionais de terra. Alguns fazendeiros também faziam adiantamentos sujeitos a juros, ou mantinham vendas em suas propriedades. De modo geral, porém, o nível de endividamento dos colonos decorrentes dessas "causas" parece ter sido bastante limitado. Já antes da Abolição, alguns contratos verbais haviam sido estabelecidos com colonos para períodos curtos. A lei de 1879 sobre locação de serviços de estrangeiros raramente era aplicada por volta de 1888, e, tendo caído em desuso, foi finalmente revogada em 1890. Nenhuma nova legislação trabalhista surgiu para substituí-la, mas, durante a década de 1890, as principais características do "contrato de colonos" tenderam a ser praticamente as mesmas por toda parte, atendo-se a certo padrão. Além disso, todos os colonos deviam dispor de uma espécie de caderneta onde eram registrados todos os pagamentos que lhes eram feitos, e cuja apresentação era obrigatória sempre que recebiam por seu trabalho. Os contratos típicos de empreitada para o trato e a colheita de um determinado número de pés de café tinham duração de um ano, e ambas as partes tinham a obrigação de notificar a outra de sua intenção de não renovar o contrato em algum momento antes de seu término. Se isso não ocorresse, os contratos eram considerados renovados para o ano seguinte. Geralmente havia multas que o fazendeiro podia cobrar dos colonos se estes não cumprissem suas obrigações com relação ao trato do café.[105] Em contraste, em caso de não pagamento por parte do fazendeiro, o colono normalmente não tinha outro recurso senão deixar a fazenda para outro destino.[106]

Outro tipo de contrato no qual os colonos estrangeiros podiam se envolver era o chamado contrato de formação. Suas características eram semelhantes às dos contratos de empreitada para o plantio do café ou o trato de pés de café jovens e ainda improdutivos, com a obrigação de substituir eventuais falhas de plantio, que já existiam na década de 1870. Durante um período de quatro a seis anos, o formador tinha uso livre da terra plantada com pés de café jovens para cultivar determinados tipos de produtos alimentícios. Em alguns casos, podia também ter direito à primeira colheita do café após três ou quatro anos. Dependendo do acordo contratual, uma remuneração fixa por pé de café adulto também era paga ao final do contrato, mas havia casos em que o uso livre da terra já era considerado remuneração suficiente, de modo que o fazendeiro podia — depois de seis anos, por exemplo — receber de volta seus cafezais plantados pelo formador sem nenhuma despesa. Muitas vezes, a moradia não fazia parte do contrato, de maneira que o próprio formador precisava construir sua habitação, frequentemente precária. Ele talvez tivesse de enfrentar dificuldades durante alguns anos, mas geralmente considerava-se que uma família de hábitos frugais conseguiria poupar com mais facilidade nos contratos de formação do que durante um período equivalente no trabalho normal como colono. Uma vez que a aceitação desse tipo de contrato dependia do conhecimento das condições locais de cultivo, não resta dúvida de que, conforme mencionado anteriormente, diversos brasileiros também se envolveram na formação de cafezais no início da década de 1890, mas, com o tempo, depois de trabalhar alguns anos no cultivo do café, numerosos estrangeiros também passaram a se dedicar a essa atividade.[107]

Com efeito, todas as descrições da época indicam um elevado grau de mobilidade entre os colonos estrangeiros. A cada ano, um grande número — segundo uma das fontes, até um terço dos colonos — deixava as fazendas rumo a outros destinos. Alguns se transferiam para outras fazendas que ofereciam condições ligeiramente diferentes; outros, depois de terem juntado alguma poupança, mudavam-se para pequenos centros urbanos. Havia ainda os que iam para a capital para montar algum negócio, tornarem-se artesãos ou até operários de fábrica, enquanto um número considerável acabava voltando para a Europa ou mudava-se para o Rio da Prata.[108] Era dessa mobilidade que os fazendeiros muitas vezes reclamavam, além do fato de esta também exigir, em geral anualmente, uma renovação de parte do contingente de trabalhadores por meio de novas entradas que, conforme será visto mais adiante, eram possibilitadas pela política de subsídio à imigração europeia. A política estadual também incluía a hospedagem dos imigrantes recém-chegados na Hospedaria, de onde eram encaminhados para as fazendas com passes ferroviários gratuitos. Não há dúvida de que o destino inicial da maioria dos imigrantes subsidiados até o final da década de 1890 foi o setor agrícola, onde trabalharam como colonos ou assalariados.

Uma questão sobre a qual parece haver muito menos consenso é a do "sucesso" dos imigrantes europeus durante a década de 1890. Como um tratamento mais adequado do assunto exigiria uma longa discussão, este estudo se contentará em enfatizar apenas alguns aspectos do tema. Como os preços da terra eram muito elevados na maioria dos municípios de São Paulo durante essa década, poucos foram os imigrantes que conseguiram comprar terra diretamente com os rendimentos de seu trabalho como colonos, com exceção de alguns lotes nas poucas colônias oficiais existentes. A poupança acumulada durante seu período de trabalho como colonos geralmente só permitia às famílias estrangeiras estabelecer-se na cidade ou repatriar-se. Muitos dos italianos que compraram terras durante os primeiros quinze anos após a Abolição eram imigrantes espontâneos com recursos próprios, ou então ex-colonos que haviam se transferido para o comércio e outras ocupações urbanas antes de investir em terra. Dados do início dos anos 1900 indicam que, em São Paulo, o número de estrangeiros que possuíam propriedades urbanas era muito maior do que o dos que tinham propriedades rurais, qualquer que fosse o seu tamanho.[109] A isso pode-se acrescentar o fato de que as remessas per capita dos italianos do Brasil para a Itália, antes da Primeira Guerra Mundial, representavam apenas uma pequena fração das de seus compatriotas nos Estados Unidos.[110]

Isso leva a um questionamento sobre a natureza da renda dos colonos e sua evolução após a abolição da escravidão. O rendimento total de uma família de colonos era composto dos seguintes elementos: a) uma remuneração monetária fixa em troca do trato de um determinado número de pés de café (geralmente um múltiplo de mil); b) uma remuneração monetária fixa para cada alqueire de cerejas de café colhido e entregue; c) a receita obtida com a venda do excedente dos gêneros alimentícios cultivados pela família; d) o valor estimado do consumo próprio desses alimentos; e) o valor estimado do aluguel, uma vez que a moradia era gratuita; f) em alguns casos, remunerações diárias por determinadas tarefas executadas durante alguns dias do ano.[111]

Assim, um aspecto notável dos arranjos contratuais envolvendo colonos era que, embora a remuneração pelo trabalho direto na cafeicultura estivesse sujeita a mudanças anuais em função da evolução do preço do café e de outros preços (ou também da produtividade dos cafezais), os colonos estavam, no longo prazo, "protegidos" de flutuações para cima dos aluguéis e dos preços de alguns dos gêneros alimentícios que constituíam parte importante de sua dieta.[112] Por outro lado, a elevação dos preços dos gêneros alimentícios cultivados pelos colonos, quando não acompanhada por aumentos comparáveis do preço de outros bens comumente consumidos por eles, podia levar a aumentos reais de sua renda.

Além disso, uma vez acertadas as remunerações fixas pelo trato de mil pés de café e também por alqueire de cerejas colhido, a variação da receita anual dos colonos decorrente diretamente da cafeicultura dependia apenas da produtividade dos pés de café, e, desse modo, eles enfrentavam uma incerteza menor do que meeiros convencionais, que também podiam sofrer perdas devido ao declínio do preço de venda do café ao longo do contrato. Em outras palavras, uma vez estabelecidas as remunerações pelo período de um ano, todos os riscos de flutuação dos preços do café recaíam sobre os fazendeiros até o final do contrato.[113]

Do ponto de vista do fazendeiro, a família de colonos não acarretava despesas com supervisão, e tampouco recebia qualquer pagamento suplementar para despesas extraordinárias com saúde ou para comprar produtos alimentícios caso sua própria produção fosse insuficiente. Os únicos elementos que o fazendeiro fornecia eram moradia gratuita (geralmente de alvenaria e que podia ser amortizada em décadas) e um lote de terra para a família cultivar alimentos ou criar algumas cabeças de gado, terra esta que não seria plantada com café caso não fosse ocupada.

É cabível abstrair de dois dos componentes não monetários da renda dos colonos — moradia gratuita e consumo próprio de gêneros alimentícios — para se discutir a evolução dos custos com mão de obra para o fazendeiro resultantes do trabalho direto dos colonos na cafeicultura. Para receber em cerejas o equivalente a uma arroba de café processado, o fazendeiro precisava pagar ao colono uma soma fixa pelo trato do número de pés necessário para sua produção, bem como por sua colheita. Deixando de lado também as flutuações anuais de produtividade, computou-se na tabela 7 a evolução desse custo monetário por arroba em anos selecionados, para a maioria dos quais estavam disponíveis estimativas globais de remunerações fixas "médias" na cafeicultura para grandes unidades geográficas. Quando "deflacionado" pelo preço do café, o custo real (por arroba) do trabalho dos colonos não parece ter oscilado de forma significativa para cima desde a Abolição até a crise do café de 1900, enquanto em certos anos sofreu grande declínio. Essa evolução seria coerente com uma comparativa abundância de mão de obra de colonos em São Paulo até 1900, favorecida pela política de imigração.

A remuneração monetária (em mil-réis) de uma família de colonos que cuidasse de 5 mil pés de café, uma vez deflacionada por um índice de preços de café, parece ter sofrido menores flutuações do que seu equivalente em libras esterlinas,

TABELA 7 — EVOLUÇÃO DO "CUSTO DIRETO DO TRABALHO"[a] NA CAFEICULTURA EM SÃO PAULO (POR ARROBA DE CAFÉ PROCESSADO), 1888-1902

Ano	Salário anual pelo trato de mil pés (em mil-réis)	Salário por alqueire de cerejas colhidas (em réis)	Salário nominal por arroba de café processado W_c (em réis)	Índice de preços do café P_c	Custo deflacionado $\frac{W_c}{P_c}$ x 100 (em réis)
1888	50	300	1.600	100	1.600
1892	50	500	2.000	207	966
1894	55	500	2.100	299	702
1895	90	600	3.000	270	1.111
1897	100	600	3.200	185	1.729
1899	80	500	2.600	161	1.615
1901	80	500	2.600	115	2.261
1902	80	500	2.600	104	2.500

FONTES: Para os salários, ver nota 116; o índice dos preços do café foi computado a partir de números oficiais sobre o valor unitário das exportações brasileiras de café para mercados estrangeiros publicados pelo IBGE em *Anuário estatístico do Brasil, 1939-40*, op. cit., apêndice, p. 1378.

[a] O "custo direto do trabalho" refere-se ao custo do trabalho de uma família de colonos para cuidar dos pés de café durante o ano e para colher o café desses pés na época adequada. Supõe-se aqui, conforme verificado pelo censo agrícola de 1905 e notado anteriormente por diversos observadores, que mil pés de café rendiam cem alqueires de cerejas de café, que, por sua vez, permitiam produzir cinquenta arrobas de grãos de café processados, que era o produto final vendido pelo fazendeiro.

que declinou quase constantemente e que constituía uma forte preocupação dos colonos devido às remessas para seu país de origem e aos projetos de repatriação. De fato, de quatrocentos mil-réis em 1888, a remuneração direta da família de colonos, deflacionada pelo preço do café, teria declinado para 241 mil-réis em 1892 e 277 mil-réis em 1895, voltando para 432 mil-réis em 1897 e 403 mil-réis em 1899. Em libras esterlinas, teria se reduzido de 42 libras em 1888 para 25 libras em 1892 e vinte libras em 1899. Após a crise do café em 1900, os valores respectivos teriam sido 565 mil-réis e 30,8 libras em 1901 e 625 mil-réis e 32,2 libras em 1902.[114] Infelizmente não se dispõe de um índice geral de preços para o período, que permitiria deflacionar essas remunerações monetárias, e tampouco de índices de preços dos produtos específicos cultivados pelos colonos, de forma a fazer estimativas completas da renda total "média" da "típica" família de colonos.[115] Mesmo que tais séries estivessem disponíveis, deve-se observar que as grandes diferenças de preços e salários entre diferentes municípios tornam qualquer generalização muito frágil. As remunerações monetárias usadas para construir a tabela 7 e discutidas acima não são necessariamente os números máximos anuais observados, mas tenderiam a superestimar (e não a subestimar) a média real nos casos em que se dispunham de várias observações independentes para um mesmo ano. É preciso reconhecer, no entanto, que se trata de aproximações muito imperfeitas.[116]

A tendência dos custos diretos reais do trabalho na cafeicultura sugerida anteriormente pode ser confirmada ainda pela oferta e pela demanda efetivas de mão de obra no setor cafeeiro. Feitas algumas qualificações, é possível efetuar quantificações dessas duas variáveis com bases mais sólidas do que inferências quanto à evolução dos "salários". Replicando-se as projeções de demanda feitas por outros autores e fazendo acréscimos para compensar possíveis subestimações, que podem ser feitas com base nos dados sobre produção, número de pés e produtividade de trabalhadores adultos, é possível estimar, grosso modo, as necessidades diretas de mão de obra da cafeicultura em determinados anos no centro-oeste de São Paulo, sem incluir as pessoas envolvidas em atividades de formação. Esses cálculos implicariam uma demanda na faixa de 80 mil a 90 mil trabalhadores adultos em 1887, 130 mil a 140 mil em 1892 e 320 mil a 350 mil entre 1901 e 1902.[117]

O confronto desses números com várias estimativas possíveis de entradas líquidas após 1887, levando-se em conta diferentes deduções dos dados oficiais (e confiáveis) sobre a imigração bruta para São Paulo, indica que o contingente de estrangeiros adultos que chegou ao estado durante a década de 1890 foi mais do que suficiente para as necessidades crescentes de trabalho diretamente na produção de café — que eles também contribuíram para aumentar ao empregar-se na formação de cafezais, que, por sua vez, conduzia, alguns anos depois, a novos aumentos da demanda de mão de obra.[118]

A imigração bruta entre 1887 e 1891 alcançou 299.118 pessoas, total este que, depois de deduções baseadas em idade, profissão, saídas para outros países, absorção pelos centros urbanos etc., ainda teria proporcionado um número suficiente de trabalhadores adultos para suprir todas as necessidades do cultivo direto do café, sem levar em conta a utilização de mão de obra brasileira e de colonos estrangeiros que chegaram antes de 1887. O mesmo exercício, estendido até 1900, mostra que, entre 1887 e 1900, 909.969 imigrantes entraram em São Paulo, incluindo alguns milhares de brasileiros, com um máximo de 139.998 imigrantes em 1895 e um mínimo de 22.802 em 1900 (ver a tabela 4 do capítulo 7). A maioria desses imigrantes foi subsidiada pelo governo. A imigração subsidiada correspondeu a 80,2% das entradas no período (com um pico de 98% em 1891-2), mas a apenas cerca de 51% em 1899-1900. Nesse caso, também, mesmo fazendo todas as deduções possíveis, ainda obtém-se um contingente líquido mínimo de 529.187 estrangeiros listados no censo de 31 de dezembro de 1900, quando a população estrangeira total do Brasil foi calculada em 1.279.063 pessoas. A população estrangeira de São Paulo havia passado de 4,8% da população total do estado em 1886 para 23,2% em 1900 (ver tabela 1).

As entradas consideráveis de colonos estrangeiros distribuíram-se entre os vários anos. Não excluíam carências temporárias, quando ocorriam flutuações do afluxo imigratório, e uma vez que parte dos imigrantes ingressados anteriormente tivessem se empregado em atividades diversas. Além disso, no final da década de 1890, quando a responsabilidade pelo subsídio à imigração passou a ser exclusivamente do governo estadual — visto que o governo federal rescindiu todos os seus contratos — e os preços do café começaram a declinar vertiginosamente, o número de imigrantes estrangeiros que entrou no estado e se empregou na agricultura declinou de forma perceptível. As entradas com subsídio se reduziram para apenas 27 mil em 1899-1900, recuperando-se para uma média de cerca de 56 mil em 1901-2 (quando representaram 61% da imigração total).[119]

De modo geral, contudo, a política governamental de subsídio à imigração, concentrada em agricultores a serem empregados nas fazendas de café, não apenas foi bem-sucedida do ponto de vista dos fazendeiros, mas também excedeu em muito, no início da década de 1890, as necessidades do mercado local de mão de obra para o café, favorecendo não somente uma expansão ainda maior da cafeicultura, mas também o desenvolvimento de numerosas atividades comerciais e industriais iniciadas pelos imigrantes ou para as quais estes eram contratados. Ainda em grande parte representando os interesses dos fazendeiros, o governo estadual (e, em menor grau, o federal) conseguiu, por meio do uso de parte de sua receita fiscal para subsidiar a imigração, manipular o mercado de trabalho agrícola de modo que os interesses de classe dos fazendeiros pudessem ser atendidos da melhor forma possível. Os supostos efeitos dessa política na evolução dos custos diretos "reais" da mão de obra na cafeicultura já foram analisados. O fato de os "salários" nominais em moeda nacional no cultivo direto do café não terem sofrido uma queda deve ser parcialmente atribuído à rápida inflação da década de 1890, acentuada pela depreciação cambial. A política de subsídio à imigração que permitiu o crescimento do nível de renda agregada do setor cafeeiro — e, consequentemente, aumentos globais de demanda — também teve o efeito "inesperado" de promover a industrialização do estado. Essa política não apenas alterou de forma significativa os padrões de consumo, como também introduziu em São Paulo numerosos imigrantes que eram operários industriais em seus países de origem. Com uma demanda doméstica crescente, elevados impostos de importação e a depreciação da moeda brasileira, houve durante a década de 1890 um notável aumento na produção de determinados produtos manufaturados, em especial de têxteis. Essa questão, porém, também ultrapassa o âmbito do presente estudo.[120]

Uma simples apresentação gráfica pode ajudar a visualizar os efeitos da Abolição e da imigração em massa sobre o mercado de trabalho para os colonos do café no centro-oeste paulista. A parte 1 da figura 1 ilustra a situação às vésperas da Abolição, quando o nível da demanda por colonos ainda era função do contingente remanescente de escravos. A parte 2 mostra o grande deslocamento da curva da demanda por mão de obra no cultivo direto do café resultante da Abolição (de DD para D'D') e o deslocamento correspondente da curva da oferta (de SS para S'S') devido à imigração em massa. O efeito líquido parece ter sido um "custo direto da mão de obra real" (W'/P_C, ou seja, "salários" nominais na cafeicultura, por unidade de produto, divididos pelo índice de preços do café), que não aumentou de forma apreciável acima do nível de 1888, mas que, ocasionalmente, caiu muito abaixo deste, como se pode ver na tabela 7.

Cabe uma palavra final sobre o custo dessa política de imigração. Em primeiro lugar, como parte dos imigrantes era subsidiada pelo governo federal, pode-se considerar que tal política também foi financiada por contribuintes de outros estados. Os números disponíveis mostram que, aparentemente, o total de despesas dos governos estadual e federal com imigração para São Paulo até 1904 alcançou 42 mil contos de réis. Outra fonte estima que São Paulo, propriamente, gastou 34.500 contos de réis até 1900.[121] Como o governo federal suspendeu os subsídios antes dessa data, este teria contribuído com um máximo de 7.500 contos de réis para a imigração em São Paulo. Esse número pode ser contrastado com o valor anual, em moeda nacional, das exportações de café através de Santos, que, durante o período de 1890-1 a 1899-1900, alcançou em média 251.970 contos.[122] Fica

FIGURA I — EFEITOS CONJECTURAIS DA ABOLIÇÃO E DA IMIGRAÇÃO EUROPEIA SOBRE O MERCADO DE TRABALHO NA CAFEICULTURA EM SÃO PAULO

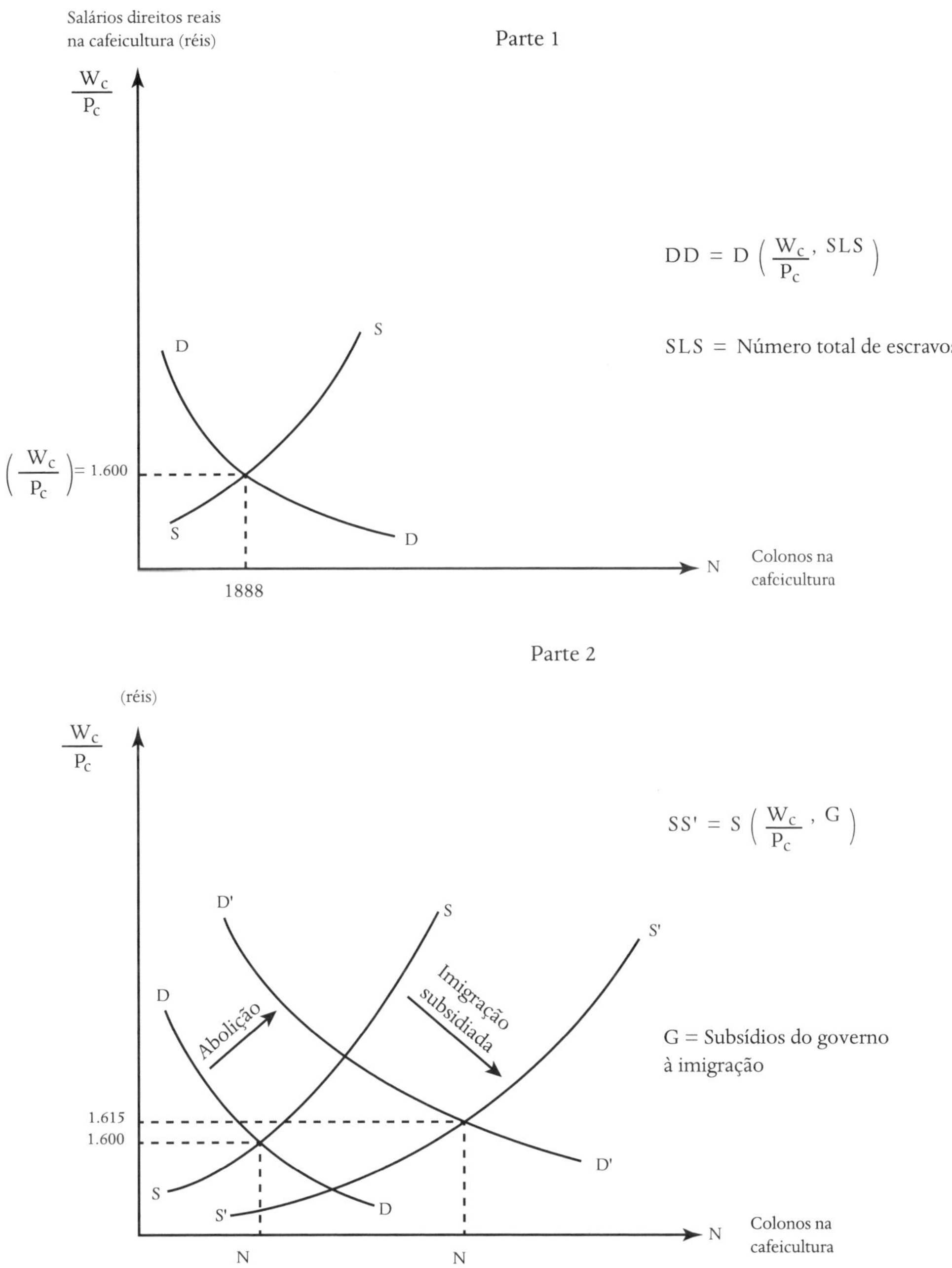

N 1888 = cerca de 100.000 trabalhadores adultos
N 1899 = cerca de 300.000 trabalhadores adultos

claro que o total de despesas com imigração representava apenas uma fração muito pequena das receitas de exportação provenientes do café para as quais contribuíam. Além disso, não resta dúvida de que os efeitos positivos da imigração na economia de São Paulo foram bastante consideráveis. Muitos fazendeiros (e também muitos imigrantes) foram beneficiados em graus variados pela expansão da cafeicultura durante a década de 1890. Quem perdeu com essa política, indubitavelmente, foram os ex-escravos, a quem o governo não forneceu nenhuma assistência para enfrentar as novas condições criadas pela Abolição, e aos quais se superpôs uma nova classe de trabalhadores brancos europeus que, muito embora tivessem sido com frequência miseráveis em seu país de origem, gozavam em São Paulo de um tratamento social diferente, com oportunidades privilegiadas de emprego que muitas vezes permitiam melhorar o seu nível de vida.

Na medida em que as mulheres locais (principalmente as ex-escravas) abstinham-se do trabalho no campo lado a lado com seus companheiros, ao contrário das imigrantes estrangeiras, pode ter havido alguma justificativa econômica para o preconceito contra a população brasileira livre, já que, como foi dito, a empreitada dependia do trabalho familiar e não individual. No entanto, do ponto de vista da produtividade dos brasileiros em comparação com a dos trabalhadores imigrantes, parece não ter havido diferenças significativas, pelo menos no caso do importante município cafeeiro de Rio Claro, conforme verificado pelo censo agrícola de 1905.[123] Na ausência de uma verificação empírica da inferioridade dos trabalhadores locais em comparação com os imigrantes estrangeiros, a quase exclusão dos ex-escravos e dos brasileiros pobres livres do trabalho agrícola no cultivo do café e sua utilização em tarefas auxiliares mais precárias e menos bem remuneradas no setor cafeeiro após a Abolição foram resultado de discriminação. Essa discriminação, por sua vez, baseou-se em um preconceito desenvolvido anteriormente, sob a escravidão, em decorrência da relutância dos brasileiros livres de trabalhar em turmas junto aos escravos, mas não com base em uma real relutância de trabalhar no campo apenas com outros trabalhadores livres — seja em turmas ou sob outras formas de organização do trabalho, oportunidades que lhes foram em grande parte negadas no centro-oeste de São Paulo.

Em suma, cabe recapitular os seguintes aspectos da evolução de São Paulo ao longo do século XIX. Durante a primeira metade do século, a importância da escravidão aumentou tanto em termos absolutos quanto relativos, à medida que a cultura da cana-de-açúcar, em um primeiro momento, e, em seguida, as fazendas de café espalharam-se pela província. Com a interrupção definitiva do tráfico de escravos africanos e o consequente aumento do preço dos escravos, um determinado número de fazendeiros passou a adotar contratos de parceria com trabalhadores europeus, em uma tentativa de reduzir os custos do trabalho. Já foi visto que diversas causas contribuíram para o fracasso desse sistema na cafeicultura, e que este foi seguido por uma recrudescência da escravidão. No entanto, a adoção gradual de formas alternativas de contrato abriria caminho para o uso subsequente de trabalhadores europeus em larga escala.

Enfatizou-se que, da década de 1860 ao início dos anos 1880, enquanto o cultivo do café se expandia no centro e no oeste da província, as antigas áreas de café do norte paulista caracterizaram-se pela produtividade cada vez menor de seus pés de café envelhecidos, pelo crescente esgotamento de seu solo e pelo envelhecimento de seus escravos. O fato de serem áreas de baixa produtividade tornava-as pouco atraentes para imigrantes em potencial, de modo que não foi nada unânime a receptividade, entre os fazendeiros de café da província, à decisão do governo de começar a subsidiar a imigração estrangeira por meio do pagamento integral da passagem de europeus para São Paulo. Com a crescente agitação e fugas de escravos em 1886-7 e com as perspectivas mais promissoras de uma imigração subsidiada, a maioria dos fazendeiros do centro-oeste finalmente se convenceu da necessidade de uma abolição definitiva (mesmo sem indenização), e, quando esta foi por fim decretada, muitos escravos já haviam sido espontaneamente libertados pelos fazendeiros nos meses que a antecederam.

Também foi realçado que, embora a Abolição tenha provocado uma desorganização do trabalho nas áreas de café mais antigas, a transição para o trabalho livre no centro-oeste paulista não enfrentou grandes dificuldades em função do afluxo maciço de imigrantes europeus após 1887 e durante boa parte da década de 1890, que garantiu uma oferta regular de mão de obra para os cafezais da região durante a maior parte da década. Igualmente, ressaltou-se que, enquanto no norte de São Paulo muitos fazendeiros precisaram recorrer à parceria ou à continuação do trabalho em turmas com libertos assalariados, e muitos cessariam de operar depois de algum tempo, nas novas áreas cafeeiras o trato direto dos pés de café foi confiado essencialmente a famílias de imigrantes estrangeiros, sobretudo italianos. Com a adoção generalizada do contrato de empreitada com os colonos, houve uma mudança básica na escala do cultivo do café e em sua unidade básica de trabalho, uma vez que a família de imigrantes veio a substituir cada vez mais o trabalhador escravo. Nesse contexto, numerosos libertos e brasileiros livres foram frequentemente relegados a atividades auxiliares menos bem remuneradas no setor agrícola do estado, bem como no setor urbano, onde precisavam competir com trabalhadores estrangeiros mais qualificados.

A política de subsídios à imigração, tanto do governo federal quanto do estadual, levou para São Paulo um número de imigrantes bem superior às necessidades diretas do setor cafeeiro. Já foi visto que isso contribuiu para evitar qualquer aumento significativo dos custos diretos reais da mão de obra na cafeicultura durante a década de 1890. Por outro lado, embora os imigrantes geralmente demonstrassem grande mobilidade, raramente a cafeicultura lhes permitiu acumular poupança suficiente para enviar remessas importantes para seu país ou para comprar terras, que continuavam "institucionalmente" caras no estado de São Paulo. No entanto, eles muitas vezes pouparam o bastante para se mudar para as cidades ou retornar à pátria de origem e, durante a década de 1890, de um modo geral, eles gozaram de condições de vida melhores nas fazendas de café do que em seu próprio país. A melhora de sua condição foi alcançada, em certa medida, em detrimento dos trabalhadores nascidos no Brasil, que, conforme já foi ressaltado, foram deslocados de determinadas oportunidades de emprego. A existência desses dois grupos, por outro lado, garantiu uma abundância comparativa de mão de obra durante a maior parte da década posterior à Abolição. Isso, por sua vez, permitiu à maioria dos grandes proprietários do estado preservar seus direitos de propriedade sobre as melhores terras e usá-las para se beneficiar o máximo possível da expansão comercial do café na década de 1890. A crise de "superprodução" do final da década de 1890 e início dos anos 1900 — bem como a proibição, por parte do governo da Itália, de novas partidas de emigrantes subsidiados italianos para São Paulo em 1902 (decreto Prinetti) — alteraria as condições do mercado de trabalho no estado, mas essa questão ultrapassa o âmbito do presente estudo.

MINAS GERAIS
BAHIA
GOIÁS
MATO GROSSO
SÃO PAULO
RIO DE JANEIRO
ESPÍRITO SANTO
OCEANO ATLÂNTICO
Rio São Francisco
Rio Jequitinhonha
Rio Mucuri
Rio Doce
Rio Paranaíba
Rio Grande
Rio das Mortes
19ºS
45ºO
Monte Azul
Januária
Rio Pardo
São Francisco
Rio Preto (Unaí)
São Romão
Grão-Mogol
Jequitinhonha
Montes Claros
Paracatu
Santana dos Alegres
Minas Novas
Teófilo Otoni
Diamantina
Serro
Peçanha
Estrela do Sul
Curvelo
Monte Alegre
Uberlândia
Patrocínio
Abaeté
Prata
Dores do Indaiá
Sete Lagoas
Araxá
Uberaba
Frutal
Sacramento
Santa Luzia
Sabará
Caeté
Caratinga
Belo Horizonte
Santa Bárbara
Pitangui
Itabirito (Itabira do Campo)
Abre Campo
Manhuaçu
Santo Antônio do Monte
Mariana
Itapecerica
Ouro Preto
Piui
Formiga
Ponte Nova
Passos
Miguel Burnier
Carangola
São Sebastião do Paraíso
Viçosa
Jacuí
Rio Branco
Monte Santo
Tiradentes
Ubá
Muriaé
Alfenas
Lavras
São João del Rei
Barbacena
Pomba
Palma
Varginha
Rio Novo
Cataguases
Poços de Caldas
Três Corações
S. J. Nepomuceno
Leopoldina
Baependi
Juiz de Fora
Além Paraíba
Santa Rita do Sapucaí
Lima Duarte
Mar de Espanha
Pouso Alegre
Pouso Alto
Ouro Fino
Itajubá
Passa Quatro
Cambuí
N
0
71
km

5. Minas Gerais

5.1. A TRANSIÇÃO DA MINERAÇÃO À AGRICULTURA E A ASCENSÃO DA CAFEICULTURA

Durante a maior parte do século XVIII, o setor econômico predominante da capitania de Minas Gerais foi o da mineração de ouro e diamantes. A crescente diversificação de atividades diante da decadência das minas que caracterizou o último quarto do século XVIII continuou a prevalecer na primeira metade do século XIX. Levantamentos demográficos relativos aos anos de 1776 e 1786 mostram uma população predominantemente negra, e em 1786 os escravos ainda constituíam cerca de 48% de uma população total de quase 400 mil habitantes. De fato, os dados disponíveis para aquele ano mostram 393.698 habitantes, mas apenas 362.847 foram discriminados segundo cor e status. Entre estes últimos havia 174.135 escravos. Dos 196.498 negros listados, 42.739 (21,8%) eram livres. Nas décadas seguintes, o crescimento populacional seria acompanhado por uma queda na participação relativa dos escravos na população total, mas estes continuariam a ser encontrados nas mais diversas ocupações nas cidades e no campo.[1]

A população livre também se dedicava a diversas atividades econômicas. Muitos viviam nos numerosos e pequenos núcleos urbanos que se multiplicaram com o desenvolvimento da mineração, onde encontraram emprego no comércio, serviços e nas atividades artesanais e de transporte. Outros se dedicavam à produção de gêneros alimentícios ou à criação de gado, com ou sem escravos. Como resultado das restritivas políticas coloniais que haviam incentivado a mineração em detrimento de outros setores, em Minas Gerais aquelas atividades eram muitas vezes executadas em menor escala do que em outras regiões da colônia, mas também existiam grandes estabelecimentos "mistos" que combinavam agricultura e mineração. A tecelagem de algodão grosseiro, que teria sofrido um golpe com o decreto de 1785, que proibiu manufaturas na colônia, prosseguia com vigor renovado na segunda década do século XIX, empregando aparentemente tanto mulheres livres quanto escravas nas cidades e no campo. Por fim, alguns habitantes livres, os chamados faiscadores, continuavam a trabalhar na lavagem do ouro nos leitos cada vez mais empobrecidos dos rios da capitania.[2]

Por volta de 1820, a mineração do ouro havia declinado de forma significativa, e a criação de gado e a agricultura já empregavam a maior parte da população da capitania que iria se tornar a província de Minas Gerais. A receita do imposto proporcional sobre o ouro extraído na região — o quinto — havia caído de 99 arrobas em 1764 para setenta arrobas em 1772, alcançando apenas 24 arrobas em 1811. Em 1818, havia declinado ainda mais, para doze arrobas, e em 1819 para apenas sete arrobas! Já nessa época, um bem informado observador estimou que a mão de obra direta empregada nas minas — que, no apogeu da atividade mineradora, alcançara talvez 80 mil escravos — havia diminuído para algo como 8 mil escravos.[3] A acentuada decadência da mineração levou progressivamente a um êxodo da população de muitos centros urbanos, à medida que sua atividade comercial declinava. Isso aumentou o número de trabalhadores obrigados a procurar emprego na agricultura ou na criação de gado, já que somente poucos trabalhadores podiam ser absorvidos por "atividades industriais", tais como a mineração e fundição de ferro, ainda pouco desenvolvidas.[4]

Em 1818-9, às vésperas da Independência, embora a produção de ouro legalmente declarada tivesse caído para 35 arrobas em 1819, as exportações da capitania por via terrestre demonstravam notável diversidade. O gado e os laticínios — incluindo gado bovino em pé, cavalos, mulas e porcos, queijo, toucinho e carne salgada — representavam 53% do valor total das exportações (excluindo o ouro e os diamantes). A participação do algodão em rama — que gozava de preços temporariamente altos, tornando-o um produto de exportação rentável apesar dos custos de transporte muito elevados até a costa — alcançava 22%, enquanto as exportações de tecido de algodão grosseiro fabricado localmente ("algodão em pano") respondiam por outros 11,1%. O fumo, o açúcar e o café ainda eram comparativamente pouco importantes, representando respectivamente 4,2%, 2,7% e 1,7% do valor total das "exportações", ou seja, dos produtos enviados para outras capitanias.[5]

Embora as importações de escravos tivessem diminuído consideravelmente em relação ao século XVIII, alcançando apenas 1.963 escravos em 1818-9, estes ainda representavam uma fração importante da população de Minas Gerais no início da década de 1820. As tabelas populacionais disponíveis para esse período, embora não sejam totalmente confiáveis, fornecem uma indicação de sua distribuição por status, sexo e raça. Duas tabelas, de 1821 e 1823, indicam que os escravos respondiam por pelo menos 33% da população total, enquanto seu número absoluto provavelmente ultrapassava 180 mil. Aparentemente, também era possível encontrar escravos na maioria das atividades econômicas em toda a província. Os números relativos à população escrava por comarcas em 1821 mostram que, com exceção da comarca menos populosa de Paracatu, os escravos representavam de 29,5% a 39,8% da população total das quatro comarcas restantes.[6]

A partir de meados da década de 1820, o cultivo do café começou a se difundir rapidamente pela província. A criação de gado e o plantio de fumo também mostraram progresso, enquanto as exportações de algodão em rama declinaram abruptamente. A tecelagem de panos de algodão para venda para outras províncias, no entanto, prosseguiu. Em 1830, o presidente da província observou que as exportações de café haviam aumentado mais de 800% desde 1818. Esse rápido crescimento era atribuído a três fatores principais: a abundância de mão de obra liberada pelas atividades mineradoras, a facilidade de obtenção de terras — favorecida anteriormente pela política de concessão de sesmarias — e os altos preços do café. Em tais circunstâncias, no segundo quarto do século XIX, várias grandes fazendas de café empregando trabalho escravo se desenvolveram nos municípios da Zona da Mata, vizinha aos municípios da província do Rio de Janeiro localizados ao longo do Vale do Paraíba. Após 1835, essas fazendas se espalharam gradualmente para o sul de Minas Gerais. De um cultivo realizado principalmente em pequena escala, em roças, o café viu sua importância aumentar de forma notável para se tornar, em algumas décadas, o principal produto de exportação da província. Isso também ocasionou uma crescente movimentação interna de escravos em direção às recém-abertas áreas cafeeiras.[7] A evolução de algumas das principais exportações da província é ilustrada pelos dados reproduzidos na tabela

1, que ilustra o forte aumento das exportações de café e fumo. Considerando-se que Minas Gerais era uma província de interior, os números disponíveis sobre "exportações" muitas vezes se baseiam em dados fiscais coletados em diversas "barreiras" de fronteira. Ainda subsiste o problema de determinar a exportação mineira efetiva ao longo de todo o século XIX com alguma exatidão, e as diversas fontes disponíveis frequentemente apresentam dados contraditórios. Isso se aplica, em particular, ao caso das exportações de café.[8]

Em 1845, sesmarias respondiam por 23,7% do território total da província, enquanto havia uma grande área (cerca de 44%) ocupada por posseiros sem direitos legais em relação à terra.[9] Àquela altura, a maioria da população dedicava-se à agricultura, mas a mineração do ouro não tinha desaparecido por completo. Algumas companhias mineradoras haviam sido constituídas com capital britânico

TABELA I — PRODUTOS DE EXPORTAÇÃO SELECIONADOS DE MINAS GERAIS, 1818-51

PRODUTOS	UNIDADE	1818-9	1839-40	1842-3	1844-5	1850-1
Café	Arrobas[a]	9.707	243.473	263.980	374.392	900.264
Fumo	Idem	46.256	163.271	154.179	—	221.931
Algodão em rama	Idem	81.660	1.575	233	1.275	336
Açúcar	Idem	13.592	5.604	2.007	7.085	7.220
Toucinho	Idem	141.076	181.116	220.301	220.419	230.943
Gado	Cabeças	47.461	50.370	—	53.475	55.488
Porcos	Idem	35.583	21.747	44.819	46.958	39.805
Queijo	Número	600.857	599.006	377.239	395.202	439.297
Panos de algodão	Varas[b]	1.088,952	1.023,338	1.245,229	—	1.875,418

FONTES: Para 1818-9, ver W. L. von Eschwege, "Notícias e reflexões estatísticas da província de Minas Gerais", *Revista do Arquivo Público Mineiro*, v. 4, 1899, p. 749; para 1839-40 e 1842-3, relatórios provinciais citados por Taunay, *História do café no Brasil*, op. cit., v. 3, t. 1, pp. 257 e 259; para 1844-5, *Carteira Estatística de Minas Gerais* (Belo Horizonte: Secretaria de Agricultura, Serviço de Estatística Geral, Imprensa Oficial, 1929, pp. 28-40) (alguns dos dados desta fonte para 1842-3 diferem dos de Taunay); para 1850-1, Sebastião Ferreira Soares, *Elementos de estatística*, op. cit., v. II, p. 307.

[a] Uma arroba = 14,689 quilos.

[b] Uma vara = aproximadamente 1,10 metro.

para explorar as minas de forma mais racional. Em 1848, em um período em que navios de guerra britânicos capturavam navios negreiros brasileiros e em que as autoridades britânicas estavam forçando o Império do Brasil a abolir o tráfico de escravos africanos, três daquelas companhias empregavam de 1.600 a 1.700 escravos em suas operações.[10] Centenas de faiscadores continuavam trabalhando nos leitos dos rios, e algumas fazendas faziam lavagem de ouro associada a outras atividades,[11] mas a maior parte da produção do metal — que aparentemente se recuperou um pouco após o início da década de 1830 — era das companhias britânicas.[12] A mineração de diamantes continuava muito importante do ponto de vista do valor total exportado, mas também empregava um número limitado de trabalhadores.[13]

5.2. A ECONOMIA DE MINAS GERAIS DE MEADOS DO SÉCULO XIX À ABOLIÇÃO: O INSUCESSO DA COLONIZAÇÃO EUROPEIA E A EXPANSÃO DA CAFEICULTURA

No início da década de 1850, pouco depois da supressão definitiva do tráfico de escravos africanos, o café já representava mais da metade do valor oficial total das exportações de Minas Gerais (excluindo produtos da mineração). Um grande número de escravos já estava localizado nos municípios da Zona da Mata, onde a produção de café era predominante. Para servir de ilustração, o município de Mar de Espanha — que, segundo uma fonte, respondia por 15,3% do total das exportações de café da província em 1850-1 — tinha em 1853 uma população escrava de 9.416 indivíduos, em um total de 18.729 habitantes. No entanto, a Zona da Mata e o cultivo do café não concentravam, de forma alguma, a maioria dos escravos da província, que continuavam a ser empregados em uma série de outras ocupações que incluíam a criação de gado e a agricultura, bem como atividades urbanas. Segundo os dados limitados disponíveis para 1853, os municípios mais antigos, como Mariana e Minas Novas, continham o maior número de escravos. Paracatu, Sabará e Serro, cuja agricultura era principalmente voltada para a produção de alimentos e cana-de-açúcar, tinham de 6.700 a 7.600 escravos cada.[14]

Ao final da década de 1850, o cultivo do café havia alcançado a região do chamado Triângulo Mineiro, onde Sacramento era o mais importante município cafeeiro, exportando para Mato Grosso e Goiás.[15] No entanto, a expansão crescente do setor (ver tabela 2) não foi acompanhada por reclamações frequentes quanto à "falta de braços", como ocorria no Rio de Janeiro e em São Paulo. Isso pode ser atribuído ao fato de que, nas áreas mais antigas, o trabalho livre assumia uma maior proporção das ocupações que, anteriormente, tanto escravos quanto homens livres costumavam exercer, permitindo a transferência de escravos para a cafeicultura. Também é possível que essa falta de reclamações tenha se devido, em parte, à existência de importações de escravos da Bahia por via terrestre, muitas vezes mencionada nas fontes da época. Nesse contexto, o café tendeu a se transformar no único produto que, como regra, era cultivado por mão de obra escrava nas grandes propriedades. Até mesmo os engenhos de açúcar, que também empregavam mão de obra escrava, tinham geralmente uma capacidade menor e possuíam plantações de cana menores do que os do Nordeste ou da área de Campos, na província do Rio de Janeiro. O mesmo se aplicava a certas culturas alimentícias, à mandioca e ao fumo. Sem dúvida, grandes propriedades também podiam ser encontradas em áreas de criação de gado, mas suas exigências de mão de obra eram comparativamente pequenas. Além disso, tanto escravos quanto homens livres trabalhavam nessas fazendas de gado, por oposição à situação do setor cafeeiro, onde, como na província do Rio de Janeiro, predominavam os escravos.[16]

Em contraste com as províncias do Rio de Janeiro e São Paulo, as tentativas dos fazendeiros mineiros de introduzir colonos estrangeiros em suas propriedades durante a década de 1850 foram aparentemente raras, tanto no cultivo do café quanto no de outros produtos. Um estudo clássico relata a experiência de um fazendeiro que contratou trabalhadores portugueses para cultivar cana-de-açúcar e trigo em sua propriedade, substituindo assim seus escravos na lavoura. Os trabalhadores livres usavam arados, e em 1855 o fazendeiro observou que dois homens livres e uma junta de bois faziam o trabalho de vinte escravos. Ele também afirmou entusiasticamente a "superioridade" dos trabalhadores livres em relação aos escravos. Ainda tinha a mesma opinião sete anos depois, embora seus trabalhadores estrangeiros tivessem partido em busca de melhores oportunidades e ele estivesse, na época, empregando trabalhadores livres brasileiros. Porém, um experimento isolado como esse, muito embora sugerisse possíveis vantagens do trabalho livre, era uma exceção, e, assim como na província do Rio de Janeiro, os grandes fazendeiros de café permaneciam fortemente comprometidos com o trabalho escravo.[17] O uso de arados e outros implementos agrícolas também continuava raro.

TABELA 2 — EXPORTAÇÕES ESTIMADAS DE CAFÉ DE MINAS GERAIS, 1850-1 A 1900 (EM MILHARES DE ARROBAS)

ANO	EXPORTAÇÕES TOTAIS (EM MILHARES DE ARROBAS)[a]	ANO	EXPORTAÇÕES TOTAIS (EM MILHARES DE ARROBAS)[a]
1850-1	900,6	1875-6	2.001,0
1851-2	541,9	1876-7	2.623,7
1852-3	740,6	1877-8	2.463,9
1853-4	627,2	1878-9	4.059,2
1854-5	748,5	1879-80	2.839,4
1855-6	815,9	1880-1	5.357,9
1856-7	968,2	1881-2	3.516,9
1857-8	686,1	1882-3	5.608,6
1858-9	889,8	1883-4	3.592,4
1859-60	688,9	1884-5	4.147,1
1860-1	1.539,8	1885-6	5.776,9
1861-2	1.092,6[c]	1886-7	6.456,6[b]
1862-3	647,7	1888	5.047,7
1863-4	994,6	1889	4.629,7
1864-5	1.476,0	1890	3.883,5
1865-6	1.303,7	1891	6.329,1
1866-7	2.150,3	1892	6.480,4
1867-8	2.131,0	1893	5.253,1
1868-9	2.739,6	1894	5.970,0
1869-70	1.489,4	1895	6.734,9
1870-1	3.034,4	1896	7.207,1
1871-2	1.233,8	1897	10.261,9
1872-3	2.639,4	1898	8.776,6
1873-4	1.505,0	1899	9.016,0
1874-5	3.157,1	1900	6.916,4

FONTE: A. Alvim, *Confrontos e deduções*, op. cit., pp. 79-82 (ver também nota 8).

[a] Em 1874, a arroba passou de 14,689 quilos para quinze quilos.
[b] Inclui aparentemente três semestres, marcando a mudança do ano fiscal para o ano-calendário.
[c] Total controvertido.

Embora a utilização de colonos estrangeiros nas propriedades agrícolas ainda fosse limitada, houve alguma imigração estrangeira para a província voltada para outras ocupações e, em especial, para atividades comerciais e artesanais nas cidades.[18] No início da década de 1850, mais de mil alemães foram trazidos para Minas Gerais por uma companhia privada para trabalhar na construção da estrada carroçável União e Indústria até a cidade do Rio de Janeiro, que iria canalizar uma parte substancial do café de Minas Gerais até a chegada das ferrovias à província. A mesma companhia fundou a colônia de d. Pedro II, próxima a Juiz de Fora, na qual os imigrantes podiam se tornar pequenos proprietários rurais. Em 1860, a colônia abrigava 1.144 pessoas agrupadas em 261 famílias.[19]

Outra companhia de transportes decidiu iniciar a navegação a vapor no rio Mucuri e construir as estradas necessárias para ligar Minas Gerais ao litoral através da província do Espírito Santo. Essa companhia também atraiu imigrantes estrangeiros, dando preferência inicialmente aos colonos com alguns recursos próprios; em 1858, 1.031 imigrantes estrangeiros já haviam sido assentados como pequenos proprietários em terras vendidas pela companhia.[20] No início, escravos foram empregados na construção das estradas, mas, como se tratava de uma prática contrária à intenção do diretor da companhia, este mandou buscar trabalhadores em Potsdam, na Prússia. A escolha desses imigrantes estrangeiros não foi criteriosa, e os trabalhadores causaram sérios problemas após sua chegada, criando uma má reputação para a área. Como resultado disso, e devido às condições miseráveis de alguns deles verificadas por um enviado suíço, não se seguiram novos contingentes. Com exceção da colônia militar de Urucu, fundada para proteger os colonos do Mucuri e que tinha apenas 441 habitantes em 1873, nenhuma nova colônia foi criada na região durante as décadas seguintes, e a imigração estrangeira para Minas Gerais consistiu principalmente em entradas espontâneas.[21]

A década de 1860 foi caracterizada por um ressurgimento temporário das exportações de algodão em rama e por um aumento notável das exportações de fumo — ambos desdobramentos ocasionados inicialmente pelos preços internacionais favoráveis causados pela Guerra Civil nos Estados Unidos. Em 1867, 110 norte-americanos chegaram à região do rio das Velhas com a intenção de plantar algodão. Apesar das vantagens que lhes foram oferecidas pelo governo provincial, atrasos na demarcação das terras levaram-nos a se dispersar em 1869, e não houve novas chegadas. Após 1872, as exportações de algodão em rama declinaram abruptamente, mas o fumo continuou a ser um produto de exportação importante da província.[22] No que diz respeito a outros produtos de exportação, as vendas de gado em pé exibiam, ao final da década de 1860, um nível aparentemente sem precedentes, e continuaram a crescer ao longo do início da década de 1870. As exportações de porcos declinaram um pouco — certamente devido a um maior consumo interno de carne suína, e não a quedas na produção —, enquanto as de toucinho permaneceram estacionárias e as de queijo mostraram algum progresso. As exportações de açúcar também parecem ter alcançado sua mais alta média quinquenal durante o terceiro quarto do século XIX, ao final da década de 1860. A produção de diamantes, mesmo absorvendo um número não muito importante de trabalhadores, continuou resultando em exportações com um valor significativo. A partir de diversos relatórios da Fazenda, é possível acompanhar a evolução das exportações de diamantes pelo porto do Rio de Janeiro de 1854-5 a 1875-6, que certamente provinham em grande parte de Minas Gerais. Observa-se um valor anual médio exportado ainda elevado, da ordem de 2.677 contos de réis entre 1860-1 e 1869-70, correspondendo a uma média de 19.614 gramas ou 5.463 oitavas por ano, bem como, posteriormente, uma tendência decrescente do volume de diamantes exportado que, após a década de 1860, é parcialmente explicada pela competição dos diamantes do Cabo (África do Sul). A queda se acentua nos anos 1870, tendo o valor dos diamantes exportados pelo porto do Rio de Janeiro, no triênio 1873-4 a 1875-6, se reduzido para uma média de apenas 440, correspondendo a somente 4.093 gramas ou 1.140 oitavas por ano.

Em comparação, naquela mesma década de 1860, as exportações de ouro em pó e em barras pelo porto do Rio de Janeiro, também oriundas basicamente de Minas Gerais, alcançaram uma média de 1.262,2 contos de réis (ou seja, menos da metade do valor dos diamantes), aumentando, no entanto, para uma média de cerca de 1.610,3 contos entre 1873-4 e 1875-6 (ou seja, para quatro vezes o valor dos diamantes exportados pelo mesmo porto nesse triênio). Segundo valores oficiais, enquanto no biênio 1851-2 a 1852-3 as exportações de ouro e diamantes teriam respondido por cerca de 5,5% do valor total das exportações do Brasil, naquele mesmo triênio elas passaram a responder por apenas 1,1%.[23]

Apesar do volume crescente de exportações de outros produtos e dos primeiros sinais de esgotamento do solo dos municípios cafeeiros ocupados havia mais tempo, a produção de café continuou a crescer à medida que a cafeicultura se espalhou por novas áreas. As exportações físicas de café praticamente dobraram do início da década de 1860 ao início da década de 1870, quando seu valor já ultrapassava 10 mil contos de réis.[24] Portanto, com base nos dados disponíveis para a década de 1860, a atração de escravos para o cultivo do café que se verificou durante a década aparentemente não afetou seriamente o volume de exportações físicas da maioria dos outros produtos importantes da província. Na ausência de importações interprovinciais significativas de escravos, isso poderia servir de suporte à hipótese de que a realocação de escravos entre as atividades econômicas foi acompanhada por uma utilização crescente de mão de obra livre em outros setores que não o cafeeiro.

Os dados oficiais do "censo de 1872" — recenseamento de nível nacional que foi realizado em Minas Gerais durante o ano de 1873 — mostram uma população total de 2.102.689 habitantes na província, mas só existem informações detalhadas sobre status, cor, sexo etc. para 2.039.735 pessoas. O número de escravos listados alcançava 370.459, chegando a 18,2% desse total de habitantes. Caso se aceite uma proporção semelhante para os 62.954 habitantes não listados segundo seu status, a população escrava de Minas Gerais possivelmente alcançava 380 mil pessoas, de longe o maior número absoluto do Império.

A grande população livre oculta a importância efetiva da escravidão para a economia de Minas Gerais, que continuava em larga medida baseada na agricultura e na criação de gado. De fato, os dados sobre ocupações mostram que havia na província 579.439 "lavradores e criadores", dos quais 278.767 (ou 48,1%) aparentemente eram escravos. Esses números, porém, precisam ser considerados com reserva, pois é pouco provável que as profissões listadas pelo censo forneçam uma verdadeira indicação sobre as ocupações dos escravos e da população como um todo.[25] Por exemplo, no que diz respeito aos artesãos e trabalhadores "industriais", parece claro que os escravos artesãos, mineiros e ferreiros da zona rural não estão listados na categoria correta. Nesse sentido, existem diversas referências a escravos e trabalhadores livres em numerosas oficinas de fundição espalhadas pela província, e estas podiam dispor de depósitos de minério de ferro abundantes e de fácil acesso, tendo assim sobrevivido até o século XX, enquanto, em 1879, a Saint John d'el Rey Mining Co. ainda tinha centenas de escravos trabalhando na mineração do ouro.[26] Apesar das deficiências dos dados censitários, e levando em conta até mesmo um considerável exagero na quantidade de escravos listados como trabalhadores nas fazendas, tudo indica que eles ainda representavam uma fração bastante importante dos trabalhadores agrícolas da província. Aproximações grosseiras quanto ao número de escravos envolvidos diretamente no cultivo do café podem ser feitas com base nos dados disponíveis (e muitas vezes contraditórios) sobre as exportações de café, em hipóteses relativas à produtividade, e partindo do princípio de que os escravos produziam a maior parte do café exportável da província. Essas aproximações resultam em um total de escravos empregados na cafeicultura que não excederia 42 mil.[27] Caso esses números e os dados censitários estejam aproximadamente corretos, pareceria não apenas que os escravos continuavam importantes em outras produções agropecuárias, mas também que novas transferências de outras atividades para a cafeicultura poderiam ser viáveis em maior escala do que no Rio de Janeiro e em São Paulo. É preciso ainda enfatizar que, apesar da presença de escravos em outras atividades econômicas que não a produção de café, era sobretudo nesta última que eles constituíam a quase totalidade da mão de obra, como também era o caso no setor cafeeiro da província do Rio de Janeiro.

Segundo os números disponíveis, as exportações de café de Minas Gerais praticamente dobraram, mais uma vez, entre o início da década de 1870 e o início da de 1880, embora apresentassem fortes flutuações anuais (ver tabela 2). Novas áreas se tornaram cada vez mais importantes ao longo da década, à medida que alguns dos municípios de café mais antigos da "velha" Zona da Mata sofriam com o esgotamento de seu solo e com o envelhecimento de seus pés de café. Juiz de Fora se tornou o município cafeeiro com o maior número de escravos, ultrapassando Leopoldina.[28] Com relação a outros produtos importantes de exportação da província, segundo números "oficiais", somente o gado em pé e o queijo exibiam uma tendência à alta no final da década de 1870. Depois de alcançarem um máximo de cerca de 5.260 toneladas em 1872-3, as exportações de fumo flutuaram por volta de 80% desse total, ou menos, até o final do século. As exportações de toucinho alcançaram em 1871-2 seu nível mais alto antes da Abolição, quando chegaram a 4.392 toneladas. As exportações de algodão em rama se tornaram desprezíveis, e as de tecido de algodão caíram para 148.676 metros em 1882. Poucos outros produtos de exportação exibiram aumentos sustentados, e as exportações excepcionais de gêneros alimentícios no final da década de 1870 podem ter estado associadas à seca no Nordeste. Nessa época, as exportações de café já representavam aproximadamente dois terços do valor oficial total das exportações da província, e o ouro preservava mais importância que os diamantes.[29]

É possível que as transferências de escravos para o cultivo do café, associadas a um contingente de escravos em queda na província — como resultado da Lei do

Ventre Livre de 1871, de mortes e de manumissões —, tenham afetado algumas de suas exportações. Porém, como a maior parte dos produtos de exportação mineiros também era consumida internamente, a evolução comparativamente lenta de determinadas exportações pode estar relacionada a um consumo interno crescente, e não a um "problema de mão de obra". De fato, era a antiga Zona da Mata, com a produtividade declinante de suas fazendas de café e seu compromisso com a escravidão e o trabalho em turmas, que parecia mais vulnerável diante de uma eventual abolição.

Os dados sobre a evolução da população escrava "matriculada" de Minas Gerais até 1887 não são muito confiáveis, já que dependiam de um número inicial aparentemente incompleto e inadequadamente atualizado. O relatório provincial de Minas Gerais de 1883 ainda listava 311.666 escravos na província, por oposição ao relatório do Ministério da Agricultura do mesmo ano, que listava apenas 279.010 escravos. Esse último número é aproximadamente o mesmo que aparece no relatório ministerial anterior, relativo a 1880 e excluindo oito municípios. O número total de escravos da província era possivelmente muito menor em 1883, mas, feitas as devidas ressalvas quanto à sua confiabilidade, os dados do relatório provincial indicavam que os nove principais municípios cafeeiros ainda abrigavam cerca de 93 mil escravos naquele ano. Os totais para a maioria desses municípios apontavam um aumento com relação aos do censo de "1872", enquanto aqueles relativos aos ex-municípios mineradores do centro da província mostravam declínios significativos.[30] Métodos indiretos, como aqueles usados anteriormente, se aplicados aos números disponíveis sobre as exportações por volta de 1882-3, indicariam um número total de escravos "empregados" na cafeicultura que ficaria em torno de 78 mil.[31]

A informação disponível indica que, no início da década de 1880, a maioria dos trabalhadores do setor cafeeiro de Minas Gerais ainda era escrava. Dados sobre 153 fazendas de café hipotecadas junto ao Banco do Brasil mostravam uma média de 36 escravos por fazenda e 3.706 pés de café por escravo. Dados sobre dez grandes fazendas de Juiz de Fora, Mar de Espanha e Leopoldina, que tinham em média 91 escravos, apontam que 63% desses escravos estavam empregados no trabalho no campo, e que o número de pés de café por escravo ultrapassava 4 mil. Refletindo a produtividade em declínio daquela área, a produção por pé de café atingia em média 330 gramas, e a produção anual por escravo era de aproximadamente dezenove sacas.[32]

Segundo os números disponíveis, o volume total de exportações de café de Minas Gerais pelo porto do Rio de Janeiro pouco progrediu após 1882-3, alcançando um nível máximo em 1885-6 e declinando posteriormente até 1890. A matrícula dos escravos de 1886-7 mostrava que Minas Gerais ainda tinha 191.952 escravos, dos quais 153.743 eram listados como lavradores de quinze anos de idade ou mais. Caso se acrescentassem a estes os ingênuos acima de dez anos de idade, e caso todos tivessem sido transferidos gradualmente para o cultivo do café, poderiam ter aumentado de forma substancial a produção cafeeira a partir do final da década de 1880 e no período subsequente. Porém, a população escrava permanecia relativamente espalhada por toda a província, apesar de uma relativa concentração nas áreas cafeeiras.[33]

Em meados da década de 1880, a imigração estrangeira ainda era limitada, alcançando cerca de mil ou 1.500 entradas por ano, segundo um observador da época.[34] Ao comentar as diferenças na receita das províncias de Minas Gerais e do Rio de Janeiro, um estrangeiro notou em 1887 que "a maior parte da população [da província de Minas Gerais] [...] dedicava-se à criação de gado, à agricultura e a roças em posses", por oposição à predominância do café e do açúcar na província do Rio de Janeiro. De fato, a área cultivada por pequenos proprietários e sitiantes era proporcionalmente grande em Minas Gerais, e aparentemente muitos dos ex-escravos, quando libertados, voltavam-se para a agricultura de subsistência buscando evitar o trabalho regular nas fazendas. Os métodos agrícolas continuavam bastante atrasados. A técnica do desmatamento e da queimada continuava sendo a regra, exigindo muitas vezes um cultivo extensivo, dada a ausência generalizada de uso de adubos. Máquinas para melhorar o processamento haviam sido introduzidas principalmente nas fazendas de café, enquanto permaneciam limitadas no setor açucareiro. Assim, o primeiro engenho central de açúcar mineiro só começou a operar em 1884, no município de Rio Branco. Implementos agrícolas, a não ser as ferramentas manuais tradicionalmente utilizadas, também eram raros. O apego à rotina ainda estava presente na criação de gado, onde haviam sido poucas as tentativas de melhoramento de raças, e a forragem consistia no capim das pastagens naturais. Na verdade, as melhorias só viriam depois da Abolição, uma vez que a raça bovina zebu — que seria essencial para a expansão do setor durante o século XX — somente foi introduzida em 1888.[35]

Ao final de 1886, ao que tudo indica, poucas eram as fazendas de café mineiras que tinham recorrido ao trabalho livre. Enquanto os fazendeiros do centro-

-oeste paulista, diante das fugas de escravos, inclinaram-se ao caráter inevitável da abolição e voltaram-se para os imigrantes estrangeiros, estes últimos eram raros no trabalho agrícola das fazendas de Minas Gerais. As autoridades provinciais estavam cientes das vantagens que poderiam advir da imigração estrangeira e, nesse sentido, mostraram-se dispostas a adotar legislação para promovê-la. Ao contrário da experiência da província algumas décadas antes, quando o estabelecimento de núcleos coloniais havia sido estimulado, a lei imperial n. 3.417, de 26 agosto de 1887, deu prioridade à introdução de imigrantes a serem distribuídos como trabalhadores nas fazendas particulares. A fundação de núcleos coloniais de pequenos proprietários estrangeiros em Minas Gerais era vista como medida subsidiária, com fins específicos. Segundo o presidente da província, os objetivos eram

> estabelecer as famílias que acabassem não encontrando trabalho nas fazendas; fixar os imigrantes que dispusessem de alguns recursos e que preferissem obter seu próprio lote de terra; e, por fim, organizar o trabalho da terra segundo métodos europeus, de modo que os agricultores brasileiros pudessem ter uma demonstração empírica dos resultados do método de cultivo intensivo, no qual atualmente ninguém confia.[36]

No início de 1888 começaram a ocorrer casos de fugas de escravos, e alguns fazendeiros de café passaram a conceder liberdade incondicional a seus escravos.[37] No entanto, a maioria dos fazendeiros dos antigos municípios de café da Zona da Mata parece ter tido uma atitude semelhante à dos fazendeiros da província do Rio de Janeiro, tentando preservar o trabalho escravo em turmas até a abolição definitiva, que viria em 13 de maio de 1888. Nesse contexto, assim como no Rio de Janeiro, a abolição sem indenização causou uma desorganização comparativamente muito maior da produção agrícola em Minas Gerais do que em São Paulo.[38]

5.3. AS CONSEQUÊNCIAS ECONÔMICAS DA ABOLIÇÃO NO CONTEXTO DE UMA IMIGRAÇÃO EUROPEIA LIMITADA

A atitude inicial de muitos libertos foi abandonar as fazendas e reunir-se em cidades e vilas para comemorar seu novo status social. Em ocasiões muito menos frequentes, eles permaneceram nas propriedades como assalariados de seus antigos donos, atitude certamente associada a um tratamento comparativamente melhor por parte destes últimos no passado. Em determinadas áreas, como Cataguases e Monte Azul, as colheitas de gêneros alimentícios foram quase totalmente perdidas, e os escravos demoraram vários meses para voltar ao trabalho. Em Cataguases, alguns fazendeiros de café conseguiram contratar trabalhadores a salários elevados. Segundo um observador estrangeiro,

> um fazendeiro inteligente de Cataguases [...] havia conseguido trabalhadores libertos [...] durante a época da safra, pagando-lhes de quatro a sete shillings por dia [...]. Todos eles paravam de trabalhar assim que conseguiam ganhar um guarda-chuva, um par de botas, um par de chinelos, um casaco de tecido preto e um chapéu de feltro, e depois disso não realizavam mais trabalho algum, ou muito pouco.[39]

Isso reforça o argumento de que muitos ex-escravos exibiam uma forte preferência pelo lazer, uma vez satisfeitas suas limitadas necessidades, o que também é sugerido por indícios semelhantes observados em outros estados. Em São João Nepomuceno, os fazendeiros e políticos locais tentaram adotar medidas para "auxiliar" os ex-escravos, de forma a restaurar o cultivo regular das propriedades o quanto antes. Também houve exemplos de generosidade desinteressada. Assim, um proprietário de Barbacena doou a cada um de seus ex-escravos um alqueire e meio de terra "com escritura passada a filhos e netos, sem poder vender a terceiros, para evitar maus vizinhos". De modo geral, porém, na maioria dos municípios cafeeiros houve indignação generalizada contra o governo imperial e pessimismo em relação ao futuro.[40]

De fato, a consequência imediata da Abolição de 1888 parece ter sido a relutância inicial de uma grande proporção dos ex-escravos das fazendas em voltar a suas ocupações anteriores. Essa alternativa pode ter sido favorecida pela vasta extensão da província, que os "incentivava" a se tornarem posseiros praticando a agricultura de subsistência, e pela atração de diversos pequenos centros urbanos, mas tais opções não estavam abertas para todos os libertos. Dados sobre as exportações de café da província parecem confirmar a desorganização temporária da produção agrícola mencionada por diversos autores e observadores da época.[41] Segundo os números adotados nas publicações estatísticas oficiais do estado de Minas Gerais, as exportações de café, que haviam caído após 1886, continuaram a declinar de 1888 a 1890. No entanto, o setor logo se recuperou, e em 1891 as exportações aparentemente já excederam seu máximo anterior de 1885-6, alcançando 10.261,9 mil arrobas (de quinze quilos cada) em 1897 (ver tabela 2) e 12.548 mil arrobas em 1900, quase dobrando desde o início da década.[42] No que diz respeito a outros produtos de exportação do estado, a tendência ao crescimento nem sempre estava clara no caso dos gêneros alimentícios e outros produtos para os quais também havia consumo doméstico. Assim, as exportações de toucinho e fumo tenderam a aumentar durante a década, mas não ultrapassaram seus níveis máximos respectivos do início da década de 1870. Todavia, as exportações de gado em pé e de queijo, sobretudo deste último produto, mostraram um progresso notável, beneficiando-se do mercado em expansão da cidade do Rio de Janeiro. Em alguns dos municípios cafeeiros da antiga Zona da Mata, tal como ocorrera nos municípios fluminenses do oeste do Vale do Paraíba, os velhos cafezais foram sendo gradualmente substituídos por pastagens.[43] Novos produtos, como o tecido de algodão produzido em fábricas, o minério de ferro e o manganês, também se tornaram cada vez mais importantes. Segundo uma fonte oficial, as exportações de ouro alcançaram em média 3.092 quilos entre 1896 e 1900, total anual superior aos verificados por volta de 1820 e durante as décadas de 1860 e 1870.[44] No entanto, apesar da diversificação cada vez maior da economia do estado e do crescimento de um pequeno setor industrial que se beneficiava do influxo de trabalhadores e empresários estrangeiros, no que diz respeito ao total de suas exportações, o estado de Minas Gerais continuou profundamente dependente do café durante a década de 1890. A participação do café no valor total das exportações do estado durante essa década foi em média de 70%, chegando quase a 77% em 1897. Depois da subsequente queda dos preços do café, essa proporção declinou, mas ainda alcançava 58% em 1900.[45]

O aumento da produção e das exportações de café durante a década de 1890 resultou principalmente da expansão do seu plantio nas novas áreas do leste e do sul de Minas Gerais, possibilitada por um aumento da oferta de mão de obra de várias fontes. Em primeiro lugar, muitos ex-escravos de diversos municípios voltaram gradualmente para as fazendas.[46] Em segundo lugar, brasileiros livres foram atraídos de outras atividades para trabalhar de forma permanente ou temporária no cultivo do café, onde podiam auferir rendimentos comparativamente mais elevados, sobretudo enquanto perduraram os altos preços do produto. Houve reclamações, por parte de autoridades da época, quanto ao desvio de trabalhadores da produção de alimentos para a de café, que fez a primeira retroceder em determinadas áreas e teve como resultado a elevação do preço dos gêneros alimentícios.[47] Por fim, embora em escala muito menor do que em São Paulo, um certo número de imigrantes estrangeiros chegou à província mineira durante a década de 1890, muitos dos quais foram para as fazendas de café.

Na época da Abolição, a imigração estrangeira para Minas Gerais ainda era limitada. Assim, os dados disponíveis indicam 7.248 entradas em 1888 e 3.711 em 1889. Mesmo levando em conta as entradas não computadas, esses totais eram pouco relevantes quando comparados ao número de escravos ainda matriculados em 1887. Alguns núcleos coloniais de pequenos proprietários estrangeiros foram fundados em 1888-9 sem grande sucesso, e, de fato, a primeira necessidade da província reconhecida pelo governo local era a oferta de trabalhadores para as fazendas.[48] Durante os anos seguintes ocorreram entradas espontâneas de italianos de São Paulo nas áreas cafeeiras adjacentes de Minas Gerais, mas só depois de 1892 é que a imigração foi realmente estimulada, uma vez que o governo do estado decidiu subsidiar os imigrantes estrangeiros concedendo-lhes passagens gratuitas. Essa iniciativa foi mais bem-sucedida do que os núcleos coloniais, e foi realizada por meio de órgãos do estado, incluindo um escritório em Gênova que efetuava uma seleção prévia dos candidatos à emigração para Minas Gerais e, em seguida, contratava o seu transporte. Assim, enquanto entre 1891 e 1893 registraram-se oficialmente apenas 9.374 entradas de imigrantes em Minas Gerais, de 1894 a 1897 teriam entrado 51.259 imigrantes subsidiados pelo estado. Desses, 92% eram italianos, e a maioria foi enviada para as fazendas de café. Em 1895, segundo dados oficiais, dos 4.912 imigrantes cujo destino foi verificado, 3.631 (ou 73,9%) dirigiram-se às fazendas de café, enquanto 1.264 rumaram para os centros urbanos e apenas dezessete foram para os núcleos coloniais. Outros 81 morreram na hospedaria, e o resto teve destino desconhecido. Dos 17.578 ingressados em 1897, 13.568 foram para fazendas, representando 87,9% dos imigrantes para os quais havia informações disponíveis sobre o destino. De 1898 a 1900, quando a Superintendência da Imigração havia praticamente deixado de operar à medida que se agravavam as dificuldades financeiras do estado mineiro, 2.327 imigrantes de um total de 3.038 (incluindo 150 com destino desconhecido) também se dirigiram para fazendas. Portanto, provavelmente três quartos dos imigrantes estratégicos que entraram em Minas Gerais foram para fazendas no período de 1894 a 1900. No que diz respeito à idade, 33.514 imigrantes (ou 61,7%) de um total de 54.297 eram maiores de doze anos. Por fim, durante o mesmo período, 24.506 (ou

45,1%) dos imigrantes eram mulheres, o que sugere que a imigração de famílias era certamente importante.[49]

Em 1900, o recenseamento do estado, universalmente reconhecido como deficiente, registrou 141.647 estrangeiros (correspondendo a apenas 3,9% da população total) contra 46.787 em 1890 — número este que não incluía todos os estrangeiros localizados em Minas Gerais, por causa da "Grande Naturalização". Supondo que critérios semelhantes tenham sido adotados nos dois recenseamentos, esses números sugeririam um influxo líquido de talvez 90 mil imigrantes, entre espontâneos e subsidiados, durante a década de 1890 — menos de um quinto das entradas líquidas em São Paulo.[50]

Como no caso de São Paulo, onde a situação do norte decadente contrastava com a do oeste em expansão, havia em Minas Gerais áreas cafeeiras antigas e novas, onde a "questão da mão de obra" causada pela Abolição assumiu dimensões diferentes. A situação da chamada "antiga" Zona da Mata era semelhante à dos municípios do oeste do Vale do Paraíba, no estado do Rio de Janeiro. A região continha cafezais cada vez mais envelhecidos, e seus solos estavam esgotados. A consequente organização do trabalho foi, portanto, parecida: a maior parte dos cafeicultores recorreu ou à parceria ou ao trabalho assalariado em turmas, já que, na maioria dos municípios, a empreitada — o contrato de colonos típico de São Paulo — não era atraente para os trabalhadores por causa da baixa produtividade dos pés de café.[51] Em meados da década de 1890, um fazendeiro observou que as antigas áreas de café do estado estavam muito decadentes e que vinham sendo temporariamente sustentadas pela taxa cambial desvalorizada, que resultava em altas receitas em moeda local. Ele reclamava que os jornaleiros exigiam salários altos e alimentação variada, além de determinarem seus próprios horários de trabalho e descanso. Aqueles empregados na formação de cafezais novos nas fazendas que ainda dispunham de algumas terras virgens supostamente davam mais atenção a suas "próprias" áreas plantadas com culturas alimentícias do que à manutenção dos pés de café. Por fim, ele observou que a desorganização do trabalho e a decadência do café em municípios como Mar de Espanha, Rio Novo, São João Nepomuceno, Pomba, Palmira, Lima Duarte e até mesmo Juiz de Fora não haviam sido compensadas pela imigração estrangeira. De fato, os estrangeiros em grande parte se dirigiram à "nova" Zona da Mata e ao sul do estado de Minas Gerais, onde muitos italianos entraram em contratos de empreitada durante a década de 1890, a exemplo de seus compatriotas em São Paulo. Essas áreas também eram mais atraentes para libertos e brasileiros livres, que possivelmente também aceitavam os mesmos tipos de contrato. Os problemas de mão de obra, portanto, eram menos sérios nas áreas de café comparativamente novas, e o mesmo fazendeiro anteriormente citado frisou a prosperidade e a importância econômica de municípios como Cataguases, Viçosa, São Paulo do Muriaé, Manhuaçu, Caratinga, Carangola, Santa Luzia e Abre-Campo.[52]

A tabela 3 mostra os municípios cafeeiros que abrigavam mais de 1.100 italianos no início dos anos 1900 e especifica o tipo predominante de contrato de trabalho nos diferentes municípios. Como se referem à situação após a crise do café, os dados não mostram até que ponto os contratos de empreitada ou "de colono" foram comuns durante os anos 1890. De fato, diante do declínio abrupto dos preços do café após 1898, mesmo nas áreas comparativamente novas, muitos fazendeiros mineiros recorreram a contratos de parceria, em que os trabalhadores compartilhavam parte do risco das flutuações do preço do café e era preciso desembolsar menos em espécie, ou então a trabalhadores diaristas (incluindo alguns estrangeiros), o que permitia obrigações fixas de menor valor e uma maior flexibilidade da mão de obra, embora envolvesse pagamentos em dinheiro. No início da década de 1900, os contratos de parceria na cafeicultura atribuíam ao colono metade do café por ele colhido, além do direito de cultivar gêneros alimentícios nos intervalos das fileiras de pés de café, bem como de criar animais. Os colonos muitas vezes recebiam adiantamentos do fazendeiro e raramente vendiam seu próprio café, por motivos práticos. Quando isso era possível, precisavam pagar ao fazendeiro pelo processamento de seu produto, o que era feito à tarifa de 250 a trezentos réis por arroba. Caso os preços oferecidos por terceiros e pelos fazendeiros pelo café dos colonos fossem iguais, os fazendeiros tinham preferência.[53] Durante a década de 1890, porém, a empreitada parece ter sido, de fato, o contrato de trabalho predominante nas novas áreas cafeeiras, o preferido pelos fazendeiros e o que envolveu a maioria dos colonos estrangeiros. Segundo um observador, no início dos anos 1900, genericamente falando, a empreitada predominava, com algumas exceções, no sul e no oeste de Minas Gerais, enquanto a parceria era preponderante na Zona da Mata, no leste do estado.[54]

Apesar de sua importância local para a cafeicultura em alguns municípios, os colonos estrangeiros jamais constituíram uma fração predominante da força de trabalho total do setor cafeeiro como um todo em Minas Gerais, como acontecia em São Paulo. Os dados sobre emprego do censo de 1900 mostram que, de um

Corte do pau-brasil, primeiro produto de exportação da colônia que também motivou incursões francesas à costa do Brasil. Painel de madeira, visão imaginária dos indígenas brasileiros, *c.* 1530, Museu de Rouen, França.

Ilustração da prosperidade de Pernambuco (*c.* 1624) com a produção de açúcar, mandioca e frutas, que acabou motivando a invasão holandesa do Nordeste brasileiro (1630-54) pela Companhia das Índias Ocidentais, facilitada pela captura da frota de prata da América Espanhola em 1628.

Detalhe de *Festejo no arraial*, Frans Post, *c.* 1652. Índios brasileiros e escravos africanos no Brasil holandês.

Engenho de mandioca, Frans Post, 1651. A farinha de mandioca era o alimento básico da população colonial.

Mapa do Brasil holandês de Georg Marcgraf, com representação de engenho de açúcar movido a água, vinheta de Frans Post, 1647.

Escravos trabalhando na produção do fumo em uma colônia nas Antilhas, com tecnologia semelhante à utilizada no Brasil, século XVII. O fumo era então o segundo maior produto agrícola brasileiro de exportação.

EU ELREI. Faço ſaber aos que eſte Alvará com força de Lei virem, que por quanto o Santo Padre Benedicto XIV. ora Preſidente na Univerſal Igreja de Deos pela Conſtituiçaõ de vinte de Dezembro do anno de mil ſetecentos quarenta e hum, reprovando todos os abuſos, que ſe tinhaõ feito da liberdade dos Indios do Braſil, com tranſgreſſaõ das Leis, Divinas, e Humanas, condemnou debaixo das penas Eccleſiaſticas, na meſma Conſtituiçaõ declaradas, a eſcravidaõ das peſſoas, e uſurpaçaõ dos bens dos ſobreditos Indios: E por quanto pelos meus Alvarás dados nos dias ſeis, e ſete do mez de Junho do anno de mil ſetecentos cincoenta e cinco, conformando-me com a meſma Conſtituiçaõ Apoſtolica, e excitando efficazmente a obſervancia de todas as Leis, que os Senhores Reis, meus Predeceſſores haviaõ ordenado aos meſmos uteis, e neceſſarios fins do ſerviço de Deos, e meu, e do Bem commum dos meus Reinos, e Vaſſallos delles; eſtabeleci inviolavelmente a liberdade das Peſſoas, bens, aſſim de raiz, como ſemoventes, e móveis a favor dos Indios do Maranhaõ, e o independente exercicio da Agricultura, que por elles for feita, e do commercio, a que ſe applicarem; dando-lhes huma fórma de governo propria para civilizallos, e attrahillos por eſte unico, e adequado meio ao Gremio da Santa Madre Igreja: Conſiderando a maior utilidade, que reſultará a todos os ſobreditos reſpeitos de fazer as referidas duas Leis geraes em beneficio de todo o Eſtado do Braſil: E declarando, e ampliando o conteúdo nellas: Ordeno, que a ſua diſpoſiçaõ ſe eſtenda aos Indios, que habitaõ nos meus Dominios em todo aquelle continente, ſem reſtricçaõ alguma, e a todos os ſeus bens, aſſim de raiz, como ſemoventes, e móveis, e a ſua lavoura, e commercio, aſſim, e da meſma ſorte, que ſe acha expreſſo nas referidas Leis, ſem interpretaçaõ, reſtricçaõ, ou modificaçaõ alguma, qualquer que ella ſeja: porque em tudo, e por tudo quero, que ſejaõ julgados, como actualmente

Página anterior:
Alvará de 1758 que estendeu a liberdade a todos os índios do Brasil.

Extração de diamantes, com trabalho escravo, Carlos Julião, *c.* 1775-90.

Escravos e senhora em cadeirinha no final do século XVIII em Salvador, Bahia, Carlos Julião, *c.* 1779.

Escravos urbanos, final do século XVIII, Carlos Julião, *c.* 1775-90.

Aqueduto e cena urbana com escravos, Rio de Janeiro, último quartel do século XVIII, obra atribuída a Leandro Joaquim, Museu Histórico Nacional.

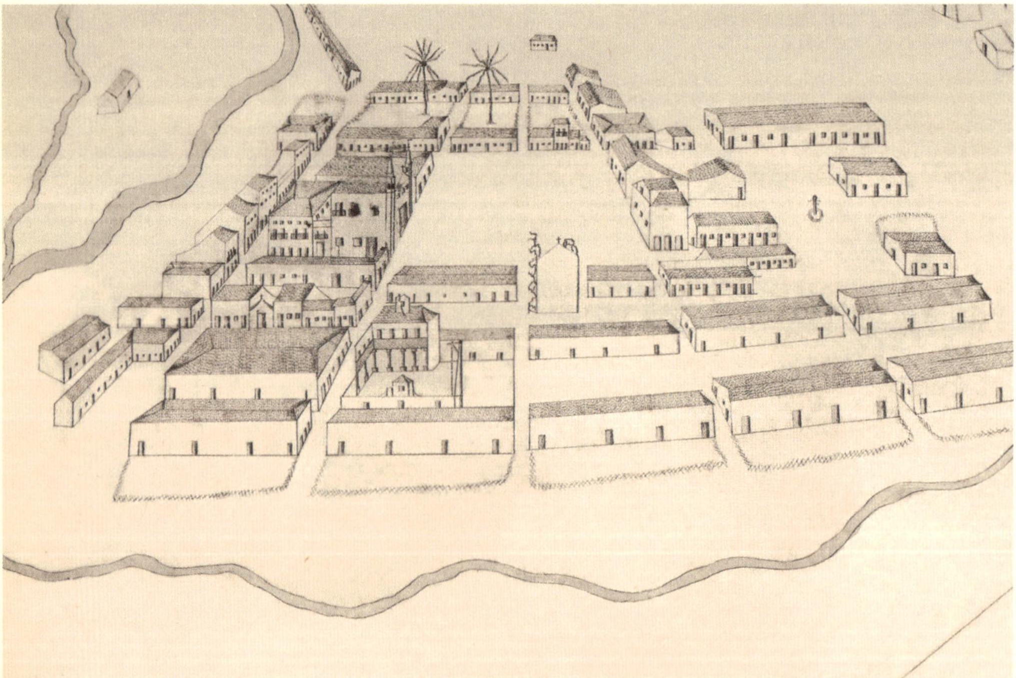

Centro urbano no Nordeste, Parnaíba, Piauí, 1809.

Engenho de açúcar movido a água, da segunda década do século XIX, descrito por Henry Koster, em *Travels in Brazil*, 1816.

Casa da fazenda Pau Grande em Paty do Alferes, Rio de Janeiro, que permanece tal como descrita por St.-Hilaire em 1816.

Bananeira e escravo com enxada, Augustus Earle, c. 1822.

Escravos trabalhando em pedreira de granito, Jean-Baptiste Debret, 1835.

Sertanejo em Pernambuco, Charles Landseer, 1825-27.

Um carregador de algodão, Henry Koster, c. 1816. O algodão era o segundo maior produto de exportação do Brasil à época.

Colheita de café, J. M. Rugendas. O café passou a ser o primeiro produto de exportação do Brasil em 1831.

Escravos carregadores de café a caminho da cidade, Jean-Baptiste Debret, 1826.

Lavadeiras do rio das Laranjeiras, Jean-Baptiste Debret, 1826.

Negros serradores de pranchas, Jean-Baptiste Debret, 1822.

Visão adaptada de aspectos da sociedade brasileira, de J. G. Heck e Henry Winkles, baseada na obra de Jean-Baptiste Debret.

Escravo conduzindo tropas na província do Rio Grande do Sul, Jean-Baptiste Debret, 1823.

Charqueada do Brasil, Jean-Baptiste Debret, 1828.

Colono estrangeiro no primeiro ano no Rio Grande do Sul, em 1852, Hermann Rudolf Wendroth.

Escravos no Rio Grande do Sul em 1852, Hermann Rudolf Wendroth.

Lavagem de ouro perto de Itacolomi, Minas Gerais, Johann Moritz Rugendas, *c.* 1835.

Escravos na mina de ouro de Gongo Soco, Minas Gerais, casa de lavagem da companhia britânica, desenho de J. M. A. Skerrett, que trabalhou na empresa, 1830-40.

Trabalhadores livres na economia escravocrata: roceiro, vendedor de água, mascate acompanhado de escravo e tropeiro de minas, Frederico Guilherme Briggs, meados do século XIX.

TABELA 3 — "MUNICÍPIOS CAFEEIROS" DE MINAS GERAIS QUE ABRIGAVAM MAIS DE 1.100 ITALIANOS NO INÍCIO DOS ANOS 1900 E TIPOS PREDOMINANTES DE CONTRATO DE TRABALHO NO CULTIVO DO CAFÉ

MUNICÍPIOS	POPULAÇÃO "ITALIANA"	TIPO PREDOMINANTE DE CONTRATO NO CULTIVO DO CAFÉ
Leste		Parceria
Juiz de Fora	15.000	
Santa Luzia do Carangola	4.500	(Diaristas e parceria)
Ubá	3.500	
São João Nepomuceno	2.800	
Pomba	2.600	
São José d'Além-Paraíba	2.500	(Diaristas e parceria)
São Paulo do Muriaé	1.800	(Diaristas)
Leopoldina	1.800	(Diaristas e parceria)
Ponte Nova	1.500	(Parceria e empreitada)
Cataguases	1.400	
Rio Branco	1.200	
Rio Novo	1.300	(Diaristas e parceria)
Sul		Empreitada
Ouro Fino	8.800	(Parceria e empreitada)
Monte Santo	4.500	(Parceria e empreitada)
Guaranésia	1.800	(Parceria e empreitada)
Varginha	1.500	Diaristas
Poços de Caldas	1.380	Empreitada
São Sebastião do Paraíso	1.263	Parceria e empreitada
Oeste		Empreitada
Conquista	5.000	
Lavras	1.500	
Uberaba	1.100	

FONTE: T. F. Bernardi, *Lo stato di Minas Gerais*, pp. 152 e 154-5.

total de 1.952.660 pessoas com profissões bem especificadas — à exclusão das atividades "improdutivas" e das pessoas com ocupação desconhecida ou mal especificada —, cerca de 1.051.000 (53,8%) estavam empregadas em atividades agrícolas ou na criação de gado. Dessas pessoas, 37.183 (3,5%) eram estrangeiras. Um grande número desses estrangeiros devia estar dedicado ao cultivo do café, mas alguns milhares deles eram pequenos proprietários distribuídos entre as colônias agrícolas existentes.[55]

Supondo que, na cafeicultura, a cada 2 mil pés de café correspondesse um trabalhador adulto, e até mesmo aceitando uma produtividade improvavelmente elevada para o estado de cinquenta arrobas para cada mil pés (caso de São Paulo) —, seriam necessários cerca de 100 mil trabalhadores para produzir os mais altos níveis de exportação de café de Minas Gerais da década de 1890. Considerando-se o consumo doméstico e uma produtividade provavelmente mais baixa por mil pés, a mão de obra total empregada no cultivo do café era possivelmente bem mais elevada, de modo que, quando a crise chegou, mesmo levando em conta as subsequentes saídas rumo a São Paulo ou ao Rio de Janeiro, os estrangeiros provavelmente não representavam mais de dois quintos dos trabalhadores da cafeicultura.[56] No início dos anos 1900, a participação dos estrangeiros na força de trabalho empregada no setor cafeeiro declinou, já que muitos partiram para centros urbanos ou para outras regiões, e um número cada vez maior de brasileiros passou a ser empregado.[57] Como no caso de São Paulo, e em grau ainda maior, parecem ter sido poucos os colonos das fazendas de café que conseguiram poupar recursos suficientes para comprar terras e tornar-se produtores independentes. De fato, durante os primeiros anos do século XX, muitos continuaram a trabalhar nas fazendas de café, com frequência em situação econômica difícil, algumas vezes derivada dos problemas financeiros enfrentados por seus próprios empregadores. Em contraste, nos centros urbanos, a situação dos imigrantes estrangeiros era aparentemente muito melhor, e alguns deles chegaram até a se tornar "industriais" e proprietários.[58]

Quanto à população brasileira, segundo uma publicação oficial do estado mineiro, a tendência ao longo dos anos seguintes foi muitos dos chamados "trabalhadores agrícolas" de Minas Gerais tornarem-se parceiros ou diaristas. Supostamente, porém, até mesmo estes últimos dispunham com frequência de suas próprias roças, onde cultivavam alimentos e criavam animais domésticos e aves, garantindo às próprias famílias uma subsistência precária. Assim, a mesma publicação referia-se à importância comparativamente menor dos salários em dinheiro para os trabalhadores nessas condições.[59]

Para concluir esses breves comentários sobre algumas das consequências econômicas da Abolição em Minas Gerais, pode-se dizer que, de uma maneira geral, a economia recuperou-se em poucos anos da desorganização inicial do trabalho, e novas oportunidades de emprego foram geradas pelo desenvolvimento de novos produtos e atividades, bem como pela construção da nova capital do estado, Belo Horizonte. A produção de café também continuou a aumentar apesar da decadência das áreas mais antigas, absorvendo números crescentes de trabalhadores, incluindo ex-escravos, brasileiros livres e colonos estrangeiros. Estes últimos nunca tiveram a importância que adquiriram na força de trabalho do vizinho estado de São Paulo, sobretudo porque a política mineira de subsídios à imigração foi muito mais limitada do que a paulista. Ainda assim, os imigrantes estrangeiros foram parcialmente responsáveis pela expansão da produção de café durante a década de 1890. Eles contribuíram de forma significativa para a oferta total de mão de obra empregada no cultivo do café entre 1894 e 1897, embora seu número não pareça ter sido suficiente para causar uma "substituição" ou um deslocamento significativo da população local, como no caso de São Paulo. No início dos anos 1900, a grande maioria dos trabalhadores na cafeicultura mineira era local, e muitos eram negros. Os estrangeiros, no entanto, competiram com sucesso nas ocupações urbanas, e também podiam ser encontrados em grande número no comércio, na mineração e no trabalho nas fábricas, e até mesmo no serviço doméstico.[60] Portanto, os ex-escravos libertados durante a década que culminou com a Abolição parecem ter tido oportunidades comparativamente melhores do que os de São Paulo. Ao que tudo indica, alguns se estabeleceram como posseiros em pequenas roças; outros conseguiram encontrar trabalho em diversas atividades rurais e na cafeicultura. Nesta última, contrariamente ao estado do Rio de Janeiro, a demanda absoluta por mão de obra não declinou, e os ex-escravos não tiveram de enfrentar uma competição avassaladora de trabalhadores estrangeiros como em São Paulo. Assim, no que diz respeito ao emprego nas atividades rurais, eles provavelmente se depararam com a mesma situação dos brasileiros livres, sem se tornarem trabalhadores de categoria "inferior" de forma tão clara quanto em São Paulo.[61] A maioria, porém, não deve ter conseguido acesso à propriedade da terra, e suas oportunidades de melhorar de vida no setor agrícola permaneceram limitadas.

BAHIA
Itaúnas
Conceição da Barra
R. São Mateus
Santa Leocádia
Nova Venécia
São Mateus
19ºS
ESPÍRITO SANTO
MINAS GERAIS
Linhares
R. Doce
Baixo Guandu
Antônio Prado (Colatina)
Itapina
Baunilha
Boapaba
Acioli
João Neiva
R. Piraqueaçu
Itaguaçu
Nova Trento
Pau Gigante (Ibiraçu)
Santa Tereza
Santa Cruz (Aracruz)
Afonso Cláudio
Santa Leopoldina
Nova Almeida
Serra
Queimado
Carapina
Santa Isabel (Domingos Martins)
Cariacica
Vitória
OCEANO ATLÂNTICO
Nova Almeida
Viana
Muniz Freire
Castelo
R. Benevente
Alfredo Chaves
Guarapari
Alegre
Benevente (Anchieta)
Rio Novo do Sul
Cachoeiro do Itapemirim
R. Itapemirim
Itapemirim
São José do Calçado
Mimoso do Sul
São Pedro de Itabapoana
Rio Itabapoana
RIO DE JANEIRO
N
0
20
km
40ºO

6. Espírito Santo

6.I. A ECONOMIA DO ESPÍRITO SANTO ANTES DA ABOLIÇÃO: O DECLÍNIO DA PRODUÇÃO DE AÇÚCAR, A ASCENSÃO DA CAFEICULTURA E O INÍCIO DA COLONIZAÇÃO EUROPEIA

A capitania do Espírito Santo foi inicialmente ocupada durante o século XVI, quando se estabeleceram engenhos de açúcar com trabalho escravo na área. Permaneceu propriedade privada de donatários até ser vendida à Coroa portuguesa em 1718, quando foi posta sob a jurisdição da Bahia. Em meados do século XVIII, a região tinha algumas propriedades muito grandes, mas a administração colonial direta não levou a mudanças significativas, de modo que a área continuou dedicada ao cultivo da cana-de-açúcar, e a população "civilizada" (excluindo os indígenas selvagens do interior) permaneceu pequena.[1]

Pouco tempo depois da chegada do príncipe regente, foi concedida a autonomia ao Espírito Santo, e a região beneficiou-se das iniciativas de um governador progressista, que estimulou a agricultura e incentivou a introdução da cafeicultura em maior escala na área. Uma estrada ligando o Espírito Santo a Minas Gerais foi completada, e, embora os planos para estabelecer a navegação regular no rio Doce não tenham sido implementados, imigrantes tanto do Rio de Janeiro quanto de Minas Gerais acabaram entrando no Espírito Santo por terra ao longo das décadas seguintes.[2] No entanto, por volta de 1817, segundo o relato de um funcionário público, o Espírito Santo ainda tinha uma população de 24.585 habitantes, distribuída entre 3.729 fogos, e abrigava 76 engenhos e 68 engenhocas.[3] Com relação à colonização estrangeira organizada, foi fundada uma colônia em Viana em 1813 com cerca de trinta casais originários dos Açores. Alguns espanhóis também foram assentados em uma propriedade privada na região do rio Doce, mas essas tentativas isoladas de colonização parecem ter cessado após a Independência, em 1822.[4]

Os aumentos da população durante as décadas seguintes resultaram principalmente do crescimento natural, da imigração por terra das províncias vizinhas e da importação marítima de escravos. Mas não foram muito notáveis, uma vez que o comércio do Espírito Santo ainda era bastante limitado e restrito a transações de cabotagem com o Rio de Janeiro e a Bahia, que a região abastecia com gêneros alimentícios, farinha de mandioca, açúcar, aguardente e alguma madeira. A construção naval, realizada em pequena escala na virada do século, encontrava-se em declínio, e a criação de gado era insuficiente para suprir às necessidades locais. Já em 1819, enviava-se gado em pé para Vitória pela estrada que vinha de Minas Gerais, ao longo da qual foram brotando fortes e aldeias. O desenvolvimento do Espírito Santo foi aparentemente lento do período da Independência até a década de 1840, tendo sido interrompido por violentas secas por volta de 1823 e de 1833-4. Em algumas áreas, o seu desenvolvimento também foi dificultado pela hostilidade de indígenas ainda não "civilizados". Em 1824, após a incorporação de São Mateus, área desmembrada da Bahia, estimou-se que a província tinha 5.274 fogos e 35.353 habitantes, dos quais 13.188 (ou 37,3%) eram escravos.[5] Segundo um relatório oficial, havia 42.105 habitantes na província em 1843-4,[6] depois de esta ter sofrido algumas modificações territoriais.

No início da década de 1840, a mão de obra escrava parece ter predominado na agricultura de orientação comercial, e a população escrava dos municípios de Itapemirim (concentrado no cultivo da cana-de-açúcar e do café) e São Mateus (especializado na produção de farinha de mandioca) ultrapassava sua população livre. Em alguns distritos mais pobres e menos populosos, no entanto, os escravos não passavam de 20% do total, enquanto em Vitória, Serra e Benevente ficavam entre 23% e 36%.[7] Em 1849, às vésperas da supressão definitiva do tráfico de escravos africanos, uma rebelião envolvendo cerca de trezentos escravos de várias áreas foi reprimida na paróquia de Queimado.[8] Porém, apesar de sua ocasional agitação, novos escravos continuaram a ser introduzidos na província por terra, processo que continuaria ao longo do terceiro quarto do século. Com efeito, à medida que os cultivos da cana-de-açúcar e do café foram estimulados por uma melhora nas condições dos mercados internacionais a partir de meados da década de 1830, um certo número de fazendeiros começou a migrar, junto com seus escravos e agregados, das províncias do Rio de Janeiro e Minas Gerais para o sul do Espírito Santo, aumentando tanto sua população escrava quanto sua população livre. Enquanto isso, baianos migravam para a área de São Mateus, onde novas fazendas eram criadas para o cultivo de mandioca a ser exportada para outras províncias.[9]

Como no caso do centro-oeste de São Paulo, as exportações de açúcar do Espírito Santo parecem ter alcançado um máximo entre a metade e o final da década de 1840, mas depois disso, como resultado da competição crescente da cafeicultura, o café logo se tornou o principal produto de exportação da província. As exportações pelo porto do Rio de Janeiro de café produzido no Espírito Santo aumentaram de uma média de 44 mil arrobas no biênio 1840-2 para 98,5 mil arrobas no biênio 1850-2, 228,2 mil arrobas no biênio 1860-2 e 477 mil arrobas no biênio 1870-2, mais do que dobrando a cada década.[10]

A melhora das condições econômicas foi seguida por novos esforços de colonização estrangeira. As concessões de sesmarias no Espírito Santo haviam sido muito mais limitadas do que em outras províncias, de modo que muitos dos migrantes que chegaram ao sul e ao oeste da província obtiveram suas terras por meio da simples ocupação e posse, legitimada pela Lei de Terras de 1850. No entanto, com exceção da estreita faixa costeira ocupada desde muito cedo, muitas das terras do interior, nas áreas centrais da província, não haviam sido alienadas. Isso tornava mais viável a colonização nessas áreas, e em 1847 o governo imperial fundou a colônia de Santa Isabel, que foi logo ocupada por 163 alemães, a quem foram concedidos lotes de terra com a condição de que fossem cultivados. Doze anos mais tarde, a população havia aumentado para 373 pessoas, e plantava-se "em grande quantidade café, feijão, milho e mandioca". Embora a maior parte dos colonos fosse de agricultores autônomos, que cultivavam suas próprias terras junto com suas famílias, o núcleo também incluía "dois ferreiros, sete pedreiros, um sapateiro, um tapeceiro, três carpinteiros, um moleiro, três marceneiros e um músico", formando uma comunidade predominantemente alemã.[11]

Em meados da década de 1850, pouco depois da extinção do tráfico de escravos africanos, a colônia privada de Rio Novo foi fundada com 201 imigrantes. Após enfrentar algumas dificuldades, resultantes em parte de problemas de transporte, a colônia passou a ser supervisionada pelo governo em 1861. Em 1857, outra colônia foi fundada pelo governo imperial: Santa Leopoldina, que começou com 140 suíços, aos quais logo se somaram 222 indivíduos de nacionalidades variadas.[12]

Um recenseamento do ano anterior dava conta de uma população total de 49.092 pessoas, distribuídas entre 7.674 fogos, das quais 12.269 (ou 25%) eram listadas como escravas. Dados sobre a ocupação da população masculina livre indicavam que esta incluía, entre outros, 9.759 lavradores, 364 comerciantes, 889 "mecânicos" (artesãos), 230 pescadores e 161 empregados públicos. O número total de "europeus" era avaliado em 648, mas, com a expansão das colônias, esse número tendeu a crescer ao longo dos anos seguintes.[13]

Informações interessantes (embora nem sempre confiáveis) sobre o cultivo do café no Espírito Santo estão disponíveis para as décadas de 1850 e 1860 a partir de relatórios dos presidentes da província. Segundo o relatório de 1852, havia 252 fazendas de café no Espírito Santo, empregando 3.171 escravos e 222 trabalhadores livres. De um total de 248 propriedades para as quais se dispunha de detalhes, apenas dezesseis usavam força hidráulica, enquanto as outras utilizavam principalmente "o braço humano" e a força animal para movimentar seus equipamentos primitivos.[14] Em 1859, estimava-se que a produção por escravo na cafeicultura em São Mateus avizinhava as setenta arrobas, e oscilava entre oitenta e cem arrobas na região de Vitória. Também se afirmava que "a remuneração do capital investido em escravos vinha a ser no máximo 1% ao mês, tal a elevação do seu preço", número este que é coerente com aqueles já citados relativos à província do Rio de Janeiro no mesmo período.[15]

Enquanto observava-se, no início da década de 1860, que "a lavoura da cana [era] de todos os ramos da indústria agrícola a que pertence especialmente ao trabalho escravo", a produção de café dos colonos estrangeiros livres não era de forma alguma desprezível na época, e sua importância tendia a aumentar. Já em 1857, quando contava apenas 286 habitantes, a colônia de Santa Isabel colheu aproximadamente 10 mil arrobas de café.[16] A produção continuou a crescer nos anos subsequentes, e em 1866, quando a colônia foi emancipada, o número de habitantes havia subido para 1.375. Em Santa Leopoldina, onde inicialmente os colonos haviam se dedicado sobretudo ao cultivo de gêneros alimentícios, a importância da cafeicultura também aumentou, de modo que, em 1874, a produção de café alcançou 1.028 toneladas (cerca de 69,9 mil arrobas). Em Rio Novo, em 1875, a produção de café para exportação era de cerca de 360 toneladas (cerca de 24 mil arrobas).[17] Em contraste com os colonos de Leopoldina, na região de Caravelas, no sul da província vizinha da Bahia, que tinham recorrido à mão de obra escrava para desenvolver fazendas de café, os colonos estrangeiros do Espírito Santo cultivavam o café em seus próprios lotes de terra, com a ajuda de suas famílias, ou seja, em pequena escala. Esse aspecto constitui uma característica original da produção cafeeira do Espírito Santo, a qual perduraria após a abolição da escravidão. No entanto, enquanto nas áreas centrais de colonização estrangeira o trabalho livre e os pequenos estabelecimentos eram a regra, no norte e no sul da província, e particularmente em Itapemirim, predominavam as grandes fazendas trabalhadas por turmas de escravos. Foi nas áreas ao sul da província que alguns proprietários de escravos do Rio de Janeiro e de Minas Gerais continuaram a chegar, passando a se dedicar ao cultivo do café, em detrimento da produção de cana, que havia predominado anteriormente na área.[18] Como em São Paulo, considerações relativas a custo e preço conduziram à crescente substituição da cana-de-açúcar pelo café, apesar de melhorias no setor açucareiro da província, tais como a introdução de engenhos de açúcar a vapor e o uso ocasional de arados.[19]

Na década de 1850, do ponto de vista do comércio total do Espírito Santo, o café tinha se tornado sem dúvida o principal produto de exportação da província. Como já se mencionou, as exportações físicas mais do que dobraram entre o começo dos anos 1850 e o início da década seguinte, dobrando novamente de 1861 a 1871. Em contraste, o total das exportações de açúcar, que aparentemente havia ultrapassado as 300 mil arrobas em alguns anos entre a metade e o final da década de 1840, declinou para pouco mais de 40 mil arrobas no biênio 1870-2.[20] A produção de farinha de mandioca continuou sendo a atividade predominante nas áreas do norte da província: de um total de 85,6 mil arrobas em 1861-2, as exportações interprovinciais do produto parecem ter aumentado para cerca de 197 mil arrobas em 1868-70. Essa atividade continuava empregando muitos escravos, e em 1871 o presidente da província observou que o comércio de farinha de mandioca com o Rio de Janeiro e com a Bahia estava tão desenvolvido que o preparo da mandioca constituía "quase a única produção de muitos lavradores, que, aliás, por esse meio [tinham] feito fortunas sólidas".[21] A produção desses três gêneros — café, açúcar e farinha de mandioca — e de aguardente de cana ocupava uma grande fração da população agrícola da província. Tanto brasileiros livres quanto estrangeiros se dedicavam ao cultivo de gêneros alimentícios para consumo local, e, em determinadas áreas, a pesca e o corte de madeira também ocupavam um certo número de habitantes. Com relação às atividades comerciais e artesanais, 79,2% de um total de 524 estabelecimentos taxados em 1865-6 pertenciam a brasileiros, 15,8% a portugueses e 5% a estrangeiros de outras nacionalidades.[22]

Por ocasião da aprovação da Lei do Ventre Livre em 1871, apesar da criação de uma reduzida classe de pequenos proprietários estrangeiros que aumentava com seus descendentes, a escravidão no Espírito Santo estava longe de ser desprezível. Segundo números do censo de 1872, ainda havia 22.659 escravos na província — correspondendo a 27,6% da população total de 82.137 pessoas —, e aqueles ainda estavam ocupados principalmente na agricultura. Números oficiais dão conta de 12.917 escravos trabalhando nas fazendas, sem incluir aqueles arrendados para o trabalho agrícola. A matrícula de 1873 seguiu critérios de classificação diferentes e revelou um total de 22.738 escravos, dos quais 15.895 eram listados como agricultores, 1.126 como domésticos e 884 como "artistas" (artesãos), enquanto 363 tinham ocupações não especificadas e outros 4.470 não tinham profissão. Apenas 2.843 escravos eram listados como habitantes urbanos.[23] Os números do censo mostram que os escravos estavam claramente concentrados em torno da capital, de Serra e de São Mateus, e particularmente no sul. Em Itapemirim, por exemplo, os escravos ainda representavam 42,8% de um total de 4.643 agricultores, e o número de escravos dedicados à agricultura ultrapassava o de agricultores livres em Cachoeiro de Itapemirim e Itabapoana, onde foram listados, respectivamente, 1.554 e 1.825 "lavradores" escravos. Em contraste, na área da colônia de Santa Isabel, havia apenas onze agricultores escravos, por oposição a 1.080 agricultores livres. A tabela 1 apresenta a população total e escrava por municípios e paróquias, listando também os números de "lavradores" na maioria das paróquias da província, segundo o censo de 1872.

Com relação ao número total de estrangeiros na província, um recenseamento provincial de 1870 registrou 4.789 estrangeiros livres, e o censo de 1872 assinalou um número ainda menor. No entanto, por volta de 1875, a população das áreas coloniais de Santa Isabel, Rio Novo e Santa Leopoldina ultrapassava 8 mil pessoas.[24] A partir de meados da década de 1870, a imigração estrangeira para o

TABELA I — POPULAÇÃO TOTAL E ESCRAVA E "LAVRADORES" NO ESPÍRITO SANTO SEGUNDO O CENSO DE 1872

MUNICÍPIOS E PARÓQUIAS	POPULAÇÃO DAS PARÓQUIAS		"LAVRADORES"	
	TOTAL	ESCRAVA	LIVRES	ESCRAVOS
Vitória	4.631	1.001	46	218
São José do Queimado	3.385	780	551	176
São João de Cariacica	5.318	1.174	672	112
São João de Carapina	1.157	251	183	86
Santa Leopoldina	1.936	481	449	126
Viana	4.649	1.224	925	584
Santa Isabel	1.898	33	1.080	11
Espírito Santo	1.755	511	113[a]	77
Serra	4.294	1.464	1.078	998
Nova Almeida	2.196	460	679	158
Linhares	1.863	172	564	76
Barra de São Mateus	2.731	705	739	621
São Sebastião de Itaúnas	782	91	354	57
São Mateus	4.657	2.017	—	—
Santa Cruz	3.487	400	1.056	66[a]
São Benedito do Riacho	1.003	66	241	20
Guarapari	3.188	417	—	—
Benevente	5.300	1.057	1.849	646
Cachoeiro de Itapemirim	3.893	1.947	567	1.554
Rio Pardo	4.483	1.258	676	242
Alegre	2.789	1.110	321[a]	793
Veado	1.640	703	330	512
Itabapoana	5.691	2.464	1.556	1.825
Itapemirim	9.681	2.873	2.436	1.988
$\sum$ (Soma)			16.465	10.946
Totais oficiais	82.137	22.659		12.917

FONTE: Números do censo de 1872 reproduzidos em Ferreira Penna, op. cit., em diversas tabelas. O número de "lavradores" livres e escravos foi computado a partir dos dados primários das tabelas, que se mostram incompletos e parecem apresentar alguns erros tipográficos.

[a] Dados referentes apenas a um dos sexos.

Espírito Santo foi retomada com vigor renovado. A fazenda de Nova Trento recebeu 386 imigrantes do Tirol, e após 1877 um número crescente de italianos estabeleceu-se na área de Pau Gigante e Santa Tereza. Novos núcleos coloniais foram criados, e prosperaram depois de superar as dificuldades iniciais devidas a seu isolamento.[25] Por volta de 1875, fazendeiros de Cantagalo, no Rio de Janeiro, mudaram-se com seus escravos para estabelecer fazendas de café na área de Guandu. No final da década de 1870, a província também acolheu numerosos retirantes fugidos da seca do Nordeste, que se juntaram aos trabalhadores livres da província e estabeleceram-se principalmente ao redor de São Mateus. Em resumo, a ocupação das novas terras prosseguiu, incluindo também o desbravamento de novas áreas pelos filhos dos primeiros colonos europeus.[26]

Por volta de 1880, as exportações de café ultrapassavam seu volume do início da década de 1870 em cerca de 45% a 50%. O café, o açúcar e a mandioca continuavam sendo os três principais produtos agrícolas da província, mas as exportações de açúcar tinham se tornado desprezíveis, e as de farinha de mandioca tendiam a declinar.[27] Isso provavelmente se deveu a um consumo doméstico em ascensão, mas pode também ter refletido alguma competição por braços por parte da cafeicultura. Aliás, até mesmo a produção de café vinha apresentando um crescimento mais lento do que no passado, apesar do aumento da imigração. A utilização de mão de obra escrava continuava usual nos três principais cultivos, mas isso envolvia riscos específicos no Espírito Santo. Houve uma rebelião escrava no sul da província em 1866, e escravos fugiam constantemente para formar pequenos quilombos e atacar fazendeiros — e com uma frequência maior do que em outras províncias, já que em 1881 (e mesmo em 1885) ainda se noticiavam insurreições e ataques de quilombos.[28]

No início da década de 1880, quando foi criada a colônia de Castelo, a situação do setor cafeeiro do Espírito Santo era claramente distinta daquela existente nas duas províncias cafeeiras vizinhas (Rio de Janeiro e Minas Gerais) e na de São Paulo. A relativa importância do trabalho livre na cafeicultura do Espírito Santo era indubitavelmente maior do que nas outras três províncias. Não apenas havia uma grande quantidade de pequenos proprietários produzindo café nas áreas coloniais, mas colonos livres também começavam a ser empregados como parceiros (meeiros) nas fazendas maiores. No entanto, o sul da província — em especial Itapemirim — ainda permanecia fortemente comprometido com o trabalho escravo, tanto no cultivo do café quanto no de cana-de-açúcar. Em 1884, segundo um observador da época que discutiu a "questão da mão de obra" da província, as "melhores" fazendas estavam localizadas no sul, notadamente em Itapemirim e Itabapoana. Máquinas modernas e ocasionalmente arados eram utilizados nas fazendas da região, mas estas continuavam operando sobretudo com trabalho escravo.[29] Dados sobre doze fazendas de café de Itapemirim hipotecadas junto ao Banco do Brasil antes de 30 de junho de 1883 apontam para uma média de 47 escravos por propriedade, e estes constituíam 52% do total dos ativos dessas fazendas.[30]

Em 1885, segundo um relatório apresentado ao governo brasileiro, a população "puramente agrícola" das áreas coloniais de Castelo, Rio Novo, Santa Isabel e Santa Leopoldina alcançava 10.132 pessoas, das quais 3.644 eram brasileiras, sendo as outras predominantemente italianas, alemãs e austríacas. A população total dessas quatro áreas coloniais foi avaliada em 18.237 pessoas em meados da década de 1880, e o valor total de suas exportações foi estimado em 920,8 contos de réis. Sua produção de café alcançava um total de 4.919,4 toneladas, enquanto o total de exportações da província foi de aparentemente 10.592,8 toneladas em 1883-4. Segundo uma fonte, a participação dos núcleos coloniais nas exportações totais de café continuou a aumentar nos anos seguintes, de modo que a importância relativa do trabalho livre na cafeicultura do Espírito Santo era, na verdade, como já foi dito, muito maior do que nas outras províncias cafeeiras, uma vez que trabalhadores livres eram responsáveis possivelmente por mais de dois quintos das exportações de café da província.[31]

Em 1887 ainda havia 13.381 escravos no Espírito Santo, representando cerca de 10% da população da província. À medida que foi se tornando cada vez mais claro que a abolição da escravidão era inevitável, os proprietários de escravos começaram a tomar providências para reduzir seus efeitos. Assim, ao final de março de 1888, cerca de cinquenta fazendeiros de Itabapoana decidiram conceder a liberdade a seus escravos, sob a condição de que estes continuassem trabalhando para os seus antigos donos até o final do ano. Em 22 de abril de 1888, todos os proprietários de escravos da paróquia de Veado haviam libertado seus escravos. No entanto, tais medidas foram logo seguidas pela abolição da escravidão sem indenização, em 13 de maio de 1888, sem quaisquer restrições quanto à mobilidade dos ex-escravos.[32]

6.2. OS DESDOBRAMENTOS DA ABOLIÇÃO NO ESPÍRITO SANTO: IMIGRAÇÃO EUROPEIA E PREDOMINÂNCIA DA PRODUÇÃO DE CAFÉ EM PEQUENOS ESTABELECIMENTOS

Como em outras províncias cafeeiras vizinhas, o efeito imediato da Abolição foi que muitos ex-escravos abandonaram as fazendas. Novamente, houve casos em que estes preferiram ficar com seus antigos donos, mas muitas fazendas que haviam dependido do trabalho escravo viram-se sem mão de obra suficiente para a colheita e o processamento de seus produtos. A capital do Espírito Santo, Vitória, aparentemente, encheu-se de escravos que haviam deixado as propriedades agrícolas em que trabalhavam,[33] enquanto alguns estrangeiros continuavam chegando à cidade. Em 1888, segundo estatísticas oficiais, 2.261 imigrantes desembarcaram no porto de Vitória e, durante os primeiros quatro meses de 1889, 1.280, parte dos quais foram diretamente para fazendas de café e outros para as áreas coloniais.[34]

Dadas as condições específicas do setor rural do Espírito Santo, os efeitos negativos da Abolição sobre a produção agrícola parecem ter sido sentidos com mais severidade no setor açucareiro, visto que muitas plantações de cana-de-açúcar haviam conservado o trabalho escravo em turmas até a Abolição. Diante das alternativas de trabalharem na cafeicultura por meio de acordos de parceria, ou de tornarem-se posseiros nas diversas áreas desocupadas, muitos ex-escravos anteriormente empregados no cultivo da cana não estavam dispostos a voltar a suas antigas ocupações. O resultado disso, conforme observou um escritor alguns anos mais tarde, foi que a "anarquia no trabalho agrícola" prevaleceu, e houve uma desorganização geral do setor açucareiro. No início dos anos 1900, a produção era pequena e orientada para os mercados locais, e o estado precisava importar açúcar.[35]

A produção de farinha de mandioca para "exportação" também foi afetada pela Abolição. De 1891 a 1895, a média de exportações do produto para outros estados parece ter alcançado apenas um terço de seu nível médio anual de 1869-70. No início dos anos 1900, observou-se que a farinha de mandioca tendia a desaparecer da lista de exportações do Espírito Santo, uma vez que sua técnica de preparação não havia experimentado progressos e que "[era] muito elevado o custo de produção, com o desaparecimento do braço escravo".[36] Cabe notar, porém, que o consumo interno crescente da farinha de mandioca — agora possivelmente produzida em menor escala do que havia sido a regra em São Mateus — deve ter sido em parte responsável pela importância cada vez menor de sua exportação.

A situação do setor cafeeiro parece ter sido bastante diferente. Algumas fazendas do sul do Espírito Santo e também de outras localidades da então província, que haviam dependido do trabalho escravo em turmas, enfrentaram sem dúvida uma desorganização temporária de suas atividades. No entanto, a Abolição não afetou a produção dos pequenos proprietários das áreas centrais, e a imigração estrangeira para o Espírito Santo logo forneceu às fazendas de café numerosos trabalhadores que foram empregados como parceiros. Os efeitos imediatos da Abolição sobre as exportações de café não ficam muito claros a partir dos dados disponíveis.[37] Durante a década de 1890, porém, a produção de café parece ter se expandido rapidamente, uma vez que as exportações pelo porto de Vitória passaram de uma média próxima a 17,6 mil toneladas em 1891-2 para mais de 34 mil toneladas em 1897-8. Esses números declinaram posteriormente devido à seca que durou de 1898 a 1899, afetando as safras subsequentes e coincidindo com a crise do café do final da década de 1890 e início dos anos 1900. Na virada de século, contudo, as exportações de café ainda representavam mais de 90% do total de exportações do estado.[38]

A expansão do cultivo do café durante a década de 1890 esteve indubitavelmente associada à imigração estrangeira, que passou a ser estimulada ativamente pelo governo do estado após 1892. Dispondo de receitas crescentes provenientes da taxação das exportações de café, o Espírito Santo assinou contratos para a introdução de 22 mil estrangeiros no intervalo de quatro anos.[39] Segundo uma fonte, entre 1892 e abril de 1896, entraram 13.244 imigrantes, dos quais cerca de 87,4% eram italianos, 7,7% portugueses e 5% espanhóis. Desse total, 5.999 foram enviados para Itapemirim e Itabapoana, no sul do estado, e para São Mateus, onde havia grandes fazendas, enquanto a maior parte dos outros encaminhou-se para as áreas coloniais ou permaneceu na capital. Cerca de 591 deles foram trabalhar na construção de uma ferrovia no sul. Em princípio, os imigrantes estrangeiros subsidiados que chegavam ao Espírito Santo tinham duas alternativas: a) podiam trabalhar nas fazendas de café com contratos de parceria, recebendo adiantamentos dos fazendeiros para sua subsistência até a primeira colheita; b) podiam juntar-se aos núcleos coloniais existentes ou aos novos núcleos que estavam sendo formados, recebendo, até estarem estabelecidos em suas terras, transporte gratuito e adiantamentos do governo, que passariam alguns anos pagando.[40] Enquanto o assentamento de parceiros estrangeiros dependia dos fazendeiros, a instalação dos imigrantes estrangeiros nos núcleos coloniais em condições satisfatórias era responsabilidade do governo do estado. Em vários casos, porém, este último não estava preparado, do ponto de vista administrativo, para fornecer a assistência determinada pela lei de 1892, que criou no estado a Direção Geral de Terras e Colonização. Muitos imigrantes foram aparentemente enviados para algumas das novas colônias antes de terminadas as instalações necessárias e antes da demarcação das terras, de modo que muitos deles enfrentaram grandes dificuldades resultantes da negligência dos órgãos estaduais. Algumas localidades também foram mal escolhidas, e em 1895 mais de cem italianos morreram de doença na colônia de Moniz Freire, situada no vale do rio Doce. Nesse mesmo ano, devido às reclamações do cônsul da Itália, o governo daquele país acabou proibindo a emigração subsidiada de italianos para o Espírito Santo.[41] A essa altura, milhares de imigrantes, em sua maioria italianos, já haviam sido assentados em fazendas de café ou núcleos coloniais, tendo aumentado substancialmente o número de trabalhadores dedicados à cafeicultura.

Em 1896, um observador italiano notou que havia de 20 mil a 30 mil habitantes de origem italiana no estado, dos quais talvez um terço era de parceiros. Os outros estavam, em sua maioria, localizados nas áreas coloniais, e pelo menos os colonos "mais antigos" tinham uma situação econômica particularmente boa.[42] Nos anos subsequentes, embora a imigração espontânea para o Espírito Santo tenha continuado, o estado enfrentou dificuldades financeiras cada vez mais sérias, decorrentes da queda dos preços do café, de modo que a imigração subsidiada não pôde ser mantida em uma escala apreciável. Em 1900, apesar da "Grande Naturalização" do final da década de 1880, o censo listou 32.936 "estrangeiros" no Espírito Santo, que representavam 15,7% de uma população total de 209.783 habitantes. Como o número correspondente do censo de 1890 era 3.074, parece que a imigração ao longo da década de 1890 foi significativa e equivalente a mais de um quinto da população total do estado em 1890, que alcançara 135.997 habitantes.[43]

Com relação à organização do trabalho na cafeicultura do estado, as duas formas que parecem ter prevalecido durante a década de 1890 foram a parceria[44] — que deve ter absorvido não apenas imigrantes estrangeiros, mas também ex-escravos e brasileiros livres — e a produção das pequenas propriedades, nas quais trabalhavam sobretudo os imigrantes estrangeiros e seus descendentes e, ocasionalmente, alguns trabalhadores contratados. Em 1895, período de altos preços do café, um observador argumentou que a parceria podia ser mais vantajosa para os trabalhadores do que a arriscada propriedade de um pequeno lote de terras no interior. Após o declínio dos preços do café no final da década de 1890, porém, com exceção das colônias mais isoladas, que enfrentavam sérias dificuldades, os pequenos proprietários estavam aparentemente mais bem preparados para enfrentar a crise do que os parceiros e seus empregadores.[45]

Pode-se agora tentar resumir algumas das principais características da transição definitiva para o trabalho livre no Espírito Santo. Já foi visto que alguns setores, como a produção açucareira, sofreram significativamente com a Abolição, uma vez que precisaram enfrentar a competição por mão de obra do setor cafeeiro. No entanto, devido a suas características originais, a cafeicultura expandiu-se rapidamente durante a década de 1890, o que resultou em um aumento substancial do valor total das exportações do estado. No momento da Abolição, uma parcela considerável do café do Espírito Santo, talvez mais de dois quintos, já era produzida por trabalhadores livres em pequenas propriedades. Os efeitos negativos dessa medida legislativa, portanto, limitaram-se às fazendas de café mais importantes da região, que tinham recorrido à mão de obra escrava. Porém, até mesmo essas grandes unidades produtoras se voltaram para uma nova organização do trabalho — a parceria —, o que permitiu a sobrevivência de muitas,[46] uma vez que se beneficiaram da introdução de milhares de imigrantes subsidiados que, por sua vez, foi possibilitada pelo crescimento das receitas governamentais resultantes das exportações de café. Assim, embora em menor escala do que em São Paulo, o governo do Espírito Santo deu uma contribuição importante para a solução da "questão da mão de obra". Entretanto, a persistência da preocupação do governo do estado com a oferta de mão de obra para as grandes fazendas do sul e de São Mateus[47] parece indicar que a oferta de parceiros nem sempre foi suficiente para as necessidades das fazendas. (Efetivamente, dada a relativa abundância de terras no Espírito Santo, o problema do esgotamento do solo e do envelhecimento dos pés de café não assumiu as mesmas proporções que nas antigas regiões Cafeeiras do Vale do Paraíba ou na antiga Zona da Mata, já que havia espaço para novos plantios.)

Isso conduz à questão do destino dos ex-escravos e da direção tomada pelos numerosos imigrantes que não foram para as fazendas. Possivelmente a maioria dos estrangeiros se estabeleceu nos núcleos coloniais, e muitos passaram a plantar café em pequena escala junto com outros produtos. Assim, na virada do século, a maior parte dos trabalhadores dedicados ao cultivo do café no Espírito Santo era de origem europeia. Um número muito menor estava empregado em obras públicas ou instalara-se nas cidades. Em comparação com a experiência de outros estados cafeeiros, uma proporção muito maior dos imigrantes estrangeiros do Espírito Santo teve a oportunidade de adquirir terras e de se tornar pequenos proprietários. Isso levou um observador da época a assinalar que, embora o estado se dedicasse principalmente ao cultivo do café na década de 1890, não ocorreu o surgimento de "um proletariado rural de colonos assalariados". O sistema de parceria perdurou até o início dos anos 1900, mas a originalidade do setor cafeeiro do Espírito Santo durante as primeiras décadas do século XX devia-se indubitavelmente à existência de um grande número de pequenos cafeicultores.

Em suma, dada a comparativa abundância de terras não alienadas no estado, o governo havia conseguido criar, por meio de sua política de colonização, uma classe de pequenos proprietários rurais que, no longo prazo, mostrou-se mais resistente às flutuações dos preços internacionais do que os grandes proprietários. A proporção de imigrantes estrangeiros que se tornaram pequenos proprietários no Espírito Santo desde o período imperial também foi muito mais significativa do que nas outras províncias cafeeiras, como mostram os números apresentados. Uma vez proclamada a República, esta foi, aliás, outra característica especial do período pós-Abolição no estado.[48] A economia do Espírito Santo, porém, compartilhava com a dos outros estados cafeeiros sua grande dependência do café e sua vulnerabilidade diante das flutuações do mercado internacional do produto durante a década de 1890 e início dos anos 1900.

Quanto aos ex-escravos, cujos números foram rapidamente ultrapassados pelos da população de origem europeia recente, seu destino nem sempre está claro. Em algumas ocorrências, eles podem ter se tornado posseiros, beneficiando--se da comparativa abundância de terras do estado. Esse foi possivelmente o caso de alguns dos ex-escravos que haviam se dedicado ao cultivo da mandioca e à produção de farinha de mandioca para exportação, embora outros também tenham se tornado assalariados nessa atividade. Como nos outros estados cafeeiros, o governo estadual não adotou nenhuma política favorável à aquisição de terras pelos libertos, de forma semelhante à implementada para os imigrantes estrangeiros. Nas áreas mais densamente povoadas, portanto, os ex-escravos devem ter se deparado com a necessidade de trabalhar para terceiros, tendo sido empregados, em alguma medida, como assalariados ou parceiros nas plantações de cana-de-açúcar ou nas fazendas de café, como aconteceu nos estados do Rio de Janeiro e de Minas Gerais. No que diz respeito às oportunidades de emprego como parceiros nas fazendas de café, os libertos certamente tiveram de enfrentar a competição de milhares de estrangeiros, embora essa situação tenha sido menos pronunciada no caso do trabalho assalariado em outras atividades agrícolas. Assim, os ex-escravos possivelmente se beneficiaram da relativa escassez de mão de obra em determinadas áreas do estado. Ao final da primeira década do século XX, um observador da época destacou as formas comparativamente fáceis de trabalhadores ganharem a vida — como pescadores, como posseiros ou trabalhando ocasionalmente como diaristas —, como fatores que contribuíam para explicar os salários relativamente elevados que prevaleciam no Espírito Santo.[49] Em consequência, devido à comparativa abundância de terras, à existência de um grande número de famílias trabalhando as suas próprias terras e à relativa escassez de trabalhadores assalariados, os libertos podem ter tido melhores condições para encontrar ocupações no setor rural do que muitos dos ex-escravos dos estados cafeeiros vizinhos. Na cafeicultura, porém, os libertos foram aparentemente deslocados em grande medida pelos imigrantes estrangeiros. No entanto, antes que essas suposições possam ser aceitas sem reserva, são necessárias informações adicionais, da época, sobre as ocupações específicas dos libertos do Espírito Santo na virada do século.

7. A região Cafeeira: visão geral e conclusões

Nos quatro capítulos anteriores, examinou-se separadamente o desenvolvimento de cada um dos estados (antes províncias) da região Cafeeira, tal como definida para fins do presente estudo, lançando-se mão de comparações ocasionais com os outros estados produtores de café ou com outras regiões do Brasil. Neste capítulo, tenta-se consolidar parte da informação contida nos capítulos anteriores, dando ênfase aos dados estatísticos e às diferenças específicas entre os estados cafeeiros. Para evitar repetição, algumas das questões já abordadas na parte I deste estudo são mencionadas apenas de forma breve.

Conforme foi mostrado rapidamente no capítulo 1, a ocupação das áreas costeiras do Rio de Janeiro, São Paulo e Espírito Santo começou, em escala limitada, já no século XVI. A escassez inicial de mão de obra e a necessidade de um número comparativamente alto de trabalhadores para o cultivo da cana-de-açúcar, associadas a grandes doações de terra (sesmarias) aos primeiros ocupantes com esse fim, levaram muito cedo à utilização do trabalho escravo — primeiro de indígenas, e logo depois (e mais intensamente) de negros africanos. No entanto, embora todas aquelas áreas tivessem como característica uma elevada relação terra-trabalho, condições locais distintas não conduziram a desdobramentos semelhantes nas diversas capitanias, conforme discutido no capítulo 1 no contexto da "hipótese de Domar". De fato, enquanto no início do século XVIII o Rio de Janeiro já havia se transformado em uma das mais importantes regiões produtoras de açúcar da colônia, com numerosas plantações cultivadas por mão de obra escrava, nas duas outras capitanias (São Paulo e Espírito Santo) a economia de grandes plantações não havia se desenvolvido em escala significativa, de modo que estas continuaram dedicadas principalmente à produção de gêneros alimentícios e à pecuária, ficando em grande parte excluídas do comércio exterior. Em contraste, a ocupação efetiva de Minas Gerais só ocorreu no século XVIII. Já foi visto que essa ocupação foi ocasionada por atividades mineradoras de ouro e diamantes, também em grande parte baseadas no trabalho escravo, uma vez que, em uma situação de relativa escassez de trabalhadores, a escravidão foi considerada o sistema viável para suprir rapidamente a mão de obra necessária para a exploração imediata das riquezas daquela área.

Ao final do século XVIII, quando a mineração do ouro já estava bastante decadente em Minas Gerais, as condições do açúcar brasileiro nos mercados internacionais melhoraram. Isso levou a uma expansão notável do cultivo da cana em São Paulo e no Rio de Janeiro — onde ainda havia terras abundantes e não ocupadas —, acompanhada por um aumento significativo do emprego de escravos africanos nessas capitanias. A economia mineira também mostrou crescente diversificação, à medida que a criação de gado e a agricultura ganharam importância em detrimento da mineração, que progressivamente "liberou" escravos para serem empregados em outras atividades. Em contraste, o Espírito Santo permanecia pouco povoado, também apresentando algumas grandes plantações de açúcar, mas demonstrando pouca evolução. Na virada do século XVIII para o século XIX, a população dos atuais quatro estados — Rio de Janeiro, São Paulo, Minas Gerais e Espírito Santo — ainda não ultrapassava 1 milhão de habitantes, representando, talvez, um terço da população da colônia.

Em 1900, segundo o censo nacional, esses quatro estados, caracterizados aqui como região Cafeeira, abrigavam mais de 7 milhões de habitantes, representando cerca de 40% da população do Brasil. Produziam então a maior parte do café exportado pelo país, e na década anterior haviam respondido por mais da metade do valor total das exportações brasileiras para o exterior. Abrigavam a maioria dos centros industriais, financeiros e comerciais mais importantes do Brasil, assim como boa parte de sua malha ferroviária e rodoviária. Com exceção do Espírito Santo, que era bem menor, esses estados se destacavam também como os mais fortes politicamente, dominando a política no nível nacional e, portanto, com forte influência sobre a política econômica do governo central. Essa predominância econômica e política havia se originado principalmente em função do notável desenvolvimento da cafeicultura na região (que se tentou recapitular para cada estado, separadamente, nos capítulos anteriores). Neste capítulo, serão listadas as principais características da transição do trabalho escravo para o trabalho livre no século XIX na região como um todo, com especial ênfase no setor cafeeiro.

A tabela 1 dá uma ideia da população da futura região Cafeeira durante as primeiras décadas do século XIX, época em que o café começava a ganhar importância. Por volta de 1822, as quatro províncias — Rio de Janeiro, São Paulo, Minas Gerais e Espírito Santo — parecem ter abrigado pelo menos 350 mil escravos. Somente em São Paulo os escravos representavam menos de um terço da população; porém, mesmo nessa província, sua participação alcançava cerca de um quarto do total, e tendia a aumentar.

A tabela 2, por outro lado, mostra a tendência no longo prazo das exportações brasileiras de café para países estrangeiros e seu rápido crescimento durante a primeira metade do século XIX, segundo estatísticas oficiais agregadas. Em 1822, no entanto, ano da Independência, o café ainda ocupava o terceiro lugar no ranking das exportações brasileiras, depois do açúcar e do algodão, respondendo por cerca de 18% do valor total das exportações do país para portos estrangeiros. Essa participação aumentaria gradualmente para mais de 40% em meados do século XIX, até atingir mais de 60% do valor total das exportações do Brasil nas duas últimas décadas do mesmo século. No início da década de 1820, produzia-se café basicamente na província do Rio de Janeiro, e em menor escala no chamado "norte" de São Paulo. No Espírito Santo, seu cultivo estava apenas começando a ser considerado, e Minas Gerais havia exportado menos de 10 mil arrobas do produto em 1818-9 — ou seja, pouco menos de 3% das exportações totais passando pelo porto do Rio de Janeiro em 1818 (ver tabela 3 mais adiante).

Nos capítulos anteriores, mostrou-se como, ao longo das décadas seguintes, o café confirmou sua marcada predominância entre as exportações da província do Rio de Janeiro, substituiu gradualmente o açúcar como principal produto de exportação de São Paulo e do Espírito Santo e ganhou proeminência entre as exportações não oriundas da mineração em Minas Gerais. Segundo os dados disponíveis nos relatórios provinciais, reproduzidos na tabela 3, a província do Rio de Janeiro respondia, entre 1839-40 e 1849-50, por 77,5% do total de exportações de

TABELA I — POPULAÇÃO ESCRAVA E POPULAÇÃO TOTAL DA REGIÃO CAFEEIRA NO SÉCULO XIX

ANO	RIO DE JANEIRO[a]		SÃO PAULO		MINAS GERAIS		ESPÍRITO SANTO		REGIÃO CAFEEIRA — POPULAÇÃO TOTAL ESCRAVA
	População total escrava	% escravos/total	População total escrava	% escravos/total	População total escrava	% escravos/total	População total escrava	% escravos/total	
1815			45.812	24,5					
1821	118.685	53,9			181.882	35,4			*c.* 360.000
1823					188.830	33,5[b]			
1824							13.188	37,3	
1836			78.858	27,8					
1840	224.012	55,0							
1854			116.985	28,0			12.269	25,0	
1872	292.637[c]	37,4					22.659	27,6	
1873					370.459[c]	18,2			842.367
1874			156.612	18,7					
1886-7	162.421		107.329		191.952		13.381		475.083
	População total		População total		População total		População total		População total
1890	876.884		1.384.753		3.184.099		135.997		5.581.733
1900	926.035		2.282.279		3.594.471[d]		209.783		7.012.568

FONTES: Para o período de 1815 a 1854: ver capítulo 3, tabela 1; capítulo 4, tabela 1; capítulo 5, notas 1, 6 e 33; capítulo 6, notas 5 e 13. Para 1872 a 1874, 1890 e 1900: dados censitários. Para 1886-87: matrícula dos escravos.

[a] Província somente. Exclui-se a Corte, ou seja, a área da cidade do Rio de Janeiro.
[b] Estimado a partir de uma amostra de 74% da população classificada por status.
[c] Dados censitários, mas a população classificada por status era menor do que a população total. As participações foram obtidas a partir da população classificada por status.
[d] Esse total é geralmente reconhecido como deficiente.

TABELA 2 — VALOR E VOLUME OFICIAL DAS EXPORTAÇÕES BRASILEIRAS DE CAFÉ PARA PORTOS ESTRANGEIROS E PARTICIPAÇÃO DO CAFÉ NO VALOR TOTAL DAS EXPORTAÇÕES DO BRASIL, 1821-1900 (DADOS DECENAIS)

DÉCADAS	VOLUME DAS EXPORTAÇÕES TOTAIS POR DÉCADA[a]		% DE AUMENTO POR DÉCADA	VALOR DAS EXPORTAÇÕES TOTAIS PARA PORTOS ESTRANGEIROS				VALOR MÉDIO DAS EXPORTAÇÕES POR SACA		% DO CAFÉ SOBRE O VALOR TOTAL DAS EXPORTAÇÕES
	(milhares de sacas)[b]	(milhares de arrobas)[c]		(milhares de contos de réis)	% de aumento por década	(milhares de libras esterlinas)	% de aumento por década	mil-réis	libras esterlinas	
1821-30	3.178	12.966	—	45,3	—	7.189	—	14,3	2,26	18,4
1831-40	9.744	39.756	206,6	152,4	236,4	21.529	199,5	15,6	2,21	43,8
1841-50	17.121	69.854	75,7	201,5	32,2	22.655	5,2	11,8	1,32	41,4
1851-60	26.253	107.112	53,3	439,4	118,1	49.741	119,6	16,7	1,89	48,8
1861-70	28.847	117.696	9,9	695,4	58,3	68.004	36,7	24,1	2,36	45,5
1871-80	36.336	145.344	26,0	1.108,1	59,3	112.954	66,1	30,5	3,11	56,6
1881-90	53.326	213.304	46,8	1.487,5	34,2	135.657	20,0	27,9	2,54	61,5
1891-1900	74.491	297.964	39,7	4.691,9	215,4	187.917	38,5	63,0	2,52	64,5

FONTE: Para os dados agregados, ver IBGE, *Anuário estatístico do Brasil, ano V, 1939-40* (Rio de Janeiro: IBGE, 1940, apêndice, pp. 1380-1). Ver também a tabela 3 do capítulo 2 deste livro.

[a] Inclui exportações de café do Rio de Janeiro, São Paulo, Minas Gerais e Espírito Santo para portos estrangeiros, mas também as quantidades bem menores exportadas por outras províncias (depois estados), notadamente Ceará e Bahia.

[b] Sacas de sessenta quilos.

[c] Arrobas de 14,689 quilos até 1870; a partir dessa data, arrobas de 15 quilos. (Na realidade, a mudança ocorreu em 1874, mas as diferenças resultantes para a década de 1870 não são muito importantes.)

café das quatro províncias, alcançando cerca de 7.100 arrobas por ano. As exportações paulistas através do Rio de Janeiro e de Santos representavam outros 16%; as de Minas Gerais, cerca de 5,6% e as do Espírito Santo, algo em torno de 0,9% do total. (Os totais da tabela 3 não coincidem necessariamente com os totais da tabela 2, uma vez que se referem ao total de exportações das diversas províncias, e não apenas às exportações para portos estrangeiros.)

A notável expansão da cafeicultura durante a primeira metade do século XIX foi possibilitada pela ocupação de novas áreas e pela incorporação de centenas de milhares de escravos africanos, na medida em que a terra e o trabalho eram os dois fatores básicos de produção dessa atividade. Na verdade, apesar da pressão britânica para extinção do tráfico, as importações de escravos da África continuaram muito significativas até aproximadamente 1850, tendo se acelerado de forma considerável durante a década de 1840, conforme já visto no capítulo 2. Dada a possibilidade de importar escravos africanos e de transferir escravos de outras atividades para a cafeicultura, não parece que o setor cafeeiro como um todo tenha sofrido qualquer problema sério de oferta de mão de obra durante a primeira metade do século. Isso ocorreu apesar da forte desutilidade de trabalhar lado a lado com escravos demonstrada pelos trabalhadores brasileiros livres, que mostravam preferência por tornarem-se posseiros ou sitiantes, ou por cultivarem suas pequenas propriedades, em geral aceitando trabalho assalariado apenas em atividades temporárias ou auxiliares relacionadas aos setores cafeeiro e açucareiro. Tal atitude, porém, criava um problema, pelo menos potencial, de mão de obra para esses dois setores, caso a oferta de escravos se tornasse menos elástica. Também deixava claro que, com a prevalência da organização do trabalho no campo em turmas, o setor cafeeiro em expansão dependia fundamentalmente do trabalho escravo — e cada vez mais —, tendendo a se tornar o maior empregador de escravos nas quatro províncias em uma época em que, em outras regiões do país, a importância relativa do trabalho livre se encontrava em franca ascensão.

A oferta de terras para a expansão da cafeicultura foi garantida de diversas maneiras. Em primeiro lugar, muitos fazendeiros continuaram recebendo sesmarias durante um período da primeira metade do século XIX, notadamente na Zona

TABELA 3 — DISTRIBUIÇÃO GEOGRÁFICA APROXIMADA POR PROVÍNCIAS E DEPOIS ESTADOS E TOTAIS ANUAIS DAS EXPORTAÇÕES FÍSICAS DE CAFÉ DA REGIÃO CAFEEIRA EM ANOS SELECIONADOS, 1818-1900 (MILHARES DE ARROBAS POR ANO)

PERÍODO	RIO DE JANEIRO	SÃO PAULO			MINAS GERAIS	ESPÍRITO SANTO	REGIÃO CAFEEIRA
	Exportações pelo Rio de Janeiro	Exportações pelo Rio de Janeiro	Exportações por Santos	Total de exportações	Exportações pelo Rio de Janeiro ou exportações totais	Exportações totais	
1818[a]	371						
1824[a]	1.147						
1828[a]	1.840						
1839-40 a 1849-50	5.506	969	166	1.135[b]	396	64	7.101[c]
%	77,5	13,6	2,3	16,0	5,6	0,9	100
1859-60 a 1861-2	7.146	1.170	1.381	2.551	1.107	222	11.026
%	64,8	10,6	12,5	23,1	10,0	2,0	100
1869-70 a 1871-2	7.398	1.314	2.278	3.592	1.919	499	13.408
%	55,2	9,8	17,0	26,8	14,3	3,7	100
1880-1 a 1882-3	9.271	1.778	Total[d] 6.155		4.828	726	22.758
%	40,7	7,8	27,0	34,8	21,2	3,2	100
1888-9 a 1890-1[e]	5.530	1.109[f]	10.178	11.287	4.948	1.297[g]	23.062
%	24,0	4,8	44,1	48,9	21,5	5,6	100
1896-7 a 1899-1900[h]	5.383		22.294		8.743	1.884	38.304[i]
%	14,1		58,2		22,8	4,9	100

FONTE: Ver capítulo 3, tabela 2, notas 10 e 11; capítulo 4, tabelas 2 e 5; capítulo 5, tabelas 1 e 2, nota 8; capítulo 6, notas 10, 31 e 38.

[a] Exportações totais pelo porto do Rio de Janeiro, incluindo alguma produção de São Paulo e Minas Gerais.

[b] Algumas das exportações por Santos eram reexportadas pelo Rio de Janeiro; a partir de 1859-60 a 1861-2, os dados são da exportação de Santos para portos estrangeiros.

[c] O número de Minas Gerais é uma média de dez anos fiscais; os números das outras áreas são médias do período de onze anos.

[d] Após 1871-2, os dados sobre exportações por Santos referem-se unicamente ao total de exportações, de modo que a soma desse total com o das exportações de café paulista pelo Rio de Janeiro não está estritamente correta. (Arrobas de 14,689 quilos até 1874 e de 15 quilos depois dessa data.)

[e] Para exportações por Santos, anos fiscais de 1888-9 a 1890-1; para outras áreas, anos-calendário de 1889 a 1891.

[f] A média exclui o ano de 1891.

[g] Refere-se apenas ao ano de 1891 e ao total de exportações; dados anteriores até 1883 referem-se ao total de exportações de café do Espírito Santo pelo porto do Rio de Janeiro.

[h] Para exportações por Santos, anos fiscais de 1896-7 a 1899-1900; para outras áreas, anos-calendário de 1897 a 1900.

[i] Não inclui exportações de café paulista pelo Rio de Janeiro, para as quais não havia dados disponíveis. Em 1895, essas exportações somaram aproximadamente 713 mil arrobas.

da Mata de Minas Gerais. Outros simplesmente ocuparam novas terras, e sua "posse" (ou ocupação) foi transformada em propriedade legal pela Lei de Terras de 1850, como muitas vezes aconteceu na província do Rio de Janeiro. Ocasionalmente as terras eram compradas, mas, como o registro dos títulos de propriedade fundiária custava caro, muitos pequenos proprietários, sem poder de influência e sem título legal sobre a terra que cultivavam, acabavam sendo progressivamente desapropriados durante esse processo, em especial no Rio de Janeiro e em São Paulo. Muitos também conservaram suas propriedades, legalizadas em uma data anterior, mas havia uma tendência ao parcelamento de suas pequenas propriedades devido à partilha das heranças.

Em ambos os casos, o resultado foi um movimento em direção a novas áreas da região, onde os pequenos posseiros se estabeleciam até serem deslocados ainda mais para o interior pelo avanço das fazendas de café — ou até serem incorporados como agregados ou moradores dessas propriedades. A cafeicultura também invadia áreas de outras plantações. Assim, viu-se que, nas áreas açucareiras onde as condições de clima e solo também eram favoráveis ao cultivo do café, em especial no centro da então província de São Paulo, o produto tendeu a substituir a cana-de-açúcar, na medida em que preços mais favoráveis, produções físicas por escravo maiores ou equivalentes e exigências de capital mais baixas acabaram tornando a produção de café comparativamente muito mais atraente. De modo geral, durante a primeira metade do século XIX, a terra não representou um problema para a expansão da cafeicultura, embora fosse muitas vezes ocupada em detrimento da cana-de-açúcar e da produção de gêneros alimentícios, e ainda que isso também significasse, não raro, a expropriação de pequenos agricultores. Ao contrário dessa última situação, no caso de terras virgens, havia áreas disponíveis a um custo relativamente baixo, mas não a custo zero, uma vez que — mesmo sem levar em conta as taxas de registro — a terra precisava ser desmatada.

A supressão do tráfico de escravos africanos no início da década de 1850 alterou as condições em que ocorrera a expansão inicial da cafeicultura. Os efeitos dessa medida sobre a oferta de escravos para as diversas áreas cafeeiras já foram apresentados anteriormente, com ênfase na intensificação das importações interprovinciais de escravos e nas transferências, no interior de cada província, de atividades nas quais a demanda por escravos era mais elástica, assim como no aumento dos preços de escravos na década de 1850. (Conforme observado no capítulo 2, os dados sobre reprodução dos escravos nas áreas de grandes plantações, embora nada satisfatórios, não indicam uma taxa de reprodução natural positiva da população escrava que pudesse atender às crescentes necessidades de mão de obra do setor cafeeiro.)

No que diz respeito a fontes alternativas de mão de obra, documentou-se a reiterada relutância dos trabalhadores brasileiros livres de aceitarem trabalhar em turmas junto aos escravos no terceiro quarto do século XIX, embora não hesitassem em se dedicar a outras atividades que envolvessem menos contato com escravos, percebendo os salários então vigentes. Quanto à imigração europeia, uma série de medidas legislativas — incluindo a lei de 1837 relativa à locação de serviços de trabalho e a Lei de Terras de 1850 — tendeu a inibir as entradas espontâneas dirigidas ao setor agrícola da região, favorecendo assim a classe de grandes plantadores já existente. Nos contratos de trabalho, a primeira lei continha cláusulas mais restritivas com relação aos trabalhadores estrangeiros do que aos locais. A segunda lei "consolidou" a estrutura da propriedade fundiária existente em 1850, ao mesmo tempo que proibia dali em diante qualquer doação gratuita de terras públicas. Conforme já enfatizado no capítulo 2, esses dois instrumentos legais tinham por objetivo criar uma classe de trabalhadores estrangeiros sem terra — os "braços" exigidos pelos fazendeiros de café — e evitar que pequenos proprietários pudessem se tornar seus concorrentes. Viu-se que o malsucedido episódio das colônias de parceria na década de 1850 constituiu uma tentativa nesse sentido, na qual os fazendeiros participaram ativamente do financiamento das passagens dos imigrantes e da concessão de adiantamentos para sua instalação inicial nas fazendas do Rio de Janeiro e São Paulo. O fracasso da parceria foi seguido por uma intensificação do uso do trabalho escravo nas fazendas de café do Rio de Janeiro, Minas Gerais e São Paulo, embora a participação dos escravos na população total das três províncias tendesse a declinar. (O mesmo se aplicava às áreas onde subsistia o cultivo da cana-de-açúcar.)

O Espírito Santo, que ainda respondia por uma pequena fração da produção de café da região Cafeeira, representando menos de 4% do total de suas exportações (ver tabela 3), constituía uma exceção se comparado às outras três províncias cafeeiras. Com efeito, no terceiro quarto do século XIX, restavam no Espírito Santo, assim como na região Sul do país, grandes extensões de terras públicas não alienadas e relativamente acessíveis, e a classe dos grandes fazendeiros era comparativamente muito menos numerosa. A província apresentava, portanto, condições mais favoráveis a esquemas de colonização europeia envolvendo a criação de uma classe de pequenos proprietários. Aqueles esquemas foram inicialmente implementados pelo governo central, prevendo a instalação de imigrantes estrangeiros em pequenas propriedades compradas a preços módicos e com condições facilitadas. No início da década de 1870, os núcleos coloniais já mostravam algum sucesso e abrigavam alguns milhares de colonos europeus. Além de plantar gêneros alimentícios, as áreas coloniais também produziam café em pequena escala e com mão de obra livre, em contraste com as áreas mais antigas das fazendas do sul e do norte da província, que usavam mão de obra escrava (nas quais o uso recorrente dos escravos na produção de café, de cana-de-açúcar e até mesmo de mandioca pode ter explicado o leve aumento da participação dos escravos na população total mostrado na tabela 1), e com as três outras províncias cafeeiras. Esse aspecto original seria em parte responsável pela experiência singular do Espírito Santo ao longo das décadas seguintes.

Apesar das condições menos favoráveis de oferta de mão de obra durante a década de 1850, os números relativos às exportações apresentados nas tabelas 2 e 3 sugerem que os fazendeiros de café conseguiram aumentar as exportações em mais de 50% com relação à década anterior. Viu-se que o desempenho menos favorável da década de 1860 deveu-se em parte a uma grave praga do café e também aos primeiros indícios de esgotamento do solo e de envelhecimento dos pés de café, sobretudo nas áreas mais antigas do Rio de Janeiro (notadamente a região do Vale do Paraíba), de São Paulo e de Minas Gerais. No início da década de 1870, o Rio de Janeiro ainda respondia por cerca de 55,2% do total de exportações da região Cafeeira, e as exportações do norte de São Paulo — cujo valor aproximado pode ser obtido a partir das exportações de café paulista pelo porto do Rio de Janeiro — representavam cerca de 9,8% desse total, mas suas participações relativas haviam diminuído em comparação com a década de 1840. O centro-oeste paulista — cujas exportações são aproximadas a partir das exportações de café pelo porto de Santos — respondia por 17% do mesmo total, enquanto Minas Gerais e Espírito Santo também mostravam aumentos relativos notáveis, representando, respectivamente, 14,3% e 3,7% das exportações totais de café da região Cafeeira.

Para resumir a situação da região Cafeeira por volta de 1870, cabe mencionar que o cultivo do café e da cana-de-açúcar continuava caracterizado pela utilização quase exclusiva de mão de obra escrava. Apenas uma fração dos poucos milhares de colonos europeus trazidos para trabalhar no cultivo do café nas províncias do Rio de Janeiro e São Paulo ainda permanecia nas fazendas em 1870.

Aqueles que o faziam agora trabalhavam separadamente dos escravos da fazenda, em sua maioria com base em contratos de trabalho diferentes, resultantes de alterações nos contratos originais de parceria. No entanto, embora alguns fazendeiros já ressaltassem as vantagens do trabalho europeu livre, destacando seu baixo custo inicial em comparação com o da compra de escravos, poucos estavam dispostos a pagar as passagens de novos imigrantes em potencial. A imigração espontânea, por sua vez, dirigia-se preferencialmente ao Sul do país, ou às cidades da região Cafeeira. De fato, nas atividades urbanas, e mesmo em outras atividades agrícolas que não o cultivo da cana-de-açúcar e do café, o trabalho assalariado tendia a substituir progressivamente a mão de obra escrava, embora esse tenha sido um processo gradual e apesar de os escravos terem conservado sua importância no serviço doméstico. As diferentes estimativas apresentadas para cada província sugerem que, na época, as fazendas de café da região Cafeeira possivelmente empregavam, de forma direta, de 150 mil a 180 mil escravos. Considerando-se uma população total de mais de 800 mil escravos na região, e de cerca de 1,5 milhão de escravos em todo o país (ver tabela 1), parecia haver espaço para novas transferências de escravos para a cafeicultura, que possibilitariam aumentos significativos da produção, caso fossem combinadas às terras necessárias. Porém, na década de 1870, novos fatores afetariam a oferta regular de escravos para as fazendas de café.

Em primeiro lugar, a Lei do Ventre Livre de 1871 significou uma diminuição inevitável do número total de escravos no país, tendo em vista a taxa negativa de reprodução natural da população escrava. Em segundo lugar, o tráfico interprovincial de escravos continuou ativo durante a década de 1870, mas depois que os fazendeiros de café compreenderam suas consequências potencialmente sérias — a perda de apoio político para a escravidão na Câmara dos Deputados e no Senado como resultado da concentração excessiva de escravos na região Cafeeira, em detrimento das outras regiões do país —, aquela prática deixou de parecer viável em escala significativa. Em 1880 e 1881, as assembleias legislativas das principais províncias cafeeiras aprovaram espontaneamente leis que estabeleciam impostos proibitivos sobre as importações de escravos de outras províncias, o que conduziu praticamente à sua interrupção definitiva. Enquanto isso, conforme mostrado nos capítulos precedentes, a década de 1870 foi caracterizada por indícios crescentes de esgotamento dos solos das áreas cafeeiras mais antigas, cujo contingente de escravos também envelhecia.

Nesse contexto geral, somente a província de São Paulo havia aprovado uma legislação que favorecia a imigração europeia. Esta, porém, limitava-se a subsidiar os fazendeiros que desejassem correr o risco de importar trabalhadores às suas próprias custas. Argumentos relativos à racionalidade da utilização de trabalhadores livres, de outras formas que não o trabalho em turmas, eram contrabalançados por considerações sobre a incerteza associada ao emprego de trabalhadores que não pudessem ser rigidamente controlados. Por outro lado, foram apresentadas evidências de que a classe dos fazendeiros considerava inadequados os trabalhadores brasileiros livres, e não contemplava a ideia, enquanto grupo, de substituir os escravos por trabalhadores locais livres com base em uma nova modalidade de organização do trabalho, embora continuasse a empregá-los crescentemente em atividades temporárias ou auxiliares, ou até mesmo na formação de cafezais. Os brasileiros livres, por sua vez, ainda demonstravam uma forte relutância em relação ao trabalho em turmas, especialmente junto aos escravos, de modo que existiam obstáculos — tanto do lado da oferta quanto do lado da demanda — ao seu emprego mais generalizado na cafeicultura.

No início da década de 1880, o café continuava a ser produzido predominantemente por mão de obra escrava. As estimativas feitas separadamente neste estudo para as diversas áreas cafeeiras sugerem que de 280 mil a 310 mil escravos ainda eram empregados de forma direta na cafeicultura no país, em contraste com apenas poucos milhares de famílias de colonos estrangeiros, incluindo os pequenos proprietários do Espírito Santo. Os números disponíveis relativos à distribuição geográfica da população escrava em cada uma das províncias cafeeiras tendem a confirmar a intensificação do emprego de escravos pelo setor na década de 1870, o que poderia explicar o aumento absoluto da produção de café que ocorreu do início dos anos 1870 até o começo dos anos 1880, até mesmo nas áreas mais antigas (que pode ser visualizado a partir dos dados da tabela 3). Os números disponíveis também sugerem que, no Rio de Janeiro e no norte de São Paulo, a produção de café alcançou um pico nos primeiros anos da década de 1880 e, em seguida, começou a declinar, provavelmente devido à uma queda de produtividade associada com o esgotamento dos solos e com o envelhecimento dos pés — ou seja, antes da Abolição e da desorganização do trabalho subsequente. No início dos anos 1880, essas duas áreas ainda respondiam, respectivamente, por 40,7% e 7,8% das exportações totais de café da região Cafeeira, enquanto a participação do centro-oeste paulista havia aumentado para 27% e a de Minas Gerais para

21,2%, e a do Espírito Santo não exibira mudanças significativas. A tendência era que a ocupação de novas áreas em São Paulo e Minas Gerais mais do que compensasse o declínio da produtividade das áreas cafeeiras mais antigas, contanto que se pudesse obter mão de obra suficiente.

A dependência "desconfortável" da região Cafeeira em relação à mão de obra escrava era evidente, e a perspectiva da abolição da escravidão em um futuro próximo apresentava-se como uma verdadeira ameaça à oferta regular de trabalho para o setor cafeeiro caso, conforme se supunha, os libertos no futuro preferissem não mais trabalhar na agricultura de forma permanente, demonstrando a mesma forte preferência pelo lazer daqueles que haviam sido libertados anteriormente. Nesse contexto, a situação desfavorável das áreas cafeeiras mais antigas em termos de produtividade, e portanto de seu potencial para atrair imigração estrangeira — e o seu consequente forte apego à mão de obra escrava —, contrastavam com as perspectivas mais favoráveis das áreas novas, mais especificamente o centro-oeste de São Paulo. Mostrou-se que esse fato se refletiu em políticas diversificadas em relação à imigração. Quando foi aprovada em São Paulo uma lei permitindo ao governo provincial pagar a passagem dos imigrantes estrangeiros, o último obstáculo sério a seu emprego mais generalizado pelos fazendeiros de café foi removido. Em 1886-7, depois que os escravos deram início ao abandono em massa das fazendas do centro-oeste paulista, muitos fazendeiros da área aceitaram a ideia da abolição sem indenização e começaram até a alforriar escravos de forma espontânea, a fim de evitar a desorganização do trabalho no setor. No entanto, a abolição da escravidão continuou a enfrentar a oposição do norte de São Paulo, do Rio de Janeiro e de Minas Gerais, mesmo após a Lei dos Sexagenários de 1885, e os fazendeiros dessas áreas só começaram a cogitar esquemas para atrair imigrantes no final de 1887, conservando seus escravos na esperança de obterem alguma indenização. Com efeito, os números da matrícula dos escravos de 1886-7 ainda indicavam a presença de aproximadamente 475 mil escravos na região Cafeeira, o que correspondia a cerca de 65% dos escravos remanescentes em todo o país (ver tabela 1). Assim, em maio de 1888, quando foi decretada a abolição oficial e incondicional, as áreas cafeeiras mais antigas (e também as áreas açucareiras, onde os fazendeiros tinham tido atitude semelhante) foram mais seriamente afetadas pela desorganização do trabalho do que as novas áreas cafeeiras de São Paulo, Minas Gerais e Espírito Santo. Essas novas áreas logo expandiram significativamente sua produção, absorvendo grandes números de imigrantes estrangeiros que se dedicaram ao cultivo do café segundo as novas formas de organização do trabalho agrícola discutidas em detalhe nos capítulos anteriores: a empreitada e a parceria. Conforme já assinalado anteriormente em diversas ocasiões, esses novos tipos de contrato significaram uma mudança fundamental na organização do trabalho no campo, uma vez que concediam aos trabalhadores alguma flexibilidade quanto à alocação de seu tempo ao cultivo do café, enquanto a família, e não o trabalhador individual, tornava-se a nova "unidade" básica de trabalho.

Foram apresentados relatos detalhados da evolução econômica distinta dos quatro estados da região Cafeeira após a Abolição, incluindo o surgimento ou a importância crescente de outras atividades econômicas em paralelo à cafeicultura. Mostrou-se, por exemplo, que o setor açucareiro do Espírito Santo entrou em colapso após a Abolição, e que o do Rio de Janeiro precisou ser reorganizado segundo novos critérios capitalistas e industriais, com empresas maiores com equipamentos de desempenho melhorado e uma predominância do trabalho assalariado. As tabelas 2 e 3, que não refletem o aumento do consumo doméstico, indicam que a produção de café da região Cafeeira como um todo continuou a crescer durante a década de 1890, mostrando um aumento de cerca de 40% em relação à década anterior. Esse crescimento foi acompanhado por um grande aumento da participação de São Paulo, que respondeu por bem mais da metade das exportações totais da região Cafeeira, e por uma queda substancial da participação do Rio de Janeiro, que ao final da década já havia sido superada pela de Minas Gerais, enquanto o Espírito Santo agora respondia por cerca de 5% do mesmo total (ver tabela 3). Vale reiterar que o declínio da produção cafeeira do Rio de Janeiro e do norte de São Paulo não foi resultado exclusivo da escassez de mão de obra — embora esse fator também tenha contribuído para tal —, mas pode ser em grande parte explicado pela queda da produtividade dessas áreas. No entanto, apesar das mudanças relativas na importância das diferentes áreas da região em questão, o café continuou a ser o principal produto de exportação dos quatro estados em conjunto, respondendo por 60% a 90% do total das exportações de cada um destes durante a década de 1890.

Também foi mostrado que alguns governos estaduais implementaram esquemas de subsídio à imigração estrangeira, na linha daqueles inicialmente adotados por São Paulo, para complementar a política de passagens gratuitas do governo central, com graus variados de "sucesso" na geração de uma oferta elástica de mão de obra para o setor cafeeiro. Dados sobre as remunerações praticadas no cultivo do café em contratos de empreitada com colonos europeus foram apresentados para documentar o "sucesso" de tais políticas no caso de São Paulo, onde os custos reais de mão de obra na cafeicultura (conforme definidos no capítulo 4) não aumentaram de forma notável após a Abolição, mostrando até uma tendência de queda durante parte da década de 1890. A tabela 4 fornece uma indicação da imigração estrangeira para a região Cafeeira no período que sucedeu à Abolição. Embora incompleta, confirma que São Paulo e Minas Gerais acolheram as maiores quantidades de imigrantes em números absolutos, enquanto a imigração para o Espírito Santo, em termos da população total do estado, também foi muito importante. A região Cafeeira como um todo (excluindo, como já se fez anteriormente, a cidade do Rio de Janeiro) parece ter recebido um afluxo líquido de mais de 620 mil imigrantes estrangeiros durante a década de 1890, respondendo por cerca de 69% da entrada líquida em todo o país. São Paulo respondeu por metade desse total. Em uma perspectiva de longo prazo, o número de imigrantes estrangeiros que entraram em São Paulo aumentou de 13 mil nos anos 1870 para 184 mil nos anos 1880 e para 609 mil na década seguinte. O total para o último quarto do século XIX foi de 803 mil entradas, sendo 577 mil (71,9%) provenientes da Itália.[1] Já a imigração total para o Brasil alcançou 1.745.800 pessoas entre 1884 e 1903, sendo 1.048.300 italianos (60%), 328.200 portugueses (18,8%) e 205.300 espanhóis (11,8%),[2] parte dos quais se dirigiu para as principais cidades, notadamente o Rio de Janeiro, e para os estados do Sul do país.

No entanto, nos estados cafeeiros, com exceção do Espírito Santo, os imigrantes estrangeiros continuaram a ser predominantemente trabalhadores rurais, com poucas chances de acesso à propriedade da terra e sem ameaçar o controle desta por uma classe de proprietários que não a trabalhava diretamente, conforme discutido em capítulos anteriores. Com efeito, os grandes aumentos do preço do café em moeda local no começo da década de 1890 e as oportunidades de crédito inicialmente estendidas aos fazendeiros pelo governo central, bem como as tentativas desse mesmo governo de lhes proporcionar trabalhadores suficientes, permitiram a sobrevivência de muitos grandes fazendeiros no período imediatamente posterior à Abolição, dando-lhes a possibilidade de conservar a propriedade de suas terras e o controle da fase de processamento da produção cafeeira. Assim, foi somente no trabalho no campo que ocorreram alterações significativas.

As características das diferentes formas de organização do trabalho que prevaleceram após a Abolição foram analisadas em detalhes nos capítulos anteriores.

TABELA 4 — IMIGRAÇÃO ESTRANGEIRA BRUTA PARA A REGIÃO CAFEEIRA, 1887-1900

ANO	IMIGRAÇÃO TOTAL BRUTA PARA SÃO PAULO	% IMIGRAÇÃO SUBSIDIADA TOTAL	IMIGRAÇÃO TOTAL BRUTA PARA O RIO DE JANEIRO	IMIGRAÇÃO TOTAL BRUTA PARA MINAS GERAIS	IMIGRAÇÃO TOTAL BRUTA PARA O ESPÍRITO SANTO
1887	32.112				
1888	92.086		Alguns milhares	7.248	2.261
1889	27.893	82,04		3.711	1.664
1890	38.291	83,09		?	
1891	108.736	98,90	4.000 italianos	6.113	
1892	42.061	97,41	10.163	3.103	
1893	81.745	95,38		158	
1894	48.947	69,65		4.554	13.477
1895	139.998	81,98		6.631	
1896	99.010	75,67		22.496	
1897	98.134	71,39		17.578	
1898	46.939	57,98		2.228	
1899	31.215	53,38		674	
1900	22.802	48,72		136	
Afluxo líquido aparente 1891-1900	454.157		41.566	94.860	29.862

FONTES: Afluxo líquido aparente: diferenças entre o número total de estrangeiros registrados no censo de 1900 e o mesmo total no censo de 1890. Os dados relativos à imigração bruta estão incompletos. Os dados apresentados na tabela foram retirados do capítulo 3, notas 102 a 104; capítulo 4, nota 119; capítulo 5, notas 49 e 50; capítulo 6, notas 34, 39 e 40.

O que pode ser enfatizado mais uma vez é que, enquanto antes da Abolição e no regime do trabalho em turmas os escravos eram a mão de obra preferida dos fazendeiros, com a unificação do mercado de trabalho os ex-escravos foram em grande medida deslocados por imigrantes europeus, que assumiram a maioria das ocupações sob os novos arranjos de trabalho nas áreas cafeeiras mais produtivas. O desaparecimento de uma classe de escravos também afetou o status relativo dos brasileiros livres mestiços, que passaram muitas vezes a ser associados com os ex-escravos e por isso discriminados. A situação dos libertos qualificados e não qualificados em cada um dos estados na década de 1890 também foi analisada separadamente. Considerando a região Cafeeira como um todo, aparentemente a situação dos ex-escravos foi comparativamente menos favorável no centro-oeste de São Paulo e no sul de Minas Gerais, onde os trabalhadores estrangeiros eram predominantes e acabaram "substituindo" os brasileiros livres e os ex-escravos. (Assim, em 1900, em 26 municípios de São Paulo, o número de estrangeiros excedia o de brasileiros, enquanto em outros doze municípios seus números eram equivalentes!) Em contraste, no estado do Rio de Janeiro, na antiga Zona da Mata de Minas Gerais e no norte de São Paulo, os libertos constituíram parte importante da oferta de trabalho no período que sucedeu à Abolição. Embora nem sempre tivessem a possibilidade de migrar para novas áreas, naquelas regiões eles tinham um certo poder de barganha com os fazendeiros quando se empregavam no cultivo do café como parceiros, e gozavam ainda de uma maior estabilidade de emprego durante o ano e de um certo controle sobre a alocação de seu tempo. Porém, muitos deles também foram afetados pela decadência definitiva das áreas de café mais antigas. A criação de gado, que substituiu o café em muitas áreas cafeeiras exauridas, era muito menos trabalho-intensiva do que a cafeicultura, "liberando" assim numerosos trabalhadores, que precisaram buscar ocupações alternativas. Em Minas Gerais, a partir de 1900, muitos ex-escravos encontrariam trabalho nas áreas cafeeiras que sobreviveram à crise do café na virada de século, trabalhando como parceiros ou assalariados, assim como em outras áreas mais antigas, depois de os trabalhadores europeus terem abandonado determinados municípios do estado.

Por fim, viu-se que, quer como parceiros, quer como pequenos proprietários independentes, os imigrantes europeus e seus descendentes representaram uma maioria dos trabalhadores na cafeicultura do Espírito Santo durante a década de 1890. No entanto, o estado ainda tinha uma população pequena, de modo que a possibilidade de os habitantes se tornarem posseiros e de a oferta de mão de obra se tornar insuficiente para diversas outras ocupações — que se refletiam em salários relativamente mais elevados — parece ter oferecido aos libertos condições de escolher entre várias alternativas. (O mesmo se poderia dizer com relação ao chamado norte do Rio de Janeiro, a área cafeeira de fronteira no estado, que se desenvolveria em grande parte com mão de obra local durante o século XX.) O quadro 1 resume as relações de trabalho que prevaleceram nas várias sub-regiões da região Cafeeira na década de 1890.

Conforme enfatizado nos capítulos sobre cada um dos quatro estados cafeeiros, as constatações apresentadas neste estudo sobre a mobilidade ocupacional ou

QUADRO I — RELAÇÕES DE TRABALHO NA REGIÃO CAFEEIRA, SEGUNDO ÁREAS DE CAFEICULTURA, NA DÉCADA DE 1890

REGIÕES CAFEEIRAS	ABUNDÂNCIA COMPARATIVA DE MÃO DE OBRA	SUBSÍDIOS DO GOVERNO À IMIGRAÇÃO	ABUNDÂNCIA COMPARATIVA DE IMIGRANTES ESTRANGEIROS	ABUNDÂNCIA COMPARATIVA DE LIBERTOS	TERRAS COMPARATIVAMENTE ESGOTADAS	SITUAÇÃO FINANCEIRA PRECÁRIA DOS FAZENDEIROS	TIPO PREDOMINANTE DE CONTRATO DE TRABALHO
São Paulo		X					
Centro--oeste	Grande		X	X			Empreitada
Norte	Limitada			X	X	X	Parceria e trabalho em turmas
Rio de Janeiro		Pouco importantes					
Vale do Paraíba	Limitada			X	X	X	Idem
Minas Gerais		X					
Antiga Zona da Mata	Limitada			X	X	X	Idem
Sul e Oeste	Limitada		X	Limitada			Empreitada
Espírito Santo	Ausente	X	Limitada	Limitada			Parceria e pequenos produtores independentes

FONTE: Parte II.

rural-urbana dos ex-escravos são meras conjecturas, e é preciso obter dados muito mais detalhados sobre as ocupações dos ex-escravos no nível local antes de se poder chegar a conclusões mais definitivas. No entanto, é possível afirmar que não há indícios de um afluxo significativo e permanente de ex-escravos rurais para os centros urbanos da região Cafeeira — com exceção, talvez, da capital do país, a cidade do Rio de Janeiro —, embora se tenha documentado a migração sazonal ou permanente de libertos de algumas áreas de café mais antigas.

Em contraste, as inferências feitas sobre o destino dos imigrantes europeus foram baseadas em informações mais abundantes, resultantes especialmente da vigilância dos cônsules estrangeiros. Essas informações permitem que se tire uma série de conclusões. Em muitos casos, os colonos empregados em contratos de empreitada gozavam de condições de vida melhores do que as que tinham tido em seu país de origem, e tinham alguma possibilidade de escolha em relação à alocação de seu tempo entre a produção de café e o cultivo de gêneros alimentícios. Eles também demonstravam um alto grau de mobilidade, na medida em que geralmente firmavam contratos de trabalho anuais. Na maioria dos casos, porém, não parecem ter conseguido poupar o suficiente para adquirir boas terras, sobretudo em São Paulo, onde o preço da terra permaneceu muito elevado durante toda a década de 1890, e até mesmo no início dos anos 1900, após a crise do café. Apesar disso, muitas vezes esses imigrantes estrangeiros poupavam o suficiente para se repatriar, mudar-se para o Rio da Prata ou transferir-se para o setor urbano.

Não há indicações de que os colonos de empreitada tenham recebido um mau tratamento generalizado, ou que estivessem em situação de permanente endividamento, embora tenha havido casos de não pagamento das remunerações pelos fazendeiros, sobretudo a partir do início da crise do café. Anteriormente, quaisquer abusos generalizados teriam ameaçado a continuidade do afluxo de imigrantes vindos da Itália, como ocorreu em 1902 com a proibição decretada pelas autoridades daquele país, impedindo seus cidadãos de aceitarem passagens gratuitas para emigrar para São Paulo. Da mesma forma, em 1895, a imigração subsidiada de italianos para o Espírito Santo havia sido proibida porque constatou-se que alguns colonos encaminhados a novos núcleos de pequenos lotes não tinham recebido atenção adequada por parte do governo. Por outro lado, mesmo na década de 1890, os fazendeiros conservaram algum grau de poder dentro de suas propriedades, incluindo o direito de cobrar multas de seus trabalhadores, conforme visto nos capítulos anteriores.

A maioria dos imigrantes estrangeiros que comprou terras durante a década de 1890 em Minas Gerais, São Paulo e Rio de Janeiro o fez ou nos poucos núcleos coloniais estabelecidos pelos governos estaduais em terras geralmente não adequadas ao cultivo do café, ou em terras exauridas das regiões Cafeeiras mais antigas. Assim, por exemplo, apresentaram-se algumas indicações quanto à existência, naquela década, de pequenos proprietários em municípios do oeste do Vale do Paraíba, no estado do Rio de Janeiro. Além disso, a informação coletada sugere que a maioria dos estrangeiros que possuíam pequenas fazendas de café naqueles mesmos três estados — e especialmente em São Paulo — já tinha chegado com recursos suficientes para comprar sua propriedade, ou então havia passado longos períodos no país (geralmente mais de dez anos) antes de ser capaz de adquirir uma boa terra (e isso muitas vezes era conseguido com recursos acumulados em atividades urbanas).

Os colonos subsidiados que se dirigiram para o Espírito Santo durante a década de 1890 não precisaram enfrentar os esforços organizados de uma forte classe de grandes fazendeiros, basicamente preocupada em demandar "braços" ao governo do estado. Embora a administração do Espírito Santo também estivesse preocupada em proporcionar uma oferta adequada de mão de obra às grandes fazendas existentes, os imigrantes dispunham de duas alternativas, que eram possíveis devido à elevada relação terra-trabalho no estado. Na primeira alternativa, eles podiam se instalar em núcleos coloniais, onde tinham a possibilidade de comprar um lote de terra do governo com condições de pagamento facilitadas. Essas terras geralmente precisavam ser desmatadas e, durante os primeiros anos, exigiam trabalho árduo. Na outra alternativa, podiam se dirigir a fazendas de café para trabalhar como parceiros, recebendo dos fazendeiros adiantamentos iniciais. Na época dos altos preços do café, durante a década de 1890, a segunda opção parecia mais atraente para muitos imigrantes. Porém, após a crise do café e o resultante declínio de seu preço, a condição dos pequenos proprietários passou a parecer melhor do que a dos parceiros, que compartilhavam as dificuldades de seus empregadores e muitos dos quais se encontravam endividados no início dos anos 1900. De forma geral, portanto, é de se pensar que, depois que terminavam de pagar por sua terra, os colonos demonstravam maior resistência aos tempos difíceis, quando se endividavam junto a comerciantes, e suas perspectivas no longo prazo eram melhores.

Quanto aos parceiros do Espírito Santo e Minas Gerais localizados em áreas mais isoladas, era frequente se endividarem comprando suprimentos dos fazendeiros e, assim, não conseguirem se mudar durante alguns anos, como fica claro em relatos do início dos anos 1900. Tal situação, contudo, não era de forma alguma típica dos colonos estrangeiros da região Cafeeira como um todo. De uma maneira geral, estes demonstraram uma mobilidade geográfica e ocupacional considerável, sobretudo em São Paulo e Minas Gerais. Muitos daqueles que iam para as cidades empregavam-se no comércio, no artesanato, ou até mesmo na indústria, e melhoravam significativamente suas condições de vida, ao mesmo tempo que contribuíam bastante para a difusão dessas atividades na região Cafeeira. Outros retornavam à Europa ou se mudavam para outras áreas com sua poupança. Nesse caso também, o que permaneceu limitado foi o acesso dos colonos estrangeiros à propriedade da terra nas áreas cafeeiras, mas seu sucesso ou fracasso não deveria ser medido apenas em relação a esse aspecto.

É possível tentar resumir este capítulo sobre a transição da escravidão para o trabalho livre na região Cafeeira observando que:

a) A Abolição não resultou em uma redução da produção física da região como um todo, embora um declínio permanente tenha ocorrido em determinadas áreas mais antigas, ocasionando uma mudança na importância relativa das diversas áreas produtoras de café. Nesse sentido, é possível dizer que a transição para o trabalho livre na região ocorreu relativamente sem sobressaltos.

b) A transição do trabalho escravo para o trabalho livre no cultivo do café foi acompanhada por uma mudança fundamental na escala do trabalho no campo, com a ampla substituição do trabalho em turmas pela empreitada e pela parceria.

c) A mudança na organização do trabalho na cafeicultura foi, por sua vez, acompanhada pela predominância da mão de obra europeia nas novas áreas de café de São Paulo e Minas Gerais, enquanto nas áreas cafeeiras mais antigas os libertos e os brasileiros livres passaram a constituir a massa dos trabalhadores.

d) A imigração estrangeira para a região Cafeeira, além de contribuir para a oferta de mão de obra para diversas atividades, acelerou a criação de um mercado interno que, por sua vez, permitiu o desenvolvimento de atividades não agrícolas, e em particular da indústria de transformação. Embora o acesso à propriedade da terra por parte dos imigrantes permanecesse limitado, em geral eles parecem ter gozado de condições de vida melhores do que em seu país de origem e de boas possibilidades de ascensão social.

e) Nas novas áreas cafeeiras, apesar de sua contribuição econômica inquestionável, a imigração estrangeira contribuiu para o deslocamento da população local — em especial os libertos — das melhores ocupações da cafeicultura. A posição social relativa dos libertos foi pior nessas áreas do que nas áreas cafeeiras mais antigas, onde, durante a década de 1890, eles ainda constituíam uma fração considerável da força de trabalho das fazendas.

f) Embora a região Cafeeira como um todo dependesse muito do café para suas exportações nos anos 1890, a crise da cafeicultura no final da década abriu caminho para uma maior diversificação econômica da região no século XX, o que explicaria em parte o fato de esta vir a se tornar a região mais desenvolvida do Brasil desde então.

III. A REGIÃO SUL: COLONIZAÇÃO EUROPEIA E A FACILITADA TRANSIÇÃO PARA O TRABALHO LIVRE NO RIO GRANDE DO SUL, SANTA CATARINA E PARANÁ

Introdução

Na terceira parte deste estudo, que aborda a região Sul do Brasil, foram mantidos os objetivos gerais. Assim, examina-se em que medida o trabalho livre existia antes da metade do século XIX, e tenta-se avaliar os efeitos da supressão do tráfico de escravos africanos, da imigração europeia e da abolição definitiva da escravidão sobre a organização do trabalho na região em questão, bem como sobre seu comércio e seu setor agrícola. Também são sugeridas hipóteses quanto ao destino dos ex-escravos em termos de ocupação e sua possibilidade de ascensão social no período que sucedeu à Abolição, em comparação com outros grupos sociais. No entanto, os três estados mais ao sul do Brasil — Paraná, Santa Catarina e Rio Grande do Sul — possuem características bastante singulares, que os distinguem das outras regiões do país. Portanto, esta seção aborda também diversos problemas específicos ligados a essas áreas.

A maior parte da área dos estados do Sul está localizada na zona temperada, com exceção da estreita faixa costeira de Santa Catarina e Paraná e também da parte norte deste último. Embora essa característica pudesse ter tornado a região particularmente atraente para os europeus, a ocupação da área começou comparativamente tarde, à medida que as disputas políticas e territoriais entre Espanha e Portugal foram progressivamente se amenizando de maneira progressiva. Até o final do século XVIII, em contraste com outras áreas do Brasil colonial, não houve na região o desenvolvimento de uma economia de grandes plantações orientadas para a exportação de seus produtos (plantations). A concessão de sesmarias também foi mais restrita do que em outras capitanias, de modo, que, no início do século XIX, uma grande parte da região Sul ainda não havia sido alienada para particulares. Nessa época, sua população "civilizada" provavelmente não ultrapassava 100 mil habitantes, ou cerca de 3% da população da colônia. Em 1900, a área dos três atuais estados do Sul abrigava uma população de quase 1,8 milhão de pessoas, ou pouco mais de 10% da população do país. Seu crescimento demográfico se deveu em grande parte à chegada de centenas de milhares de imigrantes europeus durante a segunda metade do século XIX, de modo que, na década de 1890, o grupo censitário dos brancos representava mais de sete décimos da população da área. Contudo, não havia apenas semelhanças no desenvolvimento dos três estados. Na verdade, no início do século XX, estes exibiam diferenças notáveis em sua estrutura econômica. Um primeiro objetivo específico desta seção é analisar separadamente os primórdios da evolução econômica das três áreas, com particular ênfase no Rio Grande do Sul, cuja prosperidade comercial e crescimento demográfico iniciais foram mais acentuados.

Como extensão da capitania de São Paulo — da qual só se separou em meados do século XIX —, o Paraná beneficiou-se de um pequeno boom aurífero no final do século XVII, época em que o Rio Grande do Sul e Santa Catarina encontravam-se praticamente desocupados. No entanto, essa atividade envolveu apenas poucos milhares de habitantes, e em meados do século XVIII a maioria da população já se dedicava à agricultura e à criação de gado, tendo realocado a essas atividades alguns dos escravos anteriormente empregados na mineração. Nessa época, como resultado de uma iniciativa da Coroa portuguesa, Santa Catarina e Rio Grande do Sul já recebiam milhares de imigrantes dos Açores, a quem eram feitas doações gratuitas de terras. A colonização açoriana foi mais bem-sucedida no Rio Grande do Sul, que, no final do século, havia se tornado um importante fornecedor de trigo, mulas, gado bovino em pé e subprodutos da pecuária para outras capitanias. Em contraste, a economia de Santa Catarina tendia à estagnação. Com exceção da pesca à baleia — monopólio da Coroa e objeto de contrato com concessionários privados —, a atividade econômica da área consistia basicamente nos cultivos de mandioca, cana-de-açúcar e algodão, cujos pequenos excedentes eram vendidos a outras capitanias marítimas.

Apesar da existência de uma política governamental para a criação de pequenas propriedades familiares no intuito de incentivar a ocupação das terras da região Sul por trabalhadores livres — iniciativa em parte ditada por razões militares —, as relações terra-trabalho favoreciam o emprego de escravos na criação de gado e também na agricultura, uma vez que essas atividades econômicas adquiriram uma orientação comercial e passaram a permitir a acumulação de excedentes para reinvestimento. Assim, ao final do século XVIII, havia na região Sul tanto pequenas propriedades trabalhadas por famílias livres quanto estabelecimentos rurais que empregavam escravos e trabalhadores contratados. Estes últimos eram mais comuns no caso da pecuária, em especial no Rio Grande do Sul, embora algumas fazendas caracteristicamente patriarcais também tenham surgido no Paraná e na área de Lages (Santa Catarina), com agregados livres e alguns escravos trabalhando nas diversas atividades das fazendas. No entanto, a economia da região permanecia basicamente orientada para os mercados de outras capitanias, e não surgiu na área nenhuma grande classe de fazendeiros senhores de numerosos escravos. As implicações dessa situação "subsidiária", bem como de outros fatores de caráter mais local, no desenvolvimento econômico das três futuras províncias até a Independência em 1822, serão analisadas separadamente.

Durante a primeira metade do século XIX, as três áreas do Sul continuaram a trilhar caminhos diferentes. O cultivo do trigo praticamente desapareceu do Rio Grande do Sul, enquanto a criação de gado e a consequente produção de charque e couros para exportação se tornaram as atividades econômicas predominantes da província, temporariamente prejudicadas por guerras externas e por uma longa guerra civil, a Revolução Farroupilha. No Paraná, por outro lado, a importância relativa da agricultura e da pecuária declinou à medida que a extração de erva-mate e seu processamento com vistas à exportação para mercados estrangeiros cresceram, representando a principal atividade comercial da área. Enquanto isso, a economia de Santa Catarina permanecia inteiramente dependente da agricultura (com exceção do distrito de Lages), exportando sobretudo farinha de mandioca para outras províncias, e com pouco dinamismo para crescer. Em contextos tão diferentes, os estímulos para a utilização de trabalho escravo versus trabalho livre eram variáveis.

As experiências do Paraná, Santa Catarina e Rio Grande do Sul durante a segunda metade do século XIX exibiram semelhanças muito maiores do que antes, embora seus produtos de exportação básicos continuaram sendo respectivamente o mate, a farinha de mandioca e os subprodutos da pecuária. Em contraste com a maioria das regiões do Brasil, essas províncias (depois estados) foram caracterizadas por uma bem-sucedida colonização europeia, que, promovida tanto pelo governo quanto por entidades privadas, resultou na formação de uma classe comparativamente grande de pequenos proprietários que cultivavam seus próprios estabelecimentos rurais com a mão de obra de suas famílias. De fato, houve diferenças em relação ao volume e à composição da imigração para as três províncias, uma vez que o Rio Grande do Sul e Santa Catarina se beneficiaram inicialmente de um grande contingente de alemães, enquanto o Paraná recebeu, em um estágio posterior, muitos poloneses, ucranianos e italianos, estes últimos constituíram também a segunda onda mais significativa de imigração para o Rio Grande do Sul e Santa Catarina.

Nas três províncias, porém, a intensificação da imigração europeia tendeu a enfraquecer a escravidão e foi parcialmente responsável por sua transição sem grandes sobressaltos para o trabalho livre, embora os escravos não tenham sido diretamente substituídos por imigrantes livres em todas as atividades. Os últimos anos da escravidão e as atividades onde esta perdurou até uma data mais tardia são analisados em conjunto com a imigração no final do Império. No estudo das principais características das "colônias" europeias, dá-se especial ênfase ao Rio Grande do Sul, a fim de ilustrar alguns aspectos comuns à região como um todo. A inserção de um "novo" setor agrícola nas três províncias e depois estados sulistas teve efeitos diferentes em sua evolução econômica — antes e depois da Abolição. Esses efeitos são também examinados e quantificados separadamente, uma vez que diferenças na importância relativa das diversas atividades econômicas em cada estado perduraram até o século XX.

Dadas essas considerações gerais sobre a região Sul, podem-se adiantar alguns dos problemas específicos e algumas das principais quantificações discutidas ou apresentadas nos três capítulos a seguir, mencionando também algumas das principais fontes utilizadas.

Com relação ao período colonial e às três primeiras décadas após a Independência do Brasil, tenta-se apresentar dados consistentes, mesmo que nem sempre completos, sobre os principais produtos da região, de forma a fazer algumas inferências sobre a tendência do emprego. Os números disponíveis indicam o crescimento e o declínio do cultivo do trigo e o surgimento de uma "indústria" do charque no Rio Grande do Sul, bem como a ascensão do mate no Paraná e a continuação de um comércio terrestre de gado bovino e muar da região Sul para a região Cafeeira. De 1822 a 1840, são poucas as estatísticas oficiais disponíveis, de modo que muitas vezes foi preciso confiar em apreciações qualitativas. Em função destas, questiona-se a ideia amplamente aceita de que as exportações de charque continuaram a aumentar até 1835. A figura 1 do capítulo 8 constitui uma tentativa preliminar de ilustrar de forma razoavelmente coerente a tendência do total de exportações de charque do Rio Grande do Sul entre 1846 e 1900, baseada no confronto de séries estatísticas de diversas fontes (e feitas as correções que se julgaram apropriadas).

A apresentação de dados demográficos detalhados tem por finalidade proporcionar um quadro mais claro da abrangência geográfica da escravidão do que aquele fornecido pelos números provinciais globais. Como ilustração dos "novos" dados utilizados, vale mencionar que as informações desagregadas relativas ao Rio Grande do Sul e à área das Missões em 1814 têm por base fontes publicadas na época, mas não podem ser encontradas com o mesmo nível de detalhe nas publicações desde então. Da mesma forma, os números relativos à população do Paraná por municípios em 1829 baseiam-se em uma fonte não explorada sobre São Paulo, e são também "novos", mesmo que não inteiramente exatos. Espera-se que esses e outros cômputos, que estão agrupados com dados compilados em trabalhos recentes — tais como os números de 1844 sobre os escravos de Paranaguá —, possam contribuir para um quadro mais claro da situação demográfica e econômica da região Sul até 1850.

Muitos dados qualitativos foram obtidos a partir dos relatos de viajantes da época, de relatórios oficiais e de correspondência. Com relação às técnicas agrícolas, as informações parecem confirmar o recurso constante às queimadas, bem como um declínio progressivo na utilização de arados inicialmente empregados no cultivo de cereais e o uso pouco frequente de adubos orgânicos. Os limitados números disponíveis sobre rendimento por semente estão longe de ser inteiramente satisfatórios, mas fornecem indicações aproximadas sobre a fertilidade de determinadas áreas. As exigências de mão de obra da pecuária e a produtividade dos rebanhos foram objeto de alguma controvérsia na literatura, mas os dados disponíveis parecem confirmar que tais exigências eram relativamente pequenas se comparadas a diversas outras atividades rurais do país. As informações daqueles três tipos de fontes, e de algumas fontes secundárias posteriores, também corroboram o ponto de vista de que os escravos eram mais amplamente utilizados nas fazendas de gado do que em geral se reconheceu na literatura sobre o tema.

Essas mesmas fontes dão indicações importantes sobre as ocupações dos escravos no setor urbano, esclarecendo ainda a natureza das relações de trabalho na extração do mate, que desde cedo parece ter empregado trabalhadores livres. Por fim, fornecem informações interessantes, embora contrastadas, sobre o tratamento dado aos escravos.

Os dados mais antigos sobre importações de escravos e imigração europeia são incompletos e insatisfatórios. Com relação a esta última, apenas o número de colonos em si parece ter sido registrado, levando a uma subestimação do afluxo efetivo de estrangeiros para a região Sul. Porém, os dados relativos às colônias bastam para indicar que, com exceção de São Leopoldo, e talvez de São Pedro de Alcântara, nenhuma colônia, privada ou do governo, cresceu em qualquer escala significativa até a década de 1850.

As fontes disponíveis sobre a evolução das três províncias durante o terceiro quarto do século XIX são muito mais numerosas. Foram utilizados extensivamente os relatórios consulares britânicos, que fornecem indicações estatísticas abundantes, além de outras informações pertinentes advindas de observações pessoais e de fontes oficiais e não oficiais da época. Com base nos relatórios anuais do Império e também em outras fontes contemporâneas a estes, foram constituídas, para as três províncias, séries "novas" de exportações para portos estrangeiros, bem como séries do total de exportações de produtos selecionados. Caso estejam corretas, as informações imperiais oficiais sobre as exportações de mate acarretariam uma reavaliação da importância das exportações desse produto pelo porto de Paranaguá entre 1850 e 1876. Em contraste, os números disponíveis sobre o total de exportações das três províncias são muito menos satisfatórios, embora forneçam algumas indicações sobre tendências gerais.

No que se refere a dados populacionais da região, dá-se uma ênfase especial ao Rio Grande do Sul, devido à sua maior importância econômica e ao fato de que estatísticas demográficas detalhadas sobre as outras duas províncias sulistas foram apresentadas em estudos específicos. Informações qualitativas sobre o tratamento dispensado aos escravos também são novamente apresentadas no contexto dessa discussão.

Com relação aos efeitos da supressão do tráfico de escravos africanos, foram construídas séries de preços de escravos no Rio Grande do Sul durante as décadas de 1850 e 1860, e são apresentadas algumas cifras anuais para Santa Catarina. A discussão de outros fatores exógenos que afetaram o preço dos escravos e o custo de seu arrendamento é relegada às notas de fim do livro, incluindo ainda alguma informação sobre preços e custo de vida na época. Também foram agrupados dados sobre o tráfico interprovincial de escravos a partir de diversos relatórios do período, mas estes permanecem insuficientes para uma avaliação da importância efetiva desse comércio durante o terceiro quarto do século XIX.

O tratamento da imigração estrangeira durante o terceiro quarto do século XIX está baseado em uma combinação de várias fontes do período, incluindo relatórios oficiais e consulares. Um excelente estudo da época, conduzido por um estatístico britânico que visitou o Rio Grande do Sul, foi particularmente útil, e não parece ter sido usado anteriormente na literatura. Foram tabulados diversos números, especialmente para o Rio Grande do Sul, de modo a apresentar um quadro quantitativo das áreas coloniais. Esses dados estatísticos detalhados têm por objetivo fornecer uma indicação da expansão demográfica e comercial dos núcleos coloniais, assim como de suas atividades agrícolas, artesanais e "industriais". Relatórios consulares e outras fontes indicam a predominância de estrangeiros nas atividades comerciais do Rio Grande do Sul durante as décadas de 1850 e 1860, bem como sua posição de algum destaque em Santa Catarina e no Paraná. Dados adicionais são usados para uma digressão sobre as condições de vida e a renda dos trabalhadores urbanos do Rio Grande do Sul, em grande parte discutidas nas notas de fim do livro.

Os dados do censo de 1872 e da matrícula dos escravos a partir de 1873 são apresentados e discutidos nos diversos capítulos. As informações não se mostram inconsistentes no caso do Paraná e de Santa Catarina, e indicam o relativo declínio da escravidão nessas duas províncias. No entanto, os dados sobre o Rio Grande do Sul apresentam muitos problemas, que são analisados em maiores detalhes. É preciso obter números mais desagregados para se ter uma ideia melhor da evolução efetiva da população escrava da província e, assim, tornar possíveis comparações significativas com outras províncias.

Os dados estatísticos relativos ao período que vai do início da década de 1870 até 1888 são menos satisfatórios do que aqueles apresentados para datas anteriores, mas permitem acompanhar a evolução geral das diversas províncias. Esse período foi caracterizado pela intensificação da imigração italiana, sobre a qual se apresentam dados de fontes italianas aparentemente não usados anteriormente na literatura sobre o tema. A época também foi marcada pela criação de numerosas colônias de diversas nacionalidades no Paraná, que até então, sob esse aspecto, havia ficado atrasado em comparação com as duas outras províncias do Sul. As estatísticas demográficas relativas aos últimos anos da escravidão também não são muito satisfatórias, mas indicam que, às vésperas da Abolição, os escravos representavam menos de 3% da população total de cada uma das três províncias da região.

Em uma tentativa de investigar as consequências econômicas da abolição da escravidão, foram construídas algumas séries de exportações no período que a sucedeu. Em especial, apresentam-se dados sobre a evolução das exportações rio-grandenses de subprodutos da pecuária, que indicam um declínio de sua importância relativa na década de 1890. Cabe notar que, àquela altura, as estatísticas de exportações eram indicadores de produção doméstica muito menos confiáveis do que em períodos anteriores, devido à diversificação das atividades econômicas nos três estados. Para ilustrar esse ponto, são feitas quantificações sobre o emprego nas principais fábricas do Rio Grande do Sul. A produção das colônias fundadas nesse estado durante o último quarto do século XIX, por oposição às suas exportações totais, também é computada para meados da década de 1890 e para dez anos depois. Esses cômputos mostram um notável crescimento dos dois agregados, mas também o aumento mais rápido da produção "colonial". Algumas características dos principais produtos agrícolas do Rio Grande do Sul também são mencionadas, e não apresentam diferenças apreciáveis com relação às observações isoladas sobre os outros dois estados. Também é dada particular atenção à imigração italiana na década de 1890, em uma tentativa de determinar sua localização e sua importância nos três estados por volta de 1900. Essas informações, bem como dados sobre as ocupações e salários dos imigrantes italianos, foram tiradas dos relatórios consulares italianos, e também parecem constituir dados "originais". Por fim, várias fontes são usadas para emitir, em caráter tentativo, hipóteses sobre o destino dos ex-escravos. Embora seja difícil avaliar sua distribuição por ocupação em termos numéricos, apresentam-se dados desagregados sobre a distribuição da população negra do Rio Grande do Sul em 1890, que, com a necessária reserva e juntamente a outras informações de natureza qualitativa, tendem a refutar alegações quanto ao abandono em massa das propriedades rurais pelos ex-escravos e o seu êxodo para as cidades.

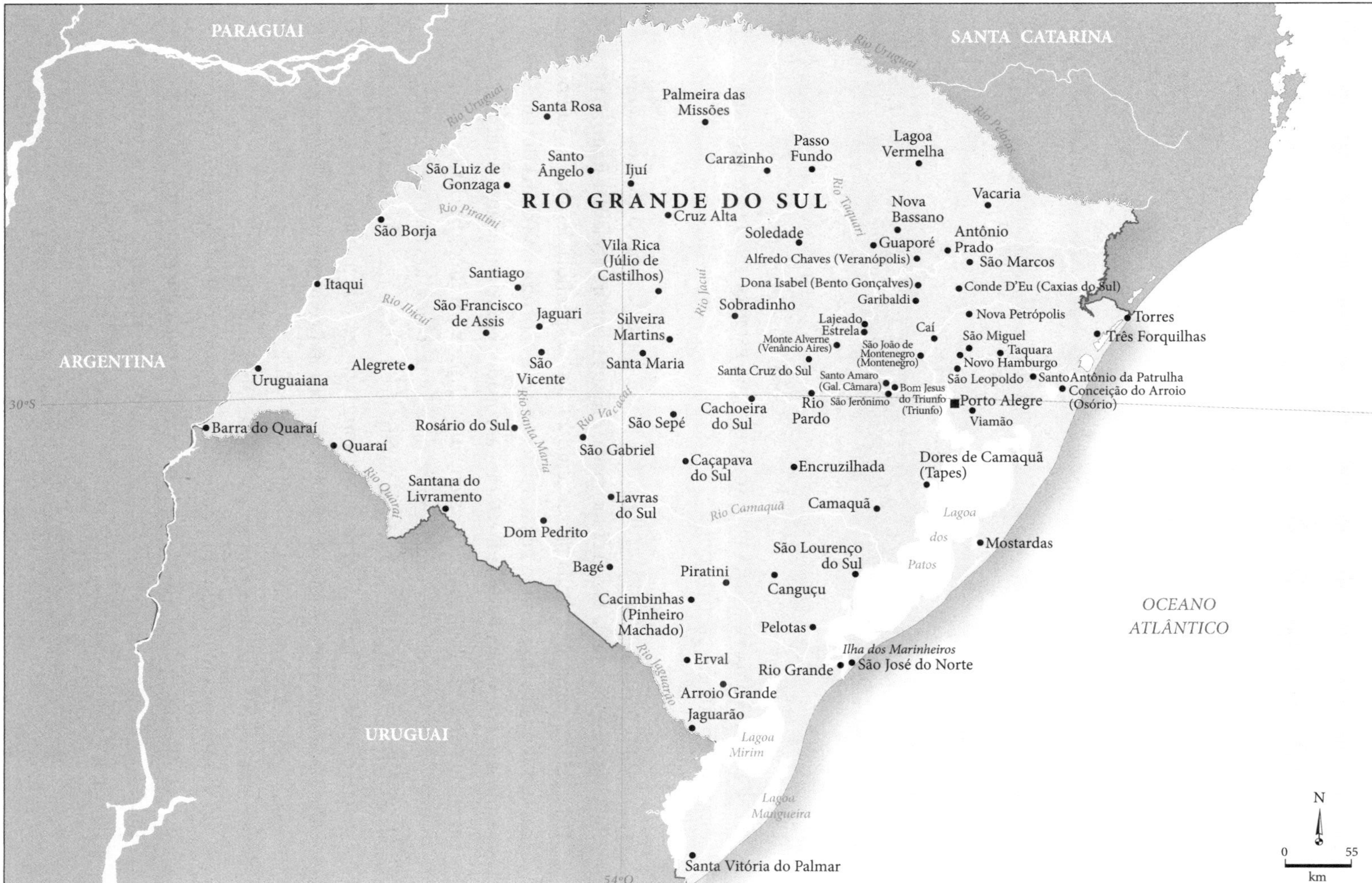
PARAGUAI
SANTA CATARINA
ARGENTINA
URUGUAI
RIO GRANDE DO SUL
OCEANO ATLÂNTICO
Rio Uruguai
Rio Pelotas
Rio Piratini
Rio Ibicuí
Rio Jacuí
Rio Taquari
Rio Vacacaí
Rio Santa Maria
Rio Quaraí
Rio Camaquã
Rio Jaguarão
Lagoa dos Patos
Lagoa Mirim
Lagoa Mangueira
Ilha dos Marinheiros
Santa Rosa
Palmeira das Missões
Passo Fundo
Lagoa Vermelha
Santo Ângelo
São Luiz de Gonzaga
Ijuí
Carazinho
Vacaria
Nova Bassano
Cruz Alta
São Borja
Soledade
Guaporé
Antônio Prado
Vila Rica (Júlio de Castilhos)
Alfredo Chaves (Veranópolis)
São Marcos
Itaqui
Santiago
Dona Isabel (Bento Gonçalves)
Conde D'Eu (Caxias do Sul)
Garibaldi
São Francisco de Assis
Jaguari
Silveira Martins
Sobradinho
Lajeado
Estrela
Nova Petrópolis
Torres
Três Forquilhas
Monte Alverne (Venâncio Aires)
Caí
São Miguel
Taquara
São João de Montenegro (Montenegro)
Novo Hamburgo
Uruguaiana
Alegrete
São Vicente
Santa Maria
Santa Cruz do Sul
Santo Amaro (Gal. Câmara)
Bom Jesus do Triunfo (Triunfo)
São Leopoldo
Santo Antônio da Patrulha
Conceição do Arroio (Osório)
São Jerônimo
Rio Pardo
Porto Alegre
Viamão
Cachoeira do Sul
São Sepé
Barra do Quaraí
Rosário do Sul
Quaraí
São Gabriel
Caçapava do Sul
Encruzilhada
Dores de Camaquã (Tapes)
Santana do Livramento
Lavras do Sul
Camaquã
Dom Pedrito
Mostardas
São Lourenço do Sul
Bagé
Piratini
Canguçu
Cacimbinhas (Pinheiro Machado)
Pelotas
Erval
Rio Grande
São José do Norte
Arroio Grande
Jaguarão
Santa Vitória do Palmar
30°S
54°O
N
0
55
km

8. Rio Grande do Sul

8.1. A ASCENSÃO DA PECUÁRIA E DA AGRICULTURA EM PEQUENA ESCALA NO RIO GRANDE DO SUL NO SÉCULO XVIII

No primeiro quarto do século XVIII, a maior parte da área do atual estado do Rio Grande do Sul ainda estava desocupada. Em sua fronteira ocidental, junto ao rio Uruguai, em uma área ainda pertencente à Coroa espanhola, jesuítas espanhóis haviam fundado missões indígenas. Ali, conforme ocorrera no Paraná durante o século anterior, milhares de índios foram agrupados em comunidades dedicadas à agricultura e à criação de gado. Os assentamentos fixos em direção ao leste terminavam em Santo Ângelo, embora, segundo uma fonte, os jesuítas mantivessem cerca de 80 mil cabeças de gado na região de Vacaria por volta de 1712. As áreas litorânea, central e ocidental do Rio Grande do Sul abrigavam grandes rebanhos de gado selvagem e eram esparsamente ocupadas por tribos indígenas nômades. Foi rumo a essas regiões, sobre as quais a Coroa portuguesa julgava ter direitos legítimos, que os primeiros colonizadores portugueses e brasileiros se dirigiram.[1]

Conforme enfatizado em um trabalho clássico, os dois elementos básicos dessa ocupação inicial do Rio Grande do Sul pelos portugueses foram vilas fortificadas e estâncias — grandes fazendas de gado. Algumas dúzias de exploradores de Laguna (Santa Catarina) instalaram-se na área costeira do Rio Grande do Sul durante as primeiras décadas do século, de modo que, em 1735, várias estâncias já haviam sido fundadas. As sesmarias, concessões oficiais de terras a particulares pelas autoridades coloniais portuguesas, haviam começado já em 1732, e em 1737 a fundação da vila e guarnição do Rio Grande viria consolidar a ocupação econômica e militar da área.[2]

Ao longo das décadas seguintes, a ocupação efetiva do Rio Grande do Sul foi perturbada por guerras intermitentes com os domínios espanhóis vizinhos. Apesar das hostilidades duradouras, a ocupação da terra continuou, tendo sido favorecida pela imigração oficialmente sancionada de cerca de 2 mil casais dos Açores após 1749. Cada um deles recebeu terras, ferramentas e implementos agrícolas, isenção da maioria dos impostos durante cinco anos e, mais importante na época, dispensa inicial de serviço militar. Logo fundaram diversos núcleos de povoamento, incluindo a futura cidade de Porto Alegre. Depois do fim das guerras, em 1777, a economia da capitania floresceu, e as duas últimas décadas do século foram um período de prosperidade, segundo as fontes da época. Com efeito, o Rio Grande do Sul se transformou em uma economia subsidiária dos setores de outras capitanias orientados para a exportação, fornecendo-lhes, além de gado, basicamente gêneros alimentícios, o que lhe valeu o apelido de "celeiro do Brasil".[3]

Em épocas anteriores, porém, o desenvolvimento da agricultura e da pecuária na região enfrentara uma série de dificuldades. Durante algumas décadas, a expansão do cultivo do trigo, iniciado já em 1737 e que continuou a ser desenvolvido pelos açorianos, foi prejudicada pela guerra, por confiscos e exações fiscais, o que desencorajou muitos agricultores de plantarem mais do que o necessário para sua subsistência.[4] Por outro lado, a farinha era importante para a manutenção das tropas, o que levou as autoridades coloniais a tentarem contrabalançar esses fatores negativos auxiliando a construção de moinhos de farinha. Em 1787, a produção de trigo alcançou aproximadamente 106.791 alqueires, e o trigo era produzido em várias freguesias da capitania. À medida que os preços do trigo subiam, os excedentes não necessitados pelo consumo local aumentaram tanto que, no início da década de 1790, as exportações de trigo e farinha de trigo representaram uma fração importante do valor total das exportações do Rio Grande do Sul destinadas principalmente a outras capitanias.[5]

O desenvolvimento da "criação de gado" também sofreu interrupções. No início, as estâncias eram baseadas na captura de gado selvagem (ou preia) e em sua parcial domesticação. Não havia cercas e não se dava sal aos animais. Essa atividade exigia pouca mão de obra e atendia às necessidades alimentares básicas dos proprietários e dos trabalhadores, implicando poucas despesas. Em 1763, uma invasão espanhola provocou uma devastação considerável, muitas estâncias foram destruídas e seus rebanhos, dispersados. No entanto, a recuperação foi rápida, e em 1767 os registros da paróquia de Viamão indicavam a existência de pelo menos 215 estancieiros com marcas individualizadas. Em 1780, um recenseamento das estâncias do litoral da capitania já enumerava 651.619 cabeças de gado.[6] A essa altura, milhares de cabeças de gado bovino em pé, mulas e cavalos eram exportadas anualmente por terra para Santa Catarina e São Paulo, de onde eram redistribuídas para o Rio de Janeiro e Minas Gerais.

As exportações marítimas de subprodutos da pecuária também aumentariam durante as duas últimas décadas do século. Por volta de 1780, um cearense empreendedor parece ter fundado a primeira charqueada — estabelecimento para o abate de gado —, onde, além do preparo do charque, produzia-se sebo, cinza de ossos, couros etc. Outras foram criadas nos anos subsequentes na área do rio São Gonçalo (próximo à futura cidade de Pelotas) e ao longo do rio Jacuí, na região de Porto Alegre, capital da capitania. O charque constituía um item básico da dieta dos escravos em muitas capitanias marítimas da colônia, e a incapacidade do Ceará de suprir carne-seca diante de uma demanda crescente, sobretudo após a seca de 1777-8, gerou condições favoráveis para o surgimento de novas fontes de abastecimento. No entanto, o Rio Grande do Sul não era o único novo fornecedor do produto, uma vez que um intenso comércio de contrabando desenvolveu-se entre outras capitanias e os domínios espanhóis do Rio da Prata, onde o charque era produzido em circunstâncias muito favoráveis.[7] Apesar dessa competição ilegal, a importância do comércio de produtos derivados da pecuária cresceu durante o início da década de 1790, quando estes representavam uma grande fração do valor total das exportações marítimas do Rio Grande do Sul. Uma estimativa feita a partir do volume médio de exportações anuais dos principais produtos comerciais da capitania entre 1790 e 1793 (excluindo "dinheiro em ouro" e moedas de prata — "pesos fortes"), com base nos preços que prevaleciam em 1794, indicaria um valor médio das exportações totais da ordem de 376.951,6 mil-réis no período, enquanto no ano de 1793 as exportações totais foram avaliadas em 433.619,8 mil-réis.[8]

A existência de mercados em outras áreas da colônia para o trigo e para os produtos derivados da pecuária rio-grandense levou ao desenvolvimento de uma produção voltada para o comércio, que, por sua vez, gerou excedentes para o reinvestimento em sua expansão. Há indicações de que esse "investimento" muitas vezes assumiu a forma da compra de escravos. É o que fica aparente a partir dos dados demográficos disponíveis para a capitania. Em 1780, esta contava 5.102 negros, 9.433 brancos e 3.388 índios, em uma população adulta total de 17.923. Os negros eram em sua maioria escravos, e encontravam-se distribuídos entre as diversas freguesias, o que sugere seu emprego em variadas atividades econômicas do Rio Grande do Sul. De fato, com exceção de Aldeia dos Anjos, onde a maioria dos índios estava concentrada, trabalhando na agricultura, os negros representavam de 15,8% a 50,1% da população das diferentes freguesias. Porto Alegre, Rio Grande, Viamão, Triunfo e Rio Pardo, com respectivamente 545, 596, 749, 640 e 619 negros, concentravam 61,7% da população negra e 52,9% da população total adulta da capitania.[9]

Em um estágio inicial da ocupação do Rio Grande, "lagunistas" (oriundos de Laguna, em Santa Catarina) haviam se mudado para a região levando alguns escravos. O mesmo se aplicava aos habitantes civis estabelecidos em volta da vila de Rio Grande após 1737, mas não está de forma alguma claro se os escravos eram numerosos nas primeiras estâncias.[10] Em 1780, um relato detalhado das atividades ligadas à estrutura militar não menciona o emprego de escravos, embora se refira a salários pagos a diversas categorias de trabalhadores livres, incluindo peões (vaqueiros), lenhadores e artesãos.[11] A essa altura, porém, alguns escravos certamente eram usados em estâncias, uma vez que o incipiente setor "urbano", o cultivo do trigo e outras atividades agrícolas não poderiam, por si sós, ter empregado o número comparativamente grande de negros na capitania. Com efeito, um relatório de 1783 do governador da capitania, referindo-se às condições nas quais ocorriam as concessões de sesmarias, parece indicar claramente que os escravos eram usados tanto na criação de gado quanto na agricultura. O relatório mencionava a preferência dada aos "agricultores e estancieiros que fossem chefes de família, e que tivessem escravos e [ou] cabeças de gado suficientes para ocupar e cultivar a terra". Em contraste, referindo-se especificamente à criação de gado e às estâncias reais pertencentes à Coroa, o mesmo observador mencionou uma "quantidade grande de capatazes, peões e outros indivíduos e agregados indispensáveis" nos grandes estabelecimentos, e aos quais tinham de ser pagos salários e suprida a alimentação. Ele acrescentava que "os moradores [da capitania estavam] [...] acostumados a trabalhos violentos [...] [como] galopar a cavalo, laçar, matar e preparar as reses que [serviam] a seu sustento diário e [à preparação do] charque". Ele sugeria que a agricultura ainda não havia tido um desenvolvimento mais significativo na capitania por causa da preferência dos habitantes livres pela criação de gado. Por fim, o governador da capitania observava também a existência de estabelecimentos nos quais trabalhavam seus "próprios donos, ajudados de seus filhos e escravos".[12] Assim, à luz das limitadas evidências disponíveis, tanto trabalhadores livres quanto escravos eram aparentemente empregados nas estâncias, e esse era um emprego preferido pela população local livre sem terras. Relatos de períodos subsequentes tenderiam a indicar que os gaúchos — os peões das estâncias — eram em sua maioria homens livres, algumas vezes de origem indígena, enquanto os escravos se dedicavam ao serviço doméstico ou ao cuidado das roças. No entanto, o emprego de escravos como vaqueiros nas estâncias, e não apenas como domésticos, de fato ocorria, sobretudo depois de os produtos derivados da criação do gado terem adquirido uma importância comercial crescente e de algumas fazendas terem assumido uma estrutura patriarcal com agregados, como também aconteceu no Paraná. No que diz respeito às charqueadas, estas parecem desde o início ter empregado basicamente escravos, como havia sido o caso no Nordeste.

Os primeiros ocupantes da região parecem ter empregado certo número de escravos em atividades agrícolas. A chegada de várias famílias açorianas, a maioria das quais se dedicou à agricultura, influenciou a organização do trabalho no campo, uma vez que, inicialmente, elas tendiam a depender do trabalho livre de seus próprios membros. Dado que o clima e a topografia não eram desfavoráveis aos produtos e técnicas de cultivo europeus, muitos açorianos logo passaram a se dedicar à produção de trigo. A existência de lavradores açorianos livres, que cultivavam suas terras com juntas de bois e arados, aparece claramente em um documento de 1764. Outros com certeza se voltaram para a criação de gado, ou combinaram as duas atividades.[13] Quando em 1777 veio a paz com os domínios espanhóis e o trigo prosperou na região, tornando-se um produto comercial cada vez mais importante, a expansão sustentada de seu cultivo passou a exigir um número cada vez maior de trabalhadores, uma vez que era uma atividade mais trabalho-intensiva do que a pecuária. Conforme já observado no capítulo 1, no contexto da discussão sobre a colonização de novas terras, a sua disponibilidade muitas vezes funcionava como obstáculo à formação de uma classe de assalariados rurais, já que os habitantes livres disponíveis tenderiam a exigir um salário alto demais, ou a se tornarem eles próprios produtores independentes.[14] Como ocorreu também, em um grau diferente, no planalto do Paraná e na região continental de Santa Catarina, havia em determinadas áreas do Rio Grande do Sul uma abundância de terras não ocupadas, onde as concessões de sesmarias haviam começado em um período relativamente recente.[15] Sob essas condições, e dada a suposta preferência dos habitantes livres sem terras pelo trabalho na pecuária, os lavradores que já empregavam seus próprios familiares nas tarefas agrícolas, e que não conseguiam atrair e contratar trabalhadores assalariados para a expansão de suas culturas, foram levados a adquirir escravos. Isso, por sua vez, foi possibilitado pelos lucros da venda de seus excedentes de produção. Esse processo de aquisição de escravos certamente já havia começado em 1780, e foi acompanhado por uma diferenciação social interna no grupo dos açorianos e seus descendentes, o que fica aparente em documentos da época e que foi enfatizado em um estudo clássico.[16] Além disso, o já citado relatório de 1783 do governador da capitania refere-se tanto a agricultores "miseráveis" quanto a agricultores proprietários de escravos. A continuidade da importância do trabalho familiar nos pequenos estabelecimentos fica evidente na sugestão do governador no sentido de que os filhos dos agricultores não fossem desviados do trabalho no campo, e que portanto fossem dispensados do serviço militar.[17]

Em resumo, ao final do século XVIII, a economia do Rio Grande do Sul caracterizava-se ao mesmo tempo pela existência de pequenos estabelecimentos rurais e de grandes estâncias. Embora os escravos fossem usados em algum grau na agricultura e na pecuária, havia poucos grandes senhores de escravos na capitania. Havia também poucas grandes fortunas, uma vez que as vastas extensões de terras apropriadas por alguns proprietários tinham pouco valor na ausência de mão de obra para cultivá-las e permitir sua exploração para fins comerciais.[18] O Rio Grande do Sul não tinha se tornado uma área típica de grandes plantações (plantations) e tampouco um enclave minerador orientado para os mercados estrangeiros, e seu comércio era fortemente dependente da demanda de outras capitanias por seus produtos.

8.2. A ECONOMIA DO RIO GRANDE DO SUL NA PRIMEIRA METADE DO SÉCULO XIX: PREDOMINÂNCIA DA PECUÁRIA E INÍCIO DA IMIGRAÇÃO ALEMÃ

Do início dos anos 1790 até a Independência, em 1822, o comércio do Rio Grande do Sul parece ter prosperado. Segundo os incompletos números disponíveis, reproduzidos na tabela 1, o valor das exportações marítimas totais mais que dobrou entre o início da década de 1790 e 1804-7, e em 1818 já havia dobrado novamente. Esse aumento de valor foi acompanhado por um crescimento do volume físico de exportações de charque, couros e trigo até meados da década de 1810. Em 1808, havia 136 comerciantes nas três principais cidades do Rio Grande do Sul: Porto Alegre, Rio Grande e Rio Pardo. Nos anos subsequentes, as atividades comerciais continuaram a se expandir. Com a revolta das colônias espanholas na América do Sul — e apesar de uma guerra de vários anos com o futuro Uruguai, que resultou em sua anexação temporária —, o comércio de produtos animais continuou a prosperar durante a década de 1810, diante da demanda crescente por charque do Rio Janeiro, Bahia, Pernambuco e até mesmo de Havana, em Cuba. Uma tabela detalhada das exportações em 1815 por via marítima mostra que o Rio de Janeiro e a Bahia eram os principais clientes do Rio Grande do Sul, absorvendo a maior parte do charque, couros e trigo exportados pela capitania. As importações incluíam sal, fumo de rolo, açúcar, fio de algodão e tecidos, arroz, café, aguardente de cana, farinha de mandioca, vinagre e azeite, vinho e escravos.

Quanto às exportações de animais em pé por via terrestre, um recenseamento de 1805 indicou que a capitania abrigava 59.196 "mulas vendáveis". Em meados da década de 1810, a cada ano, de 2 mil a 4 mil cabeças de gado bovino eram aparentemente despachadas de forma regular para Santa Catarina, enquanto de 10 mil a 12 mil mulas, 1.200 novilhos, mil cavalos domados e de 6 mil a 6.500 cabeças de gado eram enviados para São Paulo. Considerando-se os preços praticados na época para o gado e os cavalos, esse comércio de exportação possivelmente representava, no mínimo, de oitenta a cem contos de réis anuais.[19]

O segundo quarto do século XIX parece ter sido, de forma geral, muito menos favorável do que o primeiro no que se refere ao progresso econômico rio-grandense. No que diz respeito ao comércio marítimo da província, um fato notável (e que coincidiu com a Independência em 1822) foi o desaparecimento quase completo das exportações de trigo. Reclamações relativas à ferrugem — praga criptogâmica que afetou a produtividade do trigo — começaram durante a década de 1810, e em 1820 essa praga já podia ser encontrada no leste do Rio Grande do Sul, bem como nas Missões e na área central de Cachoeira até Rio Pardo. Como se vê na tabela 1, após alcançar um pico em meados da década de 1810, com uma média anual de 300 mil alqueires entre 1813 e 1815, as exportações de

TABELA I — VALOR TOTAL DAS EXPORTAÇÕES E VOLUME DAS EXPORTAÇÕES DE TRIGO, COUROS E CHARQUE DO RIO GRANDE DO SUL, 1790-1822

ANOS	VALOR TOTAL DAS EXPORTAÇÕES (EM CONTOS DE RÉIS)	EXPORTAÇÕES DE TRIGO (EM ALQUEIRES)	EXPORTAÇÕES DE FARINHA DE TRIGO (EM ARROBAS)	EXPORTAÇÕES DE COUROS (EM UNIDADES)	EXPORTAÇÕES DE CHARQUE (EM ARROBAS)
1790		73.044	3.715	111.001	209.418
1791		107.298	3.313	128.245	255.326
1792		109.738	2.606	145.571	295.571
1793	433,6	85.854	1.017	127.042	404.745
1804	1.111,0				
1805	1.215,0	136.825		369.216	951.910
1806	1.057,0	87.755		247.991	806.776
1807	1.109,0	140.308			966.052
1808		257.308			868.070
1809		154.038			741.762
1810		190.545			891.799
1811		205.591			1.038.516
1812		213.928		359.911	1.243.972
1813		342.081			1.108.702
1814		270.359			1.303.515
1815	1.582,3	288.447	14.849	419.941	1.259.620
1816	1.884,7	279.622		398.912	1.933.300
1817	1.773,1	133.359			763.143
1818	2.282,4	76.395			919.482
1819		121.542			770.648
1820		109.609		272.678	948.986
1821					
1822		73.252		198.379	711.771

FONTES: Para 1790-3, ver a carta de 14 jan. 1794 de Rafael Pinto Bandeira, em *RIHGB*, 1902, t. LXV, parte I, pp. 266-8; para 1804-7: Manoel Antônio de Magalhães, "Almanak da vila de Porto Alegre", *RIHGB*, t. XXX, parte I (Rio de Janeiro: Garnier, 1867, p. 73); para dados sobre charque entre 1805 e 1820, ver F. H. Cardoso, *Capitalismo e escravidão no Brasil meridional*, p. 70; para dados sobre o trigo, ver A. Varela, *Rio Grande do Sul*, p. 439, e Florêncio C. de Abreu e Silva, "Retrospecto econômico e financeiro do Rio Grande do Sul", *Revista do Arquivo Público do Rio Grande do Sul*, dez. 1922, n. 8, p. 264; para dados sobre couros, ver E. F. de Souza Docca, *História do Rio Grande do Sul*, p. 113, e Varela, op. cit., p. 467; para o valor das exportações entre 1816 e 1818, ver Varela, op. cit., p. 484; para todos os números relativos a 1815, ver J. F. F. Pinheiro, *Annaes da capitania de São Pedro*, t. II, tabela do anexo; para os números relativos a 1822, ver Abreu e Silva, op. cit., pp. 246, 253 e 269.

trigo diminuíram consideravelmente. Em 1822, segundo uma fonte, as exportações totais alcançaram apenas 73.252 alqueires, e no ano seguinte já se importava farinha de trigo estrangeira do exterior para o Rio Grande do Sul.[20]

Em contraste com a evidência disponível sobre o declínio do setor do trigo, argumentou-se que a prosperidade da "indústria" do charque foi quase ininterrupta de 1800 a 1835. Segundo um autor, o Rio Grande do Sul forneceu charque "para o país inteiro" durante a maior parte desse período, enquanto outro argumentou que as exportações do produto continuaram a aumentar até 1835.[21] De fato, não parecem existir dados oficiais posteriores a 1822 que sustentem tal afirmação, que permanece conjectural. Na verdade, em 1822, as exportações de charque parecem ter alcançado apenas 711.771 arrobas, ou menos da metade de seu pico em meados da década de 1810. Naquele mesmo ano, os comerciantes reclamaram de um imposto sobre o charque exportado em navios estrangeiros, o que prejudicou muito o comércio do produto. Essa dificuldade foi logo seguida pela Campanha da Cisplatina, que durou de 1825 a 1828 e causou danos graves em várias regiões de fronteira.[22] A guerra também interrompeu a ascensão de uma nova atividade: a extração de erva-mate, que crescia de forma selvagem em algumas partes da província e para a qual os mercados do Rio da Prata haviam sido abertos como resultado da política de isolamento do Paraguai, anteriormente um grande fornecedor do produto.[23]

No início da década de 1830, apesar dos esforços do governo para estimular o cultivo do trigo, o comércio da província dependia quase exclusivamente do gado e dos subprodutos da pecuária. Segundo uma fonte, quando a Revolução Farroupilha começou em 1835, as exportações da província consistiam em 600 mil arrobas de charque, 385 mil couros, 55 mil arrobas de sebo e 30 mil arrobas de graxa, não demonstrando nenhum aumento e até mesmo um declínio do volume físico em relação à década de 1810. Outro autor, baseando-se no abate anual de 400 mil cabeças, estimou as exportações de charque em 1,8 milhão de arrobas, com base em uma média de quatro a cinco arrobas por cabeça. Os números fornecidos pelas duas fontes não são muito confiáveis, mas ambos parecem indicar uma estagnação do volume do comércio marítimo da província. Estimou-se ainda que, às vésperas da Revolução Farroupilha, as exportações anuais por terra consistiam em 10 mil a 12 mil cabeças de gado bovino, 12 mil a 15 mil mulas e 5 mil cavalos (ou seja, de 27 mil a 32 mil cabeças no total), por oposição a cerca de 20 mil a 25 mil em meados da década de 1810.[24]

FIGURA 1 — EXPORTAÇÕES DE CHARQUE DO RIO GRANDE DO SUL, 1846-1900 (EM MILHARES DE ARROBAS)

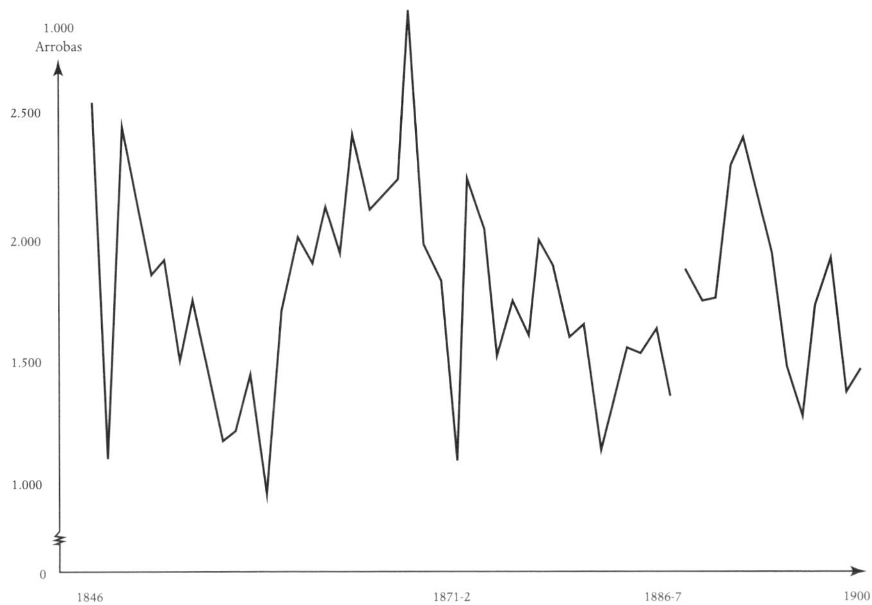

FONTES: Ver nota 26.

A Revolução Farroupilha (1835-45) "paralisou" as limitadas atividades agrícolas da província em diversas regiões, e parece ter causado extensos danos na área das charqueadas do rio Jacuí, no município de Triunfo. O comércio de gado da área das Missões também foi temporariamente interrompido, e a indústria e as exportações de charque foram seriamente afetadas durante os primeiros anos. Até o início da década de 1840, tanto as exportações quanto as importações pelo porto de Rio Grande continuaram "necessariamente pequenas, devido à guerra civil [...] e à maior parte da [província] nas mãos dos rebeldes". A partir da segunda metade de 1844, porém, o comércio internacional aumentou rapidamente, de modo que, em 1845, "o Rio Grande do Sul exportou mais de 1 milhão de couros".[25] As exportações de charque também logo alcançaram um novo pico de cerca de 2,5 milhões de arrobas (ver figura 1), tendo sido favorecidas até o início da década de 1850 por uma guerra civil no Uruguai, que incapacitou por certo tempo, um importante concorrente.[26] Quando a proibição do tráfico de escravos africanos passou a ser aplicada com rigor, a província já estava em plena recuperação econômica.

Apesar do envolvimento do Rio Grande do Sul em diversos conflitos armados durante a primeira metade do século XIX, sua população apresentou um crescimento constante. De acordo com um recenseamento feito em 1814 (realizado com esmero, segundo um observador da época), a capitania abrigava 70.656 habitantes, dos quais 20.611 (ou 29,2%) eram escravos. A tabela 2 mostra as listas completas disponíveis, mas não inclui os soldados e "o número muito grande de pessoas que vagavam pela capitania sem domicílio fixo, ou que viviam em lugares afastados".[27] Os números indicam um aumento de cerca de 300% no número de escravos, em relação ao total de negros adultos listados em 1780, fato que só pode ser explicado por significativas importações de africanos, ocorridas apesar das dificuldades ocasionadas por um ativo contrabando de escravos com o Rio da Prata. As importações marítimas em 1816 chegaram a pelo menos 696 escravos, enquanto outros também eram trazidos por seus senhores por via terrestre.[28] Os índios ainda representavam cerca de 12% da população total, embora houvesse uma tendência à miscigenação com outros grupos. O grande aumento absoluto de seu número deveu-se à incorporação da região das Missões à capitania em 1801.[29] Por fim, a população branca também apresentou um crescimento muito rápido, em parte explicado pela imigração. Ao longo das décadas seguintes, as importações de escravos e a imigração de pessoas livres continuaram contribuindo para o crescimento da população da província, que contava mais de 200 mil habitantes em meados do século, dos quais talvez um quarto era de escravos.[30]

Quanto à distribuição ocupacional da população em meados da década de 1810, com exceção da região das Missões, em todas as freguesias a participação de escravos na população total alcançava pelo menos 21,6%, atingindo um máximo de 50,7% em Pelotas, onde as charqueadas tendiam a estar concentradas. As freguesias com mais de 2 mil escravos eram Porto Alegre, Rio Pardo e Cachoeira, que incluíam algumas das maiores cidades da capitania. Nessas freguesias, a agricultura estava bem desenvolvida, e todas eram importantes centros comerciais de nível regional. Também havia charqueadas na área de Porto Alegre, que era cercada por várias chácaras que produziam frutas e outros alimentos. Seis outras freguesias continham mais de mil escravos: o porto de Rio Grande, onde os escravos eram empregados em diversas atividades de serviços; as áreas produtoras de trigo de Triunfo, Piratini e Canguçu; e Jaguarão e Pelotas, onde predominavam as atividades ligadas à criação de gado. No entanto, nenhuma dessas nove freguesias era dedicada exclusivamente à agricultura ou à pecuária, e às vezes ambas as atividades

TABELA 2 — DISTRIBUIÇÃO DA POPULAÇÃO DO RIO GRANDE DO SUL POR FREGUESIAS (1814) E PERCENTAGEM DA POPULAÇÃO NEGRA (1780)

FREGUESIAS	BRANCOS	LIVRES[a]	ESCRAVOS	ÍNDIOS	CRIANÇAS	TOTAL	% ESCRAVOS/ TOTAL	% NEGROS EM 1780/ TOTAL
Porto Alegre	2.746	588	2.312	34	431	6.111	37,8	36,0
Rio Grande	2.047	160	1.119	38	226	3.590	31,2	24,6
Estreito	887	136	638	19	78	1.758	36,3	22,1
Mostardas	723	68	281	5	74	1.151	24,4	49,2
Viamão	1.545	188	908	11	164	2.816	32,3	39,6
Santo Antônio da Patrulha	1.706	330	961	8	98	3.103	31,0	22,7
Conceição do Arroio	837	180	538	19	74	1.648	32,6	37,9
Aldeia dos Anjos	1.292	233	716	256	156	2.653	27,0	10,8
Vacaria	342	418	238	30	73	1.101	21,6	43,4
Triunfo	1.766	240	1.208	55	193	3.462	34,9	50,1
Taquari	1.092	67	433	42	80	1.714	25,3	15,8
Santo Amaro	993	66	733	27	65	1.884	38,9	28,9
Rio Pardo	5.931	969	2.429	818	298	10.445	23,3	26,1
Cachoeira	4.076	350	2.452	325	477	7.680	31,9	35,8
Canguçu	1.831	345	1.378	100	154	3.808	36,2	
Pelotas	712	232	1.226	105	144	2.419	50,7	
Piratini	1.439	335	1.535	182	182	3.673	41,8	
Serrito (Jaguarão)	1.511	417	1.254	186	321	3.689	34,0	
"Província" das Missões	824	77	252	6.395	403	7.951	3,2	
Total da capitania	32.300	5.399	20.611	8.655	3.691	70.656	29,2	28,5

FONTE: "Mappa da população da capitania de São Pedro, conforme as listas que os párocos das freguezias apresentarao na Secretaria do Governo, relativamente ao ano de 1814", em José Feliciano Fernandes Pinheiro, *Annaes da capitania de São Pedro*, Lisboa, Imprensa Nacional, 1822, t. II. Para o ano de 1780, ver a nota 9 deste capítulo.

[a] Inclui as pessoas livres não brancas, exceto índios.

podiam ser encontradas em uma única propriedade. Os dados da tabela 2 sugerem que os escravos estavam distribuídos em menor ou maior número em todos os tipos de atividades econômicas nas diversas freguesias. Essa situação não tenderia a se modificar de forma significativa na primeira metade do século XIX, mas à medida que o cultivo do trigo declinou, os escravos foram realocados para outras produções agrícolas e para a pecuária.

Com relação ao setor urbano, o emprego de escravos como domésticos por famílias abastadas — aspecto usual da sociedade colonial brasileira — também podia ser encontrado no Rio Grande do Sul. Quanto à composição da classe de artesãos, porém, a evidência referente à capitania no primeiro quarto do século XIX é variada. Basta para comprovar que havia artesãos escravos e livres nos mesmo ofícios, mas não indica que os escravos fossem predominantes.[31] Abordando a questão de um ponto de vista "teórico", um contemporâneo observou na década de 1810 que "esta capitania não abunda [...] em gente e capitais", e que o acesso relativamente fácil às terras para criação de gado ou para a agricultura "incitam a muitos artífices, e mesmo oficiais mecânicos, mal chegam, a abandonarem seus ofícios, esperançando enriquecerem a menos custo e mais rapidamente". Como resultado disso, notava ele, a mão de obra tendia a ser "mui cara".[32] De fato, as condições da demanda não favoreciam a existência de uma grande classe de artesãos. Com exceção das charqueadas, as atividades da indústria de transformação, incluindo a indústria doméstica, também eram limitadas no Rio Grande do Sul da época. Essas atividades incluíam basicamente o processamento de alimentos e produtos animais, tais como a preparação de carne salgada e farinha de trigo, a produção de artigos simples de consumo, como velas de sebo e artigos de couro, e uma indústria têxtil doméstica de tecidos de lã e linho em escala reduzida. Escravos eram empregados em algumas dessas ocupações, mas a produção têxtil era frequentemente realizada por mulheres livres.[33] O mesmo observador da época que destacava o alto custo da mão de obra citou Adam Smith para justificar a situação das atividades "industriais", afirmando que "é máxima de todo prudente pai de família não fazer em casa o que lhe custa mais do que comprar fora".[34] Quanto às ocupações alternativas dos escravos nos centros urbanos, parece que eles também eram muito usados como carregadores, e em uma série de atividades de serviços. Em 1820, os vendedores escravos já eram comuns nos mercados de frutas e legumes de Porto Alegre e Rio Grande; escravos eram empregados ainda como marinheiros, lenhadores e artesãos, embora homens livres também pudessem ser encontrados nessas profissões.[35] Até meados do século XIX, ao que tudo indica, os escravos continuaram a ser utilizados em diversas ocupações nas principais cidades e em roças de chácaras dos seus arredores, mas eram especialmente importantes como empregados domésticos e em atividades que exigissem esforço físico, enquanto desde muito cedo compartilhavam outras ocupações com trabalhadores livres.

A situação das charqueadas, portanto, era muito peculiar, uma vez que sua força de trabalho era composta basicamente de escravos. As charqueadas estavam geograficamente concentradas na região de Pelotas, que logo se tornou o mais importante centro de produção de charque, recebendo gado em pé de diversas partes do Rio Grande do Sul e, ocasionalmente, do Uruguai. Segundo diferentes fontes, a freguesia continha dezoito charqueadas em 1820 e 22 em 1822. Alguns outros estabelecimentos estavam localizados ao longo do rio Jacuí, na região em torno de Porto Alegre.[36] Embora não haja dados disponíveis sobre emprego médio para o primeiro quarto do século XIX, as informações para um período posterior tenderiam a indicar que cada charqueada empregava sessenta escravos ou mais, e alguns trabalhadores livres. Em conjunto, porém, por volta de 1820, esses estabelecimentos provavelmente empregavam menos de 15% da população escrava total.[37]

Os indícios referentes aos escravos remanescentes localizados na zona rural apontam para sua dispersão em grupos menores por toda a capitania, com exceção da região das Missões, onde predominavam os índios e os escravos eram raros. Um viajante que atravessou a maioria das partes habitadas do Rio Grande do Sul entre 1820 e 1821 encontrou escravos vivendo em cabanas próximas às casas de seus senhores (em geral quase tão precárias quanto as cabanas, mas ocasionalmente cobertas de telhas), em chácaras e estâncias, do norte de Porto Alegre à fronteira uruguaia, ao longo da costa. Passada a zona das Missões, a oeste, onde não se observava esse padrão e ainda subsistiam aldeias indígenas, o mesmo viajante encontrou-o repetido de Santa Maria a Rio Pardo, na área central da capitania. Algumas vezes, os estabelecimentos rurais eram dedicados à pecuária ou à agricultura, enquanto em outros casos acumulavam as duas atividades, como em torno de Santa Maria. Em contraste, outras freguesias, como Alegrete, eram principalmente dedicadas à criação de gado.[38] Não há referências a grandes senzalas na zona rural onde os escravos fossem trancafiados, e diversas descrições indicam que os escravos rurais não estavam sujeitos a supervisão constante. Alguns fugiam das estâncias e eram subsequentemente presos, ou atravessavam a fronteira para o Uruguai; outros, porém, chegavam até a se ver confiados a administração das propriedades na ausência de seus senhores. Embora fossem tidos como socialmente inferiores, e não raro tratados com rispidez verbal,[39] parece inquestionável que, de um ponto de vista material — se não moral —, os escravos recebiam nas estâncias um tratamento melhor do que nas grandes fazendas de café e nos engenhos de cana-de-açúcar de outras áreas do Brasil. Comiam carne, montavam a cavalo e viviam em condições parecidas com as dos pobres livres. Isso poderia justificar as alegações relativas à maior longevidade dos escravos no Rio Grande do Sul, e poderia ser coerente com uma taxa positiva de crescimento natural da população escrava em certas localidades.[40] No entanto, as diferenças menos perceptíveis nas estâncias entre senhores e escravos, que podem ser inferidas a partir de referências a escravos que trabalhavam junto com seus senhores em algumas propriedades no início do século XIX, levaram a exageros na literatura cujo resultado foi o conceito idealizado e enganoso de "democracia" rural. Essa ideia é adequadamente questionada em um importante estudo sociológico, uma vez que não reflete a efetiva situação de sujeição dos escravos.[41] Por outro lado, não se deveriam fazer generalizações relativas às condições de vida dos escravos da província com base na situação menos favorável dos escravos das charqueadas, o que também seria enganoso. Apesar das descrições contraditórias quanto às condições de higiene e trabalho nesses estabelecimentos, a vida dos escravos das charqueadas era, em regra geral, pior do que a dos escravos urbanos ou dos outros escravos rurais. Porém, não obstante a importância econômica do charque na primeira metade do século XIX, os escravos das charqueadas continuavam a representar uma minoria, já que sua participação no número total de escravos não tendia a aumentar.[42]

No que diz respeito à organização do trabalho nos estabelecimentos rurais da província durante o primeiro quarto do século XIX, apesar da presença frequente de escravos nas estâncias, inclusive como peões, o trabalho com o gado era realizado comumente por peões livres — gaúchos que eram às vezes índios ou tinham origem indígena. Embora seja difícil determinar com exatidão as exigências de mão de obra da pecuária, evidências da época mostram que um peão era capaz de vigiar centenas de cabeças de gado, de modo que essa atividade absorvia poucos trabalhadores em cada estância. Referências à natureza itinerante dos gaúchos podem ser encontradas já em 1803. A essa altura, o governador da capitania informava que havia mais de 4 mil homens percorrendo os campos de estância em estância e as charqueadas, sem residência fixa, de forma que não podiam ser incluídos em "mapas" populacionais.

Com relação às necessidades de mão de obra das estâncias de gado nas décadas seguintes, existem médias gerais propostas por observadores da época e menções de casos específicos. Ao escrever em 1817, um autor afirmou que "de 4 mil a

5 mil cabeças de gado [podiam] ser criadas em um campo plano de três léguas quadradas. Seis homens e cem cavalos [eram] necessários para operar uma propriedade de 5 mil cabeças". Isso resultaria em uma média de até 833 cabeças por trabalhador. Poucos anos depois, um viajante francês mencionou o caso específico de uma estância onde havia um capataz e dez peões cuidando de 6 mil cabeças de gado e duzentos cavalos, o que resulta em uma média de seiscentas cabeças de gado e vinte cavalos por peão, ou 545 cabeças e dezoito cavalos por empregado.

Assim, o aumento da demanda por peões dependia tanto da criação de novas estâncias quanto da taxa de reprodução dos rebanhos. Há alguma controvérsia em relação a essa última questão. O mesmo viajante francês registrou ter ouvido dizer, em Porto Alegre, que a reprodução natural permitia que um quinto dos rebanhos fosse vendido a cada ano sem reduzir seu número inicial. Suas próprias observações diretas no Rio Grande do Sul e no Uruguai sugerem uma média menor. Por exemplo, um estancieiro francês que vivia ao sul da cidade de Rio Grande avaliou esse número em no máximo 10%. Ele citou o exemplo de uma estância com 6 mil ou 7 mil cabeças cujo proprietário "ficava feliz em conseguir vender quatrocentas" cabeças por ano, ou de 5,7% a 6,7% do rebanho. Ele próprio possuía seiscentas cabeças, e gravara sua marca em 132 cabeças em 1820. Como as vacas eram geralmente mantidas na fazenda para reprodução, e sem considerar as mortes de bezerros, restavam cerca de 10% a 11% do número total de cabeças que podiam ser vendidos anualmente sem risco de reduzir o rebanho. Um importante charqueador e estancieiro propôs números ainda menores, fazendo referência à marcação de apenas 6% de um rebanho de 10 mil cabeças. Em contraste, nas áreas da capitania às margens do rio Uruguai, argumentava-se que os nascimentos podiam chegar a 25% do rebanho total, mas que, uma vez descontado o dízimo (um imposto de 10% pago com cabeças de gado) e as mortes, e uma vez separadas as fêmeas, restavam para ser vendidas apenas quatrocentas cabeças de um rebanho inicial de 4 mil. Dadas essas considerações, e supondo que apenas os machos fossem vendidos para o abate, as diversas fontes sugerem que o crescimento líquido dos rebanhos na época, em condições normais, pode ter variado de 3% até talvez 10% ao ano. No entanto, as guerras com países vizinhos e a Revolução Farroupilha prejudicaram periodicamente o aumento normal dos rebanhos da província durante a primeira metade do século XIX.

Entre 1815 e 1816, a média das exportações de couro ultrapassou 400 mil unidades. Sem levar em conta o gado em pé trazido do Uruguai e abatido no Rio

Grande do Sul, bem como o couro consumido na própria capitania, é possível fazer inferências, inevitavelmente muito hipotéticas, quanto ao total do rebanho de gado rio-grandense. Supondo os abates em 10%, o rebanho total chegaria a 4 milhões de cabeças, requerendo de 5 mil a 6 mil peões. Taxas de abate mais baixas em relação ao total, tais como os 6% sugeridos mais conservadoramente por um autor, produziriam totais superiores a 5 milhões ou até 6 milhões de cabeças, que, por sua vez, exigiriam cerca de até 10 mil peões, teto certamente muito exagerado.[43]

Nas chácaras agrícolas, o emprego de escravos parece ter sido comum, mas algumas famílias mais pobres com certeza continuavam a depender do trabalho de seus membros livres, de modo que os escravos não constituíam uma clara maioria dos trabalhadores ocupados na produção de gêneros alimentícios. Sua importância relativa tenderia a declinar à medida que os imigrantes alemães passassem a constituir uma nova classe de produtores agrícolas livres "enxertada" na economia rio-grandense e localizada em territórios até então praticamente desocupados.

A "colonização" alemã, que no Rio Grande do Sul assumiu a forma da criação de uma classe de pequenos proprietários rurais, resultou inicialmente de uma iniciativa do governo do Império no sentido de estabelecer colônias agrícolas de estrangeiros em diversas províncias brasileiras. A colônia alemã de São Leopoldo foi fundada em 1824 ao norte de Porto Alegre, nas terras de uma antiga fábrica de cânhamo (real feitoria) pertencente ao governo central. Em 1826-7, duas outras colônias, Torres e Três Forquilhas, também foram criadas no nordeste da província com algumas famílias alemãs, somando então respectivamente 260 e 182 pessoas; contudo, uma tentativa de assentar alemães na área das Missões fracassou quase de imediato. Em 1830, quando o governo do Império suspendeu seu programa de colonização devido à falta de recursos, negados por uma Câmara formada por grandes fazendeiros, cerca de 4.900 estrangeiros já haviam sido assentados na área ao norte de Porto Alegre.[44] Reunidos sem muito critério por agentes de recrutamento na Europa, muitos dos imigrantes que chegaram ao Rio Grande do Sul eram artesãos, e não agricultores que recebiam prioridade do governo. Em 1829, já havia em São Leopoldo oito curtumes, oito moinhos de trigo, uma fábrica de sabão, "um engenho para a lapidação de pedras" (!) e vários artesãos trabalhando em tempo integral.[45]

As atividades "industriais" e artesanais de São Leopoldo aumentaram consideravelmente na década seguinte. Em 1830, enquanto São Leopoldo havia estabelecido uma comunicação fluvial com Porto Alegre e tendia a prosperar, Torres e Três Forquilhas sofriam com a falta de meios de comunicação adequados, o que explica sua estagnação durante os anos seguintes. Naquele mesmo ano, o relatório do presidente da província confirmava o desenvolvimento em São Leopoldo tanto das "profissões mecânicas" quanto da agricultura. Seus comentários relativos à produtividade dos colonos, que cultivavam suas propriedades familiares sem escravos, são particularmente interessantes. Ele observou ter visto "áreas trabalhadas por famílias de quatro a seis pessoas que certamente exigiriam o trabalho de oito a dez escravos para serem cultivadas da mesma forma". O presidente atribuía a superioridade do trabalho dos colonos em relação ao trabalho escravo a três motivos: o uso de arados, a maneira de preparar as terras e o fato de os colonos realizarem um trabalho voluntário e em proveito próprio.[46]

Como já se viu com relação ao século XVIII, o uso de arados pelos açorianos e seus descentes no cultivo do trigo havia sido comum. Porém, à medida que a importância comercial desse produto declinou, a tendência foi abandonar o uso de arados e de adubo nas áreas não coloniais. Outros produtos agrícolas eram plantados com métodos de cultivo mais simples. Por volta de 1820, plantava-se na capitania, em maior ou menor escala, feijão, milho e um pouco de cevada e arroz para consumo local, e a maioria dos frutos europeus podia ser produzida em abundância, incluindo melões; no entanto, farinha de mandioca, açúcar e arroz precisavam ser importados. A cana-de-açúcar e a mandioca, em geral, não podiam ser cultivadas abaixo da latitude de Porto Alegre, e por isso não eram plantadas em quantidades significativas.[47] A produção tenderia a ter algum aumento com a ocupação de novas áreas pelos colonos. As informações sobre rendimentos agrícolas da capitania por volta de 1820 são um tanto contraditórias, sobretudo no que diz respeito ao trigo. Um observador estrangeiro visitou uma propriedade onde se produzia 6,25 alqueires de trigo para cada alqueire semeado, mas em outras áreas o rendimento do trigo ficava supostamente (mas muito improvavelmente) entre dez e cinquenta. O rendimento do arroz variava consideravelmente dependendo do clima: em anos bons, podia aparentemente alcançar de duzentos a trezentos alqueires para cada alqueire semeado, mas em anos secos a produtividade era quase nula.[48]

A imigração não continuou na década de 1830, e São Leopoldo sofreu algumas perturbações econômicas durante a Revolução Farroupilha. Depois de 1842, porém, a colônia se recuperou rapidamente. Logo estava "exportando" quantidades consideráveis de produtos agrícolas para Porto Alegre, incluindo milho, feijão,

TABELA 3 — ENTRADAS DE COLONOS ESTRANGEIROS NO RIO GRANDE DO SUL, 1824-1900

Ano	Número de colonos	Ano	Número de colonos	Ano	Número de colonos	Ano	Número de colonos
1824	126	1852	597	1867	1.790	1885	8.296
1825	909	1853	332	1868	946	1886	3.354
1826	828	1854	382	1869	710	1887	5.328
1827	1.088	1855	439	1870	471	1888	4.927
1828	99	1856	429	1871	369	1889	9.787
1829	1.689	1857	1.522	1872	1.354	1890	19.485
1830	117	1858	1.928	1873	1.866	1891	20.739
		1859	1.834	1874	846	1892	8.496
1844	66	1860	618	1875	315	1893	2.795
1845	87	1861	819	1876	341	1894	855
1846	1.515	1862	529	1877	5.940	1895	2.469
1847	691					1896	3.095
1848	124			1881	3.711	1897	1.451
1849	95			1882	3.540	1898	1.606
1850	128			1883	4.402	1899	1.956
1851	289	1866	105	1884	1.985	1900	1.503

FONTES: Para 1824-84: Florêncio C. de Abreu e Silva, op. cit., em *RAPRGS*, dez. 1922, n. 8, p. 83; para 1886-94: "Report of Vice-Consul Archer", em "Report [...] Trade of Rio Grande do Sul [...] 1894 [...] Consul Hearn", em *PP 1895*, v. 96, n. 1.583 A, p. 37; para 1895-7: "Report [...] Trade of Rio Grande do Sul [...] 1897 [...] Consul Bernal", em *PP 1898*, v. 94, n. 2.080 A, p. 28; 1898: "Report [...] Trade of Rio Grande do Sul [...]; para 1898 [...] Consul Staniforth", em *PP 1899*, v. 98, n. 2.332 A, p. 21; para 1899-1900: "Report [...] Trade of Porto Alegre [...] 1900 [...] Consul Archer", em *PP 1901*, v. 81, n. 2.606 A, p. 14. Para 1866, ver Mulhall, op. cit., p. 151.

farinha de mandioca e batatas, bem como aves, ovos e carne de porco. Curiosamente, os produtos manufaturados, em especial os de couro, incluindo selas e arreios, representavam uma parcela significativa das exportações. Em 1844, por exemplo, a colônia exportou 13.995 pares de sapatos e sandálias. Nessa época, a produção da colônia já era exportada em 24 barcaças grandes de fundo chato, a maioria das quais havia sido fabricada nos pequenos estaleiros de São Leopoldo. Arados, carroças e móveis também eram fabricados na área, e o valor das exportações aumentava anualmente.[49]

A partir de 1844 a imigração europeia foi reiniciada, e até 1850 pelo menos 2.706 colonos parecem ter entrado na província (ver tabela 3). Em 1843, São Leopoldo tinha 4.818 habitantes de origem alemã e 420 brasileiros. Em 1847, contava 8.236 habitantes. Três Forquilhas e Torres haviam demonstrado algum progresso econômico, e em 1850-1 tinham respectivamente 605 e 567 habitantes.[50] A imigração não se limitava apenas à região de São Leopoldo. Ao final da década de 1840, o governo da província havia demarcado terras para concessões gratuitas em Santa Cruz, às margens de um afluente do rio Jacuí. Em 1851, a colônia contava 145 almas, incluindo trinta "filhos" de colonos de São Leopoldo, muitos dos quais começavam a estabelecer núcleos secundários a certa distância do primeiro assentamento colonial. Uma colônia particular chamada Mundo Novo foi fundada em 1850, pouco menos de cinquenta quilômetros a nordeste de São Leopoldo, com lotes de terras vendidos aos imigrantes pelo preço de trinta libras esterlinas cada um. "Filhos" de São Leopoldo e colonos alemães recém-chegados logo deram ímpeto a essa nova colônia.[51] As áreas coloniais continuaram habitadas principalmente por pessoas livres, e a política de colonização da província foi complementada por uma legislação (lei n. 183 de 13 de outubro de 1850) que proibia a introdução de escravos nas áreas coloniais.[52] Essa medida — e a forma como as colônias foram fundadas, sendo desenvolvidas pelos próprios colonos — desencorajou a formação de uma classe de colonos estrangeiros proprietários de escravos, como acontecera em Leopoldina, na Bahia, e com alguns dos açorianos no próprio Rio Grande no século XVIII. Assim, os colonos alemães se tornaram em sua maioria pequenos proprietários, cultivando a terra com a mão de obra livre de suas famílias.

Às vésperas da supressão do tráfico de escravos africanos, com exceção das áreas de imigração alemã, que formavam uma "ilha agrícola", a principal atividade econômica da província continuava sendo a pecuária, enquanto a extração de erva-mate e a agricultura constituíam atividades secundárias, principalmente voltadas para o consumo local. No segundo quarto do século XIX, o trabalho nas estâncias continuava a ser executado tanto por escravos quanto por trabalhadores livres: em 1827-8, em pelo menos duas estâncias, um observador alemão encontrou escravos a quem se havia confiado o cuidado dos cavalos de montaria. Ele também registrou a presença regular de escravos nas estâncias como empregados domésticos (de ambos os sexos), observação coerente com descrições anteriores do Rio Grande do Sul. O mesmo viajante encontrou um escravo montado a cavalo que, mediante o pagamento de uma gorjeta, acompanhou-o por vários quilômetros para lhe indicar o caminho de uma estância, fato que corrobora a sugestão feita anteriormente segundo a qual os escravos da zona rural muitas vezes não eram supervisionados. Outra confirmação da situação peculiar dos escravos rurais rio-grandenses é fornecida por um autor britânico que, na década de 1840, observou que, na província, "nem sequer um escravo [viajava] qualquer distância a pé".[53]

Quanto ao trabalho com o gado, o relatório de 1847 do presidente da província deixa aparente que os peões (vaqueiros) eram, na verdade, predominantemente livres, conforme já sugerido. Ele notou que a carga de trabalho nas estâncias estava concentrada em sete meses do ano. Essa situação convinha à natureza itinerante dos gaúchos, que preferiam o "serviço de empreitada [ou seja, em tarefas específicas, por um período limitado] [...] mais ajustado ao homem cioso de sua liberdade". Ao que parece, os trabalhadores itinerantes continuavam a constituir uma fração significativa dos peões contratados nas estâncias,[54] e sua mobilidade geográfica continuaria a caracterizá-los até o final do século XIX, quando ainda era difícil mensurar precisamente seu número. Além disso, a oferta desse tipo de trabalhador dependia, em certa medida, da situação política da província e dos países vizinhos, uma vez que a guerra civil, o alistamento etc. tendiam a levar brasileiros a trabalharem no Uruguai, ou uruguaios a se mudarem temporariamente para o Brasil. Uma descrição anterior e um tanto idealizada dos gaúchos, feita na década de 1830, enfatiza determinadas características desses homens indicando que eles não aceitavam realizar as tarefas consideradas inferiores nas estâncias, e tampouco trabalhavam na agricultura. Essa atitude favoreceu a aquisição, pelos estancieiros, de alguns escravos para realizar essas atividades permanentes, enquanto os gaúchos se concentravam no trabalho com o gado, ocupação que os estancieiros e seus filhos também tinham maiores chances de desempenhar.[55]

O afluxo de imigrantes europeus parece ter aumentado o número de artesãos livres nas cidades, embora a maioria daqueles se dirigisse às colônias. Uma oferta crescente de artesãos estrangeiros permitiria a alocação de um número maior de escravos a outras ocupações urbanas. Um excelente estudo sobre capitalismo e escravidão no Rio Grande do Sul reproduz números computados a partir de anúncios de jornal de escravos à venda. Uma contagem desses anúncios publicados em um jornal de Porto Alegre em 1827 revelava 31 domésticos, doze artesãos, cinco barqueiros, um escravo de profissão não especificada e 25 agricultores vendidos em um único lote. Uma lista de escravos de propriedade de súditos britânicos em Pelotas, Porto Alegre e Rio Grande em 1848 mostrava um total de 59 escravos, dos quais 38 eram empregados em tarefas domésticas e o restante na agricultura (provavelmente em chácaras nos arredores dessas cidades). Outra amostra de escravos anunciados em um jornal de Pelotas em 1852-3 revelava 34 domésticos, seis artesãos, quatro trabalhadores de charqueada, quatro agricultores e seis escravos sem profissão especificada.[56] Assim, os dados disponíveis parecem indicar a predominância de escravos domésticos entre aqueles empregados em ocupações urbanas, bem como a existência de artesãos escravos. No entanto, estão longe de indicar que "também em Porto Alegre e Pelotas ofícios eram exercidos" por escravos no sentido de estes serem predominantes nas atividades artesanais. Pelo contrário: outras evidências sugerem que, na metade do século XIX, os artesãos livres eram provavelmente mais numerosos do que os artesãos escravos nas principais cidades.[57]

Uma das cláusulas da paz de 1845, que pôs fim à Revolução Farroupilha (1835-45), era que os escravos que houvessem combatido ao lado dos rebeldes seriam considerados livres. Isso não afetou de forma significativa o número absoluto de escravos da província, que continuou a crescer. De fato, a recuperação econômica do final da década de 1840 foi acompanhada por um aumento das transações envolvendo escravos, possível resultado de uma alta das importações, conforme indicado pelos números disponíveis relativos ao imposto de meia sisa sobre a venda de escravos.[58] Porto Alegre era de longe a cidade onde mais ocorriam transações com escravos, seguida por Rio Grande, Pelotas, Rio Pardo, Triunfo, Piratini, Caçapava e Cachoeira. Mesmo em São Leopoldo seu número não era nada desprezível. Às vésperas da supressão do tráfico de escravos africanos, a concentração de mão de obra escrava na "indústria" do charque de Pelotas era particularmente notável, como se pode ver a partir de um relato sobre uma revolta abortada de escravos das charqueadas no início de 1848. Com efeito, "mais de 1.500 escravos haviam sido aliciados" para a causa.[59]

Por fim, vale mencionar os índios. Conforme enfatizado por um escritor do final do século XIX, apesar das alegações de "pureza racial" feitas na literatura, a tendência foi os guaranis e minuanos remanescentes durante as primeiras décadas do século "se fundirem" na população em geral por meio da miscigenação, e seus descendentes muitas vezes se uniram ao grupo dos gaúchos. Os índios selvagens das terras altas do norte, os chamados bugres, estavam por sua vez reunidos com sucesso em aldeamentos já na década de 1830, e a maioria acabou dizimada pela "civilização",[60] sucumbindo a "novas" doenças ou perdendo suas características originais devido à miscigenação.

8.3. A ECONOMIA RIO-GRANDENSE DE 1850 A 1871 E O DESENVOLVIMENTO DAS COLÔNIAS ALEMÃS

Durante o terceiro quarto do século XIX, a economia do Rio Grande do Sul permaneceu fortemente dependente da pecuária e do processamento dos produtos de seus rebanhos, embora a importância relativa da agricultura tenha aumentado como resultado do desenvolvimento das áreas coloniais. Nesse período, o comércio da província caracterizou-se por flutuações resultantes do caráter especulativo do mercado de subprodutos da pecuária,[61] da tradicional competição do Rio da Prata — onde o charque e outros gêneros de origem animal eram produzidos por trabalho livre — e de mudanças frequentes na política comercial e tarifária do governo imperial com relação aos produtos da província.[62] O principal produto de exportação do Rio Grande do Sul, o charque, era vendido para outras províncias do Império. Uma vez que constituía um item importante da dieta dos escravos das grandes fazendas e das classes mais baixas, era do interesse dos grandes proprietários de outras regiões que seu preço fosse mantido o mais baixo possível, se necessário por meio de importações baratas do Rio da Prata. Desse modo, havia um claro conflito de interesses entre os produtores de charque do Rio Grande do Sul e os fazendeiros de café e grandes plantadores de cana-de-açúcar de outras províncias, e em geral este conflito era solucionado politicamente em benefício dos últimos, que controlavam a Câmara Imperial e aprovavam leis em seu próprio favor. Assim, os subprodutos da pecuária do Rio Grande do Sul com frequência não tinham proteção adequada contra artigos similares vindos do Rio da Prata; no entanto, essa proteção não desapareceu totalmente, uma vez que a necessidade de receita dos governos central e provincial levou à manutenção de uma tarifa.[63] Em resumo, a maior ou menor penetração do charque rio-grandense no mercado brasileiro continuou dependente das condições de oferta nos países da região do rio da Prata. Sempre que estes últimos sofriam perturbações políticas que prejudicavam seu comércio, as charqueadas do Rio Grande do Sul gozavam de curtos períodos de prosperidade mais intensa, geralmente seguidos por tempos difíceis quando retomada a competição estrangeira. Vale observar que as charqueadas eram estabelecimentos de produção diversificada, que também produziam para mercados estrangeiros e que exportavam grande quantidade de couros para a Europa e para os Estados Unidos. A situação dos couros nos mercados estrangeiros era independente do estado das transações com charque, de modo que a depressão no mercado de um dos produtos podia ser em parte compensada por condições mais favoráveis no mercado do outro. Porém, os couros também estavam sujeitos a grandes flutuações de preços, e os comerciantes sofriam com as flutuações cambiais e com os altos fretes marítimos resultantes da localização insatisfatória dos portos rio-grandenses.[64] Quanto à exportação de animais em pé por terra, os dados disponíveis (e insatisfatórios) a partir de estatísticas fiscais indicam um provável pico de exportações em meados e final da década de 1850, observando-se uma média de 63 mil cabeças de 1854 a 1856, mas esses níveis só voltaram a ser ultrapassados no início da década de 1870.[65]

Apesar dos diversos fatores de incerteza que afetavam o comércio do Rio Grande do Sul — além da Guerra do Paraguai, que durou de 1864 a 1870 —, o valor das exportações totais para portos estrangeiros aumentou de forma notável de meados da década de 1850 a 1871. Os números oficiais mostram um aumento de cerca de 50% no valor das exportações para o exterior em libras esterlinas entre o quinquênio 1853-8 e o quinquênio 1866-71, indo de 574 mil libras para 865 mil libras, enquanto o aumento em termos de moeda local ultrapassou 100%. Os dados disponíveis sobre a evolução do valor das exportações totais da província (incluindo as exportações para outras províncias) são menos confiáveis e ocasionalmente contraditórios, mas também indicam um ganho positivo substancial durante o mesmo período.[66] Ao que parece, isso adveio de uma recuperação do volume de exportações de charque de meados da década de 1850 até o final da década de 1860 (ver figura 1) e do crescimento das exportações interprovinciais de produtos agrícolas oriundos das áreas coloniais. O aumento também se deveu em parte ao crescimento das exportações de erva-mate, sobretudo para o Rio da Prata. As exportações desse produto haviam assumido alguma importância já na época da Independência, mas diminuíram para um volume quase insignificante durante a Revolução Farroupilha de 1835-45. A extração de erva-mate ganhou novo vigor após 1850, e as exportações aumentaram rapidamente até o início da década de 1860. Em seguida estagnaram, alcançando em média 200.691 arrobas de 1866 a 1871, com um valor médio de 645,5 contos. Como existia também um consumo doméstico em larga escala do produto, o subsequente declínio das exportações pode ser atribuído a um aumento do consumo na própria província, e não somente a flutuações negativas dos preços e à suposta qualidade inferior do produto. Em contraste, a importância da extração de madeira para exportação permaneceu limitada, já que uma grande fração da oferta doméstica, em parte processada em serrarias a vapor, era absorvida pelos mercados locais.[67]

As exportações interprovinciais de produtos agrícolas — em especial o feijão e a farinha de mandioca, que mostraram uma clara tendência de crescimento (ver tabela 4) — provinham principalmente das áreas coloniais. A importância comercial da agricultura na área tributária de Porto Alegre fica aparente na composição das exportações desse porto já em 1860-1.[68] Dados sobre a produção e as exportações das colônias estão disponíveis somente para alguns anos, mas indicam um rápido crescimento da produção. O desenvolvimento de São Leopoldo foi particularmente notável. As exportações dessa colônia aumentaram de 393 contos em 1845 para 822,9 contos em 1857, e em 1870 já alcançavam 1.493,4 contos. Nesse mesmo ano, o comércio da ex-colônia exigiu 28 barcos grandes e três navios a vapor. O crescimento de Santa Cruz também foi muito rápido, já que suas exportações praticamente quadruplicaram entre 1860 e 1870, chegando a 442 contos nesse ano. Ao final da década de 1860, as exportações de Mundo Novo aparentemente ultrapassaram 450 contos, e por volta de 1873 as exportações das colônias de Nova Petrópolis, Santo Ângelo e Santa Maria da Soledade alcançaram respectivamente 34 contos, 66 contos e 81 contos.[69]

Assim, no início da década de 1870, as exportações das diversas colônias alemãs — incluindo o município de São Leopoldo — alcançaram possivelmente 3 mil contos de réis. Mas estas não representavam o total de exportações (interprovinciais ou para portos estrangeiros) originadas nas colônias, já que uma fração de sua produção agrícola e a maior parte de seus produtos de couro e outros artigos manufaturados eram absorvidas pelo mercado da própria província. Além de sua contribuição quantitativa para o comércio rio-grandense, os colonos alemães também introduziram o cultivo de novos produtos na região, como o fumo, batatas e diversos tipos de grãos. O fumo tornou-se um importante produto de exportação: enquanto em 1856 cerca de 10.500 arrobas de fumo e 196 rolos de fumo haviam sido importados pelo Rio Grande do Sul, em 1865 a produção de quatro colônias alcançou 28.435 arrobas (sendo 25.858 produzidas apenas em Santa Cruz), e 12.469 arrobas foram exportadas pela província. Em 1870, suas exportações de fumo alcançaram 43.491 arrobas, avaliadas em 280,4 contos, e atingiram em média 78.971 arrobas em 1872-3.[70] Por outro lado, produtos como batatas, ervilhas, uvas, trigo, centeio e cevada, que também faziam parte dos gêneros rio-grandenses considerados "coloniais", eram em sua maior parte consumidos dentro da província. A farinha de mandioca e o feijão continuariam a representar as principais exportações agrícolas das colônias para outras províncias, enquanto uma fração maior da produção de milho foi destinada à alimentação dos porcos que forneciam matéria-prima para a banha, também exportada em quantidades cada vez maiores. Como a farinha de mandioca e o feijão eram plantados em diversas regiões do Brasil, a receita das colônias do Rio Grande do Sul seria afetada pelas flutuações frequentes de seus preços, mas, dada sua maior diversificação de produção e a existência do mercado da própria província, estas seriam menos vulneráveis do que as colônias de Santa Catarina.

A província do Rio Grande do Sul foi uma das últimas a acatar a decisão de 1850 do governo do Império de pôr um fim efetivo ao tráfico de escravos africanos. Com efeito, em Tramandaí, ainda em abril de 1852, foram desembarcados escravos diretamente importados da África. Depois disso, porém, o tráfico parece ter cessado definitivamente.

Os dados imperfeitos disponíveis sobre a população escrava parecem indicar que não houve uma tendência marcada de declínio na década que sucedeu à supressão do tráfico transatlântico, embora sejam necessárias mais informações sobre a reprodução natural dos escravos e o tráfico interprovincial de escravos antes de se poder chegar a uma conclusão definitiva. Segundo um renomado estatístico brasileiro, os dados disponíveis sobre nascimentos e mortes de escravos em 1847 e 1848 no Rio Grande do Sul indicavam uma taxa de natalidade de 18,8 por mil, e uma taxa de mortalidade de 20,8 por mil. O autor afirmava que a mortalidade infantil entre os escravos chegava a 30%, e que, "considerando-se todos os fatores [alforrias?], a população escrava declinava anualmente em 0,76%, redução que, até 1850, era compensada pelas importações de escravos". Como o autor não apresentou o detalhamento dos dados utilizados, é difícil tecer julgamentos sobre a qualidade de seus cálculos. Cabe lembrar, porém, que as informações referentes ao ano de 1847 geralmente são consideradas deficientes.

Em contraste com esses dados, um estudo publicado em 1865 apresenta números relativos a nascimentos e mortes de escravos que, em 1861, teriam alcançado respectivamente 2.368 e 889. Considerando-se uma população escrava total da ordem de 74 mil a 77 mil pessoas, esses números indicariam uma taxa de natalidade de cerca de 31 ou 32 por mil escravos (que parece bastante exagerada) e uma taxa de mortalidade de cerca de 11,5 a doze por mil escravos (possivelmente subestima-

TABELA 4 — EXPORTAÇÕES DE MATE E DE PRODUTOS AGRÍCOLAS SELECIONADOS DO RIO GRANDE DO SUL, 1850-71

	FEIJÃO		FARINHA DE MANDIOCA		MILHO		FUMO		MATE	
Anos[a]	Sacas	Valor (contos)	Sacas	Valor (contos)	Sacas	Valor (contos)	Milhares de arrobas	Valor (contos)	Milhares de arrobas	Valor (contos)
1850	11.569		541		4.755				19,5	
1851	21.554		5.696		17.875				8,9	
1852	3.160		31.308		35.509				13,3	
1853	29.731		2.382		45.627				99,8	
1854	17.385		39		61.389				8,0	
1855	19.359		6.305		40.519				164,3	
1856	22.850	214,4	4.173	31,2	12.737	58,2			203,7	960,2
1857	34.070	400,2	6.007	35,2	10.086	52,4			259,4	1.314,8
1858	56.157	305,1	6.714	40,1	19.715	85,6			240,6	1.060,4
1859-60	58.934	449,9	81.110	387,8	96.523	346,2			233,2	905,6
1860-1	63.747	627,0	64.654	223,1	51.348	163,4			234,1	925,2
1861-2	59.486	409,8	15.647	40,7	28.679	96,9	3,5	20,4	214,5	784,8
1862-3	75.291	182,6	30.956	61,8	28.500	60,6	0,3	1,8	311,1	818,2
1863-4	40.292	139,9	55.552	129,2	46.424	103,7	0	0,4	168,7	419,1
1864-5	31.722	152,6	42.356	128,5	29.933	64,8	12,5	51,2	331,8	787,2
1865-6	45.011	314,0	4.177	17,4	25.350	64,1	17,0	69,4	270,7	795,8
1866-7	66.502	312,4	44.305	104,8	79.436	267,6	27,6	85,0	258,6	594,8
1867-8	87.364	396,9	96.706	197,7	50.305	142,3	19,0	98,5	297,8	708,8
1868-9	81.276	672,3	180.207	435,1	86.821	223,3	25,3	156,6	163,2	443,2
1869-70	57.749	463,5	85.946	306,9	23.146	77,9	43,5	280,4	231,2	584,2
1870-1	77.096	502,3	40.127	140,3	19.701	52,6	?	187,3	253,4	885,2

FONTES: Para quantidades físicas de feijão, farinha de mandioca e milho no período de 1850 a 1861, e de mate em 1850-5, ver "Report [...] Trade [...] Rio Grande do Sul [...] 1855 [...] Consul Vereker", em *PP 1859*, v. 30, p. 29, e "Report [...] Trade [...] Rio Grande do Sul [...] 1860 [...] Consul Vereker", em *PP 1862*, v. 58, p. 236. Para o valor das exportações em 1856-71, o volume de exportações de mate em 1856-71 e o valor das exportações de feijão, mandioca e milho de 1861-2 a 1870-1, ver Florêncio C. Abreu e Silva, op. cit., pp. 272-80 e 308-12. Para as exportações e valores de fumo, ver A. Porto, op. cit., p. 215. As quantidades físicas exportadas apresentadas pelo cônsul britânico para sacas de dois alqueires são ligeiramente diferentes dos totais reproduzidos por Abreu e Silva para 1856-61. Os dados de Abreu e Silva após 1859-60 foram corrigidos de anos-calendário para os anos fiscais apropriados.

[a] Para 1850-8: anos-calendário; para 1859-60 a 1870-1: anos fiscais.

da), resultando em um crescimento populacional líquido de cerca de 2% ao ano (certamente superestimado).

Supondo que as contagens da população do final da década de 1850 e início da de 1860 estivessem aproximadamente corretas, e dispondo de números sobre as importações e exportações interprovinciais de escravos, seria possível avaliar de forma hipotética a taxa natural de crescimento ou declínio da população escrava do Rio Grande do Sul. Infelizmente, os dados sobre a população escrava total devem ser considerados com alguma reserva, e os números sobre o tráfico interprovincial de escravos não estão completos.

Com relação a estes últimos, aparentemente não se dispõe de nenhuma informação detalhada anterior a 1855, embora, diante dos dados disponíveis sobre importações do "Sul" para o Rio de Janeiro, possa-se pensar que ocorressem pequenas exportações líquidas. O comércio interprovincial de escravos foi interrompido de outubro de 1855 a janeiro de 1856 por uma epidemia de cólera que matou pelo menos 2 mil escravos na província. As perdas foram particularmente severas nas charqueadas, cujas atividades de abate foram temporariamente interrompidas. Depois disso, no entanto, apesar da possível escassez de escravos em determinadas atividades das cidades do litoral, as exportações de escravos parecem ter se acelerado diante da demanda crescente das áreas cafeeiras. Na falta de números oficiais, um observador local estimou em 2 mil indivíduos o excedente das exportações sobre as importações de escravos do Rio Grande do Sul por via marítima até 1857.

O regulamento provincial n. 367, de 4 de março de 1857, estabeleceu um imposto de duzentos mil-réis sobre os escravos introduzidos na província e uma taxa de cinquenta mil-réis sobre os que eram exportados. Ao final de junho do mesmo ano, o imposto de exportação havia sido pago sobre 322 escravos, mas no ano fiscal de 1858-9 as exportações líquidas foram de apenas 237 escravos. De 1859 a 1863, a tendência se reverteu, havendo um saldo líquido de escravos importados para a província. Os aumentos de preços durante o período que aparecem na tabela 5 parecem estar relacionados a um aumento da demanda, em especial por parte das charqueadas, cuja produção exibia uma tendência de alta. Não foi possível encontrar nenhuma informação adicional sobre o comércio interprovincial de escravos de 1863 a 1870. No entanto, a Guerra do Paraguai teve alguns efeitos equivalentes aos da exportação de escravos em termos de redução do seu número. Efetivamente, o governo aceitou escravos como substitutos do serviço militar pessoal de seus senhores, e acabou tendo de comprar a liberdade de escravos a serem usados como soldados e marinheiros. É provável que isso tenha afetado principalmente as cidades, onde havia uma disponibilidade mais imediata de escravos.[71]

Uma contagem populacional publicada em 1858 mostrava um total de 70.883 escravos, sem contar Dores e Livramento, cuja população escrava era estimada em 2.700 pessoas. Outro cômputo, referente a dezembro de 1862 e baseado em listas de famílias e em recenseamentos anteriores, indicou um total de 77.419 escravos. Embora tenham ocorrido exportações interprovinciais líquidas de escravos até o final da década de 1850, entre 1859 e 1863 o número de entradas de escravos por mar no Rio Grande do Sul ultrapassou o de saídas, mas dificilmente teria alcançado algo em torno de 4 mil escravos entre as duas contagens populacionais. Assim, um aumento da população escrava de cerca de 5% entre 1858 e 1863, se verdadeiro, seria coerente com uma taxa anual de crescimento natural positiva, mas outras evidências em contrário (já mencionadas) e a natureza insatisfatória das estatísticas não permitem tal conclusão.[72]

Caso os preços médios por escravo computados na tabela 5 estejam aproximadamente corretos, estes sugerem que, até 1870, os preços nominais permaneceram em níveis mais baixos do que nas províncias cafeeiras.

De 1853 a 1855, o aumento dos preços dos escravos foi, ao que tudo indica, muito menos pronunciado no Rio Grande do Sul do que no Rio de Janeiro. Segundo os preços da tabela 5, o aumento foi gradual, e pode ter sido ultrapassado em meados da década de 1850 pelo aumento do custo dos mantimentos, que tendeu a pressionar os salários para cima. Assim, segundo o cônsul britânico, entre 1854 e 1855 o preço de um barril de farinha norte-americana aumentou de 26 mil-réis para 38 mil-réis, ou seja, um aumento de 46%. A libra de banha norte-americana subiu de quatrocentos para 470 réis, e a farinha de mandioca, o feijão, o açúcar, o arroz e outros artigos "também subiram de preço proporcionalmente". De 1853 a 1855, a remuneração mensal de escravos domésticos arrendados subiu de aproximadamente oito mil-réis para dez mil-réis, enquanto a das escravas subiu de seis a sete mil-réis para oito mil-réis. Esse aumento foi muito mais rápido do que o movimento concomitante dos preços médios de escravos e pode de fato ter estado relacionado a um aumento do nível de preços, e não a uma escassez crescente. Nesse sentido, o cônsul britânico observou em 1855 que "o alto custo dos mantimentos [havia] levado muitos proprietários de escravos a se livrar

TABELA 5 — PREÇOS MÉDIOS[a] DE ESCRAVOS NO RIO GRANDE DO SUL, 1853-69 (EM MIL-RÉIS)

ANOS	AGRICULTORES		DOMÉSTICOS		"MEIA-IDADE"	"MUITO FORTES E ATIVOS"	
	Homens	Mulheres	Homens	Mulheres	Homens	Homens	Mulheres
1853	730	675	805	755			
1854	705	668	798	740			
1855	760	688	835	775			
1856	940	870	1.035	985			
1857	1.000	925	1.250	1.075			
1858	1.145	1.030	1.350	1.175			
1859	1.250	1.150	1.375	1.250			
1860	1.150	1.125	1.325	1.225			
1861	1.300	1.225	1.450	1.313			
1862	1.400	1.250	1.600	1.400			
1863	1.400	1.250	1.600	1.400			
1865[c]					1.750	1.800[b]	2.000
1866[c]					1.250	1.700	1.575
1867[c]					1.000	1.400[b]	1.200
1868					1.250	1.550	
1869[c]	1.700	1.500	1.900	1.700	1.650[d]	2.400[e]	2.000[e]

FONTES: Correspondência Classe B de diversos anos entre cônsules britânicos e o Foreign Office. Ver *PP 1854*, v. 73, pp. 279 e 281; *PP 1854-5*, v. 56, pp. 205 e 224; *PP 1856*, v. 62, p. 250; *PP 1857, 2nd Session*, v. 44, pp. 267-8; *PP 1857-8*, v. 61, p. 126; *PP 1859*, v. 34, pp. 64-5; *PP 1860*, v. 70, pp. 38-9; *PP 1862*, v. 61, pp. 61-2; *PP 1863*, v. 71, pp. 129-30; *PP 1864*, v. 66, pp. 57-8; *PP 1865*, v. 56, p. 83; *PP 1867*, v. 73, p. 57; *PP 1867-8*, v. 64; *PP 1868-9*, v. 56, pp. 23-4; *PP 1870*, v. 61, pp. 11-2; *PP 1871*, v. 62, p. 10.

[a] Ver nota 73 para uma explicação do método de cálculo dos preços médios.
[b] Preço máximo.
[c] Segundo semestre do ano-calendário.
[d] Primeiro semestre de 1869.
[e] Preço médio de escravos com um ofício, segundo semestre de 1869.

de seus escravos supérfluos". Ele notou também que, embora os preços médios reproduzidos na tabela 5 ainda se aplicassem, havia casos de jovens escravos e escravas vendidos por um conto de réis, e que os preços provavelmente iriam aumentar no futuro. Isso de fato ocorreu após a epidemia de cólera de 1855-6, à medida que aumentaram também as importações interprovinciais de escravos para o Rio Grande do Sul. As importações possivelmente não se deviam apenas à demanda das charqueadas, uma vez que a procura por escravos domésticos também estava aparentemente aumentando. Em meados da década de 1860, o valor mensal do arrendamento de escravos domésticos no Rio Grande do Sul havia subido para um intervalo de doze a dezesseis mil-réis para homens e de dez a doze mil-réis para mulheres, representando mais ou menos o dobro dos respectivos números referentes a 1853 — aumento que, a essa altura, possivelmente refletia não apenas a alta do custo dos mantimentos, mas também uma demanda maior. O declínio do preço dos escravos ocorrido em 1860 foi apenas temporário, tendo sido atribuído à "escassez de numerário sofrida pela [província]". Depois disso, os preços dos escravos continuaram a aumentar até a véspera da Guerra do Paraguai. De 1865 a 1866, houve um declínio do preço máximo de escravos adultos, já que havia "uma impressão de que o governo [...] [poderia] ser forçado a libertar os escravos com o objetivo de obter soldados para a guerra contra o Paraguai". Os preços continuaram a cair em 1867, mas, em 1868, "a aceitação, por parte do governo, de substitutos em lugar do serviço militar pessoal, e a compra, pelo governo [...] de escravos para servirem de soldados e marinheiros [haviam] causado uma grande diminuição do número de escravos, e tendiam a manter os preços elevados". Novamente, essa diminuição estava ocorrendo nos centros urbanos, onde o recrutamento era mais fácil, mas não pode ser generalizada para todas as áreas da província. No início de 1869, os preços haviam aumentado consideravelmente em decorrência da "crescente escassez de mão de obra disponível devida ao fato de tantos escravos terem sido requeridos para o serviço militar, do aumento do custo de arrendamento de escravos causado por taxação excessiva, e da depreciação da moeda". As charqueadas estavam pagando até 2.400 mil-réis pelos escravos, e em dezembro de 1868, 2.500 mil-réis foram pagos por um "escravo de campo" de vinte anos de idade em um leilão em Porto Alegre, onde um "mulato aleijado de uma das mãos" foi vendido por 2.000 mil-réis e uma menina negra de dez a doze anos foi arrematada por 1.800 mil-réis. O nível dos preços médios continuou elevado em 1869: ao final do ano, escravos agricultores adultos custavam de 1.400 a 1.800 mil-réis, e escravos domésticos de 1.600 a 2.000 mil-réis, enquanto os escravos que dominassem algum ofício podiam alcançar um máximo de 2.800 mil-réis.

No entanto, devido à inflação e à depreciação da moeda ocorridas durante a Guerra do Paraguai, o aumento dos preços nominais na década de 1860 ultrapassou em muito os aumentos reais. Em 1870, ao final da guerra, os escravos que haviam lutado no Exército foram libertados, e muitos soldados trouxeram ideias abolicionistas e republicanas que poderiam ter tornado mais arriscada a propriedade de escravos. Enquanto a intensificação da campanha abolicionista também aumentava o risco de perda dos que possuíam escravos, a Lei do Ventre Livre de 28 de setembro de 1871, embora libertasse todos os filhos de escravas nascidos após essa data, garantiu a propriedade daqueles já nascidos que pudessem ser matriculados legalmente. Assim, a lei proporcionou aos senhores de escravos um alívio temporário ao eliminar o risco da abolição em um futuro imediato, de modo que muitos mantiveram seus escravos até o início da década de 1880.[73]

A evolução dos preços dos escravos no Rio Grande do Sul pode ter advindo de menores problemas de oferta, dadas as condições peculiares da escravidão na província, onde uma taxa positiva de reprodução natural poderia ter prevalecido em certos períodos ou áreas, ou mais provavelmente de uma menor pressão de demanda, uma vez que havia cada vez mais substituição de escravos por trabalhadores livres em diversas ocupações, em parte devido à imigração estrangeira.[74] Há indicações de que ambos os processos poderiam ter ocorrido em alguma medida durante parte do período e de forma localizada, embora a Guerra do Paraguai e seus efeitos peculiares sobre o mercado de escravos rio-grandense tenha tendido a mascarar os fatores presentes no final da década de 1860.[75]

Segundo o censo de 1872, o Rio Grande do Sul contava pelo menos 67.791 escravos, em uma população total de 434.813 habitantes listados segundo seu status civil, representando 15,6% desse total. Para os 12.149 habitantes restantes com cobertura menos detalhada (que elevam a população total a 446.962 habitantes), somente a informação sobre o sexo estava disponível. Supondo que os escravos tivessem a mesma participação nesse último total que no primeiro, seu número chegaria a 69.685. Em contraste, relatórios do Ministério da Agricultura de diversos anos apresentam um número total que vai de 69.366 a 98.450 escravos matriculados segundo a lei de 28 de setembro de 1871. O relatório de 1882 avalia a população escrava total da província no final de 1876 em 81.169 indivíduos, enquanto em dezembro de 1874 afirmava-se que os resultados dos últimos levantamentos mostravam apenas 69.366 escravos matriculados e listados segundo profissões e residência.[76] Embora isso possa acarretar alguma subestimação do número de escravos da província, optou-se por manter para a discussão esse último total, mais provável, que se aproxima muito daquele obtido no censo, e para o qual também estão disponíveis detalhes sobre profissão. Fica claro que os critérios de classificação foram diferentes nas duas contagens de escravos. Os dados do censo listam até 48.736 escravos como "lavradores" — certamente incluindo os peões —, representando 71,9% do total de escravos. Em contraste, os números da matrícula mostram apenas 13.278 agricultores propriamente ditos, embora 81,4% dos escravos sejam listados como residentes na zona rural.[77] Se os dados do censo classificavam todos os escravos empregados nas propriedades rurais como lavradores, a inconsistência é muito menor do que pode inicialmente parecer.[78] De toda forma, as duas contagens deixam claro que uma maioria dos escravos estava localizada na zona rural. Dito isso, pode-se passar à análise da situação das diversas atividades rurais no terceiro quarto do século XIX.

A criação de gado não apresentava diferenças apreciáveis em comparação com períodos anteriores. A partir da metade do século, houve uma tendência notável no sentido de cercar as propriedades mais bem organizadas, mas poucos esforços foram feitos no sentido de melhorar a qualidade do gado. No início da década de 1870, enquanto um observador notou cercas de arame no distrito de Pelotas, outros assinalavam que não houvera recentemente nenhum "melhoramento da raça" do gado no importante município de Alegrete, situação em parte atribuída ao enfraquecimento dos pastos. As cercas podiam estar associadas a uma maior concentração de cabeças (por unidade de área), mas, de modo geral, as exigências de mão de obra para o trabalho no campo com os rebanhos aparentemente não haviam se modificado muito desde as primeiras décadas do século, de forma que o emprego deve ter acompanhado o crescimento natural dos rebanhos.[79] O rendimento (produtividade) da criação de gado no início da década de 1870 foi estimado entre 20% e 25% dos rebanhos, conforme a qualidade dos pastos, e supunha-se que "só chegam ao estado de seguir para as charqueadas cerca de 17% do total".[80]

Os escravos sem dúvida continuavam a ser utilizados nas estâncias. Em 1871, um estatístico britânico encontrou trabalhando em uma estância "uma dúzia de pessoas [peões], em sua maioria escravos negros". Sua presença também é sugerida pelos dados demográficos disponíveis. Informações referentes à população por municípios em 1858 (que, como já se mencionou, apresentam certos problemas) indicam que os únicos municípios onde a participação dos escravos na população total não ultrapassava 20% naquele ano ou eram basicamente agrícolas, ou estavam dedicados à extração de erva-mate, ou então, como no caso de Itaqui, empenhavam-se tanto na extração de mate quanto na criação de gado. Em Uruguaiana e Alegrete, por exemplo, ambos predominantemente dedicados à criação de gado bovino, equino e ovino, a população escrava representava respectivamente 21,6% e 23,6% do total, enquanto em Bagé a participação dos escravos alcançava 32,5%. Em Canguçu, esse número chegava a 36,1%. Na maioria dos outros municípios em que a diversidade de atividades era mais pronunciada, mas onde a criação de gado também predominava, quase não havia casos de uma participação de escravos inferior a 25%. Como a maior parte dos habitantes desses municípios era rural, seguramente ainda se podia encontrar numerosos escravos nas estâncias.

Ao que parece, a situação não havia mudado muito no início da década de 1870. Por exemplo, segundo a Mesa de Rendas de Alegrete, o município ainda abrigava 3.136 escravos, que representavam cerca de 18% da população total. Nessa época, já havia novos indícios de que peões livres "eram exclusivamente empregados no cuidado do gado" em troca de um salário, sugerindo que os escravos continuavam a ser empregados em outras tarefas nas estâncias. Tanto em Uruguaiana quanto em Alegrete, a dificuldade de determinar a população exata era atribuída à mobilidade dos gaúchos (peões livres). Conforme enfatizado anteriormente, embora não se possa negligenciar a existência de escravos em algumas atividades permanentes nas estâncias, testemunhos da época apontam para a predominância de assalariados livres no trabalho com o gado bem antes do início da década de 1870.[81] Nesse contexto, os efeitos negativos de uma eventual abolição da escravidão sobre o setor da criação de gado não pareciam potencialmente importantes, sobretudo partindo-se do princípio de que os ex-escravos aceitariam continuar a realizar, como trabalhadores assalariados, algumas das tarefas às quais estavam acostumados nas estâncias. A perspectiva de uma transição definitiva para o trabalho livre, portanto, envolvia um "efeito-riqueza" potencial para os senhores de escravos, mas não parecia muito significativa do ponto de vista da organização do trabalho nas estâncias de gado.

Esse não parecia ser o caso do setor das charqueadas, que processavam os diversos produtos derivados da pecuária. Nesses estabelecimentos, os escravos constituíam a força de trabalho básica, conforme assinalado por observadores na década de 1850 e em 1863 e confirmado por relatos do início da década de 1870. Em outubro de 1870, o cônsul britânico descreveu da seguinte forma a situação das charqueadas:

> Todos os estabelecimentos de abate [charqueadas] possuem escravos em números que variam de oitenta a cem, ou mais. Alguns dos proprietários empregam trabalhadores livres durante a época mais movimentada do ano, que dura cerca de seis meses. Os trabalhadores recebem seis libras [esterlinas] por mês (cerca de sessenta mil-réis), mais casa e comida, mas as refeições são principalmente constituídas de carne e farinha, e eles dormem em barracões. A ocupação é muito laboriosa, suja e desagradável.[82]

As charqueadas sem dúvida concentravam milhares de escravos. No começo dos anos 1870, parece que Pelotas tinha cerca de trinta estabelecimentos do gênero, e o distrito de Porto Alegre possuía cinco, enquanto alguns também estavam localizados em Jaguarão. Em 1858, as duas maiores participações de escravos na população municipal total correspondiam a Jaguarão e Pelotas, com respectivamente 38,7% e 37,0%. A participação em Porto Alegre era de 27,1%, mas o município continha uma importante área colonial. Diante dos dados demográficos disponíveis, e aceitando-se a média de oitenta a cem escravos por estabelecimento, o emprego de escravos nas charqueadas deve ter representado de 3 mil a 4 mil indivíduos, ou cerca de 5% da população escrava total da província. A inelasticidade da demanda das charqueadas por escravos é sugerida pelo fato de que, mesmo em 1869, estas continuavam a adquirir escravos por preços que chegavam a 2.400 mil-réis, apesar de esses preços serem mais de três vezes maiores do que na década de 1850, quando os preços dos couros e do charque eram mais remuneradores.[83] Com efeito, nas charqueadas, os escravos continuariam a representar a mão de obra básica pelo menos por mais uma década, enquanto os trabalhadores livres se limitariam a tarefas temporárias e de supervisão.

A extração de erva-mate ocupava um grande número de pessoas no centro e no norte da província. Na década de 1860, esta possivelmente já constituía a principal atividade econômica de São Borja. Era muito importante em Cruz Alta, onde diversos paulistas se dedicavam à sua preparação desde 1844, em Passo Fundo, e estava longe de ser desprezível mesmo em distritos de criação de gado como Alegrete e Itaqui. No início da década de 1870, Cachoeira exportava em média 20.400 arrobas recebidas de Passo Fundo, e Rio Pardo escoava 40 mil arrobas para Porto Alegre, recebidas de São Borja e de Cima da Serra.[84] A maioria dos trabalhadores dessa atividade parece ter sido livre: no início dos anos 1870, observou-se que "um grande número de habitantes locais [dedicava-se] à coleta de [...] mate nas florestas do norte e do centro". Em 1858 e 1862, quando as exportações de erva-mate estavam em alta, as comarcas com o menor número relativo de escravos eram aquelas dedicadas à extração do produto. Esta era também notadamente uma ocupação dos poucos índios remanescentes na província (em 1860, havia 2.017 indígenas agrupados em seis aldeias).[85] O processamento inicial era feito de forma primitiva, como fica aparente na seguinte descrição da época: "Na estação adequada, os galhos folhosos [eram] juntados e espalhados sobre estrados debaixo dos quais se mantinham fogos lentos até os galhos estarem suficientemente secos para serem facilmente pulverizados. Depois de ser socado em pilões de madeira grosseiros, o chá [era] forçado para dentro de sacas de couro cru".[86] Em determinadas localidades, contudo, observou-se um progresso na preparação final do produto: o segundo soque era feito em engenhos. Embora não exista nenhuma referência específica disponível, é possível que alguns desses estabelecimentos empregassem escravos, como no Paraná, enquanto aqueles localizados nas áreas coloniais eram provavelmente operados por trabalhadores livres.

Com relação ao emprego na agricultura, é preciso distinguir entre as áreas coloniais e as áreas de assentamento mais antigas nas quais haviam sido utilizados escravos no trabalho agrícola desde muito cedo. Embora as colônias respondessem por uma grande fração das exportações de gêneros alimentícios da província, a relativa recuperação da agricultura em comparação com a criação de gado no terceiro quarto do século não se restringiu às áreas coloniais. O cultivo do trigo foi reiniciado e recebeu incentivos do governo da província. Em 1857, o próprio governo imperial ofereceu uma bonificação àqueles que produzissem mais de cem alqueires de trigo. Segundo uma fonte, a colheita de trigo de 1858-9 alcançou 51.231 alqueires.[87] Em meados da década de 1860, de acordo com um observador local, o trigo era o principal produto cultivado em Santa Maria, município essencialmente agrícola; era também produzido "em grande escala" em Caçapava, e estava sendo "cuidadosamente desenvolvido" nos arredores de Bagé. Ainda se podia encontrar trigo em Encruzilhada e Conceição do Arroio, e até mesmo o município de Canguçu, onde predominava a criação de gado, produzia 9 mil alqueires de trigo.[88]

Dentre outras atividades econômicas não exclusivamente coloniais, havia o cultivo da cana-de-açúcar e a produção de aguardente de cana, também presentes em São Leopoldo. No início da década de 1860, a cana era plantada não somente nos municípios produtores tradicionais de Conceição do Arroio e Santo Antônio, mas também em Taquari, Porto Alegre, São Borja e São Gabriel. Em 1857 havia cerca de 261 pequenos estabelecimentos no município de Conceição, que produziam 741 pipas (355.680 litros) de aguardente de cana, 1.900 arrobas de açúcar e 121 mil unidades de rapadura. Seis anos depois, Santo Antônio continha 54 destilarias e 79 engenhocas — certamente muito pequenas, uma vez que a produção de açúcar não ultrapassava mil arrobas! Em 1870, as ex-colônias de Torres e Três Forquilhas, a essa altura habitadas sobretudo por brasileiros, exportaram respectivamente 875 arrobas de açúcar e 250 mil rapaduras. No início da década de 1870, alguma cana também era plantada em Santa Maria, mas a produção total de açúcar e derivados permanecia insuficiente para atender às necessidades da província.[89]

Alguns novos empreendimentos tiveram sucesso limitado ou fracassaram. Por exemplo, um empreendedor britânico tentou desenvolver o cultivo de algodão em larga escala nas margens da Lagoa dos Patos, depois de instalar descaroçadores de algodão e outras máquinas. As plantas cresciam mas não amadureciam, de modo que o experimento fracassou, e nem mesmo a escassez provocada pela Guerra Civil Americana ocasionou um boom do algodão no Rio Grande do Sul, como ocorrera em outras partes do país. Vinhedos foram plantados em algumas áreas, em especial na Ilha dos Marinheiros, próximo a Rio Grande, onde imigrantes portugueses produziam vinho para vender.[90] De modo geral, as técnicas agrícolas haviam melhorado muito pouco,[91] e a produção de frutas e de gêneros alimentícios continuava a ser realizada para consumo próprio, ou para o mercado local em roças de chácaras e estâncias em diversas regiões da província. Não havia surgido nenhuma produção agrícola que pudesse ter levado a uma intensificação da escravidão. Conforme observado em um relatório do início da década de 1870, a pecuária tendia a inibir o desenvolvimento da agricultura em muitos municípios. Portanto, a agricultura de orientação comercial como atividade econômica predominante permaneceu geograficamente restrita às áreas coloniais a norte e a oeste de Porto Alegre e às comarcas da capital, de Rio Pardo e de Caçapava, que incluíam alguns importantes municípios agrícolas. Ao sul, a serra dos Tapes, onde estava localizada a colônia de São Lourenço, também constituía uma área agrícola importante, que fornecia grãos e legumes para Pelotas e Rio Grande.[92] Na maioria dos casos, porém, a criação de gado também podia ser encontrada em grande parte dos municípios da província, de modo que é imprecisa a identificação dessas localidades exclusivamente com a agricultura.

Nesse contexto, os dados demográficos muitas vezes não bastam para permitir inferências quanto à distribuição ocupacional dos escravos nos municípios "agrícolas". Aparentemente, os escravos continuavam a ser empregados em maior ou menor medida nos estabelecimentos agrícolas, e observações relativas a 1871 confirmam sua presença nas chácaras dos arredores dos centros urbanos mais importantes do Rio Grande do Sul.[93] O município de Santa Maria da Boca do Monte permaneceu quase exclusivamente agrícola e comercial durante a década de 1860 e no início dos anos 1870. Caso os dados disponíveis estejam corretos, a participação dos escravos na população total do município caiu de 18,9% em 1858 para 15,2% em 1872. O município de Porto Alegre agrupava todo tipo de atividade, uma vez que incluía a capital da província. Em 1872, sua população alcançava 43.998 habitantes, dos quais 8.155 (ou 18,5%) eram escravos. No entanto, apenas 24.794 pessoas viviam em freguesias urbanas, de modo que muitos dos habitantes remanescentes, incluindo alguns milhares de escravos, certamente trabalhavam na agricultura e na criação de gado na zona rural. Dados estatísticos anteriores sobre municípios classificados como "essencialmente agrícolas" durante os anos 1860 não mostram uma concentração de escravos muito diferente daquela observada para municípios de criação de gado. Os números disponíveis relativos a 1858 indicam que, em Conceição do Arroio e Taquari, a participação de escravos na população total alcançava respectivamente 23,9% e 27,1%. Em Santo Antônio, Cachoeira, Caçapava e Piratini, dedicados tanto à agricultura quanto à pecuária, aquela participação variava de 20% até um máximo de 36,1%. Assim, era apenas nas áreas coloniais que o trabalho agrícola podia ser quase exclusivamente identificado com o trabalho livre, embora no início da década de 1870 o trabalho escravo estivesse declinando em termos relativos nos municípios agrícolas mais antigos.[94]

A população colonial, incluindo tanto estrangeiros quanto seus descendentes, cresceu de forma notável durante o terceiro quarto do século XIX. A tabela 6 é uma tentativa de recapitular a evolução da população total das principais colônias alemãs de 1850 até meados da década de 1870, incluindo aquelas que foram "emancipadas" durante o período. A tabela mostra que, de pouco menos de 11 mil pessoas em 1850, em sua maioria concentradas em São Leopoldo, a população colonial aumentou para aproximadamente 20.400 indivíduos em 1859 e para cerca de 50 mil em 1873-4, incluindo o recém-criado município de São Leopoldo. Já foi visto antes que a imigração alemã para a província havia começado principalmente como resultado da iniciativa do governo imperial. Esses novos desdobramentos resultaram de iniciativas públicas e também privadas para promover a imigração. A Lei de Terras de 1850 proibiu doações gratuitas de terras no Império, mas em 1854 o governo da província estabeleceu uma série de regras para ajudar os imigrantes que chegavam ao Rio Grande do Sul. A presidência da província garantia o direito de compra de um lote de terra destinado à agricultura por imigrantes de qualquer nacionalidade. Uma vez que chegavam à província, o governo garantia o transporte gratuito dos imigrantes até seu destino, dando-lhes ainda mantimentos e um subsídio para sua instalação em lotes familiares comprados em condições relativamente favoráveis.[95] Vários indivíduos, seguindo mais ou menos a política geral da província com relação aos preços da terra, períodos de pagamento etc., também fundaram colônias — muitas das quais foram bem-sucedidas, em especial Mundo Novo —, embora nem sempre fossem investimentos rentáveis para seus fundadores. Em contraste, a maioria dos colonos conseguia pagar suas prestações e tornar-se proprietária da terra que cultivava, mesmo no caso de colônias particulares.[96]

Os colonos que chegavam ao Rio Grande do Sul não eram apenas alemães, e tampouco todas as colônias foram bem-sucedidas. A colônia de Dom Pedro II, fundada perto de Pelotas na década de 1850 com cerca de trezentos "súditos britânicos", contava apenas cinco famílias em meados da década de 1860, e seu fracasso foi atribuído principalmente à má qualidade da terra. O isolamento e os altos custos de transporte parecem ter estado na origem do fracasso das colônias oficiais de São Francisco de Assis e São Nicolau, fundadas em uma região central desocupada da província.[97] No que diz respeito às nacionalidades, muitas das colônias remanescentes que sobreviveram e prosperaram receberam pequenos contingentes de suíços, franceses e belgas. No entanto, os alemães e seus descendentes predominavam tanto nos núcleos mais antigos quanto nas colônias recém-fundadas. A proibição de imigração da Prússia para o Brasil, decretada em 1859 pelo governo daquele país como resultado dos abusos verificados nas colônias de parceria de São Paulo, teve um efeito quantitativo nas entradas, embora alemães de outras regiões continuassem a chegar à província. Na década de 1860, o governo central ofereceu grandes vantagens para a imigração de "norte-americanos" para as províncias brasileiras, mas a maioria dos enviados para o Rio Grande do Sul não prosperou.[98]

Referindo-se às características dos principais grupos de imigrantes por volta de 1870, o inspetor das colônias atribuiu o sucesso dos alemães a seu trabalho persistente em

> pequenas fazendas que [tinham] orgulho de chamar de suas, coisa que jamais poderiam fazer na Alemanha. Os suíços [eram considerados] [...] sob todos os aspectos tão bons quanto os alemães [...] Os portugueses [se mostravam] um povo sóbrio e trabalhador, apreciador da agricultura e do trabalho nos vinhedos [...] Em Serra dos Quevedos, perto de Camaquã [...] uma próspera comunidade portuguesa se fazia notar por suas belas colheitas, sua indústria de fiação e tecelagem, e seus hábitos ordeiros.[99]

A tendência anterior de formação de uma classe de pequenos proprietários foi muito fortalecida pela fundação de novas colônias agrícolas, que se espalharam por uma ampla área geográfica. A maioria das comunidades conservava muitos de seus costumes europeus, inclusive a língua. Isso era tão verdade que, entre 1867 e 1871, dois observadores que visitaram São Leopoldo notaram que escravos que ali viviam muitas vezes falavam apenas alemão![100] Nessa época, a maior parte das famílias continuava a depender exclusivamente do seu próprio trabalho, enquanto o acesso comparativamente fácil à terra tendia a impedir a formação de uma classe de assalariados sem terra nas áreas coloniais. Uma descrição do início da década de 1870 do trabalho dos colonos nos campos mostra sua adaptação às condições locais: tanto homens quanto mulheres foram vistos "ocupados com seu trabalho diário nos campos, que durava dez horas. As horas habituais de trabalho [eram] de seis às onze da manhã, e de duas às sete da tarde, evitando-se assim o calor intenso de meados do dia". Como mais tarde no caso de São Paulo, as mulheres europeias não hesitavam em realizar o trabalho nos campos, enquanto a maioria das mulheres brasileiras que viviam na zona rural — à exceção das índias no início do século XIX — abstinha-se do trabalho regular nas tarefas agrícolas.[101] Porém, embora muitos alemães tenham tendido a prosperar, um funcionário público da época criticou seu "hábito rotineiro que [os]

TABELA 6 — POPULAÇÃO DE ALGUMAS DAS PRINCIPAIS COLÔNIAS PREDOMINANTEMENTE ALEMÃS DO RIO GRANDE DO SUL, 1850-75

	SÃO LEOPOLDO	TORRES	TRÊS FORQUILHAS	SANTA CRUZ	MUNDO NOVO	SANTA MARIA DA SOLEDADE	NOVA PETRÓPOLIS	SANTO ÂNGELO	SÃO LOURENÇO	CONVENTOS	DIVERSAS COLÔNIAS
1850	9.678		605	62	400						
1851	10.279	567		175							
1852				254							
1853				692							
1854	11.172			891							
1855				1.022	600						
1856				1.451							
1857								126			
1858			444	2.221			273	209			
1859	15.295	461		2.723	1.000	1.240	312	394	203	188	528[c]
1860				2.866		1.316	497	432	213	231	
1861				3.381			564	467	431	309	
1862	20.762			3.367			681	559		332	
1863-4		500		3.915	1.200	1.483	733	626	1.003	386	
1865							916	786	1.482	450	
1866				4.794			991		1.637		
1867-9		511	700	5.379[b]	*c.* 1.500			825			560[d]
1870				5.425			1.227	1.338	3.280	700	
1871											
1872	30.860[a]			6.928[b]			1.238	1.619			
1873-4						1.940	1.286	1.862			
1875							1.469	2.048	5.130		

FONTES: Para 1850-8: Abreu e Silva, op. cit., pp. 89-132, e Mulhall, op. cit., pp. 123, 134 e 138; para 1859: "Report [...] Trade [...] of Rio Grande do Sul [...] 1860 [...] Consul Vereker", em *PP 1862*, v. 58, p. 229 (baseado em dados oficiais); para 1860-6: Abreu e Silva, op. cit., pp. 89-132; para 1863-4: Araújo e Silva, op. cit., pp. 11, 28, 64-5, 157, 159, 161, 171 e 174; para 1867-9: Mulhall, op. cit., pp. 130-8; para 1870-5: Abreu e Silva, op. cit., pp. 89-132; para o censo de 1872 e 1873-4: Ottoni, *Memória justificativa*, op. cit., pp. 238-9.

[a] População do município.
[b] Santa Cruz e Monte Alverne.
[c] Inclui Mariante, Estrela, Dom Pedro II e Santa Maria da Boca do Monte.
[d] Maratá.

tornava avessos a qualquer mudança, como métodos aperfeiçoados de agricultura ou o uso de máquinas".[102] Com efeito, eles logo adotaram a prática da queimada, e raramente usavam adubo. No entanto, o uso de arados simples e o plantio de novos produtos já constituíam inovações em relação à maioria das outras regiões brasileiras.

A diversificação agrícola das colônias e seu comparativo isolamento favoreciam o processamento de alguns de seus produtos agrícolas in loco. Contudo, suas atividades "industriais" não se limitaram ao processamento de alimentos.[103] A tabela 7 lista aproximadamente o número de artesãos ou oficinas em algumas das principais colônias alemãs para diversos anos.

Embora fique claro que a agricultura constituía a atividade econômica básica das colônias alemãs no terceiro quarto do século XIX, já que a maioria dos colonos e de seus descendentes trabalhava de forma autônoma em suas próprias terras, a produção artesanal com fins comerciais não deveria ser subestimada.[104] O comércio também levou ao surgimento de comerciantes ricos, e em 1871 já havia na cidade de São Leopoldo pelo menos três residentes "com patrimônio superior a 20 mil libras esterlinas". A conclusão da ferrovia até Porto Alegre, no início da década de 1870, estimularia ainda mais as produções industrial e agrícola, bem como a atividade comercial da região.[105]

Em 1872, também já era possível encontrar muitos estrangeiros em atividades urbanas e de serviços nas áreas não coloniais. Naquele ano, o censo listou mais de 36 mil estrangeiros livres no Rio Grande do Sul, número que ultrapassa bastante o total de 21.671 colonos que entraram oficialmente na província entre 1824 e 1871.[106] No final da década de 1850, embora alguns portugueses tenham se orientado para a agricultura, como já foi visto anteriormente, observou-se que muitos dos imigrantes de Portugal consistiam em "caixeiros, comerciantes e outras pessoas que muito cedo [misturaram-se] à população em geral". Com relação às estatísticas globais sobre estabelecimentos comerciais e industriais, a importância dos estrangeiros é notável. Em 1854-5, havia na província 3.342 casas comerciais e oficinas sujeitas a impostos, das quais 52,3% pertenciam a estrangeiros. Em 1864-5, em um total de 3.806 estabelecimentos que efetivamente pagavam impostos (excluindo 215 isentos), 2.186 (57,4%) eram de propriedade de estrangeiros; os portugueses representavam 26,1% do total, e as outras nacionalidades, 31,3%.[107] Na maioria dos ofícios e atividades de serviços, a importância crescente dos estrangeiros e dos brasileiros livres, por oposição aos escravos, também é corrobo-

TABELA 7 — ATIVIDADES ARTESANAIS E "INDUSTRIAIS" EM ALGUMAS COLÔNIAS ALEMÃS DO RIO GRANDE DO SUL, 1862-6

Ocupações e estabelecimentos	Estrela 1862	Nova Petrópolis *c.* 1862	Três Forquilhas 1866	Torres 1866	Santa Cruz 1866	Mundo Novo 1866	Santo Ângelo 1866	Maratá 1866
Atafonas (moinhos de mandioca)	1		28	31	2	2		2
Engenhos e destilarias de açúcar			8	29	11			3
Moinhos ou prensas de óleo		2		2	5	20	6	6
Moinhos de grãos	3		10		11			
Cervejarias			1			1		1
Curtumes		1	8	1	5	4	2	
Teares					56			
Serrarias						2		
Tecelões		11						
Sapateiros	2	3	5	3	47	11	5	2
Carpinteiros e marceneiros	4	12	3	3	51	3	19	3
Fabricantes de carroças					2	3	4	
Ferreiros		5		5	11	7	2	
Lapidadores e pedreiros		2			41	1	5	
Alfaiates		6			26	6	2	3
Chapeleiros						1		
Seleiros							1	
Construtores de barcos			3					

FONTES: Para Estrela e Nova Petrópolis, ver Araújo e Silva, op. cit., pp. 35 e 65; para as outras colônias, ver Mulhall, op. cit., pp. 130-2, 134-6 e 138-9. Os números apresentados por este último autor referem-se aparentemente a 1866, mas podem ter se referido, em alguns casos, a alguns anos antes. O número de teares em Santa Cruz refere-se a 1865, e foi tirado de Petry, *História da colonização alemã*, p. 27.

rada pela evidência disponível. Isso era claramente verdadeiro, por exemplo, no caso da navegação portuária e fluvial.[108]

O relativo declínio da importância da escravidão, porém, era mais patente nos ofícios do que em outras atividades urbanas. Assim, em 1871, "os vendedores do mercado de Rio Grande" ainda eram descritos principalmente como sendo "de cor e uma idosa [dedicada ao comércio era] supostamente proprietária de seis escravos de sua própria cor". Porto Alegre, Rio Grande e Pelotas continuavam a abrigar alguns milhares de domésticos, e o trabalho nas atividades portuárias, nos transportes e em outras tarefas que exigiam força física ainda empregava diversos escravos.[109] Com relação às atividades artesanais, no entanto, embora o número de 316 escravos fornecido pelo censo de 1872 para a província toda esteja provavelmente subestimado, dois importantes relatórios consulares sobre Porto Alegre e Rio Grande em 1870 fornecem informações detalhadas que confirmam a predominância de estrangeiros nessas atividades nas cidades maiores, e não apenas nas colônias.[110] Esses relatórios discordam sobre as condições da classe trabalhadora urbana na época, aparentemente muito melhores em Porto Alegre, conforme sugerido pelos salários médios e pelos indicadores do custo de vida computados pelos dois informantes. Com efeito, o vice-cônsul britânico em Porto Alegre concluiu que os artesãos dessa cidade tinham condições de vida possivelmente melhores do que pessoas nas mesmas ocupações na Inglaterra e na maioria dos países![111] Por fim, no que diz respeito às atividades industriais nas cidades, não existiam trabalhadores de fábrica propriamente ditos até 1874, quando a primeira grande fábrica mecanizada de tecidos da província foi criada exclusivamente com trabalhadores livres. No entanto, no início da década de 1870, além dos estabelecimentos de processamento de couro e alimentos, havia diversas grandes oficinas, muitas vezes fundadas por estrangeiros ou seus descendentes, algumas das quais acabaram se transformando em fábricas e produzindo, entre outros artigos, implementos agrícolas. Essas oficinas não estavam localizadas apenas nas maiores cidades da província. Mesmo municípios como Santa Maria e Uruguaiana, que não continham colônias, contavam alguns artesãos e estabelecimentos comerciais e industriais.[112]

É possível agora tentar resumir a situação do Rio Grande do Sul com relação ao trabalho no final do terceiro quarto do século XIX. Em primeiro lugar, no que se refere à pecuária, ainda a mais importante atividade econômica da província, pode-se dizer que fazia muito tempo que havia trabalhadores livres assalariados no setor, de forma que os escravos não eram, de modo algum, essenciais em tal atividade. Muitos escravos empregados nas estâncias gozavam de uma situação particular, que tendia a tornar relativamente fácil a sua incorporação ao grupo dos pobres livres, uma vez que viviam em condições materiais semelhantes e que era necessária apenas uma mudança legal de status civil. Os escravos empregados na agricultura possivelmente tinham condições de trabalho mais árduas, mas sua importância econômica tendeu a declinar devido à proliferação de colônias em diversos municípios, levando a uma produção de gêneros alimentícios muito superior às necessidades locais. Nas cidades, em parte como resultado da Guerra do Paraguai, que drenou os escravos de algumas profissões, bem como do afluxo de estrangeiros, a substituição dos escravos por homens livres na maioria das atividades já estava bem adiantada em 1875. Somente no serviço doméstico e nas charqueadas os escravos ainda estavam associados a uma atividade específica. Os proprietários das charqueadas, alguns dos quais tinham "um patrimônio de 100 mil libras esterlinas ou mais", e cuja fortuna consistia em grande parte nos escravos que possuíam,[113] ainda não haviam aderido à ideia de transformar seus estabelecimentos em empreendimentos inteiramente capitalistas com trabalho assalariado. O período de 1875-85 traria diversas transformações que levariam a um declínio acentuado da escravidão na província.

8.4. A ABOLIÇÃO GRADUAL DA ESCRAVIDÃO NO RIO GRANDE DO SUL, A IMIGRAÇÃO ITALIANA E A TRANSIÇÃO DEFINITIVA PARA O TRABALHO LIVRE, 1872-1900

Durante as décadas de 1870 e 1880, a economia doméstica do Rio Grande do Sul — e, consequentemente, as oportunidades de emprego — tornaram-se menos dependentes da pecuária à medida que a agricultura continuava a crescer nas áreas coloniais, que se construíam fábricas e ferrovias e que as atividades urbanas e de serviços se expandiam. No entanto, seu setor exportador permanecia em grande medida subsidiário da economia de grandes plantações de outras regiões do Brasil. Enquanto o charque rio-grandense continuava a competir no mercado brasileiro com o do Rio da Prata, o feijão, a farinha de mandioca e a banha produzidos nas áreas coloniais encontravam mercados em expansão em outras províncias. As exportações para o exterior ainda consistiam basicamente em couros e outros subprodutos da pecuária e em fumo, enquanto o mate teve uma perda considerável de importância, possivelmente como resultado de um crescente consumo doméstico. Apesar dos aumentos no volume físico dos vários produtos de exportação, os números disponíveis indicam que o valor em libras esterlinas das exportações marítimas totais do Rio Grande do Sul para outras províncias e para o exterior estagnou durante o período, alcançando um máximo por volta de 1877-8.[114] Isso se deveu a diversas causas, incluindo um declínio significativo do preço dos couros nos mercados internacionais, além da forte competição das repúblicas do Rio da Prata.[115] Como não foram estabelecidas ligações ferroviárias com outras províncias do Brasil, as exportações interprovinciais por terra permaneceram limitadas às tradicionais exportações de animais em pé, que também não exibiram crescimento devido à competição de outras províncias e ao declínio da feira de muares de Sorocaba.[116] Nesse contexto, na década de 1880, o comércio de exportação rio-grandense continuava muito dependente dos produtos das charqueadas, que ainda representavam mais de 70% do valor total das exportações (ver tabela 8). Essa situação era fonte de considerável preocupação quanto ao futuro da província, uma vez que se pensava que o charque era um produto tipicamente consumido por escravos, e que a abolição da escravidão conduziria à falência da maioria das charqueadas, já que estas não conseguiriam mais vender seu principal produto.[117]

TABELA 8 — EXPORTAÇÕES TOTAIS DO RIO GRANDE DO SUL E EXPORTAÇÕES APARENTES DE SUBPRODUTOS DA PECUÁRIA, 1860-1 E 1870-1900 (EM CONTOS DE RÉIS)

ANO	EXPORTAÇÕES TOTAIS (EM CONTOS DE RÉIS)	EXPORTAÇÕES DE SUBPRODUTOS DA PECUÁRIA[a] (EM CONTOS DE RÉIS)	SUBPRODUTOS DA PECUÁRIA (EM %) EXPORTAÇÕES TOTAIS
1860-1	15.723,3	13.382,9	85,1
1870-1	18.342,7		
1871-2	19.115,0		
1872-3	20.195,0		
1873-4	16.218,7		
1874-5	15.507,1		
1875-6	14.928,2		

1876-7	15.203,2		
1877-8	20.686,6	15.763,8	76,2
1878-9	20.536,8		
1879-80	18.969,0		
1880-1	18.058,9		
1881-2	16.462,9		
1882-3	16.892,9		
1883-4	18.046,6	13.873,9	76,8
1884-5	18.351,0	14.454,6	78,8
1885-6	18.263,3	13.226,5	73,4
1886-7	19.533,3	15.720,8	81,3
1887 (2º semestre)	5.401,1		
1888	13.552,1		
1889	18.240,6		
1890	17.266,7	10.786,6	62,5
1891	27.469,4	15.564,1	56,7
1892	39.823,8	22.694,4	57,0
1893	40.670,1	22.026,8	54,2
1894	40.873,2	20.208,7	49,4
1895	41.474,8	18.408,1	44,4
1896	41.587,9	17.190,9	41,3
1897	52.936,2	28.584,8	54,0
1898	62.583,1	37.827,2	60,4
1899	58.096,8	31.277,1	53,8
1900	50.034,2	31.286,0	62,5

FONTES: Para 1860-1: "Report [...] Trade [...] Rio Grande do Sul [...] 1861 [...] Consul Vereker", em *PP 1863*, v. 70, pp. 42-3; exportações de produtos derivados da pecuária em 1877-8: "Report [...] Trade [...] Rio Grande do Sul [...] 1878 [...] Consul Gollan", em *PP 1878-9*, v. 71, parte IV, p. 1181 (os dados eram "não oficiais"); exportações de produtos derivados da pecuária de 1883-4 a 1886-7: J. P. Wileman, *Brazilian Exchange* (Buenos Aires: Galli Bros, 1896, p. 106) (os dados foram corrigidos para os anos fiscais apropriados); exportações de produtos derivados da pecuária em 1890-4: computados a partir de dados desagregados em L. L. Flores, *Apontamentos históricos, corográficos e estatísticos para relatório consular* (Lisboa: Casa Editora Antonio Maria Pereira, 1898, p. 23); exportações de produtos derivados da pecuária em 1895-6: computados de dados desagregados em Gustav Koenigswald, *Rio Grande do Sul* (São

Paulo: Edição do autor [1898?], pp. 94-5); exportações de produtos derivados da pecuária em 1897-1900: E. Ciapelli, "Lo Stato di Rio Grande del Sud", *Bolletino dell'Emigrazione, Anno 1905*, n. 12, p. 21; exportações totais de 1870-1 até 1880-1, e para o período de 1890-1900: Abreu e Silva, op. cit., p. 324; de 1881-2 até 1889: A. Porto, *O trabalho alemão no Rio Grande do Sul* (Porto Alegre: Estabelecimento Gráfico Santa Terezinha, 1934).

[a] Para uma definição de "subprodutos da pecuária", ver nota 61 deste capítulo. Os números não incluem as exportações de gado em pé por terra.

Ao final dos anos 1870, estimava-se que a província tinha aproximadamente 7 milhões de cabeças de gado, e que mais de 430 mil cabeças eram abatidas a cada ano em Pelotas em cerca de trinta charqueadas.[118] O final da década de 1870 e início dos anos 1880 foram caracterizados por um crescente conflito de interesses entre charqueadores e estancieiros, quando estes últimos, por motivos de localização, muitas vezes consideravam mais vantajoso enviar seu gado para *saladeros* do Uruguai, ou chegavam até a se mudar para o país vizinho.[119] Porém, as raízes do problema enfrentado pelas charqueadas de Pelotas que dependiam do trabalho escravo eram de natureza bastante diversa, e foram adequadamente enumeradas por um viajante francês, cujos comentários confirmam observações anteriores sobre a situação do setor. Baseadas em trabalho escravo, as charqueadas do Rio Grande do Sul apresentavam elementos de desperdício e ineficiência que não caracterizavam os *saladeros* das repúblicas platinas vizinhas, que operavam com trabalhadores livres. Conforme observado em um estudo clássico, "o charqueador gaúcho, comprando escravos, comprava força de trabalho que excedia às necessidades da produção. Por isso, a capacidade ociosa de produção de seus estabelecimentos era uma constante". Enquanto no Rio da Prata os trabalhadores livres podiam ser contratados apenas pelo período da safra, os escravos precisavam ser alimentados, alojados e vigiados durante o ano inteiro, o que também dava origem a um grupo de trabalhadores "parasitas" ocupados com sua supervisão. Portanto, havia "limites ao processo de racionalização da produção e à calculabilidade econômica", e isso se tornava "um obstáculo fundamental" para o pleno desenvolvimento do capitalismo.[120] Segundo o mesmo viajante francês, por volta de 1879, uma charqueada com 180 escravos e dez trabalhadores livres abatia, em média, de duzentas a 250 cabeças de gado por dia, e muitas vezes menos. Um *saladero* com 180 trabalhadores livres abatia e preparava de seiscentos a oitocentos animais. "Enquanto um escravo preparava de dois a três animais por dia, um trabalhador livre [do Rio da Prata] preparava de quatro a cinco."[121] O mesmo autor avaliou que as "boas" charqueadas tinham de sessenta a noventa escravos. Caso se aceite o número aproximado de trinta estabelecimentos, as charqueadas de Pelotas teriam abrigado, portanto, de 1.800 a 2.700 escravos em 1879-80.

A situação comercial desfavorável do início da década de 1880 agravou a situação desses estabelecimentos. Em 1882, alguns deles aparentemente foram à falência, e em determinado momento do ano "somente sete de mais ou menos trinta" charqueadas estavam funcionando. Segundo um estudo já citado, alguns charqueadores tentaram começar a usar trabalhadores livres, enquanto em pelo menos um estabelecimento tentou-se pagar salários aos escravos — salários estes que dependiam de ser ultrapassada uma determinada produção média. No entanto, as tentativas de atrair imigrantes e brasileiros livres para trabalhar junto com os escravos nas mesmas tarefas parecem ter sido malsucedidas, de forma que, em 1884, as charqueadas ainda continuavam a operar com mão de obra escrava.[122] Assim, as dificuldades que supostamente as charqueadas precisariam potencialmente enfrentar no caso de uma abolição definitiva da escravidão incluíam não somente uma provável impossibilidade de vender seus produtos, mas também um problema de mão de obra que poderia impedi-las de continuar em funcionamento.

Na verdade, a transição para o trabalho livre teve efeitos muito menos negativos do que se poderia ter esperado, tendo em vista o grande número absoluto de escravos que permaneciam na província no início da década de 1870 e sua importância ainda considerável nas charqueadas. Isso se deveu a desdobramentos da questão da escravidão específicos ao Rio Grande do Sul. Segundo um autor, durante a década de 1870 e início dos anos 1880, essa província meridional foi a maior exportadora de escravos para outras províncias.[123] No início de 1884, apesar da diminuição do contingente de escravos da província resultante da Lei do Ventre Livre, das alforrias e de eventuais exportações, o Rio Grande do Sul ainda abrigava cerca de 60 mil escravos. Em anos anteriores, observara-se um crescente sentimento de oposição à escravidão, e isso era um reflexo do relativo declínio da participação dos escravos em diversas atividades econômicas da província, para a qual imigrantes estrangeiros continuavam a afluir.[124] Com efeito, a população das áreas coloniais estava aumentando rapidamente. As novas colônias oficiais, fundadas por volta de 1874 (ou consolidadas com outras perto dessa data) e formadas principalmente por italianos, incluíam cerca de 40 mil pessoas por volta de 1885.

Conde d'Eu (depois Garibaldi) e Dona Isabel (depois Bento Gonçalves) tinham 21.135 habitantes; Caxias contava 14.281 pessoas, e Silveira Martins, 5.909. Nessa época, os distritos coloniais alemães mais antigos continuavam a crescer, e ambas as áreas coloniais formavam um grande grupo de pequenos proprietários, que ainda cultivavam suas terras sobretudo com a força de trabalho de suas famílias.[125] Cabe notar que essas colônias oficiais predominantemente italianas, assim como aquelas fundadas na década seguinte, estavam localizadas em áreas mais distantes do que os núcleos alemães, de modo que seus produtos nem sempre podiam ser comercializados de forma lucrativa. No entanto, essas colônias também contribuíram de forma significativa para aumentos substanciais da produção comercializável de gêneros alimentícios na província, levando a um declínio ainda maior da importância relativa dos escravos ainda ocupados na produção de alimentos nos municípios mais antigos.

Em 1884, enquanto mais de 11.600 imigrantes haviam entrado oficialmente no Rio Grande do Sul durante os três anos anteriores (ver tabela 3), a escravidão foi totalmente abolida no Ceará, fortalecendo os abolicionistas de todo o país. Já prevendo a abolição definitiva no Rio Grande do Sul em um futuro próximo, alguns dos senhores de escravos da província adotaram uma "solução de compromisso astuta", a manumissão por contrato, segundo a qual os senhores de escravos "mantinham uma força de trabalho não remunerada durante um período de tempo predeterminado, enquanto davam a seus escravos um incentivo para trabalhar". Essa prática espalhou-se de tal modo que, "em questão de meses, [cerca de] dois terços dos 60 mil escravos da [...] província receberam o status de livres, mas a maioria ficou obrigada [a servir] [...] por períodos de um a sete anos".[126] Conforme observado em trabalho de um autor norte-americano, ao agir espontaneamente dessa forma os senhores de escravos acreditavam estar se protegendo "de uma abolição em futuro imediato, esperando que o contrato de trabalho [resultante da manumissão por contrato voluntária] permanecesse válido após o fim da escravidão".[127] Contudo, houve também um "genuíno idealismo antiescravidão", de modo que, "em questão de dias, cerca de 2 mil escravos foram libertados em Porto Alegre [até 28 de setembro de 1884] [...] onze cidades maiores, dezessete cidades pequenas e seis municípios [da província] [...] foram declarados livres". O movimento abolicionista acabou alcançando Pelotas, onde os escravos foram libertados em outubro. Segundo o presidente da província — que louvou o "sacrifício" dos senhores de escravos —, dentre os 5 mil escravos libertados no município, cerca de 2 mil eram domésticos ou trabalhadores portuários, mil estavam empregados na agricultura e os outros 2 mil trabalhavam nas charqueadas.[128] O fato de todos os charqueadores terem aceitado libertar seus escravos sugere que eles estavam se tornando conscientes da necessidade de mudar a organização do trabalho em seu setor de atividade.

Embora, como resultado da manumissão por contrato, alguns grandes charqueadores proprietários de escravos tenham perdido uma parte substancial de seu capital total investido, a indústria do charque sobreviveu ao período de transição do trabalho escravo para o trabalho livre. Na verdade, os números disponíveis mostram que a média das exportações físicas de charque não declinou com relação ao início da década de 1880, indicando que sua produção não caiu e que muitos ex-escravos continuaram a trabalhar nas charqueadas. Essa também parece ter sido a experiência de outros setores que utilizavam escravos com menor intensidade.[129] Em 1885, após as numerosas manumissões por contrato do ano anterior terem reduzido seu ritmo, o cônsul britânico observou que "a crise do trabalho [estava] passando rapidamente", e que estava se verificando que "o trabalho livre [permitia aos] empregadores competir de forma favorável com os empregadores de trabalho escravo". Em meados daquele ano, o número total de escravos ainda matriculados foi avaliado em 27.242.[130] As manumissões prosseguiram em ritmo mais lento durante os dois anos seguintes, visto que muitos dos escravos remanescentes se espalhavam pela zona rural ou por pequenos centros urbanos do interior da província. Em dezembro de 1887, ainda era possível encontrar escravos domésticos em estâncias em áreas de pecuária distantes, como aquelas localizadas entre Uruguaiana e Itaqui. No mesmo ano, porém, o número total de escravos matriculados havia caído para 8.442, ou cerca de 1% da população total.[131] Portanto, quando foi decretada a Abolição, a escravidão havia praticamente deixado de existir no Rio Grande do Sul, e a maioria dos ex-escravos já estava empregada em diversas atividades. A lei de 13 de maio de 1888 não continha cláusulas sobre manumissões por contrato, de modo que todas as obrigações decorrentes desses arranjos cessaram por completo.

Diante do caráter gradual da abolição ocorrida no Rio Grande do Sul, suas consequências econômicas negativas foram minimizadas, limitando-se principalmente a uma redução do patrimônio dos senhores de escravos. Com efeito, a evolução da produção do estado não parece ter sido afetada por problemas de mão de obra — embora o comércio tenha sofrido algumas mudanças estruturais durante a década de 1890, à medida que a importância relativa dos subprodutos da pecuária diminuiu, conforme mostra a tabela 8. Pelo contrário, o volume de exportações físicas de diversos produtos aumentou entre meados da década de 1880 e início dos anos 1890.

No entanto, a economia do estado foi afetada por fatores exógenos. O setor da pecuária sofreu sérias perturbações durante a guerra civil de 1893-5, a Revolução Federalista, que resultou em numerosas matanças de animais, na destruição de cercas e até mesmo de ferrovias. Depois disso, a recuperação foi lenta, afetando também as charqueadas.[132] Embora a colônia italiana de Caxias tenha sido atacada por tropas insurgentes e sofrido estragos notáveis, as áreas coloniais como um todo se beneficiaram da revolução (pelo menos temporariamente), já que esta resultou no aumento do preço de seus produtos. A presença de numerosas tropas federais exigia uma grande oferta de gêneros alimentícios, demanda que vinha se somar à de outras províncias, levando a preços elevados, abundância de numerário e uma expansão adicional do cultivo. No final da década de 1890, porém, as colônias agrícolas sofreram um declínio temporário que afetou o comércio de Porto Alegre: a superprodução de café em alguns dos principais mercados para os produtos do Rio Grande do Sul, que prejudicou a rentabilidade da cafeicultura, levou a uma produção local cada vez maior de gêneros alimentícios em São Paulo, Minas Gerais etc., tendendo a frear a expansão das exportações agrícolas rio-grandenses para outros estados. Em 1900-1 houve uma séria crise comercial no estado, em parte causada pela apreciação cambial e pela contração monetária, mas nos anos seguintes da década de 1900 o comércio voltou a melhorar.[133]

Embora o valor nominal das exportações totais do Rio Grande do Sul em moeda nacional tenha aumentado significativamente na década de 1890 (ver tabela 8), o valor total de suas exportações convertidas em libras esterlinas não mostrou nenhum aumento durante o último quarto do século XIX.[134] Porém, à medida que a estrutura da economia tornou-se mais complexa, a evolução das exportações passou a ser um indicador muito menos confiável da evolução da produção e do emprego no estado. Parece haver pouca dúvida de que o produto interno bruto do Rio Grande do Sul cresceu apreciavelmente em termos reais durante o período. O desaparecimento de determinados produtos de exportação muitas vezes se deveu a um consumo doméstico crescente — como no caso específico do milho, por exemplo, que passou a ser usado para alimentar porcos, o que, por sua vez, permitiu um rápido crescimento das exportações de banha. Sobretudo nas duas últimas décadas do século, houve um significativo processo de substituição de importações que incluiu a produção de carvão, têxteis e outros produtos da indústria de transformação. A seguir, cabe fazer referência a alguns indicadores de produção, enquanto se discute de forma sucinta a evolução de alguns dos setores mais importantes e o destino dos ex-escravos no período que sucedeu à Abolição.

Em um estudo clássico, argumentou-se que nenhum grupo de novos empresários entrou no setor das charqueadas no momento da transição para o trabalho livre, e que, após a Abolição, "os charqueadores continuaram a debater-se com seus problemas crônicos, incapazes de reagir como empresários autenticamente capitalistas". Enfatizou-se ainda que, em 1889, o antiquado tipo de charque produzido no Rio Grande do Sul já não atendia às exigências dos mercados consumidores.[135] Essas alegações, válidas para determinados estabelecimentos de Pelotas, não correspondem à situação efetiva do setor das charqueadas como um todo após a Abolição, e merecem algumas qualificações. Em primeiro lugar, no que diz respeito aos empresários do setor, em 1887 já havia ocorrido a penetração tanto de capital quanto de administradores britânicos (em Paredão) e de capitalistas uruguaios (em Barra do Quaraí) com estabelecimentos modernos. O surgimento de novos empresários no setor também é sugerido pela grande capacidade e pela dispersão geográfica dos estabelecimentos de produção de charque fundados durante a década de 1890. Essa tendência foi favorecida pela expansão das ferrovias no estado, e ocorreu em detrimento de Pelotas.[136] Nesse centro, o número de estabelecimentos e a produção haviam diminuído consideravelmente na virada do século, tendo o abate passado de uma média de 360 mil cabeças no triênio 1889-90 a 1891-2 para aproximadamente 139 mil cabeças no biênio 1899-1900. De um ponto de vista setorial, porém, a Abolição não parece ter tido efeitos diretos muito negativos sobre a indústria do charque, uma vez que, no início da década de 1890, o volume das exportações de charque do estado alcançou uma média inédita desde seu pico anterior, em meados da década de 1860, visto que a média de abates alcançou cerca de 505 mil cabeças entre 1891-2 e 1893-4. O setor parece ter estagnado durante alguns anos após as perdas decorrentes da Revolução Federalista, sendo de 280 mil a média anual de cabeças abatidas no estado no biênio 1899-1900, e o total de 535 mil abates em 1893-4 só voltou a ser superado em 1905. Métodos de produção melhorados foram adotados, e uma descrição do estabelecimento britânico de Paredão pode ser favoravelmente comparada com relatos semelhantes sobre estabelecimentos do Rio da Prata. No entanto, as melhorias técnicas com relação a décadas anteriores não pouparam muita mão de obra em algumas fases do trabalho nas charqueadas, embora novos produtos, tais como o extrato de carne, fossem produzidos com máquinas modernas em Paredão.[137] Assim, as oportunidades de emprego no setor como um todo provavelmente não foram reduzidas de forma significativa, embora certamente tenham diminuído em Pelotas. Dado que os escravos das charqueadas raramente possuíam outras qualificações que não as de seu ofício, é muito provável que, depois de terem sido alforriados, vários deles tenham continuado a trabalhar nos estabelecimentos percebendo salários, conforme sugere a evolução das exportações no final da década de 1880 e início dos anos 1890. Com relação à natureza do produto, nenhuma mudança significativa foi assinalada por observadores da época. O aumento das exportações de charque e sua resistência no início da década de 1900 indicam que o produto continuou a ser consumido pelos segmentos mais pobres da população nos diversos estados do Brasil, fato confirmado ainda pelas consideráveis importações brasileiras de charque argentino e uruguaio no início da década de 1890. Quando se relembra que uma provável derrocada da indústria do charque rio-grandense fora anteriormente associada ao fim da escravidão, diante da suposta qualidade inferior do produto do Rio Grande do Sul, a manutenção do nível de consumo de charque em grande escala no país no início da década de 1900 parece indicar claramente que, pelo menos com relação à sua dieta, as classes mais baixas de alguns estados não estavam em situação muito melhor do que a dos escravos antes da Abolição.[138]

No entanto, a maioria dos imigrantes estrangeiros instalados no Rio Grande do Sul continuou a prosperar durante a década de 1890. De 1888 a 1892, antes do início da guerra civil — ou seja, a Revolução Federalista —, 63.434 novos imigrantes chegaram ao estado, muitos deles beneficiando-se das passagens gratuitas oferecidas pelo governo republicano. De 1893 a 1896, o número de entradas caiu para cerca de 9 mil, enquanto de 1897 a 1900 apenas 6.516 imigrantes entraram oficialmente no Rio Grande do Sul, dos quais dois terços eram imigrantes espontâneos. Entre 1889 e 1900, as entradas brutas teriam somado 74 mil imigrantes. Em contraste com esse total, os recenseamentos de 1890 e 1900 revelaram respectivamente 34.765 e 140.854 estrangeiros no estado, o que significaria um afluxo líquido mínimo de 106.089 estrangeiros durante a década, correspondente a 11,8% da população total recenseada em 1890. Como no caso de outros estados, não fica claro até que ponto os mesmos critérios de classificação dos estrangeiros foram usados nos dois recenseamentos. Alguns dos habitantes do estado nascidos no estrangeiro e listados como brasileiros em 1890 devido à "Grande Naturalização" podem ter sido reincorporados ao número de estrangeiros em 1900. No entanto, muitas entradas, sobretudo as de imigrantes antes entrados em outros estados ou nos países vizinhos, sem dúvida continuaram a não ser registradas nas estatísticas oficiais.

As passagens gratuitas foram mantidas especialmente até meados da década de 1890. Após 1895-6, o governo federal suspendeu seus subsídios à imigração e o governo do estado não assumiu o pagamento das passagens dos imigrantes. Uma vez no estado, porém, o governo local continuava a garantir o transporte gratuito dos imigrantes do porto de Rio Grande até os núcleos coloniais por eles escolhidos, bem como a possibilidade de adquirirem terras agrícolas, caso estivessem dispostos a desmatar a área necessária.[139] Nem todos os imigrantes se adaptaram às condições locais, embora a maioria o tenha feito; assim, cerca de 3 mil poloneses precisaram ser repatriados em 1891. Tampouco todos os núcleos coloniais prosperaram: as pequenas colônias de Vila Nova e Marquês do Herval estagnaram e se tornaram até mesmo decadentes, sobretudo por falta de meios de comunicação adequados. No entanto, a maioria das novas colônias experimentou um progresso notável, uma vez superadas as dificuldades iniciais, e as condições de vida dos imigrantes foram consideradas satisfatórias até mesmo por cônsules estrangeiros inquisitivos.[140] A tabela 9 reproduz as informações disponíveis para os anos de 1894 e 1906 sobre a população e o valor da produção total das colônias fundadas após 1874. Em meados da década de 1890, a população dessas colônias representava cerca de 10% da população total do estado. Como indicação da ordem de grandeza da produção dessas novas colônias — e sem considerar as colônias alemãs mais antigas —, em 1894 o valor de sua produção equivalia a cerca de 34,6% do valor das exportações totais do estado no ano anterior, enquanto o número equivalente para 1906 foi 55,5%, o que indica um crescimento mais rápido da produção doméstica do que do comércio do Rio Grande do Sul. O valor da produção das colônias em libras esterlinas no período de 1894 a 1906 aumentou de aproximadamente 589 mil para 2.090.000 (ou 255%), enquanto o valor das exportações do estado aumentou 89,6% no período de 1893 a 1905.[141]

Na década de 1890, as áreas coloniais do Rio Grande do Sul — tanto as novas quanto as mais antigas — respondiam pela maior parte da produção agrícola do estado. Isso, porém, não resultou em uma modernização das técnicas agrícolas muito além do uso do arado. De fato, dois observadores estrangeiros confirmaram que, entre 1895 e 1900, a agricultura dos colonos caracterizava-se pela ausência de adubagem e pela adoção generalizada da técnica tradicional da queimada, praticada em todo o país. Uma vez exaurido o solo, deixava-se que descansasse durante alguns anos após os quais se reiniciava o mesmo processo. Os observadores concluíram que isso ainda era factível devido à relativa abundância de terras.[142] Supostamente, a produtividade média por hectare de milho era de cinquenta a sessenta hectolitros; a de trigo, de trinta a quarenta hectolitros; a de feijão, de dezesseis a vinte hectolitros; a de batatas, por sua vez, era de 30 mil quilos em solos de boa qualidade. Embora a produção agrícola fosse a principal atividade econômica das novas colônias, como havia acontecido anteriormente nas colônias alemãs, também era possível encontrar, nos diferentes núcleos, diversas oficinas e artesãos.[143] Devido à localização mais distante de algumas das colônias fundadas mais recentemente, alguns de seus produtos não podiam ser exportados de forma lucrativa para as grandes cidades do estado. Esse era notadamente o caso do trigo, colhido em grandes quantidades em algumas das colônias italianas, mas que não podia competir com o produto argentino mais barato que, consequentemente, atendia à maior parte das necessidades dos moinhos de farinha de Rio Grande e Pelotas. Em contraste, a banha, o feijão e a farinha de mandioca podiam suportar altos custos de transporte, e continuavam a ser exportados em grandes quantidades, como se pode ver na tabela 10.[144] Embora seja verdade que parte dos excedentes agrícolas não podia ser encaminhada a alguns municípios do estado, várias colônias foram fundadas não apenas nos vales dos rios Jacuí, Taquari e Caí, mas também no noroeste, próximo ao rio Uruguai. Assim, em meados da década de 1890, muitos municípios que haviam utilizado escravos na agricultura até uma data bem adiantada tinham colônias em seus arredores, e estas poderiam ter compensado a redução da oferta de gêneros alimentícios caso todos os ex-escravos houvessem abandonado o trabalho agrícola.[145]

Somente nos municípios do oeste e do sul do estado, em que prevalecia a criação de gado, não foram fundados núcleos coloniais, e a agricultura não chegou a assumir alguma importância comercial. Naqueles municípios, a produção de alimentos permanecia orientada principalmente para o atendimento das necessidades locais, e a carne continuava a constituir o item básico da dieta de seus habitantes. Na virada do século, à medida que a pecuária se recuperava das importantes destruições causadas pela Revolução Federalista, municípios como Bagé, Uruguaiana, Rosário, Canguçu, Cacimbinhas, Caçapava e Dom Pedrito

TABELA 9 — POPULAÇÃO, NACIONALIDADE PREDOMINANTE E VALOR DA PRODUÇÃO EM 1894 E 1906 DAS PRINCIPAIS COLÔNIAS FUNDADAS NO RIO GRANDE DO SUL APÓS 1874

COLÔNIAS		NACIONALIDADE PREDOMINANTE	1894		1906	
			População	Valor da produção (em contos de réis)	População[a]	Valor da produção (em contos de réis)
Garibaldi		Italiana	13.054	905	14.000	1.985
Bento Gonçalves		Idem	19.863	1.275	20.727	5.899
Caxias		Idem	21.927	7.350	30.500	5.104,5
Silveira Martins		Idem	(7.704)[b]	(1.162)[c]		
Alfredo Chaves		Idem	19.449	1.720	22.707	6.225
São Marcos		Polonesa e italiana	2.568	65	3.500	120
Antônio Prado		Italiana	6.560	300	7.300	2.054,3
Mariana Pimentel		Polonesa	1.774	390,8	3.000	400
Barão do Triunfo		Italiana e alemã	2.439	627,2	2.500	300
São Feliciano		Polonesa	2.436	260,7	2.500	250
Vila Nova		Italiana e espanhola	1.532	132,5	2.129	143
Marquês do Herval		Idem	996	46,5	1.146	200
Jaguari		Italiana e brasileira	7.972	562,7	14.738	2.000
Ijuí		Italiana e alemã	6.500	300	10.500	2.000
Comandaí	Guarani	Sueca e polonesa	882	106,3	5.568	542
Uruguai			270	38,4		
Guaporé		Italiana		(658,0)[c]	22.000	4.253
Totais			108.222[d]	14.080,1[d]	162.815	31.475,8

FONTES: "Report for the Year 1894 on the Trade of Rio Grande do Sul, Consul Hearn", em *PP 1895*, v. 96, n. 1.583 A, p. 39; Ernesto Antônio Lassance Cunha, *O Rio Grande do Sul* (Rio de Janeiro: Imprensa Nacional, 1908, p. 73). Sobre Silveira Martins em 1888 e 1896 e Guaporé em 1896, ver respectivamente Abreu e Silva (op. cit., pp. 89-132) e E. Ciapelli (op. cit., pp. 61-2 e 71).

[a] Alguns dos números se referem a anos anteriores.

[b] População em 1888.

[c] Valor da produção em 1896.

[d] Exceto Silveira Martins e Guaporé.

abrigavam de 200 mil a 500 mil cabeças de gado cada um. Alegrete, Livramento, Lavras, Quaraí, São Borja, São Vicente e Passo Fundo contavam todos mais de 100 mil cabeças de gado bovino, cavalos e mulas. Na maioria desses municípios, a criação de gado bovino, equino e ovino continuava a ser a principal ocupação rural, embora a extração de mate não fosse desprezível em Passo Fundo e em outros municípios ao longo do rio Uruguai. Assim, os imigrantes estrangeiros que se dirigiam aos municípios de criação de gado eram em sua maioria comerciantes ou artesãos, de modo que seus habitantes eram essencialmente brasileiros natos.[146]

A transição definitiva para o trabalho livre nas estâncias não parece ter encontrado grandes dificuldades. Conforme já foi visto, concedeu-se a liberdade aos escravos de forma gradual, e a maioria deles foi alforriada, de forma que, dada a situação peculiar dos escravos nas estâncias de gado desde uma data remota, tudo indica que os ex-escravos em sua maioria permaneceram no setor pecuário na condição de trabalhadores assalariados. Na verdade, a coexistência de trabalhadores assalariados e escravos nessa atividade certamente auxiliou uma transição tranquila para o trabalho livre, uma vez que os ex-escravos se juntaram a um grupo já existente, em vez de formar um grupo novo.[147]

Com relação ao setor urbano, as estatísticas disponíveis sobre a distribuição da população negra em 1890 — que totalizava 77,8 mil pessoas e correspondia a 8,7% da população do estado — não apontam nenhuma concentração excepcional de negros nos municípios que continham as maiores cidades, quando comparadas a dados anteriores sobre a população escrava.

Com efeito, ao contrário do ocorrido em algumas regiões de grandes plantações em outras áreas do país, no Rio Grande do Sul o afluxo líquido de libertos para os centros urbanos aparentemente não foi importante. Isso é sugerido por relatórios consulares do início da década de 1890, que indicam ter havido uma oferta insuficiente de empregados domésticos negros em Rio Grande e Pelotas, fato que só era parcialmente explicado pelo emprego de ex-escravos em outras atividades. Em 1890, nos municípios de Porto Alegre, Pelotas, Bagé e Rio Grande, que continham as maiores populações negras em termos absolutos, o censo registrou respectivamente 6.545, 5.159, 3.024 e 2.693 negros, correspondendo a respectivamente 12,5%, 12,4%, 13,3% e 10,9% de sua população total.[148]

De fato, os estrangeiros e seus descendentes continuavam a representar uma grande fração dos lojistas, caixeiros e artesãos urbanos, mesmo em cidades que ficavam longe dos distritos coloniais. Em meados da década de 1890, alguns po-

TABELA 10 — EXPORTAÇÕES DO RIO GRANDE DO SUL DE PRODUTOS AGRÍCOLAS SELECIONADOS, MATE E BANHA, 1871-1900

ANOS	FEIJÃO		FARINHA DE MANDIOCA		FUMO		MATE		BANHA	
	Quantidade (milhares de sacos)	Valor em contos	Quantidade (milhares de sacos)	Valor em contos	Quantidade (milhares de quilos)	Valor em contos	Quantidade (milhares de arrobas)	Valor em contos	Quantidade (milhares de arrobas)	Valor em contos
1871-2	59,8	253,2	23,7	73,2	49,9	229,5	94,8	656,8	2,6	26,4
1872-3	61,0	176,1	73,8	131,3	104,8	196,0	262,4	746,1	5,8	24,5
1873-4	56,3	394,3	127,2	264,7	49,7	286,4	167,2	443,3	11,5	110,3
1874-5	81,6	512,0	118,1	304,1	66,9	325,2	200,3	559,4	5,6	54,0
1875-6	128,9	639,5	31,9	105,3	98,3	387,9	122,9	300,4	9,5	80,9
1876-7	112,8	480,5	29,5	104,9	102,3	342,2	117,6	269,9	10,7	87,9
1877-8	123,1	1.156,2	236,0	1.275,4	91,0	347,6	180,9	417,8	0,8	8,4
1878-9	90,6	624,6	412,3	1.701,0	104,5	331,9	133,0	334,8	4,5	37,1
1879-80	156,3	597,8	319,8	537,2	137,0	421,5	107,9	291,6	6,9	48,6
1880-1	99,9	654,2	154,4	321,7	44,9	118,9	74,1	191,3	12,6	66,4
1881-2	182,4	761,0	448,5	s/d	148,1	559,8	86,2	218,5	28,2	197,0
1882-3	312,3	1.096,8	204,7	545,3	120,5	318,6	101,1	246,5	30,6	303,0
1883-4	293,9	1.079,5	292,4	478,2	123,4	309,3	88,1	229,3	41,7	394,0
1884-5	277,1	1.004,8	211,1	408,4	109,4	286,5	52,7	126,9	65,0	480,7

1885-6	317,0	1.460,3	347,3	637,4	139,9	313,6	39,4	97,8	84,5	585,8
1886-7	210,3	584,5	167,0	284,9	185,6	522,4	44,0	102,9	93,6	563,4
1887 (2º semestre)	69,4	185,0	90,5	151,9	153,5	369,3	36,9	72,9	49,5	320,0
1888	172,7	684,3	435,7	548,2	121,5	274,6	83,3	146,9	139,1	727,2
1889	212,5	1.562,2	776,3	2.492,2	179,5	405,0	102,3	180,2	224,9	2.224,3
1890	238,7	1.583,1	282,2	1.717,4	150,4	384,5	68,6	168,3	183,7	1.992,7
1891	367,8	1.995,8	379,2	1.375,5	96,5	578,5	61,6	168,4	435,1	3.175,3
1892	409,5	2.861,8	565,7	1.629,9	209,3	1915,2	43,4	166,5	464,7	3.994,3
1893	184,1	2.226,5	564,2	2.824,2	105,1	812,4	46,1	194,4	756,8	6.747,0
1894	336,8	2.865,7	529,1	3.419,1	121,2	736,3	64,1	299,4	326,2	6.183,9
1895	600,1	4.257,8	377,8	2.755,3	175,3	1.151,5	126,2	527,5	509,0	6.723,2
1896	350,3	4.527,8	590,8	3.015,7	192,1?	1.293,4	60,9	291,1	556,2	6.523,6
1897	265,4	4.881,3	768,3	2.881,3	192,1?	1.308,2	51,7	273,0	444,7	7.241,1
1898	259,8	4.622,4	828,7	4.104,7	176,0	1.641,6	40,1	238,8	251,7	4.831,6
1899	574,6	3.334,0	878,5	6.755,2	272,9	2.387,6	30,1	187,9	79,0	3.325,4
1900	279,7	2.553,3	385,7	3.104,0	149,1	1.572,5	41,7	270,6	250,2	2.705,9

FONTES: Abreu e Silva, op. cit., pp. 272-5, 279-80, 283-4 e 310-1. Os dados anteriores a 1887 foram corrigidos para os anos fiscais apropriados segundo informações contidas em A. Porto, op. cit., pp. 214-5, e fontes anteriores (ver tabela 8).

diam até ser encontrados como empregados domésticos em Porto Alegre. No entanto, os estrangeiros e seus descendentes imediatos eram relativamente muito mais importantes no comércio e nos ofícios. No início dos anos 1900, observou-se que a população de origem alemã predominava em "atividades industriais e comerciais". Os portugueses eram em sua maioria lojistas, comerciantes e trabalhadores urbanos, e dizia-se assim que ocupavam "uma boa posição relativa" nas atividades comerciais. Muitos dos que eram lavradores dedicavam-se à agricultura em pequena escala nos arredores das cidades. Em contraste, a maioria dos poloneses, russos e austríacos estava principalmente localizada nas áreas coloniais, onde também se dedicava à agricultura. Quanto aos italianos, embora fossem muito numerosos na agricultura nas áreas coloniais, também eram encontrados aos milhares na maioria dos centros urbanos mais importantes do estado. Por volta de 1900, por exemplo, havia aproximadamente 2 mil italianos no município de Rio Grande, e a maioria trabalhava em fábricas têxteis (onde os homens ganhavam de quatro a seis mil-réis por dia, e as mulheres de dois a quatro mil-réis), ou então como artesãos e jornaleiros; cerca de 168 deles eram mascates ou comerciantes. Em Porto Alegre, que contava 59.395 habitantes segundo o censo de 1900, os italianos eram muito mais numerosos, sendo encontrados como artesãos em diversas oficinas, operários de fábricas, lojistas em estabelecimentos comerciais ou nas feiras (ocupação antes geralmente confiada a escravos) e até mesmo como industriais. Os dados disponíveis sobre os italianos do município de Pelotas, cuja capital tinha 23.971 habitantes em 1900, também indicam sua importância como trabalhadores urbanos.[149]

Embora brasileiros natos, incluindo negros, pudessem ser encontrados entre os operários das fábricas das principais cidades, na década de 1890 os estrangeiros também já constituíam uma fração significativa, senão a maior parte, da força de trabalho industrial, e eram particularmente importantes como mestres qualificados e contramestres.[150] Na virada do século, o emprego industrial não era de forma alguma desprezível, e cerca de vinte fábricas já empregavam um total de trabalhadores que correspondia aproximadamente ao total de escravos empregados nas charqueadas em seu auge.[151] Por fim, muitos dos trabalhadores dos serviços públicos e ferrovias também eram estrangeiros. No início da década de 1890, italianos eram empregados em grande número nessas atividades, e certamente foram responsáveis pela greve de duas semanas da grande oficina da ferrovia Southern Brazilian Rio Grande Railway, em 1894.[152] Essa greve, supostamente organizada por um "sindicato" local, é a primeira referência encontrada, na pesquisa para o presente estudo, sobre o trabalho organizado no Rio Grande do Sul.

Em resumo, portanto, dada a presença de trabalhadores estrangeiros qualificados ou mais instruídos, os ex-escravos se viram, de uma maneira geral, em uma situação desfavorável para competir pela maioria das ocupações mais bem remuneradas das cidades. A preocupação de muitos empregados domésticos negros de afirmar seu novo status por meio de sua recusa em dormir no emprego, e de sua insistência em dormir "em casa", ambas assinaladas por um observador da época,[153] era meramente simbólica. Conforme observado em um estudo clássico já citado, houve pouca reação organizada por parte dos ex-escravos contra o fato de eles serem, na maioria dos casos, relegados ao serviço doméstico ou a atividades urbanas que exigiam resistência física e pouca qualificação, atividades essas que lhes proporcionavam poucas oportunidades de ascensão social. Uma classe média baixa muito pequena, formada por caixeiros e artesãos negros, parece ter existido na década de 1890, mas era composta em sua maioria por poucos libertos que haviam sido artesãos durante as décadas anteriores, e também por negros já livres havia muito tempo e que tinham tido acesso a alguma educação.[154]

Em conclusão, podem ser enfatizados alguns aspectos da evolução do Rio Grande do Sul no mais longo prazo. Em primeiro lugar, apesar dos diversos conflitos armados que afetaram sua economia durante o século XIX, a província (depois estado) alcançou um progresso significativo e entrou no século XX cada vez menos dependente da pecuária, com um mercado interno em expansão e com grande potencial de crescimento. O Rio Grande do Sul representa um caso em que a colonização europeia foi bastante bem-sucedida, dando origem a uma numerosa classe de pequenos proprietários rurais autônomos que, em sua maioria, prosperaram. A imigração estrangeira também trouxe trabalhadores qualificados e empresários que favoreceram o desenvolvimento industrial incipiente do estado. Uma característica específica da economia rio-grandense foi que, desde o século XVIII, apesar da utilização de escravos em numerosas atividades advinda em certa medida de uma elevada relação terra-trabalho, tanto escravos quanto trabalhadores livres muitas vezes se dedicavam às mesmas ocupações, ainda que nem sempre lado a lado. Tal situação, à qual as charqueadas constituíram uma exceção com seu emprego quase exclusivo de escravos até as vésperas da Abolição, favoreceu uma transição sem grandes sobressaltos para o trabalho livre. Na verdade, à medida que eram alforriados, muitos ex-escravos podiam simplesmente ser incorporados a uma classe já existente de trabalhadores assalariados, cujo número tendera a aumentar conforme uma fração maior das terras de determinadas áreas da província era apropriada. Assim, a situação dos ex-escravos nas zonas rurais foi aparentemente mais "favorável", uma vez que eles gozaram de condições de trabalho e de vida relativamente semelhantes às dos pobres livres dessas zonas não urbanas, enquanto nas cidades os libertos precisavam enfrentar a competição dos estrangeiros, o que muitas vezes levava a seu deslocamento das ocupações mais bem remuneradas.

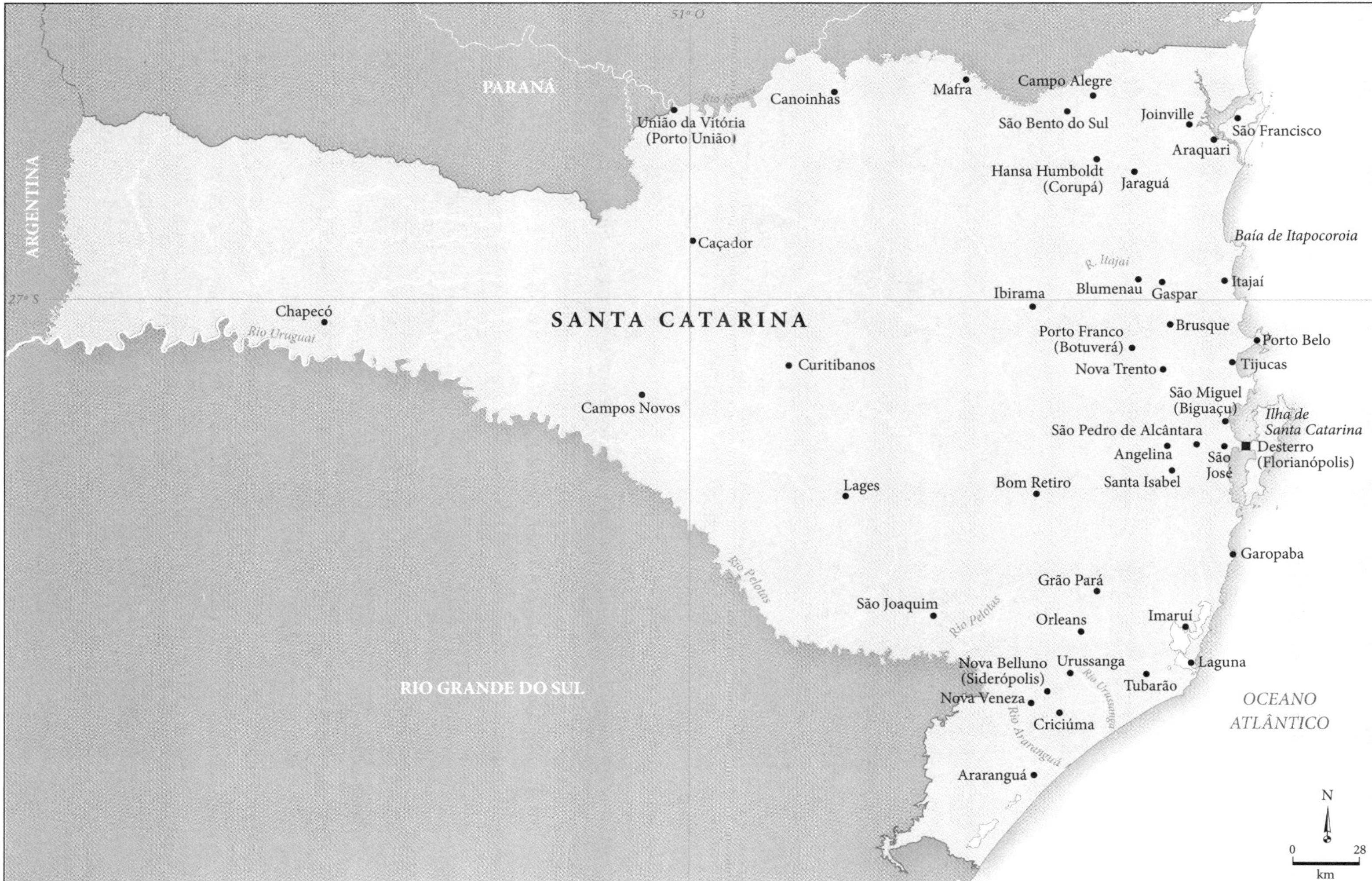

51° O
27° S
ARGENTINA
PARANÁ
SANTA CATARINA
RIO GRANDE DO SUL
OCEANO ATLÂNTICO
Rio Iguaçu
Rio Uruguai
R. Itajaí
Rio Pelotas
Rio Urussanga
Rio Araranguá
Baía de Itapocoroia
Ilha de Santa Catarina
Canoinhas
Mafra
Campo Alegre
São Bento do Sul
Joinville
São Francisco
Araquari
União da Vitória (Porto União)
Hansa Humboldt (Corupá)
Jaraguá
Caçador
Ibirama
Blumenau
Gaspar
Itajaí
Chapecó
Brusque
Porto Franco (Botuverá)
Porto Belo
Tijucas
Nova Trento
Curitibanos
Campos Novos
São Miguel (Biguaçu)
São Pedro de Alcântara
Angelina
São José
Desterro (Florianópolis)
Santa Isabel
Bom Retiro
Lages
Garopaba
Grão Pará
São Joaquim
Orleans
Imaruí
Laguna
Nova Belluno (Siderópolis)
Urussanga
Tubarão
Nova Veneza
Criciúma
Araranguá
N
0
28
km

9. Santa Catarina

9.1. O DESENVOLVIMENTO INICIAL DA ECONOMIA DE SANTA CATARINA: DA IMIGRAÇÃO AÇORIANA À SUPRESSÃO DO TRÁFICO DE ESCRAVOS AFRICANOS, *C.* 1750-1850

Foi somente após meados do século XVIII que a ocupação efetiva do atual estado de Santa Catarina assumiu certa importância. A vila de São Francisco, no litoral norte, foi fundada em 1660, mas em 1750 a vila e seus arredores ainda abrigavam apenas 1.221 pessoas. Essa população local se dedicava à pesca e à produção de alguns gêneros alimentícios, farinha de mandioca e pequenos barcos, e também exportava um pouco de madeira. Laguna e Desterro (atual Florianópolis) foram elevadas ao status de vila em 1714 e 1726, respectivamente, mas em 1719 ainda contavam aparentemente menos de quinhentos habitantes, também dedicados à pesca e à agricultura de subsistência. Em 1749, a capitania de Santa Catarina tinha uma população estimada em apenas 4.197 habitantes,[1] que aumentou rapidamente durante os anos subsequentes, como resultado de um esquema deliberado de colonização da Coroa portuguesa, impulsionado por motivos estratégicos. Assim, numerosas famílias açorianas foram trazidas para a ilha de Santa Catarina e para as áreas costeiras vizinhas entre 1748 e 1756. O número de chegadas não pode ser estabelecido com total exatidão, mas pelo menos 4.650 açorianos foram assentados na ilha e no continente, em São Miguel, Enseada do Brito, São José, Garopaba etc.[2] Muitos desses imigrantes foram recrutados entre camponeses pobres das ilhas atlânticas portuguesas, e embora tenham recebido alguma ajuda inicial sob a forma de implementos agrícolas e comida, obtiveram lotes de terra comparativamente pequenos, que tinham também tamanhos diferentes e foram distribuídos de maneira não igualitária. Grande parte desses colonos recém-chegados estabeleceu-se em pequenas propriedades agrícolas ou na cidade de Desterro, na ilha, e passou a se dedicar ao plantio de produtos locais, incluindo cana-de-açúcar e mandioca. Embora os primeiros ocupantes de Santa Catarina tivessem trazido escravos índios e negros para a área no final do século XVII e início do século XVIII, a maioria dos açorianos inicialmente não tinha recursos para comprar escravos e, desse modo, formava uma classe de camponeses pobres (mas proprietários de terras) que dependia sobretudo do trabalho familiar.[3] Um documento referente a 1755 indica a existência na área de 1.136 sítios, ou pequenas fazendas, e de numerosos teares. Dado o caráter basicamente de subsistência da agricultura familiar, os açorianos possuíam poucos recursos para adquirir bens e, portanto, fabricavam desde cedo a maior parte das roupas de que necessitavam, tecendo algodão e linho locais. Em 1755, a produção de 266 teares alcançava cerca de 40 mil metros de tecidos de linho e algodão, permitindo a exportação de excedentes para outras capitanias e constituindo uma atividade de caráter comercial para os colonos pobres. Ao que tudo indica, os tecidos eram produzidos predominantemente por mulheres, enquanto os homens se dedicavam à agricultura.[4]

Embora a colonização açoriana tenha contribuído para um aumento da população de Santa Catarina, por volta de 1770 tanto os habitantes mais antigos quanto os colonos permaneciam principalmente dedicados à agricultura de alimentos e à pesca, cuja importância comercial ainda era limitada. Com a recrudescência da guerra contra os domínios espanhóis, agricultores livres acabaram sendo recrutados para as tropas coloniais portuguesas, enquanto outros foram submetidos a confiscos forçados da produção agrícola de suas pequenas propriedades. Tal situação inibiu o desenvolvimento da área, e foi ainda mais agravada por elevados impostos e pela invasão espanhola de 1777. Mesmo assim, a população branca aumentou de 9.058 indivíduos em 1774 para 16.177 em 1787. Esse aumento refletia a migração interna de outras capitanias, que foi acompanhada pela introdução de escravos negros. Ao final da década de 1770, a área de Lages, nas terras altas do interior, estava sendo ocupada por paulistas, que se dedicavam à pecuária em grandes fazendas. No entanto, essa área ainda era esparsamente povoada, e permaneceria completamente isolada da região costeira pelo menos até sua incorporação à capitania de Santa Catarina, na segunda década do século XIX, de modo que não está incluída nas estatísticas mais antigas.

Em resumo, ao final do século XVIII, a única atividade que havia se desenvolvido quase exclusivamente com base no trabalho escravo na região costeira e na ilha de Santa Catarina era o processamento dos subprodutos da pesca da baleia, incluindo sobretudo a produção de óleo. A pesca da baleia era um monopólio da Coroa portuguesa cuja concessão de exploração era arrematada em leilão por concessionários privados, que operavam alguns grandes estabelecimentos de processamento empregando centenas de escravos. Estes também eram utilizados, em menor ou maior grau, na agricultura e na pesca em Laguna e São Francisco, enquanto a maioria dos açorianos e de seus descendentes dependia do trabalho de suas famílias, dedicando-se também ocasionalmente à pesca como atividade secundária. Existia ainda uma categoria de grandes lavradores — incluindo tanto os primeiros ocupantes da área oriundos de outras regiões da colônia quanto os açorianos — que possuía escravos empregados na agricultura, mas estes eram muito menos numerosos na ilha do que os produtores independentes. Por fim, os militares e funcionários públicos residentes em Desterro, bem como os concessionários e comerciantes que negociavam os limitados excedentes da capitania, certamente possuíam escravos domésticos. Na ausência de uma classe de grandes proprietários de terras, eles constituíam a classe mais abastada da área.[5]

As tentativas dos governadores da capitania de estimular o surgimento de novas atividades econômicas durante as últimas décadas do século XVIII foram em sua maioria um fracasso. Um pouco de café começou a ser produzido na ilha de Santa Catarina, mas as experiências com o índigo e a cochinilha não foram bem-sucedidas. Assim, a capitania permaneceu bastante pobre, dedicada basicamente à pesca e à produção de farinha de mandioca, aguardente de cana, algum tecido e madeira, como confirmado por relatos de viajantes da época. Em 1796, as estatísticas disponíveis revelavam uma população total de 24.892 habitantes na capitania, incluindo 1.027 militares. São Francisco e seus arredores abrigavam 4.453 habitantes; Laguna e suas cercanias, 4.312 pessoas; o restante se dividia entre a ilha e a área costeira em seu entorno. O grande número de unidades de produção é um reflexo de sua pequena dimensão e do atraso das técnicas utilizadas, ambos confirmados por escritos subsequentes. Efetivamente, no mesmo ano de 1796, existiam 884 "engenhos" para a preparação de farinha de mandioca, quatro "engenhos" de arroz e 279 atafonas de moer trigo e milho, e sua grande maioria era sem dúvida operada manualmente. Outros estabelecimentos incluíam três engenhos de açúcar e 32 curtumes, e havia também 192 produtores de aguardente de cana que fabricavam pequenas quantidades do produto usando equipamentos rudimentares. Tanto o comércio varejista quanto o de exportação permaneciam muito restritos. Indicações da época apontam para a existência de dezoito lojas na ilha, oito em São Francisco e onze em Laguna, e essas mesmas cidades abrigavam respectivamente 43, dezenove e dezesseis armazéns e tabernas.[6]

A crise econômica catarinense apontada por diversos governadores parece ter alcançado um ápice na década de 1790.[7] A essa altura, a capitania não havia conseguido desenvolver a produção e a exportação de produtos "coloniais" (como açúcar, fumo etc.) em qualquer escala significativa, e até mesmo os gêneros alimentícios que negociava com outras capitanias acabavam não sendo produtos "diferenciados", como era o caso do trigo exportado na época pelo Rio Grande do Sul. De fato, tanto os derivados da cana-de-açúcar quanto a farinha de mandioca também eram produzidos em diversas outras capitanias, que, por sua vez, competiam com Santa Catarina pelo mercado dos principais centros urbanos costeiros da colônia. A estrutura social da capitania, que refletia sua organização econômica, continuava composta por poucos homens ricos e numerosos produtores independentes pobres.

Nas primeiras décadas do século XIX, ao que tudo indica, a situação econômica de Santa Catarina melhorou um pouco. Em 1807, um viajante britânico estimou a população de Desterro, a capital localizada na ilha, entre 5 mil e 6 mil habitantes, e observou que a produção da ilha incluía arroz, milho, mandioca, "café de excelente qualidade", laranjas e diversas outras frutas. Considerou as casas bem construídas, complementadas por "jardins bem-arrumados, bem plantados com excelentes legumes". A cidade foi descrita como "animada por numerosas embarcações de cabotagem" (parte das quais se devia às armações de baleias), e era "amplamente provida de artesãos de todos os ofícios, [incluindo] alfaiates, sapateiros, funileiros, marceneiros e ferreiros", aparentemente livres em sua maioria. O viajante também notou que "a principal ocupação [das mulheres livres] era o fabrico de rendas". Cultivava-se linho de "qualidade muito razoável", com o qual os pescadores fabricavam "linhas, redes e cordames", enquanto também se produzia cerâmica para exportação para outras capitanias. No entanto, o mesmo autor afirmou que o comércio catarinense permanecia "de pouca importância", uma vez que a produção não excedia muito o consumo dos habitantes, "que, de modo geral, [estavam] longe de ser ricos". Foi apenas em relação às armações de baleia que ele se referiu explicitamente ao uso generalizado do trabalho escravo, observando que havia cerca de 150 escravos empregados em um único estabelecimento. Embora o número de baleias capturadas viesse declinando nos anos anteriores, ele constatou que, na armação que visitou, as "instalações onde içar ou esquartejar as baleias [eram] muitas, e bem organizadas", e o equipamento revelou-se surpreendentemente superior a "qualquer coisa do mesmo tipo no Greenland Dock [na Inglaterra] e, de fato, em qualquer estabelecimento semelhante na Europa". Trata-se de uma afirmação um tanto incomum sobre qualquer estabelecimento brasileiro da época. Caso essas observações estejam corretas, aparentemente se deveria atribuir o declínio da indústria baleeira catarinense à crescente escassez de matéria-prima, e não à obsolescência técnica dos estabelecimentos existentes.[8]

A situação dos habitantes do litoral não era muito diferente da dos ilhéus. Na baía de Tijucas, o mesmo viajante britânico observou os casebres pobres da população, que cultivava arroz, um pouco de café e açúcar, produzindo também canoas e madeira para exportação. O processamento da cana-de-açúcar era realizado somente em "engenhos manuais formados por dois cilindros horizontais", o que confirmava a pobreza dos habitantes. Na baía das Garoupas (depois Porto Belo), cultivava-se, fiava-se e tecia-se algodão, e todos os homens podiam ser descritos como "uma espécie de artesão", refletindo as condições primitivas da comunidade, sua divisão do trabalho limitada e seu comércio restrito. Por fim, no porto de São Francisco, o viajante constatou que "a principal ocupação dos habitantes era o corte da madeira e outros serviços relacionados à construção naval". Grandes embarcações e muitos barcos pequenos haviam sido construídos na área para "comerciantes do Rio de Janeiro, Bahia e Pernambuco [...] Quando a atividade [estava] intensa, [havia] grande demanda pelas diversas classes de artesãos [...] e empregavam-se muitos escravos".[9]

Em 1820, as atividades econômicas da capitania não haviam sofrido nenhuma mudança significativa. São Francisco continuava a exportar farinha de mandioca, arroz e madeira. Em Itapocoroia, com exceção dos que trabalhavam na armação de baleias, os habitantes eram em sua maioria agricultores "com muito pouca fortuna", e muitos eram também pescadores em tempo parcial. A ilha de

Santa Catarina encontrava-se extensamente cultivada, e seus principais produtos de exportação para outras capitanias eram a mandioca, o arroz e o feijão. De Desterro a Laguna, também era possível encontrar vários pequenos lavradores nas diversas vilas ao longo da costa, e Laguna produzia arroz, mandioca, feijão e até mesmo um pouco de trigo.[10]

Em resumo, no primeiro quarto do século XIX, conforme observado por um escritor em 1816, a mandioca constituía a base da alimentação da maioria dos habitantes da capitania, enquanto cana-de-açúcar, feijão, milho, arroz e algodão eram cultivados, em maior ou menor escala, nas várias freguesias. Tecidos grosseiros de algodão e outros mais finos, de algodão e linho, continuavam a ser produzidos, e em 1820 a capitania exportou de 4 mil a 5 mil varas (4.400 a 5.500 metros) de tecido de algodão, e de 3 mil a 4 mil varas (3.300 a 4.400 metros) de tecido "misto". No entanto, Santa Catarina não era autossuficiente em matéria de gêneros alimentícios, e importava a maior parte do açúcar e do gado consumidos, além de diversos produtos industrializados, incluindo lãs e outros tecidos, vinho, vinagre etc. Como Lages não tinha comunicação com o litoral, o gado era comprado do Rio Grande do Sul.[11]

As técnicas agrícolas ainda eram muito rudimentares. Não está claro se os colonos açorianos inicialmente utilizaram arados, mas em meados da década de 1810, ao que parece, usava-se apenas enxadas para revirar o solo; uma possível exceção pode ter ocorrido no cultivo do trigo em torno de Laguna. A debulha de cereais e legumes era aparentemente realizada com manguais, e não com animais. O processamento dos diversos produtos continuava muito primitivo. A farinha de mandioca era "grossa e pouco torrada", enquanto o arroz era descascado "à força de trabalho braçal". Produzia-se açúcar em pequenas quantidades, possivelmente por motivos técnicos, e a maior parcela da cana-de-açúcar era transformada em aguardente ou melado, parte dos quais era vendida a outras capitanias. Ao que tudo indica, não existiam propriamente engenhos na capitania, apenas engenhocas.[12]

Números detalhados (mesmo que não totalmente confiáveis) sobre a população catarinense estão disponíveis para 1810 e 1813. No primeiro ano, a população total alcançava 30.309 habitantes, dos quais 7.203 (ou 23,1%) eram escravos. No outro ano, a população havia aumentado para 32.949 pessoas, das quais 7.478 (ou 22,7%) eram listadas como escravas. Os dados não incluem Lages, que, segundo uma contagem da população da capitania de São Paulo, em 1815, tinha um total de 1.035 habitantes. Os números referentes a 1810 indicam que a ilha de Santa Catarina reunia 41,1% da população da capitania, abrigando 46% do número total de escravos.[13] Estes últimos, por sua vez, representavam 26,6% da população da ilha. De início, essa percentagem pode parecer paradoxal, considerando-se a existência, na ilha, de muitos pequenos produtores rurais independentes; no entanto, esta pode ser atribuída em parte ao emprego de escravos em diversas atividades "urbanas", incluindo o trabalho portuário e a navegação, e também em várias ocupações domésticas. De fato, 35,5% da população de Desterro, que somava cerca de 5.250 pessoas em 1810, eram de escravos. Referindo-se à população escrava total, alguns anos mais tarde, um observador da época afirmou que esta praticamente não se reproduzia, e era mantida graças a importações da África. Ele confirmou que os escravos estavam principalmente empregados em ocupações que exigiam força física.[14] No entanto, embora observadores da época tenham destacado bastante a existência de agricultores livres, não restam dúvidas de que escravos também eram utilizados em alguma medida na agricultura da ilha, da mesma forma que ocorria no continente — constituindo provavelmente a maioria da mão de obra escrava ali existente.

Em 1820, um viajante francês ainda constatou que grande parte da população da ilha era originária dos Açores. Afirmava que "os negros [eram] raros, sobretudo no campo", e que os brancos não se sentiam desonrados por trabalharem a terra com as próprias mãos. Também era possível encontrar brancos em todo tipo de ocupação em Desterro, onde compartilhavam alguns ofícios com negros e mulatos livres e com alguns escravos. Como resultado da multiplicação dos habitantes rurais, "as terras eram muito divididas", de modo que predominavam os pequenos estabelecimentos. Isso não impedia que até mesmo alguns agricultores pobres tentassem comprar um ou dois escravos, mas, ao que parece, a maioria das pequenas propriedades era cultivada com trabalho familiar, enquanto os escravos eram possivelmente mais frequentes nas propriedades de tamanho médio. Estas eram resultado da falta de igualdade na distribuição inicial de terras, ou da incorporação de parte das terras excessivamente divididas de vizinhos que haviam se arruinado e se mudado para a cidade.[15]

A decadência das armações de baleia durante as primeiras décadas do século XIX eliminou progressivamente os maiores empregadores individuais de mão de obra escrava. Em 1816, estas armações ainda abrigavam cerca de 253 escravos em atividade e outros oitenta sem condições de trabalhar. As operações propriamente de pesca continuavam a proporcionar empregos sazonais para alguns trabalhadores livres, mas a captura também diminuía gradualmente. Embora ainda persistisse ao final da década de 1830, a indústria baleeira havia sido alienada para particulares, e acabou sendo abandonada alguns anos depois. Seu desaparecimento privou a província de parte de seu comércio de cabotagem e de uma oferta comparativamente barata de óleo.[16]

Porém, com exceção da decadência pronunciada das armações de baleia, a economia catarinense sofreu poucas mudanças estruturais no segundo quarto do século XIX. Os subprodutos da cana-de-açúcar adquiriram alguma importância, mas, segundo um observador da época, uma praga da cana, que durou de 1840 a 1843, interrompeu o desenvolvimento do setor.[17] A farinha de mandioca continuava a ser o principal produto de exportação de Santa Catarina, e na década de 1840 era regularmente exportada para o Rio da Prata, mercado que também absorvia algumas das exportações de madeira da província.[18] A tabela 1 mostra a evolução das exportações totais, exportações interprovinciais (depois de 1872-3 classificadas como de cabotagem) e as exportações para portos estrangeiros (depois de 1872-3 classificadas como de longo curso) em anos selecionados entre 1810 e 1888. Fica clara a dependência de Santa Catarina das exportações para outras províncias, em comparação com as exportações para portos estrangeiros que tinham sistematicamente valor bem menos expressivo.

Na área de Lages, a criação de gado continuava a se expandir, absorvendo um número cada vez maior de escravos e trabalhadores livres. Aparentemente, prevalecia ali uma sociedade rural patriarcal, ao estilo daquela observada no Paraná. Nesse contexto, a população escrava da província continuou a aumentar em números absolutos até 1850, graças às importações de escravos africanos, mas sua participação na população total declinou. A essa altura, nenhuma atividade econômica catarinense encontrava-se mais totalmente comprometida com a mão de obra escrava a ponto de esta constituir a grande maioria da força de trabalho, exceto, talvez, o serviço doméstico nas cidades. A intensificação da colonização estrangeira e a produção de derivados de mandioca e cana-de-açúcar por colonos europeus diminuiria ainda mais a importância econômica da escravidão na província.

TABELA I — VALOR TOTAL DAS EXPORTAÇÕES MARÍTIMAS, EXPORTAÇÕES INTERPROVINCIAIS (DEPOIS DE CABOTAGEM) E EXPORTAÇÕES PARA PORTOS ESTRANGEIROS (DEPOIS DE LONGO CURSO) DE SANTA CATARINA EM ANOS SELECIONADOS ENTRE 1810 E 1888

Ano	Exportações marítimas totais (em contos de réis)	Exportações interprovinciais (em contos de réis)	Exportações para portos estrangeiros (em contos de réis)
1810	75,3		
1837-8	215,1		
1838-9	293,3		
1842-3			87,8
1849-50	367,1	252,6	114,5
1853-4			158,1
1854-5			266,2
1855-6			219,9
1856-7	821,2	721,5	99,7
1857-8	1.555,0[a]	1427,3[a]	127,7
1858-9			120,3
1859-60			202,4
1860-1			142,4
1861-2			83,0
1862-3			107,4
1863-4	750,3	597,0	153,3
1864-5			282,0
1865-6			518,4
1866-7			490,8
1867-8			415,8
1868-9[b]			361,6
1869-70[b]			526,0
1870-1[b]			319,2
1871-2[b]			763,9

Média de 1869 a 1874	1.086	—	—
	Total	Cabotagem	Longo curso
1873-4	929,6	739,5	190,1
1874-5	840,7	628,2	212,5
1875-6	960,0	653,7	306,3
1876-7	648,2	412,1	236,1
1877-8	2.455,7	2.130,7	325,0
1878-9	1.931,3	1.654,5	276,8
1879-80	1.002,5	693,0	309,5
1880-1	663,0	406,6	256,4
1881-2	915,6	603,7	310,9
1882-3	2.018,4	1.291,4	727,0
1883-4	2.154,9	1.292,3	862,6
1884-5	2.601,0	1.892,6	708,4
1885-6	2.233,7	1.668,7	565,0
1886-7[c]	3.829,5	2.320,9	1.508,6
1888	2.089,9	1.279,5	810,4

FONTES: Para o ano de 1810: P. J. M. de Brito, op. cit.; para 1837-8 e 1838-9; Saint-Hilaire, *Voyage*, t. II, p. 342; para 1842-3: MacGregor, "Empire of Brazil", em *PP 1847*, v. 64, p. 179; para 1849-50, 1856-7 e 1857-8: Léonce Aubé, *La Province de Sainte Catherine*, pp. 75-6; para 1863-4: Sebastião Ferreira Soares, *Elementos de estatística*, v. II, p. 234; média para o período 1869-74: *The Empire of Brazil at the Universal Exhibition of 1876 in Philadelphia*, p. 432; para o período de 1859-60 a 1861-2, ver Scully, op. cit., pp. 59 e 78-9. Os outros números foram tirados dos seguintes *Relatórios da Fazenda*: 1860, tabela 56; 1869, tabela 53; 1873, tabela 48; 1877, tabelas 57 e 58; 1880, tabelas 41 e 42; 1883, tabelas 39 e 40; 1886, tabelas 36 e 37; 1889, tabelas 32 e 33.

[a] Ano de preços atipicamente altos para a farinha de mandioca.
[b] Não inclui exportações por São Francisco.
[c] Três semestres de julho de 1886 a dezembro de 1887.

9.2. A INTENSIFICAÇÃO DA IMIGRAÇÃO EUROPEIA, O DESENVOLVIMENTO DAS COLÔNIAS AGRÍCOLAS E A TRANSIÇÃO DEFINITIVA PARA O TRABALHO LIVRE EM SANTA CATARINA NA SEGUNDA METADE DO SÉCULO XIX

A supressão definitiva do tráfico de escravos africanos no início da década de 1850 não teve efeitos diretos significativos sobre a oferta de mão de obra na província de Santa Catarina. No entanto, ao intensificar a demanda por escravos em outras áreas do país, o fim do tráfico negreiro com a África logo levou ao surgimento de um tráfico interprovincial de escravos, que, por sua vez, ocasionou um aumento de seus preços na província. Os dados disponíveis indicam que os preços dos escravos subiram de setecentos a oitocentos mil-réis em 1853 para mais de um conto de réis ou até dois contos de réis em 1860, conforme a sua qualificação. Enquanto isso, pelo menos 1.071 escravos haviam sido legalmente exportados de Santa Catarina entre 1852 e 1859. Ao final da década seguinte, os preços dos escravos situavam-se entre oitocentos e 1.200 mil-réis, apesar das expectativas de emancipação criadas pela Guerra do Paraguai.[19]

Enquanto os preços dos escravos subiam, a colonização alemã, que havia sido precedida por diversas tentativas anteriores, prosseguia com sucesso em Santa Catarina. O início da colonização alemã na província ocorreu em 1828, quando a colônia de São Pedro de Alcântara foi fundada no continente com cerca de 635 colonos. Embora essa iniciativa oficial tenha sido isolada e os esquemas imperiais de colonização tenham sido suspensos depois de 1830, a comunidade acabou prosperando, e mais tarde foi desmembrada para dar origem ao núcleo de Santa Filomena. Aquela colônia, após ter sido elevada a distrito em 1844, abrigava em 1854 cerca de 1.500 pessoas, e vendia parte de seus produtos para Desterro.

Outras tentativas de colonização no segundo quarto do século XIX foram menos bem-sucedidas. Por exemplo, a colônia de Nova Itália, fundada em 1836 nas margens do rio Tijucas com cerca de trinta famílias genovesas, fracassou devido a inundações e ataques indígenas. Em 1837, 44 famílias de colonos insatisfeitos de São Pedro e alguns brasileiros deram origem ao núcleo de Várzea Grande; em 1853, esse núcleo tinha 117 habitantes, sem contar os brasileiros, mas não cresceu muito. Uma colônia francesa, supostamente destinada a se tornar um falanstério (*phalanstère*) na linha das ideias de Fourier, foi fundada na península do Saí em 1842; entretanto, surgiram disputas entre colonos, e um grande número deles logo se repatriou. Uma colônia belga, fundada em 1846 às margens do rio Itajaí

Preços Correntes dos principaes Productos do Brazil em Londres, 25 de Julho, 1816.

Generos.	Qualidade.	Qantidade	Preço de	a	Direitos.
ASSUCAR.....	branco	112 lib.	55s. 0p.	65s. 0p.	3*l*. 14s. 7½d.
....	trigueiro ..	....	42s. 0p.	45s. 0p.	
....	mascavado	....	37s. 0p.	41*s*. 0p.	
Algodaõ	Rio	libra .	....	....	8s. 7d. p^{r} 100 lib.
....	Bahia	....	1s. 11p.	2s. 0p.	em navio Inglez
....	Maranhaõ ..	....	1s. 11p.	2s. 0p.	ou Portuguez
....	Pernambuco	....	2s. 1p.	2s. 2p.	25s. 6d. em na-
....	Minas novas	....	....	....	vio d'outras na-
D°. America	melhor	....	2s. 2p.	2s. 8p.	çoens.
Annil	Brazil	....	1s. 9p.	4s. 0p.	4¾d. por libra.
Arroz.......	....	112 lib.	....	....	1*l*. 0s. 0¼d.
Cacao	Pará	....	65s. 0p.	75s. 0p.	3s. 4d. por libra.
Caffé........	Rio	libra ..	56s. 0p.	64s. 0p.	2s. 4d. por libra.
Cebo........	Bom	112 lib.	48s. 0p.	49s. 0p.	3s. 2d. p^{r}. 112 lib.
Chifres	grandes	123	40s. 0p.	41s. 0p.	5s. 6p. por 100.
Couros de Boy	Rio grande	libra ..	0s. 5½p.	0s. 8p.	9½d. por couro.
....	Rio da Prata	....	0s. 6p.	0s. 8¾p.	
D°. de Cavallo	....	....	3s. 0p.	6s. 0p.	
Ipecacuanha	boa........	libra ..	9s. 0p.	9s. 6p.	3s. 6d. por libra.
Quina	palida	....	1s. 0p.	1s. 6p.	1s. 1½d. por lib.
....	ordinaria ..	....	1s. 5p.	....	
....	mediana ..	....	2s. 1p.	2s. 2p.	
....	fina........	....	3s. 0p.	3s. 6p.	
....	vermelha ..	....	6s. 6p.	8s. 9p.	
....	amarella ..	....	1s. 2p.	1s. 4p.	
....	chata	....	2s. 0p.	....	
....	torcida	....	4s. 6p.	5s. 0p.	
Pao Brazil ..	....	tonel ...	115*l*.	120*l*.	4*l*. a tonelada.
Salsa Parrilha	....	....	2s. 3p.	4s. 0d.	3s. 10½p. lib. excise
Tabaco......	rolo	libra ...	0s. 4p.	4½d.	3*l*. 16s. 9d. alf. 100 lb.

Premios de Seguros.

BRAZIL ....Hida 2 Guineos por cento;

................Vinda 2 a 2½

LISBOA E PORTO..Hida 1½ Guineos.

................Vinda 1¼ Guineos.

MADEIRA........Hida 20 Sh^{s}. vinda 30 Sh^{s}.

AÇORES ....Hida 1½ Guineos a 2.

................Vinda o mesmo.

RIO DA PRATA ...Hida 3 G^{s}.;

vinda o mesmo

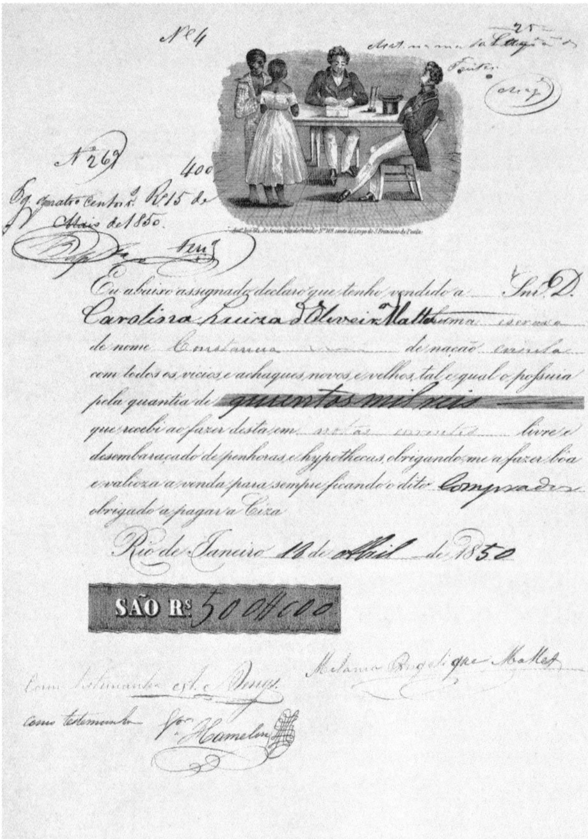
Nº 267

Eu abaixo assignado declaro que tenho vendido a Snrª D. Carolina Luiza d'Oliveira Mattos uma escrava de nome Constança de nação crioula com todos os vicios e achaques, novos e velhos, tal e qual o possuia pela quantia de quinhentos mil reis que recebi ao fazer desta em moeda corrente livre e desembaraçado de penhoras e hypothecas, obrigando-me a fazer boa e valioza a venda para sempre ficando o dito Comprador obrigado a pagar a Ciza

Rio de Janeiro 14 de Abril de 1850

SÃO Rs 500$000

Página anterior:
Correio Braziliense de 1816, vol. XVII, n. 98, com os preços das exportações do Brasil em Londres, direitos alfandegários e prêmios de seguro, em libras (l), shilling(s) e pence (d). Um guinéu era equivalente a 21 shillings.

Contrato padrão de venda de escravo "com todos os vícios e achaques novos ou velhos", de 1850.

Impresso de aviso de fuga de escravo em Pernambuco em 1853.

Anúncio de um almanaque de 1864 da Imperial Fábrica de Chapéus, que produzia 100 mil chapéus por ano, com trabalho escravo.

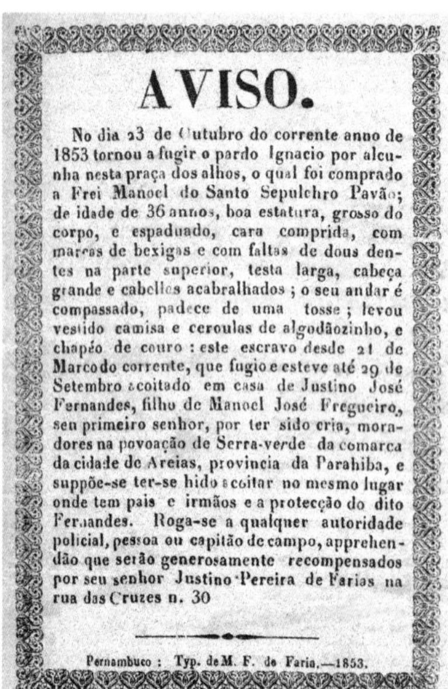
AVISO.

No dia 23 de Outubro do corrente anno de 1853 tornou a fugir o pardo Ignacio por alcunha nesta praça dos alhos, o qual foi comprado a Frei Manoel do Santo Sepulchro Pavão; de idade de 36 annos, boa estatura, grosso do corpo, e espaduado, cara comprida, com marcas de bexigas e com faltas de dous dentes na parte superior, testa larga, cabeça grande e cabellos acabralhados; o seu andar é compassado, padece de uma tosse; levou vestido camisa e ceroulas de algodãozinho, e chapéo de couro: este escravo desde 21 de Março do corrente, que fugio e esteve até 29 de Setembro acoitado em casa de Justino José Fernandes, filho de Manoel José Fregueiro, seu primeiro senhor, por ter sido cria, moradores na povoação de Serra-verde da comarca da cidade de Areias, provincia da Parahiba, e suppõe-se ter-se hido acoitar no mesmo lugar onde tem pais e irmãos e a protecção do dito Fernandes. Roga-se a qualquer autoridade policial, pessoa ou capitão de campo, apprehendão que serão generosamente recompensados por seu senhor Justino Pereira de Farias na rua das Cruzes n. 30

Pernambuco: Typ. de M. F. de Faria.—1853.

Trabalhadores escravos em fazenda de café, com senzala ao fundo e feitor ou administrador livre, *c.* 1865.
Foto: Cristiano Jr.

Escravos em diversas ocupações urbanas. Fotos: Cristiano Jr., *c.* 1865, e João Goston (engraxate), *c.* 1870.

Escravo negro no Rio de Janeiro, *c.* 1864. Foto: Augusto Stahl.

Escrava negra de turbante na Bahia, *c.* 1867. Foto: Alberto Henschel.

Comerciante de café e sua mulher, em São Paulo. Foto: Leterre.

Casal de libertos em Itu. Foto: Egner.

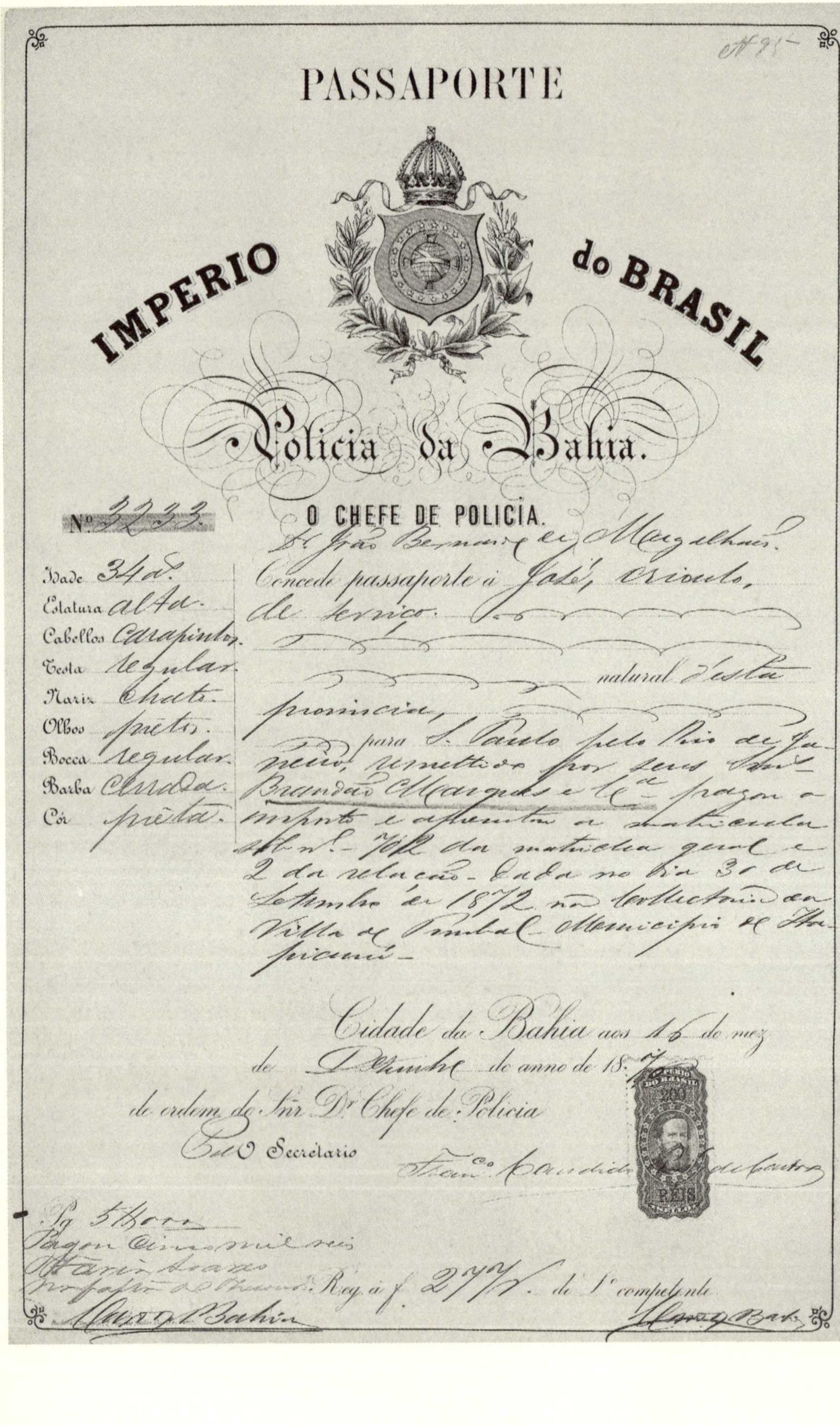

Nº 95

PASSAPORTE

IMPERIO do BRASIL

Policia da Bahia.

Nº 3233.

O CHEFE DE POLICIA.

Dr. João Bernardo de Magalhães.

Concede passaporte a José, crioulo, de serviço, natural d'esta provincia, para S. Paulo pelo Rio de Janeiro, remettido por seus Snrs. Brandão Marques e Cª, pagou o imposto e apresentou a matricula sob nº 76 da matricula geral e 2 da relação — Dada no dia 30 de Setembro de 1872 na Collectoria da Villa de Pombal Municipio de Itapicurú —

Idade 34 as.
Estatura alta.
Cabellos carapinhos.
Testa regular.
Nariz chato.
Olhos pretos.
Bocca regular.
Barba cerrada.
Côr preta.

Cidade da Bahia aos 16 do mez de Dezembro do anno de 187[illegible]

de ordem do Snr. Dr. Chefe de Policia

Pel O Secretario

Franco. Candido [illegible] de Castro

IMPERIO DO BRASIL 200 REIS

Pg 5$000
Pagou cinco mil reis
[illegible]
Reg. á f. 27 v. do Lº competente.
[illegible]

Página anterior:
Passaporte de escravo, emitido na Bahia em 1876. O tráfico interprovincial de escravos entre 1850 e 1881 envolveu legalmente cerca de 200 mil escravos, em sua maioria destinados às áreas cafeeiras.

Trabalho escravo e produção de açúcar no Nordeste em 1881. *Corte de cana e moenda*, de Julius Naeher, em seu livro *Land und Leute in der brasilianische Provinz Bahia*.

Trabalho livre na lavoura do café, ainda usado de forma incipiente. Fazenda Santa Genebra, em São Paulo, *c.* 1880.

Partida de escravos para a colheita do café na Fazenda Monte Café, em Sapucaí, no Rio de Janeiro, *c.* 1885. Foto: Marc Ferrez. Coleção Ruy Souza e Silva.

Escravos realizando colheita no cafezal, *c.* 1885. Foto: Marc Ferrez. Coleção Ruy Souza e Silva.

Escravos no terreiro, *c.* 1885. Foto: Marc Ferrez. Coleção Ruy Souza e Silva.

O Dr. Raymundo da Motta A. Corrêa Juiz de Orphãos do Municipio de Vassouras Provincia do Rio de Janeiro

Faço saber a todos os que o presente virem que, nos termos do art. 3º § 10 da Lei nº 3270 de 28 de Setembro de 1885, adquirio a condição de liberto desde o dia 12 de Julho de 1887 o sexagenario de nome João [illegible] arrolado neste Municipio sob nº 1328 com as seguintes indicações:

Naturalidade Africa

Domicilio Ypyranga

Filiação Ignorada

Estado Solteiro

Côr Preta

Edade 60 annos

Profissão Lavoura

E para documento probatorio da actual condição do dito liberto, que fica obrigado a prestar a seu ex-senhor Joaquim Gonçalves de Moraes os serviços de que tratam os citados artigo e paragrapho, pelo prazo de tres annos que terminará em 12 de Julho de 1890 mandei passar o presente titulo que vae por mim assignado.

Juizo de Orphãos do Municipio de Vassouras em 27 de Outubro de 1887 —

O Juiz de Orphãos

Raymundo da Motta d'Azevedo Corrêa

Página anterior:
Carta de liberdade, de 1887, segundo a Lei dos Sexagenários, com obrigação de prestação de serviços por três anos.

Sessão de aprovação da Lei Áurea na Câmara, em 10 de maio de 1888.

Medalha de bronze de "Isabel, a Redentora", de 1892.

Moeda de 2 mil-réis de prata de d. Pedro II, de 1889.

Fazendeiros competindo pelo trabalho liberto, capa da *Revista Illustrada*, Rio de Janeiro, 1888. Acervo da Fundação Biblioteca Nacional — Brasil.

Visão estereotipada e xenófoba dos imigrantes portugueses no jornal *O Jacobino*, 8 de agosto de 1896.

Nova Friburgo, no Rio de Janeiro, colônia Suíça nos anos 1830 com casas de alvenaria.

Colônia Santa Leopoldina, no Espírito Santo, com casa de taipa, em 1860. Foto: Victor Frond.

Gaúcho com cavalo, no Rio Grande do Sul, 1885.

Colonos italianos em Caxias do Sul, no Rio Grande do Sul. Arquivo Histórico Municipal João Spadari Adami.

Vista parcial de antiga colônia de Caxias do Sul, no Rio Grande do Sul, *c.* 1880. Foto: Mancuso. Arquivo Histórico Municipal João Spadari Adami.

Negros Libertos, 1884, Porto Alegre, Rio Grande do Sul. Foto: Ferrari. Acervo do Museu Joaquim José Felizardo/ Fototeca Sioma Brutmam.

Chegada do navio São Gotardo com imigrantes italianos ao porto de Santos, *c.* 1895.

Hospedaria dos imigrantes em São Paulo, *c.* 1898.

Colheita do café em São Paulo, *c.* 1900.
Fotos: Gaensly.

com cerca de 150 pessoas, também não conseguiu se desenvolver, e a maioria dos colonos deixou o local. Por outro lado, uma tentativa anterior de colonização particular empreendida por brasileiros na mesma região resultou na formação dos núcleos de Belchior e Pocinho, por volta de 1836. Em 1851, esses núcleos somavam 365 habitantes, que operavam 21 pequenos engenhos de mandioca e dez engenhocas de cana, e criavam ainda trezentas cabeças de gado. Outros núcleos próximos à costa incluíam uma colônia fundada em Armação em 1847, no local de uma antiga armação de baleia. Localizada em solo de má qualidade, a colônia foi logo abandonada. A enumeração apresentada não está completa, mas as primeiras tentativas de colonização, tanto com colonos estrangeiros quanto com brasileiros — à exceção de São Pedro de Alcântara —, envolveram apenas poucas centenas de pessoas até meados da década de 1840, muitas das quais deixaram as colônias rumo a outras áreas agrícolas e a centros urbanos, ou retornaram a seus países de origem.[20]

Em contraste, do final da década de 1840 até 1860, foram fundados outros núcleos — por iniciativas tanto públicas quanto particulares — que viriam a ter efeitos consideráveis sobre a população da província, atraindo milhares de colonos estrangeiros predominantemente alemães, a maioria dos quais se dedicou à agricultura. Os principais núcleos incluíram Blumenau, Dona Francisca e Brusque (em um estágio posterior), todos localizados na parte norte da província. Outras colônias menores, como Santa Isabel, Angelina e Teresópolis, também absorveram alguns milhares de pessoas (ver tabela 2), a maioria das quais acabou se tornando proprietária de terras em poucos anos. Como frequentemente era preciso desmatar as terras e não se permitiam escravos nas colônias, seu início era algumas vezes difícil. Assim, o núcleo fundado pelo dr. Blumenau, que incluía alguns cientistas, intelectuais e outras pessoas de origem urbana, foi descrito em seus primeiros tempos como formado por "burgueses desclassificados" (*bourgeois déclassés*) e fadado ao fracasso.

No entanto, as colônias prosperaram. Em 1858, Dona Francisca, desenvolvida por uma companhia de colonização alemã, já abrigava 2.500 habitantes, e 6.400 hectares já haviam sido vendidos, grande parte dos quais estava sendo cultivada. Na época, estimava-se que, depois de um período de quinze a dezoito meses, um hectare de terra na região produzia mandioca suficiente para cerca de 120 a 130 alqueires de farinha. Alternativamente, a mesma área produziria o equivalente em cana-de-açúcar a quatro pipas (1.920 litros) de aguardente, ou de 3 mil a 10 mil quilos de tubérculos de diversos tipos (cará, inhame etc.). Também se plantava um pouco de café na colônia, mas as maiores plantações não ultrapassavam 5 mil pés, ou no máximo cinco hectares. Parte do trabalho de desmatamento podia ser realizada contratando-se trabalhadores diaristas qualificados. Estimava-se que um bom trabalhador era capaz de abater um hectare de floresta a cada três semanas, pela soma de aproximadamente 17 mil-réis. Porém, os colonos cultivavam basicamente seus próprios lotes de terra, contando apenas com o trabalho de suas famílias. Desde muito cedo, foram criados alguns estabelecimentos individuais, tais como serrarias e pequenos engenhos de açúcar. No início da década de 1860, Dona Francisca já exportava móveis para o Rio de Janeiro e abrigava numerosos artesãos. Com efeito, entre os colonos de todos os núcleos, havia artesãos em tempo parcial e também em tempo integral. Mas as exportações básicas das colônias consistiam em gêneros alimentícios. Assim, por volta de 1858, Santa Isabel e São Pedro de Alcântara exportavam milho, farinha de mandioca e arroz para Desterro e para o Rio de Janeiro, e plantavam também cana-de-açúcar.[21]

Uma característica importante das colônias era que os produtos plantados pelos colonos para consumo próprio, e cujos excedentes eles vendiam, eram os mesmos que eram cultivados em outras áreas de Santa Catarina, e que constituíam os artigos básicos do comércio da província. Assim, um número cada vez maior de trabalhadores livres dedicava-se à produção de gêneros agrícolas, na qual os escravos também haviam estado tradicionalmente envolvidos. Essa situação tendeu a tornar o comércio da província cada vez menos dependente da disponibilidade de mão de obra escrava. Referindo-se à década de 1850, um observador francês constatou o emprego quase exclusivo de escravos nas plantações de cana-de-açúcar, e a produção anual por escravo era estimada em quarenta arrobas.[22] Tal afirmação poderia ter se aplicado a alguns dos estabelecimentos maiores destinados à produção de cana-de-açúcar e seus derivados, mas seria difícil generalizá-la para os estabelecimentos menores, e está claro que o desenvolvimento do cultivo da cana nos anos posteriores, quase sempre em pequena escala, deveu-se em grande parte ao aumento da produção dos colonos de origem estrangeira.

O mesmo se aplicava ao cultivo da mandioca. Durante o terceiro quarto do século XIX, a farinha de mandioca continuou a representar o principal produto de exportação de Santa Catarina, e o valor total das exportações da província dependia em grande medida de seu preço, sujeito a frequentes flutuações. Uma escassez

TABELA 2 — POPULAÇÃO DE ALGUMAS DAS PRINCIPAIS COLÔNIAS PREDOMINANTEMENTE ALEMÃS DE SANTA CATARINA, 1828-76

ANO	SÃO PEDRO DE ALCÂNTARA	SANTA ISABEL	BLUMENAU	DONA FRANCISCA (JOINVILLE)	SÃO BENTO	BRUSQUE (INCLUI PRÍNCIPE DOM PEDRO)	TERESÓPOLIS	ANGELINA
1828	*c.* 635							
1847		164						
1851				484				
1854	1.500		246					
1856			468	1.428				
1859			744	2.475				
1860	*c.* 2.000	412	947	2.885				
1861			1.484	3.050		657	622	
1863		*c.*1.000	2.286	4.120		938	1.500	
1866			2.861	4.475				784
1867			3.391	4.667		1.448		
1869		1.268	5.985	6.185				
1871						2.100		
1872			6.498	6.810				
1874			7.621	7.860		2.891		
1875						4.568		
1876			10.701	9.298	1.158			

FONTES: Oswaldo Cabral, *História de Santa Catarina*, pp. 209, 211, 221, 232 e 237; "Report of Mr. Baillie", em *PP 1861*, v. 63, p. 477, jan. 1861; Henry Lange, *Sud Brasilien*, pp. 153 e 167-8; Max T. d'Amaral, *Contribuição à história da colonização alemã no Vale do Itajaí*, p. 301 (ver nota 31 deste capítulo).

temporária em outras regiões do país, como a ocorrida em 1857, podia rapidamente quadruplicar o preço da farinha de mandioca, apenas para fazê-lo despencar abaixo de seu nível original quando a situação das outras províncias se normalizava.[23] Porém, ao que tudo indica, a produção de farinha de mandioca tendeu a aumentar de forma constante, e a produção das colônias também passou a representar uma fração importante da produção total.

A tendência de aumento das exportações de farinha de mandioca para o Rio da Prata foi um fator que contribuiu para dar maior estabilidade ao volume total de exportações do produto, quando não a seu valor, que, conforme já mencionado, dependia das condições de oferta em outras províncias (ver tabela 1).[24] Progressos nas exportações de açúcar e de subprodutos da cana não contribuíam para reduzir as flutuações do valor das exportações catarinenses, uma vez que seu valor, bem menos relevante, também estava sujeito às variações de preços em outras províncias. O mesmo valia para o milho, que se tornou cada vez mais importante no comércio interprovincial de Santa Catarina. As tentativas de desenvolver a produção de erva-mate para exportação na área de Lages fracassaram devido às grandes distâncias envolvidas e aos meios de transporte inadequados, que tornavam o empreendimento não lucrativo.[25] A criação de gado bovino e de porcos e a produção de laticínios iriam se desenvolver progressivamente nas áreas coloniais, mas as exportações de gado só ocorriam em quantidades consideráveis a partir de Lages, um comércio de importância crescente (não incluído nos totais da tabela 1). Em resumo, ao final da década de 1860 e início dos anos 1870, o comércio marítimo de Santa Catarina ainda consistia principalmente em gêneros alimentícios, incluindo farinha de mandioca, milho, feijão, arroz e derivados da cana de açúcar, além de madeira.[26]

Em 1866, ainda era possível encontrar escravos em diversos serviços e atividades agrícolas. Eles continuavam a ser empregados até mesmo em ocupações como a navegação costeira, fluvial e portuária, bem como na pesca. O "recenseamento" marítimo de 1856 realizado em Santa Catarina revelou um total de 1.231 pessoas empregadas nessas ocupações, das quais 371 (ou 30,1%) eram escravas. Em contraste, outro relatório oficial indicou em 1866 um total de 2.685 pessoas, sendo 463 (ou 17,2%) escravas, sugerindo um aumento da navegação e uma queda da importância relativa dos escravos, apesar do aumento absoluto de seu número.[27] A expansão das atividades não agrícolas catarinenses também se refletiu no aumento do número de estabelecimentos comerciais e industriais entre 1854-5 e 1865-6. No primeiro ano fiscal existiam 495 estabelecimentos, dos quais 194 (ou 39,2%) pertenciam a estrangeiros. No segundo ano fiscal, esse total havia subido para 619, sem contar os 120 estabelecimentos isentos de impostos. Dos estabelecimentos taxados em 1865-6, 380 pertenciam a brasileiros, 113 a portugueses, e 126 a indivíduos de outras nacionalidades.[28]

Uma pesquisa de 1866, realizada por autoridades policiais, fornece informações interessantes sobre a distribuição da população livre segundo a ocupação e sobre a distribuição da renda. Os números relativos ao emprego davam conta de 22.700 lavradores (que representavam 89% da população ativa livre total), 1.114 comerciantes e lojistas, 1.220 "artistas" (incluindo principalmente artesãos), 362 funcionários públicos e 105 "proprietários". Mesmo que estejam incompletos, os dados sugerem a existência de um grande número de agricultores livres na província, em uma época em que a população escrava total de todas as idades alcançava aparentemente 14.722 indivíduos. As informações sobre distribuição de renda revelam que uma grande maioria da população "empregada" auferia rendas entre cem e quinhentos mil-réis por ano, e mostram também a existência de poucos ricos, já que apenas 104 pessoas (0,5% do total de pessoas com alguma renda) recebiam dois contos de réis ou mais a cada ano.[29] Como exercício teórico, foi computado um coeficiente de concentração de Gini com base nos dados sobre a distribuição da renda. Não se deve atribuir muito significado ao valor absoluto do coeficiente de apenas 0,235, mas o baixo valor verificado não é incoerente com a sugestão de Kuznets segundo a qual, nos estágios iniciais de desenvolvimento, predomina um coeficiente baixo, ou seja, uma distribuição de renda pouco concentrada.[30]

Os dados do censo de 1872 tendem a confirmar a pouca importância comparativa da escravidão em termos relativos em Santa Catarina, mas indicam também que os escravos ainda eram empregados em números não desprezíveis no setor rural e como domésticos em determinadas regiões da província. O total de estrangeiros listados não inclui os descendentes dos primeiros colonos de origem germânica que eram brasileiros *de facto*, mas mesmo aquele número total do censo já era aproximadamente equivalente ao número de escravos, que correspondia a 9,4% de uma população total de 159.802 habitantes. No mesmo ano, as principais colônias "alemãs" reuniam pelo menos 21 mil pessoas, ou cerca de 13% da população da província (ver tabela 2).

Segundo o censo de 1872, de um total de 14.984 escravos listados, 6.231 (41,6%) eram trabalhadores rurais, 3.598 (24%) eram serventes e diaristas e 5.155 (34,4%) tinham profissões diversas, incluindo o serviço doméstico, ou não tinham ocupação.[31] Os dados sobre a ocupação da população livre em 1866 já mostravam a existência de numerosos agricultores livres, mas seu número havia aumentado substancialmente no início da década de 1870. Com efeito, considerando-se apenas Blumenau e Dona Francisca, ocorrera um aumento populacional de cerca de 5.972 pessoas, em sua maioria novos imigrantes dedicados a atividades agrícolas.[32]

Com relação ao setor urbano, os dados censitários sobre escravidão na capital da província mostram que escravos ainda eram usados, em maior ou menor grau, na maioria das ocupações, mas, com exceção de seis chapeleiros, todos escravos, nas outras categorias eles representavam metade ou menos da metade do "emprego" total.[33] Na ilha como um todo, que continha 22,4% da população escrava e 15,1% da população total da província, havia 4.401 agricultores livres, contra apenas 725 escravos, o que indica uma grande predominância do trabalho livre nas atividades rurais. A ilha também abrigava 1.076 escravos domésticos (das quais 915 eram mulheres), por oposição a 5.319 pessoas livres dedicadas ao "serviço doméstico".[34] Os escravos domésticos aparecem como a mais importante categoria ocupacional, por oposição aos agricultores, devido ao fato de as ocupações na ilha tenderem a privilegiar as profissões urbanas, uma vez que esta incluía a cidade de Desterro.

Em resumo, as estatísticas ocupacionais disponíveis para o final da década de 1860 e início dos anos 1870 indicam que a importância da escravidão diminuía gradativamente em Santa Catarina e que os escravos se tornavam cada vez menos necessários à economia da província (e especialmente ao setor da exportação) devido ao número crescente de pequenos proprietários independentes no continente. As áreas da província que concentravam os maiores contingentes de escravos eram a ilha de Santa Catarina e o município de Laguna. Ambas eram regiões de ocupação precoce e continham centros urbanos comparativamente importantes, com atividades portuárias que justificavam o emprego de um número mais elevado de escravos domésticos, carregadores etc. Como a criação de gado continuava a se expandir em Lages, esse município poderia ter empregado uma quantidade comparativamente alta de escravos, mas, mesmo ali, eles representavam menos de 20% da população em 1860, época em que o comércio de gado com São Paulo possivelmente atingiu seu ápice.[35]

Os dados disponíveis sobre a evolução das exportações marítimas de Santa Catarina durante as décadas de 1870 e 1880 apresentados na tabela 1 não são inteiramente satisfatórios, mas ainda assim refletem as contínuas flutuações de valor decorrentes das variações de preços da farinha de mandioca.[36] A grande seca nordestina do final da década de 1870 levou a preços atipicamente elevados, que estimularam a plantação de mandioca em detrimento de outros cultivos. No entanto, esse período de prosperidade foi seguido por uma "crise de superprodução" durante a qual "os preços despencaram a menos de um décimo de seu máximo, e deixou-se que [a mandioca] apodrecesse nos campos".[37]

Na verdade, os números das exportações não refletem a evolução da produção interna da província, que aumentou consideravelmente com a expansão das colônias estrangeiras e se tornou cada vez mais diversificada. No início da década de 1880, a agricultura da província certamente ainda podia ser classificada como "atrasada" em suas técnicas, e um observador constatou que a maior parte dos equipamentos usados no processamento dos gêneros alimentícios era de madeira e pouco sofisticada.[38] Porém, os números disponíveis indicam que a produtividade da terra compensava, em parte, as técnicas deficientes. Segundo uma publicação oficial de 1875, o rendimento por semente no continente, na área de Lages, seria o seguinte: trigo 30-50 : 1; centeio 40-50 : 1; cevada 45-50 : 1; e aveia 30-40 : 1. Mesmo considerando-se uma grande dose de exagero, esses números eram aparentemente muito mais elevados do que aqueles observados na mesma época na Alemanha.[39]

Embora as atividades industriais não tenham se desenvolvido em nenhuma escala significativa nas cidades costeiras mais antigas da província,[40] em Blumenau, Brusque e Joinville (Dona Francisca) os sucessos nessas atividades não se limitavam ao processamento de gêneros alimentícios tradicionais e de madeira. A fundação de duas futuras fábricas têxteis em Blumenau e Brusque data do início da década de 1880. Nessa época, um diplomata britânico reclamou da relativa diminuição do mercado brasileiro para os produtos têxteis britânicos, e observou que "as mantas de lã vermelha, que tinham certa importância em nossas importações, agora se vendem com dificuldades. Na província de Santa Catarina, os habitantes começaram a trabalhar a lã local e, embora a qualidade desse artigo não se aproxime da do produto importado, é sem dúvida adequada às necessidades das pessoas".[41] Por outro lado, as áreas coloniais de Joinville e São Bento passaram a se dedicar à preparação do mate. Em 1880-1, segundo uma fonte alemã, havia cinco engenhos de mate em Joinville (três dos quais movidos a vapor) e dois em São Bento (um deles também a vapor).[42]

A importância do comércio das colônias também havia aumentado de forma considerável. Em 1879, Blumenau exportou 485 contos (número possivelmente inflado pelos altos preços da mandioca), e em 1881 vendeu mercadorias no valor de 389 contos. Cerca de dez anos antes, as exportações de Blumenau alcançavam apenas 130 contos. Em 1881, as exportações de Joinville (Dona Francisca) estavam estimadas entre oitocentos e novecentos contos (possivelmente com algum exagero, visto que esse valor era próximo do valor total das exportações da província na época, conforme a tabela 1). Contudo, essa expansão se deveu sobretudo aos produtos agrícolas, uma vez que as colônias continuavam a ser basicamente centros de produção agropecuária. Isso é indicado pelos números disponíveis sobre as produções de Blumenau em 1881. Nesse ano, a colônia produziu 34.966 alqueires de milho, 4.389 alqueires de farinha de mandioca, 2.249 alqueires de arroz, 907 alqueires de feijão, 6.700 hectolitros de aguardente de cana e 1.300 hectolitros de vinho. Outras produções importantes incluíam 349,7 toneladas de açúcar e dezesseis toneladas de fumo. A criação de gado também mostrara progresso notável na colônia, que tinha 9.360 cabeças de gado bovino, 27.400 porcos e 297 mil aves domésticas. A carne e os laticínios incluíam 669 toneladas de carne e banha, 115,8 toneladas de manteiga e 128,8 toneladas de queijo.[43] Essa lista dá conta da diversificação da produção das áreas coloniais, e também da pouca importância relativa do volume de exportações da maioria dos artigos da província quando comparado à sua produção agrícola total.[44]

Os alemães não constituíam a única nacionalidade dos contingentes de estrangeiros que chegavam a Santa Catarina. Enquanto a maioria das colônias alemãs estava localizada no norte catarinense, sobretudo no Vale do Itajaí, os recém-chegados eram encaminhados não somente para aquela área, mas também para o sul da província. Uma bem-sucedida campanha de propaganda levou de 3 mil a 4 mil italianos para Santa Catarina entre 1875 e 1880, sem contar tiroleses de língua italiana. No norte, como os alemães haviam ocupado as áreas mais acessíveis, eles foram assentados em lugares um tanto mais afastados dos principais mercados, em especial no vale das Tijucas, onde se fundou Nova Trento, mas também receberam terras boas e férteis.[45] No sul, os italianos muitas vezes foram verdadeiros pioneiros, ocupando as terras esparsamente povoadas dos vales do rio Tubarão, onde Azambuja foi fundada em 1877 com 291 imigrantes, e dos rios Urussanga e Araranguá. Novas "linhas" se disseminaram a partir dos núcleos originais, como Criciúma, fundada em 1881 com 139 pessoas. Poloneses e russos também afluíram para a área, dando origem à linha de São João Batista, enquanto uma companhia privada fundou o núcleo de Grão-Pará em 1882.[46]

Portanto, foi no contexto de uma imigração europeia contínua que se deram os últimos anos da escravidão em Santa Catarina. Os dados sobre a evolução da população escrava após o início da década de 1870 são deficientes. Ao final de

1879, segundo um relatório oficial, restavam 12.448 escravos na província. Em maio de 1887, apenas 4.927 escravos ainda estavam supostamente matriculados em Santa Catarina, e eles corresponderiam a menos de 2% da população total recenseada em 1890.[47] Em contraste, os dados por município, reproduzidos em um relatório provincial de 1887, revelam um total de 4.827 escravos já em 1885! Esses dados detalhados sugerem que, a essa altura, a escravidão já era quase insignificante na maioria dos municípios, em termos absolutos e relativos.[48] Quando a Abolição foi decretada em 1888, sobravam poucos escravos em Santa Catarina, e sua importância econômica era muito limitada.

O fato de os escravos não representarem uma fração essencial da força de trabalho em qualquer setor produtivo da província — que, por sua vez, não produzia em grandes plantações bens exportáveis orientados para os mercados estrangeiros — tornaria a transição definitiva para o trabalho livre um processo relativamente fácil. Com efeito, o processo parece ter sido bem gradual, sem resultar em perturbações econômicas, visto que ocorreu no contexto de uma imigração cada vez mais importante para a região. Tampouco a Abolição retirou da força de trabalho os escravos remanescentes: conforme observado em um trabalho sobre a escravidão em Santa Catarina, muitos ex-escravos mantiveram suas ocupações anteriores, e não houve um afluxo excessivo dos libertos para as áreas urbanas. Os escravos continuaram localizados predominantemente na ilha de Santa Catarina e nas áreas costeiras, que durante as décadas subsequentes teriam um desenvolvimento mais lento do que as áreas coloniais do interior.

Na época da Abolição, negros e mestiços representavam uma minoria da população, que tendia a declinar em termos relativos. Em 1890, de uma população total de 283.769 habitantes, 84,8% eram brancos, 10,4% mestiços e 4,8% negros. Nesse ano, a participação dos negros na população total do município da capital era de 6,8%, e a dos mestiços, 11,9%, por oposição a 1872, quando as duas categorias alcançavam respectivamente 14,6% e 11,7%.[49] Assim, os ex-escravos de Santa Catarina representavam apenas uma pequena fração da oferta total de mão de obra. Membros de um grupo minoritário em uma sociedade predominantemente branca, os ex-escravos sofreriam preconceitos de cor e discriminação social Estes últimos foram provavelmente exacerbados pelo fato de, na maioria dos casos (com exceção de poucos artesãos), os libertos não terem qualificação e não estarem preparados para competir pelas ocupações mais bem remuneradas do setor urbano, onde muitas vezes haviam trabalhado como empregados domésticos ou diaristas. Ao que tudo indica, eles seguiram desempenhando essas ocupações. Na zona rural, tornar-se-iam diaristas mais do que pequenos proprietários, sobretudo nas áreas onde a maior parte da terra havia sido apropriada, como no caso da ilha de Santa Catarina. Assim como em outras regiões do país, a falta de medidas adicionais além da abolição incondicional da escravidão deixou os ex-escravos despreparados para competir com sucesso, em diversas ocupações, com os imigrantes e seus descendentes.

Em Santa Catarina, a abolição definitiva da escravidão não foi seguida pela prevalência generalizada do trabalho assalariado. A imigração estrangeira continuou no final da década de 1880 e ao longo dos anos 1890, e, à medida que novas áreas coloniais iam se constituindo, a forma de trabalho predominante na agricultura continuou a ser o trabalho familiar em pequenas propriedades, com poucos trabalhadores contratados. A imigração italiana, que havia somado 1.411 pessoas entre 1885 e 1888, aumentou consideravelmente em seguida, alcançando 7.503 imigrantes entre 1889 e 1893, quando a Revolução Federalista interrompeu temporariamente novos afluxos. A maioria desses imigrantes rumou para o sul catarinense, onde, em um afluente do rio Araranguá, foi fundada Nova Veneza, que mais tarde se expandiu formando outros núcleos, incluindo Nova Treviso, Nova Belluno, Belvedere e, por fim, Jordão.[50]

Fontes consulares italianas registraram a distribuição aproximada de "italianos" (segundo o direito italiano) nos municípios de Santa Catarina em 1900, quando a população total do estado alcançou 320.289 habitantes. Segundo essas mesmas fontes, a colônia italiana era avaliada em no máximo 27 mil pessoas, enquanto a população germanófona representava, na época, 70 mil ou 80 mil pessoas. Os dados do censo de 1900 mostram que os três municípios coloniais mais importantes do norte — Blumenau, Joinville e Brusque — abrigavam 63.266 habitantes, e que os de Araranguá, Tubarão e Urussanga tinham 46.745 habitantes, em sua maioria imigrantes ou seus descendentes, dedicados à agricultura. Nos três primeiros, de colonização alemã mais antiga, estimava-se uma população italiana de 6.450 a 7.200 pessoas, correspondendo a cerca de 10,2% a 11,4% da população total. Já nos outros três municípios, estariam localizados de 12.989 a 14.044 italianos, representando entre 27,8% e 30% da população total.[51] No início dos anos 1900, Blumenau e Joinville também concentravam uma parte considerável da força de trabalho e dos estabelecimentos industriais de Santa Catarina. Eram, porém, estabelecimentos com uma média de vinte a quarenta trabalhadores no máximo (geralmente muito menos),[52] enquanto existiam milhares de pequenos produtores rurais.

De fato, na virada do século, um observador estrangeiro elogiou os resultados da colonização europeia em Santa Catarina, onde uma grande fração dos imigrantes havia conseguido se tornar proprietária de terras. Assim, mesmo italianos que tinham trabalhado como operários na construção da Ferrovia Teresa Cristina também acabaram conseguindo se estabelecer nas colônias, e estimava-se que apenas 5% dos italianos eram artesãos, diaristas ou comerciantes.[53] Outro estrangeiro observou que os colonos "eram, em regra geral, prósperos, e muitos eram bastante ricos e muito respeitados".[54] A comparativa prosperidade das áreas coloniais contrastava com a estagnação das áreas costeiras mais antigas, enquanto a capital não conseguia desenvolver um setor industrial, conservando apenas parte de sua importância política e comercial. Mesmo com relação ao comércio, o porto de Itajaí absorvia uma parcela cada vez maior da exportação dos produtos das áreas coloniais do norte do estado. Os números disponíveis sobre as exportações de Itajaí e Laguna na década de 1890 mostram um aumento de 48% no valor total das exportações em libras esterlinas entre 1892 e 1899. Dessa data até 1901, houve um declínio de 9% a 10% em libras e da ordem de 40% em moeda nacional, o que, além de refletir a forte valorização do mil-réis, provavelmente pode ser atribuído a uma queda da demanda de alguns estados cafeeiros que, diante da crise do café, começaram a produzir alguns dos gêneros alimentícios anteriormente comprados de Santa Catarina.[55] Esses dados não refletem a evolução das áreas de criação de gado do interior. Com efeito, na virada do século, Lages exportava cerca de 20 mil cabeças de gado por ano para Florianópolis (Desterro), Paraná e São Paulo.[56] Por outro lado, é preciso observar que grande parte da produção doméstica, que certamente estava crescendo no período, era consumida internamente no estado.

Em resumo, durante o século XIX, uma vez que a economia de Santa Catarina não se concentrava em gêneros agrícolas produzidos em grandes plantações e destinados à exportação para mercados estrangeiros, a importância da escravidão na área foi muito menos pronunciada do que em outras regiões de grandes propriedades. Ao final do terceiro quarto do século, a transição para o trabalho livre já estava bastante avançada, e a província passou a se caracterizar cada vez mais pelo padrão de numerosas pequenas propriedades agrícolas cultivadas por trabalho familiar, algo que já existia desde tempos mais remotos e foi intensificado pela multiplicação das colônias estrangeiras. Após a Abolição, a predominância do trabalho familiar na agricultura das áreas coloniais continuou, enquanto em outras ocupações, cujo escopo ainda era limitado, o trabalho assalariado tendia a se tornar a regra. Os libertos parecem ter sido incorporados à economia do estado em sua maioria como assalariados, uma vez que seu acesso à propriedade de terras permaneceu muito limitado devido à sua falta de recursos ou de qualificações iniciais, o que, para a maior parte deles, tendia a dificultar a acumulação de poupança e a aquisição de uma propriedade.

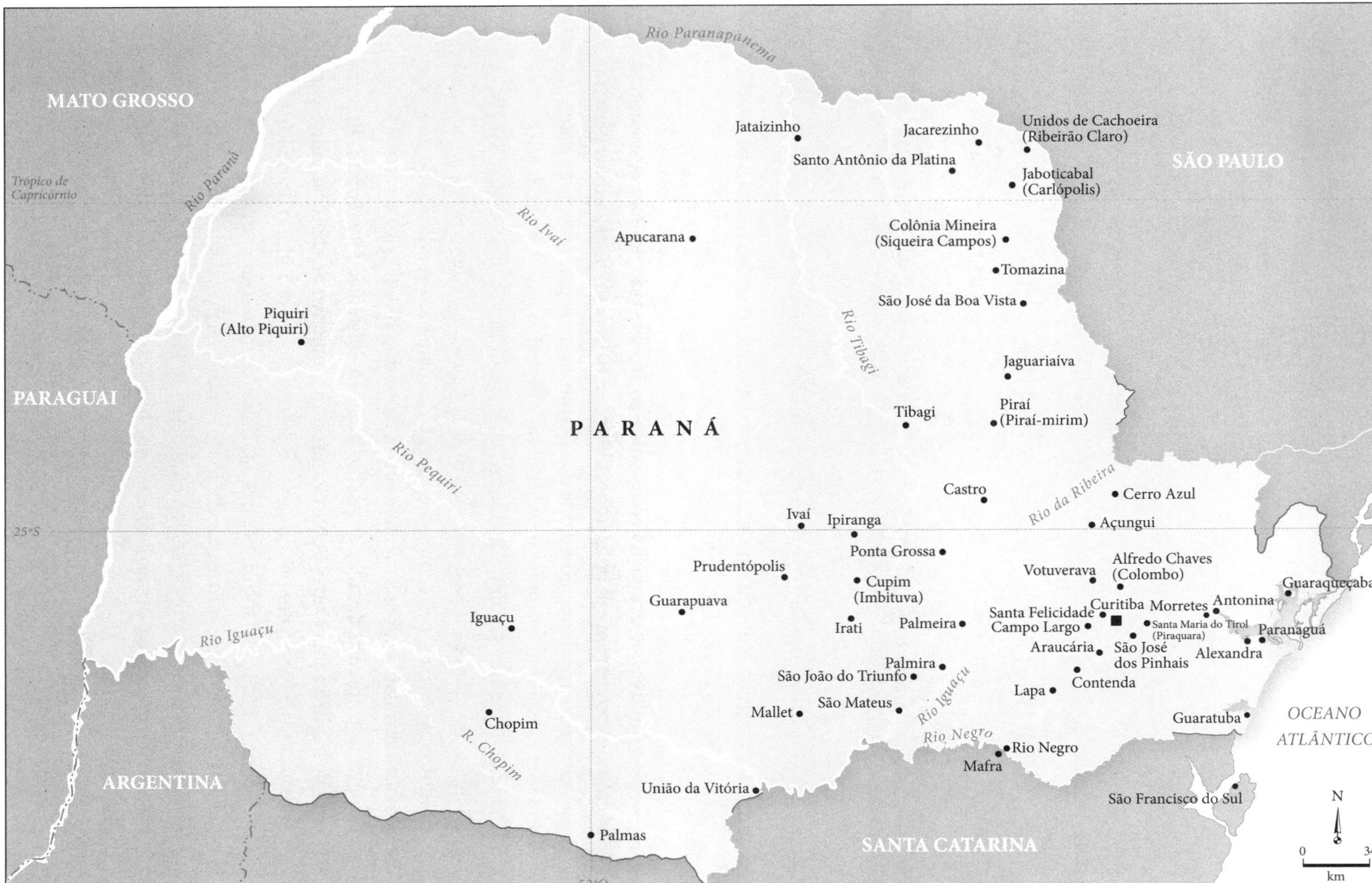
MATO GROSSO
SÃO PAULO
PARAGUAI
ARGENTINA
SANTA CATARINA
OCEANO ATLÂNTICO
PARANÁ
Trópico de Capricórnio
25°S
52°O
Rio Paranapanema
Rio Paraná
Rio Ivaí
Rio Tibagi
Rio Pequiri
Rio da Ribeira
Rio Iguaçu
R. Chopim
Rio Negro
Jataizinho
Jacarezinho
Unidos de Cachoeira (Ribeirão Claro)
Santo Antônio da Platina
Jaboticabal (Carlópolis)
Apucarana
Colônia Mineira (Siqueira Campos)
Tomazina
São José da Boa Vista
Piquiri (Alto Piquiri)
Jaguariaíva
Tibagi
Piraí (Piraí-mirim)
Castro
Cerro Azul
Ivaí
Ipiranga
Açungui
Ponta Grossa
Prudentópolis
Votuverava
Alfredo Chaves (Colombo)
Cupim (Imbituva)
Guaraqueçaba
Guarapuava
Curitiba
Morretes
Antonina
Iguaçu
Santa Felicidade
Santa Maria do Tirol (Piraquara)
Irati
Palmeira
Campo Largo
Paranaguá
Araucária
São José dos Pinhais
Alexandra
Palmira
São João do Triunfo
Contenda
Lapa
Mallet
São Mateus
Guaratuba
Chopim
Rio Negro
Mafra
União da Vitória
São Francisco do Sul
Palmas
N
0
34
km

10. Paraná

10.1. A ASCENSÃO DA PECUÁRIA E O DESENVOLVIMENTO DA PRODUÇÃO DE ERVA-MATE NO PARANÁ, C. 1750-1850

As tentativas de ocupação econômica do atual estado do Paraná durante o século XVII ocorreram em duas frentes. Por um lado, jesuítas espanhóis penetraram nos planaltos da região vindos dos domínios da Espanha mais a oeste, cruzando o rio Paraná, e fundaram várias missões indígenas — ou reduções — na chamada região de Guaíra e ao longo ou entre os rios Pequiri, Ivaí e Tibagi. A atividade econômica dessas missões incluía a produção de gêneros agrícolas e produtos artesanais, bem como a extração de mate para venda no Rio da Prata. Embora as missões supostamente tenham chegado a reunir cerca de 40 mil índios durante as primeiras décadas do século XVII, sua existência foi efêmera. Expedições de bandeirantes vindas de São Paulo com o objetivo de capturar índios para escravizá-los levaram em poucos anos à destruição ou abandono da maioria das reduções, e, em 1631, tanto a maioria dos índios remanescentes quanto os jesuítas haviam deixado a margem esquerda do rio Paraná. Depois disso, durante mais de um século, a maior parte do centro e do oeste do Paraná continuou sem assentamentos permanentes, ocupada apenas por índios selvagens nômades, os chamados bugres.[1]

A penetração portuguesa em áreas da capitania de São Vicente, que mais tarde viriam a formar parte do Paraná, foi motivada pela captura de índios e pela busca do ouro. A exploração de ouro de lavagem na área litorânea de Paranaguá e no planalto ao redor de Curitiba parece ter sido suficientemente importante durante a segunda metade do século XVII para levar à criação de uma casa de fundição em Paranaguá, em 1697. Cerca de trinta anos mais tarde, as zonas de lavagem da região estavam praticamente exauridas, e a descoberta de ouro em Minas Gerais havia absorvido parte da população do planalto ligada à mineração.[2]

Nesses primeiros tempos, a lavagem do ouro estava baseada na mão de obra escrava, que parece ter sido formada predominantemente por índios, embora haja referências à existência de negros em torno de Paranaguá durante o último quarto do século XVII. A população era pequena, e precisava importar parte dos produtos de que necessitava para viver. Em 1721, segundo um funcionário da Coroa, a população adulta livre da região era de aproximadamente 3.400 pessoas.[3] Logo, números cada vez maiores de habitantes tiveram de se dedicar a outras ocupações que não a lavagem do ouro, e estas incluíam a agricultura e a pesca ao longo da costa e a criação de gado e a agricultura no planalto. Na década de 1720, uma grande fração da população do planalto já vivia em pequenos estabelecimentos dedicados à produção de alimentos e à pecuária, e a criação de gado já predominava ao redor de Curitiba e na direção de São Paulo. Por volta de 1730, a abertura de uma "estrada" de Viamão, no Rio Grande do Sul, até São Paulo, passando por Curitiba, permitiu um maior desenvolvimento dessa atividade. Estimulado pela demanda das regiões mineradoras, o comércio do gado, em especial de mulas trazidas por tropeiros do sul da colônia, adquiriu considerável importância, de modo que novos povoados surgiram nos Campos Gerais ao longo da estrada para São Paulo, muitas vezes originando-se em "currais" de gado. Os ex-mineradores que permaneceram na região passaram a se dedicar à agricultura e à criação de gado. Naquela área, os trabalhadores incluíam não apenas os escravos anteriormente empregados na mineração, mas também diversos índios "administrados" e mamelucos, que se adaptavam bastante bem à natureza do trabalho com o gado ou à condução de tropas de mulas.[4]

A proliferação das fazendas de criação ou de invernagem (para a engorda do gado) no planalto, bem como da agricultura e da pesca no litoral, foi acompanhada por um aumento da população. Novos ocupantes vindos de São Paulo chegaram ao planalto por terra, muitas vezes trazendo seus escravos. Um recenseamento da população total em 1772 listou 7.627 habitantes, dos quais 1.712 eram escravos, sem contar os de Castro, que somava 973 habitantes livres. Esses dados contrastam com "recenseamentos" independentes de Paranaguá e Curitiba, que em 1767 revelaram respectivamente 952 e 933 escravos nessas duas áreas. Os números de 1772 mostram uma proporção de escravos de 25,7% na população total (com exceção de Castro), enquanto os dados sobre Curitiba de 1779 a 1793 revelam uma proporção de 18% a 19,5%. As informações sobre Paranaguá, tanto para 1767 quanto para 1772, indicariam uma população escrava que representava mais de 44% da população total da área. Embora os diferentes números apresentem incoerências e devam ser considerados com reserva, sugerem que de fato havia muitos escravos na região, sobretudo se forem incluídos os índios "administrados", que teoricamente eram livres, mas na prática eram escravos.[5] Por outro lado, os dados disponíveis sobre a distribuição de escravos entre as residências no planalto sugerem que, como em São Paulo na mesma época, muitas unidades familiares trabalhavam a terra diretamente, enquanto a propriedade de escravos permanecia concentrada nas mãos de um número comparativamente pequeno de senhores. Não existem informações equivalentes para Paranaguá no litoral, onde eram plantados produtos "tropicais". Ali, a propriedade de escravos talvez tenha sido mais comum.[6]

Ao final do século XVIII, a decadência das atividades mineradoras no Brasil central e um aumento da oferta levaram a uma queda dos preços do gado. Embora a criação de gado bovino tenha continuado a absorver uma parte substancial da população do planalto, tal situação favoreceu um maior desenvolvimento da agricultura. Na virada para o século XIX, o trigo já era cultivado no planalto junto com o feijão e o milho, em maior escala do que nas roças das fazendas de gado, orientadas para a subsistência, de modo que excedentes eram exportados. Também se dava maior atenção à extração de erva-mate, mas sua importância comercial permanecia limitada. A farinha de mandioca, o arroz e os derivados da cana-de-açúcar eram produzidos nas áreas costeiras, e as exportações marítimas desses gêneros alimentícios partindo de Paranaguá não parecem ter sido nada desprezíveis até o final do século XVIII.[7]

As primeiras décadas do século XIX foram caracterizadas pela expansão da criação de gado, graças à ocupação dos campos de Guarapuava e de Palmas, e pela importância crescente do mate como produto de exportação. Em 1815, a população total da futura província do Paraná alcançava cerca de 26.672 habitantes, dos quais 5.228 (19,6%) eram escravos. Em 1820, os detalhados apontamentos de viagem de um naturalista francês que viajou entre São Paulo e Curitiba confirmam o uso frequente de escravos nas fazendas de gado. Estes geralmente viviam em choças ao redor da sede da fazenda, e parecem ter sido objeto de menos supervisão do que os escravos das grandes plantações voltadas para a exportação, pelo menos nas propriedades menores. Alguns chegavam a ser feitores, ou trabalhavam como capatazes das fazendas na ausência de seus proprietários.[8] A natureza do trabalho com o gado exigia poucos braços, de modo que a existência de algumas fazendas com uma dúzia de escravos ou mais, sem um número proporcional de cabeças de gado, parece indicar que estes também eram empregados em outras ocupações nessas propriedades.

Descrições mais recentes da chamada "sociedade campeira" mostram grandes proprietários dependentes do trabalho de certo número de escravos, e de uma "clientela" de agregados, que produziam a maior parte dos artigos necessários à fazenda em matéria de alimentos e artesanato, confirmando o caráter misto de suas atividades.[9] Caso as informações fornecidas pelo mesmo autor francês sejam consideradas exatas, como se supõe habitualmente na literatura, também existiam propriedades com poucos escravos, ou até mesmo sem nenhum escravo. Um dos fazendeiros mais ricos da época tinha apenas trinta escravos em sua maior propriedade, e o mesmo observador ressaltou que, no município de Castro, os escravos estavam distribuídos entre um número comparativamente pequeno de proprietários. Porém, os dados que ele aceita para Castro, cerca de quinhentos escravos por volta de 1820, contrastam com os de um "recenseamento" de 1815 que listou 1.157 escravos, representando 23,9% da população total. Por outro lado, suas observações também incluíam pequenos agricultores independentes, e não apenas criadores de gado. À luz de outros trabalhos, parece razoável aceitar que os escravos constituíam uma fração importante dos trabalhadores do "setor da criação de gado", que, no entanto, conforme já mencionado, não se especializava exclusivamente na criação de animais (como no Rio Grande do Sul), mas incluía também a produção de gêneros alimentícios em roças. Além disso, ainda é provável que as grandes fazendas "senhoriais" tenham coexistido com estabelecimentos mais numerosos, que operavam com menos trabalhadores. Por fim, no que diz respeito às condições de vida dos escravos nas fazendas de gado, estas, como já foi dito, parecem ter sido diferentes daquelas nas grandes plantações orientadas para a exportação em outras regiões da colônia. Os escravos aparentemente dispunham de moradias mais individualizadas, e embora a carne não constituísse sua alimentação básica, como ocorria no Rio Grande do Sul, sua dieta parece ter incluído laticínios e cereais obtidos nas fazendas.[10]

A importância relativa dos escravos na agricultura parece ter variado conforme a natureza dos produtos cultivados. Como em São Paulo, nas plantações de cana-de-açúcar e café, bem como nos engenhos das áreas costeiras localizados ao redor de Paranaguá, Morretes e Antonina, os escravos eram provavelmente a mão de obra predominante. Porém, em áreas mais pobres como Guaratuba, que precisava complementar a agricultura com a pesca, os cultivos do arroz e da mandioca ocupavam grande parte de uma população pobre e predominantemente livre.[11] Também no planalto, parece ter havido numerosos agricultores independentes que produziam gêneros alimentícios para subsistência e, ocasionalmente, para venda. Em 1820, o já citado observador francês constatou a existência de diversas unidades familiares brancas menos abastadas, que não possuíam escravos e cujos membros cultivavam as próprias terras, "já que não consideram o trabalho degradante", confirmando assim as já citadas evidências relativas a anos anteriores. Até mesmo alguns dos proprietários de escravos existentes tinham começado a trabalhar eles próprios diretamente sua terra, e, depois de acumular alguns recursos, haviam adquirido alguns escravos.[12]

Dada a disponibilidade de terras — que, como no caso das outras duas capitanias do Sul, não haviam sido sistematicamente alienadas a particulares por meio de concessões de sesmarias —, o emprego de escravos era muitas vezes a única alternativa que restava aos agricultores desejosos de expandir suas atividades em condições de escassez de mão de obra. Contudo, nenhum produto agrícola orientado para exportação era cultivado em escala suficientemente ampla na região a ponto de possibilitar a geração de significativos excedentes exportáveis e seu investimento em grandes números de escravos, como no caso das áreas do Império especializadas na produção de café e açúcar. Assim, o número de agricultores livres produzindo em pequena escala não tendeu a diminuir,[13] e a contribuição da imigração estrangeira organizada para o número total de pequenos produtores permaneceu limitada. Em 1816, cerca de cinquenta casais de açorianos estabeleceram-se na área dos futuros municípios de Rio Negro e Mafra. No final da década de 1820, aqueles açorianos foram seguidos por cerca de cem alemães, mas muitos destes se dispersaram, dedicando-se a ofícios e ao comércio, ou adquirindo pequenos lotes de terra próximos a centros urbanos.[14] Essas tentativas oficiais de colonização, porém, não continuaram na década de 1830.

Os dados ocupacionais disponíveis sobre alguns futuros municípios paranaenses sugerem que, durante as primeiras décadas do século XIX, uma grande fração dos habitantes dedicava-se a atividades pecuárias e agrícolas, mesmo quando residia em pequenos centros urbanos.[15] Por volta de 1820, praticamente não havia atividades industriais no Paraná, com exceção da produção artesanal de couro ou de lãs no planalto, que incluía arreios, selas, mantas e tecidos grosseiros para serem usados pelos escravos, e do processamento de gêneros alimentícios e mate. A extração de erva-mate, embora favorecida no início do século XVIII por uma autorização especial de comércio com o Rio da Prata, continuava orientada sobretudo para o consumo interno, conforme sugerido pelos pequenos excedentes exportáveis.[16] No início, o produto era processado de forma muito rudimentar. O virtual fechamento do Paraguai ao comércio com o exterior, por volta de 1820, privou o Rio da Prata de seu principal fornecedor de mate, aumentando a demanda pelo artigo paranaense. Essa nova situação levou um argentino a se instalar em Paranaguá, onde fundou, no início da década de 1820, a primeira "fábrica" de processamento de erva-mate. Outros estabelecimentos, os chamados engenhos de soque, logo foram criados ao longo da costa, e em poucos anos o mate se tornou o principal produto de exportação de Paranaguá, respondendo em 1826 por 69,8% das exportações totais por esse porto. No início da década de 1830, engenhos de soque também foram criados no planalto ao redor de Curitiba, e as exportações continuaram a aumentar, apesar das dificuldades de transporte do planalto até a costa.[17]

A natureza das relações de trabalho na coleta e no processamento da erva-mate no início do século XIX não está bem esclarecida, devido à falta de informações suficientes da época. Já houve sugestão de uma autoridade no assunto de que os engenhos de soque eram predominantemente operados por escravos. Isso é bastante plausível, dado o fato de que os engenhos de mate eram movidos por força manual, e que, na época, os engenhos de processamento de outros produtos eram em geral operados por escravos. Por outro lado, a natureza comercial da atividade era capaz de proporcionar recursos monetários para a aquisição de escravos.[18] Isso não permite, contudo, que se façam inferências sobre as condições de trabalho na fase de coleta da erva-mate, que brotava de forma selvagem nos planaltos da província. O processamento inicial da erva-mate e seu empacotamento rudimentar, inicialmente realizado em cestos, requeriam pouco capital e não exigiam implementos específicos. Portanto, não há motivo para se admitir, como fez um autor, que a extração do mate fosse necessariamente realizada por escravos e por "homens livres que trabalhavam segundo formas de remuneração que os tornavam praticamente escravos". Apesar de alegações em contrário, o trabalho de coleta conservava um caráter sazonal, desencorajando assim o emprego de escravos em "tempo integral". É bastante provável, portanto, que famílias autônomas de caboclos pobres coletavam o produto para vender ou trocar com intermediários que, por sua vez, o encaminhavam para as chamadas fábricas. Essa atividade também podia ser alternada com a agricultura de subsistência. Nesse caso, dedicar-se temporariamente à coleta de erva-mate era viável tanto para agricultores livres quanto para pequenos proprietários de escravos. Evidências relativas a décadas posteriores do século XIX confirmam o trabalho de famílias pobres na extração do mate, embora seja muito possível que "índios administrados ajudassem a colher o produto nos primeiros tempos".[19]

Com relação às técnicas agrícolas durante as primeiras décadas do século XIX, a derrubada seguida de queimada parece ter sido uma prática generalizada, e a enxada era a principal ferramenta. No cultivo do trigo no planalto, tomava-se algum cuidado para adubar as terras confinando o gado na área a ser plantada, e o solo era aparentemente trabalhado com arados. Porém, mesmo em relação a essa cultura, confiava-se excessivamente na fertilidade inesgotável do solo, que permanecia por um certo número de anos sem adubagem ou rotação. Em 1820, a ferrugem já afetava o cultivo do trigo, e seu rendimento por semente era supostamente de cerca de 16 : 1. Como no caso do Rio Grande do Sul, o declínio desse produto durante a década seguinte foi atribuído principalmente a essa praga (segundo a literatura sobre o tema). Mais uma vez, causas econômicas também estavam presentes, já que a decadência do trigo coincidiu com preços mais favoráveis para o gado, com a exploração crescente do mate com finalidades comerciais e com a disponibilidade de farinha estrangeira a preços baixos no litoral. No planalto, o milho rendia aparentemente de 100-150 : 1 e o feijão de 150 : 1, quando plantados separadamente. Nas cercanias de Guaratuba, no litoral, o rendimento do arroz parece ter sido de 100 : 1. Não há informações quanto à produtividade da cana-de-açúcar ou da mandioca, que eram plantadas ao longo da costa.[20]

Pode-se agora tentar traçar um quadro mais quantitativo da importância relativa do trabalho escravo e do trabalho livre no Paraná durante as décadas de

1830 e de 1840. Os dados disponíveis sobre a população de seis futuros municípios paranaenses antes da independência da província mostram que a participação de escravos na população total pouco mudou de 1815 a 1836, alcançando cerca de 18% nesse último ano, enquanto a população escrava, em termos absolutos, cresceu cerca de 50%.[21] Os números disponíveis sobre a estrutura ocupacional de Curitiba indicam uma diversificação crescente das atividades na área já na década de 1830. Informações sobre emprego, com base em um manuscrito de 1830 e corrigidos segundo os dados disponíveis sobre a distribuição etária dos escravos, parecem indicar que, em Curitiba, a participação dos trabalhadores livres em uma população ativa estimada em 3.209 pessoas chegava a cerca de 61,5% do total.[22] Em 1836, as informações disponíveis sobre ofícios também indicam um aumento do número de artesãos nessa área.[23] Dados sobre artesãos escravos em Curitiba não são fornecidos, mas existe uma relação detalhada dos escravos registrados pela coletoria de Paranaguá em 1844 da qual constam informações abundantes sobre ocupações, nacionalidade e distribuição etária nessa área costeira.

Com relação à sua origem, em 1844, apenas 27,6% dos escravos de Paranaguá eram listados como africanos. Destes, porém, 70% tinham entre quinze e 34 anos, confirmando a continuação do tráfico marítimo de escravos entre a África e Paranaguá após 1831, que só foi interrompido, de fato, em 1850. Os dados sobre ocupações indicam a predominância de escravos dedicados à agricultura (dos quais 44,8% eram mulheres), representando 51,9% do total de 1.623 escravos listados. Ocupações domésticas variadas somavam outros 17,9% do total, e a parcela de artesãos e aprendizes chegava a 6,8%.[24] Os 1.623 escravos listados estavam distribuídos em proporções diferentes entre 309 proprietários. Dentre estes, 226 possuíam de um a cinco escravos; 38 tinham de seis a dez; 23 eram donos de onze a vinte escravos; nove tinham de 21 a 35; por fim, apenas três possuíam de 51 a 65 escravos. Portanto, eram poucos os senhores de escravos que podiam se qualificar como grandes fazendeiros, já que somente doze possuíam mais de vinte escravos. Por outro lado, como o recenseamento de 1836 atribuía ao distrito um total de 7.252 habitantes livres (dos quais 4.898 eram brancos), caso se estime cinco habitantes livres por família que possuísse escravos, talvez um quinto da população livre de Paranaguá tivesse interesse na manutenção da escravidão durante a década de 1840, enquanto os habitantes mais pobres tinham de viver sem o serviço de escravos e se sustentar com seu próprio trabalho, de forma independente ou como agregados.[25]

Em resumo, no início da década de 1840, às vésperas da supressão do tráfico de escravos africanos, as informações disponíveis fazem pensar que uma grande fração da população do Paraná continuava ocupada em atividades pecuárias e agrícolas, enquanto um número cada vez maior de trabalhadores era absorvido pela extração de erva-mate, conforme aumentavam as exportações para o exterior e o número de engenhos de processamento, ou seja, "de socar e beneficiar erva-mate". Em 1836, as exportações marítimas totais de Paranaguá (para outras províncias e para o exterior) alcançaram 197,9 contos, por oposição a cerca de 51,5 contos em 1805-7. Enquanto o trigo havia desaparecido da lista de produtos exportados por mar, o mate ocupava o primeiro lugar, com 84.602 arrobas avaliadas em 169,2 contos, respondendo por 85,5% do total. Outras exportações incluíam 27.950 alqueires de arroz estimados em 6,1 contos e carne bovina avaliada em 8,5 contos; a madeira, um produto de exportação ainda pouco desenvolvido na região, representava apenas 3,6 contos. Em 1848-9, as exportações de Paranaguá foram estimadas em 774,6 contos, sendo 89,9% representados pelo mate, 3,9% pela madeira em tábuas e 2,9% pelo arroz. Em 1851-2, as exportações marítimas totais de mate alcançaram 474 mil arrobas, ou 5,6 vezes seu volume físico de 1836.[26] Esses números sugerem um aumento muito rápido da produção e do emprego na coleta e processamento de erva-mate durante os anos que precederam o fim do tráfico de escravos africanos. Quanto ao comércio terrestre de animais em pé, a expansão do cultivo do café no Rio de Janeiro e São Paulo deu origem a uma demanda regular por mulas, o que aparentemente garantiu uma situação de prosperidade ao setor.

10.2. DA SUPRESSÃO DO TRÁFICO DE ESCRAVOS AFRICANOS À ABOLIÇÃO: O APOGEU E O DECLÍNIO DA PECUÁRIA, A DEPENDÊNCIA CRESCENTE DA ERVA-MATE E O INÍCIO DA IMIGRAÇÃO EUROPEIA

Foi em um contexto de importância crescente das atividades comerciais, por oposição às atividades de subsistência, que se deu a supressão do tráfico de escravos africanos no início da década de 1850. Esse acontecimento foi logo seguido por uma separação da província do Paraná da de São Paulo. Os primeiros relatórios presidenciais paranaenses, ao mesmo tempo que ressaltam diversas dificuldades econômicas da província, que permanecia "subpovoada" e dispunha de poucas estradas, parecem indicar que a abolição do tráfico de escravos não teve efeitos negativos imediatos sobre sua economia. Embora o volume de exportações de erva-mate por Paranaguá não tenha exibido ganhos durante a década de 1850, passando de uma média de aproximadamente 408 mil arrobas no triênio 1851-2 a 1853-4 para 401 mil arrobas no biênio 1859-60 a 1860-1, o seu valor médio quase dobrou entre o primeiro e o segundo quinquênios da década, passando de 888,9 contos para 1.562,9 contos. O valor das exportações marítimas totais teve evolução similar, já que o mate respondia por mais de 90% desse valor, enquanto o comércio de gado parece ter alcançado um pico de atividade no final da década de 1850 e início da de 1860, coincidindo com o apogeu da feira de muares de Sorocaba, em São Paulo. Estimou-se que, por volta de 1860, cerca de 30 mil mulas eram engordadas anualmente no Paraná e despachadas para São Paulo para serem vendidas.[27]

Um recenseamento de 1854 fornece informações interessantes sobre a população paranaense, permitindo algumas inferências quanto à sua estrutura ocupacional. De uma população total de 62.258 habitantes, 10.189 (ou 16,4%) eram escravos. O número absoluto de escravos tinha aumentado cerca de 29,4% com relação à contagem populacional de 1836, mas a proporção de escravos na população total havia mais uma vez diminuído ligeiramente. Na ausência de especialização exclusiva das diversas áreas em atividades específicas, a associação de uma proporção mais alta de escravos a uma determinada produção nem sempre fica clara.[28]

Os dados disponíveis sobre a população ativa livre da província em 1854 são incompletos, assim como as informações sobre alguns dos estabelecimentos comerciais e industriais existentes; no entanto, sugerem a presença de uma numerosa classe de pequenos produtores independentes, uma vez que, além de 2.948 agricultores, havia na província pelo menos 2.704 sítios.[29] Os dados sobre fazendas de gado não estão completos, e alguns dos agricultores listados em determinados municípios também devem ter se dedicado à criação de gado bovino e muar.

À luz das informações disponíveis, é possível sugerir com certa cautela que, em meados do século XIX, no planalto, os municípios criadores de gado tendiam a concentrar números relativamente maiores de escravos em seus estabelecimentos mistos do que as áreas mais estritamente agrícolas. No entanto, os escravos também eram comparativamente importantes para os produtos agrícolas tropicais no litoral e como domésticos em todas as regiões, de modo que, como em períodos anteriores, seria arriscado identificar de forma precisa a escravidão no

Paraná com qualquer atividade econômica específica. Por outro lado, também havia trabalhadores livres dedicados às atividades realizadas pelos escravos, mesmo que nem sempre de forma concomitante. Por exemplo, enquanto os escravos se dedicavam ao trabalho agrícola nas grandes fazendas, empregavam-se camaradas livres no comércio de mulas de Rio Grande a Sorocaba, e também em algumas fazendas de gado. A dedicação de uma parcela cada vez maior da população à extração de erva-mate, aliada às melhorias técnicas em seu processamento, ao aumento da imigração europeia e a mudanças na organização do setor pecuário, iria acelerar a transição para o trabalho livre muito antes da Abolição.

De fato, no terceiro quarto do século XIX, a economia paranaense tornou-se cada vez mais dependente da preparação e exportação de erva-mate. As vendas de mate para o exterior, por sua vez, dependiam muito das condições nos países do Rio da Prata, principal mercado da província. Assim, ao longo daquele período, essas exportações sofreram grandes flutuações de valor, quando não de volume, e, durante a Guerra do Paraguai, o comércio de mate do Paraná parece ter se mostrado particularmente próspero. A tabela 1 mostra a evolução das exportações totais da província para portos estrangeiros, que, durante a década de 1850, respondia por cerca de nove décimos de suas exportações marítimas totais.[30] De uma média anual de aproximadamente 91.800 libras esterlinas de 1851-2 a 1854-5, as exportações totais da província para o exterior aumentaram para uma média de 260.680 libras entre 1866-7 e 1869-70, indicando um grande aumento real apesar da inflação do final da década de 1860, associada com a Guerra do Paraguai.[31]

Boa parte do aumento do valor total exportado se explica pelas exportações de mate, que mostraram progressão semelhante. A maior parte do mate da província era exportada por Paranaguá até mais ou menos 1870, quando Antonina e São Francisco (em Santa Catarina) começaram a absorver parte da produção anteriormente escoada por Paranaguá. Segundo as estatísticas oficiais do governo imperial, as exportações de mate para o exterior por esse porto não excederam 750 mil arrobas entre o início da década de 1850 e 1868. Os dados sobre as exportações totais da província mostram uma média de 700,1 mil arrobas entre 1868 e 1870, saltando bruscamente para 1,045 milhão de arrobas no biênio 1871-2 a 1872-3, com algum recuo posterior, embora a qualidade dos dados seja muito precária. No entanto, todos os dados mostram que, na década de 1870, o Paraná respondia por cerca de 90% da quantidade e do valor do mate exportado pelo Brasil, sendo quase todo o restante exportado pelo Rio Grande do Sul.[32]

De toda forma, e apesar da imperfeição dos dados, tanto os números relativos às exportações de mate para portos estrangeiros quanto a série incompleta disponível para as exportações totais do produto sugerem uma tendência de aumento da produção no longo prazo, apesar de flutuações, acompanhada por um aumento do emprego no setor. Assim, segundo uma autoridade no assunto, as exportações totais de mate do Paraná aumentaram de aproximadamente 470 mil arrobas em 1856 para 692 mil em 1866 e 865 mil em 1876.[33]

A atenção crescente dada à extração de erva-mate durante o terceiro quarto do século XIX foi acompanhada por melhorias técnicas na fase de processamento do produto. Engenhos de soque hidráulicos passaram a ser usados em maior quantidade, em substituição ao trabalho manual, e em 1858 um engenho de mate movido a vapor foi instalado em Antonina. Quando a estrada carroçável de Graciosa foi concluída em 1873, vários novos engenhos de erva-mate foram montados nos arredores de Curitiba e Lapa, e alguns dos quais também eram movidos a vapor.[34]

O uso de força hidráulica e a vapor no processamento da erva-mate permitiu poupar mão de obra, mas a fase inicial de extração não apresentou nenhuma mudança significativa. Descrições da defumação e da socagem inicial das folhas, referentes ao começo do século XIX, coincidem com relatos posteriores, do início da década de 1870 e início dos anos 1900.[35] Como ainda se podiam encontrar arbustos em estado selvagem (e esses arbustos não eram plantados), as necessidades de mão de obra da extração do mate por unidade de produto não processado não se modificaram de forma apreciável durante a segunda metade do século, e o emprego na coleta do mate provavelmente acompanhou a evolução da produção.

A concentração de um número cada vez maior de pessoas na extração do mate já havia sido observada pelo presidente da província em 1854 e continuou a ser ressaltada nas décadas subsequentes, com alguma preocupação, por alguns de seus sucessores. Segundo um relatório de 1868, a "colheita, preparação e fabrico" de mate empregava a "maior parte" da população ativa da província. No início da década de 1870, um observador estrangeiro escreveu que os donos dos engenhos "compravam o material já seco dos coletores". Em 1876, o presidente da província fez referência a uma "população flutuante e móvel, [que ia] de fazenda em fazenda" e destas para as "áreas de extração de erva-mate [ervais] [...] onde homens, mulheres, velhos, inválidos e até crianças" estavam ocupados.[36] Assim, durante o terceiro quarto do século XIX, os indivíduos que se dedicavam à extração da erva-mate eram em sua maioria livres, e havia uma distinção entre as

TABELA I — EXPORTAÇÕES DO PARANÁ PARA PORTOS ESTRANGEIROS, DE 1843-4 A 1871-2, E EXPORTAÇÕES DE LONGO CURSO, DE 1872-3 A 1888 (EM CONTOS DE RÉIS)

	EXPORTAÇÕES TOTAIS PARA PORTOS ESTRANGEIROS	EXPORTAÇÕES PARA PORTOS ESTRANGEIROS POR PARANAGUÁ	EXPORTAÇÕES PARA PORTOS ESTRANGEIROS POR ANTONINA
1843-4		350,8	
1844-5		356,2	
1845-6		370,1	
1846-7		396,6	
1847-8		590,7	
1848-9		775,2	
1849-50		658,6	
1850-1		572,4	
1851-2	884,0	884,0	
1852-3	551,1	551,1	
1853-4	872,5	867,5	
1854-5	811,6	811,7	
1855-6	1.664,4	1.660,4	
1856-7	2.238,2	2.213,3	24,9
1857-8	1.991,0	1.898,0	93,0
1858-9	1.135,8	1.074,2	61,6
1859-60	1.730,2	1.666,4	63,8
1860-1	1.202,9	1.124,0	78,9
1861-2	975,2	856,7	118,5
1862-3	1.258,7	1.073,9	184,8
1863-4	1.267,5	1.106,5	161,0
1864-5	966,8	662,4	304,4
1865-6	1.569,2	1.273,5	295,7
1866-7	2.099,4	1.708,4	391,0
1867-8	3.379,6	2.881,2	498,4
1868-9	2.660,4	2.014,3[a]	646,1
1869-70	4.162,8	3.094,0	1.068,8
1870-1	3.606,8	1.893,6	—

1871-2	3.868,6	—	—
1872-3	3.184,8		
1873-4	2.170,7		
1874-5	1.320,2[a]		
1875-6	2.350,5		
1876-7	1.085,0[a]		
1877-8	2.337,2		
1878-9	3.009,0		
1879-80	2.368,9		
1880-1	2.046,8		
1881-2	2.675,3		
1882-3	632,6[a]		
1883-4	2.459,8		
1884-5	2.453,4		
1885-6	2.341,1		
1886-7	5.097,8[b]		
1888	3.424,2		

FONTES: As exportações totais de 1851-2 a 1855-6 reproduzidas acima constam de A. P. Balhana, B. P. Machado e C. M. Westphalen, *História do Paraná*, Curitiba, Grafipar, 1969, v. 1, p. 138; no entanto, com mínimas diferenças, coincidem com as exportações por Paranaguá. Exportações por Paranaguá no período de 1843-4 a 1858-9: *Relatórios da Fazenda*; 1848: tabela 22; 1853: tabela 33; 1855: tabela 53; 1860: tabela 56. Exportações totais e exportações por Paranaguá e Antonina: *Relatórios da Fazenda*; 1860: tabela 56; 1869: tabela 53; 1873: tabela 48; 1859-60 a 1861-2, ver Scully, op. cit., pp. 78-9. Exportações de longo curso no período de 1872-88: *Relatórios da Fazenda*; 1875: tabela 60; 1877: tabela 57; 1880: tabela 41; 1882-3: tabela 43; 1883: tabela 39; 1886: tabela 36; 1887: tabela 37; 1889: tabela 32.

[a] Os dados para esses anos fiscais estão claramente incompletos ou incorretos diante das informações sobre exportações de mate da província nos mesmos períodos (ver nota 32).
[b] Três semestres de julho de 1886 a dezembro de 1887.

pessoas envolvidas na preparação inicial do produto e aquelas que trabalhavam nos engenhos. Conforme observado por um autor, a crescente dedicação à extração de mate tendeu a atrasar o desenvolvimento de determinadas atividades e a adiar a ascensão de outras,[37] uma vez que absorvia uma fração substancial do capital e da mão de obra disponíveis.

Apesar da expansão da extração da erva-mate, a pecuária permaneceu muito importante para a economia paranaense, e o gado e as mulas constituíam os principais artigos do comércio interprovincial. Já foi observado, com relação às primeiras décadas do século XIX, que as fazendas maiores tendiam a ser autossuficientes, reunindo atividades artesanais, agrícolas e pastoris, e abrigando por isso mais pessoas (livres ou escravas) do que as necessárias para o trabalho específico nos campos com os rebanhos. A intensificação do comércio de mulas com São Paulo parece ter conduzido a uma transformação gradual do setor, que consistiu em uma transição para uma maior especialização na criação de gado bovino ou muar e na sua invernação. Alguns fazendeiros, a fim de se mudar para cidades, começaram a arrendar suas propriedades com toda sua infraestrutura para o descanso e a engorda de mulas, gado bovino ou cavalos a serem vendidos para São Paulo. Outros praticavam diretamente o comércio de mulas do Sul para São Paulo.[38] Essa tendência, que levou a um aumento da monetização das transações, foi favorecida por um número crescente de estabelecimentos comerciais e oficinas nos centros urbanos, onde os fazendeiros podiam comprar algumas das mercadorias anteriormente produzidas em suas propriedades. Em 1854-5, segundo uma fonte, o Paraná tinha 591 estabelecimentos industriais e comerciais. Em 1865-6, havia 606 estabelecimentos desse tipo, sem contar outros 94 isentos de impostos.[39] Nas décadas subsequentes, o aumento da imigração estrangeira para a província contribuiria não somente para uma produção maior de gêneros alimentícios, como também para a diversificação das atividades urbanas. Esses desdobramentos tenderam a reduzir as necessidades diretas de mão de obra das fazendas de gado.

Na década de 1860, outro fator tendeu a reduzir especificamente o número de escravos empregados nas fazendas de gado: a demanda crescente de mão de obra das áreas cafeeiras de São Paulo, que levou a uma absorção de escravos das províncias vizinhas. Houve uma intensificação das exportações de escravos por terra do Paraná, de modo que, em 1867, o imposto sobre as exportações de escravos para São Paulo já era quase equivalente ao imposto cobrado sobre os animais destinados a esse mercado.[40] No início da década de 1870, um observador estrangeiro mencionou a transformação ocorrida em algumas grandes propriedades. Assim, em uma fazenda "onde se mantinha uma centena de escravos trabalhando" em seus dias de prosperidade, "restavam oito" somente, no início da década de 1870.

> Os escravos [haviam sido] vendidos e a fazenda [havia] cessado de ser agrícola, tornando-se unicamente uma grande área não cultivada onde eram criados somente gado bovino e mulas [...] Os principais lucros da propriedade, desde a redução dramática de sua força de trabalho [...] [eram] obtidos pelo arrendamento dos pastos, sendo o preço cobrado por cabeça de dois mil-réis ao ano.

Em contraste, outra fazenda ainda mantinha 35 escravos em 1870, contra 44 em 1842.[41] No início da década de 1870, a feira de Sorocaba já estava em declínio, e este seria ainda mais acentuado pela expansão das ferrovias no Rio de Janeiro e São Paulo, que diminuíram significativamente a demanda por mulas de carga. A essa altura, o comércio de mulas ainda era feito através do Paraná, "embora em menor escala do que anteriormente [...] uma vez que [os preços] [...] em Sorocaba haviam caído".[42]

Em 1854, o primeiro presidente da província do Paraná observou que "a erva-mate e a criação de animais absorviam a atenção da maioria dos habitantes". Essa situação se explicava, em parte, pelo pouco esforço exigido pela coleta da erva-mate, que prejudicava a agricultura. De fato, apesar da existência de diversos pequenos estabelecimentos agrícolas produzindo para o consumo próprio ou para a venda de eventuais excedentes, em meados do século o Paraná não era autossuficiente em gêneros alimentícios, de modo que a percepção de uma certa "crise de abastecimento" iria nortear a política de colonização do governo provincial. Uma vez que os grandes proprietários de terras dedicados à agricultura voltada para a exportação não eram numerosos no Paraná, a administração tinha consciência de que a província não precisava de "um grande número de braços" para a agricultura, como era o caso da província vizinha de São Paulo, mas sim de produtores de gêneros alimentícios. Assim, a formação de uma classe de pequenos proprietários imigrantes europeus, capazes de assegurar uma produção de alimentos suficiente, pelo menos para suprir a demanda da província, tornou-se um dos objetivos do governo paranaense. No entanto, pouco progresso foi obtido antes da década de 1870.[43]

Antes que se tomassem providências oficiais em relação a essa questão, e ainda antes da independência da província, um francês fundou a colônia de Teresa, em 1847, nas margens do rio Ivaí, com cerca de vinte famílias francesas. A localização distante da colônia e a ausência de mercados para seus produtos logo levaram a seu abandono pelos franceses, e alguns deles acabaram se estabelecendo como artesãos ou em outras ocupações em centros urbanos. Na década de 1850, a colônia já era ocupada em sua maioria por brasileiros dedicados à agricultura de alimentos. No início da década de 1870, a colônia era muito pobre, e todos os estrangeiros já haviam partido.[44] Também no início da década de 1850, outro estrangeiro fundou a colônia de Superagui, no distrito litorâneo de Guaraqueçaba, com dezessete famílias de suíços, alemães e franceses — 85 pessoas ao todo. Em 1871, a colônia produzia um pouco de café, gozando de uma prosperidade moderada, mas havia mostrado pouco crescimento.[45] Essas iniciativas particulares foram seguidas por outra, desta vez do governo imperial, que fundou em 1860 a colônia de Assungui, no atual município de Cerro Azul. Na época, essa colônia abrigava mais de novecentos imigrantes de diversas nacionalidades, incluindo muitos britânicos. Apesar da fertilidade do solo, uma vez que os colonos haviam desmatado suas terras, problemas de transporte impediram seu desenvolvimento. A maioria dos britânicos partiu, e na década de 1870 a colônia já continha muitos brasileiros.[46] Depois desses experimentos insatisfatórios, outros núcleos coloniais oficiais foram estabelecidos, principalmente nos arredores de Curitiba. Entre 1869 e 1871, foram fundados os três núcleos de Argelina, Pilarzinho e São Venâncio, com cerca de quinhentos imigrantes.[47]

Em 1872, portanto, a colonização europeia no Paraná estava muito pouco avançada em comparação com Santa Catarina e Rio Grande do Sul, por exemplo. Segundo o recenseamento nacional daquele ano, a população estrangeira livre da província alcançava apenas 2.889 pessoas, por oposição a 10.560 escravos, em uma população total de 126.722 indivíduos.[48] Fica claro que a importância relativa da escravidão na província havia declinado consideravelmente, uma vez que os escravos representavam apenas 8,3% da população total. Os dados censitários indicam que ainda havia na província 3.167 escravos empregados em fazendas e 4.693 "serventes e diaristas" escravos. A matrícula dos escravos de 1873, que seguiu critérios de classificação diferentes, mostra um total de 10.669 registrados. Destes, 2.428 (22,8%) eram listados como "urbanos", 7.082 eram descritos como "dedicados ao trabalho agrícola" e 1.159 não tinham profissão declarada. O número de 7.082 "agricultores" refere-se aparentemente ao local de residência, mais do que à ocupação.[49] Diante dos números disponíveis, seria de se pensar que, no início da década de 1870, não apenas as pessoas ocupadas na extração da erva-mate já eram predominantemente livres no Paraná, mas também a maioria dos trabalhadores das cidades e dos agricultores da província. Mesmo na criação de animais, embora alguns estabelecimentos tradicionais ainda mantivessem escravos, já se empregavam aparentemente muitos camaradas livres.[50] Com relação à produção de gêneros alimentícios, um observador estrangeiro constatou, no início da década de 1870, que alguns grandes fazendeiros empregavam de cem a duzentos camaradas durante a época do plantio, notando também a existência de diversos agricultores que cultivavam pequenas roças. Segundo o mesmo autor, em áreas agrícolas ao norte de Curitiba, era comum os caboclos se endividarem junto a grandes proprietários de terras, que então impediam sua saída até que a dívida fosse saldada, situação que descreveu como "escravidão branca". Evidências adicionais dessa situação se fazem necessárias, mas fica claro que havia muitos trabalhadores "livres" ocupados na agricultura em diversas partes da província. Mesmo quando não se encontravam endividados junto a grandes proprietários de terras, os agricultores localizados nas áreas mais afastadas, que não podiam dispor de mulas de carga, muitas vezes eram forçados a vender seus produtos aos fazendeiros a preços pouco vantajosos. Esse era, ao que parece, o caso no distrito de Assungui. Outros habitantes livres eram mais prósperos, como aqueles localizados em Tibagi, capazes de associar a criação de gado nos campos com a agricultura nas terras de floresta,[51] enquanto outros, ainda, produziam somente para sua precária subsistência.

Em resumo, em meados da década de 1870, dadas as mudanças já descritas, os escravos do Paraná continuavam a não poder ser identificados exclusivamente com qualquer atividade econômica — salvo sua ainda frequente ocupação como domésticos, e possivelmente nos engenhos de mate. Não restava, portanto, nenhum obstáculo à abolição definitiva da escravidão na província, fato que também seria favorecido por uma imigração europeia crescente.

A importância qualitativa da primeira onda de imigração para o Paraná foi muito maior do que seus números quantitativos. Os alemães, que incluíam pessoas que tinham inicialmente imigrado para Santa Catarina, já eram importantes no comércio varejista de Curitiba no início da década de 1870. Também possuíam várias pequenas chácaras no entorno da cidade, e logo passaram a controlar as atividades de transporte em carroças da estrada da Graciosa, que muitos deles haviam ajudado a construir. A importância da presença alemã em diversas atividades econômicas de Curitiba em 1876 ressalta dos dados disponíveis. Enquanto de dez engenhos de mate apenas um era de propriedade ou origem alemã, todas as cinco serrarias hidráulicas, o único forno de cal, seis de sete engenhos não especificados, as quatro fábricas de cerâmica, as quatro cervejarias, duas das quatro padarias, a única companhia de diligências, nove dos dez açougues, quatro dos cinco bares e um dos três hotéis eram de alemães (ou de suíços alemães) e seus descendentes.

No que diz respeito a ofícios e artesãos, eram ainda de origem alemã (podendo incluir também alguns suíços de língua alemã e descendentes) as cinco alfaiatarias, o único chapeleiro, nove dos dez marceneiros, onze dos quinze ferreiros, os três carpinteiros, as cinco selarias ou seleiros e uma das duas relojoarias.[52] Nem todos os empreendimentos dos imigrantes estrangeiros eram bem-sucedidos: assim, uma serraria hidráulica de grande porte, fundada por norte-americanos nos arredores de Morretes entre 1865 e 1870, faliu.[53] De modo geral, porém, os estrangeiros parecem ter obtido sucesso nas ocupações urbanas e industriais.

Entre 1872 e 1880, cerca de 11.433 imigrantes chegaram à província, incluindo algo em torno de 3.809 russos-alemães da região do Volga — destes, porém, talvez metade logo se repatriou.[54] Mais de 3 mil italianos também chegaram ao Paraná, e, embora muitos tenham abandonado suas primeiras parcelas de terras situadas na região litorânea, junto a Paranaguá e Morretes, preferindo o planalto, a maioria permaneceu na província. A construção da ferrovia ligando Curitiba a Paranaguá, no início da década de 1880, gerou empregos para milhares de trabalhadores, muitos dos quais eram italianos. Com sua poupança, esses italianos puderam se estabelecer em Curitiba ou comprar terras em seus arredores, ocupando a colônia de Santa Felicidade, que prosperou rapidamente.[55] Os poloneses, que contribuiriam com significativo contingente à imigração para o Paraná, também chegaram aos milhares durante a década de 1880, dirigindo-se principalmente para as terras agrícolas de diversas colônias patrocinadas pelo governo provincial.[56]

Segundo o relatório presidencial de 1882, restavam então 7.635 escravos na província, dos quais 1.349 trabalhavam em áreas urbanas. Os empregados domésticos somavam 2.609 pessoas; os artesãos, 352; os agricultores, 4.670. A abolição gradual prosseguiu rapidamente após essa data, favorecida por diversos segmentos da população, incluindo cidadãos das classes média e alta.[57] Em outubro de 1884, ainda havia supostamente 6.721 escravos matriculados, mas nove municípios tinham menos de duzentos escravos, seis possuíam de duzentos a trezentos e outros quatro municípios tinham de 301 a quatrocentos escravos. Antonina ainda abrigava 733 escravos; Lapa, 661; Palmira, 505; e Castro, 402. Naquele mesmo mês, o município de Curitiba como um todo continha apenas 527 escravos, em uma população total de aproximadamente 15 mil a 20 mil pessoas.[58] A essa altura, é provável que a maioria dos engenhos de mate de Curitiba — quando não todos — já empregasse trabalhadores livres em suas atividades. Não eram estabelecimentos muito grandes (já que um dos maiores empregava dezoito trabalhadores), mas eram bastante numerosos. Quanto aos outros ofícios e fábricas, muitos estabelecimentos certamente já eram de estrangeiros.[59]

De 1885 a 1887, cerca de 2 mil imigrantes entraram na província, enquanto nesse último ano apenas 3.513 escravos permaneciam matriculados — ou seja, menos de 2% de uma população total que provavelmente excedia 220 mil pessoas. A abolição havia ocorrido gradualmente no Paraná e dada a importância limitada da escravidão nas diversas atividades econômicas da província, a abolição oficial e definitiva, em maio de 1888, não teve nenhum efeito econômico apreciável, afetando apenas a riqueza dos poucos senhores de escravos remanescentes.[60]

10.3. A INTENSIFICAÇÃO DA IMIGRAÇÃO ESTRANGEIRA E MUDANÇAS ECONÔMICAS NO PARANÁ APÓS A ABOLIÇÃO

Nas duas décadas que se seguiram à abolição da escravidão, o mate continuou a ser o principal produto de exportação do Paraná, e a extração de erva-mate ocorria até a região de Iguaçu, noroeste do estado. De um volume médio anual de 12.821 toneladas (ou 873 mil arrobas) no biênio 1880-1, o volume das exportações de mate passou para 19.484 toneladas (ou 1.326.000 arrobas) no biênio 1890-1 e para 26.657 toneladas (ou 1.815.000 arrobas) no biênio 1900-1, então ainda correspondentes a cerca de três quartos do volume total de mate exportado pelo Brasil. No início da década de 1910, o volume de exportações totais alcançaria quase o dobro de seu nível de 1896, que já era o dobro do de 1880.[61] A madeira foi se tornando um produto cada vez mais importante: embora existissem algumas serrarias a vapor no planalto no início da década de 1870, problemas de transporte prejudicaram o desenvolvimento das exportações de araucária (pinheiro do Paraná) até a conclusão da ferrovia Curitiba-Paranaguá. Ao final da década de 1890, a extração da madeira empregava um número crescente de braços, e havia pelo menos 64 serrarias em atividade, a maioria localizada nas proximidades da ferrovia.[62] A criação de gado não mostrou nenhum progresso significativo. Em 1876, o presidente da província já tinha observado que uma atenção cada vez maior vinha sendo dada ao gado bovino, como resultado do declínio do comércio de mulas, mas a maioria das fazendas não modificou seus antigos métodos rotineiros. Na medida em que a criação de gado se desenvolveu em São Paulo, só restou aos fazendeiros de gado paranaenses o mercado doméstico. O setor vegetou, sem renovação de raças, até a virada do século, e no início dos anos 1900 o gado paranaense já era insuficiente para suprir a demanda do próprio estado.[63] Além das fábricas de mate e das serrarias, outros estabelecimentos fabris e oficinas surgiram nas cidades, muitas vezes fundados por imigrantes.[64] As oportunidades de emprego nesse setor, porém, permaneceram limitadas, com a possível exceção de Curitiba.[65]

A imigração estrangeira para o Paraná foi muito significativa entre 1889 e 1896. Nesse período específico, segundo "estatísticas locais imperfeitas", 51.227 imigrantes teriam entrado no estado, em sua maioria poloneses e ucranianos.[66] Após a suspensão dos subsídios do governo federal, a imigração declinou rapidamente, somando apenas 1.858 pessoas de 1897 a 1900. Nesse último ano, o censo revelou um total de 327.126 habitantes, dos quais 45.134 foram listados como estrangeiros.[67] Entre 1889 e 1896, pelo menos 21 colônias, divididas em diversos núcleos, foram criadas na província. Muitas foram estabelecidas no interior do estado, em vez de na vizinhança da capital e de Paranaguá, de modo que favoreceram a ocupação efetiva de novas áreas.[68] A maioria dos poloneses e ucranianos passou a se dedicar à agricultura nas terras coloniais, que lhes foram vendidas em condições vantajosas. A esses imigrantes o governo do estado fornecia transporte gratuito do porto de Paranaguá até as colônias e lotes de 25 hectares pagáveis em oito anos. As exceções parecem ter incluído jovens polonesas, que frequentemente trabalhavam nas cidades como domésticas.[69]

Os italianos e seus descendentes, estimados em cerca de 20 mil no início dos anos 1900 — mais de 60% dos quais localizados no município de Curitiba —, assumiram diversas ocupações, como havia sido antes o caso dos alemães. Eles trabalhavam em ferrovias, em todas as artes e ofícios e no comércio, como varejistas nos grandes centros urbanos ou então como mascates. Muitos também eram agricultores, cultivando com sucesso vinhedos e produtos locais. No começo dos anos 1900, além de Curitiba, os municípios de Ponta Grossa, São José dos Pinhais, Paranaguá e Morretes abrigavam cada um pelo menos novecentos italianos.[70]

As diversas colônias agrícolas produziam basicamente milho e feijão, "suficientes para o consumo de toda a população", mas também um pouco de trigo, fumo, batatas e alguma cana-de-açúcar, além de mandioca e arroz no litoral. Na virada do século, estimava-se o rendimento por semente de milho, em 100-200 : 1, e o do feijão em 60-70 : 1 — ou seja, talvez mais realisticamente, um pouco menor do que aqueles que supostamente prevaleciam em 1820, 1875 e 1889.[71]

Foi esse contexto que os últimos poucos escravos libertados em 1888 precisaram enfrentar durante seus primeiros anos de liberdade. Existem fontes nas quais se argumenta que os escravos das fazendas debandaram maciçamente após a Abolição, dirigindo-se para os centros urbanos. Em 1890, porém, pelo menos com relação a Curitiba, não havia nenhuma concentração excepcional de negros e mulatos.[72] É preciso lembrar que os escravos rurais somavam menos de 5 mil no início da década de 1880, e que em 1888 talvez restassem apenas 3 mil escravos na província. Assim, a realocação de libertos para diversas atividades nos anos que antecederam à Abolição foi gradual, e seu número, ao final da década de 1880, era relativamente pequeno se comparado ao grande afluxo de imigrantes que se seguiu e a uma população total de 249.491 pessoas em 1890. Na zona rural, trabalhadores libertos com qualificação para o trabalho com o gado podem simplesmente ter mudado de empregador, ou mesmo continuado a trabalhar como assalariados para seu antigo senhor. Como existiam camaradas negros e mulatos na zona rural havia décadas, os escravos libertos não constituíram um grupo novo, quer como trabalhadores agrícolas, quer como peões. Com efeito, em 1872, o número de negros livres já excedia o de negros escravos, e os mestiços livres (excluindo os caboclos) somavam 30.636, por oposição aos 4.109 escravos mestiços (pardos).[73] Assim, pelo menos nas áreas rurais, não parece que a Abolição tenha deixado os ex-escravos paranaenses em uma posição muito inferior à dos trabalhadores rurais pobres antes de 1888, tendo em vista que, pelo menos desde o início da década de 1870, alguns deles haviam sido sujeitos a determinadas formas de dominação por parte dos proprietários de terras. Além disso, provavelmente também lhes restava a possibilidade de se dedicar à coleta de erva-mate, que não exigia muita qualificação.

Com relação aos libertos urbanos, parece plausível supor que muitos conservaram suas ocupações anteriores, embora, mesmo como domésticos, tivessem de enfrentar alguma competição dos imigrantes. Quanto aos engenhos de mate, há indicações de que, na virada do século, muitos trabalhadores desses estabelecimentos eram negros ou mulatos que trabalhavam onze horas por dia em condições árduas, alguns dos quais possivelmente haviam sido escravos.[74] Nas outras ocupações, com exceção do trabalho como domésticos, os escravos nunca haviam sido muito numerosos, de modo que a extensão de seu deslocamento potencial pelos estrangeiros que chegavam não deveria ser exagerada. Como em outras regiões brasileiras, o destino dos ex-escravos foi em parte explicado pela falta de medidas administrativas que melhorassem sua situação econômica após a Abolição. Eles não foram incluídos no esquema de colônias agrícolas, e a maioria continuou sem instrução e muitas vezes ocupada em empregos subalternos, constituindo uma minoria cujo número decrescia em termos relativos em uma sociedade que ia se tornando cada vez mais branca em razão da imigração europeia.

Quanto às relações de trabalho que prevaleceram no Paraná após a Abolição, aparentemente o trabalho assalariado tornou-se a regra nos centros urbanos maiores. "Os salários urbanos oscilavam conforme a oferta e a demanda", mas por volta de 1901 os salários diários alcançavam em média 2,5 mil-réis para trabalhadores diaristas não qualificados, quatro mil-réis para sapateiros, cinco mil-réis para carpinteiros e alfaiates e sete mil-réis para pedreiros, enquanto alguns artesãos continuavam a receber por peça ou tarefa.[75] No setor rural, em contraste, parece ter havido dois padrões distintos. Aquele que tendeu a predominar com o afluxo de imigrantes consistia em um grande número de pequenos proprietários, donos das terras que cultivavam com o trabalho de suas famílias. Nas áreas mais antigas e não coloniais de criação de gado e agricultura, o padrão de camaradas assalariados e grandes proprietários de terras, já descrito para a década de 1870, às vezes prevaleceu, envolvendo possivelmente vínculos de dependência de graus de intensidade variados entre empregador e trabalhador.

Porém, conforme constatado por um observador estrangeiro, até mesmo os cultivos do café e da cana-de-açúcar no estado eram realizados em pequena escala. A excelente terra roxa do noroeste do Paraná — que permitiria um boom do café no século XX — mal havia começado a ser ocupada pela cafeicultura ao final da década de 1890, e o distrito de Jacarezinho, próximo a São Paulo, exportou apenas 30 mil arrobas de café em 1898-9. O mesmo autor observou que não havia grandes fazendeiros — exceto talvez na criação de gado — em números significativos, e que, portanto, a demanda por trabalhadores agrícolas assalariados permanecia comparativamente limitada. Um grande número de brasileiros também continuava a se dedicar à lavoura de subsistência em pequenos estabelecimentos e à extração de erva-mate, usando os mesmos métodos antigos de preparação inicial. Na maioria dos casos, eles permaneciam "autônomos" e vendiam o produto coletado nas florestas para intermediários, ou então diretamente para as fábricas. Por fim, a melhoria das estradas e a ocupação de novas áreas levariam à incorporação de números cada vez maiores de trabalhadores na extração da madeira, que, algumas décadas depois, substituiria o mate como principal produto de exportação do estado.[76]

Em resumo, a transição definitiva do trabalho escravo para o trabalho livre no Paraná ocorreu de forma gradual e não causou perturbações econômicas. Havia muitas décadas que os escravos já não eram "essenciais" para a economia paranaense, e eles terminaram praticamente "se perdendo" em uma população que aumentava rapidamente graças à imigração estrangeira. No início dos anos 1900, o Paraná caracterizava-se pela ausência de um número considerável de grandes fazendeiros e pela existência de uma numerosa classe de pequenos produtores rurais autônomos, proprietários de suas próprias terras, assim como por muitos estrangeiros nas principais cidades, o que, tanto do ponto de vista da agricultura quanto das atividades urbanas, tornava o estado bastante parecido com Santa Catarina e com as áreas coloniais do Rio Grande do Sul, e também bastante atípico em relação ao resto do Brasil.

11. A região Sul: visão geral e conclusões

Pode-se agora tentar resumir algumas das principais características econômicas e sociais do Rio Grande do Sul, Santa Catarina e Paraná durante o século XIX, conforme apresentadas nos três capítulos precedentes, e alguns dos principais traços comuns de sua evolução. Começou-se com um esboço das primeiras atividades econômicas nas três áreas, observando como uma relação terra-trabalho relativamente elevada tendeu a desencorajar a formação de uma classe de assalariados agrícolas, levando ao emprego de escravos nas atividades orientadas para a exportação. Também foi verificado que, ao mesmo tempo que se empregavam escravos em determinadas propriedades, havia numerosas unidades familiares independentes que cultivavam suas próprias terras sem a ajuda de trabalhadores contratados nem de escravos. Embora a evidência disponível sugira que escravos podiam ser encontrados com maior frequência nas fazendas de gado do que é geralmente sugerido pela literatura, as exigências de mão de obra na criação de gado propriamente dita eram pequenas, e os peões em geral não eram escravos. Assim, apesar da existência de estâncias de gado com uma estrutura mais patriarcal e de estabelecimentos rurais de médio porte dedicados à agricultura que utilizavam mão de obra escrava em maior ou menor grau, a região Sul no início do século XIX não se caracterizava pela existência de uma "sociedade de grandes plantações orientadas para a exportação", como a que havia no Nordeste. Durante a

TABELA I — POPULAÇÃO ESCRAVA TOTAL E PARTICIPAÇÃO DOS ESCRAVOS NA POPULAÇÃO TOTAL ENTRE 1810 E 1887; POPULAÇÃO TOTAL DO PARANÁ, SANTA CATARINA E RIO GRANDE DO SUL EM 1890 E 1900

	PARANÁ		SANTA CATARINA		RIO GRANDE DO SUL	
Ano	População escrava total	% escravos Total	População escrava total	% escravos Total	População escrava total	% escravos Total
1810			7.203	23,1		
1814					20.611	29,2
1815	5.228	19,6				
1854	10.189	16,4	14.195	14,0		
1858					73.583	24,8
1862 (dezembro)					77.419	19,7
1872 (censo)	10.560	8,3	14.984	9,4	67.791	15,6
1885					27.242	Menos de 4%
1887[a]	3.513	Menos de 2%	4.927	Menos de 2%	8.442	Cerca de 1%

	População total	População total	População total
1890 (censo)	249.491	283.769	897.455
1900 (censo)	327.136	320.289	1.149.070

FONTES: Capítulos 8, 9 e 10 deste livro.

[a] Percentagens aproximadas.

década de 1810, a participação dos escravos na população total também era notavelmente menos significativa do que, por exemplo, na capitania do Rio de Janeiro, e variava, segundo os dados disponíveis, entre 19,6% no Paraná e 29,2% no Rio Grande do Sul, conforme se pode ver na tabela 1.

Durante a primeira metade do século XIX, os escravos continuaram sendo importados para a região, principalmente para o Rio Grande do Sul. Com a decadência do cultivo do trigo nessa província e o declínio das armações de baleia em Santa Catarina, essas duas atividades econômicas, que haviam empregado um número comparativamente importante de escravos, tenderam a desaparecer. Por outro lado, à medida que o mate foi adquirindo crescente importância comercial, os engenhos de beneficiamento de erva-mate, que empregavam inicialmente mão de obra escrava, multiplicaram-se no Paraná, enquanto no Rio Grande do Sul a indústria do charque, também baseada em trabalho escravo, emergiu como fornecedora da maior parte dos produtos de exportação rio-grandenses. Pode-se observar mais uma vez que, tanto na criação de gado no Rio Grande do Sul quanto na extração de erva-mate no Paraná, não há evidência de que os escravos fossem predominantes, de modo que, ao menos do ponto de vista do fornecimento das matérias-primas para a preparação de seus principais produtos comerciais, as duas áreas não dependiam fundamentalmente da existência da escravidão. O mesmo ocorria em Santa Catarina, cujos produtos agrícolas eram cultivados separadamente por trabalhadores livres e por escravos. Os dados apresentados na tabela 1 indicam que, em meados do século, a escravidão havia declinado em termos relativos nas três províncias, embora o número absoluto de escravos tivesse aumentado.

A situação de uma oferta relativamente elástica de escravos na maioria das regiões do país durante a primeira metade do século XIX, resultante da continuação da importação de escravos da África e refletida nos preços comparativamente baixos de escravos durante o período, modificou-se drasticamente com a supressão do tráfico com os portos africanos. Quando da discussão sobre suas condições de vida e trabalho, foram apresentados alguns dos limitados dados demográficos disponíveis sobre escravos nas províncias do Sul, com especial ênfase no Rio Grande do Sul. Embora esses dados pudessem até sugerir que os nascimentos compensavam ligeiramente as mortes em certas áreas e, em determinados períodos a taxa global de reprodução da população escrava era negativa, aumentos rápidos da oferta global de mão de obra escrava tornaram-se improváveis após a suspensão do tráfico de escravos africanos, exceto por meio da importação de escravos de outras províncias. Importações líquidas para o Rio Grande do Sul parecem ter ocorrido em determinados anos, mas Santa Catarina e Paraná foram, por sua vez, exportadores líquidos de escravos para as províncias cafeeiras.

No entanto, em contraste com a região Cafeeira, onde durante a década de 1850 os escravos constituíam o grosso da força de trabalho das fazendas, no Sul eles tendiam a se especializar em atividades específicas. Como resultado dos desdobramentos dos primeiros cinquenta anos do século XIX, excetuando-se o uso frequente de escravos como domésticos nas cidades e no campo, as únicas atividades em que os escravos ainda predominavam de forma clara eram o processamento final do mate no Paraná e a preparação de charque e outros subprodutos da pecuária nas charqueadas do Rio Grande do Sul. Em Santa Catarina, a produção de açúcar não se desenvolvera sob a forma de grandes plantações voltadas para a exportação, e a mandioca era produzida tanto por trabalho escravo como por trabalho livre, de modo que não houvera nessa província nenhum verdadeiro estímulo à recrudescência da escravidão. Embora o processamento de mate e charque conservasse uma importância capital no comércio do Paraná e Rio Grande do Sul, os escravos empregados nessas atividades representavam uma pequena fração da população escrava total, enquanto a maioria dos escravos compartilhava diversas ocupações com trabalhadores livres. Assim, embora apresentassem estruturas econômicas distintas, as três províncias do Sul tinham em comum a característica de que, apesar de seu aumento numérico, os escravos iam se tornando cada vez menos importantes para a operação de suas economias, tendência acentuada pela aceleração da imigração europeia.

A imigração de europeus para o Rio Grande do Sul e Santa Catarina, inicialmente, e para o Paraná, em um estágio posterior, resultou no surgimento de uma numerosa classe de pequenos proprietários que produziam gêneros alimentícios, laticínios e derivados da criação de animais, como a banha. Sem mencionar as qualificações já apresentadas nos capítulos correspondentes, é possível relembrar que a imigração europeia também contribuiu muito para a expansão das atividades comerciais, artesanais e até mesmo para as incipientes atividades industriais nos três estados. Essas contribuições não foram exclusivas à região Sul, como se viu com relação à região Cafeeira. Entretanto, a criação de diversas colônias agrícolas de pequenos proprietários, promovidas pelos governos locais e central, refletiu as suas condições específicas.

Com efeito, a ausência de uma classe de grandes fazendeiros como a que havia na região Cafeeira — cuja principal necessidade teria consistido em "braços" para o cultivo de suas propriedades — e a disponibilidade de terras públicas férteis — situação que caracterizava as três províncias do Sul em meados do século XIX — foram ambas essenciais para o sucesso da colonização europeia e para a existência de pequenos proprietários de terras. Os imigrantes que se uniram aos núcleos coloniais dedicavam-se a atividades que não competiam com as dos donos das grandes estâncias de gado, que eram os maiores proprietários de terras da região Sul. As necessidades de mão de obra da criação de gado também eram muito menores do que nas grandes propriedades agrícolas de outras regiões do país, e não havia reclamações quanto à falta de peões em número suficiente. Assim, aparentemente não houve, por parte dos grandes estancieiros, oposição à criação de colônias, muitas vezes localizadas em territórios recém-ocupados.

As primeiras tentativas imperiais de colonização estrangeira no Sul, que resultaram na criação da colônia de São Leopoldo na década de 1820, foram interrompidas em 1830 devido à falta de recursos do governo e à oposição a seu princípio por parte dos proprietários das regiões de grandes plantações orientadas para a exportação. A Lei de Terras de 1850 proibiu a concessão gratuita de terras públicas no Brasil e confirmou os direitos de propriedade relativos às terras apropriadas anteriormente. Apesar desse impedimento legal, na ausência de uma oposição local organizada, foi possível criar, nas províncias do Sul, condições suficientemente favoráveis para atrair os imigrantes europeus a se instalarem. Isso foi possibilitado por uma conjunção de iniciativas governamentais e particulares. Os governos provinciais, além de implementarem leis para subsidiar ou auxiliar de outras formas os indivíduos que desejassem promover colônias agrícolas, também financiaram diretamente a fundação de muitas colônias, vendendo os lotes de terras aos imigrantes em condições vantajosas. O governo imperial também forneceu assistência direta à colonização da área.

As implicações políticas da colonização em nível nacional e a reação dos grandes plantadores a essa questão, por oposição às motivações da burocracia profissional do Império, talvez mereçam por si só um estudo em separado. O fato de as províncias do Sul fornecerem gêneros alimentícios às províncias açucareiras e cafeeiras com grandes plantações voltadas para a exportação poderia explicar a ausência de uma oposição decisiva dos grandes proprietários dessas províncias à concessão de apoio imperial aos esquemas de colonização das províncias meridionais. Também vale a pena lembrar que os grandes produtores de açúcar e de café se opunham aos interesses comerciais do setor das charqueadas no que dizia respeito à questão do protecionismo tarifário aos produtos rio-grandenses.

De toda forma, depois de fundadas, muitas das colônias criadas após 1850 no Paraná, em Santa Catarina e no Rio Grande do Sul se desenvolveram com claros benefícios para os colonos, que, por sua vez, contribuíram para tornar as três províncias em grande parte autossuficientes em relação a diversos produtos agrícolas e, após algum tempo, para transformá-las em importantes fornecedoras de alimentos às regiões de grandes plantações. Durante os primeiros anos da República, a política do governo federal de conceder passagens gratuitas a imigrantes europeus contribuiu ainda mais para levar grandes números de estrangeiros aos três estados no período que sucedeu à Abolição. Assim, enquanto em 1872 as principais colônias alemãs de Santa Catarina e do Rio Grande do Sul abrigavam cerca de 70 mil habitantes, apenas entre 1889 e 1896 mais de 125 mil imigrantes estrangeiros entraram oficialmente nos três estados do Sul, de modo que, em 1900, os estrangeiros e seus descendentes imediatos contavam-se às centenas de milhares.

Tanto os observadores estrangeiros quanto os nacionais eram da opinião generalizada de que a maioria dos colonos agrícolas se tornou proprietária de terras e prosperou, melhorando suas condições de vida, sobretudo em comparação com as que tinham enfrentado em seus países de origem. Muitos dos estrangeiros que foram para as cidades do Sul obtiveram sucesso em atividades comerciais, e representaram também uma parte importante da oferta de mão de obra qualificada para as oficinas e fábricas. A situação dos trabalhadores urbanos estrangeiros nem sempre era tão estável quanto a de seus compatriotas agricultores, mas muitos deles parecem ter sido bem-sucedidos.

No contexto da imigração europeia, e tendo em vista as poucas atividades em que predominara a mão de obra escrava nas províncias do Sul, a Abolição não acarretou potencialmente um "problema de mão de obra" tão sério quanto nas regiões de grandes plantações voltadas para a exportação, que insistiram em empregar principalmente escravos até uma data avançada. Com efeito, no Rio Grande do Sul, do ponto de vista da oferta de mão de obra, a Abolição poderia ter representado um problema sobretudo para as charqueadas. Porém, mesmo nesse caso, havia o exemplo dos *saladeros* do Rio da Prata, mais eficientes e que operavam com mão de obra livre. Durante a década de 1880, a perspectiva de uma abolição da escravidão parece ter causado mais preocupação nessa província em relação ao futuro de seu comércio, uma vez que se pensava que a demanda por charque dependia em grande parte de seu consumo pelos escravos de outras províncias. A essa altura, em Santa Catarina, nas colônias de estrangeiros já se cultivavam os mesmos produtos anteriormente plantados pela população local e por seus escravos, enquanto no Paraná, não apenas a coleta, mas também o processamento final da erva-mate já estava sendo feito por trabalhadores livres, visto que as melhorias técnicas nos engenhos favoreciam o uso destes últimos. Mais uma vez, as numerosas manumissões por contrato no Rio Grande do Sul — mesmo antes da Lei dos Sexagenários e da oposição crescente à escravidão em Santa Catarina e no Paraná durante a década de 1880 — podem ser atribuídas ao fato de que a escravidão não se mostrava essencial à operação de suas economias. Tal fato parece ser confirmado pela ausência de qualquer efeito grave sobre a produção resultante da abolição progressiva ao longo da década de 1880, conforme indicado nos capítulos relativos a cada um dos três estados do Sul, em contraste com as descrições da desorganização do trabalho agrícola em determinadas áreas cafeeiras e açucareiras de outros estados. A Abolição acarretou algumas adaptações, como no caso das charqueadas, mas o emprego de ex-escravos, aliado à imigração estrangeira, permitiu uma oferta adequada de mão de obra à maior parte das atividades econômicas na década de 1890, sem qualquer mudança perceptível na organização do trabalho.

O destino dos ex-escravos nos três estados teve semelhanças, uma vez que toda a região Sul se caracterizava por uma presença recente e crescente de habitantes de origem europeia. Os ex-escravos representavam uma minoria que decrescia em termos relativos à medida que a imigração avançava, e que não recebeu do governo qualquer tipo de auxílio além da garantia de sua liberdade. Assim, seu acesso à educação ou à propriedade rural permaneceu muito limitado. Nas cidades, os libertos estavam sujeitos à ausência de uma legislação trabalhista, da mesma forma que ocorria com os imigrantes e seus descendentes, embora estes últimos, em geral, possuíssem maiores qualificações ou melhor instrução para competir pelas ocupações mais bem remuneradas. Assim, com algumas exceções, os ex-escravos parecem ter continuado a desempenhar as tarefas urbanas mais simples. Sua inferioridade econômica e educacional era acompanhada por algum preconceito de cor, mesmo que este permanecesse velado. Com relação ao setor rural, não há indícios de um êxodo maciço de ex-escravos, e muitos deles certamente continuaram como empregados nas fazendas de gado do Rio Grande do Sul e do Paraná, ou em estabelecimentos agrícolas. Essa situação podia estar associada às características específicas da escravidão em determinadas atividades econômicas do Sul — ao contrário, por exemplo, da vida mais dura da população escrava nas grandes plantações de outras regiões voltadas para a exportação (plantations) — e ao fato de que a maioria dos escravos do Sul havia sido efetivamente libertada antes da abolição definitiva da escravidão. Portanto, a Abolição não parece ter acarretado uma grande mobilidade de ex-escravos na região, quer de um ponto de vista geográfico e ocupacional, quer de um ponto de vista social.

Apesar das condições relativamente desfavoráveis enfrentadas pelos ex-

-escravos na virada do século, os três estados do Sul apresentavam um potencial para o desenvolvimento que se materializaria nas primeiras décadas do século XX. Na região como um todo, os produtos de origem animal, bem como outros gêneros alimentícios produzidos nas áreas coloniais, adquiririam uma importância comercial crescente. O desenvolvimento dos meios de transporte e da estrutura educacional foi acompanhado pela continuação da imigração para a região Sul. Novos territórios foram abertos à exploração da madeira e da erva-mate não apenas no Paraná, mas também em Santa Catarina, enquanto no Rio Grande do Sul a banha produzida nos ex-municípios coloniais acabaria se tornando temporariamente o principal produto de exportação do estado para outras regiões do país. O desenvolvimento notável das atividades artesanais pode ter adiado por um certo tempo o surgimento de uma indústria de grande porte em determinados setores, mas a imigração levou à formação de um mercado doméstico comparativamente amplo. A transição sem grandes sobressaltos do trabalho escravo para o trabalho livre e o tipo de colonização que caracterizou os estados do Sul foram fatores importantes na transformação da região em uma das áreas mais desenvolvidas do Brasil durante o século XX.

Conclusão

Diversas conclusões e constatações do presente estudo — notadamente contribuições de caráter quantitativo resultantes das "novas" informações reunidas nos vários capítulos — já foram discutidas e apresentadas ao longo do texto e nas considerações gerais referentes às partes II e III (respectivamente sobre a região Cafeeira e a região Sul do Brasil). Cabe, no entanto, mesmo com o risco de alguma repetição, recapitular em uma conclusão final alguns pontos que merecem especial ênfase, tendo em vista os principais objetivos deste trabalho.

A aplicação de uma versão da "hipótese de Domar" ao Brasil colonial, com sua ênfase na relação terra-trabalho, complementada por formulações de alguns dos seus elementos por Marx e Wakefield, explica em boa medida o surgimento da escravidão em várias regiões do país. Também contribui para esclarecer algumas das eventuais causas do seu declínio definitivo. Após a supressão do tráfico de escravos africanos no início da década de 1850, a taxa negativa de reprodução natural da população escrava no país como um todo, a crescente competição pelo trabalho escravo e sua também crescente concentração regional, concomitantemente com o rápido crescimento da população livre, são algumas das principais variáveis que, em conjunto com fatores institucionais tais como a estrutura fundiária vigente, responderam em grande medida pelo declínio da escravidão no Brasil.

No entanto, a extinção do tráfico de escravos africanos apresenta-se como importante fator explicativo do declínio definitivo da escravidão no Brasil, não em função das suas consequências imediatas, mas sim de suas implicações de mais longo prazo. De fato, as evidências estatísticas para a década de 1850 não revelam, de maneira geral, um declínio da produção nos setores que empregavam escravos. O cumprimento daquela medida legal, porém, teve importantes efeitos sobre a oferta agregada de escravos no país: no contexto da já mencionada taxa negativa de reprodução natural da população escrava e de uma crescente demanda pelos seus serviços, ocorreu um forte aumento de preço dos escravos e uma intensificação do tráfico interprovincial, que, por sua vez, levou a uma concentração cada vez maior dos escravos na região Cafeeira. Esses desdobramentos da supressão do tráfico são brevemente esboçados com relação ao Brasil em geral (capítulo 2) e analisados em detalhe no contexto da região Cafeeira e da região Sul do país (partes II e III).

O insucesso das tentativas de empregar imigrantes europeus como trabalhadores complementares na região Cafeeira sob contratos de parceria na década de 1850 levou a um recrudescimento da preferência e do compromisso dos grandes fazendeiros de café para com a escravidão, tendo como consequência a forte predominância do trabalho escravo no cultivo do café pelo menos até meados da década de 1880. Aquela tentativa, no entanto, deu origem a adaptações graduais nas condições contratuais em São Paulo (retraçadas no capítulo 4), que abriram caminho para o emprego de trabalhadores livres na lavoura cafeeira sob uma forma de organização do trabalho no campo que não mais envolvia turmas de trabalhadores e que aliava pagamentos fixos ou variáveis a certa liberdade de produção de alimentos em proveito exclusivo das famílias de colonos (capítulos 2, 3 e 4).

As quantificações contidas no presente trabalho mostram que, no início da década de 1870, ao contrário da região Cafeeira, já surgira uma nova classe de pequenos agricultores proprietários de terras na região Sul do país, formada basicamente por imigrantes europeus e seus descendentes, e que era aproximadamente equivalente, em termos numéricos, aos escravos ainda localizados naquela região. Esse fato foi resultado de uma política governamental de imigração distinta da adotada na região Cafeeira. A continuação da imigração estrangeira nas décadas seguintes, ainda que não resultando na substituição definitiva dos escravos em todas as suas ocupações, foi um dos principais elementos que contribuíram para o declínio da escravidão na região Sul do Brasil.

Alegações frequentes na época quanto à "ociosidade" ou "indolência" da população livre local eram, em grande medida, resultado de preconceitos. Porém, argumenta-se no presente estudo que a não utilização de trabalhadores livres nascidos no Brasil de forma mais extensa na lavoura do café, antes da Abolição, deveu-se tanto a fatores de oferta como de demanda, já que trabalhadores livres relutavam em trabalhar em turmas lado a lado com escravos.

O declínio da escravidão nas várias regiões do Brasil foi gradual, mas apresentou notáveis variações regionais. Enquanto estava "desabando sob o seu próprio peso" no Nordeste e no Norte, a escravidão permanecia vigorosa na região Cafeeira no início da década de 1880. Essas diferenças são parcialmente explicadas pelas condições de mercado dos principais produtos de exportação das várias regiões (na medida em que afetavam a rentabilidade das diversas atividades econômicas e as decisões de reinvestimento) e por suas diferentes características tecnológicas. Estas, incluindo a intensidade de trabalho no processo de produção e as exigências em termos de esforço físico, eram importantes variáveis explicativas do predomínio do trabalho escravo, sobretudo nas atividades de processamento de produtos da agricultura e da pecuária. Também explicavam, por exemplo, a relevância relativamente menor da escravidão em uma atividade como a criação de gado (capítulo 8). Eventualmente, porém, os efeitos diferenciados da Abolição nas várias regiões foram função não somente daqueles aspectos tecnológicos mas também das características demográficas ao nível local (relação terra-trabalho), de relações de propriedade e de diferentes políticas governamentais de imigração.

A evolução do produto físico da agricultura imediatamente após a Abolição (utilizando-se como aproximação as cifras de exportação total das várias regiões do Brasil, com as necessárias qualificações), também mostrou diferenças regionais acentuadas. De uma maneira geral, a reorganização do trabalho parece ter ocorrido em ritmo suficientemente rápido para impedir quedas significativas de produção da maioria dos produtos agrícolas do país (capítulo 2). Houve algumas áreas em que se verificaram problemas de oferta de mão de obra que causaram declínios de produção de mais longo prazo, mas em muitas outras áreas, tais como as antigas zonas cafeeiras do Rio de Janeiro, São Paulo e Minas Gerais, a queda de caráter mais permanente do produto físico da agricultura também se deveu a outros fatores, tais como a idade dos cafezais, esgotamento dos solos etc. Tais quedas, no entanto, foram na maioria dos casos compensadas por aumentos de produção em outras áreas. Em diversas localidades nas quais a substituição do trabalho escravo por trabalho livre estava bem avançada no início da década de 1880, a Abolição implicou apenas um "efeito-riqueza", afetando a classe dos proprietários de escravos, que não receberam qualquer indenização quando da Lei Áurea de 1888.

Quanto à situação dos ex-escravos na região Cafeeira e na região Sul, pode-se afirmar, de uma forma ampla e genérica, que aquela foi comparativamente mais favorável em termos de posição social e oportunidades de emprego nas áreas que receberam pouca ou nenhuma imigração europeia, e nas quais também os libertos tinham mais identificação, de um ponto de vista étnico, com a população livre local. Nas regiões de grande imigração europeia, especialmente nas novas áreas cafeeiras de São Paulo e Minas Gerais (e, em um contexto diferente, no Sul do país), uma "nova classe" de trabalhadores privilegiados foi superposta tanto sobre os libertos como sobre a população brasileira livre. Um dos pontos defendidos por este estudo é que a imigração subsidiada em massa provocou o deslocamento daquelas duas categorias de habitantes, que foram substituídas pelos imigrantes europeus em uma série de ocupações no campo e nos centros urbanos (capítulos 4, 5 e 6 e parte III). Na região Cafeeira, e em particular nos casos de São Paulo e Minas Gerais, a política governamental de concessão de passagens gratuitas para imigrantes estrangeiros materializou-se em uma intervenção no lado da oferta do mercado de trabalho e, pelo menos no caso de São Paulo, resultou em "custos diretos de mão de obra" basicamente constantes (ou até declinantes em termos reais) para os fazendeiros de café durante a década de 1890 (capítulo 4, especialmente tabela 7).

O abandono inicial em massa das plantações pelos ex-escravos imediatamente após a Abolição é muitas vezes confirmado nos capítulos regionais, mas devem ser assinaladas diversas exceções com relação a posições há muito tempo mantidas na literatura sobre a questão. Em primeiro lugar, a evidência apresentada neste estudo tende a confirmar os resultados de algumas monografias centradas sobre determinados estados do Sul do Brasil segundo os quais o êxodo não foi de natureza permanente. Alguns meses depois da sua emancipação, muitos ex-escravos voltaram ao trabalho no campo para o cultivo do café e da cana-de-açúcar ou para trabalhar em estabelecimentos de processamento de produtos agropecuários. Sem dúvida ocorreu certa realocação dos ex-escravos entre estabelecimentos rurais, e também alguma migração interestadual, mas em muitos municípios da região Cafeeira e da região Sul o número de libertos não parece ter se alterado substancialmente nos primeiros anos após a Abolição. O que parece ser verdade é que as ex-escravas, que tinham constituído uma importante fração da mão de obra no campo antes da Abolição, especialmente na cafeicultura, pararam de trabalhar nessa ocupação, reduzindo assim automaticamente a oferta global de trabalho na agricultura, por parte dos ex-escravos como um todo, em comparação com os níveis observados imediatamente antes da Abolição.

Ao contrário de outra alegação frequente na literatura, os dados apresentados no presente estudo não confirmam qualquer êxodo em massa de caráter permanente para as cidades mais importantes dos vários estados das regiões Cafeeiras e Sul, nas quais os ex-escravos teriam que enfrentar a competição de imigrantes estrangeiros mais qualificados. Porém, fazem-se necessários dados adicionais sobre os centros urbanos de menor dimensão, dentro de cada município, e sobre a distribuição ocupacional dos ex-escravos no nível local, antes que se possa descartar a possibilidade de certa concentração dos libertos nesses centros menores. Quanto à suposta concentração dos ex-escravos na fronteira das áreas do café para trabalharem no cultivo desse produto ou para se tornarem posseiros com suas próprias roças, a evidência apresentada com relação a São Paulo também sugere movimentos comparativamente pequenos para essas áreas de fronteira.

Apesar de a Abolição não ter afetado substancialmente a estrutura de propriedade de terras no país como um todo, a medida foi acompanhada por transformações fundamentais na organização do trabalho no campo na cafeicultura e por uma significativa mudança de escala na fase de processamento da produção de açúcar. Esta última, por sua vez, representou a transição do setor para o capitalismo industrial e se materializou através da proliferação das usinas em detrimento dos antigos engenhos. Esse processo ocorreu principalmente no Nordeste do Brasil, e por essa razão não aparece como uma preocupação central do presente estudo, mas é exemplificado pelo caso da área açucareira de Campos no estado do Rio de Janeiro. Aquelas mudanças nas formas de trabalho no campo tiveram grande importância para a evolução da região Cafeeira. Assim, as características e a extensão da adoção da parceria e da empreitada e os tipos predominantes de contrato de trabalho na lavoura cafeeira estão tratados detalhadamente nos capítulos 3 a 7. O resultado global dos novos tipos de contrato foi a substituição virtual do trabalho em turmas, no qual a unidade de trabalho era o escravo, por arranjos contratuais em que a unidade do insumo trabalho era a família do colono. Na prática, apesar de não ter sido subdividida do ponto de vista da propriedade de terra, a fazenda de café passou de certa forma a ser trabalhada como uma soma de pequenos estabelecimentos independentes.

Com base na discussão de natureza parcialmente teórica da parte II deste estudo, pareceria que, dadas certas hipóteses e restrições, as famílias de imigrantes envolvidas em empreitada ou parceria tomavam as decisões quanto à alocação do seu tempo não como assalariados "puros", mas como se fossem pequenos produtores independentes colocados diante de preços determinados para os seus produtos, ou seja, o café versus os gêneros alimentícios que também podiam cultivar. A diferente abordagem com relação ao trabalho por parte dos ex-escravos — que mostraram inicialmente uma forte preferência pelo lazer —, as implicações dos vários contratos para os grandes proprietários de terras e o seu correspondente comportamento também são explorados naquela parte deste livro.

A partir das evidências apresentadas no capítulo 4, parece resultar que a mudança na organização do trabalho na lavoura cafeeira decorrente da adoção de contratos de empreitada ou de colono e a concomitante transição para o trabalho livre no centro-oeste de São Paulo não foram acompanhadas por um declínio da produtividade anual do trabalho com relação à que prevalecia nas plantações trabalhadas por escravos no período pré-Abolição. Na verdade, aquelas transformações parecem ter ocasionado um aumento de produtividade por hora trabalhada, compensando uma menor duração da jornada dos trabalhadores livres. Portanto, a opção dos fazendeiros por contratos de empreitada com colonos europeus representou uma decisão eficiente ou "racional" da parte daqueles. Infelizmente, a heterogeneidade de outras zonas cafeeiras com relação à produtividade da terra e a tipos de contrato de trabalho não permite, com base em dados agregados, fazer comparações plenamente conclusivas entre outras formas de organização do trabalho no período pós-Abolição e o trabalho escravo em turmas antes de 1888.

Quanto à situação dos imigrantes estrangeiros na região Cafeeira (com a exceção do Espírito Santo, pouco importante em termos numéricos), apresentam-se evidências de que eles, em sua maioria, não tiveram acesso à propriedade de terras nos municípios produtores de café nas duas décadas que se seguiram à Abolição. (Isso se deveu, em parte, a fatores institucionais, como discutido no capítulo 2.) Mostra-se também que havia um amplo consenso entre os observadores da época, incluindo-se cônsules estrangeiros, no sentido de que as condições de vida dos imigrantes estrangeiros nas zonas cafeeiras durante a década de 1890 eram geralmente melhores do que as que teriam enfrentado em seus países de origem. De fato, muitos pouparam o suficiente para se estabelecer em centros urbanos ou para retornar ao seu país natal (uma mobilidade que também está documentada no presente estudo).

Nos três estados do Sul, em contraste com a região Cafeeira, os imigrantes europeus tornaram-se, em sua maioria, pequenos proprietários de terra nas colônias oficiais (e, ocasionalmente, privadas), produzindo com trabalho familiar alimentos para venda a outros estados ou para o mercado interno regional. Com poucas exceções, esses imigrantes também se beneficiaram de condições de vida bem melhores do que em seus países de origem e tiveram melhores oportunidades de mobilidade econômica e social do que as famílias que trabalharam nas zonas cafeeiras. O "sucesso" da colonização na região Sul deveu-se, entre outros fatores, à disponibilidade de terras públicas e à inexistência de uma classe de grandes proprietários de terra demandando "braços" para a lavoura, como era o caso na região Cafeeira, que poderia ter se constituído em um obstáculo político para os esquemas de colonização orientados para a criação de uma classe de pequenos proprietários de terra independentes (parte III).

Feitas essas constatações de caráter mais tópico, cabe enfatizar novamente dois pontos de caráter mais geral. Em primeiro lugar, a transição definitiva do trabalho escravo para o trabalho livre não representou um obstáculo para a expansão da produção agrícola das regiões Cafeeira e Sul como um todo, embora em algumas áreas tenha havido uma queda efetiva da produção de alguns gêneros importantes (o mesmo se verificou temporariamente em outras regiões do Brasil). Esses casos de declínio, porém, também se deveram a outros fatores econômicos e institucionais que não as mudanças na organização do trabalho, e portanto não podem ser exclusivamente atribuídos a problemas de oferta de mão de obra nem a ineficiências decorrentes da abolição da escravidão. Em segundo lugar — embora na virada do século XIX para o século XX a maioria dos trabalhadores rurais da região Cafeeira não tivesse acesso à propriedade da terra e a cultivasse segundo diferentes formas de contrato de trabalho, o que também ocorreu no Nordeste, outra região de grande lavoura —, uma fração significativa dos trabalhadores na agricultura da região Sul era constituída por pequenos produtores autônomos que tinham a propriedade das terras cultivadas pelos membros de suas famílias. Essa dicotomia entre regiões brasileiras é também observada com frequência, por exemplo, em relação à Grã-Bretanha e à França. Com efeito, diante de diferentes contextos institucionais, a decadência definitiva da servidão nesses países resultou respectivamente na formação de uma classe de trabalhadores assalariados sem terra, no caso britânico, e no surgimento de uma numerosa classe de pequenos proprietários, no caso francês.

Por fim, cabe uma recapitulação de questões levantadas neste estudo que merecem ser mais aprofundadas, dando margem também para possíveis direções de pesquisa passíveis de complementar algumas de suas conclusões e constatações com caráter preliminar. Com relação ao capítulo 2, além da pesquisa realizada, investigações suplementares se fazem necessárias para determinar com mais detalhes a natureza efetiva das relações de trabalho entre o proprietário das terras, ou usineiro, e os trabalhadores no cultivo da cana-de-açúcar no Nordeste. Uma análise com o grau de generalização como o do capítulo 2 deixa inevitavelmente de lado exceções que, em determinados casos, podem ter sido importantes no nível local. Portanto, as hipóteses emitidas em relação a essa região são tentativas, e espera-se que novos estudos sobre cada estado nordestino específico forneçam uma ideia mais clara da evolução das relações de trabalho na região após a Abolição.

Embora se tenha conseguido construir o que parecem ser séries razoavelmente precisas de exportações para as diversas áreas e, no caso de determinados produtos, até algo próximo a séries de produção, os dados disponíveis sobre emprego são muito menos satisfatórios, e, portanto, algumas das conclusões baseadas nos números apresentados neste estudo devem ser consideradas com certa reserva, conforme observado nos capítulos relevantes. A discussão da evolução das diversas regiões destacou a importância dos dados demográficos da época para a análise da estrutura do emprego em determinadas áreas. Enfatizou também a importância de investigações mais detalhadas com base em estatísticas de natureza mais local, a serem coletadas em arquivos municipais, inventários etc. A análise de fontes não impressas, tais como os registros de entradas de escravos nos diversos portos e os impostos sobre escravos, associados a dados demográficos mais detalhados, provavelmente poderá fornecer uma ideia mais precisa da extensão efetiva do tráfico interprovincial de escravos e permitir estimativas mais rigorosas da taxa de reprodução natural efetiva da população escrava nas diferentes áreas do Brasil.

Dados adicionais de natureza mais local, incluindo a análise mais extensa da contabilidade de um número maior de grandes fazendas de café, também se fazem necessários para proporcionar uma ideia mais exata da proporção do café produzido com mão de obra livre antes da Abolição, bem como do destino dos ex-escravos no período que a sucedeu, incluindo diferenças de renda entre os libertos das diversas áreas. O mesmo vale para a percentagem de imigrantes estrangeiros no emprego total na cafeicultura durante a década de 1890, que foi determinada com maior grau de certeza no caso de São Paulo, por exemplo, mas que se mostrou menos clara no caso de Minas Gerais. Os registros das fazendas também podem indicar com mais exatidão até que ponto a parceria prevalecia nas áreas de café mais antigas, por oposição ao trabalho em turmas. Além disso, uma análise de amostras suplementares de fazendas que venha complementar as informações apresentadas neste estudo também parece essencial para possibilitar comparações mais bem documentadas entre a produtividade dos escravos e a dos trabalhadores livres, bem como uma maior precisão quanto à produtividade e aos rendimentos agrícolas.

Apesar do caráter preliminar de algumas das conclusões aqui apresentadas, acredita-se terem sido analisadas as características básicas da transição do trabalho escravo para o trabalho livre nas regiões estudadas e das relações de trabalho que surgiram em suas principais atividades agrícolas no período que sucedeu à Abolição. Espera-se que as explicações sugeridas ajudem a esclarecer desdobramentos mais recentes da agricultura brasileira. Também foi fornecido um conjunto básico de dados para a análise da evolução econômica do setor agrícola dessas regiões durante o século XIX, tendo sido apresentadas diversas informações sobre atividades não agrícolas. É de esperar que estudos adicionais sobre estados específicos contribuam para refinar ainda mais os dados referentes à agricultura e a outros segmentos de atividade econômica, permitindo apreender, de forma menos aproximada e mais completa, a evolução do produto interno bruto das diversas regiões brasileiras e, finalmente, do Brasil como um todo, de modo a compensar a ausência de quantificações mais exatas em relação a essa crucial variável econômica no século XIX.

Cronologia

1492 Descobrimento da América por Cristóvão Colombo.

1494 Tratado de Tordesilhas, que desloca a linha de demarcação de áreas de influência no Novo Mundo e coloca o Brasil na esfera de influência portuguesa.

1500 Descobrimento do Brasil por Pedro Álvares Cabral.

1503 Concessão a Fernão de Noronha para exploração na nova colônia do pau-brasil, que servia para produzir corante vermelho e foi o primeiro produto de exportação do Brasil.

1503-2 Diversas expedições portuguesas e francesas em busca de pau-brasil em escambo com os índios da costa brasileira e estabelecimento de feitorias temporárias. Atenção prioritária do governo português ao comércio com o Oriente.

1532 Fundação de São Vicente e início da colonização portuguesa permanente.

1534 Divisão do Brasil em capitanias hereditárias entregues a donatários particulares com capacidade para conceder sesmarias. Pernambuco é a capitania mais bem-sucedida nos anos 1540, com cinco engenhos de açúcar; o pau-brasil é declarado monopólio real em 1535.

1537 Bula do papa Paulo III defendendo a liberdade dos índios da América, reforçada em 1639 por breve do papa Urbano III.

1542 Novas Leis proíbem a escravidão indígena na América espanhola mas são logo enfraquecidas em 1545. Mantidas as *encomiendas*, concessões de terras por parte do Estado com mão de obra indígena compulsória, teoricamente com obrigações recíprocas do *encomendero* para com os índios. Uso da *mita* (tributo de trabalho já existente sob os incas) e do *repartimiento* como métodos de fornecimento periódico de trabalho forçado indígena para as minas de prata de Potosí e do México e outras atividades econômicas. Legalmente, porém, os índios não eram escravos.

1549 Governo-Geral instalado em Salvador, Bahia. Chegada dos primeiros jesuítas com cerca de mil pessoas. Tributação real gradualmente implantada com base no dízimo sobre o açúcar e outros produtos, arrecadado por contratadores após arrematação em licitações.

1551-2 Diocese de Salvador, na Bahia (transformada em arquidiocese em 1676). Cartas jesuíticas reportando epidemia (possivelmente de gripe) com grande mortandade entre os índios da Bahia (1552), seguida de disenteria e outras doenças em vários pontos da costa.

1552-66 *Brevísima relación de la destrucción de las Indias*, de Bartolomé de las Casas (publicado na Espanha em 1552). O autor defenderia os índios até a sua morte, em 1566.

1554 Fundação de São Paulo pelos jesuítas como Colégio de São Paulo de Piratininga. Epidemia entre os índios recentemente convertidos. Cativeiro de Hans Staden entre os tupinambás, fato que depois (1557) seria objeto de livro de sucesso por falar de canibalismo indígena.

1555-60 Huguenotes franceses na baía de Guanabara. Publicações de Thevet (1558) e Léry (1578) com gravuras com índios brasileiros (costumes, canibalismo e corte do pau-brasil).

1562-79 Epidemias dizimam os índios agrupados em aldeias na costa brasileira. A partir de 1562, a varíola é reportada na Bahia, em Pernambuco, no Espírito Santo e em São Vicente, com relato jesuíta (Anchieta) de cerca de 30 mil mortos entre os índios, com reincidência em Pernambuco (1578-9). Apesar da oposição das ordens religiosas, a escravidão indígena é aceita e justificada quando decorrente de captura em "guerra justa".

1565-7 Fundação da cidade de São Sebastião do Rio de Janeiro. Expulsão definitiva dos franceses (1567).

1570-80 Obras de Gandavo sobre a fauna, flora e atividades econômicas no Brasil. Predomínio inicial da escravidão de indígenas, afetados também por sarampo e gripe.

1573-7 e *1608-12* Estado do Brasil temporariamente dividido em dois Governos-Gerais, com Repartição Norte e Repartição Sul.

1580-1640 União das Coroas Ibéricas, espanhola e portuguesa. Relações comerciais temporárias com o Rio da Prata e dificuldades com as Províncias Unidas. Crescentes restrições ao comércio direto da colônia com estrangeiros em 1591 e 1605.

1580-7 Livros sobre o Brasil de Gabriel Soares de Sousa e de Fernão Cardim e crônicas de jesuítas, com importantes informações econômicas e reportando crescente número de escravos africanos. Novas epidemias em Ilhéus (1585) e no Nordeste no fim do século (1597) afetam especialmente os indígenas e escravos em geral.

1590-1600 O Brasil se torna o primeiro produtor mundial de açúcar. Subsídios aos colégios jesuítas do Rio de Janeiro e da Bahia e salários de funcionários são comumente pagos com açúcar. Pouco menos de 30 mil escravos africanos são importados até 1600.

1595 Proibição, em Portugal, da compra e venda de escravos chineses, mas numerosos escravos africanos já presentes em Lisboa e no sul do país.

1605 Regimento do pau-brasil, confirmando o monopólio real, com sistemas de arrendamento e concessões alternados que durariam até 1859, sob o Império do Brasil.

1607 Início das reduções jesuíticas do Paraguai, objeto de frequentes ataques de bandeirantes, na busca de novos escravos indígenas, na primeira metade do século XVII.

1607-94 Quilombo dos Palmares de escravos fugidos (destruído em 1694, com morte de Zumbi em 1695). Intensificação do tráfico africano ao longo do século XVII, com entrada de aproximadamente 784 mil escravos no Brasil. Competição inglesa e holandesa com os portugueses no tráfico africano.

1608-12 Introdução do "engenho de três paus" facilita o aumento e a eficiência da produção de açúcar. *Livro que dá razão do Estado do Brasil* (de Diogo de Campos Moreno, de 1612) e outras fontes indicam cerca de 192 engenhos no Nordeste, Espírito Santo e Rio de Janeiro.

1612-5 Franceses no Maranhão; fundação de São Luís e expulsão dos franceses.

1616 Fundação de Belém, abrindo eventualmente caminho até São José do Rio Negro (Manaus) para a exploração das "drogas do sertão": salsaparrilha, cravo, canela, cacau, anil, amendoim e até borracha, todos conhecidos e utilizados pelos índios. Epidemia de varíola atinge principalmente índios e escravos na costa (1616-7).

1618 *Diálogo das grandezas do Brasil*, de Antonio Fernandes Brandão, com importantes informações sobre a economia açucareira. Arrecadação de dízimos suficiente para despesas da Coroa no Brasil.

1621-1751 Separação do Estado do Brasil do Estado do Maranhão (este após 1751 torna-se Estado do Grão-Pará e do Maranhão).

1624-5 Salvador é invadida pelos holandeses, que são expulsos em 1625.

1627 *História do Brasil*, de Frei Vicente do Salvador.

1629-34 *Descripción de la província del Brasil*, de Pedro Cadena (ou Cudena) de Villasanti. Cerca de 350 engenhos de açúcar no Brasil. Predomínio de escravos africanos nos engenhos.

1630-54 Ocupação de parte do Nordeste pela Companhia das Índias Ocidentais. Em paralelo, conquista temporária de Angola pelos holandeses para garantir oferta de escravos africanos. Governo de Maurício de Nassau (1637-44). Primeira sinagoga em solo americano e liberdade de religião até a expulsão dos holandeses em 1654.

1640-2 Restauração da monarquia portuguesa (1640) e transformação do Conselho da Índia (1604) em Conselho Ultramarino (1642).

1654-80 Queda do preço do açúcar diante da concorrência da produção das Antilhas. Perda da hegemonia brasileira no mercado mundial de açúcar. Crises econômicas e monetárias no Brasil. Crescente importância relativa das exportações de fumo (com monopólio real após os anos 1630) e expansão da criação de gado para o interior contribuindo para o "desbravamento do sertão".

1655 Sistema de frotas para o comércio do Brasil colonial com a Companhia Geral do Comércio criada em 1649 e absorvida pelo Estado português em 1657, tornando-se Junta de Comércio em 1662.

1661-8 Desistência do Brasil, por parte das Províncias Unidas, mediante indenização monetária e reconhecimento por Portugal da perda do Ceilão, de Malaca e das Molucas, na Ásia. Reconhecimento da independência portuguesa pela Coroa espanhola, mediante cessão de Ceuta por Portugal (1668).

1676-7 Três novas dioceses: Rio de Janeiro, Pernambuco e São Luís do Maranhão. No século XVIII, criação das dioceses do Pará (1719), de Mariana (1745) e de São Paulo (1745), acompanhando o crescimento demográfico da colônia.

1680 Fundação da Colônia do Sacramento (no Uruguai atual), objeto de disputas com a Coroa espanhola e cedida definitivamente pelos portugueses em 1777.

1684 Revolta de Beckman, no Maranhão, contra a Companhia do Comércio do Maranhão (1682-5), de caráter monopolista, extinta no ano seguinte. Legislação obrigando navios partindo dos portos brasileiros a se dirigirem diretamente a Portugal.

1690-1700 Descobertas do ouro nas Minas Gerais e fundação da Casa da Moeda da Bahia (1694), transferida para o Rio de Janeiro (entre 1695 e 1699) e Pernambuco (1700), e definitivamente para o Rio de Janeiro em 1702. Nova Casa da Moeda na Bahia (1714) e Casa da Moeda temporária em Vila Rica, Minas Gerais (1724-34).

1703 Tratado de Methuen entre Portugal e Inglaterra com concessões tarifárias mútuas, reforçando a "vocação agrícola" de Portugal.

1707-9 Guerra dos Emboabas em Minas Gerais. Reação dos paulistas à chegada de novos migrantes e de portugueses à região produtora de ouro.

1710-1 Guerra dos Mascates em Pernambuco. Conflito entre os senhores de engenho de Olinda e mascates "reinóis" de Recife.

1711 *Cultura e opulência do Brasil*, de André João Antonil (João Antônio Andreoni), com descrição da economia colonial e quantificações, livro logo proibido pela Coroa por revelar riquezas da colônia.

1711 Cobrança do *quinto*, imposto sobre a produção do ouro, seguida de diferentes sistemas de aferição e arrecadação de tributo. Captura do Rio de Janeiro pelo corsário francês Duguay-Trouin, resultando no pagamento de elevado resgate. Região das Minas restrita ao clero secular com interdição da entrada de ordens religiosas.

1713 Tratado de Utrecht: Grã-Bretanha obtém o *asiento*, monopólio de fornecimento de escravos às colônias espanholas da América. Crescente importância britânica no tráfico, mas participação francesa e de outros países europeus. Intensificação de viagens diretas de navios negreiros entre o Brasil e a África. No século XVIII, as entradas de escravos africanos no Brasil foram estimadas em cerca de 1.989.000 indivíduos.

1716-24 Fundação de Cuiabá (1716) e Goiás (1724). Descoberta de ouro em Mato Grosso e Goiás. A seguir, exploração do ouro em Jacobina e Rio de Contas, na Bahia.

1720 Criação da capitania de Minas Gerais e crescente importância das casas de fundição para cobrança do quinto. O Brasil se torna o primeiro produtor mundial de ouro no século XVIII, com um total de oitocentas a novecentas toneladas. Intensificação do tráfico de escravos africanos em paralelo ao aumento da imigração portuguesa (até 1760).

1727 Introdução do café no Brasil, pouco importante até o início do século XIX.

1729-32 Descobrimento de diamantes em Tejuco (atual Diamantina) e na Bahia, com subsequente queda do preço do produto no mercado europeu.

1730 *História da América portuguesa*, de Rocha Pita.

1734 Intendência dos diamantes para fiscalização da exploração.

1748 Capitanias de Goiás e Mato Grosso são desmembradas de São Paulo.

1750 Tratado de Madri estabelece o princípio do *uti possidetis* para determinação de fronteiras, revogando as disposições de Tordesilhas.

1755 Terremoto de Lisboa e elevação de impostos no Brasil para ajudar a reconstrução da cidade. Emancipação dos índios no Norte do Brasil (Estado do Grão-Pará e Maranhão).

1755-9 Criação de companhias privilegiadas de comércio no Brasil pelo marquês de Pombal: Companhia Geral de Comércio do Grão-Pará e Maranhão (1755-78) e Companhia Geral de Comércio de Pernambuco e Paraíba (1759-80). Intensificação da importação de escravos no Norte do Brasil e da produção de algodão e de arroz.

1757 Aldeias no Norte do Brasil, possivelmente com 50 mil índios, na sua maioria controladas por jesuítas e franciscanos, são transformadas em paróquias. Em 1757, o Diretório dos Índios, decidido por Pombal, reintroduz o trabalho compulsório para evitar problemas de oferta de mão de obra com a volta dos índios, legalmente equiparados aos portugueses, ao seu antigo modo de vida.

1758 Emancipação dos índios estendida a todo o Brasil.

1759 Expulsão dos jesuítas do Brasil e confisco dos bens da Ordem. Fim do sistema de capitanias hereditárias.

1760-80 Forte declínio da produção de ouro brasileiro. Em 1765, instituição da *derrama* em Minas Gerais para forçar mineradores ao pagamento dos impostos atrasados (depois pretexto para a Inconfidência Mineira). No mesmo ano é abolido o regulamento das frotas, mas permanece a passagem obrigatória das exportações brasileiras por Portugal.

1761-77 Pombal decreta o fim da escravidão em Portugal continental, bem como o fim dos autos de fé e da discriminação dos cristãos-novos, equiparando legalmente todos os habitantes de Portugal. Em 1777, abolição da escravidão na Madeira.

1763 Mudança da capital de Salvador para o Rio de Janeiro, nova sede do vice-reino.

1772-1803 Criação da extração real (monopólio real) para explorar diretamente os diamantes (fim do sistema de contratos em vigor desde 1740). Crescente população negra livre em Minas Gerais.

1772-4 Dissolução do Estado do Grão-Pará e do Maranhão, transformado em duas capitanias gerais (Pará e Maranhão) e duas capitanias subordinadas (São José do Rio Negro e Piauí).

1773 Abolição definitiva da escravidão em Portugal continental.

1777 Afastamento do marquês de Pombal. Tratado de Santo Idelfonso e novas fronteiras, com Sacramento e velhas missões transferidas para a América espanhola.

1778-80 Fim das atividades das companhias privilegiadas de Pombal e continuado aumento da produção de arroz e algodão no Pará e Maranhão.

1785 Alvará proibindo "fábricas e manufaturas" no Brasil, notadamente de têxteis, com exceção das de pano grosso para vestir os escravos (revogado em 1808).

1789 Inconfidência Mineira, conjuração logo reprimida, seguida da execução de Tiradentes (1792).

1791 Início da revolta dos escravos da colônia açucareira de Saint Domingue (São Domingos, depois Haiti) e renovada importância das exportações de açúcar brasileiro, que, com o declínio da produção do ouro, voltará a ser o principal produto de exportação da colônia, seguido do algodão.

1794 Como desdobramento da Revolução Francesa, a Convenção declara a abolição da escravidão nas colônias francesas, restabelecida nas colônias açucareiras em 1802.

1798 Conjuração Baiana ou Revolução dos Alfaiates.

1801 Incorporação dos Sete Povos das Missões ao Rio Grande do Sul.

1803-4 *Memórias políticas*, de J. J. Rodrigues de Brito (1803), e *Princípios de economia política*, de José da Silva Lisboa (1804), futuro visconde de Cairu, com prescrições divergentes para o desenvolvimento da colônia.

1803-14 Abolição do tráfico de escravos africanos pela Dinamarca (1803), Grã-Bretanha e Estados Unidos (1807), com implementação em 1808, e pela Suécia e pelos Países Baixos (1813-4).

1808 Chegada da família real portuguesa ao Brasil, abertura dos portos e revogação das restrições às manufaturas na colônia. Fundação do Banco do Brasil e crescente circulação de papel-moeda nos anos seguintes.

1808-22 Publicação do *Correio Braziliense*, de Hipólito José da Costa, periódico editado em Londres com importantes informações econômicas sobre o Brasil.

1810 É assinado o Tratado de Comércio e Navegação, acordo comercial preferencial com a Grã-Bretanha que estabelece tarifa máxima de 15% sobre importações de produtos britânicos, taxa inferior à que era paga por importações de Portugal para o Brasil.

1811 Abolição da escravidão na Espanha e suas colônias, exceto Cuba (onde havia forte reação contrária), Porto Rico e Santo Domingo (futura República Dominicana).

1815 Reino Unido do Brasil e de Portugal. O Congresso de Viena condena o tráfico de escravos, assimilado à pirataria.

1817 Levante republicano em Pernambuco. Devolução da Guiana Francesa à França, após breve ocupação por tropas luso-brasileiras (1809-17).

1819 Fundação da colônia de Nova Friburgo com imigrantes suíços.

1821 Retorno de d. João VI a Portugal com as reservas metálicas do Banco do Brasil. Anexação da "Banda Oriental" como Província Cisplatina. Fim das capitanias, a maioria das quais se tornaram províncias.

1822 Proclamação da Independência por d. Pedro I (1822-31), diante da tentativa das cortes portuguesas de restabelecer o status colonial do Brasil e sua sujeição a Portugal.

1824 Constituição outorgada por d. Pedro I. Em Pernambuco, a efêmera Confederação do Equador determina a abolição do tráfico de escravos, logo revogada.

1824 Constituição do México decreta liberdade de todos os escravos (sendo os últimos libertados em 1829).

1824-30 Fundação da colônia de São Leopoldo com colonos alemães e de outras colônias menores no Rio Grande do Sul, e de São Pedro de Alcântara em Santa Catarina (1828), iniciativa do governo imperial que cessa em 1830 por falta de verbas. Imigração estrangeira oficial entre 1822 e 1850: 14.984 pessoas (certamente subestimada).

1825-8 Reconhecimento da Independência do Brasil por Portugal e Grã-Bretanha. Rebelião, guerra e separação da Cisplatina, futuro Uruguai (1825-8).

1826-7 Pressão britânica e ratificação de convenção comprometendo o Brasil a tornar o tráfico de escravos ilegal a partir de 1830.

1827 Tratado comercial com a Grã-Bretanha renova por quinze anos dispositivos existentes desde 1810. Extensão a outras nações da tarifa máxima de 15% sobre as importações. Arrecadação insuficiente do governo imperial, baseada principalmente nos impostos de importação.

1829-35 Fim do primeiro Banco do Brasil. Circulação monetária de cédulas e de moedas de cobre, com fuga e entesouramento das moedas de ouro e prata. Em 1833, quebra do padrão monetário e desvalorização do mil-réis de 67,5 pence para a paridade de 43,5 pence. Monopólio do Tesouro de emissão de papel-moeda de 1835 a 1838, e depois de 1866 a 1889.

1831-5 O café se torna o principal produto de exportação do Brasil, seguido pelo açúcar e o algodão.

1831 Abdicação de d. Pedro I em favor do filho e início da Regência (1831-40). Uma lei da Regência de 7 de novembro de 1831 declara livres os escravos desembarcados a partir da lei, tornando ilegal o tráfico "para inglês ver", letra morta por quase vinte anos. Criação da Guarda Nacional. Abolição definitiva pela França do tráfico de escravos africanos.

1833-8 Escravidão declarada ilegal no Império Britânico; estabelece-se um período de transição com prestação de serviços dos ex-escravos (cinco anos para escravos agrícolas e sete anos para domésticos). Abolição definitiva em 1838: libertados legalmente no Império Britânico 700 mil escravos nas Antilhas, 20 mil nas ilhas Maurício e 40 mil na África do Sul. Os escravos dos territórios da East India Company e do Ceilão foram libertados em 1843, quando essas áreas coloniais passaram para o domínio direto da Coroa britânica.

1834 Ato Adicional permite certa taxação provincial e municipal, não interferindo com a tributação do governo imperial, inclusive a meia sisa de escravos.

1835 Início da Cabanagem no Pará (1835-40), com participação de negros e índios e com 30 mil a 40 mil vítimas, inclusive muitos portugueses. Espanha proíbe o tráfico de escravos nas colônias da Coroa.

1835 Revolta dos Malês na Bahia, envolvendo escravos de religião islâmica e outros.

1835-45 Revolução Farroupilha e República de Piratini no Rio Grande do Sul. Paz alcançada com intervenção do futuro Duque de Caxias.

1837 Lei de locação de serviços, com disposições insatisfatórias para colonos estrangeiros e para os empregadores potenciais.

1837 Sabinada na Bahia, revolta com 1.100 rebeldes mortos.

1838-41 Balaiada no Maranhão, rebelião envolvendo escravos entre os revoltosos, reprimida por Caxias.

1840 Maioridade de d. Pedro II (1831-89) e fim da Regência (1831-40). Na década de 1840, as três companhias inglesas de mineração de ouro em Minas Gerais produziram em conjunto cerca de 1,5 tonelada em certos anos, empregando cerca de 1.600 escravos.

1842 Breves levantes liberais em São Paulo (na cidade de Sorocaba) e em Minas Gerais.

1844 Tarifa Alves Branco: aumento das tarifas alfandegárias e recuperação da capacidade de arrecadação do governo central. Nova tarifa média de importação de 25% a 30%, depois aumentada, com oscilações, para até cerca de 50% no final do Império.

1845 Bill Aberdeen: lei inglesa permitindo o apresamento de embarcações de qualquer nacionalidade suspeitas de envolvimento com o tráfico de escravos. Entre 1808 e 1860, o West African Squadron capturaria aproximadamente 1.600 navios negreiros, libertando cerca de 150 mil escravos encontrados a bordo. (Sob pressão britânica, é declarada a abolição do tráfico africano para o Império Otomano.)

1845-7 Colônias alemãs são fundadas em Petrópolis, província do Rio de Janeiro (1845), e em Santa Isabel, no Espírito Santo (1847), por iniciativa do governo imperial. Nova quebra do padrão monetário e desvalorização do mil-réis para 27 pence (1846-89).

1846 Início da fundição e estaleiro de Ponta da Areia em Niterói, que construiria dezenas de navios a vapor até os anos 1860, iniciativa do futuro barão de Mauá.

1847 Início das colônias de parceria, geralmente malsucedidas, envolvendo alguns milhares de colonos europeus nas províncias de São Paulo e do Rio de Janeiro.

1848 Novo governo republicano francês decreta abolição nas colônias. Indenização de 6 milhões de francos paga em 1849 a proprietários de 87 mil escravos de Guadalupe, 74.500 da Martinica, 60.700 de Ilha da Reunião, 12.500 da Guiana Francesa e 10 mil do Senegal. Na Argélia e em outras colônias francesas africanas, a legislação foi mal aplicada.

1848-50 Revolução Praieira em Pernambuco. Com maior estabilidade política e melhora das finanças públicas, retomada de emissão mais importante de moedas de ouro e prata no Brasil. Em 1848, a Dinamarca estabelece liberdade imediata dos escravos nas Índias Ocidentais Dinamarquesas nas Antilhas.

1850 Lei de Terras de 18 de setembro de 1850, regulamentada em 1854, proíbe a doação gratuita de terras públicas devolutas e consolida a concentração de propriedade existente baseada em posses e antigas sesmarias. O Brasil já era o primeiro produtor mundial de café (53% da produção mundial de 1852 a 1860).

1850-6 Lei Eusébio de Queirós (1850). Extinção efetiva do tráfico de escravos africanos, com penas de prisão para os envolvidos. O Brasil tem pouco mais de 2 milhões de escravos em uma população total de 7 milhões a 7,5 milhões de habitantes. A importação de escravos africanos entre

1801 e 1856 é estimada em cerca de 2.062.000. Novo Código Comercial, também de 1850, torna possível a formação de sociedades anônimas.

1852 Intervenção brasileira e queda de J. M. Rosas na Argentina. Aumento da imigração suíça e alemã até a criação de medidas restritivas rígidas por parte da Suíça e da Prússia em 1859, em razão dos problemas das colônias de parceria. No Rio Grande do Sul, a colonização é bem-sucedida, ocorrendo em pequenos lotes familiares e sendo promovida pelo governo provincial e por particulares (14 mil imigrantes europeus entre 1851 e 1870).

1853 Banco do Brasil de Mauá & Cia é transformado em Banco do Brasil com controle governamental. Inauguração de ferrovia da base da Serra para Petrópolis, com quatorze quilômetros, por Mauá. Separação da província do Paraná da província de São Paulo.

1853-4 Abolição da escravidão na Argentina, Peru e Venezuela (Bolívia abolira em 1831).

1854-60 Libertação gradual dos escravos nas colônias portuguesas (os do Estado em 1854), completada nas colônias africanas em 1869. Em 1856, emancipação sem indenização dos filhos recém-nascidos de escravas nas colônias.

1855-6 Formação da estrada de ferro Dom Pedro II (1855) principalmente com capital do governo imperial, transformada em Central do Brasil a partir de 1889. Auge e início do declínio das exportações de diamantes: em 1855-6 eram equivalentes a 4,6% do valor da exportação do Brasil, abaixo do café (50,8%), do açúcar (20%), de couros e peles (6,8%) e do algodão (6%). Seguiam-se a borracha (2,4%), o fumo (2,2%) e a erva-mate (1,9%).

1855-7 Epidemia de cólera, com reincidência em 1863, com grande mortandade de escravos. Crise financeira em 1857.

1860-5 Guerra Civil Americana ocasiona forte aumento no preço internacional do algodão e expansão do cultivo no Brasil, seguida de retração nos anos 1870 e 1880. Abolição da escravidão sem indenização nos Estados Unidos em 1865. Em 1860 havia 3,95 milhões de escravos nos Estados Unidos, respondendo por 12,6% da população total.

1860-3 Abolição da escravidão nas colônias holandesas (Indonésia, Antilhas e Guiana). No entanto, permanece o "sistema de cultivo" em Java (aproximadamente de 1830 a 1870) com trabalho forçado dos camponeses e o uso obrigatório de parte de suas terras para cultivos de exportação.

1862-80 Abolição do tráfico africano em Cuba em 1862, seguida em 1870 da emancipação dos recém-nascidos de pais escravos nas colônias espanholas do Caribe. Em contraste, o tráfico transaariano parece ter ainda envolvido cerca de 1,2 milhão de escravos entre 1800 e 1880.

1864 Crise comercial e financeira. Falências de importantes casas bancárias, como A. J. Santos & Cia., gradualmente substituídas por bancos de maior porte, com capitais estrangeiros e locais.

1864-70 Guerra do Paraguai ou da Tríplice Aliança, com vítimas brasileiras (civis e militares) estimadas entre 50 mil e 60 mil. Em 1866, retirada do direito de emissão de bancos privados e do Banco do Brasil. Taxa de câmbio atinge um mínimo de dezessete pence. Participação na guerra de mais de 8 mil ex-escravos atestada por registros militares e crescente sentimento abolicionista no Exército.

1867-8 Pico anual de quantidade de ouro oficialmente exportado no período imperial (2,3 toneladas) e declínio acentuado da exportação de diamantes diante da concorrência da África do Sul. Crescente importância relativa das exportações de café.

1868 *Navio negreiro*, de Castro Alves, colega de Rui Barbosa e Joaquim Nabuco na Faculdade de Direito de São Paulo e de outros jovens abolicionistas. Publicação do Jornal *O Radical Paulistano*, com conselho editorial incluindo Rui Barbosa e Luiz Gama.

1869 Lei proibindo leilões públicos de escravos e a separação de casais de escravos e seus filhos menores de quinze anos. Porém, as vendas privadas continuaram válidas. O jornal *A Reforma*, criado em maio, defende a emancipação dos escravos.

1870 Apenas setecentos quilômetros de ferrovias em operação no Brasil. Fundação e manifesto do Partido Republicano. Até os anos 1880, a prioridade do partido era dirigida para a República, e não para a abolição da escravidão.

1871 A lei n. 2.040, de 28 de setembro de 1871, sobre o estado servil, chamada Lei Rio Branco ou "Lei do Ventre Livre", declara livres os filhos de escravas nascidos após aquela data e determina a matrícula dos escravos.

1872 Primeiro censo demográfico nacional. População total de 10,1 milhões de habitantes, sendo pouco mais de 1,5 milhão de escravos, cerca de 15% da população total. O Rio de Janeiro tinha 275 mil habitantes; Salvador, 129 mil; Recife, 117 mil.

1872-5 Questão religiosa envolvendo críticas de bispos brasileiros à maçonaria e ao envolvimento de sacerdotes, resultando na prisão e posterior anistia de dois bispos (1875). Primeira linha telegráfica do Brasil para a Europa com cabo submarino (1874) e queda acentuada das exportações de algodão.

1877-9 Grande seca e fome no Nordeste com centenas de milhares de vítimas. Nos anos seguintes, crescente migração de nordestinos para a região amazônica. A crise econômica do açúcar e do algodão antecede a seca.

1878 Na esteira da crise financeira de 1875, falência do grupo do barão de Mauá que investira em bancos, estradas de ferro, companhias de navegação a vapor, iluminação a gás, fábrica de velas e fundição e construção naval, entre outras atividades.

1879 Nova Lei de Locação de serviços de imigrantes estrangeiros.

1880-1 Criação de impostos proibitivos sobre a importação de escravos, via tráfico interprovincial, pelas províncias do Rio de Janeiro, Minas Gerais e São Paulo. Entre 1851 e 1881, o tráfico interprovincial teria envolvido cerca de 200 mil escravos.

1880-3 Intensificação da campanha abolicionista. A Sociedade Brasileira Contra a Escravidão é fundada na casa de Joaquim Nabuco (1880). Os jornais *O Abolicionista* e a *Gazeta da Tarde* juntam-se à campanha da *Gazeta de Notícias* de José Ferreira de Menezes. Publicação de escritos de Joaquim Nabuco (*O abolicionismo*, 1883), Joaquim Serra, André Rebouças, José do Patrocínio e Rui Barbosa, entre outros no Rio de Janeiro, que complementam a ação de Luiz Gama em São Paulo defendendo africanos ilegalmente mantidos na escravidão; atuação do deputado pernambucano José Mariano, editor de *A Província*, do Recife; Bilac, poeta abolicionista.

1881 Lei Saraiva (decreto n. 3.029, de 9 de janeiro de 1881) estabelece eleições diretas, cria título de eleitor e proíbe voto de analfabetos, retirando o voto de centenas de milhares de brasileiros antes eleitores e prejudicando potencialmente candidatos abolicionistas.

1884 Abolição espontânea no Ceará e Amazonas. Lei de São Paulo autoriza o pagamento integral, pelo governo provincial, da passagem marítima de imigrantes europeus. Sucesso da colonização em pequenos lotes no Sul do Brasil, notadamente alemã e italiana para o Rio Grande do Sul e alemã para Santa Catarina.

1885 Lei Saraiva Cotegipe, ou Lei dos Sexagenários, determina a liberdade dos escravos com sessenta anos ou mais. Estoque de capital estrangeiro no Brasil estimado em 24,4 milhões de libras, investido principalmente em ferrovias e empresas de serviços públicos, como gás, serviços de bondes e água e esgotos, na América Latina excedido apenas pelos investimentos estrangeiros na Argentina. Confrontos teóricos entre papelistas e metalistas, respectivamente pró e contra a maior liberdade na emissão de papel-moeda.

1886 Abolição definitiva da escravidão em Cuba. O fim do sistema de transição do patronato resultou na libertação dos últimos 30 mil escravos negros. O censo de 1857 listara 372.900 escravos, e em 1879 sobravam 228 mil. Mas em 1883, os 99.566 escravos ainda registrados eram menos de 10% da população cubana.

1886-7 A matrícula revela cerca de 723 mil escravos no Brasil, aproximadamente 5% da população total. Agitação abolicionista e abandono das plantações por escravos em São Paulo e outras províncias (1887).

1888 Lei Áurea de 13 de maio, assinada pela princesa Isabel, declara extinta a escravidão no Brasil, sem indenização.

1888-9 Borracha se consolida como segundo produto de exportação do Brasil, que já respondia por grande parte da oferta mundial do produto nos anos 1880. Café representa mais de 60% do valor total das exportações do Brasil e 60% da produção mundial. Nova seca no Nordeste (1888-9). Imigração estrangeira de 1887 a 1889 totaliza 252 mil pessoas, perfazendo um total oficial de cerca de 872 mil imigrantes no período imperial.

1889 Proclamação da República em 15 de novembro. Exílio da família imperial. Existiam 9.500 quilômetros de ferrovias em operação. A dívida pública externa alcançava 33,6 milhões de libras esterlinas contra 5,1 milhões de libras esterlinas em 1824. Após os anos 1820, o Império se destacou por pagar regularmente o serviço da dívida. A inflação média ao longo do período imperial era da ordem de 1,2%.

1889-91 Presidência do marechal Deodoro da Fonseca. Com predominância dos papelistas, liberdade de emissão de papel-moeda por bancos privados.

1890 Censo demográfico mostra um total de 14,3 milhões de habitantes no Brasil, com índice geral de analfabetismo de 85%. O Rio de Janeiro tinha 523 mil habitantes; Salvador, 174 mil; Recife, 112 mil; São Paulo, 65 mil. O produto interno bruto per capita do Brasil equivalia a três quartos do México, um terço do da Argentina, menos de um quarto do dos Estados Unidos e um quinto do Reino Unido. Encilhamento: período de formação de numerosas companhias e de forte especulação nas bolsas de valores. Instalação da Constituinte.

1891 Crise cambial e fim do Encilhamento. Promulgação da Constituição Republicana. Deposição de Deodoro da Fonseca e morte de Pedro de Alcântara (imperador deposto do Brasil) em Paris.

1891-4 Presidência do marechal Floriano Peixoto. Forte depreciação do mil-réis. Surto da indústria têxtil e de produção de outros bens de consumo (indústria alimentícia e bebidas), com crescimento irregular.

1893-5 Revolta da Armada. Revolução Federalista no Rio Grande do Sul.

1894-8 Presidência de Prudente de Morais. Crise econômica e aumento da dívida externa com superprodução e baixa do preço do café; depreciação progressiva do mil-réis.

1896-7 Guerra de Canudos e destruição do arraial. Sérias dificuldades fiscais do governo central. Fim dos subsídios federais à imigração europeia. Extinção da capacidade de emissão de papel-moeda pelos bancos.

1898-1902 Presidência de Campos Salles: renegociação da dívida externa com o Funding Loan (1898) e política deflacionária de Joaquim Murtinho. Renda per capita em declínio entre 1890 e 1900, com inflação elevada de 20% ou mais em certos anos.

1900 O censo demográfico revela 17,3 milhões de habitantes no Brasil, sendo 692 mil no município do Rio de Janeiro, 240 mil em São Paulo, 206 mil em Salvador, 166 mil em Belém, 113 mil em Recife e apenas 59 mil em Porto Alegre.

1900-2 "Decreto Prinetti" do governo da Itália proíbe a migração subsidiada de italianos para o Brasil (1902). Entre 1890 e 1900, a imigração bruta para o Brasil totalizou 1,2 milhão de pessoas. A produção de café aumentara de cerca de 5,5 milhões de sacas em 1890-1 para 16,3 milhões em 1901-2 (no biênio equivalente a cerca de três quartos da produção mundial). A borracha responde por 20,3% do valor da exportação brasileira entre 1900 e 1902 e tem depois uma participação máxima de 39,1% em 1910.

1906-81 Dados aproximados sobre datas da abolição da escravidão: China, 1906; Tailândia, 1912; Nepal, 1921; Marrocos, 1922; Afeganistão, 1923; Iraque, 1924; Irã, 1928; Norte da Nigéria, 1936; Etiópia, 1942; Qatar, 1952; Tibete, 1959; Níger, 1960 (mas somente tornada ilegal em 2003); Arábia Saudita, 1962; Iêmen, 1962; Emirados Árabes Unidos, 1963; Omã, 1970; Mauritânia, 1981 (mas a propriedade de escravos foi tornada ilegal apenas em 2007).

Uma nota metrológica

Os pesos e medidas utilizados no presente trabalho são, na maioria dos casos, os mencionados nas fontes da época. Geralmente, os fatores de conversão para o sistema métrico estão apresentados nas notas de fim do livro, e por vezes foram utilizados para uniformizar as medidas de certas tabelas do texto.

No entanto, cabem algumas observações preliminares. Quanto à população no período colonial, além de contagens diretas de habitantes, *almas* ou comungantes, muitas vezes excluindo os menores de sete ou dez anos de idade, eclesiásticos e militares, apresentam-se frequentemente estatísticas de *fogos* (cuja definição como *domicílio* nem sempre é precisa), que variavam de médias de quatro a cinco pessoas a números bem superiores.

A unidade de peso básica era a arroba de 14,689 quilos (equivalente a 32 arráteis de 0,459 quilo) até 1874, quando a introdução do sistema métrico teve inclusive como uma de suas consequências a Revolta do Quebra-Quilos, já que parte da população entendeu que a mudança, em vez de representar uma simplificação, viria a prejudicá-la de alguma forma. Assim, nas últimas décadas do século XIX apresentam-se principalmente dados em quilos e toneladas, ou, em alguns casos mais raros, arrobas de quinze quilos. (Alguns autores citados usam o fator de conversão de 14,74 quilos por arroba.)

No período colonial, porém, utilizavam-se ainda outras unidades. No caso do açúcar, as estatísticas mostram sobretudo *caixas*, mas também *feixos* (de seis a oito arrobas) e *caras*. A caixa de açúcar passou de quinze a vinte arrobas no século XVI para aproximadamente cinquenta arrobas no século XVIII, o que complica comparações de longo prazo baseadas nessa unidade de medida, que requer ajustes. Por outro lado, as sacas de café inicialmente de cinco arrobas logo adquiriram uma uniformidade de peso que não compromete comparações (sessenta quilos até hoje em dia). No Nordeste, usava-se a unidade de *fardo* de algodão, que no Maranhão era normalmente equivalente a 72 quilos. Em contraste, os rolos de fumo — parte dos quais era exportada para a África no contexto do tráfico de escravos — não tiveram um peso uniforme no longo prazo. Os couros, por sua vez, eram geralmente exportados por unidade, sem preocupação maior com especificação de seu peso ou dimensões. A carne salgada às vezes era exportada, no início do século XIX, em *barris*. Os diamantes eram medidos em oitavas (de 3,59 gramas), e o ouro, em arrobas e oitavas.

No que diz respeito a medidas de capacidade, inclusive para cereais, durante boa parte do período em estudo, o alqueire (equivalente a 36,27 litros) era muito usado, mas certos líquidos eram, por exemplo, aferidos em *medidas* (aguardente) ou *canadas*. Entretanto, as áreas coloniais do Sul do Brasil no século XIX exportavam os cereais em *sacos* ou *sacas* que, no final do século, eram de sessenta quilos. Novamente, mais para o final do século XIX, o uso de litros e hectolitros passa a ser mais corrente, mas o abandono definitivo das medidas mais antigas foi gradual.

O mesmo pode ser dito com relação a unidades de comprimento e de área. No período colonial, as sesmarias concedidas frequentemente envolviam muitas *léguas*. Uma légua de sesmaria ou légua quadrada no início do século XIX equivalia a cerca de 4.356 hectares. Mil *braças* quadradas eram equivalentes a 0,48 hectare, sendo uma braça igual a 2,2 metros. O alqueire, no entanto, equivalente a 2,42 hectares, era a unidade mais precisa para a medição de propriedades rurais. (Até hoje existem o alqueire paulista, de 2,42 hectares, e o alqueire mineiro ou geométrico, de 4,84 hectares ou 10 mil braças quadradas.) Na medição de panos e tecidos, a *vara* (1,1 metro) era utilizada amplamente, e o metro só foi adotado no último quarto do século XIX. Mas certas regiões exportavam *panos* ou peças.

Por fim, faz-se necessário um esclarecimento sobre a moeda. A antiga unidade monetária básica de Portugal era o real (réis no plural), mas com a queda do poder de compra da unidade original, a cunhagem dessa denominação cessou a partir de 1578, permanecendo o seu uso como unidade de conta. Além de moedas de cobre de menor valor, já existiam então desde o vintém de prata de vinte réis até o cruzado de ouro de quatrocentos réis (depois retarifado para quinhentos réis), sucedido mais tarde pelo cruzado de prata de 480 réis, utilizado em paralelo a moedas de ouro de valor mais elevado, sendo o *escudo* equivalente a 1.600 réis. Era comum a utilização do *cruzado* como unidade de conta para exportações ou outras expressões de maior valor, como os tributos.

O Brasil colonial herdou o sistema monetário português. Porém, excetuando-se uma cunhagem de emergência dos holandeses sitiados em Recife em meados do século XVII, foi só a partir de 1694 que a colônia teve efetivamente moeda "própria", produzida por uma casa da moeda local. No século XVIII, entre 1724 e 1727, chegaram-se a cunhar, em Minas Gerais, moedas de ouro de até 20.000 réis de valor de face, mas, pelo menos teoricamente, certas moedas cunhadas no Brasil eram para uso local, enquanto outras eram exclusivas da metrópole. As moedas de ouro da colônia eram de 1.000, 2.000 e 4.000 réis. As moedas de prata incluíam inicialmente valores de vinte a 640 réis, seguidas, depois de 1808, por moedas de 960 réis. Também circulavam moedas de cobre. Salários eram por vezes cotados em *patacas*, equivalentes a 320 réis.

Após a Independência de 1822, e tendo ocorrido um processo inflacionário acompanhado de um crescimento das emissões de papel-moeda, a unidade monetária do Império acabou sendo o mil-réis (1.000 réis), que se escrevia como RS. 1$000, sendo 1.000 mil-réis equivalentes a um *conto* de réis (ou seja, 1 milhão de réis). Contudo, no período imperial existiram moedas divisionárias de até dez réis, e durante a primeira metade do século XIX muitos preços ou salários diários não alcançavam 1 mil-réis. As expressões *vintém* para vinte réis e *tostão* para cem réis também foram adotadas no Brasil.

A principal moeda de referência internacional era a libra esterlina, e o *sovereign* (moeda de ouro de uma libra) foi aceito no Brasil durante parte do século XIX para o recolhimento de certos impostos, ou exigido e entesourado por imigrantes europeus no final do século. Em seus relatórios, os cônsules britânicos faziam conversões da moeda local em libras, shillings e pence (1 libra = 20 shillings = 240 pence). A taxa de câmbio do mil-réis com relação à libra flutuou consideravelmente durante o século XIX, e algumas séries do presente trabalho são apresentadas em libras esterlinas cujo valor em termos de ouro permaneceu constante de 1821 a 1914. No ano de 1822, uma libra esterlina equivalia em média a cerca de 4.902 réis (4,902 mil-réis), e em 1889 valia cerca de 9.075 réis (9,075 mil-réis) (taxas de câmbio calculadas com base nas estatísticas do comércio exterior do Brasil). A taxa de câmbio oficial (ou de paridade) era de 27 pence por mil-réis, ou seja, 8.889 réis (8,889 mil-réis) por libra esterlina. Já todas as conversões de e para moedas estrangeiras no período colonial têm que ser feitas com certa reserva.

A estatística comercial oficial do Império do Brasil foi apresentada de acordo com anos-calendário de 1822 a 1832, conforme anos fiscais (medidos de 1º de julho de um ano a 30 de junho do ano seguinte) do segundo semestre de 1833 ao segundo semestre de 1887, e novamente de acordo com anos-calendário a partir de 1888, ou seja, praticamente já sob a República. Em alguns casos, as cifras referentes a 1886-7 incluem o segundo semestre de 1887, ou seja, três semestres. Os dados comerciais, menos confiáveis ou abrangentes até os anos 1830, tornam-se mais precisos e completos a partir do ano fiscal 1839-40.

Notas

I. A ECONOMIA BRASILEIRA, *C.* 1550-1900: TENDÊNCIAS GERAIS E O SURGIMENTO E DECLÍNIO DA ESCRAVIDÃO

1. UM ESBOÇO DA PRIMEIRA FASE DE DESENVOLVIMENTO DA ECONOMIA BRASILEIRA, *C.* 1550-1808 [pp. 27-60]

1. Um estudo quantitativo clássico sobre a economia brasileira pré-1820 é o de Roberto C. Simonsen, *História econômica do Brasil* (São Paulo: CEN, 1937, 2 v.). Ocasionalmente serão feitas referências a quantificações efetuadas por esse autor, que são bem documentadas e, em muitos casos, não foram seriamente contestadas por trabalhos mais recentes.

2. Segundo Sir George Clark em *Early Modern Europe* (Nova York: Oxford University Press, 1960, p. 119), em 1600, metade da oferta mundial de açúcar provinha do Brasil. Sobre o importante papel desempenhado pelo capital comercial oriundo dos Países Baixos, não somente "no financiamento das instalações produtivas no Brasil", mas também "na importação de força de trabalho escrava [e] no refinamento e distribuição do açúcar brasileiro na Europa", ver Celso Furtado, *The Economic Growth of Brazil* (Berkeley: University of California Press, 1971, p. 9).

3. Apenas como ilustração, cabe observar que um desembargador da Casa da Suplicação, no começo do século XVII, referia-se ao fato de que "notório é os muitos mil escravos de Guiné [e de outras partes da Etiópia e da Índia] que neste reino há". Ver Duarte Nunez de Leão, *Descripção do Reino de Portugal* (Lisboa: Jorge Rodrigues, 1610, p. 64).

4. Para um tratamento moderno dessa questão e de outros problemas econômicos que a criação de um setor açucareiro orientado para a exportação envolvia, ver Furtado (op. cit., pp. 1-11 e 50-8).

5. Evsey D. Domar, "The Causes of Slavery or Serfdom: A Hypothesis", *Journal of Economic History*, v. 30, mar. 1970.

6. As implicações dessa argumentação para o caso brasileiro foram expostas em outro trabalho do autor (LAGO, 1988), mas ao longo do texto se fazem algumas referências a casos específicos em que a "hipótese de Domar" parece poder ser aplicada.

7. De maneira geral, os índios da costa brasileira não conheciam o uso de metais e, em sua maioria, estavam habituados a uma vida itinerante. Segundo Caio Prado Jr., apesar de se mostrarem úteis na coleta de alimentos, como caçadores, pescadores, carregadores e guias, os índios não se revelavam trabalhadores satisfatórios quando forçados a exercer uma atividade regular, tal como o trabalho no campo em turmas, para o qual demonstravam pouca resistência física. Para uma discussão geral do problema da mão de obra na economia açucareira, ver Caio Prado Jr., *História econômica do Brasil* (São Paulo: Brasiliense, 1963, pp. 36-7).

Evidência do emprego inicial de escravos índios nas plantações e da sua gradual substituição por escravos africanos pode ser encontrada nos escritos de cronistas da época e em inventários. Pero de Magalhães Gandavo, que esteve no Brasil por volta de 1570, mencionava que em Pernambuco, então a maior área produtora de açúcar da colônia, havia numerosos escravos índios, que custavam pouco e que eram vendidos para outros estabelecimentos portugueses ao longo da costa. Ver "Tratado da terra do Brasil", manuscrito impresso na *Colleção de notícias para a história e a geografia das nações ultramarinas que vivem nos domínios portugueses* (Lisboa: Typ. da Academia Real das Sciencias, 1826, t. 4, pp. 188-9).

Outros testemunhos da época sobre o uso de escravos índios nas plantações do Nordeste em meados da década de 1580 podem ser encontrados em Gabriel Soares de Souza, *Tratado descriptivo do Brasil em 1587* (Rio de Janeiro: Typ. de João Inácio da Silva, 1879, p. 23), e em Fernão Cardim, *Tratado da terra e gente do Brasil* (Rio de Janeiro: J. Leite, 1925, pp. 230 e 334). Ambas as fontes indicam que os índios já eram utilizados em menor número do que escravos africanos na Bahia e em Pernambuco. Em contraste, os escravos índios ainda eram aparentemente predominantes no Rio de Janeiro e em São Paulo, como sugere Cardim (pp. 349 e 356).

8. Ver a nota 7 sobre o crescente uso de escravos africanos nas últimas décadas do século XVI. No período inicial da colonização, parece que as possibilidades de fuga dos escravos africanos eram limitadas, já que, com exceção da estreita faixa costeira ocupada pelos portugueses, a colônia apresentava um ambiente hostil para os africanos, que teriam pouca esperança de sobreviver no interior, enquanto os índios que fugiam voltavam ao seu habitat. Com o tempo, porém, à medida que os índios foram sendo dizimados ou assimilados, as oportunidades de fuga para os escravos africanos se ampliaram, e escravos fugidos acabaram formando estabelecimentos próprios no interior da colônia no século XVII, os quais passaram a ser chamados de quilombos.

9. Ver C. R. Boxer, *The Golden Age of Brazil* (Berkeley: University of California Press, 1969, pp. 151-2).

10. Antes do início da ocupação definitiva da colônia, em 1532, os portugueses haviam se limitado a estabelecer feitorias temporárias para a exploração de pau-brasil, usado como corante. Em troca de colares, pequenas ferramentas e outros objetos de pouco valor, os indígenas nativos cortavam e levavam até o litoral toneladas de madeira de pau-brasil, que eram em seguida embarcadas para a Europa, onde esta já constituía, desde a Idade Média, um dos artigos do comércio mediterrâneo com o Oriente. Nesse sentido, ver Henri Pirenne, *Economic and Social History of Medieval Europe* (Nova York: Harcourt, Brace & World, 1937, p. 143). No século XVII, o pau-brasil ainda era uma das principais exportações brasileiras, embora o açúcar fosse de longe o principal produto comercial.

11. Simonsen (op. cit., v. 1, tabela *hors-texte*, pp. 170-1) aceita como razoavelmente válidos os seguintes números relativos às exportações de açúcar:

ANO	EXPORTAÇÕES ANUAIS EM ARROBAS	FONTES
c. 1560-70	180.000	Gandavo
1580	350.000	Fernão Cardim
1600	1.200.000	
1630	1.500.000	
1650	2.100.000	50% da estimativa de Raffard

Observação: Esses dados são claramente muito precários.

12. Ver tabela 3 e Philip D. Curtin, *The Atlantic Slave Trade* (Madison: University of Wisconsin Press, 1969, p. 119). Alfredo d'Escragnolle Taunay, em seus "Subsídios para a história do tráfico africano no Brasil" (*Anais do Museu Paulista*, 1941, t. 10, p. 305), faz um cômputo das importações totais de escravos para o Brasil entre os séculos XVI e XIX. Ele sugere que, no século XVI, em vista das informações disponíveis de jesuítas da época e outros cronistas, tais importações não ultrapassaram um total de 100 mil escravos. Essa também é a cifra aceita por Nicolas Sanchez Albornoz, *The Population of Latin America* (Berkeley: University of California Press, 1974, p. 74). Para o século XVII, Taunay admite uma média anual de 6 mil escravos, em vista das observações existentes para vários anos, e propõe um total de 600 mil. Totais mais elevados foram adiantados por outros autores, enquanto Simonsen (op. cit., v. 1, p. 202) estima que pelo menos 300 mil escravos foram empregados na produção de açúcar durante aquele século.

13. Gandavo (op. cit., pp. 188-96) fornece as seguintes informações sobre as diversas capitanias brasileiras na década de 1570:

CAPITANIAS	NÚMERO DE ENGENHOS DE AÇÚCAR	PRODUÇÃO EM ARROBAS	NÚMERO DE "VIZINHOS"
Itamaracá	1 + 2[a]		100
Pernambuco	23	3.000 por engenho; 50.000 total em determinados anos	1.000
Bahia	18 + outros poucos[a]		1.100
Ilhéus	8		200
Porto Seguro	5		220
Espírito Santo	1		180
Rio de Janeiro			140
São Vicente	4		500
Total	60	180.000 (?)	3.440

[a] Em construção.

14. Para os números citados no texto, ver Gabriel Soares de Souza (op. cit., pp. 109 e 23, respectivamente). Cardim, op. cit., fornece detalhes sobre diversas capitanias da colônia. Ele observa que as vilas do Rio de Janeiro e de Vitória tinham cada uma 150 vizinhos, e a vila de Piratininga (São Paulo) contava 120 vizinhos e "muitos escravos da terra" (ver pp. 344-5 e 356).

15. Jean de Laet, *Histoire du Nouveau Monde ou Description des Indes Occidentales* (Leyde: Chez Bonaventure et Abraham Elseviers, 1640, p. 530 [obra inicialmente escrita em 1626 e revisada em 1630]).

16. Durante a ocupação holandesa de Pernambuco, de 1630 a 1654, o número de casas de Recife, que era de 150 em 1630, supostamente aumentou para 2 mil em 1639. Ver P. M. Netscher, *Les Hollandais au Brésil* (Paris: Ernest Thorin, 1853, p. 104). Esse último número parece um tanto exagerado, mas não é completamente incoerente com a informação referente a meados do século.

17. Para Salvador e Rio de Janeiro, ver *The New Cambridge Modern History*, v. 5, organizado por F. L. Carsten (Cambridge: Cambridge University Press, 1961, p. 384). Para Recife por volta de 1654, ver Caio Prado Jr., *Evolução política do Brasil e outros estudos* (São Paulo: Brasiliense, 1953, pp. 36-7), citado também por Pedro Pinchas Geiger, *Evolução da rede urbana brasileira* (Rio de Janeiro: MEC, 1963, p. 67). Caio Prado Jr. menciona 1.600 fogos e 15 mil habitantes, mas o número correspondente de pessoas por fogo parece alto demais. Uma média de seis pessoas parece mais plausível à luz de outras estatísticas de cidades brasileiras. Os números de 6.500 para Belém (Pará) em meados do século e de 10 mil para São Luís (Maranhão) ao final do século, sugeridos por Geiger (op. cit., pp. 411 e 381, respectivamente), também estão muito exagerados. Conforme Maurício de Heriarte, *Descripção do estado do Maranhão, Pará, Corupá e Rio das Amazonas* (Viena: Carlos Gerold, 1874, pp. 7 e 23), segundo um juiz que visitou ambas as cidades em 1662, elas abrigavam naquele ano, respectivamente, cerca de seiscentos e quatrocentos "habitantes".

18. Para Salvador, ver Boxer, *The Golden Age* (op. cit., p. 127 e p. 395). Para o Rio de Janeiro e a distribuição da população total da colônia, ver Simonsen (op. cit., v. 1, p. 346). Na época, a capitania de São Paulo tinha talvez, segundo essa última fonte, 15 mil habitantes, enquanto a cidade de São Paulo poderia ter tido 3 mil. Mais de vinte outras vilas da capitania contavam "entre trinta e quinhentas almas".

19. Estudar os diversos fatores causadores da crise ultrapassaria o âmbito do presente capítulo. Para uma breve discussão, ver Furtado (op. cit., pp. 15-8), e, para preços, ver Simonsen (op. cit., v. 1, tabela *hors-texte*, entre as pp. 170-1, e v. 2, p. 42). Segundo Furtado (op. cit., p. 17), durante a segunda metade do século XVII, "tudo indica que a renda real gerada pela produção açucareira estava reduzida a um quarto do que havia sido em sua melhor época" (ver também, nas pp. 66-71, sua descrição da contração da economia açucareira). Boxer, *The Golden Age* (op. cit., pp. 25 e 28-9), descreve as dificuldades em Portugal e no Brasil.

20. Com muito exagero, Simonsen (op. cit., v. 2, p. 33) acreditava que, com "a quantidade de ouro minerado no Brasil entre 1700 e 1770, a produção do Brasil foi praticamente igual a toda a produção do ouro do resto da América, verificada entre 1493 e 1850, e alcançou cerca de 50% da produção do resto do mundo nos séculos XVI, XVII e XVIII". Para dados mais recentes, ver Abreu e Lago (2014), trabalho citado no posfácio.

21. Robert Southey, *History of Brazil* (Londres: Longman, Hurst, Rees, Orme and Brown, 1819, v. 3, pp. 64-5). Ver também Boxer, *The Golden Age* (op. cit., pp. 43-5). Uma descrição do tráfico de escravos de 1752 indica que naquela data os preços dos escravos ainda estavam pressionados pela

demanda da região das minas. Supostamente, escravos comprados na Bahia por 160 e 170 mil-réis eram sobrecarregados de direitos e gastos até a sua chegada às minas, onde podiam aparentemente ser vendidos por até 250 oitavas de ouro (o equivalente a quinhentos *drams*). Esse documento é citado por Wanderley Pinho, *História de um engenho do Recôncavo* (op. cit., p. 169).

22. Ver Stuart B. Schwartz, "Free Labor in a Slave Economy: The *Lavradores de Cana* of Colonial Bahia", em *Colonial Roots of Modern Brazil* (artigos da Newbury Library Conference), organizado por Dauril Alden (Berkeley: University of California Press, 1973, pp. 156 e 196). O autor se refere a um documento oficial de 1728, reclamando que "os agricultores não cuidavam mais de suas lavouras", e apresenta também um gráfico sobre a evolução dos preços de escravos entre 1620 e 1720. Jazidas aluviais de ouro também foram descobertas na Bahia, sobretudo em Jacobina e Rio das Contas. Estas já eram exploradas no segundo quartel do século XVIII, e também devem ter desviado alguma mão de obra do cultivo do fumo e da cana-de-açúcar. Ver Boxer, *The Golden Age* (op. cit., p. 152).

Segundo Sebastião da Rocha Pitta, *História da América portuguesa desde MD até MDCCXXIV* (Lisboa: Francisco Arthur da Silva, 1880, p. 60, reimpressão da primeira edição de 1730), tinham existido 120 engenhos de açúcar nos arredores do Rio de Janeiro, mas restavam apenas 101 na década de 1720. Os outros tinham deixado de operar porque seus escravos haviam sido transferidos para as áreas de mineração.

23. Boxer, *The Golden Age*, op. cit., pp. 54-5.

24. Para a virada do século XVII para o século XVIII, ver a obra do eclesiástico João Antônio Andreoni — mais conhecido por seu pseudônimo, Antonil —, *Cultura e opulência do Brasil* (São Paulo: CEN, 1967, pp. 228-31). Simonsen, op. cit., ampliou o total da exportação de açúcar proposto por Antonil, mas quase certamente os dados deste último já se referiam ao Brasil como um todo. São de Rocha Pitta (op. cit., p. 70) os dados para o início da década de 1720. Para 1716 e 1718, ver respectivamente *Gazeta de Lisboa* (n. 31, 1º ago. 1716) e *Gazeta de Lisboa Ocidental* (n. 30, p. 240, e 15 dez. 1718, n. 50, p. 400, 28 jul. 1718). Para os números de 1721, que parecem confirmar os números mencionados por Rocha Pitta, ver *Gazeta de Lisboa Ocidental* (n. 35, p. 279, 28 ago. 1721). Para 1745 e 1749, ver a *Gazeta de Lisboa* (n. 37, p. 371; 3 jul. 1749, n. 26, p. 519; 5 ago. 1749, n. 31, p. 612, 14 out. 1745). Para os dados de 1753 e 1754, ver Cláudio da Conceição, *Gabinete histórico* (Lisboa: Impressão Régia, 1829, t. 12, pp. 261, 347 e 350).

25. Para estimativas das exportações de ouro, ver Furtado (op. cit., pp. 85-6). Segundo Guillaume-Thomas Raynal em *Histoire philosophique et politique des établissements et du commerce des Européens dans les deux Indes* (Amsterdam: [s.n.], 1770, t. 3, p. 385), ao final da década de 1760 as exportações anuais de ouro do Brasil eram avaliadas em 18 milhões de cruzados, ou cerca de 2.025.000 libras esterlinas.

Na edição de 1780 de sua obra (publicada em Genebra por Jean-Léonard Pellet, t. 2, p. 450), Raynal afirma que, segundo os registros das frotas portuguesas, durante os sessenta anos entre a descoberta do ouro no Brasil e 1756, as exportações de ouro da colônia somaram 2,4 bilhões de *livres* francesas, ou 960 milhões de cruzados ao câmbio de duas livres e dez sols para cada cruzado (1 livre = = 20 sols). Isso resultaria em uma média anual de 16 milhões de cruzados, ou cerca de 1,8 milhão de libras esterlinas.

Os dados sobre as exportações totais da colônia em 1708 e 1712 estão reproduzidos em Cláudio da Conceição, *Gabinete histórico* (Lisboa: Impressão Régia, 1819, t. 5, p. 322, e t. 7, publicado em 1820).

26. Para a média das exportações de 1770 a 1775 diretamente para Portugal, a composição das exportações e informações sobre endividamento e escravos, ver Raynal (op. cit., ed. de 1780, t. 2, p. 445). A colônia também exportou, no mesmo período, uma média anual de 2.271.000 livres para os Açores, Madeira, África e Índias Orientais. Os dados foram convertidos de *livres* para cruzados com base na taxa de câmbio de duas livres e dez sols para cada cruzado, conforme estabelecida no *Avertissement* do tomo 1. Para as exportações entre 1798 e 1800, ver Adrien [Adriano] Balbi, *Essai statistique sur le royaume de Portugal et d'Algarve* (Paris: Chez Rey et Gravier, 1822, t. 1, p. 424).

27. Um estudo importante da ação desta companhia e da situação econômica das capitanias do Pará e do Maranhão no século XVIII é o de Manuel Nunes Dias, *A Companhia Geral do Grão-Pará e do Maranhão* (São Paulo: Seção Gráfica da USP, 1971). O desenvolvimento do cultivo da cana-de-açúcar no Maranhão, a despeito da disponibilidade de boas terras, foi prejudicado por ataques indígenas que resultaram, até o final do século XVII, na destruição de vários engenhos que empregavam mão de obra escrava. Nesse sentido, ver documento 395 em Virgínia Rau e Maria Fernanda Gomes da Silva, *Os manuscritos do arquivo da Casa de Cadaval respeitantes ao Brasil* (Coimbra: Acta Universitatis Conimbrigensis, Por Ordem da Universidade, 1955, v. 2, pp. 298-9). A ação da companhia de comércio privilegiada no terceiro quartel do século XVIII orientou-se para o desenvolvimento do cultivo de novos produtos — algodão e arroz — para os quais havia uma demanda crescente respectivamente na Inglaterra e em Portugal. Quando os preços do açúcar melhoraram no final do século, o Maranhão já se encontrava "especializado" na produção daqueles dois artigos.

No Pará, havia engenhos de açúcar desde o início do século XVIII e até mesmo antes, e grandes fazendas de gado já tinham sido estabelecidas (especialmente na ilha de Marajó, onde diversos estabelecimentos pertenciam a ordens religiosas), sendo trabalhados por escravos índios ou índios "administrados" das aldeias fundadas por religiosos. Porém, os produtos de exportação de maior valor da região eram os florestais, ou seja, produtos de extração vegetal coletados nas florestas do Baixo Amazonas. Após a abolição da escravidão dos índios na década de 1750 e na medida em que escravos africanos passaram a ser importados, o cacau passou a ser produzido no Pará em plantações trabalhadas por escravos e não apenas coletado nas florestas por índios livres, que também coletavam cravo, salsaparrilha e outras especiarias, chamadas de "drogas do sertão".

28. Ver Boxer, *The Golden Age* (op. cit., p. 49) e *The Portuguese Seaborne Empire* (Harmondsworth: Penguin, 1973, p. 171). O autor observa que o "número de imigrantes de Portugal e de suas ilhas atlânticas pode apenas ser estimado", mas baseia suas estimativas em informações mais completas existentes sobre a extensão da navegação entre Portugal e Brasil, o que eliminaria a possibilidade de uma imigração anual mais importante. Luís Lisanti Filho, *Negócios coloniais: uma correspondência comercial do século XVIII* (Brasília: Ministério da Fazenda; São Paulo: Visão Editorial, 1973, 5 v., p. 513), sustenta as estimativas de Boxer.

29. Sanchez Albornoz, op. cit., p. 99.

30. Segundo Furtado (op. cit., p. 81, nota 1), "deduz-se que a emigração para o Brasil no século da mineração não terá sido inferior a 300 mil pessoas, e poderá haver alcançado meio milhão". O limite inferior estaria talvez mais próximo do número verdadeiro.

31. Alfredo Gomes, em "Achegas para a história do tráfico africano no Brasil", nos *Anais do IV Congresso de História Nacional* (Rio de Janeiro: IHGB, Departamento de Imprensa Nacional, 1950, v. 5, pp. 29-78), apresenta algumas dessas estimativas. Calógeras: 13,5 milhões para o período de 1650 a

1850 (p. 30), admitindo de 5 milhões a 6 milhões para o século XVIII (p. 46); Calmon: entre 1550 e 1850, de 6 milhões a 8 milhões (p. 30); Renato Mendonça: cerca de 7 milhões (p. 50).

Com base nas estimativas sobre o emprego de escravos nos diversos setores, Simonsen (op. cit., v. 1, p. 205) fornece para o período 1600-1851 um total de 3,3 milhões, que, em uma nota de rodapé (p. 208), aumenta para 3,5 milhões, incluindo o século XVI. Taunay, "Subsídios" (op. cit., p. 305), fornece para todo o período 1550-1851 um total de 3,6 milhões, ordem de grandeza que parece hoje amplamente aceita. Goulart (op. cit., pp. 274-9) refuta os cálculos de Calógeras e outros, com base em informações abundantes sobre a navegação entre a África e o Brasil. Curtin (op. cit., p. 49) sugere o total de 3.646.800, em grande parte baseado em Goulart (ver a tabela 3). Para dados mais atualizados e mais elevados, ver o posfácio e a cronologia do presente livro.

32. Curtin (op. cit., p. 207), com base em Goulart (op. cit., pp. 203-9) e em David Birmingham, *Trade and Conflict in Angola: The Mbundu and Their Neighbours Under the Influence of the Portuguese, 1483-1790* (Oxford: Clarendon Press, 1966, pp. 137, 141 e 154), apresenta um total de 1.891.400 escravos trazidos para o Brasil entre 1701 e 1810, dos quais 1.685.200 teriam sido importados entre 1701 e 1800 (ver tabela 3). Taunay, "Subsídios" (op. cit., pp. 304-5), aceita 1,3 milhão para o século XVIII, 180 mil para 1800-9, e uma média anual de 24 mil para 1810-9, o que totaliza cerca de 1.504.000 para 1701-1810.

33. Um exemplo é a tese de Maria Luiza Marcílio, *La ville de São Paulo: peuplement et population, 1750-1850, d'après les registres paroissiaux et les recensements anciens* (Rouen: Universidade de Rouen, 1968).

34. Luís Lisanti, "La población de la capitania de São Paulo entre la segunda mitad del siglo XVIII y el comienzo del siglo XIX" (*Anuário del Instituto de Investigaciones Historicas, AIIH*, 6, Rosário, 1962-63, pp. 13-26), citado por Sanchez Albornoz (op. cit., p. 117), apresenta os seguintes números para a capitania de São Paulo, que, como a maioria dos dados demográficos do período, devem ser considerados com reserva:

ESTATÍSTICAS VITAIS DA CAPITANIA DE SÃO PAULO 1777-1815 (TAXAS POR MIL HABITANTES):

ANO	TAXA DE NATALIDADE	TAXA DE MORTALIDADE	TAXA DE CASAMENTOS	TAXA DE CRESCIMENTO NATURAL
1777	43,3	27,7	—	15,4
1782	41,6	25,9	—	15,7
1797	46,9	25,9	—	21,0
1803	47,8	25,1	14,9	22,7
1813	43,1	21,2	11,7	21,9
1815	47,0	21,5	14,5	25,5

Dados disponíveis sobre o número de nascimentos e mortes para algumas áreas de Minas Gerais em 1776 também indicam um crescimento natural positivo, embora muito menor do que em São Paulo, possivelmente decorrente de um maior desequilíbrio entre os sexos. Ver "Táboa dos habitantes da capitania de Minas Gerais, e dos nascidos e falecidos no anno de 1776" (*Revista do Ar-*

quivo Público Mineiro [daqui em diante, *RAPM*], v. 2, p. 511, 1897). Sobre miscigenação, ver Raynal (op. cit., ed. de 1770, p. 424). O autor estimava em 600 mil o número de brancos na colônia por volta dessa data, e observava que muitos *crioulos* portugueses (no sentido de portugueses nascidos na colônia) se casavam com mulheres mestiças.

35. Boxer, *The Portuguese Seaborne Empire* (op. cit., p. 202), sugere para "o final do século XVIII" cerca de 2,5 milhões de habitantes, dos quais um terço era composto de escravos negros. Um total de 3.250.000 em 1798, dos quais 1.010.000 seriam brancos, 1.361.000 escravos negros e 221 mil escravos pardos (mestiços), "calculado e fundamentado pelo dr. F. P. Santa Apolônia" e reproduzido por J. S. Maciel da Costa em sua *Memória contra o tráfico (1821)*, é citado por A. M. Perdigão Malheiro, *A escravidão no Brasil* (São Paulo: Edições Cultura, 1944, v. 2, p. 26 — a obra de Malheiro foi publicada pela primeira vez em 1867). As estimativas são extremamente frágeis, e seria preciso ter mais detalhes sobre como foram obtidas.

36. Distribuição regional "corrigida" da população do Brasil, 1772-82:

REGIÕES	POPULAÇÃO TOTAL	%
Rio Negro (Amazonas)	10.386	0,6
Pará	55.315	3,5
Maranhão	47.410	3,0
Piauí	26.410	1,7
Pernambuco	239.713	15,4
Paraíba	52.468	3,4
Rio Grande do Norte	23.812	1,5
Ceará	61.408	3,9
Bahia	288.848	18,5
Rio de Janeiro	215.678	13,8
Santa Catarina	10.000	0,6
Rio Grande de São Pedro	20.309	1,3
São Paulo	116.975	7,5
Minas Gerais	319.769	20,5
Goiás	55.514	3,5
Mato Grosso	20.966	1,3
Total	1.555.200	100

Adaptado de totais ajustados apresentados em Dauril Alden, "The Population of Brazil in the Late 18th Century: A Preliminary Survey" (*Hispanic American Historical Review*, citado daqui em diante como *HAHR*, p. 191, maio 1963); ver também tabela 2. No que diz respeito à população total nessa década, o número de Alden parece demasiado baixo. O abade "Correia da Serra [acreditava], com base em antigos levantamentos que ele pôde examinar com cuidado, que a população do Brasil em 1776 somava 1,9 milhão de almas, e a autoridade desse homem de estado tem grande peso". Ver Alexander von Humboldt, *Personal Narrative of Travels on the Equinotial Regions of the New Continent During the Years 1799-1804* (Londres: Longman, Rees, Orme, Brown and Green, 1826, v. 6, parte 1, p. 141). Alphonse de Beauchamp, em *Histoire du Brésil* (Paris: Alexis Eymery, 1815, t. 3, pp. 502-3), fornece a seguinte informação sobre esse suposto recenseamento:

> Os bispos e padres tentaram, em períodos fixos, contar o número de habitantes de seus bispados e paróquias [...]. Ao final do reinado de José I, por volta de 1776, suas listas registraram um total de apenas 1,5 milhão de almas [...] mas apenas as pessoas com idade suficiente para receber a comunhão foram incluídas nas listagens. Crianças abaixo de dez anos eram omitidas. Estimando-se que estas últimas representassem um quinto do total, o resultado seria, na época, uma população total de 1,8 milhão a 1,9 milhão de pessoas de todas as raças e cores.

Contreira Rodrigues (que também reproduz o total para 1798 citado na nota 35), mencionado por Simonsen (op. cit., v. 2, p. 55), propõe o número de 2.523.000 habitantes por volta de 1780.

37. Ver "A população do Rio de Janeiro", em *Recenseamento geral da República dos Estados Unidos do Brasil em 31 de dezembro de 1890 (Distrito Federal)* (Rio de Janeiro: Typ. Leuzinger, 1895, pp. IX-X), que também contém outras estimativas. Em 1749, a cidade aparentemente abrigava 24.397 habitantes com mais de 5 anos, distribuídos em 3.723 fogos.

38. Para o início da década de 1750, ver Richard Rolt, *History of South America* (Londres: T. Gardner, 1756, v. 1, p. 548). Para 1759, ver Boxer, *The Golden Age* (op. cit., p. 395). Para 1775, ver Dauril Alden, *Royal Government in Colonial Brazil* (Berkeley: University of California Press, 1968, p. 15, nota 48). Para 1780, ver "Mappa da enumeração da gente e povo desta capitania da Bahia (5 dez. 1780)", citado por Kenneth R. Maxwell em *Conflicts and Conspiracies: Brazil and Portugal, 1750-1808* (Cambridge: Cambridge University Press, 1973, p. 217). Para o final do século XVIII, ver Thales de Azevedo, *Povoamento da cidade de Salvador* (Salvador: Itapoã, 1969, pp. 181-200), citado por Kátia M. de Queirós Mattoso, "Conjoncture et société au Brésil à la fin du XVIIIe siècle: Prix et salaires à la veille de la Révolution des Alfaiates, Bahia, 1798" (*Cahiers des Amériques Latines*, n. 5, jan.-jun. 1970, pp. 37-8). Finalmente, em 1809, John Mawe, *Travels in the interior of Brazil* (Londres: Longman, Hurst, Rees, Orme and Brown, 1812, p. 280), considerou a população de Salvador como "aproximadamente" igual à do Rio, e afirmou que "aquela é avaliada em não menos de 70 mil almas". O mesmo número é adotado, para 1808, por Richard M. Morse, "Brazil's Urban Development: Colony and Empire", em *From Colony to Nation*, organizado por A. J. R. Russell-Wood (Baltimore: Johns Hopkins University Press, 1975, p. 173).

39. Segundo Southey (op. cit., v. 3, p. 769, nota 23), em 1810 as três freguesias de Recife — Recife propriamente, Santo Antônio e Boa Vista — abrigavam, respectivamente, 1.229, 2.729 e 1.433 famílias, "o que, segundo a estimativa usual de cinco pessoas por família, levaria a população a algo como 27 mil pessoas. Esta difere pouco das estimativas de Romualdo Antônio, que, em 1808, avançou o número de 30 mil, e do sr. Koster, que avaliou a população em 25 mil pessoas em 1810". O autor afirma que a população de Olinda consistia em cerca de 1.100 famílias (p. 772).

Para Fortaleza, ver Morse (op. cit., p. 173). Para Belém, ver John MacGregor, "Empire of Brazil" (*Parliamentary Papers 1847*, citados, daqui em diante, como *PP*, v. 64, "Commercial Tariffs and Regulations, Resources and Trade etc.", p. 61). O mesmo autor fornece um total de 1.930 fogos e

13.240 almas em 1825, e 1.740 fogos e 12.467 almas em 1830, redução que se pode atribuir às perturbações ocorridas na cidade após a Independência e à "perseguição e emigração dos portugueses". Os dados para 1792 são apresentados em Manuel de Mello Cardoso Barata, "Apontamentos para as ephemérides paraenses" (*Revista do Instituto Histórico e Geográfico Brasileiro*, citada, daqui em diante, como *RIHGB*, Rio de Janeiro, t. 90, v. 144 , p. 27, 1921). Segundo o mapa anexo à *Estatística histórico-geográfica da província do Maranhão*, de Antônio B. Pereira Lago, de 1822, citada em Fran Paxeco, *O Maranhão* (Maranhão: Tipografia Teixeira, 1913, p. 133), a cidade de São Luís contava, em 1821, 2.714 fogos e 19.611 habitantes. Uma contagem eclesiástica anterior da população, em 1788, fixou esse total em 16.580 habitantes distribuídos em 1.482 fogos, mas a média por fogo parece elevada.

40. Para Vila Rica e Mariana em 1813, ver W. L. von Eschwege, *Journal von Brasilien* (Weimar: im Verlage des Landes-Industrie-Comptoirs, 1818, v. 1, tabela *hors-texte*, pp. 208-9). Para Vila Rica e Mariana em 1807, ver Mawe (op. cit., pp. 167 e 181). Para as três outras cidades, ver Mawe (pp. 214, 229 e 272). Para exemplos de vilas de mil a 2 mil habitantes, ver pp. 202, 206 e 212. Alguns desses números são confirmados pelas observações de Luccock em 1818. Ver John Luccock, *Notes on Rio de Janeiro and the Southern Parts of Brazil* (Londres: Samuel Leigh, 1820, pp. 460, 500, 512 e 534).

41. Para São Paulo em 1777, ver Roger Bastide e Florestan Fernandes, *Brancos e negros em São Paulo* (São Paulo: CEN, 1959, p. 17). Para São Paulo e Santos em 1807, ver Mawe (op. cit., pp. 68, 60 e 47). Para Curitiba, ver Octavio Ianni, *As metamorfoses do escravo* (São Paulo: Difusão Europeia do Livro, 1962, p. 90). Para Porto Alegre, ver José Feliciano Fernandes Pinheiro, *Annaes da capitania de São Pedro* (Lisboa: Imprensa Nacional, 1822, t. 2, mapa D).

42. Ver Antonil (pseudônimo de João Antônio Andreoni), *Cultura e opulência do Brasil*, op. cit. Nesse livro, possivelmente escrito em 1711, o autor fornece uma das mais úteis e completas descrições da economia açucareira do Brasil, uma vez passado seu apogeu. Ele descreve as atividades dos trabalhadores livres mencionados neste estudo, apresentando números de salários anuais, dos quais os mais altos chegavam a 120 mil-réis, ou 34 libras esterlinas à taxa de câmbio posterior a 1700, e os mais baixos a trinta mil-réis, ou cerca de 8 libras esterlinas (pp. 154-8).

No engenho, o "mestre de açúcar" era auxiliado por um "banqueiro" e por um "ajuda-banqueiro", que podia ser um escravo bem treinado. Além destes, havia o "purgador", que supervisionava o processo de branqueamento de açúcar, e um "caixeiro", encarregado do acondicionamento do açúcar em caixas de madeira.

43. Ver Sérgio Buarque de Holanda, *História geral da civilização brasileira* (São Paulo: Difusão Europeia do Livro, 1960, t. 1, v. 2, pp. 209-10). Em 1752, uma petição de senhores de engenho baianos incluía uma descrição detalhada das despesas de instalação de um "engenho muito ordinário", produzindo 3 mil arrobas de açúcar. O número de escravos necessário para operar tal estabelecimento era avaliado em 44. O autor do chamado "Discurso preliminar histórico, introdutivo, com natureza e descrição econômica da comarca e cidade da Bahia" (*Anais da Biblioteca Nacional*, v. 27, Rio de Janeiro, 1905, pp. 292-3) escreveu em 1789 que "para um engenho [...] que regularmente fabricava cem caixas de açúcar [...] havia mister cem escravos", uma caixa contendo "umas pelas outras [em média] quarenta arrobas". Ver Wanderley Pinho, *História de um engenho do Recôncavo*, op. cit., pp. 139 e 238. Segundo essas duas fontes, a produção anual por escravo era de quarenta a 68 arrobas.

44. Laet, *Histoire du nouveau monde*, op. cit., p. 529. Esses números foram comunicados ao autor por um holandês que havia morado no Brasil durante vários anos. Como a mesma informação

está impressa à p. 592 da edição latina da obra, datada de 1633, por sua vez uma tradução da edição holandesa de 1630, os dados parecem se referir à década de 1620.

45. Fontes diferentes registraram os salários nominais de alguns dos trabalhadores especializados dos engenhos. Com base nessas informações, na maioria dos casos referentes à Bahia, foi computada a seguinte tabela:

SALÁRIOS NA ECONOMIA AÇUCAREIRA, 1622-1752 (MIL-RÉIS POR ANO)

	1622-4	*c.* 1635	1650-52	*c.* 1700	1752
Mestre de açúcar	170		120	120	100
Feitor-mor		100*			100
Feitor pequeno	60	50	60	40 a 50	
Feitor das moendas					32
Purgador	60 a 80	40	45 a 55	50	
Banqueiro		50			50
Caldeireiro de melar	45 a 60	50	37 a 40		35
Caixeiro (do engenho)	40 a 45	40			50
Tanoeiro					25
Tacheiro	42		40		

* Esse feitor-mor recebia, além disso, o equivalente a 36 mil-réis em vinho e carne.

As seguintes informações dão um significado suplementar a esses números:

	1622-4	*c.* 1635	1650-52	*c.* 1700	1752
Preços de escravos (em mil--réis)	32	35	52	100	cerca de 120
Índice de preços médios de açúcar (½ de açúcar branco + ½ de mascavo, 1622-4 = = 100)	100	154	205	297	181
Índice de preços de açúcar branco (1622-4 = 100)	100	154	228	295	196

A evolução dos salários reais totais dos trabalhadores listados na tabela acima pode ter sido diferente da de seus salários em moeda corrente, uma vez que aqueles aparentemente recebiam alimentação e moradia, e que não se conhece a evolução dos custos desses componentes. No entanto, um custo declinante da mão de obra por unidade de produção (açúcar) não é incompatível com a disponibilidade crescente de trabalhadores livres no Nordeste.

É possível notar que os preços de escravos alcançaram duzentos mil-réis, e até mais, segundo diversos documentos datados da primeira metade do século XVIII. A média de 120 mil-réis é tirada de um cálculo feito por senhores de engenho do custo de montar um engenho, na petição de 1752, citada na nota 43. Contudo, nesse mesmo ano, escravos "seletos" comprados para as minas alcançavam o preço de 180 mil-réis. Para referências sobre preços alcançando duzentos mil-réis em 1728 e 1738, ver Wanderley Pinho, *História de um engenho do Recôncavo* (op. cit., pp. 205-6). Para 1752, ver pp. 139 e 169.

As fontes para salários foram as seguintes: Buescu, *História econômica* (op. cit., pp. 153, 158, 163 e 165); Antonil (op. cit., pp. 154-8); Estevam Pereira, "Descrezão da fazenda que o collegio de Santo Antão tem no Brazil e de seus rendimentos", em *Annaes do Museu Paulista*, t. 4 (São Paulo: Diário Oficial, 1931, pp. 786-7); e Wanderley Pinho (op. cit., p. 173). Os preços foram tirados de Buescu (op. cit.) e Wanderley Pinho (op. cit., pp. 247-59).

46. Isso é verdade, negligenciando-se a limitada cunhagem de emergência dos holandeses no Nordeste do Brasil em meados do século XVII. A questão das relações monetárias no Brasil colonial é tratada em trabalho não publicado de Luiz Aranha Corrêa do Lago, "The Rise and Decline of the Brazilian Sugar Economy: A Monetary or Exchange Economy?" (Cambridge, MA: Universidade Harvard, 1973, mimeografado).

47. Ver Viana Filho, *O negro na Bahia*, op. cit., pp. 113-9.

48. Ver Boxer, *The Golden Age*, op. cit., p. 2, e Furtado, op. cit., p. 51.

49. Durante todo o período colonial, desde o século XVI, o método mais comum de se obter terras no Brasil era requisitar uma área desocupada ou não utilizada. Em geral, as concessões — conhecidas como sesmarias — eram feitas pelas autoridades depois de o requerente provar que possuía recursos para usar as terras de forma produtiva. Como resultado da política de concessão de grandes extensões de terras aos imigrantes mais abastados, alguns poucos proprietários "monopolizaram" as melhores terras das regiões costeiras logo após o início da colonização, levando a uma distinção precoce entre grandes proprietários e pessoas sem terra. Ver documento 13, "An Example of Colonial Land Grant", em E. Bradford Burns, *A Documentary History of Brazil* (Nova York: A. A. Knopf, 1966, pp. 92-5). Sobre o aspecto discriminatório das concessões de terras, ver Nelson Werneck Sodré, *Formação histórica do Brasil* (São Paulo: Brasiliense, 1971, p. 72) e Sérgio Buarque de Holanda, *História geral da civilização brasileira* (op. cit., t. 1, v. 2, p. 149).

50. Segundo Schwartz, "Free Labor in a Slave Economy" (op. cit., p. 173), os grandes lavradores de cana-de-açúcar possuíam em geral de dez a vinte escravos, mas alguns chegavam a ter trinta. O número desses lavradores parece ter se reduzido relativamente após o final do século XVII, quando a descoberta de ouro atraiu muitos migrantes das áreas açucareiras para a região central da colônia. Antonil (op. cit., p. 41) observou que o investimento inicial e a rígida supervisão exigidos para manter um engenho em funcionamento levaram "uns homens de bastante cabedal e de bom juízo a quererem antes ser lavradores possantes de cana [...] com trinta ou quarenta escravos" a empregar seus recursos na montagem de um engenho completo.

51. O morador tinha menos possibilidades do que o lavrador de acumular recursos suficientes para comprar terras, e não tinha garantia do uso contínuo da terra que cultivava com ou sem escra-

vos, uma vez que o dono do engenho podia exigir a sua saída a qualquer momento. Ver Heitor Ferreira Lima, *História político-econômica e industrial do Brasil* (São Paulo: CEN, 1970, p. 27).

Os plantadores de cana-de-açúcar dos dois tipos que acabam de ser descritos e sobretudo os lavradores eram de vital importância para o engenho, uma vez que era somente com as suas colheitas subsidiárias que o engenho conseguia operar 24 horas por dia com produtividade máxima durante os oito ou nove meses da safra. Essa contribuição externa era considerada tão decisiva para o engenho que a dependência e a obrigação dos lavradores "obrigados à moenda" de terem sua cana processada em um engenho específico era considerada parte integrante da propriedade do engenho, garantida por lei. Ver Buarque de Holanda, *História geral da civilização brasileira*, op. cit., t. 1, v. 2, p. 207.

52. Ver Stuart B. Schwartz, "Elite Politics and the Growth of a Peasantry", em *From Colony to Nation*, organizado por A. J. R. Russell-Wood (Baltimore: Johns Hopkins University Press, 1975, p. 148), e Schwartz, "Free Labor in a Slave Economy" (op. cit., p. 180), sobre os agricultores de subsistência e outras pessoas livres empregadas na agricultura.

Com relação à produção de alimentos para consumo nas grandes cidades, somente o Rio de Janeiro parece ter sido bem aprovisionado pelos produtos cultivados nas terras das cercanias imediatas da cidade, que não eram adaptadas às grandes plantações voltadas para a exportação.

Como resultado da recuperação temporária do açúcar por volta do final do século XVIII, as terras no entorno imediato de cidades como Salvador e Recife eram quase todas dedicadas à agricultura em larga escala, de modo que a produção de alimentos era deslocada para o interior, apesar das tentativas oficiais de promover o cultivo de gêneros alimentícios em torno dessas cidades. Consequentemente, havia uma escassez crônica de alimentos essenciais como farinha, milho, feijão etc., o que conduzia a preços crescentes nessas cidades costeiras, apesar de medidas oficiais paliativas tais como a criação de um celeiro público em Salvador na década de 1780. Em Salvador e Recife parece ter havido surtos ocasionais de escassez de alimentos, que a produção limitada de outros pequenos estabelecimentos na costa era incapaz de remediar. Em Salvador, onde a situação não melhorou na década de 1790, o alto custo de vida foi uma das causas de uma revolta planejada por membros da classe média baixa em 1798, conhecida como Revolução dos Alfaiates. Na época, havia diferenças de custo de vida nas diversas cidades da colônia, e qualquer cálculo de rentabilidade dos escravos urbanos precisa ter por base os diferentes custos de manutenção, o mesmo valendo para o cômputo dos salários reais. Ver Maxwell (op. cit., p. 216), sobre a Bahia. Queirós Mattoso, "Conjoncture et société" (op. cit., pp. 43-51), documenta a defasagem entre a evolução dos salários da classe média baixa e a do custo de vida crescente em Salvador, fornecendo também informações sobre o status social dos conspiradores de 1798.

53. Ver Maxwell, op. cit., p. 217.

54. Ver Rocha Pitta, op. cit., pp. 11-2.

55. Ver Caio Prado Jr., *The Colonial Background of Modern Brazil* (Berkeley: University of California Press, 1969, pp. 219-70). Ver também Boxer, *The Golden Age* (op. cit., p. 231), sobre as origens étnicas dos criadores de gado e vaqueiros. O autor fornece também uma longa descrição sobre os "poderosos do sertão", os grandes proprietários de terras, e sobre as mudanças na legislação relativa às sesmarias ocorridas durante o período (pp. 227-30). Deve-se enfatizar que as necessidades de mão de obra da criação de gado praticada de forma extensiva eram comparativamente pequenas. Supondo que o peão ou vaqueiro tivesse de trabalhar em partes separadas de grandes propriedades, o

custo de supervisão de uma força de trabalho exclusivamente escrava no trabalho no campo podia tornar-se proibitivo, requerendo, numa situação extrema, um supervisor para cada trabalhador escravo.

Em áreas como o Piauí, onde o trabalho escravo era frequentemente empregado na criação de gado, notadamente nas fazendas dos jesuítas, ressalta de investigações preliminares que os escravos recebiam um tratamento que atenuava bastante o seu status servil, pois que a natureza desse trabalho era bem menos dura do que a dos trabalhadores em turmas dos canaviais do Nordeste como um todo.

56. Sobre São Paulo, Santa Catarina e Paraná no século XVIII, ver respectivamente os capítulos 4, 9 e 10 deste estudo. Sobre as numerosas famílias de São Paulo que não possuíam escravos, ver nota 90, adiante.

Sobre a região amazônica, ver Manuel de Mello Cardoso Barata, op. cit., e Domingos Soares Ferreira Penna, *O Tocantins e o Anapu* (relatório do secretário da província) (Belém: Typ. de Frederico Rhossard, 1864), para números mais antigos relativos à produção e a descrições das primeiras atividades econômicas. Sobre a abolição da escravidão indígena e subsequentes desdobramentos na região, ver João Lúcio de Azevedo, *Estudos de história paraense* (Pará: Typ. de Tavares Cardoso, 1893). Para uma avaliação mais favorável da ação da Companhia Geral do Grão-Pará e do Maranhão no Pará, ver a obra sobre essa companhia de autoria de Nunes Dias, op. cit., que também documenta em detalhes o boom ou surto agrícola maranhense do final do século XVIII e a intensificação das importações de escravos africanos para as duas áreas.

57. Ver Maxwell, op. cit., p. 90. Sobre a população de Minas Gerais em 1786, ver *RAPM*, 1899, v. 4, p. 294.

58. Ver Curtin, op. cit., p. 29, e capítulo 5 adiante.

59. Ver *Diálogos das grandezas do Brasil* (Rio de Janeiro: Academia Brasileira, 1930, pp. 140-1, e todo o diálogo 3). Esse livro foi escrito originalmente em 1618, na forma de diálogos, por um autor anônimo, geralmente citado como Brandônio, depois identificado como Ambrósio Fernandes Brandão, que é quem responde às perguntas sobre o Brasil. Ele dividia a população livre em cinco grupos: marinheiros, comerciantes, "mecânicos", assalariados (incluindo feitores, tropeiros de mulas, vaqueiros e outros empregados) e agricultores (entre os quais também incluía os senhores de engenhos).

Sobre os pescadores, ver a descrição do capitão William Dampier, que atracou na Bahia em 1699, em *Dampier's Voyages*, organizado por John Masefield (Londres: E. Grant Richards, 1906, 2 v., p. 378). Ele descreve suas jangadas, "feitas de várias toras presas lado a lado, que têm um ou dois mastros com velas", que são do mesmo tipo que as usadas ainda no século XX pelos pescadores do Nordeste.

60. Lemos Brito, em *Pontos de partida para a história econômica do Brasil* (São Paulo: CEN, 1939, pp. 291-2), fornece os nomes dos navios de guerra construídos na Bahia, incluindo sete naus (grandes embarcações portuguesas), oito fragatas, uma corveta, treze brigues e escunas, aos quais Ferreira Lima (op. cit., p. 71) acrescenta mais uma nau, doze pequenas canhoneiras e três outras embarcações pequenas. Também em referência à Bahia, Mawe (op. cit., p. 281) observa na primeira década do século XIX que não apenas "navios de guerra foram construídos aqui", mas também "diversas embarcações muito grandes e benfeitas para a marinha mercante".

Segundo Ferreira Lima (op. cit., pp. 73-5), antes da invasão holandesa "havia em Pernambuco somente oficinas de reparos, que não podiam ser chamadas de estaleiros", e Recife nunca se tornou um importante centro de construção de embarcações. No Maranhão, por sua vez, também se construíram navios, o maior deles sendo possivelmente uma embarcação de 350 toneladas construída em 1764, que podia ser equipada com trinta canhões.

61. Ver Ferreira Lima, op. cit., p. 101-3.

62. Boxer, *The Golden Age*, op. cit., p. 2. O autor também se refere a um relatório de 1702 no qual o arcebispo da Bahia menciona que "os brancos [servem] apenas para dizer aos escravos o que estes precisam fazer, quer sejam seus senhores ou os feitores de seus senhores".

63. Dampier, op. cit., v. 2, p. 386. Esse autor também afirmou que havia "artífices e comerciantes [...] que [...] mant[inham]-se muito bem: sobretudo aqueles que consegu[iam] adquirir um ou dois escravos negros".

64. Johan Brelin, *De passagem pelo Brasil e Portugal em 1756* (Lisboa: Casa Portuguesa, 1955, pp. 105-6).

65. Ver Boxer, *The Golden Age*, op. cit., pp. 128 e 138.

66. Thomas Lindley, (*Narrative of a*) *Voyage to Brasil* (Londres: J. Johnson, 1805, p. 264).

67. Ver Queirós Mattoso, "Conjoncture et société", op. cit., pp. 45 e 47. (Entre os artesãos livres e alfaiates condenados na Conspiração de 1798, predominavam os mulatos. Ver p. 44.)

68. Thomas O'Neil, *Account of the Escape of the Royal Family of Portugal to the Brazil's* (Londres: impresso por J. Barfield para o autor, 1809, p. 58).

69. Andrew Grant, *History of Brazil* (Londres: Henry Colburn, 1809, p. 145).

70. Ver Luccock, op. cit., p. 106.

71. Ver Mawe, op. cit., pp. 168, 176 e 254.

72. Sobre São Paulo, ver Bastide e Fernandes (op. cit., pp. 17-8). Isso parece ser confirmado pela descrição de Mawe dos ofícios de São Paulo, que não faz referência a artesãos escravos (ver pp. 68-9).

73. Ver Mawe, op. cit., pp. 48 e 69-70. Embora em suas descrições das cidades de Minas Gerais e do Rio de Janeiro ele não deixe de mencionar explicitamente os artesãos negros, o autor não se refere a nenhum deles em seu relato sobre os ofícios de Santa Catarina.

74. Vicente Salles, *O negro no Pará* (Rio de Janeiro: FGV; Belém: UFPA, 1971, pp. 163-70). "Das cerca de 46 mil pessoas às quais era atribuída alguma ocupação em um relatório de 1799 do Maranhão, quase 40 mil eram escravas", segundo Robert Conrad, *The Destruction of Brazilian Slavery* (Berkeley: University of California Press, 1972, p. 8).

75. Ver Mawe, op. cit., pp. 54 e 58.

76. Ver Lisanti Filho, *Negócios coloniais*, op. cit., v. 1, pp. CDXCI, CDXCII.

77. Ver Ferreira Lima, op. cit., p. 86.

78. Oswaldo R. Cabral, *História de Santa Catarina* ([S.l.]: Laudes, 1970, p. 82).

79. Grant, op. cit., p. 151, e Alden, *Royal Government*, op. cit., pp. 364-5. Ambos estão muito provavelmente se referindo ao mesmo estabelecimento.

80. Os escravos das charqueadas são discutidos com mais detalhes no capítulo 8. Sobre escravos na produção de ferro em Minas Gerais, ver Caio Prado Jr., *Colonial Background* (op. cit., p. 257), e Simonsen (op. cit., v. 2, p. 322).

81. Mawe, op. cit., pp. 273 e 194-6. Ver também a carta do vice-rei Marquês do Lavradio a d. Antônio Noronha, capitão-geral de Minas Gerais, de 28 out. 1776, citada por Alden, *Royal Govern-*

ment (op. cit., p. 384), e a resposta deste último. Segundo o capitão-geral, "os tipos de escravos empregados na tecelagem eram pessoas velhas e aleijadas, totalmente inadequadas para a mineração ou a agricultura".

82. Ver Wanderley Pinho, *História de um engenho do Recôncavo*, op. cit., pp. 222 e 225, e Estevam Pereira, "Descrezão", op. cit., pp. 787-9.

83. Ver Harold B. Johnson Jr., "Money and Prices in Rio de Janeiro (1760-1820)", em CNRS, *L'Histoire quantitative du Brésil de 1800 à 1930* (Paris: CNRS, 1973, pp. 52-3). Durante mais ou menos o mesmo período, segundo o autor, o preço de um escravo no auge da forma física subiu aproximadamente 175%.

84. Ver Luccock, op. cit., p. 106.

85. Ver Queirós Mattoso, "Conjoncture et Societé", op. cit., pp. 43-7 e 50-1.

86. Luís Amaral, *História geral da agricultura brasileira* (São Paulo: CEN, 1958, v. 2, p. 359).

87. Ver Olinto San Martin, "Aspectos econômicos da velha Porto Alegre" (*Revista do Instituto Histórico e Geográfico do Rio Grande do Sul*, n. 89, ano 23, p. 130, 1. trim. 1943), e Paranhos Antunes, "Porto Alegre do século XVIII", em *Anais do III Congresso Sul-Rio-Grandense de História e Geografia* (Porto Alegre: Instituto Histórico Geográfico do Rio Grande do Sul; Edição da Prefeitura Municipal de Porto Alegre, 1940, v. 3, pp. 1.061 e 1.064).

88. Wanderley Pinho, *História de um engenho do Recôncavo*, op. cit., p. 241.

89. Sobre a capitania do Rio de Janeiro, ver Alden, *Royal Government* (op. cit., p. 511). Sobre o Rio Grande do Sul, ver "Notícia particular do continente do Rio Grande do Sul [...] dada no ano de 1780" (*RIHGB*, t. 21, pp. 271 e 287, 3. trim. 1858).

90. Como ilustração, as estatísticas disponíveis sobre o status da população de São Paulo por fogos indicam que 66,1% do número total de fogos em 1798 e 66,6% em 1808 eram fogos que tinham um único chefe de família, e que não possuíam escravos. Ver Maria Luiza Marcílio, "Tendances et structures des ménages dans la capitainerie de São Paulo (1765-1868) selon les listes nominatives d'habitants", em CNRS, *L'Histoire quantitative du Brésil de 1800 à 1930* (Paris: CNRS, 1973, pp. 160-3).

A mesma autora também se refere aos agregados, que constituíam uma categoria de certa forma semelhante à dos clientes da antiga *familia* romana, e eram contados como membros dos fogos mesmo sem serem membros da família — "muitos eram escravos libertos". Em 1798, essa categoria representava 9,4% da população da capitania, e 10,4% em 1808, segundo dados apresentados por essa autora. Sobre o Nordeste, ver Schwartz, *Free Labor* (op. cit., p. 180).

2. DE COLÔNIA A NAÇÃO (1808-1900): AS QUESTÕES DA MÃO DE OBRA E DA TERRA [pp. 62-94]

1. Adrien [Adriano] Balbi, no seu *Essai statistique* (op. cit., t. 1, p. 424), apresenta dados anuais sobre as exportações e importações brasileiras de e para Portugal entre 1796 e 1819. Com exceção dos anos de 1797, 1799, 1804, 1808, 1816 e 1817, a balança comercial foi favorável ao Brasil. Durante todo o período, as exportações do Brasil para Portugal excederam as exportações de Portugal para o Brasil em 78.946 mil cruzados, ou 31.578.400 mil-réis. Ao câmbio de 3.555 réis por libra esterlina, esse total representava cerca de 8,9 milhões de libras esterlinas.

Contudo, após 1808, o Brasil abriu seus portos para o comércio com outras nações, e, em particular, com a Grã-Bretanha, e sua balança comercial geral foi negativa na maioria dos anos de 1821 a 1844. Sobre o comércio exterior brasileiro durante o século XIX, ver IBGE, *Anuário estatístico do Brasil, ano V, 1939-40* (Rio de Janeiro: IBGE, 1940, apêndice, pp. 1358-9).

2. Como resultado da queda de seus preços e da expansão da cafeicultura, o açúcar, o algodão e os couros, que em 1821-30 respondiam por 74,3% das exportações brasileiras totais para mercados estrangeiros, representavam em 1831-40 apenas 52,7% desse total. Ver Furtado (op. cit., pp. 116-7), para indícios da deterioração dos termos de troca e para o valor das principais exportações a que se refere o texto. Para números decenais sobre as principais exportações brasileiras, ver tabela 3 deste capítulo.

Os dados oficiais sobre as exportações do Brasil para portos estrangeiros mostram que, de uma média anual de 4.237 mil libras esterlinas em 1821-3, estas cresceram até alcançar uma média de 6.186 mil libras entre os anos fiscais 1847-8 e 1849-50, ou seja, um aumento de 46%. Ver IBGE, *Anuário estatístico do Brasil, 1939-40*, op.cit., apêndice, p. 1358. Segundo Balbi (op. cit., t. 1, p. 424), as exportações do Brasil entre 1801 e 1803 alcançaram em média 12.153.866 mil-réis por ano, ou, ao câmbio de 3.555 réis por libra, 3.418,8 mil libras esterlinas. Assim, ao que tudo indica, em um período de mais ou menos cinquenta anos, as exportações anuais para o exterior aumentaram cerca de 80,9% em libras, sem resultar em ganhos per capita.

3. Usando métodos indiretos, Furtado (op. cit., p. 118) sugeriu que a renda per capita da população livre provavelmente caiu cerca de 10% durante a primeira metade do século XIX. Mesmo abstraindo de uma avaliação numérica precisa, com base nas estatísticas comerciais disponíveis, aparentemente não houve nenhum aumento significativo, caracterizando a estagnação do período em questão.

4. Ver a tabela 2 do capítulo 1. Para as fontes originais de várias estimativas frequentemente citadas para 1798, 1817-8 e 1819, ver Perdigão Malheiro (op. cit., t. 2, p. 26). Segundo Balbi (op. cit., t. 2, p. 231), que se baseou na mesma informação da década de 1810, o Brasil tinha 4,2 milhões de habitantes em 1819. Para outras estimativas, ver *Anuário estatístico do Brasil, 1939-40* (op. cit., apêndice, p. 1293). Ver também Buescu, *História econômica*, op. cit., p. 284, tabela 9.

5. Curtin, op. cit., propõe um total de 1.351.600 escravos importados entre 1801 e 1852 (ver tabela 2 apresentada no capítulo 1). Goulart (op. cit., p. 272), que serve de base para alguns dos números decenais de Curtin, também sugere 1.350.000 para o período 1801-51. Para um estudo detalhado das fontes britânicas, ver Leslie Bethell, *The Abolition of the Brazilian Slave Trade* (Cambridge: Cambridge University Press, 1970). Segundo esse autor (p. 395), "500 mil escravos, e possivelmente mais, foram importados após 1830 [...] e provavelmente até 750 mil haviam sido importados entre 1800 e 1830", o que resulta em um total de pelo menos 1.250.000. (Para estimativas mais recentes, ver o posfácio e a cronologia do presente trabalho.)

6. Ver, por exemplo, Buescu, *História econômica*, op. cit., p. 215; Furtado, op. cit., p. 127.

7. Ver *O Brasil em números* (Rio de Janeiro: IBGE, 1960, p. 12). Esses números representam certamente uma subestimação do afluxo de estrangeiros, como indicam informações isoladas sobre a quantidade de estrangeiros em diversas cidades e as informações da época sobre as entradas líquidas no Brasil. Por exemplo, embora o número oficial para a imigração em 1842 seja de 568 pessoas, um relato da época fornece uma listagem detalhada das entradas líquidas de estrangeiros no Rio de Janeiro naquele ano, segundo a nacionalidade, que resulta numa imigração líquida de 2.173 pessoas, em sua maioria portugueses. Ver Diogo Soares da Silva de Bivar, "Appendice a chronica do ano de

1842", *Revista Trimensal de História e Geografia* (posteriormente *RIHGB*), t. 5, n. 20, jan. 1844, p. 400. Os mesmos números oficiais registram 219.229 entradas entre 1851 e 1870, 219.128 entre 1870 e 1880 e um total de 856.624 imigrantes no período 1851 a 1889.

8. Essa questão será tratada com mais detalhes nos capítulos regionais, em especial no que se refere ao cultivo do café. Com relação ao cultivo da cana-de-açúcar no Nordeste, dois excelentes relatórios de cônsules britânicos na Paraíba e em Pernambuco, datados de 1848, e que incluem dados efetivos sobre as grandes plantações existentes, confirmam tanto a predominância de trabalhadores escravos no cultivo da cana quanto o emprego limitado de trabalhadores livres assalariados em tarefas específicas e, ocasionalmente, até mesmo como auxiliares no trabalho com a enxada. Ver, respectivamente, "Report of Pro-Consul Krause, May 10, 1848", e "Report of Consul H. A. Cowper, Feb. 12, 1848" (ambos em *PP 1847-8*, v. 46), e *Correspondence Relative to Distress in the Sugar Growing Colonies* (pp. 429-31 e 450-2).

9. Ver "Report [...] Trade of Bahia [...] 1857 [...] Consul Morgan" (*PP 1857-58*, v. 55, p. 19). Segundo essa fonte, as fábricas da província gozavam de uma proteção de 2% de impostos adicionais sobre todos os produtos exportados em embalagens importadas, "de modo que uma grande fração do açúcar, café e cacau da província era exportada em 'sacas produzidas localmente'".

10. Segundo Ferreira Lima (op. cit., pp. 208-9), uma fundição de ferro e outros metais foi estabelecida na Bahia em 1817, e outra criada em 1828. Em Recife, duas fundições de ferro foram estabelecidas, respectivamente, em 1829 e 1840, e constituem dois exemplos precoces de estabelecimentos industriais britânicos no Brasil. A primeira, criada por Harrington & Starr, construiu uma máquina a vapor em 1836, e ainda operava no início da década de 1850 com cerca de oitenta a cem trabalhadores. Em 1848, a fábrica empregava 28 escravos. Ver *Memórias da viagem de S.S. Majestades Imperiais às províncias da Bahia, Pernambuco, Paraíba, Alagoas, Sergipe e Espírito Santo* (Rio de Janeiro: Typ. e Livraria de B. X. Pinto de Souza, 1861, t. 2, pp. 79 e 84). Ver também "Consul Cowper to Viscount Palmerston, Dec. 22, 1848" (*PP 1849*, v. 55, p. 140).

11. Thomas Ewbank, em *Life in Brazil* (Nova York: Harper & Brothers, 1856, pp. 308-9), fornece uma descrição de ambos os métodos durante a década de 1840, bem como dos materiais do equipamento usado nos moinhos, que demandavam poucas partes feitas de ferro.

12. Para referências a moinhos de grãos movidos a água, próximos do Rio de Janeiro, na década de 1840, e de um moinho de cereais em Salvador por volta de 1828, ver, respectivamente, Ewbank, op. cit., p. 307, e Ferreira Lima, op. cit., p. 208.

Para um exemplo de moinho de arroz próximo a Belém, que usava um motor a vapor e era operado por norte-americanos, ver Daniel P. Kidder, *Sketches of Residence and Travels in Brazil* (Filadélfia: Sorin & Ball, 1845, v. 2, pp. 279-80). Ewbank (op. cit., p. 367) descreve um engenho de arroz na província do Rio de Janeiro com pilões de madeira de jacarandá para descascar o arroz, impulsionados por um moinho independente movido a água.

13. Ver Ewbank (op. cit., pp. 378-81), para uma descrição dos diversos métodos de preparação da farinha de mandioca. O autor observou um moinho de ralar idêntico a outro no Brasil descrito duzentos anos antes, e comparou a prensa de parafuso maciça e pouco precisa importada de Lisboa e Málaga "a um alto custo" com as prensas manuais facilmente encontráveis. Para outras descrições de moinhos na província do Rio de Janeiro em 1821, ver Gilbert Farquhar Mathison, *Narrative of a Visit to Brazil, Chile, Peru and the Sandwich Islands During the Years 1821 and 1822* (Londres: Charles

Knight, 1825, especialmente pp. 34, 94 e 118-22). Nessa época, o autor observou engenhos de açúcar movidos a vapor, água ou cavalos, e uma serraria movida pela água de um riacho de montanha.

14. Richard C. Wade, "Slavery in the Southern Cities", em *American Negro Slavery*, organizado por A. Weinstein e F. O. Gatell (Nova York: Oxford University Press, 1973, pp. 328-9). "Em 1820, 37% de todos os habitantes das cidades [do Sul dos Estados Unidos] eram negros; em 1860, essa proporção havia caído para menos de 17%. A percentagem de escravos urbanos caiu de 22% para 10%." Em contraste, em Nova Orleans, "em 1820, um em cada dois residentes era negro; em 1860, somente um em cada sete".

15. Ver Ewbank, op. cit., pp. 115 e 195. Para outras descrições de escravos no setor urbano durante a década de 1810 até a de 1830, ver, respectivamente, L. F. de Tollenare, *Notes dominicales prises pendant un voyage au Portugal et au Brésil, 1816, 1817 et 1818* (Paris: Presses Universitaires de France, 1972, v. 2, p. 483; reimpresso pela Fundação Calouste Gulbenkian), e J. M. Rugendas, *Viagem pitoresca através do Brasil* (São Paulo: Martins, 1954, p. 188). Para a década de 1840, ver também Kidder (op. cit., v. 2, pp. 15 e 20).

16. J. F. de Almeida Prado, *D. João VI e o início da classe dirigente do Brasil, 1815-1889* (São Paulo: CEN, 1968, p. 252). Ver também Rugendas, op. cit., pp. 187-8. J. B. Debret, em *Voyage pittoresque et historique au Brésil* (Paris: Firmin Didot, 1834-9), estimou que "um ou dois [escravos] bastavam para sustentar seu senhor" (também citado em Tollenare, op. cit., v. 2, p. 489).

17. "Um pedreiro, um marceneiro, um carpinteiro, um ferreiro, um padeiro, qualquer mestre em um desses ofícios, em vez de contratar trabalhadores livres, compra escravos e os forma." Ver Tollenare (op. cit., p. 483) em referência à Bahia. Sobre São Paulo, ver a nota 36 deste capítulo.

18. Bastide e Fernandes, op. cit., pp. 28-9. Os autores também mencionam que alguns artesãos compravam escravos, ensinavam-lhes seu ofício e começavam a viver de seus ganhos diários (ver p. 18).

19. Ver J. B. von Spix e C. F. P von Martius, *Viagem pelo Brasil* (Rio de Janeiro: Imprensa Nacional, 1938, v. 2, p. 545 [citado, daqui em diante, como ed. brasileira]), onde os autores reproduzem os seguintes dados:

PROFISSIONAIS DA "INDÚSTRIA" NA PROVÍNCIA DO MARANHÃO EM 1820

PROFISSÕES	ARTESÃOS LIVRES	ARTESÃOS ESCRAVOS	REMUNERAÇÃO DIÁRIA MÁXIMA (EM RÉIS)	REMUNERAÇÃO DIÁRIA MÍNIMA (EM RÉIS)
Alfaiates	61	96	1.000	320
Caldeireiros	4	1	600	320
Carpinteiros	178	326	800	320
Entalhadores	96	42	1.200	400
Carpinteiros navais	80	38	800	320
Serralheiros	5	—	800	—
Ferreiros (em São Luís)	37	23	700	320
Tanoeiros (em São Luís)	2	1	800	320
Marceneiros	30	27	800	400

Ourives	49	11	640	400
Pedreiros e britadores	404	608	800	320
Pintores e caiadores	10	5	640	400
Correeiros	4	1	800	400
Curtidores	4	6	600	320
Escravos que auxiliam nessas indústrias		1.800	240	160

20. Sobre o Rio de Janeiro, ver J. B. von Spix e C. F. P. von Martius, *Travels in Brazil, in the Years 1817-1820* (Londres: Longman, Hurst, Rees, Orme, Brown and Green, 1824, v. 1, pp. 197-8 [citado, daqui em diante, como Von Spix e Von Martius, ed. inglesa]). Sobre os mestres portugueses nas atividades de construção, ver Almeida Prado (op. cit., p. 212) e Ewbank (op. cit., p. 186).

21. Ver, respectivamente, Prefeitura do Distrito Federal, *Notícia sobre o desenvolvimento da indústria fabril no Distrito Federal e sua situação atual* (Rio de Janeiro: Livraria Brasileira, 1908, p. 9); Tollenare (op. cit., v. 3, p. 543, nota 136); Ferreira Lima (op. cit., p. 153); Von Spix e Von Martius, ed. inglesa, v. 2, pp. 19 e 48-9; Robert Walsh, *Notices of Brazil in 1828 and 1829* (Londres: Frederick Westley e A. H. Davis, 1830, v. 1, p. 456); Ewbank (op. cit., pp. 193-5). Sobre a fábrica de velas, ver Eulália Lahmeyer Lobo, "Évolution des prix et du coût de la vie à Rio de Janeiro, 1820-1930", em CNRS, *L'Histoire quantitative du Brésil de 1800 à 1930* (Paris: CNRS, 1973, p. 209).

22. Ver Walsh (op. cit., v. 2, pp. 40-1) e "Mr. Hudson to Viscount Palmerston, Rio, Oct. 10, 1849" (*PP 1850*, v. 55, p. 75). Esta última fonte reproduz um trecho do *Correio Mercantil* de 19 de setembro de 1849. O artigo fazia referência ao emprego de 176 trabalhadores livres na Alfândega e defendia a exclusividade de trabalhadores livres nas obras públicas, o que ainda não fora alcançado. Apontava também a necessidade de "honrar as classes mecânicas e trabalhadoras".

23. Ferreira Lima, op. cit., p. 164. Walsh (op. cit., v. 2, p. 113) menciona outro exemplo na mineração. Em um dos casos, foram instaladas rodas para retirar o excedente de água (usadas na Europa, com graus de sucesso variados, pelo menos desde o século XV), mas estas tiveram de ser abandonadas e substituídas por cinquenta a sessenta escravos.

24. Ewbank, op. cit., p. 145.

25. Ver, respectivamente, Caio Prado Jr., *The Colonial Background* (op. cit., p. 263); Tollenare (op. cit., p. 543, nota 136); Kidder (op. cit., v. 1, pp. 281 e 282); e Von Spix e Von Martius (ed. inglesa, v. 2, p. 277).

26. Sobre as fábricas têxteis, ver Stanley J. Stein, *The Brazilian Cotton Manufacture* (Cambridge, MA: Harvard University Press, 1957, p. 51). Sobre a mineração de ouro, ver Walsh (op. cit., v. 2, pp. 118-20 e 212). Sobre o engenho de arroz próximo a Belém, ver Kidder (op. cit., v. 2, p. 280).

27. Ver Nícia Vilela Luz, *A luta pela industrialização do Brasil* (São Paulo: Difusão Europeia do Livro, 1961, p. 14). Segundo a autora, um dos objetivos declarados do decreto de 1808, que revogou a proibição de atividades industriais no país, era "dar trabalho a um certo elemento da população [livre] que não se acomodava à estrutura socioeconômica vigente". Ver também Tollenare (op. cit., v. 3, p. 754) sobre a massa de miseráveis que habitava os subúrbios de Salvador em 1816-8. Sobre os agregados, ver nota mais adiante.

28. IHGB, *Dicionário histórico, geográfico e etnográfico do Brasil* (Rio de Janeiro: Imprensa Nacional, 1922, v. 1, p. 1089).

29. Na segunda década do século, um comerciante britânico comentou que "poucas cortes europeias, comparativamente falando, envolvem tantas pessoas quanto a Corte brasileira, incluindo fidalgos, eclesiásticos e numerosos serviçais" (citado por Almeida Prado, op. cit., p. 144). Sobre a situação do emprego público na década de 1840, ver Ewbank (op. cit., pp. 184-5).

Segundo o relatório do vice-presidente da província de São Paulo, Joaquim Floriano, datado de 9 de novembro de 1866, entre 1831 e 1866 a Escola de Direito de São Paulo havia diplomado 1.300 bacharéis em direito.

30. Ferreira Lima, op. cit., p. 251. Seu cálculo, que tem por base pelo menos dois empregados por estabelecimento, além do proprietário, está possivelmente exagerado. Cabe observar que muitos portugueses no comércio varejista compartilhavam essa ocupação com brasileiros.

31. Além do capítulo já citado do censo de 1890 (*A população do Rio de Janeiro*), outra obra que fornece dados interessantes sobre a população do Rio de Janeiro durante o século XIX é a de Maria Yedda Linhares e Maria Bárbara Levy, "Aspectos de história demográfica e social do Rio de Janeiro, 1808-1889", em CNRS, *L'Histoire quantitative du Brésil de 1800 à 1930* (Paris: CNRS, 1973). Segundo esse trabalho, os resultados imperfeitos do "censo" de 1849 mostravam que cerca de 48,8% da população da cidade consistia em escravos, enquanto nos subúrbios a participação destes últimos supostamente alcançava 55,7% (ver p. 128).

Na discussão desse mesmo artigo, apresentada em anexo no mesmo volume, Kátia M. de Queirós Mattoso contesta a probabilidade do desaparecimento da classe de agregados no Rio de Janeiro de 1799 a 1821, enfatizando sua "presença constante" em Salvador durante todo o século XIX (ver CNRS, *L'Histoire quantitative*, p. 138).

32. A lei de 18 de setembro de 1850 não impediu a usurpação posterior de terras públicas, já que o registro de propriedades, mediante o pagamento da taxa estipulada pela lei, levaria décadas para se efetivar, e não era possível o controle da situação de todas as terras públicas pela repartição governamental competente. Porém, a lei seria essencial para permitir a colonização do Sul do Brasil com base em pequenas propriedades de imigrantes em terras públicas não previamente alienadas, como enfatiza Warren Dean em "Latifundia and land policy in nineteenth-century Brazil", *HAHR*, v., nov. 1971, pp. 621-3. Esse autor faz uma rápida referência à "hipótese de Domar" (ver p. 609), sem, no entanto, explorá-la em maior detalhe, e prova que uma proposta de lei de 1842 estava baseada nas ideias de Wakefield, que previam o estabelecimento de um preço para terras públicas *acima* do preço de mercado, para impedir imigrantes de comprar terras logo após a sua chegada. A lei de 1850 foi menos drástica do que previam projetos anteriores, mas ao não exigir levantamentos no terreno ou declarações judiciais, nem provas de ocupação efetiva das terras por um determinado período, permitiu a grandes proprietários consolidarem ou aumentarem suas "propriedades", que foram geralmente registradas com descrições bastante vagas. Os posseiros de minifúndios, por outro lado, às vezes não tinham recursos para legalizar as suas posses. Durante o Império, nenhuma legislação posterior foi adotada no sentido de facilitar o acesso de pequenos posseiros à propriedade plena. Após 1889, o "Congresso Constituinte da República entregou as terras públicas remanescentes aos novos governos estaduais", que tiveram diferentes políticas com relação a títulos de terras e alienação de terras públicas (ver Dean, "Latifundia", op. cit., p. 623).

33. Isso é confirmado pelo depoimento de cônsules britânicos com respeito a Pernambuco e

à Paraíba. Em correspondência datada de 12 de fevereiro de 1848, o cônsul em Pernambuco observava que uma "parcela muito pequena da cana-de-açúcar da província é cultivada por trabalho livre, ainda que, pelo que pude observar, não existam grandes dificuldades para se obter um número limitado de homens livres para trabalhar com enxada". Tal parcela era estimada em "certamente menos de 10%" da população total. O cônsul exemplificava o emprego permanente de trabalhadores assalariados, fazendo referência ao engenho Salgado, um dos mais bem administrados da província, que empregava oitenta escravos diretamente na produção de açúcar, mas também trinta trabalhadores livres em outras atividades. Ver "Consul H. Augustus Cowper to Viscount Palmerston, Pernambuco, Feb. 12, 1848" (*PP 1847-8*, v. 46, pp. 429-30).

O procônsul Henry Krausé informava da Paraíba, em 10 de maio de 1848, que "em toda a província não existe uma única plantação de açúcar que seja cultivada apenas com trabalho livre. Em todas se empregam homens livres, tanto no processamento do açúcar quanto nos campos, mas a proporção varia segundo os meios do proprietário". Também mencionava que os mestres de açúcar nos engenhos eram geralmente homens livres, percebendo salários de mil a 1.200 réis por dia, e que carreteiros livres eram empregados temporariamente, com salários de quatrocentos a 480 réis por dia. Estimava que apenas um oitavo da produção do açúcar podia ser atribuído ao trabalho livre. Trabalhadores no campo também ganhavam de quatrocentos a 480 réis por dia, e a seca aumentava a oferta de trabalhadores do interior, que normalmente criavam gado. "Mas é tal o seu sentimento de repugnância de trabalhar em pé de igualdade com escravos, e tão grande o seu desejo de retornar à sua vida nômade que, logo que estes ganham um pouco de dinheiro, deixam os engenhos e voltam para o interior." Ver "Henry Krausé to Viscount Palmerston, Paraíba, May 10, 1848" (*PP 1847-8*, v. 46, pp. 450-1).

34. A identificação de "descontinuidades" em história econômica pode envolver dificuldades consideráveis, especialmente na ausência de informações estatísticas adequadas. No entanto, pode-se sugerir que, do ponto de vista da definição "legal" da relação terra-trabalho, a passagem de uma relação elevada para uma relativamente baixa já começara em algumas das principais zonas açucareiras do Nordeste, ainda que isso somente se tenha tornado mais aparente após a supressão do tráfico de escravos africanos. Novamente, diversas exceções podem ser assinaladas, em particular o caso do Maranhão, onde terras excelentes para plantações de cana-de-açúcar permaneciam disponíveis.

35. Ver Wanderley Pinho, op. cit., p. 313, nota 1. Esse autor cita uma carta de Joaquim José da Silva Maia.

36. Quanto ao fato de o açúcar ser produzido "exclusivamente" por escravos no Rio de Janeiro e em São Paulo, ver "Proconsul J. J. C. Westwood to Viscount Palmerston, Rio de Janeiro, Mar. 8, 1848", incluindo considerações de William Whittaker, vice-cônsul britânico em Santos (*PP 1847-48*, v. 46, pp. 443 e 445).

37. As seringueiras estavam espalhadas na floresta, encontrando-se às vezes a uma distância considerável uma das outras. Como os escravos no Pará fugiam frequentemente para se juntar a quilombos em áreas mais isoladas, o emprego da mão de obra escrava na coleta do látex e produção da borracha (ou na coleta de produtos florestais) exigiria supervisão excessiva.

Quanto ao cultivo do cacau, ainda que em parte fosse feito por escravos desde o século XVIII, também era levado adiante por produtores independentes, apenas com o trabalho livre de suas famílias, em pequenos estabelecimentos ao longo dos rios, onde se plantavam também gêneros alimentícios.

A elevada relação terra-trabalho e a disponibilidade efetiva da terra ao longo dos rios (que eram essenciais como vias de comunicação) criavam condições para o surgimento dessa classe de pequenos produtores, aos quais deveriam somar-se aqueles dedicados à coleta de borracha e às culturas alimentares. Os grandes proprietários tendiam a se concentrar na área em volta de Belém, a capital, onde a terra já tinha sido apropriada havia muito tempo por uma classe de grandes proprietários inativos, cujos domínios eram frequentemente trabalhados por escravos.

38. Em contraste, em Minas Gerais, nas zonas não cafeeiras, subsistiam numerosas fazendas mistas, de criação de gado e culturas alimentares, que, como no século XVIII, continuavam a utilizar mão de obra escrava, respondendo por parcela significativa do emprego total de escravos na província.

39. Apenas como ilustração, as informações detalhadas fornecidas pela administração do engenho Salgado (um dos "melhores, mais bem administrados e mais prósperos engenhos da província") ao cônsul britânico em Pernambuco incluíam entre as despesas anuais o custo de novos escravos para repor os mortos, calculados em cerca de 5% ao ano. Ver "Cowper [...] to Palmerston", op. cit., p. 429. No mesmo ano, o cônsul britânico na Bahia calculava a mortalidade dos escravos em "4% a 6% anualmente". Ver "Consul Edward Porter to Viscount Palmerston, Bahia, Feb. 25, 1848" (*PP 1847-48*, v. 46, p. 438).

40. Sobre as exportações de escravos da Bahia para a região cafeeira e seus efeitos sobre a economia local, ver "Report [...] Trade of Bahia [...] 1860 [...] Consul Morgan" (*PP 1862*, v. 58, p. 223). Os seguintes índices, computados a partir de médias decenais do valor unitário das exportações para portos estrangeiros de açúcar, algodão e couros, dão uma ideia da tendência de longo prazo dos preços dos principais produtos do Nordeste entre 1821 e 1900:

	AÇÚCAR		ALGODÃO		COUROS	
Período	Preços em mil-réis (1821-30 = = 100)	Preços em libras esterlinas (1821-30 = = 100)	Preços em mil-réis (1821-30 = = 100)	Preços em libras esterlinas (1821-30 = = 100)	Preços em mil-réis (1821-30 = = 100)	Preços em libras esterlina (1821-30 = = 100)
1821-30	100	100	100	100	100	100
1831-40	72	68	85	71	69	62
1841-50	80	59	83	56	61	43
1851-60	96	73	100	68	92	65
1861-70	98	67	246	143	101	62
1871-80	85	57	123	76	114	73
1881-90	73	44	113	61	99	58
1891-1900	191	53	289	74	171	41

Esses índices computados com base em dados apresentados no *Anuário estatístico do Brasil, 1939-40*, do IBGE (op. cit., apêndice, p. 1381), se referem às exportações totais do Brasil para o exterior e, portanto, são valores médios para o país como um todo. Os elevados valores em mil-réis da década 1891-1900 estão associados com a desvalorização da moeda nacional frente à libra esterlina e outras moedas.

41. Ver, por exemplo, as declarações do senador Silveira da Motta na Sessão de 1861, de 27 de

abril a 31 de maio, em *Annaes do Senado do Império do Brasil, 1º ano da II Legislatura* (Rio de Janeiro: Typ. do Correio Mercantil, 1861, v. 1, p. 46). O senador afirmava ter "uma estatística de importações por dia, por mês, por ano" dos escravos transportados dos portos ao norte do Rio de Janeiro (não compreendendo os portos do litoral ao sul da capital).

Para dados mais detalhados sobre o tráfico interprovincial de escravos, ver Robert W. Slenes, *The Demography and Economics of Brazilian Slavery: 1850-1888* (Stanford: Universidade Stanford, 1976. Tese de doutorado não publicada, parte 2). Slenes enfatiza que "o impacto do tráfico inter-regional sobre as populações escravas do Centro-Sul e de outras regiões do Brasil foi [...] consideravelmente menor nas décadas de 1850 e de 1860 do que na década de 1870". Esse mesmo autor estima em cerca de 110 mil o número de escravos que entraram para o "Centro-Sul" (que corresponde à região cafeeira como definida no presente estudo) no período de 1851 a 1872, e em 90 mil as entradas de 1873 a 1881, perfazendo um total de 200 mil escravos no período que vai de 1851 a 1881 (ver p. 138 e nota 39, p. 169).

42. Quanto à insuficiente taxa de reprodução natural dos escravos no país como um todo após 1850, ver Slenes (op. cit., parte 3). O autor observa que uma taxa de reprodução negativa, que significa que a taxa bruta de mortalidade era maior do que a taxa bruta de natalidade, não implica que as taxas de fertilidade da população escrava fossem necessariamente baixas, já que, por exemplo, a composição daquela população por sexos também afetava a taxa de natalidade. Analisando os diversos aspectos do problema, Slenes conclui que, após 1850,

> não se estaria errando muito ao estimar a taxa intrínseca de declínio [da população escrava] em cerca de cinco a dez por mil (5 a 10‰) por ano, e a taxa efetiva — pelo menos na década de 1850 — em cifra substancialmente maior. Quando os efeitos das manumissões e fugas são levados em consideração, a taxa efetiva de declínio da população escrava entre 1850 e 1888 deve quase certamente ter sido superior a dez por mil (10‰) por ano, e talvez, durante parte do período, superior a vinte por mil (20‰) anualmente.

No capítulo 10, o mesmo autor demonstra que "a taxa bruta de manumissões no início dos anos 1870 era de cerca de seis por mil (6‰) e que a frequência das manumissões cresceu rapidamente na década de 1880". Ver Slenes, op. cit., p. 365.

43. Na Bahia, a epidemia da cólera-morbo pode ter resultado na morte de cerca de 29 mil pessoas, sendo 7.987 delas na capital. Ao que parece, a mortalidade dos escravos foi especialmente elevada, e uma perda de 10 mil a 15 mil deles (acima de sua fração da população total) apresenta-se como plausível. Ver Wanderley Pinho, *Cotegipe e seu tempo* (São Paulo: CEN, 1937, p. 490).

Segundo cálculos oficialmente aceitos do dr. Espíndola, a população livre de Alagoas teve uma redução de 18 mil pessoas entre 1855 (antes da epidemia) e 1859-60, e a queda correspondente da população escrava foi estimada em 5 mil, mas parte do declínio pode ter decorrido de exportações para outras províncias (ver tabela 1). Outras fontes estimam que faleceram 4 mil escravos. Para dados demográficos, ver Thomaz Pompeo de Souza Brasil, *Compendio elementar de geographia geral e especial do Brasil* (Rio de Janeiro: E. & H. Laemmert, 1864, p. 438).

De acordo com J. Pires Wynne, *História de Sergipe, 1575-1930* (Rio de Janeiro: Pongetti, 1970, pp. 186, 200 e 212-3), a cólera matou cerca de 20 mil pessoas em 1855-6 e outras 5.308 em 1863 em Sergipe. Como a população escrava alcançava entre um quinto e um quarto do total, e como a mortalidade também foi especialmente elevada entre os escravos, parece razoável supor que cerca de 4 mil escravos morreram na epidemia.

A cólera também teve numerosas vítimas em outras províncias da região, notadamente em Pernambuco, de modo que não parece exagerado falar em um total de 20 mil a 30 mil mortes de escravos no Nordeste como um todo em decorrência da epidemia da cólera-morbo de meados da década de 1850. Essa "sangria" se somou à exportação de escravos para províncias da região Cafeeira.

44. O boom do cultivo do algodão ressalta claramente dos dados de exportação física da tabela 3. Antes do aumento dos preços internacionais ocasionado pela redução de oferta resultante da Guerra Civil Americana, colheitas abundantes de algodão no interior não eram levadas para a costa por causa de custos de transporte excessivos (sobre o aumento do preço do algodão nos anos 1860, ver a nota 40 acima). A plantação de algodão por pequenos proprietários ou arrendatários no Nordeste, que frequentemente passaram a contratar alguns braços adicionais, é mencionada em diversas fontes. Segundo relatório do cônsul americano em Pernambuco, datado de 14 de novembro de 1864, "em vista do estímulo que o elevado preço do produto representa, o algodão passou a ser extensamente plantado por pequenos fazendeiros e por uma classe de pobres dependente dos grandes proprietários e conhecida como 'moradores', que equivalem ao que chamamos de *squatters* no Oeste do nosso país". Ver o relatório de Thomas Adamson Jr., em *Commercial Relations (Annual Report)* (State Department, série 1.227, doc. 60, p. 761).

Fenômeno semelhante ocorreu em São Paulo, conforme ilustrado no capítulo 4. Na medida em que os trabalhadores livres no setor rural aumentavam em número absoluto, e que as várias ocupações tornavam-se menos caracterizadas pelo trabalho escravo, parece razoável supor que tendia a diminuir a desutilidade de trabalhar juntamente com escravos, ou pelo menos separadamente, nas mesmas ocupações. Cabe notar que o progresso do emprego de mão de obra livre no trabalho no campo foi mais lento em certas regiões, como era observado por autores da época, notadamente no caso de Sergipe e do Recôncavo Baiano.

45. Note-se, no entanto, que essa tentativa de utilização de trabalhadores europeus teve grande importância por abrir caminho para uma solução da "questão da mão de obra" para o setor cafeeiro na época da Abolição. Os contratos evoluíram de uma parceria integral, em que os colonos dividiam metade do café produzido e dos alimentos por eles cultivados, para uma situação mais favorável em que apenas o café era dividido. Mas foi com o surgimento de contratos de empreitada — em que o colono e sua família recebiam uma quantia fixa pelo trato anual de um certo número de pés de café, mais uma quantia por unidade de produto colhido, além do direito de plantar alimentos entre os pés de café ou em um lote separado — que se chegou a uma fórmula satisfatória para o emprego de mão de obra europeia em larga escala no cultivo do café, sobretudo em São Paulo. Ver capítulos 3 e 4, especialmente a tabela 1 do capítulo 4.

46. Essa expectativa é externada por Wakefield, op. cit., e também por Domar, op. cit. No entanto, havia diferenças entre esses novos esquemas de colonização no Sul do Brasil e as tentativas mais antigas de colonização com famílias açorianas no século XVIII, algumas das quais tinham recorrido a trabalhadores escravos, pelo menos como força de trabalho suplementar. No século XIX, ainda que barata, a terra tinha um preço, e este tinha de ser efetivamente pago pelos colonos. Por outro lado, a introdução de escravos nas áreas coloniais era proibida por lei, pelo menos no caso do Rio Grande do Sul (ver capítulo 8).

47. Segundo o *Relatório do Ministério da Agricultura* (Rio de Janeiro, 14 maio 1888, p. 24), no

qual se reproduzem dados da matrícula dos escravos em 1886-7, sobravam no Nordeste, do Maranhão à Bahia, cerca de 205 mil escravos, de forma que o total de pessoas libertadas na região, em 1888, certamente foi inferior àquela cifra, que, no entanto, exclui os *ingênuos*, ou seja, os filhos livres nascidos de pais escravos após 1871. (Daqui em diante os Relatórios de Ministérios serão citados mencionando-se somente a pasta e o ano.)

Cabe observar que um dos efeitos da abolição definitiva da escravidão foi reduzir lavradores (que tinham poucos recursos além de alguns escravos) à condição de trabalhadores, embora eles não fossem muito importantes em termos relativos, visto que essa classe vinha diminuindo substancialmente desde 1850. Ainda que o acesso à propriedade da terra por pequenos produtores fosse comparativamente difícil, seria demasiado extremado afirmar que no Nordeste existiam apenas grandes propriedades. A existência de lavradores livres no período colonial e no século XIX já foi notada anteriormente. Porém, com o tempo, sucessivas heranças tendiam a subdividir os pequenos e médios estabelecimentos em minifúndios, que, juntamente com os latifúndios, se tornariam um sério problema para o desenvolvimento agrícola da região no século XX.

48. Parece razoável supor que na década de 1850 uma fração substancial da produção de açúcar e de algodão comercializada no Nordeste fosse destinada a mercados estrangeiros, de forma que as exportações desses produtos para o exterior seriam uma aproximação razoável da evolução da produção, pois o consumo industrial local também era insignificante.

Na década de 1890, contudo, uma fração considerável da produção total daqueles dois produtos do Nordeste era consumida em diversas outras regiões do Brasil, onde inclusive se pagavam, durante certo tempo, preços superiores aos obtidos no exterior. Por isso, a utilização de estatísticas oficiais de exportação daqueles produtos para portos estrangeiros (que estão parcialmente reproduzidas na tabela 3) com o objetivo de aferir o desempenho do Nordeste, em termos de produção na década de 1890 com relação à década de 1850, é muito enganosa, como também o são inferências sobre a evolução da renda per capita da região com base nos mesmos dados.

Por outro lado, aumentou consideravelmente também o consumo interno das indústrias têxteis no Nordeste, sobretudo no Maranhão e na Bahia, o que diminuiu ainda mais a representatividade das exportações para o estrangeiro em termos de produção total de algodão, enquanto o consumo local de açúcar (e de subprodutos como a rapadura) absorvia, pelo menos no caso da Bahia, boa parte da produção total. A indústria têxtil do Maranhão "exportou" crescentes quantidades de tecidos de algodão para os estados amazônicos e para outros estados do Nordeste nos anos 1890.

49. Deve-se esclarecer que, de um ponto de vista da definição *econômica* adotada neste estudo, a relação terra-trabalho permanecia elevada. Porém, dada a apropriação das melhores terras da zona costeira por uma classe de proprietários inativos, bem como o grande aumento da população da região nordestina desde o período colonial, a relação terra-trabalho sob a ótica *legal* declinara drasticamente.

50. Pesquisas adicionais se fazem necessárias, além de uma investigação preliminar, para determinar com maior precisão a natureza real da relação entre o grande proprietário ou usineiro e os trabalhadores no cultivo da cana-de-açúcar no Nordeste. Uma análise com o nível de generalização do presente estudo necessariamente deixa de lado exceções que podem ter tido importância local. Parece, no entanto, que características observadas na transição do engenho para a usina na região de Campos, no estado do Rio de Janeiro, também se verificaram em diversas áreas do Nordeste.

51. Para um estudo interessante dessa questão, dos aspectos técnicos e de diversas outras ca-

racterísticas da produção de borracha, ver Arthur César Ferreira Reis, *O seringal e o seringueiro* (Rio de Janeiro: Ministério da Agricultura, Serviço de Informação Agrícola, 1953. Documentário da vida rural, n. 5). Uma excelente descrição das condições contratuais nos seringais e outros aspectos da produção de borracha nos anos 1890 e décadas anteriores pode ser encontrada em "Report [...] Trade of Pará and District [...] 1897 [...] Consul W. A. Churchill" (*PP 1898*, v. 94, n. 2140, pp. 25-30).

Para um exame mais antigo da situação dos seringueiros independentes, que trabalhavam sazonalmente na produção de borracha, ver Domingos Soares Ferreira Penna, *O Tocantins e o Anapu* (op. cit., pp. 29-33). Esse autor nota que esses seringueiros eram bastante explorados pelos *regatões*, os comerciantes que compravam a produção de borracha no interior, quando aqueles não a levavam diretamente para o mercado. (Ferreira Penna, op. cit., pp. 2-5, também faz referência ao cultivo do cacau por pequenos produtores livres.)

52. Ver o capítulo 4, especialmente as notas 109 e 119, em que se apresentam dados para o início do século XX sobre propriedades rurais no estado de São Paulo e sobre nacionalidades dos proprietários, bem como diversos testemunhos de cônsules estrangeiros e outros observadores da época sobre a dificuldade de imigrantes se tornarem proprietários de terras naquele estado.

53. Para diversas qualificações dessas generalizações, ver os capítulos 3 a 7. Para abundantes detalhes sobre as "relações sociais de produção" em São Paulo antes e depois da Abolição e sobre a corrente imigratória para o estado, ver T. H. Holloway, *Imigrantes para o café* (Rio de Janeiro: Paz e Terra, 1984, capítulos 2 e 3).

54. Não existe qualquer informação agregada sobre a extensão de área plantada no Nordeste, nos vários períodos, tal como a que existe para o Sul dos Estados Unidos no século XIX. Parece claro que, à medida que a população crescia, também aumentava a ocupação de novas áreas na própria região, mas as áreas adequadas para o cultivo da cana-de-açúcar estavam, na realidade, limitadas a uma estreita faixa costeira, de forma que, pelo menos nessas áreas, a relação terra-trabalho tendeu a declinar substancialmente. Um estudo mais detalhado de dados demográficos em arquivos locais e de dados de inventários de plantações talvez possa lançar alguma luz, pelo menos sobre a relação terra-trabalho no nível mais desagregado de municípios específicos.

55. Domar, op. cit., p. 21.

56. Sobre a taxa de reprodução negativa dos escravos no Brasil como um todo, ver Slenes (op. cit., parte 3). Para o caso específico de Pernambuco, ver Peter L. Eisenberg, "Abolishing Slavery: The Process on Pernambuco's Sugar Plantations" (*HAHR*, pp. 581-2, nov. 1972).

57. Ver, por exemplo, R. W. Fogel, "The Relative Efficiency of Slavery: A Comparison of Northern and Southern Agriculture in 1860" (*Explorations in Economic History*, v. 8, primavera 1971), e D. C. North e R. P. Thomas, "The Rise and Fall of the Manorial System: A Theoretical Model" (*The Journal of Economic History*, v. 31, p. 775, dez. 1971). Ver também R. W. Fogel e S. L. Engerman, *Time on the Cross* (Boston: Little, Brown & Co., 1974, capítulo 6), e, dos mesmos autores, "Explaining the Relative Efficiency of Slave Agriculture in the Antebellum South" (*American Economic Review*, jun. 1977). De passagem pela Universidade Harvard nos anos 1970, o professor Fogel, prêmio Nobel de economia em 1993, fez úteis indicações bibliográficas para o presente trabalho, inclusive a tese de Pedro de Carvalho de Mello discutida no capítulo 3. Por equívoco, em livro em homenagem a Fogel (C. Goldin e R. Rockoff (Orgs.)), *Strategic Factors in Nineteenth Century American Economic Growth*, Chicago: University of Chicago Press, 1992), o presente estudo foi incluído na lista de teses de dou-

torado orientadas por Fogel, quando o orientador foi o professor Richard B. Freeman, da Universidade Harvard, objeto aqui de novo agradecimento, passados 36 anos.

58. A evidência disponível, no entanto, é relativamente precária, como se discute no capítulo 4.

59. Sobre as chamadas "desvantagens não pecuniárias" de homens livres trabalhando em turmas em plantações nos Estados Unidos, ver Fogel e Engerman, *Time on the Cross* (op. cit., v. 1, p. 236).

II. A REGIÃO CAFEEIRA: SEMELHANÇAS E DIFERENÇAS NO PROCESSO DE TRANSIÇÃO DO TRABALHO ESCRAVO PARA O TRABALHO LIVRE NO RIO DE JANEIRO, SÃO PAULO, MINAS GERAIS E ESPÍRITO SANTO [pp. 95-263]

INTRODUÇÃO

1. O decreto n. 200-A, de 8 de fevereiro de 1890, confirma que "são cidadãos brasileiros [...] VI. Os filhos de outra nação que já residiam no Brasil no dia 15 de novembro de 1889, salvo declaração em contrário feita perante a respectiva Municipalidade, no prazo de seis meses da publicação do decreto da 'Grande Naturalização' (decreto de 15 de dezembro de 1889)".

3. RIO DE JANEIRO [pp. 108-47]

1. Alberto Lamego Filho, *A planície do solar e da senzala* (Rio de Janeiro: Livraria Católica, 1934, pp. 174-5) e "Mapa da população, fábricas e escravaturas que compõem as diferentes freguesias da vila de São Salvador dos Campos de Goitacases no ano 1799" (*RIHGB*, t. 65, Rio de Janeiro, p. 295, 1902).

2. Ver "Almanak histórico da cidade de São Sebastião do Rio de Janeiro [...] Antônio Duarte Nunes [...] 1799", *RIHGB*, t. 21, pp. 173-4, 2. trim. 1858.

3. A estes, devem-se somar os 2 mil escravos da fazenda Santa Cruz, grande propriedade confiscada aos jesuítas, e uma força militar de 6.180 homens. Os dados também parecem ter excluído os menores de idade. Ver "Memórias públicas e econômicas da cidade de São Sebastião do Rio de Janeiro, para uso do vice-rei Luiz de Vasconcellos" (*RIHGB*, Rio de Janeiro: Laemmert, t. 47, parte 1, pp. 27-9, 1884).

4. Destes, 3.609 teriam vindo de "Angola" e 3.822 de "Benguela" (no oeste de Angola). É preciso observar que alguns desses escravos foram redistribuídos para outras capitanias. A fonte desses números é o "Almanak..." citado na nota 2 acima.

5. Lamego Filho, op. cit., p. 175. Resumindo uma descrição da região de Campos feita por Couto Reis em 1785, ele apresenta os seguintes números de produção:

Açúcar	128.580 arrobas	Feijão	12.032 alqueires
Algodão	2.772 arrobas	Milho	17.102 alqueires
Aguardente de cana	55.905 medidas	Arroz	4.458 alqueires
Farinha de mandioca	55.109 alqueires		

Nessa área, havia na época 53.762 cabeças de gado e 13.201 cavalos. Havia até mesmo alguma produção "industrial": 48 mil varas (uma vara = 1,1 metro) de tecido grosseiro de algodão, 630 varas de riscado (tecido listrado) e 550 varas de trançado eram produzidas em 99 teares, enquanto 51 olarias produziam tijolos para consumo local e venda. Aparentemente, havia na área 3.160 "proprietários rurais", que possuíam 12.085 escravos.

6. Sobre Resende e São João Marcos (mais tarde São João do Príncipe), ver Alberto Ribeiro Lamego (pseudônimo posterior do já citado Alberto Lamego Filho), *O homem e a serra* (Rio de Janeiro: IBGE, 1950, pp. 70-4). Segundo uma monografia sobre São João Marcos, citada por esse autor na p. 74, outras produções desse município em 1797 eram as seguintes: milho, 11.470 alqueires; arroz, 3.315 alqueires; feijão, 2.417 alqueires; farinha de mandioca, 2.040 alqueires.

Sobre as exportações de café, ver Arthur Cezar Ferreira Reis, "Rio de Janeiro", em *História geral da civilização brasileira*, sob a direção de Sérgio Buarque de Holanda (São Paulo: Difusão Europeia do Livro, 1964, t. 2, v. 2, p. 317). Por volta de 1797, as exportações de açúcar pelo porto do Rio de Janeiro supostamente alcançaram 800 mil arrobas. O autor faz referência a outro exemplo de diversificação econômica de uma área rural da capitania: entre 1769 e 1779, no distrito de Guaratiba, havia 37 engenhos de açúcar, 88 moinhos de farinha, seis fábricas de índigo e oito olarias. O distrito abrigava 17.927 habitantes, dos quais 10.064 eram escravos.

7. Sobre a migração de mineiros para o Rio de Janeiro, ver o artigo de Honório Silvestre, "A colonização mineira nos latifúndios de café do estado do Rio de Janeiro", em *Minas e o bicentenário cafeeiro no Brasil, 1727-1927* (Belo Horizonte: Imprensa Oficial, 1929).

8. Os dados foram tirados de "Mapa da população da Corte e da província do Rio de Janeiro em 1821" (*RIHGB*, Rio de Janeiro: Garnier, t. 33, parte 1, pp. 137-42, 1870). A partir desses dados, foi computada a seguinte tabela por freguesias:

		FOGOS	NÚMERO DE LIVRES	%	NÚMERO DE ESCRAVOS	%	POPULAÇÃO TOTAL
Corte	Freguesias urbanas	10.151	43.139	54,4	36.182	45,6	79.321
	Freguesias suburbanas	3.429	14.466	43,3	18.908	56,7	33.374
	Total	13.580	57.605	51,1	55.090	48,9	112.695
Província		24.996	101.676	46,1	118.685	53,9	220.361
Total							333.056

A Corte compreendia a cidade do Rio de Janeiro e sua área suburbana. Durante o Império, a capital do país seria administrada separadamente da província do Rio de Janeiro, que será o objeto principal deste capítulo.

9. Hyppolite Carvalho, *Études sur le Brésil* (Paris: Garnier Frères, 1858, pp. 51-2). Os dados citados pelo autor foram tirados de "documentos oficiais da União".

10. Ver Walsh, op. cit., v. 2, pp. 535-6. O autor apresenta as seguintes estatísticas de exportações pelo porto do Rio de Janeiro:

Ano	Café (em milhares de libras)	Caixas grandes de açúcar	Caixas menores de açúcar	Barris de açúcar	Fumo (em milhares de libras)	Algodão (em milhares de libras)	Couros (unidades)
1818	11.874,3						
1819	8.600,5						
1820	14.910,2						
1821	16.821,9						
1822	24.318,3						
1823	29.599,2	24.185			2.017	1.138,9	273.540
1824	36.688,7						
1825	29.291,7	21.538	1.650		1.587,4	435,3	261.910
1826	41.600	19.855	1.348		2.029,8	569,5	384.178
1828	58.871,4	19.126	465	13.867	1.846,5	312,3	207.277

As caixas grandes de açúcar pesavam cerca de cinquenta arrobas de 32 libras; as caixas menores, de vinte a 25 arrobas; os barris, de seis a oito arrobas (uma arroba = 32 arráteis = 14,689 quilos; um arrátel ou uma libra = cerca de 459 gramas). Os dados sobre fumo foram convertidos em libras a partir de rolos de 75 libras, e os dados sobre algodão foram convertidos a partir de fardos de 128 libras. Esses produtos eram trazidos não apenas da província do Rio de Janeiro, mas também de Minas Gerais e outras áreas.

Em 1828, as exportações de café do Rio de Janeiro alcançaram 1.839.700 arrobas (equivalentes às 58.871,4 mil libras-peso da listagem acima), no valor de 5.151 contos, por oposição às exportações de açúcar, avaliadas em 3.607,8 contos, e às de couros, avaliadas em 1.243,6 contos. O valor dos demais produtos de exportação listados não ultrapassava cem contos. (Nota: um conto de réis = mil mil-réis = um milhão de réis.)

11. A. d'E. Taunay, em *História do café no Brasil* (Rio de Janeiro: DNC, 1939, v. 3, t. 1, p. 33), apresenta os seguintes números sobre as exportações totais de café da província do Rio de Janeiro, arredondados para mil arrobas:

1836-7	2.253,1	1844-5	4.714,0
1837-8	1.501,1	1845-6	5.369,8
1838-9	2.682,4	1846-7	5.948,4
1839-40	4.529,3	1847-8	7.253,2
1840-1	3.991,3	1848-9	6.505,7
1841-2	4.519,5	1849-50	8.031,0
1842-3	4.804,8	1850-1	7.836,3
1843-4	4.898,8	1851-2	7.535,8

As exportações de açúcar pelo porto do Rio de Janeiro entre 1827 e 1841 estão disponíveis em duas fontes distintas, a primeira em caixas, a segunda em arrobas.

Segundo Maxwell, Wright & Co., em *Commercial Formalities of Rio de Janeiro* (Baltimore: Sherwood & Co., 1841, p. 90), as exportações de açúcar caíram de uma média de 20.407 caixas entre 1827 e 1831 para 15.056 entre 1836 e 1840. Segundo William Scully, *Brazil: Its Provinces and Chief Cities* (Londres: Murray & Co., 1866, p. 330), nos mesmos dois períodos, as exportações caíram de uma média de 1.184.600 arrobas para 930.800 arrobas.

12. Ferreira Reis, "Rio de Janeiro", op. cit., p. 331. Nas fazendas maiores voltadas para a exportação, os dados revelam uma produtividade baixa, de 23,5 a quarenta arrobas por escravo, o que pode indicar que estas contavam numerosos escravos não diretamente empregados na cafeicultura.

13. Essa tendência é descrita como bem adiantada em meados do século em um estudo clássico sobre Vassouras, um dos mais importantes municípios cafeeiros da época. Ver Stanley J. Stein, *Vassouras: a Brazilian Coffee County, 1850-1900* (Cambridge, MA: Harvard University Press, 1957, p. VIII).

Sobre a tendência anterior à formação de latifúndios, ver Ferreira Reis, "Rio de Janeiro" (op. cit., pp. 349-50). O autor também se refere ao café plantado, mais precocemente e em escala limitada, na Baixada Fluminense.

14. Ver *Travels of* [...] *Prince Adalbert of Prussia* (Londres: David Bogne, 1849, v. 2, pp. 35-7). Esse viajante, o príncipe Adalberto da Prússia, registrou a seguinte descrição do trabalho em uma fazenda de café:

> O trabalho começa às quatro da manhã, depois de todos os escravos terem tomado o desjejum; às dez, eles tomam um segundo desjejum, que consiste em uma preparação de mandioca e em arroz ou milho fervido; às duas da tarde, comem carne-seca com arroz e farinha de mandioca. O trabalho prossegue até às sete da noite, e dessa hora até às nove eles jantam.

Ao comentar sobre o uso ainda comparativamente limitado de equipamentos modernos, o autor observou que um "aparelho para secar os grãos de café com vapor [...] [havia] se revelado malsucedido" (p. 15).

15. Respondendo a um inquérito oficial sobre a situação do cultivo da cana-de-açúcar no distrito consular do Rio de Janeiro, o pró-cônsul britânico afirmou, em março de 1848, que "nenhum açúcar produzido no distrito era cultivado por mão de obra livre". Ele confirmou que o cultivo da cana-de-açúcar encontrava-se em declínio devido à competição do café, que "não exigia tanto capital e mão de obra quanto a cana", e mencionou fazendas de cana em Campos que tinham de 150 a 250 escravos. Na época, o preço dos escravos recém-importados variava entre 450 e quinhentos mil-réis (de cinquenta a 56 libras esterlinas), e dizia-se que caíra recentemente devido às maciças importações. Aparentemente, os escravos eram, com frequência, vendidos a crédito com prazos de um a quatro anos. Por fim, embora admitisse que era difícil obter dados sobre a questão, o pró-cônsul estimou "a duração média de vida da população escrava" em 36 anos. Ver "Consul J. J. C. Westwood to Viscount Palmerston, Rio, Mar. 8, 1848" (*PP 1847-48*, v. 46, pp. 443-4).

Ao viajar pela província do Rio de Janeiro em 1846, um norte-americano observou uma fazenda de cana-de-açúcar com setenta escravos, trinta deles em pleno vigor físico, e que produzia cerca de mil arrobas de açúcar por ano, além de outros gêneros de subsistência. Em uma fazenda de

Sumidouro, havia duzentos escravos que enchiam quatorze fôrmas de açúcar diariamente (o equivalente a 1.200 libras ou cerca de 37 arrobas) durante a temporada da safra. Essa fazenda de açúcar era supostamente uma das mais bem administradas da província, e, "no entanto, o proprietário afirmou que não dava lucro". Ver Ewbank, op. cit., pp. 362 e 366-7.

16. Sobre Nova Friburgo, ver Martin Nicoulin, *La Génèse de Nova Friburgo* (Friburgo: Éditions Universitaires, 1973). Os suíços de língua alemã predominavam entre os 1.662 suíços estabelecidos na área em 1820. Em 1830, restavam apenas 632 deles na cidade. Alguns haviam partido rumo à cidade do Rio de Janeiro, mas muitos também haviam se mudado para zonas rurais (ver pp. 172 e 224). Fundada em 1844-5, a cidade de Petrópolis abrigava 1.921 alemães em um total de 2.101 habitantes em 1845. Ver Manuel Diegues Jr., *Imigração, urbanização, industrialização* (Rio de Janeiro: MEC, 1964, pp. 30, 33 e 37).

Sobre a dedicação posterior dos colonos estrangeiros dessas áreas à agricultura com fins comerciais, e sobre os escravos de Nova Friburgo em 1851, ver J. J. Tschudi, *Viagem às províncias do Rio de Janeiro e São Paulo* (São Paulo: Martins, 1953, pp. 98 e 106). Segundo o autor, alguns dos colonos se tornaram ricos fazendeiros. Ribeiro Lamego (op. cit., p. 172) faz referência a fazendeiros estrangeiros em Cantagalo. Em seu relatório à Assembleia Legislativa da província em 1857, o vice-presidente João Manoel Pereira da Silva referiu-se a muitos colonos estrangeiros enriquecidos que possuíam "fazendas muito importantes". Ver *Relatório apresentado à Assembleia Legislativa da província do Rio de Janeiro na 2ª sessão da 12ª legislatura, pelo vice-presidente João Manoel Pereira da Silva* (Rio de Janeiro: Laemmert, 1857, p. 36).

Em contraste, não há referências a colonos estrangeiros que trabalhassem como jornaleiros, embora alguns possivelmente fossem pequenos produtores rurais que trabalhavam sem escravos.

17. Ribeiro Lamego, op. cit., p. 114.

18. Os dados sobre a população em 1840 estão reproduzidos em "Relatório do presidente da província do Rio de Janeiro [...] Paulino José Soares de Souza [...] anno de 1840 a 1841", e são citados por Conrad (op. cit., p. 61).

Quanto às importações de escravos, os números britânicos, tradicionalmente aceitos como os mais corretos, mesmo pelo governo brasileiro, mostram que 322.328 escravos africanos entraram no Brasil entre 1842 e 1850. Caso se excluam os 59.963 que aportaram na Bahia — a única outra grande área de importação depois do Rio de Janeiro — e algumas dezenas de milhares que aportaram em Pernambuco, Maranhão e outras localidades, talvez mais de 200 mil escravos tinham sido conduzidos ao Rio de Janeiro e suas cercanias para serem redistribuídos para as diferentes províncias. Assim, em 1847, cerca de 21 mil escravos aportaram em Macaé, Campos e Cabo Frio, 19 mil no porto do Rio de Janeiro e no litoral ao norte de Cabo Frio, e 6 mil na Ilha Grande e diferentes localidades ao sul do Rio de Janeiro. Ver "Acting Consul Westwood to Viscount Palmerston, Rio de Janeiro, Feb. 17, 1848" (*PP 1849*, v. 55, p. 144) e tabela 3 do capítulo 1.

Para importações de escravos para o Brasil entre 1842 e 1851, ver "Return [...] of the Number of Slaves [...] Embarked in the Coast of Africa [...] Landed in Cuba and Brazil" (*PP 1852*, v. 55, p. 10), datado no Foreign Office (Ministério de Relações Exteriores britânico) de 23 de março de 1852. Em comparação, o mesmo relatório indica que 43.499 escravos aportaram em Cuba entre 1842 e 1851.

19. Os dados citados no texto foram tirados de "Report by H. M. Secretary of Legation Mr. Baillie, Rio de Janeiro, Jan. 1861" (*PP 1861*, v. 63, p. 458). Esses totais têm por base um levantamento incompleto da população em 1850, e foram completados com estimativas para os municípios faltan-

tes, parte das quais estão reproduzidas no já citado *Relatório do vice-presidente da província do Rio de Janeiro em 1857* (op. cit., pp. 151-4).

Os dados disponíveis sobre a população da província do Rio de Janeiro e a Corte contradizem claramente a afirmação de Simonsen, segundo o qual "a província do Rio de Janeiro, incluindo a Corte, deveria ter, por ocasião da Independência, cerca de 500 mil habitantes, [e] por volta de 1850 já deveria atingir 1 milhão". Isso levou o mesmo autor a afirmar, pelo visto equivocadamente, que, depois dessa data, a população da área não cresceu de forma significativa até a Abolição. Ver Roberto C. Simonsen, *Evolução industrial do Brasil e outros estudos* (São Paulo: CEN-USP, 1973, p. 218).

Já foi visto na nota 8 que, na época da Independência, a população da província e da Corte era de aproximadamente 333 mil habitantes. A população da Corte por volta de 1856 foi estimada em 1870 pela Comissão do Censo da Corte, após correções, em 188.158 pessoas. Mesmo considerando-se um total de 200 mil habitantes para a Corte e 600 mil para a província no início da década de 1850, ainda assim teria havido um aumento da ordem de 36,8% em 1872, quando Corte e província somavam, juntas, 1.094.576 habitantes, segundo o censo demográfico daquele ano. No entanto, é possível que os números disponíveis no início da década de 1850 sejam enganosos. Após 1872, a população da província cresceu de forma lenta, mas a da Corte aumentou 90% daquela data até 1890. Sobre a evolução da população da cidade do Rio de Janeiro e da Corte do século XVIII a 1890, ver "A população do Rio de Janeiro", em *Recenseamento geral* (op. cit., pp. IX-XII).

20. Para dados abundantes sobre os preços de escravos na cidade do Rio de Janeiro de 1835 a 1887, ver Pedro Carvalho de Mello, *The Economics of Labor in Brazilian Coffee Plantations, 1850-1888* (Chicago: Universidade de Chicago, jan. 1977, especialmente a tabela 16. Tese de doutorado não publicada).

Segundo os números apresentados pelo autor, os preços nominais médios subiram de 320 mil-réis em 1850 para 811 mil-réis em 1855, e só desceram abaixo desse nível em 1866, durante a Guerra do Paraguai. Os "preços reais" (deflacionados) mostravam um aumento de 88% em 1855. Os preços médios de exportação de café por saca em 1849-51 alcançaram uma média de 14.419 réis (cerca de 1,63 libra esterlina), e em 1854-6 a média foi de 16.016 réis (cerca de 1,84 libra esterlina), indicando que o custo da mão de obra por unidade de produto da cafeicultura aumentou consideravelmente nesse curto período.

Os relatórios consulares britânicos fornecem informações interessantes de testemunhas da época sobre a evolução dos preços quando da supressão do tráfico de escravos africanos. Em agosto de 1848, afirmava-se que "o preço atual de um africano do sexo masculino recém-importado é de cerca de quinhentos mil-réis" (ver "Mr. Hudson to Viscount Palmerston, Rio de Janeiro, Aug. 5, 1848", *PP 1849*, v. 55, p. 33).

> No início de 1850, um escravo adulto saudável e bem formado do sexo masculino era vendido mediante pagamento à vista em dinheiro por cerca de 44 libras esterlinas (cerca de quatrocentos mil-réis). O preço subiu gradualmente e, ao final desse ano, por um escravo semelhante, [podia-se] pedir cem libras esterlinas à vista; enquanto por um lote onde houvesse pessoas dos dois sexos e idades diversas o preço ia de 87 a 95 libras esterlinas por cabeça; e, se não fosse pago à vista [...] o prêmio [juro] era de 1% a 2% ao mês. [Ver "Consul Hesketh to Viscount Palmerston, Rio de Janeiro, Feb. 8, 1851", *PP 1852-53*, v. 39, p. 158.]

No início de 1854, o cônsul britânico observou que os levantamentos sobre preços de escravos estavam agora sujeitos a uma margem muito ampla, enquanto anteriormente, quando ainda havia o tráfico de escravos, "o critério geral para fixar o valor dos escravos era o preço pago por um 'boçal', ou [seja] um escravo africano não ensinado". Nessa época, não era incomum escravos que dominassem um ofício ("mecânicos") serem vendidos por dois contos de réis, ou 233 libras esterlinas (ver "Consul Westwood to the Earl of Clarendon, Rio de Janeiro, Jan. 20, 1854", *PP 1854*, v. 73, Correspondence Class B, p. 277).

No início de 1855, antes da epidemia da cólera que, mais tarde no mesmo ano, interromperia temporariamente as transações, o cônsul relata os seguintes intervalos de preços para escravos em boa condição física:

Escravos agrícolas: de um conto de réis a 1.200 mil-réis.
Escravos domésticos: de um conto de réis a 1.500 mil-réis.
Escravas agrícolas: de oitocentos mil-réis a um conto de réis.
Escravas domésticas: de um conto de réis a 1.400 mil-réis.

Em 1855, a companhia encarregada da construção de uma estrada para Mangaratiba comprou cem escravos por um total de 100.915 mil-réis. Alguns deles chegavam a custar 1.350 mil-réis e 1.520 mil-réis. Esses números são comunicados no anexo de "Estrada de Mangaratiba", em *Relatório do vice-presidente da província do Rio de Janeiro em 1857*, citado na nota 16, pp. 6-8.

21. Stein, *Vassouras*, op. cit., pp. 29, 46 e 246. Segundo dados de inventários do município de Vassouras, da década de 1850 à de 1880 os escravos representavam cerca de 50% do total dos ativos das grandes fazendas orientadas para a exportação, atingindo um pico histórico de 73% em 1857-8 (ver pp. 225-6). O uso de escravos como garantia de empréstimos é discutido na p. 213.

22. Os números se referiam às propriedades do sr. Clementi [sic] Pinto, um dos mais importantes grandes fazendeiros da província do Rio de Janeiro, visitadas por um funcionário público que coletou os dados dos livros de contabilidade da fazenda. Esses dados foram reproduzidos no relatório do presidente da província, datado de maio de 1852. Ver "Minutes of Evidence Taken Before the Select Committee on Slave Trade Treaties" (*PP 1852-3*, v. 39, p. 38).

Por volta de 1860, outro observador estrangeiro constatou que uma fazenda de café bem administrada, com trabalhadores escravos, dava um lucro líquido médio de 9% aos preços de café vigentes. Esse lucro, porém, estava sujeito a oscilações e ao grande risco advindo do fato de que grande parte do capital das fazendas de café era constituída por seus escravos. Na época, os bancos pagavam juros anuais de até 8% ou 9% sobre depósitos, enquanto os juros sobre empréstimos iam de 10% a 22% ao ano, algumas vezes chegando a alcançar de 2% a 3% ao mês. Ver Tschudi, op. cit., p. 51.

23. *Relatório do vice-presidente da província do Rio de Janeiro em 1857* (op. cit., p. 37). Para o presente estudo, computou-se a seguinte tabela a partir dos dados contidos nas pp. 37-41 do relatório:

NOME DA COLÔNIA	ANO DE FUNDAÇÃO	NACIONALIDADE PREDOMINANTE	TOTAL DE COLONOS	LOCALIZAÇÃO
Valão dos Veados	1847	Portuguesa	342	São Fidélis
Independência	1852	Alemã	173	
Santa Justa	1852	Alemã	141	Vale do Paraíba

Santa Rosa	1852	108 alemães, além de 20 brasileiros	128	
Das Coroas	1852		144	Vale do Paraíba (São João Príncipe)
Passa Três	1855	Portuguesa (da Ilha da Madeira)	228	
Santa Rita São Martinho Laranjeiras Macaco Boavista Boasorte		Portuguesa	900	Cantagalo (Barão de Nova Friburgo)
União		Portuguesa	60	Cantagalo
Santa Fé		Portuguesa	60	Paróquia do Carmo

Além dessas, havia pelo menos mais três colônias em Cantagalo, uma em Sumidouro e outra em Itaguaí, esta última possivelmente dedicada ao cultivo da cana-de-açúcar.

24. Segundo um autor que escreveu por volta de 1870, restavam na província, na época: as colônias de Valão dos Veados, com 540 colonos; Independência, com 318; Santa Justa, com 123; e Santa Rosa, com 142. Por outro lado, nas colônias sob a direção de Jacob van Erven (administrador das fazendas do visconde de Nova Friburgo), havia cerca de 2.354 colonos. Muitos destes eram descritos como brasileiros. Como no caso de São Paulo, as colônias restantes eram possivelmente aquelas que dispensavam aos imigrantes estrangeiros um tratamento mais justo, e que algumas vezes haviam reunido membros de outras colônias. Para os dados reproduzidos acima, ver Michael G. Mulhall, *Rio Grande do Sul and Its German Colonies* (Londres: Longmans, Green & Co., 1873 [1871], p. 201).

Stein, em *Vassouras* (op. cit., p. 61), cita o relatório de 1853 do vice-presidente da província, segundo o qual, no município de Valença, os colonos de parceria, em decorrência de um patriarcalismo excessivo dos fazendeiros, insubordinaram-se e ameaçaram a tranquilidade pública.

25. Tamanha mudança na atitude dos grandes fazendeiros é discutida por Emilia Viotti da Costa, *Da senzala à colônia* (São Paulo: Difusão Europeia do Livro, 1966, pp. 117-21). A autora apresenta evidências da época quanto à posição dos grandes fazendeiros.

26. Os dados foram tirados do "Relatório do presidente da província Antônio Nicolau Tolentino, 2 de maio 1856", e são citados por Taunay, *História do café no Brasil* (op. cit., v. 3, t. 1, p. 43, e tabela *hors-texte*).

27. Rendimentos agrícolas, em determinados municípios da província do Rio de Janeiro, por volta de 1856 (em alqueires de 36,27 litros por hectare):

MUNICÍPIOS	FEIJÃO	ARROZ	FARINHA DE MANDIOCA	MILHO
São João da Barra	20,7	41,3	247,9	18,6
Angra dos Reis	(95)	18,6	62	14,5
São João Marcos				20,7
São Fidélis		41,3	206,6	37,2
Mangaratiba	18,6	—	62	16,5
Magé	31,0	(124)	165,3	(62,0)
Paraíba do Sul	16,5	6,2	—	41,3
Resende	12,4	31,0	31,0	12,4
Rio Claro	6,2	41,3	—	20,7
Valença	20,7	—	41,3	31,0
Vassouras	14,5	—	161,2	31,0
Média	17,7	30,0	122,2	24,4

Observação: Os dados entre parênteses foram excluídos do cômputo das médias devido a seus valores extremos, ou em virtude de outras informações sobre os respectivos municípios. A fonte é a mesma da nota 26 acima.

28. Ver Tschudi, op. cit., p. 55. Segundo o autor, os gastos anuais com vestuário por escravo variavam de dezesseis a 22 mil-réis. Máquinas de costura fabricadas nos Estados Unidos haviam sido introduzidas com "surpreendente rapidez" no interior do país, onde eram usadas para fabricar roupas para os escravos.

29. Sobre a estagnação ou decadência dos gêneros alimentícios e do açúcar, e sobre a progressão do cultivo do café, ver *Relatório do vice-presidente da província do Rio de Janeiro em 1857* (op. cit., p. 54). O relatório menciona as consequentes importações de produtos alimentícios e o alto custo dos gêneros alimentícios básicos, que, no passado, a província do Rio de Janeiro costumava vender para outras províncias.

Sobre a redução do número de estabelecimentos menores que produziam gêneros alimentícios, e sobre o crescente desinteresse dos fazendeiros de café pelo plantio de gêneros alimentícios em suas propriedades, ver Tschudi (op. cit., pp. 48-9).

Sobre o custo de vida crescente na cidade do Rio de Janeiro e seu efeito sobre os salários reais dos trabalhadores, ver Eulália Lahmeyer Lobo, "Evolution des prix et du coût de la vie à Rio de Janeiro, 1820-1930" (op. cit., pp. 208-12).

Por fim, conforme notado por um arguto observador estrangeiro, em decorrência da grande demanda por produtos alimentícios nas áreas de cafeicultura, a produção de gêneros alimentícios de amplo consumo, em especial de farinha de mandioca e feijão, progredia rapidamente em Santa Catarina e no Rio Grande do Sul, conforme se mostra nos capítulos respectivos, mais adiante. Ver o já citado "Report Mr. Baillie, Jan. 1861" (*PP 1861*, v. 63, pp. 764-5).

30. *Relatório do vice-presidente da província do Rio de Janeiro em 1857*, op. cit., p. 57.

31. Com relação ao número de engenhos em Campos em 1852, e sobre o desenvolvimento

agrícola do Império, ver Alice P. Canabrava, "A grande lavoura", em *História geral da civilização brasileira* (São Paulo: Difusão Europeia do Livro, 1974, t. 2, v. 4, capítulo 5, p. 105). Segundo Lamego Filho (op. cit., p. 174), havia em 1820 cerca de quatrocentos engenhos na região de Campos. A modernização do setor pode ter sido acompanhada por um declínio do número de engenhos. Quanto à produção da área, o *Relatório* de 1857 (op. cit., p. 68) refere-se a cerca de 1,4 milhão de arrobas de açúcar embarcadas da região de Campos por São João da Barra para a cidade do Rio de Janeiro. Uma grande fração da produção açucareira da província era consumida na capital do Império ou vendida ao longo da costa. Assim, as exportações anuais de açúcar para portos estrangeiros pelo porto do Rio de Janeiro de 1854-5 a 1856-7 alcançaram, em média, cerca de apenas 325 mil arrobas (dados sobre exportações tirados de *Relatório do Ministério da Fazenda*, Rio de Janeiro, 1860, tabela 58).

Com relação à província como um todo, um observador da época apresentou as seguintes informações em meados da década de 1860:

> As exportações de açúcar para países estrangeiros não cresceram durante os últimos quinze anos, mas as vendas para outras províncias e o consumo interno aumentaram muito. A produção não acompanhou o ritmo de aumento de alguns outros artigos, uma vez que o cultivo de cana-de-açúcar foi comparativamente negligenciado em prol do cultivo de café. A produção anual de açúcar [foi] estimada em cerca de 21.424 toneladas [cerca de 1.458.500 arrobas], que valiam, em 1862, aproximadamente 430 mil libras esterlinas. [Ver Scully, op. cit., p. 329.]

Uma lista detalhada de engenhos de açúcar e aguardente de cana na província, baseada no *Relatório do Império de 1852*, é apresentada em Sebastião Ferreira Soares, em *Notas estatísticas sobre a produção agrícola* (Rio de Janeiro: Typ. Imp. e Const. de J. Villeneuve e Comp., 1860). Essa lista indica 58 engenhos na Corte e 736 na província do Rio de Janeiro. Desses últimos, 431 eram mencionados como estando localizados em Campos (número que não coincide com o total de Alice P. Canabrava).

32. M. A. D'Assier, "Le Brésil et la société brésilienne, moeurs et paysages", 1: "Le Rancho" (*Revue des Deux Mondes*, pp. 566-8, maio/jun. 1863).

33. Discurso do sr. Silveira da Motta, em *Annaes do Senado do Império do Brasil*, já citado na nota 41 do capítulo 2. Esse número é sustentado por dados anuais relatados por diplomatas britânicos no Brasil e por um grande estatístico brasileiro, Sebastião Ferreira Soares, em *Elementos de estatística* (Rio de Janeiro: Typ. Nacional, 1865, t. 1, p. 228). Esse autor era responsável pela estatística comercial do Império.

34. Segundo o cônsul britânico, o número de passageiros que chegaram à cidade do Rio de Janeiro entre 1850 e 1859 vindos de Portugal foi o seguinte:

1850	4.298	1853	8.329	1856	10.397	1859	7.503
1851	6.453	1854	7.215	1857	8.449		
1852	4.731	1855	9.844	1858	7.124	Total	74.343

Ver "Consul Westwood to Mr. Christie, Rio, Mar. 11, 1860" (*PP 1861*, v. 64, Correspondence Class B, p. 48).

Embora uma determinada proporção desses imigrantes tenha se dirigido a outras províncias, muitos permaneceram na cidade, de modo que o ministro da Grã-Bretanha comentou sobre o "inevitável aumento da oferta de mão de obra [na cidade do Rio de Janeiro] devido à imigração" (ver "Mr. Christie to Lord Russell, Rio, Aug. 5, 1860", *PP 1861*, v. 64, p. 45).

35. Ver, por exemplo, Ferreira Soares, *Elementos de estatística* (op. cit., t. 1, p. 226). Segundo J. M. Pereira da Silva, *Situation sociale, politique et économique de l'Empire du Brésil* (Paris; Rio de Janeiro: B. L. Garnier, 1865, p. 110), em um artigo escrito em 1858, "as cidades da costa [empregavam] brancos em ocupações que, oito anos antes, eram exclusivamente exercidas por escravos. Estes últimos desaparece[ram] das cidades e [foram] mandados para o campo para serem empregados na agricultura".

36. Ver Viotti da Costa, op. cit., pp. 62-4.

37. Na verdade, um aumento positivo significativo da população escrava entre as duas datas também pode ser observado em municípios produtores de açúcar, tais como Campos, e mesmo em outros municípios no litoral cujos produtos estavam supostamente estacionários ou em declínio. Além disso, alguns dos mais importantes municípios produtores de café da época foram omitidos da amostra, o que tenderia a tornar improvável o grande aumento de 33.508 escravos nos municípios listados. O aumento da população escrava de Capivari entre 1850 e 1856 é especialmente suspeito, e o de Cantagalo também parece muito elevado. Os aumentos de suas populações livres também parecem muito improváveis. Quanto à população livre total, um aumento de 32% em seis anos teria exigido uma migração muito intensiva para esses municípios, o que não é sustentado pelas informações da época. Os dados para 1850 parecem mais coerentes com os da população escrava matriculada em 1873 em diversos municípios da tabela.

O objetivo dessas qualificações não é negar o fato de que os municípios cafeeiros estavam concentrando um número crescente de escravos, mas lançar dúvidas quanto à magnitude dos movimentos supostamente ocorridos. Sobre a evolução das exportações de café da província na década de 1850, ver tabela 2.

38. Ver Tschudi, op. cit., pp. 39 e 46. Ele apresenta os seguintes dados sobre uma fazenda de café da província:

ANOS	NÚMERO APROXIMADO DE PÉS DE CAFÉ	PRODUÇÃO MÉDIA EM ARROBAS	TRABALHADORES ESCRAVOS	PÉS DE CAFÉ POR TRABALHADOR	PRODUÇÃO MÉDIA POR TRABALHADOR (EM ARROBAS)	PRODUÇÃO MÉDIA EM ARROBAS (POR MIL PÉS)
1847-50	72.000	4.603	34	3.934	135	63,9
1851-4	123.750	6.908	38	3.790	182	55,8
1855-60	125.200	6.172	45	3.811	137	49,3

Os escravos listados na tabela incluem apenas trabalhadores no campo e condutores de carroça. Segundo os dados, a produção média por pé de café nos três períodos foi de respectivamente 939, 820 e 724 gramas.

39. Ibid., pp. 43 e 57.

40. Em seu "Report on the Trade [...] of Rio de Janeiro [...] 1872" (*PP 1874*, v. 66, parte 1, p.

38), o cônsul britânico Lennon Hunt menciona uma jornada de trabalho de dezesseis a dezoito horas. C. F. van Delden Laerne, em *Brazil and Java* (Londres: W. H. Allen & Co., 1885, p. 368), referindo-se ao início da década de 1880, fala de quatorze a dezoito horas por dia se necessário.

41. Elisée Reclus, em "Le Brésil et la colonisation" (*Revue des Deux Mondes*, v. 2, jul./ago. 1862, p. 386), menciona os "lotes próprios" dos escravos. Charles Pradez, em *Nouvelles études sur le Brésil* (Paris: Ernest Thorin, 1872), refere-se a escravos em grandes plantações "cada qual com sua própria roça" por volta de 1868. (Essa prática deu origem ao conceito de "brecha camponesa" discutido no posfácio.)

Ver também Stein, *Vassouras* (op. cit., p. 170), sobre as roças dos escravos, e D'Assier (op. cit., p. 568).

42. "O governo chegou à determinação de que nenhum escravo, seja ele propriedade do governo ou arrendado de indivíduos particulares, será daqui em diante empregado em qualquer estabelecimento ou obra do governo [...] Entendo que existem hoje cerca de 20 mil escravos empregados nas diferentes obras públicas" no país (ver "Mr. Thornton to Earl of Clarendon, Feb. 1, 1866", *PP 1867*, v. 73, p. 44). Os "escravos da nação", porém, continuaram a existir até 1871.

43. Estes eram africanos apreendidos em "desembarques ilegais" e que, por uma lei de 1831, foram automaticamente libertados. No entanto, o governo foi declarado seu "tutor" durante um determinado número de anos, e eles de fato permaneceram em um estado de servidão, pois seus rendimentos constituíam parte da receita do governo. Atritos com relação a essa questão, entre outros motivos, ocasionaram um rompimento temporário de relações diplomáticas com a Grã-Bretanha em 1863.

44. Para uma discussão detalhada dos problemas de mão de obra advindos das obras públicas nas províncias cafeeiras, ver Viotti da Costa (op. cit., pp. 170-5). Segundo a autora, a inauguração das ferrovias levou a um declínio significativo dos custos de transporte terrestre.

Sobre o problema específico dos grandes fazendeiros de Vassouras, ver Stein, *Vassouras* (op. cit., pp. 47 e 75). Citando o *Relatório do presidente da província do Rio de Janeiro* (1860, p. 70), ele afirma que "uns bons 20% da força de trabalho masculina efetiva das fazendas [...] eram retirados do trabalho nos campos e transferidos para o trabalho como tropeiros de mulas" (ver p. 91).

45. "Report [...] Trade of Rio de Janeiro [...] 1869 [...] Consul Lennon Hunt" (*PP 1870*, v. 64, p. 237).

46. Em um já citado relatório de 1861, um diplomata britânico observou que um imposto geral sobre terras, que poderia obrigar grandes proprietários a disponibilizarem suas terras não utilizadas para cultivo por terceiros, "embora defendido tanto nas Câmaras como na imprensa", tinha pouca probabilidade de ser adotado, uma vez que "a influência dos grandes fazendeiros [havia] até então prevalecido" (ver "Report Mr. Baillie", *PP 1861*, v. 63, pp. 478-9).

Um exemplo do emprego de imigrantes estrangeiros em atividades não agrícolas é o do estabelecimento particular de Ponta de Areia, em Niterói (pertencente a Irineu Evangelista de Sousa, barão de Mauá), que incluía fundições e um estaleiro de construção naval. Por volta de 1857, esse estabelecimento empregava um total de 667 trabalhadores, sendo 298 estrangeiros, 207 brasileiros livres e 162 escravos. Uma fundição comparativamente grande, em Campos, criada por um cidadão britânico (A. Davidson), empregava vinte escravos e 26 trabalhadores livres, dos quais quatorze eram estrangeiros. Outros exemplos podem ser encontrados no já citado *Relatório do vice-presidente da província do Rio de Janeiro em 1857*, especialmente às pp. 55-68.

47. Os dados sobre ocupação dos escravos em 1872 constam do censo de 1872. Quanto aos dados da matrícula, estes são reproduzidos, com pequenas diferenças, em diversas publicações oficiais e não oficiais do período. Os dados sobre a população escrava por município foram tirados de Van Delden Laerne (op. cit., p. 120) e somam 301.352 escravos.

Os dados sobre ocupações, ainda segundo a matrícula dos escravos, foram reproduzidos em "Report [...] Trade [...] of Rio de Janeiro [...] 1873 [...] Consul Lennon Hunt" (*PP 1875*, v. 75, parte 2, p. 321). Esses dados mostram um total de 304.744 escravos classificados segundo estado civil, idade, ocupação e local de residência. A distribuição etária dos escravos da província era supostamente a seguinte:

FAIXA ETÁRIA	Até 1 ano	1-7	7-14	14-21	21-40	40-50	50-60	Acima de 60
POPULAÇÃO	3.929	40.172	42.228	41.848	90.319	56.100	22.859	7.289

Os escravos com até um ano de idade foram provavelmente subestimados, e muitos foram incluídos na faixa etária seguinte, de modo a evitar efeitos favoráveis da Lei do Ventre Livre sobre seu status.

Os dados mostram que os escravos em pleno vigor da idade, de quatorze a quarenta anos, somavam 132.167 (ou 43,4% do total), enquanto os escravos com mais de quarenta anos somavam 86.248 (ou 28,3% do total), e aqueles com menos de quatorze anos respondiam pelo restante. Com relação ao estado civil dos escravos listados acima, 272.126 eram classificados como solteiros, 26.420 como casados e 6.198 como viúvos.

48. O número médio de sacas por escravo foi calculado por Van Delden Laerne (op. cit., pp. 336 e 352). As exportações médias da província entre 1868-9 e 1871-2 alcançaram 7.588 mil arrobas (ver tabela 2). Transformadas em quilos e em sacas, estas correspondem a um total de 1.857.669 sacas de sessenta quilos, que, divididas respectivamente por 17,8 e 26,5 sacas, totalizam 104.363 e 70.100 escravos.

Esses cálculos não levam em consideração o consumo interno, que Van Delden Laerne avaliou no início da década de 1880 em "significativamente mais de 10,5 quilos por cabeça" (p. 353), e Tschudi estimou em vinte libras ou nove quilos por cabeça por volta de 1860 (op. cit., p. 47). Caso esses dados estivessem aproximadamente corretos, outros 8.196.040 quilos (ou 136.600 sacas) teriam de ser somados às exportações totais, supondo, para simplificar, dez quilos por cabeça. Estes exigiriam, portanto, de 5.155 a 7.674 escravos para sua produção. (Porém, tendo em vista dados para outros países e para o Brasil em períodos posteriores, ambos os dados de consumo por habitante parecem muito exagerados.)

No entanto, pode-se supor, como faz Tschudi, que parte do café era produzida por trabalho livre em pequenos estabelecimentos independentes, e é preciso lembrar que uma pequena parte do café da província era produzida por colonos estrangeiros. Como esses cálculos são geralmente arbitrários, decidiu-se desconsiderar o consumo local no cálculo estimado do "emprego de escravos" na cafeicultura.

49. Ver nota 47, acima.

50. Ver "Report [...] Trade of Rio de Janeiro [...] 1872 [...] Consul Lennon Hunt" (*PP 1874*, v. 66, parte 1, p. 37).

51. A tabela 2 foi computada a partir de três fontes diferentes que, por sua vez, estão supostamente baseadas em números oficiais.

As exportações da província do Rio de Janeiro de 1849-50 a 1871-2 foram tiradas de Taunay, *História do café no Brasil* (op. cit., v. 3, t. 1, pp. 33 e 62). São dados sobre exportações para anos fiscais, de julho a junho, reproduzidos em relatórios oficiais da província, em arrobas transformadas em quilos, sendo uma arroba equivalente a 14,689 quilos.

Uma série sobreposta de 1870 a 1890, supostamente relacionada a anos-calendário, consta do *Relatório apresentado ao sr. vice-presidente do estado do Rio de Janeiro pelo secretário de Finanças, 31 de julho de 1893* (Mapa demonstrativo da exportação de café, n. 11). Esses dados são reproduzidos em Carvalho de Mello, *The Economics of Labor*, op. cit., e foram usados na forma de médias por Ribeiro Lamego, *O homem e a serra*, op. cit., para construir um gráfico da evolução das exportações de café da província do Rio de Janeiro, expresso em sacas. Como a mudança de anos fiscais para anos-calendário ocorreu somente após 1887, é de duvidar que essa série inteira se refira a anos-calendário. De fato, seus totais para 1871 e 1872 correspondem aos números de Taunay para 1870-1 e 1871-2.

Não está claro em que ponto os dados foram ajustados para anos-calendário, mas isso provavelmente ocorreu por volta de 1887, quando a maioria das séries mostra um número para 1886-7 e outro para o segundo semestre de 1887, e, daí em diante, números anuais para os anos-calendário 1888, 1889 etc. O número relativo a 1887 parece suspeito para um ano completo, possivelmente sendo relativo a um semestre.

O número de 1889 dessa segunda série coincide com outra série apresentada por Taunay, *História do café no Brasil* (op. cit., v. 10, t. 2, p. 312), por sua vez tirada de Sylvio Ferreira Rangel, "O café no estado do Rio" (*O Jornal*, 2ª ed., 15 out. 1927), de quem usaram-se os números de 1891 a 1900.

Apesar das imprecisões assinaladas, pode-se supor que a tabela 2 fornece uma ideia tão aproximada quanto possível da tendência das exportações físicas de café da província (depois estado) do Rio de Janeiro durante a segunda metade do século XIX.

52. Congresso Agrícola, Coleção de Documentos (Rio de Janeiro, 1878).

53. Henrique de Beaurepaire-Rohan, *O futuro da grande lavoura e a grande propriedade no Brasil* (Rio de Janeiro: Typ. Nacional, 1878, p. 243), citado por Stein, *Vassouras* (op. cit., p. 61), e por Viotti da Costa (op. cit., pp. 130-1).

54. Citado em *The Times* (Londres, p. 4, coluna D, 13 dez. 1887).

55. André Rebouças, *Agricultura nacional. Estudos econômicos. Propaganda abolicionista e democrática* (Rio de Janeiro: A. J. Lamoureaux & Co., 1883, pp. 380-3), também citado por Viotti da Costa (op. cit., p. 129).

56. Ver "Report [...] Trade of Rio de Janeiro [...] 1875 [...] Acting Consul Austin" (*PP 1876*, v. 75, p. 762).

57. Em sua já citada tese, *The Economics of Labor*, op. cit., Carvalho de Mello faz comparações interessantes da taxa de retorno de escravos arrendados com as taxas de retorno de investimentos em títulos e ações. De forma a provar a racionalidade do grande fazendeiro em sua insistência no trabalho escravo e ao comprar escravos após 1872, questão que foge ao escopo do presente estudo, pareceria que a comparação apropriada deveria ser entre a taxa de retorno das propriedades dedicadas à cafeicultura usando exclusivamente mão de obra escrava e aquelas que operavam apenas com trabalhadores livres. Uma amostra destas últimas não está disponível para comparação, uma vez que mesmo os fazendeiros que tinham colônias de estrangeiros dentro de suas terras não abandonavam o uso de escravos no cultivo de partes das suas propriedades.

58. Ver Stein, *Vassouras*, op. cit., p. 79. Esses números estão baseados em testamentos e inventários, e não em números totais para a população do município como um todo.

59. Ver "Report by Mr. O'Connor on the Status of Slaves and Emancipation in Brazil", em "Reports from H.B.M.'s Representatives Abroad as to the Law and Practice of Foreign Countries with Respect to Fugitive Slaves" (*PP 1876*, v. 28, p. 96).

A substituição de escravos por trabalhadores livres na cidade do Rio de Janeiro era crescente em diversas atividades, mas ainda se empregavam escravos até mesmo como condutores de veículos públicos. Assim, segundo o chefe de polícia, dos 3.397 condutores da cidade, 237 eram escravos.

Quanto ao emprego de escravos na marinha mercante, o ministro da Marinha estimou em seu relatório de 1875 que havia 41.241 marinheiros livres no Império, e 3.642 escravos, estes últimos representando 8,1% do total, contra 31.341 marinheiros livres e 13.875 escravos (30,7% do total) em 1861, conforme relatório da Marinha citado em "Mr. Christie to Lord Russell, Rio, June 12, 1861" (*PP 1862*, v. 61, p. 52).

Em 1873 houve casos de vendas excepcionalmente grandes de escravos até mesmo por pequenos negociantes, quando um deles chegou a vender o equivalente a 30 mil libras esterlinas em escravos "para emprego em grandes fazendas de café". Ver "Report [...] Trade of Rio de Janeiro [...] 1873 [...] Consul Lennon Hunt" (*PP 1875*, v. 75, parte 2, p. 305).

60. Em setembro de 1876, observou-se que "os estabelecimentos açucareiros das províncias do Norte [Nordeste] mal renderam qualquer lucro a seus proprietários durante vários anos, e isso [...] levou muitos proprietários a comprarem terras para café mais ao sul para serem cultivadas por escravos [...] Durante os últimos quatro meses, a chegada média de escravos do Norte [Nordeste] ultrapassou o número de cem por semana" (ver "Mr. Mathew to the Earl of Derby, Rio, Sep. 4, 1876", *PP 1876*, v. 78, "Correspondence with British Representatives Abroad", p. 2). Embora alguns senhores tenham se mudado para as províncias cafeeiras com seus escravos, muitos permaneceram no Nordeste, mas foram forçados a vender parte de seus escravos (ver tabela 1 do capítulo 2).

Segundo Viotti da Costa (op. cit., p. 132), em março de 1879, 1.008 escravos do "Norte" chegaram ao Rio de Janeiro. A autora também relata que, segundo um documento oficial, 4.293 retirantes livres (fugidos da seca) também chegaram a esse porto.

61. Essa questão ultrapassa o âmbito do presente estudo. Para uma discussão do problema, ver Conrad (op. cit., p. 172).

62. A tabela abaixo mostra os movimentos aparentes da população escrava na província do Rio de Janeiro, de 1872 a 1886:

MUNICÍPIOS	CENSO DE 1872	MATRÍCULA DE 1872-3	DEZ. 1878	JUN. 1881	JUL. 1882	JUN. 1884	JUN. 1885	MATRÍCULA DE 1886-7
Principais municípios cafeeiros (11)	139.933	148.795	157.679	158.351	155.739	150.291	145.463	101.480
Leste do Paraíba[a]	45.306	47.834	61.771	65.946	65.820	62.497	60.775	44.434
Oeste do Paraíba[b]	94.627	100.961	95.908	92.405	89.919	87.799	84.688	57.056
Outros municípios	152.704	152.735	131.560	117.496	113.092	107.942	105.443	60.941
Total	292.637	301.170	289.239	275.847	268.831	258.238	250.906	162.421

[a] Cantagalo, Nova Friburgo, Santa Maria Madalena, São Fidélis, Sapucaia.

[b] Barra Mansa, Paraíba do Sul, Piraí, Resende, Valença, Vassouras.

Essa tabela tem por base subtotais adaptados de Carvalho de Mello, op. cit., dados do censo de 1872, dados da matrícula reproduzidos em Van Delden Laerne (op. cit., pp. 113 e 120-3), relativos aos totais "atualizados" da matrícula dos escravos, e a matrícula de 1886-7. Enquanto os números de 1872, 1872-3 e 1886 parecem mais confiáveis (uma vez que resultam, ao menos parcialmente, de levantamentos efetivos), os números intermediários foram computados a partir de entradas, saídas, mortes e emancipações registradas nos diversos municípios, que não eram adequadamente contabilizadas. Assim, o declínio de 1885 a 1886 parece demasiado abrupto. Convém lembrar aqui que o ministro do Império (ministro do Interior), em seu *Relatório* de 1883 (p. 9), alertava para a validade questionável das estatísticas sobre entradas e saídas.

No caso do Rio de Janeiro, porém, Carvalho de Mello, op. cit., apresenta outros dados relativos a impostos sobre transações com escravos que tendem a confirmar um número maior de transferências de escravos dentro da província, com uma tendência à sua concentração em novas áreas cafeeiras.

63. Para números sobre os engenhos centrais de açúcar e melhorias nos estabelecimentos rurais de Campos, ver "General Report on the Province of Rio de Janeiro [...] Consul Ricketts" (*PP 1887*, v. 82, n. 45A [daqui em diante, A = Annual Series, série anual], pp. 8-9). Para o número total de engenhos, ver Lamego Filho (op. cit., p. 62).

64. Havia algumas grandes plantações, particularmente em Cantagalo, onde colonos estrangeiros continuavam a ser empregados com base em contratos de parceria ou outros arranjos, mas seu número era relativamente pouco importante quando comparado a experimentos semelhantes em São Paulo. Taunay, em *História do café no Brasil* (op. cit., v. 8, t. 4, p. 119), descreve o sistema de trabalho na fazenda Santa Clara por volta de 1880. Ali, os colonos dedicavam-se ao trato dos cafezais já formados, com o direito de plantar outros produtos alimentícios entre os pés de café, e o sistema adotado aparentemente funcionava de forma satisfatória. (Ver o capítulo 4 sobre São Paulo para os tipos de arranjos entre os grandes fazendeiros e os colonos estrangeiros que estavam surgindo na época.)

Com relação à prevalência continuada do trabalho escravo na província, o cônsul-geral norte-americano relatou, em agosto de 1884, que "infelizmente, até o momento presente, grande parte do trabalho agrícola tem sido feito por escravos". Ele observou, no entanto, que "ao sul do Rio [...] estão começando a empregar braços livres, e estes em geral recebem [o equivalente a] 43 *cents* por dia (um mil réis), além de alimentação". (Com base em outros escritos do autor, parece que essas remunerações se aplicavam ao cultivo da cana-de-açúcar em São Paulo, e não ao Rio de Janeiro.) Ver "Report by Consul General Andrews, Aug. 4, 1884" (*US Doc 2301*, 48º Congresso, 2ª Sessão, 1884-5, House Executive Doc., v. 26, US Consular Reports, Ex. Doc. 54, parte 3, p. 219).

65. Para uma descrição do trabalho em turmas de vinte a 25 escravos, reunidos em grupos de cem a 125 escravos sob a ordem de um supervisor e de feitores de cada turma (que muitas vezes eram eles próprios escravos), ver Van Delden Laerne (op. cit., p. 293). Sobre adubagem, ver p. 297, e para uma descrição dos tipos de máquinas usados nas fazendas, ver pp. 310-21. Tanto mulheres quanto meninas escravas "semiadultas" podiam ser empregadas na cata (triagem) manual do café. Sobre as ferramentas usadas pelos escravos, ver p. 292.

Compare-se a referência ao uso exclusivo de trabalhadores livres na derrubada (p. 279) com a descrição de Pradez (op. cit., p. 254) de escravos executando esse trabalho no final da década de 1860. Deve-se notar que várias outras observações sobre o trabalho em grandes fazendas voltadas para a exportação feitas por Tschudi, op. cit., por volta de 1860 ainda eram aparentemente válidas para o início da década de 1880.

66. Essas médias foram computadas a partir de dados brutos apresentados em Van Delden Laerne (op. cit., pp. 328-9). Usaram-se apenas os estabelecimentos localizados na província do Rio de Janeiro, por oposição ao autor, que incluiu estabelecimentos de Minas Gerais em sua amostra de uma suposta "zona do Rio".

67. Esses números foram tirados das respostas a um questionário do presidente da província em 1856, já mencionado nas notas 26 e 27, e devem ser considerados com reserva.

68. Computados a partir de dados apresentados em Van Delden Laerne (op. cit., pp. 218-9).

69. Isso supondo que cerca de 120 mil escravos (ou de três quartos a quatro quintos dos escravos dos principais municípios cafeeiros) estivessem efetivamente empregados nas grandes fazendas de café em 1882 (ver nota 71), e supondo também uma média mais elevada de um trabalhador livre para cada quinze escravos, para levar em conta um certo número de estabelecimentos menores e a omissão de escravos na cafeicultura em outros municípios. A média de quatro quintos é proposta pelo cônsul Ricketts em seu já citado relatório de 1886 (p. 2), enquanto a de três quartos é aproximadamente a proporção de escravos dedicados à agricultura na província como um todo em 1882, segundo dados da matrícula.

70. Sobre as nove fazendas de Cantagalo pertencentes ao visconde de Nova Friburgo, para as quais Van Delden Laerne conseguiu obter dados muito detalhados, ver o seu já citado estudo *Brazil and Java* (op. cit., pp. 332-3).

71. Com relação ao "emprego total de escravos" no cultivo do café no início da década de 1880, sem considerar o consumo interno do produto, pode ser feito um exercício semelhante ao apresentado na nota 48 deste capítulo para o início da década de 1870, com base na produtividade agora mais baixa de 17,8 sacas por escravo verificada nas fazendas do Rio de Janeiro e as exportações anuais médias da província de 1879-80 a 1882-3. Segundo os dados da tabela 2, elas alcançavam, em média, cerca de 2.296.000 sacas, o que exigiria 129 mil escravos. Partindo das mesmas hipóteses, para produzir o máximo de 2.602.067 sacas em 1882-3, seriam necessários 146.184 escravos, mas, caso se leve novamente em conta o fato de que alguns milhares de trabalhadores livres já eram empregados no cultivo do café, a média sugerida no texto pode parecer mais razoável. (Ver a nota 62 acima para a população escrava na época, segundo dados da matrícula.)

72. Os dados sobre o início da década de 1860 são de Tschudi (op. cit., pp. 54-5). Os dados sobre vestuário referem-se a fazendas que se destacavam pelo bom tratamento dispensado aos escravos, de modo que as despesas de fazendas normais com esse item podem ter sido mais baixas. Para a década de 1880, ver Van Delden Laerne (op. cit., pp. 350-1 e 332-3). Os preços médios de exportação de café por saca nos dois períodos citados foram os seguintes:

	MIL-RÉIS		MIL-RÉIS
1858-9	18,3	1881-2	25,7
1859-60	23,9	1882-3	18,3
1860-1	24,3	1883-4	24,4
Média	22,2	Média	22,8

FONTE: Esses dados de preços foram tirados de IBGE, *Anuário estatístico do Brasil, 1939-40*, op. cit., p. 1378.

73. Louis Couty, citado por Stein, *Vassouras* (op. cit., p. 230). A abundância de escravos à venda foi observada no Congresso Agrícola de 1878. Sobre a visão pessimista do visconde de Nova Friburgo quanto ao futuro da cafeicultura na província e suas dúvidas quanto à viabilidade da imigração estrangeira para a área, ver Van Delden Laerne (op. cit., p. 339).

74. Ver Viotti da Costa, op. cit., p. 215; ver também Stein, *Vassouras*, op. cit., p. 243.

75. Sobre o número de escravos das áreas mais novas do leste do Paraíba, ver a nota 62 acima. Sobre o "Regulamento dos Negros", ver Conrad (op. cit., p. 234). Os impostos adotados em 1883 na cidade somavam 24 mil-réis (ou 2,8 libras esterlinas) por ano no caso de escravos arrendados. Exigia-se das casas de consignação de escravos o depósito de dois contos de réis (equivalentes a duzentas libras esterlinas) antes da concessão de uma licença. Ver "Mr. Corbett to Earl Granville, Petrópolis, Mar. 17, 1883" (*PP 1884*, v. 75, n. 1, Slave Trade, p. 1).

76. Sobre a imigração italiana, ver F. Mazzini, "Gl'interessi sociali ed economici nel distretto consolare di Rio de Janeiro" (*Bolletino dell'Emigrazione*, n. 13, p. 36, 1905 [daqui em diante, esse relatório será citado como Mazzini]). Sobre as declarações da Assembleia Legislativa da província, ver *The Times* (Londres, p. 4, coluna D, 13 dez. 1887).

77. "Mr. Gough to the Marquis of Salisbury, Rio, Dec. 22, 1887" (*PP 1889*, v. 72, p. 60).

78. Ver Conrad, op. cit., pp. 264-5. O autor se refere a um artigo de *O País*, de 15 out. 1887, e aos *Annaes do Parlamento Brasileiro. Câmara dos Senhores Deputados* (v. 2, 1888, pp. 400-1).

79. "Mr. Gough to the Marquis of Salisbury, Rio, May 7, 1888" (*PP 1889*, v. 72, Correspondence Relative to Slave Trade, p. 62).

80. "Mr. Gough to the Marquis of Salisbury, Rio, May 13, 1888" (*PP 1889*, v. 72, p. 62).

81. Sobre o abandono em massa das fazendas e os supostos "excessos" dos libertos, ver Clodomiro Vasconcellos, *História do estado do Rio de Janeiro* (São Paulo: Melhoramentos, 1928, p. 159). Sobre o bom comportamento dos libertos e sua relutância em voltar ao trabalho regular, ver "Report for the Years 1887-88 on the Finances, Commerce and Agriculture of the Empire of Brazil", compilado por Mr. Gough, em "Mr. Wyndham to the Marquis of Salisbury, Feb. 19, 1889" (*PP 1889*, v. 78, 504A, p. 40). O autor também reproduz as observações do ministro da Fazenda sobre a questão. Para a imigração italiana em 1888, ver F. Mazzini (op. cit., p. 36).

82. Ver "Report for the Years 1889-92 on the trade of Brazil", em "Mr. Greville to the Earl of Rosebery, Rio, Oct. 10, 1892" (*PP 1893-94*, v. 92, n. 1.136A, p. 14), e "Report on Brazil [...] 1890-93", elaborado por Mr. Harford, em "Mr. Wyndham to the Earl of Rosebery, Rio, Nov. 7, 1893" (*PP 1893-94*, v. 92, n. 1.321A, p. 42). Os dados sobre as exportações totais da província em 1892 foram tirados da tabela 2.

83. Ver "Report [...] Trade of Rio de Janeiro [...] 1898 [...] by Acting Consul Rhind" (*PP 1899*, v. 98, n. 2.284A, p. 5).

84. Sobre a crise do café de 1900-1, ver "Report [...] Trade of Rio de Janeiro [...] Year 1902 [...] Acting Consul-General Rhind" (*PP 1902*, v. 105, n. 2.724A, especialmente pp. 5-6 e 27-9). Segundo o autor, as dificuldades cada vez maiores dos fazendeiros eram agravadas pela enérgica resistência dos trabalhadores agrícolas à diminuição de seus salários.

85. Essa tendência já podia ser notada em 1896. Ver João Pedro da Veiga Filho, *Estudo econômico e financeiro sobre o estado de São Paulo* (São Paulo: Diário Oficial, 1896; Ensaio III: "A organização do trabalho agrícola", escrito em abril de 1896).

Segundo esse autor, em 1896 o estado do Rio de Janeiro estava "progredindo admiravelmente

[...] em especial devido a medidas do governo estadual que, em anos recentes, [havia] garantido importante capital à indústria de criação de gado e restaurado o crédito agrícola por meio da criação de bancos territoriais" (p. 65). No entanto, a imigração estrangeira esperada pelo autor não se materializou, e na verdade, após essa data, parece ter ocorrido uma saída líquida do estado, pelo menos no que diz respeito aos italianos.

86. Félix Ferreira, *O estado do Rio de Janeiro: Informações para o imigrante* (Niterói, RJ: [s.n.], 1893, pp. 41-3).

87. Veiga Filho, op. cit., pp. 64-5.

88. "Report [...] Trade of Rio de Janeiro [...] 1897 [...] Consul-General Wagstaff" (*PP 1898*, v. 94, n. 2.058A, p. 36).

89. Refletindo o estado de espírito dos senhores de engenho e sua incapacidade de resistir aos avanços do capitalismo industrial, o mesmo autor concluiu que "o número de chaminés decima-se pela concentração industrial [do setor] e a passagem do senhor de engenho a lavrador redunda em pobreza coletiva". Ver Lamego Filho (op. cit., p. 177). Em outro trecho, o autor afirmou com amargura que, após a Abolição, "com a crescente centralização do capital [...] o lavrador começa a escravizar-se ao usineiro" (ou seja, ao proprietário de usinas, ou engenhos centrais de açúcar). Ver Lamego Filho, op. cit., p. 62.

90. A divisão de grandes propriedades no município de São Fidélis foi relatada por volta de 1895 como um acontecimento altamente promissor. Só na freguesia de Timbó havia aparentemente mais de mil proprietários de terras que ocupavam lotes de um a trinta alqueires (4,84 a 145,2 hectares). Estes, porém, não excluíam a existência de um engenho central de açúcar e de engenhos menores. Caso a terra tenha sido de fato apropriada por pequenos proprietários, como parece ter acontecido, conflitos fundiários podem ter se tornado uma das causas da instabilidade política verificada no município nas décadas que sucederam à Abolição. Ver Ribeiro Lamego, op. cit., p. 209, e Veiga Filho, op. cit., pp. 64-5.

91. Os grandes engenhos centrais de açúcar criados antes da Abolição também sofreram com o fim da escravidão, e alguns, privados de seu fornecimento de cana-de-açúcar, foram forçados a suspender suas operações pelo menos temporariamente. Um jornalista observou que o engenho central de açúcar de Rio Negro, que havia moído 20.893 toneladas de cana ainda em 1888, estava totalmente inativo por volta de 1894-95. O engenho central de Quissamã, no município de Macaé, que tinha quatorze fazendas fornecedoras e era o maior do Brasil, também enfrentou dificuldades. Esse engenho havia moído 56.083 toneladas de cana-de-açúcar em 1887, mas o número caiu para 8.079 toneladas em 1888, 8.697 em 1889, 35.568 em 1890, 23.143 em 1891 e 43.815 em 1892; em meados da década de 1890, não havia recuperado seus níveis pré-Abolição (Veiga Filho, op. cit., pp. 64-5).

Tal evolução refletia a difícil situação de muitas das grandes fazendas que forneciam cana-de-açúcar aos engenhos centrais, e deixava claro que era muito menos arriscado para estes últimos controlar ao mesmo tempo as grandes plantações e os equipamentos de processamento. Foi isso que as usinas tentaram fazer, e sua tendência era incorporar numerosas fazendas em grandes latifúndios de forma a dispor de um fornecimento garantido de matéria-prima para seus modernos equipamentos de moagem. Ver também nota 89.

92. Ribeiro Lamego, op. cit., pp. 249 e 253. Segundo Taunay, em *História do café no Brasil* (op. cit., v. 8, t. 6, pp. 259-60), Joaquim José de Souza Breves colheu cerca de 205 mil arrobas de café em suas fazendas em 1860. Seu irmão colheu cerca de 100 mil arrobas no mesmo ano, e também deve

ter tido milhares de escravos. As fazendas do irmão estavam localizadas em São João Marcos, Passa Três, Piraí, Barra Mansa e São Vicente Ferrer (p. 266). Esses dados foram aparentemente relatados pelo renomado estatístico Sebastião Ferreira Soares, em seu *Histórico da Companhia Industrial da Estrada de Mangaratiba*.

Outros exemplos de decadência incluem a fazenda Santa Rita (próxima a Aparecida), que, no início da década de 1890, continha 1 milhão de pés de café, mas produzia apenas 20 mil arrobas; a fazenda Bela Joana, perto de Sumidouro, com uma produção ainda menor e mais ou menos o mesmo número de pés; e a fazenda do Córrego, em Sapucaia, cuja produção em 1888 foi de 32 mil arrobas, mas que produzia apenas 18 mil arrobas em meados da década de 1890 (Veiga Filho, op. cit., p. 64).

93. Segundo uma fonte, em 1860 o município havia exportado 521.500 arrobas de café, "produzidas por 10.780 escravos", e, na década de 1870, era "uma das áreas mais avançadas da província". Ver Ribeiro Lamego, op. cit., pp. 88-90. (O autor não especifica se o território do município passou por alterações no período estudado e até 1920.)

94. Ibid., pp. 102-3 e 130-1.

95. João Azevedo Carneiro Maia, *Notícias históricas e estatísticas do município de Resende* (Rio de Janeiro: Typ. da Gazeta de Notícias, 1891, pp. 253-4). O autor levantou dados sobre a população do município em 1842, antes da separação de Barra Mansa, que revelaram 8.663 escravos em uma população total de 18.447 habitantes.

96. Ribeiro Lamego, op. cit., pp. 123-4.

97. Confirmando a já citada afirmação do ministro da Fazenda em 1888, Stein sugere que, em Vassouras, as ex-escravas muitas vezes não retornaram ao trabalho em turmas, sobretudo aquelas que não estavam diretamente envolvidas com o trabalho nos campos antes da Abolição. Na época da safra, porém, elas podiam trabalhar por uma "remuneração fixa por trabalho específico". Com relação à intensidade do trabalho, embora ainda se esperasse que o trabalho assalariado em turmas durasse do nascer ao pôr do sol, sob a direção de um feitor, houve uma clara desaceleração do ritmo do trabalho, agora que os trabalhadores já não podiam ser forçados a exercer um esforço constante.

Na época da colheita, alguns trabalhadores "apareciam para trabalhar após o almoço e, depois de colherem o suficiente para suas necessidades, iam embora". Na maioria dos casos, os trabalhadores eram "colonos camaradas" residentes, e a remuneração diária, incluindo alimentação, era de 1.200 réis por dia, ou 1.800 réis sem alimentação. Ver Stein, *Vassouras*, op. cit., pp. 259, 261, 265-7 e 269-70.

98. As citações no texto são de Stein, *Vassouras* (op. cit., pp. 271-4). Sobre os diversos tipos de contratos de trabalho que prevaleciam no estado do Rio de Janeiro no início da década de 1900, ver Sylvio Ferreira Rangel, "O café", em *O Brasil, suas riquezas naturais, suas indústrias* (Rio de Janeiro: Centro Industrial do Brasil; M. Orosco & Cia., 1908, v. 2, pp. 42-6). O último autor se refere explicitamente à predominância de libertos nos arranjos de parceria na virada do século. No início dos anos 1900, as remunerações diárias do trabalho em turmas iam de oitocentos a 1.200 réis com alimentação, e de 1.600 a 2 mil réis sem alimentação. Para detalhes sobre colonos italianos em contratos de meação ou empreitada, ver F. Mazzini, op. cit.

99. Stein, *Vassouras*, op. cit., pp. 286-7.

100. Supõe-se que os dados dos censos nacionais referentes a 1890 e 1900 estejam aproximadamente corretos. Cabe observar que o aumento da população entre os dois recenseamentos de 1872 e

1890 também havia sido lento, alcançando cerca de 7% durante o período todo. Tal fato pode estar associado à emigração, mas deve ser parcialmente atribuído à grande participação de escravos na população total da província. As condições de vida e de reprodução dos escravos eram precárias, e provavelmente não mudaram muito até a véspera da Abolição, quando muitos deles ainda permaneciam na província. Também se deve observar que, em 1892, um recenseamento realizado pelo estado do Rio de Janeiro mostrou um total de 1.053.817 habitantes. Não foram encontradas indicações de como o recenseamento foi realizado nem de seu grau de confiabilidade com relação aos censos nacionais. Uma vez estabelecido isso, seria possível fazer outras interpretações quanto a uma emigração possivelmente mais pronunciada para fora do estado, ou sobre a incompletude dos números.

101. Um tratamento adequado da evolução da cafeicultura nas novas áreas do Rio de Janeiro escaparia ao período em estudo, e também ultrapassaria os objetivos do presente capítulo. Informações abundantes sobre o desenvolvimento de municípios individuais e sua produção em anos selecionados podem ser encontradas em Ribeiro Lamego, op. cit. Sobre a questão da nacionalidade dos novos habitantes do norte do estado, ver p. 231.

Sobre italianos em Itaperuna no início da década de 1900, ver Mazzini (op. cit., pp. 61-2). O total citado no texto se refere aos distritos de Varre-Sae, Natividade de Carangola e Bom Jesus de Itabapoana. Itaperuna, na época, exibia características de uma área de fronteira: "Havia reclamações contra a injustiça dos fazendeiros e a falta de segurança pública". Havia apenas três grandes fazendeiros de café italianos no município, e alguns proprietários de sítios. A maioria dos outros italianos trabalhava no cultivo do café, provavelmente sob o sistema da empreitada.

102. Em 1897-8, o número de imigrantes trazidos para o estado do Rio de Janeiro, às custas do governo, alcançou 4.657 (dos quais 4.574 eram italianos, e os outros espanhóis). A quantia por imigrante paga aos contratadores de imigrantes para o transporte desde a Itália era de 5 libras esterlinas e 12 shillings, e de cinco libras esterlinas desde a península Ibérica. Ver o já citado "Report [...] Trade of Rio de Janeiro [...] 1898 [...] Acting Consul-General Rhind" (*PP 1899*, v. 98, n. 2.284A, p. 26).

103. Ver Mazzini, op. cit., p. 37. Sobre as entradas totais no estado do Rio de Janeiro em 1892, ver "Report [...] Trade of [...] Rio Grande do Sul [...] 1892 [...] Consul W. R. Hearn" (*PP 1893-94*, v. 92, n. 1.263A, p. 31).

104. Esses são números do recenseamento estadual datado de 30 de agosto de 1892. Estão reproduzidos no já citado "Report [...] 1890-93 [...] Brazil", elaborado por Mr. Harford (*PP 1893-94*, v. 92, n. 1.321A, p. 55).

A taxa média de analfabetismo alcançava 78% da população total, sendo mais baixa na ex-colônia de Nova Friburgo, onde alcançava 62%. Em Petrópolis, 19,5% da população eram estrangeiros. Segundo Mazzini, op. cit., o número do recenseamento referente a italianos era 11.849.

105. O emprego de italianos como operários das fábricas do estado no início da década de 1900 não era desprezível. Na fábrica têxtil Cometa, em Alto da Serra, perto de Petrópolis, de propriedade de italianos, trabalhavam 780 homens, mulheres e crianças italianos. No outro estabelecimento da companhia, em Magé, estavam empregados cerca de outros cinquenta italianos. Na cidade de Petrópolis, uma fábrica de tecidos de seda fundada em 1892 empregava cerca de setenta trabalhadores, a maioria sendo originária de Como, na Itália, onde já tinham sido tecelões de seda. Os salários diários variavam entre seis e oito mil-réis para homens, de quatro a cinco mil-réis para mulheres e de dois a três mil-réis para crianças. Em Niterói, capital do estado, a fábrica de fósforos Fiat Lux, também administrada por italianos e fundada em 1895, empregava seiscentos trabalhadores, dos

quais cerca de cinquenta eram italianos. Em Macaé, italianos trabalhavam na fábrica têxtil local, e também em curtumes. Os italianos localizados no distrito de Mendes eram empregados em uma fábrica de baralhos. Outros estavam empregados na fábrica Serra do Mar, no município de Barra do Piraí. Por fim, em Campos, os italianos possuíam 48 estabelecimentos comerciais e industriais, dos quais 25 eram oficinas ou fábricas. Ver Mazzini (op. cit., pp. 44-50, 52, 58 e 63). A mesma fonte fornece informações adicionais sobre a localização de portugueses e italianos em atividades comerciais, artesanais etc.

106. Em 1893, uma publicação oficial do estado fazia referência a uma colônia italiana em Sumidouro, onde os colonos (em parceria) trabalhavam como meeiros, "ou seja, como sócios do proprietário das terras". Ver Félix Ferreira, *O estado do Rio de Janeiro* (op. cit., p. 50). Ver também Mazzini, op. cit., sobre os italianos em diversos municípios do estado.

107. À informação sobre o número limitado de agricultores estrangeiros na cafeicultura no estado do Rio de Janeiro pode ser acrescentado outro argumento baseado em dados censitários. Devido à "Grande Naturalização", os dados sobre estrangeiros do censo de 1890 não são confiáveis, e os de 1900 estão incompletos. No entanto, sem fazer considerações sobre o número absoluto de habitantes nascidos no estrangeiro, o censo de 1900 fornece detalhes interessantes sobre a composição por gênero dos "estrangeiros".

Em São Paulo, onde a ocupação predominante dos estrangeiros era o trabalho sob o sistema da empreitada na cafeicultura, cuja unidade básica de trabalho era a família de colonos, a proporção de mulheres em um total de 529.187 estrangeiros listados no estado em 1900 era de 44,2%.

Em contraste, no estado do Rio de Janeiro, naquele mesmo ano, as mulheres representavam apenas 33,9% de um total de 57.706 de "estrangeiros", sugerindo um viés de ocupações que favoreceria o comércio e outras atividades urbanas, às quais se dirigiram muitos dos imigrantes solteiros do sexo masculino.

O contraste da "população estrangeira" dos dois estados não é notável apenas em termos de seu volume absoluto, mas também em termos de sua proporção na população total, que alcançava 23,2% no estado de São Paulo e apenas 6,2% no estado do Rio de Janeiro, segundo o censo de 1900.

4. SÃO PAULO [pp. 149-202]

1. A população escrava total da futura província de São Paulo propriamente dita, obtida a partir de subtotais da tabela populacional de 1815, era de 45.242 indivíduos. A soma dos dados da capital e das circunscrições de cada vila resulta em um total de 45.812 escravos, já que existem algumas incoerências entre os números locais e os dados mais agregados por comarcas.

A população total da capitania de São Paulo era, naquele ano, de 215.021 habitantes, dos quais 50.767 eram listados como escravos. Foram deduzidas desses totais as populações de Curitiba, Paranaguá, Guaratuba, Antonina, Castro, Vila Nova do Príncipe e Lages, uma vez que essas áreas acabaram sendo incorporadas a outras províncias, e por isso não estão incluídas nos outros totais listados na tabela 1 do capítulo 4 sobre São Paulo. Números detalhados sobre sexo e cor dos habitantes, bem como o número de casas por vilas, são reproduzidos em Von Spix e Von Martius, *Travels* (op. cit., v. 2, p. 32-3).

Quanto à população total da capitania, há vários números anuais para a segunda e terceira décadas do século XIX que são algumas vezes contraditórios, mas indicam sua tendência geral. A tabela abaixo inclui algumas dessas estimativas:

ANO	POPULAÇÃO TOTAL	ESCRAVOS	ANO	POPULAÇÃO TOTAL	ESCRAVOS
1808	200.478		1820	239.290	
1813	209.218	48.245	1824	247.904	
1814	211.928		1826	258.901	
1815	215.021	50.767	1828	281.175	
1816	219.787		(1828)	257.645	74.822

FONTES: Para 1808, 1814 e 1815, ver Von Spix e Von Martius, *Travels* (op. cit., v. 2, pp. 32-3). Para 1813, 1814, 1815 e 1816, ver Manoel da Cunha de Azeredo Coutinho Souza Chichorro, "Memória em que se mostra o estado econômico, militar e político da capitania geral de São Paulo", *RIHGB*, t. 36, parte 1, pp. 202 e 233, 1873. Para 1813, 1820 e 1826, ver Auguste de Saint-Hilaire, *Voyage dans les provinces de Saint-Paul et de Sainte-Catherine*, Paris, Arthus Bertrand, 1851, t. 1, pp. 108 e 124-5. Para 1824 e 1828, ver Almeida Torres, "Discurso do presidente da província de São Paulo (1º dez. 1829)" (*RIHGB*, t. 36, parte 1, p. 257, 1873). O ano de 1828 (entre parênteses) é reproduzido por Marcílio, "Tendances et structures" (op. cit., p. 159), e Bastide e Fernandes (op. cit., p. 26).

Viotti da Costa (op. cit., p. 25) aceita para 1823 o número de 21 mil como a população escrava total daquele ano, citando o conjectural censo nacional de 1823. Os números desse chamado "censo" também são reproduzidos em Stein, *Vassouras* (op. cit., p. 296). Segundo Carvalho de Mello, *The Economics of Labor*, op. cit., o censo de 1823 é "o melhor recenseamento de escravos feito no período anterior à extinção do tráfico de escravos africanos". O autor prossegue atribuindo 21 mil escravos a São Paulo na época e 60 mil ao Espírito Santo, quando o número de escravos nessa última província não alcançava um terço do total proposto, e isso somente se for incluído o município de Campos, temporariamente anexado à província do Espírito Santo na década de 1820. São Paulo, por sua vez, mesmo deduzindo-se as regiões mais tarde incorporadas ao Paraná, não poderia ter tido menos de 45 mil escravos, e provavelmente tinha um número bem superior em 1823. (Ver tabela 1.)

Essa longa digressão tem por objetivo ressaltar as deficiências do chamado censo de 1823, que está reproduzido como "Memória estatística do Império do Brasil" (*RIHGB*, t. 58, parte 1, pp. 91-9, 1895) e foi copiado de um manuscrito da Biblioteca Pública da Bahia, que não tem data nem autor.

Ao que tudo indica, o autor se baseou em algumas contagens populacionais anteriores, sobretudo naquelas que se sabe terem sido efetivamente realizadas durante a segunda década do século, mas muitos totais aparecem claramente como conjecturais. Portanto, calcular taxas de crescimento da população escrava, ou fazer outros cálculos para as diversas províncias com base nesses totais "de 1823", é enganoso.

2. Ver Marcílio, "Tendances et structures" (op. cit., pp. 159-60 e 163). Segundo a mesma autora, as listas de população mostravam que, apesar do aumento do número de grandes senhores de escravos, fogos com um único chefe de família e sem escravos continuavam a predominar. Estes últimos representavam 66,1% do número total de fogos em 1798, 66,6% em 1808 e 69,5% em 1818 (ver p. 163). Em 1818, 79,8% do número total de fogos de todos os tipos listados não tinham escra-

vos. (A cidade de São Paulo está excluída dos números.) Em contraste, 8,5% da população em 1818, por oposição a 9,4% em 1798, ainda era listada como composta de agregados livres (p. 161).

3. Maria Thereza Schorer Petrone, *A lavoura cafeeira em São Paulo* (São Paulo: Difusão Europeia do Livro, 1968, p. 41). Os limites do "quadrilátero do açúcar" eram Sorocaba, Piracicaba, Mogi Guaçu e Jundiaí.

4. Von Spix e Von Martius, em *Travels* (op. cit., v. 2, p. 15), mencionam que 458 engenhos de açúcar e 601 alambiques ou engenhocas para destilar aguardente de cana foram enumerados em listas oficiais em 1808. Os autores acrescentam que "muitos desses engenhos preparam apenas a quantidade de açúcar ou melaço de que seus donos necessitam para uso próprio, e os alambiques de diversas fazendas são tão insignificantes que não conseguem fabricar mais do que umas poucas medidas de rum [cachaça]". Em contraste, Paulo R. Pestana, *A expansão econômica do estado de São Paulo num século (1822-1922)* (São Paulo: Secretaria de Agricultura, Comércio e Obras Públicas de São Paulo; Serviço de Publicações, 1923, p. 12), citando *Memórias históricas*, de Pizarro, menciona o mesmo número de engenhos como referente a 1817. Pizarro, cuja obra foi publicada entre 1820 e 1822, possivelmente estava citando dados de Von Spix e Von Martius, que passaram uma temporada em São Paulo no final de 1817 e início de 1818. (Pestana também se refere a algumas melhorias nos equipamentos de alguns engenhos de açúcar, graças à introdução de cilindros de ferro horizontais. O primeiro "engenho de ferro" foi estabelecido em Campinas em 1812, e construído por um mestre artesão da Bahia, uma vez que não havia em São Paulo ninguém com as qualificações necessárias.) Também com referência a tamanho dos estabelecimentos, Saint-Hilaire, *Voyage* (op. cit., v. 1, p. 210), afirmou que uma fazenda com vinte escravos era considerada "de alguma importância" em 1819.

5. Para uma descrição de época mais detalhada das diversas atividades econômicas da província durante a segunda década do século, ver Souza Chichorro, "Memória" (op. cit., p. 13). Pode haver alguma dúvida em relação ao ano ao qual os dados efetivamente se referem.

Segundo Taunay, *História do café no Brasil* (op. cit., v. 3, t. 1, p. 72), as exportações de café de São Paulo em 1808 e 1813 alcançaram respectivamente 4.867 e 9.223 arrobas. Entretanto, não está claro se os números se referem a exportações por via marítima ou se também incluem carregamentos por terra. Em 1817, ainda segundo Pizarro, *Memórias históricas*, a produção anual de café por escravo em Areias, onde "a lavoura cafeeira era a principal", era de cinquenta arrobas. Ver Pestana, op. cit., p. 12.

6. A. d'E. Taunay, em *História do café no Brasil* (op. cit., v. 3, t. 1, pp. 66-70), apresenta informações abundantes sobre os grandes senhores de escravos existentes em São Paulo segundo um levantamento de terras realizado em 1817-8. (Nesse sentido, ver também nota 2 acima.)

Dentre os municípios do norte de São Paulo que se tornaram áreas produtoras de café, Bananal, Lorena e Guaratinguetá tinham senhores com mais de sessenta escravos. Areias, no entanto, tinha apenas um senhor com mais de cinquenta escravos; Pindamonhangaba, um senhor com mais de quarenta; em Jacareí, que contava mais de quinhentos pequenos agricultores, os principais senhores de escravos tinham respectivamente 31, 29, 24 e dezesseis escravos.

Os municípios açucareiros de Campinas, Jundiaí, Itu e Porto Feliz continham senhores de escravos mais consideráveis, alguns com mais de uma centena de escravos. (É possível observar que alguns senhores tinham mais de uma fazenda, de modo que os números disponíveis não coincidem necessariamente com a força de trabalho de uma fazenda específica.)

7. Segundo a já citada listagem da população de São Paulo em 1815, Campinas, Porto Feliz e Itu reuniam cerca de 7.808 escravos; o futuro município da capital, outros 5.955; e a vila de Santos,

por sua vez, tinha 2.679. Assim, essas cinco áreas abrigavam cerca de um terço dos escravos de São Paulo. Dentre os futuros municípios cafeeiros, Lorena, Guaratinguetá e Taubaté também apareciam com grande número de escravos em termos absolutos. Os dados por vilas permitiram o cômputo dos seguintes números sobre a população escrava total, segundo regiões:

NORTE		LITORAL		CENTRAL		OESTE (MOGIANA PAULISTA)	
Mogi das Cruzes	1.454	Apiaí	593	Atibaia	1.562	Mogi Mirim	1.801
Taubaté	1.720	Cananeia	550	Nova Bragança	1.008		
Guaratinguetá	1.837	Iguape	1.695	Itu	3.201		
Jacareí	857	São Vicente	229	São Carlos	1.855		
Pindamonhangaba	1.313	Santos	2.679	Porto Feliz	2.752		
São José	244	São Sebastião	1.392	Sorocaba	2.117		
São Luís	868	Ubatuba	604	Itapetininga	440		
Cunha	1.393	Vila Bela	1.188	São Paulo	5.955		
Lorena	2.983	Itanhaém	244	Parnaíba	1.704		
				Jundiaí	1.337		
				Itapeva	237		
						TOTAL	45.812

Observação: A fonte dos números a partir dos quais esses totais foram computados é Von Spix e Von Martius, *Travels*, op. cit., pp. 32-3.

8. Na época, gêneros alimentícios também eram, com frequência, cultivados nas fazendas de cana-de-açúcar e café, uma vez que não havia especialização completa. Fazendo referência a um estudo de dez comunidades rurais em São Paulo, Schwartz, *Elite Politics* (op. cit., pp. 145-6), afirmou que "entre a população havia uma proporção significativa de pequenos fazendeiros que empregavam de um a seis escravos. Homens dessa categoria constituíam mais de 70% da população que possuía escravos". Sem escravos suficientes para ter grandes plantações de cana ou café, parece claro que esses agricultores se dedicavam à produção de alimentos. No entanto, ainda segundo o mesmo autor, "em 1822 [...] em oito de cada dez comunidades [...] as famílias que não possuíam escravos representavam de 40% a 70% da população total".

Com relação aos ofícios nas fazendas, Von Spix e Von Martius, em *Travels* (op. cit., v. 1, p. 304), observaram que "os ricos proprietários de terras [...] têm entre seus próprios escravos todos aqueles mecânicos necessários para fins domésticos [...] [enquanto] o homem pobre supre todas essas mesmas necessidades com sua própria habilidade".

9. Com relação ao emprego de escravos na agricultura e na criação de gado, ver Von Spix e Von Martius, *Travels* (op. cit., v. 2, p. 11). Os autores observaram que escravos negros tinham muito poucos filhos, fato que não era inteiramente explicado pela proporção de escravos homens em relação a escravas mulheres. "Uma causa [pode] ser que os escravos, estando quase sempre empregados

nos serviços da agricultura e do trato com o gado, [passavam] a maior parte do ano sozinhos em chácaras e fazendas de criação de gado afastadas, enquanto as escravas [...] [eram] empregadas nos serviços domésticos."

Em 1819, Saint-Hilaire, em *Voyage* (op. cit., v. 1, p. 199), observou que as tropas de mulas para outras capitanias empregavam numerosos camaradas livres de Campinas, Jundiaí e Mogi Mirim. Segundo o autor, um tropeiro recebia de vinte a trinta mil-réis por uma viagem de quatro meses de São Paulo a Vila Boa. Mas ele precisava pagar suas próprias despesas na volta.

Em contraste, um documento de Guaratinguetá datado de 1825 e referente ao transporte para Paraty e Rio de Janeiro afirmava que cada tropa de mulas ocupava um camarada livre e três escravos. Ver Taunay, *História do café no Brasil*, op. cit., v. 3, t. 1, p. 72.

10. Almeida Torres, em "Discurso" (op. cit., p. 250), observou a "preguiça e a repugnância dos libertos e jornaleiros para o serviço penoso, principalmente das fábricas de açúcar".

Esse argumento quanto à indolência dos brasileiros livres foi atacado alguns anos antes por José Bonifácio, renomado político de São Paulo: "A avareza cega [...] declara que os escravos são indispensavelmente necessários no Brasil porque os brasileiros são fracos e preguiçosos. Com toda certeza, quem defende tal ideia está enganado". Esse mesmo político lembrava que "antes da introdução da cana-de-açúcar, a província de São Paulo tinha muito poucos escravos, mas mesmo assim cresceu em população e em termos agrícolas; fornecia a várias outras províncias marítimas, bem como a províncias do interior, milho, feijão, farinha de mandioca, arroz, toucinho, carne de porco etc.". Ver José Bonifácio D'Andrada e Silva, *Memoir Addressed to the General Constituent and Legislative Assembly of the Empire of Brazil on Slavery!* (Londres: Butterworth, Ridgway, Booth and Wilson, 1826, pp. 23-4).

De fato, a opção de trabalhar por conta própria na agricultura de subsistência representava possivelmente uma atitude racional dos brasileiros no contexto de um setor escravocrata em expansão, e não indolência. Aos níveis de salários praticados, muitos trabalhadores livres não hesitavam em trabalhar como tropeiros. Sua relutância em dedicar-se à construção de estradas, mesmo mediante a elevada remuneração diária de mil réis, que acabou levando à importação de trabalhadores estrangeiros, pode ter estado associada com uma experiência anterior de recrutamento militar, que afetava primeiro aqueles que estivessem mais acessíveis. Esses dados são de um relatório da província de 1837, citado por Taunay, *História do café no Brasil* (op. cit., v. 3, t. 1, pp. 81-3).

11. O papel de supervisão dos fazendeiros e o fato de poucos serem senhores de terras absenteístas são enfatizados por Schorer Petrone (op. cit., pp. 131-3). A autora relata, por exemplo, que em Campinas, em 1816, havia apenas 32 agregados nas 54 fazendas de cana-de-açúcar listadas. Essa situação aparentemente não havia mudado em meados do século (ver nota 33 adiante).

12. Ver Almeida Torres, "Discurso", op. cit., p. 257. Caso esses dados estejam corretos, resultariam em uma média de 21 escravos por fazenda. O número de produção sugerido por esse presidente da província, 795.365 arrobas, parece suspeito quando comparado aos números de exportações para diversos anos da década. A produção média resultante por escravo, de 66 arrobas, é plausível para determinadas fazendas em determinadas áreas. (Para uma discussão mais extensa desta questão, ver as notas 32 e 33, adiante.) O número proposto para o emprego também está possivelmente exagerado.

13. Esses números foram tirados de uma tabela de exportações existente para 1825. Essa tabela indica que as exportações de açúcar alcançaram 343.524 arrobas, por oposição a 141.663 arrobas

de café. Schorer Petrone (op. cit., p. 156) e Taunay, *História do café no Brasil* (op. cit., v. 3, t. 1, p. 73), referem-se a esses números como as exportações totais da província, mas Pestana, *A expansão* (op. cit., p. 37), cita-os como referentes ao porto de Santos. Ao que parece, os primeiros estão certos, uma vez que, conforme observado em outra ocasião por Schorer Petrone (p. 157), as exportações totais de café por Santos na época mal ultrapassavam 30 mil arrobas.

14. Sobre a intensificação do tráfico de escravos na década de 1820, ver Almeida Torres, "Discurso" (op. cit., pp. 254-5). O autor observou que muitos escravos se dirigiam às províncias vizinhas, de modo que o saldo de importações e exportações, que consta das estatísticas, não pode ser considerado um acréscimo líquido à quantidade total de escravos da província.

Os dados para 1825 são reproduzidos em Pestana, *A expansão* (op. cit., pp. 37-9), e estão sujeitos aos mesmos comentários feitos na nota anterior com relação às exportações totais. Para 1828 e 1829, ver Schorer Petrone (op. cit., p. 114). Sobre grandes senhores de escravos em 1828, ver Marcílio, "Tendances et structures" (op. cit., p. 160). Citando fontes britânicas reproduzidas em *PP 1845* (v. 49, pp. 593-633), Curtin (op. cit., p. 240, tabela 69) sugere um total de 35.100 escravos africanos desembarcados em São Paulo entre 1817 e 1843.

15. Almeida Torres, "Discurso", op. cit., p. 256.

16. Warren Dean, *Rio Claro: A Brazilian Plantation System, 1820-1920* (Stanford: Stanford University Press, 1976, cap. 1). Ao encontrar-se essa fonte, que trata de muitos dos temas do presente estudo, a primeira versão do presente capítulo já havia sido escrita. Tentou-se incorporar parte das abundantes informações apresentadas nesse excelente estudo sobre o município de Rio Claro para reforçar algumas das "generalizações" feitas em relação à província.

17. Ver J. P. Wileman, *The Brazilian Yearbook* (Rio de Janeiro: Offices of the Brazilian Yearbook; Londres: McCorquodale & Co., 1908, p. 531).

18. Ver Tschudi, op. cit., p. 124.

19. Segundo Marcílio, "Tendances et structures" (op. cit., p. 163), cerca de 75% dos 41.139 fogos para os quais há listas disponíveis não continham escravos em 1828.

20. Daniel Pedro Muller, *Ensaio d'um quadro estatístico da província de São Paulo* (São Paulo: Seção de Obras do Estado de São Paulo, 1923). Como não se pôde dispor de um exemplar original, as referências a essa obra foram feitas citando fontes secundárias que reproduziram seus resultados.

21. Ver Viotti da Costa, *Da senzala à colônia*, op. cit., p. 57. Ver também a tabela 4 deste capítulo. Segundo os dados disponíveis, o "norte" paulista abrigava 31% dos escravos da província, por oposição à região central, cuja participação era de 58,8%.

22. Ribeiro Lamego, em *O homem e a serra* (op. cit., pp. 77-9), reproduz os seguintes dados do trabalho de D. P. Muller:

MUNICÍPIOS	ENGENHOS DE AÇÚCAR	DESTILARIAS DE AGUARDENTE	FAZENDAS DE CAFÉ	FAZENDAS DE GADO	PRODUÇÃO DE CAFÉ EM ARROBAS	PRODUÇÃO APARENTE POR FAZENDA
Bananal	8	12	82	4	64.822	790
Areias		12	238		102.797	432
Lorena	9	74 (?)	62	4	33.649	543
Guaratinguetá	3	7	40		22.442	561
Cunha	5		2	2	50	25
Taubaté	1	17	86	4	23.607	275

Pindamonhan-gaba	1	4	79	12	62.628	793
São Luís	—	2	3 (?)	—	16.200 (?)	5.400
São José	—	8	43	6	9.015	210
Jacareí	—	20	64	—	54.004	844
Paraibuna		—	83	—	23.322	281
Total	28	(156)	782	28	412.536	528

A região também continha doze "engenhos" de café [sic] em Jacareí, dois engenhos de arroz, três fábricas de fumo e cinco serrarias, além de numerosos sítios de cultivo de café e criação de gado.

A existência de pequenos sítios onde se plantava café, mas que não estavam listados como fazendas, pode explicar parte da variabilidade observada na produção por fazenda. Os dados sobre São Luís são suspeitos, embora sejam possíveis caso as três fazendas listadas fossem comparativamente grandes. A existência de sítios produtores de café, mesmo que empregando apenas trabalhadores livres, não contraria o fato de que a maior parte da produção de café da província resultava do trabalho escravo.

23. Daniel Pedro Muller, *Ensaio*, citado por Taunay, *História do café no Brasil* (op. cit., v. 3, t. 1, pp. 103 e 105-6), e Paulo Rangel Pestana, *O café em São Paulo: Notas históricas* (São Paulo: Typ. Levi, [1927?], pp. 10-1). No litoral, Ubatuba aparecia como um importante município cafeeiro. A produção de café total da província era avaliada em 587.649 arrobas. Como ilustração das grandes diferenças nos dados da época, enquanto D. P. Muller atribuiu a Campinas uma produção de açúcar de 158.447 arrobas em 1836, outra fonte (citada por Schorer Petrone, op. cit., p. 112) indicou que, em 1834, 302.100 arrobas haviam sido produzidas por 3.111 escravos no mesmo município.

24. Ver Taunay, *História do café no Brasil* (op. cit., v. 3, t. 1, pp. 93-5 e 106-7), citando D. P. Muller. Segundo Taunay, "cerca de 200 mil arrobas [de café] no valor de 471,5 contos foram levadas para Paraty", na província do Rio de Janeiro. Pestana, *O café em São Paulo* (op. cit., p. 11), afirma que, além do total de 385.990 arrobas exportadas por Santos (76.336), Iguape (160), Ubatuba (229.373) e São Sebastião (80.121), "mais de 200 mil arrobas" de café foram exportadas por terra. Ambos os autores, ao que tudo indica, consideraram carregamentos por terra a diferença entre produção total e exportações marítimas.

(Como exemplo das incoerências do levantamento de 1836, dados sobre as exportações de açúcar por Santos mostravam um total de 996.730 arrobas, por oposição a uma listagem detalhada de produção do oeste e do centro de São Paulo, que resultava em um total de 563.949 arrobas!) Essas exportações foram avaliadas em 1.180 contos, o que resulta em um preço médio de 1.184 réis por arroba, que parece muito baixo, já que, segundo a seção sobre preços do mesmo levantamento, os do açúcar variavam entre 1.180 e 3.300 réis, alcançando em média 2 mil réis. Da mesma forma, a arroba de café exportada por Santos era avaliada em 3.492 réis, o que ultrapassa o preço "máximo" citado para o café no levantamento.

25. Bastide e Fernandes, op. cit., p. 24. Os autores fazem referência a Muller (op. cit., p. 21, nota 53), mas parecem ter considerado as exportações por Santos iguais às exportações totais de café da província, embora o café fosse principalmente exportado por outros portos e por terra. Esses autores também afirmam (p. 33) que o açúcar continuou a ser o principal produto do oeste de São Paulo até 1854.

26. Sérgio Buarque de Holanda, introdução ao livro de Schorer Petrone, op. cit. Em *História geral da civilização brasileira* (op. cit., t. 2, v. 2, p. 461), Buarque de Holanda menciona que tal mudança ocorreu por volta da "metade do século".

27. Ver Taunay, *História do café no Brasil*, op. cit., v. 3, t. 1, p. 13. Parte do café produzido na província do Rio de Janeiro supostamente chegava à cidade do Rio de Janeiro com documentos falsificados atestando sua origem "paulista", para fins de evasão fiscal. Porém, desconsiderando essas irregularidades, sete estações fiscais da fronteira terrestre da província do Rio de Janeiro registraram a passagem de 422.126 arrobas de café "paulista" de São Paulo para o Rio de Janeiro em 1839.

Para os dados sobre exportações de Santos, ver Schorer Petrone (op. cit., pp. 158-9).

28. As séries de exportações pelo Rio de Janeiro do café produzido em São Paulo foram tiradas por Taunay, *História do café no Brasil* (op. cit., v. 3, t. 1, pp. 30-1), de um relatório oficial da província do Rio de Janeiro datado de 1852. As exportações por Santos são aproximadas pelas quantidades que passaram pela barreira de Cubatão, apresentadas por Schorer Petrone (op. cit., pp. 158-62). No entanto, parte do açúcar exportado por Santos chegava a esse porto por mar.

29. Segundo D. P. Muller, o preço médio do açúcar era 2 mil réis por arroba, e o do café era de 2.400 réis por arroba (ver Taunay, *História do café no Brasil*, op. cit., v. 3, t. 1, p. 93). Entre 1839 e 1842, o valor médio de uma tonelada de café exportada do Brasil era de aproximadamente 235 mil-réis, por oposição a 124 mil-réis por tonelada de açúcar exportada (IBGE, *Anuário estatístico do Brasil, 1939-40*, op. cit., p. 1377). Mesmo levando em consideração as variações regionais de preço, no início da década de 1840 o café valia mais do que o açúcar. Assim, mesmo que se considere apenas uma fração das exportações de café paulista pelo Rio, as exportações de café de São Paulo já excediam as exportações de açúcar em valor por volta de 1840.

30. Schorer Petrone, op. cit., pp. 162 e 224. Como o café plantado em 1846-7 atingiu sua maturidade por volta de 1850-1, a autora sugere que os lucros das colheitas abundantes do ano anterior podem ter permitido o financiamento da conversão do cultivo de cana-de-açúcar em cultivo de café no centro-oeste paulista.

31. D. P. Muller, op. cit., citado por Taunay, *História do café no Brasil* (op. cit., v. 3, t. 1, pp. 100-1). A produção média por mil pés de café sugerida pelo autor parece baixa demais para Taunay, que concluiu que Muller se referia ao "norte" de São Paulo, e não a Campinas.

Não há referências à adubagem nesse levantamento ou em trabalhos anteriores. Saint-Hilaire, em *Voyage* (op. cit., t. 1, pp. 348-9), relatou que nos municípios cafeeiros mais antigos, como Itu (por volta de 1819), a terra era deixada em pousio por dez anos depois de ser plantada com cana-de-açúcar durante três anos consecutivos. Em contraste, em outros municípios, como Porto Feliz, argumentava-se que a terra só precisava de um pousio de dois a quatro anos (ver p. 362).

32. Ibid. A questão da produção de açúcar por escravo em São Paulo foi discutida por Schorer Petrone. A autora apresenta alguma evidência documental que indica uma produtividade média por escravo de oitenta a cem arrobas de açúcar (p. 111), e, citando Goulart, op. cit., lembra que documentos holandeses sobre o Brasil do século XVII indicavam uma média de oitenta arrobas por escravo. Em 1819, segundo Saint-Hilaire, donos de engenhos de Campinas e Porto Feliz argumentavam que um escravo era capaz de produzir anualmente cem arrobas de açúcar, e ainda ser empregado no cultivo do milho, feijão e arroz para consumo da fazenda. Esse viajante francês passou uma temporada em um pequeno engenho que produzia mil arrobas de açúcar por ano com sete escravos, mas estes últimos aparentemente se dedicavam de forma exclusiva ao cultivo da cana-de-

-açúcar. Em contraste, na área produtora de açúcar mais antiga e bem estabelecida de Itu, dez escravos produziam, em média, de seiscentas a oitocentas arrobas (ver Saint-Hilaire, *Voyage*, op. cit., t. 1, pp. 328-9, 348 e 362).

Esses números referentes à produtividade média são mais altos do que a frequentemente citada média de quarenta a sessenta arrobas no Nordeste durante o período colonial. Cabe observar que, nos engenhos menores de São Paulo, alguns escravos no auge da idade produtiva podiam se dedicar de forma mais exclusiva ao cultivo da cana e à produção de açúcar, enquanto em muitos estabelecimentos grandes do Nordeste escravos de diversas idades eram empregados em um grande número de atividades, o que tendia a diminuir a média por escravo.

Depois de escritas estas linhas, foram encontrados dados efetivos sobre os engenhos de açúcar do município de Rio Claro em 1827 e 1835, apresentados por Warren Dean, *Rio Claro* (op. cit., pp. 26-7), que mostram uma média por escravo de quarenta a 41 arrobas. A explicação desse autor para observações de médias mais elevadas coincide com o argumento desenvolvido anteriormente.

33. Ver observações de William Whittaker, vice-cônsul britânico, Santos, 20 de abril de 1848 em Enclosure 1, n. 7, em "Lord Eddisbury to Herman Merivale, Foreign Office 14, jul. 1848" (*PP 1847-48*, v. 46, Correspondence Relative to Distress in the Sugar Growing Colonies, pp. 444-5).

O vice-cônsul acrescentou a seguinte informação: "O número médio de escravos em um engenho de açúcar, comparado com as pessoas livres, é de um homem livre para cada dezessete escravos [...] a vida média de um escravo [no cultivo da cana] é de vinte anos após o desembarque da África [...] O capital investido nos engenhos de açúcar rende em média de 5% a 6%". Ele também apresentou a seguinte tabela:

CUSTO MÉDIO DE UM ENGENHO NA PROVÍNCIA DE SÃO PAULO, EMPREGANDO CINQUENTA ESCRAVOS, COM MÁQUINAS E OUTROS INSUMOS NECESSÁRIOS PARA A PRODUÇÃO DE AÇÚCAR (EM LIBRAS ESTERLINAS (£), SHILLINGS (S) E PENCE (d))

Custo da terra, máquinas, escravos, edificações etc.	Quantidade anual média de açúcar produzida na propriedade	Valor anual médio do açúcar na propriedade (por tonelada)			Custo do transporte até o porto marítimo de Santos (por tonelada)			Valor médio no porto de embarque (por tonelada)		
£	Toneladas	£	s	d	£	s	d	£	s	d
5.200	57	10	4	2	3	12	11	13	17	1

Não fica claro se Whittaker se referia a toneladas de 2.240 libras ou a toneladas "curtas" de 2 mil libras. No primeiro caso, a informação acima indicaria uma produção por escravo próxima de 79 arrobas, e, no último, uma produção de 70,6 arrobas.

Quanto ao preço dos escravos, o cônsul observava que seu preço então era de sessenta a 65 libras esterlinas, "o que é 20% menor do que o preço de 1844 [...] devido às facilidades concedidas aos negociantes [de escravos] desde a diminuição dos esforços dos navios de guerra britânicos nesta costa para suprimir o tráfico". (Considerando um câmbio de cerca de 8.569 réis por libra em 1847-8, esses preços ficariam entre cerca de 515 mil-réis e 556 mil-réis. Para a taxa de câmbio, ver IBGE, *Anuário estatístico do Brasil, 1939-1940* (op. cit., p. 1358.) Ainda segundo o mesmo vice-cônsul, a maior quantidade de açúcar exportada para Santos em qualquer ano até então havia sido um total de 9.352 toneladas (de 579 mil a 649 mil arrobas, dependendo das unidades utilizadas para a conversão, o que, tendo em vista os dados da tabela 2, sugere que não se referia a toneladas curtas).

34. Ver Dean, *Rio Claro*, op. cit., pp. 16 e 18-9. O autor apresenta dados sobre a proporção de diversas categorias de habitantes na população total.

35. Os preços de escravos de sexo masculino de quinze a 29 anos de idade em Rio Claro, um dos mais importantes municípios produtores de café do oeste de São Paulo na segunda metade do século XIX, mostraram a seguinte evolução entre 1843 e 1861:

Ano	Mil-réis	Ano	Mil-réis	Ano	Mil-réis
1843	550	1853	960	1858	2.000
1848	460	1854	980	1859	1.800
1850	650	1855	1.200	1860	2.030
1852	870	1857	1.450	1861	1.750

Ver Dean, *Rio Claro*, op. cit., p. 55. Segundo o autor, enquanto os preços dos escravos triplicaram em dez anos, o nível geral de preços na área duplicou.

36. Dean (p. 19) observou com pertinência a contradição que os fazendeiros enfrentavam com relação ao emprego permanente de trabalhadores brasileiros livres: "Uma remuneração suficientemente alta para tentar os camaradas a realizar um trabalho regular teria lhes permitido comprar uma propriedade rural dentro de um período de tempo razoável".

No decorrer da segunda metade do século, porém, o preço das terras mais acessíveis aumentaria consideravelmente, de modo que essa possibilidade se tornaria pouco provável em muitas áreas. (Ver as notas 109 e 119 em seguida.)

37. Sobre São Paulo, ver Tschudi (op. cit., pp. 131-3). Sobre trabalhadores em servidão temporária nas fábricas no Rio de Janeiro, ver Lahmeyer Lobo, "Evolution des prix et du coût de la vie à Rio de Janeiro, 1820-1930" (op. cit., pp. 208-11).

38. Para uma explicação dos aspectos legais envolvidos nos contratos e abundantes informações numéricas sobre a situação das colônias de parceria até 1870, ver João Pedro Carvalho de Moraes, *Relatório apresentado ao Ministério da Agricultura em 16 de setembro de 1870* (Rio de Janeiro: Typ. Nacional, 1870, pp. 18-20, 76-84 e 91-104).

39. "Report by Mr. Baillie, British Secretary of Legation at Rio de Janeiro, Jan. 1861", já citado e reproduzido em *PP 1861* (v. 63, p. 478).

40. Para uma análise quase imparcial da situação das colônias de parceria, ver Tschudi (op. cit., pp. 133-41). O autor atribuiu a maior parte da culpa pelas disputas à empresa Vergueiro & Cia., pertencente ao senador Vergueiro, que firmou contrato com a província para a introdução dos colonos. Os abusos da companhia estão bem documentados às pp. 144-5 e 149.

41. Ver Carvalho de Moraes (op. cit., p. 12), e tabela 1 do anexo. Relatórios presidenciais de José Joaquim Fernandes Torres, de 1858, e de J. J. Mendonça, de 1862, reproduzidos em Eugênio Egas, *Galeria dos presidentes de São Paulo* (São Paulo: Seção de Obras do Estado de São Paulo, 1926, v. 1

[1822-89], pp. 264 e 304). (Esta última obra, compilada para fins biográficos, reproduz os relatórios presidenciais do período indicado, e daqui em diante será citada como Egas.)

Os novos arranjos contratuais atribuíam aos colonos todos os produtos alimentícios que eles plantavam, ofereciam moradia gratuita em alguns casos e previam uma soma fixa por unidade de peso ou capacidade de café colhido. A remuneração monetária total dos colonos pelo cultivo do café era agora paga conforme a produção bruta de cada família, e ainda dependia da produtividade dos pés de café. No entanto, como a remuneração por alqueire colhido era fixa, esta não dependia das flutuações a curto prazo do preço do café, do transporte etc., como nos arranjos de parceria iniciais.

42. Para evidências de época sobre o preconceito dos fazendeiros em relação aos trabalhadores brasileiros livres, ver Viotti da Costa (op. cit., pp. 124-5).

43. José Joaquim Fernandes Torres, *Relatório (2 de fevereiro de 1860)*, reproduzido em Egas, op. cit., pp. 274-5.

44. Tratava-se do senador Vergueiro. Sobre o tráfico interprovincial de escravos para São Paulo, ver Aureliano Leite, *A história de São Paulo* (São Paulo: Martins, 1944, p. 72), e o já citado discurso do senador Silveira da Motta em *Annaes do Senado do Império do Brasil*, Sessão de 1861, de 27 de abril a 31 de maio (op. cit., v. 1, p. 46). Por volta de 1860, Tschudi (op. cit., p. 159) encontrou-se com um traficante de escravos da Bahia no interior de São Paulo que acabara de "concluir algumas transações", muito provavelmente referentes a um carregamento de escravos trazido por terra passando por Minas Gerais. Sobre Ibicaba, ver "Report by Mr. Baillie [...] Rio de Janeiro, Jan. 1861", já citado e reproduzido em *PP 1861* (v. 63, pp. 478-9).

As estatísticas oficiais sobre imigração não são muito completas até o último quartel do século XIX. Excluem um certo número de imigrantes espontâneos que desembarcaram inicialmente em outros portos, e mais tarde se dirigiram a São Paulo por terra ou por mar. Os dados disponíveis mostram um total de 1.732 entradas diretas na província entre 1861 e 1870, por oposição a 6.413 de 1851 a 1860. A série oficial de imigração para São Paulo é reproduzida em diversas publicações, e sob várias formas. Usou-se como base o Departamento Estadual do Trabalho, *A imigração e as condições de trabalho em São Paulo* (São Paulo: Typ. Brasil, 1915, pp. 8-9). (Daqui em diante, essa fonte será citada como *DET*.)

Segundo Carvalho de Moraes (op. cit., p. 97), em 1870 as colônias fundadas de 1860 a 1870, em sua maioria sob novos arranjos contratuais e que ainda existiam nessa última data, abrigavam apenas 733 pessoas, entre as quais alguns brasileiros.

A esses números sobre a imigração pode-se comparar os números anuais incompletos sobre importações de escravos de outras províncias por Santos, ou seja, importações por mar, o que exclui o tráfico de escravos por terra. As importações líquidas nos anos fiscais de 1866-7, 1867-8 e 1868-9 foram respectivamente 580, 780 e 1.746 escravos. As importações brutas em 1869-70 alcançaram 1.450. Ver Herbert S. Klein, "The Internal Slave Trade in 19th Century Brazil: A Study of Slave Importation into Rio de Janeiro in 1852" (*HAHR*, p. 568, nov. 1971), e Taunay, *História do café no Brasil* (op. cit., v. 3, t. 1, p. 226).

45. O levantamento da província feito em 1854 também forneceu informações sobre "emprego", mas os números parecem bastante exagerados. Estes dados mostravam a seguinte distribuição setorial:

SETORES	NÚMERO DE ESCRAVOS	NÚMERO DE AGREGADOS	NÚMERO DE COLONOS
Café	55.834	4.223	2.159
Açúcar	15.641	698	10
Criação de gado	4.342	1.767	—
Total	75.817	6.688	2.169

Os dados sobre fazendas de café são particularmente suspeitos. A soma da produção de cada município não coincide com os totais impressos no relatório. Correções feitas por Pestana em *O café em São Paulo* (op. cit., p. 13) resultam em uma produção de 3.578.756 arrobas de café no valor de 9.815 contos. Isso resultaria em uma produção por escravo de 64 arrobas, mas esse número de produção total é alto demais se comparado às exportações anuais da província em meados da década de 1850 (ver tabela 3). De fato, parece impossível que o consumo doméstico fosse quase equivalente às exportações totais de café da província. Mesmo que se aceite, conforme propõem Tschudi (op. cit., p. 47) e Van Delden Laerne (op. cit., p. 353), um consumo médio per capita de cerca de dez quilos por ano (possivelmente muito exagerado), o consumo doméstico paulista não ultrapassaria 300 mil arrobas.

Para os dados originais, ver brigadeiro José Joaquim Machado de Oliveira, *Quadro estatístico de alguns estabelecimentos rurais da província de São Paulo para o ano de 1854*, anexado ao relatório do presidente da província, José Antônio Saraiva, 1855. Parte dos dados está reproduzida em Taunay, *História do café no Brasil* (op. cit., v. 3, t. 1, pp. 133-5), enquanto Pestana, *O café em São Paulo* (op. cit., pp. 14-6), apresenta uma tabela completa por município. Pestana apresenta um total corrigido de 57.034 escravos nas fazendas de café.

46. No que diz respeito ao setor açucareiro, apesar da introdução de equipamentos modernos em algumas propriedades e da "resistência" do açúcar em relação ao café em determinados municípios, tais como Itu, a tendência foi um relativo declínio das exportações e um consumo interno mais elevado da produção de açúcar da província. A transferência de escravos de engenhos para fazendas de café foi relatada por observadores da época. Assim, Campinas, que havia sido o mais importante município produtor de açúcar da década de 1830, por volta de 1860 produzia apenas 60 mil arrobas de açúcar, por oposição a 700 mil arrobas de café. Ver Augusto Emílio Zaluar, *Peregrinação pela província de São Paulo, 1860-61* (Rio de Janeiro: B. L. Garnier, 1863, pp. 218 e 306).

Por outro lado, o comércio de gado oriundo das províncias do Sul, em especial o comércio de mulas, atingiu seu apogeu no final da década de 1850. Nas duas décadas seguintes, a expansão das ferrovias levou a uma redução da demanda por mulas, que, por sua vez, acarretou a decadência da feira de muares de Sorocaba. (Essa questão será tratada com relação ao comércio de gado do Paraná.)

47. Um estudo clássico do setor algodoeiro de São Paulo entre 1861 e 1875 é Alice P. Canabrava, *O desenvolvimento da cultura do algodão na província de São Paulo, 1861-75* (São Paulo: Indústria Gráfica Siqueira, 1951). A autora realizou pesquisas documentais extensas no nível municipal, que sustentam a hipótese de que o algodão era cultivado sobretudo por trabalhadores livres, e geralmente em pequena escala. As fazendas de mais de cinquenta hectares eram aparentemente raras (ver pp. 102-8). A produção média paulista por alqueire variava entre 150 e 250 arrobas, o que totaliza uma média de 62 a 103 arrobas por hectare (ver p. 174).

Para um testemunho de época sobre a predominância do trabalho livre no cultivo do algodão, ver Joaquim Floriano de Godoy, *A província de São Paulo* (Rio de Janeiro: Typ. do Diário do Rio de Janeiro, 1875, pp. 116 e 127). Após 1865, quando o cultivo do algodão teve expansão significativa, parece ter havido reclamações frequentes dos fazendeiros quanto ao recrutamento militar e às obras das ferrovias, que absorviam parte da oferta disponível de trabalhadores livres (ver Canabrava, pp. 108 e 258).

William Hadfield, em *Brazil and the River Plate, 1870-76* (Londres: Edward Stanford, 1877, p. 169), afirmou que, por volta de 1870, havia pelo menos 1.200 trabalhadores empregados em obras de ferrovias em São Paulo, dos quais dois terços eram brasileiros livres. Eles recebiam dois mil-réis por dia, e o autor observou que esse exemplo mostrava "o desejo dessa classe de brasileiros de trabalhar quando há trabalho disponível".

A remuneração diária no cultivo do algodão em meados da década de 1860 variava de cerca de um mil-réis com alimentação a cerca de 1.200 réis, mas, em determinadas áreas, podia ocasionalmente alcançar 1.600 ou mesmo dois mil-réis (ver Canabrava, op. cit., pp. 109, 216 e 259).

A tabela a seguir, computada a partir de dados oficiais reproduzidos em uma tabela *hors-texte* em Godoy (op. cit., pp. 120-1), ilustra a importância temporária do valor das exportações de algodão nas exportações totais por Santos, e seu subsequente declínio, conforme dados da Mesa de Renda de Santos:

VALOR DAS EXPORTAÇÕES POR SANTOS EM PERÍODOS DE TRÊS ANOS, 1859 A 1874 (EM CONTOS DE RÉIS):

	1862-3 a 1864-5		1865-6 a 1867-8		1868-9 a 1870-1		1871-2 a 1873-4	
	Valor	%	Valor	%	Valor	%	Valor	%
Café	24.667,1	94,8	24.427,4	64,4	38.663,8	68,7	55.664,3	73,8
Algodão	123,5	0,5	11.934,9	31,5	15.681,5	27,9	17.151,6	22,8
Banha	257,1	1,0	475,7	1,2	322,8	0,6	677,5	0,9
Fumo	140,9	0,5	361,1	0,9	672,9	1,2	1.218,3	1,6
Vários	825,4	3,2	728,8	2,0	936,9	1,7	678,7	0,9
Total	26.020,0	100,0	37.927,9	100,0	56.277,9	100,0	75.390,4	100,0

À medida que os preços do algodão caíram, seu cultivo foi abandonado em muitas áreas, já que, devido ao seu volume, o custo de transporte do algodão tornava-se alto demais em relação ao seu preço. Em 1874-5, o valor das exportações para portos estrangeiros de café por Santos alcançou 23.922,6 contos, por oposição ao valor de apenas 3.801,1 contos das exportações de algodão (ver *Relatório do Ministério da Fazenda*, 1877, tabela 61). Nos anos subsequentes, o café recuperaria sua posição de produto de exportação praticamente exclusivo da província: segundo estatísticas oficiais sobre o valor das exportações por Santos, entre 1875-6 e 1879-80 as exportações de café alcançaram um total de 128.875 contos, por oposição a exportações de algodão avaliadas em apenas 4.121 contos. Ver "Report [...] Trade and Commerce [...] of São Paulo [...] Consul Cowper [...] 1880" (*PP 1881*, v. 91, parte 7, p. 1443).

48. Ver Frank P. Goldman, *Os pioneiros americanos no Brasil* (São Paulo: Pioneira, 1972, espe-

cialmente as pp. 10, 33, 62, 123, 141-5 e 153-4). Ver também Canabrava (op. cit., pp. 76 e 161-2) e Dean, *Rio Claro* (op. cit., pp. 112-3). Com relação ao número total de norte-americanos ingressados no Brasil entre 1864 e 1873, uma publicação italiana da época reproduzindo os dados brasileiros oficiais não reproduzidos em publicações estatísticas brasileiras subsequentes mostra os seguintes números:

1864	106
1865	216
1866	346
1867	1.575
1868	405
1869	286
1870	171
1871	191
1872	219
1873	176
Total	3.691

É preciso notar que alguns desses norte-americanos não foram para São Paulo, e que outros acabaram retornando aos Estados Unidos. Ver Ministero di Agricoltura, Industria e Commercio, Direzione di Statistica, *Statistica della emigrazione italiana all'estero nel 1878* (Roma: Tipografia de E. Sinimberghi, 1880, p. CXCIV).

Com relação à organização do trabalho nas fazendas fundadas por norte-americanos em São Paulo, cerca de doze famílias originalmente estabelecidas no núcleo que iria se transformar em Santa Bárbara compraram de fato alguns escravos, mas parece que muitos norte-americanos cultivavam com seu próprio trabalho as terras adquiridas no Brasil, contratando ocasionalmente outros trabalhadores livres. Poucos se tornaram grandes fazendeiros. Uma exceção foi um fazendeiro que comprou diversos escravos, estabeleceu "a primeira grande fazenda de algodão decente do Brasil" e mais tarde mudou-se para Botucatu, então fronteira da área de cafeicultura, onde fundou uma fazenda de café com 100 mil pés.

Em uma carta de fevereiro de 1867, um imigrante norte-americano observou que um norte-americano trabalhador e solteiro, que desejasse emigrar para o Brasil e se dispusesse a trabalhar por quinze dólares ao mês, encontraria emprego com facilidade entre os norte-americanos de São Paulo. O mesmo imigrante também relatou que era possível comprar escravos nas cidades, mas que estes "logo se cansavam da vida rural e tornavam-se turbulentos [...] e [podiam] escapar", como acontecera com um de seus vizinhos, cujos seis escravos haviam fugido. Em contraste, outro norte-americano, que cultivava seu próprio lote de terra com os dois filhos e sete escravos, obteve resultados muito bons (ver Goldman, op. cit., pp. 33, 123 e 145-7).

49. Para uma discussão detalhada dos tipos de trabalhadores livres em São Paulo em 1870, bem como dos níveis de remuneração, custo de vida e situação dos colonos, ver "Consul Dundas to

Earl Granville, Santos, Oct. 29, 1870" (*PP 1871*, v. 68, pp. 116-24), e Carvalho de Moraes (op. cit., pp. 66-70 e 77-82).

O cônsul Dundas observava então que havia pouca informação que se pudesse dar sobre a "classe correspondente aos trabalhadores [agrícolas] da Inglaterra [...] devido ao emprego quase exclusivo de escravos" no caso do Brasil. Os trabalhadores livres ocasionalmente empregados no trabalho com enxada, no corte de madeira e como tropeiros de mulas recebiam de 320 réis a mil réis por dia. Em comparação, os carpinteiros, pintores e marceneiros ganhavam de 2.500 réis a 3.500 réis por dia, enquanto ferreiros e outros "mecânicos" recebiam até quatro mil-réis por dia. Alguns trabalhadores estrangeiros qualificados, como "torneiros e moldadores muito competentes" empregados nas obras das ferrovias podiam chegar a ganhar cinco mil-réis por dia. Na fábrica de algodão de Itu, os homens recebiam dois mil-réis por dia, as mulheres, mil, e as crianças, quinhentos réis. Quanto às jornadas de trabalho, estas iam frequentemente das seis horas da manhã às seis horas da tarde, mas não havia uma regra padrão.

Carvalho de Moraes relatou níveis de remuneração semelhantes para artesãos, com limites um pouco mais elevados para mestres-artesãos. No trabalho das fundições de Campinas, alguns trabalhadores chegavam a ganhar oito mil-réis por dia, mas constituíam a exceção. Quanto ao trabalho diário nas fazendas, o autor relatou remunerações de mil a 1.500 réis com alimentação, e de até dois mil-réis sem alimentação. Camaradas contratados de forma mais permanente, e empregados em tarefas específicas como a de tropeiro, recebiam de sete mil-réis a dezesseis mil-réis por mês, com alimentação e moradia.

50. Para detalhes sobre os arranjos contratuais em cada colônia, ver Carvalho de Moraes (op. cit., pp. 77-84). Na maioria das colônias criadas na década de 1860, os fazendeiros pagavam uma taxa fixa — quinhentos réis por alqueire de café colhido — e ofereciam aos colonos uma moradia gratuita e um lote de terra para o cultivo de produtos alimentícios. Em duas fazendas de Pirassununga, os colonos recebiam um pagamento fixo por carpa dos pés de café sob sua responsabilidade e um pagamento separado para cada alqueire de café colhido. Esse novo sistema foi implementado na colônia de Boa Esperança, em Descalvado. Ali, os colonos recebiam cinquenta mil-réis por ano pelo trato de mil pés de café e 250 réis por alqueire (medida de capacidade) de café colhido. Os colonos também recebiam uma casa não sujeita ao pagamento de aluguel e mil braças quadradas (0,48 hectare) para seu cultivo de produtos alimentícios. O proprietário tinha oito trabalhadores livres empregados na operação das máquinas da fazenda, e estava tentando operar a fazenda apenas com trabalhadores livres. Embora o experimento ainda fosse novo (uma vez que a colônia havia sido fundada pouco antes de 1870), os fazendeiros observaram que, cuidando de 28 mil pés de café, as dez famílias de colonos instaladas na propriedade realizavam o trabalho de pelo menos doze escravos. A obtenção dos colonos havia exigido o adiantamento de quatro contos de réis, enquanto doze escravos a preços correntes (de 1870) teriam representado um gasto inicial de 26.400 mil-réis, e gastos anuais com alimentação e vestuário com os quais o proprietário não precisava arcar no caso dos colonos. O autor concluiu que "quando os fazendeiros viessem a pensar seriamente sobre tais considerações, a colonização se tornaria uma realidade" (ver a carta do dr. Tamandaré citada por Carvalho de Moraes, op. cit., p. 82).

Em 1870, em Ibicaba, onde haviam ocorrido problemas trabalhistas na década de 1850, o sistema da parceria fora abandonado em troca de um pagamento fixo por alqueire de café colhido. Em outubro daquele ano, o proprietário dessa fazenda apresentou cálculos em um jornal paulista tentando mostrar que colonos livres eram mais rentáveis do que escravos. Estimando o preço médio de um escravo em dois contos de réis, ele alegava que, com o mesmo "capital" requerido para a compra de cem escravos, era possível obter 1.666 trabalhadores estrangeiros livres. Avaliava o valor da produção de um trabalhador imigrante, em uma plantação de café já formada, em 372 mil-réis. Admitindo que um escravo produzisse o mesmo que um imigrante, ele calculou em 361 mil-réis a produção anual média para ambos os tipos de trabalhadores, com a grande diferença de que custava muito menos obter colonos do que comprar escravos. (Ver Viotti da Costa, op. cit., pp. 188-9, que citou um texto do *Correio Paulistano*.) O argumento, porém, havia convencido poucos fazendeiros até o início da década de 1870.

51. Os resultados da matrícula dos escravos em São Paulo estão listados em "Report [...] Trade [...] of Rio de Janeiro [...] Consul Lennon-Hunt, 1873" (*PP 1875*, v. 75, parte 2, p. 321). Os dados contidos no relatório são os seguintes:

		Homens	95.616	Solteiros	128.858	Urbanos	16.650
		Mulheres	74.348	Casados	35.114	Rurais	153.314
Total:	169.964			Viúvos	5.992		

Ocupações: 127.805 agricultores, 17.792 "artistas" e 24.367 não especificados.

Distribuição etária:

Até 1 ano	1.291	De 14 a 21 anos	26.523	De 50 a 60 anos	12.160
De 1 a 7 anos	24.182	De 21 a 40 anos	54.696	Acima de 60 anos	3.316
De 7 a 14 anos	26.045	De 40 a 50 anos	21.749		

52. Sem considerar o consumo interno de café, a produção exportável de café de São Paulo alcançou cerca de 3.500.000 a 3.700.000 arrobas por volta de 1870 (ver tabela 3). Mesmo aceitando a média muito baixa de 17,8 sacas por escravo constatada no Rio de Janeiro dez anos depois por Van Delden Laerne, op. cit., o emprego total de escravos no cultivo do café na província não devia ultrapassar ainda 51 mil escravos, e possivelmente era menor, uma vez que algum café era produzido por trabalho livre.

53. O censo lista 8.316 "trabalhadoras em tecidos" livres e 25.726 costureiras livres, sendo a maior parte delas donas de casa que realizavam essas atividades em meio a outras de seu trabalho doméstico diário. Como o emprego de homens e também de mulheres nas fábricas têxteis da província na época não ultrapassava quinhentas pessoas, mesmo considerando-se alguns ofícios têxteis orientados para o mercado, o número de trabalhadores têxteis em tempo integral (8.316) e de escravos na mesma ocupação (1.198) parece claramente exagerado. Dentre as "agricultoras", 49.716 eram mulheres casadas que viviam na zona rural e que, na maioria dos casos, também tinham várias atividades domésticas. Não há referências em escritos da época a mulheres livres contratadas para realizar trabalho agrícola assalariado, enquanto parece ter havido algu-

ma relutância por parte de inúmeras "caboclas" para trabalhar a terra, mesmo no caso de famílias trabalhando em pequenos estabelecimentos de forma autônoma. Também parece muito improvável que 30.940 mulheres casadas dedicadas ao "serviço doméstico" tenham sido na verdade empregadas domésticas.

54. Conforme observado com relação ao emprego feminino na nota anterior, a categoria "trabalhadores em tecidos" é definida de forma muito ampla. Em 1875, a situação da indústria têxtil propriamente dita, segundo uma publicação oficial, era a seguinte:

NOME OU PROPRIETÁRIO	LOCALIZAÇÃO	TEARES	FUSOS	NÚMERO TOTAL DE TRABALHADORES	OBSERVAÇÕES
1 Major Barros	São Paulo	—	—	83	(60 meninas de 11 a 13 anos e 20 mulheres)
2 São Luís	Itu	24	—	48 a 50	
3 Salto	Itu	50	1.600	100	
4 Santo Antônio	São José de Paraitinga	25	—	—	(motor a vapor de 50 cavalos de força)
5 Cachoeira de Votusantim	Votusantim	—	—	—	No rio Sorocaba, pertencia a uma sociedade por ações.
6 Industrial Jundiaiana	Jundiaí				Estatutos aprovados em agosto de 1874.

Ver *O Império do Brasil na Exposição Universal de 1876 em Philadelphia* (Rio de Janeiro: Typ. Nacional, 1875). Ver também Canabrava, op. cit., pp. 282-3.

55. Ver Bastide e Fernandes, op. cit., pp. 43-5. Pelo menos na capital da província, a substituição estava bem avançada por ocasião do censo de 1872 (1874).

56. Sobre a imigração no início da década de 1870, ver *DET* (op. cit., pp. 8-9); os números oficiais eram os seguintes: para 1871, 83; para 1872, 323; para 1873, 590; para 1874, 120; para 1875, 1.289 e para 1876, 1.303. Sobre as exportações de café, ver a tabela 3 de exportações totais por Santos e exportações de café "paulista" pelo Rio de Janeiro. Os dois totais não podem ser somados, uma vez que parte do café embarcado em Santos era enviada para o Rio de Janeiro a fim de ser exportada deste último porto para o exterior, mas as exportações de café "paulista" pelo Rio de Janeiro correspondem à melhor aproximação das exportações de café do norte de São Paulo.

57. "Report [...] Trade [...] Santos [...] 1879 [...] Consul Cowper" (*PP 1880*, v. 74, parte 6, p. 1499). O mesmo observador sugeriu que havia no Brasil uma grande população livre local que, sob condições adequadas, poderia ser levada a ofertar a sua força de trabalho, o que eliminaria a necessidade de uma custosa imigração.

58. Ver Antônio Augusto da Costa Aguiar, *O Brasil e os brasileiros* (Santos, SP: Typ. Commercial, 1862, especialmente as pp. 13-5, 17 e 53-4). Ver também nota 48 acima. Para dados da

população escrava nos principais municípios cafeeiros em 1854, 1874, 1883 e 1886, ver Carvalho de Mello, *The Economics of Labor*, op. cit.

59. Ver notas 47 e 54 e tabela 3 referentes ao presente capítulo; ver também "Report [...] Trade [...] Province of São Paulo [...] 1876 [...] Consul Dundas" (*PP 1877*, v. 81, parte 5, p. 1208). Este último observou o estabelecimento de fábricas em municípios algodoeiros e mencionou a fábrica têxtil Carioba em Santa Bárbara, aparentemente uma companhia de norte-americanos associados a capitalistas locais. Essa fábrica contava 28 teares e 540 fusos, e empregava 35 funcionários. "As máquinas [eram] movidas por uma roda d'água" ou seja, por força hidráulica. A fábrica em construção em Jundiaí já havia encomendado suas máquinas dos Estados Unidos.

O já citado relatório "Consul Cowper [...] 1879" (op. cit., pp. 1497-8) registrava que "o algodão [era] produzido em quantidades suficientes apenas para atender à demanda das cinco fábricas de algodão ultimamente criadas [na] província, que [fabricavam] sacas e tecidos grosseiros para trabalhadores rurais".

60. Sobre o surgimento dos engenhos centrais de açúcar, ver os relatórios presidenciais de 7 de dezembro de 1878 e 10 de janeiro de 1883 em Egas (op. cit., v. 1, p. 538 e pp. 576-7, respectivamente). O de Porto Feliz foi inaugurado em 28 de outubro de 1878. Em 1882, empregava aproximadamente cem pessoas. O engenho de Piracicaba empregava cerca de cinquenta trabalhadores. Dois outros engenhos centrais, em Lorena e Capivari, também estavam começando a operar. Grande parte do capital investido no setor era de origem britânica. Alguns dos engenhos de açúcar mais antigos certamente continuaram a empregar escravos até a década de 1880.

61. Em 1876, o cônsul britânico observou que grandes fazendeiros haviam importado principalmente imigrantes alemães para suas propriedades: "O arranjo geralmente é que um número fixo de pés de café é atribuído para cada família cultivar, e esta recebe em troca uma soma fixa" (ver "Report [...] Consul Dundas [...] 1876", citado na nota 59, p. 1290). Nesse mesmo ano, o município de Rio Claro tinha 22 fazendas operadas exclusivamente por escravos e outras 45 fazendas onde se usava tanto trabalho livre quanto escravo em diversos graus, além de algumas fazendas de café menores (sítios). Havia 2.753 escravos em fazendas, por oposição a 1.700 trabalhadores livres ou arrendatários, mas a proporção de escravos na força de trabalho total (62%) não pode ser generalizada, uma vez que tendia a ser mais baixa devido ao fato de Rio Claro ter sido um município que utilizou precocemente colonos estrangeiros. (Em 1872, cerca de 10% de sua população era alemã ou suíça!) Por outro lado, o emprego de escravos vinha crescendo mais rapidamente do que o de trabalhadores livres. Ver Dean, *Rio Claro* (op. cit., pp. 121-3). Sobre a legislação provincial que permitia a emissão de títulos de até seiscentos contos para ajudar os fazendeiros a importar trabalhadores europeus, ver Lucy Maffei Hutter, *Imigração italiana em São Paulo (1880-89)* (São Paulo: USP, 1972, p. 25). A lei de 30 de março de 1871 dava preferência a imigrantes do norte da Europa e estabelecia um máximo de dez contos por fazendeiro.

62. Sebastião José Pereira, "Relatório de 18 janeiro de 1878", reproduzido em Egas, op. cit., v. 1, p. 521.

63. Essas observações do biólogo francês Louis Couty estão resumidas em Taunay, *História do café no Brasil* (op. cit., v. 8, t. 6, p. 105).

64. A tabela 3 do presente capítulo e os dados a seguir sobre a exportação de café paulista pelo Rio de Janeiro sugerem a seguinte evolução das exportações de café do norte de São Paulo entre 1881 e 1890:

ANO	MIL ARROBAS	ANO	MIL ARROBAS	ANO	MIL ARROBAS
1881	1.804,6	1884	1.410,5	1887	982,0
1882	1.734,2	1885	1.209,5	1888	1.019,1
1883	1.795,6	1886	1.140,2	1889	1.269,4
				1890	949,3

FONTE: *Relatório apresentado ao sr. vice-presidente do estado do Rio de Janeiro pelo secretário de Finanças, 31 de julho de 1893* (Mapa demonstrativo da exportação de café, n. 11). Os mesmos comentários e ressalvas sobre os números do Rio de Janeiro se aplicam a esta série (ver nota 51 no capítulo 3 sobre a província do Rio de Janeiro). Novamente, esses números são apenas aproximações das exportações do norte de São Paulo, cuja produção era levada à ferrovia Pedro II, no interior da província do Rio de Janeiro, para ser transportada até a cidade do Rio de Janeiro, de onde era exportada para portos estrangeiros.

65. *DET*, op. cit., pp. 8-9. O "Relatório de João Batista Pereira de 7 de dezembro de 1878", citado por Egas (op. cit., v. 1, p. 538), refere-se a "numerosos retirantes".

66. Roberto C. Simonsen, em *Evolução industrial do Brasil* (São Paulo: Edusp, 1973, p. 208), afirma que "em 1880 já existiam mais de 50 mil imigrantes europeus em São Paulo". Na verdade, esse número se aproxima do total de 58.139 estrangeiros listados pelo censo de 1886. Caso se subtraia desse número a imigração oficial total entre 1881 e 1885, que alcançou 21.739 pessoas, restam 36.400. Isso sem contar a omissão de recém-chegados. Cabe lembrar que, em 1874, segundo o censo de "1872", havia apenas 16.567 estrangeiros livres na província, e que os dados oficiais sobre imigração registram apenas 11.068 entradas entre 1875 e 1880. Superestimações como a citada acima podem ter levado à ideia de que o trabalho livre era muito mais difundido em São Paulo em 1880 do que de fato o era.

67. Os quatro núcleos oficiais (São Bernardo, São Caetano, Glória e Santa Ana) continham pequenos lotes que podiam ser comprados a preços baixos, e cerca de cem famílias originariamente da Lombardia logo se estabeleceram na área. Desde o início enfrentaram dificuldades relacionadas ao solo, e muitas vezes precisaram se dedicar a outras atividades que não a agricultura. (Sobre os núcleos coloniais, ver Maffei Hutter, op. cit., pp. 102-12.) Além desses, existia uma colônia oficial do governo central em Cananeia, localizada no sul do litoral paulista. Fundada em 1861, essa colônia havia abrigado até 450 colonos britânicos em determinado momento. A ausência de meios de comunicação adequados — e portanto de mercados — e a dificuldade de adaptação dos colonos prejudicaram seu desenvolvimento. Somente na década de 1870 foi que sua situação melhorou sob uma administração brasileira, e, em 1877, tinha 761 habitantes, dos quais apenas 225 eram estrangeiros. Além disso, 52.500 pés de café haviam sido plantados recentemente na colônia, que finalmente foi "emancipada" em março de 1878, mas a essa altura muitos dos colonos britânicos já tinham sido repatriados.

Ver o já citado "Report for the Years 1887-88 on the Finances, Commerce and Agriculture of the Empire of Brazil", em "Mr. Wyndham to the Marquis of Salisbury, Feb. 19, 1889" (*PP 1889*, v. 78, n. 504A, p. 43). Enrico Perrod, *La provincia di San Paolo* (Roma: Tipografia degli Affari Esteri, 1888 [escrito em 1887], pp. 17-8). Ver também relatórios presidenciais de 25 de abril de 1869, 18 de janeiro de 1878 e 7 de dezembro de 1878, reproduzidos em Egas (op. cit., v. 1, pp. 425, 521 e 537). Segundo o relatório de 1869, Cananeia também abrigava um certo número de norte-americanos.

Em 1880, as iniciativas oficiais em favor da criação de uma classe de pequenos proprietários estrangeiros — e, portanto, no sentido de tornar São Paulo mais atraente para a imigração espontânea — permaneceram limitadas a essas tentativas e à colônia de Pariquera-Açu. Esse tipo de iniciativa, que poderia criar potenciais competidores em pequena escala para os grandes fazendeiros, não era o tipo de colonização imaginada pelos fazendeiros enquanto classe. Mais uma vez, eles precisavam de braços para a lavoura, e a legislação finalmente adotada pela província na década de 1880 acabaria atendendo sobretudo suas necessidades diretas.

68. Para um excelente tratamento dos diversos desdobramentos políticos que culminaram na abolição da escravidão em São Paulo, ver Conrad, op. cit. Sobre a questão específica dos impostos, ver ibid., pp. 169-73 e, de forma mais geral, Viotti da Costa, op. cit.

69. As diversas cotas atribuídas à província e o número de escravos libertados foram mencionados nos relatórios presidenciais do período. O seguinte número de escravos foi libertado pelo Fundo de Emancipação entre 1878 e 1885:

COTA	NÚMERO DE ESCRAVOS	PREÇO MÉDIO POR ESCRAVO (EM MIL-RÉIS)
1ª até 1878	319	940
2ª 1878	364	1.139
3ª 1881-2	60	904
4ª 1883	542	779
5ª 1885	189	597
Total	1.474	

Ver diversos relatórios presidenciais da província reproduzidos em Egas (op. cit., v. 1, pp. 521, 537, 545, 586, 913 e 919).

70. Ver *DET* (op. cit., pp. 8-9) para dados sobre imigração. Para uma descrição de alguns estabelecimentos operados com trabalho livre, ver Taunay, *História do café no Brasil* (op. cit., v. 8, t. 6, pp. 177-80). Na p. 124, o autor cita dados coletados por município que mostram a contabilidade detalhada de uma fazenda de café na qual trabalhavam exclusivamente imigrantes livres, e que produzia 5 mil arrobas no início da década de 1880. Esta indica uma taxa de retorno de 11,4% (da qual se estimava que 6% correspondessem aos juros sobre o capital de cinquenta contos investido na propriedade). Quanto à remuneração paga aos colonos em determinados estabelecimentos no início da década de 1880, ver p. 118.

71. Ver Perrod, op. cit., p. 4. Dados reproduzidos em uma publicação italiana oficial permitem indicar a composição etária dos imigrantes italianos que chegaram a São Paulo no início da década de 1880. Esses dados se referem provavelmente a imigrantes abrigados na Hospedaria de São Paulo.

ANO	ADULTOS	HOMENS	MULHERES	CRIANÇAS	TOTAL	% DE CRIANÇAS
1882	1.688	1.408	280	309	1.997	15,5
1883	2.412	1.892	520	596	3.008	19,8

Durante o mesmo período, as entradas totais alcançaram 7.736, de modo que os italianos representavam cerca de 65% do total, enquanto os portugueses respondiam por outros 25,5%. Ver *Statistica della emigrazione italiana per gli anni 1884 e 1885*, publicado por Ministero di Agricoltura, Industria, Commercio, Direzione Generale della Statistica (Roma: Tip. della Camera dei Diputati, 1886, p. 261). Dados sobre italianos não podem ser generalizados para todos os imigrantes, mas incluem aqueles que mais provavelmente se dirigiriam para o trabalho nas grandes fazendas.

72. Ver Van Delden Laerne, op. cit., pp. 352-4. (Esse autor se baseou em dados das páginas 222-3 e 334-5.) O total de cerca de 23 mil escravos foi obtido pela média de exportações anuais de café paulista pelo Rio de Janeiro entre 1881 e 1884 (ver nota 64), pressupondo uma produtividade por escravo de 17,8 sacas em áreas de café antigas, seguindo o método usado pelo autor para calcular o emprego na "zona de Santos". Esses cálculos são muito grosseiros e frágeis. Dependem dos números de produção usados e da pressuposição de que o café só era produzido por escravos. Assim, usando os dados sobre as entradas anuais médias de café em Santos entre 1880-1 e 1883-4, reproduzidos na tabela 5, e a produtividade média de 26,5 sacas por escravo avançada por Van Delden Laerne para a zona de Santos, obter-se-ia para esta última um emprego total de 63.100 escravos... (Esses dados referentes a entradas incluíam algum café de Minas Gerais. Nesse sentido, ver Taunay, *História do café no Brasil*, op. cit., v. 3, t. 1, p. 277.)

A produção média por escravo de 26,5 sacas no centro-oeste de São Paulo estimada por Van Delden Laerne pode ser comparada à que resulta de observações de um biólogo francês no início da década de 1880. Couty estimou que seriam necessários quinze dias de trabalho de um escravo para produzir uma saca de café, o que, em 310 dias, daria uma média de aproximadamente 21 sacas por escravo (e, em 365 dias, 24 sacas).

Van Delden Laerne também aceita a média de 2.788 pés de café (jovens e já produtivos) por escravo, baseada nas estatísticas detalhadas de cerca de dez estabelecimentos, mas a média de 146 propriedades endividadas junto a bancos, que o autor também reproduz, é de 2.450 pés de café por escravo. Segundo seus cálculos, no centro-oeste paulista, 50.674 escravos cuidariam de 141.279.112 pés, dos quais aproximadamente 40.434.392 seriam pés jovens, resultando em um total de 1.990 pés já produzindo e 798 pés jovens por escravo. Quanto à importância dos escravos na força de trabalho das grandes fazendas, o cônsul britânico em Santos confirmava, em 1884, que os escravos continuavam predominantes no cultivo do café, e que pouca coisa estava sendo feita para substituí-los. Ver "Report [...] Trade [...] Santos [...] 1884 [...] Acting Consul Hampshire" (*PP 1884-85*, v. 77, parte 5, n. 17, Commercial Report, pp. 533-4).

73. Ver Van Delden Laerne, op. cit., sobre horas de trabalho (pp. 91-2) e para dados sobre fazendas hipotecadas a bancos (pp. 220-3).

74. Segundo Perrod (op. cit., pp. 87-8), "os caipiras [sic] se recusam terminantemente a trabalhar [de forma permanente] para os fazendeiros". Segundo alguns fazendeiros de São Paulo, um trabalhador branco valia menos do que um escravo em termos de trabalho e produtividade.

75. Taunay, *História do café no Brasil*, op. cit., v. 8, t. 6, p. 164. Couty fez referência ao nomadismo dos colonos, que ocasionalmente deixavam as fazendas em grupos grandes. Ver também Van Delden Laerne (op. cit., pp. 361-4).

76. *Statistica della emigrazione italiana per gli anni 1884 e 1885*, op. cit., pp. 261-2.

77. Sobre a evolução das exportações de café por Santos no início da década de 1880, ver tabela 5. Sobre as do norte de São Paulo, ver nota 64. Sobre a questão da potencial imigração chinesa, ver

"Report [...] Trade [...] Santos [...] 1881 [...] Consul Cowper" (*PP 1882*, v. 71, parte 16, p. 1513) e *Statistica della emigrazione italiana* [...] *1884 e 1885* (op. cit., parte 2, documentos). Esta última fonte inclui o texto do estatuto de uma companhia criada com o intuito de importar trabalhadores chineses, aprovado em 3 de setembro de 1883 (pp. 306-8).

78. Ver Maffei Hutter (op. cit., pp. 78-86) sobre a Hospedaria de São Paulo, suas condições de operação e assembleias de imigrantes.

79. A lei de 1879 apresentou algumas melhorias do ponto de vista dos colonos com relação à lei de 1837. Reduzia a um máximo de sessenta dias a sentença de prisão à qual um colono estava sujeito por não cumprir com suas obrigações contratuais. Embora também limitasse a duração dos contratos e as taxas de juros sobre as dívidas dos colonos, a lei permanecia muito severa com relação às outras obrigações destes. Os fazendeiros haviam reagido negativamente à lei, que reduzia suas garantias quando pagavam as passagens dos colonos, enquanto estes últimos ainda hesitavam em aceitar, em grandes números, o endividamento que resultaria de seu transporte para o Brasil.

80. Sobre a evolução da legislação relativa à imigração para a província de São Paulo, ver *Statistica della emigrazione italiana* [...] *1884 e 1885* (op. cit., parte 2, documentos, p. 451). Sobre a mesma questão, ver Viotti da Costa (op. cit., pp. 189-90), que apresenta os seguintes dados de gastos crescentes do governo provincial com a imigração (arredondados para contos, ou seja, 1 milhão de réis, ou mil mil-réis):

ANO	CONTOS	ANO	CONTOS	ANO	CONTOS
1881-2	52,7	1883-4	71,3	1885-6	808,2
1882-3	27,3	1884-5	234,3	1886-7	1.133,4

81. "Report [...] Trade [...] Santos [...] 1884 [...] Acting Consul Hampshire" (*PP 1884-85*, v. 77, parte 5, p. 534).

82. Ver *DET*, op. cit., pp. 8-9, e "Relatório do vice-presidente da província de 4 de setembro de 1884", reproduzido em Egas, op. cit., v. 1, p. 912. Sobre o número de famílias de colonos em 1884, ver Taunay, *História do café no Brasil* (op. cit., v. 8, t. 6, p. 161).

83. Segundo Perrod (op. cit., pp. 73-80), os municípios de São Paulo que continham mais de quinhentos colonos e agricultores italianos em 1886 eram os seguintes:

MUNICÍPIOS	COLONOS E AGRICULTORES ITALIANOS ADULTOS	MUNICÍPIOS	COLONOS E AGRICULTORES ITALIANOS ADULTOS
Belém do Descalvado	1.000	Limeira	1.600
Campinas	1.800	Rio Claro	650
São Paulo (capital)	812	São Carlos do Pinhal	800
Casa Branca	600	Sorocaba	550
Itatiba	1.000		
Jundiaí	1.600	Total[a]	10.412

[a] Esses municípios com mais de quinhentos colonos e agricultores italianos abrigavam 76,8% do total de 13.564 italianos listados nessa categoria na província. Segundo a mesma fonte, Araras, Pira-

cicaba, Ribeirão Preto, Cabreúva, Santa Rita do Passa Quatro e Amparo tinham entre trezentos e quinhentos colonos e agricultores italianos, somando ao todo 1.604. Os dados acima estão baseados em questionários enviados a italianos "eminentes" da maioria dos municípios da província, ou a outros informantes presumivelmente confiáveis, e supõe-se que descrevem quase exatamente a situação dos municípios estudados. Esses dados se referem ao período entre dezembro de 1885 e março de 1886. A definição de "colono" nem sempre está clara nos diversos municípios, e o vice-cônsul Perrod somou os "colonos" adultos e os agricultores. Ver Perrod, op. cit., pp. 35-6 e 57.

Segundo Conrad (op. cit., p. 131), ao final de 1886 havia em Mogi Mirim 74 fazendas que produziam 55 mil sacas de café. Grande parte do trabalho no cultivo do café era realizada por escravos, dos quais ainda existiam cerca de 3 mil, enquanto não havia mais de oitocentos trabalhadores livres no município.

84. Ver Dean, *Rio Claro*, op. cit., p. 50. A informação é um tanto surpreendente.

85. Ver respectivamente Carvalho de Mello, op. cit. e Conrad, op. cit., cap. 16. Para um tratamento político mais amplo, ver Viotti da Costa, op. cit.

86. Ver Veiga Filho (op. cit., pp. 67-8) e relatórios vice-presidenciais de 4 de setembro de 1884 e 2 de setembro de 1885, reproduzidos em Egas (op. cit., v. 1, pp. 910 e 919). Ver também Viotti da Costa, op. cit.

87. Ver Maffei Hutter, op. cit., p. 160. Os contratos envolviam o seguinte número de pessoas e famílias, em sua maioria italianas:

DATA DO CONTRATO	NÚMERO DE FAMÍLIAS	NACIONALIDADE DOS IMIGRANTES	NÚMERO DE PESSOAS
Contrato (18 set. 1886)	1.312	Italiana	6.000
Autorização (30 mar. 1887)	500	Italiana	3.698
Contrato (2 jul.1887)	5.532	Maioria italiana	33.163
Contrato (21 jan. 1888)	1.000	Maioria italiana	7.341
Contrato (3 mar. 1888)	8.796	Nacionalidades variadas	45.623
Autorização do ministro da Agricultura (28 mar. 1888)	1.439	Maioria italiana	7.971
Total	18.579		103.796

88. A citação é da carta "Mr. Gough to the Marquis of Salisbury, Rio, Dec. 22, 1887, Inclosure n. 35" (*PP 1889*, v. 72, p. 60). Sobre a reunião dos fazendeiros, ver p. 61. Sobre o número de escravos ainda matriculados em 20 de março de 1888, ver "Mr. Gough to the Marquis of Salisbury, Rio, May 7, 1888" (*PP 1889*, v. 72, p. 62).

No início de 1888, outro diplomata britânico afirmou que, até então, o sistema de trabalho escravo tinha apenas "futuros substitutos [...] parciais", já que acreditava-se que os escravos que fossem libertados trabalhariam, mas "não [...] de forma confiável". No entanto, ele observou ainda que a imigração crescente, promovida pela "maioria dos homens mais importantes da província", parecia indicar que a questão da mão de obra tendia na direção de uma solução. "Report [...] Trade [...] Santos [...] 1887 [...] Acting Consul Hampshire" (*PP 1888*, v. 100, n. 315A, p. 4).

89. O cônsul interino Hampshire, em seu "Report [...] 1887" (op. cit., p. 3), observou que os escravos que abandonavam as fazendas "logo encontravam trabalho" com outros fazendeiros, quando optavam por trabalhar. Conrad (op. cit., pp. 255-6) refere-se a contratos acertados por abolicionistas com fazendeiros, que concordaram em pagar um salário diário temporário de quatrocentos réis. Segundo um observador citado por Conrad, na época da Abolição, em mais de um terço das grandes fazendas de São Paulo a força de trabalho consistia de "escravos" que haviam abandonado outras propriedades.

90. Sobre a evolução das exportações de café, ver tabela 5. Sobre a imigração no final da década de 1880, ver tabela 4 do capítulo 7. Ao comentar a abolição pacífica em São Paulo, o cônsul britânico observou que, apesar de uma tensão inicial, "a transição para o trabalho livre ocorrera sem resultados adversos [...] à agricultura". Segundo ele, a visão dos "homens mais importantes" da província permitira minimizar os efeitos adversos, iniciando um "abrangente sistema de imigração", de modo que, "quando o momento crítico chegou, o mercado de trabalho estava abundantemente suprido de bons elementos para o trabalho". Somente ao longo de 1888, mais de 74 mil italianos haviam entrado na província, um afluxo incluindo "quase exclusivamente imigrantes do norte da Itália". A safra de 1888-9 fora inicialmente estimada em 4 milhões de sacas, "a maior jamais registrada". No entanto, devido a "chuvas fora de época e a uma desorganização temporária do trabalho resultante da abolição da escravidão no início da [...] colheita", calculou-se que "cerca de 1 milhão de sacas" haviam sido perdidas. Ver "Report [...] Trade [...] São Paulo through the Port of Santos for the Year 1888 [...] Consul Cowper" (*PP 1889*, v. 78, n. 498A, pp. 1-3). Sobre as exportações de café paulista pelo Rio de Janeiro no período que sucedeu à Abolição, ver nota 64. Conforme mencionado anteriormente, o volume de café do norte paulista exportado pelo Rio vinha caindo desde o início da década de 1880.

91. Ver Bastide e Fernandes, op. cit., pp. 58-9.

92. Essa observação é apenas tentativa, uma vez que também existiam não apenas escravos mulatos, mas também negros livres. O aparente "aumento" do litoral pode estar relacionado à existência de uma proporção maior de negros livres muito antes da Abolição. No oeste de São Paulo, a participação relativa de negros na população caiu rapidamente nos anos subsequentes com a chegada de numerosos imigrantes europeus.

93. Os cinco municípios que absorveram mais imigrantes no início da década de 1900 tinham a seguinte população negra em 1890 e o seguinte total de escravos em 1883:

	NEGROS (1890)	ESCRAVOS (1883)
Ribeirão Preto	985	1.386
São Carlos do Pinhal	1.987	3.465
São Simão	523	1.194
Avaré (Rio Novo)	1.342	325
Jaú	616	1.876
Total	5.453	8.246
	Média 1.090	

Em contraste, a média para os quarenta municípios do oeste para os quais se dispõe de dados era de 1.606 negros por município em 1890, e, para os quarenta municípios da região central, a média era de 1.443 negros.

Os dados para os outros municípios "de fronteira" em 1890 e 1883 eram respectivamente os seguintes:

	NEGROS (1890)	ESCRAVOS (1883)
Jaboticabal	3.616	937
Batatais	2.105	2.312
Botucatu	2.319	1.812
São Manuel	892	—
Brotas	1.005	1.214
Araraquara	855	2.247
Franca	1.452	2.497
Carmo	854	—
Patrocínio do Sapucaí	362	—
Total	13.460	11.019
	Média de 1.496	

Os números foram tirados de *Sexo, raça, estado civil, nacionalidade, filiação, culto e analfabetismo da população recenseada em 31 de dezembro de 1890*, citado na tabela 6, pp. 126-37.

94. Abaixo estão listados os doze municípios contendo as maiores populações negras em termos absolutos em 1890, e sua proporção na população total do respectivo município, em confronto com a população escrava em 1886 e 1883.

	NEGROS (1890)	% DE NEGROS NA POPULAÇÃO TOTAL	POPULAÇÃO ESCRAVA EM 1886	POPULAÇÃO ESCRAVA EM 1883
Campinas	7.060	20,8	9.986	15.665
Rio Claro	5.709	23,2	3.304	4.852
Bananal	5.578	36,1	4.182	7.168
Piracicaba	4.982	17,9	3.820	5.840
Bragança	4.768	—	—	2.157
Guaratinguetá	4.580	14,9	3.165	5.312
São Paulo (capital)	4.446	6,8	—	3.285
Amparo	3.819	16,7	3.524	4.630
Jaboticabal	3.616	—	—	937
Pindamonhangaba	3.621	20,6	2.914	4.177
Limeira	3.609	16,7	2.374	3.624
Capivari	3.443	31,9	2.003	3.612

As fontes dos dados de 1886 e 1890 são as mesmas da tabela 6. Para 1883, ver Van Delden Laerne (op. cit., pp. 115-6).

95. A questão da "Grande Naturalização" é tratada por Maffei Hutter (op. cit., pp. 136-7). A distribuição da população "estrangeira" de São Paulo em 1890, segundo as principais regiões, era a seguinte:

Regiões	População estrangeira			% de homens	% Região total
	Homens	Mulheres	Total		
Norte	1.182	539	1.721	68,7	2,3
Litoral	2.070	774	2.844	72,8	3,9
Santos	1.361	331	1.692	80,4	
Outros municípios	709	443	1.152	61,5	
Área central	20.427	13.799	34.226	59,7	46,4
São Paulo (capital)	8.968	5.335	14.303	62,7	(19,4)
Outros municípios	11.459	8.464	19.923	57,5	
Oeste	19.677	15.251	34.928	56,3	47,4
Total[a]	43.356	30.363	73.719	59,8	100,0

[a] A amostra utilizada totaliza 73.719 "estrangeiros", ou 98,25% do total de 75.030 pessoas. A proporção total de mulheres na amostra é de 41,18% e, no total registrado, de 41,22%. A questão do sub-registro do número efetivo de habitantes nascidos no exterior é discutida no texto. As computações foram efetuadas pelo autor a partir de dados municipais do censo de 1890 publicados em Ministério da Indústria, Viação e Obras Públicas, Diretoria Geral de Estatística, *Sexo, raça, estado civil, nacionalidade*, op. cit., pp. 209-14.

96. Ver o relatório de Gherardo Pio di Savoia, cônsul-geral da Itália em São Paulo, "Lo stato di San Paolo (Brasile) e l'emigrazione italiana", datado de junho de 1904 (*Bolletino dell'Emigrazione*, 1905, n. 3, pp. 110-5). Ele reproduz dados sobre a localização de imigrantes italianos em 1900 segundo o relatório de um predecessor.

A proporção maior de imigrantes do sexo feminino no oeste e no centro de São Paulo, que aparece nos dados da nota 95 acima, indica uma proporção maior de famílias nessas áreas, por oposição ao norte e ao litoral. A capital do estado e Santos reuniam muitos trabalhadores solteiros, enquanto a "demanda por colonos" no centro-oeste paulista justificava um número maior de famílias (ver a discussão adiante no texto).

97. As características do trabalho nas fazendas de café do Vale do Paraíba são analisadas em maiores detalhes no capítulo 3 sobre a província do Rio de Janeiro, onde as mesmas condições eram encontradas de forma generalizada, por oposição ao centro-oeste de São Paulo. Como, por outro lado, a produção do Vale do Paraíba representava uma fração cada vez menor da produção total de café de São Paulo, a discussão sobre as condições dessa região não será estendida.

98. Ver, respectivamente, Florestan Fernandes, "The Weight of the Past" (*Daedalus*, pp. 563-64, primavera 1967), e "Report [...] Trade [...] Santos [...] 1887 [...] Acting Consul Hampshire" (op. cit., p. 4). Segundo este último observador, os escravos foragidos "desmat[avam] um pequeno lote

de terra e erig[iam] um sítio [...]; quando obrigados a trabalhar para ganhar [dinheiro] suficiente para comprar comida, [faziam-no] durante um ou dois dias, e em seguida recaíam" na inatividade.

99. Esses números podem ser encontrados no *Relatório do Ministério da Agricultura*, de 1888 (p. 24). Tais dados podem ser comparados com aqueles referentes à população total em 1890 e 1872, que eram respectivamente 53,8% e 39,9% para a população acima dos quatorze anos e casada, e 51,1% e 52,1% para a proporção de homens na população total. Ver IBGE, *Anuário estatístico do Brasil, 1939-40*, op. cit., apêndice, pp. 1298 e 1302.

Sobre a proporção de homens entre os estrangeiros, ver nota 95 acima. Tal proporção não é substancialmente diferente da de escravos. Infelizmente, não estão disponíveis dados detalhados sobre o estado civil dos "estrangeiros".

Conrad (op. cit., p. 256) refere-se a um exemplo no qual os proprietários de uma fazenda em Campinas libertaram escravos incondicionalmente e lhes ofereceram vantagens iguais àquelas oferecidas aos trabalhadores italianos. "Os libertos declararam sua intenção de ficar [...] e pediram permissão para adotar o sobrenome" dos proprietários. Tal atitude por parte dos proprietários, porém, parece ter constituído uma exceção.

Conforme observado por Fernandes (op. cit., p. 563), "os negros passaram sem transição da categoria de trabalhadores privilegiados à de trabalhadores de terceira classe". A mudança na escala da produção — que se propôs, no presente trabalho, ter ocorrido — é coerente com essa observação, uma vez que apenas no trabalho em turmas os escravos poderiam ter sido "trabalhadores privilegiados".

100. Sobre a questão da concentração costumeira de mulheres brasileiras no trabalho doméstico e sua resistência ao trabalho agrícola, ver Maria Thereza Schorer Petrone, "Imigração assalariada", em *História geral da civilização brasileira*, organizado por Sérgio Buarque de Holanda (São Paulo: Difusão Europeia do Livro, 1967, t. 3, v. 2, p. 296), e Taunay, *História do café no Brasil* (op. cit., v. 8, t. 6, p. 181).

101. Sobre a predominância dos colonos estrangeiros na cafeicultura nas duas décadas que se seguiram à Abolição, ver A. Lalière, *Le Café dans d'état de Saint-Paul* (Paris: Augustin Challamel, 1909, p. 265) e Pierre Denis, *Brazil* (Londres: T. Fisher Unwin, 1911, cap. 8). No já citado relatório do cônsul-geral italiano Pio di Savoia, em *Bolletino dell'Emigrazione* (n. 3, pp. 32-3, 1905), observa-se que, entre os italianos imigrados para São Paulo, predominavam aqueles que se tornaram colonos na cafeicultura. Essas fontes também se referem aos ex-escravos e brasileiros e a suas ocupações. Ver, por exemplo, Denis (pp. 183 e 200-1). Um trabalho específico sobre o tema é Thomas H. Holloway, "Condições do mercado de trabalho e organização do trabalho nas plantações na economia cafeeira de São Paulo, 1885-1915", *Estudos Econômicos* (São Paulo: IPE-USP, v. 2, n. 6, especialmente pp. 163-4).

A crise do início dos anos 1900 e a proibição do governo da Itália de que italianos recebessem subsídios de São Paulo para emigrar para o estado podem ter levado a um aumento no emprego de brasileiros. No entanto, em um município cafeeiro tão importante quanto Rio Claro, cuja produção chegou a um máximo por volta de 1905, os brasileiros representavam apenas 26% da força de trabalho nas grandes fazendas de café naquele ano. Ver Dean, *Rio Claro*, op. cit., p. 172.

Apesar da crise do café no início dos anos 1900, havia na época aparentemente 26 municípios cafeeiros onde a quantidade de italianos excedia a de brasileiros, e doze outros onde seus números eram equivalentes. Ver o já citado relatório do cônsul-geral Pio di Savoia (pp. 18-9).

102. Ver Fernandes, op. cit., pp. 567-8, e *Recenseamento de 1920*, v. 1, p. 479. Os dados são de um

recenseamento parcial da capital de São Paulo, que revelou 130.775 habitantes em 1893. Observadores já estimavam a população na época em 150 mil habitantes.

103. Ver Ministério da Indústria, Viação e Obras Públicas, Diretoria Central de Estatística, *Sexo, raça, estado civil, nacionalidade*, op. cit., pp. 373 e 145.

104. A imigração italiana para o Brasil segundo as regiões italianas de origem, em subperíodos selecionados, entre 1879 e 1899, foi a seguinte:

REGIÕES	1879-85	1886-7	1891-3	1896-9	TOTAL	% REGIÃO TOTAL
Centro-Norte						(69,3)
Piemonte	1.421	556	6.820	4.832	13.639	2,7
Ligúria	444	181	1.219	975	2.819	0,6
Lombardia	4.481	3.744	28.406	17.905	54.536	10,7
Vêneto	16.603	22.523	93.809	52.893	185.828	36,3
Emília-Romanha	314	385	11.490	18.808	30.997	6,0
Toscana	5.037	2.752	9.127	20.530	37.446	7,3
Marche	127	40	932	8.786	9.885	1,9
Úmbria	14	13	219	2.484	2.730	0,5
Lácio		1	25	4.387	4.413	0,9
Mezzogiorno						(30,7)
Abruzo e Molise	2.992	1.152	5.233	19.752	29.129	5,7
Campânia	6.737	4.218	16.909	31.141	59.005	11,5
Apúlia	35	129	739	3.094	3.997	0,8
Basilicata	7.444	3.212	4.125	6.633	21.414	4,2
Calábria	10.259	3.618	8.188	16.677	38.742	7,6
Sicília	16	245	2.917	8.767	11.945	2,3
Sardenha	13	—	28	5.218	5.259	1,0
Total	55.937	42.779	190.186	222.882	511.784	100,0

FONTE: *Statistica della emigrazione italiana all'estero* (de vários anos): 1879, pp. 40-7; 1881, pp. 68-73; 1882, pp. 10-1; 1883, pp. 44-5; 1884-5, pp. 24-7 e 70-3; 1886, pp. 98-101; 1887, pp. 90-3; 1891, pp. 74-7; 1892, pp. 74-7; 1893, pp. 80-1; 1896, pp. 72-5; 1897, pp. 76-9; 1898, pp. 72-5; 1899, pp. 76-9. Todos foram publicados em Roma pelo Ministero di Agricoltura, Industria e Commercio, Direzione Generale della Statistica.

Os dados acima têm por base declarações dos emigrantes italianos sobre seus destinos, feitas aos prefeitos de suas comunas de origem. Como alguns mudavam posteriormente de destino final, o total obtido a partir dessas declarações é diferente do das estatísticas dos países de acolhimento.

105. Uma exposição detalhada das cláusulas habituais de contratos de colonos e da situação dos agricultores pode ser encontrada em Pio di Savoia (op. cit., pp. 34-42). Esse cônsul-geral italiano observou que os italianos raramente entravam em contratos de parceria (meação), e que alguns trabalhavam nas fazendas como "camaradas" com remuneração diária, mensal ou anual. "Mas a regra [era] o colono."

O cônsul também mencionou que os contratos de colonos (de empreitada) geralmente envolviam 5 mil pés de café. Os colonos recebiam oitenta mil-réis para o trato anual dos pés (pagos em prestações ao final de cada trimestre) e quinhentos réis por alqueire de cerejas de café colhidas (depois de problemas com a definição do alqueire algumas décadas antes, um alqueire na cafeicultura de São Paulo era então considerado equivalente a cinquenta litros). O pagamento da colheita era feito oito dias depois da última entrega de café ao fazendeiro. No entanto, esses valores variavam conforme o município. Em São Carlos do Pinhal, em 1899, a remuneração dos trabalhadores diaristas variava de dois mil-réis a três mil-réis sem alimentação, e, no caso de contratos mensais, o salário podia chegar a setenta mil-réis com alimentação. Ver "Report [...] Trade [...] Rio de Janeiro [...] 1899 [...] Acting Consul General Rhind" (*PP 1900*, v. 92, n. 2.475A, p. 22).

Em 1903, segundo Pio di Savoia (op. cit., p. 42), diaristas em São Carlos recebiam dois mil-réis sem alimentação, e 1.500 réis com alimentação. Referindo-se a salários pagos em um único estabelecimento em Rio Claro, Dean (op. cit., p. 169) lista uma remuneração diária em 1899 de 2.500 réis, que teria caído em termos monetários para dois mil-réis entre 1902 e 1905. (Mas o mil-réis se valorizara com relação à libra esterlina.)

106. Essa situação anômala foi apenas parcialmente corrigida por volta de 1904, uma vez instalada a crise do café e depois de terminada a imigração subsidiada de italianos: uma lei foi aprovada declarando que todas as obrigações contraídas pelos fazendeiros relativas a remunerações dos colonos seriam consideradas dívidas privilegiadas em caso de falência. Ver "Legge Brasiliana che dichiara privilegiati i crediti dei lavoratori agricoli per il pagamento dei loro salari", em *Bolletino dell'Emigrazione*, 1904, n. 2, V.

Denis (op. cit., p. 217) relata que casos de "maus pagadores" não eram incomuns no final da década de 1890 (quando os preços do café estavam em queda), mas haviam se tornado menos frequentes após a crise do café e a resultante escassez comparativa de mão de obra.

Está claro que essa atitude não era generalizada entre os fazendeiros, ou a imigração italiana possivelmente teria sofrido um recuo anteriormente. Mas houve também casos precoces de não pagamento: sobre uma reunião de italianos na Hospedaria de São Paulo em 1888, para discutir a situação de trabalhadores que não haviam sido pagos, ver Maffei Hutter (op. cit., p. 86).

107. Para uma descrição de contratos de formação envolvendo italianos, ver o relatório do cônsul-geral italiano Attilio Monaco, "L'immigrazione italiana nello stato di San Paolo del Brasile" (*Bolletino dell'Emigrazione*, n. 8, III, p. 44, 1902). Escrevendo em 1901, o cônsul-geral se referiu a casos em que a moradia era concedida ao formador ou empreiteiro sem a cobrança de aluguel. Estes geralmente recebiam de 110 a 120 réis por pé de café adulto (plenamente crescido) após quatro anos. Devido à crise do café, a política do governo de São Paulo foi desencorajar novos plantios de cafezais que pudessem agravar a "superprodução". Assim, durante os primeiros anos da primeira década do século XX, os contratos de formação tornaram-se menos frequentes (ver Pio di Savoia, op. cit., p. 32).

108. Sobre o "nomadismo" dos colonos já em 1884, ver nota 75 acima. Para relatos posteriores, ver Denis (op. cit., pp. 205-7).

Segundo Veiga Filho (op. cit., p. 73), em meados da década de 1890, aproximadamente um terço da população da capital, estimada em cerca de 150 mil pessoas, era composto de italianos. No início da década de 1900, ao comentar que o número de 122 mil italianos sugerido por seus predecessores parecia elevado demais, o cônsul italiano Pio di Savoia avaliou a população italiana da capital em cerca de 80 mil pessoas. Em 1900, antes de se acelerarem as saídas rumo ao Rio da Prata e as repatriações, esse número pode ter sido maior.

Sobre o movimento dos italianos para os centros urbanos do estado de São Paulo, "após o abandono do trabalho no campo", ver o relatório do cônsul-geral Attilio Monaco (op. cit., p. 36). Seu sucessor, Pio di Savoia, em seu já citado relatório de 1904 (p. 17), mencionava que, nos centros urbanos das áreas cafeeiras, os italianos tinham se tornado mais importantes nas atividades comerciais do que os brasileiros ou os portugueses.

Com base em diversas edições anuais de *Statistica della emigrazione italiana*, computou-se para discussão no presente estudo a seguinte série de repatriações por mar do Brasil para a Itália:

REPATRIAÇÕES POR MAR DO BRASIL PARA A ITÁLIA

ANOS	ENTRADA EM PORTOS ITALIANOS	ENTRADA EM PORTOS ESTRANGEIROS	TOTAL
1884	72	—	—
1885	(?)	—	—
1886	(?)	—	—
1887	317	—	—
1888	1.136	—	—
1889	3.603	—	—
1890	1.510	109	1.619
1891	2.583	49	2.632
1892	7.566	1.709	9.275
1893	10.906	446	11.352
1894	5.341	89	5.430
1895	16.896	499	17.395
1896	16.794	2.901	19.695
1897	20.192		
1898	17.489		
1899	8.972		
1900	17.733		
1901	21.224		
1902	29.701		
1903	29.740		

Os números se referiam ao Brasil como um todo, e não apenas a São Paulo, embora este último absorvesse uma grande fração da imigração italiana.

109. Uma listagem incompleta das propriedades rurais italianas em 42 municípios de São Paulo em 1901 revelou um total de 2.142, incluindo pelo menos 351 fazendas "grandes" com 10 mil a 40 mil pés de café — não muito "grandes" em termos de outras classificações (ver nota 117 adiante). Em dezesseis municípios para os quais o cônsul italiano não conseguiu encontrar dados detalhados, os italianos possuíam 1.282.500 pés de café, ou apenas 2,05% de um total de 62.480.800 pés de café. Ver o relatório do cônsul Attilio Monaco de outubro de 1901 em *Bolletino dell'Emigrazione* (n. 8, III, pp. 52 e 54-5, 1902).

O censo agrícola de 1905 confirmou a predominância de brasileiros no total de proprietários de estabelecimentos rurais, embora, sem dúvida, alguns proprietários nascidos no exterior estivessem incluídos entre os brasileiros, sobretudo imigrantes chegados antes de 1889. Os dados são considerados confiáveis e mostram a seguinte distribuição entre nacionalidades:

NACIONALIDADE DOS PROPRIETÁRIOS	NÚMERO DE PROPRIEDADES		ÁREA EM ALQUEIRES (2,42 HECTARES)	
	Total	%	Total	%
Brasileiros	48.508	85,2	4.539.342	90,5
Italianos	5.197	9,1	192.091	3,8
Portugueses	1.607	2,8	130.787	2,6
Alemães	675	1,2	60.776	1,2
Espanhóis	470	0,8	9.413	0,2
Total	56.931	100,0	5.013.809	100,0

Muitos dos estabelecimentos dos estrangeiros estavam localizados em colônias oficiais ou ex-oficiais. Em 1908, um observador italiano constatou que, em determinados municípios de fronteira, italianos também estavam adquirindo propriedades fundiárias. Nesse sentido, ver A. Piccarolo, *Una revoluzione economica* (Alessandria: Typ. Cooperativa, 1908, p. 12), mas esse processo havia começado recentemente.

Todos os dados disponíveis para a primeira década do século XX parecem confirmar a declaração de um ministro da Agricultura, no início da década de 1890, sobre a dificuldade de um imigrante se tornar proprietário de terras em São Paulo (ver nota 119 adiante). Assim, Denis (op. cit., pp. 219-22) enfatizou os preços muito elevados da terra durante a década de 1890, e que seus níveis se mantiveram comparativamente altos durante a primeira década do século XX.

Dados oficiais sobre proprietários de terra italianos — que plantavam, em sua maioria, café e gêneros alimentícios, e ocasionalmente cana-de-açúcar — no estado de São Paulo durante a primeira década do século XX mostram que, de um total de 140 listados em doze localidades diferentes, apenas um estava no Brasil havia menos de doze anos, e a maioria já estava no país havia pelo menos dezesseis anos, o que indica que nenhum desses proprietários de terras era recém-chegado. Ver *L'état de São Paulo, 1911: Renseignements utiles* (Antuérpia: Laporte & Dosse, 1911, pp. 58-68). Dados semelhantes sobre outros municípios podem ser encontrados em Piccarolo (op. cit., pp. 22-6). Em contraste, parece que diversos estrangeiros já possuíam propriedades urbanas por volta de 1910, como se pode ver com base nos seguintes dados:

NACIONALIDADE DOS PROPRIETÁRIOS	NÚMERO	VALOR EM CONTOS
Italiana	23.520	113.233
Portuguesa	12.834	118.005
Alemã	3.498	41.926
Espanhola	1.488	8.628
Outras	8.590	29.407
Total	49.930	311.199 (aproximadamente 518 milhões de francos franceses)

Observação: Esses dados foram tirados de uma tabela anexa a *L'état de São Paulo, 1911*, op. cit.

110. Segundo um estudo de Warren Dean referente ao período 1884-1914, que ele cita em seu livro *Rio Claro* (op. cit., p. 192), "as remessas do Brasil para a Itália nos anos anteriores à Primeira Guerra Mundial, sob a forma de ordens de pagamento, não alcançavam mais de dois mil-réis por imigrante, ou 1/50 do valor enviado dos Estados Unidos, embora os grupos de italianos nos dois países fossem praticamente equivalentes em número em 1901". Dean também apresenta (p. 190) dados abundantes sobre o município de Rio Claro, nos quais mostra que somente uma quantidade comparativamente pequena de imigrantes conseguia adquirir terras.

111. Por exemplo, segundo o secretário da Agricultura do estado de São Paulo, por volta de 1897, uma família podia ter a seguinte renda monetária na cafeicultura, cultivando também produtos alimentícios:

Trato de 5 mil pés de café (100 mil-réis por mil pés ao ano)	500 mil-réis
Colheita de quinhentos alqueires a seiscentos réis o alqueire	300 mil-réis
Quatro "carros" de milho	100 mil-réis
Vinte alqueires de feijão	160 mil-réis
Trinta dias de serviço à remuneração diária de 3.500 réis	105 mil-réis
Total	1.165 mil-réis

Esse alto funcionário considerou valores máximos bastante extremos para um cálculo "médio", mas tal renda familiar anual não era impossível. De fato, a Companhia Agrícola de Ribeirão Preto reportou que 267 famílias por esta empregadas tinham recebido uma média de 1.199 mil-réis em 1893.

Para outras combinações possíveis entre o cultivo de gêneros alimentícios e de café no início da década de 1900, não incluindo remunerações diárias por serviços, mas considerando a receita advinda da criação de gado e aves, ver Pio di Savoia (op. cit., p. 37). Segundo seus cálculos, que incluíam o trato de 4 mil pés de café mediante remunerações mais baixas do que em 1897, a renda familiar anual chegaria a 890 mil-réis.

Para os números acima, ver *Relatório dos negócios de agricultura, commercio e obras públicas de São Paulo* (secretário Firmino M. Pinto, 1897) (São Paulo: Typ. Espindola, Siqueira & Cia., 1898, p. 43). Segundo números apresentados às pp. 48-9 do mesmo relatório, computaram-se aqui os seguintes rendimentos médios no cultivo de gêneros alimentícios:

	QUILOS POR HECTARE		QUILOS POR HECTARE
Milho em terras virgens	2.479,00	Feijão	619,80
Milho em capoeira	1.859,50	Arroz	929,75

112. Nesse sentido, observadores da época assinalaram que muitos dos italianos recebiam a garantia de um mínimo que não era certo poderem obter em seu país de origem. Segundo o censo italiano de 1881, apenas um sexto dos agricultores do país era proprietário das terras que cultivava. Ver Schorer Petrone, "Imigração assalariada", op. cit., p. 274.

113. A questão da alocação do trabalho da família de colonos entre o cultivo do café e de gêneros alimentícios foi abordada anteriormente neste capítulo. Pode ser feita uma discussão com base na teoria econômica, na qual a família de colonos é considerada uma unidade de produção que tem a seu dispor um intervalo de possibilidades de produção e está sujeita a restrições. Uma vez que a família recebia por sua "produção" bruta de café (volume total colhido e entregue ao fazendeiro), é possível calcular um "preço" por unidade de produto entregue a partir das remunerações monetárias totais pelo cultivo do café, que poderia ser associado a um preço de venda de um produtor independente. Dado esse preço, bem como o preço dos gêneros alimentícios (para simplificar, pode-se supor que se tratasse de apenas um gênero), a família de colonos se veria diante de um problema padrão: escolher um ponto na fronteira das possibilidades de produção tangente à linha de preços relativos. No entanto, existiam diversas restrições, tanto do lado do fazendeiro quanto do da família do colono, que "reduziam" a fronteira de possibilidades de produção, além de problemas adicionais com respeito a preços relativos que são discutidos em maiores detalhes em Lago (op. cit., 1978, cap. 2).

114. Os números do texto se baseiam no seguinte cálculo da "renda média" estimada de uma família de colonos empregada na cafeicultura em São Paulo no trato de 5 mil pés de café, entre 1888 e 1902:

ANO	"SALÁRIO" NOMINAL NA CAFEICULTURA W_t EM MIL-RÉIS	$\frac{W_t}{P_c} \times 100$	$\frac{W_t}{P_e} \times 100$	W_t EM LIBRAS ESTERLINAS (£)
1888	400	400	400	42,0
1892	500	241	237	25,0
1895	750	277	294	30,9
1897	800	432	239	25,1

1899	650	403	190	20,0
1901	650	565	293	30,8
1902	650	625	305	32,2

Como na tabela 7, supôs-se na tabela acima que, em média, mil pés de café produziam cem alqueires de cerejas de café. A renda nominal total da família de colonos empregada na cafeicultura era, portanto, a remuneração pela manutenção de mil pés multiplicada por cinco, mais a remuneração por alqueire multiplicada por quinhentos, que era igual a W_t. (Não se considera a receita monetária adicional que a família de colonos podia obter graças à venda de parte dos gêneros alimentícios que cultivava.) As fontes são as mesmas que as da tabela 7. P_e é um índice da taxa de câmbio implícita obtida a partir do valor total das exportações em moeda local (em mil-réis) dividido pelo valor total em libras esterlinas (£). A série dessa taxa pode ser encontrada em IBGE, *Anuário estatístico do Brasil, 1939-40* (op. cit., apêndice, pp. 1358-9).

Quanto à preocupação dos colonos com relação à preservação do valor real dos seus recebimentos, em novembro de 1888 já havia colonos italianos solicitando pagamento em moedas de ouro, de modo que 50 mil *soberanos* (moedas de uma libra esterlina) tiveram de ser enviados para São Paulo em um único dia daquele mês. Segundo a fonte dessa informação, os imigrantes italianos eram "bastante exigentes quanto à regularidade do pagamento de suas remunerações, e [gostavam] de poupar o que [pudessem]; de fato, estimava-se que [eles] logo guardavam de sete a oito libras esterlinas cada, que não depositavam em bancos". Ver o já citado "Report for the Years 1887-88 on the Finances, Commerce and Agriculture of the Empire of Brazil" (*PP 1889*, v. 78, 504A, pp. 12 e 15).

Em 1901, a remessa da poupança dos colonos para a Itália apresentou alguns problemas. A transferência era realizada por bancos ou cambistas italianos, mas as perdas devidas às oscilações da taxa de câmbio incidiam quase invariavelmente sobre os colonos. Quando estes confiavam em outros intermediários, seu risco de incorrer em perdas era ainda maior. O cônsul-geral italiano observou que a criação de uma sucursal do Banco di Napoli atenderia a necessidades reais. Ver o relatório de Attilio Monaco (op. cit., p. 53).

115. Com base em dados de uma propriedade no município de Rio Claro e na evolução local dos preços de determinados produtos alimentícios, Dean (*Rio Claro*, op. cit., p. 175) computou a remuneração nominal média de uma família no cultivo do café (W) e a renda nominal média (R), incluindo as receitas provenientes da venda de gêneros alimentícios e o "valor de subsistência". Esses dados nominais foram "deflacionados" usando os índices já mencionados no texto e na nota 114 acima. Os valores "deflacionados" confirmam um declínio até o ano 1900 (e uma recuperação entre 1900 e 1905):

Anos	W	$\frac{W}{P_c}$	$\frac{W}{\$/£}$	R	$\frac{R}{P_c}$	$\frac{R}{\$/£}$
1887-9	426	426	426	596	596	596
1896	600	231	214	990	382	352
1900	570	322	211	810	458	300
1905	500	500	311	840	840	520

Observação: $ = mil-réis e £ = libra esterlina. Ver também a nota 111 acima.

116. Para os cálculos efetuados, foram utilizadas as seguintes fontes:

1888: Relatório do presidente Rodrigues Alves (27 de abril de 1888), reproduzido em Egas (op. cit., v. 1, p. 716);

1892: Dean (*Rio Claro*, op. cit.) para dados referentes a Rio Claro;

1895: Relatório do secretário de Agricultura, citado por Denis;

1897: Relatório do secretário de Agricultura, 1897 (ver nota 111);

1899: Relatório do cônsul-geral Rhind, Rio de Janeiro, 1899 (dados referentes a São Carlos);

1900-2: *Bolletino dell'Emigrazione*, relatórios consulares italianos (Attilio Monaco e Pio di Savoia).

117. Uma projeção baseada em informações sobre a produtividade dos escravos por volta de 1883-4 mostra que seriam necessários cerca de 128 mil escravos para produzir o café exportado por Santos em 1892, e cerca de 320 mil em 1902. Ver Carvalho de Mello, op. cit. Uma projeção alternativa, baseada em dados do censo agrícola de 1905 e nas entradas de café por Santos, resultou em uma "demanda" de 121 mil trabalhadores adultos em 1892, e 327 mil em 1902. Ver Holloway, "Condições", op. cit., p. 153.

As entradas de café em Santos são as melhores aproximações disponíveis para a produção do centro-oeste paulista. Não incluem, contudo, o consumo doméstico, que sem dúvida aumentou consideravelmente entre 1890 e 1900, e tampouco o café paulista exportado via Central do Brasil (antes ferrovia Pedro II) através do porto do Rio de Janeiro. Não existem séries disponíveis para este último, que, por sua vez, representaria uma aproximação das exportações do norte de São Paulo, mas os dados da mensagem do presidente do estado, de 7 de abril de 1896, reproduzida em Egas (op. cit., v. 2, p. 77), mostram sua pouca importância relativa em 1895. De fato, os números indicam que 95,9% das exportações totais de café do estado naquele ano foram feitas por Santos, deixando apenas 178.332 sacas (ou 713.228 arrobas de quinze quilos) exportadas através de outros canais. Esse total pode ser comparado com dados anteriores sobre exportações de café paulista pelo Rio de Janeiro (ver nota 64) e, caso esteja correto, configura mais um indício da decadência da região cafeeira do norte de São Paulo.

Segundo Schorer Petrone, "Imigração assalariada" (op. cit., p. 293), havia aproximadamente 180 milhões de pés de café em São Paulo em 1887, e outros 500 milhões foram plantados entre esse ano e 1895. Em 1900, portanto, haveria no estado cerca de 680 milhões de pés adultos, sem contar aqueles abandonados devido à idade avançada. (Em 1905, segundo o censo agrícola, São Paulo tinha 875.003 hectares plantados com 688,8 milhões de pés de café, dos quais 99 milhões eram considerados velhos.) Caso esses números estejam aproximadamente corretos, considerando-se uma média de 2 mil pés por trabalhador adulto, também indicada pelo censo agrícola de 1905, a "demanda" por trabalhadores no cultivo direto do café teria sido de 90 mil pessoas em 1887 e de cerca de 340 mil por volta de 1900. Dadas essas ressalvas, os números de demanda citados no texto são meramente indicativos, e devem ser considerados com reserva.

Informações interessantes sobre as grandes fazendas de café paulistas são apresentadas em um relatório do secretário de Agricultura do estado do final da década de 1890. Por volta de 1898-9, havia aparentemente 15.075 fazendas de café em São Paulo. Detalhes sobre 14.674 fazendas mostravam que 11.234 (76,6%) tinham até 50 mil pés; 1.844 (12,6%) contavam de 50 mil a 100 mil pés; 999 (6,8%) continham de 100 mil a 200 mil pés; 597 fazendas (4,1%) tinham de 200 mil a 500 mil pés de café. Nessas fazendas, era possível encontrar 1.703 máquinas para limpar o café, das quais 1.243 eram movidas a vapor e 460 por força hidráulica. A dívida hipotecária registrada nessas fazendas foi computada em 240 mil contos, ou cerca de 8 milhões de libras esterlinas. Ver "Report [...] Trade [...] Rio de Janeiro [...] 1899, Acting Consul-General Rhind" (*PP 1900*, v. 92, n. 2.475A, pp. 17-8).

Quanto à introdução de máquinas para poupar mão de obra no trabalho diretamente no campo, o que poderia ter diminuído as exigências diretas de mão de obra na cafeicultura, observou-se por volta de 1909 que, segundo os fazendeiros, de fato não existiam máquinas práticas que permitissem substituir a mão de obra na carpa dos pés. Por outro lado, muitos fazendeiros preferiam contratar colonos em uma base anual para o trato dos cafezais, porque queriam ter certeza de ter trabalhadores suficientes para a colheita. Ver Lalière, op. cit., p. 282.

118. Dados sobre a imigração por Santos para alguns anos da década de 1890 permitem obter algumas informações sobre a composição do fluxo imigratório para São Paulo. Dos imigrantes ingressados entre 1893 e 1897, 31% tinham menos de doze anos de idade, e cerca de 10,9% eram classificados como artesãos. Entre 1892 e 1897, houve 113.242 saídas por Santos, que corresponderiam a 22% da imigração bruta total para o estado durante o mesmo período. (Sobre as repatriações partindo do Brasil, ver nota 108 anterior.) Os dados foram tirados de *Statistica della emigrazione* para diversos anos.

Quanto à classificação dos imigrantes segundo o gênero, o censo de 1900 mostra que 44,2% da população de São Paulo listada como estrangeira era do sexo feminino. Esse número relativo à população total de imigrantes, cuja maioria era italiana, contrasta com a afirmação de Dean segundo a qual "de 1876 a 1908, as mulheres nunca chegaram a representar sequer 25% do contingente italiano" de imigrantes. Ver *Rio Claro*, op. cit., p. 61. Dados sobre a imigração italiana no início da década de 1880, já citados na nota 71, pareceriam confirmar a hipótese de Dean. No entanto, como a maioria dos recém-chegados tendia a se tornar colono, o afluxo de mulheres provavelmente aumentou, conforme já indicado pelos dados incompletos sobre "estrangeiros" em 1890 apresentados na nota 95. Estatísticas oficiais italianas sobre a composição de todos os emigrantes permanentes com diferentes destinos mostram que, entre 1893 e 1899, cerca de 32% destes eram do sexo feminino. Ver *Statistica della emigrazione*, 1897, pp. 12-3; 1898-99, pp. 9-10.

119. Para dados de imigração total e subsidiada, entre 1887 e 1902, ver Departamento Estadual do Trabalho, *A imigração e as condições de trabalho em São Paulo* (São Paulo: Typ. Brasil, 1915, pp. 8-9). Sobre supostas partidas significativas de São Paulo por volta de 1892-3 como resultado do "câmbio fraco", que teria levado milhares de imigrantes para a Europa e para o Rio da Prata, ver "Report on Portugal Commercial Convention" (*PP 1893-94*, v. 92, n. 1.136, p. 30). Observava-se ainda, no mesmo relatório, que "esforços intensos estão sendo feitos pelo governo para manter e aumentar o fluxo de imigração". O mesmo autor observou ainda "a dificuldade de se tornar proprietário de terras em São Paulo", enfatizada pelo ministro da Agricultura. Este último reconheceu que "a terra em São Paulo [era] valiosa demais para permitir que o imigrante se tornasse proprietário antes de muitos anos de trabalho e esforço".

A partir de 1900, estão disponíveis séries completas de imigrantes enviados para trabalhar na agricultura (aparentemente depois de passar pela Hospedaria de São Paulo). Essas séries mostram que, dos 22.802 imigrantes de diversas nacionalidades ingressados em 1900, 12.051 foram encaminhados para trabalhar na agricultura, e que os números respectivos para 1901 foram 71.782 e 14.939. Esses números parecem ilustrar uma redução da oferta de colonos aos fazendeiros. Ver T. Lynn Smith, *Brazil, People and Institutions* (Baton Rouge, LA: Louisiana University Press, 1963, p. 174), para uma série completa de dados semelhantes após 1901.

Em contraste com a situação em 1900-1, segundo um relatório do secretário da Agricultura de São Paulo referente a 1897, dos 70.053 imigrantes subsidiados que entraram na Hospedaria de

São Paulo, 59.697 (85,2%) foram enviados para trabalhar na agricultura; 45 dirigiram-se para o recém-criado núcleo colonial Campos Salles; 825 foram para Minas Gerais; 9.094 permaneceram na capital ou tiveram destinos desconhecidos; 179 morreram. Ver o já citado *Relatório dos negócios de agricultura, commercio e obras publicas de São Paulo* (p. 89).

120. Informações interessantes sobre o processo de industrialização durante o período podem ser encontradas em Heitor Ferreira Lima, *Evolução industrial de São Paulo* (São Paulo: Martins, 1954), e Warren Dean, *The Industrialization of São Paulo, 1880-1945* (Austin: University of Texas Press, 1969). Alguns imigrantes eram ou se tornaram "empresários".

A agricultura de São Paulo não se manteve restrita ao cultivo do café. Em meados da década de 1890, o estado ainda importava grandes quantidades de gêneros alimentícios; assim, as importações de milho por Santos alcançaram em média 730 mil sacas em 1895-6; as importações de arroz pelo mesmo porto alcançaram 600 mil sacas em 1895; o feijão também foi importado em grande quantidade (ver o já citado *Relatório dos negócios de agricultura, commercio e obras publicas de São Paulo*, do secretário da Agricultura, Firmino M. Pinto, de 1897, p. 48). Porém, à medida que os preços do café começaram a declinar, passou-se a dar mais atenção ao cultivo de gêneros alimentícios, cujo aumento de produção em São Paulo e no Rio de Janeiro privou os estados do Sul de parte de seus mercados tradicionais. Em 1901, o presidente do estado mencionou em sua "mensagem" o plantio em larga escala de cereais de todos os tipos, cana-de-açúcar etc. Ver Egas, op. cit., v. 2, p. 134.

Em 1911-2, mais da metade da área cultivada de São Paulo era plantada com café, e o estado não era autossuficiente em açúcar, mas a produção de outros gêneros não era desprezível, como se pode ver na tabela abaixo:

Produtos	Unidade	Produção	Hectares plantados	Produtividade por hectare	Produção por hectare em quilos
Arroz	Sacas	1.742.130	90.662,9	19,2	1.152
Feijão	Sacas	1.883.392	191.102,5	9,9	594
Milho	Sacas	11.085.840	438.496,7	25,3	1.518
Batatas	Sacas	133.248	13.812,1	9,6	576
Vinho	Hectolitros	15.672	3.025,0	5,2	—
Algodão	Arrobas[a]	1.249.214	20.424,8	61,2	918

[a] Arrobas de quinze quilos. Para comparações com a nota 47, a produção de algodão por hectare em arrobas de 14,689 quilos foi de 62,5 arrobas. Ver Juan N. Solorzano y Costa, *El estado de São Paulo (1912-13)* (São Paulo: Talleres Tipográficos del *Diario Español*, 1913, pp. 19 e 24).

Por fim, com relação à criação de gado, conforme se verá na seção relativa ao Paraná, o estado de São Paulo também apresentou grande progresso, privando outros estados de parte de um importante mercado.

121. Denis, op. cit., p. 192, e Dean, *Rio Claro*, op. cit., p. 158. Segundo um relatório do presidente da província (datado de 7 de abril de 1895), os gastos com imigração em 1894 haviam somado 1.436,7 contos, ou 6% dos gastos totais do estado, que alcançaram 24.047 contos (reproduzido em Egas, op. cit., v. 2, p. 55). Segundo Viotti da Costa (op. cit., p. 190), o Tesouro de São Paulo gastou 9.244 contos com imigração entre 1881-2 e 1890-1.

122. Média computada a partir dos dados da tabela 5.

123. Dean, *Rio Claro*, op. cit., pp. 173-4. Esse autor também não concorda com a "suposta ineficiência dos trabalhadores brasileiros", enfatizando que a sua "posição marginal [...] [era resultado de] discriminação" e notando que "a relativa prosperidade dos imigrantes era parcialmente baseada na discriminação contra a população local, especialmente contra os negros". De fato, pelo menos em uma ocasião em que o fazendeiro ofereceu aos seus ex-escravos tornarem-se "colonos de empreitada" nas mesmas condições que as dos imigrantes estrangeiros, os libertos aceitaram entusiasticamente, e até adotaram o sobrenome do seu benfeitor. Ver nota 99 acima.

5. MINAS GERAIS [pp.204-25]

1. Um excelente estudo das condições econômicas de Minas Gerais até 1808 pode ser encontrado em Maxwell (op. cit.). Portanto, não se discorrerá sobre o período anterior àquela data além das considerações já feitas no capítulo 1. Quanto à população, diversas tabelas nos arquivos públicos de Minas Gerais fornecem informações interessantes quanto à evolução da sua composição. Para 1776, ver "Taboa dos habitantes da capitania de Minas Gerais, e dos nascidos e falecidos no anno de 1776" (*RAPM*, v. 2, p. 511, 1897). Nesse ano, o número total de habitantes listado foi de 319.769, dos quais 166.995 (52,2%) eram negros e apenas 70.664 (22%) eram brancos. O número de nascimentos e mortes corresponderia respectivamente a taxas de 28,1 e 18,2 por mil habitantes, resultando em uma taxa de crescimento natural líquido de pouco menos de 1% ao ano. Outra lista populacional para 1805 mostrou 188.781 escravos (46,4%) em um total de 407.404 habitantes. A essa altura, os negros livres representavam 22,7% do número total de negros. Para 1786 e 1805, ver "População da província de Minas Gerais", *RAPM*, v. 4, p. 294, 1899.

2. Sobre as ocupações nos centros urbanos por volta de 1809-18, ver Mawe (op. cit., pp. 168, 176, 181, 214 e 272) e Luccock (op. cit., pp. 460, 507 e 534). Sobre a tecelagem do algodão nas cidades e no campo, ver Mawe (op. cit., pp. 212 e 273) e Luccock (op. cit., pp. 507, 535 e 538). Sobre tropeiros livres, ver Luccock (op. cit., p. 538).

Mawe deixou descrições interessantes do trabalho escravo na mineração e em grandes propriedades rurais. Sobre a primeira, e sobre as técnicas primitivas empregadas, ver pp. 186 e 275-7. A fazenda do Crato, que empregava 156 escravos, supostamente produzia "todo o necessário em matéria de alimentação e vestuário". Os escravos recebiam "tanta terra quanto [pudessem] cultivar no seu tempo de lazer, e seus senhores [vestiam-nos] com camisas e calças feitas de algodão grosseiro [...] cultivado e tecido na propriedade" (ver pp. 194-6).

3. Ver W. L. von Eschwege, "Notícias e reflexões estatísticas da província de Minas Gerais" (*RAPM*, v. 4, p. 752, 1899), e Caio Prado Jr., *Colonial Background*, op. cit., pp. 199-200. Segundo Eschwege, por volta de 1814 restavam cerca de 6.662 trabalhadores na mineração (dos quais 6.493 eram escravos) trabalhando em cerca de 555 lavras, enquanto o número de faiscadores somava cerca de 5.479, entre os quais 1.871 eram escravos.

4. Sobre o "êxodo das cidades", ver João Camilo de Oliveira Torres, *História de Minas Gerais* (Belo Horizonte: Difusão Pan-Americana do Livro, [1962?], p. 1141).

De um ponto de vista industrial, a região de Minas Gerais era comparativamente mais avançada do que outras áreas da colônia. Seu relativo isolamento e elevados custos de transporte levaram ao desenvolvimento de diversas atividades que, nas áreas costeiras, enfrentavam a competição de importações baratas. Porém, mesmo a produção de ferro, realizada em vários estabelecimentos, não empregaria mais de 2 mil trabalhadores livres e escravos até meados do século. Relatos de viajantes fazem várias referências a esses estabelecimentos. Ver, por exemplo, Walsh (op. cit., v. 2, pp. 205-6), Von Spix e Von Martius, *Travels* (op. cit., v. 2, p. 277), e Auguste de Saint-Hilaire, *Viagem pelas províncias do Rio de Janeiro e Minas Gerais* (São Paulo: CEN, 1938, t. 1, pp. 250-1). Ver também Simonsen, *História econômica* (op. cit., v. 2, p. 326), e *Notícia sobre o desenvolvimento da indústria fabril no Distrito Federal e sua situação atual* (op. cit., p. 56).

5. Dados tirados de um "mapa" das "exportações mineiras" (produtos enviados para fora da capitania) datado de julho de 1818 a junho de 1819, em Eschwege, "Notícias" (op. cit., p. 749). O valor total das exportações listadas foi de 1.673.477 mil-réis. A proporção do valor das exportações dos principais produtos em relação ao total (excluindo a mineração) foi a seguinte:

	%		%
Algodão em rama	22,0	Mulas	5,4
Toucinho e carne salgada	17,4	Fumo	4,2
Gado em pé	14,8	Açúcar	2,7
Panos de algodão	11,1	Cavalos	1,8
Porcos	7,2	Café	1,7
Queijo	6,3		
		Total	94,6%

Observação: Para quantidades, ver tabela 1.

6. Para as importações de escravos em 1818-9, ver Eschwege, "Notícias" (op. cit., p. 748). Os preços de escravos ainda eram um pouco mais altos em Minas Gerais do que nas áreas costeiras. Assim, em 1810, segundo um observador contemporâneo, não era possível comprar escravos por menos de 240 mil-réis. Ver Antônio José da Silva, "Vicissitudes da indústria mineira" (*RAPM*, v. 3, p. 80, 1898). Segundo Eschwege, "Notícias" (op. cit., p. 757), 26 escravos adquiridos para um estabelecimento de mineração de ferro pertencente ao governo custaram, em média, 210 mil-réis após 1811.

Eschwege também apresentou uma lista da população de Minas Gerais em 1821 por comarca, revelando um total de 181.882 escravos, que representavam 35,4% de uma população total de 514.108 pessoas. Havia 51.544 negros livres, por oposição a 160.005 escravos negros e 131.047 brancos em Minas Gerais (ver "Notícias", p. 744). A proporção de escravos na população total das comarcas era a seguinte: Paracatu: 18,6%; Ouro Preto: 35,6%; Sabará: 34,5%; Rio das Mortes: 39,8%; Serro: 29,5%.

Em 1823, outra fonte mostra um total de 563.671 habitantes para a província, dos quais 418.985 foram listados segundo o status. Destes últimos, 33,5% eram escravos. Ver o já citado artigo "População da província de Minas Gerais" (*RAPM*, v. 4, p. 295, 1899).

Essas contagens populacionais possivelmente não estavam completas, uma vez que, quando comparadas aos dados do censo de 1872, indicam que a população teria praticamente quadruplicado em cinquenta anos, fato improvável considerando-se as condições gerais da província. Infelizmente, nenhuma contagem confiável da população mineira em meados do século XIX está disponível para comparação com períodos anteriores.

7. Sobre a expansão do cultivo do café durante a primeira metade do século XIX, ver Sócrates Alvim, "Projeção econômica e social da lavoura cafeeira em Minas", em *Minas e o bicentenário do cafeeiro no Brasil, 1727-1927* (Belo Horizonte: Imprensa Oficial, 1929, pp. 41-2, 46-7 e 51). O autor relata que, no último quartel do século XVIII, a decadência da mineração provocou alguma emigração da capitania de Minas Gerais para as capitanias vizinhas do Rio de Janeiro e Espírito Santo. Após 1810, enquanto perduraram, as concessões de sesmarias se tornaram mais numerosas, de modo que os movimentos populacionais tenderam a ter como destino novas áreas de Minas Gerais onde houve um aumento do número de grandes proprietários de terras. Sobre o movimento de escravos para áreas cafeeiras recém-abertas, que durou várias décadas, ver Viotti da Costa (op. cit., pp. 60-1).

8. O problema das estatísticas sobre café é amplamente discutido por Taunay, *História do café no Brasil* (op. cit., v. 3, t. 1, especialmente pp. 271-9). Os dados sobre as exportações de café oriundo de Minas Gerais pelo porto do Rio de Janeiro deveriam servir de limite mínimo para as exportações totais de café de Minas Gerais, e estão disponíveis em relatórios da província do Rio de Janeiro. Publicações mineiras oficiais do século XX tendem a aceitar as séries produzidas por Aristóteles Alvim, "Confrontos e deduções", em *Minas e o bicentenário do cafeeiro no Brasil* (op. cit., pp. 80-3). Taunay ressaltou as incoerências dessa série em relação aos dados das exportações pelo porto do Rio de Janeiro. Assim, o relatório do vice-presidente da província do Rio de Janeiro, de 3 de maio de 1852, mostrou exportações totais de café mineiro pelo Rio de Janeiro que somavam 5,4 milhões de arrobas entre 1838-9 e 1850-1, enquanto os dados listados por A. Alvim alcançam 4,4 milhões no mesmo período. Também há grandes discrepâncias nos dados anuais. Enquanto, segundo A. Alvim, as exportações totais de café alcançaram 465.896 arrobas em 1849-50 e 900.597 arrobas em 1850-1, os dados sobre exportações pelo Rio de Janeiro de café produzido em Minas Gerais mostram respectivamente 904.899 e 518.122 arrobas! Nesse caso, Taunay leva em consideração os erros tipográficos e a inversão das linhas no relatório do Rio de Janeiro. Ferreira Soares, em *Elementos de estatística* (op. cit., v. 2, p. 307), aceita um total de 900.264 arrobas com as exportações de café totais de Minas Gerais em 1850-1, o que praticamente equivale ao total proposto por A. Alvim e que está reproduzido na tabela 1.

As divergências nos dados da década de 1850 apresentados por A. Alvim e pelos relatórios presidenciais do Rio de Janeiro são menos graves. Os totais de 1852 a 1859 mostrados nas duas fontes só diferem em 1%, uma vez que, naqueles sete anos fiscais, a primeira fonte indica exportações totais que somam 5,48 milhões de arrobas, e a última, 5,53 milhões. Parte da discrepância desses números também pode ser aparentemente atribuída a fraudes fiscais, já que o café produzido na província do Rio de Janeiro passava para Minas Gerais para ser reexportado como café mineiro, sujeito a uma taxação distinta. Diferenças persistem nos dados da década de 1860, uma vez que os números de A. Alvim para 1859-60 até 1871-2 ultrapassam os dos relatórios provinciais do Rio de Janeiro em 6%. Taunay afirma que essa diferença é mais compreensível, uma vez que parte do café produzido em Minas Gerais já estava sendo exportada, na época, via São Paulo. Além disso, parte do café mineiro também era exportada para as províncias vizinhas de Goiás e Mato Grosso, onde era consumida.

Feitas essas considerações, foram usados no texto os dados de A. Alvim referentes à segunda metade do século XIX para indicar os aumentos nas exportações físicas de café mineiro. Ao que parece, esses dados são a melhor aproximação da produção de café da província, embora não incluam o consumo doméstico, que era importante e crescia junto com a população. Também aceitaram-se os números de A. Alvim relativos ao valor das exportações totais e das exportações de café, de modo a avaliar a importância destas últimas no comércio de exportação total da província. Contudo, outras fontes também foram utilizadas quando surgiram discrepâncias muito grandes. Os dados sobre outros produtos de exportação após 1850 (muitos dos quais consumidos em outras províncias) foram basicamente tirados da publicação oficial do estado de Minas Gerais, a *Carteira estatística de Minas Gerais*, da Secretaria de Agricultura, Serviço de Estatística Geral (Belo Horizonte: Imprensa Oficial, 1929), que, por sua vez, está baseada em Rodolpho Jacob, *Minas Gerais do XXº* século (Rio de Janeiro: Gomes, Irmão e C. Impressores, 1911). Ocasionalmente, esses dados foram confrontados aos citados nas fontes da época.

9. Segundo um documento citado pelo presidente da província em 1855, as terras em Minas Gerais em 1845 estavam distribuídas da seguinte forma:

	ÁREA TOTAL (EM LÉGUAS QUADRADAS)	% DA ÁREA TOTAL DA PROVÍNCIA
Sesmarias	4.257	23,7
Reservas à margem de rios ou em outros locais	743	4,1
"Datas" cedidas para a mineração do ouro	2.000	11,1
Posses (terras ocupadas por posseiros ou divididas arbitrariamente)	8.000	44,4
Terras não cultivadas (vazias ou ocupadas por índios)	3.000	16,7

FONTE: Essas informações estão reproduzidas em Francisco Iglesias, *Política econômica do governo provincial mineiro (1835-1889)*, Rio de Janeiro, MEC-INL, 1958, p. 66.

10. Ver "Acting Consul Westwood to Viscount Palmerston, Rio de Janeiro, Dec. 28, 1848" (*PP 1849*, v. 55, p. 152). Segundo o cônsul britânico no Rio de Janeiro, a Saint John d'El Rey Mining Company empregava cerca de novecentos escravos; a Imperial Brazilian Mining Association, aproximadamente quatrocentos; a National Brazilian Mining, de trezentos a quatrocentos. Ele acrescentou que "alguns desses escravos são arrendados de terceiros, mas a maior parte é de propriedade das companhias".

11. Para um exemplo de atividades mineradoras do ouro associadas à agricultura na mesma propriedade rural, ver João Dornas Filho, *O ouro das Gerais e a civilização da capitania* (São Paulo: CEN, 1957, p. 208, nota). O autor se refere à fazenda Paciência, que fazia parte do inventário de bens listados no testamento de Jean de Monlevade, "politécnico" francês que encorajou a produção do ferro em Minas Gerais na primeira metade do século XIX. Em 1853, sua fábrica de ferro, São Miguel, produzia trinta arrobas de ferro por dia e empregava 150 escravos (ver Dornas, p. 203). (Cabe observar,

como curiosidade, que esse estabelecimento formou diversos trabalhadores qualificados, que transmitiram suas habilidades aos filhos que, uma vez libertos, continuaram a disseminar a produção de ferro em Minas Gerais.)

12. Segundo Filippo Grossi, *Lo stato di Minas Gerais* ([Belo Horizonte?]: S. Nesi e F. Grossi, 1911, p. 21), a produção da Imperial Mining Association em Gongo Soco entre 1828 e 1856 alcançou 13.198 quilos, ou cerca de 898,5 arrobas. Entre 1828 e 1834, as declarações de impostos mostram que a mina produziu 512 arrobas, resultando em uma média anual de 73 arrobas (ver tabela 4 em "Productos da taxa de 25% sobre o ouro extraído das lavras da sociedade inglesa do Gongo Soco", *RAPM*, v. 4, p. 293, 1899). Em meados do século, portanto, o ritmo anual de produção caíra de forma significativa. Ainda segundo Grossi, a Brazilian Mining Company produziu 1.181 quilos de ouro (cerca de 80,4 arrobas) em Cata Branca entre 1832 e 1844, uma média de 6,2 arrobas por ano. A Saint John d'El Rey Mining Company produziu 59.400 quilos entre 1830 e 1894, ou 4.043,8 arrobas, ou ainda uma média de 62 arrobas por ano.

Considerando a produção anual média dessas companhias, e supondo que tenham se mantido estáveis durante o início da década de 1840, quando todas as três estavam funcionando, sua produção média foi de aproximadamente cem arrobas, o que corresponderia, grosso modo, à produção taxada em 1813, segundo Eschwege, mas a talvez menos de um décimo dos volumes taxados em meados do século XVIII. No triênio 1848-9 a 1849-51, a exportação brasileira de ouro em pó e em barras, originária basicamente de Minas Gerais, alcançou uma média de cerca de 1.123 contos, segundo o *Relatório do Ministério da Fazenda* (1853, tabela 33). Ao preço médio de exportação do café brasileiro (13.420 réis por saca, segundo o *Anuário estatístico do Brasil, 1939-40*), as 900.264 arrobas de café exportado por Minas Gerais em 1850-1 (ver tabela 1 e nota 8) teriam um valor de cerca de 3 mil contos, ou seja, aproximadamente três vezes o valor das exportações de ouro. Utilizando-se o preço médio por arroba exportada pelo porto do Rio de Janeiro, chega-se a cerca de 2.800 contos. Ver *Relatório do Ministério da Fazenda* (1853, tabela 34).

13. Devido a um extenso contrabando, é muito difícil medir a produção real de diamantes de Minas Gerais em meados do século. Segundo J. E. Wappaus, *Handbuch der Geographie und Statistik des Kaiserreichs Brasilien* (Leipzig: J. C. Hinrichs'schen Buchhandlung, 1871), baseado em Eschwege e Francis Castelnau, a produção total de diamantes da província até 1849 foi de 432.977 oitavas. (Esse número é citado em T. F. Bernardi, "Lo stato di Minas Gerais", em *Emigrazione e colonie*, Ministero degli Affari Esteri, Roma: Cooperativa Tipografica Manuzio, v. 3, parte 1, p. 80, 1908 [daqui em diante, esse relatório será citado como Bernardi]). Arthur Dias, *The Brazil of Today* (Nivelles: Lanneau & Despret, [1907?], p. 572), com base em Eschwege, afirmou que, até 1822, a produção de diamantes de Minas Gerais alcançou 165.760 oitavas e três quartos. Subtraindo-se esse total do número acumulado até 1849, obtém-se uma produção hipotética de 267.216 oitavas entre 1822 e 1849, o que resulta em uma média anual de cerca de 9.897 oitavas. Após essa data, as exportações de diamantes de Minas Gerais podem ser aproximadas a partir das exportações de diamantes pelo porto do Rio de Janeiro; a maioria destas tinha origem em Minas Gerais (ver nota 23, adiante).

14. Sobre os principais municípios cafeeiros de Minas Gerais em 1850-51, que incluíam em sua maioria municípios da Zona da Mata, uma vez que as fazendas do Sul estavam ainda comparativamente pouco desenvolvidas, ver Sócrates Alvim, "Projeção econômica" (op. cit., p. 46).

Para os dados sobre população escrava em determinados municípios, ver Viotti da Costa (op. cit., p. 62). A população total de quatorze municípios listados pela autora chega a 342.962 habitantes, dos quais 102.707 (ou 29,6%) eram escravos. Em nenhum dos quatorze municípios os escravos representavam menos de um quinto da população, confirmando que a propriedade de escravos continuava geograficamente espalhada, apesar do afluxo para novas áreas cafeeiras. Sobre os principais produtos dos diversos municípios citados no texto, ver os relatórios provinciais de 1846 e de 1855 citados por Taunay, *História do café no Brasil* (op. cit., v. 3, t. 1, pp. 264 e 266).

15. Hildebrando de Araújo Pontes, "A introdução do café no Triângulo Mineiro e sua cultura no município de Araxá", em *Minas e o bicentenário do cafeeiro no Brasil* (op. cit., p. 414). Segundo o *Relatório do Ministério da Fazenda* de 1860, tabela 58, as exportações para portos estrangeiros de diamantes pelo Rio de Janeiro ainda alcançavam 9.267 oitavas em 1854-5, avaliadas em 2.780 contos, mas a média desse ano até 1858-9 teria sido de 6.381 oitavas. Na década de 1850, as exportações totais de ouro em pó e em barras (excluindo moedas) do Brasil para o exterior foram bem menos importantes, declinando de 974,1 contos em 1850-51 para apenas 257 contos em 1854-55, retornando a 840,5 contos em 1858-59 (sendo 797,3 contos pelo porto do Rio de Janeiro e 43,6 contos pela Bahia) e a 1.402,1 contos em 1859-60 (sendo 1.364,5 contos pelo Rio e 37,6 contos pela Bahia). As exportações de ouro pelo porto do Rio de Janeiro eram na sua quase totalidade originárias de Minas Gerais, e no biênio 1858-9 a 1859-60 alcançaram, em média, cerca de 297,5 mil oitavas, ou seja, 1.068 quilos ou 72,7 arrobas. Essa cifra é bem inferior à dos anos 1840 (ver nota 12 acima). Para as exportações de ouro, ver os seguintes *Relatórios do Ministério da Fazenda*: 1853, tabela 33; 1860, tabela 56; e 1864, tabela 33. Em comparação, o valor médio das exportações anuais de café de Minas Gerais entre 1854-5 e 1858-9, segundo A. Alvim (op. cit., pp. 81), foi de 3.592 contos, mostrando o café como principal produto de exportação de Minas Gerais, mas confirmando a importância relativa, em termos de valor, da produção e exportação de diamantes de Minas Gerais, ainda na década de 1850, bastante superior à do ouro.

16. Sobre a ausência de reclamações generalizadas quanto à "falta de braços" em Minas Gerais, mesmo após a supressão do tráfico de escravos africanos, ver Viotti da Costa (op. cit., pp. 61-2). Havia, no entanto, reclamações de fazendeiros quanto à existência de numerosos brasileiros desocupados que, na opinião deles, deveriam ser forçados a trabalhar (ver p. 127). A autora também faz referência a uma certa redistribuição espacial dos escravos de antigas áreas de mineração como Sabará, Diamantina e Mariana para as novas áreas cafeeiras. Também ainda se encontravam escravos nas áreas urbanas. Segundo um manuscrito do Arquivo Público Mineiro que fornece informações variadas sobre profissões, citado por Viotti da Costa (op. cit., p. 145), ainda havia um certo número de escravos artesãos na província, embora os artesãos livres fossem mais numerosos. Sobre importações de escravos por terra da Bahia, ver o já citado discurso do senador Silveira da Motta em *Annaes do Senado* (op. cit., 1861, v. 1, p. 46). (Ver o capítulo 2 acima, nota 41.)

17. Manuscritos do Arquivo Público Mineiro, livros 570 e 956, citados por Viotti da Costa (op. cit., p. 111).

18. Segundo o *Relatório do Ministério da Fazenda* de 1866, tabela 90, em 1865-66 foram taxados em Minas Gerais um total de 5.547 estabelecimentos comerciais e "industriais", dos quais 1.306 (ou 23,5%) pertenciam a estrangeiros. Estes últimos eram em sua maioria portugueses, que possuíam 1.131 estabelecimentos. Esses totais não incluem 191 estabelecimentos isentos de impostos. Em contraste, segundo Ferreira Soares, *Elementos de estatística* (op. cit., v. 2, p. 302), de um total de 5.128

estabelecimentos listados na província em 1854-5, 933 (ou 18,2%) pertenciam a estrangeiros. Esse mesmo autor observou, em meados da década de 1860, que havia em Ouro Preto, capital da província, uma sucursal do Banco do Brasil "que vinha prestando importante ajuda ao comércio da cidade". No entanto, o principal centro comercial da província era aparentemente São João del Rei, que abrigava, segundo indicações, cerca de 12 mil habitantes (ver pp. 303-5).

19. Ver *Relatório do presidente Vicente Pires da Motta, 1861* (Ouro Preto: Typ. Provincial, 1861, p. 10). Segundo relatório do secretário de legação britânico, Mr. Baillie, de fevereiro de 1862 (*PP 1863*, v. 70, p. 5), no ano anterior, 1.500.000 arrobas de café (ou a maior parte das exportações de Minas Gerais) foram transportadas pela estrada União e Indústria, que percorria cerca de 160 quilômetros (cem milhas) de Juiz de Fora a Petrópolis. Porém, ele temia que a estrada fosse sofrer bastante com a conclusão da ferrovia Pedro II. Por volta de 1871, os colonos de Juiz de Fora tinham 1.214 hectares (3 mil acres) em cultivo, e estimava-se que cerca de cinquenta novos ocupantes estavam chegando anualmente à área. Ver Mulhall, op. cit., p. 200.

20. Oliveira Torres, op. cit., p. 1012. Os lotes de terra eram vendidos em quatro prestações. A primeira corresponderia à segunda colheita dos colonos. Em contraste com o caso dos imigrantes, desprovidos em sua maioria e que iriam se beneficiar da imigração subsidiada algumas décadas depois, os colonos precisavam demonstrar à companhia que eram aceitáveis como imigrantes provando dispor de duzentos *táleres* (cerca de 360 mil-réis na época). (O táler era uma moeda de prata de estados alemães antes da adoção do marco como unidade monetária pelo Império alemão após a unificação.)

21. Urucu tinha 299 colonos em 1860 e 441 em 1873. Destes últimos, 209 eram portugueses, 101 holandeses, 27 chineses e dezenove suíços e alemães. Sobre o número de colonos em 1873, ver Iglesias (op. cit., p. 124). Sobre a situação em 1860, ver *Relatório do presidente Vicente Pires da Motta, 1861* (op. cit., p. 14).

22. Sobre a imigração norte-americana, ver Iglesias (op. cit., pp. 125-6). Muitos acabaram se estabelecendo ao redor de Sabará. Para dados sobre as exportações de algodão e fumo na década de 1860 e início da de 1870, ver *Carteira estatística de Minas Gerais* (op. cit., pp. 34 e 40). De menos de mil quilos por volta de 1860, as exportações de algodão em rama aumentaram para um máximo de 677.447 quilos em 1865-66, e ainda ultrapassavam 500 mil quilos em 1871-2. Em 1875, haviam caído para 73.910 quilos.

23. Sobre o açúcar, ver *Carteira estatística de Minas Gerais* (op. cit., pp. 28-35). Para as exportações de ouro, ver nota 29 abaixo. A seguinte tabela das exportações de diamantes pelo porto do Rio de Janeiro de 1854-5 a 1875-6 foi computada a partir de diversos *Relatórios do Ministério da Fazenda*, nos quais constam também as exportações de ouro pelo porto do Rio de Janeiro:

ANO	QUANTIDADE (GRAMAS)[a]	VALOR (CONTOS)	ANO	QUANTIDADE (GRAMAS)[a]	VALOR (CONTOS)
1854-5	33.269	2.780,2	1865-6	13.563	1.957,2
1855-6	28.034	2.342,5	1866-7	20.197	2.814,8
1856-7	23.872	1.994,9	1867-8	22.724	3.255,6
1857-8	11.352	948,6	1868-9	17.819	2.514,3
1858-9	18.027	1.506,5	1869-70	10.415	1.751,9

1859-60	18.377	1.535,7	1870-1	14.420	2.018,4
1860-1	21.048	2.506,3	1871-2	13.109	1.835,4
1861-2	20.664	2.878,2	1872-3	8.442	1.174,9
1862-3	25.022	2.468,7	1873-4	3.935	618,2
1863-4	19.142	2.651,8	1874-5	4.450	373,9
1864-5	28.544	3.975,7	1875-6	3.895	327,2

FONTES: *Relatórios do Ministério da Fazenda*: 1860, tabela 58; 1866, tabela 95; 1869, tabela 54; 1873, tabela 53; 1874, tabela 50; 1875, tabela 64; 1877, tabela 61.

[a] Alguns dos dados foram convertidos de oitavas de 3,59 gramas para gramas.

Os valores de 1854-5 a 1859-60 são todos baseados em um preço oficial de trezentos mil-réis por oitava e não em preços de mercado. Posteriormente, os preços oscilam. (O dado de 1871-2 aparece como apenas 3.261 gramas e 457,9 contos no *Relatório* de 1874, tabela 50.) A queda na quantidade exportada pelo porto do Rio de Janeiro entre 1873-4 e 1875-6 para uma média de apenas para 4.093 gramas também se observa nas exportações de diamantes pelo porto da Bahia, que reduziram de uma média de 12.712 gramas no quadriênio 1867-8 a 1870-1 para uma média de 3.777 gramas no triênio 1873-4 a 1875-6, com um valor médio de 316,1 contos, baseado em um preço constante de 83,7 mil-réis nos três anos. Trata-se provavelmente de um valor oficial, utilizado também nos cálculos do valor das exportações pelo porto do Rio de Janeiro no mesmo período. As quantidades físicas talvez sejam um pouco mais confiáveis, mas não refletem necessariamente números de produção total, tendo em vista desvios e contrabandos.

24. Ver a tabela 2 no texto baseada em A. Alvim (op. cit., p. 81). Em 1870, uma geada muito intensa matou um grande número de pés de café na província. Algumas áreas demoraram vários anos para se recuperar. Foi o caso, por exemplo, de Sacramento, no Triângulo Mineiro, cujo setor cafeeiro só recebeu novo impulso com a chegada da ferrovia Mogiana. Em Araxá, várias das grandes fazendas de café que haviam se desenvolvido no início da década de 1860 também foram destruídas pela geada. Ver Araújo Pontes, op. cit., pp. 414-6.

25. Infelizmente, os dados sobre a matrícula dos escravos de 1872-3 estão incompletos para Minas Gerais, e não permitem que se comparem as ocupações com os dados do censo. Estes últimos incluem todos os escravos, de modo que as crianças estão supostamente listadas junto com os escravos sem profissão. No entanto, para determinadas províncias, e em especial Minas Gerais, algumas das crianças foram possivelmente listadas como trabalhadores agrícolas.

Conforme já mencionado em outros capítulos deste estudo, as pessoas listadas como operárias em tecidos e costureiras muito frequentemente não desempenhavam tais funções em tempo integral. Muitas das mulheres livres que trabalhavam como costureiras e operárias têxteis eram, na realidade, donas de casa, enquanto as escravas com essas ocupações também eram, com frequência, "domésticas" em um sentido amplo. Essa ressalva não pretende negar o fato de que havia na província uma importante produção doméstica de tecidos de algodão, sobre a qual existem testemunhos da época. De fato, conforme menciona Luís Amaral em *História geral da agricultura brasileira* (op.

cit., p. 55), ainda era comum se encontrar grandes teares nas fazendas no início do século XX, "comumente localizados na sala de jantar".

No que diz respeito aos estrangeiros livres na província, o censo listou um total de 18.409 indivíduos. Destes, 14.662 foram listados como "lavradores e criadores" nas diversas atividades rurais da província, incluindo a criação de gado, total que provavelmente incluía as donas de casa da zona rural. Muitos dos lavradores estrangeiros cultivavam seus próprios lotes em colônias ao redor de Juiz de Fora e na área do rio Mucuri (ver notas 19 a 22, acima).

26. Sobre os escravos da Saint John d'El Rey Mining Company e sua libertação em 1879, ver Paul Bérenger, "Le Brésil en 1879" (*Revue des Deux Mondes*, pp. 440-1, jan.-fev. 1880), e Viotti da Costa (op. cit., p. 37). Outras confirmações de que ainda se empregavam escravos na mineração podem ser encontradas no fato de que, em 1877-8, os impostos sobre escravos empregados na mineração haviam representado um item da receita provincial, alcançando 1.800 mil-réis. Ver Oliveira Torres, op. cit., p. 987. Sobre exportações de ouro, ver nota 29, adiante.

Referências às numerosas forjas em atividade em Minas Gerais podem ser encontradas em várias publicações oficiais. No *Relatório da Repartição dos Negócios do Império* de 1854 (Rio de Janeiro: Typ. do Diário de A. & L. Navarro, 1854, p. 21), Luiz Pedreira do Couto Ferraz menciona "84 oficinas de fundição, em que se prepara o ferro em Minas [...], sem incluir as pequenas oficinas ('tendas')". No estabelecimento de Monlevade produziam-se "peças de sessenta arrobas", ou aproximadamente 881 quilos (ver também a nota 11 deste capítulo). A produção anual total desses estabelecimentos era estimada em 150 mil arrobas, e o emprego em cerca de 2 mil pessoas.

Em seu relatório de 1861, o presidente de Minas Gerais fez referência a uma contagem incompleta dos estabelecimentos produtores de ferro da província, que revelou a existência de 120 "fábricas". Destas, 84 estavam localizadas nos municípios de Itabira, Araxá, Diamantina e Ubá, e tinham uma produção diária de 285 arrobas de ferro. Das 27 "fábricas" localizadas em Santa Bárbara, 24 produziam 20.549 arrobas por ano.

Apenas 51 assembleias locais haviam respondido ao questionário do presidente, e 36 destas não declararam nenhum estabelecimento em sua jurisdição. No entanto, muitos outros municípios que continham estabelecimentos de fundição de ferro deixaram de enviar informações. Assim, apenas no município de Ouro Preto, 618 trabalhadores estavam aparentemente empregados na produção do ferro.

Quanto à tecnologia utilizada para a preparação do ferro, parece que se usavam principalmente forjas catalãs. Os diversos estabelecimentos produziam ferramentas, ferraduras e grelhas, mas estavam orientados sobretudo para os mercados locais, e muitas vezes a demanda por tais produtos — e portanto sua produção — ficavam muito aquém de sua capacidade produtiva, devido aos altos custos de transporte.

O grande número de pessoas "sem profissão" no censo (1.015.868 indivíduos) talvez tenha incluído alguns trabalhadores autônomos ou ocasionais. A população total de até quatorze anos e acima de sessenta anos somava 664.693 pessoas, e algumas das crianças entre dez e quatorze anos provavelmente já trabalhavam, e podem ter sido classificadas em outras categorias, em especial no caso dos escravos. A diferença de mais de 350 mil indivíduos pode ter incluído as donas de casa, para quem "profissões" não podiam ser especificadas, mas provavelmente incluía também as pessoas para quem não foi possível obter informações sobre a profissão.

27. Considerando-se as exportações anuais mais elevadas antes de 1873, as 3.034.400 arrobas

aparentemente exportadas em 1870-1, e aceitando uma pouco provável baixa produtividade de 17,8 sacas por escravo na época (número sugerido por Van Delden Laerne dez anos depois para a Zona da Mata e o Rio de Janeiro), as exigências de mão de obra para produzir tal quantidade seriam de 41.730 escravos. As exportações anuais médias de café de 1870-1 até 1874-5 foram muito mais baixas do que o número de 1870-1, e a produtividade por escravo foi provavelmente mais elevada do que aquela verificada dez anos depois, de modo que, ignorando mais uma vez o consumo doméstico de café, o "emprego" geral de escravos não teria ultrapassado 42 mil indivíduos.

Supondo, como no caso do Rio de Janeiro e São Paulo, com muito exagero, um consumo anual per capita de dez quilos, e dada uma população total de 2.102.689 habitantes, o consumo doméstico de café em Minas Gerais chegaria a um total também muito superestimado de 350.448 sacas. Essa quantidade teria exigido 19.688 trabalhadores adicionais, supondo uma produção por trabalhador de 17,8 sacas. Em resumo, até mesmo nas circunstâncias mais desfavoráveis possíveis, e supondo valores extremos para o emprego de escravos no cultivo do café, o resultado seria ainda assim um máximo de aproximadamente 60 mil escravos, o que por subtração resultaria em muitas mais dezenas de milhares de trabalhadores escravos em outras ocupações agropecuárias.

28. Segundo o relatório do vice-presidente barão de Camargos de 22 de dezembro de 1876, a população escrava da província alcançava um total de 365.861 pessoas. O município de Leopoldina vinha em primeiro lugar em número de escravos, abrigando um total de 15.253. Em 1883, Leopoldina tinha aparentemente 16.001 escravos; Mar de Espanha, 15.183; Juiz de Fora, 21.808. Ver Oiliam José, *A Abolição em Minas* (Belo Horizonte: Itatiaia, 1962, p. 138), e Van Delden Laerne (op. cit., p. 117).

As exportações de café da província foram aparentemente favorecidas pela expansão das ferrovias. Em 1874, a malha ferroviária da província consistia em apenas 92 quilômetros, que haviam aumentado para 1.466 quilômetros em 1887. Os dados disponíveis sobre as exportações pelo porto do Rio de Janeiro de café produzido em Minas Gerais revelam uma média de 33.428.000 quilos em 1870-1 e 64.278.000 quilos em 1880-81. Ver o já citado *Relatório* (p. 11) do secretário de Finanças do Rio de Janeiro, de 31 de julho de 1893.

Os dados compilados por A. Alvim (op. cit., pp. 81-2) mostram uma média anual de 1.919.200 arrobas de 1869-70 a 1871-72 e uma média de 3.904.800 arrobas de 1879-80 a 1881-2 (ver tabela 2).

29. Segundo diversos *Relatórios do Ministério da Fazenda* (1864, tabela 93; 1866, tabela 95; 1869, tabela 54; 1873, tabela 53; 1874, tabela 50; 1877, tabela 61), foi a seguinte a evolução das exportações de ouro em pó e em barras (excluindo moedas) pelo porto do Rio de Janeiro (que são uma boa aproximação para as exportações de ouro de Minas Gerais). (De fato, segundo o presidente da província de Goiás no seu *Relatório* de 1862, pp. 103-4, a produção local era de apenas 4.910 oitavas, ou seja, 17,6 kg, e não se têm dados oficiais sobre a já então muito modesta produção do Mato Grosso.)

ANO	QUILOS	CONTOS	ANO	QUILOS	CONTOS
1858-9	791,1	797,3	1867-8	2.349,0	2.444,3
1859-60	1.345,5	1.364,5	1868-9	1.605,5	1.438,4
1860-1	1.604,0	1.629,0	1869-70	1.164,0	1.141,2
1861-2	2.118,4	2.121,3	1870-1	316,2	308,1
1862-3	710,8	766,2	1871-2	811,1	833,5

1863-4	114,5	114,0	1872-3	424,5	439,3
1864-5	712,4	795,4	1873-4	945,5	742,8
1865-6	113,2	124,4	1874-5	1.508,2	1.526,9
1866-7	2.017,0	2.024,1	1875-6	1.862,4	2.561,2

A partir de 1876-7, nos *Relatórios do Ministério da Fazenda*, existem apenas dados de exportação para o exterior de ouro em pó e em barra para o país como um todo (inclusive interrompidos entre 1878-9 e 1881-2). Mas a partir de 1871-2 os dados "para o Brasil" coincidem com os do porto do Rio de Janeiro até 1875-6. Como grande parte do ouro exportado pelo Brasil fazia-se pelo Rio de Janeiro, cabe examinar as exportações totais de ouro como uma aproximação para as exportações de ouro de Minas Gerais no final do Império. Essas exportações totais não mostram uma tendência firme de aumento, alcançando um máximo de 1.731,9 quilos em 1885-6, sem retornar aos volumes de 1861-2 e de 1866-7 e 1867-8, que foram superiores a 2 mil quilos. O valor médio das exportações de ouro no triênio 1876-7 a 1878-9 correspondeu a cerca de 1,1% do valor das exportações totais do país, e a média dos anos fiscais 1882-3 a 1886-7 alcançou menos de 1% do mesmo valor. Os dados abaixo de exportações do Brasil de ouro em pó e em barra constam dos seguintes *Relatórios do Ministério da Fazenda* (1880, tabela 45; 1886, tabela 38; 1887, tabela 39; 1888, tabela 34):

ANOS	QUILOS	CONTOS
1876-7	1.813,8	1.969,1
1877-8	1.130,4	2.136,4
1878-9	1.602,2	2.222,3
1882-3	1.121,9	1.142.3
1883-4	1.165,9	1.195,9
1884-5	1.354,8	1.387,6
1885-6	1.731,9	1.649,4
1886-7	1.151,8	1.197,7

Os dados sobre os diversos produtos de exportação da província foram tirados de *Carteira estatística de Minas Gerais* (op. cit., pp. 28-40). Sobre a participação do café no valor total das exportações da província, ver A. Alvim (op. cit., pp. 81-2). Sobre as exportações de têxteis, ver J. P. Wileman, *The Brazilian Yearbook* (op. cit., pp. 486 e 486F). Em 1882, Minas Gerais tinha nove fábricas têxteis que empregavam cerca de setecentos trabalhadores e tinham 316 teares. A produção diária de tecido de algodão era estimada em 12 mil metros, de modo que as exportações, muito menores do que no passado, não nos dão uma ideia da evolução de sua produção têxtil. Após aquele ano, várias fábricas ampliaram suas instalações e outras foram fundadas, de maneira que a produção fabril cresceu rapidamente, enquanto a produção doméstica de têxteis também subsistiu, atendendo principalmente o mercado local. Sobre os diamantes, ver a nota 23 acima.

30. Ver Van Delden Laerne (op. cit., pp. 115 e 117-8), Conrad (op. cit., p. 293) e *Relatório do Ministério da Agricultura* de 1882 (op. cit., pp. 5-6). Segundo esse relatório, ao final de 1880 Minas

Gerais contava 279.557 escravos, com exceção de oito municípios. Supostamente, houvera uma diferença positiva das entradas em relação às saídas de 5.906 pessoas, bem como 7.491 alforrias e 30.192 mortes, o que permite reconstituir o número de 311.304 escravos matriculados no início da década de 1870, desprezando-se um erro de trinta escravos no relatório. Compare-se o total de aproximadamente 311 mil escravos matriculados com aquele bem maior citado pelo vice-presidente da província em 1876 e reproduzido na nota 28, e também com os dados do censo de 1872 citados no texto.

31. Esse total foi obtido a partir dos números de exportação de A. Alvim (op. cit., pp. 81-2) e, supondo como Van Delden Laerne, uma produção média por escravo de 17,8 sacas, que ele sugere para a região do Rio de Janeiro que incluía principalmente áreas cafeeiras antigas. Os dados sobre uma amostra de dez propriedades nos municípios de Juiz de Fora, Mar de Espanha e Leopoldina, reproduzidos em Van Delden Laerne (op. cit., pp. 328-9), permitiram que se computasse uma produção média de dezenove sacas por escravo. O uso dessa média reduziria o emprego de escravos na produção do café exportado de Minas Gerais a cerca de 73.800 escravos. Novamente, ignorou-se o consumo de café local. Também é provável que a essa altura, nas áreas de Minas Gerais adjacentes a São Paulo, já houvesse alguns agricultores livres dedicados à cafeicultura.

32. Essas médias foram calculadas a partir de dados sobre Minas Gerais apresentados por Van Delden Laerne (op. cit., pp. 218-21 e 328-9). A proporção do valor dos escravos no valor total estimado de 153 propriedades hipotecadas ainda chegava a 44%.

33. Os dados sobre a matrícula dos escravos de 1886-7 podem ser encontrados em *Relatório do Ministério da Agricultura* de 14 de maio de 1888 (p. 24) e em Carvalho de Mello, op. cit. Os números disponíveis sobre exportações de café produzido em Minas Gerais pelo porto do Rio de Janeiro com base em anos-calendário mostram um máximo de 85.457.000 quilos em 1885. As fontes dos dados sobre exportações são as mesmas da nota 28.

34. Uma excelente descrição da situação econômica de Minas Gerais em meados da década de 1880 é fornecida pelo cônsul Ricketts em seu "General Report on the Province of Minas Gerais" (*PP 1887*, v. 82, "Miscellaneous Series", n. 58). Sobre a imigração na década de 1880, ver p. 2 desse mesmo relatório. Iglesias (op. cit., p. 127) menciona um grupo de 61 famílias italianas estabelecidas em São João del Rei como exemplo das pequenas levas de imigrantes estrangeiros que entraram em Minas Gerais na década de 1880 e não se dirigiram necessariamente ao cultivo do café. Iglesias observou que a prevalência da escravidão na província funcionava como obstáculo à imigração estrangeira em larga escala para a área.

35. Ver "Report [...] Consul Ricketts", op. cit., pp. 7-9 e 12. O autor fez diversas considerações sobre a agricultura e a indústria da província. Com relação à mineração, ele mencionou que a produção estimada de ouro era de cerca de 2 mil quilos, e que as exportações de diamantes, sem incluir o distrito de Bagagem, estavam computadas em 415 contos por ano, embora fossem "provavelmente muito maiores". As 75 pequenas fábricas do centro da província produziam uma média de 1.600 toneladas de ferro, que estariam avaliadas em cerca de quatrocentos contos, alcançando um preço "próximo à fábrica" de três mil-réis por quinze quilos (equivalentes a 1 arroba com a adoção do sistema métrico). (Compare-se com os dados de décadas anteriores citados anteriormente nas notas 12, 13 e 26 deste capítulo.) Sobre a criação de gado, ver Dornas Filho (op. cit., p. 127), que se refere aos primeiros zebus em Uberaba em 1888.

Segundo as informações disponíveis, com exceção do café, apesar do tradicionalismo da maioria das atividades rurais, às vésperas da Abolição a maioria dos produtos agrícolas da província já era predominantemente cultivada por mão de obra livre. Isso não excluía casos de escravos empregados no cultivo de gêneros alimentícios e na criação de gado até 1888, que são ilustrados por relatos dos efeitos da abolição da escravidão em determinados municípios (ver nota 38 adiante).

36. Essa informação foi tirada de Luiz Eugênio Horta Barbosa, *Fala à Assembleia Legislativa Provincial de Minas Gerais* (Ouro Preto: Typ. de J. F. de Paula Castro, 1888, p. 59-60), e é referida pelo cônsul italiano T. F. Bernardi em seu já citado relatório "Lo stato di Minas Gerais" (pp. 121-2). A experiência insatisfatória dos núcleos coloniais criados de 1888 até o final da década de 1890 é descrita nesse relatório italiano. O autor também relata a criação de uma hospedaria para imigrantes em Juiz de Fora em 1888, seguida por outras em Soledade, Rio Novo, Cataguases e São João Nepomuceno.

37. Segundo Conrad (op. cit., p. 267), "no início de 1888, os escravos começaram a abandonar as fazendas em vários municípios para caminhar pacificamente até a capital provincial de Ouro Preto [...] No início de março, os fazendeiros de Minas [...] haviam começado a conceder a liberdade incondicional". Em abril, uma revolta foi registrada na fazenda do barão de Juiz de Fora (ver p. 268). Oiliam José (op. cit., p. 139) relata que, em abril, grandes senhores também estavam libertando seus escravos em Leopoldina (um deles libertou 182 escravos), movidos pela apreensão quanto ao futuro da cafeicultura.

38. Segundo José Pedro Xavier da Veiga, *Ephemerides mineiras, 1664-1897* (Belo Horizonte: Imprensa Oficial do Estado de Minas, 1897, v. 2, p. 262), 230 mil escravos foram libertados pela lei de 13 de maio de 1888, e esse número é citado com frequência. No entanto, segundo a razoavelmente confiável matrícula de 1886-7, restavam na província apenas cerca de 192 mil escravos, o que constituiria um limite máximo para aqueles efetivamente libertados em 13 de maio de 1888 e que eram sem dúvida menos numerosos. Nessa data, cerca de 110 mil ingênuos também parecem ter sido definitivamente dispensados de prestar serviços para os ex-senhores de suas mães, agora ex-escravas.

39. Ver o já citado "Report for the Years 1887-88 on the Finances, Commerce and Agriculture of the Empire of Brazil", em "Mr. Wyndham to the Marquis of Salisbury, Feb. 19, 1889" (*PP 1889*, v. 78, n. 504A, p. 40). À alta taxa de câmbio de 24 pence para cada mil-réis, que prevaleceu temporariamente em 1888-9, as remunerações citadas no texto iriam de dois mil-réis a 3.500 réis por dia, que seriam de fato salários muito elevados. Sobre o abandono das fazendas e a perda de colheitas em Cataguases e Monte Azul, ver Oiliam José (op. cit., pp. 135, 142 e 147).

40. Oiliam José, op. cit., pp. 133-4 e 139. Com relação a São João Nepomuceno, esse mesmo autor (p. 135) menciona um membro da assembleia local que observou que os escravos sem terras para cultivar e com pouca instrução deveriam ser "assistidos" de forma prioritária, por oposição a tentar atrair imigrantes estrangeiros. A ideia era garantir o fornecimento de mão de obra às fazendas daquele importante município cafeeiro no futuro imediato. A atitude mais genuinamente filantrópica de um fazendeiro de Barbacena foi relatada em um jornal local, e também citada por Oiliam José (p. 134). Sobre a consternação dos senhores de escravos com a Abolição, seus protestos e reuniões para externar sua rejeição à monarquia e pedir indenizações, ver p. 139.

41. Eduardo Ernesto da Gama Cerqueira, em *Mensagem apresentada ao Congresso mineiro* (Ouro Preto: Imprensa do Estado de Minas Gerais, 1892), referiu-se às "condições precárias de nossa existência econômica", que se dizia serem em parte resultado da Abolição e da população insuficien-

te do estado. O presidente do estado também ressaltou que a imigração estrangeira permanecia limitada a tentativas raras e isoladas.

Ver também Lúcio José dos Santos, *História de Minas Gerais* (São Paulo: Melhoramentos, [1926?], p. 131), que fez referência ao abandono do cultivo, à "inércia" inicial dos escravos e ao lento processo de sua adaptação ao trabalho livre. Oliveira Torres (op. cit., p. 1134) refere-se à migração para as cidades de alguns fazendeiros e ex-escravos.

42. Esses números foram tirados de A. Alvim (op. cit., pp. 81-2) e estão reproduzidos em *Carteira estatística de Minas Gerais* (op. cit., p. 37), expressos em quilos. (Ver tabela 2.)

Segundo uma publicação oficial anterior, organizada por Victor Silveira, *Minas Gerais em 1925* (Belo Horizonte: Imprensa Oficial, 1926, pp. 316-7), as exportações de café mineiro só recuperaram os altos níveis de 1885-6 em 1895. Com exceção do período entre 1891 e 1894, os dados dessa publicação coincidem ou são próximos dos dados apresentados por A. Alvim, reproduzidos na tabela 2.

43. Os dados sobre exportações foram mais uma vez tirados da *Carteira estatística de Minas Gerais* (op. cit., pp. 28-40). Com relação às indústrias de laticínios e ao gado, ver Arthur Dias (op. cit., p. 590). Esse autor menciona que o sul de Minas Gerais era uma região excelente para a engorda do gado vindo do interior do estado, e também de Mato Grosso e Goiás. Assim, as exportações crescentes de gado não refletiam unicamente a expansão da criação em Minas Gerais, mas também nos estados vizinhos. No início dos anos 1900, Passos era uma importante feira de gado, que recebia mais de 35 mil cabeças do interior. Sobre a conversão de antigas áreas cafeeiras para a criação de gado, ver A. Alvim (op. cit., p. 78), que fala da Zona da Mata, e Oiliam José (op. cit., p. 137), que menciona o caso específico de Leopoldina.

44. Sobre as exportações de ouro, ver *Carteira estatística de Minas Gerais* (op. cit., p. 47). O total de 3.092 quilos corresponderia a apenas um sexto dos volumes máximos anuais alcançados no século XVIII. Para as décadas de 1860 a 1880, ver a nota 29 acima. A mesma fonte indica que, em 1900, as exportações de manganês alcançaram 139,3 mil toneladas.

O desenvolvimento da indústria têxtil no estado foi rápido, e principalmente orientado para o mercado doméstico. Em seu já citado "Report" (pp. 8 e 17), o cônsul Ricketts apresentou dados sobre a situação do setor em 1883-4. Nesse ano fiscal, os números disponíveis sobre dez fábricas têxteis que empregavam 1.187 operários e 496 teares indicavam uma produção total de 6.206.000 metros de tecido de algodão, "ou [o equivalente a] cerca de 1/40 da quantidade total de produtos têxteis importados pelo Brasil da Grã-Bretanha". Em contraste, as exportações da província em 1882-3 haviam somado apenas 189 mil metros. Em 1904, segundo Wileman, *The Brazilian Yearbook* (op. cit., p. 486F), o estado tinha 32 fábricas que empregavam 3.098 trabalhadores, com 2.259 teares e uma produção diária média de 50 mil metros. "Um determinado número de teares [podia] ser encontrado em casas particulares, em diferentes partes do estado, a saber, Queluz, Piui, Formiga, Frutal e diversos lugares no norte. Os tecidos produzidos [denotavam] muito bom gosto e, durante um longo período, grandes quantidades foram exportadas."

Uma tabela referente a 1905, em Wileman, *The Brazilian Yearbook* (op. cit., p. 477), dá informações referentes a um total de 31 fábricas, e dezenove delas produziam 18.044.000 metros de tecido por ano. As exportações para outros estados naquele ano alcançaram apenas 877.839 metros, o que indica a importância do mercado doméstico para as fábricas locais.

Quanto à produção de ferro, ainda havia dezenas de oficinas fabricando ferro em forjas catalãs, mas foram construídos altos-fornos em Itabira do Campo e Miguel Burnier em 1888 e 1893, respectivamente. Este último ainda operava no início dos anos 1900, produzindo cerca de seis toneladas de ferro por dia. Ver Bernardi, op. cit., p. 84.

45. Ver A. Alvim, op. cit., pp. 81-2.

46. Ver Sócrates Alvim, op. cit., p. 57. Sobre o emprego generalizado de ex-escravos no início da década de 1900, ver P. Denis, *Brazil* (op. cit., pp. 314-5).

47. Ver, por exemplo, E. E. da Gama Cerqueira, *Mensagem*, op. cit.

48. Ver Bernardi, op. cit., pp. 114 e 122. Sobre os núcleos coloniais criados por particulares e pelo estado, ver pp. 120, 126 e 143. Em 1905, com exceção de Rodrigo Silva, fundado em 1888 e que abrigava 1.269 colonos, sete outros núcleos criados em 1898-99 tinham apenas 1.015 colonos. Estes não incluíam os núcleos de Maria Custódia e Teodora, também criados no final da década de 1880, e emancipados em 1899-1900.

49. Esses números foram computados a partir de dados brutos reproduzidos em Bernardi (op. cit., pp. 114-7), que o autor tirou de publicações oficiais da época. Ver também a tabela 4 do capítulo 7 do presente estudo.

50. Depois de um drástico declínio após 1898, a imigração oficialmente registrada para Minas Gerais continuou pouco expressiva até pelo menos 1907. Por volta dessa data, estimou-se que o estado de Minas Gerais tinha cerca de 90 mil habitantes de origem italiana, 25 mil "portugueses", 8 mil "alemães", 7 mil "espanhóis", mil "austríacos" e alguns poucos milhares de "turcos". Dentre os portugueses, muitos eram comerciantes nos diversos centros urbanos, e poucos se dedicavam à agricultura. Os alemães localizavam-se principalmente nas antigas colônias do Mucuri, na colônia agrícola de Soledade, no município de Mar de Espanha, e ao redor de Juiz de Fora, onde cerca de 3 mil estavam empregados em "diversas indústrias". Havia muitos espanhóis empregados na mineração, mas eles estavam espalhados por todo o estado, enquanto os austríacos estavam localizados sobretudo em colônias agrícolas próximas a Sabará, Juiz de Fora e Barbacena. Os "turcos" (que incluíam todos os imigrantes do Oriente Médio, notadamente sírios e libaneses) dedicavam-se exclusivamente ao comércio e aos ofícios. Por fim, alguns dos italianos também estavam estabelecidos nos centros urbanos como artesãos, comerciantes e até mesmo operários de fábricas, mas dedicavam-se à agricultura aos milhares, e a maioria tinha ido para as fazendas de café. Ver Bernardi, op. cit., p. 22. Cabe observar que, quando se iniciou a crise do café, muitos estrangeiros deixaram Minas Gerais rumo a outros destinos (ver p. 150). A nacionalidade das pessoas nascidas no estrangeiro era considerada pelos cônsules a do país de origem dos imigrantes, mas, segundo a lei brasileira, alguns deles eram brasileiros.

51. Em contraste com São Paulo, onde, segundo uma fonte, a produção média por mil pés podia alcançar sessenta arrobas (novecentos quilos) no início da década de 1900, a produção média por mil pés em Minas Gerais foi estimada em 36 arrobas pelo diretor da Agricultura, Terras e Colonização do estado. Essa média não se aplicava aos distritos do sul de Minas Gerais adjacentes a São Paulo, onde prevalecia uma produtividade similar à paulista. Ver Bernardi, op. cit., p. 51. A média de sessenta arrobas por mil pés para São Paulo como um todo parece alta demais. Conforme já visto no capítulo 4 dedicado a esse estado, os dados do censo agrícola de 1905 indicaram uma média de cinquenta arrobas.

52. Ver Veiga Filho, op. cit., pp. 65-6.

53. Ver Bernardi, op. cit., p. 155.

54. Segundo Denis (op. cit., p. 316), durante a década de 1890, os agricultores imigrantes das fazendas de café de Minas Gerais "recebiam por quantidade produzida, como em São Paulo".

Segundo Bernardi (op. cit., p. 157), a parceria não foi usada com tanta frequência quando os preços do café estavam altos, na década de 1890, uma vez que os fazendeiros preferiam pagar remunerações fixas. Com a crise e a "escassez de braços", que coincidiram com o declínio do preço do café, o pagamento de remunerações em dinheiro muitas vezes não era viável para o fazendeiro, que recorria à parceria como a única forma de reduzir suas despesas de cultivo a um mínimo. Por outro lado, a produtividade da terra em determinadas áreas também estava em declínio. Portanto, diferentes condições no mercado de café podiam levar a uma mudança de preferência dos fazendeiros por diferentes contratos.

A tabela 3 mostra as formas predominantes de contrato de trabalho nas regiões cafeeiras. A tabela registra as exceções à ampla generalização de que, nos contratos com colonos estrangeiros, a parceria predominava na Zona da Mata, e a empreitada no Sul. Na realidade, na maioria dos municípios, pelo menos dois dos três tipos mais comuns de contrato — que incluíam a parceria, a empreitada e o trabalho assalariado — podiam ser encontrados em maior ou menor escala. Em todos os casos, intervinham tanto fatores de oferta (por exemplo, a disponibilidade de imigrantes estrangeiros, que por sua vez dependia da produtividade da terra) quanto de demanda (preferência dos fazendeiros por contratos específicos, sua situação financeira etc.).

55. Os dados sobre nacionalidade e profissão em Minas Gerais segundo o censo de 1900 estão reproduzidos em Secretaria de Agricultura, Serviço de Estatística Geral, *Anuário estatístico de Minas Gerais* (Belo Horizonte: Imprensa Oficial, 1929, ano 2 [1922-5], p. 69). Infelizmente, de um ponto de vista estatístico, embora os dados do censo mostrem 35.091 estrangeiros em "ocupações improdutivas", provavelmente incluindo crianças, também mostram 29.983 estrangeiros (dos quais 20.975 eram homens) com "ocupações desconhecidas" e 3.125 em "ocupações mal especificadas". É bem possível que parte desses estrangeiros tivesse sido empregada na agricultura em um passado recente e, portanto, o total de 36.979 agricultores estrangeiros deve ser considerado com reserva. (O total relativo aos brasileiros incluía 1.069 homens e 205 mulheres nascidos no estrangeiro e naturalizados.)

56. Devido às lacunas das informações disponíveis, não é possível estabelecer uma média exata para a participação dos estrangeiros na força de trabalho da cafeicultura, de modo que o número citado no texto é conjectural, tendo por base considerações frágeis como as feitas a seguir.

Segundo A. Alvim (op. cit., p. 52), as exportações alcançaram em média 9.519.200 arrobas em 1897-98. Supondo uma produção média elevada, de cinquenta arrobas para cada mil pés de café (ver tabela 7 do capítulo 4), isso resultaria em um total de 190.384.000 pés. Aceitando-se uma média mais baixa de 36 arrobas (ver nota 51 acima), seriam 264.422.000 pés. Supondo, em ambos os casos, um trabalhador adulto para cada 2 mil pés, seriam necessários de 95 mil a 132 mil trabalhadores para produzir o café exportado, sem contar aqueles necessários para produzir o café consumido internamente.

A imigração total registrada entre 1888 e 1900, sem incluir 1890, foi de 74.630 pessoas (ver texto e a nota 49 acima). Aceitando-se que três quartos desse total foram para o cultivo do café, haveria uma oferta total de 56 mil colonos para o setor cafeeiro, dos quais muitos eram menores de doze anos. Dada a mobilidade dos colonos estrangeiros, é improvável que esse fosse o total de colonos trabalhando na cafeicultura em qualquer momento específico, mesmo levando em conta os dados faltantes relativos a 1890. Denis (op. cit., p. 316), com base nas entradas de imigrantes entre 1894 e 1897, afirmou que "provavelmente, o total efetivo de trabalhadores imigrantes brancos nas fazendas de Minas jamais ultrapassou 100 mil". Com base nos números mais completos citados anteriormente, esse total parece ter sido bem menor. Segundo a publicação oficial *Minas Gerais em 1925* (op. cit., p. 1247), cerca de 77 mil imigrantes teriam entrado em Minas Gerais de 1888 a 1898, uma fração dos quais não permaneceu no estado. Os números do censo para 1890 e 1900, por sua vez, conforme já mencionado acima, mostram um aumento líquido de cerca de 90 mil "estrangeiros" de todas as idades ao longo da década.

Quanto à capacidade da produção cafeeira de Minas Gerais, segundo dados oficiais, o estado abrigava 2.739 "grandes" fazendas de café em 1898-9. Destas, 1.234 tinham menos de 50 mil pés; 844 contavam mais de 100 mil; 64 possuíam mais de 500 mil (tais dados não são incoerentes se comparados às estimativas feitas dois parágrafos antes). Ver o já citado "Report [...] Trade [...] Rio de Janeiro [...] 1899, Acting Consul-General Rhind" (*PP 1900*, v. 92, n. 2.475A, p. 18).

57. Segundo Denis (op. cit., pp. 316-7), por volta do final da primeira década do século, a "dispersão dos trabalhadores agrícolas estrangeiros brancos [era] claramente visível [...] A lacuna que os italianos [haviam] deixado [fora] gradualmente preenchida por negros". O autor assumiu uma postura crítica em relação aos trabalhadores negros locais, argumentando que, como os salários excediam suas necessidades básicas, eles não forneciam um trabalho regular, enquanto os parceiros supostamente não tratavam de forma adequada os pés de café. O autor concluiu que os pés de café em Minas Gerais não duravam tanto quanto em São Paulo.

58. Ver Bernardi, op. cit., pp. 153-4 e 157, e Denis op. cit., p. 317. Este último observou que somente trabalhadores urbanos sem profissão fixa enfrentavam alguma dificuldade econômica, uma vez que a remuneração dos trabalhadores urbanos não qualificados permanecia baixa, e dificilmente suficiente para sustentar uma pessoa. Os colonos rurais, por sua vez, não eram tratados rudemente, sobretudo desde a crise, mas poucos conseguiam juntar uma poupança significativa no início dos anos 1900. Muitos dos colonos de parceria estavam endividados, principalmente nas áreas mais isoladas, onde compravam seus mantimentos na loja do empregador. A situação do empregador, porém, era muitas vezes insatisfatória, e os colonos corriam o risco de não receberem pelo trabalho caso a propriedade do fazendeiro fosse confiscada por seus credores.

Durante a década de 1890, o número de colonos "bem-sucedidos" deve ter sido maior, e alguns dos italianos estabelecidos em núcleos coloniais ou centros urbanos haviam poupado recursos suficientes para comprar seus lotes de terra ou seus negócios na cidade trabalhando na cafeicultura. Entretanto, tudo indica que o número de pequenos proprietários donos de seus lotes era pequeno quando comparado aos que não possuíam terra e trabalhavam sob diversos tipos de contratos.

59. Ver *Minas Gerais em 1925*, op. cit., p. 1237. Nessa publicação oficial, é grande a preocupação em ressaltar que, durante as duas primeiras décadas do século XX, os trabalhadores rurais não podiam na verdade ser chamados de "operários", uma vez que não viviam exclusivamente do trabalho realizado para terceiros.

60. Ver *Anuário estatístico de Minas Gerais* (op. cit., p. 69). Segundo o censo de 1900, havia 1.390 estrangeiros empregados na indústria de transformação, 9.244 em artes e ofícios, 8.017 no comércio e 13.747 no serviço doméstico. Várias trabalhadoras estrangeiras estavam empregadas nas fábricas têxteis do estado.

61. Como no caso do estado do Rio de Janeiro, a proporção de brancos na população total de Minas Gerais era muito menor do que em São Paulo. O censo de 1890 revelou que os brancos representavam 44,7% da população do estado. Os outros três grupos — "mestiços" (incluindo mulatos),

negros e caboclos — representavam respectivamente 30,8%, 18,3% e 6,2% da população. Assim, a população não branca era majoritária em Minas Gerais no período que sucedeu à Abolição, o que pode ter resultado em um preconceito menor em relação aos ex-escravos e às pessoas não brancas em geral do que em São Paulo e nos estados do Sul.

6. ESPÍRITO SANTO [pp. 227-41]

1. Ver Misael Ferreira Penna, *História da província do Espírito Santo* (Rio de Janeiro: Typ. de Moreira, Maximino & Cia., 1878, pp. 77-8).

Maria Stella de Novaes, *A escravidão e a Abolição no Espírito Santo* (Vitória: Departamento de Imprensa Oficial, 1963, p. 25), refere-se a cronistas da época segundo os quais, no início da década de 1580, o Espírito Santo abrigava duzentos escravos africanos e seis engenhos. Cardim (op. cit., p. 344) menciona seis engenhos de açúcar e 150 "vizinhos" em meados da década de 1580, mas não faz referência a escravos negros. O autor menciona também que os índios eram frequentemente escravizados pelos portugueses. Na época em que ele escreveu, havia mais de 5 mil índios cristianizados e pagãos em aldeias próximas e ao longo da costa (ver pp. 338-9). José Marcellino Pereira de Vasconcellos, em *Ensaio sobre a história e estatística da província do Espírito Santo* (Vitória: Typ. de P. A. d'Azeredo, 1858, pp. 92 e 200-1), refere-se a um engenho localizado em Piranema com trinta escravos em 1696, e também a dois engenhos de açúcar em Guarapari, Engenho Velho e Campo que, juntos, tinham mais de quatrocentos escravos por volta de 1751. Segundo Maximiliano de Wied, citado por Novaes, *A escravidão* (op. cit., p. 77), essas mesmas propriedades tinham cerca de seiscentos escravos na década de 1810.

A população indígena da capitania, por sua vez, talvez tenha sido muito maior do que a "população civilizada" localizada ao longo da costa no século XVIII. Segundo Scully (op. cit., p. 264), "durante dois séculos os jesuítas civilizaram e protegeram os índios [...] e, em 1750, a população indígena ultrapassava 40 mil indivíduos, mas, após a expulsão da ordem [dos jesuítas], aqueles morreram devido a excessos ou retornaram à vida selvagem".

2. A brochura anônima *Brazilian Improvements More Particularly as Regards the Province of Espírito Santo* (Londres: Ridgway, Booth and Wilson, 1825), assinada por "alguém que desejava o sucesso da independência brasileira", contém informações interessantes sobre o fracasso de uma companhia para desenvolver a navegação no rio Doce, em 1819, e sobre a disponibilidade de habitantes de Minas Gerais desempregados para a ocupação das novas áreas (ver pp. 12 e 23). A obra defendia a ideia da formação de outra companhia de ingleses, que aparentemente obteve uma concessão imperial, mas que também não conseguiu iniciar nenhuma atividade prática no rio Doce. O autor da brochura também forneceu a seguinte informação sobre produções agrícolas na província: "O feijão-comum [...] de uso generalizado na província [...] geralmente rende de 250 a trezentos para um e, em alguns casos, quatrocentos. No [cultivo do] arroz, essa proporção chega a ser ultrapassada [...]. O rendimento habitual do milho é de 120 a 130 para um". Ele acrescentava que "alguns experimentos bem-sucedidos [haviam] sido feitos no cultivo do café" (ver pp. 18-20). Embora o rendimento do feijão pareça elevado demais, os números relativos ao arroz e ao milho não são incompatíveis com informações sobre outras províncias no século XIX.

Por fim, referindo-se aos índios "civilizados", o autor afirma que eles eram uma "raça resistente e industriosa, uma vez treinada e instada a trabalhar por meio de incentivos" (ver p. 16).

O otimismo da brochura em relação ao Espírito Santo deve ser considerado com reserva, uma vez que seu autor estava obviamente tentando destacar as vantagens de uma companhia que abriria o rio Doce à navegação...

3. Francisco Alberto Rubim, "Memória estatística da província do Espírito Santo no ano de 1817" (*RIHGB*, t. 19, p. 183, 2. trim. 1856). O autor, então governador da capitania, observou que os números da população certamente estavam subestimados, sobretudo no que dizia respeito aos escravos, "uma vez que a experiência demonstrou que os senhores de escravos não enumeram o número exato de escravos que possuem". Na época, o maior centro urbano da capitania era a capital, Vitória, com 945 fogos e 4.245 habitantes.

4. Ver Arthur Cezar Ferreira Reis, "O Espírito Santo", em *História geral da civilização brasileira*, sob a direção de Sérgio Buarque de Holanda (São Paulo: Difusão Europeia do Livro, 1964, t. 2, v. 2, pp. 354 e 361), e Ferreira Penna, op. cit., p. 101. O cultivo do trigo parece ter sido tentado sem sucesso em Viana, mas a área acabou se tornando um importante centro agrícola.

5. Ferreira Reis, *O Espírito Santo*, op. cit., pp. 354 e 357-60. Durante a década de 1820, a província foi considerada por um observador a mais pobre do Império.

6. Os números sobre a população da província no início da década de 1840 são do "Relatório do vice-presidente", de 1844, e são citados por Taunay, *História do café no Brasil* (op. cit., v. 3, t. 1, p. 292). Esses dados não são muito confiáveis, e o número de fogos não está disponível.

7. Ver César Augusto Marques, *Dicionário histórico, geográfico e estatístico da província do Espírito Santo* (Rio de Janeiro: Typ. Nacional, 1878, pp. 84-5). Segundo esse autor, Itapemirim abrigava 2.109 escravos e 1.285 habitantes livres em 1843, enquanto São Mateus tinha 1.846 escravos contra 1.585 habitantes livres. A proporção de escravos em algumas outras localidades em 1843 era a seguinte: município de Vitória, 31%; município de Serra, 36%; município de Benevente, 23,3%; município de Linhares, 4,7%; município de Nova Almeida (1844), 16%; vila de Espírito Santo, 27,2%; vila de Guarapari, 19,6%.

8. Sobre a insurreição de Queimado, ver Afonso Cláudio, *Insurreição do Queimado* (Petrópolis: Typ. Ipiranga, 1927, 2. ed. [1. ed., 1884]). Sobre a continuação do tráfico de escravos africanos após 1831 até por volta de 1850, ver Novaes, *A escravidão* (op. cit., pp. 81-3).

9. Migrantes para o sul da província usavam a chamada estrada de Rubim. Os relatórios provinciais da década de 1840 mencionam a imigração de baianos para a área costeira do norte. Habitantes do Rio de Janeiro e Minas Gerais saídos de áreas onde as terras já haviam sido apropriadas por grandes proprietários dirigiam-se para o sul e o oeste, muitas vezes levando consigo suas famílias, agregados e escravos. Com relação a Minas Gerais, alguns revolucionários de 1842 aparentemente fugiram para o Espírito Santo. Ver Taunay, *História do café no Brasil* (op. cit., v. 3, t. 1, p. 291). Ver também Novaes, *A escravidão* (op. cit., p. 92), para um exemplo de compra de escravos em Minas Gerais e o estabelecimento de grandes fazendas no Espírito Santo no início da década de 1850. Sobre a migração de mineiros para Castelo, Itabapoana e Itapemirim, onde fundaram "fazendas prósperas com numerosos escravos", ver p. 52.

10. As exportações de café produzido no Espírito Santo pelo porto do Rio de Janeiro, entre 1839-40 e 1871-2 (em milhares de arrobas), segundo Taunay, *História do café no Brasil* (op. cit., v. 3, t. 1, pp. 31 e 63-4), foram as seguintes:

EXPORTAÇÕES DE CAFÉ DO ESPÍRITO SANTO EM MILHARES DE ARROBAS (TAUNAY)

ANO	EXPORTAÇÕES	ANO	EXPORTAÇÕES	ANO	EXPORTAÇÕES
1839-40	25,8	1850-1	90,9	1861-2	235,4
1840-1	54,2	1851-2	106,0	1862-3	118,7
1841-2	33,8	1852-3	98,1	1863-4	114,9
1842-3	25,1	1853-4	98,0	1864-5	312,2
1843-4	35,7	1854-5	162,5	1865-6	242,3
1844-5	55,1	1855-6	177,9	1866-7	371,7
1845-6	32,0	1856-7	168,5	1867-8	296,3
1846-7	111,0	1857-8	144,0	1868-9	369,9
1847-8	115,4	1858-9	169,0	1869-70	543,8
1848-9	94,1	1859-60	209,9	1870-1	538,9
1849-50	118,9	1860-1	221,0	1871-2	415,4

Os números disponíveis sobre as exportações físicas durante as décadas de 1840 e seguintes não são muito confiáveis. Quanto às exportações totais de café da província, os dados sobre café produzido no Espírito Santo exportado pelo porto do Rio de Janeiro, reproduzidos nos relatórios provinciais do Rio de Janeiro, parecem ser um limite mínimo. A maior parte do café do Espírito Santo era exportada pelo Rio de Janeiro até o início da década de 1880, quando o comércio exterior de Vitória começou a ganhar importância. Após o início da década de 1850, os dados sobre as exportações de café, reproduzidos nos relatórios provinciais do Espírito Santo, não divergem muito dos totais anuais de café produzido no Espírito Santo exportados pelo porto do Rio de Janeiro, e ambos indicam a mesma tendência, embora os limites máximos nem sempre coincidam. Para a década de 1870, utilizou-se como base sobretudo os dados referentes a anos fiscais nos relatórios do Rio de Janeiro. Os dados acima sobre as exportações de café do Espírito Santo pelo porto do Rio de Janeiro foram reproduzidos por Taunay com base em relatórios provinciais do Rio de Janeiro do início da década de 1850 e início da de 1870. Cabe observar que, em seu capítulo dedicado ao Espírito Santo, Taunay não tenta tornar os dados acima compatíveis com aqueles que reproduz dos relatórios provinciais do Espírito Santo, e que também lista segundo anos-calendário. Estes últimos são, grosso modo, coerentes com os dados de Magarinos Torres. Os números listados por esse autor para 1845-8 coincidem com os totais da tabela acima referentes a 1845-6 a 1847-8. Seus dados para outros anos tirados de relatórios provinciais do Espírito Santo são os seguintes:

EXPORTAÇÕES DE CAFÉ DO ESPÍRITO SANTO EM MILHARES DE ARROBAS (MAGARINOS TORRES)

ANO	EXPORTAÇÕES	ANO	EXPORTAÇÕES	ANO	EXPORTAÇÕES	ANO	EXPORTAÇÕES
1849	57,4	1854	117,2	1859	136,1	1870	408,7
1850	89,2	1855	111,2	1860	202,1	1871	536,6
1851	101,1	1856	199,0	1861	223,8	1872	432,4
		1857	156,9			1873	450,3
1853	86,7	1858	151,2	1869	375,4	1874	330,9

Com relação às exportações de açúcar, foram aceitos os números compilados por Arthur E. Magarinos Torres Filho, *O estado do Espírito Santo e seu desenvolvimento econômico* (Rio de Janeiro: Typ. e Lithographia Pimenta de Mello & Cia., 1913 [citado, daqui em diante, como Magarinos Torres]). Esses números, ao que tudo indica, têm por base relatórios provinciais do Espírito Santo, e supostamente se referem a anos-calendário. Na época, porém, todas as estatísticas eram computadas segundo anos fiscais, de julho a junho. A partir dos dados sobre café reproduzidos pelo autor (p. 105), fica aparente que, para a década de 1840, ele decidiu atribuir aos dados o ano-calendário do primeiro semestre de cada ano fiscal. Assim, seu dado para 1845 coincide com o dado de 1845-6 reproduzido nos relatórios do Rio de Janeiro. Após 1850, contudo, ele parece ter se baseado no segundo semestre do ano fiscal para a escolha de seus anos-calendário, mas novamente isso nem sempre fica claro. Como suas séries não estão completas, comparações de ano a ano das exportações de café e açúcar nem sempre são possíveis. Os números bastam para mostrar, porém, que na década de 1850 o volume das exportações de café excedia claramente o das exportações de açúcar. Segundo Magarinos Torres, as exportações de açúcar do Espírito Santo tiveram a seguinte evolução (p. 103):

EXPORTAÇÕES DE AÇÚCAR DO ESPÍRITO SANTO (EM MILHARES DE ARROBAS)

ANO	EXPORTAÇÕES	ANO	EXPORTAÇÕES	ANO	EXPORTAÇÕES	ANO	EXPORTAÇÕES
1844	324,3	1849	184,2	1857	24,5	1869	19,4
1845	206,0	1853	75,4	1858	43,2	1870	49,5
1846	157,2	1854	97,2	1859	39,8	1872	40,1
1847	147,1	1855	49,9	1860	29,5	1873	18,2
1848	330,2	1856	78,6			1874	19,3

As exportações de açúcar do Espírito Santo se destinavam em sua maioria a outras províncias, uma vez que as exportações para países estrangeiros eram desprezíveis. Segundo a Comissão das Tarifas, o Espírito Santo também exportou uma média anual de 17.787 canadas de aguardente de cana-de-açúcar entre 1839-40 e 1845-6. O Rio de Janeiro recebeu do Espírito Santo uma média anual de 78 mil arrobas de açúcar entre 1846-7 e 1851-2. Ver Centro Industrial do Brasil, *O Brasil, suas riquezas naturais, suas indústrias*, op. cit., v. 2, p. 154.

11. Sobre a legitimação de posses, ver Taunay, *História do café no Brasil* (op. cit., v. 3, t. 1, p. 291). Sobre a colônia de Santa Isabel e sua situação ao final da década de 1850, ver Manuel Diegues Jr., *Imigração, urbanização, industrialização* (op. cit., p. 72).

12. Ver César Augusto Marques, op. cit., pp. 36-7.

13. Sobre o censo de 1856, ver Pereira de Vasconcellos (op. cit., pp. 215-6). Os dados foram aparentemente coletados após a epidemia da cólera-morbo, que, segundo fontes oficiais, matou 1.572 pessoas na província entre setembro de 1855 e abril de 1856. Ver Maria Stella de Novaes, *História do Espírito Santo* (Vitória: Fundo Editorial do Espírito Santo, 1968, p. 231). Como em outras províncias, a epidemia tendeu a fazer um número comparativamente maior de vítimas entre os escravos.

14. Dados tirados do "Relatório [...] do presidente José Bonifácio Nascentes de Azambuja" e reproduzidos em Taunay, *História do café no Brasil* (op. cit., v. 3, t. 1, p. 294). A soma dos dados por

municípios também reproduzidos no relatório não coincide com os totais atribuídos à província como um todo.

15. Dados aparentemente tirados do "Relatório do presidente Leão Velloso", de 1859. Ver Taunay, *História do café no Brasil* (op. cit., v. 3, t. 1, pp. 301-2). O presidente da província observou "uma verdadeira febre de plantio de café" e reclamou do abandono da plantação de gêneros alimentícios em favor da cafeicultura, que, como em outras regiões cafeeiras, estava causando aumento nos preços dos alimentos.

16. Sobre Santa Isabel, ver Pereira de Vasconcellos (op. cit., pp. 132-3). Segundo esse autor, cada família recebia lotes de cerca de 440 por 1.320 metros, ou cerca de 58 hectares. Em 1856, os colonos haviam produzido 1.200 alqueires de farinha de mandioca, e também tinham plantado feijão e milho. Criavam ainda cerca de duzentos cavalos e cabeças de gado. Sobre a predominância dos escravos no cultivo da cana-de-açúcar, ressaltada pelo presidente Costa Pereira em seu "Relatório de 1863", ver Taunay, *História do café no Brasil* (op. cit., v. 3, t. 1, p. 307).

17. Ver César Augusto Marques, op. cit., pp. 36-7. A produção de café de Santa Leopoldina e Rio Novo, por volta de 1874-5, era equivalente a cerca de um quinto das exportações médias de café produzido no Espírito Santo pelo porto do Rio de Janeiro entre 1873 e 1875.

18. Sobre a migração de Minas Gerais para o Espírito Santo em meados da década de 1860, ver Scully (op. cit., p. 266). Para citações de relatórios provinciais da década de 1860 que fizeram referência à penetração de fazendeiros de Minas Gerais e do Rio de Janeiro em Cachoeiro, Alegre e Veado, ver Taunay, *História do café no Brasil* (op. cit., v. 3, t. 1, pp. 303-4).

19. Em 1858, Pereira de Vasconcellos (op. cit., p. 120) referiu-se à existência de engenhos de açúcar movidos a vapor em Itapemirim, onde a produção de açúcar ainda prosperava. Sobre o uso de arados e força a vapor por volta de 1870, ver César Augusto Marques (op. cit., p. 11). Algumas vezes, os fazendeiros possuíam tanto fazendas de café quanto engenhos. Assim, ao morrer, em 1860, o barão de Itapemirim, possivelmente o maior senhor de escravos do sul da província, tinha cerca de quatrocentos escravos em pelo menos seis fazendas de café ou cana-de-açúcar. Ver Taunay, *História do café no Brasil*, op. cit., v. 3, t. 1, p. 319.

20. Ver nota 10 deste capítulo.

21. A citação no texto foi tirada de Magarinos Torres (op. cit., p. 106). Sobre as exportações de farinha de mandioca do final da década de 1860 e início da de 1870, ver p. 107. Sobre as exportações em 1861-2, ver Taunay, *História do café no Brasil* (op. cit., v. 3, t. 1, p. 305). A farinha de mandioca continuava a ser o principal produto de exportação do município de São Mateus, no norte da província, mas ali também eram percebidos o aumento do cultivo do café e o declínio da cana-de-açúcar.

22. Em seus relatórios de 1859 e 1861, os presidentes da província reclamaram que muitas pessoas se dedicavam ao corte da madeira, "especialmente nos sertões de Benevente, Itapemirim, Santa Cruz e Nova Almeida", distraindo braços que poderiam alternativamente ter sido empregados no trabalho agrícola. Ver Magarinos Torres, op. cit., pp. 90-1. Sobre os estabelecimentos comerciais e artesanais em 1865-6, ver o *Relatório do Ministério da Fazenda* de 1866, tabela 90. Em seu já citado *Elementos de estatística* (op. cit., v. 2, pp. 269-75), Ferreira Soares listou 226 estabelecimentos comerciais e industriais na província em 1854-5, 65,9% dos quais eram de propriedade de brasileiros.

23. Ver "Report [...] Trade of Rio de Janeiro [...] 1873 [...] Consul Lennon Hunt" (*PP 1875*, v. 75, parte 2, p. 321). Os dados da matrícula dos escravos contidos no relatório eram os seguintes:

		Homens	12.226	Solteiros	20.143	Urbanos	2.843
Total	22.738	Mulheres	10.512	Casados	2.156	Rurais	19.895
				Viúvos	439		

Distribuição etária:

Até 1 ano	270	De 7 a 14 anos	3.979	De 21 a 40 anos	6.640	De 50 a 60 anos	1.406
De 1 a 7 anos	3.665	De 14 a 21 anos	3.316	De 40 a 50 anos	2.975	Acima de 60 anos	487

24. O censo de 1870 foi realizado por autoridades policiais, e seus resultados parciais estão reproduzidos em César Augusto Marques (op. cit., p. 87). O censo de 1872, por sua vez, revelou uma população "estrangeira" total de 4.191 pessoas, incluindo escravos nascidos na África. Com relação à população das áreas coloniais e às profissões, César Augusto Marques (op. cit., pp. 36-8) reproduz os seguintes números oficiais:

Santa Isabel (1866)	1.375
Rio Novo	2.062
Santa Leopoldina (1876)	5.236

Nem todos os colonos estrangeiros e seus descendentes se dedicavam à agricultura. Alguns eram artesãos ou comerciantes em tempo parcial ou integral. Em Santa Leopoldina, que ocupava uma área de 50 mil hectares na década de 1870, com 1.650 lotes, havia na época aparentemente:

14 comerciantes
34 carpinteiros
21 sapateiros
13 alfaiates
9 marceneiros
5 padeiros
12 ferreiros
14 pedreiros
7 professores e religiosos

Em Rio Novo, por volta de 1875, parece ter havido:

25 comerciantes
50 carpinteiros
2 sapateiros
2 alfaiates
1 ferreiro
8 pintores
4 ferreiros

12 cortadores de lenha
4 ceramistas

25. Sobre a fazenda de Nova Trento, ver Novaes, *História* (op. cit., p. 264). Sobre a imigração italiana após 1877, ver o relatório do cônsul Giovanni Battista Beverini, "Lo stato di Espírito Santo", em *Emigrazione e colonie* (Roma: Cooperativa Tipográfica Manuzio, v. 3, parte 1, pp. 392-3, 1908). A maioria dos italianos vinha das províncias do Vêneto. Inicialmente, estabeleciam-se em alojamentos às margens do rio Pau Gigante e, uma vez medidos os lotes, eram levados para diversos locais nos futuros municípios de Pau Gigante e Santa Tereza. À medida que chegavam novos imigrantes, pequenos núcleos adicionais eram criados, e a maioria destes prosperava.

Em contraste, em um período anterior, a imigração norte-americana para as margens do rio Doce não foi bem-sucedida. Em 1889, relatou-se que "durante e após a Guerra Civil, muitos [norte-americanos] se estabeleceram em Guandu, no rio Doce [...] e um triste relato de seus quatro ou cinco miseráveis remanescentes" foi feito nos anais da Royal Geographical Society de fevereiro de 1888 (p. 69). Ver "Report for the Years 1887-88 on the Finances, Commerce and Agriculture of the Empire of Brazil", em "Mr. Wyndham to the Marquis of Salisbury, Feb. 19, 1889" (*PP 1889*, v. 78. n. 504A, p. 45).

26. Sobre a penetração do município do baixo Guandu por imigrantes de Cantagalo, ver Novaes, *História* (op. cit., p. 269). Magarino Torres (op. cit., p. 354) refere-se à entrada de 4.837 retirantes do Nordeste ao final da década de 1870.

27. Os números disponíveis sobre as exportações de café produzido no Espírito Santo pelo porto do Rio de Janeiro estão reproduzidos no já citado *Relatório* do secretário de Finanças do estado do Rio de Janeiro, datado de 31 de julho de 1893; as ressalvas feitas na nota 51 do capítulo 3, dedicado ao Rio de Janeiro, também se aplicam ao Espírito Santo. Essas exportações, em milhares de quilos (toneladas), foram as seguintes:

ANO	MILHARES DE QUILOS	ANO	MILHARES DE QUILOS	ANO	MILHARES DE QUILOS	ANO	MILHARES DE QUILOS
1871	7.916	1874	5.137	1877	8.569	1880	9.086
1872	6.101	1875	8.033	1878	6.222	1881	11.096
1873	6.966	1876	5.787	1879	7.856	1882	10.103

Os números relativos a 1871 e 1872 correspondem aos números em arrobas citados por Taunay para os anos fiscais de 1870-1 e 1871-2, reproduzidos na nota 10 deste capítulo.

28. A chamada Revolta de Safra, em 1866, levou o nome da fazenda onde os escravos estavam inicialmente concentrados. Sobre revoltas escravas antes e depois dessa data, ver Novaes, *A escravidão* (op. cit., pp. 85-6 e 132). A formação de quilombos e as fugas de escravos no Espírito Santo eram aparentemente favorecidas pela existência de grandes extensões de terras desocupadas, onde estes podiam se instalar.

29. Ver Afonso Cláudio, op. cit., pp. 2-3.

30. Ver Van Delden Laerne, op. cit., pp. 220-1.

31. As informações no texto e na tabela a seguir sobre população, produção agrícola e valor

das exportações das principais áreas coloniais do Espírito Santo *c.* 1885-6 foram tiradas de Perrod (op. cit., pp. 230-2), que se baseou em publicações oficiais da época (alguns totais diferem da soma dos componentes, devido a arredondamentos):

NOME DA COLÔNIA	POPULAÇÃO	CAFÉ (MILHARES DE QUILOS)	AÇÚCAR (MILHARES DE QUILOS)	ARROZ (MILHARES DE QUILOS)	MILHO (MILHARES DE LITROS)	FARINHA DE MANDIOCA (MILHARES DE LITROS)	FEIJÃO (MILHARES DE LITROS)	VALOR OFICIAL DAS EXPORTAÇÕES (EM CONTOS DE RÉIS)
Castelo	1.453	317,8	96,3	44,4	532,8	213,2	177,6	51,6
Rio Novo	5.200	1.269,2	285,7	108,6	1.303,3	521,3	434,4	317,2
Santa Isabel	2.405	538,1	100,3	46,2	1.771,9	216,5	185,2	221,4
Santa Leopoldina	9.179	2.066,3	393,0	181,1	3.911,8	869,3	724,5	330,7
Total	18.237	4.191,4	885,3	381,3	7.519,7	1.820,2	1.521,7	920,8

Segundo os dados reproduzidos por esse mesmo autor, pelo menos 977 imigrantes entraram na província do Espírito Santo entre 1882 e 1886. Ele também relata que as exportações de café aumentaram de 10.592.800 quilos em 1883-4 para 18.446.700 quilos em 1885-6, observando que grande parte vinha dos núcleos coloniais. Em contraste, as exportações em milhares de quilos (toneladas) de café produzido no Espírito Santo pelo porto do Rio de Janeiro de 1883 a 1890 foram as seguintes, conforme a fonte citada na nota 27:

ANO	MILHARES DE QUILOS (TONELADAS)	ANO	MILHARES DE QUILOS (TONELADAS)	ANO	MILHARES DE QUILOS (TONELADAS)	ANO	MILHARES DE QUILOS (TONELADAS)
1883	11.471	1885	12.425	1887	8.805	1889	9.191
1884	8.495	1886	11.516	1888	9.140	1890	7.965

Deve-se observar que, após 1881-2, as exportações diretas pelo porto de Vitória aumentaram de forma significativa, consistindo principalmente em café. Assim, as exportações pelo porto do Rio de Janeiro de café produzido no Espírito Santo deixam de ser um bom indicador das exportações totais de café da província. Uma ideia indireta da crescente importância das exportações de café para portos estrangeiros por Vitória pode ser obtida a partir da comparação do valor do comércio de exportação de longo curso por Vitória com o valor das exportações de cabotagem totais:

	EXPORTAÇÕES DE LONGO CURSO TOTAIS DO ESPÍRITO SANTO (EM CONTOS DE RÉIS)	EXPORTAÇÕES DE CABOTAGEM TOTAIS DO ESPÍRITO SANTO (EM CONTOS DE RÉIS)
1880-1		974,4
1881-2	172,9	743,1

1882-3	366,7	425,7
1883-4	832,1	308,9
1884-5	776,4	408,2
1885-6	1.584,4	128,0
1886-7[a]	4.385,7	167,2
1888	1.772,0	336,5

[a] Três semestres.

Observação: Números tirados de diversos *Relatórios do Ministério da Fazenda*: 1883, tabelas 39 e 40; 1886, tabelas 36 e 37; 1889, tabelas 32 e 33.

32. Sobre os esforços dos fazendeiros para preservar sua força de trabalho concedendo liberdade a seus escravos, ver Novaes, *História* (op. cit., pp. 305-6). O número de escravos matriculados em 1887 é do *Relatório do Ministério da Agricultura*, de 14 de maio 1888, p. 24.

33. Ver Novaes, *A escravidão*, op. cit., p. 78, e Novaes, *História*, op. cit., p. 307.

34. Ver "Report on the Trade [...] of Brazil", elaborado por Mr. Adam em "Mr. Wyndham to the Marquis of Salisbury, Rio, Nov. 3, 1890" (*PP 1890-91*, v. 85, n. 807A, p. 25). Em meados de 1889, a imigração para o Brasil quase cessou devido a condições de saúde desfavoráveis no país, de modo que, de abril a dezembro, apenas 384 imigrantes aportaram em Vitória.

35. Ver Magarinos Torres, op. cit., pp. 155, 479 e 481, e *O Brasil, suas riquezas naturais, suas indústrias*, op. cit., pp. 153-4. Aparentemente, nenhuma grande usina foi criada antes de 1910. Na época da "febre" dos engenhos centrais de açúcar que se seguiu à garantia de juros oferecida pelo governo imperial em 1875, uma concessão foi dada para o estabelecimento de um engenho central em Itapemirim, e um contrato foi assinado em 30 de maio de 1882. O engenho central teria um capital de quinhentos contos de réis e uma concessão de vinte anos, com a garantia de uma taxa de juros de 6% sobre seu capital. A mesma fonte dessa informação acrescentava que seis engenhos centrais seriam criados no Espírito Santo sem garantia de juros. Talvez se tratasse apenas de grandes engenhos modernos, mas não foi possível encontrar referências a subsequentes desdobramentos desses projetos antes e após a Abolição. Dada a desorganização de vários engenhos e fazendas de cana-de-açúcar que se seguiu à Abolição, usinas teriam enfrentado grandes dificuldades para garantir fornecedores de cana em número suficiente para lhes permitir operar de forma lucrativa, como era o caso da província do Rio de Janeiro. Até que se obtenham informações mais quantitativas sobre a situação do setor açucareiro do Espírito Santo após a Abolição, é preciso confiar nas informações "qualitativas" fornecidas por autores da época.

Sobre os engenhos centrais a serem criados no Espírito Santo e em outros lugares do Brasil, detalhes de concessões etc., ver "Report by Mr. Sanford on the Commerce of Brazil During the Last 15 Years" (*PP 1884-85*, v. 76, parte IV, "Commercial Report", n. 40, pp. 352 e 378, 1884).

36. Ver Magarinos Torres, op. cit., pp. 106-7. O autor apresenta uma estimativa do custo da produção de farinha de mandioca em São Mateus por volta de 1910 (p. 167). Alguns dos ex-escravos que haviam sido empregados nessa atividade possivelmente se juntaram aos brasileiros livres como assalariados. Outros podem simplesmente ter se tornado posseiros autônomos.

37. Os dados sobre exportações de café do Espírito Santo pelo Rio de Janeiro mostram um declínio após a Abolição, mas não foi possível encontrar dados sobre as exportações totais de café por Vitória no final da década de 1880. Caso o número citado na nota 31 sobre o total de exportações de café da província em 1885-6 esteja correto, tudo indica que estas tenham declinado um pouco nos anos que se seguiram à Abolição.

38. Arthur Dias, em *The Brazil of Today* (op. cit., p. 349, v. 10, t. 2, p. 264), apresenta números muito semelhantes para as exportações totais de café por Vitória. Taunay sugere o número de 18.547.800 quilos para 1891, aproximadamente o mesmo apresentado por Perrod para 1885-6 (ver nota 31 acima). Dias apresenta a seguinte série em milhares de quilos (toneladas):

ANO	MILHARES DE QUILOS (TONELADAS)	ANO	MILHARES DE QUILOS (TONELADAS)	ANO	MILHARES DE QUILOS (TONELADAS)
1892	16.673,4	1896	25.201,6	1899	27.379,8
1893	21.763,2	1897	34.791,5	1900	23.649,2
1894	23.217,1	1898	33.449,9	1901	41.494,1
1895	24.641,7				

Magarinos Torres (op. cit., p. 105) apresenta um total mais elevado para 1897 (36.720.000 quilos) e números mais baixos para 1899-1900 (1898: 33.398.000 quilos; 1899: 24.390.000 quilos; 1900: 18.513.000 quilos).

Segundo esse mesmo autor (ver p. 442), entre 1902 e 1910, apesar da crise do café do início da década, o produto representava 94,3% do valor total das exportações do estado.

39. O relatório do cônsul italiano de outubro de 1901 inclui detalhes interessantes sobre a imigração italiana e os contratos do governo do estado para a introdução de imigrantes no Espírito Santo. O contrato com Domenico Giffoni para a introdução de 20 mil imigrantes europeus, de preferência italianos, foi assinado em 2 de junho de 1892 e renovado em 28 de julho de 1893, quando o prazo para sua execução foi fixado em três anos. O alto preço de seis libras esterlinas por imigrante foi cobrado por Giffoni do estado, e esse empresário transferiu seus direitos para a companhia La Veloce, reservando para si uma libra esterlina por imigrante introduzido no Espírito Santo. Aproximadamente 10.566 italianos entraram no contexto desse contrato antes de sua rescisão. O estado também firmou um contrato para a introdução de 2 mil imigrantes com a companhia Chargeurs Réunis, também rescindido em 1894, após a chegada de 972 portugueses. Ver o relatório do cônsul R. Rizzetto, "L'immigrazione italiana nello stato di Espírito Santo" (*Bolletino dell'Emigrazione*, n. 7, III, p. 20-1, 1903). Em 1892, antes de os contratos entrarem em vigor, 843 dos imigrantes aportados no Rio de Janeiro foram encaminhados para o Espírito Santo. Ver "Report [...] Trade [...] Rio Grande do Sul [...] 1892 [...] Consul Hearn" (*PP 1893-94*, v. 92, n. 1, p. 263A).

40. Ver Magarinos Torres, op. cit., p. 360. Os números detalhados sobre nacionalidades somam 13.477, enquanto o autor afirma que 13.244 imigrantes entraram no estado entre 1892 e 30 de abril de 1896. A soma dos dados sobre distribuição dos imigrantes entre destinos também não coincide com o total.

41. Detalhes sobre a falta de preparação do governo para receber os imigrantes, e sobre as dificuldades enfrentadas por estes últimos, podem ser encontrados no relatório do cônsul Rizzetto

(op. cit., pp. 22-3 e 28-9). Com relação à proibição, pelo governo italiano, da imigração subsidiada de italianos para o Espírito Santo, cabe notar que, mais cedo no mesmo ano, o governo local havia decidido suspender temporariamente a imigração devido a condições sanitárias insatisfatórias — de fato, uma epidemia da cólera assolava o sul do estado. Sobre a mesma questão, e o problema específico do núcleo de Moniz Freire, ver Beverini, *Lo stato di Espírito Santo* (op. cit., pp. 392-3).

O cônsul Rizzetto reproduz alguns artigos da lei de 4 de junho de 1892, que criou a Direção Geral de Terras e Colonização. O artigo 73 continha diversas promessas de assistência aos imigrantes estrangeiros, incluindo: 1) pagamento de passagem; 2) habitação e alimentação até os imigrantes serem encaminhados para seus destinos; 3) transporte gratuito e alimentação até os destinos; 4) tratamento médico gratuito durante dois anos; 5) um lote colonial de 25 hectares de solo fértil no núcleo colonial de sua escolha; 6) adiantamentos em dinheiro para a aquisição de ferramentas e sustento inicial; 7) proteção do estado durante dois anos (inclusive dos colonos empregados em grandes fazendas); 8) preferência para o emprego em obras públicas; 9) proteção a viúvas e órfãos.

Essas promessas foram feitas tanto para imigrantes subsidiados como para os espontâneos, mas o governo não dispunha de recursos humanos nem de infraestrutura adequada para honrá-las. Isso era especialmente verdade no interior, uma vez que a Hospedaria de Vitória era considerada adequada, embora a comida não fosse muito satisfatória.

Quando o contrato Giffoni começou a ser implementado, havia no estado oito núcleos coloniais: Costa Pereira e Afonso Cláudio, no sul; Antônio Prado, Accioly Vasconcellos e Moniz Freire, no vale do rio Doce; Demétrio Ribeiro, no vale do Piraquê-Açu; Santa Leocádia e Nova Venezia, no vale do rio São Mateus. Embora as colônias alemãs fundadas havia mais tempo tivessem uma estrutura de comunicação com a capital por meio de vias navegáveis, alguns dos novos núcleos eram bastante isolados e precisavam ser alcançados inicialmente a pé, uma vez que faltavam estradas adequadas.

42. Relatório do cônsul Brandolini de 1896, citado por Rizzetto (op. cit., p. 27). Cabe observar que os indivíduos originários do Tirol, de Trieste e da Dalmácia eram aparentemente classificados como tendo origem italiana.

43. Considerando-se os dados apresentados por Perrod sobre os colonos estrangeiros em meados da década de 1880, fica claro que o número do censo de 1890, que apresentava 3.074 estrangeiros, subestimava em muito a verdadeira quantidade de habitantes do estado nascidos no exterior (ver a nota 31 acima). Supondo que os estrangeiros que se tornaram brasileiros em decorrência da "Grande Naturalização" do final da década de 1880 não estivessem listados como estrangeiros em 1900, seguindo o critério adotado para 1890, e, abstraindo o número de mortes entre 1890 e 1900, a diferença entre os dois censos, da ordem de 30 mil pessoas, pode ser considerada uma aproximação da imigração estrangeira líquida para o Espírito Santo durante a década de 1890.

44. Dispõe-se de uma descrição, feita por um observador local, da parceria nas fazendas de café em Cachoeiro de Itapemirim em meados da década de 1890. A parceria se aplicava apenas ao cultivo do café; além disso, o colono podia plantar gêneros alimentícios e até mesmo cana-de-açúcar, que ele não compartilhava com o fazendeiro. O café era transportado até a fazenda por conta do fazendeiro, que cobrava do colono de oitocentos a mil réis pelo processamento de cada arroba de cerejas de café. "Após essa operação, o fazendeiro dividia o produto com o colono, que podia ele próprio vender o seu. No entanto, era comum que o fazendeiro vendesse o café todo, e em seguida desse ao colono a parte que lhe cabia em dinheiro." Ver relatório de 8 de outubro de 1895 de De Martino, correspondente consular em Cachoeiro de Itapemirim, citado por Rizzetto (op. cit., pp. 23-4).

A parceria representava uma adaptação "tecnológica" dos grandes fazendeiros às novas condições de oferta de mão de obra e ao abandono do trabalho escravo em turmas. Os fazendeiros conservavam a propriedade da terra, mas os parceiros, a quem se atribuía um determinado número de pés de café para tratar, gozavam de independência e de uma quase total falta de supervisão durante o período do contrato, assim como os colonos de empreitada de São Paulo. A diferença em relação a estes últimos estava no fato de aqueles parceiros compartilharem com os empregadores os riscos associados às flutuações dos preços do café, enquanto os colonos de São Paulo recebiam salários fixos por unidade produzida (ver capítulo 4 acima).

45. É o que transparece dos relatórios consulares italianos da primeira década do século XX. Quanto à parceria, até mesmo na década de 1890 alguns observadores notaram as dificuldades que os colonos ocasionalmente tinham de enfrentar. Sobretudo nas fazendas mais isoladas, o colono era forçado a fazer suas compras na venda do fazendeiro, que cobrava preços elevados pelas mercadorias que vendia. (Em 1895, segundo o cônsul italiano Nagar, os preços eram em geral 12% mais altos do que os preços correntes dos produtos e, caso o colono abrisse uma conta ou pedisse adiantamentos, os juros eram de 12% ao ano.) Nessas condições, não era raro que os colonos que haviam recebido adiantamentos ao chegarem permanecessem endividados durante os primeiros anos de seu trabalho como parceiros. Segundo um vice-cônsul italiano, aparentemente em referência ao final da década de 1890, uma família de cinco pessoas recebia geralmente, em caso de boa colheita, uma participação de cem arrobas (1.500 quilos) de café. Ao preço de dezessete mil-réis por arroba, isso não bastaria para cobrir suas despesas anuais, calculadas em 1,8 conto de réis ao ano. O autor acrescentava que, mesmo que os fazendeiros não destratassem os colonos, como estes últimos haviam substituído os escravos, eram vistos apenas como "instrumentos de trabalho e nada mais". Na falta de contratos escritos e de tribunais imparciais de fácil acesso, o parceiro ficava em grande medida à mercê do fazendeiro. Esses relatórios também são citados em Rizzetto (op. cit., pp. 24-6).

Com relação à situação dos italianos e seus descendentes após a crise do café no final da década de 1890 e nos primeiros anos da década seguinte, o cônsul Beverini (op. cit., pp. 393-5) relatou que, em 1907, muitos já estavam superando suas dificuldades. Os "italianos" ainda eram, em sua maioria, parceiros ou pequenos proprietários. O número de artesãos era importante, sobretudo no município da capital, enquanto havia poucos trabalhadores jornaleiros.

Muitos dos pequenos proprietários haviam se endividado junto a comerciantes, mas estes tinham considerado mais vantajoso não confiscar a propriedade dos devedores, e sim ser reembolsados gradualmente. Alguns comerciantes, no entanto, foram a causa da "ruína" de alguns colonos. Essa situação de endividamento dos pequenos proprietários junto aos comerciantes não era nova. Já em 1871, o presidente da província observara que "o mais comum é que o pequeno proprietário rural seja em maior ou menor medida dependente do comerciante, a quem é forçado a ceder sua pequena colheita" (citado por Magarinos Torres, op. cit., p. 381).

Apesar dessas qualificações, Beverini concluiu que era crescente o número daqueles que conseguiam reembolsar suas dívidas junto ao estado contraídas na aquisição de seus lotes, estabelecer um pequeno negócio, aumentar suas posses ou até mesmo acumular um pequeno capital. Ele calculou que as remessas anuais de poupança para a Itália chegavam a cerca de 300 mil liras, ou cerca de 187,5 contos de réis.

46. Na virada do século, Arthur Dias (op. cit., p. 351) observou que Cachoeiro de Itapemirim tinha ganhado "um novo vigor", e que "a imigração [havia] aumentado muito o número de suas fazendas de café".

47. Tanto em 1895 como quando iniciou um novo mandato à frente do estado, em 1900, o governador do Espírito Santo, Moniz Freire, enfatizou a necessidade de encaminhar os imigrantes para as fazendas do sul, em Itapemirim e Itabapoana, e para as de São Mateus, no norte. Em 1900, época em que os problemas financeiros do estado ainda não haviam sido solucionados, Moniz Freire ainda ressaltava a prioridade de se enviar imigrantes para as fazendas, excluindo, pelo menos temporariamente, os núcleos coloniais de eventuais programas de imigração. Esse objetivo, porém, não se materializou no início da década de 1900. Ver Rizzetto, op. cit., pp. 23 e 30-1.

48. Para uma discussão dessa característica peculiar do Espírito Santo, ver nota 45 acima. A citação no texto é de Magarinos Torres (op. cit., p. 343). Esse autor observou que, ao final da primeira década do século XX, a maior parte da força de trabalho do setor cafeeiro era formada por estrangeiros.

Uma publicação de 1932 ressaltou que "a indústria cafeeira [do Espírito Santo estava] principalmente nas mãos de pequenos fazendeiros. Alguns [produziam] 5 mil sacas por ano, mas a maioria, possivelmente 90%, não [produzia] mais de mil sacas por ano". O texto acrescentava que "somente as grandes fazendas têm o equipamento necessário para descascar o café, e compram ou processam o café de produtores menores. Nas zonas mais afastadas e menos populosas do estado, o café é descascado com máquinas primitivas manufaturadas localmente e movidas por juntas de bois ou pequenas rodas hidráulicas". Ver *Espírito Santo, Brazil: Its History, Geology, Products & Statistics* (Vitória: Companhia Central Brasileira de Força Elétrica, 1932, p. 7). Por volta de 1930, as exportações de café por Vitória alcançavam cerca de 1,5 milhão de sacas, ou 90 mil toneladas, demonstrando notável progresso em relação à virada do século, e um crescimento muito mais acelerado nas primeiras décadas do século XX do que as exportações de café por Santos. O cultivo do café em pequena escala, portanto, não havia impedido a expansão do setor cafeeiro do Espírito Santo.

49. Ver Magarinos Torres, op. cit., pp. 329-30 e 342-3. Ao que parece, esses fatores refletiam, parcialmente, a forte preferência pelo lazer por parte dos libertos.

7. A REGIÃO CAFEEIRA: VISÃO GERAL E CONCLUSÕES [pp. 242-63]

1. Furtado (op. cit., p. 140) citando IBGE, *Anuário estatístico, 1937-39*, apêndice.
2. IBGE, *Anuário estatístico do Brasil, 1939-40*, apêndice, p. 1307.

III. A REGIÃO SUL: COLONIZAÇÃO EUROPEIA E A FACILITADA TRANSIÇÃO PARA O TRABALHO LIVRE NO RIO GRANDE DO SUL, SANTA CATARINA E PARANÁ [pp. 265-404]

8. RIO GRANDE DO SUL [pp. 276-338]

1. Ver E. F. de Souza Docca, *História do Rio Grande do Sul* (Rio de Janeiro: Edição da Organização Simões, 1954, pp. 98-9). Segundo José Feliciano Fernandes Pinheiro, nos seus já citados *Annaes da capitania de São Pedro* (t. 2, p. 90), os numerosos rebanhos de gado bovino selvagem que podiam ser encontrados no Uruguai e no Brasil provavelmente descendiam das poucas cabeças deixadas por navegadores espanhóis nas margens do rio da Prata em 1539.

2. Sobre os aspectos militares e econômicos da ocupação do Rio Grande do Sul, ver Fernando Henrique Cardoso, *Capitalismo e escravidão no Brasil meridional* (São Paulo: Difusão Europeia do Livro, 1962, p. 38). O autor apresenta uma análise interessante da evolução econômica do Rio Grande do Sul no século XVIII. Sobre as primeiras concessões de sesmarias no litoral, ver Souza Docca (op. cit., p. 99).

3. Sobre o número total de casais açorianos, ver Aurélio Porto, *O trabalho alemão no Rio Grande do Sul* (Porto Alegre: Estabelecimento Gráfico Santa Terezinha, 1934, p. 8). Segundo José Feliciano Fernandes Pinheiro, em sua obra revista *Annaes da província de São Pedro* (Paris: Typ. de Casimir, 1839, p. 51 [a edição de 1822 referia-se ainda à capitania]), cada casal deveria receber um quarto de légua quadrada de terra (ou 1.089 hectares). Em caso de aumento da família, mais terras poderiam ser solicitadas ao governador. Caso isso esteja correto, os lotes recebidos pelos açorianos não eram propriedades pequenas, mas não fica claro que tenham recebido essa área e outras terras posteriormente, de modo que as propriedades de seus descendentes no último quarto do século eram provavelmente menores. As outras vantagens concedidas aos açorianos são discutidas nas pp. 51-2. Sobre a prosperidade dos últimos vinte anos do século XVIII, ver Fernandes Pinheiro, *Annaes da capitania* (op. cit., t. 2, p. 5).

4. Para uma referência ao cultivo do trigo em 1737, ver Porto (op. cit., p. 8). Segundo esse autor, em 1748 a produção de trigo já atingia 220.229 alqueires, avaliados em mais de 120 mil mil-réis, ou seja, 120 contos. No entanto, Olinto San Martin, em "Aspectos econômicos da velha Porto Alegre" (op. cit., p. 126), atribui esse mesmo número a 1778, o que é mais plausível.

Um exemplo de regulamentações do governo pode ser encontrado nos "Documentos" compilados pelo barão Homem de Mello e reproduzidos em *RIHGB*, t. 42, parte 2 (Rio de Janeiro: Typ. de Pinheiro & Cia., pp. 116-20, 1879). Ordenações locais do início de 1768 estabeleceram o preço do pão a ser vendido pelos padeiros, e proibiram a exportação de trigo sem a devida autorização legal. Outro decreto, de março de 1768, obrigou os agricultores a declararem o volume de suas colheitas de trigo, sob pena de confisco, e também estabeleceu um peso máximo para o pão a ser fabricado.

5. Segundo documento anexado à carta de Rafael Pinto Bandeira de 14 de janeiro de 1794 em *RIHGB*, t. 65, parte 1 (Rio de Janeiro: Companhia Typ. do Brasil, pp. 266-7, 1902), eram as seguintes as principais exportações do Rio Grande do Sul entre 1790 e 1793:

PRODUTOS	UNIDADE	VOLUME MÉDIO DAS EXPORTAÇÕES EM 1790-3	PREÇO POR UNIDADE EM 1794 (EM RÉIS)	VALOR TOTAL EM MIL-RÉIS, A PREÇOS DE 1794	PERCENTAGEM DO VALOR TOTAL DAS EXPORTAÇÕES
Charque	Arrobas	291.265	480	139.807	37,1
Sebo	Arrobas	13.897	800	11.118	2,9
Couros em cabelo	Número	127.965	1.000	127.965	33,9
Queijo	Número	4.415	200	883	0,2
Trigo	Alqueires	93.983	1.000	93.983	24,9
Farinha de trigo	Arrobas	2.663	1.200	3.195,6	0,9
Total				376.951,6	100,0

Ver San Martin (op. cit., p. 126), sobre a produção de trigo em 1787. Caso o total de 220.229 alqueires em 1778 (reproduzido na nota 4 acima) esteja correto, houve um declínio no período. Em um despacho oficial de 22 de dezembro de 1780, uma autoridade local observou que 1.126 alqueires de trigo haviam sido plantados na freguesia do Rio Grande e outros 463 na de Porto Alegre. Ver os "Documentos" compilados por Homem de Mello em *RIHGB*, t. 40, parte 1 (Rio de Janeiro: Garnier, pp. 244-6, 1877).

Sobre a construção de moinhos de farinha com pedras de moer despachadas pelas autoridades coloniais do Rio de Janeiro, e sobre a existência de mestres moleiros pagos pelo governo para estabelecer moinhos ao redor de Porto Alegre, ver Porto (op. cit., p. 9). Segundo esse autor, Estreito e Mostardas responderam respectivamente por 14,8% e 13,2% da colheita de 1787. Ele também se refere às memórias de um funcionário público segundo o qual, em 1776, plantava-se muito trigo entre os rios Pardo e Jacuí. Dois anos antes, o trigo já representava a principal colheita de Aldeia dos Anjos (Gravataí).

6. Sobre a constituição das primeiras estâncias e a invasão de 1763, ver Fernandes Pinheiro, *Annaes da capitania* (op. cit., t. 2, pp. 90-1). Sobre as marcas de gado registradas em Viamão em 1767, ver João Borges Forte, *Rio Grande de São Pedro: Povoamento e conquista* (Rio de Janeiro: Gráficos Bloch, 1940, apêndice 2, pp. 169-73). Dos estancieiros listados, 146 dependiam diretamente da freguesia de Viamão, 43 da de Rio Pardo e 26 outros de localidades diversas.

O número do censo de 1780 está reproduzido em Souza Docca (op. cit., p. 100). Uma carta de 11 de outubro de 1780, reproduzida em "Documentos" (*RIHGB*, t. 40, parte 1, pp. 240-5, 1877), menciona "mapas" enviados ao vice-rei contendo o número de habitantes de Rio Grande (certamente o mesmo que o reproduzido na tabela 2 deste capítulo) e o número, qualidade e valor dos rebanhos de propriedade desses habitantes, o que tenderia a conferir legitimidade ao número citado no texto.

7. Ver Fernandes Pinheiro, *Annaes da capitania* (op. cit., t. 2, pp. 5 e 94), e Souza Docca (op. cit., pp. 109-10).

8. Os dados da tabela da nota 5 acima foram tirados, como já se viu, de um documento anexado a uma carta de Rafael Pinto Bandeira de 14 de janeiro de 1794. Embora os preços da tabela estejam reproduzidos no documento, os valores das exportações de charque e sebo foram "interpretados". Esses valores são fornecidos em arráteis, mas os números foram considerados como referentes a arrobas (uma arroba = 32 arráteis). Caso de fato estivessem expressos em libras (arráteis), o número para o valor total das exportações em 1793 seria difícil de explicar. Por outro lado, uma vez que os preços desses dois produtos são citados em arrobas, e os dados em arrobas estão coerentes com os dados subsequentes, a interpretação feita parece estar correta.

Já foi feita referência a um aumento do preço do trigo que teria favorecido sua produção com objetivos comerciais. Em 1768, um regulamento já citado (ver nota 4 deste capítulo) fixava o preço máximo da arroba de pão em cerca de 850 réis (quarenta réis para cada 1,5 libra). Em 1794, posto que uma arroba de farinha custava 1.200 réis e era necessária mais de uma arroba de farinha para preparar uma arroba de pão, um aumento substancial do preço parece evidente.

9. Segundo o "Quadro do Tenente Córdova", em Dante Laytano, "O negro no Rio Grande do Sul", em *I Seminário de Estudos Gaúchos* (Porto Alegre: PUC-RS, 1958, pp. 34-5), era a seguinte a distribuição da população adulta do Rio Grande do Sul em 1780:

FREGUESIAS	BRANCA	INDÍGENA	NEGRA	TOTAL	% NEGROS TOTAL
Porto Alegre	871	96	545	1.512	36
Rio Grande	1.643	182	596	2.421	24,6
Estreito	880	97	277	1.254	22,1
Mostardas	360	40	291	591	49,2
Viamão	1.028	114	749	1.891	39,6
Santo Antônio da Patrulha	828	91	270	1.189	22,7
Conceição do Arroio	234	25	158	417	37,9
Aldeia dos Anjos	210	1.890	255	2.355	10,8
Vacaria	291	32	248	571	43,4
Triunfo	637	—	640	1.277	50,1
Taquari	580	—	109	689	15,8
Santo Amaro	512	—	208	720	28,9
Rio Pardo	1.317	438	619	2.374	26,1
Cachoeira	42	383	237	662	35,8
Total	9.433	3.388	5.102	17.923	28,5

Os dados sobre Rio Grande e Porto Alegre estão reproduzidos em um já citado despacho de 22 de dezembro de 1780, no qual se observa que as pessoas que viviam em propriedades mais distantes não foram incluídas no levantamento (ver nota 5 deste capítulo). Também fica claro que, assim como em outros levantamentos da época, os números não incluíam crianças menores de sete anos. Os soldados também eram listados separadamente (ver carta de 11 de outubro de 1780, citada na nota 6 acima).

Dante Laytano, em "O negro no Rio Grande do Sul" (op. cit., p. 32), reproduz dados compilados por A. Porto a partir do registro de batismos de Viamão entre 1747 e 1758. As informações revelam 308 brancos, 21 índios e 21 negros. Mesmo levando em conta uma taxa de reprodução mais baixa para os escravos negros, esses dados tendem a indicar que, na época, os negros eram muito menos numerosos em termos absolutos e relativos do que em 1780, quando representavam 39,6% da população da paróquia. Caso os dados sobre Viamão sejam, de alguma forma, indicativos da população da capitania como um todo, é de se pensar que foi somente após o final da década de 1750 que a população negra aumentou de forma significativa.

10. F. H. Cardoso (op. cit., p. 39) refere-se a escravos no Rio Grande do Sul em 1725. Sobre os escravos que acompanharam a expedição que fundou Rio Grande em 1737, ver Homem de Mello, "Índice cronológico" (*RIHGB*, t. 42, parte 2, p. 116, 1879).

Em 1737, nomeou-se um administrador para a estância real de Bojuru que recebia oito mil--réis por mês. A mesma ordem estipulou que os "domadores e peões" deveriam obedecer às ordens do administrador, afirmação que seria desnecessária caso os trabalhadores tivessem sido escravos.

Nesse sentido, ver "Documentos" (*RIHGB*, t. 40, parte 1, p. 209, 1877). Em 1803, o governador ainda anotou as despesas com feitores e peões nas estâncias reais de Bojuru e Dos Povos (ver p. 294). Os chamados "lagunistas" eram habitantes de Laguna, em Santa Catarina, que se mudaram muito cedo para o Rio Grande do Sul.

11. Ver "Notícia particular do continente do Rio Grande do Sul [...] dada no ano de 1780" (*RIHGB*, t. 21, pp. 271 e 283-9, 3. trim. 1858). A essa altura, os peões que cuidavam de cavalos recebiam quatro mil-réis por mês; os auxiliares de hospital, três mil-réis; os lenhadores, que retiravam madeira das matas, ganhavam de um a três mil-réis mensais; um carpinteiro naval, 72 mil-réis por ano (ou seis mil-réis por mês); os marinheiros, por sua vez, percebiam cerca da metade desse último salário anual. Com relação à produção têxtil no Rio Grande do Sul, sua situação era diferente daquela observada em Santa Catarina, onde fora desenvolvida pelos açorianos com base no trabalho livre de mulheres e usando algodão cultivado localmente. Dizia-se que os teares existentes "operavam muito pouco [...] quer por falta de algodão, quer por este não ter sido adequadamente processado" (ver p. 262). Por motivos climáticos, o algodão não crescia com tanta facilidade no Rio Grande do Sul quanto na ilha de Santa Catarina, de modo que a produção têxtil que se desenvolveu na capitania ao final do século foi a produção doméstica de tecidos de lã, possibilitada pela criação de ovelhas.

12. Ver "Relatório do general Cabral [...] 1º dez. 1783" (*RIHGB*, t. 40, parte 1, pp. 250-60, 1877). A citação é da p. 252.

13. Uma carta oficial de outubro de 1764 menciona a autorização de requisição de doze a quinze agricultores com seus arados, bois e outros implementos para estabelecer uma "fábrica" real de cânhamo para a Marinha. Não há referência ao uso de escravos dos agricultores, e, de fato, o trabalho forçado dos índios da região foi autorizado pelo menos até a primeira colheita de cânhamo. Ver "Documentos" (*RIHGB*, t. 40, parte 1, pp. 235-6, 1877).

Algumas décadas mais tarde, o governo empregou centenas de escravos nesse estabelecimento, que nunca teve muito sucesso. Segundo Porto (op. cit., p. 32), quando a "fábrica" foi fechada, por volta de 1820, havia ali ainda 321 escravos, que foram enviados para o Rio de Janeiro.

F. H. Cardoso (op. cit., p. 47, nota 13) observa que não apenas os açorianos se tornaram fazendeiros de gado, mas também que alguns lagunistas passaram a se dedicar à agricultura, de modo que seria equivocado identificar os açorianos exclusivamente como agricultores e os lagunistas como estancieiros. O mesmo autor menciona que algumas fazendas certamente se dedicavam tanto à agricultura quanto à criação de gado. Embora as famílias tenham começado a adquirir escravos para a expansão de suas atividades agrícolas, solicitando lotes de terra maiores, não parece que muitos grandes senhores de escravos tenham surgido na capitania ao final do século.

14. Ver capítulo 1 do presente estudo e, em especial, Karl Marx, *Capital* (Nova York: International Publishers, 1967, v. 1, pp. 766-7), onde o autor apresenta as opiniões de Wakefield e as suas próprias. Cabe repetir que Marx (nota 1, p. 765) especifica que está se referindo a "colônias de verdade, terras virgens colonizadas por imigrantes livres", o que se assemelha à situação do Rio Grande do Sul quando da chegada dos açorianos. Por volta do final do século XVIII, porém, o número de escravos havia aumentado significativamente. Para uma discussão da mesma questão, que chama a atenção para o argumento de Marx, ver F. H. Cardoso (op. cit., pp. 53-5).

15. Essa situação não excluía a existência de grandes estancieiros e latifúndios, nem de acordos entre os funcionários públicos e comerciantes da classe superior ou proprietários de charqueadas e estancieiros maiores para a apropriação de grandes extensões de terras. Sobre os primeiros

conflitos e a posterior cooperação entre funcionários públicos e grandes proprietários de terras do Rio Grande do Sul no final do século XVIII, ver F. H. Cardoso (op. cit., pp. 111-3). A preferência dada pelos funcionários públicos aos senhores de escravos quando da concessão de sesmarias já foi assinalada anteriormente (ver nota 12).

Uma carta oficial de 28 de abril de 1798, enviada por um funcionário público a uma alta autoridade da colônia, comentava a "concessão generalizada e inoficiosa de sesmarias a pessoas que não dispõem dos meios necessários para cultivá-las", de modo que grandes extensões de terras assim apropriadas permaneciam incultas. Ver "Correspondência" (*RIHGB*, t. 65, parte 1, p. 280, 1902). Em 1803, o governador do Rio Grande do Sul observou a candidatura irregular a uma sesmaria por alguém que omitiu já possuir outras concessões. Ver Silva Gama a Anadia, 1º set. 1803, em "Documentos" (*RIHGB*, t. 40, parte 1, pp. 295-6, 1877). O mesmo funcionário público observou que, utilizando meios similares, outros haviam conseguido se tornar proprietários de muitas léguas de terras, e alguns possuíam de dez a doze léguas cada (ver o despacho de 25 de julho de 1803, p. 287, do mesmo t. de *RIHGB*).

16. Ver F. H. Cardoso, op. cit., pp. 113-6. O mesmo autor sugere que a classe dos estancieiros era formada tanto por civis (inclusive açorianos) quanto por militares e funcionários públicos que deixavam seus cargos (p. 137).

17. Ver "Relatório do general Cabral [...] 1º dez. 1783" (*RIHGB*, t. 40, parte 1, p. 258 e 261, 1877).

18. Em 1808, um comerciante da capitania observou que era fato notório não existir "casa, nem de comerciantes nem de fazendeiros, que dispusesse de capital que alcançasse 100 mil cruzados", ou quarenta contos. Em referência à aquisição de escravos nos 25 anos anteriores, o autor mencionou lotes de quatro escravos pagos à vista, e quatro outros a prazo. Ver Manoel Antônio de Magalhães, "Almanak da villa de Porto Alegre" (*RIHGB*, Rio de Janeiro: Garnier, t. 30, parte 1, pp. 48-9, 1867).

Com relação à propriedade de terras, outro contemporâneo assinalou que, em 1802, havia apenas 539 estancieiros e fazendeiros cujas terras estavam legalmente demarcadas. "Normalmente [possuíam] duas léguas quadradas [8.712 hectares], mas os mais importantes tinham de oito a dez [34.848 a 43.560 hectares] e até mais." Ver Manoel Ayres de Cazal, *Corografia brazílica* (Rio de Janeiro: Impressão Régia, 1817, t. 1, p. 143). O autor com certeza se referia apenas às grandes propriedades.

19. Sobre o número de comerciantes no Rio Grande do Sul, ver M. A. Magalhães, "Almanak" (op. cit., pp. 64-9). Em Porto Alegre havia 57 comerciantes; em Rio Grande, 43; em Rio Pardo, 36.

As informações sobre o comércio da capitania durante a década de 1810 foram tiradas de Fernandes Pinheiro, *Annaes da capitania* (t. 2, pp. 93, 96-7 e 100-1), e tabelas sobre exportações e importações em anexo. O autor era funcionário da alfândega de Rio Grande, de modo que provavelmente tinha acesso aos números mais confiáveis da época.

O valor das exportações por terra foi calculado considerando-se o limite mínimo anual de cabeças exportadas, ou seja, 9.200 cabeças de gado e novilhos, mil cavalos e 10 mil mulas. Nessa época, o preço de uma cabeça de gado ia de 6,4 mil-réis a oito mil-réis, e um cavalo custava de quatro mil-réis a 4,8 mil-réis. Levando em conta novamente os números mais baixos, as exportações de gado e cavalos chegariam a cerca de 63 contos. Ayres de Cazal (op. cit., v. 1, p. 145) afirma que, por volta de 1817, o preço de uma mula era o dobro do de um cavalo. Tendo em vista que uma mula custava oito mil-réis, 10 mil mulas renderiam 80 contos, que, somados ao total anterior, resultariam em aproximadamente 143 contos. Considerando os limites máximos dos preços e a média de cabeças exportada por ano, isso produziria um total de 194 contos.

Com relação ao comércio de importação da capitania (compreendendo tanto Porto Alegre quanto Rio Grande), o valor total das importações chegou a 1.663,8 contos em 1815, dos quais 76,6% eram explicados pelas importações do Rio de Janeiro, 11,8% pelas da Bahia, 5,2% pelas de Santa Catarina, 3% pelas de Pernambuco e 1,6% pelas de Cabinda, na África. Esta última com certeza consistia em escravos.

Com relação às exportações, os principais destinos dos produtos exportados pelo Rio Grande do Sul constam da tabela a seguir, computada a partir da tabela E de Fernandes Pinheiro, *Annaes da capitania*.

EXPORTAÇÕES FÍSICAS DO RIO GRANDE DO SUL EM 1815, POR DESTINO

PRODUTOS	UNIDADE	RIO DE JANEIRO	BAHIA	PERNAMBUCO	HAVANA	TOTAL[a]
Charque	arrobas	497.280	541.299	155.308	33.680	1.259.620
Sebo	arrobas	49.241	32.152	2.896	236	85.520
Graxa	arrobas	4.858	70	40		5.058
Cabelo e crina	arrobas	156				156
Farinha de trigo	arrobas		14.849			14.849
Trigo	alqueires	283.775	4.087			288.447
Cevada	alqueires	63				63
Carne salgada	barris	1.705				1.705
Couros	número	320.168	93.127	5.737	94	419.941
Chifres	número	321.960	18.000	11.200	3.000	354.660

[a] Inclui também Maranhão, Pará, Santa Catarina, Santos e Campos.

Observação: Alguns totais foram arredondados.

20. Ver Florêncio C. de Abreu e Silva, "Retrospecto econômico e financeiro do Rio Grande do Sul" (*Revista do Arquivo Público do Rio Grande do Sul*, n. 8, pp. 264-8, dez. 1922). Ver também Alfredo Varela, *Rio Grande do Sul* (Porto Alegre; Pelotas: Echenique e Irmãos, 1897, p. 438) e Porto (op. cit., p. 10).

Houve, na literatura, uma tendência a atribuir grande importância à ferrugem para explicar o desaparecimento do cultivo do trigo no Rio Grande do Sul. Embora a praga tenha sido, sem dúvida, um fator importante, as reclamações dos agricultores ocorriam aparentemente apesar de um suposto (e provavelmente exagerado) rendimento por semente de um para trinta ou quarenta, que, se real, era ainda muito elevado quando comparado, por exemplo, aos rendimentos da mesma época em algumas áreas especializadas da Holanda, onde o número correspondente era de um para vinte ou 28, ou menos ainda (ver B. H. Slicher van Bath, *The Agrarian History of Western Europe* (Londres: Edward Arnold, 1966, tabela 3). Além disso, por volta de 1820 foram experimentadas variedades não tão suscetíveis à praga.

Na verdade, o declínio do trigo foi causado também por fatores econômicos. Além da rotatividade insuficiente das culturas, que exauria o solo, havia a competição da farinha norte-americana — que, mais barata, tornava menos rentável processar o grão gaúcho nas cidades costeiras — assim como uma mudança no preço relativo do trigo com relação aos produtos animais do Rio Grande do Sul propriamente dito. Os números a seguir tendem a sustentar essa última afirmação, embora devam ser considerados com alguma reserva.

PREÇOS DO TRIGO E DO CHARQUE, 1794-1822

ANO	PREÇO DO TRIGO POR ALQUEIRE (EM RÉIS) (1)	PREÇO DO CHARQUE POR ARROBA (EM RÉIS) (2)	(1)/(2)
1794	1.000	480	2,08
1815	1.120	560	2,00
1816	1.560	700	2,23
1817	2.000	1.360	1,47
1818	2.720	1.600	1,70
1819	1.280	1.600	0,80
1822	820	1.120	0,73

FONTES: Para 1794, ver anexo à já citada carta de Rafael Pinto Bandeira de 14 de janeiro de 1794 (ver tabela 3). Para 1815, ver Fernandes Pinheiro, *Annaes da capitania*, tabela E. Para 1816 a 1819, ver Auguste de Saint-Hilaire, *Viagem ao Rio Grande do Sul* (Belo Horizonte: Itatiaia, 1974, pp. 70-1). Para 1822, ver Abreu e Silva, "Retrospecto", op. cit., pp. 246 e 269.

Sobre a competição do cereal americano durante a década de 1820, ver Alfredo Varela, *História da grande revolução* (Porto Alegre: Livraria do Globo, 1933, v. 1, p. 211), e o relatório de 1830 do presidente da província, Caetano Maria Lopes Gama, reproduzido em Jean Roche, *L'administration de la province du Rio Grande do Sul de 1829 à 1847* (Porto Alegre: Faculdade de Filosofia da UFRGS; Gráfica da UFRGS, 1961, p. 68).

F. H. Cardoso (op. cit., pp. 49-50) também discute as causas econômicas do declínio do cultivo do trigo. Citando outros autores, ele lembra que o cultivo do trigo também era muito mais trabalho-intensivo do que a criação de gado, e que esta se beneficiou muito da desorganização da economia do Rio da Prata, resultante das guerras de independência.

21. Ver respectivamente Souza Docca (op. cit., p. 110) e Varela, *Rio Grande do Sul* (op. cit., p. 462). F. H. Cardoso (op. cit., p. 69) cita Walter Spalding, "Pecuária, charque e charqueadores no Rio Grande do Sul" (*Província de São Pedro*, n. 91-2, ano 22, Porto Alegre, 1943, p. 136), que "pressupõe que as maiores exportações de charque da província ocorreram entre 1785 e 1835".

22. Já em 1820, Saint-Hilaire, *Viagem ao Rio Grande do Sul* (op. cit., p. 54), observou que as exportações de charque para Cuba e para os Estados Unidos haviam alcançado aproximadamente 100 mil arrobas em 1818, mas que haviam caído para 40 mil arrobas em 1819, em decorrência do aumento do imposto de exportação por arroba de duzentos para seiscentos réis. Sobre as dificuldades comerciais resultantes da taxação no início da década de 1820, ver San Martin (op. cit., p. 131). Segundo

esse autor, cobrava-se uma taxa de 660 réis sobre cada arroba de charque exportada em navios estrangeiros, o que diminuía muito a competitividade da província. (Outro autor sugere que a taxação per capita alcançou cerca de 4.500 réis em 1823 no Rio Grande do Sul, por oposição aos supostos 1.280 réis nos Estados Unidos na época. Ver Varela, *Rio Grande do Sul*, op. cit., p. 105.)

A destruição causada pela Guerra da Cisplatina parece ter sido considerável. Durante o primeiro ano do conflito, forças uruguaias e argentinas ocuparam Bagé, saquearam São Gabriel e devastaram o vale do rio Santa Maria. Em 1828, um oficial alemão parou em uma estância próxima a Piratini cujo proprietário "havia perdido grande parte de seus rebanhos" durante a guerra. Ver Carl Seidler, *Dez anos no Brasil* (São Paulo: Martins, 1941, p. 194 [trad. da ed. de 1835]). Ao final do século, outro autor afirmou que praticamente não havia estância da fronteira ao coração da província que não houvesse sido destruída durante o conflito, enquanto o saque a aldeias fora "completo e atroz". Ver Varela, *Rio Grande do Sul*, op. cit., pp. 96, 98 e 102. A área das Missões, conquistada dos espanhóis em 1801, foi particularmente afetada. Em 1828, soldados uruguaios que tinham atacado a área levaram embora cerca de 60 mil cabeças de gado e muitos índios que ali haviam permanecido, contribuindo para o despovoamento de suas sete aldeias indígenas. Ver Fernandes Pinheiro, *Annaes da província*, op. cit., pp. 265-7. A região das Missões é discutida em maiores detalhes na nota 29 adiante.

23. Ver Varela, *Rio Grande do Sul*, op. cit., p. 450. Segundo esse autor, as exportações pelo porto do Rio Grande de 1820 a 1822 foram as seguintes: 1820: 5.682 arrobas; 1821: 39.469 arrobas; 1822: 92.119 arrobas. Abreu e Silva, em "Retrospecto" (op. cit., pp. 308-9), afirma que as exportações totais de mate alcançaram 79 mil arrobas em 1821 e 184.240 arrobas em 1822. Ao listar as exportações pelo porto do Rio Grande entre 1816 e 1819, Saint-Hilaire, *Viagem ao Rio Grande do Sul* (op. cit., pp. 70-1), não menciona o mate. Assim, é possível supor que, pelo menos a partir desse porto, as exportações só começaram em 1820.

24. Sobre os esforços do governo para estimular o cultivo do trigo, ver o relatório de 1830 do presidente da província, reproduzido em Jean Roche (op. cit., pp. 68 e 74). Esse administrador público mencionou que o cultivo do trigo havia diminuído consideravelmente. Seu declínio se devera em parte à falta de boas sementes, que se esperava poder ser compensada com novas semeaduras naquele ano. O presidente da província também defendia a supressão de todos os impostos incidentes sobre o trigo, uma vez que o produto precisava competir com a farinha importada do exterior pelo mercado de outras províncias. No entanto, não parece ter havido nenhuma recuperação significativa do setor.

Sobre as exportações de subprodutos da pecuária em 1835, ver Domingos de Araújo Silva, *Diccionario historico e geographico da provincia de São Pedro ou Rio Grande do Sul* (Rio de Janeiro: E. & H. Laemmert, 1865, p. 100).

O cálculo alternativo de 1,8 milhão de arrobas de charque às vésperas da Revolução Farroupilha foi feito por um comerciante da época, Nicolao Dreys, em *Noticia descriptiva da provincia do Rio Grande de São Pedro do Sul* (Porto Alegre: Livraria Americana — J. O. Rentzsch, 1927, p. 153 [reimpressão da ed. de 1839]). Os dados sobre as exportações de gado em pé por terra estão reproduzidos na p. 154.

Não existem números oficiais disponíveis para o valor das exportações totais da província no início da década de 1830. Segundo um autor que escreveu na década de 1860, "em 1835 os produtos dos rebanhos constituíam a totalidade das exportações da província, e somavam mais de 8 mil contos" (ver Scully, op. cit., p. 244). Não fica claro se o número se refere às exportações totais ou à produção total de subprodutos da pecuária, parte dos quais era consumida na província. Tomando a média de 6.154 réis por libra esterlina como a taxa de câmbio em 1835 (ver IBGE, *Anuário estatístico do Brasil, 1939-40*, p. 1358), esse total representaria aproximadamente 1,3 milhão de libras esterlinas, enquanto as exportações totais em 1818, que alcançaram 2.282 contos, equivaliam a cerca de 642 mil libras esterlinas ao câmbio de 3.555 réis por libra. (Um aumento real do valor das exportações seria coerente com a crescente opulência de Pelotas, cidade localizada na área principal das charqueadas, notada por um observador da época. Ver Dreys, op. cit., pp. 112-23.)

25. Esses couros não correspondiam necessariamente aos abates em um só ano. Sobre a decadência das charqueadas do rio Jacuí, ver Araújo e Silva (op. cit., p. 186). Dreys (op. cit., p. 123) observou que, antes da guerra, essas charqueadas não eram tão numerosas quanto as de Pelotas, e que sua produção era menos importante. Porém, os produtos das primeiras eram "mais prezados e alcançavam preços mais altos [...] possivelmente devido à melhor qualidade do gado", uma vez que os métodos de preparação nas duas áreas eram semelhantes. Sobre a situação das Missões, ver Dreys (pp. 98 e 112).

A citação sobre a redução das exportações e importações até o início da década de 1840, e também sobre as exportações de couros em 1845, foi tirada de John MacGregor, "Empire of Brazil" (*PP 1847*, v. 64, parte 21, pp. 179-800). O mesmo autor cita números oficiais relativos ao ano fiscal de 1842-3, quando as exportações para portos estrangeiros alcançaram 1.214,5 contos e as importações do estrangeiro somaram 1.207,3 contos. Ele também afirmou que "desde meados do ano de 1844, o comércio exterior [havia] crescido com tanta rapidez na província que, durante o ano fiscal que terminou em 30 de junho de 1845, apenas o montante de importações de países estrangeiros ingressadas para consumo na alfândega do Rio Grande (e excluindo as de Porto Alegre) foi de 6.464 contos".

Segundo Varela, *Rio Grande do Sul* (op. cit., pp. 484-6), as exportações totais da província no ano fiscal de 1844-5 chegaram a 7.819,5 contos, ou aproximadamente 821 mil libras esterlinas ao câmbio de 9.524 réis por libra (ver IBGE, *Anuário estatístico do Brasil, 1939-40*, p. 1358), mostrando um aumento de valor em libras esterlinas de 27,8% com relação às exportações totais 27 anos antes (ver nota 24 acima). Esse mesmo autor tece longa discussão sobre a guerra civil na província, a Revolução Farroupilha, e em especial sobre a política econômica da "República de Piratini" (ver pp. 158-62). Apesar da longa duração do conflito, o número de vítimas foi comparativamente pequeno, e parece não ter excedido 4 mil. Seu efeito no crescimento da população foi, portanto, limitado.

26. O anexo 11 do relatório do presidente da província, Manuel Antônio Galvão, de 5 de outubro de 1847, reproduzido em Jean Roche, *L'administration* (op. cit., pp. 245-50), traz números sobre declarações de impostos que permitem inferir as seguintes quantidades físicas exportadas durante o ano fiscal de 1845-6:

Charque: 2.264.221 arrobas
Sebo: 75.332 arrobas
Graxa: 65.837 arrobas
Couros de boi: 1.210.568 couros
Couros de cavalo: 25.957 couros
Gado em pé: 27.974 cabeças
Erva-mate: 20.958 arrobas

Com exceção do sebo, esses números parecem indicar um grande aumento das exportações físicas em comparação com 1815 (ver nota 19 anterior).

F. H. Cardoso (op. cit., p. 70), também com base em relatórios da época, apresenta os seguintes dados sobre as exportações de charque nos anos fiscais de 1837-8 a 1844-5, e nos anos-calendário de 1846 a 1850:

ANOS FISCAIS	EXPORTAÇÕES EM MILHARES DE ARROBAS	ANOS FISCAIS	EXPORTAÇÕES EM MILHARES DE ARROBAS	ANOS-CALENDÁRIO	EXPORTAÇÕES EM MILHARES DE ARROBAS
1837-8	156,1	1841-2	600,4	1846	2.556
1838-9	157,3	1842-3	728,3	1847	1.104,2
1839-40	433,1	1843-4	1.112,8	1848	2.454,6
1840-1	61,3	1844-5	951,0	1849	2.119,6
				1850	1.843,6

Os dados sobre os anos fiscais de 1838-9 a 1844-5 também estão reproduzidos em Varela, *Rio Grande do Sul* (op. cit., p. 463), mas esse autor propõe um total de 397,3 mil arrobas para 1840--1. Os dados de Cardoso, juntamente com o total de Varela para 1840-1, estão reproduzidos no gráfico 1. As exportações dos anos-calendário de 1850 a 1858 indicadas no gráfico também foram tiradas de F. H. Cardoso. Seu total de 970.600 arrobas para o ano-calendário de 1858 difere das 1.473.300 arrobas propostas por Varela. Este último também estabelece as exportações de charque no primeiro semestre de 1859 (antes da volta à prática de computar estatísticas segundo anos fiscais) em 741.800 arrobas. Os dados de 1859-60 a 1864-5 são os mesmos nas duas fontes, com exceção de 1863-4, para o qual Cardoso sugere 1.932.700 arrobas (indicadas na figura 1), enquanto Varela aponta 1.251.900. Após 1865-6 até 1885-6, os dados do gráfico foram tirados de Abreu e Silva, "Retrospecto" (op. cit., pp. 246-7). Varela apresenta apenas números para 1865-6 e para 1884-5 e 1885-6, durante o mesmo período, e estes coincidem com os de Abreu e Silva. A partir de 1887, as estatísticas foram mais uma vez coletadas com base em anos-calendário. O número para 1886-7 indicado no gráfico é de Varela. As 435.600 arrobas exportadas durante o segundo semestre de 1887 foram omitidas. A partir daí, os dados foram tirados de Abreu e Silva, uma vez que são coerentes com os de várias outras publicações da época, incluindo Varela. (Após 1874, uma arroba foi fixada em quinze quilos; antes, uma arroba equivalia a 14,689 quilos. Não foi feita, no gráfico, nenhuma correção quanto a essa pequena diferença.)

27. Essa ressalva é feita nas observações à tabela D em Fernandes Pinheiro, *Annaes da capitania*, op. cit.

28. As importações de escravos por via marítima para o porto do Rio Grande em 1816 foram computadas a partir de dados desagregados reproduzidos em Saint-Hilaire, *Viagem ao Rio Grande do Sul* (op. cit., pp. 75-6). O autor menciona o caso de um escravo aparentemente trazido por terra para a capitania por seu senhor (p. 164).

Nem todas as importações de escravos por mar se dirigiam ao porto do Rio Grande. Os números disponíveis sobre as importações totais em 1815, parcialmente reproduzidos na nota 19 anterior, indicam que as importações de Cabinda, na África, alcançaram 26.700 mil-réis naquele ano, dos quais

24.300 mil-réis correspondiam a importações para Porto Alegre e 2.400 mil-réis a importações para Rio Grande. Esses dados parecem indicar que não somente havia importações interprovinciais de escravos para o Rio Grande do Sul, como as mencionadas por Saint-Hilaire, mas também importações diretas da África. Considerando o preço médio de um escravo em duzentos mil-réis, provavelmente superestimado (San Martin, op. cit., p. 130, afirma que os preços de escravos em execuções judiciais de 1809 a 1815 iam de 38,9 mil-réis a 231 mil-réis), e supondo também que somente escravos eram adquiridos em Cabinda, cerca de 134 escravos podem ter sido importados da África em 1815.

A existência de um comércio de contrabando de escravos de outras capitanias com o Rio da Prata foi ressaltada por um comerciante em 1808. Este mencionou que, 25 anos antes, os preços dos escravos estavam na metade do nível que prevalecia naquele ano, e que, desde o início do comércio de contrabando, cerca de vinte anos antes, mais ou menos 60 mil escravos haviam sido transportados para o Uruguai (ver M. A. Magalhães, "Almanak", op. cit., pp. 47-8). Esse número parece estar muito exagerado, embora tenha sido repetido em trabalhos mais recentes — ver, por exemplo, Thales de Azevedo, *Gaúchos: a fisionomia social do Rio Grande do Sul* (Salvador: Progresso, 1958, p. 47). Na verdade, no início dos anos 1800, grande parte do tráfico de escravos para Montevidéu parece ter sido controlada por norte-americanos, e só em 1806 vinte navios norte-americanos levaram cerca de 2.500 escravos vindos direto da África para esse porto. Ver A. P. Whitaker, "Early Commercial Relations Between the US and Spanish America", em *The Origins of Latin American Revolutions*, organizado por R. F. Humphreys e John Lynch (Nova York: A. A. Knopf, 1965, pp. 92-3). Caso o número citado por Magalhães estivesse correto, resultando em uma média de cerca de 3 mil escravos exportados anualmente do Brasil para o Uruguai, este último talvez estivesse importando mais de 5 mil escravos por ano no início do século XIX, o que é muito pouco provável considerando-se outros dados demográficos sobre o Uruguai.

No entanto, a existência de um comércio de contrabando de escravos com o Rio da Prata era real. Este prejudicava o Rio Grande do Sul, na medida em que fazia entrar no Brasil gêneros que também eram produzidos nessa capitania, e na medida em que afetava os preços de escravos na área. Referindo-se ao "grande deslocamento de escravos para Montevidéu", o presidente da Mesa de Inspeção do Rio de Janeiro observou em 1798 que o contrabando havia alcançado um nível tal que "um negro que valia cinquenta mil-réis é vendido hoje por cem mil-réis ou mais" — ver "J. F. da Rocha Garneiro para Souza Coutinho, 28 abr. 1798", *RIHGB*, t. 65, parte 1 (Rio de Janeiro: Cia Typ. do Coutinho, p. 278, 1902). Embora esse documento tenha sido publicado junto com outros sobre o Rio Grande do Sul, não fica claro se faz referência apenas a essa capitania. Contudo, os aumentos dos preços de escravos no final do século XVIII não foram, de forma alguma, causados apenas pelo contrabando para Montevidéu, uma vez que a "recuperação" agrícola das diversas capitanias gerou uma demanda firme por escravos que impulsionou os preços.

29. A população das aldeias indígenas da região das Missões em 1814, com a data aproximada de sua fundação, era a seguinte:

FREGUESIAS OU "POVOS"	ANO DE FUNDAÇÃO	ÍNDIOS	BRANCOS	LIVRES	ESCRAVOS	CRIANÇAS	TOTAL
São Francisco de Borja	1690	1.424	289	20	92	123	1.918
São Nicolau	1627	1.545	161	15	51	83	1.855
São Luiz de Gonzaga	1632	1.412	213	24	37	66	1.752
São Lourenço	1691	434	2		2	27	465
São Miguel	1632	706	111	18	44	56	935
São João Batista	1698	554	32		26	33	645
Santo Anjo [sic]	1707	320	16			5	351
Total		6.395	824	77	252	403	7.951

As mesmas ressalvas feitas com relação à tabela 2 deste capítulo se aplicam a esta tabela, que é reproduzida em Fernandes Pinheiro, *Annaes da província* (op. cit., p. 262). Segundo esse autor, fora dito que, na época da conquista dos Sete Povos das Missões em 1801, sua população era de 22 mil pessoas; no entanto, ele argumentava que, na verdade, a população provavelmente não ultrapassava 14 mil pessoas naquele mesmo ano.

30. Sobre a imigração de pessoas de São Paulo e do Paraná, ver Saint-Hilaire, *Viagem ao Rio Grande do Sul* (op. cit., pp. 139, 162 e 165). Segundo Araújo e Silva, *Diccionario* (op. cit., p. 29), várias pessoas envolvidas em uma revolução em São Paulo migraram para a área de Cruz Alta após 1844. Para informações parciais sobre imigração estrangeira, ver tabela 3 deste capítulo.

Uma lista incompleta da população livre por município reproduzida no anexo 10 do relatório de 1847 do presidente da província, e reproduzida também em Jean Roche (op. cit., pp. 241-4), revela um total de 118.171 habitantes. O mesmo número está reproduzido em Brasil, Diretoria Geral de Estatística, *Recenseamento realizado em 1º de setembro de 1920* (Rio de Janeiro: Tipografia de Estatística, 1920, v. 1, p. 469), junto com uma população escrava de 31.192 pessoas, o que resulta em uma população total de 149.363. Todas as fontes parecem concordar que esse total subestima em muito a população total, e o total da população escrava parece particularmente baixo. De fato, por volta de 1858, uma contagem populacional muito mais completa revelou uma população total de cerca de 295.750 habitantes, dos quais 73.583 eram listados como escravos (ver a nota 72 adiante). Assim, mesmo aceitando um aumento muito rápido da população na década de 1850, a população total da província sem dúvida excedia 200 mil pessoas em 1850.

31. Um comerciante britânico que visitou a cidade de Rio Grande em 1808 observou que o preço dos escravos era elevado e que havia "dificuldade para obtê-los, o que pode explicar o tratamento brando que recebem". Ele acrescentou que os escravos muitas vezes aprendiam um ou vários ofícios, sendo depois arrendados, e que havia "uma grande escassez de artesãos livres" (ver Luccock, op. cit., pp. 201-2).

Tais afirmações foram interpretadas como significando que a maioria dos artesãos da província era escrava (ver F. H. Cardoso, op. cit., p. 77 e nota 76). Luccock, porém, referia-se especificamente à cidade de Rio Grande, e é possível contrastar outros testemunhos da época com o seu. No mesmo ano, um comerciante local observou a existência de certo número de ofícios em Porto Alegre, o maior centro urbano da capitania. Mencionou carpinteiros, pedreiros, ferreiros, alfaiates, sapateiros, barbeiros, cabeleireiros, joalheiros, caldeireiros, chapeleiros, tingidores e até mesmo fiadores de seda, dentre outros ofícios que eram muito mais diversificados do que em Rio Grande. Embora o mesmo autor tenha dedicado uma importante seção de seu relato à questão do comércio de contrabando de escravos com Montevidéu e aos problemas que este ocasionava para os agricultores da capitania, não fez menção alguma da escassez de artesãos livres ou escravos em Porto Alegre, nem mencionou em que medida escravos eram empregados nos ofícios listados (ver M. A. Magalhães, "Almanak", op. cit., pp. 47-8 e 73). Na realidade, alguns anos antes, o governador citou o emprego de alguns trabalhadores livres assalariados em uma serraria e uma oficina de fabricação de cal e telhas de propriedade do governo em Porto Alegre. Somente com relação à construção de uma fábrica de pólvora também do governo é que ele faz referência ao emprego de prisioneiros e escravos — ver Silva Gama para Vasconcellos e Souza, 30 mar. 1805, *RIHGB*, t. 41, parte 1 (Rio de Janeiro: Typ. de Pinheiro & Cia., pp. 292-3, 1878).

Outra confirmação da existência de artesãos livres é fornecida por San Martin (op. cit., p. 130). O autor refere-se à construção de uma ponte em Porto Alegre em 1802-3 pela qual carpinteiros livres receberam remunerações diárias de oitocentos réis. Três negros (aparentemente escravos arrendados) que trabalhavam como cavadores recebiam 240 réis por dia.

Ao descrever a rua da Praia, em Porto Alegre, em 1820, Saint-Hilaire, *Viagem ao Rio Grande do Sul* (op. cit., p. 41), observou lojas com mercadorias variadas e oficinas de diversas profissões, mas não fez referência a escravos artesãos, embora tenha enfatizado seu emprego como carregadores e vendedores ambulantes no mercado local (p. 43). Da mesma forma, ao falar da vila de São Francisco (depois Pelotas), o autor observou que esta era principalmente habitada por comerciantes e trabalhadores, por oposição aos "negros" das charqueadas (pp. 69-73).

32. Fernandes Pinheiro, *Annaes da capitania*, op. cit., p. 99.

33. Em 1808, Porto Alegre tinha dois estabelecimentos que produziam carne salgada, cuja produção média era de 3 mil barris de oito a nove arrobas. Um destes era grande e pertencia a uma companhia que mandara buscar seus contramestres na Irlanda, "apesar dos altos salários e das despesas decorrentes". (Ao contrário das charqueadas, esses estabelecimentos se especializavam apenas na produção de carne.) Porto Alegre também tinha alguns curtumes (ver M. A. Magalhães, "Almanak", op. cit., p. 57). Sobre a produção de velas de sebo por volta de 1807, ver Mawe, *Travels* (op. cit., p. 318). Porto (op. cit., p. 9) refere-se a moinhos de farinha de trigo, alguns dos quais eram aparentemente moinhos de vento. Saint-Hilaire, *Viagem ao Rio Grande do Sul* (op. cit., p. 47), refere-se a três olarias relativamente importantes que produziam artefatos de cerâmica. Fornece também informações abundantes sobre a fabricação de linho e de tecidos de lã. Em 1820, a principal atividade econômica ao redor de Mostardas era a criação de ovelhas. A lã local era tecida pelas mulheres para fabricar diversos tipos de tecidos, em especial ponchos, peças de roupa grosseiras vendidas por seis patacas cada uma (1.920 réis) e despachadas para Porto Alegre, Rio Grande e outras localidades, onde eram usados sobretudo por negros e índios (ver p. 49). Essa atividade também podia ser encontrada ao sul de Rio Grande, próximo à fronteira com o Uruguai, onde as mulheres também teciam linho e produziam tecidos de linho (ver pp. 87 e 91). Na área das Missões, dando continuidade a uma tradição desenvolvida pelos jesuítas, havia em várias aldeias tecelões do sexo masculino que trabalhavam o algodão, utilizando a matéria-

-prima local que eles próprios cultivavam, e que trabalhavam por conta do governo, que a essa altura estava encarregado da administração das aldeias indígenas (sobre São Luís e São Miguel, ver respectivamente p. 148 e p. 154). Os tecidos produzidos na área eram comercializados para Rio Pardo. Havia também alguma produção de tecidos de lã entre Santa Maria e Cachoeira. É curioso notar que, em muitos lugares, essa atividade era realizada por mulheres livres, mas o produto obtido era principalmente destinado a vestir escravos. (Essa atividade parece ter subsistido pelo menos até a década de 1830. Ver Dreys, op. cit., pp. 151-2.)

34. Fernandes Pinheiro, *Annaes da capitania*; op. cit., t. 2, p. 99. Esse autor referiu-se à obra *A riqueza das nações* (livro 4, cap. 2), e foi um dos primeiros autores brasileiros a citar esse livro clássico de Adam Smith.

35. Ver Saint-Hilaire, *Viagem ao Rio Grande do Sul*, op. cit., pp. 41, 43, 53, 65, 198 e 204.

36. Sobre o número de charqueadas ao redor de Pelotas em 1820, ver Saint-Hilaire (ibid., p. 18). Sobre as charqueadas às margens do rio Jacuí, ver p. 97, e também Dreys (op. cit., p. 123) e a citação reproduzida anteriormente na nota 25. Os dados sobre o número de charqueadas em Pelotas em 1822 foram propostos por Souza Docca (op. cit., p. 110).

37. A predominância de escravos nas charqueadas é sugerida por Saint-Hilaire, *Viagem ao Rio Grande do Sul* (op. cit., p. 73), e por Dreys (op. cit., pp. 11, 114 e 138-43). Com relação ao número de escravos por charqueada, citando Saint-Hilaire, F. H. Cardoso propõe o total de oitenta escravos. Na verdade, Saint-Hilaire, em *Viagem ao Rio Grande do Sul* (op. cit., pp. 25-6), refere-se a um curtume na estância do barão de Santo Amaro em construção por oitenta escravos, que supostamente iriam trabalhar no estabelecimento sob a direção de trabalhadores qualificados trazidos da França. É possível que o autor ainda não estivesse familiarizado com a palavra *charqueada* (que ele passaria a usar com frequência mais adiante em seu estudo), de modo que empregou a palavra *curtume*. De toda forma, mesmo supondo uma média de oitenta escravos por charqueada e um número total de 25 a trinta estabelecimentos (possivelmente exagerado) por volta de 1820, o emprego total de escravos nas charqueadas iria de 2 mil a 2.400 pessoas. Considerando uma importação líquida de seiscentos escravos por ano, e sem levar em conta um eventual crescimento natural da população escrava, caso se extrapole o número total de escravos em 1814, a capitania teria mais ou menos 24 mil escravos em 1820 (sobre importações de escravos, ver nota 28 anterior).

Citando Antônio Carlos Machado, "A charqueada", em *Província de São Pedro* (mar. 1947, p. 121), F. H. Cardoso (op. cit., p. 68) propôs que "em 1833, com a exceção dos mestiços livres, havia 5 mil negros [ou seja, escravos] nas charqueadas de Pelotas". Embora Machado se baseie em um manuscrito da época, esse total parece muito exagerado. Mesmo aceitando a média improvavelmente alta de cem escravos por charqueada, suporia a existência de cinquenta charqueadas apenas em Pelotas, o que certamente está longe do número verdadeiro. Em seu apogeu, as charqueadas de Pelotas não empregaram muito mais de 2.500 a 3 mil escravos. (Ver também nota 72 adiante sobre a população escrava total do município de Pelotas em 1858.)

38. Saint-Hilaire, *Viagem ao Rio Grande do Sul* (op. cit., pp. 23, 47, 83, 86-7, 163, 166-7 e 179), faz referência a diversos exemplos de emprego de escravos em estâncias e chácaras. Invariavelmente o autor se refere às cabanas onde os escravos viviam, e em muitos casos revela-se que eram poucos os escravos por estabelecimento. Em algumas ocasiões, porém, os escravos eram mais numerosos. O autor cita a estância de Palmares, cujo proprietário possuía de 10 mil a 20 mil cabeças de gado e "muitos escravos".

39. Para um exemplo de um escravo administrando uma propriedade na ausência de seu dono, ver Saint-Hilaire (ibid., p. 83). Sobre o tratamento verbal ríspido dos escravos, ver pp. 73 e 196. Sobre escravos fugidos das estâncias, ver p. 31.

40. Segundo Saint-Hilaire (ibid., p. 83), os escravos eram geralmente alimentados com carne, não eram mal vestidos e podiam montar cavalos em vez de andar a pé. O autor concluiu que os escravos eram comparativamente mais bem tratados no Rio Grande do Sul do que em outras capitanias, mas depois especificou que essa afirmação se referia aos escravos das estâncias, por oposição aos das charqueadas "que, por serem mais numerosos e cheios de vícios [...] [precisavam ser] tratados com mais energia".

Alegações relativas à maior longevidade dos escravos rio-grandenses em comparação, por exemplo, com os de Minas Gerais eram atribuídas já em 1805 às "diferenças nas [condições de] trabalho e manutenção". Ver "Silva Gama para Vasconcellos e Souza, 30 mar. 1805", op. cit., p. 287. Sobre o "tratamento mais brando" dado aos escravos, ver Luccock, op. cit., pp. 201-2. Ver também Dreys, op. cit., p. 191.

Uma taxa positiva de crescimento natural da população escrava poderia ser sugerida por seu forte aumento absoluto e relativo entre 1814 e 1858, quando a população escrava aparentemente aumentou em cerca de 257% (ou em 53 mil escravos). Uma vez que o tráfico de escravos africanos foi definitivamente extinto em 1852 e que, nos anos subsequentes, as importações interprovinciais líquidas não foram significativas, poderia ser questionada a atribuição de tal aumento exclusivamente às importações de escravos. Para outras considerações sobre a questão, ver nota 71 adiante e nota 41 do capítulo 2.

41. Para uma discussão dessa questão, que ultrapassa o âmbito do presente estudo, ver F. H. Cardoso, op. cit., pp. 119-32.

42. Sobre a questão do número de escravos nas charqueadas, ver nota 37 anterior. Mencionou-se uma afirmação de Saint-Hilaire segundo a qual os escravos recebiam um tratamento mais rígido nas charqueadas (ver nota 40 anterior). Dreys (op. cit., pp. 191-2) — um europeu que fora ele próprio dono de escravos no Rio Grande do Sul — argumentou que os senhores não exigiam dos escravos das charqueadas nada além de "trabalho regular e bom comportamento. Quando eles não cumpriam suas obrigações, [eram] punidos", fato que, segundo argumentou o autor, era "também uma das necessidades dos negros"! Essa descrição carregada de parcialidade deixa claro que a punicão nas charqueadas não era algo incomum (ver também Saint-Hilaire, *Viagem ao Rio Grande do Sul*, op. cit., p. 73). Embora Dreys também negasse que as charqueadas fossem locais insalubres para se trabalhar (ver p. 142), em contraste, Fernandes Pinheiro, em *Annaes da capitania* (op. cit., t. 2, p. 95), descreve-as como "imundas".

43. Sobre a descendência indígena de diversos gaúchos do campo, ver Luís Gonzaga Jaeger, "O índio no Rio Grande do Sul", em *I Seminário de Estudos Gaúchos* (Porto Alegre: PUC-RS, 1958, p. 196). Sobre o emprego de índios propriamente ditos como peões, ver Fernandes Pinheiro, *Annaes da capitania* (op. cit., t. 2, p. 94, nota 6), e Saint-Hilaire, *Viagem ao Rio Grande do Sul* (op. cit., pp. 104, 109 e 121). Sobre a natureza itinerante dos gaúchos, ver carta de 4 de dezembro de 1803, do governador ao visconde de Anadia. Laytano (op. cit., p. 36) estabelece a data dessa carta em 1804, mas parece ser a mesma reimpressa em *RIHGB* (t. 42, parte 2, p. 126, 1879), e que contém os resultados do "censo" de 1803. Fernandes Pinheiro, em *Annaes da capitania* (tabela D),

confirmou a existência de um grande número de trabalhadores rurais livres itinerantes sem residência fixa na segunda década do século XIX. Referindo-se ao período em que viveu no Rio Grande do Sul, Dreys (op. cit., p. 133) observou em 1839 que as estâncias em geral tinham um capataz e peões. Estes últimos eram "ocasionalmente escravos negros", mas mais comumente índios ou gaúchos que trabalhavam mediante salários. Saint-Hilaire, *Viagem ao Rio Grande do Sul* (op. cit., p. 121), menciona uma estância próxima ao rio Butuí operada por trabalhadores livres. O capataz recebia 12.800 réis por mês, e dez peões recebiam oito patacas (2.560 réis) cada um.

Quanto ao número de empregados por estância e por cabeça de gado em 1817, ver Ayres de Cazal (op. cit., v. 1, p. 143), e para os anos seguintes, ver Saint-Hilaire, *Viagem ao Rio Grande do Sul* (op. cit., p. 121). Quanto à taxa de reprodução dos rebanhos e casos específicos citados no texto, e possíveis exageros, ver Saint-Hilaire (ibid., pp. 90 e 117, e nota 2 à p. 90). Por outro lado, escrevendo na década de 1840, MacGregor (op. cit., p. 36) citou Von Spix e Von Martius, que haviam visitado o Brasil entre 1817 e 1820, para afirmar que a "marca do proprietário é gravada [com ferro quente] em mil [cabeças] a cada ano em um rebanho de 5 mil a 6 mil cabeças", e que uma milha quadrada de pasto podia conter de 1.500 a 2 mil cabeças. Finalmente, quanto à taxa de abate, ver Varela, *Rio Grande do Sul* (op. cit., p. 444), que sugere a taxa de 6%.

44. Detalhes sobre os primeiros anos de São Leopoldo, Torres e Três Forquilhas podem ser encontrados em Porto (op. cit., pp. 40-1, 52 e 91). Segundo Michael G. Mulhall (autor do conhecido *The Dictionary of Statistics*) em seu já citado *Rio Grande do Sul and Its German Colonies* (p. 124), os primeiros ocupantes de São Leopoldo receberam "doações gratuitas de 130 acres [53 hectares] de terras não desmatadas cada um, além de implementos agrícolas, sementes e um subsídio para seu sustento: uma pataca [320 réis] por pessoa por dia durante o primeiro ano e meio, e meia-pataca durante o segundo ano". Ainda segundo Mulhall (p. 130), Torres e Três Forquilhas teriam sido fundadas com respectivamente 53 e 37 famílias alemãs. Os números no texto relativos a essas colônias em 1826-7 foram tirados de Abreu e Silva (op. cit., pp. 89-132). Sobre a tentativa de estabelecer colonos alemães na Missão de São João, ver Fernandes Pinheiro, *Annaes da província* (op. cit., p. 264).

45. Ver Porto, op. cit., p. 52. Segundo Leopoldo Petry, *História da colonização alemã no Rio Grande do Sul* (São Leopoldo: Officinas Graphicas Rotermund & Co., s.d., p. 27), entre as 24 famílias e quatorze solteiros ingressados em 1824, havia quatro marceneiros, dois seleiros, dois construtores de carroças, dois comerciantes, um alfaiate, um sapateiro, um pedreiro, um tecelão, um ferreiro, um ourives e um farmacêutico.

Sobre o desenvolvimento inicial das atividades artesanais nas colônias alemãs do Rio Grande do Sul, ver Jean Roche, *La Colonisation allemande et le Rio Grande do Sul* (Paris: Institut des Hautes Études de l'Amérique Latine, 1959, pp. 361-9). O autor assinala adequadamente que os artesãos em tempo integral, que viviam exclusivamente de seus ofícios, não eram numerosos, e que muitos colonos que se dedicavam a atividades artesanais eram também agricultores (p. 367).

46. Ver Roche, *L'administration* (op. cit., p. 76), para os comentários do presidente sobre São Leopoldo. Sobre Torres e Três Forquilhas, ver Porto (op. cit., p. 91). A partir de diversas fontes, é possível chegar à seguinte listagem parcial de estabelecimentos "industriais", oficinas e artesãos em São Leopoldo, em anos selecionados, entre 1829 e 1870:

	1829	1835	1843	1849	1858	1870
Curtumes	8	7	18	20	32	
Moinhos de grãos	8	14		16	50	
Atafonas (moinhos de ralar mandioca)		16	36	41	80	
Engenhos de moer cana		2	34	6	28	
Destilarias				39		
Moinhos e prensas de óleo			2	3	30	
Fábrica de vinagre					1	
Cervejarias					5	14
Serrarias hidráulicas		2	4		5	5
Serrarias a vapor						2
Olarias					7	27
Fábricas de cerâmica					3	
Fábrica de corda		1	1	1		1
Fábricas de chapéus					2	
Teares ou estabelecimentos de tecelagem	1	5		6		
Fábricas de charutos					12	
Fábricas de cola					4	
Fábrica de sabão	1					
Oficinas de ofícios diversos[b]	1[a]	1[a]		1[a]	70	204
Artesãos em pequenas oficinas	"numerosos"				267	

FONTES: Para 1829, ver Aurélio Porto, *O trabalho alemão no Rio Grande do Sul*, p. 52. Para 1835, 1843 e 1870, ver Florêncio C. de Abreu e Silva, "Retrospecto econômico e financeiro do Rio Grande do Sul", *Revista do Arquivo Público do Rio Grande do Sul*, n. 8, cap. 2, dez. 1922. Para 1849, ver Émile Adêt, "L'Empire du Brésil", *Revue des Deux Mondes*, p. 1103, mar. 1851. Para 1858, ver Manuel Diegues Jr., *Imigração, urbanização, industrialização*, op. cit., p. 137.

[a] Incompleto: oficina de lapidação de pedras semipreciosas.

[b] Inclui ferrarias, sapateiros e tamanqueiros, fabricantes de carroças, seleiros, carpinteiros etc.

47. O uso de arados no cultivo do trigo foi observado em algumas áreas da capitania em 1820 por Saint-Hilaire, *Viagem ao Rio Grande do Sul* (op. cit., pp. 23, 81, 169 e 206-7). Em determinadas áreas, tais como Rio Pardo, usavam-se até mesmo grades primitivas (ver pp. 91 e 206-7). Pequenas foices eram usadas para a colheita do trigo (ver p. 87). No entanto, com relação à rotação da terra, tudo indica que os descendentes dos ocupantes açorianos não adotaram a prática europeia de pousio a cada três anos, e tampouco recorreram à adubagem durante vários anos, o que possivelmente favoreceu a disseminação da ferrugem (ver pp. 139, 165, 169 e 173). Quando se usava adubo animal,

o método habitual consistia em confinar as cabeças de gado durante um determinado período na área a ser subsequentemente plantada (ver pp. 82 e 91). O gado também era usado para esmagar os grãos sob suas patas (ver pp. 96, 157 e 207), embora essa tarefa fosse ocasionalmente realizada com varas, como acontecia às vezes no caso do milho.

Com relação à localização das diversas culturas antes da chegada dos colonos alemães, cabe observar que o trigo era encontrado do norte de Porto Alegre até a fronteira uruguaia, passando por Mostardas e por Rio Grande. Também plantava-se algum trigo na área das Missões e dali até Porto Alegre, uma vez que o cereal era encontrado em Santa Maria, Rio Pardo e Taquari. Em muitas áreas, o cultivo do trigo declinou de modo abrupto na década de 1820. A área de Pelotas era aprovisionada pela serra dos Tapes, onde se produzia trigo, milho e feijão. O milho também era cultivado das Missões até Santa Maria. A cana-de-açúcar era plantada em pequena escala do norte de Porto Alegre até a divisa de Santa Catarina, em especial em Santo Antônio da Patrulha e Conceição do Arroio, mas o produto final consistia sobretudo em melaço e cachaça. Frutas também eram cultivadas em vários pomares ao redor das cidades do leste. No entanto, de modo geral, a carne continuava a ser o item básico da alimentação dos habitantes do Rio Grande do Sul. Foi apenas lentamente que as áreas coloniais começaram a produzir excedentes significativos de produtos agrícolas para suprir outros municípios, e até mesmo outras províncias. Informações sobre a localização das diversas produções agrícolas foram principalmente tiradas de Saint-Hilaire (ibid.), mas também podem ser encontradas em Ayres de Cazal, Dreys e Fernandes Pinheiro (todas as respectivas obras já citadas neste capítulo).

48. Esses números foram citados por Saint-Hilaire, *Viagem ao Rio Grande do Sul* (op. cit., pp. 165 e 206-7). Possivelmente, com muito exagero, dizia-se que ao norte de Porto Alegre o trigo rendia trinta alqueires para um (ver p. 29), e ao redor de Rio Grande, de trinta a quarenta alqueires para um; em torno de Rio Pardo, chegaria a render até cinquenta alqueires para um em terras boas, e parcos dez alqueires para um em terras já cansadas.

Os números disponíveis sobre a produção da colônia de Torres em 1829, apresentados adiante, indicam rendimentos comparativamente baixos por semente plantada; é preciso notar, porém, que a área não era particularmente favorável ao plantio de cereais, mas sim ao de cana-de-açúcar e mandioca, que, mais tarde, iriam adquirir uma importância local crescente. (Recorde-se que um alqueire equivale a cerca de 36,27 litros.)

PRODUÇÃO, QUANTIDADES PLANTADAS E RENDIMENTOS POR SEMENTE DA COLÔNIA DE TORRES

PRODUTOS	QUANTIDADE PLANTADA (ALQUEIRES) (1)	QUANTIDADE COLHIDA (ALQUEIRES) (2)	RENDIMENTO POR SEMENTE (2)/(1)
Milho	270	6.300	23
Feijão	158	2.332	14,8
Arroz	104	2.400	23,1
Trigo	38	66	1,7
Centeio	29	48	1,7
Cevada	13	30	2,3
Batatas	68	3.400	50,0

FONTE: A. Porto, op. cit., p. 91.

49. Ver Porto, op. cit., pp. 139 a 141. Em 1843, os calçados e os produtos de selaria representavam cerca de um terço do total de exportações, avaliadas em 311,3 contos. No ano seguinte, as exportações de lombilhos (tipo de sela) e de calçados alcançaram respectivamente 112 e 42 contos, representando 40% das exportações totais.

50. Ver Roche, *L'administration*, op. cit., p. 219, Abreu e Silva, "Retrospecto", op. cit., pp. 89--132, e Porto, op. cit., p. 141.

51. Mulhall, op. cit., pp. 133-4.

52. Por meio da lei de 13 de outubro de 1850, a província proibiu a introdução de escravos tanto nas colônias existentes quanto naquelas a serem formadas. Em seu relatório do mesmo ano, um administrador de São Leopoldo afirmou que a colônia continha 229 escravos. Já foi alegado que a lei era ocasionalmente desrespeitada, e que escravos foram subsequentemente introduzidos em áreas coloniais. Ver Porto, op. cit., pp. 229-30. Porém, segundo o cônsul britânico, a lei era "cumprida com eficiência" ao final da década de 1850. Ver "Consul Vereker to the Earl of Clarendon, Rio Grande, Feb. 4, 1857" (*PP 1857-58*, v. 61, p. 122).

A existência de um número comparativamente elevado de escravos em São Leopoldo em 1872 e em Santa Cruz em uma data posterior não se devia somente ao descumprimento da lei. De fato, uma vez as colônias emancipadas e promovidas ao status de municípios, a legislação proibitiva deixava de se aplicar. Além disso, as antigas áreas coloniais abrigavam também alguns brasileiros que para lá haviam se mudado junto com seus escravos.

53. Ver Seidler, op. cit., pp. 90, 193 e 195. Ver também MacGregor, op. cit., p. 35. Este último se baseou em diversas fontes, e não em observações diretas, mas sua afirmação sobre escravos montarem cavalos com frequência é confirmada por observações de Saint-Hilaire em *Viagem ao Rio Grande do Sul* (op. cit., p. 47), fonte à qual MacGregor não poderia ter tido acesso. O autor francês mencionou o espanto de um escravo ao vê-lo andando a pé, e não montado...

54. O relatório de 1847 do presidente da província está reproduzido em Roche, *L'administration* (op. cit., p. 210). Caso o trabalho na criação de gado estivesse de fato concentrado em um determinado período do ano, seria mais racional, do ponto de vista dos estancieiros, empregar trabalhadores contratados do que escravos para essa atividade. Com efeito, esses trabalhadores livres contratados podiam ser dispensados uma vez terminado o serviço, enquanto os escravos tinham de ser sustentados durante o ano inteiro. Assim, era natural dar preferência ao emprego de escravos em atividades de caráter mais permanente, tais como o serviço doméstico. Para evidências mais antigas do emprego de trabalhadores livres na criação de gado, ver nota 43 anterior.

55. Ver Dreys, op. cit., pp. 158-91.

56. Para os dados tirados de anúncios de jornal, ver F. H. Cardoso (op. cit., p. 77, nota 77). Sobre os escravos de propriedade de súditos britânicos em 1848, ver "Consul Morgan to Viscount Palmerston, Rio Grande, Jan. 1, 1849" (*PP 1850*, v. 55, p. 165). O cônsul observou que dois outros súditos britânicos, tendo "se casado com senhoras brasileiras, [possuíam] escravos apenas como parte dos bens pertencentes a suas esposas".

57. Ver F. H. Cardoso, op. cit., p. 77. O autor parece superestimar o significado da observação de Luccock, anteriormente citada na nota 31, e será sugerido adiante que os artesãos escravos eram menos importantes em comparação com os artesãos livres do que sugere esse autor, pelo menos em 1872.

Com efeito, o afluxo de imigrantes europeus não se dirigia exclusivamente às colônias, e parece ter aumentado o contingente de artesãos livres das cidades. Ao final da década de 1820, segundo Seidler (op. cit., p. 102), alfaiates, marceneiros e sapateiros alemães eram numerosos em Porto Alegre, e ganhavam salários mais altos do que os artesãos brasileiros. Ao final da década de 1840, o presidente da província citou uma estimativa segundo a qual havia cerca de 3 mil alemães que não estavam estabelecidos nas colônias e se encontravam disseminados pela província. O presidente não cita a fonte dessa informação, e o número por ele proposto está provavelmente exagerado, conforme ressaltado por Roche, *L'administration* (op. cit., p. 221). De todo modo, a mesma indica que, em maior ou menor medida, era possível encontrar europeus de diversas profissões em ocupações urbanas.

58. Segundo os anexos 12 a 14 do relatório do presidente da província de 1847, reproduzido em Roche, *L'administration* (op. cit., tabelas *hors-texte* após a p. 244), a receita da meia sisa aumentou de 18,2 contos em 1844-5 para 28,7 contos em 1845-6. Em contraste, no anexo 11 do mesmo relatório, o número apresentado para 1845-6 é de 30,1 contos. Sobre a existência de escravos em São Leopoldo, ver nota 52 anterior.

59. Segundo o cônsul britânico, "mais de trezentos [escravos] tinham sido detidos e postos na cadeia. Outros, que resistiram ou tentaram ganhar o campo, foram destruídos". Alguns dos líderes eram aparentemente negros livres que contavam com a cumplicidade dos capatazes das charqueadas, que, se dizia serem "em sua maioria espanhóis". Esta é uma observação interessante que, caso esteja correta, indicaria que as charqueadas de Pelotas usavam mão de obra qualificada do Rio da Prata. O uso de trabalhadores livres em determinadas ocupações nas charqueadas foi observado anteriormente por Dreys (op. cit., pp. 138-42). No entanto, parece claro que os escravos constituíam a grande maioria dos trabalhadores empregados nas charqueadas.

Para um relato detalhado da revolta de 1848, ver "Consul Morgan to Viscount Palmerston, Rio Grande, Feb. 15, 1848", e o respectivo documento anexado a essa correspondência (*PP 1849*, v. 55, "Correspondence Class B", pp. 155-6).

60. Sobre os elementos que contribuíram para a formação da população do Rio Grande do Sul, ver Varela, *Rio Grande do Sul* (op. cit., p. 354). A origem indígena de muitos gaúchos já foi ressaltada na nota 43.

Os índios observados por Saint-Hilaire nas Missões não eram selvagens. Os que se encontravam reunidos em aldeias dedicavam-se a ofícios e à agricultura. Nessa última atividade, usavam até mesmo charruas, um tipo de arado primitivo, provavelmente legado da época dos jesuítas. Ver *Viagem ao Rio Grande do Sul* (op. cit., pp. 141-64). Em 1820, as aldeias eram habitadas principalmente por mulheres e índios idosos, uma vez que muitos dos homens com idade para trabalhar tinham sido recrutados pelo Exército ou tinham se transferido para outras partes da província, onde muitas vezes eram contratados como peões (ver p. 121). Havia índios que não viviam nas Missões e que possuíam propriedades rurais (ver pp. 110 e 166). Em contraste com os índios com recursos para se sustentar, havia outros empregados como domésticos na área central da capitania, e que aparentemente viviam em um estado de semisservidão (ver pp. 164 e 167-8). Aos poucos, os Sete Povos das Missões foram se esvaziando, de modo que, em 1835, somavam apenas 377 índios (ver Fernandes Pinheiro, *Annaes da provincia*, op. cit., pp. 266-7). Esses núcleos acabaram por se juntar a outros grupos populacionais que viviam na área.

Os bugres eram aparentemente mais atrasados do que os guaranis e minuanos, e não era infrequente atacarem os habitantes até 1830. Por volta dessa data, foram concentrados com sucesso em cinco núcleos comandados por administradores que "exploravam vergonhosamente os miseráveis índios". Ver Varela, *Rio Grande do Sul*, op. cit., p. 361.

61. Os subprodutos da pecuária incluíam basicamente o charque, os couros secos e salgados, o sebo, a graxa, crina e cabelo, chifres, cascos e línguas. O charque era o mais importante produto de exportação para outras províncias, e os couros constituíam a principal exportação do Rio Grande do Sul para o estrangeiro. Excluindo-se parte dos couros secos, que já chegava processada do interior, os outros eram produtos de charqueadas. (Durante as décadas de 1880 e 1890, as estatísticas sobre subprodutos da pecuária também incluíam retalhos de couros, óleo de mocotó, ossos e cinza de ossos.)

62. A dependência da prosperidade comercial da província tanto da intensidade da competição do Rio da Prata como da política comercial do governo central com respeito a tarifas foi corretamente enfatizada por observadores da época, e em especial pelo cônsul britânico. Em seu relatório de 1855, por exemplo, ele observou que, em tempos recentes, "a criação de gado tem recebido uma atenção maior do que a normal [...] [como resultado do] valor em constante progressão do gado, dos couros e do charque, mas o potencial impacto sobre os mercados desta província resultante de um número maior de cabeças de gado nos anos futuros dependerá muito do estado dos mercados do Rio da Prata". Ver "Report [...] Trade of Rio Grande do Sul [...] 1855 [...] Consul Vereker" (*PP 1859*, v. 30, p. 29).

Sobre a política comercial do governo central e das repúblicas do Rio da Prata, e os problemas que estas ocasionavam ao setor da exportação, e em especial às charqueadas, ver F. H. Cardoso (op. cit., pp. 174-85) e "Report [...] Trade of Rio Grande do Sul [...] 1860 [...] Consul Vereker" (*PP 1862*, v. 58, p. 236).

63. O conflito de interesses entre o Rio Grande do Sul e as regiões do país de grandes plantações voltadas para a exportação é analisado por F. H. Cardoso (op. cit., pp. 174-80).

Embora o imposto de importação sobre o charque fosse mantido em níveis baixos, o governo central não hesitava em aumentar os impostos de exportação sobre os produtos sul-rio-grandenses. Um tratado com o Uruguai em 1857, baixando as tarifas sobre os produtos desse país a níveis desprezíveis em troca da isenção de impostos sobre o gado em pé brasileiro importado pelo Uruguai, causou fortes reações no Rio Grande do Sul. O tratado acabou sendo denunciado, e um imposto de importação sobre o charque uruguaio foi restabelecido em 1860 (ver Varela, *Rio Grande do Sul*, op. cit., p. 464), mas, durante toda a década, comerciantes reclamaram de proteção tarifária insuficiente e de impostos de exportação excessivos (ver F. H. Cardoso, op. cit., p. 185).

64. O comércio de couros dependia não somente da situação do Rio da Prata, mas também das condições de demanda nos mercados estrangeiros, o que o tornava muito especulativo. Por exemplo, em 1857, comentando a criação de um imposto de exportação adicional de 2% sobre os couros, o cônsul britânico afirmou que o comércio de couros nos últimos tempos havia sido "de caráter tão especulativo, e os preços [tinham] variado tão consideravelmente, que a diferença de 2% não [havia] chamado a atenção". Ver "Report [...] Trade of Rio Grande do Sul [...] 1857 [...] Consul Vereker" (*PP 1859*, v. 30, p. 37). Relatórios anteriores impressos no mesmo volume (pp. 27 e 32) indicam que, em um mesmo ano, os preços com frequência flutuavam em mais de 25%, para cima ou para baixo. Em poucos meses, uma situação clara de lucro podia se transformar em uma perda considerável, e vice-versa. Em 1861, por exemplo, os couros secos começaram o ano em 345 réis por libra (cerca de 450 gramas), alcançaram 350 em março, caíram para 245 em agosto, e tornaram a subir para 288 réis em dezembro. Cabe observar que as flutuações nem sempre acompanhavam o período da "safra", que geralmente ia de novembro e dezembro até maio. Ver "Report [...] Trade of Rio Grande do Sul [...] 1861 [...] Consul Vereker" (*PP 1863*, v. 70, p. 45).

O preço do charque também flutuava bastante em decorrência das condições de oferta no Rio da Prata, variação que transparece nos valores médios por arroba exportada da província que resultam dos dados de Abreu e Silva, "Retrospecto" (op. cit., pp. 246-7).

Além dos elementos de incerteza associados aos fatores de oferta e demanda, o comércio da província sofria muito com o estado insatisfatório da barra de Rio Grande, cujo calado oscilava com frequência. Assim, em 1849, este alcançou 3,6 metros, variou de dois a 2,5 metros na década de 1850, até chegar novamente a três metros em 1866 (ver Abreu e Silva, "Retrospecto", op. cit., p. 197). Tal problema afetava suficientemente os seguros e os fretes a ponto de desviar parte do comércio da região para Montevidéu e Buenos Aires, cujos portos ofereciam condições bem melhores.

65. Essas considerações sobre o comércio de gado em pé têm por base dados reproduzidos em Abreu e Silva, "Retrospecto" (op. cit., p. 234), que são por sua vez baseados em estatísticas fiscais, e supostamente se referem a exportações de gado bovino, cavalos e mulas. No entanto, os números atribuídos a 1845 e 1846 coincidem com os listados no relatório de 1847 do presidente da província, que se referiam exclusivamente às exportações de gado bovino em 1845-6 e 1846-7. Ver Roche, *L'administration* (op. cit., anexo 11 após a p. 244).

66. Com base em alguns dos *Relatórios do Ministério da Fazenda* (56; 1869, tabela 53; 1873, tabela 48, 1860) e também em Scully, *Brazil* (op. cit., pp. 78-9), a evolução do valor oficial das exportações totais do Rio Grande do Sul para portos estrangeiros (em contos de réis) e o valor aproximado em libras esterlinas, de 1853-4 a 1870-1, foi a seguinte (os valores em libras esterlinas foram obtidos com base nas taxas de câmbio implícitas em IBGE, *Anuário estatístico do Brasil, 1939-40*, p. 1358):

ANOS	VALOR TOTAL EM MOEDA NACIONAL DAS EXPORTAÇÕES PARA O EXTERIOR (EM CONTOS DE RÉIS)	VALOR APROXIMADO EM LIBRAS ESTERLINAS DAS EXPORTAÇÕES TOTAIS PARA O EXTERIOR (EM MILHARES DE LIBRAS ESTERLINAS)	ANOS	VALOR TOTAL EM MOEDA NACIONAL DAS EXPORTAÇÕES PARA O EXTERIOR (EM CONTOS DE RÉIS)	VALOR APROXIMADO EM LIBRAS ESTERLINAS DAS EXPORTAÇÕES TOTAIS PARA O EXTERIOR (EM MILHARES DE LIBRAS ESTERLINAS)
1853-4	4.785,1	568,0	1862-3	6.241,6	684,1
1854-5	4.045,3	465,6	1863-4	7.091,3	804,8
1855-6	4.486,7	515,1	1864-5	7.191,3	801,8
1856-7	6.870,3	788,7	1865-6	7.565,1	788,3
1857-8	4.816,4	534,1	1866-7	7.745,1	782,3
1858-9	6.092,1	648,8	1867-8	9.514,4	889,5
1859-60	7.801,0	814,4	1868-9	12.661,9	896,4
1860-1	7.582,9	815,2	1869-70	12.039,3	943,9
1861-2	7.523,8	801,3	1870-1	8.871,1	815,2

Embora os dados sobre as exportações da província para portos estrangeiros se refiram a anos fiscais terminando em 30 de junho, as estatísticas sobre o comércio total (inclusive interprovincial) do Rio Grande do Sul de 1845 a 1859 referiam-se a anos-calendário, e eram muitas vezes incompletas. Quanto aos totais referentes à década de 1860, quando aparentemente correspondiam a anos fiscais, os números apresentados por Varela (*Rio Grande do Sul*, op. cit., pp. 484-6) para o período de 1863-4 a 1865-6 diferem dos apresentados por Abreu e Silva ("Retrospecto", op. cit., p. 324), embora suas médias anuais respectivas (15.290 contos contra 14.954 contos) não sejam muito discrepantes. A média anual de 20.316 contos para o período 1868-9 a 1870-1, decorrente dos dados de Abreu e Silva, indicaria que as exportações totais, em moeda nacional, praticamente dobraram em relação a 1853-5, período no qual, segundo dados oficiais corrigidos e reproduzidos em um relatório consular, as exportações anuais totais alcançaram em média 10.921 contos (ver "Report [...] Trade of Rio Grande do Sul [...] 1860 [...] Consul Vereker", *PP 1862*, v. 58, p. 233).

67. Sobre as exportações de mate da província de 1850 a 1872, ver tabela 8. Sobre a madeira, ver o já citado "Report [...] Trade of Rio Grande do Sul [...] 1860 [...] Consul Vereker", p. 232.

68. As exportações de Porto Alegre nesse ano incluíram: 125.660 sacos de farinha de mandioca; 65.210 sacos de feijão; 66.278 sacos de milho; 2.746 sacos de fubá; 1.374 sacos de amendoim; 1.732 arrobas de toucinho. Esses eram basicamente "produtos coloniais", por oposição aos "subprodutos da pecuária", que incluíam: 129.496 couros; 185.175 chifres; 3.060 arrobas de graxa; 119.993 arrobas de charque; 3.518 arrobas de cabelo; 1.294 fardos de cabelo; 13.300 arrobas de cinza de ossos; 7.040 arrobas de sebo.

Esses últimos números indicam que algumas charqueadas também exportavam seus produtos via Porto Alegre. Outros produtos de exportação incluíam rapaduras e aguardente, amido de milho, telhas, um pouco de mate, selas e madeira. Ver "Report [...] Trade of Rio Grande do Sul [...] 1861 [...] Consul Vereker" (*PP 1863*, v. 70, p. 43). (É preciso assinalar que parte dos produtos "exportados" via Porto Alegre não saíam da província, sendo consumidos em outras áreas como Rio Grande, Pelotas etc. Assim, os números da tabela 4 não coincidem com os apresentados acima, que são mais elevados no caso da farinha de mandioca e do feijão, e mais baixos no caso do milho e do mate, também produzidos em outras áreas.)

69. Os dados sobre as exportações das diversas colônias foram tirados de fontes variadas. Ver "Report [...] Mr. Baillie [...] Jan. 1861" (*PP 1861*, v. 63, p. 476) para as exportações de São Leopoldo de 1845 a 1857. Para as exportações de São Leopoldo em 1870, ver Abreu e Silva, "Retrospecto" (pp. 86-96). Sobre Santa Cruz, ver Abreu e Silva (ibid.) e "Report [...] Trade of Rio Grande do Sul [...] 1863 [...] Acting Consul Gollan" (*PP 1865*, v. 53, p. 61). Sobre Mundo Novo, ver Mulhall (op. cit., p. 136). Por fim, sobre Nova Petrópolis, Santo Ângelo e Santa Maria da Soledade, ver C. B. Ottoni, C. Furquim D'Almeida e H. C. Ferreira Penna, *Memória justificativa dos planos apresentados ao governo imperial para a construção da estrada de ferro de Porto Alegre e Uruguaiana* (Rio de Janeiro: Typ. Leuzinger & Filhos, 1875, pp. 238-9 [citado, daqui em diante, como Ottoni, *Memória justificativa*]).

70. Sobre as importações de fumo em 1856, ver "Report [...] Trade of Rio Grande do Sul [...] 1856 [...] Consul Vereker" (*PP 1859*, v. 30, p. 34). Os números da produção para 1865 foram tirados de Abreu e Silva, "Retrospecto" (op. cit., pp. 97, 103, 107 e 111). Sobre as exportações de fumo, ver tabela 4 deste capítulo e Porto (op. cit., p. 215).

71. Ver respectivamente Ferreira Soares, *Elementos de estatística* (op. cit., t. 1, pp. 46-7), para as citações referentes a 1847 e 1848; Araújo e Silva, *Diccionario* (op. cit., p. 91), para 1861; e a nota 72 abaixo, para estimativas da população escrava total.

Com relação ao tráfico interprovincial, diante dos dados disponíveis sobre importações do

"Sul" para o Rio de Janeiro, pode-se pensar que ocorressem pequenas exportações líquidas da província. Esses dados indicam a entrada de 1.411 escravos entre 1852 e 1855. Deduzindo as exportações totais de escravos de Santa Catarina, e supondo até que todas estas tivessem como destino a capital do país, restariam 695 escravos importados do "Sul". Ver "Mr. Christie to Lord Russell, Rio de Janeiro, Sept. 30, 1862" (*PP 1863*, v. 71, Correspondence Class B, p. 112), e "Consul Callander to Christie, Santa Catarina, Jan. 23, 1860" (*PP 1861*, v. 64, Correspondence Class B, p. 47). (É sempre possível que as importações de escravos do Nordeste para o Rio Grande do Sul tenham compensado essas saídas conjecturais.) Sobre as vítimas escravas da cólera e tráfico interprovincial até 1857, ver "Consul Vereker to Earl of Clarendon, Rio Grande, June 30, 1857" (*PP 1857-58*, v. 61, p. 127), e "Report [...] Trade of Rio Grande do Sul [...] 1855 [...] Consul Vereker" (*PP 1859*, v. 30, p. 28). Segundo Porto (op. cit., p. 178), o total registrado de vítimas da cólera foi de 3.011 pessoas.

Sobre os impostos aplicados ao comércio de escravos, ver "Consul Vereker to Earl of Clarendon, June 30, 1857" (*PP 1857-58*, v. 61, p. 128), e "Consul Vereker to Lord J. Russell, Rio Grande, June 30, 1860" (*PP 1861*, v. 64, p. 62). (A nova legislação se referia a uma legislação anterior que estabelecia uma taxa de apenas 32 mil-réis sobre as importações de escravos.) Cabe observar que as importações de escravos não seriam incoerentes com um crescimento positivo da população escrava, uma vez que a realocação de escravos do campo para as áreas de maior demanda nem sempre era possível. A existência de importações líquidas de escravos por mar entre 1859 e 1863 é assinalada no relatório da província de 1864 (p. 47), citado por F. H. Cardoso (op. cit., p. 208).

72. O censo populacional de 1858 parece incluir informações coletadas de 1856 a 1858. Aparentemente, tratou-se de um verdadeiro recenseamento, mas a população livre avaliada em 222.167 pessoas (incluindo 10.500 habitantes estimados para Dores e Livramento) parece algo subestimada com relação ao censo nacional de 1872, na medida em que suporia uma taxa de crescimento anual de mais de 3%, mesmo depois de descontadas as entradas de colonos estrangeiros. A população por municípios em 1858 apresentada abaixo está reproduzida na correspondência "Consul Vereker to Lord Russell, Rio Grande, June 30, 1860" (*PP 1861*, v. 64, pp. 61-2). É também acompanhada pelos seguintes comentários: "As estatísticas da tabela foram iniciadas há alguns anos [...]. O recenseamento é um tanto incerto, uma vez que é o primeiro a ser tentado".

Municípios	População total	População escrava	% Escravos/ total	Municípios	População total	População escrava	% Escravos/ total
Porto Alegre[a]	34.723	9.417	27,1	São Gabriel	7.979	2.046	25,5
São Leopoldo	18.690	1.804	9,6	Bagé	12.342	4.016	32,5
Taquari	9.932	2.701	27,1	Santana do Livramento[b]	8.200	1.700	20,7
Triunfo	9.531	2.834	29,7	Alegrete	10.699	2.525	23,6
Santo Antônio da Patrulha	14.930	2.999	20,0	Uruguaiana	8.648	1.876	21,6
Conceição do Arroio	8.636	2.065	23,9	Piratini	8.684	3.154	36,1
Rio Grande	19.872	4.369	21,9	Canguçu	7.429	2.453	33,0
São José do Norte	5.369	1.802	33,5	Jaguarão	12.999	5.056	38,7
Pelotas	12.893	4.788	37,0	São Borja	9.363	1.240	13,2

Rio Pardo	7.023	2.174	30,9	Itaqui	6.631	1.014	15,2
Cachoeira	5.169	1.628	31,4	Cruz Alta	26.484	4.019	15,1
Encruzilhada	6.130	2.238	36,5	Passo Fundo	8.208	1.699	20,6
Caçapava	10.076	3.000	29,7				
Santa Maria da Boca do Monte	5.110	966	18,9	Total	295.750[c]	73.583[c]	24,9

[a] Inclui Dores, cuja população total era estimada em 5 mil habitantes, incluindo mil escravos.
[b] Números estimados.
[c] Inclui as estimativas para Dores e Santana do Livramento.

Observação: Ver também notas 72 e 81 para qualificações sobre os dados.

A base do censo de dezembro de 1862 é comentada em Brasil, *Recenseamento de 1920* (op. cit., v. 1, p. 470). Em algumas publicações, a população escrava total aparece com 77.416 indivíduos, por oposição a 77.419, com variações consistentes na população total. A população total livre, listada com 315.306 pessoas, se comparada ao censo de 1872, novamente descontando as entradas de colonos estrangeiros, indicaria uma taxa de crescimento anual da população livre ligeiramente abaixo de 1,5% — que, dadas as condições saudáveis da província, pode ou não estar um pouco baixa, sugerindo uma certa superestimação do censo de 1862. (O número de 1862 inclui 6.122 pessoas no Exército. Ver Mulhall, op. cit., p. 30. Os totais tiveram por base listas de famílias, bem como contagens anteriores da população.)

Feitas essas ressalvas, os dados sobre a população das comarcas apresentados abaixo para 1858 e dezembro de 1862 são bastante coerentes. Os dados sobre a população dos diversos municípios em 1862 listados em Araújo e Silva (*Diccionario*, op. cit.) são incoerentes com os dados que ele apresenta para determinadas comarcas, caso se aceite para esse ano a divisão administrativa de municípios por comarcas conforme apresentada pelo autor na p. 87. Os dados referentes a Rio Pardo e Caçapava estão consolidados na tabela abaixo devido a classificações territoriais possivelmente diferentes em 1858 e 1862. Os dados por município, agregados segundo a mesma classificação territorial nesses dois anos, mostrariam um grande declínio da população escrava de Caçapava e um aumento quase equivalente na de Rio Pardo. Ambos, porém, apresentam grandes aumentos da população livre que, em vista de sua magnitude, só podem ser atribuídos a grandes omissões em 1858. Dados detalhados sobre o censo de 1872 seriam necessários para que se pudesse julgar de forma mais definitiva a qualidade dos dados de 1858 e 1862 no nível municipal. Na tabela abaixo estão reproduzidas estimativas da população da província por comarcas entre 1814 e 1862:

COMARCAS[a]	POPULAÇÃO ESCRAVA					
	1814	1858	% Escravos / total	Dez. 1862	% Escravos / total	% Aumento 1858-62
Porto Alegre	6.130	16.756[b]	23,3	17.924	18,7	7,0
Santo Antônio	1.737	5.064	21,5	5.333	17,1	5,3
Rio Grande	3.264	10.959	28,7	11.371	21,3	3,8

Rio Pardo	4.881	12.052	29,1	12.752	21,8	5,8
Caçapava	—					
Bagé	—	5.716[c]	27,8	5.837	26,3	2,1
Alegrete	—	4.401	22,7	4.564	18,4	3,7
Piratini	4.167	10.663	36,6	11.266	31,2	5,7
São Borja (Missões)	252[d]	2.254	14,1	2.396	12,2	6,3
Cruz Alta	—	5.718	16,5	5.976	13,3	4,5
Total	20.611	73.583[e]	24,8	77.419	19,7	5,2

[a] Os diversos municípios e freguesias das listas de 1814 e 1858 foram agrupados segundo as divisões administrativas vigentes em 1862.
[b] Inclui mil escravos estimados para Dores.
[c] Inclui 1.700 escravos estimados para Livramento.
[d] Número referente à antiga Província das Missões.
[e] Inclui 2.700 escravos atribuídos a Dores e Livramento.
As fontes dos dados acima são as seguintes: para 1814: J. F. Fernandes Pinheiro, *Annaes da capitania de São Pedro*, op. cit., t. 2, tabela D; para 1858: "Consul Vereker to Lord Russell, Rio Grande, 30 June 1860", *PP 1861*, v. 64, pp. 61-2; para dezembro de 1862: Mulhall, *Rio Grande do Sul and Its German Colonies*, op. cit., p. 30.

73. Os dados reproduzidos na tabela 5 foram computados a partir de relatórios enviados ao Foreign Office (Ministério das Relações Exteriores) por cônsules britânicos a cada seis meses. Primeiro, tomou-se a média entre os preços máximo e mínimo para cada categoria, em cada semestre. Em seguida, calculou-se o preço médio anual usando a média dos dois semestres para cada categoria. Para os preços no Rio de Janeiro, ver nota 20 do capítulo 3 sobre essa província, e também Stein, *Vassouras*, op. cit., p. 229. Para os preços em São Paulo, ver nota 35 do capítulo 4, bem como Dean, *Rio Claro*, op. cit., p. 55.

Para preços de 1854 a 1855, ver "Report [...] Trade of Rio Grande do Sul [...] 1855 [...] Consul Vereker", op. cit., p. 28. Sobre "escravos supérfluos", ver "Consul Vereker to Earl of Clarendon, Rio Grande, June 30, 1855" (*PP 1856*, v. 62, p. 251). Sobre a situação em 1860 de queda temporária, ver "Consul Vereker to Lord J. Russell, Rio Grande, June 30, 1860" (*PP 1861*, v. 64, p. 61). Sobre 1865 a 1866, ver "Acting Consul Berg to Lord Stanley, Rio Grande, Jan. 12, 1867" (*PP 1867-68*, v. 64). Sobre substitutos para a Guerra do Paraguai, ver "Consul Callander to Lord Stanley, Rio Grande, Aug. 17, 1868" (*PP 1868-69*, v. 56, p. 23). Sobre preços de escravos específicos em 1868, ver "Consul Callander to the Earl of Clarendon, Rio Grande, Feb. 4, 1869" (*PP 1870*, v. 61). Para preços em 1869, ver "Consul Callander to Earl of Clarendon, Feb. 19, 1870" (*PP 1871*, v. 62, p. 10).

74. A situação dos escravos do Rio Grande do Sul era "especial" devido a seu tratamento e a suas condições de vida, conforme descritos por observadores da época. Já foram apresentados (ver nota 40 acima) testemunhos do tratamento comparativamente melhor dos escravos da província por oposição às regiões de grandes plantações orientadas para a exportação, deixando de lado o caso específico das charqueadas. Em 1857, o cônsul britânico observou uma melhora no tratamento dos

escravos urbanos (ver "Consul Vereker to Earl of Clarendon, Rio Grande, June 30, 1857", op. cit., p. 128). Em 1871, outro observador britânico assinalou que muitos senhores evitavam o uso do açoite, dando preferência a outras formas de punição menos suscetíveis de danificar a capacidade produtiva de seus escravos. Ver Mulhall, op. cit., p. 169. Ambos os autores certamente não estavam se referindo aos escravos das charqueadas, onde continuava a prevalecer uma rígida disciplina que sem dúvida incluía punições físicas (ver nota 42 acima).

Em "The Treatment of Slaves in Different Countries", em *In Red and Black* (Nova York: Pantheon, 1971, p. 159), Eugene D. Genovese distinguiu três significados básicos da palavra *tratamento*: 1) condições de vida materiais do dia a dia; 2) condições de existência (incluindo família, atividades sociais e outros aspectos culturais); 3) acesso à liberdade e à cidadania.

Do ponto de vista do primeiro significado, parece bastante claro que, em termos de "qualidade da alimentação [...] habitação, duração da jornada de trabalho e condições gerais de trabalho", os escravos das estâncias gozavam de condições mais favoráveis do que os escravos das grandes fazendas de café ou de cana-de-açúcar. Eles também estavam sujeitos a menos supervisão e, como muitas vezes não moravam em senzalas propriamente ditas, tinham também condições mais favoráveis para uma vida familiar mais normal. Quanto ao acesso à liberdade por meio da alforria, embora haja referência a sua ocorrência cada vez mais frequente na década de 1850 (ver, por exemplo, "Consul Vereker to Earl of Clarendon, Rio Grande, June 30, 1857", *PP 1857-58*, v. 61, p. 128), não parece que nenhuma fração considerável dos escravos tenha sido libertada a não ser após a Lei do Ventre Livre.

75. Na longa discussão acima sobre a evolução dos preços dos escravos (documentada na nota 73), indicou-se a existência de fatores exógenos que os afetavam, incluindo não somente efeitos sobre as expectativas em relação a preços como aqueles causados pelo início ou fim da Guerra do Paraguai, mas também efeitos diretos sobre a demanda por escravos, como no caso daqueles comprados para servir no Exército. Assim, as variações de preços que aparecem na tabela 5 não refletem exclusivamente mudanças nas condições de oferta e demanda de mão de obra nas diversas atividades econômicas da província.

76. Para os números de 1876 referentes à "matrícula", ver *Relatório do Ministério da Agricultura* de 1882 (p. 6). O *Relatório do Ministério da Agricultura* de 1877 (p. 10) indicou um total de 77.633 escravos na província em 31 de dezembro de 1875. Para dezembro de 1874, ver "Report [...] Trade of Rio de Janeiro [...] 1873 [...] Consul Lennon-Hunt" (*PP 1875*, v. 75, parte 3, p. 321). O total de 98.450 escravos, certamente muito exagerado, pode ser encontrado em Conrad (op. cit., pp. 284-91), que cita o *Relatório do Ministério da Agricultura* de 1883 (p. 10). Os valores mais elevados resultam de cifras de "entradas" e "saídas" reconhecidamente muito deficientes (ver mais à frente a nota 123 deste capítulo).

77. Os resultados da matrícula dos escravos do Rio Grande do Sul em dezembro de 1874 estão reproduzidos em "Report [...] Trade of Rio de Janeiro [...] 1873 [...] Consul Lennon-Munt", op. cit., p. 321. Os dados ali contidos são os seguintes:

	Homens: 36.512	Solteiros: 68.480	Urbanos: 13.602
Total: 69.366	Mulheres: 32.854	Casados: 718	Rurais: 55.764
		Viúvos: 168	

Profissões: 13.728 agricultores; 14.348 artistas; 20.302 domésticos; 1.903 não especificados; 19.085 sem profissão, com a seguinte distribuição etária:

Até 1 ano	906	De 21 a 40 anos	19.834
De 1 a 7 anos	12.053	De 40 a 50 anos	6.978
De 7 a 14 anos	13.366	De 50 a 60 anos	3.585
De 14 a 21 anos	11.314	Acima de 60 anos	1.330

Cabe observar que o número referente a escravos casados parece um tanto suspeito. Efetivamente, apenas em 1861, parece ter havido 48 casamentos de escravos (ver Araújo e Silva, *Diccionario*, op. cit., p. 91). Nenhum desses números exclui a existência de uniões não oficiais que, em alguns casos, também resultavam na formação de famílias, mais compatível com a distribuição por sexos apresentada acima.

78. Com efeito, segundo os dados da matrícula, o número de domésticos excedia em muito o de escravos urbanos, enquanto as duas categorias "artistas" (artesãos) e "sem profissão" incluíam até 33.433 escravos. Sem considerar os 12.959 escravos matriculados com até sete anos de idade, ainda restavam muitos trabalhadores rurais que poderiam ter sido empregados nas estâncias, mesmo que não estivessem matriculados como agricultores propriamente ditos. Os escravos das charqueadas estavam provavelmente listados na categoria "artistas".

No que diz respeito às ocupações listados no censo de 1872, os números de escravos artesãos (38) e de marinheiros (39) parecem particularmente baixos (ver a discussão dessa questão na nota 108 adiante). Também é improvável que a província não tivesse escravos trabalhando com couros. Os dados listando apenas 242 escravos domésticos e 1.178 escravas domésticas parecem igualmente muito baixos, e a categoria dos "lavradores" pode ter incluído domésticos residentes nos estabelecimentos rurais.

79. Sobre a situação da criação de gado no distrito de Pelotas por volta de 1871, ver Mulhall (op. cit., p. 160). Sobre Alegrete e Uruguaiana, ver Ottoni, *Memória justificativa* (op. cit., pp. 234-8).

Segundo a publicação oficial *The Empire of Brazil at the Universal Exhibition of 1876 in Philadelphia* (Rio de Janeiro: Typ. e Lithographia do Imperial Instituto Artístico, 1876, p. 265), dois peões bastavam para cuidar de mil cabeças de gado, que geralmente aumentavam em "cinquenta machos e o mesmo número de fêmeas a cada ano". Esses números não são substancialmente diferentes de dados anteriores já reproduzidos na nota 43, sobretudo com relação às necessidades de mão de obra.

80. Ver Ottoni, *Memória justificativa*, op. cit., p. 235. No início da década de 1870, algumas pessoas argumentavam que uma légua quadrada podia conter até 4 mil cabeças, mas "a opinião mais comum na província" era de que 2 mil cabeças eram o máximo caso se desejasse não prejudicar o desenvolvimento da criação. (Esse número não é muito diferente daqueles citados por Ayres de Cazal e Fernandes Pinheiro para a década de 1810, reproduzidos anteriormente no texto e na nota 43.) Em contraste, os dados sobre a produtividade dos rebanhos diferem tanto dos números reproduzidos na nota 79 quanto de números anteriormente apresentados. Cabe observar que, na época, Alegrete (para o qual essas médias foram calculadas) era um dos municípios mais importan-

tes de pecuária da província. Também se estimava que houvesse ali cerca de 600 mil cabeças de gado, 200 mil cavalos e 500 mil ovelhas.

81. Sobre peões negros escravos em 1871, ver Mulhall (op. cit., p. 160). Sobre a população escrava de Alegrete no início da década de 1870, ver Ottoni, *Memória justificativa* (op. cit., p. 236). A citação sobre peões livres no texto está também nas pp. 236-7. Sobre a mobilidade dos gaúchos e a afirmação de que eles "recebiam salários por seu trabalho nos campos", ver p. 238.

No que diz respeito à participação dos escravos na população dos diversos municípios, os números relativos a 1858 apresentados na nota 72 acima estão possivelmente superestimados em alguns casos, devido a omissões na contagem dos habitantes livres. Esses dados se apresentam consistentemente mais altos do que os números incompletos disponíveis para 1862, conforme também discutido na nota 72.

82. Para referências à predominância de escravos na força de trabalho das charqueadas em 1855 e 1863, ver "Report [...] Trade of Rio Grande do Sul [...] 1855 [...] Consul Vereker" (op. cit., p. 28) e "Report [...] Trade of Rio Grande do Sul [...] 1863 [...] Acting Consul Gollan" (op. cit., p. 62). Sobre a situação do setor em 1870, ver "Consul Callander to Earl Granville, Rio Grande, Oct. 20, 1870", documento incluído n. 1, "Report [...] on the Condition of the Industrial Classes in Rio Grande do Sul" (*PP 1870*, v. 66, pp. 108-9).

Como também era o caso na primeira metade do século (ver nota 42 anterior), as opiniões sobre as condições de saúde das charqueadas eram divergentes. Assim, Mulhall (op. cit., p. 172) relatou: "Ouvi dizer que [o trabalho nas charqueadas] é uma ocupação interessante e agradável, e toda a experiência mostra que os *saladeros* [as charqueadas] são locais salubres para se morar". Como o próprio autor reconhecia, sua descrição era influenciada por relatos verbais, em vez de ter por base observações diretas. Cabe assinalar aqui que alguns trabalhadores livres haviam sido empregados muito cedo na fase inicial do abate do gado — ou seja, para imobilizar o animal com um laço antes de apunhalá-lo. O corte e a preparação dos diversos produtos derivados do animal morto empregavam muito mais trabalhadores, em sua maioria escravos, embora houvesse também nesse caso feitores e supervisores nos diversos estabelecimentos. A fase de processamento da carcaça tinha maior probabilidade de ser "suja e desagradável".

83. Para dados de 1858, ver a nota 72 acima. Sobre o número de charqueadas em Pelotas, ver o já citado "Report [...] on the Conditions of the Industrial Classes", pp. 108-9. O número médio de escravos por charqueada também pode ser encontrado no mesmo relatório. Sobre Porto Alegre, ver Ottoni, *Memória justificativa* (op. cit., p. 230).

Sobre o preço dos escravos, ver nota 73 e tabela 5. O preço do charque alcançou quatro mil-réis por arroba em 1855 (ver "Report [...] Trade of Rio Grande do Sul [...] 1855", op. cit., p. 28) — quando o preço de um escravo não ultrapassava mil mil-réis (isto é, um conto) —, mas havia caído abaixo de três mil-réis por arroba em 1869, segundo dados de Abreu e Silva ("Retrospecto", op. cit., pp. 246-7) relativos ao valor e quantidades exportados. A evolução do preço dos couros salgados, conforme indicada pelo preço médio anual daqueles exportados por São José do Norte, também foi desfavorável, conforme transparece nos números a seguir:

PERÍODO	PREÇO MÉDIO POR COURO (EM RÉIS)	ÍNDICE
1854-5 a 1856-7	8.124	100
1857-8 a 1859-60	9.534	117
1860-1 a 1862-3	8.925	110
1863-4 a 1865-6	6.859	84
1866-7 a 1867-8	8.004	99

FONTES: *Relatório do Ministério da Fazenda*, 1860, tabela 58; Scully, op. cit., pp. 54-5; *Relatório do Ministério da Fazenda*, 1869, tabela 54.

84. Os dados sobre o início da década de 1870 foram tirados de Ottoni, *Memória justificativa* (op. cit., pp. 231-3). Sobre paulistas em Cruz Alta, ver Araújo e Silva, *Diccionario* (op. cit., p. 29).

85. A citação é de Mulhall (op. cit., p. 31). Sobre a participação de escravos na população das diversas comarcas, ver a nota 72 acima. A comarca de Cruz Alta incluía os municípios de Cruz Alta e Passo Fundo, e a de São Borja incluía São Borja e Itaqui. Ao leste, o município de Taquari também exportava erva-mate de boa qualidade.

Segundo o "Report [...] Trade [...] Rio Grande do Sul [...] 1860 [...] Consul Vereker" (*PP 1862*, v. 58, pp. 229-34), a população indígena de quatro aldeias que serviam de reservas indígenas em 1860 era a seguinte:

ALDEIAS	HOMENS	MULHERES	TOTAL
São Vicente	430	316	746
Nonoai	289	281	570
Santa Isabel	100	120	220
São Nicolau	88	125	213
Total	907	842	1.749

O cônsul argumentava que as aldeias estavam "regredindo": Nonoai, por exemplo, tivera 938 habitantes em 1855 e, como se vê acima, tinha apenas 570 em 1860. Segundo Mulhall (op. cit., p. 28), anteriormente eram seis as aldeias indígenas: as quatro citadas, mais as de Guarita e Pontam, com uma população agregada de 2.107 pessoas. Segundo o mesmo autor, em 1871 restavam apenas São Nicolau e Nonoai. Bugres selvagens ainda não haviam desaparecido completamente na década de 1860. Assim, em 1867, um "bando de trinta" atacou um moinho da colônia de Nova Petrópolis (ver Mulhall, op. cit., p. 142).

86. Ver Scully, op. cit., p. 41. Uma vez realizada essa preparação inicial, o produto passava por processamento adicional em "fábricas" (engenhos). Assim, Mulhall (op. cit., pp. 79-80) refere-se à existência em 1871 de uma "fábrica extensa em São Jerônimo" pertencente a um francês, que "empregava um grande número de pessoas". (Seu proprietário era um ex-chapeleiro que chegara à província cerca de quinze anos antes. Ele se associou a um comerciante francês de Rio Grande, e seu negócio se tornou tão lucrativo que "valia mais de 30 mil libras esterlinas".)

Alguns anos antes, outro observador assinalou a existência de "engenhos de moer" mate nos arredores da cidade de Rio Pardo. Segundo esse autor, a preparação do mate na província vinha apresentando melhorias notáveis ao final da década de 1860. "A extremidade do pilão [era] de aço, com lâminas cortantes formando cruz." Ver as memórias de F. I. M. Homem de Mello, "Excursões pelo Ceará, São Pedro do Sul e São Paulo", *RIHGB*, t. 35, parte 2 (Rio de Janeiro: Garnier, p. 113, 1872).

No início da década de 1870, alguns dos engenhos de mate de Rio Pardo eram movidos a vapor, o que tornava o emprego de escravos menos necessário do que no caso dos engenhos operados manualmente. Ver Ottoni, *Memória justificativa*, op. cit., p. 236. Alguns engenhos de mate também podiam ser encontrados nas áreas coloniais.

87. Ver Varela, *Rio Grande do Sul*, op. cit., p. 440. O autor observou que os dados estatísticos disponíveis para esse ano eram deficientes. Segundo dados em Abreu e Silva, "Retrospecto" (op. cit., p. 267), a colheita de trigo teria alcançado 66.971 alqueires em 1857-8.

Os incentivos concedidos pelo governo provincial incluíam incentivos monetários (crédito) para a introdução de máquinas de moer trigo e milho. Relatórios consulares do início da década de 1860 indicavam alguma evolução no cultivo do trigo. (A concessão de incentivos pecuniários ao cultivo do trigo nem sempre resultava em pagamentos efetivos. Em 1863, o cônsul interino britânico observou que diversos indivíduos que tinham cultivado mais de cem alqueires de trigo não haviam conseguido obter seu subsídio, estipulado por uma decisão imperial de 1857, "devido a não terem preenchido todas as condições do subsequente decreto de abril de 1860, sobre o qual provavelmente nada sabiam". Ver "Report [...] Trade of Rio Grande do Sul [...] 1863 [...] Acting Consul Gollan", *PP 1865*, v. 53, p. 61.)

88. Ver Araújo e Silva, *Diccionario*, op. cit., pp. 8, 15, 21, 27 e 33. O trigo também era cultivado em diversas colônias alemãs, mas em escala muito menor do que o feijão e o milho, por exemplo. Assim, em 1865-6, Santa Cruz, Santa Maria da Soledade, São Lourenço e Nova Petrópolis produziam 5.553 alqueires. Ver Abreu e Silva, "Retrospecto" (op. cit., pp. 97, 103, 109 e 111).

89. Sobre a localização da produção de cana-de-açúcar no início da década de 1860, ver Araújo e Silva, *Diccionario* (op. cit., pp. 27, 162, 174 e 185), e Abreu e Silva, "Retrospecto" (op. cit., pp. 284-5). Os dados sobre a quantidade de estabelecimentos e sobre a produção de Santo Antônio e Conceição do Arroio em 1857 e 1863 vêm da segunda fonte. Dados sobre as exportações de Torres e Três Forquilhas em 1870 foram tirados de Mulhall (op. cit., pp. 130-1). Esse último autor observou que em todas as casas era possível encontrar "um engenho de açúcar ou uma destilaria de aguardente", o que confirma o fato de os "estabelecimentos" serem de fato muito pequenos, conforme já sugerido pelos dados relativos à produção.

90. Sobre experimentos com algodão na província, ver "Report [...] Trade of Rio Grande do Sul [...] 1863 [...] Acting Consul Gollan" (*PP 1865*, v. 53, p. 61) e Mulhall (op. cit., p. 50). Sobre a produção de vinho na Ilha dos Marinheiros, ver Homem de Mello, "Excursões" (op. cit., pp. 153-4). A ilha era habitada por portugueses e brasileiros donos de "chácaras aprazíveis, perfeitamente cultivadas", que também supriam o mercado de Rio Grande com verduras e legumes. Ao escrever na década de 1830, Dreys (op. cit., pp. 53-4) fez observações semelhantes às de Homem de Mello, acrescentando que escravos eram empregados nas propriedades. No início da década de 1870, uvas "norte-americanas" eram cultivadas em Santa Maria e Rio Pardo e usadas para produzir vinho, mas

os excedentes além do consumo local eram pequenos. Ver Ottoni, *Memória justificativa*, op. cit., pp. 231 e 234.

91. Em seu relatório de 1864, o presidente da província, E. de Barros Pimentel, atribuiu o desenvolvimento insuficiente da agricultura do Rio Grande do Sul às seguintes causas: a) métodos rotineiros no cultivo da terra e na colheita e preparação dos produtos; b) falta de instituições de crédito; c) falta de instrução profissional; d) altos custos de transporte de muitas das regiões mais distantes (ver Abreu e Silva, "Retrospecto", op. cit., p. 265). Ver-se-á que a agricultura de fato prosperou nas áreas coloniais, onde se manufaturavam arados. No entanto, conforme assinalado por outro observador da época, os únicos implementos agrícolas usados na província eram o arado e a enxada, e o primeiro era "muitas vezes dispensado". Ver Araújo e Silva, *Diccionario*, op. cit., p. 96.

92. Sobre a serra dos Tapes, ver Mulhall (op. cit., pp. 143-4). Sobre os efeitos inibidores da criação de gado para a agricultura, ver Ottoni, *Memória justificativa* (op. cit., p. 234). Cabe lembrar que a criação de gado era uma atividade muito menos trabalho-intensiva do que a agricultura.

93. Ver, por exemplo, Mulhall (op. cit., pp. 61 e 86) e nota 90 deste capítulo. A existência desses escravos agrícolas também é confirmada por diversas referências à alforria de escravos em meados da década de 1880. Ver nota 129 adiante.

94. Para os dados de 1858, ver a nota 72 acima, e para os dados do censo de 1872 relativos a Porto Alegre e Santa Maria, ver Ottoni, *Memória justificativa*, op. cit., pp. 229-30 (cabe lembrar aqui que a participação dos escravos na população total dos diversos municípios em 1858 está provavelmente superestimada).

95. Durante os dois primeiros anos, período no qual a terra precisava ser desmatada e semeada, nenhum pagamento era exigido dos colonos. Ao final do terceiro ano, um décimo do valor das terras tinha de ser pago. Outros dois décimos precisavam ser pagos ao final do quarto ano, e os sete décimos restantes, bem como os adiantamentos iniciais, deviam ser reembolsados ao cabo do quinto ano. Após esse período, cobrava-se uma taxa de juros anual de 12% sobre a dívida restante durante mais dois anos, ao final dos quais, caso o lote não houvesse sido pago integralmente, este era recuperado pela província, que reembolsava aos colonos os pagamentos já efetuados. Ver o regulamento conforme os artigos da lei provincial n. 304 de 30 de novembro de 1854, reproduzido em "Consul Vereker to the Earl of Clarendon, Rio Grande, Feb. 4, 1857" (*PP 1857-58*, v. 61, p. 125, anexo A). As mesmas condições estendiam-se aos brasileiros que desejassem se tornar colonos, mas a grande maioria da população das colônias continuou a consistir de estrangeiros e seus descendentes imediatos. Segundo Mulhall (op. cit., p. 151), "durante alguns anos antes de 1860 [...] o governo [pagou] um subsídio per capita de duas libras esterlinas [...] sobre todos os passageiros [alemães]" às companhias pertencentes a Valentin de Hamburgo e Steinman de Antuérpia. Em 1860, o subsídio foi suspenso e "a imigração reduziu-se em mais da metade", finalmente caindo para 105 pessoas em 1866. Durante a Guerra do Paraguai, pouca atenção pôde ser dedicada à imigração estrangeira.

96. Conventos foi um exemplo de colônia que prosperou e onde os colonos se beneficiaram de "adiantamentos generosos para alimentação, implementos e outras necessidades" por parte da companhia que a fundou, mas esta última aparentemente "havia perdido dinheiro na empreitada". Santa Maria da Soledade também foi "ruinosa para seu fundador", embora tenha igualmente prosperado após mudar de administrador e receber auxílio do governo imperial. Ver Mulhall, op. cit., pp. 137 e 144. Santa Maria da Soledade foi fundada pelo conde Montravel em 1857, em terras que lhe haviam sido concedidas pelo governo com a condição de assentar 576 famílias de agricultores. O

preço da terra foi fixado em meio real por braça quadrada, ou cinco mil-réis por alqueire de 2,42 hectares (ver "Consul Vereker to Earl of Clarendon, Rio Grande, Feb. 4, 1857", *PP 1857-58*, v. 61, p. 121).

Em alguns casos, as colônias eram iniciadas por alemães, que vendiam lotes a seus compatriotas depois de terem comprado áreas extensas. Foi por exemplo o caso de Maratá, iniciada dessa forma em 1855. São Lourenço foi fundada por Jacob Reingantz em 1858; o fundador pagou a passagem dos imigrantes desde a Alemanha, deu-lhes mantimentos e vendeu-lhes lotes agrícolas pagáveis em prestações. Em função disso, recebeu do governo o equivalente a duas libras esterlinas per capita. Teutônia foi criada em Taquari por uma companhia de comerciantes alemães que adquiriu algumas terras e trouxe quarenta famílias para ocupá-las. Em 1871, a colônia abrigava seiscentos lotes agrícolas, demarcados ou ocupados. Ver Mulhall, op. cit., pp. 137-8, 143 e 145-6.

Entre as colônias mais importantes fundadas pelo governo provincial estavam Santa Cruz, Nova Petrópolis, Santo Ângelo e Monte Alverne. Em Nova Petrópolis, ao final da década de 1850 (bem como nos primeiros anos em Santa Cruz), um lote agrícola de 32,4 hectares podia ser comprado pelo equivalente em mil-réis a trinta libras esterlinas, pagáveis em cinco prestações anuais mais os adiantamentos recebidos quando da instalação. Em Santo Ângelo, lotes agrícolas de 48,7 hectares podiam ser comprados pelo equivalente a 45 libras, e os de 32,4 hectares por trinta libras (ver Mulhall, op. cit., pp. 139-40 e 145).

97. Sobre a colônia de Dom Pedro II, ver Araújo e Silva, *Diccionario* (op. cit., p. 71). Sobre as duas colônias do governo provincial, ver Mulhall (op. cit., p. 145).

98. Segundo uma fonte, um contingente de 157 pessoas contratadas em Nova York em 1867 "foi mandado para Porto Alegre para ser distribuído entre as novas colônias em formação. Alguns, que eram casados, saíram-se bem, mas os outros [foram] descritos como vagabundos preguiçosos e inúteis, dos quais treze eram norte-americanos natos e os outros uma mistura de ingleses, irlandeses, escoceses, franceses e alemães". Essa iniciativa revelou-se um desperdício de recursos públicos, e não foram feitas novas tentativas de trazer para a província o tipo de norte-americano que obtinha sucesso em São Paulo. Ver Mulhall, op. cit., p. 147. O autor usa como base um relatório do inspetor das colônias.

99. Ver Mulhall, op. cit., pp. 148-51. Com relação às atividades de tecelagem no Rio Grande do Sul, parece que tanto nas colônias quanto nas áreas mais antigas produziam-se tecidos para consumo próprio, enquanto em Estreito os tecidos ainda eram produzidos para serem vendidos em outras partes da província. Ver Araújo e Silva, *Diccionario*, op. cit., p. 35.

100. Ver Homem de Mello, "Excursões", op. cit., p. 144, e Mulhall, op. cit., p. 57. O censo de 1872 revelou a existência de 1.546 escravos no município de São Leopoldo, representando 5% de uma população de 30.860 pessoas. Aquele total incluía descendentes dos escravos existentes na colônia em 1850 bem como aqueles introduzidos posteriormente. Não é de surpreender que escravos fossem usados nas cidades como domésticos e em outras ocupações, sobretudo depois de São Leopoldo se tornar um município, uma vez que este também abrigava brasileiros natos acostumados havia muito tempo a empregá-los. Assim, Homem de Mello, "Excursões" (op. cit., p. 148), estimou que 80% da população de cerca de 30 mil pessoas eram originários da Alemanha. Sem dúvida, alguns colonos também possuíam escravos. Ver, por exemplo, Mulhall, op. cit., p. 121. Porém, os escravos eram majoritariamente associados aos habitantes brasileiros (ver "Report [...] Mr. Baillie [...]

Jan. 1861", *PP 1861*, v. 63, p. 476). Assim, a predominância do trabalho familiar entre os colonos e seus filhos não é questionada, sendo, aliás, confirmada por testemunhos de época.

101. Sobre a predominância do trabalho familiar na agricultura "colonial", ver Homem de Mello, "Excursões" (op. cit., pp. 148-9). O autor confirmou que, depois de frequentarem escolas "de sua nacionalidade", os filhos dos colonos também passavam a se dedicar à agricultura e aos ofícios. A descrição do trabalho agrícola reproduzida no texto foi tirada de Mulhall (op. cit., p. 108), que visitou as colônias por volta de 1871. Para uma descrição semelhante, ver Homem de Mello, "Excursões" (op. cit., p. 145). No que diz respeito à disponibilidade de terras nas áreas coloniais, uma vez apropriados os lotes demarcados, era frequente a abertura de novas "linhas", tarefa geralmente realizada pelos filhos dos colonos e pelos recém-chegados. Essas linhas de novos lotes algumas vezes se estendiam por uma distância considerável em relação ao núcleo original.

102. Inspetor das colônias, citado por Mulhall (op. cit., p. 149).

103. Já foi visto que, no segundo quarto do século XIX, havia em São Leopoldo artesãos tanto em tempo parcial quanto em tempo integral, e dedicados a vários ofícios diferentes. Na década de 1860, a área foi batizada de "empório industrial" da província, uma vez que abrigava pequenos estaleiros, serrarias a vapor e até mesmo "um estabelecimento dedicado à preparação de produtos químicos com um motor de sete cavalos de força", além de diversos estabelecimentos de processamento de alimentos (ver a nota 46 e Araújo e Silva, *Diccionario*, op. cit., p. 170).

No início da década de 1870, Mulhall (op. cit., pp. 125-6) observou que, além desses estabelecimentos, havia ainda cervejarias, prensas de óleo, destilarias, refinarias de açúcar e curtumes, manufaturas de chapéus e armas de fogo, ferrarias etc., e não apenas em São Leopoldo, mas também nos núcleos menores que haviam surgido na vizinhança. Por volta daquele mesmo ano, Santa Cruz abrigava uma fábrica de mate, e também produzia cerveja, sabão, velas e charutos, sobretudo em estabelecimentos de pequena escala (ver Ottoni, *Memória justificativa*, op. cit., p. 232 e Mulhall, op. cit., pp. 134-5). A mais importante indústria das áreas coloniais, porém, ainda era a produção de diversos artigos de couro, incluindo calçados, e das partes metálicas necessárias para arreios e selas. Assim, em 1870-1, as exportações de São Leopoldo incluíram 3.529 selas, 71.630 pares de sandálias, 30.371 pares de chinelos e 11.159 couros de vaca curtidos. A essa altura, Torres produzia anualmente 190 conjuntos de selas (ver Mulhall, op. cit., pp. 128 e 132; sobre curtumes, ver também Homem de Mello, "Excursões", op. cit., p. 143, e Araújo e Silva, *Diccionario*, op. cit., p. 158).

104. Embora numerosos artesãos coloniais também fossem agricultores, conforme enfatizado em um estudo da colonização alemã, tal fato não deveria ser interpretado como uma indicação de que as atividades artesanais não davam origem a grandes oficinas e, depois de algum tempo, a fábricas, como no caso de alguns estabelecimentos industriais de São Leopoldo e Porto Alegre. O que foi corretamente observado é que estes últimos muitas vezes eram criados com um capital que advinha de atividades comerciais, ou fundados por imigrantes que já chegavam ao país dispondo de alguns recursos. Ver Jean Roche, *La Colonisation allemande*, op. cit., pp. 361-4.

105. Ver Mulhall, op. cit., pp. 67, 72 e 90.

106. Com relação às estatísticas de imigração, cabe observar não apenas que faltam dados para determinados anos, mas também que, com frequência, os totais anuais se referem a colonos no sentido estrito do termo, não incluindo imigrantes estrangeiros que não se dirigissem às colônias nem os imigrantes das repúblicas vizinhas de língua espanhola. Assim, o francês Jean Gudolle, tataravô do autor do presente trabalho, padeiro de profissão, emigrou na década de 1840 do Prata para

o Rio Grande do Sul, onde tornou-se comerciante no município de Itaqui. Assim, ao apresentar os dados para o período que vai de 1850 a 1858 reproduzidos na tabela 3, o cônsul britânico enfatizou que estes se referiam ao "número daqueles que adentravam a província exclusivamente como colonos". Ver "Report [...] Trade of Rio Grande do Sul [...] 1860 [...] Consul Vereker", op. cit., p. 229. Uma vez que os filhos dos colonos eram todos brasileiros por lei, a discrepância entre os dois números apresentados no texto parece confirmar o fato de serem incompletos os dados de imigração disponíveis.

A população urbana, por sua vez, incluindo os habitantes que trabalhavam na agricultura nos arredores das cidades onde residiam, estava longe de ser desprezível em meados da década de 1860 e início da de 1870. Estimativas de dois contemporâneos indicam que as cidades mais populosas na época eram as seguintes:

CIDADE	ANO APROXIMADO DE FUNDAÇÃO[a]	POPULAÇÃO *C.* 1863	POPULAÇÃO *C.* 1871
Porto Alegre	1772	30.000	40.000
Rio Grande	1737	14.000	18.000
Pelotas	1812	8.000	13.000
Jaguarão	1846	4.000	6.000
Uruguaiana	1846	5.000	3.000
Cruz Alta	1834		3.000
São Leopoldo	1824		3.000
Bagé	1812	4.000	2.500
Alegrete	1846	3.000	2.500
Cachoeira	1779	3.000	2.000
São Borja	1698		2.000
São Gabriel	1837	*c.* 2.000	1.800
Rio Pardo	1769	900	2.000
Taquari	1795		2.000

FONTES: Para a população por volta de 1863, ver Araújo e Silva, *Diccionario*, op. cit., e para datas de fundação e população por volta de 1871, ver Mulhall, op. cit., p. 32. Segundo as estimativas populacionais de trinta cidades e vilas em 1871, a população urbana da província não representava menos de 30% da população total, o que, mesmo levando em conta alguns residentes "urbanos" empregados em atividades rurais, ainda assim sugere que o emprego em atividades urbanas já era significativo na época.

[a] Algumas das datas se referem ao ano de promoção a vila, outras aos primeiros núcleos urbanos da área.

107. Sobre a orientação de muitos imigrantes portugueses a ocupações não rurais na década de 1850, ver "Consul Vereker to Earl of Clarendon, Rio Grande, Feb. 4, 1857" (*PP 1857-58*, v. 61, p.

121). Sobre o número de estabelecimentos comerciais e "industriais" na província, ver *Relatório do Ministério da Agricultura* (1866, anexo R, tabela 48) e *Relatório do Ministério da Fazenda* (1866, tabela 90).

108. Segundo o "Censo Marítimo" de 1856, reproduzido em *Relatório do Ministério da Marinha* (1857, pp. 8-9), em um total de 3.296 marinheiros empregados no comércio de longo curso e de cabotagem e na navegação fluvial e portuária no Rio Grande do Sul, 1.087 (ou 33%) eram escravos. Daquele total, a navegação fluvial e portuária empregava 1.562 pessoas, das quais 16,1% eram estrangeiras e 38,8% eram escravas. Um recenseamento mais "deficiente", reproduzido em *Relatório do Ministério da Marinha* (1866, p. 25), revelou um total de 1.351 marinheiros escravos, mas estes representavam então 30,6% de um total de 4.414 pessoas empregadas na navegação. Em 1872, dados oficiais sobre navegação fluvial e portuária revelaram um total de 2.414 pessoas, das quais 37% eram estrangeiras e 27,1% eram escravas (esses dados são claramente conflitantes com os do censo de 1872). A essa altura, os estaleiros da província contavam 382 trabalhadores, dos quais 32,7% eram estrangeiros e apenas 12,3% eram escravos (ver F. H. Cardoso, op. cit., p. 72, nota 66). Observações de Mulhall (op. cit., pp. 31, 155 e 162) confirmam a existência de numerosos barqueiros brasileiros livres e também de marinheiros e barqueiros portugueses. No Brasil, como um todo, o *Relatório do Ministério da Marinha* de 1861 revelava 31.341 marinheiros livres e 13.875 escravos. Ver "Mr. Christie to Lord Russell, Rio, June 12, 1861" (*PP 1862*, v. 61, p. 52).

109. A citação é de Mulhall (op. cit., p. 41).

110. O cônsul britânico relatou que "na cidade de Rio Grande, os artesãos e trabalhadores são em sua grande maioria estrangeiros, tais como portugueses, alemães". O vice-cônsul em Porto Alegre mencionou uma pequena proporção de artesãos brasileiros, afirmando que os brasileiros buscavam emprego de preferência no comércio, como donos de vendas, e em cargos públicos. Ele observou que "das classes industriais [...] cerca de sete oitavos são alemães ou descendentes de alemães, e são prósperos com poucas exceções [...]. Alfaiates, sapateiros, seleiros, ferreiros, marceneiros, construtores de carroças, encadernadores, padeiros, chapeleiros, açougueiros, funileiros e pintores são em sua maioria alemães". Ver, respectivamente, "Report by Consul Callander on the Condition of the Industrial Classes in Rio Grande do Sul" e "Report by Vice-Consul Heinssen on the Condition of the Industrial Classes at Porto Alegre", documentos incluídos 1 e 2 em "Consul Callander to Earl Granville, Rio Grande, Oct. 20, 1870" (*PP 1871*, v. 68, pp. 109 e 112).

111. A demanda por diversos tipos de trabalhadores era muito maior em Porto Alegre, onde era forte até mesmo a demanda por empregados domésticos livres, particularmente mulheres, sugerindo que a oferta de escravos dedicados a esse tipo de trabalho já era insuficiente.

A situação mais favorável dos artesãos de Porto Alegre se refletia nos salários médios e nas medidas de custo de vida computadas pelos dois informantes para as duas cidades. Em Rio Grande, os salários médios mensais eram estimados em 75 mil-réis (ou sete libras e dez shillings), com um poder de compra "mais ou menos equivalente ao da mesma quantia na Inglaterra, sobretudo nas cidades maiores". O custo dos mantimentos era de cerca de quarenta mil-réis (ou quatro libras) por mês, o "aluguel mais caro [em Rio Grande] sendo compensado pelo alto preço da carne dos açougues de nosso país [Inglaterra]". Estimativas indicavam que o custo do vestuário para trabalhadores era de 80% a 100% superior ao da Inglaterra, e "casas adequadas para artesãos [eram] muito inferiores às de mesma categoria na maioria das cidades da Grã-Bretanha", e os aluguéis variavam do equivalente a duas libras e dez shillings a quatro libras por mês (ver "Report [...] Industrial Classes in Rio Grande do Sul", op. cit., pp. 110-1).

Em Porto Alegre, onde os salários médios mensais eram avaliados em noventa mil-réis e o custo dos mantimentos em trinta mil-réis (muitos produtos alimentícios eram fornecidos pelas colônias alemãs), "as residências dos trabalhadores na cidade [se mostravam] muito superiores às ocupadas pela mesma classe" na Inglaterra. "O esforço [também] não era tão grande quanto [na Inglaterra], já que a jornada de trabalho [não] ultrapassava dez horas no verão e oito no inverno." O poder de compra da moeda era avaliado como "mais ou menos equivalente [ao da Inglaterra] no que diz respeito a artigos de primeira necessidade [e] [...] quanto ao vestuário talvez [haja] uma diferença de 30% a favor da Inglaterra". Constatou-se que toda a "classe industrial" de Porto Alegre "vivia e se vestia muito melhor do que em qualquer outro país" (ver "Report [...] Industrial Classes at Porto Alegre", op. cit., pp. 112-5). A essa altura, também se dizia que os estrangeiros que vinham para Pelotas eram em geral "bem-sucedidos" (ver Mulhall, op. cit., p. 167).

112. Entre as oficinas maiores, havia uma fundição de ferro em Porto Alegre de propriedade de um alemão, fundada em 1857 e que, entre outras atividades, passou a produzir equipamentos agrícolas. Em 1871, uma fundição inglesa também foi fundada e, ao final daquele ano, estava montando serrarias, uma moenda de café e uma máquina de fabricar tijolos (seus trabalhadores eram em sua maioria ingleses, com aprendizes brasileiros). Em 1873, foi criado mais um estabelecimento alemão, produzindo cofres de metal e outros produtos de ferro. Nos anos subsequentes, os dois estabelecimentos alemães cresceram e se transformaram em fábricas. No início dos anos 1870, porém, a maioria dos produtos manufaturados continuava a ser produzida por artesãos nas principais cidades e em áreas coloniais. A província já tinha algumas cervejarias, serrarias, engenhos de mate, fábricas de sabão e velas, fábricas de cerâmica, olarias, curtumes etc., mas a maioria desses estabelecimentos empregava um número muito limitado de trabalhadores. Ver Gustav Koenigswald, *Rio Grande do Sul* (São Paulo: Edição do autor, [1898?] [prefácio datado em Potsdam, 1898], p. 89), e Mulhall (op. cit., pp. 56-7 e 70).

Referências ao comércio e às indústrias de Santa Maria e Uruguaiana podem ser encontradas em Ottoni, *Memória justificativa*, op. cit., pp. 234 e 237. Em 1874, a primeira contava 120 estabelecimentos, incluindo onze oficinas de ferreiros, trinta "fábricas" de carroças, vinte fábricas de lombilhos, doze oficinas de marcenaria e cinquenta artesãos de diversos ofícios. Em Uruguaiana, 116 casas pagavam o imposto sobre indústrias e profissões, e havia também algumas "fábricas" nos arredores da cidade.

113. Mulhall, op. cit., p. 166. Saint-Hilaire, *Viagem ao Rio Grande do Sul* (op. cit., p. 69), já observava que havia charqueadores muito ricos. Um deles possuía uma fortuna estimada em 600 mil francos franceses que, na época, equivaliam a mais ou menos 160,2 contos de réis, ou 34 mil libras esterlinas ao câmbio médio de 1821 de 4.651 réis por libra.

114. Os dados disponíveis sobre o valor das exportações totais em contos de réis estão reproduzidos na tabela 8, e devem ser considerados com alguma reserva. Segundo os dados disponíveis, as exportações totais alcançaram o equivalente a 1.679.000 libras em 1857 e 2.036.000 libras em 1864-5. Em 1871-2 e 1872-3, atingiram em média 2.009.000 libras, chegando a 2.116.000 libras em 1877-8 e a 1.963.000 libras em 1878-9. Depois disso, as exportações declinaram, subindo novamente para 1.994.000 libras em 1888 e 2.010.000 libras em 1889. Cabe notar que os elevados valores totais observados em 1877-8 se deveram aos altos preços dos gêneros alimentícios enviados em grandes quantidades para o Nordeste, atingido por uma grave seca. As fontes dos dados sobre as exportações em contos em 1857 e 1864-5 são as mesmas da nota 66. A conversão para libras foi feita usando as taxas de câmbio

médias em IBGE, *Anuário estatístico do Brasil, 1939-40* (op. cit., p. 1358). Quanto ao mate, a queda e posterior estagnação das exportações para o exterior ressalta das seguintes estatísticas:

ANO FISCAL	QUANTIDADE EM TONELADAS	VALOR EM CONTOS	ANO FISCAL	QUANTIDADE EM TONELADAS	VALOR EM CONTOS
1867-8	2.145	313	1872-3	1.192	188
1868-9	432	124	1873-4	1.055	169
1869-70	382	61	1874-5	1.098	175
1870-1	1.052	146	1875-6	1.115	177
1871-2	1.049	167			

FONTE: Ver os seguintes *Relatórios do Ministério da Fazenda*: 1873, tabela 53; 1874, tabela 50; 1875, tabela 64; 1877, tabela 61.

115. Os preços médios de exportação de couros do Brasil durante a segunda metade do século XIX podem ser encontrados em IBGE, *Anuário estatístico do Brasil, 1939-40* (op. cit., p. 1378). Estes refletiam, entre outros fatores, o grande aumento da oferta das repúblicas do Rio da Prata. As dificuldades ocasionadas pelo calado da barra do município de Rio Grande (discutidas anteriormente na nota 64) continuavam. Este eventualmente se tornou um problema ainda mais sério, pois mais tarde chegou a impedir uma rápida transição para exportações de carne congelada, uma vez que essas exportações viriam a exigir o uso de embarcações de maior porte.

116. A decadência da feira de muares de Sorocaba, em São Paulo, foi associada à rápida expansão das ferrovias, que afetou negativamente a demanda por mulas em São Paulo e no Rio de Janeiro. Essa questão é discutida adiante com relação ao Paraná, que competia com o Rio Grande do Sul por parte do mercado da região cafeeira. Além disso, a criação de cavalos e de gado crescia em Minas Gerais, e acabou por se tornar importante também em São Paulo. Ao final do século, terras de café esgotadas no estado do Rio de Janeiro foram convertidas em pastos, e a criação de gado expandiu-se na área.

Números sobre exportação de animais em pé do Rio Grande do Sul, baseados em declarações fiscais, estão reproduzidos em Abreu e Silva, "Retrospecto" (op. cit., pp. 234-5). Esses números indicam uma média elevada no início da década de 1870, chegando a quase 60 mil cabeças, que depois caiu para uma média de 36 mil cabeças na década de 1880 e para 26 mil cabeças na década de 1890 (para uma qualificação dos dados fiscais, ver nota 65 deste capítulo).

117. Sobre as reclamações da Câmara de Comércio do Rio Grande do Sul em relação aos problemas discutidos na nota 115 e outros problemas que afetavam negativamente o comércio da província, ver "Report [...] Trade of Rio Grande do Sul [...] 1887 [...] Consul Bennett" (*PP 1888*, v. 100, n. 323A, pp. 2-5).

118. Ver "Report [...] Trade [...] of Rio Grande do Sul [...] 1878 [...] Consul Gollan" (*PP 1878-79*, v. 71, parte 4, p. 1181).

119. *Saladero* era o nome dado em espanhol às charqueadas do Rio da Prata, e o termo é usado ocasionalmente na literatura sobre o Rio Grande do Sul. Com relação à transferência de brasileiros para o Uruguai, as estatísticas oficiais uruguaias relativas a meados da década de 1880 indicavam que havia 6.992 proprietários de terras brasileiros no Uruguai, em um total de 54.894 proprietários. As

propriedades dos brasileiros, que representavam 12,6% dos proprietários, respondiam por 19,8% do valor total de todas as propriedades fundiárias (ver Perrod, *La provincia di San Paolo*, op. cit., p. 241). Segundo outra fonte, em 1886-7 havia cerca de 60 mil brasileiros no Uruguai, em uma população total de cerca de 630 mil. Ver "Report for the Years 1887-88 on the Finances, Commerce and Agriculture of the Empire of Brazil", em "Mr. Wyndham to the Marquis of Salisbury, Feb. 19, 1889" (*PP 1889*, v. 78, n. 504A, p. 59). Nessa mesma fonte avaliava-se em 7.191 o número de proprietários brasileiros no Uruguai, e o valor de suas propriedades em pouco mais de 11 milhões de libras esterlinas.

120. Ver F. H. Cardoso (op. cit., pp. 188-92), que reproduz as observações do biólogo francês Couty.

121. Ver a citação de Couty em F. H. Cardoso (op. cit., p. 194).

122. Sobre o número e as dificuldades das charqueadas em 1882, ver "Report [...] Trade [...] of Rio Grande do Sul [...] 1882 [...] Consul Gollan" (*PP 1883*, v. 73, parte 8, p. 1155). Esse diplomata mencionou que havia gado sendo enviado para o Uruguai, e que a competição das repúblicas do Rio da Prata continuava intensa. Os efeitos negativos dessa concorrência externa haviam sido agravados pela concorrência interna entre Porto Alegre, Rio Grande e Pelotas por uma participação mais importante no comércio da província. Assim, em 1881, na chamada "Convenção de Pelotas", comerciantes e charqueadores dessa cidade haviam decidido exportar diretamente suas mercadorias, sem a intermediação de Rio Grande. Tal decisão, porém, só serviu para prejudicar o comércio de Pelotas, que acabou sendo forçada a retornar à sua situação de dependência em relação ao porto de Rio Grande.

Sobre as tentativas de oferecer incentivos pecuniários aos escravos e de empregar imigrantes nas charqueadas, ver F. H. Cardoso (op. cit., pp. 228-9).

123. Ver a tabela 9 em Conrad, op. cit., pp. 290 e 204. O autor afirma que a perda líquida de escravos do Rio Grande do Sul através do comércio interprovincial entre 1874 e 1884 alcançou 14.302 indivíduos. Na verdade, esse número improvável parece estar baseado em dados sobre saídas e entradas nos diversos municípios da província após a matrícula de 1872-3. No *Relatório da Repartição dos Negócios do Império* de 1883 (anexo J, pp. 5-8), o ministro do Interior discutiu as deficiências dos dados sobre saídas e entradas nas várias províncias e observou muitas incoerências. Ele se referiu ao Rio Grande do Sul e às províncias cafeeiras do Rio de Janeiro, São Paulo e Minas Gerais como províncias nas quais teria havido visivelmente imigração líquida de escravos (ver p. 7). Assim, o total proposto por Conrad deve ser considerado com grande reserva, da mesma forma que os totais improvavelmente elevados da matrícula discutidos antes na nota 76 e no texto. Somente os totais mais elevados seriam coerentes com um número tão alto de "exportações líquidas", dados os efeitos da Lei do Ventre Livre e as numerosas alforrias e mortes ocorridas no período. Em conclusão, a verdadeira extensão do tráfico interprovincial de escravos na década de 1870 só poderia ser avaliada com maior exatidão usando-se estatísticas locais relativas a impostos sobre escravos exportados e importados pelos portos do leste da província.

124. Em 1878-9, observou-se que, em Porto Alegre, "a escravidão [encontrava-se] em um estado de transição", e que "os proprietários [estavam] continuamente libertando seus escravos". Ver "Report [...] Trade of Rio Grande do Sul [...] 1878 [...] Consul Gollan" (*PP 1878-79*, v. 71, parte 4, pp. 1185-6). Em 1884, notava-se um forte sentimento antiescravagista. Ver "Report [...] Trade [...] of Rio Grande do Sul [...] 1883 [...] Acting Consul Lefebvre" (*PP 1884*, v. 81, parte 9, p. 1624). Sobre a imigração estrangeira, ver tabela 3.

125. Ver E. Perrod, *La provincia di San Paolo* (op. cit., pp. 234-5), sobre a população das colônias predominantemente italianas por volta de 1885. Segundo a mesma fonte, a produção das colônias na mesma época era já diversificada, conforme abaixo:

Colônias	Produção[a]							
	Feijão (milhares de litros)	Milho (milhares de litros)	Centeio (milhares de quilos)	Trigo (milhares de quilos)	Arroz (milhares de quilos)	Vinho (milhares de litros)	Cerveja (milhares de litros[e])	Fumo (milhares de quilos)
Conde d'Eu[b]	1.656	3.636	1.566	888	32	3.480	204	—
Dona Isabel[c]	1.920	3.228	1.511	1.458	49	4.262	347	—
Caxias	1.584	3.642	666	1.278	—	245	87	—
Silveira Martins[d]	480	2.922	48	369	438	307	35	178
Total	5.640	13.428	3.791	3.993	519	8.294	673	178

[a] Os dados foram arredondados para mil unidades.
[b] Futura colônia de Garibaldi; incorporou a colônia de Santa Maria da Soledade.
[c] Futura colônia de Bento Gonçalves.
[d] Localizado próximo à cidade de Santa Maria da Boca do Monte.
[e] A unidade de medida foi omitida da tabela, mas parece haver pouca dúvida de que os dados se referem a litros.

À medida que as colônias alemãs tornavam-se municípios ou eram emancipadas e incorporadas a municípios vizinhos, estatísticas separadas sobre a maioria destas passaram a não mais existir, enquanto a população das novas unidades administrativas não mais incluía apenas os colonos e seus descendentes. Em meados da década de 1880, as colônias de Nova Petrópolis, Monte Alverne e Santo Ângelo, que também haviam acolhido alguns imigrantes italianos, contavam respectivamente 2.090, 1.253 e 3.820 habitantes (ver Perrod, op. cit., p. 235).

São Leopoldo foi desmembrado antes de 1890, de modo que, nesse ano, o município contava 23.042 habitantes. A essa altura, Estrela abrigava 23.341 pessoas, e Santa Cruz, 15.536. Mundo Novo, promovida a município em 1887, contava 12.543 habitantes, e São Lourenço (promovida a município em 1884) tinha 11.977. Por fim, Santo Ângelo abrigava 5.848 pessoas. Ver Abreu e Silva, "Retrospecto" (op. cit., pp. 89-132), e Ministério da Indústria, Viação e Obras Públicas, Diretoria Geral de Estatística, *Sexo, raça, estado civil, nacionalidade* (op. cit., pp. 198-201).

Conforme observado anteriormente na nota 100, era possível encontrar escravos nas áreas coloniais. Assim, em 1883, ainda havia 484 escravos nos quatro distritos do termo de São Leopoldo, dos quais apenas 155 eram do sexo feminino. No ano seguinte, ainda havia alguns escravos em Santa Cruz (ver Porto, op. cit., p. 20). Porém, conforme enfatizado anteriormente, sua importância econômica para a agricultura das áreas coloniais foi sempre desprezível.

126. Ver Conrad, op. cit., pp. 191 e 205.

127. Ver Conrad, op. cit., p. 206. O autor discute as medidas legais, existentes desde 1871-2,

relativas ao não cumprimento dos contratos por parte dos escravos (ver pp. 205-6). Em 1884, o valor médio dos serviços de um escravo ainda estava estimado em 240 mil-réis por ano (ou vinte mil-réis por mês). Esse número pode ser comparado com os níveis de arrendamento reproduzidos anteriormente na nota 73.

128. Ver Conrad, op. cit., pp. 206-9. Cabe observar novamente aqui que as condições de vida dos escravos das charqueadas não eram representativas daquelas da maioria da população escrava. No início de 1884, a população escrava da província era aparentemente mais de dez vezes maior do que o número total de escravos empregado nas charqueadas de Pelotas, ao qual talvez se devam acrescentar algumas centenas de escravos de charqueadas em outros municípios.

129. De fato, o setor pecuário parece ter continuado a fornecer às charqueadas gado de forma regular. Conforme já ressaltado, o trabalho com o gado não dependia da mão de obra escrava em nenhum grau significativo. É muito provável que os escravos das estâncias libertados espontaneamente por seus senhores permanecessem em muitos casos nas propriedades, ou pelo menos em outras estâncias, exercendo um trabalho remunerado após o fim dos contratos de manumissão.

Quanto à agricultura, os dados disponíveis sobre escravos libertados e outras informações referentes a 1884 indicam que, até esse ano, eles continuaram a ser empregados no trabalho agrícola em maior ou menor escala. Em julho de 1884, um artigo de jornal relatou um incidente envolvendo cinquenta escravos empregados em uma fazenda (*O Conservador*, 24 jul. 1884, citado por F. H. Cardoso, op. cit., p. 258, nota 105), mas um número tão elevado de escravos nas propriedades agrícolas era sem dúvida atípico. Dados sobre escravos e seus senhores no município de Porto Alegre em 1884 sugerem médias menores. As evidências disponíveis sobre os 1.810 escravos libertados até agosto daquele ano indicam que eles pertenciam a 125 senhores, enquanto a cidade de Porto Alegre continha 30 mil habitantes. Portanto, supondo seis pessoas por domicílio, era comparativamente pequeno o número de domicílios que ainda tinham interesse na escravidão na época (talvez 3%). Cabe fazer uma qualificação observando que, segundo Conrad (op. cit., p. 209), em 1888 ainda restavam 58 escravos em Porto Alegre. Em 1884, 48 senhores possuíam até quatro escravos, enquanto seis tinham, somados, 209 escravos. Dezoito outros senhores tinham de onze a quinze escravos. Alguns senhores podem ter tido um número maior de escravos do que o exigido por suas necessidades domésticas, com o objetivo de arrendar seus serviços. Porém, mesmo sem considerar essa última possibilidade, em 1884 já era desprezível o número de fazendeiros na área de Porto Alegre que possuíam muitos escravos (para esses dados e outros sobre Porto Alegre, ver F. H. Cardoso, op. cit., p. 240, nota 6).

130. Ver "Report [...] Trade [...] of Rio Grande do Sul [...] 1885 [...] Consul Bennett" (*PP 1887*, v. 83, n. 32A, p. 9). A estimativa do número total de escravos na província em 1885 é apresentada em *Relatório do Ministério da Agricultura* (1886, p. 34).

131. Sobre escravos domésticos nas estâncias entre Uruguaiana e Itaqui, ver May Frances, *Beyond the Argentine* (Londres: W. H. Allen & Co., 1890, p. 86). A autora também se referiu à existência de domésticos e peões livres, que certamente já eram muito mais numerosos e recebiam salários comparativamente altos. Assim, os *peones* [sic] contratados pelo irmão da autora recebiam o equivalente a quarenta e cinquenta libras esterlinas por ano, além de alimentação (ver pp. 6-11). A autora também acrescenta a interessante observação de que nenhum dos estancieiros da área era muito rico, e que, segundo os hábitos das pessoas da região, "muito raramente [lavravam] a terra, embora o solo [fosse] muito fértil" (ver pp. 61-2). Essa é mais uma indica-

ção de que, na maioria dos municípios em que predominava a criação de gado, a agricultura era uma atividade muito secundária.

Conforme um relatório de 1888, em 1887 restavam na província 8.442 escravos. Destes, 1.229 (14,6%) viviam em áreas urbanas, e o restante vivia na zona rural; 3.878 eram mencionados como empregados na "agricultura", 3.142 eram "trabalhadores jornaleiros" e 1.414 eram "artistas" (isto é, artesãos em geral). Ver F. H. Cardoso, op. cit., p. 81, nota 80.

132. Sobre os graves efeitos negativos da Revolução Federalista sobre a criação de gado, ver Luiz Leopoldo Flores, *Apontamentos históricos, corográficos e estatísticos para relatório consular* (Lisboa: Typ. e Stereotipia Moderna da Casa Editora Antônio Maria Pereira, 1898, p. 22). Ver também o relatório do vice-cônsul Archer em "Report for the Year 1893 on the Trade of Rio Grande do Sul, Consul Hearn" (*PP 1894*, v. 85, n. 1.425A, pp. 22-3). O autor mencionou que o estabelecimento de invernada de uma charqueada inglesa havia sido atacado quatro vezes. Sobre danos ao sistema ferroviário, ver "Report for the Year 1894 on the Trade of Rio Grande do Sul, Consul Hearn" (*PP 1895*, v. 96, n. 1.583A, pp. 19-20). Referindo-se ao ano de 1897, o cônsul britânico observou que o "interior ainda não [havia] se recuperado dos efeitos da revolução, e a criação de gado e indústrias correlatas [...] ainda não [haviam] retornado à sua condição próspera anterior", enquanto a competição do charque da República Argentina continuava (ver "Report for the Year 1897 on the Trade [...] of Rio Grande do Sul, Consul Bernal", *PP 1898*, v. 94, n. 2.080A, p. 3). O estado na verdade teve alguma compensação do fato de em 1897 "um grande número de cabeças de gado [ter] sido enviado do Uruguai [para o Rio Grande do Sul] para ser vendido, devido à revolução" naquele país vizinho (ver p. 15).

133. Sobre os ataques contra Caxias e as resultantes perdas dos colonos, ver Umberto Ancarani, "La colonia italiana di Caxias" (*Bolletino dell'Emigrazione*, n. 19, I, p. 5, 1905). Sobre os benefícios comerciais para as colônias decorrentes da revolução e da presença de tropas federais, ver "Report for the Year 1894 on the Trade of Rio Grande do Sul" (op. cit., p. 2). A mesma fonte observou as exportações crescentes de gêneros alimentícios do Rio Grande do Sul para outros estados, que o consideravam "sua despensa e sua horta".

Em "Report for the Year 1897 on the Trade of Rio Grande do Sul" (op. cit., p. 4), já se podiam observar mudanças à medida que se fazia sentir o efeito depressivo da retirada das tropas (ver tabela 10 deste capítulo). Em 1900, a depressão do comércio do Rio Grande do Sul era evidente, e fora acentuada por uma rigorosa seca no final de 1899, que resultou em uma safra insatisfatória. Porém, o mais grave era que os preços dos produtos do estado haviam caído, "uma vez que outros estados haviam começado a competir com o Rio Grande do Sul produzindo gêneros antes quase exclusivamente fornecidos pelo estado" (ver "Report for the Year 1899 on the Trade and Commerce of Porto Alegre [...] Consul Archer", *PP 1900*, v. 92, n. 2.454A, p. 3). O comércio se recuperou no início dos anos 1900 (para exportações em 1905, ver nota 141 adiante).

134. As exportações totais de 1890 a 1900 convertidas para libras esterlinas foram as seguintes:

ANO	EXPORTAÇÕES (MILHARES DE LIBRAS)	ANO	EXPORTAÇÕES (MILHARES DE LIBRAS)	ANO	EXPORTAÇÕES (MILHARES DE LIBRAS)
1890	1.623,1	1894	1.708,5	1898	1.858,7
1891	1.697,5	1895	1.708,8	1899	1.783,6
1892	1.987,2	1896	1.559,5	1900	1.951,3
1893	1.952,1	1897	1.662,2		

Para dados sobre anos anteriores, ver a nota 114 deste capítulo. Os números em mil-réis estão reproduzidos na tabela 8. Mais uma vez, as taxas de câmbio foram tiradas de IBGE, *Anuário estatístico do Brasil, 1939-40*, p. 1.358.

135. Ver. F. H. Cardoso, op. cit., pp. 233-4.

136. Dentre os estabelecimentos importantes surgidos na década de 1890 estava a charqueada de Novo Quaraí, fundada em Quaraí em 1894, e a de Santa Teresa, fundada em Bagé em 1897. Ver Abreu e Silva, "Retrospecto", op. cit., pp. 240-4. A Charqueada União, fundada em Jaguarão em meados do século XIX, sobreviveu até a década de 1900. Contudo, a maioria dos estabelecimentos localizados fora de Pelotas e ainda em operação no final da década de 1890 havia sido criada nos quinze anos anteriores. A dispersão geográfica das charqueadas, que fica evidente nos dados sobre a produção apresentados na nota seguinte, sugere o advento de empresários suficientemente descompromissados com relação à escravidão para permitir que o setor do charque sobrevivesse até o século XX com base no trabalho assalariado, e até mesmo pudesse se expandir em termos de produção.

Quanto às charqueadas de Quaraí e Paredão, dois estabelecimentos operados por capitalistas estrangeiros, sua importância fica evidente no fato de que, no início da década de 1890, abatiam 100 mil cabeças a cada ano, e trabalharam de forma próspera até a Revolução Federalista, que desorganizou as fontes de abastecimento da indústria (ver notas 132 e 137 deste capítulo). No que diz respeito a Pelotas, parece ter havido um processo de seleção dos estabelecimentos mais eficientes, pois, ao que parece, em 1891 restavam treze charqueadas no município que, nesse ano, abateram quase 400 mil cabeças. Ver "Report for the Year 1891 on the Trade of Rio Grande do Sul, Consul Hearn" (*PP 1892*, v. 81, n. 1.077A, p. 10). As seguintes estatísticas, apresentadas à p. 12 do mesmo relatório, fornecem uma estimativa do abate de gado de regiões selecionadas do sul da América do Sul em 1889-90 e 1890-1 e da importância relativa do Rio Grande do Sul nessa atividade:

ABATES ESTIMADOS NA AMÉRICA DO SUL (NÚMERO DE CABEÇAS DE GADO)

	1889-90	%	1890-1	%
Rio Grande do Sul	380.000	20,9	455.000[a]	23,0
Montevidéu	267.000	14,7	233.900	11,8
Entre Rios e margem esquerda do Uruguai	796.000	43,8	839.200	42,5
Buenos Aires	372.600	20,5	448.000	22,7
Total	1.816.500		1.976.100	

[a] Esse total é um pouco inferior ao número da nota 137 abaixo.

137. Foi o seguinte o número estimado de cabeças de gado abatidas nas charqueadas do Rio Grande do Sul em anos selecionados entre 1889-90 e 1900:

LOCALIZAÇÃO DAS CHARQUEADAS	NÚMERO MÉDIO DE CABEÇAS ABATIDAS							
	1889-90	1890-1	1891-2	1892-3	1893-4	1894-5	1899	1900
Pelotas	291.251	379.587	409.027	333.319	380.000	197.217	152.195	126.094
Uruguaiana[a]	37.700	63.000	76.400	68.710	77.735	13.705	3.232	27.450
Cachoeira[b]	45.448	42.000	34.754	56.976	26.202	25.043	2.612	2.316
Quaraí[c]	—	—	—	—	51.500	59.500	22.281	21.305
Santa Maria	—	—	—	—	—		11.368	8.375
Jaguarão	n.d.	n.d.	n.d.	n.d.	n.d.		8.478	20.398
São Gabriel	—	—	—	—	—		14.872	15.235
Bagé	—	—	—	—	—		61.402	61.906
Total	374.399	484.587	520.181	459.005	535.077	295.467	276.440	283.079

FONTES: Para 1889-0 a 1894-5: L. L. Flores, *Apontamentos*, op. cit., p. 22. Para 1899-1900: E. Ciapelli, "Lo Stato di Rio Grande del Sud", op. cit., p. 20. Abreu e Silva, "Retrospecto", op. cit., p. 245, apresenta o mesmo total para 1899, e avalia o número total de abates em 1898 em 362.033. O total de 1893-4, ao que tudo indica, só voltou a ser superado após 1905.

[a] Quaraí.
[b] Paredão.
[c] Novo Quaraí.

Para uma descrição da operação do estabelecimento de Paredão no início da década de 1890, onde se menciona que um motor a vapor era usado no processo de arrastar o animal para o abate, ver "Report for the Year 1891 on the Trade of Rio Grande do Sul", op. cit., pp. 10-1. Para uma descrição semelhante da operação de um *saladero* em Monte Cáceres, na Argentina, dois ou três anos antes, ver Frances, op. cit., pp. 141-2. Ambos os estabelecimentos usavam uma vagoneta para transportar o animal abatido até o setor onde este seria esfolado e esquartejado, mas em Monte Cáceres o gado era arrastado por homens montados a cavalo até o canto onde ocorria o abate.

138. Com relação ao fato de ainda se empregarem muitos ex-escravos nas charqueadas de Pelotas após 1884 — que, conforme já foi observado, é sugerido pela ausência de qualquer descontinuidade perceptível nas exportações de charque após essa data —, também cabe notar que, segundo o censo de 1890, o município como um todo abrigava 5.159 negros nesse ano, aproximadamente

o número de escravos libertado em 1884 (ver nota 148 adiante). Ao traçar tal paralelo, é preciso ter em mente que havia escravos mulatos e também negros livres antes da Abolição no município.

Sobre as importações de charque da Argentina e do Uruguai durante a década de 1890, ver J. P. Wileman, *Brazilian Exchange* (Buenos Aires: Galli Bros, 1896, pp. 104-5 e 110).

Quanto ao comentário feito no presente estudo sobre a dieta das classes de baixa renda no período que sucedeu à Abolição, a intenção não é argumentar, como fez Gilberto Freyre em seu pioneiro trabalho "Social Life in Brazil in the Middle of the Nineteenth Century" (*HAHR*, pp. 597--628, nov. 1922), que os escravos eram comparativamente "bem alimentados, bem abrigados e bem vestidos" nas áreas de grandes plantações voltadas para a exportação, que consumiam o charque do Rio Grande do Sul. Esse argumento é criticado de maneira convincente por Eugene Genovese em "Treatment of Slaves in Different Countries", em *Red and Black* (op. cit., pp. 159-72). Pelo contrário, o comentário feito teve por objetivo enfatizar o fato de que a vida de muitos escravos não melhorou com a Abolição, pelo menos no que dizia respeito à sua dieta. Durante os primeiros anos da República, o charque continuou a ser um elemento importante da dieta dos trabalhadores em muitas áreas do país.

139. A distribuição dos imigrantes oficialmente ingressados no Rio Grande do Sul entre 1889 e 1900, segundo a nacionalidade, foi a seguinte:

Italianos	34.618	Alemães	8.738	Suecos	1.671
Poloneses[a]	9.085	Espanhóis	5.851	Portugueses	1.564
Russos	8.731	Austríacos	2.885	Outros	1.454
				Total	74.237

[a] Inclui poloneses do Império Austro-Húngaro, provavelmente da Galícia. O número se refere às entradas brutas. Sobre a partida de poloneses, ver nota seguinte. A fonte dos dados é E. Ciapelli, "Lo Stato di Rio Grande del Sud [...] situazione [...] al principio dell'anno 1903", *Bollettino dell'Emigrazione*, 1905, n. 12, p. 75.

Após 1895, a proporção de imigrantes espontâneos no total oficial de entradas aumentou consideravelmente, ao contrário da proporção de imigrantes subsidiados, e muitos dos primeiros permaneceram nas cidades. De 1896 a 1900, a imigração total e espontânea registrada oficialmente foi a seguinte:

ANO	IMIGRAÇÃO TOTAL	IMIGRAÇÃO ESPONTÂNEA	% ESPONTÂNEA TOTAL
1896	3.095	385	12,4
1897	1.451	989	68,2
1898	1.606	1.036	64,5
1899	1.956	1.293	66,1
1900	1.503	1.071	71,3

Observação: Esses dados foram tirados dos mesmos relatórios consulares britânicos citados como fontes da tabela 3.

140. Sobre os poloneses mandados de volta em 1891, ver o relatório do vice-cônsul Archer, já citado na nota 132 acima (*PP 1894*, v. 85, n. 1.425A, p. 36). As entradas de poloneses em 1890 e 1891 haviam alcançado 8.281 pessoas, mas depois caíram para poucas dezenas por ano.

Para uma excelente discussão do sucesso da colonização no Rio Grande do Sul, ver Ciapelli, "Lo Stato", op. cit., pp. 73-82. O autor observou tanto as dificuldades iniciais quanto o posterior sucesso da maior parte das colônias, enfatizando que a maioria dos imigrantes se tornou proprietária de terras. Ele também concluiu que o sistema de colonização adotado no estado do Rio Grande do Sul era bom, que grande parte dos colonos vivia em boas condições e que as numerosas povoações fundadas pelos italianos, como Nova Padova, Nova Venezia, Nova Treviso, Nova Bassano, Nova Vicenza, Nova Pompei, Nova Roma etc., formavam uma "nova Itália em miniatura". De fato, assim como ocorreu com os alemães anteriormente, parece que os italianos conservaram muitos de seus costumes nas áreas do Rio Grande do Sul em que predominaram. Ao que tudo indica, a maioria dos italianos que se estabeleceram nas colônias agrícolas do estado era originária das províncias do Vêneto. Sobre o relativo fracasso de Marquês do Herval e Vila Nova, ver Ciapelli, "Lo Stato" (op. cit., p. 55).

141. Os cálculos não incluem Silveira Martins, para a qual não havia dados disponíveis para 1894 e 1906, mas incluem Guaporé, fundada na década de 1890. Com a exceção de Guaporé, o valor total da produção das colônias em 1906 (novamente sem incluir Silveira Martins) seria equivalente a 48% das exportações totais do estado no ano anterior (inclusive para outros estados), e alcançaria o equivalente a 1.807.800 libras esterlinas, apresentando um aumento de 206,9% com relação a 1894.

Esse forte aumento do valor da produção computado em libras esterlinas, que ultrapassa em muito o aumento em termos de moeda local, é em parte resultado da política de apreciação do mil-réis no final da década de 1890 e início dos anos 1900. Assim, de uma média de 23.923 réis em 1894, a taxa de câmbio por libra esterlina caiu para 15.058 réis em 1906 (ver IBGE, *Anuário estatístico do Brasil, 1939-40*, pp. 1358-9).

Os dados sobre a produção total das colônias foram tirados da tabela 9, enquanto as exportações totais em 1893 foram tiradas da tabela 8. As exportações totais em 1905 estão reproduzidas em Ernesto Antônio Lassance Cunha, *O Rio Grande do Sul* (Rio de Janeiro: Imprensa Nacional, 1908, p. 73). Com relação aos dados demográficos da tabela 9, alguns daqueles atribuídos a 1906 na verdade se referem a anos anteriores, mas mesmo assim indicam as ordens de grandeza gerais. Os dados para 1906 foram fornecidos a Cunha pela Secretaria da Agricultura e Obras Públicas do Estado do Rio Grande do Sul.

142. Ver respectivamente E. Ciapelli, "Lo Stato di Rio Grande del Sud" (op. cit., p. 15), e L. L. Flores, *Apontamentos* (op. cit., pp. 26-7).

143. Muitos artesãos praticavam seus ofícios em alternância com suas ocupações agrícolas. Assim, no início dos anos 1900, observou-se que os artesãos em tempo integral não eram numerosos em Garibaldi, uma vez que "muitos colonos conhecem algum ofício e praticam-no conforme as oportunidades de ganho e as estações". Ver E. Ciapelli, "Lo Stato", op. cit., p. 56. No entanto, alguns artesãos estrangeiros estabeleceram-se de forma permanente em seus ofícios, sobretudo nas cidades das colônias. Os dados a seguir referem-se a atividades artesanais e industriais na cidade de Caxias no início da década de 1900:

2 fábricas de cerveja e água mineral;
4 fábricas de chapéu;
4 oficinas de funilaria;
1 fundição com martelo hidráulico;
2 lojas de ourives;
6 lojas de seleiros;
6 fornos para fabricar telhas e tijolos;
12 oficinas de carpintaria;
8 lojas de sapateiros;
3 oficinas de cadeiras de palha;
6 oficinas de ferreiros;
8 lojas de alfaiates;
3 oficinas de produtos de vime;
1 oficina mecânica;
1 toneleiro;
1 fábrica de cerâmica;
1 oficina de caldeiraria;
1 tipografia (com jornal).

Caxias também contava 36 serrarias hidráulicas e uma serraria movida a vapor; 27 azenhas (moinhos de roda movidos à água), dois moinhos movidos a vapor e um a turbina, todos sem especificação de uso; 25 destilarias de aguardentes diversas e quinze destilarias de aguardente de cana. Ver U. Ancarani, "La colonia italiana di Caxias", op. cit., p. 7.

144. Dados sobre alguns dos produtos de exportação mais importantes das colônias (com exceção do mate) estão apresentados na tabela 10 deste capítulo. Dados abundantes sobre produção, produtividade por hectare e preços nas diversas colônias ao final da década de 1890 ou por volta de 1900 podem ser encontrados em E. Ciapelli, "Lo Stato", op. cit. A produção de trigo de cinco colônias em diferentes anos foi a seguinte:

COLÔNIA	ANO	PRODUÇÃO DE TRIGO	EXPORTAÇÕES DE TRIGO
Alfredo Chaves	1901	30.000 sacas[a]	10.000 sacas
Bento Gonçalves	1898	47.000 sacas	
Silveira Martins	1900	40.000 sacas	
Guaporé	1896	10.000 sacas	
Garibaldi	1901	1.600.000 litros	600.000 litros

[a] Sacas de sessenta quilos.

Os dados sobre os preços em diversas colônias podem ser comparados com os preços no Rio de Janeiro em 1896-7, apresentados em Oskar Constatt, *Das Republikanische Brasilien* (Leipzig: Ferdinand Hirt & Sohn, 1899, pp. 633-4). Sobre o uso predominante de trigo estrangeiro nos moinhos de trigo de Rio Grande e Pelotas em 1898, ver "Report [...] Trade [...] of Rio Grande do Sul [...] 1898

[...] Consul Staniforth" (*PP 1899*, v. 98, n. 2.332A, p. 17). Para uma referência anterior, ver L. L. Flores, *Apontamentos* (op. cit., p. 26).

145. Não existem, contudo, indicações de que fosse esse o caso. Os dados sobre a população negra de alguns municípios agrícolas em 1890 (parte dos quais está reproduzida adiante na nota 147) não mostravam reduções consideráveis com relação à população escrava de anos anteriores que sugerissem uma significativa redistribuição regional, de modo que alguns escravos parecem ter permanecido pelo menos dentro da mesma área geográfica. Seria preciso obter outros dados sobre suas ocupações na década de 1890 para estabelecer se eles se transferiram para outras atividades que não a agricultura.

146. Para o número de cabeças nos diversos municípios, ver E. Ciapelli, "Lo Stato di Rio Grande del Sud", op. cit., pp. 19-20. (O dado para Alegrete parece subestimado. Ver nota 79). O mesmo relatório contém dados detalhados sobre as ocupações dos italianos nos municípios de criação de gado, confirmando em geral sua dedicação ao comércio e aos ofícios. Alegrete parece ter constituído uma exceção, uma vez que, no início dos anos 1900, abrigava cerca de 2.924 trabalhadores e agricultores italianos. A essa altura, havia em Bagé três estancieiros e cinquenta comerciantes italianos, em um total de setecentos italianos (ver Ciapelli, op. cit., pp. 47 e 50).

147. Já foi feita referência ao fato de que muitos escravos que viviam nas estâncias parecem ter gozado de um certo grau de liberdade de movimento na zona rural, e que suas condições de vida em muitos casos não eram incompatíveis com uma vida em família em suas choças separadas. Além disso, incluíam com frequência uma dieta satisfatória, enquanto as condições de trabalho não eram muito diferentes daquelas dos habitantes livres da zona rural. A decisão de permanecer nas mesmas estâncias também dependeria, é claro, das relações que os ex-escravos tivessem mantido anteriormente com seus antigos senhores, mas não há referências nas fontes da época a um abandono em massa das estâncias.

A maioria dos escravos da província foi libertada antes da lei de 13 de maio de 1888, por meio de contratos de manumissão ou de forma incondicional. Em ambos os casos, os senhores "libertavam" seus escravos criando condições de gratidão potencial por parte dos ex-escravos. Estes, por sua vez, estavam acostumados a um estilo de vida que não era insuportável, e que tendia a se tornar mais favorável com a liberdade. Diante da demanda continuada por suas qualificações após a Abolição, sem que surgisse um grande número de substitutos, não deve ter havido fortes incentivos para a transferência para outras atividades para as quais, na maioria dos casos, os escravos das estâncias estavam despreparados. Esse não era o caso daqueles que possuíam "qualificações" domésticas, embora a demanda por seus serviços na zona rural também tenha continuado (ver nota seguinte).

148. A população total e a participação da população negra nos municípios do Rio Grande do Sul com mais de 1.900 habitantes negros em 1890 eram as seguintes.

MUNICÍPIOS	POPULAÇÃO TOTAL	POPULAÇÃO NEGRA	% POPULAÇÃO NEGRA / POPULAÇÃO TOTAL
Porto Alegre	52.421	6.545	12,5
Pelotas	41.591	5.159	12,4
Bagé	22.692	3.024	13,3
Rio Grande	24.653	2.693	10,9

Rio Pardo	18.719	2.507	13,4
Canguçu	15.789	2.453	15,5
Encruzilhada	11.526	2.448	21,2
Cachoeira	24.072	2.280	9,5
São Gabriel	20.597	1.973	9,6
Santa Maria	25.207	1.940	7,7
Alegrete	16.250	1.902	11,7
Soma Parcial	273.517	32.914	12,0
Total do estado	897.455	77.876	8,7

FONTES: Ministério da Indústria, Viação e Obras Públicas, Diretoria de Estatística. *Sexo, raça, estado civil, nacionalidade, filiação, culto e analfabetismo da população recenseada em 31 de dezembro de 1890*, Rio de Janeiro, Officina da Estatística, 1898, pp. 104-10 e 198-210. Os dados sobre a população total de São Gabriel, Canguçu, Encruzilhada e Rio Pardo foram tirados de informações provisórias do censo de 1890 reproduzidas em L. L. Flores, *Apontamentos*, op.cit., pp. 27-8.

Cabe ressaltar mais uma vez que os números sobre a população negra são apenas parcialmente indicativos da localização dos ex-escravos, já que alguns deles também eram mulatos e tinham existido negros livres de mais longa data.

Sobre a escassez de empregados domésticos negros em 1892, ver "Report for the Year 1892 on the Trade of Rio Grande do Sul" (*PP 1893-94*, v. 92, n. 1.263 A, pp. 32-3). Em seu "Report for the Year 1894 on the Trade of Rio Grande do Sul" (op. cit., p. 22), o cônsul Hearn observou que a "demanda [por empregados] era muito maior do que a oferta". Em 1894, empregadas e amas recebiam até quarenta mil-réis por mês, enquanto cozinheiras ganhavam até cinquenta mil-réis e, em casos excepcionais, 150 mil-réis.

149. Sobre empregados domésticos italianos e alemães, ver respectivamente "Report for the Year 1892 on the Trade of Rio Grande do Sul" (op. cit., p. 33) e "Report for the Year 1894 on the Trade of Rio Grande do Sul" (op. cit., p. 22). A distribuição aproximada dos italianos por ocupação no município de Pelotas era a seguinte:

OCUPAÇÕES	NÚMERO DE ITALIANOS	OCUPAÇÕES	NÚMERO DE ITALIANOS	OCUPAÇÕES	NÚMERO DE ITALIANOS
Comerciantes	25	Ferreiros	20	Jornaleiros	183
Mascates	40	Carpinteiros	46	Cozinheiros, jardineiros, padeiros etc.	141
Balconistas e lojistas	198			Agricultores	354
Construtores	3	Alfaiates	30	Profissões liberais	6
Pedreiros	15	Chapeleiros	14		

Os italianos também não eram de forma alguma pouco importantes na cidade de Uruguaiana, na fronteira. O município abrigava cerca de seiscentos italianos em uma população total de 13.638 pessoas por volta de 1900. Entre eles havia 180 artesãos (ganhando em sua maioria de cinco a seis mil-réis por dia), cem trabalhadores jornaleiros (ganhando em média três mil-réis por dia), cem trabalhadores em ferrovias e 42 comerciantes.

Nas colônias ou nos municípios formados por ex-colônias, os habitantes urbanos eram em sua maioria alemães ou italianos. Esse era o caso de São Leopoldo, Taquara do Mundo Novo, Santa Cruz, Caxias etc. Sobre a presença de muitos estrangeiros nas cidades e suas ocupações, e especificamente sobre italianos, ver E. Ciapelli, "Lo Stato di Rio Grande del Sud" (op. cit., especialmente pp. 7-8, 63-7 e 73).

150. A primeira fábrica têxtil da província, fundada em 1874 pelo filho de um imigrante alemão para produzir tecidos de lã, tinha três supervisores ingleses e um alemão em meados da década de 1880. Algumas das mulheres e crianças empregadas no estabelecimento eram alemãs, e "a jornada de trabalho era de dez horas e meia por dia". Quando a companhia foi posteriormente expandida para incluir uma fábrica de tecidos de algodão e outra de juta, centenas de italianos encontraram emprego nessas fábricas junto com brasileiros. O mesmo se aplicava à fábrica têxtil italiana construída em Rio Grande na década de 1890 (ver "Report [...] Trade of Rio Grande do Sul [...] 1885 [...] Consul Bennett", *PP 1887*, v. 83, n. 32A, p. 6, e E. Ciapelli, "Lo Stato di Rio Grande del Sud", op. cit., p. 67).

Uma fábrica de vidro estabelecida em Porto Alegre por volta de 1891 tinha "um contramestre e alguns trabalhadores alemães" (ver "Report for the Year 1891 on the Trade of Rio Grande do Sul", op. cit., p. 36). No ano seguinte, uma moderna fábrica de charutos em Rio Grande empregava 65 operários, dos quais 24 eram "trabalhadores especializados de Hamburgo" (ver "Report for the Year 1892 on the Trade of Rio Grande do Sul", op. cit., pp. 4 e 29). Cabe ressaltar que, até 1892, "nem os feriados nem os domingos [eram] observados por muitos dos lojistas nem pelas classes trabalhadoras (incluindo artesãos, carroceiros, barqueiros, carregadores etc.) que [trabalhavam] o ano inteiro da mesma forma".

Seria possível apresentar muitos outros exemplos de pequenos estabelecimentos que empregavam trabalhadores estrangeiros, inclusive administradores e operários ingleses. Talvez baste uma referência aos estabelecimentos mais importantes. A maioria dos 150 trabalhadores empregados em uma fábrica de calçados de Porto Alegre fundada no início da década de 1890 era italiana, e uma grande fábrica de móveis com cerca de duzentos trabalhadores tinha "diversos trabalhadores qualificados alemães e italianos".

Por fim, nos estabelecimentos industriais maiores das áreas coloniais — como, por exemplo, as fábricas de calçados e fósforos de São Leopoldo, que juntas empregavam 350 trabalhadores na virada do século —, os empregados eram também em sua maioria estrangeiros ou filhos de imigrantes (ver E. Ciapelli, "Lo Stato", op. cit., pp. 24-6, e Koenigswald, op. cit., pp. 88 e 100).

151. O aumento do número de empreendimentos industriais na década de 1890 foi favorecido pelos elevados impostos de importação e pela depreciação cambial que prevaleceu durante a década, estimulando a substituição de importações. Na virada do século, sete fábricas de tecidos e vestuário em Porto Alegre, Rio Grande e Pelotas empregavam pelo menos 1.831 operários; seis fundições e estaleiros em Porto Alegre empregavam pelo menos 310 trabalhadores; duas fábricas de calçados em Porto Alegre e São Leopoldo empregavam 350 trabalhadores; uma fábrica de vidro e

outra de fósforos nas mesmas cidades empregavam respectivamente 250 pessoas; três fábricas de móveis empregavam quatrocentos trabalhadores em Porto Alegre e Triunfo. Esses vinte estabelecimentos em conjunto empregavam mais de 3.100 trabalhadores, aos quais se devem somar centenas de outros empregados em cervejarias, fábricas de pregos, de conservas, de sabão etc. Sobre o emprego e outros detalhes relacionados às numerosas fábricas do Rio Grande do Sul, ver E. Ciapelli, "Lo Stato di Rio Grande del Sud" (op. cit., pp. 24-7), e Koenigswald (op. cit., pp. 88-100), além dos diversos relatórios consulares britânicos da década de 1890.

152. A construção de ferrovias no Rio Grande do Sul havia começado somente na década de 1870, com a linha entre Porto Alegre e Novo Hamburgo, aparentemente construída por trabalhadores livres. Ao final da década de 1870, as obras da ferrovia ligando o rio Taquari (próximo a Porto Alegre) a Cachoeira e Santa Maria empregavam cerca de 3 mil homens (ver "Report [...] Trade of Rio Grande do Sul [...] 1878", op. cit., p. 1183). No início da década de 1880, outra ferrovia, ligando Rio Grande a Bagé, estava em construção, empregando provavelmente mais alguns milhares de homens. Uma ferrovia de Quaraí a Itaqui, passando por Uruguaiana, foi iniciada em 1883, e em 1887 a equipe empregada nas obras incluía operários de diversas nacionalidades, entre italianos, alemães, ingleses e brasileiros, sob a direção de engenheiros ingleses (ver Frances, op. cit., pp. 28, 79, 81 e 124). No início da década de 1890, era possível encontrar italianos trabalhando na construção ferroviária ou como trabalhadores permanentes nas oficinas das linhas já existentes. O episódio da greve de 1894 é mencionado no "Report for the Year 1894 on the Trade of Rio Grande do Sul, Consul Hearn" (op. cit., p. 21). A greve, cujo objetivo era a remoção do contramestre, teve sucesso. Como curiosidade, pode-se mencionar que o cônsul britânico observou que "os montadores ingleses permaneceram leais à companhia e comportaram-se como verdadeiros bretões [...] preenchendo os lugares vazios onde quer que fosse preciso, de modo que o trabalho não cessou por completo".

153. Ver "Report for the Year 1892 on the Trade of Rio Grande do Sul, Consul Hearn" (op. cit., p. 33), e "Report for the Year 1893 on the Trade of Rio Grande do Sul, Consul Hearn" (op. cit., p. 22).

154. Sobre a existência de uma pequena classe média baixa de negros após a Abolição, ver F. H. Cardoso (op. cit., pp. 271-303). O autor também menciona a falta generalizada de reação organizada por parte dos negros como um todo, e as geralmente melhores oportunidades de ascensão social dos mulatos.

9. SANTA CATARINA [pp. 340-62]

1. Lucas A. Boiteux, *História de Santa Catarina* (São Paulo: Melhoramentos, 1930, pp. 98, 100, 113-4).

2. Oswaldo Cabral, *História de Santa Catarina* ([S.l.]: Laudes, 1970, p. 63), apresenta os seguintes dados sobre chegadas: 1748: 461; 1749: 1.066; 1752: 1.478; 1756: 520. O autor também se refere a uma leva incerta em 1750 ou 1751 que teria totalizado 1.399 pessoas.

Luís Lisanti Filho, *Negócios coloniais* (op. cit., p. CDXII), faz referência a um documento português no Arquivo Histórico Ultramarino (Santa Catarina, Caixa 2, 1751) que registra 1.459 entradas nesse ano.

Os dois números alternativos para 1750 ou 1751, quando acrescentados aos outros totais mais seguros, resultam em um total de 4.929 a 4.984 açorianos, mas cerca de 250 destes foram reembarcados em 1751 para o Rio Grande do Sul (ver Cabral, op. cit., p. 64). Segundo Cabral (op. cit., pp. 61-2), há indicações de chegadas anteriores de contingentes muito menores de açorianos na área.

3. Ver Fernando Henrique Cardoso, "O negro e o desenvolvimento econômico e social de Florianópolis", em *Cor e mobilidade social em Florianópolis* (São Paulo: CEN, 1960, pp. 11-2 e 15-9).

Lisanti Filho (op. cit., p. CDXCII) apresenta informações interessantes sobre a composição etária dos imigrantes açorianos em 1756. Em um total de 520 pessoas, 319 (ou 59,6%) eram homens com idades entre quatorze e cinquenta anos. Havia 106 mulheres com mais de onze anos de idade, e os meninos de até treze anos e as meninas de até dez anos somavam 95.

4. Ver Virgílio Várzea, *Santa Catarina*, parte 1: A ilha (Rio de Janeiro: Cia. Typ. do Brasil, 1900, p. 317), sobre a predominância de mulheres na produção doméstica de têxteis durante o período colonial. Na ilha de Santa Catarina, essa atividade subsistiu pelo menos até a década de 1890, quando continuava a ser desempenhada por mulheres.

Em seu bem documentado estudo *Negócios coloniais* (op. cit., p. CDXCII), Lisanti Filho acrescenta aos 1.136 sítios os 266 teares existentes, supondo que estes pertencessem a fogos independentes, exclusivamente dedicados a atividades "secundárias". Isso certamente é enganoso, uma vez que a existência de um tear em um domicílio não era incompatível com atividades agrícolas, dada a divisão do trabalho entre homens e mulheres. Informações sobre períodos subsequentes como as contidas em Várzea, op. cit., mostram que muitas vezes se podiam encontrar teares em pequenos estabelecimentos rurais da ilha de Santa Catarina que também produziam gêneros agrícolas.

5. Sobre a população branca em 1774 e 1787, ver Paulo José Miguel de Brito, *Memória política sobre a capitania de Santa Catarina escrita no Rio de Janeiro em o anno de 1816* (Lisboa: Typ. da Academia Real das Sciencias, 1829, p. 52). Segundo o mesmo autor, a população teria aumentado para 21.068 pessoas em 1800.

Sobre as armações de baleias e a abolição do monopólio da Coroa em 1801, ver Cabral (op. cit., p. 82). Segundo esse autor, em 1801 os cinco estabelecimentos existentes, que continham 525 escravos, estavam avaliados em 176 contos.

A ausência de grandes proprietários de terras, a existência de uma pequena classe alta de comerciantes e funcionários públicos e o emprego de escravos em algumas das propriedades maiores são observados por Cabral (op. cit., p. 95) e por Cardoso, *O negro* (op. cit., pp. 28 e 31).

6. Ver Cabral, op. cit., pp. 79-80 e 86-8. Os dados relativos a 1796 foram tirados de um relatório de 1797. O navegador francês La Pérouse, que aportou na capital Desterro, localizada na ilha de Santa Catarina, observou que esta continha, em 1785, quatrocentas casas e cerca de 3 mil habitantes que eram "muito pobres".

7. Ver Cabral, op. cit., pp. 86-8 e 93. Ele reproduz informações de vários relatórios do governador que fazem referência à pobreza da capitania de 1780 a cerca de 1795.

8. Mawe, *Travels*, op. cit., pp. 47-8 e 53. Em contraste, Cardoso, *O negro* (op. cit., p. 41), atribui a decadência da pesca de baleias às deficiências técnicas e à competição norte-americana. Isso era possivelmente verdadeiro com relação às operações de pesca propriamente ditas.

9. Mawe, op. cit., pp. 54-6 e 58.

10. Saint-Hilaire, *Voyage dans les provinces de Saint-Paul et de Sainte-Catherine*, op. cit., t. 2, pp. 272, 281, 322, 375 e 382-3.

11. Sobre o comércio e as principais produções de Santa Catarina por volta de 1816, ver Brito, op. cit., pp. 56, 60 e 66. O autor também faz referência à produção doméstica de têxteis (p. 62). Sobre

as exportações de têxteis em 1820, ver Saint-Hilaire, *Voyage* (op. cit., t. 2, p. 331). O autor converte equivocadamente os números em metros, considerando uma vara equivalente a 0,11 metro — quando, na verdade, uma vara equivalia aproximadamente a 1,1 metro. O mesmo erro é cometido por Cardoso, *O negro* (op. cit., p. 43).

Em 1816, além de 27.843 alqueires de farinha de mandioca, 3.724 alqueires de arroz, cerâmicas, produtos derivados do açúcar etc., o Rio Grande do Sul importou de Santa Catarina pelo menos 296 peças de tecido "misto", sete peças de linho e quinze arrobas de fio de algodão. Ver Saint-Hilaire, *Viagem ao Rio Grande do Sul*, p. 75. Após a segunda década do século XIX, a produção têxtil doméstica para exportação por cabotagem praticamente cessou, embora tenha continuado a existir orientada para o consumo local. Um relatório de 1856 faz referência a "vestígios [...] dessa atividade [...] ainda praticada em velhos teares [...] em alguns sítios" (ver Várzea, op. cit., p. 307).

12. Sobre as técnicas agrícolas na segunda década do século XIX, ver Brito (op. cit., p. 59). Cabe observar que, devido à prevalência das queimadas e à topografia de determinadas áreas, os arados não eram necessariamente os implementos agrícolas mais indicados.

13. Sobre Santa Catarina, ver Brito (op. cit., pp. 50-2). Sobre Lages, ver Von Spix e Von Martius, *Travels* (op. cit., v. 2, pp. 32-3). Foi a seguinte a evolução da população total de Santa Catarina de 1810 a 1900 e da população escrava de 1810 a 1887:

ANO	POPULAÇÃO TOTAL	POPULAÇÃO ESCRAVA	% ESCRAVOS TOTAL
1810[a]	30.309	7.203	23,1
1854	101.559	14.195	14,0
1872	159.802	14.984	9,4
1887		4.927	Cerca de 2%
1890	283.769		
1900	320.289		

FONTES: Para 1810, P. J. M. de Brito, *Memória*, op. cit., p. 50; para 1854: "Relatório [...] J. J. Coutinho [...] 1855", reproduzido em F. H. Cardoso, *O negro*, op. cit., p. 84; para 1872, 1890 e 1900: censos nacionais; para 1887: dados da matrícula dos escravos reproduzidos em *Relatório do Ministério da Agricultura*, 1888, p. 24 (percentagem aproximada).

[a] Excluindo Lages.

14. Sobre a população da ilha de Santa Catarina, ver Cardoso, *O negro* (op. cit., pp. 79 e 86). Sobre a reprodução dos escravos e suas ocupações, ver Brito (op. cit., p. 52, nota 6 e 75, respectivamente). O mesmo autor observou que mulatos livres eram geralmente artesãos, e que também havia alguns artesãos escravos.

15. Cardoso, *O negro* (op. cit., p. 61), argumentou que "o agricultor pobre, não podendo comprar escravos, preferia tornar-se embarcadiço a arruinar-se e degradar-se no trabalho agrícola". Deve-se concluir que isso significa que o que era considerado degradante pelos brancos não era o trabalho agrícola per se, quando executado na categoria de proprietário das terras, mas sim o trabalho agrícola assalariado. No entanto, existiam até mesmo exemplos desse último caso, conforme

indicado por aquele frequentemente citado exemplo dos soldados da caserna de Desterro que, em seu tempo livre, arrendavam seus serviços a agricultores por um salário (ver p. 71). O preconceito contra o trabalho manual era certamente menos arraigado em Santa Catarina do que nas áreas de grandes plantações orientadas para a exportação, e tenderia a diminuir ainda mais com a aceleração da imigração europeia. Sobre o emprego de brancos em diversas ocupações na cidade e no campo, ver Saint-Hilaire, *Voyage* (op. cit., t. 2, pp. 321, 336 e 341). Sobre a má distribuição inicial dos lotes, ver Cardoso, *O negro* (op. cit., p. 19).

16. Sobre o destino das armações de baleia na primeira metade do século XIX, ver José Feliciano Fernandes Pinheiro, "Resumo histórico da província de Santa Catarina", em seus já citados *Annaes da província de São Pedro* (pp. 435-7), e Cabral (op. cit., pp. 82-3). Após 1827, os diversos estabelecimentos foram gradualmente vendidos pelo governo para particulares que, por sua vez, tiveram de suspender suas operações. Cabral observa que, em 1816, a indústria da pesca de baleia já enfrentava sérias dificuldades, uma vez que o preço do óleo havia caído, e devia 24 contos de réis aos trabalhadores, indicando a presença de empregados livres.

Saint-Hilaire, *Voyage* (op. cit., t. 2, pp. 312-3), observou que, embora os trabalhadores na fabricação do óleo de baleia fossem escravos, conforme mencionado anteriormente por Mawe, a pesca às baleias era feita por homens livres, que recebiam uma remuneração fixa por animal capturado. O autor acrescentou que esses "pescadores" eram trabalhadores em tempo parcial e eram "em geral agricultores muito pobres". Sobre os efeitos internos do declínio da indústria, ver Cardoso, *O negro* (op. cit., pp. 40-1).

Outra atividade que tendeu a desaparecer após a segunda década do século XIX foi o cultivo do trigo. O produto ainda era exportado em pequenas quantidades em 1810, e era cultivado em torno de Laguna, mas, como no caso do Rio Grande do Sul, parece não ter conseguido fazer frente à competição dos grãos norte-americanos.

17. Ver *O Brasil, suas riquezas naturais, suas indústrias* (op. cit., v. 2, pp. 166-7). Segundo estatísticas compiladas pela Comissão de Tarifas, a "produção" anual média de produtos derivados do açúcar entre 1845-6 e 1849-50 era a seguinte: açúcar: cerca de 3.450 arrobas; aguardente de cana: 27.100 canadas; melaço: 3.292 medidas. Esses números provavelmente se referem a exportações que mostraram pouco progresso com relação a 1810 (ver a tabela abaixo). A praga do início da década de 1840 foi mencionada por Burlamaqui (p. 166). Infelizmente, não foi possível encontrar dados estatísticos sobre as exportações de produtos derivados do açúcar anteriores a essa praga.

A evolução da composição das exportações marítimas totais de Santa Catarina em anos selecionados (1810 e 1850) foi a seguinte:

	1810	1850
Farinha de mandioca	71.847 alqueires	204.166 alqueires
Milho	1.702 alqueires	19.550 alqueires
Feijão[a]	6.917 alqueires	17.618 alqueires
Arroz	36.632 arrobas	14.651 arrobas
Café	13.208 arrobas	681 arrobas
Açúcar	1.224 arrobas	—

Aguardente de cana	25.287 medidas	15.181 medidas
Melado	7.407 medidas	36.749 medidas
Erva-mate	—	—

FONTES: Para 1810, ver P. J. M. de Brito, *Memória*, op. cit., tabela oposta à da p. 66; para 1850, ver dados de "Relatório [...] da província", citados por F. H. Cardoso em *O negro*, op. cit., pp. 42-3.

[a] Inclui favas e feijão preto.

18. Ver MacGregor, "Empire of Brasil" (*PP 1847*, v. 64, p. 179). O autor reproduz números oficiais segundo os quais as exportações totais de Santa Catarina para portos estrangeiros em 1842-3 alcançaram 87.841 mil-réis, dos quais 36.559,3 consistiam em exportações para o Uruguai e a Argentina. De acordo com Saint-Hilaire, *Voyage* (op. cit., t. 2, p. 342), que reproduz estatísticas oficiais, as exportações totais de Santa Catarina em 1837-8 e 1838-9 (para portos estrangeiros e principalmente para outras províncias) alcançaram respectivamente 215.137 e 293.253 mil-réis. Em termos monetários, o segundo número corresponde a quase quatro vezes aquele referente ao ano de 1810, citado por Brito (op. cit., p. 66). As exportações totais em libras esterlinas em 1810, convertidas com base em 3.555 réis por libra, alcançaram 21.182 libras. As exportações totais mil-réis em 1838-9, convertidas com base em 8.555 réis por libra, correspondiam a um total de 34.279 libras, caracterizando um aumento de 61,8% com relação ao número de 1810, a uma taxa de menos de 2% ao ano.

19. Os preços de escravos citados no texto referem-se a escravos do sexo masculino, e são citados pelos cônsules britânicos em Santa Catarina. Ver "Consul Callander to the Earl of Clarendon, Dec. 31, 1853" (*PP 1854*, v. 73, Correspondence Class B, p. 286); "Consul Callander to Lord Russell, Jan. 29, 1860" (*PP 1860*, v. 70, p. 32); e "Consul Callander to the Earl of Clarendon, Feb. 19, 1870", documento incluído n. 2 (*PP 1871*, v. 62, p. 10).

As exportações anuais legais de escravos da capital e seu entorno entre 1852 e 1859 foram as seguintes:

1852	346
1853	153
1854	114
1855	103
1856	56
1857	124
1858	101
1859	74

"Escravos também eram exportados de outras partes da província", segundo o cônsul britânico. Ver "Consul Callander to Lord J. Russell, Jan. 23, 1860" (*PP 1860*, v. 70, p. 33).

Caso os números citados pelos cônsules estivessem aproximadamente corretos, a margem de lucro do tráfico interprovincial de escravos era certamente mais baixa do que aquela sugerida por Cardoso em *O negro* (op. cit., p. 83), sobretudo depois da criação de um imposto de exportação de duzentos mil-réis na década de 1860. (Sobre os preços de escravos em outras províncias na década de

1850, ver a nota 20 do capítulo 3, referente à província do Rio de Janeiro, a nota 35 do capítulo 4, referente a São Paulo, e a nota 73 do capítulo 8, referente ao Rio Grande do Sul.)

20. Para um bom levantamento das primeiras tentativas de colonização de Santa Catarina, ver Cabral, *História* (op. cit., pp. 209-13). Sobre a colônia de Nova Itália, ver Gherardo Pio di Savoia, "Gli italiani nello stato di S. Caterina del Brasile" (*Bollettino dell'Emigrazione*, n. 6, II, p. 32, 1902).

21. Sobre Dona Francisca, ver S. Dutot, *France et Brésil* (Paris: Guillaumin et Cie., 1857, pp. 194, 203, 212 e 215). O autor observou que o consumo anual de carne por habitante na colônia era de 65 quilos em 1855, quantidade média inconcebível na Europa da época. Ver também Reclus, "Le Brésil et la colonisation" (op. cit., pp. 408-10), que faz referência aos "burgueses" de Blumenau.

22. Ver Léonce Aubé, *La province de Sainte-Catherine et la colonisation du Brésil* (Rio de Janeiro: Imprimerie de Frederic Arfvedson, 1861, pp. 143-4). Segundo o autor, devido ao alto preço dos escravos no final da década de 1850, a taxa de retorno do capital investido no cultivo do açúcar com escravos talvez não ultrapassasse 2%! Ele não se refere explicitamente a grandes fazendas orientadas para a exportação. Cabe observar que o autor passou duas temporadas no Brasil: a primeira em meados da década de 1840 e a segunda durante a maior parte da década de 1850. Suas observações parecem se referir ao segundo período, para o qual ele reproduz dados estatísticos oficiais. Assim, ele apresenta uma tabela sobre a população por município em 1856 que mostra um total de 119.109 habitantes, dos quais 18.187 (16,4%) eram listados como escravos e 5.008 como estrangeiros (ver p. 56), enquanto as estimativas referentes a 1854, apresentadas na nota 13 acima, mostram um total de 101.559 habitantes, sendo 14.195 escravos.

23. Ver "Report [...] Trade [...] St. Catherine [...] Year 1857 [...] Consul Callander" (*PP 1859*, v. 30, p. 41). Segundo o autor, o preço de um alqueire de farinha de mandioca havia aumentado de dois shillings e 10,5 pence em 1856 para oito shillings e nove pence em 1857, e começava-se a cultivar extensões maiores de terra com mandioca. Aubé (op. cit., p. 76) relatou o acentuado declínio subsequente desse preço, e comparou seu nível de 1.400 a 1.500 réis por alqueire no final da década de 1850 ao baixo preço de setecentos réis que prevalecia em 1849-50. As subsequentes flutuações do preço do produto podem ser apreciadas nos números a seguir, relativos ao valor médio do alqueire de farinha de mandioca exportada para portos estrangeiros:

1858-9	1.863 réis	1860-1	1.143 réis	1862-3	799 réis	1864-5	1.309 réis	1866-7	1.158 réis
1859-60	2.287 réis	1861-2	705 réis	1863-4	1.251 réis	1865-6	1.316 réis	1867-8	1.282 réis

FONTE: Esses números foram tirados de Scully, op. cit., p. 59 e do *Relatório do Ministério da Fazenda*, 1869, tabela 53.

24. Scully (op. cit., p. 264) afirma que a farinha de mandioca e a madeira eram os dois principais artigos do comércio catarinense com o Rio da Prata. Em 1867-8, segundo o *Relatório do Ministério da Fazenda* (1869, tabela 52), as exportações totais de Santa Catarina para portos estrangeiros, que alcançaram 415.819 mil-réis, tiveram os seguintes destinos: cidades hanseáticas (5,1%); França e possessões (2,2%); Rio da Prata (92,7%). A evolução das exportações de farinha de mandioca para portos estrangeiros entre 1858-9 e 1871-2 foi a seguinte:

	EXPORTAÇÕES DE FARINHA DE MANDIOCA PARA PORTOS ESTRANGEIROS (EM CONTOS DE RÉIS)	% FARINHA DE MANDIOCA VALOR DAS EXPORTAÇÕES PARA PORTOS ESTRANGEIROS	EXPORTAÇÕES DE FARINHA DE MANDIOCA PARA PORTOS ESTRANGEIROS (EM ALQUEIRES)
1858-9	62,5	52,0	33.524
1859-60	139,1	68,7	60.790
1860-1	102,8	72,2	89.933
1861-2	49,5	59,6	70.124
1862-3	49,1	45,7	61.449
1863-4	108,5	70,8	86.714
1864-5	190,8	67,7	145.722
1865-6	438,9	84,7	333.489
1866-7	373,7	76,1	322.638
1867-8	262,7	63,2	204.821
1868-9[a]	253,9	70,2	268.000[b]
1869-70[a]	400,7	76,2	320.500[b]
1870-1[a]	260,5	81,2	190.800[b]
1871-2[a]	358,1	46,9	195.400[b]

FONTES: Os números acima foram tirados dos seguintes *Relatórios do Ministério da Fazenda*: 1860, tabela 56; 1869, tabela 53; 1873, tabela 48.

[a] Não inclui exportações por São Francisco.

[b] Totais convertidos de litros em alqueires de 36,27 litros e arredondados.

25. Ver "Report [...] Trade [...] St. Catherine [...] Year 1857 [...] Consul Callander" (*PP 1859*, v. 30, p. 41). Segundo o cônsul, "a companhia constituída alguns anos atrás para a coleta e a preparação do mate foi dissolvida; a distância que o mate precisava percorrer para ser carregado em navios, bem como a falta de meios de transporte, tornaram-na um empreendimento não rentável".

As minas de carvão do rio Tubarão já haviam sido identificadas na época, mas sua exploração ainda não era viável devido à falta de uma boa estrada e à distância de cerca de 65 quilômetros até o porto mais próximo. Sobre a composição do comércio catarinense em 1850 e 1865, ver a nota 17 acima e as notas 26 e 43 abaixo.

26. Em 1865, as exportações marítimas de Santa Catarina, principalmente para outras províncias, teriam incluído, entre outros produtos, 515.945 alqueires de farinha de mandioca, 187.669 alqueires de milho e 46.786 alqueires de favas e feijão preto (ver nota 43 abaixo). A composição das exportações da província para portos estrangeiros de 1873-4 a 1875-6, segundo o *Relatório do Ministério da Fazenda* (1877, tabela 61), foi a seguinte:

Produtos	Unidade	1873-4 Quantidade	1873-4 Valor em mil-réis	1874-5 Quantidade	1874-5 Valor em mil-réis	1875-6 Quantidade	1875-6 Valor em mil-réis
Aguardente de cana-de-açúcar	litros	116.478	11.060	190.790	17.361		
Açúcar	quilos	96.596	12.446	77.313	10.050	1.200	156
Café	quilos	18.388	11.649	1.094	325	9.137	5.222
Cabelo e crina de cavalo	quilos	1.913	1.147	746	447	3.484	1.878
Couros	quilos	60.687	38.823	52.501	31.500	83.906	46.682
Fumo	quilos	3.934	1.421	1.102	600		
Mate	quilos	5.579	914	—		—	
Madeira			41.751		48.340		51.622
Diversos (incluindo sobretudo farinha de mandioca)			70.882		103.894		200.779
Total			190.093		212.517		306.339

Cabe observar que as exportações de milho, feijão e arroz eram em sua maioria dirigidas a outras províncias, o que também era verdadeiro em relação a uma grande parte das exportações de farinha de mandioca.

27. Ver *Relatório do Ministério da Marinha* (Rio de Janeiro: Typ. Nacional, 1857, pp. 8-9) e *Relatório do Ministério da Marinha* (Rio de Janeiro: Typ. Perseverança, 1866, p. 25). O segundo recenseamento foi descrito como deficiente. (Para dados sobre o Rio Grande do Sul e o Brasil, ver capítulo 8, nota 108.)

28. Sobre 1854-55, ver Ferreira Soares, *Elementos de estatística* (op. cit., v. 2, p. 232). Sobre 1865-6, ver *Relatório do Ministério da Fazenda* (1866, tabela 90).

29. Ver Cardoso, *O negro*, op. cit., pp. 63 e 84. O autor reproduz informações do relatório da província de 1867. Segundo a publicação oficial do censo de 1920, *Recenseamento de 1920* (v. 1, p. 474), o levantamento de 1866 foi "um verdadeiro censo realizado por autoridades policiais". É provável, porém, que estivesse incompleto, uma vez que mostrava uma população total de 119.181 habitantes por oposição aos 159.802 listados no censo nacional de 1872, o que resultaria em improvável aumento de 34% em seis anos!

30. Conforme destacado por Martin Bronfenbrenner em *Income Distribution Theory* (Chicago: Aldine, 1971, p. 50), observações agrupadas junto ao limite superior da curva de Lorenz produzem um coeficiente de Gini subestimado. De fato, o coeficiente computado a seguir é muito baixo:

COEFICIENTE DE CONCENTRAÇÃO DE GINI E DISTRIBUIÇÃO DA RENDA MONETÁRIA SEGUNDO OS INDIVÍDUOS EM SANTA CATARINA EM 1866

Faixa de renda (mil-réis)	% de indivíduos com renda (1)	% da renda total (2)	% cumulativa da renda total (3)=cum.(2)	Pares de somas de linhas de (3) (4)	(1) x (4) (5)
100 a 499	87,84	65,5	65,5	65,5	5.753,5
500 a 999	8,28	15,4	80,9	146,4	1.212,2
1.000 a 1.999	3,35	12,5	93,4	174,3	583,9
2.000 a 3.999	0,31	2,3	95,7	189,1	58,6
4.000 a 9.999	0,20	3,5	99,2	194,9	39,0
10.000 a 20.000	0,02	0,8	100,0	199,2	4,0
Total	100,00	100,00			7.651,2

Coeficiente de concentração $R = \frac{10.000 - 7.651,2}{10.000} = \frac{2.348,8}{10.000} = 0,23$

FONTE: Dados sobre rendas e do número de indivíduos com alguma renda, ver "Relatório [...] presidente da província [...] 1867", reproduzido em F. H. Cardoso, *O negro*, p. 63.

METODOLOGIA: Martin Bronfenbrenner, *Income Distribution Theory*, op. cit., 1971, pp. 47 e 50-2.

31. Dados incompletos sobre a matrícula dos escravos, que mencionaram 10.551 escravos (ou cerca de dois terços da população escrava total da província), mostraram 8.342 habitantes rurais (79%) contra 2.209 urbanos. Daqueles escravos, 5.248 (49,7%) eram listados como agricultores, e 5.744 (54,4%) tinham de quatorze a cinquenta anos de idade. Ver "Report [...] Trade [...] Rio de Janeiro [...] 1873 [...] Consul Lennon-Hunt" (*PP 1875*, v. 75, parte 2, p. 321).

32. Ver tabela 2, que mostra um aumento de 3.637 pessoas em Blumenau e 2.335 pessoas em Dona Francisca, cuja maioria era provavelmente de novos imigrantes, e não de recém-nascidos ou pessoas transferidas de outras partes da província.

33. Ver Cardoso, *O negro*, op. cit., p. 72. Em nove das ocupações que os escravos compartilhavam com trabalhadores livres, à exclusão de "operários em tecidos", costureiras e empregados domésticos, havia 991 trabalhadores livres e 276 escravos, estes últimos constituindo 21,8% do total.

34. As qualificações feitas em relação a outras províncias quanto à confiabilidade dos dados sobre o emprego feminino também são válidas para Santa Catarina. Isso se aplica particularmente às pessoas livres empregadas no "serviço doméstico", que incluíam muitas donas de casa. Para os dados censitários relativos à ilha de Santa Catarina, ver Cardoso (ibid., pp. 64-5).

35. A população escrava dos diversos municípios também está reproduzida em Cardoso (ibid., p. 86). Em 1860, Lages abrigava 1.076 escravos que representavam 18,5% da população total do município. Como essa área continha um certo número de estâncias, a exemplo de determinadas áreas do Rio Grande do Sul e Paraná, o emprego de escravos como domésticos e em outras ocupa-

ções nas fazendas era provavelmente frequente. Por outro lado, as exigências de mão de obra da criação de gado em si eram comparativamente pequenas, e os habitantes livres não hesitavam em se empregar como peões.

36. A partir de diversos *Relatórios do Ministério da Fazenda*, incluíram-se na tabela 1 dados sobre o comércio de longo curso e o comércio interprovincial de Santa Catarina entre 1873-4 e 1888. Os dados desses relatórios nem sempre coincidem com dados de outras fontes da época, mas deveriam dar uma indicação da tendência do comércio marítimo total da província durante o período. Estão excluídas as exportações de gado em pé por terra.

37. Ver "Report [...] Trade [...] of Rio Grande do Sul [...] 1880 [...] Consul Gollan: 'Santa Catarina', Report by Vice-Consul Reidy" (*PP 1881*, v. 91, parte 8, p. 1434). Na época, o governo provincial estava tentando estimular o cultivo do café, e oferecia um prêmio a quem plantasse mais de 10 mil pés.

38. Ver os comentários do vice-cônsul interino britânico Reidy em "Report [...] Trade Rio Grande do Sul and Santa Catarina [...] 1878 [...] Consul Gollan" (*PP 1878-79*, v. 71, parte 4, p. 1178). Com relação aos "estabelecimentos" de processamento de alimentos nas colônias, parece que muitos eram movidos a força manual ou por parelhas de bois, mas alguns também utilizavam a força hidráulica, como era o caso da maioria das serrarias de Blumenau. Computou-se a seguinte tabela sobre os engenhos e fábricas de algumas colônias:

	DONA FRANCISCA (1861)	BRUSQUE (1863)	SANTA ISABEL (1869)	ANGELINA (1872)	BLUMENAU (1881)
Engenhos de mandioca	70	10	26	26	143
Engenhos de açúcar	32	2	2	9	154
Engenhos de fubá	—	5	7	3	—
Moinhos de cereais	—	—	—	1	27
Engenhos de arroz	4[a]	—	—	—	5
Fábricas de vinagre	X[b]	1	—	—	2
Cervejarias	X[b]	4	3	—	8

FONTES: Para Dona Francisca, Santa Isabel e Angelina, ver Cabral, op. cit., pp. 211, 230 e 237; para Brusque, ver Max Tavares D'Amaral, "Contribuição à história da colonização alemã no Vale de Itajaí", em *Anais do I Congresso de História Catarinense*, Florianópolis, Imprensa Oficial, 1950, v. 2, p. 301; para Blumenau, ver Henry Lange, *Sud Brasilien*, Leipzig, Eduard Baldann, 1888, pp. 149-50.

[a] 1856.
[b] Número não especificado.

39. Esses dados foram tirados de um relatório provincial de 20 de julho de 1875 e são citados por Várzea (op. cit., p. 305). O autor também apresenta os seguintes rendimentos por semente para a Alemanha: trigo: 8-12 : 1; centeio: 8-14 : 1; cevada: 10-15 : 1; aveia: 10-15 : 1.

40. É o que transparece do já citado relatório do vice-cônsul Reidy para 1878. O autor observou que muito poucos estabelecimentos eram movidos a vapor, e estes eram de escala limitada.

41. Ver "Report [...] Trade [...] Rio de Janeiro [...] 1880 [...] Consul Ricketts" (*PP 1882*, v. 70, parte 4, p. 174). Segundo Diegues Jr., *Imigração, urbanização, industrialização* (op. cit., p. 217), o início das duas futuras fábricas, a Hering em Blumenau e a Renaux em Brusque, data respectivamente de 1879 e 1882.

42. Ver Lange, op. cit., p. 169. As três fábricas de Joinville movidas a vapor tinham uma potência total de 29 cavalos de força, e a de São Bento de cinco cavalos de força (HP).

43. Ver Lange, op. cit., p. 150. Dados em alqueires foram convertidos de totais em hectolitros para serem comparados com dados anteriores. Sobre o valor das exportações de Blumenau no início da década de 1870, ver Cabral (op. cit., p. 218). As exportações marítimas de produtos selecionados de Santa Catarina em 1865 e no ano fiscal 1880-1 para outras províncias e para o exterior foram as seguintes:

	1865	1880-1
Farinha de mandioca	515.945 alqueires	9.160 toneladas[b]
Milho	187.669 alqueires	2.337 toneladas[b]
Feijão[a]	46.786 alqueires	831 toneladas[b]
Arroz	15.264 arrobas	43.010 arrobas[c]
Café	—	
Açúcar	—	34.119 arrobas[c]
Erva-mate	—	2.178 toneladas

FONTES: Para 1865, ver dados de relatório da província citados por F. H. Cardoso em *O negro*, op. cit., pp. 42-3; para 1880-1, ver "Report by Mr. Vice-Consul Reidy", em "Report [...] Trade [...] Rio Grande do Sul [...] 1882 [...] Consul Gollan", *PP 1883*, v. 73, parte 8, p. 1166.

[a] Inclui favas e feijão preto.

[b] Toneladas de mil quilos. Os dados anteriores, em alqueires de 36,27 litros, não se prestam facilmente à comparação. Em São Paulo, em 1897, um litro era considerado equivalente a 750 gramas de grãos. Caso essa taxa de conversão esteja correta, as exportações de farinha de mandioca, milho e feijão em 1880-1 equivaleriam, respectivamente, a 336.765 alqueires, 85.919 alqueires e 30.551 alqueires.

[c] Convertido de quilos em arrobas de 14,689 quilos.

44. Ver os dados da nota 46 sobre as exportações totais em 1881. Comparem-se as exportações de Dona Francisca com os dados sobre as exportações totais na tabela 1. É preciso observar que parte das exportações das colônias era consumida em outras áreas da província.

45. Segundo Cabral (op. cit., p. 238), até 1880 cerca de 11 mil colonos chegaram às diversas "linhas" coloniais do vale das Tijucas. É possível que esse número esteja um pouco exagerado. Em

1887, Perrod (op. cit., p. 233) estimou o número total de italianos em Santa Catarina em 5 mil. Pio di Savoia, "Gli Italiani" (op. cit., p. 39), refutando cálculos mais elevados, afirmou que, em 1889, os italianos em Santa Catarina não poderiam ter passado de 10 mil.

46. Não é o objetivo deste estudo retraçar exaustivamente a evolução das diversas pequenas colônias surgidas durante o período. Fontes úteis sobre a questão são Cabral (op. cit., cap. 10, pp. 235-46) e os relatórios consulares italianos, em especial Pio di Savoia, "Gli Italiani", op. cit., e G. Caruso MacDonald, "Lo stato di Santa Caterina e la colonizzacione italiana", em Ministero degli Affari Esteri, Commissariato dell'Emigrazione, *Emigrazione e colonie* (Roma: Cooperativa Tipografica Manuzio, v. 3: "America"; parte 1: "Brasile", pp. 213-70, 1908).

47. Ver o *Relatório do Ministério da Agricultura* de 1882, p. 6, e o de 1888, p. 24; ver também a nota 13 deste capítulo.

48. As exceções eram Laguna, São José e Lages, que ainda tinham respectivamente 858, 816 e 736 escravos. Porém, até mesmo nesses municípios os escravos não eram importantes em termos relativos, uma vez que São José, por exemplo, tinha 33.084 habitantes segundo o censo de 1890.

49. Sobre a permanência de ex-escravos em suas ocupações anteriores, ver Cardoso, *O negro* (op. cit., p. 137). Para os dados do censo de 1890, ver pp. 92-3.

50. Ver o relatório de Pio di Savoia, "Gli Italiani", op. cit., pp. 34-5, 40 e 42. O autor (que, como foi visto na nota 45 acima, estimava em menos de 10 mil os italianos em Santa Catarina em 1889) fornece os seguintes dados sobre a imigração italiana para Santa Catarina:

1885	167
1886	390
1887	549
1888	305
1889	873
1890	179
1891	4.240
1892	1.348
1893	863
1894	27

O autor observou que a chamada Lei Glicério, decreto de 18 de junho de 1890 criando subsídios federais à imigração, trouxe em alguns anos para Santa Catarina "milhares e milhares de poloneses, italianos, russos e alemães".

51. A população de origem italiana em Santa Catarina (por municípios) era a seguinte por volta de 1900:

MUNICÍPIOS	POPULAÇÃO TOTAL (31 DEZ. 1900)	POPULAÇÃO ESTIMADA DE ORIGEM ITALIANA
Florianópolis	32.759	300 a 400
Laguna	16.471	160 a 216
Araranguá	16.211	1.900 a 2.002
Tubarão	23.389	4.089 a 5.042
Urussanga	7.145	7.000
Tijucas	12.587	240 a 320
Itajaí	15.692	2.310 a 3.080
Nova Trento	5.805	1.100 a 1.200
Brusque	9.124	1.800 a 2.000
Blumenau	34.472	4.500 a 5.000
Joinville	19.670	150 a 200
Outros	127.835	308 a 408
Total	321.160	23.857 a 26.868

Os dados sobre o censo de 1900 estão reproduzidos em Pio di Savoia, "Gli Italiani" (op. cit., p. 40), e na nota 13 acima. Os números sobre habitantes de origem italiana foram obtidos a partir de um levantamento realizado pessoalmente pelo cônsul, e também de informações enviadas para ele por seus correspondentes em diversas localidades. O autor acreditava que seus totais estivessem muito próximos do número real. Esses totais contrastam com estimativas anteriores, que avaliam a população italiana em cerca de 50 mil pessoas. Sobre a "população de língua alemã", ver p. 42.

Em contraste com os números apresentados acima, os "estrangeiros" segundo a lei brasileira somavam apenas 32.146 em 1900, por oposição aos 6.198 listados no censo de 1890. Por causa da "Grande Naturalização", ambos os números aparentemente excluíam uma grande fração dos imigrantes de diversas origens ingressados antes de 1889, mas sugerem uma imigração líquida de pelo menos 25.948 pessoas entre os dois censos.

52. Ver Diegues Jr., op. cit., pp. 220-1, e Cardoso, *O negro*, op. cit., pp. 97, 107 e 110. Com relação à produção de açúcar no estado, um engenho central foi estabelecido em 1896 no município de Tijucas. Na virada do século, sua produção anual média era de aparentemente 225 toneladas. Ver *O Brasil, suas riquezas naturais, suas indústrias*, op. cit., v. 2, p. 167.

53. Ver Pio di Savoia, "Gli Italiani", op. cit., p. 43. Ver também a nota 51 acima, que indica que o número de italianos em Florianópolis (ex-Desterro) e Laguna era comparativamente baixo. Enquanto as colônias absorviam muitos agricultores e seus centros urbanos abrigavam alguns artesãos, as oportunidades de emprego urbano no estado permaneciam comparativamente limitadas na virada do século, até mesmo na capital, que contava 13.474 habitantes.

Embora alguns ferreiros, carpinteiros, alfaiates, pedreiros e sapateiros italianos houvessem fixado residência em Florianópolis e a maioria dos carroceiros da cidade fosse italiana, o cônsul da Itália não aconselhava todo tipo de trabalhador qualificado a imigrar para Santa Catarina, pois eles poderiam encontrar uma demanda insuficiente por seus serviços. Em 1901, bons artesãos — incluindo categorias como sapateiros, pedreiros, alfaiates, ferreiros e carpinteiros — que encontrassem emprego podiam ganhar de três a sete mil-réis por dia. Em contraste, trabalhadores diaristas não qualificados, carregadores, jardineiros e trabalhadores diaristas na agricultura recebiam de 1,5 a três mil-réis.

A demanda por trabalhadores diaristas permanecia limitada e seu trabalho era mal remunerado, uma vez que o trabalho familiar predominava nas áreas agrícolas e até mesmo na ilha de Santa Catarina. Ali, pequenos proprietários continuavam a ser a regra, e a produção têxtil doméstica para venda na capital ainda não havia desaparecido na freguesia de Lagoa na década de 1890.

Sobre salários e oportunidades de emprego em 1901, ver Pio di Savoia, "Gli Italiani" (op. cit., pp. 40, 43 e 49-50). Sobre a produção têxtil em Lagoa, ver Várzea (op. cit., p. 310). O autor fornece uma descrição dos teares utilizados (pp. 314-7). Enquanto os domicílios da ilha usavam algodão nativo, as "pequenas fábricas têxteis de Blumenau e Joinville importavam" a maior parte do algodão que consumiam.

54. Ver "Report of Vice-Consul Chaplin" em "Report for the Years 1899 and 1900 on the Trade and Commerce of the Consular District of Rio Grande do Sul [...] Consul Staniforth" (*PP 1902*, v. 105, p. 13).

55. Arthur Dias, em *The Brazil of Today* (op. cit., pp. 545-6), apresenta os números abaixo sobre as exportações de Itajaí e Laguna, que foram somados e convertidos em libras esterlinas:

ANOS	EXPORTAÇÕES PARA PORTOS ESTRANGEIROS (EM CONTOS DE REIS)			EXPORTAÇÕES INTERESTADUAIS (EM CONTOS DE RÉIS)			TOTAL EM CONTOS 7 = (3 + 6)	TOTAL EM LIBRAS ESTERLINAS[a]
	(1) Laguna	(2) Itajaí	(3) Total	(4) Laguna	(5) Itajaí	(6) Total		
1892	13,4	13,9	27,3	660,7	1.398,2	2.058,9	2.086,2	104.102
1894	30,7	—	30,7	847,7	1.210,5	2.049,2	2.079,9	86.941
1895	27,3	—	27,3	631,7	1.248,2	1.879,9	1.907,2	78.576
1896	33,7	9,5	43,2	1.012,0	1.990,2	3.002,2	3.045,4	114.201
1897	195,1	119,7	314,8	1.568,9	1.969,8	3.538,7	3.853,5	121.000
1898	203,3	102,4	305,7	2.069,5	2.247,5	4.317,0	4.622,7	137.294
1899	298,8	53,9	352,7	1.950,6	2.724,1	4.674,7	5.027,4	154.342
1900	243,3	86,0	329,3	1.206,5	1.813,0	3.019,5	3.348,8	130.603
1901	—	174,3	174,3	1.126,5	1.679,5	2.806,0	2.980,3	141.139

[a] O valor médio da libra de ouro em mil-réis foi tirado de IBGE, *Anuário estatístico do Brasil, 1939-40*, op. cit., pp. 1.358-9. Novamente, esses números não refletem as exportações totais do estado, e não são estritamente comparáveis com os dados apresentados na nota 18 e na tabela 1.

56. Sobre as exportações de Lages, ver o já referido relatório do vice-cônsul Chaplin (p. 13), citado na nota 54 acima, e também Arthur Dias (op. cit., p. 545), que menciona que "a riqueza do município é o gado bovino, muito melhor do que o do Rio Grande do Sul".

1. Ver C. M. Westphalen em Altiva Pilatti Balhana, Brasil Pinheiro Machado e Cecília Maria Westphalen, *História do Paraná* (Curitiba: Grafipar, 1969, v. 1, pp. 50-6). (Como as diferentes partes desse estudo são alternativamente escritas por cada autor, este será citado a partir de agora como *História*, com referência ocasional ao autor do trecho específico.) Segundo Westphalen, em 1631 havia 12 mil índios concentrados na confluência dos rios Paraná e Paranapanema. Estes representavam o que restava dos 40 mil índios anteriormente agrupados em diversas missões. Sobre a mesma questão, ver também Silveira Neto, *Do Guayra aos saltos do Iguassu* (Curitiba: Typ. do Diário Oficial, 1914, pp. 91-102).

2. Rocha Pombo, *História do Paraná* (São Paulo: Melhoramentos, [1930?], pp. 91-102).

3. *História*, pp. 116-7 e 119-22.

4. Ver Romário Martins, *História do Paraná* (Curitiba: Empresa Gráfica Paranaense, 1937, pp. 302 e 314-7). Os mamelucos eram filhos de mães índias e pais brancos.

5. Para dados detalhados sobre o censo de 1772, ver *História*, pp. 117-8. Os dados restantes foram tirados de Octavio Ianni, *As metamorfoses do escravo* (São Paulo: Difusão Europeia do Livro, 1962, pp. 70-88).

6. Em uma freguesia de Curitiba, que em 1776 contava 1.165 habitantes, apenas cinquenta famílias do total de 171 listadas possuíam escravos ou "índios administrados" (na prática, escravos índios, apesar de a legislação colonial já então proibir formalmente a escravidão indígena), e somente outras dez incluíam agregados. Havia, portanto, 111 domicílios sem escravos nem agregados, a maioria dos quais devia produzir seu próprio sustento. Nessa freguesia do Patrocínio de São José, 217 habitantes (18,6%) eram escravos negros ou mulatos, 53 (4,5%) eram "índios administrados" e 27 (2,3%) eram agregados. Ver Ianni, op. cit., p. 87.

A proporção mais elevada de escravos na população total de Paranaguá, no litoral, parece indicar seu emprego em maior intensidade em uma gama mais variada de atividades do que nas propriedades agrícolas do planalto.

7. Segundo um relatório de 1797, o planalto enviava para o litoral gêneros como trigo, feijão e ocasionalmente milho, além de produtos "processados" tais como fumo, toucinho e erva-mate. Ver Romário Martins, *Terra e gente do Paraná* (Curitiba: Empresa Gráfica Paranaense, 1944, pp. 225-9). Sobre pedágios que incidiam sobre alguns desses produtos em 1804, ver Martins, *História do Paraná* (op. cit., p. 126). Sobre a queda de preços do gado, ver p. 316. Sobre a extensão limitada das exportações de mate e a importância das exportações de farinha de mandioca de Paranaguá para a colônia de Sacramento, para as tropas no Sul e até mesmo para o Rio de Janeiro, ver Cecília Maria Westphalen, "Paranaguá et le Rio de la Plata au XIXème siècle", em CNRS, *L'histoire quantitative du Brésil de 1800 à 1930* (Paris: CNRS, 1973, p. 315).

8. Saint-Hilaire, *Voyage*, op. cit., t. 2, pp. 40, 54 e 58. Ver também a nota 11 adiante.

9. Segundo um estudo recente de B. P. Machado, em *História* (op. cit., p. 88), com base em inventários de Castro, os escravos das fazendas de gado não eram apenas qualificados nas atividades ligadas à criação de gado, incluindo tropeiros, peões e domadores. Alguns também eram artesãos, incluindo carpinteiros, alfaiates e até mesmo sapateiros, e outros ainda se especializavam em atividades domésticas como a culinária e possivelmente a tecelagem.

10. Saint-Hilaire, *Voyage*, op. cit., t. 2, pp. 10-1. Evidências sobre choças separadas para os es-

cravos ou sobre seu emprego nas fazendas incluem os seguintes estabelecimentos, da divisa de São Paulo até Castro: "[...] fazenda Marangava [...] choças de escravos" (p. 36); "[...] fazenda Boavista [...] alguns escravos comandados pelos mais leais e inteligentes dentre eles" (p. 40); "[...] fazenda Jaguariaíva [...] uma dúzia de choças de escravos" (p. 43); "[...] fazenda Cachambu [...] choças de escravos" (p. 51); "[...] fazenda do tenente Fugaça [...] escravos [autoadministrados] elogiando seu senhor" (p. 58); e de Castro a Curitiba: "[...] fazenda Carambaí [...] com um escravo" (p. 93).

Em contraste, referindo-se à situação da grande fazenda Fortaleza na primeira metade do século XIX, outro observador estrangeiro relatou o assassinato por escravos de feitores brutais e a existência de uma "disciplina militar" e de pelourinhos na propriedade. Na década de 1870, as senzalas que ainda existiam foram descritas como "fileiras de construções baixas e caiadas". Ver Thomas P. Bigg-Wither, *Pioneering in South Brazil: Three Years of Forest and Prairie Life in the Province of Paraná* (Londres: John Murray, 1878, v. 2, pp. 239 e 242).

Cabe observar que Fortaleza era uma fazenda particularmente grande, uma vez que abrigava na época cem escravos. Os dados disponíveis sobre Jaguariaíva mostram um máximo de 44 escravos em 1842 (ver *História*, op. cit., pp. 92-3). Novamente, essas fazendas produziam alimentos e outros produtos, e sua situação talvez tenha sido consideravelmente diferente da das pequenas estâncias com poucos escravos, onde estes podiam suplementar o trabalho de seus senhores.

Para dados sobre a população de Castro em 1815, ver Von Spix e Von Martius (*Travels*, op. cit., v. 2, pp. 32-3). Para uma comparação com outros municípios, ver a nota 11 a seguir.

11. A importância relativa da escravidão nos diversos municípios deveria ficar aparente a partir dos dados disponíveis sobre a composição de sua população. Von Spix e Von Martius (ibid., pp. 32-3) fornecem os seguintes dados sobre a população em 1815 dos (futuros) municípios da comarca de Paranaguá e Curitiba, que mais tarde seriam incluídos na província do Paraná:

	POPULAÇÃO TOTAL	ESCRAVOS			% ESCRAVOS TOTAL
		Mulatos	Negros	Total	
Curitiba	9.122	494	1.094	1.588	17,4
Paranaguá	5.801	389	684	1.073	18,5
Guaratuba	663	430	86	516	77,8
Antonina	3.904	144	411	555	14,2
Vila Nova do Príncipe	2.351	92	247	339	14,4
Castro	4.831	365	792	1.157	23,9
Total	26.672			5.228	19,6

Os dados referentes a Guaratuba não são de forma alguma confiáveis, contrastando com dados posteriores e também com a pobreza da área. Tal fato é ressaltado por Saint-Hilaire, *Voyage* (op. cit., v. 2, p. 210), que visitou a área cinco anos depois. A informação sobre os outros municípios, porém, não é incompatível com números sobre os diversos municípios para outros períodos.

12. Ver Saint-Hilaire, *Voyage*, op. cit., t. 2, p. 11. A existência de cultivo independente próximo à fazenda Fortaleza também é sugerida pelo autor (p. 62). Ele também descreve o caso de um plan-

tador de fumo português que havia começado trabalhando sozinho e acabara conseguindo poupar o suficiente para adquirir escravos e expandir suas atividades (pp. 108-9).

13. Durante as primeiras décadas do século, os habitantes pobres dos Campos Gerais se mudaram com suas famílias para os recém-ocupados Campos de Guarapuava, onde receberam lotes das autoridades legais. Ver Ianni, op. cit., p. 53, e B. P. Machado em *História*, p. 83. Este último observa que estancieiros importantes de Campos Gerais também receberam lotes grandes, mas muitas vezes continuaram a ser senhores de terras absenteístas. Nessas áreas recém-ocupadas, as estâncias maiores tendiam a preservar a mesma estrutura interna já mencionada com relação aos Campos Gerais.

14. Segundo um relatório provincial de São Paulo datado de 1º de outubro de 1831, os colonos alemães preferiam se estabelecer na vizinhança de centros urbanos, adquirindo terras às suas próprias custas. Ver Egas, op. cit., v. 1, p. 47. Sobre os açorianos, ver A. P. Balhana em *História*, op. cit., p. 157.

15. É o que evidenciam dados apresentados em Ianni, op. cit., sobre a estrutura ocupacional de Curitiba em 1800 e 1820. Em 1800, de 610 pessoas livres com alguma profissão, 497 (81,5%) dedicavam-se à agricultura ou à criação de gado. A mesma fonte manuscrita, citada por Ianni (p. 90), listou 713 escravos sem especificação de ocupação. Cabe observar que esse número contrasta com os dados demográficos disponíveis para o mesmo ano, que estimam a população total em 4.125 pessoas, das quais 676 (16,4%) eram listadas como escravos. Em 1820, havia 948 agricultores livres listados, por oposição a 286 pessoas em outras profissões.

Com relação aos ofícios, ao que tudo indica, por volta de 1820, a maioria dos artesãos na vila de Castro era livre, dos quais o maior grupo de artesãos era o dos seleiros, como também parece ter sido o caso em Curitiba. Devido à demanda local limitada, o número de artesãos e comerciantes não era muito importante. Os dados sobre Curitiba para 1820 também mostram alguns tropeiros livres, e, segundo uma fonte, o comércio de mulas com o Rio Grande do Sul e São Paulo empregava muitos camaradas livres, frequentemente pagos com produtos. Ver Saint-Hilaire, *Voyage*, op. cit., t. 2, pp. 82, 105 e 131.

16. Não está nada claro que "o mate já [fosse] fundamental" por volta de 1767, como sugerido por Ianni (op. cit., p. 70), pelo menos de um ponto de vista comercial. Em 1801, enquanto o valor total das exportações da capitania de São Paulo como um todo alcançava 614,5 contos, o das exportações da comarca de Curitiba somava apenas 9.981,4 mil-réis (pouco menos de dez contos). C. M. Westphalen, em *História* (op. cit., v. 1, pp. 134-5), enfatiza que, apesar da Provisão Régia de 29 de abril de 1722 autorizando o comércio com Buenos Aires, o comércio de erva-mate durante o século XVIII restringiu-se a um escambo pouco importante com os navios que atracavam em Paranaguá.

17. Ver. C. M. Westphalen em *História*, op. cit., pp. 135-6. Na época, o transporte do planalto até o litoral só podia ser feito em mulas de carga, devido à ausência de uma estrada de carroças entre as duas regiões.

18. A predominância de escravos nos engenhos de soque desde uma época remota é afirmada por Romário Martins em *Ilex-mate* (Curitiba: Empresa Gráfica Paranaense de Plácido e Silva & Cia., 1926, pp. 197-210), citado por Ianni (op. cit., p. 72). C. M. Westphalen, "Paranaguá et le Rio de la Plata" (op. cit., p. 316), também observa o emprego de escravos no processamento do mate.

19. Para uma discussão da natureza do trabalho na extração do mate, ver Ianni (op. cit., pp. 71-6). O autor baseia a maior parte de seus argumentos no trabalho de Romário Martins, *Ilex-mate* (op. cit., capítulos 8 e 9). O caráter sazonal do trabalho na extração do mate foi mencionado em re-

latórios provinciais do século XIX. B. P. Machado, em *História* (op. cit., p. 93), fala com referência a um período mais recente dos "períodos de cortar a erva".

20. Saint-Hilaire, *Voyage* (op. cit., t. 2, p. 182), observou que o cultivo do trigo havia florescido por volta de 1800 em um contexto de preços baixos para o gado e de dificuldades para obter trigo importado. Tal situação aparentemente favorecera o surgimento de diversos moinhos próximos a São José dos Pinhais. Porém, os preços do gado logo melhoraram e, quando os mercados brasileiros foram abertos à competição estrangeira, a produção de trigo do Paraná declinou, em um processo semelhante ao ocorrido no Rio Grande do Sul e, em escala muito menor, em Laguna.

Em contraste, B. P. Machado, em *História* (op. cit., p. 90), aceita a opinião de um texto datado de 1875, segundo o qual a ferrugem havia desencorajado os cultivadores de trigo, uma vez que diminuíra o rendimento por semente, que declinou de 60 : 1 ou até mesmo 80 : 1 para 30 : 1 (apesar deste último rendimento ainda ser muito aceitável pelos padrões europeus e até mesmo norte-americanos). C. M. Westphalen, em *História* (p. 112), também parece aceitar a ferrugem como a principal causa do declínio do cultivo do trigo, mas a autora cita um relatório provincial de 1856 (p. 131) segundo o qual a extração de mate fora a causa decisiva do declínio da produção de trigo (esta última perdurou pelo menos até 1836 em escala limitada). Sobre os supostos rendimentos do milho, do feijão e do arroz, ver Saint-Hilaire, *Voyage* (op. cit., t. 2, pp. 22-3 e 211).

21. Além dos dados da nota 11 sobre 1815, foi possível reunir os seguintes dados incompletos sobre a população do Paraná segundo municípios e status entre 1829 e 1836:

	1829			1836		
Municípios	População total	População escrava	% Escravos total	População total	População escrava	% Escravos total
Antonina	4.695	993	21,2	5.923		
Castro	5.923	1.448	24,4	6.190	1.612	26,4
Curitiba	13.064	1.899	14,5	16.155	1.941	13,0
Guaratuba	1.003	147	14,7	1.062		
Paranaguá	6.275	1.220	19,4	8.891	1.639	
Vila Nova do Príncipe	3.471	451	13,0	(4.669)[a]		18,4
Total	34.431	6.158	17,9	42.890	7.873	18,4

FONTES: Para 1829: "Recenseamento de 1829", em *Relatório de 1900* (São Paulo: Repartição de Estatística e de Arquivo do Estado de São Paulo, 1900, pp. 702-3); para 1836: dados de D. P. Muller, *Ensaio*, reproduzidos em Saint-Hilaire, *Voyage* (op. cit., v. 2, pp. 130, 167, 187 e 210).

[a] Obtido pela subtração dos outros componentes do total, faltando o detalhe da população escrava de alguns municípios.

22. O *Mapa geral das ordenanças da vila de Curitiba, ano 1830*, manuscrito citado por Ianni (op. cit., p. 96), apresenta os seguintes dados sobre as ocupações da população ativa de Curitiba em 1830:

OCUPAÇÕES	STATUS DOS TRABALHADORES		OCUPAÇÕES	STATUS DOS TRABALHADORES	
	Livres	Escravos		Livres	Escravos
Corpo militar	2		"Pobres"	673	
Clero secular	6		Vadios e mendigos	27	
Magistratura e empregos civis	9		Sem profissão especificada (homens)		863
Lavradores	700		Sem profissão especificada (mulheres)		859
Artistas	33		Total	1.975	1.722
Jornaleiros	272				
Arreeiros	169				
Negociantes	84				

No mesmo ano, a população escrava total de Curitiba foi listada em 1.767 pessoas, o que indica que o total de 1.722 não pode se referir aos escravos efetivamente empregados. Dados de documentos anteriores sobre Curitiba em 1828 e 1829, também encontrados nos Arquivos de São Paulo e que incluem a distribuição etária da população escrava, mostram que escravos de até dez anos de idade representavam 30% da população escrava total. Caso essa proporção seja aplicada ao número de 1.767 escravos em 1830, obtém-se uma população escrava "ativa" de 1.234 pessoas, por oposição a 1.975 habitantes livres empregados, sem considerar os escravos com menos de dez anos de idade empregados em determinadas tarefas.

Ver o já citado *Relatório de 1900*, da Repartição de Estatística e Arquivo do Estado de São Paulo (pp. 696-7 e 702-3), para dados detalhados sobre a distribuição etária e o status dos habitantes dos municípios paranaenses. Os dados de 1829, mais completos, estão reproduzidos na nota 21 acima. Os dados sobre a população livre incluem apenas setecentos agricultores. No entanto, é provável que tanto a categoria de trabalhadores diaristas quanto a de "pobres" incluísse trabalhadores contratados ocasionalmente no setor agrícola, enquanto alguns dos pobres, de acordo com descrições de décadas posteriores, podem ter se dedicado, pelo menos ocasionalmente, à coleta de mate.

23. Saint-Hilaire, em *Voyage* (op. cit., v. 2, p. 131), reproduz os seguintes dados sobre artesãos em Curitiba, aparentemente tirados de D. P. Muller:

onze carpinteiros;

oito serralheiros;

doze sapateiros; cinco oleiros; um marceneiro; oito ourives; dez alfaiates; um pedreiro.

Curiosamente, o autor menciona apenas dois seleiros, e os números aparentemente se referem a artesãos livres, uma vez que ele também relata a existência de "trabalhadores negros", referindo-se aos escravos.

24. O grupo restante incluía 31 marinheiros e remadores, sete cortadores de lenha, três escravos arrendados e um trabalhador diarista (?), 21 trabalhadores não qualificados (serventes) e duas mulheres padeiras. Não havia informações sobre 315 escravos, mas estes deviam incluir a maioria

das crianças. Esses dados detalhados estão reproduzidos em A. P. Balhana, "População do Paraná tradicional" (*História*, op. cit., v. 1, pp. 123-6).

25. A fonte é a mesma da nota anterior. Sobre a população de Paranaguá em 1836, ver nota 21.

26. Sobre 1836, dados de D. P. Muller em Saint-Hilaire, *Voyage* (op. cit., v. 2, pp. 182-3). Para dados posteriores, ver Ianni (op. cit., p. 102) e *História* (op. cit., p. 138). As exportações de 1848-9 na tabela 1 deste capítulo, baseadas no *Relatório do Ministério da Fazenda* (1853, tabela 33), mostram uma diferença mínima (775,2 contos).

27. A evolução das exportações totais e pelo porto de Paranaguá estão apresentadas na tabela 1 deste capítulo, e as exportações de mate que estão apresentadas abaixo foram computadas a partir de dados dos *Relatórios do Ministério da Fazenda* de diversos anos. Sobre a criação de gado, ver *História* (op. cit., v. 1, pp. 97, 113 e 152) e Bigg-Wither (op. cit., v. 2, pp. 229-31 e 242-3).

VALOR TOTAL DAS EXPORTAÇÕES PARA PORTOS ESTRANGEIROS DE MATE POR PARANAGUÁ E PERCENTAGEM DAS EXPORTAÇÕES DE MATE NO VALOR TOTAL DAS EXPORTAÇÕES DE PARANAGUÁ, 1851-2 A 1869-70

ANOS	EXPORTAÇÕES TOTAIS DE MATE POR PARANAGUÁ PARA PORTOS ESTRANGEIROS		% DAS EXPORTAÇÕES DE MATE SOBRE O VALOR DAS EXPORTAÇÕES TOTAIS
	Quantidade (milhares de arrobas)	Valor (contos)	%
1851-2	466,5	830,7	94,0
1852-3	300,5	514,3	93,3
1853-4	458,1	825,2	95,1
1854-5	358,6	715,6	88,2
1855-6	403,6	1.558,5	93,9
1856-7	420,5	2.168,9	98,0
1857-8	345,2	1.863,4	98,2
1858-9	317,8	1.057,6	98,5
1859-60	438,9	1.652,8	99,2
1860-1	363,9	1.072,0	95,4
1861-2	305,3	827,7	96,6
1862-3	404,8	1.031,6	96,1
1863-4	514,6	1.064,5	96,2
1864-5	352,3	628,8	94,9
1865-6	574,2	1.195,4	93,9
1866-7	605,3	1.600,1	93,7
1867-8	744,9	2.807,0	97,4
1868-9	671,7	2.545,0	—
1869-70	686,4	3.025,0	97,8

FONTES: Para os anos de 1851-52 a 1853-54, ver A. P. Balhana, B. P. Machado e C. M. Westphalen, *História do Paraná*, v. 1, p. 138. *Relatórios do Ministério da Fazenda*: 1853, tabela 53; 1855, tabela 53; 1860, tabela 58; 1866, tabela 95; 1869, tabela 54. Para 1858-9 até 1861-62, ver Scully, op. cit., p. 55. A partir de 1867-68, os dados em quilos estão convertidos em arrobas. No *Relatório do Ministério da Fazenda* de 1873 existe uma incoerência com relação ao ano fiscal 1868-69 entre o valor da exportação total de mate por Paranaguá, de 2.545,7 contos (tabela 53), e o valor total da exportação por Paranaguá, que é inferior, totalizando apenas 2.014,3 contos (tabela 48), incoerência não sanada após a mudança para a estatística de "longo curso" e não mais de exportação para portos estrangeiros, a partir de 1872-3. De qualquer forma, o mate respondia por bem mais de 90% do valor das exportações para portos estrangeiros pelo porto de Paranaguá. Entre 1851 e 1860, o Paraná respondia por cerca de 84% do volume total das exportações brasileiras de erva-mate para portos estrangeiros e por cerca de 78% do mesmo total entre 1861 e 1870, com base nos dados acima e nos dados da estatística imperial reproduzidos em IBGE, *Anuário estatístico do Brasil, 1939-40*. A erva-mate respondia por menos de 2% do valor das exportações brasileiras para portos estrangeiros naquelas duas décadas.

28. Martins, em *História do Paraná* (op. cit., pp. 470-6), reproduz informações detalhadas do levantamento de 1854 na província. Os dados mostram que, em um total de dezenove cidades, vilas e paróquias, apenas os municípios e vilas de Príncipe (Lapa), Ponta Grossa e Jaguariaíva tinham uma população escrava que ultrapassava 22% do total, alcançando participações de 34% a 41%. Esses três municípios abrigavam grandes estâncias de gado e invernadas (pastos para descansar e engordar mulas e gado bovino antes da venda), mas também continham numerosos sítios (pequenos estabelecimentos agrícolas). Outros municípios importantes de criação de gado, como Palmas e Guarapuava, tinham uma proporção menor de escravos, respectivamente 21,5% e 15%. Em contraste, Campo Largo, Iguaçu (Araucária), São José dos Pinhais e Votuverava, todos com uma participação de escravos inferior a 10% da população total, tinham muitos estabelecimentos agrícolas e um número comparativamente menor de estâncias, enquanto alguns também se dedicavam à coleta da erva-mate.

Com relação aos municípios localizados no litoral, a proporção de escravos na população total de Morretes, Antonina e Paranaguá era respectivamente 20,4%, 20,1% e 19,5%, o que sugeria que eles ainda eram importantes para algumas atividades agrícolas da área. Guaratuba continuava pobre, enquanto Guaraqueçaba, que supostamente continha apenas 248 escravos (7,1%) em uma população total de 3.476 pessoas, tinha cerca de quinhentos sítios, a maioria provavelmente explorada por mão de obra familiar livre autoempregada.

29. A tabela a seguir sobre ocupações e número de estabelecimentos em municípios selecionados no Paraná em 1854 foi computada a partir de informações incompletas reproduzidas em Martins, *História do Paraná* (op. cit., pp. 470-6). Vários estabelecimentos possivelmente tinham caráter misto, combinando a agricultura com a pecuária.

MUNICÍPIOS E VILAS	LAVRADORES	SÍTIOS DE LAVOURA	ESTANCIEIROS E FAZENDEIROS	FAZENDAS DE CRIAR	ENGENHOS DE AÇÚCAR E DE AGUARDENTE	ENGENHOS DE MATE (DE SOCAR)	SERRARIAS
Curitiba	802			13		15	
Paranaguá					8	11	5
Guaratuba		315					
Antonina		454		56[a]	33		
Morretes	368						
São José dos Pinhais		10[b]		9		2	
Lapa							
Castro	510	muitos[c]		muitas[c]			
Guarapuava	56		98	32			1
Campo Largo	377			1			
Palmeira	195		18				
Ponta Grossa		543		16			
Jaguariaíva		+ de 100		16[d]			
Tibagi	640		12				
Rio Negro				5			
Guaraque-çaba		500			5		4
Iguaçu		309		10[a]			
Votuverava		429		1	19		
Palmas		44[d]		38			
Total	2.948	2.704		197	65	31	10

MUNICÍPIOS E VILAS	JORNALEIROS	ARTESÃOS[e]	COMERCIANTES E LOJISTAS	LOJAS, ARMAZÉNS, ARMARINHOS E CASAS DE NEGÓCIO
Curitiba		36	99	
Paranaguá		8		133
Morretes			126	
São José dos Pinhais				10
Castro		36	145	
Guarapuava	116	17		17
Campo Largo	150	20		14
Palmeira		23		

[a] Pequenas.

[b] Chácaras.

[c] "Numerosas fazendas de gado, abundante produção de milho, feijão, arroz, algodão, cana, café, frutas e legumes" (p. 472).

[d] Grandes.

[e] Inclui artesãos ou número de estabelecimentos por municípios, incluindo carpinteiros, marceneiros, ferreiros, sapateiros, alfaiates, ourives, seleiros, pedreiros, oleiros.

Observação: Os totais certamente não estão completos, e tampouco as descrições dos diversos estabelecimentos têm significado semelhante nos diversos municípios. Isso é particularmente verdadeiro no caso dos "engenhos".

30. Segundo estatísticas sobre o comércio marítimo estrangeiro e de cabotagem do Paraná entre 1851-2 e 1855-6, as exportações da província para portos estrangeiros representaram em média 89,3% das exportações totais da província por via marítima. Ver *História*, p. 138.

31. Os números em libras esterlinas foram computados usando dados da tabela 1, e o valor da libra esterlina em mil-réis foi tirado de IBGE, *Anuário estatístico do Brasil, 1939-40*, apêndice, p. 1358.

32. Infelizmente, as estatísticas comerciais imperiais continham revisões às vezes drásticas. É o caso dos dados sobre exportação de mate. Segundo o *Relatório do Ministério da Fazenda* de 1873 (tabela 53), a evolução das exportações de mate do Paraná e do Brasil para portos estrangeiros de 1867-8 a 1871-2 foi a seguinte:

Ano	Paraná		Brasil	
	Quantidade em toneladas	Valor em contos	Quantidade em toneladas	Valor em contos
1867-8	10.942,7	2.807,0	13.088,0*	3.120,8*
1868-9	9.867,3	3.545,7	10.299,4*	2.669,8*
1869-70	10.082,6	3.025,0	10.464,7*	3.086,2*
1870-1	7.518,2	1.882,8	7.633,7	1.900,9
1871-2	9.197,2	2.208,0	9.507,1	2.275,8
Média	9.521,6	2.493,7	10.190,6	2.610,7

Observe-se que o Paraná teria respondido por 93,4% das quantidades e 95,5% do valor do mate exportado do Brasil para o estrangeiro no período. Do *Relatório do Ministério da Fazenda* e da *Proposta de Lei e Orçamento de 1876-7*, de 1875 (tabela 64), constam os seguintes dados:

1870-1	15.507,9	3.594,5	16.565,5*	3.741,6*
1871-2	16.340,0	3.860,6	17.389,6*	4.027,6*
1872-3	14.375,0	3.149,9	15.567,9*	3.337,6*
1873-4	12.359,0	2.156,1	13.436,3*	2.329,7*
Média	14.644,0	3.190,3	15.739,8	3.359,1

O Paraná continuava respondendo por 93% das quantidades e 95% dos valores exportados. Nota-se uma revisão para quase o dobro nos valores e quantidades de exportação do Paraná em 1870-1 e 1871-2, influenciando proporcionalmente os totais do Brasil. No *Anuário estatístico do Brasil, 1939-40*, do IBGE — cujo apêndice continua amplamente utilizado em estudos históricos e no qual se adotaram os totais assinalados com asterisco na presente nota, acima e abaixo —, optou-se por utilizar os valores mais elevados para aqueles dois anos fiscais, que são compatíveis com as exportações totais de longo curso do Paraná que constam da tabela 1. Em contraste, no *Relatório do Ministério da Fazenda* de 1877 (tabela 61), estão revistos, para baixo, quantidades e valores para 1873-4, e apresentam-se informações para 1874-5 e 1875-6 com valores inferiores em metade ao dos relatórios anteriores:

ANO	PARANÁ		BRASIL	
	Quantidade em toneladas	Valor em contos	Quantidade em toneladas	Valor em contos
1873-4	7.585,5	2.156,1	8.662,1	2.329,7
1874-5	6.893,7	1.303,4	8.024,4	1.487,0
1875-6	7.423,0	1.285,9	8.539,8	1.463,5
Média	7.300,7	1.581,8	8.409,0	1.760,1

O Paraná teria respondido no triênio por 86,8% das quantidades e por 89,9% do valor exportado pelo Brasil.

Esses dados para o Paraná são coerentes com os dados da tabela 1 sobre exportações totais da província. No *Anuário estatístico do Brasil, 1939-40*, por outro lado, adotam-se para o Brasil os seguintes valores:

1874-5	12.322*	2.280*
1875-6	14.192*	2.459*

A partir de 1875-6, as estatísticas imperiais não discriminaram mais as exportações para o estrangeiro por produtos segundo províncias, apresentando também dados consolidados para o comércio de longo curso das províncias. Conforme os *Relatórios do Ministério da Fazenda* de vários anos e o *Anuário estatístico do Brasil, 1939-40* (estes assinalados abaixo com asterisco quando correspondendo aos dos *Relatórios*), são os seguintes os totais de exportações de mate do Brasil para o exterior (os dados abaixo constam do *Relatório do Ministério da Fazenda* de 1880, tabela 45):

1876-7	14.374*	2.383*
1877-8	12.602*	3.304*
1878-9	13.722*	2.716*

Entretanto, no *Relatório* de 1882-3 (tabela 47) há revisão de dois anos fiscais, não adotada no *Anuário estatístico do Brasil, 1939-40*:

Ano	Quantidade em toneladas	Valor em contos
1877-8	12.718	2.343
1878-9	15.914	3.239

Dos dados reproduzidos no *Relatório* de 1885 (tabela 37), os valores para 1879-80 até 1881-2 coincidem nas duas fontes, mas não os de 1882-3 e 1883-4, conforme abaixo:

1879-80	14.064*	2.522*
1880-1	14.275*	2.702*
1881-2	15.953*	2.698*
1882-3	15.114	2.700
1883-4	17.358	3.125

No entanto, no *Anuário estatístico do Brasil, 1939-40*, aceita-se:

1882-3	6.387*	1.058*

Nesse caso, o valor para o Brasil é aparentemente muito baixo, como também o é o valor das exportações do Paraná para portos estrangeiros (632,6 contos) no mesmo ano fiscal que consta da tabela 1, certamente subestimado.

No *Relatório* de 1887 (tabela 39) são revistos os valores de 1883-4 e constam cifras muito baixas para o Brasil, como se vê abaixo. Esses números são incompatíveis com os valores bem mais elevados dos totais das exportações da província do Paraná reproduzidos na tabela 1, mas estes foram aceitos no *Anuário estatístico do Brasil, 1939-40*:

1883-4	5.606*	884*
1884-5	4.342*	684*

No *Relatório* de 1888 (tabela 34) repetem-se esses valores muito baixos referentes a 1884-5 e apresentam-se os dados seguintes que sugerem um "salto" improvável de um ano para o outro de quase três vezes, mas esses valores elevados são compatíveis com os das exportações de longo curso do Paraná:

1885-6	14.688*	2.291 (2.201*)
1886-7	20.941*	3.400*

Esses números são aceitos (possivelmente com erro de transcrição em 1885-6) no *Anuário estatístico do Brasil, 1939-40*. Esse anuário do IBGE registra ainda, já referindo-se a anos-calendário, o seguinte:

ANO	QUANTIDADE EM TONELADAS	VALOR EM CONTOS
2º sem. 1887	10.472	1.717
1888	21.684	3.686
1889	23.165	4.008
1890	24.186	4.233
1891	24.750	4.430

Esses números também são compatíveis com exportações do Paraná de cerca de 19,5 mil toneladas em 1890-1 (ver nota 61 adiante).

33. Ver Ianni (op. cit., p. 106) citando Romário Martins, *Ilex-mate* (pp. 249-50), e as considerações na nota 32 acima. É implausível o total de 1.651.777 arrobas proposto para as exportações totais de mate por Paranaguá em 1874-5 por C. M. Westphalen, "Paranaguá et le Rio de la Plata" (op. cit., p. 328). Como se vê na nota 32 anterior, o *Relatório do Ministério da Fazenda* de 1877 mostra um total de apenas 7.423 toneladas (505 mil arrobas) para o Paraná e 8.662,8 toneladas (589,7 mil arrobas) para o Brasil naquele ano fiscal. Até mesmo o total maior de 14.192 toneladas (966,2 mil arrobas) para o Brasil adotado no *Anuário estatístico do Brasil, 1939-40*, do IBGE, é bem inferior. O que faz o número de Westphalen parecer ainda menos provável é o valor de menos de 1.400 contos atribuído a 1,65 milhão de arrobas supostamente exportadas, o que resultaria em um preço demasiadamente baixo. Também sujeitos a imperfeições, os dados sobre exportações marítimas interprovinciais e de longo curso mostram a continuada importância dessas últimas, apresentadas na tabela 1. Abstraindo-se novamente de certas incoerências e sempre adotando as revisões mais recentes nos *Relatórios do Ministério da Fazenda*, entre 1874-5 e 1879-80, a média anual das exportações interprovinciais por cabotagem teria sido de apenas 80,5 contos, passando para 123,6 contos entre 1880-1 e 1885-6, alcançando 554 contos nos três semestres de julho de 1886 a dezembro de 1887 e 348,7 contos no ano-calendário de 1888. Excluindo-se os dados de 1876-7 claramente incompletos, a média das exportações de longo curso do Paraná entre 1874-5 e 1879-80 foi de 2.277 contos, e a do período de 1880-1 a 1885-6 (excluindo-se o número incompleto de 1882-3) foi de 2.396 contos, alcançando 5.098 contos nos três trimestres de julho de 1886 a dezembro de 1887 e 3.424 contos em 1888. Ambas as séries mostram progresso. O comércio marítimo total teria aumentado de 2.358 contos de 1874-5 a 1879-80 para 3.773 contos em 1888, aumento apreciável muito influenciado pela progressão das exportações de mate para mercados externos. Ver os seguintes *Relatórios do Ministério da Fazenda*: 1875, tabela 60; 1877, tabelas 57 e 58; 1880, tabelas 41 e 42; 1883, tabelas 39 e 40; 1884, tabela 37; 1885, tabela 35; 1886, tabela 37; 1887, tabela 37; 1889, tabelas 32 e 33.

34. Ver Rocha Pombo, op. cit., pp. 80-1. Ver também *História*, op. cit., v. 1, pp. 112 e 139. Para uma descrição de um engenho hidráulico com doze prensas de madeira, ver Bigg-Wither (op. cit., v. 2, p. 162). A produção desse engenho era de cerca de 150 arrobas por dia. A produção diária do engenho a vapor estabelecido em Antonina no final da década de 1850 era de aparentemente quatrocentas arrobas por dia.

35. Ao que parece, não existem relatos sobre o modo de preparação do mate na primeira década do século XIX. Robert Southey, em sua já citada *History of Brazil* (parte 2, 1817, pp. 356 e 358-9), descreve como os espanhóis faziam a primeira preparação das folhas do mate em suas colônias adjacentes ao

Paraná. Essa descrição não difere substancialmente daquela feita na década de 1870 por Bigg-Wither (op. cit., v. 2, p. 162), nem da de Silveira Neto (op. cit., p. 78) referente ao início dos anos 1900.

36. Ver respectivamente Bigg-Wither (op. cit., v. 2, p. 163) e *História* (op. cit., pp. 93 e 131).

37. Rocha Pombo, op. cit., p. 83.

38. Para exemplos dos dois tipos de atitude, ver respectivamente *História* (p. 98) e Bigg-Wither (op. cit., v. 2, pp. 229-30). Apesar da atração crescente da erva-mate, por volta de 1860 o comércio de mulas ainda absorvia uma quantidade considerável de "capital" (ver *História*, op. cit., p. 99).

39. Ver *Relatório do Ministério da Agricultura*, 1866, anexo R, tabela 48, e *Relatório do Ministério da Fazenda*, 1866, tabela 90.

40. Isso foi observado por A. P. Balhana, em *História*, op. cit., pp. 127-8.

41. Ver Bigg-Wither, op. cit., v. 2, pp. 242-3. As evidências contrastantes sobre a fazenda Jaguariaíva foram tiradas de *História*, op. cit., v. 1, p. 92. Nem todas as atividades secundárias das estâncias haviam cessado por completo. Assim, Bigg-Wither, que notou o declínio do emprego de escravos na criação de gado, observou também que perdurava uma produção doméstica de certa quantidade de tecido e renda.

42. Ver *História*, op. cit., p. 95. A citação é de Bigg-Wither (op. cit., v. 2, p. 230). O autor acrescentou que "os bons tempos do comércio pertenciam agora [na década de 1870] ao passado".

43. Ver a discussão dessa questão feita por A. P. Balhana, em *História* (op. cit., v. 1, pp. 161-2).

44. "Relatório [...] São Paulo [...] José Thomaz Nabuco, 11 de maio de 1852", reproduzido em Egas (v. 1, op. cit., p. 202). Ver também Luiz Franca Almeida e Sá, *Compêndio de geografia da província do Paraná* (Rio de Janeiro: Laemmert, 1871, p. 50). Segundo este último, a colônia tinha 444 habitantes em 1867, sendo em sua maioria brasileiros. Sobre o início da década de 1870, ver Bigg-Wither (op. cit., v. 1, p. 230).

45. Ver Almeida e Sá, op. cit., pp. 49-50. O autor também se refere à colônia militar de Jataí, fundada em 1851, que abrigava 42 casas particulares e 211 pessoas por volta de 1870 (incluindo onze escravos).

46. Ver Bigg-Wither, op. cit., v. 2, pp. 180-4, e *História*, op. cit., p. 164. Almeida e Sá (op. cit., p. 50) refere-se à existência de 31 pequenos engenhos de açúcar em Assungui que produziam 98 pipas de aguardente de cana-de-açúcar e 1.470 arrobas de rapadura por volta de 1870.

Segundo um diplomata britânico, em 1889, Assungui ainda abrigava cem colonos britânicos, tendo os demais morrido ou sido transportados de volta para a Inglaterra e Irlanda. Continuava a não haver "nenhum tipo de estrada de carroças para a colônia", embora os poucos colonos remanescentes produzissem "muitos alimentos" e desejassem enviar os excedentes ao mercado. Ver o já citado "Report for the Years 1887-88 on the Finances, Commerce and Agriculture of the Empire of Brazil", em "Mr. Wyndham to the Marquis of Salisbury, Feb. 19, 1889" (*PP 1889*, v. 78, n. 504A, p. 43).

47. Ver *História*, op. cit., p. 164, e Almeida e Sá, op. cit., p. 49. Segundo esta última fonte, Argelina abrigava franceses vindos da Argélia, enquanto Pilarzinho abrigava alguns alemães vindos da colônia de Dona Francisca, em Santa Catarina.

48. Ianni (op. cit., pp. 117-8) apresenta dois números discrepantes sobre a população livre supondo que ambos estivessem baseados em dados censitários, diferença que ele afirma ser incapaz de explicar. Na verdade, a discrepância se explica da seguinte maneira: o número total de estrangeiros no Paraná era de 3.627, incluindo 738 escravos africanos; isso resulta em 2.889 estrangeiros livres, em vez dos 4.880 reproduzidos por Ianni (p. 117). Portanto, a distribuição correta da população segundo o censo seria:

	LIVRES	ESCRAVOS	TOTAL
Brasileiros	113.273	9.822	123.095
Estrangeiros	2.889	738	3.627
Total	116.162	10.560	126.722

49. Esses números estão em Wilson Martins, *Um Brasil diferente* (São Paulo: Anhembi, 1955, p. 140), e são aparentemente reproduzidos de um relatório provincial de 1882.

50. Ver Bigg-Wither, op. cit., v. 2, pp. 210, 229 e 234. Ver também a nota 36 deste capítulo.

51. Bigg-Wither, op. cit. Sobre a "escravidão branca" (v. 2, pp. 170-1, 175 e 200), sobre a situação favorável de Tibagi (pp. 207-9), sobre os pequenos proprietários de terras forçados a vender suas colheitas para proprietários maiores (p. 173) e sobre os brasileiros da colônia Teresa, ver Bigg-Wither (op. cit., v. 1, p. 231). Na ocorrência de uma escassez de mão de obra em Assungui e Ribeira, o autor só podia atribuir o baixo salário de mil réis por dia pago aos camaradas à sua dependência dos grandes proprietários de terras. Ele próprio contratava trabalhadores a cinquenta mil-réis por mês, e os índios nos arredores da colônia Teresa chegavam a ganhar até 45 mil-réis por mês (ibid., v. 1, p. 237).

52. Sobre chácaras e transportes, ver Bigg-Wither (op. cit., v. 1, pp. 59 e 90). Os dados sobre Curitiba em 1876 são de Wilson Martins, *Um Brasil diferente* (op. cit., p. 206). Eram ainda de "alemães" doze dentre 57 lojas não especificadas.

53. Ver Rocha Pombo, op. cit., p. 88.

54. Ver "Report [...] 1887-88" (op. cit., p. 43), citado na nota 46 acima. Informações detalhadas sobre os russos-alemães do Volga são fornecidas por A. P. Balhana em *História* (op. cit., pp. 170-7).

55. Ver o relatório do vice-cônsul G. Sabetta, "La colonizzazione e l'immigrazione italiana nell Paraná" (*Bollettino dell'Emigrazione*, n. 10, I, pp. 7-9, 1903). O autor relata que, em 1877, um grupo de cerca de 2.300 imigrantes das províncias do Vêneto foi estabelecido na colônia Alexandra, no litoral. Os colonos se rebelaram contra as condições da colônia, forçando o governo a transferi-los para o município de Morretes, onde fundaram outra colônia batizada de Nova Itália. Três anos mais tarde, quando o governo parou de subsidiá-los, muitos abandonaram Morretes e se mudaram para os arredores de Curitiba e Campo Largo.

56. Uma lista detalhada das colônias fundadas na década de 1870 segundo as nacionalidades pode ser encontrada em *História* (op. cit., pp. 164-6).

57. Ver Ianni, op. cit., pp. 122 e 225-7.

58. Ver Martins, *História do Paraná*, op. cit., p. 444. Sobre manumissões e sociedades para libertação dos escravos, ver pp. 445-6. O autor relatou o caso de um fazendeiro de Guaraqueçaba, "senhor de muitos escravos", que emancipou quase todos seus escravos, mantendo apenas quinze para cuidarem de sua fazenda. Em abril de 1886, porém, havia libertado até mesmo estes, e possivelmente garantido, com esse ato, sua permanência a seu serviço. Segundo Wilson Martins (op. cit., pp. 140-1), em setembro de 1884 ainda havia 652 escravos no município de Curitiba.

59. Sobre as dez fábricas de mate em Curitiba em 1876, ver a nota 52 anterior. Sobre a difusão de novos processos mecânicos, ver Ianni (op. cit., pp. 109-10 e 180), citando Couty sobre a questão. Este último mencionou a modernização técnica e a divisão do trabalho nos engenhos de mate por volta de 1879. Ver Wilson Martins (op. cit., pp. 262-85) sobre as profissões adotadas pelos imigrantes de diversas nacionalidades.

60. A população escrava, segundo a matrícula de 1886-7, foi retirada de *Relatório do Ministério da Agricultura*, 14 de maio de 1888, p. 24. O número de imigrantes de 1885-7 foi calculado a partir de dados em *História* (op. cit., p. 166).

61. Ver Silveira Neto, op. cit., p. 75. O autor, que escreveu em 1914, cita um relatório oficial referente ao "último ano fiscal", no qual as exportações totais de mate são estimadas em 46.065.600 quilos, ou o equivalente a 3.136.100 arrobas de 14,689 quilos (compare-se com a tabela 1 e a nota 32 deste capítulo e com os dados correspondentes no texto). Dados reproduzidos em *O Brasil, suas riquezas naturais, suas indústrias* (op. cit., v. 1, parte 1, pp. 158-9), referentes a anos-calendário, mostram a seguinte evolução das exportações de erva-mate do Paraná de 1880 a 1905, em toneladas, em anos selecionados: 1880: 12.699; 1890: 20.593; 1895: 24.537; 1896: 25.099; 1900: 22.900; 1902: 31.842; 1905: 27.834. O valor oficial da exportação de mate nesse último ano foi de 12.757 contos de réis, equivalente a cerca de 833 mil libras esterlinas, contra 642 mil libras esterlinas em 1901. O Paraná respondia por pelo menos dois terços do valor total de erva-mate exportado pelo Brasil, que respondeu em média por cerca de 2,4% do valor das exportações brasileiras para portos estrangeiros de 1900 e 1905.

62. Sobre o progresso da indústria madeireira na década de 1890, ver C. M. Westphalen em *História* (op. cit., p. 142). Sobre as serrarias a vapor no planalto, ver Bigg-Wither (op. cit., pp. 73-4).

63. Ver B. P. Machado em *História*, op. cit., pp. 152-4.

64. Wilson Martins (op. cit., pp. 207-8) reproduz dados do "Almanak" de 1902 publicados por Romário Martins e compilados pelo pastor W. Fugmann, em seu livro sobre os alemães no Paraná. Esses números indicam a importância da participação de alemães e seus descendentes nas diversas atividades comerciais e industriais de Curitiba. Os dados referentes a 1902 reproduzidos abaixo têm por base esse levantamento, mas não são abrangentes, pois foram selecionados apenas "setores" específicos:

FÁBRICAS E OFICINAS	TOTAL	DE PROPRIEDADE OU ORIGEM ALEMÃ
a) Estabelecimentos:		
Engenhos de mate	21	3
Serrarias (não especificadas)	8	5
Moinhos de trigo	6	5
Fundições	5	5
Fabricante de porcelana	1	1
Olarias e curtumes	32	18
Fábrica de fósforos	1	1
Fabricantes de meias	2	2
Fábricas de cola	2	2
Única tecelagem	1	1
Fábricas de velas e sabão	3	1
Fabricantes de água mineral	3	3
b) Ofícios e artesãos:[a]		
Alfaiatarias e alfaiates	14	6

Marceneiros	25	15
Ferreiros	13	7
Latoeiros	7	3
Barriqueiros	12	6
Construtores de carroças	7	2
Selarias ou seleiros	15	13
Ourives	9	6
Serralheiros	7	6
Sapateiros	25	10
Litógrafos	2	1
Tipógrafos	10	3
Encadernadores	5	2
Fabricantes de instrumentos musicais	2	2
Mestres e construtores	3	2

[a] Em vários casos, os dados referem-se a oficinas e não ao número de artesãos, que seria, portanto, bem mais elevado.

65. Informações adicionais sobre as indústrias de Curitiba podem ser encontradas em Ianni (op. cit., pp. 120-5). Segundo uma das fontes citadas pelo autor, havia 233 estabelecimentos comerciais e industriais na cidade em 1893, empregando 1.293 trabalhadores.

Em 1902, um observador italiano constatou a ausência de legislação para proteger as mulheres e crianças que trabalhavam nas fábricas e oficinas. Acrescentou, porém, que uma legislação dessa natureza ainda não era muito necessária, pois "o número de fábricas [era] ainda tão pequeno que a exploração dos trabalhadores ainda era limitada". Em contraste, existiam diversos ofícios e artes, e em todos estes podiam-se encontrar italianos. Ver o relatório de G. Silva, "Lo stato del Paraná e l'immigrazione italiana" (*Bollettino dell' Emigrazione*, n. 7, IV, pp. 38-40, 1903).

66. No relatório de G. Silva (op. cit., p. 34) estão reproduzidos os seguintes dados sobre entradas de imigrantes:

ANO	NÚMERO DE IMIGRANTES	ANO	NÚMERO DE IMIGRANTES	ANO	NÚMERO DE IMIGRANTES	ANO	NÚMERO DE IMIGRANTES
1889	16.812[a]	1892	984	1895	6.351	1898	310
1890	2.812	1893	273	1896	13.084	1899	1.024
1891	10.844	1894	67	1897	308	1900	216

[a] Esse número para 1889 parece um tanto suspeito, uma vez que, segundo a listagem de colônias em *História* (op. cit., pp. 166-7), nenhum núcleo grande foi criado nesse ano. Esta última fonte lista a formação de diversas colônias entre 1890 e 1896, que teriam absorvido 45.752 imigrantes. Segundo o relatório de G. Sabetta (op. cit., p. 8), pelo menos 28 mil poloneses teriam entrado no estado entre 1890 e 1896, dos quais cerca de 18 mil teriam chegado entre 1895 e 1896. Esses núme-

ros possivelmente incluíam alguns ucranianos, que também foram assentados em diversas colônias no início da década de 1890.

67. Sobre a imigração de 1897 a 1900, ver nota anterior. O censo de 1890, realizado após a "Grande Naturalização", revelou apenas 5.153 estrangeiros no Paraná; supondo que critérios semelhantes tenham sido seguidos no censo de 1900, isso indicaria uma imigração líquida para o estado de cerca de 40 mil pessoas.

68. Ver *História* (op. cit., pp. 166-7) para a localização das colônias fundadas após a Abolição e a nacionalidade predominante dos novos habitantes.

69. Ver o relatório de G. Silva (op. cit., pp. 36-7). Sobre o emprego de jovens polonesas como domésticas, ver Wilson Martins (op. cit., p. 284).

70. Ver relatório de G. Silva (op. cit., pp. 37-40), que é a fonte das informações sobre a localização de "italianos" por volta de 1901, com base em fontes não oficiais, que serviram de base para a tabela abaixo. A definição de "italianos" naquele relatório, podendo incluir descendentes, não coincide necessariamente com a do censo de 1900.

POPULAÇÃO "ITALIANA" DO PARANÁ POR VOLTA DE 1901

LOCALIZAÇÃO E/OU OCUPAÇÃO — MUNICÍPIOS, COLÔNIAS ETC.	NÚMERO TOTAL DE "ITALIANOS"
Curitiba	12.576
São José dos Pinhais	918
Campo Largo	794
Lapa	300
Triunfo	28
Palmeira	120
Ponta Grossa	1.009
Castro	523
Paranaguá	1.050
Morretes	1.306
Antonina	271
(Eufrásio Correia)	131
(Assungui)	60
(Chopin)	245
Obras em ferrovias e outros locais	369
Total	19.700

FONTE: G. Silva, "Lo stato del Paraná e l'immigrazione italiana", *Bolletino dell'Emigrazione*, n. 7, v. IV, pp. 38-40, 1903.

71. Ver o relatório de G. Sabetta (op. cit., pp. 4-5). Ver nota 20 deste capítulo e o texto sobre os rendimentos por semente observados por Saint-Hilaire por volta de 1820. Segundo a publicação oficial *The Empire of Brazil at the Universal Exhibition of 1876 in Philadelphia* (op. cit., p. 256), o rendimento do feijão no Paraná era de oitenta para cada semente, alcançando 100 : 1 em Guarapuava. Segundo André Rebouças, "Les zones agricoles", em *Le Brésil en 1889*, organizado por F.-J. Santa Anna Nery (Paris: Librairie Charles Delagrave, 1889, p. 260), no planalto de Curitiba, "trigo, centeio, aveia e outros grãos rendiam até 80 : 1, o feijão 200 : 1, e o milho até 250 : 1". Cabe notar que nem todas as colônias agrícolas fundadas na década de 1890 prosperaram, tendo em vista que algumas sofreram com a falta de estradas e de mercados para seus produtos.

72. O argumento sobre o abandono das fazendas é proposto em *História* (op. cit., p. 93). Ianni (op. cit., p. 127) apresenta dados indicando que negros e mulatos no município de Curitiba representavam respectivamente 4% e 13,6% da população local em 1890, por oposição a médias de 5% e 19% para o estado como um todo. O resultado é relativizado pela entrada de imigrantes no município, mas já em 1872 o número de negros livres em Curitiba excedia o de negros escravos.

73. Ver Ianni, op. cit., p. 118. Caso as informações do censo estejam corretas, havia 6.741 negros livres e 6.451 negros escravos na província em 1872.

74. Ver Ianni, op. cit., p. 76.

75. Ver o relatório de G. Silva, op. cit., p. 38.

76. Ver Silveira Neto (op. cit., p. 78) e o relatório de G. Sabetta (op. cit., pp. 5-6). A informação sobre as exportações de café de Jacarezinho foi tirada desta última fonte. Sobre o desenvolvimento da indústria madeireira no século XX, ver *História* (op.cit., pp. 142-3).

Posfácio

A economia da escravidão na colônia e no Império e a transição para o trabalho livre na agricultura

INTRODUÇÃO

Tendo em vista o longo período coberto pelo presente trabalho (aproximadamente de 1550 a 1900) e o tempo transcorrido desde a apresentação da tese de doutorado em que se baseia, verificou-se extensa produção historiográfica sobre vários dos tópicos aqui abordados. Claramente não é viável fazer jus em poucas páginas à bibliografia que se acumulou ao longo de mais de trinta anos, mas é possível selecionar certo número de obras que podem acrescentar elementos para melhor compreensão ou aprofundamento de várias questões examinadas neste estudo cujo tratamento nunca terá sido exaustivo. Tal seleção, centrada sobretudo em livros, é sujeita a considerável grau de arbitrariedade, o que faz com que trabalhos meritórios sempre corram o risco de ser omitidos. Por outro lado, deve ser lembrado que esta pesquisa dá ênfase às questões do surgimento da escravidão e da transição do trabalho escravo para o trabalho livre no setor agrícola do Sul do Brasil e da região Cafeeira, ou seja, às questões principalmente ligadas à terra e à mão de obra — ou, de outro ângulo, aos temas da escravidão e da imigração até o final do século XIX. Nos estudos mencionados abaixo, essas questões são, com frequência, abordadas apenas tangencialmente. Algumas reflexões ou dados apresentados a seguir vêm apenas sugerir o aprofundamento da análise de certos tópicos, sem pretender exaurir qualquer ponto levantado. Para o autor, é reconfortante verificar que isso não alteraria suas conclusões principais e que a maior parte dos dados estatísticos apresentados no presente trabalho continua válida ou não superada.

Certo número de grandes áreas de pesquisa, sempre interligadas e passíveis de subdivisões, podem ser inicialmente destacadas. O período colonial, em que se forma uma estrutura escravocrata, teve na economia açucareira e na mineração dois pontos de foco de numerosos trabalhos antes e depois de 1978, alguns de caráter mais abrangente, mas vários com cunho regional e com novas fontes primárias. Tópico paralelo e que se estende ao século XIX é o do tráfico de escravos da África, bem como a própria situação dos países africanos, origem de parte considerável da população brasileira. A evolução geral da economia escravista a partir da abertura dos portos, e principalmente da Independência até o início do período republicano, é outra área de novos trabalhos, incluindo alguns estudos da economia como um todo, mas muitas vezes também com abordagens regionais ou setoriais, enquanto outros estudos colocam o Brasil em contexto latino-americano ou mundial.

A imigração europeia aparece também como uma grande área de pesquisa, incluindo a que se dirigiu a pequenas propriedades no Sul do Brasil, bem como a imigração em massa destinada às áreas cafeeiras, que veio substituir a mão de obra escrava no contexto da Abolição, enquanto a escravidão urbana e a imigração para as cidades foram menos diretamente tratadas no presente estudo, embora mereçam alguma menção.

O tema da escravidão é muito vasto e na verdade se desdobra em várias dimensões: não apenas a econômica ou a demográfica, mais examinadas neste livro, mas também a social, familiar, psicológica ou *cultural* num sentido amplo. Assim, indicam-se no final deste posfácio novas linhas de estudo sobre a sociedade escravista.

A ECONOMIA E A SOCIEDADE COLONIAIS: A FORMAÇÃO DA ECONOMIA ESCRAVISTA E O TRÁFICO AFRICANO

Com o risco de todas as generalizações, até algumas décadas atrás a visão tradicional das características básicas da sociedade colonial brasileira poderia ser resumida em determinadas proposições. A primeira seria que as relações sociais se limitariam ao relacionamento ou à dicotomia entre senhores e escravos — daí, aliás, o título em inglês [*The Masters and the Slaves*] da obra clássica de Gilberto Freyre, *Casa-grande e senzala*, de 1933 —, com seu modelo de grande lavoura escravista exportadora, também elaborado por Caio Prado Jr. em 1942, em *Formação do Brasil contemporâneo*, com o suposto corolário de grandes concentrações de escravos em latifúndios. O segundo aspecto, interligado ao primeiro, seria a existência de um mercado interno reduzido e pouco dinâmico, com áreas meramente de subsistência, o que muitas vezes levava à produção de alimentos dentro das grandes propriedades exportadoras. Finalmente, a conjunção desses fatores e a própria escravidão impediriam no longo prazo o surgimento de um mercado interno, como resume Birgitte Holten (1998). Para o historiador Caio Prado Jr., a colonização portuguesa tinha por objetivo a exploração de recursos naturais para exportação e não o povoamento da colônia; na mesma linha, para Celso Furtado, economista com grande intuição histórica e autor do clássico *Formação econômica do Brasil*, de 1959, o comércio exterior seria o eixo central da economia escravista.

No presente trabalho, procurou-se mostrar que a mão de obra escrava não se restringia às grandes propriedades, havendo muitos pequenos proprietários de escravos, que inclusive trabalhavam ocasionalmente ao lado destes, já no século XVIII, conforme demonstrado para os casos do Rio Grande do Sul, Minas Gerais e outras regiões, enquanto em São Paulo, até o início do século XIX, predominavam os fogos sem escravos.

Estudos mais recentes vêm confirmar a predominância de pequenos proprietários de escravos e a ampla difusão da posse de escravos, mas também a existência de diferenças regionais no modo como a força de trabalho escrava foi utilizada. A elevada proporção de homens na população escrava ocasionada pela preponderância da importação de escravos africanos de sexo masculino até 1850 levaria globalmente a uma taxa de crescimento natural negativo da população escrava. No entanto, há indícios de taxas de crescimento positivas em algumas áreas e em determinadas épocas. Na verdade, até mesmo em regiões antes consideradas monocultoras, a produção local e a distribuição de alimentos por propriedades menores foram fundamentais para a expansão da agricultura de exportação, além de poder envolver, como no caso da Bahia, outros produtos de valor comercial, como o fumo e a farinha de mandioca. Ou seja, no final do período colonial, o Brasil não era uma vasta plantation, e sim uma sociedade complexa com uma economia relativamente diversificada, inclusive com ofícios artesanais, na qual desde cedo as manumissões se fizeram presentes, surgindo até mesmo a propriedade de escravos por forros.

De especial importância para uma abordagem inicial é *Colonial Brazil*, organizado por Leslie Bethell (1987), que agrupa os capítulos sobre o Brasil da *The Cambridge History of Latin America* (1984; ver Bethell, Org., 1998). Sobre os primórdios da economia colonial, cabe rever H. B. Johnson (1987), mas destacam-se o trabalho sobre plantations e periferias de Stuart B. Schwartz (1987), que cobre o período de cerca de 1580 a 1750, o de A. J. R. Russell-Wood (1987) sobre o "ciclo do ouro", indo de cerca de 1690 a 1750, e o de Dauril Alden (1987), sobre o final do período colonial, de 1750 a 1808.

Versões mais sucintas e atualizadas sobre a economia e a sociedade coloniais podem ser encontradas em obra coletiva sobre a expansão portuguesa organizada por Francisco Bethencourt e Kirti Chaudhuri (1998a), em que se destacam dois ensaios de Schwartz (1998a e 1999b) sobre economia açucareira e escravos no início da colônia. Em Bethencourt e Chaudhuri (1998b), centrado sobre o Brasil entre 1697 e 1808, nos ensaios de Schwartz (1998c) sobre a economia da mineração e o renascimento agrícola do final do longo século XVIII e também sobre a escravidão e o tráfico (Schwartz, 1998d), bem como nos de Russell-Wood (1998a e 1998b) sobre a emigração portuguesa e senhores de engenho e comerciantes, trazem uma atualização importante de dados. Em Schwartz (Org., 2004) encontra-se novo ensaio sobre o Brasil de 1550 a 1670. O mesmo autor (Schwartz, 2010) elaborou interessante coleção documental do Brasil até 1700.

No contexto da *Nova história da expansão portuguesa*, sob a direção de Joel Serrão e A. H. de Oliveira Marques, vale destacar o volume VII, que versa sobre o império luso-brasileiro de 1620 a 1750, organizado por Frédéric Mauro (1991), e o volume VIII, que trata do período de 1750 a 1808, coordenado por Maria Beatriz Nizza da Silva (1986). Guy Martinière (1991) retraça estruturas administrativas e aspectos demográficos; Altiva Pilatti Balhana (1986) examina a população de forma mais ampla; o tema da propriedade é revisto por Nanci Leonzo (1986), enquanto a produção, a circulação, as finanças, a moeda e as flutuações econômicas são analisadas por José Jobson de Andrade Arruda (1986). Arruda (1991) inclui ainda uma tentativa de avaliação da lucratividade do comércio colonial do Brasil e de Portugal, e um estudo do mesmo autor (2000) retoma o tema da "crise do sistema colonial".

Resultado do I Congresso Brasileiro de História Econômica em 1993 é a obra coletiva organizada por Tamás Szmrecsányi (1996), com ensaios sobre vários setores da economia colonial. A pecuária e a produção de alimentos são tratadas por Manuel Correia de Andrade (1996); Vera Lucia Amaral Ferlini (1996) examina o Nordeste colonial, enquanto Russell Menard e Stuart B. Schwartz (1996) indagam "por que a escravidão africana", confrontando experiências do Brasil, do México e da Carolina do Sul.

Obra fundamental sobre a economia açucareira, com dados detalhados, é a de Stuart B. Schwartz (1985), *Sugar Plantations in the Formation of Brazilian Society*, que cobre o período de 1550 a 1835 e é centrada na Bahia. Reedição comentada dos *Diálogos das grandezas do Brasil*, de Ambrósio Fernandes Brandão, aos cuidados de Frederick A. H. Hall, William F. Harrison e Dorothy W. Welker (1987), traz notas atualizadas sobre esse clássico de 1618 acerca da economia açucareira. Cabe igualmente destacar nova reedição comentada da obra de Antonil, *Cultura e opulência do Brasil*, de 1711, por Andrée Mansuy Diniz Silva (2007). Bert J. Barickman (1998), objeto de boa resenha de Holten (1998), é muito útil sobre a escravidão, a economia açucareira, o fumo e a farinha de mandioca entre aproximadamente 1780 e 1860 na Bahia, e Barickman (2004) trata de engenhos e de lavradores de cana no início do século XIX.

Kátia M. de Queirós Mattoso (2004) reproduz interessantes dados de tese não publicada (R. J. D. Flory, 1978) que contrariam a visão tradicional de que os engenhos tinham centenas de escravos, tendendo a confirmar médias mais baixas como a de 65 escravos no final do período colonial calculada por Schwartz (1985). Schwartz também desmente a grande concentração da propriedade de escravos, em comparação com o Caribe e o Sul dos Estados Unidos. Para uma avaliação da indústria do açúcar desde suas origens, colocando a produção brasileira no contexto mundial, ver J. H. Galloway (1989). Na mesma linha, ver Pierre Dockès (2009).

Quanto à "idade do ouro" no século XVIII, ver Virgilio Noya Pinto (1979), que apresenta a quantificação mais completa da produção de ouro no Brasil colonial. Michel Morineau (1985) usa periódicos holandeses extensamente para documentar as chegadas das mercadorias coloniais à Europa. Conforme resumido em Angus Maddison (2006), entre o século XVI e o século XVIII, a Europa teria recebido 1.708 toneladas de ouro e 72.825 toneladas de prata. Trabalho que coloca o ouro brasileiro num contexto mundial é o de Christian Morrison, Jean-Noël Barrandon e Cécile Morrison (1999). Leonor Freire Costa (2005) apresenta uma visão sucinta das relações econômicas de Portugal com o exterior no século XVIII, complementada por Joaquim Romero Magalhães (2005) sobre o Brasil e o Império português. Ver também Eugénia Mata e Nuno Valério (2003), obra que permite acompanhar as vicissitudes da moeda portuguesa e tendências de preços em Portugal durante todo o período colonial, fortemente influenciadas no século XVIII pelo afluxo do ouro brasileiro. Com relação a preços de escravos e de mercadorias no Brasil entre 1670 e 1769, especialmente na Bahia, ver Alden (1990), complementado por Mattoso (1992). Fernando Carlos G. de Cerqueira Lima (2005) traz uma contribuição ao estudo da circulação de moeda metálica no Brasil nos séculos XVI e XVII. Angelo Alves Carrara (2010) examina a amoedação e a oferta monetária em Minas Gerais no século XVIII, mostrando que boa parte das moedas metálicas rapidamente deixava a capitania e a colônia, enquanto o ouro em pó circulava como moeda corrente, fato confirmado pela contabilidade dos estabelecimentos comerciais mineiros. Os temas do comércio e do crédito são abordados na obra coletiva organizada por Carrara (2010).

Russell-Wood (1992), sobre o Império português entre 1415 e 1808, discute em conjunto os problemas econômicos e sociais da metrópole e do Brasil colonial, sublinhando sua interligação e destacando o fluxo e refluxo de mercadorias entre Lisboa, Salvador, Rio de Janeiro, Luanda, Goa e Macau, e, por algum tempo, Malaca e Nagasaki. Jean-François Labourdette (2000) também enfatiza a crescente dependência da metrópole com relação às produções de sua colônia americana, especialmente no século XVIII, focando mais especificamente o "século do ouro" no Brasil, o interregno pombalino e a reação antipombalina da fase final do "Antigo Regime" português. O estudo de Frédéric Mauro e Maria de Souza (1997) contém capítulos "econômicos" interessantes, ainda que a visão de "ciclos" se encontre superada. Outra visão "francesa" sobre o Brasil colonial é Bartolomé Benassar (2000a), que examina a gênese da identidade nacional brasileira e acredita na existência de uma "brasilidade" impregnada de uma cultura e uma religiosidade barrocas já no século XVIII.

Bom resumo introdutório do Brasil colonial encontra-se em Boris Fausto (2002), enquanto a obra de Arno Wehling e Maria José C. M. Wehling (1999) é mais detalhada. Quanto às bases ideológicas e discussões religiosas sobre a escravidão, ver Ronaldo Vainfas (1986). Eduardo Hoornaert (1998) examina a evolução da Igreja Católica no Brasil colonial e suas relações com as várias camadas da sociedade, inclusive os escravos. Jorge Caldeira (1999) avalia o país no período colonial como a "nação mercantilista" e atrasada que é encontrada em 1808 pela família real em fuga, objeto de Lilia Moritz Schwarcz (2002). Obra de síntese é a de João Luis Ribeiro Fragoso, Manolo Garcia Florentino e Sheila de Castro Faria (1998).

Nelson Nozoe (2006) discute a legislação fundiária aplicada na colonização brasileira. Um tratamento econômico conjunto das questões da mão de obra e da terra no longo período de escravidão no Brasil, baseado na "hipótese de Domar" quanto à potencial associação causal da existência de terras livremente disponíveis e do trabalho não livre, pode ser encontrado em Luiz Aranha Corrêa do Lago (1988), em que se aborda o surgimento da escravidão e seu desenvolvimento no período colonial.

Enfatizando a natureza mercantilista do sistema colonial e a importância da escravidão e do tráfico, foi influente o controvertido "modelo" do sistema colonial de Fernando A. Novais (1979), modestamente visto pelo autor apenas como um ponto de partida para reflexões. Pressupondo o estrito cumprimento do "exclusivo metropolitano" ou "pacto colonial", resultando em "superlucros" no comércio colonial com impacto sobre a Revolução Industrial na Europa, o modelo foi apoiado por alguns autores e criticado por outros. Além da existência de "superlucros" no comércio colonial no longo prazo ser bastante discutível, é difícil ver os "homens de grossa aventura" (João Luis Ribeiro Fragoso, 1992) — e, mais amplamente, as elites comerciais da Bahia e do Rio de Janeiro, notadamente as envolvidas em contratos da Coroa ou com o tráfico africano (Alexandre Vieira Ribeiro, 2007) — como inteiramente dominados pelos comerciantes e interesses da metrópole, já que a imposição do exclusivo metropolitano tinha limites. Sobre o tema, ver o trabalho de João Luis Ribeiro Fragoso e Manolo Garcia Florentino (1993), centrado no período de aproximadamente 1790 a 1840, enquanto o século XVIII é objeto de estudos de Antonio Carlos Jucá de Sampaio (2003 e 2007). Formou-se inclusive certa dependência dos comerciantes do Rio de Janeiro por parte de comerciantes de áreas periféricas, como demonstrado em Helen Osório (2000 e 2008) com relação ao Rio Grande do Sul. Para uma reavaliação da visão de Caio Prado Jr. — que, como Celso Furtado, concentra-se nas relações com o exterior —, ver Iraci del Nero da Costa (1995).

No entanto, Fragoso e Florentino (1993) podem ter exagerado as possibilidades de "acumulações endógenas" na colônia, nos circuitos mercantis internos.

Para uma crítica, ver Eduardo Mariutti, Luiz Paulo Ferreira Nogueról e Mário Daniel Neto (2001), que não acreditam que a economia colonial tinha ritmo autônomo em relação aos mercados europeus.

As relações existentes com o resto do Império português, ou ocasionalmente "intercoloniais", tampouco demonstram um estrito cumprimento do "exclusivo", conforme discutido em José Roberto do Amaral Lapa (1982). O comércio colonial luso-brasileiro se apresenta como bem mais "poroso", como enfatizado por André Arruda Villela (2011) e anteriormente notado por James Lockhart e Stuart B. Schwartz (1983). Sobre as efêmeras companhias pombalinas do Grão-Pará e Maranhão e de Pernambuco e Paraíba, ver António Carreira (1983).

Para uma revisão crítica do "modelo" de Novais (1979), ver Villela (2011), que menciona resenha recente de Diogo Franco Magalhães (2008) e críticas anteriores de Ciro Flamarion S. Cardoso (1980), que reage à "preocupação obsessiva com a extração de excedente", às quais devem juntar-se as de Antonio Barros de Castro (1980). Na visão desses autores, as relações de produção que distinguem a colônia e o entendimento da escravidão como sistema não dependiam fundamentalmente do comércio. A economia açucareira apresentava características básicas do modo de produção escravista de Marx (Luiz Aranha Corrêa do Lago, 1978 e 1988), e o destino final do produto ou a existência de "mercantilismo" não levam à identificação de um modo de produção "distinto". Para um resumo do debate, ver José Roberto do Amaral Lapa (1980, Org., e 1982).

Grande parte das commodities, objeto do comércio ou sistema atlântico até meados do século XIX, era produzida com trabalho escravo, conforme mostra Joseph E. Inikori (2002), mas não fica demonstrada uma substancial participação dos lucros do tráfico e do comércio colonial no financiamento da Revolução Industrial na Europa, debate retomado em Ronald Findlay e Kevin H. O'Rourke (2007).

Com relação a produtos coloniais brasileiros específicos além do açúcar e do ouro, ver Jean-Baptiste Nardi (1996), Barickman (1998) e Mattoso (2004) sobre o fumo; Judith Carney (2004) sobre o arroz, e mais geralmente sobre rizicultura, ver Walter Hawthorne (2010). Sobre o fumo no mundo, ver V. G. Kiernan (1991). O algodão muitas vezes cultivado junto com alimentos era processado domesticamente em várias capitanias e envolvia tanto trabalho livre como trabalho escravo. Sobre agricultores pobres e livres em Pernambuco entre 1700 e 1817, ver Guillermo Palacios (2004). Sobre a pecuária e a produção de alimentos em geral, presentes em quase todas as capitanias, ver Manuel Correia de Andrade (1996); sobre o Rio Grande do Sul, ver Corsino Medeiros dos Santos (1984) e Helen Osório (2008).

Existem muitos trabalhos e teses recentes sobre regiões e subperíodos do Brasil colonial, notadamente em relação a aspectos demográficos e escravidão, vários temas sendo objeto de verbetes em dicionário do Brasil colonial entre 1500 e 1800 (Ronaldo Vainfas, Org., 2001). Destacam-se naqueles estudos, não apenas a intensificação do tráfico de escravos e da chegada de portugueses ao Brasil ao longo do século XVIII, mas também quão ampla e difundida era a propriedade de escravos em pequeno número entre muitas famílias livres, enquanto surgia um grupo cada vez mais numeroso de negros e mulatos livres — causando, junto com os escravos, certo "incômodo" nas autoridades, segundo Silvia Hunold Lara (2007). A maioria dos libertos e dos brancos livres, no entanto, não possuía escravos, conforme resumido em Carlos A. M. Lima (2008) com dados de participações dos domicílios sem escravos no total dos domicílios. Mas não era incomum, desde cedo, ex-escravos possuírem escravos, como lembram Wilson Cano e Francisco Vidal Luna (1983) com relação a Serro Frio em 1738 e Sabará em 1771. Francisco Vidal Luna e Iraci del Nero da Costa e outros autores deram uma grande contribuição para o entendimento da demografia, de famílias e da posse de escravos em Minas Gerais e em São Paulo no período colonial e início do Império, "criando escola". Pode-se destacar, nesse sentido, Costa (1979 e 1981), Luna (1981 e 1986) e Luna e Costa (1983 e 1984), assim como Iraci del Nero da Costa e Nelson Nozoe (1989) e Francisco Vidal Luna e Herbert S. Klein (2004 e 2005), além da obra mais global e com excelente bibliografia de Klein e Luna (2010). Laird W. Bergad (1999) trata de escravidão e demografia em Minas Gerais entre 1720 e 1888, baseado em 10.028 inventários, e acredita em crescimento natural da população mineira, pelo menos em certas regiões. Ver também o livro *Desclassificados do ouro*, de Laura de Mello e Souza (1986), tendo em mente o trabalho de Kátia M. de Queirós Mattoso (1994), que propõe que novos "binômios" — como *oprimidos* e *opressores*, ou pessoas *classificadas* e *desclassificadas* na hierarquia social — não devem simplesmente substituir o esquema de *senhores* e *escravos*, também simplificado e excessivamente redundante, tendo em vista que a sociedade colonial era bem mais complexa. Mello e Souza (2006) examina a política e a administração na colônia no século XVIII.

Luna (1998) trata de 25 localidades paulistas entre 1777 e 1829, complementando um estudo de Luna e Costa (1983) sobre posse de escravos no início do século XIX em São Paulo. Sobre Bananal, ver José Flávio Motta (1999). Muriel Nazzari (2001) mostra que somente após o efetivo fim da escravidão indígena é que aumenta o número de escravos negros nos dotes e heranças em São Paulo. Eni de Mesquita Samara (2005) trata da cultura canavieira e do trabalho livre em Itu entre 1780 e 1830.

Sobre a "arraia-miúda", os muitos não proprietários de escravos no Brasil, ver Costa (1992). Quanto à posse de escravos em Minas Gerais, ver Bergad (1999) e Clotilde Andrade Paiva (1996). Em uma grande amostra de populações rurais e urbanas de Minas Gerais e São Paulo em 1830, os escravos "correspondiam a 30% da população e nessa mesma percentagem estavam presentes nos domicílios" (Luna e Klein, 2004). Alida C. Metcalf (1992) confirma a existência de muitas famílias livres sem escravos em Santana de Parnaíba entre 1775 e 1820. Em paralelo, a mesma autora apresenta a controvertida tese de que a classe dos grandes fazendeiros utilizava-se de uma estratégia de herança que beneficiava uma filha e o genro, o que afetava a estrutura de posse de escravos dos herdeiros. No entanto, Elizabeth Anne Kuznesof (2006) acredita que tal tese negligencia a riqueza trazida nos dotes das mulheres dos filhos e a nascente importância do comércio como fonte de riqueza, que também influíam na distribuição de escravos por domicílio.

O Paraná (parte de São Paulo até 1853), sociedade menos "comercializada" e baseada na criação de gado, pouco populosa e com poucas condições de importar escravos africanos, é um possível exemplo regional atípico de crescimento natural positivo da população escrava na primeira metade do século XIX, conforme Horácio Gutierrez (1987). Há indícios de que certas regiões de Minas Gerais, após a decadência da mineração, possam ter tido desenvolvimentos semelhantes (Luna e Klein, 2004). Porém, diante de uma taxa de reprodução natural negativa da população escrava como um todo, resultante de elevada mortalidade e baixa natalidade, existe consenso de que o número total de escravos no Brasil somente continuou crescendo até meados do século XIX graças ao tráfico africano.

A presença dos escravos no campo e nas cidades se estendia a quase todas as ocupações. O trabalho e a escravidão nos canteiros de obras de Vila Rica são abordados em Fabiano Gomes da Silva (2006). Sobre artífices e oficinas no Brasil colonial, ver Douglas Cole Libby (2006) e Carlos A. M. Lima (1998 e 2008). Quanto à escravidão urbana no Rio de Janeiro entre 1808 e 1822, ver Leila Mezan Algranti (1988), e até 1850, ver José Roberto Góes (1993), Luiz Carlos Soares (2007) e o notável estudo de Mary C. Karasch (1987) com fontes semelhantes às do presente trabalho. Sobre mão de obra escrava em Salvador, ver Maria José de Souza Andrade (1988) e Kátia M. de Queirós Mattoso (1992).

As alforrias também afetavam a oferta de mão de obra escrava e o crescimento da população livre parda e negra. Sobre escravos e libertos na colônia, ver Russell-Wood (1982). Um estudo sobre gênero e controles sociais em Minas Gerais no século XVIII, contexto de numerosas manumissões, pode ser encontrado em Kathleen J. Higgins (1999). Livro sobre Chica da Silva mostra a pouco usual trajetória da jovem escrava e concubina de um minerador da elite até a liberdade e a riqueza (Júnia Ferreira Furtado, 2009), e que pode ser complementado por obra mais geral sobre escravos e libertos nas Minas Gerais do século XVIII (Eduardo França Paiva, 1995). Para a Bahia do século XVIII e início do século XIX, ver Mattoso (1992 e 2004). Sobre alforrias entre 1830 e 1835 em Porto Alegre, ver Gabriel Aladrén (2009). Quanto a casamentos mistos de escravos e livres em São Paulo colonial, ver Elena Maria Réa Goldschmidt (2004). Sobre libertos em São Paulo e Minas Gerais no início do século XIX, ver Klein e Luna (2000). As fugas também afetavam a oferta de trabalho escravo. Sobre quilombos, ver Clóvis Moura (1993) e João José Reis e Flávio dos Santos Gomes (Orgs., 1996). Especificamente sobre Palmares, ver Ivan Alves Filho (1988) e mais recentemente Silvia Hunold Lara (2008). Flávio dos Santos Gomes (2005) aborda quilombos de várias regiões do Brasil. Sobre fugas e quilombos nas Américas, ver Manolo Florentino e Márcia Amantino (2011).

As irmandades religiosas de negros livres e escravos formam uma área de estudo específica que excede o escopo do presente trabalho. Mas, apesar de haver uma tendência à exclusão da sociedade de uma população escrava da qual o que se levava basicamente em consideração era a capacidade de trabalho, muitos escravos conseguiram, por meio das irmandades, forjar certa identidade, respeitada nos planos jurídico, civil e religioso, alcançando assim algum tipo de autonomia. Como nota Fernanda Abreu (1995), tais associações podiam também proporcionar a seus membros uma forma de assistência que não poderia ter sido recebida nem das autoridades coloniais, nem dos senhores de escravos. A esse respeito, conferir também Mariza de Carvalho Soares (2000). Da tentativa inicial de reproduzir identidades tribais ou étnicas do continente africano, evoluiu-se para associações de caráter mais global do ponto de vista geográfico e cultural. As irmandades podem ter desempenhado papel "na formação de uma 'consciência negra', embora consciência dividida", que ganharia força no fim do período colonial, tornando-se também, de certa forma, um instrumento de resistência, como destaca João José Reis (1996).

Segundo Hoornaert (1998), num sentido mais amplo os leigos "infiltraram-se" na Igreja no Brasil por intermédio de sua participação em confrarias, irmandades e ordens terceiras, que tendiam a refletir as características étnicas, sociais e ideológicas das diferentes camadas da sociedade.

Agrupando os temas da economia em geral, da economia da escravidão, de famílias e escravidão, e até mesmo do comércio e de homens de negócios, cabe ainda mencionar, de norte a sul, apenas em caráter ilustrativo, os trabalhos abaixo: José Maia Bezerra Neto (2001) trata da escravidão no Grão-Pará nos séculos XVII e XIX; José Ribamar Bessa Freire (Org., 1991) versa sobre a Amazônia colonial; Hawthorne (2010) estuda o Pará e o Maranhão. Ainda sobre o Maranhão, ver Mathias Röhrig Assunção (1996). Sobre o Piauí, ver Luiz Roberto de Barros Mott (1985), que acredita que os negros predominavam na pecuária da capitania. Quanto ao Rio Grande do Norte, com grandes áreas de criação de gado, ver Douglas Araújo (1994). Sobre a evolução da economia do Rio Grande do Norte desde o século XVI, ver Paulo Pereira dos Santos (1994). Para uma história geral, entre 1597 e 1822, conferir Luiz Eduardo Brandão Suassuna e Marlene da Silva Mariz (1997). A economia e a escravidão em Goiás entre 1722 e 1822 são tratadas em Gilka V. F. Salles (1992), e a escravidão negra em Arraias, no Tocantins, entre 1739 e 1800, é vista por Juciene Ricarte Apolinário (2007).

Sobre a economia e a sociedade de Minas Gerais no período colonial, ver Luna e Costa (1982). Sobre São João del Rei, ver Silvia Maria Jardim Brügger (2007). Júnia Ferreira Furtado (1996) trata da vida no Distrito Diamantino no período da Real Extração, e outros estudos de Furtado (2006 e 2009) abordam os homens de negócio, os contratadores de diamantes e o comércio nas Minas Gerais do século XVIII. A "elite pluriocupacional" na formação da sociedade mineira escravista é tratada em Carlos Leonardo Kelmer Mathias (2012), e a "escravidão e o universo cultural da capitania" entre 1716 e 1789 são vistos por Eduardo França Paiva (2001). Sobre família e escravidão, ver Tarcísio Rodrigues Botelho (2006). Com relação ao tema do "investimento" em escravos, segundo dados sobre a Real Extração entre 1772 e 1809, um escravo que sobrevivesse possivelmente "se pagava" na área produtora de diamantes em quatro ou cinco anos, sugerindo que sua expectativa de sobrevivência não seria inferior a esse prazo, conforme Bergad (1999).

Silvia Hunold Lara (1988), inovando a abordagem metodológica sobre os escravos, trata das relações, por vezes violentas, entre escravos e senhores na capitania do Rio de Janeiro. A economia da cidade do Rio de Janeiro entre 1750 e 1790 não teria sofrido crise, segundo Fábio Pesavento (2012). Ao contrário, teria aumentado o número de construções urbanas e as relações com o mercado interno, às quais Antonio Carlos Jucá de Sampaio (2003) já atribuía papel importante nos anos 1740. No período de 1790 a 1822, o comércio interno da cidade do Rio de Janeiro e do interior fluminense foi abordado em Larissa V. Brown (1986). Sobre São Paulo entre 1750 e 1850, ver Luna e Klein (2005). Sobre Santa Catarina no século XVIII, ver Walter F. Piazza (1994). Horácio Gutierrez (1988) confirma forte predominância de escravos crioulos no Paraná entre 1798 e 1830. Sobre comerciantes do Rio Grande do Sul no fim do período colonial, ver Helen Osório (2000 e 2008), e sobre a capitania em geral, conferir Corcino Medeiros dos Santos (1984).

A ESCRAVIDÃO INDÍGENA, A ÁFRICA E O TRÁFICO AFRICANO

Um bom levantamento da escravidão indígena no século XVI é o de Alida C. Metcalf (2005). Luiz Felipe de Alencastro (2000) explora igualmente a questão dos "escravos da terra", que, mesmo depois de substituídos por africanos na grande lavoura, ainda eram muito relevantes em áreas mais "periféricas". Nazzari (2001) e Metcalf (1992) mostram a importância dos índios "administrados" nos espólios paulistas, embora legalmente os índios não fossem escravos. Ainda sobre o século XVII em São Paulo, ver John Manuel Monteiro (1988 e 1994). (Somente em 1758, sob Pombal, é que os índios se tornariam totalmente livres do ponto de vista legal no Estado do Brasil.) Sobre aldeamentos e a extinção da população indígena na área costeira Rio-São Paulo, ver Warren Dean (1984). Para uma história coletiva dos índios no Brasil, ver Manuela Carneiro da Cunha (Org., 1992). Especificamente sobre os princípios da legislação indigenista no período colonial, ver Beatriz Perrone-Moisés (1992).

No Estado do Grão-Pará e do Maranhão a "liberdade" veio em 1755. No entanto, John Hemming (2009) busca mostrar que a nova situação jurídica não representou uma real liberdade para os índios do Norte do país. No exame da substituição dos índios por escravos é importante ter em mente não apenas o declínio da população indígena, mas também as mudanças ocorridas do lado da oferta e da demanda, podendo existir preferências dos senhores pela aparente maior produtividade e qualificação dos escravos africanos para tarefas agrícolas e uma maior eficiência do tráfico de escravos. Para uma perspectiva comparada com o México e a Carolina do Sul, ver Menard e Schwartz (1996). Sobre sistemas de trabalho e trabalho forçado indígena no período colonial, tanto na América espanhola como no Brasil, e mais especificamente sobre escravidão indígena e "escravidão além da plantação" no Brasil, ver o trabalho recente de John Manuel Monteiro (2006).

No tocante à situação da África, as obras de Alberto da Costa e Silva (1996 e 2002), sem dúvida o maior africanista do país, vieram suprir uma grande lacuna, permitindo uma visão clara das origens de importante parcela da população brasileira. Costa e Silva (1996) trata da África antes dos portugueses, com capítulos sobre a "paisagem e o homem" e sobre a situação do continente em 1500 que ajudam a entender o meio de onde provinham os escravos transportados para o Brasil nos séculos seguintes. Mais próximos dos temas tratados no presente livro são os capítulos de Costa e Silva (2002) sobre a escravidão entre os africanos, a disputa pelo comércio transatlântico e o "escravo igual a negro" (ou seja, a identificação da escravidão com etnia negra, que não se verificava no passado). Nesses capítulos, além de serem discutidos aspectos "ideológicos", apresentam-se também dados que dão uma ideia geral da "sangria" que o tráfico como um todo (e não somente para as Américas) representou para a África. Também são discutidos os fatores que influíam no preço dos escravos, além dos portos de embarque e os bens pelos quais eram trocados, sendo o preço das mulheres de 20% a 25% menor que o dos homens, e o das crianças ainda mais baixo. Sobre o uso de conchas da Bahia (zimbos), como "moeda de troca", no tráfico negreiro, ver João José Reis (2008a) e Cruz (2012).

Uma alentada história da escravidão na África desde o tráfico islâmico no período medieval é a de Paul E. Lovejoy (2000), e uma importante história da África é a de Bernard Lugan (2009), enquanto uma visão mais simplificada do continente ao sul do Saara está presente em Catherine Coquery-Vidrovitch (2011). Em obra patrocinada pela Unesco, B. A. Ogot (1998) examina as estruturas econômicas na África, o tráfico e a diáspora dos africanos nos séculos XVI a XVIII. Luiz Felipe de Alencastro (2000) aborda simultaneamente Angola e Brasil no complexo do Atlântico Sul nos séculos XVI e XVII, com fartos dados sobre o tráfico. O livro de John Thornton (1998) mostra o envolvimento dos próprios africanos na escravização de seus semelhantes.

Ralph A. Austen (1979) apresenta estimativas do tráfico transaariano entre os anos 650 e 1900, tema retomado em Costa e Silva (2002) e em Christian Delacampagne (2002), filósofo que apresenta uma história resumida da escravidão "da Antiguidade a nossos dias". Os tráficos ocidental, oriental e africano foram objeto de estudo de Patrick Manning (1990), que complementa ensaios em Joseph E. Inikori (Org., 1982) sobre o impacto do tráfico nas sociedades africanas. Ver também Philip D. Curtin e Paul E. Lovejoy (Orgs., 1986) sobre tráfico e escravidão. Quanto ao envolvimento dos holandeses, pode-se ver Johannes M. Postma (1990) e P. C. Emmer (2006). Hugh Thomas (1997) cobre o Atlântico no período de 1440 a 1870, cabendo também mencionar, novamente, Postma (2003). Dale W. Tomich (2004) examina as questões do capital e do trabalho na economia mundial "sob o prisma da escravidão". Vários ensaios sobre escravidão e colonização podem ser encontrados em Barbara L. Solow (Org., 1991), inclusive de Luiz Felipe de Alencastro sobre a colonização e o tráfico de Portugal e de Patrick Villiers sobre o envolvimento francês no século XVIII. Coletâneas mais recentes incluem David Eltis, Frank D. Lewis & Kenneth L. Sokoloff (Orgs., 2010) sobre aspectos de escravidão nas Américas, e David Eltis & Stanley L. Engerman (Orgs., 2011) sobre escravidão na Ásia, na África e nas Américas entre 1420 e 1804.

No que diz respeito aos números do tráfico, importantes contribuições foram o livro de David Eltis (1987), com grande bibliografia e crucial para a compreensão do fim do tráfico, e o de Herbert S. Klein (1999). Trabalho de síntese mais recente é o de Lisa A. Lindsay (2008). Uma introdução ao tema é o *Atlas* de Marcel Dorigny e Bernard Gainot (2006). No entanto, merece especial destaque o recente e bem mais completo *Atlas* de David Eltis e David Richardson (2010), que documenta as nações envolvidas no tráfico, os portos de embarque, as origens dos escravos, a experiência das viagens nos navios negreiros (incluindo mortalidade) e os destinos finais, entre outras questões, enquanto a última parte refere-se ao fim do tráfico, incluindo ao todo 189 mapas e grande quantidade de estatísticas. O *Atlas*, fundamentado em uma base de dados on-line constantemente atualizada (disponível em: <www.slavevoyages.org>), cobre cerca de 35 mil viagens, atualizando a estimativa de entradas de escravos no Brasil para quase 4,9 milhões, de um total de 10,7 milhões de escravos desembarcados na América. David Eltis, Frank D. Lewis e David Richardson (2005) mostram para o período de 1674 a 1808 aumentos de preços dos escravos superiores aos do açúcar que produziam. Stuart B. Schwartz (1998) confronta preços e produtividade física no período de 1608 a

1700, enquanto Joseph C. Miller (1986) fornece dados de preços dos escravos no Atlântico Sul português entre 1600 e 1830.

O Rio de Janeiro apresenta-se como o maior destino de escravos no tráfico marítimo do Atlântico. Entre 1581 e 1856 teria recebido 2.264.000 escravos, ante 854 mil de Pernambuco e 1.550.000 da Bahia entre 1581 e 1851. A mortalidade média dos escravos nas viagens foi pouco superior a 10% entre 1638 e 1775, diminuindo para cerca de 7% a 8% entre 1776 e 1830, mas aumentando para aproximadamente 20% entre 1831 e 1850, período do "tráfico ilegal" (Eltis e Richardson, 2010). Sobre traficantes e desembarques no porto do Rio de Janeiro entre 1790 e 1830, ver Manolo G. Florentino (1997). Manolo G. Florentino e José Roberto Góes (1997) referem-se às famílias escravas e ao tráfico no Rio de Janeiro entre 1790 e 1850, e Florentino (Org., 2005) é obra coletiva sobre tráfico, cativeiro e liberdade no Rio de Janeiro dos séculos XVIII e XIX. Ver, sobre os mesmos temas, Corcino Medeiros dos Santos (1993). Robert Edgar Conrad (1986) é um estudo geral do tráfico africano para o Brasil. A demografia do tráfico é tratada em Herbert S. Klein (1987 e 1987a), enquanto Joseph C. Miller (1988) estuda o tráfico em Angola, principal região de origem dos escravos enviados ao Brasil.

Sobre a Bahia, é crucial Pierre Verger (1987). Interessante relato sobre um bem-sucedido mercador de escravos baiano que se instalou na África, recebendo grandes honrarias, é o de Alberto da Costa e Silva (2004). Hawthorne (2010) retraça os fluxos de escravos africanos da Alta Guiné, especialmente Pará e Maranhão. Sobre o tráfico negreiro para o Maranhão, ver Daniel B. Domingues da Silva (2008). Outra avaliação do tráfico como um todo, desde Angola até o Rio de Janeiro, é a de Jaime Rodrigues (2005). Mariza de Carvalho Soares (2008) coordenou obra coletiva que mostra formas especiais de organização dos escravos no Rio de Janeiro oriundos da baía do Benim que os portugueses convencionaram chamar de "pretos-minas". Em contraste, relato fascinante sobre a imigração livre da "cidade que atravessou o Atlântico" é o de Laurent Vidal (2005), que mostra as vicissitudes do transporte dos portugueses da cidade de Mazagão (Marrocos) para a Amazônia e as suas dificuldades de adaptação.

Importante estudo comparativo da escravidão na América Latina e no Caribe foi o de Klein (1986), objeto de nova edição (Herbert S. Klein e Ben Vinson III, 2007). Philip D. Curtin (1990), sobre plantations e suas origens, inclui ensaio sobre o açúcar no Brasil, com comparações com o Caribe entre aproximadamente 1640 e 1820. Para uma recente reflexão comparativa sobre escravidão, emancipação e liberdade, ver Stanley L. Engerman (2007).

Alberto da Costa e Silva (2003) traz novos elementos sobre tráfico e mão de obra, incluindo um "políptico" das várias regiões do tráfico e um ensaio que, em poucas páginas, tenta demonstrar por que a história da África tem tanta importância para o Brasil. O autor revela que os ganhos do tráfico embotavam a sensibilidade dos que a ele se dedicavam. Nada mais chocante hoje em dia do que o fato de um traficante baiano consignar em testamento que morria "com a consciência tranquila [...] sem jamais ter contribuído para fazer mal ao próximo"! Não causa estranheza, portanto, que o tráfico tenha durado tanto, sendo inclusive praticado por ex-escravos e negros, e que forros tenham acabado como proprietários de escravos. Passando-se para experiências individuais, sobre um liberto africano cozinheiro em navio negreiro brasileiro (antes de virar líder espiritual de comunidade islâmica em Pernambuco), ver João José Reis, Flávio dos Santos Gomes e Marcus J. M. de Carvalho (2010). Sobre dois escravos moçambicanos (moçambiques), marinheiros em navio negreiro brasileiro capturado por navio britânico, e reclamados por via diplomática pelo seu senhor que alegava ter prova de propriedade anterior à lei de 7 de novembro de 1831 e acabou sendo indenizado pelos britânicos em 1844, ver Beatriz Galotti Mamigonian (2012). Consta que os escravos africanos correspondiam a aproximadamente 17% das tripulações dos navios negreiros entre o final do século XVIII e o fim do tráfico (Jaime Rodrigues, 2005). Sobre "negros estrangeiros" em geral e o retorno de escravos do Brasil para a África, ver Manuela Carneiro da Cunha (2012).

A ECONOMIA E A SOCIEDADE BRASILEIRAS NO PERÍODO IMPERIAL

Visões gerais e comparações internacionais

Um dos trabalhos mais recentes sobre o período de 1822 a 1889 é o de Marcelo de Paiva Abreu e Luiz Aranha Corrêa do Lago (2014), que também apresentaram uma visão de mais longo prazo da economia brasileira englobando os períodos colonial e imperial (2001). Ensaios mais recentes, com diferenças de abordagem, são o de Jorge Caldeira (2011), sobre 1808-30, e o de João Antonio de Pádua (2012), sobre 1830-1889. A transição para a primeira década republicana é abordada em Gustavo Henrique de Barroso Franco e Luiz Aranha Corrêa do Lago (2012). Obra de síntese sobre a economia do Império é Afonso de Alencastro Graça Filho e Douglas Cole Libby (2004). No mesmo espírito, sobre a grande lavoura e a escravidão entre 1850 e 1890, ver Ana Luiza Martins (1990).

Para uma visão de muito longo prazo do desenvolvimento econômico do Brasil pré-1945, ver André Arruda Villela (2013). Outra abordagem menos recente sobre o século XIX pode ser encontrada em Nathaniel H. Leff (1982). As linhas gerais da economia e do desenvolvimento financeiro são objeto de R. W. Goldsmith (1986). Eugene Ridings (1994) mostra a ação de grupos de interesse empresariais (*business groups*) no sentido de influenciar a modernização e a prosperidade da agricultura, o desenvolvimento industrial e o sistema de comunicações do Brasil no século XIX, e inclui capítulo sobre tributação nos três níveis de governo. André Arruda Villela (2007) discute a contribuição supostamente "desproporcional" das províncias do Norte e do Nordeste para a receita do governo central que não resultava em despesas correspondentes do governo imperial naquelas regiões. Importante contribuição analítica e estatística para a história do café nos séculos XIX e XX é a de Edmar Bacha e Robert Greenhill (1992), que cita, utiliza e desenvolve estatísticas do presente trabalho. Ainda sobre a economia cafeeira, ver José Roberto do Amaral Lapa (1983), e para uma útil bibliografia, conferir Ana Luiza Martins (2006). Uma visão do crescimento e da mobilidade da população do Brasil é apresentada por S. Merrick e D. H. Graham (1979).

Para a agricultura brasileira em geral e aspectos metodológicos, uma maior ênfase sobre o mercado interno brasileiro, a respeito das ocupações de brasileiros voltados à produção de alimentos para a subsistência ou para o mercado e sobre a questão da existência de um "campesinato" no Brasil, ver Maria Yedda Linhares e Francisco Costa Teixeira da Silva (1981), Ciro Flamarion S. Cardoso (1979 e 1981) e o livro de ensaios de Elione Silva Guimarães e Márcia Maria Menendes Motta (Orgs., 2007). Mary Del Priore e Renato Venâncio (2006) apresentam visão de longo prazo da vida rural no Brasil desde o período colonial.

Os trabalhos de Renato Leite Marcondes (2005 e 2012) exploram o comércio de cabotagem para tentar avaliar o crescimento do mercado interno e mudanças no comércio per capita das províncias, ao longo do século XIX, em favor do Centro-Sul e do Norte da borracha, bem como a decadência do Nordeste. Sobre a política tarifária e seus impactos no período de 1850 a 1889, ver André Arruda Villela (2005), e para uma visão crítica da estatística comercial imperial,

Luiz Aranha Corrêa do Lago (1982). O tratamento mais moderno da dívida externa no período imperial pode ser encontrado em Marcelo de Paiva Abreu (2006). O capital comercial, o mercado doméstico e o insucesso do desenvolvimento e da indústria no Brasil do século XIX são objeto de Luiz Carlos Thadeu Delorme Prado (1991), centrado no período de 1845 a 1870. Sobre as origens da industrialização no Império, ver Wilson Suzigan (2000). Kátia M. de Queirós Mattoso (1992) estudou séries de preços na Bahia, mas não há índices de preços satisfatórios para o Brasil imperial. Para um índice de preços por atacado para o período de 1870 a 1913, ver L. A. V. Catão (1992), e sobre dados com metodologia menos satisfatória, R. W. Goldsmith (1986).

Dentre coletâneas de ensaios de história econômica, cabe mencionar Paulo Neuhaus (Org., 1980), incluindo Pedro Carvalho de Mello e Robert W. Slenes (1980), que fazem uma análise econômica da escravidão e da questão da racionalidade econômica dos fazendeiros, e Eulália Maria Lahmeyer Lobo (1980), que examina a economia da cidade do Rio de Janeiro. Iraci del Nero da Costa (Org., 1986) contém importantes ensaios de história econômica e demografia. Outras coletâneas incluem Tamás Szmrecsányi e José Roberto do Amaral Lapa (1996), que tratam da história econômica da Independência e do Império, e números especiais da revista *Estudos Econômicos*, notadamente "A Economia Escravista Brasileira", de 1983. Outra coletânea é Francisco Humberto Vignoli, José Márcio Rego e Rosa Maria Marques (Orgs., 2003), com ensaios desde o período colonial até o século XX. Tornaram-se também mais amplamente disponíveis estatísticas históricas do Brasil, com séries econômicas, demográficas e sociais de 1550 a 1985 (IBGE, 1987). Nelson de Castro Senra (2006) traz uma história das estatísticas brasileiras no Império. Um importante banco de dados é mantido pelo Ipea (disponível em: <www.ipeadata.com.br>).

Em Leslie Bethell (Org., 1989), três ensaios de especialistas misturam economia e política, respectivamente Leslie Bethell e José Murilo de Carvalho (1989), Richard Graham (1989) e Emilia Viotti da Costa (1989). Em conjunto, representam bom ponto de partida para uma avaliação do período imperial. Warren Dean (1989) se concentra na Primeira República. Para um ensaio recente sobre população e sociedade no período imperial com ênfase na escravidão, ver Sidney Chalhoub (2012b); sobre a Lei dos Sexagenários, ver Joseli Mendonça (1999); para ensaios sobre escravidão e abolição, Ciro Flamarion S. Cardoso (Org., 1988); sobre a Bahia, Jailton Lima Brito (2003). Sobre a vida política e a posição do Brasil no mundo, também no período imperial, conferir respectivamente José Murilo de Carvalho (2012) e Leslie Bethell (2012). Outros ensaios de síntese encontram-se em Boris Fausto (2002) e em Bartolomé Benassar (2000b), que examina o Brasil "em busca de um novo destino", tentando libertar-se das heranças coloniais e das imposições das grandes potências. Paulo Roberto de Almeida (2005) apresenta um detalhado estudo das relações econômicas internacionais no período imperial, mostrando a formação de uma diplomacia econômica no Brasil e abordando com algum detalhe os temas financeiros e relacionados à força de trabalho (como a escravidão e a imigração estrangeira) e a Lei de Terras.

Victor Bulmer-Thomas (1994) apresenta um ensaio comparado de história econômica da América Latina desde a Independência, abordando o setor exportador do Brasil e sua inserção na economia mundial entre 1850 e 1914. Stephen Haber (Org., 1997), centrado no Brasil e no México, contém um capítulo de Leff (1997) sobre a economia entre 1822 e 1913, e enfatiza a importância das estradas de ferro e as limitações aos investimentos públicos oriundas de restrições orçamentárias. Haber (1997) trata do mercado financeiro incipiente no Brasil, comparando-o com o do México. William R. Summerhill (2003) faz uma análise no período de 1854 a 1913 das estradas de ferro brasileiras, que favoreciam a ocupação produtiva de novas áreas do país e permitiam uma realocação de escravos antes envolvidos em atividades de transporte, enquanto sua construção empregava mão de obra livre assalariada. O livro organizado por John H. Coastworth e Alan M. Taylor (1998) também contém ensaios específicos sobre o Brasil: Summerhill examina as estradas de ferro e Haber trata da regulamentação financeira. Coastworth (1998) apresenta as diferentes trajetórias dos países latino-americanos no século XIX, período em que se acentua o atraso relativo do Brasil. Ainda que utilizando métodos controvertidos de projeção para o passado, o estudo de Angus Maddison (2006) constitui uma tentativa de apresentação de ordens de grandeza de renda per capita para a maioria dos países do mundo. O atraso relativo do Brasil se agrava de 1822 até o final do século, ainda que o desempenho da região cafeeira e da região Sul tenha sido mais favorável do que o do Nordeste. Em 1890, o produto interno bruto per capita do Brasil corresponderia a cerca de um terço do argentino, um quarto do norte-americano e um quinto do britânico (ver Abreu e Lago, 2014, e Franco e Lago, 2012). Sobre a Argentina e o Brasil após 1850, ver Boris Fausto e Fernando J. Devoto (2005). Para uma história comparativa da escravidão no Brasil, no Caribe e nos Estados Unidos, ver Laird W. Bergad (2007). Uma breve visão comparada da escravidão e desenvolvimento econômico no Brasil e no Sul dos Estados Unidos pode ser encontrada em Richard Graham (1983).

A economia da escravidão e a transição para o trabalho livre, com especial referência à região Cafeeira e ao Sul do Brasil

O clássico de Emilia Viotti da Costa, *Da senzala à colônia*, de 1966, reeditado mais recentemente (1998), não foi superado por trabalhos posteriores e continua sendo fonte fundamental sobre a economia cafeeira no século XIX. Uma visão econômica geral do processo experimentado pelo país como um todo é Luiz Aranha Corrêa do Lago (1988), complementada por Abreu e Lago (2010). Muitos dos trabalhos sobre a economia da escravidão do século XIX têm cunho regional ou setorial. Um importante trabalho que discute o período imperial e a abolição da escravidão de uma perspectiva da economia política é o de Eustáquio J. Reis e Elisa P. Reis (1988), que desenvolvem um estudo anterior de 1974 não publicado e do qual o presente livro se beneficiou na sua concepção, juntamente com outro trabalho não publicado de Rogério L. F. Werneck (1972), que trata da economia cafeeira entre 1820 e 1913 como um caso de "insucesso de crescimento liderado por exportações". Reis e Reis (1988) utilizam o modelo de "recursos abertos", que relaciona a escravidão com abundância de terras e escassez de mão de obra, da qual a hipótese de Domar é uma formulação. Ao examinar as elites agrárias, esse trabalho discute a clivagem de interesses tanto entre elites regionais (ver Evaldo Cabral de Mello, 1984) quanto no interior do setor cafeeiro, refletindo assim interesses econômicos divergentes. Como os próprios autores notam em seu post scriptum, Lago (1988b) tem vários pontos de convergência com o trabalho deles, bem como a tese que deu origem ao presente estudo.

Com relação ao contexto político mais amplo em que ocorreu a transição do trabalho escravo para o trabalho livre e a Abolição, obras já clássicas são José Murilo de Carvalho (2003) e Emilia Viotti da Costa (1998), cujo novo prefácio representa nova contribuição ao tema. A discussão política sobre escravidão entre 1826 e 1865 é enfocada em Tamis Parron (2011), e os desenvolvimentos políticos entre 1831 e 1871 estão em Jeffrey D. Needell (2006). Para uma breve comparação com outros processos de abolição, ver Seymour Drescher (1988).

Sobre a questão do acesso à terra e potenciais conflitos envolvendo sesmarias e terras devolutas, ver Márcia Maria Menendes Motta (2009) e Ruy Cirne Lima (1988). A Lei de Terras de 1850, regulamentada somente em 1854, passava às províncias todas as terras devolutas e vedava a doação gratuita de terras. Ver Ligia Osório Silva (1996) sobre os efeitos dessa lei, que, de difícil aplicação, muitas vezes levou à consolidação de latifúndios, e Roberto Smith (1990), que vê na Lei de Terras a "absolutização da propriedade fundiária" em prejuízo de moradores pobres. A legislação de 1747 a 1915 sobre imigração e colonização é tratada em Luiza Horn Iotti (2001), enquanto Maria Lúcia Laumounier (1988) examina a Lei de Locação de Serviços de 1879.

A Abolição continua aparecendo como processo de longa duração, e Viotti da Costa (1998) vê, além de fatores internos específicos, condições internacionais explicando a decadência da escravidão e seu desaparecimento em regiões do Novo Mundo. Antonio Barros de Castro (Org., 1983) é uma coletânea sobre escravidão, economia e sociedade.

Nada mais surpreendente, no entanto, que verificar que a popularidade da monarquia nunca estivera tão forte quanto às vésperas da Proclamação da República (José Murilo de Carvalho, 1987). Sobre a visão da monarquia e do imperador por parte da população pobre, ver Ronaldo Pereira de Jesus (2009). Após a Abolição, algum temor por parte dos libertos quanto a uma reversão da sua situação legal poderia ter alguma justificativa, dado o precedente da importação ilegal de escravos entre 1831 e 1850 com a complacência das elites políticas, conforme Antonio Sérgio Alfredo Guimarães (2012) e Chalhoub (1990 e 2012).

O desenvolvimento da cafeicultura no Vale do Paraíba ocorre no contexto de um mercado mundial no qual o café, antes produto de luxo, torna-se produto de consumo de massa (Rafael Marquese e Dale Tomich, 2009). A concentração acentuada da propriedade de escravos na região constituía novidade com relação à situação do final do período colonial, e só se tornou possível com grandes importações de escravos africanos, tecnicamente ilegais a partir de 1831 (Beatriz Galotti Mamigonian, 2009).

Marquese e Tomich (2009) lembram que a necessidade de controle, bem como a necessidade de evitar longas caminhadas e desgaste de tempo e energia dos escravos, não permitia propriedades além de certa superfície. Assim, existiam grandes cafeicultores com várias fazendas contíguas e administração própria, mas, na realidade, a produção do café era viável em pequenas unidades que combinassem o café com o plantio de mantimentos destinados à venda em mercado.

Marquese (1999) estuda os aspectos técnicos da plantação de café. Como se sabe, prevalecia na cafeicultura o trabalho do campo em turmas, e o estudo de Daniel McCann (1997) evoca "a chibata e o relógio" dos feitores do Vale do Paraíba.

O capital investido no café foi de várias origens. João Luis Ribeiro Fragoso (1992) alegou reinvestimentos na produção escravista de café de capitais de grandes negociantes do Rio de Janeiro que monopolizavam o tráfico negreiro e operavam no mercado interno, refletindo um éthos senhorial escravista que valorizava a "posse de terras e homens como sinal decisivo de distinção social". Marquese e Tomich (2009) apontam inconsistências empíricas e teóricas para rebater essa tese.

Ricardo Salles em *E o Vale era o escravo* (2008) e Nancy Priscilla Naro (2000) confirmam grandes concentrações de propriedade de escravos nos principais municípios cafeeiros fluminenses. Renato Leite Marcondes (2005) também mostra que a posse média de escravos por inventário era bem maior no Vale do Paraíba do que em outras regiões. Salles destaca "teoricamente" a questão de uma possível tendência incipiente para um crescimento natural da população escrava, interrompida pela Lei do Ventre Livre, dando-lhe renovado significado. Mas essa não era a situação da província do Rio de Janeiro como um todo, que após 1850 passou a importar escravos de outras províncias.

Na ausência de um sistema bancário bem organizado antes dos anos 1860, os comissários de café exerciam papel próximo ao de banqueiros, examinado em maior detalhe por Joseph E. Sweigart (1987). Na medida em que aumentaram o número de bancos e as operações hipotecárias, surgiu paradoxalmente uma limitação do aumento da taxa de exploração dos escravos, já que estes se tornaram um importante colateral para empréstimos. "A crise financeira da abolição" entre aproximadamente 1875 e 1905 é examinada em John Schulz (1996). Quando, em 1884, o Banco do Brasil deixou de conceder hipotecas garantidas por escravos, os fazendeiros do Vale do Paraíba praticamente ficaram sem fontes de financiamento. Pedro Carvalho de Mello (1984) observou queda das taxas de juros entre os anos 1870 e os anos 1880, mas muitos cafeicultores não tinham condições de contrair empréstimos. Sobre a carteira hipotecária do Banco Brasil e os conflitos em torno do crédito agrícola no Segundo Reinado, ver Théo Labarinhas Piñeiro (2007). Sobre a crise da cafeicultura escravista no Vale do Paraíba Fluminense entre 1860 e 1888, ver Humberto Fernandes Machado (1993).

O relativo poder que o Brasil tinha de repassar para o consumidor estrangeiro aumentos de custo de produção de café graças à sua preponderância no mercado mundial (Marcelo de Paiva Abreu e Afonso Bevilaqua, 2000) passaria a beneficiar principalmente as novas áreas cafeeiras com produtividade mais elevada de São Paulo e Minas Gerais e, depois, do norte do Rio de Janeiro. Sobre a economia cafeeira do Rio de Janeiro entre 1888 e 1920, ver Hildete Pereira de Melo (2003). Em nível mais microeconômico, sobre a fundação de uma fazenda de café, ver Eduardo Silva (1986); sobre senhores de escravos, a vida dos escravos e o temor de revoltas, o final da escravidão, as opções entre meação e trabalho assalariado e a transição de áreas do estado do Rio de Janeiro do café para a criação de gado, ver Eduardo Silva (1984). O tema dos lavradores pobres na crise do trabalho escravo, ou seja, da agricultura de subsistência como estratégia de sobrevivência e também do destino dos libertos no Sudeste, é tratado em Hebe Maria Mattos de Castro (1987 e 1988).

Sobre escravidão em engenhos fluminenses, ver João Oscar (1985). Note-se que na província do Rio de Janeiro havia extensa produção de alimentos inclusive com trabalho escravo, o que explica a ampla distribuição geográfica e a dispersão da população escrava, inclusive de numerosos escravos africanos. Sobre Angra dos Reis, ver Márcia Cristina de Vasconcellos (2002). Quanto à produção de alimentos em Magé e em torno da baía de Guanabara entre 1850 e 1888, ver Antonio Carlos Jucá de Sampaio (1994). Sobre proprietários de terra e arrendatários escravistas na região de São Gonçalo, produtora de gêneros alimentícios, entre 1808 e 1892, ver Márcia Maria Menendes Motta (1988). Sobre escravidão industrial na Corte, ver Luiz Carlos Soares (1984 e 2003), e sobre escravos, operários e abolicionismo, conferir Ronaldo Pereira de Jesus (2009). José Flávio Motta, Nelson Nozoe e Iraci del Nero da Costa (2004) abordam a difusão da posse de escravos em São Cristóvão.

Quanto à "racionalidade" da manutenção de escravos em várias atividades econômicas, Mello e Slenes (1980) buscam demonstrar que, até fins da década de 1870, a escravidão no Brasil era rentável, e até mesmo sua expansão pareceria economicamente justificável diante de determinadas expectativas de preços de café e escravos e de prazo esperado até uma eventual abolição. O tema da racionalidade é retomado em Pedro Carvalho de Mello (1992a e 1992b). Robert W. Slenes (1986) examina o mercado de escravos e a economia cafeeira do Rio de Janeiro entre 1850 e 1888. Laird W. Bergad (2010) mostra o aumento do preço dos escravos na década de 1850, nos Estados Unidos, em Cuba e no Brasil, em uma "perspectiva comparativa". Pedro Carvalho de Mello (1983) estuda a longevidade de escravos no Brasil e estima entre dezoito e 23 anos a esperança de vida ao nascer dos escravos brasileiros de sexo masculino por volta de 1872. O dado é próximo das médias observadas no Caribe, mas contrasta com os 35,5 anos calculados para os escravos norte-americanos em 1850. Note-se que, segundo o censo de 1872, três quartos da população não classificada como branca no Brasil eram livres, mostrando a importância das manumissões no país em grande contraste com os Estados Unidos.

Na província do Rio de Janeiro, onde o gado gradualmente suplantou o café, conforme tratado no presente estudo, Nancy Priscilla Naro (2000) retraça várias experiências de ex-escravos, alguns tendo permanecido nas terras de seus ex-senhores, às vezes aceitando salários "abaixo do mercado", talvez para permanecerem juntos e não terem que enfrentar competição desigual. Outros tinham terra meramente em usufruto, e alguns ainda receberam roças em doação, plantando feijão, mandioca e outros alimentos. Em muitos casos mantiveram-se relações de dependência, mas nem todos os ex-escravos tiveram que enfrentar a miséria ao perderem espaço para imigrantes europeus.

A produção de açúcar passou a ter maior desenvolvimento em São Paulo em fins do século XVIII (Samara, 2005). Sobre o desenvolvimento da cafeicultura até 1850, que veio a substituir a produção de açúcar em diversos municípios, notadamente Campinas, ver Luna e Klein (2003). Sobre a origem e formação do capital cafeeiro, ver Renato Monseff Perissinotto (1999). Sheila de Castro Faria (1995), que estudou o município de Bananal, verificou que as mais bem-sucedidas unidades agrárias escravistas tiveram origem no capital mercantil.

Também no Vale do Paraíba Paulista seria importante o financiamento hipotecário para a expansão da cafeicultura, mas os financiamentos bancários ficaram restritos a um segmento limitado de tomadores. Renato Leite Marcondes (1998) trata de fornecedores de créditos locais, que aliavam essa prática com outras atividades. Flávio Azevedo Marques de Saes (1988) traz um estudo do crédito e da economia agroexportadora de São Paulo entre 1850 e 1930.

A composição da riqueza paulista também mudou, aumentando a participação de ações de companhias de transporte e serviços públicos, bem como de apólices da dívida pública, mas os escravos continuaram a ser parte importante dos patrimônios mais relevantes. Para o período de 1845 a 1895, ver Zélia Cardoso de Mello (1985). Após 1850, a expansão da cafeicultura em São Paulo continuou baseada no trabalho escravo, com realocação de escravos entre atividades dentro da província, mas também por meio do tráfico interprovincial de escravos, conforme reexaminado por Robert W. Slenes (2004) e Richard Graham (2004). Sobre escravos no município de Santos, entre 1822 e 1888, ver Ian William Olivo Read (2006). Quanto ao emprego de escravos em culturas de subsistência em São Paulo no século XIX, ver Luna & Klein (2010).

Em São Paulo observa-se a existência de grande quantidade de pequenos e médios produtores escravistas envolvidos diretamente na produção do café (informação confirmada por José Flávio Motta, 1999, e Renato Leite Marcondes, 2005b). No entanto, havia também grandes propriedades no Vale do Paraíba Paulista, notadamente em Bananal (Sheila de Castro Faria, 1995, e Hebe Maria Mattos de Castro, 1995) e nas novas áreas paulistas favorecidas pela expansão das estradas de ferro. Como recorda Viotti da Costa (1998), a contrastante atitude de fazendeiros de áreas pioneiras em comparação com a dos proprietários de áreas decadentes que se apegaram à escravidão até o fim não é explicada em termos psicológicos ou ideológicos, mas com base em "condições objetivamente diversas".

A transição do trabalho escravo para o chamado "colonato", ou contrato de colono, é o tema de José de Souza Martins (1979). Trabalhadores livres em Campinas são abordados por Peter Eisenberg (1989), dando sequência a aspectos do livro de Maria Sylvia de Carvalho Franco, *Homens livres na ordem escravocrata* (originalmente publicado em 1969 e reeditado em 1997). As análises da autora sobre tropeiros e vendeiros evidenciavam relativa fluidez na categorização dos homens livres, bem como a vigência de dominação pessoal baseada na troca de favores e serviços que envolvia também sitiantes, agregados e camaradas. Ainda quanto ao trabalho livre, ver: Ademir Gebara (1986), sobre Campinas entre 1871 e 1888; Verena Stolcke e Michael Hall (1983), sobre as fazendas de São Paulo; e Stolcke (1986), que retoma o tema das relações entre fazendeiros e trabalhadores, envolvendo aspectos de lutas de classe e questões de gênero. Robert W. Slenes (1997) trata de senhores e subalternos no Oeste Paulista. A respeito de trabalhadores livres nas fazendas de café e na construção de ferrovias entre 1850 e 1890, ver Maria Lúcia Lamounier (2007). A obra de Brasilio Sallum Jr. (1982) contém um exame da Lei de Terras e das condições dos "camaradas" e "colonos" antes da Abolição no Oeste Paulista. Quanto à limitada imigração para São Paulo de retirantes cearenses, ver Paulo Cesar Gonçalves (2006).

Sobre roças e cafezais no município de Socorro, lavrados pela família dos proprietários juntamente com seus poucos escravos, e sítios que produziam gêneros de subsistência, ver Lucília Santos Siqueira (2005). A respeito de mão de obra livre e escrava e pequenos e médios proprietários em Araraquara e São Carlos, de 1830 a 1888, ver Rosane Carvalho Messias (2003).

Com relação à mecanização da cafeicultura, que se limitava à parte de preparo e beneficiamento do café, melhorando a sua qualidade, ver Luiz Claudio M. Ribeiro (2006). Sobre café e indústria no município de São Carlos, ver Oswaldo Truzzi (2007), que também aborda a questão do sistema de trabalho imigrante europeu que veio substituir o trabalho escravo. Para o processo de modernização da agroindústria canavieira e os engenhos centrais da província, bem como o surgimento de usinas, ver Roberta Barros Meira (2007 e 2010).

Sobre escravismo e transição do trabalho escravo para o trabalho livre no Espírito Santo, onde os governos imperial e provincial promoveram colônias de imigrantes europeus, ver, para o período de 1850 e 1888, Vilma Paraíso Ferreira de Almada (1984). Nara Saletto (1996) aborda a transição para o trabalho livre e a formação da pequena propriedade após 1888. Quanto à emigração entre 1849 e 1896, ver Gilda Rocha (1984), e sobre café e modernização, Gabriel Bittencourt (1987).

O caso de Minas Gerais é que o mais apresentou debates e controvérsias nas últimas décadas. A decadência generalizada da região após a queda de produção das minas é questionada por Afonso de Alencastro Graça Filho (2002) com base em São João del Rei. Um estudo recente a respeito é o de Eduardo França Paiva (2009). Ver também Luna e Klein (2004) sobre economia e sociedade escravistas em Minas Gerais e São Paulo em 1830. Com relação à economia e à demografia de Minas Gerais nos períodos colonial e imperial, ver Bergad (1999). Sobre pequenos produtores de São João do Rio das Mortes entre 1730 e 1850, ver Afonso de Alencastro Graça Filho (2007). A economia de Minas Gerais se diversificou e a população escrava continuou crescendo, com áreas claramente prósperas. Diante dessas tendências, surgiram duas novas linhas de interpretação.

Roberto Borges Martins (1980) e Amilcar V. Martins Filho e Roberto Borges Martins (1983) apresentaram a tese de que Minas Gerais no século XIX era uma economia "não exportadora" com produção diversificada, baseada no trabalho escravo e voltada principalmente para o mercado interno. A província teria continuado a importar significativas quantidades de escravos pelo menos até 1850, com uma população escrava crescente e a maior do Império, mas seriam atividades não exportadoras que teriam absorvido parte considerável da mão de obra escrava.

Wilson Cano e Francisco Vidal Luna (1983) também enfatizam a diversificação da economia mineira e a utilização de escravos em várias atividades, mas sugerem que o crescimento da população escrava de Minas Gerais teria ocorrido não em virtude de importações significativas de escravos, mas sim de uma taxa de reprodução natural positiva. Cano e Luna (1983), citando o trabalho de João Heraldo Lima (1981), notam que a economia cafeeira de Minas Gerais não tinha dominância de grandes propriedades, e que a cafeicultura empregava fração minoritária da população escrava da província. Sobre desenvolvimento e consolidação da cafeicultura entre 1809 e 1870, ver Mônica Ribeiro de Oliveira (2000).

Com relação ao trabalho de Martins Filho e Martins (1983), cuja tese foi criticada por Stanley L. Engerman, Eugene Genovese e Robert W. Slenes na mesma revista, Reis e Reis (1988) levantam dois aspectos cruciais: a questão do financiamento das continuadas importações de escravos e o fato de os escravos constituírem um ativo cujo preço (e portanto os ganhos de capital potencialmente resultantes de sua propriedade) era definido em um mercado nacional certamente influenciado pelas atividades de exportação. De fato, o critério de definição de uma economia não exportadora não pode se restringir à proporção de força de trabalho empregada nas atividades de exportação. Deve-se verificar a contribuição dessas atividades para a geração de renda regional e o seu efeito multiplicador, que é um dos elementos da fundamentada crítica de Robert W. Slenes (1988) em "Os múltiplos de porcos e diamantes", que lança dúvidas sobre o isolamento mercantil da província. Slenes também questiona como uma economia primordialmente voltada para o mercado interno geraria recursos suficientes para compras maciças de escravos, já que esse autor não acredita na hipótese de Cano e Luna (1983) de crescimento natural da população escrava na província mineira como um todo.

No presente estudo apresenta-se evidência que tende a confirmar a natureza exportadora da economia mineira, mesmo mostrando que boa parte dos escravos de Minas Gerais não era empregada na cafeicultura e na mineração. Sobre escravos em Paraibuna, na Zona da Mata, entre 1840 e 1856, ver Bruno Novelino Vittoretto (2010), e quanto a fazendas diversificadas e escravos polivalentes em unidades produtivas com atividades agroaçucareiras, ver Marcelo Magalhães Godoy (2004).

Utilizando exclusivamente o critério do emprego setorial da mão de obra escrava, poder-se-ia alegar, a rigor (o que não é aceitável), que a província do Rio de Janeiro, com aproximadamente 300 mil escravos por volta de 1872, mas com cerca de 70 mil a 100 mil escravos na cafeicultura, não seria uma economia de exportação, já que uma minoria dos escravos estava nas fazendas de café, que exportavam o grosso de sua produção, e nos engenhos de Campos. Na verdade, dados apresentados no presente trabalho sobre os anos 1850, e notadamente sobre 1867-8, mostram que o valor do café mineiro exportado pelo porto do Rio de Janeiro superava amplamente as exportações mineiras de minerais, e certamente também as exportações agropecuárias mineiras para outras províncias do Império. Naquele ano fiscal, o café, o ouro e os diamantes de Minas Gerais responderam por aproximadamente 8% do valor total da exportação do país.

Bergad (1999), discordando de Roberto Borges Martins e Maria do Carmo Salazar Martins (1984), conclui, escrevendo em 1999, que nenhum historiador por ele conhecido apoiava ainda a ideia de uma economia predominantemente interna com exportações declinantes, excluindo o café.

Com relação à tese de Cano e Luna (1983), há evidências contraditórias. Dados utilizados por Bergad (1999) sugerem que boa parte da população escrava de Minas Gerais em 1872 não resultara de importação de africanos, nem do tráfico interprovincial. Teria havido anteriormente pelo menos uma tendência clara para um maior equilíbrio de sexos da população escrava, favorável a um crescimento natural, ainda que não na província como um todo. (Sobre características demográficas de núcleos populacionais mineiros no século XIX, ver Clotilde Andrade Paiva, 1986.)

Quanto a estudos locais sobre trabalho escravo em Juiz de Fora, ver Elione Silva Guimarães e Valéria Alves Guimarães (2001) e Rômulo Andrade (2001). Douglas Cole Libby (1988, 1991 e 1996) acredita ter existido um amplo processo de "protoindustrialização" em Minas Gerais, semelhante ao que se pensou ter identificado na Europa em período anterior. Dados em Abreu e Lago (2014), em relatório consular de 1887 (do cônsul Ricketts, citado no presente estudo), em comentários de um industrial mineiro da mesma época (Fernando da Matta Machado, Org., 2006) e nos próprios dados de exportações de tecidos mineiros em

Libby (1996), lançam dúvidas sobre a extensão desse processo e relativizam a importância da produção doméstica mineira e das exportações de tecidos nas décadas anteriores.

É preciso também grande cautela na interpretação de dados ocupacionais do censo de 1872 (objeto, aliás, de correções em censos posteriores) e de outros levantamentos incompletos no século XIX, que podem levar a conclusões errôneas sobre emprego em tempo integral de mulheres em atividades têxteis, notadamente de escravas, classificadas como "costureiras". Mas Concessa Vaz de Macedo (2006) acredita ver grande "emprego" de mulheres mineiras na indústria têxtil com base nas classificações ocupacionais das listas nominativas de 1821-32 e do censo de 1872.

Como estudado para o Rio de Janeiro por Mello e Slenes (1980) e por Pedro Carvalho de Mello (1992a), Bergad (1999) buscou estimar taxas de retorno da posse de escravos em Minas Gerais encontrando taxas relativamente comparáveis após ajustes para idade e ocupação. Mesmo tratando-se de taxas brutas, explica-se por que muitos habitantes livres aspiravam ter uns poucos escravos de ganho, com profissões, ou passíveis de ser arrendados a fazendeiros.

A história econômica do Rio Grande do Sul nos séculos XVIII e XIX, com ênfase na estrutura agrária e ocupacional e no emprego de escravos em atividades mais diversificadas, foi objeto de diversos estudos e teses. Helen Osório (2004) identifica no período de 1765 a 1825 estâncias com milhares de cabeças de gado e o emprego de escravos na pecuária. Note-se que Carlos A. Mayo (1995) confirma que também havia escravos negros em estâncias coloniais no Rio da Prata. Para uma visão política mais ampla da formação do Rio Grande do Sul na crise do sistema colonial português entre 1777 e 1822, ver Maximiliano M. Menz (2009). Com relação ao século XIX, sem pretender ser abrangente, ver Helen Osório (2006 e 2008) sobre o início do século. Sobre história e sociedade agrárias de 1850 a 1920, ver Paulo Afonso Zarth (1997), e também outro estudo do mesmo autor (2002), focado sobre o período de 1822 a 1888, bem como Graciela Bonassa Garcia (2007) e Luís Augusto Ebling Farinatti (2012) sobre os anos de 1825 a 1865. Uma história econômica do Rio Grande do Sul até o século XX encontra-se em Carlos Alves Müller (1998). Nesses e noutros trabalhos utilizam-se mais intensamente inventários post mortem, processos crime relacionados a conflitos de posse de terra (e, portanto, de estrutura agrária) e o Registro Paroquial de Terras de 1856-7, entre outras fontes primárias.

Fica claro, a partir desses trabalhos, que o Rio Grande do Sul não se limitava a vastas campanhas em grandes propriedades, imensos rebanhos de gado e poucos habitantes, tratando-se de uma sociedade bem mais complexa que não se resumia à relação entre o estancieiro e seus peões livres. De fato, as atividades dos escravos não se circunscreviam às charqueadas e ao serviço doméstico, como se demonstrou no presente trabalho. Existiam escravos (tanto crioulos como africanos) nas atividades de peão, ou campeiro e domador, e de roceiro num sentido amplo. A esse respeito, ver André do Nascimento Corrêa (2012) sobre Caçapava entre 1831 e 1839 e Farinatti (2006) sobre Alegrete entre 1831 e 1850.

Stephen Bell (1998) conclui que na Campanha Gaúcha, entre 1850 e 1920, foi lento o processo de modernização, de adoção de cercas de arame e de novas raças de gado e de outros melhoramentos implementados com décadas de antecedência na Argentina e no Uruguai. A manutenção de métodos de criação tradicionais ou "antiquados" pode ter refletido a preferência por um retorno baixo com risco menor. A predominância do trabalho livre e a presença do trabalho escravo nas estâncias parecem confirmadas no estudo de Mário Maestri (2008) e em obra coletiva sobre "peões, vaqueiros e cativos campestres" (Maestri et al., Orgs., 2010). Apesar de claramente minoritário, algum trabalho escravo foi identificado inclusive em São Borja, conforme Leandro Gaya Fontella e Max Roberto Pereira Ribeiro (2012). Sobre a escravidão no Vale do Caí, ver Raul Róis Schefer Cardoso (2007).

A Campanha se distinguia da região serrana, e a erva-mate aparece como um dos principais produtos dessa última região. Ver Zarth (1997) e Helen Scorsatto Ortiz (2008), que também informa sobre a agricultura de alimentos com ou sem escravos na região de Soledade. Quanto à estrutura agrária da Campanha entre 1870 e 1890, ver Graciela Bonassa Garcia (2010).

Os estudos sobre alforrias e inventários de forros também trazem importantes informações sobre ex-escravos, inclusive sobre o surgimento de libertos proprietários de escravos (Gabriel Aladrén, 2009). Note-se que vários alforriados "compraram" a liberdade com recursos próprios, gerados mais frequentemente em atividades urbanas, mas também, em certos casos, por terem tido acesso a roças trabalhadas em seu próprio proveito. Quanto à escravidão urbana e aos libertos, ver Valéria Zanetti (2002) e Paulo Roberto Staudt Moreira (2003) sobre Porto Alegre, Ana Regina F. Simão (2002) sobre Pelotas e Leandro Jorge Daronco (2006) sobre o município de Cruz Alta.

No entanto, entre municípios em que predominava a pecuária, podia haver diferenças importantes. Farinatti (1999) examinou a criação de gado em Santa Maria de Boca do Monte entre 1850 e 1890, verificando a "conjunção da atividade criatória com a lavoura de alimentos", enquanto Melina Kleinert Perussatto (2010) estudou o município de Rio Pardo. Em regiões de criação mais próprias e especializadas predominava o trabalho livre (Bell, 1998). Um pequeno grupo de criadores concentrava a maior parte dos trabalhadores escravos, e muitos médios e pequenos criadores não empregavam escravos em Santa Maria. Em Rio Pardo, em 1872, pouco mais de um terço dos escravos tinha emprego rural, mas predominava o trabalho livre no município. Era possível ser grande proprietário de terra sem ser grande criador, com número limitado de cabeças de gado. Em 1859, a média de cabeças por estabelecimento em Rio Pardo e Bagé era respectivamente de cinco e três vezes a observada em Santa Maria (Farinatti, 1999, e Bell, 1998).

Os principais estudos quantitativos sobre as colônias de imigrantes europeus são anteriores a 1978, e são detalhadamente discutidos no presente trabalho. Sobre a inserção da economia imigrante na economia gaúcha, ver Telmo Moure (1980). Quanto à colonização italiana na Serra Gaúcha, ver Maestri (2005). Sandra Jatahy Pesavento (1982) tem capítulo sobre a economia colonial imigrante. Sobre ocupação do solo e produção agropecuária de colônias italianas, ver Luis Alberto De Boni e Rovílio Costa (2012). É importante ter em mente que as condições oferecidas aos imigrantes europeus no Sul do Brasil como um todo — isto é, terra doada ou financiada a longo prazo em condições favoráveis — nunca foram proporcionadas aos negros, índios ou caboclos, conforme enfatiza Núncia Santoro de Constantino (2011).

Quanto à manutenção do trabalho escravo nas charqueadas até os anos 1880, ver Leonardo M. Monasterio (2005). Na linha de Pedro Carvalho de Mello (1992a) para o Rio de Janeiro, esse autor questiona, com base em novas séries de preços e cálculos de rentabilidade, a tese clássica de Fernando Henrique Cardoso, que via os proprietários de charqueadas como irracionais ao insistir no trabalho escravo, incapazes de abandonar uma mentalidade de senhores escravistas. A organização do trabalho nas charqueadas pelotenses na segunda metade do século XIX é retomada por Bruno Stelmach Persi (2010) e abordada por Maestri (1984). Negros escravos nas charqueadas e olarias em Pelotas são também examinados por Ester J. C. Gutierrez (1993). Como se mostra no presente estudo, as charqueadas sobreviveram nos anos 1890 com trabalho livre e houve uma diversificação geográfica da produção com novos equipamentos.

Sobre trabalho escravo e escravidão em Santa Catarina, ver Walter F. Piazza (1994) e a coletânea organizada por I. B. Leite (1996), com ensaios sobre negros nas províncias do Sul como um todo. Sobre a política de terras em Santa Catarina, questões de posse e propriedade no período de 1854 a 1912, ver Paulo Pinheiro Machado (2011). Sobre pequenos lavradores e também tropeiros livres no planalto e no norte catarinenses, ver Euclides José Felipe (1996). Segundo Maria Ignez Silveira Paulilo (1998), grandes proprietários e grandes posseiros se apropriaram de terras no "vácuo jurídico" entre 1822 e 1850, aproveitando a Lei de Terras de 1850 para ampliar suas propriedades em terras públicas e em terras ocupadas por pequenos posseiros, transformando-os compulsoriamente em agregados. Após 1889, houve processos de tentativa de legitimação de terras por pequenos agricultores do planalto em disputa com fazendeiros e posseiros. Mas há conflitos de terras também entre agricultores e pecuaristas nesse início de República (Paulo Pinheiro Machado, 2011). A situação era bem distinta nas áreas de colonização europeia recente. Quanto à colonização europeia e a indústria no Vale do Itajaí, ver Maria Luiza Renaux Hering (1987). Sobre a evolução econômico-industrial de Santa Catarina em período mais longo, ver I. J. Cunha (1982).

Quanto à escravidão no Paraná, ver Carlos Roberto Antunes dos Santos (1980). Segundo S. Nadalin (2001) e Magnus Roberto Mello Pereira (1996), a partir de 1850, parte considerável dos escravos da província teria sido vendida para cafeicultores paulistas. Criou-se uma imagem favorável do "imigrante trabalhador", enquanto se reduzia substancialmente a participação dos escravos na força de trabalho (Márcio de Oliveira, 2007). P. C. Padis (1981) tem um estudo geral sobre a economia paranaense. Sobre vida material e vida econômica, ver Carlos Roberto Antunes dos Santos (1996 e 2001). Dennison de Oliveira (2001) trata de urbanização e industrialização no Paraná e da chegada dos imigrantes.

O Norte, o Centro-Oeste e o Nordeste do Brasil no século XIX não são objeto de tratamento detalhado no presente trabalho, que apresenta apenas as tendências gerais das suas economias e da transição para o trabalho livre nessas regiões. Mas cabem algumas referências sobre esses temas e a escravidão nessas mesmas regiões. Evaldo Cabral de Mello (1984) aborda a relação do "Norte" e do "Sul cafeeiro" de 1871 a 1889 e diferentes atitudes com relação à manutenção da escravidão passando pela proibição do tráfico interprovincial em 1880-1. Estudos sobre províncias nordestinas incluem o de Jalila Ayoub Jorge Ribeiro (1990), sobre a desagregação do sistema escravista no Maranhão, e o de Renato Leite Marcondes e Miridan Britto Knox Falci (2001), sobre a escravidão no Piauí, com ênfase em Teresina e Oeiras. Trabalho de Solimar Oliveira Lima (2007) trata do vaqueiro escravizado na fazenda pastoril piauiense. Os escravos do sertão são estudados em Falci (1995). Sobre a economia sergipana, ver Maria da Glória Santana de Almeida (1984) e Josué Modesto dos Passos Subrinho (1987), e sobre o declínio da escravidão na Paraíba, conferir Diana Soares de Galliza (1979) e Subrinho (2000). Ainda sobre a Paraíba, ver Maria do Céu Medeiros e Ariane Norma de Menezes Sá (1999), que também tratam da transição para o trabalho livre. Solange Pereira da Rocha (2009) encontrou indícios de reprodução natural da população escrava em área de agroexportação da Paraíba entre 1814 e 1888, mas para generalizar tal proposição para a província como um todo são necessárias novas pesquisas. No Rio Grande do Norte, a grande seca de 1845, com forte queda no rebanho bovino, contribuiu para um aumento das atividades açucareiras. Mas, conforme Paulo Pereira dos Santos (1994), o setor não se modernizou, e nos anos 1890 não passou por progresso tecnológico, mantendo-se engenhos que não podiam enfrentar as usinas no mercado interno. Esse fato também caracterizou outras regiões nordestinas, uma vez superado o insucesso dos "engenhos centrais" no fim do Império. Entre 1880 e 1915, o algodão suplantou o gado na região do sertão do Rio Grande do Norte, conforme Denise Monteiro Takeya (1985). A respeito da escravidão no Ceará, ver Pedro Alberto de Oliveira Silva (2002) e Mariana Almeida Assunção (2009), que trata do tráfico interprovincial. Para a transição do trabalho escravo para o trabalho livre no Nordeste açucareiro, ver Manuel Correia de Andrade (1983), e sobre Pernambuco especificamente, além da obra clássica de Peter L. Eisenberg (1977) sobre o período de 1840 a 1910, conferir Ana Maria Barros dos Santos (1978). Ver também David Denslow Jr. (1987) e Evaldo Cabral de Mello (1997) sobre "o fim das casas-grandes". Quanto à posse de escravos e à estrutura de ativos no agreste e sertão de Pernambuco, ver Flávio Rebelo Versiani e José Raimundo Vergolino (2001).

Bahia (1978) é uma publicação do governo do estado que engloba dados da Bahia e do Brasil como um todo a partir de relatórios provinciais e da Fazenda entre 1850 e 1889. É essencial o livro de Kátia M. de Queirós Mattoso (1992) sobre a Bahia, com farta documentação nova sobre a economia e a escravidão, fornecendo as únicas séries longas de salários no século XIX que constam de <www.

ipeadata.gov.br>. Sobre opulência na província, ver Mattoso (1997). Barickman (1998) trata de "terra e trabalho", com detalhes sobre a aplicação da Lei de Terras de 1850. Como em todo o Brasil, os limites vagos das propriedades e os custos envolvidos dificultavam um registro preciso das propriedades segundo a nova legislação. Em outros estudos, Barickman (1998-99) examina o trabalho escravo e os engenhos no Recôncavo Baiano de 1850 a 1881, e Jailton Lima Brito (2003) analisa o processo de abolição entre 1870 e 1888. Sobre negros em Jacobina, ver Raphael Rodrigues Vieira Filho (2010), e a respeito das ocupações de escravos e libertos em Itaparica, conferir Wellington Castellucci Junior (2008). Ainda sobre a Bahia entre 1835 e 1900, ver Dale Torston Graden (2006).

A escravidão no sul do Mato Grosso é objeto de estudo de Zilda Alves de Moura (2008). Elaine Cancian (2008) aborda a questão dos cativos nas fazendas pastoris do sul do Mato Grosso entre 1825 e 1888. Já Maria do Carmo Brazil (2008) trata da superação do escravismo, da luta pela terra, da economia pastoril e do advento do trabalho livre nos séculos XIX e XX. Verificou-se, após a Guerra do Paraguai, a legalização de enormes latifúndios, cinco deles possuindo entre 106 mil e 384 mil hectares em 1892! Nas décadas anteriores à Abolição, encontravam-se escravos na Vila de Corumbá e em certas fazendas, em paralelo ao predomínio de outras formas de relações de trabalho, com assalariados nacionais e inclusive paraguaios e bolivianos, conforme Brazil (2008). Sobre Goiás, ver Eurípides Antonio Funes (1986). Após a decadência da mineração, apenas nos anos 1830 e 1840 a economia mostrou alguma recuperação, com agricultura em pequena escala e um crescente comércio de gado bovino e cavalos "exportados" para outras províncias. Mas o isolamento e solos pobres tenderam a manter a população esparsa e pouco numerosa, e já bem pouco dependente da escravidão, tendências que se observam também em Mato Grosso. Sobre Goiás até 1889, ver também David McCreery (2006).

Uma abordagem global da economia da borracha pode ser encontrada em Warren Dean (1989), criticado em anos subsequentes por apresentar sua obra como estudo ambiental, vendo limites ecológicos à produção da borracha, sem levar suficientemente em conta o papel das elites oligárquicas amazônicas e outros obstáculos ao crescimento da produção. (A mesma preocupação levou Dean [1996] a abordar a devastação da Mata Atlântica brasileira.) A Amazônia e a borracha no período de 1850 a 1920 também são objeto de estudos de Barbara Weinstein (1983 e 1996), que enfatiza as relações de produção e de troca. Para visão mais recente, englobando instituições, geografia e poder de mercado, ver Felipe Tâmega Fernandes (2009), e para uma história econômica da Amazônia entre 1800 e 1920, ver Roberto Santos (1980). Joe Jackson (2011) relata o contrabando das sementes de seringueira da Amazônia originando a competição de borracha plantada no Sudeste Asiático. Sobre migrantes cearenses para a borracha, notadamente na seca de 1888-9, ver Nelson Nozoe, Maria Silvia C. Beozzo Bassanezi e Eni de Mesquita Samara (Orgs., 2003).

IMIGRAÇÃO EUROPEIA E TRABALHO LIVRE

No presente estudo foi feita clara distinção entre a imigração direcionada à região Cafeeira e à região Sul do Brasil, que tiveram características muito distintas em termos de organização do trabalho e de estrutura de propriedade da terra. Sobre a imigração para a região cafeeira, e principalmente para São Paulo, a obra de Thomas H. Holloway (1984) é fundamental. O presente estudo, por lapso, não se beneficiou de importante tese de doutorado de Michael M. Hall (1969) sobre a imigração em massa entre 1871 e 1914, que teria poupado várias idas do autor às fontes originais italianas. Em trabalho mais recente, Hall (2003) aborda especificamente o tema dos fazendeiros paulistas e a imigração.

Estudo em que se utilizam muitas fontes consulares italianas citadas no presente trabalho é o de Zuleika M. F. Alvim (1986), que analisa a situação dos italianos em São Paulo de 1870 a 1920. Em ensaio historiográfico sobre a imigração para São Paulo, notadamente a italiana, Boris Fausto (1991) contrasta a visão pessimista das condições dos italianos de Hall (sobre 1884-1914) e de José de Souza Martins (1979 e 1989) com visões mais matizadas de Dean (sobre Rio Claro), Holloway (1984) e Mauricio A. Font (1987 e 1990). Não há dúvida que certos fazendeiros de café "trataram mal" os imigrantes, ou até mesmo "como escravos", mas há uma evidência clara de mobilidade geográfica dos imigrantes italianos atestada pelos cônsules, e é preciso ter em mente que condições alternativas teriam enfrentado em seu país de origem. Provavelmente, a questão da mobilidade social ascendente dos imigrantes depende do horizonte temporal contemplado. Sobre o imigrante e a pequena propriedade em São Paulo no período de 1824 a 1930 e a questão dos núcleos coloniais, ver Maria Thereza Schorer Petrone (1982).

Sobre o núcleo de São Caetano, ver José de Souza Martins (1992). Para alguns casos de italianos que se tornaram industriais, ver Edgar Carone (2001).

Luis Alberto De Boni (Org., 1987, 1990 e 1996) reuniu uma grande coletânea de trabalhos sobre a presença italiana no Brasil, inclusive no norte e no centro do país. Sobre a imigração italiana em geral, ver ainda Angelo Trento (1989) e Emilio Franzina (2006), mais especificamente sobre italianos do Vêneto. Chiara Vangelista (1991) estuda a inserção de imigrantes e "caipiras" entre 1850 e 1930 no mercado de trabalho paulista. É provável que os imigrantes italianos tenham tido situação mais favorável do que os de outras nacionalidades, e notadamente do que a dos poucos retirantes nordestinos que se destinaram à zona cafeeira, estudados em Paulo Cesar Gonçalves (2006) e Nozoe, Bassanezi e Samara (Orgs., 2003).

Tratando de "mercadores de braços", Paulo Cesar Gonçalves (2012) apresenta a questão da organização da emigração e imigração dos italianos dos dois lados do Atlântico, verdadeiro negócio envolvendo recursos públicos consideráveis.

Cabe lembrar que em 1902 foi proibida pelas autoridades da Itália a emigração subvencionada de italianos para o Brasil, o que levaria a uma forte queda da imigração italiana. De fato, em comparação com outras nacionalidades no período de análise do presente trabalho, que se encerra na virada do século, entre 1884 e 1903 entraram no Brasil 1.048.000 de italianos, contra apenas 328 mil portugueses e 205 mil espanhóis, sendo a imigração bruta total, de todas as origens, de 1.750.000 de pessoas. (Já de 1904 a 1913, os imigrantes portugueses totalizaram 385 mil; os espanhóis, 225 mil; os italianos, apenas 197 mil; e a imigração bruta total foi de 1.006.000 de pessoas, conforme Luiz Aranha Corrêa do Lago [1988a]).

Cobrindo um período mais amplo do que o escopo do presente estudo, Herbert S. Klein (1989a) se ocupa da integração social e econômica dos imigrantes espanhóis no Brasil, complementado por Klein (1994) e tema também de José de Souza Martins (1989). Para uma visão do período de 1824 a 1914, ver Mario Garcia Guillén (2000). Conferir também Elda Evangelista Gonzalez Martinez (1999) sobre o Brasil como destino para os imigrantes espanhóis. Maria Dalva Klaumann Cánovas (2005) fala sobre a "fome pela terra", examina as condições dos espanhóis na cafeicultura paulista entre 1880 e 1930 e aborda as condições na própria Espanha, inclusive a impossibilidade de acesso à propriedade de terra, que levaram à emigração, além do subsídio brasileiro à passagem do imigrante. Cánovas (2004) trata da grande imigração europeia e do imigrante espanhol, sugerindo certa (in)visibilidade do mesmo no setor cafeeiro. Os espanhóis foram o terceiro maior contingente de imigrantes para o Brasil no período de 1880 a 1920. Gonzalez Martinez (1990) trata do café e da imigração espanhola para São Paulo entre 1880 e 1930.

A imigração portuguesa, mais antiga, foi a segunda mais importante no mesmo período. Uma visão de longo prazo, cobrindo dos séculos XV ao XX, é a de Vitorino Magalhães Godinho (1992), com importantes dados sobre o Brasil no período colonial, mas especialmente sobre o longo século XIX. Note-se que muitos imigrantes portugueses não se destinavam à cafeicultura, e sim a diversas ocupações urbanas, notadamente no Rio de Janeiro e outras cidades. Uma visão da integração social e econômica dos portugueses é a de Klein (1993), também com bons dados estatísticos, a partir de 1855, da imigração portuguesa total e para o Brasil.

Maria Beatriz Nizza da Silva (1992) apresenta documentos sobre o período de 1850 a 1935 e examina tópicos como recrutamento, transporte e desembarque dos imigrantes, verificando sua presença nas diversas atividades além da agricultura e a relativa violência das autoridades brasileiras. Inicialmente era baixa a percentagem feminina no total de imigrantes portugueses, e muitas portuguesas eram contratadas para serviços domésticos. Outros dados sobre emigração portuguesa, saldo migratório a partir de 1863, e sua relação com a situação econômica de Portugal, encontram-se em Eugénia Mata e Nuno Valério (2003). Estudos brasileiros incluem Eulália Maria Lahmeyer Lobo (2001), sobre o período pós-1888, e Gladys Sabina Ribeiro (1990), sobre animosidade contra os portugueses e os conflitos de trabalho na "República Velha".

Ganhou importância significativa a imigração para o Brasil de poloneses e ucranianos — isso nas definições de fronteiras de hoje, pois naquela época alguns eram classificados como "russos" e outros como "alemães". A estatística brasileira registra um total de 40.959 entradas de russos, lituanos e poloneses entre 1884 e 1893, e de 3.936 entre 1894 e 1903 (bem como outros 48.100 entre 1904 e 1913). Quanto à emigração polonesa, foi traduzido importante trabalho de 1927, de Kazimierz Gluchowski (2005), com séries estatísticas sobre entradas e sobre as atividades produtivas dos imigrantes nos três estados do Sul do Brasil até 1914. Com base em pesquisa da emigração na própria Polônia, ver Marcin A. Kula (1990). As mais importantes levas de poloneses se destinaram principalmente ao Paraná e ao Rio Grande do Sul, e teriam chegado ao Brasil cerca de 71.500 imigrantes poloneses entre 1871 e 1900, conforme Thais Janaine Wenczenovicz (2009). Sobre os imigrantes "alemães" do Volga, ver Estevão Muller (1996).

A imigração alemã, muito importante durante o Império, como documentado no presente estudo e também em Jürgen Schneider (1980) sobre o período de 1815 a 1870, teve declínio relativo. Entre 1884 e 1893, a estatística oficial brasileira aponta a entrada de 22.778 alemães, mas apenas 6.698 entre 1894 e 1903 (aumentando para 33.859 entre 1904 e 1913), conforme Luiz Aranha Corrêa do Lago (1988a). Sobre imigração alemã, etnicidade e conflito, ver Giralda Seyferth (1999). Para um estudo bibliográfico sobre imigração e colonização alemãs no Brasil, ver Seyferth (1988). Para imigração alemã entre 1824 e 1969, ver Cláudia Mauch e Naira Vasconcellos (Orgs., 1994), que registram 60.900 entradas no período imperial e 17 mil entre 1890 e 1899.

Quanto à imigração francesa, com vários ensaios sobre o século XIX, ver Laurent Vidal e Tania Regina de Luca (Orgs., 2009), e também o ensaio desses autores (2009a) sobre a imigração francesa para o mundo. No Brasil, sua presença era mais ligada a ensino, tipografia, fotografia, comércio e profissões e serviços ligados à moda, destacando-se também alguns engenheiros. Sua participação na agricultura não foi importante. A estatística oficial brasileira mostra entradas brutas de 10.454 franceses entre 1884 e 1903 (e outros 8.572 entre 1904 e 1913).

Uma visão comparativa da imigração em massa para a América Latina é apresentada em obra coletiva de Boris Fausto (Org., 1999). Para a imigração internacional total para São Paulo entre 1850 e 1950, ver M. S. B. Bassanezi, A. S. V. Scott, Carlos Bacellar e Oswaldo Truzzi (2008), autores que têm um roteiro de fontes sobre o mesmo tema (2008a). Sobre sírios e libaneses em São Paulo, ver Truzzi (2008), e sobre imigração e família no final do século XIX em Minas Gerais, conferir Tarcísio Rodrigues Botelho, Mariângela Porto Braga e Cristina Viegas de Andrade (2007).

No presente estudo foram apresentados diversos dados sobre os imigrantes como artesãos e operários industriais ou em outras ocupações até 1900, tanto na região Cafeeira como na região Sul do Brasil. Luís Eduardo de Oliveira (2010) trata dos trabalhadores urbanos entre 1877 e 1920 em Juiz de Fora. Para uma atualização bibliográfica de imigração para a cidade de São Paulo, ver Michael M. Hall (2004), e sobre imigrantes alemães entre 1827 e 1889, Silvia Cristina Lambert Siriani (2003). Sobre São Caetano, que surgiu de um núcleo colonial para imigrantes, ver José de Souza Martins (1992). As condições de vida da classe média e dos pobres em São Paulo entre 1850 e 1900 são bem retratadas em Maria Luiza Ferreira de Oliveira (2005). A imigração para a cidade do Rio de Janeiro foi importante, principalmente a de portugueses. Sobre cocheiros e carroceiros "no Rio de senhores e escravos", ver Ana Maria da Silva Moura (1988), e sobre trabalhadores livres do comércio carioca, Fabiane Popinigis (2007). Com interessante capítulo sobre condições de trabalho e de vida na capital, ver Tereza A. Meade (1997), que também aborda novas formas de "repressão estatal" que afetavam imigrantes e libertos, tema também de Thomas H. Holloway (1993). Maria Helena Pereira Toledo Machado (1994) trata dos movimentos sociais na década da Abolição. A respeito de sociedades de trabalhadores no Rio de Janeiro do século XIX, ver Claudio H. M. Batalha (1999). Sobre pobres urbanos em geral, entre 1870 e 1920, ver June E. Hahner (1986).

Quanto à imigração para províncias (depois estados) do Sul, há numerosas dissertações de mestrado e teses de doutorado. Ver João Klug (2009) para uma visão geral e Dietrich von Delhaes-Guenther (1987) sobre crescimento demográfico das colônias do Brasil meridional. Sobre imigração e colonização italianas para o Rio Grande do Sul, registra-se uma centena de dissertações de mestrado em universidades do Sul do Brasil até 2010, segundo Núncia Santoro de Constantino (2011), que observa que não é cabível nem uma visão historiográfica "miserabilista", nem uma visão "laudatória" dos imigrantes.

A imigração e a colonização do Rio Grande do Sul são tratadas em José H. Dacanal e Sergius Gonzaga (Orgs., 1980). Ver também João Carlos Tedesco e Maria Caterina Zanini (Orgs., 2010). Quanto à política de colonização do governo imperial, ver Paulo Pinheiro Machado (1999). Sobre a primeira fase da colônia alemã de São Leopoldo, ver Marcus Justo Tramontini (2000), e sobre a imigração alemã para o Rio Grande do Sul no século XIX, Marcos Antônio Witt (2008). Telmo Moure (1980) trata da inserção dos imigrantes em geral na economia gaúcha. Magda Roswita Gans (2004) mostra a presença dos imigrantes alemães em Porto Alegre entre 1850 e 1889. Sobre operários de Pelotas e Rio Grande entre 1888 e 1930, ver Beatriz Ana Loner (2001).

Ainda em relação à imigração italiana para o Rio Grande do Sul, ver Luis Alberto De Boni e Rovílio Costa (1979), Olívio Manfroi (2001) e Loraine Slomp Giron (1980). Em artigo mais recente, De Boni e Costa (2012) resumem condições de vida e apresentam dados comparados de imigração de alemães, italianos e poloneses no Rio Grande do Sul, com base em trabalho de Delhaes-Guenther (1987), registrando um total de cerca de 137 mil imigrantes entre 1824 e 1899. Também sobre a imigração italiana entre 1875 e 1975, ver Mário Maestri e Florence Carboni (2000). Sobre imigração e industrialização, ver Eugênio Lagemann (1980). Quanto aos poloneses, cuja entrada na década de 1890 pode ter alcançado cerca de 20 mil pessoas, muitos enfrentaram dificuldades, e em certas áreas venderam seus lotes para descendentes de italianos, mas outros depois prosperaram (Wenczenovicz, 2009).

O governo de Santa Catarina mantém informações sobre a imigração eslava. Em função do contrato firmado com o governo imperial, poloneses entraram definitivamente na região em 1882 (<www.sc.gov.br/2012>). Sobre o Vale do Itajaí, a política imigratória do Império e a imigração alemã, ver Giralda Seyferth (2007). Para a imigração italiana em Santa Catarina, ver João Leonir Dall'Alba (1983). Renzo Maria Grosselli (1987) examina a imigração trentina, vêneta e lombarda "nas florestas brasileiras", que considera bem-sucedida.

Para uma lista atualizada das colônias europeias fundadas no Paraná a partir de 1829, com nome, local, origem nacional (e ocasionalmente totais) dos imigrantes e atual município de localização, ver Glacy Weber Ruiz (2012). Para uma publicação comemorativa de 180 anos (1829-2009) da imigração alemã, ver Harto Viteck (Org., 2012). O relatório do governo do estado de 1901 registra que um total de 53.047 imigrantes europeus teriam aportado no Paraná até aquele ano (Márcio de Oliveira, 2007). M. L. Andreazza e S. Nadalin (1994) falam de 85.537 imigrantes instalados no estado entre 1829 e 1911. Gluchowski (2005) registra um total de 41.646 entradas entre 1871 e 1914, e considera que teriam chegado 7.030 poloneses entre 1871 e 1889 e outros 20.386 entre 1890 e 1900.

A ESCRAVIDÃO NO BRASIL: NOVAS VISÕES E ÁREAS DE PESQUISA

O uso mais intenso de inventários post mortem e de cartas de alforria, de documentos de igrejas, de processos criminais, de correspondências privadas, além de censos manuscritos, ainda que incompletos, anteriores a 1872, e outras fontes públicas, permitiu novas perspectivas sobre a composição da riqueza e sobre as relações sociais entre escravos e senhores. As novas evidências reforçam a percepção da existência de estruturas familiares duradouras entre os escravos, ainda que muitas vezes informais, contrariando as noções de Florestan Fernandes, em seu clássico de 1969, de que seriam virtualmente inexistentes.

A geração marxista da "Escola de São Paulo" dos anos 1960, seguindo a tradição de Caio Prado Jr. e Florestan Fernandes, e incluindo Fernando Henrique

Cardoso, Octavio Ianni e Emilia Viotti da Costa, que, numa visão consensual, ampliaram o campo de estudos da escravidão (Kátia M. de Queirós Mattoso, 1994, e Mariza de Carvalho Soares e Jean Hébrard, 2012), interessou-se prioritariamente na escravidão como modo de produção e não tanto na situação social ou pessoal dos escravos. A "personalização" poderia ser percebida como uma volta à visão patriarcal de Gilberto Freyre, o que levaria a "esquecer" a violência escravista da qual a nação teria surgido.

Sem negar o poder da escravidão como sistema de coerção, como se acentua em trabalho recente que busca justificar a elaboração de biografias de escravos como indivíduos (Soares e Hébrard, 2012), uma nova abordagem exemplificada por Silvia Hunold Lara (1988) baseou-se na historiografia marxista britânica, "adaptando" a visão de E. P. Thompson sobre a classe operária inglesa à sociedade escravista. Assim, a vontade consciente de agir (*agency*) poderia ser vista como "motor da história tão importante quanto a anônima luta de classes". Os escravos podem não ter agido como uma classe "consciente de si mesma", mas desenvolveram táticas para sobreviver na sociedade escravista, envolvendo desde recursos judiciais até rebeliões e outras formas de resistência, muitas vezes objeto de repressão, como estudado em João José Reis e Eduardo Silva (1989). Surgiu assim uma cultura dos escravos e dos forros, com diversas dimensões exploradas mais intensamente nas duas últimas décadas em numerosas dissertações de mestrado e teses de doutorado, nas quais a escravidão é vista não só como uma forma de organização do trabalho, mas também como um sistema social e cultural que afetava a taxa de reprodução natural e as condições de vida da população escrava.

O tema da escravidão em todas as suas dimensões é extremamente amplo para ser abordado em poucas linhas. A análise abaixo concentra-se sobretudo nos aspectos que tinham, direta ou indiretamente, efeito sobre a oferta de trabalho, deixando de lado, em parte, aspectos culturais sem dúvida não menos importantes.

Em primeiro lugar, cabe destacar alguns ensaios bibliográficos, como Kátia M. de Queirós Mattoso (1994) e Stuart B. Schwartz (1992), que retraçam abordagens da escravidão desde *Casa-grande e senzala*, de Gilberto Freyre, de 1933, até a introdução à reedição do clássico *Da senzala à colônia*, de Viotti da Costa (1998), além de Flávio dos Santos Gomes (2006) e amplas bibliografias em obras como Naro (2000), Luna e Klein (2010) e Chalhoub (2012), cabendo ainda mencionar a recente obra coletiva com introdução de Soares e Hébrard (2012). Sobre o Rio Grande do Sul, ver Graciela Bonassa Garcia (2010) e especialmente Regina Célia Lima Xavier (Org., 2007), com resumos de centenas de obras. Especificamente sobre a estrutura de posse de escravos, ver José Flávio Motta (1999), muitas referências em Iraci del Nero da Costa (Org., 1986) e numerosas ilustrações em Renato Leite Marcondes (2005), também com útil bibliografia. Uma história documental da escravidão é apresentada por Robert Edgar Conrad (1983). As notas ao capítulo inicial de Robert W. Slenes (1999) constituem ampla introdução bibliográfica à discussão sobre a família escrava. Clóvis Moura (2004) é autor de um dicionário com cerca de oitocentos verbetes sobre escravidão. Publicada inicialmente em 1979, e com segunda edição francesa atualizada de 1994, cobrindo o período colonial e o século XIX, a obra de Kátia M. de Queirós Mattoso (1994) trata dos vários aspectos de "ser escravo no Brasil". Para uma visão sucinta e mais política sobre os caminhos para a abolição da escravidão, ver a síntese de Viotti da Costa (2008) baseada em seus dois alentados estudos clássicos, cujos principais temas foram retomados em inglês em Viotti da Costa (1985), também com farta bibliografia.

O FIM DO TRÁFICO E O TEMA DA REESCRAVIZAÇÃO

Continuou nas últimas décadas algum debate sobre as causas do fim efetivo do tráfico em 1850. Do ponto de vista econômico, essas causas da Lei Eusébio de Queirós não são tão relevantes quanto seus efeitos. Sem negar a grande importância da pressão inglesa, é possível destacar, em paralelo, alguns fatores internos. Ocorreu uma mudança na imagem social dos traficantes (Jaime Rodrigues, 1995), mas é inegável que durante muito tempo a "comunidade dos traficantes" exerceu influência sobre a sociedade e a política (Manolo G. Florentino, 1997). Uma síntese recente (Jaime Rodrigues, 2009) inclui, entre as causas do efetivo fim do tráfico,

> a maior coesão de parcelas da elite política, o esgotamento do projeto de construção do mercado de mão de obra baseado exclusivamente nos escravos africanos, a estreita vinculação entre a suposta "corrupção de costumes" e a escravidão, a manutenção do direito sobre as propriedades escravas já existentes e a brandura policial e judicial para com os senhores que compraram escravos

entre 1831 e 1850, tecnicamente contrabandeados; ver também Martha Abreu (1995) e Sheila de Castro Faria (1995). Ao não verem ameaçada sua propriedade dos numerosos escravos comprados após 1831 (e diante das grandes importações entre 1841 e 1850), os senhores de escravos acabaram aprovando a lei num momento em que "o medo das ações coletivas dos escravos aumentava" (Rodrigues, 2009). Beatriz Galotti Mamigonian (2009) trata da extinção do tráfico e da manutenção da escravidão.

Quanto às motivações para a abolição efetiva do tráfico, Jeffrey D. Needell (2001) apoia a ideia de Bethell quanto à "centralidade" da pressão britânica, contra argumentos "revisionistas" buscando causas internas, notadamente medo de insurreições. Ver também nesse contexto a obra de Seymour Drescher (1987) sobre capitalismo e antiescravidão. Quanto à febre amarela de 1849 como uma causa determinante, Chalhoub (1996) mostra que os brasileiros não acreditavam que a epidemia realmente representava grande perigo a ponto de motivar o fim do tráfico.

Chalhoub (2012) ilustra tentativas de reescravização de libertos, a incerteza associada à falta de documentação adequada da obtenção de liberdade e a pressão psicológica sobre negros e mulatos em geral, que explica a rejeição, inclusive violenta, à tentativa de uma contagem populacional em 1852 (ver Mara Loveman, 2007). Temia-se que um censo pudesse resultar em tentativas de reescravização e, temor talvez menos generalizado, como base para recrutamento militar (Chalhoub, 2012). Não era de estranhar que amplos segmentos da população não confiassem nas elites agrárias e nos seus representantes, já que durante cerca de vinte anos (1831-1850) estes tinham sido coniventes com um tráfico tecnicamente ilegal. Quanto às interpretações da lei de 1831, ver Mamigonian (2006). Sobre "reescravização, direitos e justiça no Brasil do século XIX", ver Keila Grinberg (2006). Pesquisas mais recentes, notadamente de Chalhoub (1990 e 2012), também ilustram inúmeros casos de senhores individualmente buscando reverter alforrias concedidas condicionalmente por eles mesmos ou já preliminarmente decididas por parentes. Legados para ex-escravos também podiam ser questionados por parentes, como examinado em Sandra Lauderdale Graham (2005).

Quanto aos perigos e possibilidades de reescravização dos libertos africanos e de seus descendentes no Sudeste escravista, ver Hebe Maria Mattos de Castro (1998); especificamente sobre Minas Gerais, entre 1830 e 1871, conferir Judy Bieber Freitas (1994). As frequentes exigências de comprovação de status de homens livres pelas autoridades agravavam o sentimento de vulnerabilidade de muitos libertos ou até mesmo de homens de cor nascidos livres. Novamente, ver Chalhoub (2012) para uma bibliografia.

ALFORRIAS E EX-ESCRAVOS SENHORES DE ESCRAVOS

Dada a constante importação de escravos da África até 1850, foi significativo também o número de escravos africanos alforriados. Estes passavam a ser estrangeiros, não tendo os direitos de cidadãos brasileiros e nem os direitos estendidos aos libertos nascidos no Brasil. A Constituição de 1824 também não permitia participação na vida pública (João José Reis, 2008a). Daí a expressão cunhada por Chalhoub de a alforria se constituir num "fardo".

De um ponto de vista econômico, as alforrias tinham o duplo efeito de diminuir a população escrava e resultar em maior número de trabalhadores livres passíveis de se tornarem assalariados. O Brasil foi a sociedade escravista em que houve maior incidência de manumissões, ainda que muitas cartas de liberdade tenham sido compradas pelos escravos, após acumularem certo pecúlio (Reis, 2008a, e Mattoso, 1992). Sobre o preço variável das alforrias na Bahia entre 1819 e 1888, ver Kátia M. de Queirós Mattoso, Herbert S. Klein e Stanley L. Engerman (1986).

São interessantes, em si, as motivações diversas para as alforrias, mas fossem resultantes de generosidade dos senhores, de compras de liberdade pelos escravos ou de legados post mortem, seu efeito econômico era, em todos os casos, reduzir a oferta de mão de obra escrava. Sobre alforrias em Porto Alegre até 1835, ver Gabriel Aladrén (2009), e de 1858 a 1888, ver Paulo Roberto Staudt Moreira (1996). Sobre alforrias em Campinas, ver Peter L. Eisenberg (1989) e Regina Célia Lima Xavier (1996). Sobre escravos e forros em São Paulo entre 1850 e 1888, ver Maria Cristina Cortez Wissenbach (1998). As listagens de escravos habilitados a se beneficiarem do Fundo de Emancipação para libertação resultante da regulamentação da Lei do Ventre Livre são relevantes fontes sobre ocupações dos escravos. Ver, por exemplo, Marcondes e Falci (2001) sobre Oeiras e Teresina, no Piauí, e Melina Kleinert Perussatto (2012) sobre Rio Pardo, no Rio Grande do Sul. Mas como se sabe, os recursos do Fundo de Emancipação eram limitados, e seu impacto sobre a diminuição da população escrava não foi relevante. As manumissões resultaram principalmente de ações privadas, seja dos senhores, seja dos escravos, e só a partir de meados dos anos 1880 foram mais amplamente "forçadas", como lembrado por Viotti da Costa (1998).

É importante frisar que os africanos alforriados continuavam sujeitos a uma série de constrangimentos, mesmo em áreas de grande população negra como Salvador (João José Reis, 2008a, e Manuela Carneiro da Cunha, 2012). Havia também intolerância de autoridades e da "comunidade científica" com relação a pais de santo, como exemplificado mais recentemente em Gabriela dos Reis Sampaio (2012). Sobre a presença do elemento forro no conjunto dos proprietários de escravos, ver Francisco Vidal Luna e Iraci del Nero da Costa (1980). Quanto a escravos alforriados por ex-escravos africanos, não era incomum a diferenciação, em inventários, entre escravos crioulos e escravos africanos para efeitos de concessão de liberdade, observando-se maior frequência de manumissões concedidas por proprietários africanos do que por crioulos. Sobre Salvador, ver Mattoso (2004), que conclui que o africano nascido livre era mais sensível aos males da escravidão do que o crioulo, a quem a instituição parecia muito "natural" e que "agia como branco". Reis (2008a) traz evidências adicionais sobre o tema.

A inserção de "homens de cor" numa sociedade escravista no início do século XIX em São Paulo e Minas Gerais é tratada por Herbert S. Klein e Francisco Vidal Luna (2000). Sobre os padrões de alforria em Juiz de Fora entre 1844 e 1888, ver Antonio Henrique Duarte Lacerda (2006). Sobre os minas, os crioulos e a liberdade costumeira no Rio de Janeiro até 1871, ver Florentino (2005), e sobre alforrias e etnicidade, Florentino (2002). De uma forma mais geral, ver Chalhoub (1990). Sobre a trajetória individual de um liberto músico, barbeiro e pequeno homem de negócios com treze escravos ao morrer no Rio de Janeiro, e uma apresentação do mundo à sua volta, ver Zephyr L. Frank (2004). Baseado em mais de 1.100 testamentos post mortem, o estudo surpreendentemente sugere que os escravos eram talvez a "forma de propriedade mais bem distribuída entre a população de proprietários", dado o preço comparativamente baixo dos escravos até 1850, conforme notado em Marshall C. Eakin (2005). Sobre um "sacerdote" africano em Salvador, ver Reis (2008a). Quanto aos caminhos da alforria e as dificuldades em geral dos libertos, ver Manuela Carneiro da Cunha (2012), e sobre raça e cidadania "no crepúsculo da modernidade escravista", ver Hebe Maria Mattos (2009).

É corrente na literatura alguma vinculação da Guerra do Paraguai com alforrias e a subsequente campanha abolicionista. A esse respeito, ver Ricardo Salles (1990) e Vitor Izecksohn (2009).

A FAMÍLIA ESCRAVA E TEMAS LIGADOS

A família escrava é uma das questões que recebeu particular atenção na literatura sobre escravidão nas últimas décadas. Apresentaram-se em seções anteriores evidências de tendências para um crescimento natural da população escrava no nível regional, mas não no nacional, que continuou claramente negativo, conforme demonstrado de forma convincente na tese de Robert W. Slenes de 1976, gentilmente emprestada ao autor do presente estudo quando da elaboração de Lago (1988b).

Slenes acredita em elevada mortalidade da população escrava mais em razão de condições sanitárias desfavoráveis do que de maus-tratos, e observava-se também uma esperança de vida bem mais baixa dos escravos do que a dos habitantes livres, conforme calculado em Pedro Carvalho de Mello (1983) para 1872. Porém, a questão envolve não apenas as condições sanitárias desfavoráveis nas senzalas e outras habitações de escravos, mas também o indubitável desequilíbrio dos sexos decorrente da predominância de escravos adultos do sexo masculino no tráfico (ver Viotti da Costa, 1998). Com relação à existência de famílias escravas, à primeira vista, a estatística censitária "nua e crua" revela, em 1872, um número modesto de casamentos de escravos: somente 9% dos escravos eram listados no censo como casados legalmente, enquanto para a população livre a proporção era de 27%. No entanto, tem que se reconhecer que a realidade era bem mais complexa e não se reduzia a casamentos religiosos formais, existindo várias outras formas de criação de laços familiares, conforme verificado em estudos demográficos baseados em testamentos post mortem, listas nominativas de populações locais e registros de casamentos, desde o período colonial.

Sobre o Nordeste açucareiro, destacam-se, entre outros, Stuart B. Schwartz (1985) e Bert J. Barickman (1998). Sobre Minas Gerais no período colonial, ver Iraci del Nero da Costa (1979 e 1981), Francisco Vidal Luna e Iraci del Nero da Costa (1984) e Tarcisio Rodrigues Botelho (2006). Para Minas Gerais no século XIX, ver Maria Lúcia Resende Chaves Teixeira (2007) e Clotilde Andrade Paiva (1986 e 1996); sobre escravidão e reprodução, Clotilde Andrade Paiva e Douglas C. Libby (1995); sobre união consensual, Donald Ramos (1990). Rômulo Andrade (2000) trata especificamente de casamento entre escravos na região cafeeira. Para localidades paulistas entre 1777 e 1826, ver Luna (1998), assim como Alida C. Metcalf (1992) para Santana de Parnaíba, José Flávio Motta (1999) sobre Bananal e Slenes (1987) sobre

Campinas. Manolo G. Florentino e José Roberto Góes (1995) tratam de parentesco e família entre os escravos de Vallim, no Vale do Paraíba, e estudo a respeito do Sul Fluminense entre 1830 e 1881 encontra-se em Márcia Cristina de Vasconcellos (2002). Isabel Cristina Ferreira dos Reis (2007) traz uma tese sobre a família negra na Bahia entre 1850 e 1888. Sobre Pelotas, ver Bruno Stelmach Persi (2011).

Para Florentino e Góes (1997), a criação de laços familiares fomentava "paz nas senzalas", e as famílias acabavam contribuindo para a reprodução do sistema escravista adquirindo papel estrutural, tese da qual discorda Slenes (1999). Hebe Maria Mattos de Castro (1998) nota que escravos ligados por laços familiares obtinham com maior facilidade roças e moradias separadas, adquirindo assim certo destaque junto aos demais escravos, além de criar condições de maior proximidade com o mundo da população livre.

Segundo Laird W. Bergad (1999), entre 1840 e 1849, dois terços dos escravos de Minas Gerais eram brasileiros e apenas um terço era africano. Assim, a clara predominância dos escravos crioulos sugere que a reprodução natural e não o tráfico de escravos era o principal fator de aumento da população, como proposto por Cano e Luna (1983), o que também não foi incompatível com um crescente número de manumissões em paralelo, como nota Antonio Henrique Duarte Lacerda (2006). Anteriormente a Horácio Gutierrez (1987) sobre o Paraná, em Donald Ramos (1978 e 1979) já se registrara que uma taxa negativa de crescimento demográfico não era observada em todas as áreas escravistas mineiras, com presença expressiva da família escrava, formal ou consensual, em certas regiões.

A posse de escravos por um amplo segmento da população livre, muitas vezes com um número reduzido de escravos por família livre, pode ter dificultado a formação de famílias escravas em vários casos. Ironicamente, pode ter sido nas grandes fazendas escravistas que condições mais favoráveis para a formação de famílias escravas tenham sido criadas, especialmente depois do fim do tráfico africano. Para exemplos em Vassouras, ver Naro (2000). Também Klein e Luna (2000 e 2010) fizeram uma correlação entre taxas de casamento e tamanho de propriedade, sugerindo que os escravos casavam nas próprias fazendas em que moravam, e que a probabilidade de arranjar parceiros era maior nas grandes propriedades.

Tratando de um universo mais amplo, Slenes (1987) estudou a família escrava, padrões de casamento e estabilidade familiar em Campinas ao longo do século XIX, e retornou à demografia da família escrava, na mesma região, em Slenes

(1999). Nesse mesmo trabalho fez uma recapitulação de novas abordagens à questão da família escrava no Brasil, com ampla bibliografia.

Em várias regiões foram encontrados índices de casamento relativamente elevados entre mulheres escravas (mas não entre homens) em propriedades médias e grandes. Também verificou-se a existência de laços de parentesco "simples" (aqueles entre cônjuges e entre pai e mãe e filhos), apesar do desequilíbrio numérico entre os sexos resultante do tráfico africano, e depois interprovincial. Finalmente, recorreu-se a dados qualitativos para sugerir que a constituição de famílias podia interessar aos escravos "como estratégia de sobrevivência dentro do cativeiro", podendo ser complementada pelo compadrio escravo. Slenes (1999) enfatiza que tais estudos não amenizam a visão "dos horrores da escravidão" e nem procuram fazê-lo.

Pode-se supor a priori, na apreciação da formação da família escrava, um possível desinteresse dos senhores, mesmo desejando manter a ordem nas senzalas, já que a existência da família poderia dificultar a venda dos escravos, bens com grande liquidez, mesmo nas décadas seguintes à extinção do tráfico, sendo comum escravos "circularem de mão em mão entre os membros de uma família senhorial" (João José Reis, 2008a). Por outro lado, os próprios escravos poderiam ter evitado procriar para conter a escravização dos filhos. Mas Slenes (1999) não excluiu o interesse dos escravos em constituir famílias como estratégia de sobrevivência no cativeiro, e alega que a maioria dos grandes proprietários comprava mas não revendia escravos, permitindo muitas vezes uma maior incidência de famílias entre grandes plantéis.

Em suma, em comparação com a historiografia de até meados dos anos 1970, tem havido um espaço bem maior para o estudo sobre família e posse de escravos com base em documentação cartorial ou censitária utilizada de forma mais focada, mas a informação continua fragmentária e relativa a momentos específicos.

Por mais que se considerem fortes evidências no nível local de famílias escravas, as estatísticas globais do censo de 1872 (que, aliás, mostram notáveis diferenças regionais, talvez refletindo práticas senhoriais diferentes) não permitem reverter a visão de uma incidência bem menor de casamentos e famílias entre a população escrava durante boa parte do século, muitas vezes até mesmo em razão do desequilíbrio entre os sexos. Note-se que, segundo o censo de 1872, considerando-se pessoas de todas as idades, 23,8% dos escravos e 32,7% dos pretos e pardos livres em São Paulo eram casados, mas no Rio de Janeiro eles eram somente 10,7% e 19,1%, respectivamente. Assim, enquanto continuam os estudos sobre o tema, que deverão apontar novas evidências, parece ainda prudente concluir, como Viotti da Costa (1998), que a questão da família escrava permanece relativamente em aberto.

Ligados à questão da família, há os estudos de gênero, relativos a escravas, libertas ou mulheres livres. Aspectos de gênero, notadamente sobre mulheres escravas e livres perante a justiça, são abordados em Nancy Priscilla Naro (2006). Juliana Barreto Farias (2012) trata do casamento e divórcio entre africanos no Rio de Janeiro com base em ações judiciais, dando como exemplo o litígio entre um casal de libertos em que não era admissível "mulher casada fazer queixa contra o marido sem que esse fosse ouvido". Essa situação de relativa inferioridade certamente se estendia à população livre feminina. Nesse contexto, cabe lembrar, como em Reis (2008a) sobre a Bahia, que "os escravos não podiam contratar legalmente por si próprios, daí sempre serem representados por curadores em questões judiciais", situação ainda menos favorável que a dos libertos. Luiz Carlos Soares (2007) examina o mercado de escravos, os escravos de ganho, o aluguel de escravos e as mais variadas ocupações em que eram empregados — inclusive a mendicância ou a prostituição como forma de obtenção de renda pelos seus senhores. Sobre prostitutas escravas e suas senhoras, ver Sandra Lauderdale Graham (1991). Já Graham (1988) trata especificamente do serviço doméstico, tanto livre como escravo, e as questões entre criadas e seus patrões. Frédéric Mauro (1991) apresenta relato da vida cotidiana no Brasil entre 1831 e 1889, inclusive com capítulo sobre o "sexo frágil". Sobre mulheres livres e sociedade em meados do século XIX, diferenças de educação entre gêneros e direitos das mulheres, ver June E. Hahner (1990), que aborda a luta das mulheres por direitos no Brasil entre 1850 e 1940. As mulheres se envolveram na luta pela Abolição por meio de associações e até de publicações, além de lutarem também por melhores oportunidades educacionais (ver Viotti da Costa, 1998). Para ensaios sobre a história das mulheres nos períodos colonial e imperial, ver Mary Del Priore (Org., 2007).

REBELIÕES E OUTROS ASPECTOS DA VIDA DOS ESCRAVOS E LIBERTOS

A relevância da utilização de registros policiais e judiciais para uma melhor compreensão da escravidão no século XIX, inclusive de resistência e violência escrava, fica clara em Chalhoub (1990), que, com base em processos criminais e de obtenção de alforria no Rio de Janeiro, ilustra as variadas experiências de escravos e libertos e sua maneira de pensar o cativeiro e "visões de liberdade".

Foi também esse tipo de documentação que permitiu a já clássica reconstituição feita por João José Reis (2003) do Levante dos Malês em 1835 na Bahia, que contribuiu para verificar a manutenção, à época, de uma cultura profundamente africana entre os escravos, que por sua vez tinha influência em formas de resistência no Brasil desde os tempos do quilombo dos Palmares. Alberto da Costa e Silva (2003) faz qualificações ao livro de Reis (2003), reforçando aspectos de um "jihad islâmico" e traçando paralelos com uma sublevação do início do século XIX na Hauçalândia. Mas, na Bahia, nem todos os revoltosos eram islâmicos e nem todos os escravos islâmicos participaram da revolta, refletindo clivagens tribais presentes na África. Note-se que Reis (2003) não negou uma dimensão religiosa à rebelião, mas continua afirmando (2008b) que se deve "enfatizar o fator étnico sem perder de vista o papel do Islã".

A manutenção da ligação com a África explica também casos de retorno dos libertos ao continente africano, objeto do trabalho clássico reeditado de Manuela Carneiro da Cunha (2012) que trata da situação dos libertos num sentido mais amplo, mas também de sua aspiração de volta às origens. No entanto, com o fim do tráfico, as raízes africanas foram ficando mais distantes. Para rebeliões de escravos antes da extinção do tráfico, ver ainda Keila Grinberg, Magno Fonseca Borges e Ricardo Salles (2009). Para o envolvimento de escravos fugitivos na Balaiada no Maranhão entre 1838 e 1841, ver Maria Januária Vilela Santos (1983).

Viotti da Costa (1998) destaca que a "ladinização e desafricanização" e o melhor tratamento dado aos escravos favoreceram a assimilação de escravos divididos por lealdades contraditórias. Com o fim do tráfico, também diminuiu pouco a pouco o desequilíbrio entre os sexos e a predominância dos homens, que em certas áreas tendia a desaparecer.

Para um estudo geral da resistência negra no Brasil escravista, tratada sob o título de *Negociação e conflito*, ver Reis e Silva (1989). Ver também Schwartz (1992). Existem vários estudos regionais de rebeliões e resistência de escravos, e alguns destes foram incluídos em dois números sobre protesto escravo da revista *Estudos Econômicos* (ver Horácio Gutierrez, Org., 1987 e 1988). Sobre ritos fúnebres e revolta popular, ver João José Reis (1991). Para rebeldes em Campinas em 1832, ver Ricardo Figueiredo Pirola (2011).

Quanto às "vozes na senzala", a resistência nas últimas décadas da escravidão (1871-88) em Olinda, ver Robson Costa (2008). Maria de Fátima Novaes Pires (2003), no período de 1830 a 1888, aborda "o crime na cor" envolvendo escravos e forros no alto sertão da Bahia. Os crimes na comarca do Rio das Mortes, em Minas Gerais no século XIX, são tratados em Ivan de A. A. Vellasco (2005); Alysson Luiz Freitas de Jesus (2007) trata de escravidão, violência e liberdade "no sertão das Minas" entre 1830 e 1888. Sobre Mato Grosso, ver Maria do Carmo Brazil (2002). Note-se que os registros criminais existentes não se limitam a crimes contra senhores e homens livres, mas envolvem também libertos e escravos. Sobre "violência entre parceiros de cativeiro" em Juiz de Fora, ver Elione Silva Guimarães (2006a).

Maria Helena Pereira Toledo Machado (1987) aborda o tema do crime e escravidão nas lavouras paulistas entre 1830 e 1888. Maria Cristina Cortez Wissenbach (1998), também sobre São Paulo, examina "o sentido social do crime e da criminalidade escrava". Quanto a punições e resistência dos escravos na província do Rio de Janeiro, ver Naro (2000). Sobre o medo de uma revolta escrava em 1884 em São Mateus, no Espírito Santo, e a recapitulação de revoltas anteriores na província, ver Robson L. M. Martins (2000). Sobre comunidades quilombolas na Corte e seus arredores no século XIX, avisadas por seus contatos na cidade de eventuais incursões policiais, ver Márcia Sueli Amantino (1998). Flávio dos Santos Gomes (1995) mostra a curiosa ligação, inclusive comercial, de quilombolas da área de influência do Rio de Janeiro com escravos e livres. Sobre rebeldia negra no Vale do Paraíba Fluminense, ver Humberto Fernandes Machado (1998). Sobre capoeira e outras tradições rebeldes no Rio de Janeiro entre 1808 e 1850, ver Carlos Eugênio Líbano Soares (2002). Em outro trabalho desse mesmo autor (1998), a capoeira é vista como dispositivo lúdico, mas também como forma de resistência nas últimas décadas do Império; a capoeira no Brasil é também objeto de Letícia Vidor de Sousa Reis (1997). Para função algo semelhante do candomblé na Bahia, ver João Jose Reis (1998a). Quanto à resistência escrava no Rio Grande do Sul, Leandro Jorge Daronco (2006) examina processos criminais entre 1840 e 1888 em Cruz Alta, e o subtítulo de Mário Maestri (2006) é "trabalho, resistência e sociedade".

Slenes (1999) acredita que os estudos sobre a família escrava podem ajudar a entender as fontes comunitárias de resistência aos senhores, até mesmo a "importância sistêmica" da revolta parcial dos escravos, o que se junta à questão da "personalização" dos escravos abordada por Soares e Hébrard (2012), entre outros ensaios na mesma publicação. Por outro lado, aqueles mesmos estudos lançam luzes sobre uma possível política senhorial de domínio que buscaria aproveitar expectativas dos escravos para torná-los mais vulneráveis. Mas para Florentino e Góes (1997) pode ter havido um "pacto de paz" entre escravos e senhores que satisfazia a anseios dos escravos. Note-se que havia uma multiplicidade de formas de resistência escrava que não se exprimiria somente por meio da luta aberta contra o senhor, mas podia assumir formas mais sutis combinadas com acomodações (Soares e Hébrard, 2012).

As revoltas e a resistência dos escravos em geral podem não ser a única explicação, mas há evidência de certo espaço de "negociação" dos escravos com os senhores, ou de reconhecimento, por parte destes, de papéis alternativos para os escravos que não apenas o trabalho em turmas nos cafezais ou canaviais. Nesse contexto se encaixa o conceito da "brecha camponesa", mencionado adiante.

No entanto, apesar de várias "acomodações", a resistência e as fugas se prorrogaram até a Abolição, e está bem claro que a intensificação das fugas em São Paulo, "a rebelião da senzala", acabou contribuindo para o convencimento de vários cafeicultores da inevitabilidade da transição para alguma forma de trabalho livre às vésperas da Abolição, eventualmente resultando em manumissões em massa (ver Viotti da Costa, 1998). A mesma autora conclui que causas demográficas e econômicas não são suficientes para explicar a Abolição. Não fossem as leis de 1871 e 1885, a agitação abolicionista e a "rebelião das senzalas" acima mencionada, a escravidão poderia ter perdurado até o século XX!

Finalmente, Slenes (1999) também nota que muitos estudos recentes, notadamente os que tratam da família escrava, também "reabilitam" de certa forma o conceito de "luta de classes" sob o escravismo. Quanto a tentativas de teorização da escravidão no Brasil, foi influente Jacob Gorender (1978) sobre "escravismo colonial", tema retomado em vários outros trabalhos do autor (1983 e 1990). Com o risco de simplificação, a tese de Gorender consiste em tentativa de unir a questão do tráfico africano com a organização econômica da colônia, prorrogando-se esta depois para o período imperial, objetivando vislumbrar, na tradição marxista, "leis" de funcionamento da economia e da sociedade escravocratas. Gorender considerava o trabalho escravo rentável até sua desagregação frente à campanha abolicionista, mas sem forte evidência empírica a respeito. Os indubitavelmente eruditos trabalhos de Gorender resultaram em frutífero debate, mas também em forte reação contrária às principais formulações do autor — por exemplo, Florentino (1997). Slenes (1999), por sua vez, coloca que "o modo de produção escravista colonial [de Gorender] brota, já formado na cabeça do senhor, não dos embates entre senhor e escravo e outros atores históricos relevantes". Mattoso (1994) também critica a descoberta de "um modo de produção historicamente novo", questiona as fontes usadas e acredita que novos conhecimentos sobre o tráfico, a demografia das populações escravas, a família escrava e a complexidade das relações sociais abalaram os fundamentos da obra de Gorender. Destaca também os trabalhos de historiadores da Universidade de Campinas críticos de Gorender (1990).

Schwartz (1992) destaca que o "engajamento ideológico" acaba se sobrepondo a "considerável erudição e perspicácia de Gorender", e critica principalmente o fato de o "modo de produção colonial escravista" proposto pelo autor dar pouco espaço de negociação ou manobra para os escravos. Com efeito, uma primeira "refutação factual" de uma visão centrada na dicotomia entre senhor e escravo é a verificação de que existiu a possibilidade, mesmo em grandes propriedades, de escravos produzirem alimentos para seu próprio consumo ou até para venda, conforme documentado no presente estudo para o século XIX.

Essa possibilidade ou "brecha camponesa" foi apontada por Ciro Flamarion S. Cardoso (1979, 1980, 1981, 1988 e 1988, Org.), Antonio Barros Castro (1980), João José Reis (2003) e João José Reis e Eduardo Silva (1989), como também notada por Schwartz (1992) e exemplificada em Naro (2000). Em conjunto com a ampla existência de pequenos proprietários de escravos, torna bem menos aceitável uma visão dogmática polarizada de senhores e escravos na monocultura, sem, no entanto, se pretender negar a capacidade de os senhores explorarem seus escravos. Outra visão controvertida é a de Mário Maestri (2008b), que afirma que no Rio Grande do Sul a "escravidão no pastoreio surge como 'pedra-chave' da robusta formação social-escravista rio-grandense tornando crescentemente perceptível essa determinação essencial do passado rio-grandense pré-Abolição", mas essas afirmações parecem exagerar o papel da escravidão na economia rio-grandense, também não sujeita a determinismos. Os vários estudos mencionados nesta resenha aportam (e novos estudos deverão continuar a aportar) importantes qualificações a tentativas de generalização ou teorização sobre a escravidão no Brasil.

Ironicamente, até a Abolição, como acentua Viotti da Costa (1998), pequenos proprietários e trabalhadores livres alheios ao abolicionismo continuaram a dar votos a candidatos senhores de escravos "de cuja clientela faziam parte".

Peter L. Eisenberg (1983) relativiza o conceito de real "liberdade" dos libertos e dos empregados livres em geral, ou seja, a passagem de escravo a proletário. Rebecca Scott (1988) também discute o sentido de "liberdade" após a Abolição e Drescher (1988) coloca a Abolição no Brasil numa perspectiva comparada. Para uma visão da Bahia entre 1888 e 1900, ver Dale Torston Graden (2006). No período de 1870 a 1910, Walter Fraga Filho (2006) retraça histórias de escravos e libertos na Bahia, e Elione Silva Guimarães (2006b) examina os múltiplos viveres de afrodescendentes durante a escravidão e após a emancipação entre 1828 e 1928 em Juiz de Fora. Abordando a Primeira República, Claudio H. M. Batalha (2006) estuda os "limites da liberdade" e da cidadania dos trabalhadores livres. Kim D. Butler (1998) compara as atividades políticas dos negros brasileiros nas cidades de São Paulo e Salvador entre 1888 e os anos 1930, com diferentes estratégias de autorrepresentação. Maria Ignez Machado Borges Pinto (1994) mostra o convívio, após a Abolição, de imigrantes europeus recentes e ex-escravos nos bairros pobres e nos cortiços de São Paulo. Maria Alice Rosa Ribeiro (1988) trata das condições de trabalho na indústria têxtil paulista até o surgimento da legislação trabalhista já no século XX. Ana Maria Rios e Hebe Maria Mattos (2004) discutem o "pós-Abolição" como problema histórico apresentando "balanços e perspectivas". Tratam das expectativas alimentadas pela última geração de escravos bem como de suas atitudes nas primeiras décadas após a Abolição, inclusive sua inserção como cidadãos.

Hebe Maria Mattos de Castro (1998) discute as condições de acesso à terra dos antigos escravos após a Abolição e o processo de produção social de identidades e classificação extrarraciais nas sociedades pós-emancipação. Sobre trabalhadores brancos e negros em São Paulo de 1888 a 1928, ver George Reid Andrews (1988).

Artigo recente de Antonio Sérgio Alfredo Guimarães (2012) sobre a República de 1889 inclui no subtítulo a frase: "utopia do homem branco e temor do homem negro"; e ainda: "a liberdade é negra, a igualdade, branca, e a fraternidade, mestiça", parafraseando o mote da Revolução Francesa para destacar como eram diferentes as perspectivas de cada grupo social e étnico. Esse trabalho se enquadra entre outros que estudaram tanto as percepções dos ex-escravos (Chalhoub, 1990) quanto sua aceitação como cidadãos. Sobre as dificuldades do exercício da cidadania negra após a Abolição, ver *O jogo da dissimulação* de Wlamyra R. de Albuquerque (2009). Celia Maria Marinho de Azevedo (2004) e Lilia Moritz Schwarcz (1987), entre outros, sugerem que uma herança senhorial e racista bastante profunda continuou após a Abolição. Schwarcz (1987), em seu *Retrato em branco e negro*, recorre amplamente a jornais do final do século XIX, com numerosas histórias de escravos e libertos, e mostra a evolução para percepções cada vez menos favoráveis dos brancos com relação aos negros. Azevedo (2004) fala de "onda negra, medo branco" para abordar a visão do negro no imaginário das elites no século XIX. Os libertos, nos anos 1890, estavam muito distantes do papel e da posição social de destaque de negros como o médico Sabino, líder da Sabinada na Bahia, e o advogado Rebouças, também negro (e pai de André Rebouças) que acabou seu oponente na ocasião, tratados em Keila Grinberg (2009). Finalmente, para considerações sobre a população e a sociedade pós-Abolição "numa babel de povos, culturas e cores", ver Schwarcz (2012), que também examina a situação da população negra após a Abolição e a grande imigração, em um contexto ainda de exclusão do voto de analfabetos e mulheres.

BIBLIOGRAFIA

ABREU, Fernanda. *Les Confréries de Notre Dame du Rosaire des Hommes Noirs de Rio de Janeiro et São Paulo (Brésil) au XVIIIe siècle*. Paris: Universidade Paris I Sorbonne, 1985.

ABREU, Marcelo de Paiva. "Brazil as a Debtor, 1824-1931". *Economic History Review*, v. 59, n. 4, nov. 2006.

ABREU, Marcelo de Paiva; BEVILAQUA, Afonso. "Brazil as an Export Economy, 1880-1930". In: CARDENAS, E.; OCAMPO, J. A.; THORP, R. (Orgs.). *An Economic History of Twentieth-Century Latin America*, v. 1: *The Export Age*. Oxford: Palgrave e St. Antony's College, 2000.

ABREU, Marcelo de Paiva; LAGO, Luiz Aranha Corrêa do. "Property Rights and the Fiscal and Financial Systems in Brazil". In: BORDO, Michael; CORTÉS-CONDE, Roberto (Orgs.). *Transferring Wealth and Power from the Old to the New World*. Cambridge: Cambridge University Press, 2001.

_______. "A economia brasileira no Império, 1822-1889". *Em A ordem do progresso: Dois séculos de política econômica no Brasil*, Marcelo de Paiva Abreu (Org.). Rio de Janeiro: Elsevier, 2014.

ABREU, Martha. "O caso do Bracuhy". In: MATTOS DE CASTRO, Hebe Maria; SCHNOOR, Eduardo (Orgs.). *Resgate: Uma janela para o Oitocentos*. Rio de Janeiro: Topbooks, 1995.

ALADRÉN, Gabriel. *Liberdades negras nas paragens do Sul: Alforria e inserção social dos libertos em Porto Alegre, 1800-1835*. Rio de Janeiro: Editora FGV, 2009.

ALBUQUERQUE, Wlamyra R. de. *O jogo da dissimulação: Abolição e cidadania negra no Brasil*. São Paulo: Companhia das Letras, 2009.
ALDEN, Dauril. "Late Colonial Brazil, 1750-1808". In: BETHELL, Leslie (Org.). *Colonial Brazil*. Cambridge: Cambridge University Press, 1987.
______. "Price Movements in Brazil before, during, and after the Gold Boom with Special Reference to the Salvador Market, 1670-1769". In: JOHNSON, Lyman; TANDETER, Enrique (Orgs.). *Essays on the Price History of Eighteenth-Century Latin America*. Albuquerque: University of New Mexico Press, 1990.
ALENCASTRO, Luiz Felipe de. "The Apprenticeship of Colonization". In: SOLOW, Barbara L. (Org.). *Slavery and the Rise of the Atlantic System*. Cambridge: Cambridge University Press, 1991.
______. *O trato dos viventes: Formação do Brasil no Atlântico Sul, séculos XVI e XVII*. São Paulo, Companhia das Letras, 2000.
ALENCASTRO, Luiz Felipe de; NOVAIS, Fernando A. (Orgs.). *História da vida privada no Brasil*. São Paulo: Companhia das Letras, 1997. v. 2: Império: A Corte e a modernidade nacional.
ALGRANTI, Leila Mezan. *O feitor ausente: Estudos sobre escravidão urbana no Rio de Janeiro, 1808-1822*. Petrópolis: Vozes, 1988.
ALMADA, Vilma Paraíso Ferreira de. *Escravismo e transição: O Espírito Santo (1850-1888)*. Rio de Janeiro: Graal, 1984.
ALMEIDA, Maria da Glória Santana de. *Sergipe: Fundamentos de uma economia dependente*. Petrópolis: Vozes, 1984.
ALMEIDA, Paulo Roberto de. *Formação da diplomacia econômica no Brasil: As relações econômicas internacionais no Império*. São Paulo: Senac; Brasília: Funag, 2005.
ALONSO, Angela Maria. *Ideias em movimento: A geração de 1870 na crise do Brasil Império*. São Paulo: Anpocs; Paz e Terra, 2002.
ALVES FILHO, Ivan. *Memorial dos Palmares*. Rio de Janeiro: Xenon, 1988.
ALVIM, Zuleika M. F. *Brava gente: Os italianos em São Paulo, 1870-1920*. São Paulo: Brasiliense, 1986.
AMANTINO, Márcia Sueli. "Comunidades quilombolas na cidade do Rio de Janeiro e seus arredores, século XIX". In: SOUSA, Jorge Prata de (Org.). *Escravidão: Ofícios e liberdade*. Rio de Janeiro: Arquivo Público do Estado do Rio de Janeiro, 1998.
ANDRADE, Manuel Correia de. "Transição do trabalho escravo para o trabalho livre no Nordeste açucareiro, 1850-1888". *Estudos Econômicos*, v. 13, n. 1, 1983.
______. "A pecuária e a produção de alimentos no período colonial". In: SZMRECSÁNYI, Tamás (Org.). *História econômica do período colonial*. São Paulo: Hucitec; Fapesp; ABPHE, 1996.
ANDRADE, Maria José de Souza. *A mão de obra escrava em Salvador, 1811-1860*. São Paulo: Corrupio, 1988.
ANDRADE, Rômulo. "Casamento entre escravos na região cafeeira de Minas Gerais". *Revista da Universidade Rural*, Série Ciências Humanas, v. 22, n. 2, jul./dez. 2000.
______. "Escravidão e cotidiano em Juiz de Fora, um município cafeeiro da Zona da Mata". *Revista da Universidade Rural*, Série Ciências Humanas, v. 23, n. 2, jul./dez. 2001.
ANDREAZZA, M. L.; NADALIN, S. "O cenário da colonização no Brasil meridional e a família do imigrante". *Revista Brasileira de Estudos de População*, v. 1, n. 1, 1994.
ANDREWS, George Reid. "Black and White Workers: São Paulo, Brazil, 1888-1928". *Hispanic American Historical Review*, v. 68, n. 3, ago. 1988.

APOLINÁRIO, Juciene Ricarte. *Escravidão negra no Tocantins colonial: Vivências escravistas em Arraias, 1739-1800*. Goiânia: Kelps, 2007.

ARAÚJO, Douglas. *Surgimento e decadência das oficinas de carne-seca no Rio Grande do Norte*. Natal: UFRN, Coleção Humanas Letras, 1994.

ARQUIVO PÚBLICO DO ESTADO DO RIO GRANDE DO SUL. VIII Mostra de Pesquisa do Arquivo Público do Estado do Rio Grande do Sul. *Anais: Produzindo história a partir de fontes primárias*. Porto Alegre: Companhia Rio-Grandense de Artes Gráficas (Corag), 2010.

______. IX Mostra de Pesquisa do Arquivo Público do Estado do Rio Grande do Sul. *Anais: Produzindo história a partir de fontes primárias*. Porto Alegre: Companhia Rio-Grandense de Artes Gráficas (Corag), 2011.

ARRUDA, José Jobson de Andrade. *O Brasil no comércio colonial*. São Paulo: Ática, 1980.

______. "A produção econômica". In: SILVA, Maria Beatriz Nizza da (Org.). *O império luso-brasileiro, 1750-1822*, v. VIII da *Nova história da expansão portuguesa* (dir. de Joel Serrão e A. H. de Oliveira Marques). Lisboa: Editorial Estampa, 1986.

______. "Colonies as Mercantile Investments: The Luso-Brazilian Empire, 1500-1808". In: TRACY, James D. (Org.). *The Political Economy of Merchant Empires: State Power and World Trade, 1350-1750*. Cambridge: Cambridge University Press, 1991.

______. "O sentido da colônia: Revisitando a crise do sistema colonial no Brasil (1780-1830)". In: TENGARRINHA, José (Org.). *História de Portugal*. Bauru: Edusc, 2000.

ASSUNÇÃO, Mariana Almeida. *Escravidão e liberdade em Fortaleza, Ceará (século XIX)*. Salvador: UFBA, 2009. Tese (Doutorado).

ASSUNÇÃO, Matthias Röhrig. "Quilombos maranhenses". In: REIS, João José; GOMES, Flávio dos Santos (Orgs.). *Liberdade por um fio: História dos quilombos no Brasil*. São Paulo: Companhia das Letras, 1996.

AUSTEN, Ralph A. "The Trans-Saharan Slave Trade: A Tentative Census". In: GEMERY, Henry A.; HOGENDORN, Jan S. *The Uncommon Market: Essays in the Economic History of the Atlantic Slave Trade*. Nova York: The Academic Press, 1979.

AZEVEDO, Celia Maria Marinho de. *Onda negra, medo branco: O negro no imaginário das elites — século XIX*. São Paulo: Annablume, 2004.

BACHA, Edmar; GREENHILL, Robert. *150 anos de café: Marcellino Martins & E. Johnston*. Rio de Janeiro: Salamandra, 1992.

BAHIA (Estado). Secretaria de Planejamento, Ciência e Tecnologia. Fundação de Pesquisas — CPE. *A inserção da Bahia na evolução nacional: 1ª etapa, 1850-1889*. Salvador, 1978. Especialmente v. 2: Atividades produtivas e anexo estatístico.

BALHANA, Altiva Pilatti. "População". In: SILVA, Maria Beatriz Nizza da (Org.). *O império luso-brasileiro, 1750-1822*, v. VIII da *Nova história da expansão portuguesa* (dir. de Joel Serrão e A. H. de Oliveira Marques). Lisboa: Editorial Estampa, 1986.

BARICKMAN, Bert J. *A Bahian Counterpoint: Sugar, Tobacco, Cassava and Slavery in the Recôncavo, 1780-1860*. Stanford: Stanford University Press, 1998.

______. "Até a véspera: O trabalho escravo e a produção do açúcar nos engenhos do Recôncavo Baiano (1850-1881)". *Afro-Ásia*, 21/22, 1998-99.

______. "Revisiting the casa-grande: Plantation and Cane-farming Households in Early Nineteenth-century Bahia". *Hispanic American Historical Review*, v. 84, n. 4, 2004.

BASSANEZI, M. S. B.; SCOTT, A. S. V.; BACELLAR, C.; TRUZZI, O. *Atlas da imigração internacional em São Paulo, 1850-1950*. São Paulo: Ed. da Unesp, 2008.

______. *Roteiro de fontes sobre a imigração em São Paulo, 1850-1950*. São Paulo: Ed. da Unesp, 2008.

BATALHA, Claudio H. M. "Sociedades de trabalhadores no Rio de Janeiro no século XIX: Algumas reflexões em torno da formação da classe operária". *Cadernos AEL*, v. 6, n. 10/11, 1999.

______. "Limites da liberdade: Trabalhadores, relações de trabalho e cidadania durante a Primeira República". In: LIBBY, Douglas Cole; FURTADO, Júnia Ferreira (Orgs.). *Trabalho livre, trabalho escravo: Brasil e Europa, séculos XVIII-XIX*. São Paulo: Annablume, 2006.

BELL, Stephen. *Campanha Gaúcha: A Brazilian Ranching System, 1850-1920*. Stanford: Stanford University Press, 1998.

BENASSAR, Bartolomé. "Le Brésil Colonial". In: BENASSAR, Bartolomé; MARIN, Richard. *Histoire du Brésil: 1500-1800*. Paris: Fayard, 2000a.

______. "A la Recherche d'un nouveau destin". In: BENASSAR, Bartolomé; MARIN, Richard. *Histoire du Brésil: 1500-1800*. Paris: Fayard, 2000b.

BENASSAR, Bartolomé; MARIN, Richard. *Histoire du Brésil: 1500-1800*. Paris: Fayard, 2000.

BERGAD, Laird W. *Slavery and the Demographic and Economic History of Minas Gerais, Brazil, 1720-1888*. Cambridge: Cambridge University Press, 1999.

______. *The Comparative History of Slavery in Brazil, Cuba and the United States*. Cambridge: Cambridge University Press, 2007.

______. "American Slave Markets During the 1850s: Slave Price Rises in the United States, Cuba and Brazil in Comparative Perspective". In: ELTIS, David; LEWIS, Frank D.; SOKOLOFF, Kenneth L. *Slavery in the Development of the Americas*. Cambridge: Cambridge University Press, 2010.

BETHELL, Leslie (Org.). *Colonial Brazil*. Cambridge: Cambridge University Press, 1987. [Coletânea de ensaios dos vols. I e II de *The Cambridge History of Latin America*, 1984.]

______. (Org.). *Brazil, Empire and Republic, 1822-1930*. Cambridge: Cambridge University Press, 1989. [Coletânea de ensaios dos vols. III e V de *The Cambridge History of Latin America*, 1985-6.]

______. (Org.). *História da América Latina*. São Paulo: Edusp; Brasília: Fundação Alexandre Gusmão, 1998. [Trad. de *The Cambridge History of Latin America*, 1984-6.]

______. "O Brasil no mundo". In: CARVALHO, José Murilo de (Org.). *História do Brasil Nação*: 1808-2010. Rio de Janeiro: Mapfre; Objetiva, 2012. v. 2: A construção nacional, 1830 a 1889.

BETHELL, Leslie; CARVALHO, José Murilo de. "1822-1850". In: BETHELL, Leslie (Org.). *Brazil, Empire and Republic, 1822-1930*. Cambridge: Cambridge University Press, 1989.

BETHENCOURT, Francisco; CHAUDHURI, Kirti (Orgs.). *História da expansão portuguesa*. Lisboa: Temas e Debates, 1998a. v. 2: Do Índico ao Atlântico (1570-1697).

______. *História da expansão portuguesa*. Lisboa: Temas e Debates, 1998b. v. 3: O Brasil na balança do Império (1697-1808).

BEZERRA NETO, José Maia. *Escravidão negra no Grão-Pará, séculos XVII-XIX*. Belém: Paka-Tatu, 2001.

BITTENCOURT, Gabriel. *Café e modernização: O Espírito Santo no século XIX*. Rio de Janeiro: Cátedra, 1987.

BOTELHO, Tarcísio Rodrigues. "Família e escravidão em uma perspectiva demográfica: Minas Gerais (Brasil), século XVIII". In: LIBBY, Douglas Cole; FURTADO, Júnia Ferreira (Orgs.). *Trabalho livre, trabalho escravo: Brasil e Europa, séculos XVIII-XIX*. São Paulo: Annablume, 2006.

BOTELHO, Tarcísio Rodrigues; BRAGA, Mariângela Porto; ANDRADE, Cristina Viegas de. "Imigração e família em Minas Gerais no final do século XIX". *Revista Brasileira de História*, São Paulo, v. 27, n. 54, dez. 2007.

BRAZIL, Maria do Carmo. *Fronteira negra: Dominação, violência e resistência escrava em Mato Grosso, 1718-1888*. Passo Fundo: UPF Editora, 2002.

______. "Terra e trabalho no sul do Mato Grosso: Considerações sobre superação do escravismo, luta pela terra, economia pastoril e advento do trabalho livre — Séculos XIX e XX". *História: Debates e Tendências*, v. 7, n. 2, jul./dez. 2007 (publicado em 2008).

BRITO, Jailton Lima. *A abolição na Bahia, 1870-1888*. Salvador: Centro de Estudos Baianos (CEB); ED-FBA, 2003.

BROWN, Larissa V. *Internal Commerce in a Colonial Society: Rio de Janeiro and its Hinterland, 1790-1822*. Charlottesville: Universidade da Virginia, 1986. Tese (Doutorado).

BRÜGGER, Silvia Maria Jardim. *Minas patriarcal, família e sociedade: São João del Rei, séculos XVIII e XIX*. São Paulo: Annablume, 2007.

BULMER-THOMAS, Victor. *The Economic History of Latin America since Independence*. Cambridge: Cambridge University Press, 1994.

BUTLER, Kim D. *Freedoms Given, Freedoms Won: Afro-Brazilians in Post-Abolition São Paulo and Salvador*. New Brunswick: Rutgers University Press, 1998.

CALDEIRA, Jorge. *A nação mercantilista*. São Paulo: Ed. 34, 1999.

______. "O processo econômico". In: SILVA, Alberto da Costa e (Org.). *História do Brasil Nação: 1808-2010*. Rio de Janeiro: Mapfre; Objetiva, 2011. v. 1: *Crise colonial e Independência, 1808-1830*.

CANCIAN, Elaine. "Cativos nas fazendas pastoris do vale do Mato Grosso (1825-1888): Considerações de pesquisa". *História: Debates e Tendências*, v. 7, n. 2, jul./dez. 2007 (publicado em 2008).

CANO, Wilson; LUNA, Francisco Vidal. "A reprodução natural dos escravos em Minas Gerais (século XIX) — uma hipótese". In: *Economia escravista em Minas Gerais*. Campinas: Cadernos IFCH-Unicamp, 10, pp. 1-14, out. 1983.

CÁNOVAS, Marilia Dalva Klaumann. "A grande imigração europeia para o Brasil e o imigrante espanhol no cenário da cafeicultura: Aspectos de uma invisibilidade". *Saeculum — Revista de História*, João Pessoa, n. 11, ago./dez. 2004.

______. *Hambre de tierra: Imigrantes espanhóis na cafeicultura paulista, 1880-1930*. São Paulo: Lazuli, 2005.

CARDOSO, Ciro Flamarion S. *Agricultura, escravidão e capitalismo*. Petrópolis: Vozes, 1979.

______. "As concepções acerca do 'sistema econômico mundial' e do 'antigo sistema colonial': A preocupação obsessiva com a 'extração de excedente'". In: LAPA, José Roberto do Amaral (Org.). *Modos de produção e realidade brasileira*. Petrópolis: Vozes, 1980.

______. *Escravo ou camponês? O protocampesinato negro nas Américas*. São Paulo: Brasiliense, 1981.

______. "The Peasant Breach in the Slave System: New Developments in Brazil". *Luso-Brazilian Review*, n. 25, 1988.

______. (Org.). *Escravidão e abolição no Brasil: Novas perspectivas*. Rio de Janeiro: Jorge Zahar Editor, 1988.

CARDOSO, Raul Róis Schefer. *Escravidão rural: Formação de um território negro no Vale do Caí, Rio Grande do Sul, 1870-1888*. Porto Alegre: EST Edições, 2007.

CARNEY, Judith. *Black Rice: The African Origins of Rice Cultivation in the Americas*. Cambridge, MA: Harvard University Press, 2001.

CARNEY, Judith. "'With Grains in Her Hair': Rice in Colonial Brasil". *Slavery and Abolition*, v. 25, n. 1, 2004.

CARONE, Edgar. *A evolução industrial de São Paulo (1889-1930)*. São Paulo: Senac, 2001.

CARRARA, Angelo Alves. "Amoedação e oferta monetária em Minas Gerais: As casas de fundição e moeda de Vila Rica". *Varia Historia*, v. 26, n. 43, jan./jun. 2010.

______. (Org.). *À vista ou a prazo: Comércio e crédito nas Minas setencentistas*. Juiz de Fora: Universidade de Juiz de Fora, 2010.

CARREIRA, António. *As companhias pombalinas do Grão-Pará e Maranhão e Pernambuco e Paraíba*. Lisboa: Presença, 1983.

CARVALHO, José Murilo de. *Os bestializados: O Rio de Janeiro e a República que não foi*. São Paulo: Companhia das Letras, 1987.

______. *A construção da ordem: A elite política do Império; Teatro de sombras: A política imperial*. Rio de Janeiro: Civilização Brasileira, 2003 (6. ed., 2011).

______. "A vida política". In: ______. (Org.). *História do Brasil Nação: 1808-2010*. Rio de Janeiro: Mapfre; Objetiva, 2012. v. 2: A construção nacional, 1830 a 1889.

______. (Org.). *Nação e cidadania*. Rio de Janeiro: Civilização Brasileira, 2007.

______. (Org.). *História do Brasil Nação: 1808-2010*. Rio de Janeiro: Mapfre; Objetiva, 2012. v. 2: A construção nacional, 1830 a 1889.

CARVALHO, José Murilo de; NEVES, Lúcia Maria Bastos Pereira das (Orgs.) *Repensando o Brasil do Oitocentos*. Rio de Janeiro: Civilização Brasileira, 2009.

CASTELLUCCI JUNIOR, Wellington. *Pescadores e roceiros: Escravos e forros em Itaparica no século XIX*. São Paulo: Annablume, 2008.

CASTRO, Antonio Barros de. "A economia política, o capitalismo e a escravidão". In: LAPA, José Roberto do Amaral (Org.). *Modos de produção e realidade brasileira*. Petrópolis: Vozes, 1980.

______. (Org.). *Trabalho escravo, economia e sociedade*. Rio de Janeiro: Paz e Terra, 1983.

CATÃO, L. A. V. "A New Wholesale Price Index for Brazil during the Period 1870-1913". *Revista Brasileira de Economia*, v. 46, 1992.

CHALHOUB, Sidney. *Visões da liberdade: Uma história das últimas décadas da escravidão na Corte*. São Paulo: Companhia das Letras, 1990.

______. *Cidade febril: Cortiços e epidemias na corte imperial*. São Paulo: Companhia das Letras, 1996.

______. *A força da escravidão: Ilegalidade e costume no Brasil oitocentista*. São Paulo: Companhia das Letras, 2012a.

______. "População e sociedade". In: CARVALHO, José Murilo de. (Org.). *História do Brasil Nação: 1808-2010*. Rio de Janeiro: Mapfre; Objetiva, 2012b. v. 2: A construção nacional, 1830 a 1889.

CLEMENTINO, Maria do Livramento Miranda. *O maquinista de algodão e o capital comercial*. Natal: Editora Universitária da UFRN, 1987.

COASTWORTH, John H. "Economic and Institutional Trajectories in Nineteenth-Century Latin America". In: COASTWORTH, John H.; TAYLOR, Alan M. (Orgs.). *Latin America and the World Economy since 1800*. Cambridge, MA: Harvard University Press, 1998.

COASTWORTH, John H.; TAYLOR, Alan M. (Orgs.). *Latin America and the World Economy since 1800*. Cambridge, MA: Harvard University Press, 1998.

CONRAD, Robert Edgar. *Children of God's Fire: A Documentary History of Black Slavery in Brazil*. Princeton, NJ: Princeton University Press, 1983.

CONRAD, Robert Edgar. *World of Sorrow: The African Slave Trade to Brazil*. Baton Rouge, LA: Louisiana State University, 1986.

CONSTANTINO, Núncia Santoro de. "Estudos de imigração italiana: tendências historiográficas no Brasil meridional". *Anais do XXVI Simpósio Nacional de História*, Anpuh, São Paulo, jul. 2011.

COQUERY-VIDROVITCH, Catherine. *Petite Histoire de l'Afrique: L'Afrique au sud du Sahara de la préhistoire à nos jours*. Paris: La Découverte, 2011.

CORRÊA, André do Nascimento. "Roceiros, campeiros e domadores: O ofício do trabalho escravo na Vila de Caçapava (1831-1839)". *Revista Latino-Americana de História*, v. 1, n. 3, mar. 2012.

COSTA, Iraci del Nero da. *Vila Rica: População (1719-1826)*. São Paulo: IPE-USP, 1979.

______. *Populações mineiras: Sobre a estrutura populacional de alguns núcleos mineiros no alvorecer do século XIX*. São Paulo: IPE-USP, 1981.

______. *Repensando o modelo interpretativo de Caio Prado Jr*. São Paulo: NEHD-FEA-USP, 1995. (Cadernos NEHD, n. 3.)

______. (Org.). *Brasil: História econômica e demográfica*. São Paulo: IPE-USP, 1986.

______. *Arraia-miúda: Um estudo sobre os não proprietários de escravos no Brasil*. São Paulo: MG Editores Ltda., 1992.

COSTA, Iraci del Nero da; NOZOE, Nelson Hideiki. "Elementos da estrutura de posse de escravos em Lorena no alvorecer do século XIX". *Estudos Econômicos*, v. 19, n. 2, maio/ago. 1989.

COSTA, Leonor Freire. "Relações econômicas com o exterior". In: LAINS, Pedro; SILVA, Álvaro Ferreira da (Orgs.). *História econômica de Portugal, 1700-2000*. Lisboa: Imprensa de Ciências Sociais, 2005. v. 1: O século XVIII.

COSTA, Robson. *Vozes na senzala: Cotidiano e resistência nas últimas décadas da escravidão, Olinda, 1871--1888*. Recife: UFPE, 2008.

CRUZ, Ronaldo Lima da. "Conchas valem dinheiro, escravos são como zimbos: A efemeridade da extração do zimbo no sul da Bahia". *Revista Eletrônica Multidisciplinar Pindorama*, Instituto Federal de Educação, Ciência e Tecnologia da Bahia (IFBA), n. 1, ano 1, ago. 2012.

CUNHA, I. J. *Evolução econômico-industrial de Santa Catarina*. Florianópolis: Fundação Catarinense da Cultura, 1982.

CUNHA, Manuela Carneiro da. *Negros estrangeiros: Os escravos libertos e sua volta à África*. São Paulo: Companhia das Letras, 2012.

______. (Org.). *História dos índios no Brasil*. São Paulo: Companhia das Letras, 1992.

CURTIN, Philip D. *The Rise and Fall of the Plantation Complex: Essays in Atlantic History*. Cambridge: Cambridge University Press, 1990.

CURTIN, Philip D.; LOVEJOY, Paul E. (Orgs.). *Africans in bondage: Studies in Slavery and the Slave Trade — Essays in Honor of Philip D. Curtin on the Occasion of the Twenty-fifth Anniversary of African Studies at the University of Wisconsin*. Maddison: University of Wisconsin Press, 1986.

DACANAL, José H.; GONZAGA, Sergius (Orgs.). *RS: imigração & colonização*. Porto Alegre: Mercado Aberto, 1980.

DALL'ALBA, João Leonir. *Imigração italiana em Santa Catarina: Documentários*. Caxias do Sul: Uducs; Porto Alegre: EST; Florianópolis: Lunardelli, 1983.

DARONCO, Leandro Jorge. *À sombra da cruz: trabalho e resistência servil no noroeste do Rio Grande do Sul, segundo os processos criminais, 1840-1888*. Passo Fundo: UPF Editora, 2006.

DEAN, Warren. *A luta pela borracha*. São Paulo: Nobel, 1979.

DEAN, Warren. "Indigenous Populations of the São Paulo and Rio de Janeiro Coast: Trade, Aldeamento, Slavery and Extinction". *Revista de História*, v. 117, 1984.

______. "Economy". In: BETHELL, Leslie (Org.). *Brazil, Empire and Republic, 1822-1930*. Cambridge: Cambridge University Press, 1989.

DE BONI, Luis Alberto (Org.). *A presença italiana no Brasil*. Porto Alegre: EST Edições; Turim: Fondazione G. Agnelli, 1987, 1990 e 1996. 3 v.

DE BONI, Luis Alberto; COSTA, Rovílio. *Os italianos no Rio Grande do Sul*. Porto Alegre: ECT-UCS, 1979.

______. "Os italianos no Rio Grande do Sul". *Insieme*, Curitiba: Sommo, 2012.

DEL PRIORE, Mary; VENÂNCIO, Renato. *Uma história de vida rural no Brasil*. Rio de Janeiro: Ediouro, 2006.

DEL PRIORE, Mary (Org.). *História das mulheres no Brasil*. São Paulo: Ed. da Unesp, 2007.

DELACAMPAGNE, Christian. *Histoire de l'esclavage, de l'antiquité à nos jours*. Paris: Librairie Générale Française, 2002.

DELHAES-GUENTHER, Dietrich von. "Comportamento procreativo ed emigrazione: La crescita demografica nelle colonie del Brasile meridionale". In: ROSOLI, G. (Org.). *Emigrazioni europee e popolo brasiliano*. Roma: CSER, 1987.

DENSLOW JR., David. *Sugar Production in Northeastern Brazil and Cuba, 1858-1908*. Nova York: Garland, 1987.

DOCKÈS, Pierre. *Le Sucre et les larmes*. Paris: Descartes & Cie, 2009.

DOMINGUES DA SILVA, Daniel B. "The Slave Trade to Maranhão, 1680-1846: Volumes, Routes and Organization". *Slavery and Abolition*, v. 29, n. 4, 2008.

DORIGNY, Marcel; GAINOT, Bernard. *Atlas des esclavages. Traites, sociétés coloniales, abolitions, de l'Antiquité à nos jours*. Paris: Éditions Autrement, 2006.

DRESCHER, Seymour. *Capitalism and Antislavery: British Mobilization in Comparative Perspective*. Oxford: Oxford University Press, 1987.

______. "Brazilian Abolition in Comparative Perspective". In: SCOTT, Rebecca (Org.). *The Abolition of Slavery and the Aftermath of Emancipation in Brazil*. Durham: Duke University Press, 1988.

EAKIN, Marshall C. "Dutra's World: Wealth and Family in Nineteenth-Century Rio de Janeiro". *EH. net*, dez. 2005.

EISENBERG, Peter L. *Modernização sem mudança: A indústria açucareira em Pernambuco, 1840-1910*. Rio de Janeiro: Paz e Terra, 1977.

______. "Escravo e proletário na história do Brasil". *Estudos Econômicos*, v. 13, n. 1, 1983.

______. "Ficando livre: As alforrias em Campinas no século XIX". In: ______. *Homens esquecidos: Escravos e trabalhadores livres no Brasil, séculos XVIII e XIX*. Campinas: Ed. da Unicamp, 1989.

______. *Homens esquecidos: Escravos e trabalhadores livres no Brasil, séculos XVIII e XIX*. Campinas: Ed. da Unicamp, 1989.

ELTIS, David. *Economic Growth and the Ending of the Transatlantic Slave Trade*. Oxford: Oxford University Press, 1987.

ELTIS, David; ENGERMAN, Stanley L. (Orgs.). *The Cambridge World History of Slavery*. Cambridge: Cambridge University Press, 2011. v. 3, AD 1420 AD 1804.

ELTIS, David; RICHARDSON, David. *Atlas of the Transatlantic Slave Trade*. New Haven: Yale University Press, 2010.

ELTIS, David; LEWIS, Frank D.; RICHARDSON, David. "Slave Prices, the African Slave Trade and Productivity Growth in the Caribbean". *Economic History Review*, v. 58, 2005.

ELTIS, David; LEWIS, Frank D.; SOKOLOFF, Kenneth L. *Slavery in the Development of the Americas*. Cambridge: Cambridge University Press, 2010.

ENGERMAN, Stanley L. *Slave Emancipation and Freedom: Comparative Perspectives*. Baton Rouge, LA: Louisiana State University Press, 2007.

EMMER, P. C. *The Dutch Slave Trade*. Nova York: Berghahn, 2006.

FALCI, Miridan Britto Knox. *Escravos do sertão: Demografia, trabalho e relações sociais*. Teresina: Fundação Cultural Monsenhor Chaves, 1995.

FARIA, Sheila de Castro. "Fortuna e família em Bananal no século XIX". In: MATTOS DE CASTRO, Hebe Maria; SCHNOOR, Eduardo (Orgs.). *Resgate: Uma janela para o Oitocentos*. Rio de Janeiro: Topbooks, 1995.

FARIAS, Juliana Barreto. "Fortunata et João José 'parents de nation': Mariage et divorce chez les africains de l'ouest à Rio de Janeiro au XIXe siècle". *Vies d'Esclaves, Brésil(s), Sciences Humaines et Sociales*, Paris : Éditions de la Maison des Sciences de l'Homme, n. 1, 2012.

FARINATTI, Luís Augusto Ebling. *Confins meridionais: Famílias de elite e sociedade agrária na fronteira sul do Brasil (1825-1865)*. Santa Maria: Editora da UFSM, 2012.

______. "Criadores de gado em Santa Maria (Rio Grande do Sul, 1850-1890)". Versão de capítulo de tese. Porto Alegre: PUC-RS, 1999. Disponível em: <www.fee.tche.br>.

______. "Escravos do pastoreio: Pecuária e escravidão na fronteira meridional do Brasil, Alegrete, 1831-1850". *Ciência e Ambiente*, v. 1, 2006.

FAUSTO, Boris. *Historiografia da imigração para São Paulo*. São Paulo: Ed. Sumaré; Fapesp, 1991.

______. *História concisa do Brasil*. São Paulo: Edusp; Imprensa Oficial, 2002.

______. (Org.). *Fazer a América: A imigração em massa para a América Latina*. São Paulo: Edusp, 1999.

FAUSTO, Boris; DEVOTO, Fernando J. *Brasil e Argentina: Um ensaio de história comparada, 1850-2002*. São Paulo: Ed. 34, 2005.

FELIPE, Euclides José. *O caminho das tropas em Santa Catarina: O pouso dos Curitibanos*. Curitibanos: edição do autor, 1996.

FERLINI, Vera Lucia Amaral. "Pobres de açúcar: Estrutura produtiva e relações de poder no Nordeste colonial". In: SZMRECSÁNYI, Tamás (Org.). *História econômica do período colonial*. São Paulo: Hucitec; Fapesp; ABPHE, 1996.

FERNANDES, Felipe Tâmega. *Institutions, Geography and Market Power: The Political Economy of Rubber in the Brazilian Amazon*. Londres: London School of Economics, 2009. Tese (Doutorado).

FINDLAY, Ronald; O'ROURKE, Kevin H. *Power and Plenty: Trade, War and the World Economy in the Second Millennium*. Princeton: Princeton University Press, 2007.

FLORENTINO, Manolo G. *Em costas negras: Uma história do tráfico de escravos entre a África e o Rio de Janeiro*. São Paulo: Companhia das Letras, 1997.

______. "Alforrias e etnicidade no Rio de Janeiro oitocentista: Notas de pesquisa". *Topoi — Revista de História*, v. 3, n. 5, jul./dez. 2002.

______. "Sobre minas, crioulos e a liberdade costumeira no Rio de Janeiro, 1789-1871". In: ______. (Org.). *Tráfico, cativeiro e liberdade: Rio de Janeiro, séculos XVIII-XIX*. Rio de Janeiro: Civilização Brasileira, 2005.

______. (Org.). *Tráfico, cativeiro e liberdade: Rio de Janeiro, séculos XVIII-XIX*. Rio de Janeiro: Civilização Brasileira, 2005.

FLORENTINO, Manolo G.; AMANTINO, Márcia. "Runaways and quilombolas in the Americas". In: ELTIS,

David; ENGERMAN, Stanley L. (Orgs.). *The Cambridge World History of Slavery*. Cambridge: Cambridge University Press, 2011. v. 3, AD 1420 AD 1804.

FLORENTINO, Manolo G.; GÓES, José Roberto. "Parentesco e família entre os escravos de Vallim". In: MATTOS DE CASTRO, Hebe Maria; SCHNOOR, Eduardo (Orgs.). *Resgate: Uma janela para o Oitocentos*. Rio de Janeiro: Topbooks, 1995.

______. *A paz das senzalas: Famílias escravas e tráfico atlântico — Rio de Janeiro, c. 1790-c. 1850*. Rio de Janeiro: Civilização Brasileira, 1997.

FLORY, R. J. D. *Bahian Society in the Mid-Colonial Period: The Sugar Planters, Tobacco Growers, Merchants and Artisans of Salvador and the Recôncavo, 1680-1725*. Austin: The University of Texas at Austin, 1978. Tese (Doutorado).

FONT, Mauricio A. "Coffee Planters, Politics and Development in Brazil". *Latin American Research Review*, v. 22, n. 3, 1987.

______. *Coffee, contention and change*. Oxford: Basil Blackwell, 1990.

FONTELLA, Leandro Gaya; RIBEIRO, Max Roberto Pereira. "Trabalho escravo na região das Missões (Vila de São Borja, primeira metade do século XIX)". *Revista Latino-Americana de História*, v. 1, n. 3, mar. 2012.

FRAGA FILHO, Walter. *Encruzilhadas de liberdade: Histórias de escravos e libertos na Bahia (1870-1910)*. Campinas: Ed. da Unicamp, 2006.

FRAGOSO, João Luis Ribeiro. "Modelos explicativos da economia escravista no Brasil". In: CARDOSO, Ciro Flamarion S. (Org.). *Escravidão e abolição no Brasil: Novas perspectivas*. Rio de Janeiro: Jorge Zahar Editor, 1988.

______. *Homens de grossa aventura: Acumulação e hierarquia na praça mercantil do Rio de Janeiro, 1790--1830*. São Paulo: Brasiliense, 1992.

FRAGOSO, João Luis Ribeiro; ALMEIDA, Carla Maria Carvalho de; SAMPAIO, Antonio Carlos Jucá de (Orgs.). *Conquistadores e negociantes: Histórias de elites no Antigo Regime nos trópicos — América lusa, séculos XVI a XVIII*. Rio de Janeiro: Civilização Brasileira, 2007.

FRAGOSO, João Luis Ribeiro; FLORENTINO, Manolo Garcia. *O arcaísmo como projeto: Mercado atlântico, sociedade agrária e elite mercantil no Rio de Janeiro, 1790-1840*. Rio de Janeiro: Sette Letras, 1993.

FRAGOSO, João Luis Ribeiro; FLORENTINO, Manolo Garcia; FARIA, Sheila de Castro. *A economia colonial brasileira, séculos XVI-XIX*. São Paulo: Atual, 1998.

FRANCO, Gustavo Henrique de Barroso; LAGO, Luiz Aranha Corrêa do. "O processo econômico, a economia da Primeira República, 1889-1930". In: SCHWARCZ, Lilia Moritz (Org.). *História do Brasil Nação: 1808-2010*. Rio de Janeiro: Mapfre; Objetiva, 2012. v. 3: A abertura para o mundo, 1889-1930.

FRANCO, Maria Sylvia de Carvalho. *Homens livres na ordem escravocrata*. São Paulo: Ed. da Unesp, 1997 (1. ed., 1969).

FRANK, Zephyr L. *Dutra's World: Wealth and Family in Nineteenth-Century Rio de Janeiro*. Albuquerque: University of New Mexico Press, 2004.

FRANZINA, Emilio. *A grande imigração: O* êxodo dos italianos do Vêneto para o Brasil. Campinas: Ed. da Unicamp, 2006.

FREIRE, José Ribamar Bessa (Org.). *A Amazônia colonial: 1616-1798*. 4. ed. Manaus: Metro Cúbico, 1991.

FREITAS, Judy Bieber. "Slavery and Social Life: Attempts to Reduce Free People to Slavery in the Sertão Mineiro, Brazil, 1850-1871". *Journal of Latin American Studies*, v. 26, n. 3, out. 1994.

FUNES, Eurípides Antonio. *Goiás, 1800-1850: Um período de transição da mineração à agropecuária*. Goiânia: Editora da UFG, 1986.

FURTADO, Júnia Ferreira. *O livro da capa verde: O Regimento Diamantino de 1771 e a vida no Distrito Diamantino no período da Real Extração*. São Paulo: Annablume, 1996.

______. *Chica da Silva: A Brazilian Slave of the Eighteenth-Century*. Cambridge: Cambridge University Press, 2009 [Ed. bras.: *Chica da Silva e o contratador dos diamantes: O outro lado do mito*. São Paulo: Companhia das Letras, 2003.]

______. *Homens de negócio: A interiorização da metrópole e do comércio nas Minas setecentistas*. 2. ed. São Paulo: Hucitec, 2006.

______. "Terra de estrelas: O distrito dos diamantes do Brasil e a fortuna dos contratadores". In: SCHWARTZ, Stuart B.; MYRUP, Erik Lars (Orgs.). *O Brasil no império marítimo português*. Bauru: Edusc, 2009.

GALLIZA, Diana Soares de. *O declínio da escravidão na Paraíba (1850-1888)*. João Pessoa: Editora da UFPB, 1979.

GALLOWAY, J. H. *The Sugar Cane Industry: An Historical Geography from its Origins to 1914*. Cambridge: Cambridge University Press, 1989.

GANS, Magda Roswita. *Presença teuta em Porto Alegre no século XX (1850-1889)*. Porto Alegre: Editora da UFRGS, 2004.

GARCIA, Graciela Bonassa. "Terra e trabalho: Tensão e transformação no pampa rio-grandense". In: GUIMARÃES, Elione Silva; MOTTA, Márcia Maria Menendes (Orgs.). *Campos em disputa: História agrária e companhia*. São Paulo: Annablume, 2007.

______. *Terra, trabalho e propriedade: A estrutura agrária da Campanha rio-grandense nas décadas finais do período imperial (1870-1890)*. Niterói: UFF, 2010. Tese (Doutorado).

GARCIA GUILLÉN, Mario. "Permanente presencia española en Brasil (1824-1914)". *Jornal do Imigrante*, São Paulo, out. 2000.

GEBARA, Ademir. *O mercado de trabalho livre no Brasil*. São Paulo: Brasiliense, 1986.

GIRON, Loraine Slomp. "A imigração italiana no Rio Grande do Sul: Fatores determinantes". In: DACANAL, José H.; GONZAGA, Sergius (Orgs.). *RS: imigração & colonização*. Porto Alegre: Mercado Aberto, 1980.

GLUCHOWSKI, Kazimierz. *Os poloneses no Brasil: Subsídios para o problema da colonização polonesa no Brasil*. Porto Alegre: Rodycz & Ordakowski, 2005.

GODINHO, Vitorino Magalhães. "Portuguese Emigration from the Fifteenth to the Twentieth Centuries: Constants and Changes". In: EMMER, P. C.; MÖRNER, M. (Orgs.). *European Expansion and Migration*. Nova York: Berg, 1992.

GODOY, Marcelo Magalhães. "Fazendas diversificadas, escravos polivalentes, caracterização sociodemográfica e ocupacional dos trabalhadores cativos em unidades produtivas com atividades agroaçucareiras de Minas Gerais no século XIX". *XIV Encontro Nacional de Estudos Populacionais — ABEP*, Caxambu (MG), 2004.

GÓES, José Roberto. *O cativeiro imperfeito: Um estudo sobre a escravidão no Rio de Janeiro da primeira metade do século XIX*. Vitória: Lineart, 1993.

GOLDSCHMIDT, Elena Maria Réa. *Casamentos mistos de escravos em São Paulo colonial*. São Paulo: Annablume, 2004.

GOLDSMITH, R. W. *Brasil, 1850-1984: Desenvolvimento financeiro sob um século de inflação*. São Paulo: Harper and Row, 1996.

GOMES, Flávio dos Santos. *Histórias de quilombolas: Mocambos e comunidades de senzalas no Rio de Janeiro*. Rio de Janeiro: Arquivo Nacional, 1995.

______. *A hidra e os pântanos: Mocambos, quilombos e comunidades de fugitivos no Brasil (séculos XVII-XIX)*. São Paulo: Ed. da Unesp; Ed. Polis, 2005.

______. "História e historiografia da escravidão no Brasil: Identidades, caminhos, percursos". *Educação – Africanidades – Brasil*, Brasília: MEC, 2006.

GONÇALVES, Andréa Lisly. "Algumas perspectivas de historiografia sobre Minas Gerais nos séculos XVIII e XIX". In: DEPARTAMENTO DE HISTÓRIA DA UFOP. *Termo de Mariana: história e documentação*. Mariana: Imprensa Universitária da UFOP, 1998.

GONÇALVES, Paulo Cesar. *Migração e mão de obra: Retirantes cearenses na economia cafeeira do centro-sul (1877-1901)*. São Paulo: Humanitas, 2006.

______. *Mercadores de braços: Riqueza e acumulação na organização da emigração europeia para o Novo Mundo*. São Paulo: Alameda, 2012.

GONZALEZ MARTINEZ, Elda Evangelina. *Café e inmigración: Los españoles en São Paulo: 1880-1930*. Madri: Centro Espanhol de Estudos da América Latina, CEDEAL, 1990.

______. "O Brasil como destino para os imigrantes espanhóis". In: FAUSTO, Boris (Org.). *Fazer a América: A imigração em massa para a América Latina*. São Paulo: Edusp, 1999.

GORENDER, Jacob. *O escravismo colonial*. São Paulo: Ática, 1978 (4. ed., 2010).

______. "Questionamentos sobre a teoria econômica do escravismo colonial". *Estudos Econômicos*, v. 13, n. 1, 1983.

______. *A escravidão reabilitada*. São Paulo: Ática, 1990.

GRAÇA FILHO, Afonso de Alencastro. "Pequenos produtores de São José do Rio das Mortes, 1730-1850". In: GUIMARÃES, Elione Silva; MOTTA, Márcia Maria Menendes (Orgs.). *Campos em disputa: História agrária e companhia*. São Paulo: Annablume, 2007.

______. *A princesa do oeste e o mito da decadência de Minas Gerais: São João del Rei (1831-1888)*. São Paulo: Annablume, 2002.

GRAÇA FILHO, Afonso de Alencastro; LIBBY, Douglas Cole (Orgs.). *A economia do Império brasileiro*. São Paulo: Atual, 2004.

GRADEN, Dale Torston. *From Slavery to Treedom in Brazil: Bahia, 1835-1900*. Albuquerque: University of New Mexico Press, 2006.

GRAHAM, Richard. "Escravidão e desenvolvimento econômico: Brasil e o Sul dos Estados Unidos no século XIX". *Estudos Econômicos*, v. 13, n. 1, 1983.

______. "1850-1870". In: BETHELL, Leslie (Org.). *Brazil, Empire and Republic, 1822-1930*. Cambridge: Cambridge University Press, 1989.

______. "Another Middle Passage: The Internal Slave Trade in Brazil". In: JOHNSON, Walter (Org.). *The Chattel Principle: Internal Slave Trade in America*. New Haven: Yale University Press, 2004.

GRAHAM, Sandra Lauderdale. "Slavery Impasse: Slave Prostitutes, Small-Time Mistresses and the Brazilian Law of 1871". *Comparative Studies of Society and History*, v. 33, 1991.

______. *House and Street: The Domestic World of Servants and Masters in Nineteenth-Century Rio de Janeiro*. Cambridge: Cambridge University Press, 1998.

GRAHAM, Sandra Lauderdale. *Caetana diz não: Histórias de mulheres da sociedade escravista brasileira*. São Paulo: Companhia das Letras, 2005.

GRINBERG, Keila. "Reescravização, direitos e justiça no Brasil do século XIX". In: LARA, Silvia H.; MENDONÇA, Joseli M. N. (Orgs.). *Direitos e justiças no Brasil: Ensaios de história social*. Campinas: Ed. da Unicamp, 2006.

______. "Senhores sem escravos: A propósito das ações de escravidão no Brasil imperial". In: CARVALHO, José Murilo de; NEVES, Lúcia Maria Bastos Pereira das (Orgs.). *Repensando o Brasil do Oitocentos*. Rio de Janeiro: Civilização Brasileira, 2009.

______. "A Sabinada e a politização da cor na década de 1830". In: GRINBERG, Keila; SALLES, Ricardo (Orgs.). *O Brasil imperial*. Rio de Janeiro: Civilização Brasileira, 2009. 3 v.

GRINBERG, Keila; BORGES, Magno Fonseca; SALLES, Ricardo. "Rebeliões escravas antes da extinção do tráfico". In: GRINBERG, Keila; SALLES, Ricardo (Orgs.). *O Brasil imperial*. Rio de Janeiro: Civilização Brasileira, 2009. 3 v.

GRINBERG, Keila; SALLES, Ricardo (Orgs.). *O Brasil imperial*. Rio de Janeiro: Civilização Brasileira, 2009. v. 1: 1808-1831; v. 2: 1831-1870; v. 3: 1870-1889.

GROSSELLI, Renzo Maria. *Vencer ou morrer: camponeses trentinos (vênetos e lombardos) nas florestas brasileiras*. Florianópolis: Ed. da UFSC, 1987.

GUIMARÃES, Antonio Sérgio Alfredo. "La République de 1889: Utopie de l'homme blanc, peur de l'homme noir (la liberté est noire, l'égalité, blanche, la fraternité, métisse)". *Vies d'Esclaves, Brésil(s), Sciences Humaines et Sociales*, Paris: Éditions de la Maison des Sciences de l'Homme, n. 1, 2012.

GUIMARÃES, Elione Silva. *Violência entre parceiros de cativeiro: Juiz de Fora, segunda metade do século XIX*. São Paulo: Faped; Annablume, 2006a.

______. *Múltiplos viveres de afrodescendentes na escravidão e no pós-emancipação: Família, trabalho, terra e conflito (Juiz de Fora-MG, 1828-1928)*. São Paulo: Annablume, 2006b.

GUIMARÃES, Elione Silva; GUIMARÃES, Valéria Alves. *Cotidianos da escravidão em Juiz de Fora*. Juiz de Fora: Funalfa, 2001.

GUIMARÃES, Elione Silva; MOTTA, Márcia Maria Menendes (Orgs.). *Campos em disputa: História agrária e companhia*. São Paulo: Annablume, 2007.

GUTIERREZ, Ester J. C. *Negros, charqueadas e olarias: Um estudo sobre o espaço pelotense*. Porto Alegre: Editora Universitária, 1993.

GUTIERREZ, Horácio. "Demografia escrava numa economia não exportadora: Paraná". *Estudos Econômicos*, v. 17, n. 2, 1987.

______. "Crioulos e africanos no Paraná, 1798-1830". *Revista Brasileira de História*, v. 8, n. 16, 1988.

______. (Org.). "Protesto escravo I". Número especial de *Estudos Econômicos*, v. 17, 1987.

______. (Org.). "Protesto escravo II". Número especial de *Estudos Econômicos*, v. 18, 1988.

______. (Org.). "A família escrava no Brasil". Número especial de *População e Família*, v. 1, n. 1, 1998.

HABER, Stephen. "Financial Markets and Industrial Development: A Comparative Study of Governmental Regulation, Financial Innovation and Industrial Structure in Brazil and México, 1840-1930". In: ______. (Org.). *How Latin America Fell Behind: Essays on the Economic Histories of Brazil and México, 1800-1914*. Stanford: Stanford University Press, 1997.

______. (Org.). *How Latin America Fell Behind: Essays on the Economic Histories of Brazil and México, 1800-1914*. Stanford: Stanford University Press, 1997.

HALL, Frederick A. H.; HARRISON, William F.; WELKER, Dorothy W. (Orgs.). *Dialogues of the Great Things of Brazil* [*Diálogos das grandezas do Brasil*, atribuído a Ambrósio Fernandes Brandão]. Albuquerque: University of New Mexico Press, 1987.

HALL, Michael M. *The Origins of Mass Immigration: Brazil, 1871-1914*. Nova York: Universidade Columbia, 1969. Tese (Doutorado).

_______. "Os fazendeiros paulistas e a imigração". In: SILVA, Fernando Teixeira da; NAXARA; Márcia R. Capelari; CAMILOTTI, Virgínia C. (Orgs.). *República, liberalismo, cidadania*. Piracicaba: Unimep, 2003.

_______. "Imigrantes na cidade de São Paulo". In: PORTA, Paula (Org.). *História da cidade de São Paulo: A cidade na primeira metade do século XX (1890-1954)*. São Paulo: Paz e Terra, 2004.

HAHNER, June E. *Poverty and Politics: The Urban Poor in Brazil, 1870-1920*. Albuquerque: The University of New Mexico Press, 1986.

_______. *Emancipating the Female Sex: The Struggle for Women's Rights in Brazil, 1850-1940*. Durham: Duke University Press, 1990.

HAWTHORNE, Walter. *From Africa to Brazil: Culture, Identity and an Atlantic Slave Trade, 1600-1830*. Cambridge: Cambridge University Press, 2010.

_______. "From 'Black Rice' to 'Brown': Rethinking the History of Risiculture in the Seventeenth and Eighteenth-Century Atlantic". *American Historical Review*, v. 115, n. 1, 2010.

HEMMING, John. *Fronteira amazônica: A derrota dos índios brasileiros*. São Paulo: Edusp, 2009.

HERING, Maria Luiza Renaux. *Colonização e indústria no Vale do Itajaí: O modelo catarinense de desenvolvimento*. Blumenau: Editora da Furb, 1987.

HIGGINS, Kathleen J. *"Licentious Liberty" in a Brazilian Gold-Mining Region: Slavery, Gender and Social Control in Eighteenth-Century Sabará, Minas Gerais*. University Park: Pennsylvania State University Press, 1999.

HOLLOWAY, Thomas H. *Immigrants on the Land: Coffee and Society in São Paulo, 1886-1934*. Chapel Hill: University of North Carolina Press, 1980. [Ed. bras.: *Imigrantes para o café: café e sociedade em São Paulo, 1886-1934*. Rio de Janeiro: Paz e Terra, 1984.]

_______. *Policing Rio de Janeiro: Repression and Resistance in a Nineteenth Century City*. Stanford: Stanford University Press, 1993.

HOLTEN, Birgitte. "The importance of being fed". *H-Net, Humanities and Social Science on Line*, publicado por H-Lat em: <www.h-net.org/reviews/showrev.php?id=3037>. [Resenha de Barickmann, 1998.]

HOORNAERT, Eduardo. "A Igreja Católica no Brasil colonial". In: BETHELL, Leslie (Org.). *História da América Latina*. São Paulo: Edusp; Brasília: Fundação Alexandre Gusmão, 1998.

INIKORI, Joseph E. *Africans and the Industrial Revolution in England*. Cambridge: Cambridge University Press, 2002.

INIKORI, Joseph E. (Org.). *Forced Migration. The Impact of Export Slave Trade on African Society*. Nova York: African Publishing Company, 1982.

IBGE. *Estatísticas históricas do Brasil, 1550-1985*. Rio de Janeiro: IBGE, 1987.

IOTTI, Luiza Horn (Org.). *Imigração e colonização: Legislação de 1747 a 1915*. Porto Alegre: Assembleia Legislativa do Estado do Rio Grande do Sul; Caxias: Educ, 2001.

IZECKSOHN, Vitor. "A Guerra do Paraguai". In: GRINBERG, Keila; SALLES, Ricardo (Orgs.). *O Brasil imperial*. Rio de Janeiro: Civilização Brasileira, 2009. 3 v.

JACOB, Jorge K. *A imigração e aspectos da cultura pomerana no Espírito Santo*. Vitória: Departamento Estadual de Cultura, 1992.

JACKSON, Joe. *O ladrão do fim do mundo*. Rio de Janeiro: Objetiva, 2004.

JESUS, Alysson Luiz Freitas de. *No sertão das Minas: Escravidão, violência e liberdade (1830-1888)*. São Paulo: Annablume, 2007.

JESUS, Ronaldo Pereira de. *Visões da monarquia: Escravos, operários e abolicionismo na Corte*. São Paulo: Argumentum, 2009.

JOHNSON, H. B. "Portuguese Settlement, 1500-1580". In: BETHELL, Leslie (Org.). *Colonial Brazil*. Cambridge: Cambridge University Press, 1987.

KARASCH, Mary C. *Slave Life in Rio de Janeiro, 1808-1850*. Princeton: Princeton University Press, 1987.

KIERNAN, V. G. *Tobacco: A History*. Londres: Hutchinson Radius, 1991.

KLEIN, Herbert S. *African Slavery in Latin America and the Caribbean*. Nova York; Oxford: Oxford University Press, 1986.

______. "Tráfico de escravos". In: IBGE. *Estatísticas históricas do Brasil*. Rio de Janeiro: IBGE, 1987.

______. "A demografia do tráfico atlântico de escravos para o Brasil". *Estudos Econômicos*, v. 17, n. 2, maio/ago. 1987.

______. "A integração social e econômica dos imigrantes portugueses no Brasil nos finais do século XIX e no século XX". *Análise Social*, v. 28, n. 121, 1993.

______. *A imigração espanhola no Brasil*. São Paulo: Ed. Sumaré; Fapesp, 1994.

______. *The Atlantic Slave Trade*. Cambridge: Cambridge University Press, 1999.

KLEIN, Herbert S.; PAIVA, C. A. "Freedmen in a Slave Economy: Minas Gerais in 1831". *Journal of Social History*, v. 29, n. 4, verão 1996.

KLEIN, Herbert S.; LUNA, Francisco Vidal. "Free Colored in a Slave Society: São Paulo and Minas Gerais in the Early Nineteenth Century". *Hispanic American Historical Review*, v. 80, n. 4, nov. 2000.

______. *Slavery in Brazil*. Nova York: Cambridge University Press, 2010.

KLEIN, Herbert S.; VINSON III, Ben. *African Slavery in Latin America and the Caribbean*. Nova York; Oxford: Oxford University Press, 2007 (2. ed. rev.).

KLUG, João. "Imigração no Sul do Brasil". In: GRINBERG, Keila; SALLES, Ricardo (Orgs.). *O Brasil imperial*. Rio de Janeiro: Civilização Brasileira, 2009. 3 v.

KULA, Marcin A. *A emigração polonesa no Brasil à luz do estado das pesquisas conduzidas na Polônia*. Varsóvia, 1990.

KUZNESOF, Elizabeth Anne. "Family and Frontier in Colonial Brazil: Santana de Parnaíba, 1580-1822". *Journal of Social History*, v. 40, n. 1, outono 2006.

LABOURDETTE, Jean-François. *Histoire du Portugal*. Paris: Fayard, 2000.

LACERDA, Antonio Henrique Duarte. *Os padrões das alforrias em um município cafeeiro em expansão: Juiz de Fora, Zona da Mata de Minas Gerais, 1844-88*. São Paulo: Annablume, 2006.

LAGEMANN, Eugênio. *A industrialização do Rio Grande do Sul: Um estudo histórico*. Porto Alegre: Iepe-FEE, 1978. (Relatório de Pesquisa, n. 4.)

______. "Imigração e industrialização". In: DACANAL, José H.; GONZAGA, Sergius (Orgs.). *RS: imigração & colonização*. Porto Alegre: Mercado Aberto, 1980.

LAGO, Luiz Aranha Corrêa do. *The Transition from Slave to Free Labor in Agriculture in the Southern and Coffee Regions of Brazil*. Cambridge, MA: Harvard University Press, 1978. Tese (Doutorado).

LAGO, Luiz Aranha Corrêa do. "Balança comercial, balanço de pagamentos e meio circulante no Brasil no Segundo Império: Uma nota para uma revisão". *Revista Brasileira de Economia*, v. 42, n. 4, 1982.

______. "Economic Relations between Brazil and the European Economic Community: A Brazilian Survey". In: COFFEY, Peter; LAGO, Luiz Aranha Corrêa do (Orgs.). *The EEC and Brazil: Trade, Capital Investment, and the Debt Problem*. Londres: Pinter Publishers, 1988a.

______. "O surgimento da escravidão e a transição para o trabalho livre no Brasil: Um modelo teórico simples e uma visão de longo prazo". *Revista Brasileira de Economia*, v. 36, n. 4, 1988b.

LAMOUNIER, Maria Lúcia. *Da escravidão ao trabalho livre: A Lei de Locação de Serviços de 1879*. Campinas: Papirus, 1988.

______. "Agricultura e mercado de trabalho: Trabalhadores brasileiros livres nas fazendas de café e na construção de ferrovias em São Paulo, 1850-1890". *Estudos Econômicos*, v. 37, n. 2, abr./jun. 2007.

LAPA, José Roberto do Amaral. *A economia cafeeira*. São Paulo: Brasiliense, 1983.

______. *O antigo sistema colonial*. São Paulo: Brasiliense, 1982.

______. (Org.). *Modos de produção e realidade brasileira*. Petrópolis: Vozes, 1980.

LARA, Silvia Hunold. *Campos da violência: Escravos e senhores na capitania do Rio de Janeiro, 1750-1808*. Rio de Janeiro: Paz e Terra, 1988.

______. *Fragmentos setecentistas: Escravidão, cultura e poder na América portuguesa*. São Paulo: Companhia das Letras, 2007.

______. "Palmares e Cucaú: O aprendizado da dominação". Tese apresentada para concurso de professor titular, IFCH-Unicamp, Campinas, 2008.

LEFF, Nathaniel H. *Underdevelopment and Development in Brazil*. Londres: George Allen and Unwin, 1982. v. 1: Economic Structure and Change, 1872-1947.

______. "Economic Development in Brazil, 1822-1913". In: HABER, Stephen (Org.). *How Latin America Fell Behind: Essays on the Economic Histories of Brazil and México, 1800-1914*. Stanford: Stanford University Press, 1997.

LEITE, I. B. (Org.). *Negros no Sul do Brasil: Invisibilidade e territorialidade*. Florianópolis: Letras Contemporâneas, 1996.

LEONZO, Nanci. "Propriedade". In: SILVA, Maria Beatriz Nizza da (Org.). *O império luso-brasileiro, 1750-1822*, v. VIII da *Nova história da expansão portuguesa* (dir. de Joel Serrão e A. H. de Oliveira Marques). Lisboa: Editorial Estampa, 1986.

LIBBY, Douglas Cole. *Transformação e trabalho em uma economia escravista: Minas Gerais no século XIX*. São Paulo: Brasiliense, 1988.

______. "Proto-industrialization in a Slave Society: The Case of Minas Gerais". *Journal of Latin American Studies*, v. 23, n. 1, fev. 1991.

______. "Protoindustrialização em uma sociedade escravista: O caso de Minas Gerais". In: SZMRECSÁNYI, Tamás; LAPA, José Roberto do Amaral (Orgs.). *História econômica da Independência e do Império*. São Paulo: Hucitec; Fapesp; ABPHE, 1996.

______. "Habilidades, artífices e ofícios na sociedade escravista do Brasil colonial". In: LIBBY, Douglas Cole; FURTADO, Júnia Ferreira (Orgs.). *Trabalho livre, trabalho escravo: Brasil e Europa, séculos XVIII e XIX*. São Paulo: Annablume, 2006.

LIBBY, Douglas Cole; FURTADO, Júnia Ferreira (Orgs.). *Trabalho livre, trabalho escravo: Brasil e Europa, séculos XVIII e XIX*. São Paulo: Annablume, 2006.

LIMA, Carlos A. M. "Sobre a lógica e a dinâmica das ocupações escravas na cidade do Rio de Janeiro, 1789-1835". In: SOUSA, Jorge Prata de (Org.). *Escravidão: Ofícios e liberdade*. Rio de Janeiro: Arquivo Público do Estado do Rio de Janeiro, 1998.

______. *Artífices do Rio de Janeiro*. Rio de Janeiro: Apicuri, 2008.

LIMA, Fernando Carlos G. de Cerqueira. "Uma análise crítica da literatura sobre a oferta e a circulação de moeda metálica no Brasil nos séculos XVI e XVII". *Estudos Econômicos*, v. 35, n. 1, mar. 2005.

LIMA, João Heraldo. *Café a indústria em Minas Gerais: 1870-1920*. Rio de Janeiro: Vozes, 1981.

LIMA, Ruy Cirne. *Pequena história territorial do Brasil: Sesmaria e terras devolutas*. 4. ed. Brasília: ESAF, 1988.

LIMA, Solimar Oliveira. "O vaqueiro escravizado na fazenda pastoril piauiense". *História: Debates e Tendências*, v. 7, n. 2, jul./dez. 2007 (publicado em 2008).

LINDSAY, Lisa A. *Captives as Commodities: The Transatlantic Slave Trade*. Upper Saddle River: Pearson Education, Inc., 2008.

LINHARES, Maria Yedda; SILVA, Francisco Costa Teixeira da. *História da agricultura brasileira: Combates e controvérsias*. São Paulo: Brasiliense, 1981.

LOBO, Eulália Maria Lahmeyer. "A economia do Rio de Janeiro nos séculos XVIII e XIX". In: NEUHAUS, Paulo (Org.). *Economia brasileira: Uma visão histórica*. Rio de Janeiro: Campus, 1980.

______. *Imigração portuguesa no Brasil*. São Paulo: Hucitec, 2001.

LOCKHART, James; SCHWARTZ, Stuart B. *Early Latin America: A History of Colonial Latin America and Brazil*. Cambridge: Cambridge University Press, 1983.

LONER, Beatriz Ana. *Construção de classe: Operários de Pelotas e Rio Grande (1888-1930)*. Pelotas: Universidade Federal de Pelotas; Editora Universitária; Unitrabalho, 2001.

LOVEJOY, Paul E. *Transformations in Slavery: A History of Slavery in Africa*. Cambridge: Cambridge University Press, 2000 (1. ed., 1983).

LOVEMAN, Mara. "Blinded Like a State: The Revolt Against Civil Registration in Nineteenth-Century Brazil". *Comparative Studies in Society and History*, v. 49, 2007.

LUGAN, Bernard. *Histoire de L'Afrique des origines à nos jours*. Paris: Ellipses, 2009.

LUNA, Francisco Vidal. *Minas Gerais: Escravos e senhores — Análise da estrutura populacional e econômica de alguns centros mineratórios (1718-1804)*. São Paulo: IPE-USP, 1981.

______. "Estrutura da posse de escravos em Minas Gerais (1804)". In: COSTA, Iraci del Nero da (Org.). *Brasil: História econômica e demográfica*. São Paulo: IPE-USP, 1986.

______. "São Paulo: População, atividades e posse de escravos em 25 localidades (1777-1829)". *Estudos Econômicos*, São Paulo: IPE-USP, v. 28, n. 1, 1998.

LUNA, Francisco Vidal; COSTA, Iraci del Nero da. "A presença do elemento forro no conjunto dos proprietários de escravos". *Ciência e Cultura* (SBPC), São Paulo, v. 32, n. 7, jul. 1980.

______. *Minas colonial: Economia e sociedade*. São Paulo: Fipe; Pioneira, 1982.

______. "Posse de escravos em São Paulo no início do século XIX". *Estudos Econômicos*, São Paulo: IPE-USP, v. 13, n. 1, jan./abr. 1983.

______. "Demografia histórica de Minas Gerais no período colonial". *Revista Brasileira de Assuntos Políticos*, Belo Horizonte, UFMG, v. 58, 1984.

LUNA, Francisco Vidal; KLEIN, Herbert S. "Economia e sociedade escravista: Minas Gerais e São Paulo em 1830". *Revista Brasileira de Estudos de População*, Campinas, v. 21, n. 2, jul./dez. 2004.

LUNA, Francisco Vidal; KLEIN, Herbert S. *Evolução da sociedade e economia escravista de São Paulo, de 1750 a 1850*. São Paulo: Edusp, 2005.

______. "African Slavery in the Production of Subsistence Crops; the Case of São Paulo in the Nineteenth Century". In: ELTIS, David; LEWIS, Frank D.; SOKOLOFF, Kenneth L. *Slavery in the Development of the Americas*. Cambridge: Cambridge University Press, 2010.

MACEDO, Concessa Vaz de. "A indústria têxtil, seus trabalhadores e os censos da população de Minas Gerais no século XIX: Uma reavaliação". *Varia Historia*, Belo Horizonte: UFMG, v. 22, n. 35, jan./jun. 2006.

MACHADO, Fernando da Matta (Org.). *A Companhia de Santa Bárbara: Um caso da indústria têxtil em Minas Gerais*. Rio de Janeiro: Topbooks, 2006.

MACHADO, Humberto Fernandes. *Escravos, senhores e café: A crise da cafeicultura escravista do Vale do Paraíba Fluminense, 1860-1888*. Niterói: Cromos, 1993.

______. "A rebeldia negra no Vale do Paraíba Fluminense". In: SOUSA, Jorge Prata de (Org.). *Escravidão: Ofícios e liberdade*. Rio de Janeiro: Arquivo Público do Estado do Rio de Janeiro, 1998.

MACHADO, Maria Helena Pereira Toledo. *Crime e escravidão: Trabalho, luta e resistência nas lavouras paulistas, 1830-1888*. São Paulo: Brasiliense, 1987.

______. *O plano e o pânico: Os movimentos sociais na década da Abolição*. Rio de Janeiro: Editora UFRJ; São Paulo: Edusp, 1994.

MACHADO, Paulo Pinheiro. *A política de colonização do Império*. Porto Alegre: Editora da UFRGS, 1999.

______. "A política de terras em Santa Catarina: Posse, propriedade, legitimação no Planalto Serrano e o meio-oeste no final do Império e início da República, 1854-1912". *Anais do XXVI Simpósio Nacional de História*, Anpuh, São Paulo, jul. 2011.

MADDISON, Angus. *The World Economy*. Paris: OECD, 2006.

MAESTRI (FILHO), Mário (José). *O escravo no Rio Grande do Sul: Acharqueada e a gênese do escravismo gaúcho*. Porto Alegre: EST, 1984.

______. *Os senhores da Serra: A colonização italiana no Rio Grande do Sul*. Passo Fundo: UPF Editora, 2005 (3. ed. rev. e ampl.).

______. *O negro e o gaúcho: Estância e fazendas no Rio Grande do Sul, Uruguai e Brasil*. Passo Fundo, UPF Editora, 2008.

______. "Pastoreio, história e historiografia". *História: Debates e Tendências*, v. 7, n. 2, jul./dez. 2007 (publicado em 2008).

MAESTRI, Mário et al. *Peões, vaqueiros e cativos campeiros: estudos sobre a economia pastoril no Brasil*. Passo Fundo: UPF Editora; CNPq, 2010.

MAESTRI, Mário; CARBONI, Florence. *Raízes italianas no Rio Grande do Sul (1875-1975)*. Passo Fundo: UPF Editora, 2000.

MAGALHÃES, Diogo Franco. *O reinventar da colônia: Um balanço das interpretações sobre a economia colonial brasileira*. Campinas: IE-Unicamp, 2008. Dissertação (Mestrado).

MAGALHÃES, Joaquim Romero. "O Império". In: LAINS, Pedro; SILVA, Álvaro Ferreira da (Orgs.). *História económica de Portugal, 1700-2000*. Lisboa: Imprensa de Ciências Sociais, 2005. v. 1: *O século XVIII*.

MAMIGONIAN, Beatriz Galotti. "O direito de ser africano livre: Os escravos e as interpretações da lei de 1831". In: LARA, Silvia H.; MENDONÇA, Joseli M. N. (Orgs.). *Direitos e justiças no Brasil: Ensaios de história social*. Campinas: Ed. da Unicamp, 2006.

MAMIGONIAN, Beatriz Galotti. "A proibição do tráfico atlântico e a manutenção da escravidão". In: GRINBERG, Keila; SALLES, Ricardo (Orgs.). *O Brasil imperial*. Rio de Janeiro: Civilização Brasileira, 2009. 3 v.

______. "José Majolo et Francisco Moçambique, Marins sur l'Atlantique: Reconstruire les trajectoires de vie des esclaves à l'âge des abolitions". *Vies d'Esclaves, Brésil(s), Sciences Humaines et Sociales*, Paris: Éditions de la Maison des Sciences de l'Homme, n. 1, 2012.

MANFROI, Olívio. *A colonização italiana no Rio Grande do Sul*. Porto Alegre: EST Edições, 2001.

MANNING, Patrick. *Slavery and African Life: Occidental, Oriental and African Slave Trade*. Cambridge: Cambridge University Press, 1990.

MARCONDES, Renato Leite. *A arte de acumular na economia cafeeira: Vale do Paraíba, século XIX*. Lorena: Stiliano, 1998.

______. "Desigualdades regionais brasileiras: Comércio marítimo e posse de cativos na década de 1870". Ribeirão Preto: Departamento de Economia, Administração e Contabilidade de Ribeirão Preto, Universidade de São Paulo, 2005. Tese (Livre-docência).

______. "Small and Medium Slave Holdings in the Coffee Economy of the Vale do Paraíba, Province of São Paulo". *Hispanic American Historical Review*, v. 85, n. 2, maio 2005b.

______. "O mercado brasileiro do século XIX: Uma visão por meio do comércio de cabotagem". *Revista de Economia Política*, São Paulo, v. 32, n. 1, jan./mar. 2012.

MARCONDES, Renato Leite; FALCI, Miridan Britto Knox. *Escravidão e reprodução no Piauí: Oeiras e Teresina (1875)*. Texto para discussão. Série Econômica (TD-E/26). São Paulo, FEA-USP, Ribeirão Preto, 2001.

MARIUTTI, Eduardo; NOGUEROL, Luiz Paulo Ferreira; DANIEL NETO, Mário. "Mercado interno colonial e grau de autonomia: Crítica às propostas de João Luis Fragoso e Manolo Florentino". *Estudos Econômicos*, São Paulo, v. 31, n. 2, 2001.

MARQUESE, Rafael de Bivar. *Administração e escravidão: Ideias sobre gestão da agricultura escravista brasileira*. São Paulo: Hucitec, 1999.

MARQUESE, Rafael de Bivar; TOMICH, Dale. "O Vale do Paraíba escravista e a formação do mercado mundial de café no século XIX". In: GRINBERG, Keila; SALLES, Ricardo (Orgs.). *O Brasil imperial*. Rio de Janeiro: Civilização Brasileira, 2009. 3 v.

MARTINIÈRE, Guy. "A implantação das estruturas de Portugal na América (1620-1750)". In: MAURO, Frédéric (Org.). *O império luso-brasileiro, 1620-1750*, v. VII da *Nova história da expansão portuguesa* (dir. de Joel Serrão e A. H. de Oliveira Marques). Lisboa: Editorial Estampa, 1991.

MARTINS, Ana Luiza. *Império do café: A grande lavoura do Brasil, 1850-1890*. São Paulo: Atual, 1990.

______. *Historiografia do café: Sugestão de percurso*. Texto preparado para o II Seminário de História do Café, 2006. Mimeografado.

MARTINS, José de Souza. *O cativeiro da terra*. São Paulo: Ciências Humanas, 1979.

______. "A imigração espanhola para o Brasil e a formação da força de trabalho na economia cafeeira: 1880-1930". *Revista de História*, São Paulo: FFLCH-USP, ago./dez. 1989.

______. *Subúrbio: Vida cotidiana e história no subúrbio da cidade de São Paulo — São Caetano, do fim do Império ao fim da República Velha*. São Paulo: Hucitec; Prefeitura de São Caetano do Sul, 1992.

MARTINS, Roberto Borges. *Growing in Silence: The Slave Economy of Nineteenth-Century Minas Gerais, Brazil*. Nashville, Universidade Vanderbilt, 1980. Tese (Doutorado).

MARTINS, Roberto Borges; MARTINS, Maria do Carmo Salazar. "As exportações de Minas Gerais no século XIX". *Revista Brasileira de Estudos Políticos*, v. 58, 1984.

MARTINS, Robson L. M. "Em louvor a Sant'Anna: Notas sobre um plano de revolta escrava em São Mateus, norte do Espírito Santo, Brasil, em 1884". *Estudos Afro-Asiáticos*, Rio de Janeiro, n. 3, dez. 2000.

MARTINS FILHO, Amilcar V.; MARTINS, Roberto Borges. "Slavery in a Non-Export Economy: Nineteenth--Century Minas Gerais Revisited". *Hispanic American Historical Review*, v. 63, n. 3, 1983 (seguido de críticas de Robert W. Slenes, Warren Dean e Stanley L. Engerman e respostas dos autores na mesma revista, v. 64, n. 1, 1984).

MATA, Eugénia; VALÉRIO, Nuno. *História de Portugal: Uma perspectiva global*. Lisboa: Presença, 2003.

MATHIAS, Carlos Leonardo Kelmer. *As múltiplas faces da escravidão: O espaço econômico do ouro e sua elite pluriocupacional na formação da sociedade mineira setecentista, 1711-1756*. Rio de Janeiro: Mauad X; Faperj, 2012.

MATTOS DE CASTRO, Hebe Maria. *Ao sul da história: Lavradores pobres na crise do trabalho escravo*. São Paulo: Brasiliense, 1987.

______. "Beyond Masters and Slaves: Subsistence Agriculture as Survival in Brazil During the Second Half of Nineteenth-Century". In: SCOTT, Rebecca (Org.). *The Abolition of Slavery and the Aftermath of Emancipation in Brazil*. Durham: Duke University Press, 1988.

______. *Das cores do silêncio: Os significados da liberdade no Sudeste escravista — Brasil, século XIX*. Rio de Janeiro: Nova Fronteira, 1998. [Ed. anterior: Arquivo Nacional, 1995.]

______. "Uma janela para o Oitocentos". In: MATTOS DE CASTRO, Hebe Maria; SCHNOOR, Eduardo (Orgs.). *Resgate: Uma janela para o Oitocentos*. Rio de Janeiro: Topbooks, 1995.

______. "Raça e cidadania no crepúsculo da modernidade escravista no Brasil". In: GRINBERG, Keila; SALLES, Ricardo (Orgs.). *O Brasil imperial*. Rio de Janeiro: Civilização Brasileira, 2009. 3 v.

MATTOS DE CASTRO, Hebe Maria; SCHNOOR, Eduardo (Orgs.). *Resgate: Uma janela para o Oitocentos*. Rio de Janeiro: Topbooks, 1995.

MATTOSO, Kátia M. de Queirós. *Bahia, século XIX: Uma província do império*. Rio de Janeiro: Nova Fronteira, 1992.

______. *Être esclave au Brésil* XVIe-*XIX*[e] *siécles*. Paris: Éditions L'Harmattan, 1994. [Ed. bras.: *Ser escravo no Brasil*. 3. ed. São Paulo: Brasiliense, 2003.]

______. "A opulência na província da Bahia". In: ALENCASTRO, Luiz Felipe de; NOVAIS, Fernando A. (Orgs.). *História da vida privada no Brasil*. São Paulo: Companhia das Letras, 1997. v. 2: *Império: A Corte e a modernidade nacional*.

______. *Da revolução dos alfaiates à riqueza dos baianos no século XIX*. Salvador: Corrupio, 2004.

MATTOSO, Kátia M. de Queirós; KLEIN, Herbert S.; ENGERMAN, Stanley L. "Trends and Patterns in the Prices of Manumitted Slaves: Bahia, 1819-1888". *Slavery and Abolition*, v. 7, n. 1, maio 1986. (Incluído em João José Reis (Org.), *Escravidão e invenção da liberdade: estudos sobre o negro no Brasil*. São Paulo: Brasiliense, 1988)

MAUCH, Cláudia; VASCONCELLOS, Naira (Orgs.). *Os alemães no Sul do Brasil: Cultura, etnicidade e história*. Canoas: Ulbra, 1994.

MAURO, Frédéric. "Portugal and Brazil: Political and Economic Structures of Empire, 1580-1750". In: BETHELL, Leslie (Org.). *Colonial Brazil*. Cambridge: Cambridge University Press, 1987.

______. *O Brasil no tempo de dom Pedro II*. São Paulo: Companhia das Letras, 1991 (1. ed. francesa, 1980).

MAURO, Frédéric (Org.). *O império luso-brasileiro, 1620-1750*, v. VII da *Nova história da expansão portuguesa* (dir. de Joel Serrão e A. H. de Oliveira Marques). Lisboa: Editorial Estampa, 1991.

MAURO, Frédéric; SOUZA, Maria de. *Le Brésil du XVe à la fin du XVIIIe siecle*. Paris: Sedes, 1997.

MAYO, Carlos A. "Gauchos negros: los esclavos de la estancia colonial". In: ______. *Estancia y sociedad en la pampa, 1740-1820*. Buenos Aires: Editorial Biblos, 1995.

MCCANN, Daniel. "The Whip and the Watch: Overseers in the Paraíba Valley, Brazil". *Slavery and Abolition*, v. 18, n. 2, 1997.

MCCREERY, David. *Frontier Goiás, 1822-1889*. Stanford: Stanford University Press, 2006.

MEADE, Teresa A. *"Civilizing" Rio: Reform and Resistance in a Brazilian City, 1889-1930*. University Park: The Pennsylvania State University, 1997.

MEDEIROS, Maria do Céu; SÁ, Ariane Norma de Menezes. *O trabalho na Paraíba: Das origens à transição para o trabalho livre*. João Pessoa: Editora da UFPB, 1999.

MEIRA, Roberta Barros. "O processo de modernização da agroindústria canavieira e os engenhos centrais na província de São Paulo: história e economia". *Revista Interdisciplinar*, São Paulo, v. 3, n. 1, 2. sem. 2007.

______. *Banguês, engenhos centrais e usinas: o desenvolvimento da indústria açucareira em São Paulo e a sua correlação com as políticas estatais (1875-1941)*. São Paulo: Alameda, 2010.

MELLO, Evaldo Cabral de. *O Norte agrário e o Império*. Rio de Janeiro: Nova Fronteira, 1984.

______. "O fim das casas-grandes". In: ALENCASTRO, Luiz Felipe de; NOVAIS, Fernando A. (Orgs.). *História da vida privada no Brasil*. São Paulo: Companhia das Letras, 1997. v. 2: Império: a Corte e a modernidade nacional.

MELLO, Pedro Carvalho de. "Estimativas da longevidade de escravos no Brasil na segunda metade do século XIX". *Estudos Econômicos*, v. 13, n. 1, jan./abr. 1983.

______. *A economia da escravidão nas fazendas de café, 1850-1888*. Rio de Janeiro, v. 1, Inpes/Ipea; v. 2, PNPE, 1984.

______. "Rates of Return on Slave Capital in Brazilian Coffee Plantations, 1871-1888". In: FOGEL, Robert W.; ENGERMAN, Stanley L. (Orgs.). *Without Consent or Contract: Markets and Production*. Nova York: W. W. Norton & Company, 1992a. v. 1.

______. "Expectation of Abolition and Sanguinity of Coffee Planters in Brazil, 1871-1888". In: FOGEL, Robert W.; ENGERMAN, Stanley L. (Orgs.). *Without Consent or Contract: Conditions of Slave Life and the Transition to Freedom*. Nova York: W. W. Norton & Company, 1992b. v. 2.

MELLO, Pedro Carvalho de; SLENES, Robert W. "Análise econômica da escravidão no Brasil". In: NEUHAUS, Paulo (Org.). *Economia brasileira: Uma visão histórica*. Rio de Janeiro: Campus, 1980.

MELLO, Zélia Cardoso de. *Metamorfose da riqueza*, São Paulo, 1845-1895: *Contribuição ao estudo da passagem da economia mercantil-escravista à economia exportadora capitalista*. São Paulo: Hucitec; Prefeitura do Município de São Paulo, 1985.

MELO, Hildete Pereira de. "Coffee and Development in the Rio de Janeiro Economy, 1888-1920". In: CLARENCE-SMITH, William Gervase; TOPIK, Stephen (Orgs.). *The Global Coffee Economy in Africa, Asia and Latin America, 1500-1989*. Cambridge: Cambridge University Press, 2003.

MENARD, Russell; SCHWARTZ, Stuart B. "Por que a escravidão africana? A transição da força de trabalho no Brasil, no México e na Carolina do Sul". In: SZMRECSÁNYI, Tamás (Org.). *História econômica do período colonial*. São Paulo: Hucitec; Fapesp; ABPHE, 1996.

MENDONÇA, Joseli M. N. *Entre a mão e os anéis: A Lei dos Sexagenários e os caminhos da abolição no Brasil*. Campinas: Ed. da Unicamp, 1999.

MENZ, Maximiliano M. *Entre impérios: Formação do Rio Grande na crise do sistema colonial português (1777-1822)*. São Paulo: Alameda, 2009.

MESSIAS, Rosane Carvalho. *O cultivo do café nas bocas do sertão paulista: Mercado interno e mão de obra no período de transição, 1830-1888*. São Paulo: Ed. da Unesp, 2003.

MERRICK, S.; GRAHAM, D. H. *Population and Economic Development in Brazil: 1800 to the Present*. Baltimore: Johns Hopkins University Press, 1979.

METCALF, Alida C. *Family and Frontier in Brazil: Santana de Parnaíba, 1580-1822*. Berkeley: University of California Press, 1992.

______. *Go-betweens and the Colonization of Brazil*. Austin: University of Texas Press, 2005.

MILLER, Joseph C. "Slave Prices in the Portuguese South Atlantic, 1600-1830". In: CURTIN, Philip D.; LOVEJOY, Paul E. (Orgs.). *Africans in Bondage: Studies in Slavery and the Slave Trade: Essays in Honor of Philip D. Curtin on the Occasion of the Twenty-fifth Anniversary of African Studies at the University of Wisconsin*. Maddison: University of Wisconsin Press, 1986.

______. *Way of Death: Merchant Capitalism and the Angolan Slave Trade, 1730-1830*. Maddison: University of Wisconsin Press, 1988.

MONASTERIO, Leonardo M. "FHC errou? A economia da escravidão no Brasil meridional". *História e Economia. Revista Interdisciplinar*, São Paulo, BBC I, n. 1, 2. sem. 2005.

MONTEIRO, John Manuel. "From Indian to Slave: Forced Native Labour and Colonial Society in São Paulo during the 17th Century". *Slavery and Abolition*, v. 9, n. 2, set. 1988.

______. *Negros da terra: Índios e bandeirantes nas origens de São Paulo*. São Paulo: Companhia das Letras, 1994.

______. "Labor Systems". In: BULMER-THOMAS, Victor; COASTWORTH, John H.; CORTES-CONDE, Roberto (Orgs.). *The Cambridge Economics History of Latin America*. Cambridge: Cambridge University Press, 2006. v. 1.

MOREIRA, Paulo Roberto Staudt. *Faces da liberdade, máscaras do cativeiro: Experiências de liberdade e escravidão percebidas através das cartas de alforria, Porto Alegre (1858-1888)*. Porto Alegre: PUC-RS, 1996.

______. *Os cativos e os homens de bem: Experiências negras no espaço urbano, Porto Alegre (1858-1888)*. Porto Alegre: EST Edições, 2003.

MORINEAU, Michel. *Incroyables gazettes et fabuleux métaux: Les retours des trésors américains d'après les gazettes Hollandaises (XVIe–XVIII siècles)*. Cambridge: Cambridge University Press; Paris: Éditions de la Maison des Sciences de l'Homme, 1985.

MORRISON, Christian; BARRANDON, Jean-Nöel; MORRISON, Cécile. *Or du Brésil, monnaie et croissance en France au XVIIIe siècle*. Paris: CNRS, 1999.

MOTT, Luiz Roberto de Barros. *Piauí colonial: População, economia e sociedade*. Teresina: Projeto Petrônio Portella, 1985.

MOTTA, José Flávio. *Corpos escravos e vontades livres: Posse e família escrava*. São Paulo: Annablume, 1999.

MOTTA, José Flávio; NOZOE, Nelson; COSTA, Iraci del Nero da. "Às vésperas da Abolição: um estudo sobre a estrutura de posse de escravos em São Cristóvão (RJ), 1870". *Estudos Econômicos*, São Paulo, v. 24, n. 1, jan./mar. 2004.

MOTTA, Márcia Maria Menendes. "Proprietários de terra e arrendatários-escravistas em uma região produtora de gêneros alimentícios (São Gonçalo — 1808-1892)". *Revista Arrabaldes*, Niterói, n. 2, set./dez. 1988.

______. *Direito à terra no Brasil: A gestação do conflito, 1795-1824*. São Paulo: Alameda, 2009.

MOURA, Ana Maria da Silva. *Cocheiros e carroceiros: Homens livres no Rio de senhores e escravos*. São Paulo: Hucitec, 1988.

MOURA, Clóvis. *Quilombos: Resistência ao escravismo*. São Paulo: Ática, 1993.

______. *Dicionário da escravidão negra no Brasil*. São Paulo: Edusp, 2004.

MOURA, Zilda Alves de. *Cativos nas terras dos pantanais: Escravidão e resistência no sul do Mato Grosso, séculos XVIII e XIX*. Universidade de Passo Fundo: Editora Universitária, 2008.

MOURE, Telmo. "A inserção da economia imigrante na economia gaúcha". In: DACANAL, José H.; GONZAGA, Sergius (Orgs.). *RS: imigração & colonização*. Porto Alegre: Mercado Aberto, 1980.

MULLER, Estevão. *Além dos mares a liberdade. Alemães do Volga: A epopeia de um povo*. São Paulo: Edições Loyola, 1996.

MÜLLER, Carlos Alves. *A história econômica do Rio Grande do Sul*. Porto Alegre: Editora Grande Sul; Banrisul, 1998.

NADALIN, S. *Paraná: ocupação do território, população e migrações*. Curitiba: SEED, 2001.

NARDI, Jean-Baptiste. *O fumo brasileiro no período colonial*. São Paulo: Brasiliense, 1996.

NARO, Nancy Priscilla. *A Slave's Place, a Master's World: Fashioning Dependency in Rural Brazil*. Londres; Nova York: Continuum, 2000.

______. "O gênero em questão: Mulheres escravas e livres perante a justiça". In: LIBBY, Douglas Cole; FURTADO, Júnia Ferreira (Orgs.). *Trabalho livre, trabalho escravo: Brasil e Europa, séculos XVIII-XIX*. São Paulo: Annablume, 2006.

NAZZARI, Muriel. *O desaparecimento do dote: Mulheres, famílias e mudança social em São Paulo, Brasil, 1600-1900*. São Paulo: Companhia das Letras, 2001. [Ed. norte-americana, 1991.]

NEEDELL, Jeffrey D. "The Abolition of the Brazilian Slave Trade in 1850: Historiography, Slave Agency and Statesmanship". *Journal of Latin American Studies*, v. 33, n. 4, nov. 2001.

______. *The Party of Order: The Conservatives, the State, and Slavery in the Brazilian Monarchy, 1831-1871*. Stanford: Stanford University Press, 2006.

NEUHAUS, Paulo (Org.). *Economia brasileira: Uma visão histórica*. Rio de Janeiro: Campus, 1980.

NOVAIS, Fernando A. *Portugal e Brasil na crise do antigo sistema colonial (1777-1808)*. São Paulo: Hucitec, 1979.

NOZOE, Nelson. "Sesmarias e apossamento de terras no Brasil colônia". *Economia*, Brasília, v. 7, n. 3, set./dez. 2005.

NOZOE, Nelson; BASSANEZI, Maria Silvia C. Beozzo; SAMARA, Eni de Mesquita (Orgs.). *Os refugiados da seca: emigrantes cearenses, 1888-1889*. São Paulo; Campinas: NEHD/NEP/CEDHAL, 2003.

OGOT, B. A. (Org.). *Histoire générale de l'Afrique*. Paris: Unesco, 1998. v. V: L'Afrique du XVIe au XVIIIe siècle.

OLIVEIRA, Dennison de. *Urbanização e industrialização no Paraná*. Curitiba: SEED, 2001.

OLIVEIRA, João Rafael Moraes de. "A luta pela borracha no Brasil e a história ecológica de Warren Dean". *Revista Territórios e Fronteiras*, v. 3, n. 2, jul./dez. 2010.

OLIVEIRA, Luís Eduardo de. *Os trabalhadores e a cidade: A formação do proletariado de Juiz de Fora e suas lutas por direitos (1877-1920)*. Rio de Janeiro: Editora FGV, 2010.

OLIVEIRA, Márcio de. "Imigração e diferença em um estado do Sul do Brasil: o caso do Paraná". *Nuevo Mundo / Mundos Nuevos*: "Migrações". Dossiê coordenado por Mônica Raisa Schpun, 2007. Disponível em: <www.nuevomundo.revues.org>. Acesso em: 8 abr. 2014.

OLIVEIRA, Maria Luiza Ferreira de. *Entre a casa e o armazém: relações sociais e experiência de urbanização, São Paulo, 1850-1900*. São Paulo: Alameda, 2005.

OLIVEIRA, Mônica Ribeiro de. "Cafeicultura mineira: Formação e consolidação, 1809-1870". *IX Seminário sobre Economia Mineira*, 2000.

ORTIZ, Helen Scorsatto. "Controle e uso da terra no norte do Rio Grande do Sul — Século XIX". *História: Debates e Tendências*, v. 7, n. 2, jul. / dez. 2007 (publicado em 2008).

OSCAR, João. *Escravidão e engenhos: Campos, São João da Barra, Macaé, São Fidélis*. Rio de Janeiro: Achiamé, 1985.

OSÓRIO, Helen. "Comerciantes do Rio Grande de São Pedro: Formação, recrutamento e negócios de um grupo mercantil da América portuguesa". *Revista Brasileira de História*, São Paulo, v. 20, n. 39, 2000.

______. "Escravos da fronteira: Trabalho e produção no Rio Grande do Sul, 1765-1825". *XIX Jornadas de Historia Económica*, Asociación Argentina de Historia Económica, Universidad Nacional del Comahue, San Martin de Los Andes, Neuquén, 2004.

______. "Estancieiros no Rio Grande de São Pedro: Constituição de uma elite terra-tenente no século XVIII". *Actas do Congresso Internacional "Espaço Atlântico de Antigo Regime: poderes e sociedades"*, Lisboa, 2-5 nov. 2005.

______. "Estrutura agrária e ocupacional". In: CAMARGO, F.; GUTFREIND, I.; REICHEL, H. (Org.). *Colônia*. Passo Fundo: Méritos, 2006. (Coleção História Geral do Rio Grande do Sul, v. 1).

______. *O Império português no Sul da América: Estancieiros, lavradores e comerciantes*. Porto Alegre: Editora da UFRGS, 2008.

PADIS, P. C. *Formação de uma economia periférica: O caso do Paraná*. Curitiba: Hucitec, 1981.

PÁDUA, João Antonio de. "O processo econômico". In: CARVALHO, José Murilo de. (Org.). *História do Brasil Nação: 1808-2010*. Rio de Janeiro: Mapfre; Objetiva, 2012. v. 2: A construção nacional, 1830 a 1889.

PAIVA, Clotilde Andrade. "Minas Gerais no século XIX: Aspectos demográficos de alguns núcleos populacionais". In: COSTA, Iraci del Nero da (Org.). *Brasil: História econômica e demográfica*. São Paulo: IPE-USP, 1986.

______. *População e economia: Minas Gerais, século XIX*. São Paulo: FFLCH-USP, 1996. Tese (Doutorado em História).

PAIVA, Clotilde Andrade; LIBBY, Douglas C. "Comandos alternativos: Escravidão e reprodução em Minas Gerais". *Estudos Econômicos*, v. 25, n. 2, maio / ago. 1995.

PAIVA, Eduardo França. *Escravos e libertos nas Minas Gerais do século XVIII*. São Paulo: Annablume, 1995.

______. *Escravidão e universo cultural na colônia: Minas Gerais, 1716-1789*. Belo Horizonte: UFMG, 2001.

______. "Minas depois da mineração". In: GRINBERG, Keila; SALLES, Ricardo (Orgs.). *O Brasil imperial*. Rio de Janeiro: Civilização Brasileira, 2009. 3 v.

PALACIOS, Guillermo. *Campesinato e escravidão no Brasil: Agricultores pobres e livres na capitania geral de Pernambuco (1700-1817)*. Brasília: Editora da UnB, 2004.

PARRON, Tamis. *A política da escravidão no Império do Brasil, 1826-1865*. Rio de Janeiro: Civilização Brasileira, 2011.

PAULILO, Maria Ignez Silveira. *Terra à vista e ao longe*. Florianópolis: Editora da UFSC, 1998.

PEREIRA, Magnus Roberto Mello. *Semeando vias rumo ao progresso: Ordenamento jurídico e econômico da sociedade paranaense, 1829-1889*. Curitiba: Editora da UFPR, 1996.

PERISSINOTTO, Renato Monseff. *Estado e capital cafeeiro em São Paulo (1889-1930)*. São Paulo: Fapesp; Annablume; Campinas: Ed. da Unicamp, 1999, tomo 1.

PERRONE-MOISÉS, Beatriz. "Índios livres e índios escravos: Os princípios da legislação indigenista do período colonial (séculos XVI a XVIII)". In: CUNHA, Manuela Carneiro da (Org.). *História dos índios no Brasil*. São Paulo: Companhia das Letras, 1992.

PERSI, Bruno Stelmach. "A organização do trabalho nas charqueadas pelotenses na segunda metade do século XIX". Arquivo Público do Estado do Rio Grande do Sul, 2010.

______. "A família escrava em Pelotas na segunda metade do século XIX a partir de inventários *post mortem*". Arquivo Público do Estado do Rio Grande do Sul, 2011.

PERUSSATTO, Melina Kleinert. "Firmando (e afrouxando) laços: Compadrio, alforria e expectativas em torno da liberdade — Rio Pardo (RS), últimas décadas da escravidão". Arquivo Público do Estado do Rio Grande do Sul, 2010.

PESAVENTO, Fábio. "O colonial tardio e a economia do Rio de Janeiro na segunda metade do Setecentos: 1750-1790". *Estudos Econômicos*, São Paulo, v. 42, n. 3, jul./set. 2012.

PESAVENTO, Sandra Jatahy. *História do Rio Grande do Sul*. Porto Alegre: Mercado Aberto, 1982.

PETRONE, Maria Thereza Schorer. *O imigrante e a pequena propriedade*. São Paulo: Brasiliense, 1982.

PIAZZA, Walter F. *A colonização de Santa Catarina*. Porto Alegre: BRDE, 1982 (3. ed., Leonardelli, 1994).

PIÑEIRO, Théo Labarinhas. "A carteira hipotecária do Banco do Brasil: Os conflitos em torno do crédito agrícola no Segundo Reinado". In: GUIMARÃES, Elione Silva; MOTTA, Márcia Maria Menendes (Orgs.). *Campos em disputa: História agrária e companhia*. São Paulo: Annablume, 2007.

PINTO, Maria Ignez Machado Borges. *Cotidiano e sobrevivência*. São Paulo: Edusp, 1994.

PINTO, Virgilio Noya. *O ouro brasileiro e o comércio anglo-português*. São Paulo: Companhia Editora Nacional, 1979.

PIRES, Maria de Fátima Novaes. *O crime na cor: Escravos e forros no alto sertão da Bahia (1830-1888)*. São Paulo: Annablume; Fapesp, 2003.

PIROLA, Ricardo Figueiredo. *Senzala insurgente: Malungos, parentes e rebeldes nas fazendas de Campinas (1832)*. Campinas: Ed. da Unicamp, 2011.

POPINIGIS, Fabiane. *Proletários de casaca: Trabalhadores do comércio carioca (1850-1911)*. São Paulo: Ed. da Unicamp, 2007

POSTMA, Johannes M. *The Atlantic Slave Trade*. Westport: Greenwood Press, 2003.

______. *The Dutch in the Atlantic Slave Trade (1600-1855)*. Cambridge: Cambridge University Press, 1990.

PRADO, Luiz Carlos Thadeu Delorme. *Commercial Capital, Domestic Market and Manufacturing in Imperial Brazil: The Failure of Brazilian Economic Development in the 19th Century*. Londres: Universidade de Londres, 1991. Tese (Doutorado).

RAMOS, Donald. "City and Country: The Family in Minas Gerais, 1804-1838". *The Journal of Family History*, dez. 1978.

______. "Vila Rica: Profile of a Colonial Brazilian City". *The Americas*, [S.L.] abr. 1979.

RAMOS, Donald. "União consensual e a família no século XIX, Minas Gerais, Brasil". *Estudos Econômicos*, v. 20, n. 3, 1990.

READ, Ian William Olivo. *Unequally Bound: The Conditions of Slave Life and Treatment in Santos County, Brazil, 1822-1888*. Stanford: Universidade Stanford, 2006. Tese (Doutorado).

REIS, Eustáquio J.; REIS, Elisa P. "As elites agrárias e a abolição da escravidão no Brasil". *Dados*, Rio de Janeiro, v. 1, n. 3, 1988.

REIS, Isabel Cristina Ferreira dos. *A família negra no tempo da escravidão: Bahia, 1850-1888*. Campinas: IFCH-Unicamp, 2007. Tese (Doutorado em história).

REIS, João José. *A morte é uma festa: Ritos fúnebres e revolta popular no Brasil do século XIX*. São Paulo: Companhia das Letras, 1991.

______. "Identidade e diversidade étnicas nas irmandades negras no tempo da escravidão". *Tempo*, Rio de Janeiro, v. 2, n. 3, 1996.

______. *Rebelião escrava no Brasil: A história do levante dos Malês em 1835*. Nova ed. rev. e ampl. São Paulo: Companhia das Letras, 2003. [1. ed.: São Paulo: Brasiliense, 1985; ed. norte-americana, 1993.]

______. *Domingos Sodré, um sacerdote africano: Escravidão, liberdade e candomblé na Bahia do século XIX*. São Paulo: Companhia das Letras, 2008a.

______. "Conversa com Sueann Caulfield". *American Historical Association*. Conversation Column do número de janeiro de *Perspectives on History*, 2008b.

______. (Org.). *Escravidão e invenção da liberdade: Estudos sobre o negro no Brasil*. São Paulo: Brasiliense, 1988.

REIS, João José; SILVA, Eduardo. *Negociação e conflito: A resistência negra no Brasil escravista*. São Paulo: Companhia das Letras, 1989.

REIS, João José; GOMES, Flávio dos Santos (Orgs.). *Liberdade por um fio: História dos quilombos no Brasil*. São Paulo: Companhia das Letras, 1996.

REIS, João José; GOMES, Flávio dos Santos; CARVALHO, Marcus J. M. de. *O alufá Rufino: Tráfico, escravidão e liberdade no Atlântico negro* (c. *1822*-c. *1853*). São Paulo: Companhia das Letras, 2010.

REIS, Letícia Vidor de Sousa. *O mundo de pernas para o ar: A capoeira no Brasil*. São Paulo: Publisher Brasil, 1997.

RIBEIRO, Alexandre Vieira. "O comércio de escravos e a elite baiana no período colonial". In: FRAGOSO, João Luis Ribeiro; ALMEIDA, Carla Maria Carvalho de; SAMPAIO, Antonio Carlos Jucá de (Orgs.). *Conquistadores e negociantes: Histórias de elites no Antigo Regime nos trópicos — América lusa, séculos XVI a XVIII*. Rio de Janeiro: Civilização Brasileira, 2007.

RIBEIRO, Gladys Sabina. *Mata Galegos: Os portugueses e os conflitos de trabalho na República Velha*. São Paulo: Brasiliense, 1990.

RIBEIRO, Jalila Ayoub Jorge. *A desagregação do sistema escravista no Maranhão, 1850-1888*. São Luiz: Sioge, 1990.

RIBEIRO, Luiz Claudio M. "A invenção como ofício: As máquinas de preparo e benefício do café no século XIX". *Anais do Museu Paulista*, São Paulo, v. 14, n. 1, jan./jun. 2006.

RIBEIRO, Maria Alice Rosa. *Condições de trabalho na indústria têxtil paulista* (*1870-1930*). São Paulo: Hucitec; Campinas: Ed. da Unicamp, 1988.

RIDINGS, Eugene. *Business Interest Groups in Nineteenth-Century Brazil*. Cambridge: Cambridge University Press, 1994.

RIOS, Ana Maria; MATTOS DE CASTRO, Hebe Maria. "O pós-Abolição como problema histórico: Balanços e perspectivas". *Topoi — Revista de História*, v. 5, n. 8, jan./jun. 2004.

ROCHA, Gilda. *A imigração estrangeira no Espírito Santo, 1849-1896*. Niterói, 1984. Mimeografado.

ROCHA, Solange Pereira da. *Gente negra na Paraíba oitocentista: População, família e parentesco espiritual*. São Paulo: Ed. da Unesp, 2009.

RODRIGUES, Jaime. "Os traficantes de africanos e seu 'infame comércio'". *Revista Brasileira de História*, v. 15, n. 25, 1995.

______. "O fim do tráfico transatlântico de escravos para o Brasil: paradigmas em questão". In: GRINBERG, Keila; SALLES, Ricardo (Orgs.). *O Brasil imperial*. Rio de Janeiro: Civilização Brasileira, 2009. 3 v.

______. *De costa a costa: Escravos, marinheiros e intermediários do tráfico negreiro de Angola ao Rio de Janeiro, 1780-1860*. São Paulo: Companhia das Letras, 2005.

RUIZ, Glacy Weber. *Imigração no Paraná*. Disponível em: <www.weber-ruiz.com/paraná.html>. Acesso em: 18 out. 2012.

RUSSELL-WOOD, A. J. R. *The Black Man in Slavery and Freedom in Colonial Brazil*. Londres: Macmillan, 1982.

______. "The Gold Cycle, 1690-1750". In: BETHELL, Leslie (Org.). *Colonial Brazil*. Cambridge: Cambridge University Press, 1987.

______. "A emigração: Fluxos e destinos". In: BETHENCOURT, Francisco; CHAUDHURI, Kirti (Orgs.). *História da expansão portuguesa*. Lisboa: Temas e Debates, 1998a. v. 2: Do Índico ao Atlântico (1570-1697).

______. "Senhores de engenho e comerciantes". In: BETHENCOURT, Francisco; CHAUDHURI, Kirti (Orgs.). *História da expansão portuguesa*. Lisboa: Temas e Debates, 1998b. v. 3: O Brasil na balança do Império (1697-1808).

SAES, Flávio Azevedo Marques de. "Crédito e desenvolvimento em economias agroexportadoras: o caso de São Paulo (1850-1930)". *Revista do Instituto de Estudos Brasileiros*, v. 29, 1988.

SALLES, Gilka V. F. *Economia e escravidão na capitania de Goiás*. Goiânia: Cegraf-UFG, 1992.

SALLES, Ricardo. *A Guerra do Paraguai: Escravidão e cidadania na formação do exército*. Rio de Janeiro: Paz e Terra, 1990.

______. *E o Vale era o escravo. Vassouras,* século XIX*: Senhores e escravos no coração do Império*. Rio de Janeiro: Civilização Brasileira, 2008.

SALLETO, Nara. *Transição para o trabalho livre e pequena propriedade no Espírito Santo, 1888-1930*. Vitória: Edufes, 1996.

SALLUM JR., Brasilio. *Capitalismo e cafeicultura: Oeste paulista, 1888-1930*. São Paulo: Duas Cidades, 1982.

SAMARA, Eni de Mesquita. *Lavoura canavieira, trabalho livre e cotidiano: Itu, 1780-1830*. São Paulo: Edusp, 2005.

SAMPAIO, Antonio Carlos Jucá de. *Magé na crise do escravismo: Sistema agrário e evolução econômica na produção de alimentos (1850-1888)*. Niterói: ICHP-UFF, 1994. Dissertação (Mestrado).

______. "Famílias e negócios: A formação da comunidade mercantil carioca na primeira metade do Setecentos". In: FRAGOSO, João Luis Ribeiro; ALMEIDA, Carla Maria Carvalho de; SAMPAIO, Antonio Carlos Jucá de (Orgs.). *Conquistadores e negociantes: Histórias de elites no Antigo Regime nos trópicos — América lusa, séculos XVI a XVIII*. Rio de Janeiro: Civilização Brasileira, 2007.

SAMPAIO, Antonio Carlos Jucá de. *Na encruzilhada do Império: Hierarquias sociais e conjunturas econômicas no Rio de Janeiro (c. 1650-c. 1750)*. Rio de Janeiro: Arquivo Nacional, 2003.

SAMPAIO, Gabriela dos Reis. "Juca Rosa, un père-des-saints à la cour impériale". *Vies d'Esclaves, Brésil(s), Sciences Humaines et Sociales*, Paris : Éditions de la Maison des Sciences de l'Homme, n. 1, 2012.

SANTOS, Ana Maria Barros dos. *Introdução ao estudo da escravidão em Pernambuco e sua transição para o trabalho livre*. Recife: Editora da UFPE, 1978.

SANTOS, Carlos Roberto Antunes dos. *L'esclavage au Paraná (Brésil) de 1854 à 1887*. Toulouse: Cahiers du monde Hispanique et Luso-Brésilien, 1980.

______. *História da alimentação no Paraná*. Curitiba: Farol do Saber, 1996.

______. *Paraná: vida material e vida econômica*. Curitiba: SEED, 2001.

SANTOS, Corcino Medeiros dos. *Economia e sociedade do Rio Grande do Sul, século XVIII*. São Paulo: Companhia Editora Nacional, 1984.

______. *O Rio de Janeiro e a conjuntura atlântica*. Rio de Janeiro: Expressão e Cultura, 1993.

SANTOS, Maria Januária Vilela. *A Balaiada e a insurreição de escravos no Maranhão*. São Paulo: Ática, 1983.

SANTOS, Miriam de Oliveira; TEDESCO, João Carlos. *Migrantes ao sul do Brasil*. Santa Maria: Editora da UFSM, 2010.

SANTOS, Paulo Pereira dos. *Evolução econômica do Rio Grande do Norte (do século XVI a XX)*. Natal: Edições Clima, 1994.

SANTOS, Roberto. *História econômica da Amazônia (1800-1920)*. São Paulo: T. A. Queiroz, 1980.

SCHNEIDER, Jürgen. "Emigração alemã para o Brasil: 1815-1870". *III Colóquio de Estudos Teuto-Brasileiros*, Porto Alegre: Editora da UFGRS, 1980.

SCHULZ, John. *A crise financeira da abolição*. São Paulo: Edusp; Instituto Fernand Braudel, 1996.

SCHWARCZ, Lilia Moritz. *Retrato em branco e negro: Jornais, escravos e cidadãos em São Paulo no final do século XIX*. São Paulo: Companhia das Letras, 1987.

______. *A longa viagem da biblioteca dos reis: Do terremoto de Lisboa à Independência do Brasil*. São Paulo: Companhia das Letras, 2002.

______. "População e sociedade". In: ______. (Org.). *História do Brasil Nação: 1808-2010*. Rio de Janeiro: Mapfre; Objetiva, 2012. v. 3: Abertura para mundo, 1889-1930.

______. (Org.). *História do Brasil Nação: 1808-2010*. Rio de Janeiro: Mapfre; Objetiva, 2012. v. 3: Abertura para mundo, 1889-1930.

SCHWARTZ, Stuart B. *Sugar Plantations in the Formation of Brazilian Society: Bahia, 1550-1835*. Cambridge: Cambridge University Press, 1985. [Ed. bras.: *Segredos internos: Engenhos e escravos na sociedade colonial, 1550-1835*. São Paulo: Companhia das Letras, 1988.]

______. "Plantations and Peripheries, *c*. 1580-*c*. 1750". In: BETHELL, Leslie (Org.). *Colonial Brazil*. Cambridge: Cambridge University Press, 1987.

______. "A 'Babilônia' colonial: A economia açucareira". In: BETHENCOURT, Francisco; CHAUDHURI, Kirti (Orgs.). *História da expansão portuguesa*. Lisboa: Temas e Debates, 1998a. 5 v.

______. "Os escravos: Remédio de todas as outras cousas". In: BETHENCOURT, Francisco; CHAUDHURI, Kirti (Orgs.). *História da expansão portuguesa*. Lisboa: Temas e Debates, 1998b. 5 v.

______. "De ouro a algodão: A economia brasileira no século XVIII". In: BETHENCOURT, Francisco; CHAUDHURI, Kirti (Orgs.). *História da expansão portuguesa*. Lisboa: Temas e Debates, 1998c. 5 v.

SCHWARTZ, Stuart B. "Escravatura e comércio de escravos no Brasil do século XVIII". In: BETHENCOURT, Francisco; CHAUDHURI, Kirti (Orgs.). *História da expansão portuguesa*. Lisboa: Temas e Debates, 1998d. 5 v.

______. *Slaves, Peasants and Rebels: Reconsidering Brazilian Slavery*. Urbana: University of Illinois Press, 1992. [Ed. bras.: *Escravos, roceiros e rebeldes*. Bauru: Edusc, 2001.]

______. "A Commonwealth Within Itself: The Early Brazilian Sugar Industry, 1550-1670". In: SCHWARTZ (Org.), 2004.

______. *Early Brazil: A Documentary Collection to 1700*. Cambridge: Cambridge University Press, 2010.

______. (Org.). *Tropical Babylons: Sugar and the Making of the Atlantic World, 1450-1680*. Chapel Hill: University of North Carolina Press, 2004.

SCHWARTZ, Stuart B.; MYRUP, Erik Lars (Orgs.). *O Brasil no império marítimo português*. Bauru: Edusc, 2009.

SCOTT, Rebecca (Org.). *The Abolition of Slavery and the Aftermath of Emancipation in Brazil*. Durham: Duke University Press, 1988.

SENRA, Nelson de Castro. *História das estatísticas brasileiras*. Rio de Janeiro: IBGE, 2006. v. 1.

SEYFERTH, Giralda. "Imigração e colonização alemã no Brasil: Uma revisão da bibliografia". *Revista Brasileira de Informação Bibliográfica em Ciências Sociais*, Rio de Janeiro, v. 25, 1988.

______. "A colonização alemã no Brasil: etnicidade e conflito". In: FAUSTO, Boris (Org.). *Fazer a América: A imigração em massa para a América Latina*. São Paulo: Edusp, 1999.

______. "O Vale do Itajaí e a política imigratória do Império". *Cadernos*, Blumenau, v. 48, 2007.

SILVA, Alberto da Costa e. *A enxada e a lança: A África antes dos portugueses*. Rio de Janeiro: Nova Fronteira, 1992 (nova ed. rev. e ampl., 1996).

______. *A manilha e o libambo: A África e a escravidão, de 1500 a 1700*. Rio de Janeiro: Nova Fronteira; Fundação Biblioteca Nacional, 2002.

______. *Um rio chamado Atlântico: A África no Brasil e o Brasil na África*. Rio de Janeiro: Nova Fronteira; Editora da UFRJ, 2003.

______. *Francisco Félix de Souza, mercador de escravos*. Rio de Janeiro: Ed. da UERJ, 2004.

______. (Org.). *História do Brasil Nação: 1808-2010*. Rio de Janeiro: Mapfre; Objetiva, 2011. v. 1: Crise colonial e Independência, 1808-1830.

SILVA, Andrée Mansuy Diniz. "Introdução e notas". In: ANTONIL, André João. *Cultura e opulência do Brasil por suas drogas e minas*. São Paulo: Edusp, 2007.

SILVA, Eduardo. *Barões e escravidão: Três gerações de fazendeiros e a crise da estrutura escravista*. Rio de Janeiro: Nova Fronteira, 1984.

______. *Memória sobre a fundação de uma fazenda na província do Rio de Janeiro*. Brasília: Senado Federal, 1986.

SILVA, Daniel B. Domingues da. "The Slave Trade to Maranhão, 1680-1846: Volumes, Routes and Organization". *Slavery and Abolition*, v. 29, n. 4, 2008.

SILVA, Fabiano Gomes da. "Trabalho e escravidão nos canteiros de obras em Vila Rica no século XVIII". In: PAIVA, Eduardo França (Org.). *Brasil-Portugal: Sociedades, culturas e formas de governar o mundo português (século XVI-XVIII)*. São Paulo: Annablume, 2006.

SILVA, Ligia Osório. *Terras devolutas e latifúndio: Efeitos da Lei de 1850*. Campinas: Ed. da Unicamp, 1996.

SILVA, Maria Beatriz Nizza da (Org.). *O império luso-brasileiro, 1750-1822*, v. VIII de *Nova história da expansão portuguesa* (dir. de Joel Serrão e A. H. de Oliveira Marques). Lisboa: Editorial Estampa, 1986.

SILVA, Maria Beatriz Nizza da. *Documentos para a história da imigração portuguesa no Brasil, 1850-1938*. Rio de Janeiro: Federação das Américas Portuguesas e Luso-Brasileiras; Editorial Nórdica, 1992.

SILVA, Pedro Alberto de Oliveira. *História da escravidão no Ceará*. Fortaleza: Instituto Histórico, 2002.

SILVA, Róger Costa da. "Quem me acode que me matam: Crimes escravos em Pelotas na segunda metade do século XIX". Arquivo Público do Estado do Rio Grande do Sul, 2011.

SIMÃO, Ana Regina F. *Resistência e acomodação: A escravidão urbana em Pelotas (1822-1850)*. Passo Fundo: UPF Editora, 2002.

SIQUEIRA, Lucília Santos. *Bens e costumes na Mantiqueira: O município de Socorro no prelúdio da cafeicultura paulista, 1840-1895*. São Paulo: Editora CLA, 2005 (entrevista disponível em: <www.cidadeaventura.com.br>).

SIRIANI, Silvia Cristina Lambert. *Uma São Paulo alemã: vida quotidiana dos imigrantes germânicos na região da capital, 1827-1889*. São Paulo: Arquivo do Estado; Imprensa Oficial, 2003.

SLENES, Robert W. "Grandeza ou decadência? O mercado de escravos e a economia cafeeira da província do Rio de Janeiro, 1850-1888". In: COSTA, Iraci del Nero da (Org.). *Brasil: História econômica e demográfica*. São Paulo: IPE-USP, 1986.

______. "Escravidão e família: Padrões de casamento e estabilidade familiar numa comunidade escrava — Campinas, século XIX". *Estudos Econômicos*, São Paulo: IPE-USP, v. 17, n. 2, 1987.

______. "Os múltiplos de porcos e diamantes: A economia escrava de Minas Gerais no século XIX". *Estudos Econômicos*. São Paulo: IPE-USP, v. 18, n. 3, 1988.

______. *Na senzala, uma flor: Esperanças e recordações na formação da família escrava no Brasil — Sudeste, século XIX*. Rio de Janeiro: Nova Fronteira, 1999.

______. "Senhores e subalternos no oeste paulista". In: ALENCASTRO, Luiz Felipe de; NOVAIS, Fernando A. (Orgs.). *História da vida privada no Brasil*. São Paulo: Companhia das Letras, 1997. v. 2: Império: A Corte e a modernidade nacional.

______. "The Brazilian Internal Slave Trade, 1850-1888. Regional Economies, Slave Experience, and the Politics of a Peculiar Market". In: JOHNSON, Walter (Org.). *The Chattel Principle: Internal Slave Trades in the Americas*. New Haven: Yale University Press, 2004.

SMITH, Roberto. *Propriedade da terra e transição: Estudo da formação da propriedade privada da terra e transição para o capitalismo no Brasil*. São Paulo: Brasiliense, 1990.

SOARES, Carlos Eugênio Líbano. "A capoeira escrava no Rio de Janeiro". In: SOUSA, Jorge Prata de (Org.). *Escravidão: ofícios e liberdade*. Rio de Janeiro: Arquivo Público do Estado do Rio de Janeiro, 1998.

______. *A capoeira escrava e outras tradições rebeldes no Rio de Janeiro, 1808-1850*. Campinas: Ed. da Unicamp, 2002.

SOARES, Luiz Carlos. "A escravidão industrial no Rio de Janeiro do século XIX". *Anais do V Congresso Brasileiro de História Econômica*, ABPHE, 2003.

______. "A manufatura na sociedade escravista: O surto manufatureiro no Rio de Janeiro e nas suas circunvizinhanças (1840-1870)". In: MAURO, Frédéric (Org.). *La Pré-industrialisation du Brésil*. Paris: CNRS, 1984.

______. *O "Povo de Cam" na capital do Brasil: A escravidão urbana no Rio de Janeiro do século XIX*. Rio de Janeiro: Faperj; 7 Letras, 2007.

SOARES, Mariza de Carvalho. *Devotos da cor: Identidade étnica, religiosidade e escravidão no Rio de Janeiro*. Rio de Janeiro: Civilização Brasileira, 2000.

______. (Org.). *Rotas atlânticas da diáspora africana: Da Baia de Benim ao Rio de Janeiro, século XVIII*. Niterói: Editora da UFF, 2007.

SOARES, Mariza de Carvalho; HÉBRARD, Jean. "Écrire des biographies d'esclaves Pourquoi? Comment?". *Vies d'Esclaves, Brésil(s), Sciences Humaines et Sociales*, Paris: Éditions de la Maison des Sciences de l'Homme, n. 1, 2012.

SOLOW, Barbara L. (Org.). *Slavery and the Rise of the Atlantic System*. Cambridge: Cambridge University Press, 1991.

SOUSA, Jorge Prata de (Org.). *Escravidão: Ofícios e liberdade, Rio de Janeiro*. Arquivo Público do Estado do Rio de Janeiro, 1998.

SOUZA, Laura de Mello e. *Desclassificados do ouro: A pobreza mineira no século XVIII*. Rio de Janeiro: Graal, 1986 (4. ed., 2004).

______. *O sol e a sombra: Política e administração na América portuguesa do século XVIII*. São Paulo: Companhia das Letras, 2006.

STOLCKE, Verena. *Coffee Planters, Workers and Wives: Class Conflict and Gender Relations in São Paulo, 1850-1980*. Nova York: St. Martin's Press, 1988. [Ed. bras.: *Cafeicultura: Homens, mulheres e capital (1850-1980)*. São Paulo: Brasiliense, 1986.]

STOLCKE, Verena; HALL, Michael. "The Introduction of Free Labour on São Paulo Coffee Plantations". *Journal of Peasant Studies*, v. 10, n. 2/3, 1983 (trad. do artigo "A introdução do trabalho livre nas fazendas de café de São Paulo". *Revista de História*, v. 3, n. 6, 1983).

SUASSUNA, Luiz Eduardo Brandão; MARIZ, Marlene da Silva. *História do Rio Grande do Norte (1597-1822)*. Natal: Natal Editora, 1997.

SUBRINHO, Josué Modesto dos Passos. *História econômica de Sergipe (1850-1930)*. Aracaju: UFS, 1987.

______. *Reordenamento do trabalho: Trabalho escravo e trabalho livre no Nordeste açucareiro. Sergipe, 1850-1930*. Aracaju: Funcaju, 2000.

SUMMERHILL, William R. *Order Against Progress: Government, Foreign Investment, and Railroads in Brazil, 1854-1913*. Stanford: Stanford University Press, 2003.

SUZIGAN, Wilson. *Indústria brasileira: Origem e desenvolvimento*. São Paulo: Hucitec; Ed. da Unicamp, 2000 (revisão da ed. de 1988).

SWEIGART, Joseph E. *Coffee Factorage and the Emergence of a Brazilian Capital Market, 1850-1888*. Nova York: Garland, 1987.

SZMRECSÁNYI, Tamás (Org.). *História econômica do período colonial*. São Paulo: Hucitec; Fapesp; ABPHE, 1996.

SZMRECSÁNYI, Tamás; LAPA, José Roberto do Amaral (Orgs.). *História econômica da Independência e do Império*. São Paulo: Hucitec; Fapesp; ABPHE, 1996.

TAKEYA, Denise Monteiro. *Um outro Nordeste: O algodão na economia do Rio Grande do Norte (1880-1915)*. Fortaleza: BNB-Etene, 1985.

TEDESCO, João Carlos; ZANINI, Maria Catarina (Orgs.). *Migrantes ao sul do Brasil*. Santa Maria: Editora da UFSM, 2010.

TEIXEIRA, Maria Lúcia Resende Chaves. *Família escrava e riqueza na comarca do Rio das Mortes: O distrito da Lage e o quarteirão do Mosquito*. São Paulo: Annablume, 2007.

THOMAS, Hugh. *The Slave Trade: The Story of the Atlantic Slave Trade, 1440-1870*. Nova York: Simon & Schuster, 1997.

THORNTON, John. *Africa and the Africans in the Making of the Atlantic World, 1400-1800*. 2. ed. Cambridge: Cambridge University Press, 1998.

TOMICH, Dale W. *Through the Prism of Slavery: Labor, Capital and the World Economy*. Lanham: Rowman & Littlefield, 2004.

TRACY, James D. (Org.). *The Political Economy of Merchant Empires, State Power and World Trade, 1350--1750*. Cambridge: Cambridge University Press, 1991.

TRAMONTINI, Marcus Justo. *A organização social dos imigrantes: A colônia de São Leopoldo na fase pioneira, 1824-1850*. São Leopoldo: Unisinos, 2000.

TRENTO, Angelo. *Do outro lado do Atlântico: Um século de imigração italiana no Brasil*. São Paulo: Nobel; Instituto Italiano di Cultura di San Paolo; Instituto Cultural Ítalo-Brasileiro, 1989.

TRUZZI, Oswaldo. *Café e indústria:* São Carlos, *1850-1950*. São Carlos: Arquivo de História Contemporânea-UFSCar, 1986 (3. ed., 2007).

______. *Patrícios: Sírios e libaneses em São Paulo*. 2. ed. São Paulo: Ed. da Unesp, 2008.

VAINFAS, Ronaldo. *Ideologia e escravidão: Os letrados e a sociedade escravista no Brasil colonial*. Petrópolis: Vozes, 1986.

______. (Org.). *Dicionário do Brasil colonial, 1500-1800*. Rio de Janeiro: Objetiva, 2001.

VANGELISTA, Chiara. *Os braços da lavoura: imigrantes e "caipiras" na formação do mercado de trabalho paulista (1850-1930)*. São Paulo: Hucitec; Instituto Italiano di Cultura di San Paolo; Instituto Cultural Ítalo-Brasileiro, 1991. [Trad. da ed. italiana de 1982.]

VASCONCELLOS, Márcia Cristina de. "Casar ou não, eis a questão. Os casais e as mães solteiras escravas no litoral fluminense, 1830-1881". *Estudos Afro-Asiáticos*, Rio de Janeiro, v. 24, n. 2, 2002.

VELLASCO, Ivan de A. A. "A cultura da violência: Os crimes na comarca do Rio das Mortes — Minas Gerais, século XIX". *Tempo — Revista do Departamento de História da UFF*, Niterói, v. 9, n. 18, 2005.

VERGER, Pierre. *Fluxo e refluxo do tráfico de escravos entre o golfo de Benin e a Bahia de Todos os Santos (dos séculos XVII a XIX)*. São Paulo: Corrupio, 1987. [Trad. da ed. francesa de 1968.]

VERSIANI, Flávio Rebelo; VERGOLINO, José Raimundo O. "Posse de escravos e estrutura de ativos no agreste e sertão de Pernambuco". *Anais do XXIX Encontro Nacional de Economia*, Belém: Anpec, 2001.

VIDAL, Laurent. *Mazagão, la ville qui traversa l'Atlantique (1769-1783)*. Paris: Aubier, 2005.

VIDAL, Laurent; LUCA, Tania Regina de (Orgs.). *Franceses no Brasil: Séculos XIX-XX*. São Paulo: Ed. da Unesp, 2009.

______. "Introdução". In: ______. (Orgs.). *Franceses no Brasil: Séculos XIX-XX*. São Paulo: Ed. da Unesp, 2009.

VIEIRA FILHO, Raphael Rodrigues. *Os negros em Jacobina (Bahia) no século XIX*. São Paulo: Annablume, 2010.

VIGNOLI, Francisco Humberto; REGO, José Márcio; MARQUES, Rosa Maria (Orgs.). *Formação econômica do Brasil*. São Paulo: Saraiva, 2003.

VILLELA, André Arruda. "Política tarifária no II Reinado: Evolução e impactos, 1850-1889". *Nova Economia*, UFMG, v. 15, 2005.

VILLELA, André Arruda. "Distribuição regional das receitas e despesas do governo central no II Reinado, 1844-1889". *Estudos Econômicos*, São Paulo, v. 37, n. 2, abr./jun. 2007.

______. "Exclusivo metropolitano, "superlucros" e acumulação primitiva na Europa pré-industrial". *Topoi — Revista de História*, v. 12, n. 23, jul./dez. 2011.

______. "O desenvolvimento econômico do Brasil pré-1945". In: GIAMBIAGI, Fabio; VELOSO, Fernando; FERREIRA, Pedro Cavalcanti; PESSOA, Samuel de Abreu (Orgs.). *Desenvolvimento econômico: Uma perspectiva brasileira*. Rio de Janeiro: Campus, 2013.

VILLIERS, Patrick. "The slave and colonial trade in France just before the Revolution". In: SOLOW, Barbara L. (Org.). *Slavery and the Rise of the Atlantic System*. Cambridge: Cambridge University Press, 1991.

VIOTTI DA COSTA, Emilia. *The Brazilian Empire: Myths and Histories*. Chicago: The University of Chicago Press, 1985.

______. "1870-1889". In: BETHELL, Leslie (Org.). *Brazil, Empire and Republic, 1822-1930*. Cambridge: Cambridge University Press, 1989.

______. *Da senzala à colônia*. São Paulo: Ed. da Unesp, 1998. [Com nova introdução à ed. inalterada de 1966.]

______. *A abolição*. São Paulo: Global, 2008.

VITECK, Harto (Org.). *Imigração alemã no Paraná, 180 anos: 1829-2009*. Marechal Cândido Rondon: Germânica, 2012.

VITTORETTO, Bruno Novelino. "População escrava em uma economia mercantilizada: Santo Antônio de Paraibuna (1840-1856)", Parte 1. In: *História e-História*. Campinas: Ed. da Unicamp, 2010. Disponível em: <www.historiaehistoria.com.br/materia.cfm?tb=alunos&id=306>. Acesso em: 16 abr. 2014.

WEHLING, Arno; WEHLING, Maria José C. M. *Formação do Brasil colonial*. Rio de Janeiro: Nova Fronteira, 2012 (1. ed., 1999).

WEINSTEIN, Barbara. *The Amazon Rubber Boom, 1850-1920*. Stanford: Stanford University Press, 1983.

______. "Before the Boom: The Amazon Rubber Trade under the Empire". In: SZMRECSÁNYI, Tamás; LAPA, José Roberto do Amaral (Orgs.). *História econômica da Independência e do Império*. São Paulo: Hucitec; Fapesp; ABPHE, 1996.

WENCZENOVICZ, Thais Janaine. *Imigração polonesa no Brasil*. Jul. 2010. Disponível em: <http://twencze.blogspot.com.br/2009/07/imigracao-polonesa-no-brasil.html>. Acesso em: 16 abr. 2014.

WERNECK, Rogério Ladeira Furquim. *Unsuccessful Export-led Development: The Brazilian Coffee Economy (1820-1913)*. Cambridge, MA: Harvard University Press, 1972. Mimeografado.

WISSENBACH, Maria Cristina Cortez. *Sonhos africanos, vivências ladinas: Escravos e forros em São Paulo, 1850-1888*. São Paulo: Hucitec; Programa de História Social-USP, 1998.

WITT, Marcos Antônio (Org.). *Em busca de um lugar ao sol: Estratégias políticas. Imigração alemã (Rio Grande do Sul, século XIX)*. São Leopoldo: Oikos, 2008.

XAVIER, Regina Célia Lima. *A conquista da liberdade: Libertos em Campinas na segunda metade do século XIX*. Campinas: Centro de Memória; Unicamp, 1996.

______. (Org.). *História da escravidão e da liberdade no Brasil meridional: Guia bibliográfico*. Porto Alegre: Editora da UFRGS, 2007.

ZANELATTO, João Henrique. "Comparação da imigração europeia e inserção sociopolítica dos imigrantes e seus descendentes nas regiões sul, Vale do Itajaí e norte de Santa Catarina (1850--1920)". *Saeculum — Revista de História*, João Pessoa, v. 24, jan./jun. 2011.

ZANETTI, Valéria. *Calabouço urbano: Escravos e libertos em Porto Alegre (1840-1860)*. Passo Fundo: UPF Editora, 2002.

ZARTH, Paulo Afonso. *História agrária do planalto gaúcho, 1850-1920*. Ijuí: Editora Unijuí, 1997.

_______. *Do arcaísmo ao moderno: O Rio Grande do Sul agrário do século XIX*. Ijuí: Editora Unijuí, 2002.

Lista de tabelas e quadros

TABELAS

4. São Paulo

5. Minas Gerais

6. Espírito Santo

7. A região Cafeeira: visão geral e conclusões

8. Rio Grande do Sul

QUADROS E FIGURAS

Quadro 1 — Relações de trabalho na região Cafeeira, segundo áreas de cafeicultura, na década de 1890

8. Rio Grande do Sul

Figura 1 — Exportações de charque do Rio Grande do Sul, 1846-1900 (em milhares de arrobas)

Referências bibliográficas

LIVROS, ARTIGOS E TESES DE DOUTORADO NÃO PUBLICADAS

Constam da bibliografia abaixo apenas estudos citados ou comentados nas notas, ou utilizados para a elaboração de tabelas e gráficos. Obras clássicas que serviram de pano de fundo na concepção do presente trabalho não foram incluídas nesta lista — como, por exemplo, a *História geral do Brasil*, de Varnhagen, *O Império brasileiro*, de Oliveira Lima, e *Raízes do Brasil*, de Sérgio Buarque de Holanda, ou mais especificamente *Casa-grande e senzala*, de Gilberto Freyre; ou ainda obras regionais que não foram objeto de comentários e qualificações específicas no texto ou que tenham sido tratadas por fontes secundárias mais recentes citadas e discutidas.

ADALBERTO (príncipe da Prússia). *Travels of His Royal Highness Prince Adalbert of Prussia, in the South of Europe and in Brazil, with a Voyage up the Amazon and the Xingu*. Londres: David Bogne, 1849, v. 2.

ADÊT, Émile. "L'Empire du Brésil et la société brésilienne en 1850". *Revue des Deux Mondes*, mar. 1851.

AGUIAR, Antônio Augusto da Costa. *O Brasil e os brasileiros*. Santos: Typ. Commercial, 1862.

ALDEN, Dauril. "The Population of Brazil in the Late 18th Century: A Preliminary Survey". *Hispanic American Historical Review*, maio 1963.

______. *Royal Government in Colonial Brazil*. Berkeley: University of California Press, 1968.

______. (Org.). *Colonial Roots of Modern Brazil* (artigos da Newbury Library Conference). Berkeley: University of California Press, 1973.

ALVIM, Aristóteles. "Confrontos e deduções". In: MINAS GERAIS; SECRETARIA DA AGRICULTURA. *Minas e o bicentenário do cafeeiro no Brasil, 1727-1927*. Belo Horizonte: Imprensa Oficial, 1929.

ALVIM, Sócrates. "Projeção econômica e social da lavoura cafeeira em Minas". In: MINAS GERAIS; SECRETARIA DA AGRICULTURA. *Minas e o bicentenário do cafeeiro no Brasil, 1727-1927*. Belo Horizonte: Imprensa Oficial, 1929.

AMARAL, Luís. *História geral da agricultura brasileira*. São Paulo: CEN, 1958.

ANCARANI, Umberto. "La colonia italiana di Caxias". *Bolletino dell'Emigrazione*, n. 19, 1905.

ANTONIL, André João [pseudônimo de ANDREONI, João Antônio]. *Cultura e opulência do Brasil*. São Paulo:.CEN, 1967 (possivelmente escrita em 1711).

ANTUNES, Paranhos. "Porto Alegre do século XVIII". *Anais do III Congresso Sul-Rio-Grandense de História e Geografia*, Porto Alegre: Instituto Histórico Geográfico do Rio Grande do Sul; Edição da Prefeitura Municipal de Porto Alegre, 1940, v. 3.

AUBÉ, Léonce. *La province de Sainte-Catherine et la colonisation du Brésil*. Rio de Janeiro: Imprimerie de Frederic Arfvedson, 1861.

AZEVEDO, João Lúcio de. *Estudos de história paraense*. Pará: Typ. de Tavares Cardoso, 1893.

AZEVEDO, Thales de. *Gaúchos: A fisionomia social do Rio Grande do Sul*. Salvador: Progresso, 1958.

______. *Povoamento da cidade de Salvador*. Salvador: Itapoã, 1969.

BAHIA. "Discurso preliminar, histórico, introdutivo com natureza e descrição econômica da comarca e cidade da Bahia [1789]". *Anais da Biblioteca Nacional*, v. 27. Rio de Janeiro: Biblioteca Nacional, 1905.

BALBI, Adrien [Adriano]. *Essai statistique sur le Royaume de Portugal et d'Algarve*. Paris: Rey et Gravier, 1822

BALHANA, A. P. "População do Paraná tradicional". In: BALHANA, A. P.; MACHADO, B. P.; WESTPHALEN, C. M. *História do Paraná*. Curitiba: Grafipar, 1969. v. 1. [Citado como *História*.]

BALHANA, A. P.; MACHADO, B. P.; WESTPHALEN, C. M. *História do Paraná*. Curitiba: Grafipar, 1969. v. 1.

BARATA, Manuel de Mello Cardoso. "Apontamentos para as ephemérides paraenses". *Revista do Instituto Histórico e Geográfico do Brasil* (RIHGB), t. 90, v. 144, Rio de Janeiro, 1921.

BASTIDE, Roger; FERNANDES, Florestan. *Brancos e negros em São Paulo*. São Paulo: CEN, 1959.

BATH, B. H. Slicher van. *The Agrarian History of Western Europe*. Londres: Edward Arnold, 1966.

BEAUCHAMP, Alphonse de. *Histoire du Brésil*. Paris: Alexis Eymery, 1815.

BEAUREPAIRE-ROHAN, Henrique Pedro Carlos de. *O futuro da grande lavoura e a grande propriedade no Brasil*. Rio de Janeiro: Typ. Nacional, 1878.

BÉRENGER, Paul. "Le Brésil en 1879". *Revue des Deux Mondes*, jan./fev. 1880.

BERNARDI, T. F. "Lo stato di Minas Gerais". In: MINISTERO DEGLI AFFARI ESTERI; COMMISSARIATO DELL'EMIGRAZIONE. *Emigrazione e colonie*. Roma: Cooperativa Tipografica Manuzio, 1908. v. 3: America; parte 1: Brasile. (Relatório citado como Bernardi.)

BETHELL, Leslie. *The Abolition of the Brazilian Slave Trade*. Cambridge: Cambridge University Press, 1970.

BEVERINI, Giovanni Battista (cônsul). "Lo stato di Espírito Santo". In: MINISTERO DEGLI AFFARI ESTERI; COMMISSARIATO DELL'EMIGRAZIONE. *Emigrazione e colonie*. Roma: Cooperativa Tipografica Manuzio, 1908, v. 3: America; parte 1: Brasile.

BIGG-WITHER, Thomas P. *Pioneering in South Brazil: Three Years of Forest and Prairie Life in the Province of Paraná*. Londres: John Murray, 1878. v. 2.

BIRMINGHAM, David. *Trade and Conflict in Angola: The Mbundu and Their Neighbours Under the Influence of the Portuguese, 1483-1790*. Oxford: Clarendon Press, 1966.

BIVAR, Diogo Soares da Silva de. "Appendice a chronica do ano de 1842". *Revista Trimensal de História e Geografia* (posteriormente *RIHGB*), t. 5, n. 20, jan. 1844.

BOITEUX, Lucas A. *História de Santa Catarina*. São Paulo: Melhoramentos, 1930.

BOXER, C. R. *The Golden Age of Brazil*. Berkeley: University of California Press, 1969.

______. *The Portuguese Seaborne Empire*. Harmondsworth: Penguin, 1973.

BRANDÃO, Ambrósio Fernandes [sob o pseudônimo Brandônio, respondendo a "perguntas" sobre a economia colonial]. *Diálogo das grandezas do Brasil*. Rio de Janeiro: Academia Brasileira, 1930 (publicado originalmente de forma anônima em 1618).

BRASIL; SOUZA, Thomaz Pompeo de. *Compendio elementar de geographia geral e especial do Brasil*. Rio de Janeiro: E. & H. Laemmert, 1864.

BRASIL; COMISSÃO DA EXPOSIÇÃO UNIVERSAL. *O Império do Brasil na Exposição Universal de 1876 em Philadelphia*. Rio de Janeiro: Typ. Nacional, 1875.

BRASIL. *The Empire of Brazil at the Universal Exhibition of 1876 in Philadelphia*. Rio de Janeiro: Typ. e Lithographia do Imperial Instituto Artístico, 1876.

______. *Memórias da viagem de S. S. Majestades Imperiais às províncias da Bahia, Pernambuco, Paraíba, Alagoas, Sergipe e Espírito Santo*. Rio de Janeiro: Typ. e Livraria de B. X. Pinto de Souza, 1861, t. 2.

BRELIN, Johan. *De passagem pelo Brasil e Portugal em 1756*. Lisboa: Casa Portuguesa, 1955.

BRITO, Paulo José Miguel de. *Memória política sobre a capitania de Santa Catarina escrita no Rio de Janeiro em o anno de 1816*. Lisboa: Typ. da Academia Real das Sciencias, 1829.

BRITO, Lemos. *Pontos de partida para a história econômica do Brasil*. São Paulo: CEN, 1939.

BRONFENBRENNER, Martin. *Income Distribution Theory*. Chicago: Aldine, 1971.

BUESCU, Mircea. *História econômica do Brasil*. Rio de Janeiro: Apec, 1970.

BURNS, E. Bradford. *A Documentary History of Brazil*. Nova York: A. A. Knopf, 1966.

CABRAL, José Antônio Teixeira. "Mapa da população da capitania do Mato Grosso: 1815 e outras listagens da população". *Revista do Instituto Histórico e Geográfico do Brasil*, Rio de Janeiro: Laemmert, t. 20, parte 3, pp. 281-93, 1857.

CABRAL, Oswaldo R. *História de Santa Catarina*. [S.l.]: Laudes, 1970.

CANABRAVA, Alice P. *O desenvolvimento da cultura do algodão em São Paulo, 1861-1875*. São Paulo: Ind. Graf. Siqueira, 1951.

______. "A grande lavoura". In: HOLANDA, Sérgio Buarque de (Org.). *História geral da civilização brasileira*. São Paulo: Difusão Europeia do Livro, 1974. v. 4., t. 2.

CARDIM, Fernão. *Tratado da terra e gente do Brasil*. Rio de Janeiro: J. Leite, 1925.

CARDOSO, Fernando Henrique. *Capitalismo e escravidão no Brasil meridional*. São Paulo: Difusão Europeia do Livro, 1962.

CARDOSO, Fernando Henrique; IANNI, Octavio. "O negro e o desenvolvimento econômico e social de Florianópolis". In: ______. *Cor e mobilidade social em Florianópolis*. São Paulo: CEN, 1960.

CARSTEN, F. L. (Org.). *The New Cambridge Modern History*. Cambridge: Cambridge University Press, 1961. v. 5.

CARVALHO, Hyppolite. Études sur le Brésil au point de vue de l'émigration et du commerce français. Paris: Garnier Frères, 1858.

CAZAL, Manoel Ayres de. *Corografia brazílica*. Rio de Janeiro: Impressão Régia, 1817, t. 1.

CENTRO INDUSTRIAL DO BRASIL. *O Brasil, suas riquezas naturais, suas indústrias*. Rio de Janeiro: M. Orosco & Cia., 1908. v. 2.

CERQUEIRA, Eduardo Ernesto da Gama. *Mensagem apresentada ao Congresso mineiro*. Ouro Preto: Imprensa do Estado de Minas Gerais, 1892.

CHICHORRO, Manoel da Cunha de Azeredo Coutinho Souza. "Memória em que se mostra o estado econômico, militar e político da capitania geral de São Paulo". *Revista do Instituto Histórico e Geográfico do Brasil (RIHGB)*, t. 36, parte 1, 1873.

CIAPELLI, E. "Lo Stato di Rio Grande del Sud (Brasile) e l'immigrazione italiana" (Rapporto). *Bollettino dell'Emigrazione*, n. 12, 1905.

CLARK, Sir George. *Early Modern Europe*. Nova York: Oxford University Press, 1960.

CLÁUDIO, Afonso. *Insurreição do Queimado*. 2. ed. Petrópolis: Typ. Ipiranga, 1927 (1. ed. 1884).

CENTRE NATIONAL DE LA RECHERCHE SCIENTIFIQUE (CNRS). *L'histoire quantitative du Brésil de 1800 à 1930*. Colloques Internationaux du CNRS, n. 543. Paris: CNRS, 1973.

COOPER, J. P. (Org.). *The New Cambridge Modern History*. Cambridge: Cambridge University Press, 1970. v. 4.

CONCEIÇÃO, Cláudio da. *Gabinete histórico*. Lisboa: Impressão Régia, 1829.

CONRAD, Robert. *The Destruction of Brazilian Slavery*. Berkeley: University of California Press, 1972.

CONSTATT, Oskar. *Das Republikanische Brasilien*. Leipzig: Ferdinand Hirt & Sohn, 1899.

COUCHIN, Augustin. "L'abolition de l'esclavage au Brésil". *Revue des Deux Mondes*, dez. 1871.

CUDENA, Pedro. "Discripcion de mil y treinta y ocho leguas de tierra del est[ad]o de Brasil". In: LEISTE, Christian (Org.). *Beschreibung des Portugiesischen Amerika*. Brunsvique: in der Buchhandlung des Furstl; Wansenhauses, 1780.

CUNHA, Ernesto Antônio Lassance. *O Rio Grande do Sul*. Rio de Janeiro: Imprensa Nacional, 1908.

CURTIN, Philip D. *The Atlantic Slave Trade*. Madison: University of Wisconsin Press, 1969.

D'AMARAL, Max Tavares. "Contribuição à história da colonização alemã no Vale de Itajaí". *Anais do I Congresso de História Catarinense*, Florianópolis: Imprensa Oficial, 1950, v. 2.

DAMPIER, William. *Dampier's Voyages*. Org. de John Masefield. Londres: E. Grant Richards, 1906. v. 2. [Dampier atracou na Bahia em 1699.]

D'ASSIER, M. A. "Le Brésil et la société brésilienne, moeurs et paysages". *Revue des Deux Mondes*, maio/jun. 1863. parte 1: Le Rancho.

DEAN, Warren. "Latifundia and land policy in nineteenth-century Brazil". *Hispanic American Historical Review*, nov. 1971.

______. *The Industrialization of São Paulo, 1880-1945*. Austin: University of Texas Press, 1969.

______. *Rio Claro: A Brazilian Plantation System, 1820-1920*. Stanford: Stanford University Press, 1976.

DEBRET, J. B. *Voyage pittoresque et historique au Brésil*. Paris: Firmin Didot, 1834-9.

DENIS, Pierre. *Brazil*. Londres: T. Fisher Unwin, 1911.

DEPARTAMENTO ESTADUAL DO TRABALHO DE SÃO PAULO. *A imigração e as condições de trabalho em São Paulo*. São Paulo: Typ. Brasil, 1915. (Fonte citada como *DET*.)

DIAS, Arthur. *The Brazil of Today*. Nivelles: Lanneau & Despret, [1907?].

DIAS, Manuel Nunes. *A Companhia Geral do Grão-Pará e do Maranhão*. São Paulo: Seção Gráfica da USP, 1971.

DIEGUES JR., Manuel. *O banguê nas Alagoas*. Rio de Janeiro: IAA, 1949.

______. *Imigração, urbanização, industrialização*. Rio de Janeiro: MEC, 1964.

DISTRITO FEDERAL. Prefeitura do Distrito Federal. *Notícia sobre o desenvolvimento da indústria fabril no Distrito Federal e sua situação atual*. Rio de Janeiro: Livraria Brasileira, 1908.

DOCCA, E. F. de Souza. *História do Rio Grande do Sul*. Rio de Janeiro: Edição da Organização Simões, 1954.

DOMAR, Evsey D. "The causes of slavery or serfdom: a hypothesis". *Journal of Economic History*, v. 30, mar. 1970.

DORNAS FILHO, João. *O ouro das Gerais e a civilização da capitania*. São Paulo: CEN, 1957.

DREYS, Nicolao. *Noticia descriptiva da província do Rio Grande de São Pedro do Sul*. Porto Alegre: Livraria Americana — J. O. Rentzsch, 1927 (reimp. da ed. de 1839).

DUNLOP, John T. *Industrial Relations Systems*. Nova York: Henry Holt & Co., 1958.

DUTOT, S. *France et Brésil*. Paris: Guillaumin et Cie., 1857.

EGAS, Eugênio. *Galeria dos presidentes de São Paulo*. São Paulo: Seção de Obras do Estado de São Paulo, 1926, v. 1 (1822-89). [Esta obra, compilada para fins biográficos, reproduz os relatórios provinciais do período indicado, e foi citada como Egas.]

EISENBERG, Peter L. "Abolishing Slavery: The Process on Pernambuco's Sugar Plantations". *Hispanic American Historical Review*, nov. 1972.

ESCHWEGE, W. L. von. *Journal von Brasilien*. Weimar: im Verlage des Landes- Industrie-Comptoirs, 1818.

______. "Notícias e reflexões estatísticas da província de Minas Gerais". *Revista do Arquivo Público Mineiro*, v. 4, 1899.

ESPÍRITO SANTO (brochura anônima). *Brazilian Improvements More Particularly as Regards the Province of Espírito Santo*. Londres: Ridgway, Booth and Wilson, 1825.

ESPÍRITO SANTO; COMPANHIA CENTRAL DE FORÇA ELÉTRICA. *Espírito Santo, Brazil: Its History, Geology, Products & Statistics*. Vitória: Companhia Central Brasileira de Força Elétrica, 1932.

EWBANK, Thomas. *Life in Brazil*. Nova York: Harper & Brothers, 1856.

FERNANDES, Florestan. "The Weight of the Past". *Daedalus*, primavera 1967.

FERREIRA, Félix. *O estado do Rio de Janeiro: Informações para o imigrante*. Niterói, RJ: [s.n.], 1893.

FLORES, Luiz Leopoldo. *Apontamentos históricos, corográficos e estatísticos para relatório consular*. Lisboa: Typ. e Stereotipia Moderna da Casa Editora Antônio Maria Pereira, 1898.

FOGEL, Robert W. "The Relative Efficiency of Slavery: A Comparison of Northern and Southern Agriculture in 1860". *Explorations in Economic History*, v. 8, primavera 1971.

FOGEL, Robert W.; ENGERMAN, S. L. *Time on the Cross*. Boston: Little, Brown & Co., 1974.

______. "Explaining the Relative Efficiency of Slave Agriculture in the Antebellum South". *American Economic Review*, jun. 1977.

FORTE, João Borges. *Rio Grande de São Pedro: Povoamento e conquista*. Rio de Janeiro: Gráficos Bloch, 1940.

FRANCES, May. *Beyond the Argentine*. Londres: W. H. Allen & Co., 1890.

FREYRE, Gilberto. "Social Life in Brazil in the Middle of the Nineteenth Century", *Hispanic American Historical Review* (*HAHR*), nov. 1922.

FURTADO, Celso. *The Economic Growth of Brazil*. Berkeley: University of California Press, 1971.

GANDAVO, Pero de Magalhães. "Tratado da terra do Brasil". *Colleção de notícias para a história e a geografia das nações ultramarinas que vivem nos domínios portugueses*. Lisboa: Typ. da Academia Real das Sciencias, 1826. [Manuscrito do final do século XVI.]

GEIGER, Pedro Pinchas. *Evolução da rede urbana brasileira*. Rio de Janeiro: MEC, 1963.

GENOVESE, Eugene D. "The Treatment of Slaves in Different Countries". In: ______. *In Red and Black*. Nova York: Pantheon, 1971.

GODOY, Joaquim Floriano de. *A província de São Paulo*. Rio de Janeiro: Typ. do Diário do Rio de Janeiro, 1875.

GOLDMAN, Frank P. *Os pioneiros americanos no Brasil*. São Paulo: Pioneira, 1972.

GOMES, Alfredo. "Achegas para a história do tráfico africano no Brasil". *Anais do IV Congresso de História Nacional*, v. 5. Rio de Janeiro: IHGB, Departamento de Imprensa Nacional, 1950.

GOULART, Maurício. *Escravidão africana no Brasil*. São Paulo: Martins, 1950.

GRANT, Andrew. *History of Brazil*. Londres: Henry Colburn, 1809.

GROSSI, Filippo. *Lo stato di Minas Gerais*. [Belo Horizonte?]: S. Nesi e F. Grossi, 1911.

HADFIELD, William. *Brazil and the River Plate, 1870-76*. Londres: Edward Stanford, 1877.

HERIARTE, Maurício de. *Descripção do estado do Maranhão, Pará, Corupá e Rio das Amazonas*. Viena: Carlos Gerold, 1874.

HOLANDA, Sérgio Buarque de (Org.). *História geral da civilização brasileira*. São Paulo: Difusão Europeia do Livro, 1960. v. 2, t. 1.

HOLLOWAY, Thomas H. "Condições do mercado de trabalho e organização do trabalho nas plantações na economia cafeeira de São Paulo, 1885-1915". *Estudos Econômicos*, São Paulo: IPE-USP, v. 2, n. 6, dez. 1972.

______. *Imigrantes para o café*. Rio de Janeiro: Paz e Terra, 1984.

HOMEM DE MELLO (barão). "Documentos" reproduzidos em *Revista do Instituto Histórico e Geográfico do Brasil*, Rio de Janeiro: Garnier, t. 40, parte 1, 1877, e em *Revista do Instituto Histórico e Geográfico do Brasil*, Rio de Janeiro: Typ. de Pinheiro & Cia., t. 42, parte 2, 1879.

HOMEM DE MELLO, Francisco Inácio Marcondes (depois barão). "Excursões pelo Ceará, São Pedro do Sul e São Paulo". *Revista do Instituto Histórico e Geográfico do Brasil*, Rio de Janeiro: Garnier, t. 35, parte 2, p. 113, 1872.

HUMBOLDT, Alexander von. *Personal Narrative of Travels on the Equinotial Regions of the New Continent During the Years 1799-1804*. Londres: Longman, Rees, Orme, Brown and Green, 1826.

HUMPHREYS, R. F.; LYNCH, John (Orgs.). *The Origins of Latin American Revolutions*. Nova York: A. A. Knopf, 1965.

HUTTER, Lucy Maffei. *Imigração italiana em São Paulo (1880-89)*. São Paulo: IEB-USP, 1972.

IANNI, Octavio. *As metamorfoses do escravo*. São Paulo: Difusão Europeia do Livro, 1962.

IBGE. *Anuário estatístico do Brasil, ano V, 1939-40*. Rio de Janeiro: IBGE, 1940, apêndice.

______. *O Brasil em números*. Rio de Janeiro: IBGE, 1960.

IGLESIAS, Francisco. *Política econômica do governo provincial mineiro (1835-1889)*. Rio de Janeiro: MEC-INL, 1958.

IHGB. *Dicionário histórico, geográfico e etnográfico do Brasil*. Rio de Janeiro: Imprensa Nacional, 1922. v. 1.

JACOB, Rodolpho. *Minas Gerais no XXº* século. Rio de Janeiro: Gomes, Irmão e C. Impressores, 1911.

JAEGER, Luís Gonzaga. "O índio no Rio Grande do Sul". I Seminário de Estudos Gaúchos, Porto Alegre: PUC-RS, 1958.

JOHNSON JR., Harold B. "Money and Prices in Rio de Janeiro (1760-1820)". In: CNRS. *L'histoire quantitative du Brésil de 1800 à 1930*. Paris: CNRS, 1973.

JOSÉ, Oiliam. *A Abolição em Minas*. Belo Horizonte: Itatiaia, 1962.

KIDDER, Daniel P. *Sketches of Residence and Travels in Brazil*. Filadélfia: Sorin and Ball, 1845. v. 2.

KLEIN, Herbert S. "The Internal Slave Trade in 19th Century Brazil: A Study of Slave Importation into Rio de Janeiro in 1852". *Hispanic American Historical Review*, nov. 1971.

KOENIGSWALD, Gustav. *Rio Grande do Sul*. São Paulo: edição do autor [1898?] (prefácio datado em Potsdam, 1898).

LAERNE, C. F. van Delden. *Brazil and Java*. Londres: W. H. Allen & Co., 1885.

LAET, Jean de. *Histoire du Nouveau Monde ou Description des Indes Occidentales*. Leyde: Chez Bonaventure et Abraham Elseviers, 1640. (Obra escrita em 1626 e revisada em 1640.)

LAGO, Luiz Aranha Corrêa do. "The Rise and Decline of the Brazilian Sugar Economy: A Monetary or Exchange Economy?". Cambridge, MA: Harvard University Press, 1973. Mimeografado.

LALIÈRE, A. *Le Café dans d'état de Saint-Paul*. Paris: Augustin Challamel, 1909.

LAMEGO FILHO, Alberto. *A planície do solar e da senzala*. Rio de Janeiro: Livraria Católica, 1934.

LAMEGO, Alberto Ribeiro [pseudônimo posterior do já citado Alberto Lamego Filho]. *O homem e a serra*. Rio de Janeiro: IBGE, 1950.

LANGE, Henry. *Sud Brasilien*. Leipzig: Verlag von Eduard Baldann, 1888.

LAYTANO, Dante. *O negro no Rio Grande do Sul*. I Seminário de Estudos Gaúchos, Porto Alegre: PUC-RS, 1958.

LEÃO, Duarte Nunez de. *Descripção do reino de Portugal*. Lisboa: Jorge Rodrigues, 1610.

LEITE, Aureliano. *A história de São Paulo*. São Paulo: Martins, 1944.

LIMA, Heitor Ferreira. *Evolução industrial de São Paulo*. São Paulo: Martins, 1954.

______. *História político-econômica e industrial do Brasil*. São Paulo: CEN, 1970.

LINDLEY, Thomas. *Narrative of a Voyage to Brasil*. Londres: J. Johnson, 1805.

LINHARES, Maria Yedda; LEVY, Maria Bárbara. "Aspectos de história demográfica e social do Rio de Janeiro, 1808-1889". In: CNRS. *L'histoire quantitative du Brésil de 1800 à 1930*. Paris: CNRS, 1973.

LISANTI FILHO, Luís. *Negócios coloniais: Uma correspondência comercial do século XVIII*. Brasília: Ministério da Fazenda; São Paulo: Visão Editorial, 1973.

LOBO, Eulália Maria Lahmeyer. CNRS, "Évolution des prix et du coût de la vie à Rio de Janeiro, 1820-1930". In: CNRS. *L'histoire quantitative du Brésil de 1800 à 1930*. Paris: CNRS, 1973.

LOWRIE, Samuel Harman. "O elemento negro na população de São Paulo". *Revista do Arquivo Municipal de São Paulo*, v. 48, 1938.

LUCCOCK, John. *Notes on Rio de Janeiro and the Southern Parts of Brazil*. Londres: Samuel Leigh, 1820.

LUZ, Nícia Vilela. *A luta pela industrialização do Brasil*. São Paulo: Difusão Europeia do Livro, 1961.

MACDONALD, G. Caruso. "Lo stato di Santa Caterina e la colonizzacione italiana". Ministero degli Affari Esteri, Commissariato dell'Emigrazione. *Emigrazione e colonie*. Roma: Cooperativa Tipografica Manuzio, 1908. v. 3: America; parte 1: Brasile.

MACGREGOR, John. "Empire of Brazil". *Parliamentary Papers 1847*, v. 64, "Commercial Tariffs and Regulations, Resources and Trade of the Several States of Europe and America together with the Commercial Treaties between England and Foreign Countries Part the Twenty-First Empire of Brazil". Londres: Charles Whiting, Beaufort House, Strand, 1847.

MACHADO, Antônio Carlos. "A charqueada". *Província de São Pedro*, mar. 1947.

MAGALHÃES, Manoel Antônio de. "Almanak da villa de Porto Alegre", *Revista do Instituto Histórico e Geográfico do Brasil*, Rio de Janeiro: Garnier, t. 30, parte 1, 1867.

MAIA, João de Azevedo Carneiro. *Notícias históricas e estatísticas do município de Resende, desde a sua fundação*. Rio de Janeiro: Typ. da Gazeta de Notícias, 1891.

MALHEIRO, A. M. Perdigão. *A escravidão no Brasil*. São Paulo: Edições Cultura, 1944. (Ed. original de 1867.)

MARCÍLIO, Maria Luiza. *La ville de São Paulo: Peuplement et population, 1750-1850, d'après les registres paroissiaux et les recensements anciens*. Rouen: Universidade de Rouen, 1968.

______. "Tendances et structures des ménages dans la capitainerie de São Paulo (1765-1868) selon les listes nominatives d'habitants". In: CNRS. *L'histoire quantitative du Brésil de 1800 à 1930*. Paris: CNRS, 1973.

MARQUES, César Augusto. *Dicionário histórico, geográfico e estatístico da província do Espírito Santo*. Rio de Janeiro: Typ. Nacional, 1878.

MARX, Karl. *O capital*. Nova York: International Publishers, 1967.

MARTINS, Romário. *Ilex-mate*. Curitiba: Empresa Gráfica Paranaense de Plácido e Silva & Cia., 1926.

______. *História do Paraná*. Curitiba: Empresa Gráfica Paranaense, 1937.

______. *Terra e gente do Paraná*. Curitiba: Empresa Gráfica Paranaense, 1944.

MARTINS, Wilson. *Um Brasil diferente*. São Paulo: Anhembi, 1955.

MATHISON, Gilbert Farquhar. *Narrative of a Visit to Brazil, Chile, Peru and the Sandwich Islands During the Years 1821 and 1822*. Londres: Charles Knight, 1825.

MATTOSO, Kátia M. de Queirós. "Conjoncture et société au Brésil à la fin du XVIIIe siècle: Prix et salaires à la veille de la Révolution des Alfaiates, Bahia, 1798". *Cahiers des Amériques Latines*, n. 5, jan.-jun. 1970.

MAWE, John. *Travels in the Interior of Brazil*. Londres: Longman, Hurst, Rees, Orme and Brown, 1812.

MAXWELL, Kenneth R. *Conflicts and Conspiracies: Brazil and Portugal, 1750-1808*. Cambridge: Cambridge University Press, 1973.

MAXWELL, WRIGHT & CO. *Commercial Formalities of Rio de Janeiro*. Baltimore: Sherwood & Co., 1841.

MAZZINI, F. "Gl'interessi sociali ed economici nel distretto consolare di Rio de Janeiro". *Bolletino dell'Emigrazione*, n. 13, 1905. (Relatório consular citado como Mazzini.)

MELLO, Pedro Carvalho de. *The Economics of Labor in Brazilian Coffee Plantations, 1850-1888*. Chicago: Universidade de Chicago, 1977. Tese não publicada (Doutorado).

MINAS GERAIS. "Taboa dos habitantes da capitania de Minas Gerais, e dos nascidos e falecidos no anno de 1776". *Revista do Arquivo Público Mineiro*, v. 2, 1897.

______. *Anuário estatístico de Minas Gerais*. Belo Horizonte: Imprensa Oficial, 1929, ano 2 (1922-5).

MINAS GERAIS; SECRETARIA DE AGRICULTURA. *Minas e o bicentenário do cafeeiro no Brasil, 1727-1927*. Belo Horizonte: Imprensa Oficial, 1929.

MINAS GERAIS; SECRETARIA DE AGRICULTURA; SERVIÇO DE ESTATÍSTICA GERAL. *Carteira estatística de Minas Gerais*. Belo Horizonte: Imprensa Oficial, 1929.

MONACO, Attilio. "L'immigrazione italiana nello stato di San Paolo del Brasile". *Bolletino dell'Emigrazione*, v. 8, n. III, 1902.

MORAES, Alexandre José de Mello. *Ensaio corográfico do Império do Brasil*. Rio de Janeiro: Emp. Typ. Dous de Dezembro, 1854.

MORAES, João Pedro Carvalho de. *Relatório apresentado ao Ministério da Agricultura em 16 de setembro de 1870*. Rio de Janeiro: Typ. Nacional, 1870.

MORSE, Richard M. "Brazil's Urban Development: Colony and Empire". In: RUSSELL-WOOD, A. J. R. (Org.). *From Colony to Nation*. Baltimore: Johns Hopkins University Press, 1975.

MOTTA, José Inácio Silveira da (senador). "Discurso". *Annaes do Senado do Império do Brasil, 1º Ano da II*

Legislatura, Sessão de 1861, de 27 de abril a 31 de maio, v. 1. Rio de Janeiro: Typ. do Correio Mercantil de M. Barreto, Filhos & Otaviano, 1861.

MULHALL, Michael G. *Rio Grande do Sul and Its German Colonies*. Londres: Longmans, Green & Co., 1873. [A obra foi escrita em 1871.]

MULLER, Daniel Pedro. *Ensaio d'um quadro estatístico da província de São Paulo: Ordenado pelas leis municipais de 11 de julho de 1836 e 10 de março de 1837*. São Paulo: Seção de Obras do Estado de São Paulo, 1923.

NETSCHER, P. M. *Les Hollandais au Brésil*. Paris: Ernest Thorin, 1853.

NICOULIN, Martin. *La Génèse de Nova Friburgo*. Friburgo: Éditions Universitaires, 1973.

NORTH, D. C.; THOMAS, R. P. "The Rise and Fall of the Manorial System: A Theoretical Model". *The Journal of Economic History*, v. 31, dez. 1971.

NOVAES, Maria Stella de. *A escravidão e a Abolição no Espírito Santo*. Vitória: Departamento de Imprensa Oficial, 1963.

______. *História do Espírito Santo*. Vitória: Fundo Editorial do Espírito Santo, 1968.

OLIVEIRA, Antonio Rodrigues Velloso de (conselheiro). "A Igreja do Brasil". *Revista Trimestral do Instituto Histórico e Geográfico e Ethnográfico do Brasil*, Rio de Janeiro: B. L. Garnier, t. 29, parte 1, 1866.

O'NEIL, Thomas. *Account of the Escape of the Royal Family of Portugal to the Brazil's*. Londres: impresso por J. Barfield para o autor, 1809.

OTTONI, C. B.; D'ALMEIDA, C. Furquim; PENNA, H. C. Ferreira. *Memória justificativa dos planos apresentados ao governo imperial para a construção da estrada de ferro de Porto Alegre e Uruguaiana*. Rio de Janeiro: Typ. Leuzinger & Filhos, 1875. (Citado como Ottoni, *Memória justificativa*.)

PASCAL, Anthony H. (Org.). *Racial Discrimination and Economic Life*. Lexington: Lexington, 1972.

PAXECO, Fran. *O Maranhão*. Maranhão [São Luís]: Tipografia Teixeira, 1913.

PENNA, Domingos Soares Ferreira. *O Tocantins e o Anapu* (relatório do secretário da província). Belém: Typ. de Frederico Rhossard, 1864.

PENNA, Misael Ferreira. *História da província do Espírito Santo*. Rio de Janeiro: Typ. de Moreira, Maximino & Cia., 1878.

PEREIRA, Estevam. "Descrezão da fazenda que o collegio de Santo Antão tem no Brazil e de seus rendimentos". *Annaes do Museu Paulista*, t. 4. São Paulo: Diário Oficial, 1931.

PERROD, E. *La provincia di San Paulo*. Roma: Tip. del Ministero degli Affari Esteri, 1888.

PESTANA, Paulo Rangel. *A expansão econômica do estado de São Paulo num século (1822-1922)*. São Paulo: Secretaria de Agricultura, Comércio e Obras Públicas de São Paulo; Serviço de Publicações, 1923.

______. *O café em São Paulo: Notas históricas*. São Paulo: Typ. Levi, [1927?].

PETRONE, Maria Thereza Schorer. "Imigração assalariada". In: HOLANDA, Sérgio Buarque de (Org.). *História geral da civilização brasileira*, t. 2, v. 3. São Paulo: Difusão Europeia do Livro, 1967.

______. *A lavoura cafeeira em São Paulo*. São Paulo: Difusão Europeia do Livro, 1968.

PETRY, Leopoldo. *História da colonização alemã no Rio Grande do Sul*. São Leopoldo: Officinas Graphicas Rotermund & Co., [s.d.].

PICCAROLO, A. *Una revoluzione economica*. Alessandria: Typ. Cooperativa, 1908.

PINHEIRO, José Feliciano Fernandes. *Annaes da capitania de São Pedro*. Lisboa: Imprensa Nacional, 1822.

______. *Annaes da província de São Pedro*. Paris: Typ. de Casimir, 1839.

PINHO, Wanderley. *Cotegipe e seu tempo*. São Paulo: CEN, 1937.

______. *História de um engenho do Recôncavo, 1552-1944*. Rio de Janeiro: Zélio Valverde, 1946.

PIRENNE, Henri. *Economic and Social History of Medieval Europe*. Nova York: Harcourt, Brace & World, 1937.

PITTA, Sebastião da Rocha. *História da América portuguesa desde MD até MDCCXXIV*. Lisboa: Francisco Arthur da Silva, 1880 (reimp. da 1. ed. de 1730).

PONTES, Hildebrando de Araújo. "A introdução do café no Triângulo Mineiro e sua cultura no município de Araxá". In: MINAS GERAIS; SECRETARIA DA AGRICULTURA. *Minas e o bicentenário do cafeeiro no Brasil, 1727-1927*. Belo Horizonte: Imprensa Oficial, 1929.

PORTO, Aurélio. *O trabalho alemão no Rio Grande do Sul*. Porto Alegre: Estabelecimento Gráfico Santa Terezinha, 1934.

PRADEZ, Charles. *Nouvelles études sur le Brésil*. Paris: Ernest Thorin, 1872.

PRADO, J. F. de Almeida. *D. João VI e o início da classe dirigente do Brasil, 1815-1889*. São Paulo: CEN, 1968.

PRADO JR., Caio. *Evolução política do Brasil e outros estudos*. São Paulo: Brasiliense, 1953.

______. *The Colonial Background of Modern Brazil*. Berkeley: University of California Press, 1969.

______. *História econômica do Brasil*. São Paulo: Brasiliense, 1963.

RANGEL, Sylvio Ferreira. "O café". In: CENTRO INDUSTRIAL DO BRASIL. *O Brasil, suas riquezas naturais, suas indústrias*. Rio de Janeiro: Centro Industrial do Brasil; Impressores M. Orosco & Cia., 1908. v. 2.

______. "O café no estado do Rio". *O Jornal*, 15 out. 1927.

RAU, Virgínia; SILVA, Maria Fernanda Gomes da. *Os manuscritos do arquivo da Casa de Cadaval respeitantes ao Brasil*. Coimbra: Acta Universitatis Conimbrigensis, Por Ordem da Universidade, 1955.

RAYNAL, Guillaume-Thomas (abade). *Histoire philosophique et politique des établissements et du commerce des Européens dans les deux Indes*. Amsterdam: [s.n.], 1770 (ed. de 1780 da mesma obra, publicada em Genebra por Jean-Léonard Pellet).

REBOUÇAS, André. *Agricultura nacional. Estudos econômicos. Propaganda abolicionista e democrática*. Rio de Janeiro: A. J. Lamoureaux & Co., 1883.

______. "Les zones agricoles". In: NERY, F.-J. Santa Anna (Org.). *Le Brésil en 1889*. Paris: Librairie Charles Delagrave, 1889.

RECLUS, Elisée. "Le Brésil et la colonisation". *Revue des Deux Mondes*, v. 2, jul./ago. 1862.

REIS, Arthur Cezar Ferreira. *O seringal e o seringueiro*. Rio de Janeiro: Ministério da Agricultura, Serviço de Informação Agrícola, 1953.

______. "O Espírito Santo" e "Rio de Janeiro". In: HOLANDA, Sérgio Buarque de (Org.). *História geral da civilização brasileira*. São Paulo: Difusão Europeia do Livro, 1964. v. 2, t. 2.

RIO DE JANEIRO. "Mapa da população da Corte e da província do Rio de Janeiro em 1821". *Revista do Instituto Histórico e Geográfico do Brasil*, Rio de Janeiro: Garnier, t. 33, parte 1, 1870.

RIZZETTO, R. (cônsul). "L'immigrazione italiana nello stato di Espírito Santo". *Bolletino dell'Emigrazione*, n. 7, III, 1903.

ROCHA POMBO, José Francisco da. *História do Paraná*. São Paulo: Melhoramentos, [1930?].

ROCHE, Jean. *La Colonisation allemande et le Rio Grande do Sul*. Paris: Institut des Hautes Études de l'Amérique Latine, 1959.

______. *L'administration de la province du Rio Grande do Sul de 1829 à 1847*. Porto Alegre: Faculdade de Filosofia da UFRGS; Gráfica da UFRGS, 1961.

RODRIGUES, F. Contreira. *Traços da economia social e política do Brasil*. Rio de Janeiro: Ariel, 1935.

ROLT, Richard. *History of South America*. Londres: T. Gardner, 1756.

RUBIM, Francisco Alberto. "Memória estatística da província do Espírito Santo no ano de 1817". *Revista do Instituto Histórico e Geográfico do Brasil*, t. 19, 2. trim. 1856.

RUGENDAS, J. M. *Viagem pitoresca através do Brasil*. São Paulo: Martins, 1954. (Publicado em francês, em fascículos entre 1827 e 1835.)

RUSSELL-WOOD, A. J. R. (Org.). *From Colony to Nation*. Baltimore: Johns Hopkins University Press, 1975.

SÁ, Luiz França Almeida e. *Compêndio de geografia da província do Paraná*. Rio de Janeiro: Laemmert, 1871.

SABETTA, G. (vice-cônsul). "La colonizzacione e l'immigrazione italiana nell Paraná". *Bollettino dell'Emigrazione*, n. 10, I, 1903.

SAINT-HILAIRE, Auguste de. *Voyage dans les provinces de Saint-Paul et de Sainte-Catherine*. Paris: Arthus Bertrand, 1851.

______. *Viagem pelas províncias do Rio de Janeiro e Minas Gerais*. São Paulo: CEN, 1938. t. 1.

______. *Viagem ao Rio Grande do Sul*. São Paulo: Edusp; Itatiaia, 1974.

SALLES, Vicente. *O negro no Pará*. Rio de Janeiro: FGV; Belém: UFPA, 1971.

SANCHEZ ALBORNOZ, Nicolas. *The Population of Latin America*. Berkeley: University of California Press, 1974.

SAN MARTIN, Olinto. "Aspectos econômicos da velha Porto Alegre". *Revista do Instituto Histórico e Geográfico do Rio Grande do Sul*, n. 89, ano 23, 1. trim. 1943.

SANTOS, Lúcio José dos. *História de Minas Gerais*. São Paulo: Melhoramentos, [1926?].

SÃO PAULO; TORRES, Almeida. "Discurso do presidente da província de São Paulo (1º de dezembro de 1829)". *Revista do Instituto Histórico e Geográfico do Brasil*, t. 36, parte 1, 1873.

SÃO PAULO (Estado). *Relatório dos negócios de agricultura, commercio e obras publicas de São Paulo* (secretário Firmino M. Pinto, 1897). São Paulo: Typ. Espindola, Siqueira & Cia., 1898.

______. "Recenseamento de 1829". In: ______. *Relatório de 1900*. São Paulo: Repartição de Estatística e de Arquivo do Estado de São Paulo, 1900.

______. *L'état de São Paulo, 1911: Renseignements utiles*. Antuérpia: Laporte & Dosse, 1911.

SAVOIA, Gherardo Pio di. "Gli italiani nello stato di S. Caterina del Brasile". *Bollettino dell'Emigrazione*, n. 6, II, 1902.

SAVOIA, Gherardo Pio di (cônsul-geral da Itália em São Paulo, junho de 1904). "Lo stato di San Paolo (Brasile) e l'emigrazione italiana". *Bolletino dell'Emigrazione*, n. 3, 1905. (Citado como Pio di Savoia.)

SCHWARTZ, Stuart B. "Free Labor in a Slave Economy: The *Lavradores de Cana* of Colonial Bahia". In: ALDEN, Dauril (Org.). *Colonial Roots of Modern Brazil* (artigos da Newbury Library Conference). Berkeley: University of California Press, 1973.

______. "Elite Politics and the Growth of a Peasantry". In: RUSSELL-WOOD, A. J. R. (Org.). *From Colony to Nation*. Baltimore: Johns Hopkins University Press, 1975.

SILVESTRE, Honório. "A colonização mineira nos latifúndios de café do estado do Rio de Janeiro". In: MINAS GERAIS; SECRETARIA DA AGRICULTURA. *Minas e o bicentenário do cafeeiro no Brasil, 1727-1927*. Belo Horizonte: Imprensa Oficial, 1929.

SCULLY, William. *Brazil: Its Provinces and Chief Cities*. Londres: Murray & Co., 1866.

SEIDLER, Carl. *Dez anos no Brasil*. São Paulo: Martins, 1941 (trad. da ed. de 1835).

SILVA, Domingos de Araújo. *Diccionario historico e geographico da provincia de São Pedro ou Rio Grande do Sul*. Rio de Janeiro: E. & H. Laemmert, 1865.

SILVA, Florêncio C. de Abreu e. "Retrospecto econômico e financeiro do Rio Grande do Sul". *Revista do Arquivo Público do Rio Grande do Sul*, n. 8, dez. 1922. (Citado como Abreu e Silva.)

SILVA, G. "Lo stato del Paraná e l'immigrazione italiana" (jan. 1902). *Bollettino dell' Emigrazione*, n. 7, IV, 1903.

SILVA, José Bonifácio D'Andrada e. *Memoir Addressed to the General Constituent and Legislative Assembly of the Empire of Brazil on Slavery!* Londres: Butterworth, Ridgway, Booth and Wilson, 1826.

SILVA, J. M. Pereira da. *Relatório apresentado à Assembleia Legislativa da província do Rio de Janeiro na 2ª sessão da 12ª legislatura, pelo vice-presidente João Manoel Pereira da Silva*. Rio de Janeiro: Typ. Universal de Laemmert, 1857.

______. *Situation sociale, politique et économique de l'Empire du Brésil*. Paris; Rio de Janeiro: B. L. Garnier, 1865.

SILVEIRA, Victor. *Minas Gerais em 1925*. Belo Horizonte: Imprensa Oficial, 1926.

SILVEIRA NETO, Manuel Azevedo da. *Do Guayra aos saltos do Iguassu*. Curitiba: Typ. do Diário Oficial, 1914.

SILVESTRE, Honório. "A colonização mineira nos latifúndios de café do estado do Rio de Janeiro". In: MINAS GERAIS; SECRETARIA DA AGRICULTURA. *Minas e o Bicentenário do cafeeiro no Brasil, 1727-1927*. Belo Horizonte: Imprensa Oficial, 1929.

SIMONSEN, Roberto C. *História econômica do Brasil*: São Paulo: CEN, 1937.

______. *Evolução industrial do Brasil e outros estudos*. São Paulo: CEN-USP, 1973.

SLENES, Robert W. *The Demography and Economics of Brazilian Slavery: 1850-1888*. Stanford: Universidade Stanford, 1976. Tese não publicada (Doutorado).

SMITH, T. Lynn. *Brazil: People and Institutions*. Baton Rouge, LA: Louisianna University Press, 1963.

SOARES, Sebastião Ferreira. *Notas estatísticas sobre a produção agrícola*. Rio de Janeiro: Typ. Imp. e Const. de J. Villeneuve e Comp., 1860.

______. *Elementos de estatística*. Rio de Janeiro: Typ. Nacional, 1865.

SODRÉ, Nelson Werneck. *Formação histórica do Brasil*. São Paulo: Brasiliense, 1971.

SOLORZANO Y COSTA, Juan N. *El estado de São Paulo (1912-13)*. São Paulo: Talleres Tipográficos del Diario Español, 1913.

SOUTHEY, Robert. *History of Brazil*. Londres: Longman, Hurst, Rees, Orme and Brown, 1819.

SOUZA, Gabriel Soares de. *Tratado descriptivo do Brasil em 1587*. Rio de Janeiro: Typ. de João Inácio da Silva, 1879.

SPALDING, Walter. "Pecuária, charque e charqueadores no Rio Grande do Sul". *Província de São Pedro*, n. 91-2, ano 22, Porto Alegre, 1943.

SPIX, J. B. von; MARTIUS, C. F. P. von. *Travels in Brazil, in the Years 1817-1820*. Londres: Longman, Hurst, Rees, Orme, Brown and Green, 1824. (Citado como Von Spix e Von Martius, ed. inglesa.)

______. *Viagem pelo Brasil*. Rio de Janeiro: Imprensa Nacional, 1938. (Citado como Von Spix e Von Martius, ed. brasileira.)

STEIN, Stanley J. *The Brazilian Cotton Manufacture*. Cambridge, MA: Harvard University Press, 1957.

______. *Vassouras: a Brazilian Coffee County, 1850-1900*. Cambridge, MA: Harvard University Press, 1957.

TAUNAY, Alfredo d'Escragnolle. *História do café no Brasil*. Rio de Janeiro: DNC, 1939.

______. "Subsídios para a história do tráfico africano no Brasil". *Anais do Museu Paulista*, 1941, t. 10.

TOLLENARE, L. F. de. *Notes dominicales prises pendant un voyage au Portugal et au Brésil, 1816, 1817 et 1818*. Paris: Presses Universitaires de France, 1972. v. 2. (Reimpresso pela Fundação Calouste Gulbenkian.)

TORRES, João Camilo de Oliveira. *História de Minas Gerais*. Belo Horizonte: Difusão Pan-Americana do Livro, [1962?].

TORRES FILHO, Arthur E. Magarinos. *O estado do Espírito Santo e seu desenvolvimento econômico*. Rio de Janeiro: Typ. e Lithographia Pimenta de Mello & Cia., 1913. (Citado como Magarinos Torres.)

TSCHUDI, J. J. *Viagem às províncias do Rio de Janeiro e São Paulo*. São Paulo: Martins, 1953.

VARELA, Alfredo. *Rio Grande do Sul*. Porto Alegre; Pelotas: Echenique e Irmãos, 1897.

______. *História da grande revolução*. Porto Alegre: Livraria do Globo, 1933.

VÁRZEA, Virgílio. *Santa Catarina*. Rio de Janeiro: Cia. Typ. do Brasil, 1900. parte 1: A Ilha.

VASCONCELLOS, Clodomiro. *História do estado do Rio de Janeiro*. São Paulo: Melhoramentos, 1928.

VASCONCELLOS, José Marcellino Pereira de. *Ensaio sobre a história e estatística da província do Espírito Santo*. Vitória: Typ. de P. A. d'Azeredo, 1858.

VEIGA, José Pedro Xavier da. *Ephemerides mineiras, 1664-1897*. Belo Horizonte: Imprensa Oficial, 1897. v. 2.

VEIGA FILHO, João Pedro da. *Estudo econômico e financeiro sobre o estado de São Paulo*. São Paulo: Diário Oficial, 1896.

VIANNA FILHO, Luiz. *O negro na Bahia*. Rio de Janeiro: José Olympio, 1946.

VIOTTI DA COSTA, Emilia. *Da senzala à colônia*. São Paulo: Difusão Europeia do Livro, 1966.

VIVEIROS, Jerônimo de. *História do comércio do Maranhão, 1612-1895*. São Luís: Associação Comercial do Maranhão, 1954.

WADE, Richard C. "Slavery in the Southern Cities". In: WEINSTEIN, A.; GATELL, F. O. (Orgs.). *American Negro Slavery*. Nova York: Oxford University Press, 1973.

WAKEFIELD, Edward Gibbon. *England and America: A Comparison of the Social and Political State of Both Nations*. Londres: Richard Bentley, 1833.

WALSH, Robert. *Notices of Brazil in 1828 and 1829*. Londres: Frederick Westley e A. H. Davis, 1830.

WAPPAUS, J. E. *Handbuch der Geographie und Statistik des Kaiserreichs Brasilien*. Leipzig: J. C. Hinrichs'schen Buchhandlung, 1871.

WEINSTEIN, A.; GATELL, F. O. (Orgs.). *American Negro Slavery*. Nova York: Oxford University Press, 1973.

WESTPHALEN, Cecília Maria. "Paranaguá et le Rio de la Plata au XIXème siècle". In: CNRS. *L'histoire quantitative du Brésil de 1800 à 1930*. Paris: CNRS, 1973.

WHITAKER, A. P. "Early Commercial Relations Between the US and Spanish America". In: HUMPHREYS, R. F.; LYNCH, John (Orgs.). *The Origins of Latin American Revolutions*. Nova York: A. A. Knopf, 1965.

WILEMAN, J. P. *Brazilian Exchange*. Buenos Aires: Galli Bros, 1896.

______. *The Brazilian Yearbook*. Rio de Janeiro: Offices of the Brazilian Yearbook; Londres: McCorquodale & Co., 1908 e 1909.

WYNNE, J. Pires. *História de Sergipe, 1575-1930*. Rio de Janeiro: Pongetti, 1970.

ZALUAR, Augusto Emílio. *Peregrinação pela província de São Paulo, 1860-61*. Rio de Janeiro: B. L. Garnier, 1863.

I. DOCUMENTOS GOVERNAMENTAIS PUBLICADOS E PUBLICAÇÕES OFICIAIS ESTRANGEIRAS

Britânicos

A. Correspondência e relatórios diplomáticos e consulares publicados em *Parliamentary Papers (PP)*:

Incluindo: "Accounts and Papers"; "Correspondence Class B"; "Correspondence Relative to Slave Trade"; "Correspondence with British Representatives Abroad"; "Reports by H. M. Secretaries of Embassy and Legation, on the Manufactures, Commerce, etc. of the Countries in which They Reside"; "Abstracts of Reports on the Trade and Commerce of [...]" (citados como *PP*, ano e volume, frequentemente de forma abreviada).

Brasil e Rio de Janeiro; Legação no Brasil e Consulado no Rio de Janeiro:

"Acting Consul Westwood to Viscount Palmerston, Rio de Janeiro, Feb. 17, 1848", *PP 1849*, v. 55.

"Proconsul J. J. C. Westwood to Viscount Palmerston, Rio de Janeiro, Mar. 8, 1848", incluindo considerações de William Whittaker, vice-cônsul britânico em Santos, *PP 1847-8*, v. 46.

"[Consul] J. J. C. Westwood to Viscount Palmerston, Rio, Mar. 8, 1848", *PP 1847-8*, v. 46.

"Mr. Hudson to Viscount Palmerston, Rio de Janeiro, Aug. 5, 1848", *PP 1849*, v. 55.

"Acting Consul Westwood to Viscount Palmerston, Rio de Janeiro, Dec. 28, 1848", *PP 1849*, v. 55.

"Mr. Hudson to Viscount Palmerston, Rio, Oct. 10, 1849", *PP 1850*, v. 55, p. 75.

"Consul Hesketh to Viscount Palmerston, Rio de Janeiro, Feb. 8, 1851", *PP 1852-3*, v. 39.

"Consul Westwood to the Earl of Clarendon, Rio de Janeiro, Jan. 20, 1854", *PP 1854*, v. 73.

"Consul Westwood to Mr. Christie, Rio, Mar. 11, 1860", *PP 1861*, v. 64.

"Mr. Christie to Lord Russell, Rio, Aug. 5, 1860", *PP 1861*, v. 64.

"Mr. Christie to Lord Russell, Rio, June 12, 1861", *PP 1862*, v. 61.

"Report [...] Mr. Baillie, H. M. Secretary of Legation, Rio de Janeiro, Jan. 1861", *PP 1861*, v. 63.

"Report [...] Mr. Baillie, Rio de Janeiro, Feb. 1862", *PP 1863*, v. 70.

"Mr. Christie to Lord Russell, Rio de Janeiro, Sept. 30, 1862", *PP 1863*, v. 71.

"Mr. Thornton to Earl of Clarendon, Feb. 1, 1866", *PP 1867*, v. 73.

"Report by Mr. Consul Lennon Hunt on the Trade and Commerce of Rio de Janeiro during the Year 1869", *PP 1870*, v. 64.

"Report [...] Trade of Rio de Janeiro [...] 1872 [...] Consul Lennon Hunt", *PP 1874*, v. 66, parte 1.

"Report [...] Trade of Rio de Janeiro [...] 1873 [...] Consul Lennon Hunt", *PP 1875*, v. 75, parte 2.

"Report [...] Trade of Rio de Janeiro [...] 1875 [...] Acting Consul Austin", *PP 1876*, v. 75.

"Mr. Mathew to the Earl of Derby, Rio, Sep. 4, 1876", *PP 1876*, v. 78, "Correspondence with British Representatives Abroad".

"Report [...] Trade of Rio de Janeiro [...] 1880 [...] Consul Ricketts", *PP 1882*, v. 70, parte 4.

"Mr. Corbett to Earl Granville, Petrópolis, Mar. 17, 1883", *PP 1884*, v. 75, "Slave Trade", n. 1.

"Report by Mr. Sanford on the Commerce of Brazil During the Last 15 Years", *PP 1884-5*, v. 76, parte 4, "Commercial Report", n. 40 (1884).

"General Report on the Province of Rio de Janeiro [...] Consul Ricketts", em "Mr. Mac Donell to Marquis of Salisbury, Rio, Feb. 4, 1887", *PP 1887*, v. 82, n. 45A (daqui em diante A = Annual Series, série anual).

"Mr. Gough to the Marquis of Salisbury, Rio, Dec. 22, 1887, Inclosure n. 35", *PP 1889*, v. 72.

"Mr. Gough to the Marquis of Salisbury, Rio, May 7, 1888", *PP 1889*, v. 72, "Correspondence Relative to Slave Trade".

"Mr. Gough to the Marquis of Salisbury, Rio, May 13, 1888", *PP 1889*, v. 72.

"Report for the Years 1887-88 on the Finances, Commerce and Agriculture of the Empire of Brazil", compilado por Mr. Gough, em "Mr. Wyndham to the Marquis of Salisbury, Feb. 19, 1889, *PP 1889*, v. 78, n. 504A.

"Report on the Trade and Commerce of Brazil", relatório de Mr. Adam, em "Mr. Wyndham to the Marquis of Salisbury, Rio, Nov. 3, 1890", *PP 1890-91*, v. 85, n. 807A.

"Report for the Years 1889-92 on the Trade of Brazil", em "Mr. Greville to the Earl of Rosebery, Rio, Oct. 10, 1892", *PP 1893-94*, v. 92, n. 1136A.

"Report for the Years 1890-93 on the Trade and Finances of Brazil", elaborado por Mr. Harford, 2º Sec. de Legação, em "Mr. Wyndham to the Earl of Rosebery, Rio, Nov. 7, 1893", *PP 1893-4*, v. 92, n. 1321A.

"Report [...] Trade of Rio de Janeiro [...] 1897 [...] Consul-General Wagstaff", *PP 1898*, v. 94, n. 2058A.

"Report [...] Trade of Rio de Janeiro [...] 1898 [...] Acting Consul-General Rhind", *PP 1899*, v. 98, n. 2284A.

"Report [...] Trade of Rio de Janeiro [...] 1899 [...] Acting Consul-General Rhind", *PP 1900*, v. 92, n. 2475A.

"Report [...] Trade of Rio de Janeiro [...] 1900 [...] Acting Consul-General Rhind", *PP 1902*, v. 105, n. 2724A.

Bahia:

"Consul Edward Porter to Viscount Palmerston, Bahia, 25 Feb. 1848", *PP* 1847-8, v. 46.

"Report of Mr. Morgan, British Consul at Bahia for the Year 1857", *PP 1857-8*, v. 55.

"Report [...] Trade of Bahia [...] 1860 [...] Consul Morgan", *PP 1862*, v. 58.

"Report of Consul Morgan on the Trade and Commerce of Bahia for the Year 1876", *PP 1876*, v. 83, parte 5, "Commercial Report", n. 24.

Ceará:

"Report by Vice-Consul Studart on the Trade of Ceará for the Year 1883", *PP 1884-5*, v. 73, parte 8, "Commercial Report", n. 21.

Maranhão:

"Acting Consul Wilson to Christie, Maranhão, Jan. 16, 1860", *PP 1861*, v. 64.

Minas Gerais:

Consul Ricketts, "General Report on the Province of Minas Gerais", *PP 1887*, v. 82, "Miscellaneous Series", n. 58.

Pará:

"Report for the Year 1897 on the Trade of Pará and District by Mr. Consul Churchill", *PP 1898*, v. 94, n. 2140A.

Paraíba:

"Henry Krausé to Viscount Palmerston, Paraíba, May 10, 1848", *PP 1847-8*, v. 46.

Pernambuco:

"Consul H. Augustus Cowper to Viscount Palmerston, Pernambuco, Feb. 12, 1848", *PP 1847--8*, v. 46.

"Consul Cowper to Viscount Palmerston, Dec. 22, 1848", *PP 1849*, v. 55.

"Report by Consul Bonham on the Trade [...] of Pernambuco for the Year 1880", *PP 1881*, v. 91, parte 8.

Rio Grande do Sul:

"Consul Morgan to Viscount Palmerston, Rio Grande, Feb. 15, 1848", e o respectivo documento anexado a essa correspondência, *PP 1849*, v. 55.

"Consul Morgan to Viscount Palmerston, Rio Grande, Jan. 1, 1849", *PP 1850*, v. 55.

"Consul Vereker to Earl of Clarendon, Rio Grande, June 30, 1855", *PP 1856*, v. 62.

"Report by the Hon. H.P. Vereker, British Consul at Rio Grande do Sul, for the Year 1855", *PP 1859*, v. 30.

"Report [...] Trade of Rio Grande do Sul [...] 1856 [...] Consul Vereker", *PP 1859*, v. 30.

"Consul Vereker to the Earl of Clarendon, Rio Grande, Feb. 4, 1857", *PP 1857-8*, v. 61.

"Consul Vereker to Earl of Clarendon, Rio Grande, June 30, 1857", *PP 1857-8*, v. 61.

"Report [...] Trade of Rio Grande do Sul [...] 1857 [...] Consul Vereker", *PP 1859*, v. 30.

"Consul Vereker to Lord J. Russell, Rio Grande, June 30, 1860", *PP 1861*, v. 64.

"Report [...] Trade of Rio Grande do Sul [...] 1860 [...] Consul Vereker", *PP 1862*, v. 58.

"Report [...] Trade of Rio Grande do Sul [...] 1861 [...] Consul Vereker", *PP 1863*, v. 70.

"Report [...] Trade of Rio Grande do Sul [...] 1863 [...] Acting Consul Gollan", *PP 1865*, v. 53.

"Acting Consul Berg to Lord Stanley, Rio Grande, Jan. 12, 1867", *PP 1867-8*, v. 64.

"Consul Callander to Lord Stanley, Rio Grande, Aug. 17, 1868", *PP 1868-9*, v. 56, p. 23.

"Consul Callander to the Earl of Clarendon, Rio Grande, Feb. 4, 1869", *PP 1870*, v. 61.

"Consul Callander to Earl of Clarendon, Feb. 19, 1870", *PP 1871*, v. 62, p. 10.

"Consul Callander to Earl Granville, Rio Grande, Oct. 20, 1870", documento incluído n. 1, *PP 1870*, v. 66.

"Report by Vice-Consul Heinssen", documentos incluídos 1 e 2 em "Consul Callander to Earl Granville, Rio Grande, Oct. 20, 1870", *PP 1871*, v. 68.

"Report by Consul Gollan on the Trade and Commerce of Rio Grande do Sul and Santa Catarina for the Year 1878", *PP 1878-9*, v. 71, parte 4.

"Report [...] Trade of [...] Rio Grande do Sul [...] 1882 [...] Consul Gollan", *PP 1883*, v. 73, parte 8.

"Report [...] Trade of [...] Rio Grande do Sul [...] 1883 [...] Acting Consul Lefebvre", *PP 1884*, v. 81, parte 9.

"Report [...] Trade of [...] Rio Grande do Sul [...] 1885 [...] Consul Bennett", *PP 1887*, v. 83, n. 32A.

"Report [...] Trade of [...] Rio Grande do Sul [...] 1887 [...] Consul Bennett", *PP 1888*, v. 100, n. 323A.

"Report for the Year 1891 on the Trade of Rio Grande do Sul, Consul Hearn", *PP 1892*, v. 81, n. 1077A.

"Report for the Year 1892 on the Trade of the Consular District of Rio Grande do Sul [...] Consul [W.R.] Hearn", *PP 1893-4*, v. 92, n. 1263A.

"Report of Vice-Consul Archer", em "Report for the Year 1893 on the Trade of Rio Grande do Sul, Consul Hearn", *PP 1894*, v. 85, n. 1425A.

"Report of Vice-Consul Archer", em "Report [...] Trade of Rio Grande do Sul [...] 1894 [...] Consul Hearn", *PP 1895*, v. 96, n. 1583A.

"Report [...] Trade of Rio Grande do Sul [...] 1894 [...] Consul Hearn", *PP 1895*, v. 96, n. 1583A.

"Report [...] Trade of Rio Grande do Sul [...] 1897 [...] Consul Bernal", *PP 1898*, v. 94, n. 2080A.

"Report [...] Trade of Rio Grande do Sul [...] 1898 [...] Consul Staniforth", *PP 1899*, v. 98, n. 2332A.

"Report for the Year 1899 on the Trade and Commerce of Porto Alegre [...] Consul Archer", *PP 1900*, v. 92, n. 2454A.

"Report [...] Trade of Porto Alegre [...] 1900 [...] Consul Archer", *PP 1901*, v. 81, n. 2606A.

Santa Catarina:

"Consul Callander to the Earl of Clarendon, Dec. 31, 1853", *PP 1854*, v. 73.

"Report [...] Trade [...] St. Catherine [...] Year 1857, Consul Callander", *PP 1859*, v. 30.

"Consul Callander to Lord Russell, Jan. 23, 1860", *PP 1860*, v. 70.

"Consul Callander to Lord Russell, Jan. 29, 1860", *PP 1860*, v. 70.

"Consul Callander to Christie, Santa Catarina, Jan. 23, 1860", *PP 1861*, v. 64.

"Consul Callander to the Earl of Clarendon, Feb. 19, 1870", documento incluído 2, *PP 1871*, v. 62.

"Report Acting Vice-Consul Reidy", em "Report [...] Trade Rio Grande do Sul and Santa Catarina [...] 1878 [...] Consul Gollan", *PP 1878-9*, v. 71, parte 4.

"Santa Catarina, Report by Vice-Consul Reidy", em "Report [...] Trade [...] District of Rio Grande do Sul 1880 [...] Consul Gollan", *PP 1881*, v. 91, parte 8.

"Report of Vice-Consul Chaplin", em "Report for the Years 1899 and 1900 on the Trade and Commerce of the Consular District of Rio Grande do Sul", Consul Staniforth, *PP 1902*, v. 105.

São Paulo:

Considerações de William Whittaker, vice-cônsul britânico em Santos, em "Proconsul J. J. C. Westwood to Viscount Palmerston, Rio de Janeiro, Mar. 8, 1848", *PP 1847-8*, v. 46.

"Consul Dundas to Earl Granville, Santos, Oct. 29, 1870", *PP 1871*.

"Report by Consul Dundas on the Trade and Commerce of the Province of São Paulo for the Year 1876", *PP 1877*, v. 81, parte 5.

"Report by Consul Cowper on the Trade and Commerce of Santos for the Year 1879", *PP 1880*, v. 74, parte 6.

"Report [...] Trade and Commerce of [...] São Paulo [...] 1880 [...] Consul Cowper", *PP 1881*, v. 91, parte 7.

"Report [...] Trade [...] Santos [...] 1881 [...] Consul Cowper", *PP 1882*, v. 71, parte 16.

"Report [...] Trade [...] Santos [...] 1884 [...] Acting Consul Hampshire", *PP 1884-5*, v. 77, parte 5 ("Commercial Report", n. 17).

"Report [...] Trade [...] Santos [...] 1887 [...] Acting Consul Hampshire", *PP 1888*, v. 100, n. 315A.

"Report on the Trade and Commerce of the Province of São Paulo through the Port of Santos for the Year 1888", em "Consul Cowper to the Marquis of Salisbury, Santos, Feb. 19, 1889", *PP 1889*, v. 78, n. 498A.

B. Diversos:

MacGregor, John. "Empire of Brazil". *PP 1847*, v. 64, "Commercial Tariffs and Regulations, Resources and Trade of the Several States of Europe and America together with the Commercial Treaties between England and Foreign Countries Part the Twenty-First Empire of Brazil", também citado acima em livros e artigos.

William Whittaker, vice-cônsul britânico, Santos, 20 de abril de 1848 em Enclosure 1, n. 7, em "Lord Eddisbury to Herman Merivale", Foreign Office 14, jul. 1848, *PP 1847-48*, v. 46, *Correspondence Relative to Distress in the Sugar Growing Colonies*.

"Report of Pro-Consul Krause [Paraíba], May 10, 1848", e "Report of Consul H.A. Cowper, [Pernambuco] Feb. 12, 1848", *PP 1847-48*, v. 46, *Correspondence Relative to Distress in the Sugar Growing Colonies*.

"Return [...] of the Number of Slaves [...] Embarked in the Coast of Africa [...] Landed in Cuba and Brazil from 1842 to the Latest Date", *PP 1852*, v. 55, datado no Foreign Office (Ministério de Relações Exteriores britânico) de 23 mar. 1852.

Edward Porter, ex-cônsul britânico na Bahia (1839-51), depoimento em "Minutes of Evidence Taken before the Select Committee on Slave Trade Treaties", *PP 1852-3*, v. 39.

Correspondência Classe B de diversos anos entre cônsules britânicos e o Foreign Office (Ministério de Relações Exteriores britânico) sobre preços de escravos, reproduzidos nos *Parliamentary Papers* (*PP*). Ver *PP 1854*, v. 73, pp. 279 e 281; *PP 1854-5*, v. 56, pp. 205 e 224; *PP 1856*, v. 62, p. 250; *PP 1857, 2nd Session*, v. 44, pp. 267-8; *PP 1857-8*, v. 61, p. 126; *PP 1859*, v. 34, pp. 64-5; *PP 1860*, v. 70, pp. 38-9; *PP 1862*, v. 61, pp. 61-2; *PP 1863*, v. 71, pp. 129-30; *PP 1864*, v. 66, pp. 57-8; *PP 1865*, v. 56, p. 83; *PP 1867*, v. 73, p. 57; *PP 1867-8*, v. 64; *PP 1868-9*, v. 56, pp. 23-4; *PP 1870*, v. 61, pp. 11-2; *PP 1871*, v. 62, p. 10.

"Report by Mr. O'Connor on the Status of Slaves and Emancipation in Brazil", em "Reports from H.B.M.'s Representatives Abroad as to the Law and Practice of Foreign Countries with Respect to Fugitive Slaves etc.", *PP 1876*, v. 28.

"Report on Portugal Commercial Convention", *PP 1893-4*, v. 92, n. 1136.

Italianos

A. Documentos consulares (apresentados aqui em ordem cronológica, mas também citados em ordem alfabética em livros e artigos):

E. Perrod, *La provincia di San Paulo*. Roma: Tip. del Ministero degli Affari Esteri, 1888. (Citado como Perrod.)

Gherardo Pio di Savoia, "Gli italiani nello stato di S. Caterina del Brasile". *Bollettino dell'Emigrazione*, n. 6, II, 1902.

Attilio Monaco, "L'immigrazione italiana nello stato di San Paolo del Brasile". *Bolletino dell'Emigrazione*, n. 8, III, 1902.

Relatório do cônsul R. Rizzetto, "L'immigrazione italiana nello stato di Espírito Santo". *Bollettino dell'Emigrazione*, n. 7, III, 1903.

G. Silva, "Lo stato del Paraná e l'immigrazione italiana", jan. 1902. *Bollettino dell' Emigrazione*, n. 7, IV, 1903.

Vice-cônsul G. Sabetta, "La colonizzacione e l'immigrazione italiana nell Paraná". *Bollettino dell'Emigrazione*, n. 10, I, 1903.

Gherardo Pio di Savoia, cônsul-geral da Itália em São Paulo, "Lo stato di San Paolo (Brasile) e l'emigrazione italiana", jun. 1904. *Bolletino dell'Emigrazione*, n. 3, 1905.

Cav. E. Ciapelli, cônsul em Porto Alegre, "Lo Stato di Rio Grande del Sud [...] situazione [...] al principio dell'anno 1903". *Bolletino dell'Emigrazione*, n. 12, 1905.

F. Mazzini, "Gl'interessi sociali ed economici nel distretto consolare di Rio de Janeiro". *Bolletino dell'Emigrazione*, n. 13, 1905. (Relatório citado como Mazzini)

Umberto Ancarani, "La colonia italiana di Caxias". *Bolletino dell'Emigrazione*, n. 19, I, 1905.

G. Caruso MacDonald, "Lo stato di Santa Caterina e la colonizzacione italiana". Ministero degli Affari Esteri, Commissariato dell'Emigrazione. *Emigrazione e colonie*. Roma: Cooperativa Tipografica Manuzio, 1908. v. 3: America; parte 1: Brasile.

T. F. Bernardi, "Lo stato di Minas Gerais". Ministero degli Affari Esteri, Commissariato dell'Emigrazione. *Emigrazione e colonie*. Roma: Cooperativa Tipografica Manuzio, 1908. v. 3: America; parte 1: Brasile. (Relatório citado como Bernardi.)

Cônsul Giovanni Battista Beverini, "Lo stato di Espírito Santo". Ministero degli Affari Esteri, Commissariato dell'Emigrazione. *Emigrazione e colonie*. Roma: Cooperativa Tipografica Manuzio, 1908. v. 3: America; parte 1: Brasile.

B. Dados sobre emigração e outros:

Statistica della emigrazione italiana all'estero nel 1878. Ministero di Agricoltura, Industria e Commercio, Direzione di Statistica. Roma: Tipografia de E. Sinimberghi, 1880.

Statistica della emigrazione italiana per gli anni 1884 e 1885. Ministero di Agricoltura, Industria e Commercio, Direzione Generale della Statistica. Roma: Tip. della Camera dei Diputati, 1886.

Fontes de tabelas: *Statistica della emigrazione italiana all'estero* de vários anos: 1879, pp. 40-7; 1881, pp. 68-73; 1882, pp. 10-1; 1883, pp. 44-5; 1884-5, pp. 24-7 e 70-3; 1886, pp. 98-101; 1887, pp. 90-3; 1891, pp. 74-7; 1892, pp. 74-7; 1893, pp. 80-1; 1896, pp. 72-5; 1897, pp. 76-9; 1898, pp. 72-5; 1899, pp. 76-9. Todos foram publicados em Roma pelo Ministero di Agricoltura, Industria e Commercio, Direzione Generale della Statistica.

Statistica della emigrazione, 1897, pp. 12-3; 1898-9, pp. 9-10.

Bolletino dell'Emigrazione, 1902, n. 8, III, "L'Immigrazione italiana nello stato di S. Paolo nel Brasile".

Bolletino dell'Emigrazione, 1904, n. 2, V, "Legge Brasiliana che dichiara privilegiati i crediti dei lavoratori agricoli per il pagamento dei loro salari".

Norte-americanos

Consul Thomas Adamson Jr., [cônsul norte-americano em] Pernambuco, 14 de novembro de 1864, *Commercial Relations (Annual Report)*, State Department, sério 1227, doc. 60.

"Report by Consul General Andrews, Aug. 4, 1884", *US Doc 2301*, 48º Congresso, 2ª Sessão, 1884-5, House Executive Doc., v. 26, US Consular Reports, Ex. Doc. 54, parte 3.

II. PUBLICAÇÕES OFICIAIS BRASILEIRAS

Publicações não recorrentes do governo central, ou de províncias e depois estados, estão listadas nos livros e artigos sobre o Brasil ou sobre a província ou o estado correspondente.

Relatórios ministeriais (citados de forma abreviada por pasta e ano, todos datados do Rio de Janeiro; as tabelas e anexos correspondentes estão mencionados nas notas ou tabelas do texto):

Relatório do Ministério da Agricultura, 1866, 1870, 1882, 1883, 1886 e 1888.

Relatório do Ministério da Fazenda, 1853, 1860, 1864, 1866, 1869, 1873, 1874, 1875, 1877, 1880, 1882-3, 1883, 1886, 1887, 1888 e 1889.

Relatório da Repartição dos Negócios do Império, 1854 e 1883.

Relatório do Ministério da Marinha, 1857, 1861 e 1866.

Recenseamentos

Ministério da Indústria, Viação e Obras Públicas, Diretoria Geral de Estatística. *Sexo, raça, estado civil, nacionalidade, filiação, culto e analfabetismo da população recenseada em 31 de dezembro de 1890*. Rio de Janeiro: Officina da Estatística, 1898.

Ministério da Indústria, Viação e Obras Públicas, Diretoria Geral de Estatística. "A população do Rio de Janeiro", em *Recenseamento geral da República dos Estados Unidos do Brasil em 31 de dezembro de 1890 (Distrito Federal)*. Rio de Janeiro: Typ. Leuzinger, 1895.

Brasil, Diretoria Geral de Estatística. *Recenseamento realizado em 1º de setembro de 1920*, v. 1. Rio de Janeiro: Tipografia de Estatística, 1920.

III. PERIÓDICOS SELECIONADOS

Revista do Instituto Histórico e Geográfico do Brasil (RIHGB):

Documentos apresentados em ordem cronológica de publicação, também citados em livros e artigos quando o autor é conhecido.

Diogo Soares da Silva de Bivar, "Appendice a chronica do ano de 1842", *Revista Trimensal de História e Geografia* (posteriormente *RIHGB*), t. 5, n. 20, jan. 1844.

Francisco Alberto Rubim, "Memória estatística da província do Espírito Santo no ano de 1817", *Revista do Instituto Histórico e Geográfico do Brasil*, t. 19, 2. trim. 1856.

"Almanak histórico da cidade de São Sebastião do Rio de Janeiro [...] Antônio Duarte Nunes [...] 1799", *Revista do Instituto Histórico e Geográfico do Brasil*, t. 21, 2. trim. 1858.

"Notícia particular do continente do Rio Grande do Sul [...] dada no ano de 1780", *Revista do Instituto Histórico e Geográfico do Brasil*, t. 21, 3. trim. 1858.

Conselheiro Antonio Rodrigues Velloso de Oliveira, "A Igreja do Brasil", *Revista Trimestral do Instituto Histórico e Geográfico e Ethnográfico do Brasil*, Rio de Janeiro, B. L. Garnier, t. 29, parte 1, 1866.

Manoel Antônio de Magalhães, "Almanak da villa de Porto Alegre", *Revista do Instituto Histórico e Geográfico do Brasil*, Rio de Janeiro, Garnier, t. 30, parte 1, 1867.

"Mapa da população da Corte e da província do Rio de Janeiro em 1821", *Revista do Instituto Histórico e Geográfico do Brasil*, Rio de Janeiro, Garnier, t. 33, parte 1, 1870.

F. I. M. Homem de Mello, "Excursões pelo Ceará, São Pedro do Sul e São Paulo", *Revista do Instituto Histórico e Geográfico do Brasil*, Rio de Janeiro, Garnier, t. 35, parte 2, 1872.

Manoel da Cunha de Azeredo Coutinho Souza Chichorro, "Memória em que se mostra o estado econômico, militar e político da capitania geral de São Paulo quando do seu governo tomou posse a 8/12/1814 [...] D. Francisco de Assis Mascarenhas, conde de Palma [...] com notas históricas em aditamento", *Revista do Instituto Histórico e Geográfico do Brasil*, t. 36, parte 1, 1873.

"Discurso do presidente da província de São Paulo [...] Almeida Torres [...] 1º dez. 1829", *Revista do Instituto Histórico e Geográfico do Brasil*, t. 36, parte 1, 1873.

Carta de 11 de outubro de 1780, reproduzida em "Documentos", *Revista do Instituto Histórico e Geográfico do Brasil*, t. 40, parte 1, 1877.

"Relatório do general Cabral [...] 1º dez. 1783", *Revista do Instituto Histórico e Geográfico do Brasil*, t. 40, parte 1, 1877.

[Carta de] Silva Gama a Anadia, 1º set. 1803, em "Documentos", *Revista do Instituto Histórico e Geográfico do Brasil*, t. 40, 1877.

Silva Gama para Vasconcellos e Souza, 30 mar. 1805, *Revista do Instituto Histórico e Geográfico do Brasil*, Rio de Janeiro, Typ. de Pinheiro & Cia., t. 41, parte 1, 1878.

Homem de Mello (barão), "Documentos" compilados e reproduzidos em *Revista do Instituto Histórico e Geográfico do Brasil*, Rio de Janeiro, Garnier, 1877, t. 40, parte 1, e em *Revista do Instituto Histórico e Geográfico do Brasil*, Rio de Janeiro, Typ. de Pinheiro & Cia., t. 42, parte 2, 1879.

[Barão] Homem de Mello, "Índice cronológico", *Revista do Instituto Histórico e Geográfico do Brasil*, t. 42, parte 2, 1879.

"Memórias públicas e econômicas da cidade de São Sebastião do Rio de Janeiro, para uso do vice-rei Luiz de Vasconcellos", *Revista do Instituto Histórico e Geográfico do Brasil*, Rio de Janeiro, Laemmert, t. 47, parte 1, 1884.

"Memória estatística do Império do Brasil", *Revista do Instituto Histórico e Geográfico do Brasil*, t. 58, parte 1, 1895.

Carta de Rafael Pinto Bandeira de 14 de janeiro de 1794, reproduzida em *Revista do Instituto Histórico e Geográfico do Brasil*, Rio de Janeiro, Companhia Typ. do Brasil, t. 65, parte 1, 1902.

"Mapa da população, fábricas e escravaturas que compõem as diferentes freguesias da vila de São Salvador dos Campos de Goitacases no ano 1799", *Revista do Instituto Histórico e Geográfico do Brasil*, Rio de Janeiro, t. 65, 1902.

"J. F. da Rocha Garneiro [inspetor da Mesa de Inspeção do Rio de Janeiro] para Souza Coutinho, 28 abr. 1798", em "Correspondência", *Revista do Instituto Histórico e Geográfico do Brasil*, Rio de Janeiro, Cia Typ. do Coutinho, t. 65, parte 1, 1902.

Manuel de Mello Cardoso Barata, "Apontamentos para as ephemerides paraenses", *Revista do Instituto Histórico e Geográfico do Brasil*, t. 90, v. 144, 1921.

Revista do Arquivo Público Mineiro (*RAPM*):

"Táboa dos habitantes da capitania de Minas Gerais, e dos nascidos e falecidos no anno de 1776", em *Revista do Arquivo Público Mineiro*, v. 2, 1897.

Antônio José da Silva (?), "Vicissitudes da indústria mineira", *Revista do Arquivo* Público *Mineiro*, v. 3, 1898.

"População da província de Minas Gerais", *Revista do Arquivo* Público *Mineiro*, v. 4, 1899.

W. L. von Eschwege, "Notícias e reflexões estatísticas da província de Minas Gerais", *Revista do Arquivo Público Mineiro*, v. 4, 1899.

"Productos da taxa de 25% sobre o ouro extraído das lavras da sociedade inglesa do Gongo Soco", *Revista do Arquivo* Público *Mineiro*, v. 4, 1899.

IV. PERIÓDICOS DIVERSOS

Gazeta de Lisboa, 1º ago. 1716, n. 31; 14 out. 1745, n. 37; 3 jul. 1749, n. 26; 5 ago. 1749, n. 31.

Gazeta de Lisboa Ocidental, 28 jul. 1718, n. 30; 15 dez. 1718, n. 50; 28 ago. 1721, n. 35.

The Times, Londres, terça-feira, 13 dez. 1887, p. 4, coluna D.

Royal Geographic Society Proceedings, fev. 1888, p. 69.

Lista de referências

A maior parte das imagens foi reproduzida dos livros abaixo, por Jaime Acioli, exceto as listadas nos créditos das imagens.

Augusto C. da Silva Telles, *O Vale do Paraíba e a arquitetura do café*. Rio de Janeiro: Capivara, 2007.

Bia Corrêa do Lago; Pedro Corrêa do Lago, *Os fotógrafos do Império*. Rio de Janeiro: Capivara, 2005.

______. *Frans Post (1612-1680) — Obra completa*. Rio de Janeiro: Capivara, 2006.

______. *Coleção Princesa Isabel — Fotografia do século XIX*. Rio de Janeiro: Capivara, 2008.

Fundação Roberto Marinho; Lloyds Bank, *A presença britânica no Brasil 1808-1914*. Rio Janeiro: Editora Pau Brasil, 1987.

José Jobson de Andrade Arruda, *Atlas histórico básico*. São Paulo: Ática, 2001.

Julio Bandeira; Pedro Corrêa do Lago, *Debret e o Brasil — Obra completa*. Rio de Janeiro: Capivara, 2007.

Nestor Goulart Reis Filho, *Imagens de vilas e cidades do Brasil Colonial*. São Paulo: Edusp, 2000.

Índice remissivo